2011
南阳年鉴

南阳市地方史志办公室 编

中 州 古 籍 出 版 社

图书在版编目(CIP)数据

南阳年鉴. 2011 / 南阳市人民政府主办，南阳市地方史志办公室编. —郑州：中州古籍出版社，2011.12
ISBN 978 - 7 - 5348 - 3724 - 1

Ⅰ. ①南… Ⅱ. ①南… ②南… Ⅲ. ①南阳市—2011 - 年鉴 Ⅳ. ①Z526.13

中国版本图书馆 CIP 数据核字(2011)第 253491 号

主编：阿　颖
责任编辑：何慧婷
责任校对：杨建伟
出版社：中州古籍出版社
（地址：郑州市经五路 66 号　　邮政编码：450002）
发行单位：新华书店
承印单位：南阳市风雅印务有限公司
开本：889mm × 1194mm　　1/16　　印张：34.75
字数：1000 千字　　印数：1—2000 册
版次：2011 年 12 月第 1 版　　印次：2011 年 12 月第 1 次印刷

定价：260.00 元

编 辑 说 明

一、《南阳年鉴》是由中共南阳市委和市人民政府主持编辑的一部地方综合资料性工具书，每年出版一卷，公开发行。

二、《南阳年鉴》(2011)以马列主义、毛泽东思想、邓小平理论和“三个代表”重要思想为指导，用科学发展观全面、系统、准确地反映2010年南阳市在改革开放和物质文明、政治文明、精神文明建设中的新举措、新成就、新事物，反映全市基本情况，为了解南阳、建设南阳提供及时有益的服务。

三、本卷内容共分28个类目，依次是特载、大事记、概况、人物、政事、民主党派、社会团体、人民武装、法制、农业、工业、信息产业、商业、交通物流、金融、财税、经济管理、建设环保、公用事业、教育、科学技术、文化旅游、卫生体育、人口民族宗教、社会保障、县市区概况、风采录、附录。

四、年鉴所有稿件由市直各单位和各县(市、区)及相关单位提供，并经单位领导审阅；主要数据由市统计局提供，其他数据由有关部门提供。

五、年鉴采用分类编辑法，以类目为单元，下由栏目、分目、条目组成。条目是基本表现形式。

六、为方便读者，除卷首设目录外，书末还附有索引。

南 阳 年 鉴

编辑部	地　　址 河南省南阳市中州路291号市政府一号楼 电　　话 (0377)63137329　63134082 邮　　编 473003

《南阳年鉴》(2011)编纂人员名单

《南阳年鉴》(2011)撰稿人名单

市委办公室
杜金增　万　伟
市纪委
王　慧
市委组织部
赵　军
市委宣传部
李　忠
市委统战部
项　宁
市委政法委
赵毅辉
市编办
杨胜亚　向国兴
市信访局
姚中伟
市直党工委
张建设
市委老干部局
赵扬波
市委党校
裴先东
市文明委
常学豪　孙朝阳
市委保密局
周永卫
市人大
杨运来
市政府办公室
谢春平
市行政审批中心
赵　霆
外侨办
张　硕
台办
谢文海
台联
王诗振
节会办
杨留现
市政协
李夏玲
“六创一迎”办公室
张　涛　肖予飞
“四个带动”领导小组办公室
杨京卫
民革南阳市委
薛灵环
民盟南阳市委
陈龙海
民进南阳市委
肖庆玲
九三学社
胡保珍
市总工会
温　阳
共青团南阳市委
刘罗林　张少瀛
市妇联会
勾志峰
市工商联
邹　粤
市文联
毕怡楠
市社科联
迟照冰
市公安局
杨　媛
市检察院
尚文来　王永强
市中级法院
何　志　牛永权
市司法局
李　杰
市政府法制局
周　博
南阳军分区
乔相豹　徐品朝
张　祎　吴　周
武警南阳市支队
金东生
武警南阳市消防支队
闫振强
市人防办
辛世云
市委农工办
刘万欣
市农业局
苏　雷
市烟办
马丽珍
市畜牧局
杜红渊
市林业局
王保刚　马国丽
市水利局
阎海涛
市移民局
杨　风
鸭河口水库
丁　博
市南水北调办公室
李家峰　王晓梅
市农机局
楚　鹏
市城乡规划局
徐　建
市住房建设委员会
罗玉有
市房产管理局
刘美青

市住房公积金管理中心
张云峰
市城市管理局
冀泮联
市环境保护局
唐建力　王瑞琴
市水务(集团)有限公司
张　琳
市电力工业公司
尹　娜
市郑燃燃气有限公司
马雪玉
市热力有限责任公司
霍书明
市公共交通总公司
文廷勋
市交通局
高新海
市公路局
蒋天栋
市海事航务局
李　强
南航南阳基地
李　英
市交通战备办
崔振平
宛运集团有限公司
郑向华
南阳车务段
王　康
市邮政局
刘力扬
市无线电管理局
王访安
市信息中心
丁光照
中国移动南阳分公司
李　建
中国联通南阳分公司
王新成
中国电信南阳分公司
王　涛

市发改委
黄晨阳
工业和信息化局
周　涛
市国资委
徐　沙
生态工业园
胡逵毅　张家新
南阳光电产业集聚区
宋芒云　张　革
河南油田
韩　伟　杨振明
王丽萍
西峡汽车水泵股份有限公司
程建锋
乐凯华光印刷科技有限公司
赵匡庆
天冠集团
陈　铁
防爆集团
王岩平
宛西制药
王文先
新野纺织
康　宁
纵横丝绸
沈书波
邓州永泰棉纺
张安钱
中光学集团
赵冀红
热电公司
杨　林
赊店老酒
郭　磊
南阳卷烟厂
白书超
普康药业
曹燕平
人民银行南阳中心支行
刘　波
工商银行南阳分行

杨　斌
农业银行南阳分行
徐新东　谢国雄
建设银行南阳分行
孙君泽　何　蓬
农业发展银行南阳分行
李　军
中国银行南阳分行
宋　歌
市商业银行
朱明杰　曾照准
市交通银行
秦　婵
市邮政银行
华金伟　邢红斌
市中信银行
张毅峰
人保财险南阳分公司
陈　祎
人保寿险南阳分公司
张锡奇
太平洋保险南阳分公司
聂永红
太平洋寿险南阳分公司
付玉宛
市商务局
王　琳
市供销合作社
李志明
市粮食局
李秀坤
市盐业局
史宏伟
市烟草专卖局
孙善兴
石油公司
宋　磊
市财政局
李晓波
市国家税务局
王振风　赵　燕
市地方税务局

马顺利
市统计局
杨　光　马彦彬
安红波　杨海全
国家统计局南阳调查队
赵春风
市审计局
刘彦忠
市工商局
李军林　闫广玉
市物价局
张振强　张海涛
刘　云
市国土资源管理局
宋　伟
市质量技术监督局
陈晓文　靳红玉
市食品药品监督局
贾　博
市安全生产监督管理局
王　博
南阳出入境检验检疫局
董　昊
南阳海关
赵建德　王　莹
市教育局
尹永德
南阳师院
王春阳
南阳理工学院
逯　忆
南阳电大
李春雷
南阳医学高等专科学校
田　琳　毕大鹏
南阳农校
刘春霞
南阳经济贸易学校
焦中群
南阳市体育运动学校
王秀林
南阳市宛西中等专业学校
张进兴
南阳市宛东中等专业学校
王文海
南阳幼儿师范学校
韩明锋
南阳市宛北中等专业学校
王秋举　刘付亭
市科技局
马志远
市气象局
苏函玲　刘　萌
市农科所
柳天芝　梁元春
市地震局
王晓谦
市科协
王金领
市卫生局
樊新生
市体育局
余跃洋
第七届农运会筹委会
张　鹏
市文化广播新闻出版局
柳玉东　包明军
南阳电视台
陈　露　李学芳
南阳广播电台
王　慧
南阳有线电视网络公司
胡化魁　吴维之
南阳日报社
赵　静
南阳晚报社
周建生
市新华书店
刘晓宇
市档案局
张怀珍
市地方史志办公室
薛灵环
市党史研究室
张新玉
市旅游局
郭振伟
市人口计生委
李长波　张　黎
市民族宗教局
李海阳
市人力资源和社会保障局
盛　锋
市民政局
徐玉顺　刘亚平
市残联
汪立栓
卧龙区史志办
刘科峰
宛城区史志办
高孟林　崔艳艳
南阳高新区
渠琳枫
社旗县史志办
尚学庆　贾金星
方城县史志办
向国龙
南召县史志办
陈松林　韩德坤
镇平县史志研究室
邹书恒
内乡县史志研究室
魏瑞芳　吴　昕
西峡县史志办
王富强　张晓红
淅川县史志研究室
魏瑞村
新野县史志办
王国炳
唐河县史志办
孙晓云
桐柏县史志办
胡家洋
邓州市史志办
马玉平

图
南阳市在中国的位置及航线图
哈尔滨市
长春市
乌鲁木齐市
沈阳市
北京市
西宁
南阳市
西安市
郑州市
南京市
成都市
上海市
重庆市
武汉市
杭州市
拉萨市
福州市
桂林市
台湾
广州市
香港
澳门
深圳
海南岛
南海诸岛
已开通航线
三门峡市
市
宁西铁路至西安
312国道至西安
上武高速公路至武威
陕西省
南阳至日照高速公路
至郑州
南水北调线
拐河镇
杨集乡
独树镇
杨楼乡
方城县
清河乡
荆紫关
古庄店乡
二郎庙乡
券桥乡
小史店镇
陌陂乡
唐庄乡
社旗县
下洼乡
郝寨镇
兴隆镇
苗店镇
田庄乡
太和乡
饶良镇
朱集乡
丁庄乡
拜寺乡
源潭镇
大河屯镇
驻马店市
新泌高速
泌阳县
古城乡
东王集乡
毕店镇
回龙乡
黄岗乡
焦桐高速泌桐段
埠江镇
安棚乡
朱庄乡
毛集镇
马振抚乡
虎山水库
平氏镇
大河镇
新集乡
程湾乡
淮河
吴城镇
固县镇
信阳市
上武高速公路至上海
石柱山森林公园
淮源镇
桐柏县
太白顶1140
月河镇
太白顶国家级自然保护区
国312至上海
宁西铁路
至南京
市人民政府驻地
县(市)政府驻地
省级中心镇
乡镇政府驻地
市 区 界
铁 路
比例尺：
注：中心城区内含卧
县城含城关镇、

影像南阳

◀ 2011年9月22～23日，中共中央政治局委员、北京市委书记刘淇（左三）率北京市党政代表团考察南阳市南水北调中线工程建设和水源保护情况。省市领导卢展工、李文慧等陪同

▶ 2011年8月9日，省委副书记、省长郭庚茂（左一）等省市领导陪同富士康集团总裁郭台铭（左三）考察南阳

▶ 2011年8月3～4日，省委副书记、省长郭庚茂到南阳市调研南水北调工程建设和丹江口库区移民迁安工作

◀ 2011年9月16日，第七届全国农民运动会倒计时一周年南阳誓师大会举行。市委书记李文慧（右）、市长穆为民（左）共同启动一周年倒计时球

◀ 2011年8月29～30日，中国共产党南阳市第五次代表大会召开

▶ 2011年9月30日，"体操王子"李宁（左二）与市领导李文慧（右二）、李天岑（左一）、穆为民（右一）等共同参加"迎国庆、迎农运"全民健身　活动

▶ 2011年9月20～21日，全国地方综合年鉴编纂研讨会在南阳市召开

2011年4月11日，南阳市召开市长质量奖表彰大会

修建于二十世纪的鸭灌二渠桥头镇分水闸

桐柏红叶

山城淅川新貌

淅川县上集镇移民新村一角

移民的幸福生活

2010 年 5 月，仲景大桥建成通车

在建中的农运会场馆

目　录

特　载

大事记

概　况

人　物

政　事

民主党派

社会团体

人民武装

法　　制

农　　业

工 业

信 息 产 业

商　业

交通物流

金　融

财　税

经 济 管 理

建设环保

公用事业

教 育

科学技术

文化旅游

卫生体育

人口民族宗教

社会保障

县市区概况

风 采 录

附 录

政府工作报告

（2011年2月13日在南阳市第四届人民代表大会第三次会议上）

南阳市人民政府市长　穆为民

各位代表：

现在，我代表市人民政府，向大会作工作报告，请予审议，并请各位政协委员和其他列席人员提出意见。

一、去年工作回顾

2010年是我市发展面临复杂形势和严峻挑战的一年，也是我们迎难而上、开拓奋进的一年。一年来，全市上下深入贯彻落实科学发展观，加快推进“一个载体、三个体系”建设，组织实施“四个带动”，抢抓机遇，奋力拼搏，较好地完成了市四届人大二次会议确定的各项目标任务，经济社会发展继续保持好的趋势、态势和气势。

（一）保增长，调结构，经济发展提速增效。 预计去年全市生产总值完成1956亿元，增长11.6%。财政总收入122.9亿元、增长21%，其中地方财政一般预算收入69.1亿元、增长23%。工业经济快速增长。规模以上工业完成增加值634亿元，增长22.4%，增速居全省第二位；实现利润130亿元，增长66.8%，创近年来最高水平。农村经济稳步发展。粮食总产达116.8亿斤，连续7年创历史新高；农业结构不断优化，畜牧业占农业总产值的比重达36.5%；农业产业化经营水平明显提升，39家企业被认定为省级农业产业化重点龙头企业。第三产业快速发展。全社会消费品零售总额完成789亿元，增长18.7%。实现旅游综合收入95.6亿元，增长37.9%。全市金融机构各项贷款余额827.5亿元，增长18.4%。民生、中信、郑州银行和中航、中信证券相继入驻南阳，与天津市合作设立的南阳村镇银行及2家支行挂牌营业，开创我国总行加支行设立村镇银行新模式。

（二）两轮驱动，统筹推进，城乡建设步伐加快。 中心城区加速发展，鸭河、官庄工区成立运行，南阳新区获省政府批准，高新区晋升为国家级高新区。中心城市基础设施投资超过30亿元，是历年来投资强度最大、施工项目最多的一年。6条道路和仲景大桥建成通车，62条背街小巷整治改造顺利完成，光武大桥、雪枫大桥、南阳大桥加宽改造、零级橡胶坝和邕河整治试验段开工建设，内河治理启动实施，白河城区段确权划界实现突破。严厉打击土地违法违规行为，中心城区土地收储力度加大。新投放出租车400辆、公交车100辆。实施“现代城镇体系建设工程”，县城和小城镇建设步伐加快，亮点纷呈。深入开展“六创一迎”，城镇品位和形象明显提升。农村生产生活条件不断改善，完成了100个试点村、100个示范村等新农村年度建设任务，再次夺得全省农建“红旗渠精神杯”。交通建设扎实推进，新建、改建干线公路360公里，建设农村公路1430公里，新增南阳直飞北京航班和到上海始发列车。生态建设和环境保护得到加强，植树造林83.7万亩，节能减排任务如期完成。

（三）集中精力抓大事，重点工作进展顺利。 产业集聚区建设步伐加快。全市14个产业集聚区累计完成投资435亿元、实现规模以上工业主营业务收入800亿元，8个集聚区在全省位次明显前移，高新技术产业集聚区跻身省创新型产业集聚区。大招商活动成效显著。与央企的战略合作进一步深化，防爆与平安集团、天冠与首钢控股成功合作；全年实际到位省外资金273亿元、增长一倍，实际利用外资超2亿美元、增长51.2%，出口总额6.47亿美元、增长50%。第七届全国农运会筹备工作全面展开。面对拆迁建设任务重、资金缺口大、工期时间紧等困难，我们负重奋进，只争朝夕，确保了各项任务按时间节点顺利推进。主体育场、综合训练馆、游泳馆等主体工程完工，新建、改造提升了15个场馆和一批接待设施。南水北调中线工程移民迁安和工程建设取得阶段性重大进展。1.1万试点移民后续生产生活保持稳定，库区第一批6.08万移民实现平安、顺利、和谐搬迁，第二批移民迁安工作扎实有序推进，中线工程建设进展顺利。移民搬迁的难度之大、强度之高、速度之快创造了近年来的新记录，受到国家领导和省委、省政府的充分肯定，在中国移民史上留下了浓墨重彩的一笔！移民群众舍小家、为国家的奉献精神，移民干部任劳任怨的责任意识，谱写了新时期可歌可泣的壮丽篇章！

（四）谋长远，打基础，发展后劲不断增强。“四个带动”初见成效。实施项目带动，年度城镇固定资产投资首次突破千亿，完成1130亿元、增长21.6%，内邓高速、南阳机场二期改扩建等省市重点项目进展顺利，南阳核电等重大项目前期工作取得突破性进展；全市共筛选确定“十二五”重大项目2733个、总投资14000多亿元，其中进入全省重大项目库1981个、总投资8600多亿元。实施品牌带动，新创建国家级品牌57个、省级品牌363个。实施创新带动，争取国家重大科技项目21项，获得省科技进步奖21项，其中一等奖3项；加强创新平台建设，卧龙农业高新科技示范园区晋升为国家级；荣获“中国最具创新力城市”称号。实施重点改革行动计划，国企改革攻坚战取得显著成效，19家改制企业焕发生机；市县政府机构改革基本完成，公安警务机制改革取得突破；启动实施医院用药阳光集中配送，医药卫生体制改革取得新成效，教育、文化等领域改革继续深化；积极推进“421”企业上市计划，新纺公司股票实现定向增发，西泵公司成功上市。实施服务带动，扎实开展“企业服务行动计划”，发展环境不断优化。注重科学规划的引领和提升作用，聘请名院大家，汇集民智，高起点、高标准编制了“十二五”发展规划和现代产业规划、城市重点区域规划等一系列重要规划，为南阳未来科学发展、跨越发展提供了有力保障。

（五）致力改善和保障民生，和谐社会建设稳步推进。围绕解决就业、就学、就医、住房和社会保障等问题，投入资金50亿元，顺利完成了“十项民生工程”。城镇居民人均可支配收入、农民人均纯收入分别增长11.7%和14.9%。新增城镇就业10.4万人，失业人员再就业近3万人。社会保障体系进一步健全，新农保全国试点县达到5个，新农合参合率达97.7%。建设经济适用房56.8万平方米，新增廉租房8980套。解决农村47.2万人饮水安全问题，新建户用沼气3.15万户，11.25万农村贫困人口实现脱贫。抗洪抢险、救灾重建工作取得重大胜利。教育、文化、卫生、体育等各项社会事业全面发展，市职教园区被确定为全省5个示范性职教园区之一。人口自然增长率控制在5.07‰。深入开展精神文明创建活动，公民道德水平和文明程度不断提升。认真开展“创先争优”活动，全面推广“四议两公开”工作法，基层组织建设和农村基层民主得到加强。坚持依法行政，行政执法水平明显提高。自觉接受人大及其常委会的监督，支持政协履行职能，办理省市人大代表建议和政协委员提案703件，办结率100%，满意率95.6%。开展“夏季亮剑”百日会战等专项行动，社会治安明显好转，平安建设位次大幅提升。认真实施安全发展行动计划，强化食品药品安全监管，扎实推进信访工作，社会大局和谐稳定。

国防动员、民兵预备役和全国双拥模范城创建工作深入开展。工商、税务、司法、海关、检验检疫、人事、统计、审计、广电、新闻、民族宗教、外事侨务、对台、残疾人、气象、人防、地震等工作取得新成绩。第六次全国人口普查工作进展顺利。

一年来，面对保增长与调结构的双重压力，面对史无前例的移民迁安重任，面对异常艰巨的农运会筹备任务，面对百年不遇的洪涝灾害，全市上下咬定发展不放松，加快转型不懈怠，深入实施关系长远的“四个带动”，全力抓好事关全局的“国字号”工程，办成了一批大事，办妥了一批难事，跻身中国城市竞争力百强，在困难中保持了较快发展，在拼搏中铸就了新的辉煌！实践证明，我们南阳人不仅会干事、能干事，而且能干成大事！2010年各项工作目标的圆满完成，标志着“十一五”规划的胜利实现。过去五年，是南阳发展史上极不平凡的五年。

——综合实力明显提高。按可比口径计算，全市生产总值年均增长12.5%，三次产业结构由“二一三”升级为“二三一”。地方财政一般预算收入、规模以上工业增加值和利润均翻一番多。全市实际利用外资、引进省外资金年均分别增长26.2%、27.8%。

——发展后劲不断增强。全社会固定资产投资五年累计完成4600亿元，超出规划目标1300亿元。鸭电二期、1000千伏特高压南阳开关站等一大批重点项目相继建成。高新技术产业化步伐加快，先后被确定为新能源国家高技术产业基地、国家光电高新技术产业化基地、省生物产业高技术产业基地。

——城乡面貌大为改观。中心城区建成区面积由70平方公里增至100平方公里，人口增至100万，荣获中国优秀旅游城市、国家园林城市等称号。中国·南阳伏牛山世界地质公园申报成功。县城和小城镇建设迈出重大步伐。全市城镇化率达到38.5%，提高8.5个百分点。宁西铁路建成通车，南阳机场新航站楼建成启用；公路通车总里程增长3.7倍，高速公路通车里程达553公里、居全省第一，被交通运输部确定为国家级公路运输枢纽城市；新建改建农村公路1.5万公里，“村村通”工程全面完成。解决了160余万农村居民饮水安全问题，新增农村沼气用户33万户，累计造林422万亩。

——社会事业全面进步。教育“两基”工作通过国检，城乡免费义务教育全面实现，各级各类教育协调发展。文化、体育事业日益繁荣。科技对经济增长的贡献率由42.7%提高至49%，荣获“全国科技进步先进市”称号。医疗卫生服务体系逐步健全，被评为“全国农村中医工作先进市”。计划生育工作机制创新力度加大，被确定为全国首批计划生育综合改革示范市。

——人民生活持续改善。城镇居民人均可支配收入、农民人均纯收入年均分别增长13.6%、13.3%。城乡居民储蓄存款余额年均增长15.3%，五年翻一番多。坚持每年办好十项民生工程，新增城镇就业50万人，农村富余劳动力转移就业76万人，各类社会保障覆盖面持续扩大、标准不断提高。52万贫困人口实现脱贫。各位代表，“十一五”时期的发展成就，是在国际金融危机严重冲击、宏观环境复杂多变、重大自然灾害频发的情况下取得的。这是省委、省政府和市委正确领导的结果，是市人大、市政协积极支持的结果，是全市人民共同奋斗的结果。在此，我代表市人民政府，向全市广大干部群众，向各位人大代表、政协委员和各民主党派、工商联、无党派人士，向离退休老同志，向驻宛部队、武警官兵，向中央、省驻宛单位，向所有关心支持南阳发展的各界朋友，表示崇高的敬意和衷心的感谢！

五年的成绩来之不易，奋斗的启示弥足珍贵。我们深切体会到：推进政府工作，必须着眼全局和长远，自觉把南阳放在全省全国发展的大格局中来谋划，多做打基础、利长远、增后劲的事情；必须注重统筹和运作，在经济社会发展上统筹兼顾，强化运作、有效运作，抢抓机遇谋发展，突出重点攻难点，推动整体工作全面提升；必须突出项目和产业，坚持以项目建设统揽经济社会发展全局，着力培育壮大战略支撑产业和新兴产业，以项目建设和产业振兴支撑发展；必须抓好平台和载体，积极实施“四个带动”，着力构建“一个载体、三个体系”，深入开展“六创一迎”，办好节会，充分发挥这些平台、载体的带动作用；必须坚持求实求效，加强效能建设，优化政务环境，强化督查落实，注重效率和效益，不断提高政府执行力和公信力；必须关注民生民心，把发展经济与改善民生结合起来，尽心尽力为群众办实事、办好事，让改革发展成果更多地惠及于民。同时，我们也清醒地看到，南阳人口多、基础弱、大而不强的基本市情还没有根本改变。当前发展中还存在不少困难和问题：经济发展速度不快，主要经济指标人均水平在全省仍处于中等或靠后位次；经济结构不优，农业基础设施薄弱，工业实力不强，三产发展滞后，城镇化水平较低，中心城市首位度不高；体制机制性矛盾仍然突出，发展动力不足、活力不强；基本公共服务薄弱，社会事业历史欠账较多，尤其是教育和医疗资源严重不足、布局不合理，改善民生的任务十分艰巨；政府自身建设和管理需要加强，一些部门办事效率不高，一些工作人员的思想观念、能力素质和工作作风还不适应新形势的需要。对此，我们一定高度重视，认真解决。

二、“十二五”时期的发展思路和奋斗目标

“十二五”时期是我市全面发力、加速转型、跨越发展的重要战略机遇期。纵观全局，当前及今后一个时期，国际、国内产业梯度转移的趋势进一步增强；国家进一步扩大内需、促进中部崛起、加大转移支付力度；中原经济区已正式上升到国家战略层面，我市被省委、省政府确定为中原经济区主体区和连南启西、对接周边的先锋区；尤其令人鼓舞的是，省政府最近专题出台了《关于支持南阳经济社会加快发展的若干意见》，在政策、项目、资金等方面予以大力支持，这些都为我市加速发展提供了前所未有的重大机遇，我们必须紧紧抓住，争取有更大作为。审视南阳，我市正处于工业化、城镇化加速推进期，经济发展的内生机制初步形成，产业技术、区位交通、人文自然资源等优势日益凸显，南阳新区、国家级高新区建设拉开帷幕，南水北调中线工程、南阳核电、南阳粮食主产区建设等重大工程陆续上马，加速发展的基础更为坚实。我们完全有条件、有信心在新的起点上实现更快速度、更大规模、更高水平的发展。

根据市委“十二五”规划建议，今后五年我市经济社会发展的指导思想是：深入贯彻落实科学发展观，以科学发展为主题，以加快转变经济发展方

式为主线，以富民强市为中心任务，坚持“四个重在”实践要领，深入实施“四个带动”，大力推进“一个载体、三个体系”建设，加快新型工业化、城镇化和农业现代化进程，着力改善民生，促进社会和谐，全力打造豫鄂陕省际区域性中心城市和生态宜居城市，构建中原经济区重要区域增长极，为全面建设小康社会打下坚实基础。

展望“十二五”，我市经济社会发展的愿景和目标是：

——综合实力迈上新台阶。按照“主要经济指标年均增速高于全省平均水平、人均指标力争达到或接近全省平均水平”的要求，“十二五”时期全市生产总值年均增长11%以上，地方财政一般预算收入年均增长13%，全社会固定资产投资五年累计突破万亿元大关，经济总量占全省的比重进一步提高，综合经济实力、区域竞争力显著增强，成为中原经济区重要的区域增长极。

——转型发展迈出新步伐。产业结构和生产力布局得到优化，科技进步对经济增长的贡献率达到55%，现代产业体系、自主创新体系基本确立，形成8个销售收入超500亿元的产业、5个销售收入超300亿元的产业集聚区、10家销售收入超100亿元的骨干企业，建成全国重要的新能源、光电高新技术特色产业基地和重大装备制造基地；粮食综合生产能力突破120亿斤，农业现代化水平明显提升，建成全省现代农业示范区。

——城乡建设呈现新面貌。中心城区建成区面积超过130平方公里、人口达到150万左右，经济实力和辐射带动能力明显增强，成为豫鄂陕毗邻地区具有较大影响力的省际区域性中心城市；县域经济形成各具特色的主导产业和发展模式，绝大部分县市进入全省中上游水平，力争邓州城区人口达到45万、唐河城区人口达到35万，其他县城人口超过或接近20万；农村生产生活条件明显改善，城乡统筹发展格局初步形成。南阳机场年旅客吞吐量突破50万人次，力争郑渝高铁、宁西铁路复线、运十铁路南阳段建成投运，所有县城20分钟以内上高速，所有干线公路达到二级以上标准，县乡道路基本达到三级以上标准，成为中部地区新的综合交通枢纽。

——生态文明形成新优势。资源节约集约利用水平明显提高，节能减排完成省定目标，森林覆盖率达到40%以上，南水北调中线工程南阳段全面建成，经济社会发展与生态环境保护有机统一，人与自然和谐相处，城乡人居环境进一步改善，建成资源利用合理、经济效益显著、生态环境良好的全省高效生态经济示范区，成为国内外知名的生态文化旅游胜地和休闲养生之都。

——改革开放实现新突破。政府职能转变、重点领域和关键环节改革进一步深化，体制机制创新迈出重大步伐；对外合作领域和空间不断拓展，外贸进出口总额和实际利用外资实现翻番，形成全方位、多层次、宽领域的对外开放新格局，成为充满活力和吸引力的内陆开放高地。

——人民生活水平得到新提高。城镇居民人均可支配收入和农民人均纯收入分别达到2.39万元、8600元以上，接近全省平均水平；各级各类教育快速发展，医疗卫生服务能力大幅提高，“上学难”、“看病难”问题得到有效缓解；就业渠道更加畅通，就业岗位更加丰富，就业服务更加健全；低收入群体住房保障问题明显改善，广覆盖、多层次、可持续的社会保障体系基本建立，社会更加安全稳定和谐，人民生活更加幸福美好。

围绕实现上述奋斗目标，我们要深入实施“四个带动”，激活两个主体，坚持“两轮驱动”、“三化”协调推进，实施“一极两轴三区”战略布局，加快构建十大战略支撑体系。即：充分激活经济社会发展中各级政府这一责任主体和各类企业这一市场主体，形成振兴南阳的强大合力。坚持中心城市和县域经济“两轮驱动”，以新型城镇化为支撑、以新型工业化为主导、以推进农业现代化为基础，奋力走出一条不以牺牲农业和粮食、生态和环境为代价的“三化”协调科学发展的路子，努力破解“钱从哪里来、人往哪里去、粮食怎么保、民生怎么办”四道难题。优化战略布局，强化“一极”，将中心城市打造成为市域经济发展的核心增长极；提升“两轴”，依托承东启西的宁西铁路、312国道及沪陕高速，连南接北的焦枝铁路、许南襄高速以及规划建设的郑渝高铁，构建两条十字交叉的市域经济隆起带；统筹推进产业集聚区、粮食主产区、生态安全功能区协调发展。构建十大战略支撑体系，即着力构建具有竞争力的现代产业支撑体系、统筹城乡的新型城镇化支撑体系、现代化的基础设施支撑体系、引领发展的区域自主创新支撑体系、充满活力的体制机制支撑体系、内外互动的开放型经济支撑体系、高素质的人力资源开发支撑体系、独具特色的文化支撑体系、可持续发展的资源环境支撑体系、以人为本的和谐社会支撑体系。

《南阳市国民经济与社会发展第十二个五年规划纲要（草案）》及说明已印发大会，请一并审议。

各位代表！展望未来，机遇难得，前景喜人；挑战严峻，任务艰巨。今后五年，我们面临加快发展和加快转型的双重任务，破解结构性矛盾和体制机制性矛盾两大难题，培育中原经济区重要区域增长极和区域竞争日趋激烈的双重挑战。同时，还要完成服务保障南水北调中线工程、筹办第七届全国农运会和保证粮食稳产高产等国家重大任务。我们一定要保持清醒头脑，以强烈的责任感和拼搏精神，直面挑战，奋发有为，决不辜负党和人民的重托！我们坚信，有省委、省政府和市委的坚强领导，有全市1100万人民的共同奋斗，任何艰难险阻都挡不住南阳跨越发展的坚定步伐，我市“十二五”宏伟蓝图一定要实现，也一定能够实现！

三、2011年工作安排

今年是“十二五”的开局之年，也是建设中原经济区的起步之年，做好今年工作，意义重大。今年经济社会发展的主要预期目标是：生产总值增长11%，地方财政一般预算收入增长12%，全社会固定资产投资增长20%，社会消费品零售总额增长16%，居民消费价格涨幅控制在4%左右，城镇登记失业率控制在4.5%以内，人口自然增长率控制在6.5‰以内，城乡居民收入较快增长，节能减排完成省下达目标。

实现上述目标，今年政府工作要把握好以下几点：一是把加快发展作为第一要务，把富民强市作为中心任务，紧扣科学发展主题，贯穿加快转型主线，努力实现经济发展速度质量效益、强市与富民的有机统一。二是突出重点，把农运会筹备、南水北调移民迁安及工程建设、“一个载体、三个体系”建设、南阳新区和鸭河、官庄工区建设、招商引资作为今年工作的重中之重来抓，全力推进，务求突破。三是坚持把保障和改善民生作为各项工作的出发点和落脚点，让人民群众享受到更多改革发展的成果。四是坚持把“四个带动”作为推动经济社会发展的总抓手，切实抓紧抓好，带动整体工作快速提升。

今年着重抓好以下十个方面工作：

（一）加快转型，优化结构，提升工业竞争力。实施工业强市战略，大力推进新型工业化。一是加快战略支撑产业和新兴产业规模化、高端化进程。围绕规划引领、龙头带动、项目支撑、集群发展、规模扩张的思路，按照一个产业编制一个发展规划、培育1～2个龙头企业、带动一批配套协作企业、实施一批项目、组建一个专门班子、出台一套扶持政策的要求，加速做大做强油碱化工、装备制造、电力能源、冶金建材、纺织服装、食品六大战略支撑产业和新能源、光电、新材料三大战略新兴产业，力争一年打基础、三年上台阶、五年成规模。推进油碱化工产业转型升级。依托河南油田、中源化学等骨干企业，重点抓好蜡产品、油页岩加工、碱硝化工等项目建设，做大做强油碱化工产业。加快发展壮大装备制造产业。依托防爆、二机石油等龙头企业，发挥我市在石油钻采、防爆电机、专用汽车及零部件等领域形成的技术优势，扩大大型成套设备、工程机械、核级电机、深海钻机等优势产品规模，打造全省重要的特色装备制造业基地。积极发展电力能源产业。大力支持特高压扩建工程建设，推进南阳核电、天池抽水蓄能电站、宛西电厂等重大项目工作进度，争取早日开工建设。推进冶金建材产业结构调整和战略重组。依托龙成、淅铝、中联、天瑞水泥等重点企业，延伸钢铁、有色金属和建材产业链条，重点实施淅铝超薄精箔、龙成热处理、南召碳酸钙产业开发等项目，打造特种钢、PS板、金银制品和新型建材等生产基地。大力发展纺织服装产业。依托新纺、南纺、雪阳等龙头企业，着力开发高档精梳纱、多种纤维混纺纱、面料、服装等产品。壮大提升食品产业。依托娃哈哈、龙大牧原、科尔沁牛业、三色鸽乳业、雨润禽业、赊店酒业、三源食品等龙头企业，着力引进战略合作者，延伸产业链条，提升产品附加值，实现产业转型升级。积极培育新能源产业。以新能源国家高技术产业基地建设为载体，依托天冠、迅天宇等龙头企业，着力培育生物质能源、多晶硅太阳能光伏、聚光太阳能发电装备等三大产业链，推动迅天宇4000吨多晶硅、天冠沼气发电等项目建设，打造全国一流的新能源研发制造基地。加快发展光电产业。用好国家光电高新技术产业化基地和省光电产业基地两块招牌，依托中光学、首控光电、乐凯华光、社旗森霸等骨干企业，加强与富士康等国内外大型企业的战略合作，培育光电显示、光电信息记录材料和LED半导体照明三大产业链，创建具有较强竞争力的光电产业基地。发展振兴新材料产业。依托天冠、西保、中南钻石等骨干企业，着力培育二氧化碳全降解塑料、功能性冶金保护材料、超硬材料三大产业链。二是加快推进产业集聚区建设。开展“产业集聚区建设提速增效年”活动，力争今年全市产业集聚区完成总投资超500亿元，规模以上工业实现主营业务收入超1000亿元，争取新能源、高新、邓州产业集聚区跻身“河南省新型工业化产业示范基地”，西峡和高新产业集聚区进入全省30强。三是积极培育大型骨干企业和优势企业集群。继续抓好工业企业“双百”工程，着力培育百亿企业，鼓励河南油田、龙成进一步发展壮大，支持天冠、淅铝、西保、中源化学、二机石油、中光学、防爆等骨干企业，向主营业务收入达到百亿元的目标挺进。积极引导上下游企业建立战略联盟。继续做好十大纳税工业企业和十大纳税高增长工业企业评定工作，激励企业加速发展壮大。大力实施“421”企业上市计划，争取牧原股份、中南钻石、淅减等企业上市或通过发行审核，新纺、西保、宛西、龙成发行企业债券。同时，重视支持中小企业发展。做好中小企业产权交易市场试点工作。积极发展担保机构和小额贷款公司，有效缓解中小企业融资难题。

(二)巩固加强“三农”工作。认真落实强农惠农政策，加大“三农”投入，推动“三农”工作再上新台阶。加强农业基础设施建设。抓住中央加快水利建设的重大机遇，积极争取中小水库除险加固、中小河流治理、灌区节水改造和续建配套、水土保持等项目资金，加快水利工程建设，进一步改善我市农业生产条件。开工建设桐柏石步河水库，抓好鸭河口水库和22家小一型水库除险加固工程。完成中低产田改造17万亩，建设高标准农田8万亩，新增有效灌溉面积10万亩、除涝面积10万亩、节水灌溉面积15万亩。大力发展现代农业。启动实施现代农业产业发展总体规划，大力推进粮食主产区建设，开展高产创建活动，确保每个县市区建成3～5个万亩高产创建示范区，力争夺取粮食丰收。积极发展高效特色农业，抓好十大特色农产品基地建设。大力发展设施农业。统筹推进“菜篮子”工程建设，新发展蔬菜2万亩，其中设施蔬菜2000亩。大力发展畜牧业，积极培育肉牛、生猪、奶牛、肉鸡四大优势产业，打造南阳黄牛、牧原生猪等畜牧品牌，力争全市肉蛋奶产品总量增长8%。加快农业产业化进程，以引进、培育农业产业化龙头企业为主攻方向，加大招商引资力度，在粮、棉、油、牧、林业、水利、农机等方面，面向全国引进一批大型产业化龙头企业，带动南阳由传统农业向现代农业转变。加快建立现代农业科技示范体系。大力推进农业标准化生产。全面落实农产品市场准入制度。落实好农机具购置补贴政策，大力实施薄弱环节机械化水平提升行动计划。搞好新农村建设。建成100个市级示范村、100个市级试点村，完成26个省级示范村、1298个市级村容村貌整治村年度建设任务。改造农村公路2000公里、危桥4000延米。新解决25万农民饮水安全问题。新增农村沼气用户2万户，建设农村沼气服务网点150个。新建村邮站500个。实施新一轮农村电网改造升级工程。对100个贫困村实施整村推进扶贫，解决10万贫困人口的脱贫问题。

(三)大力发展服务业。以重大项目、重点企业、品牌培育、集聚区建设为重点，通过创新理念、政策扶持、优化环境等措施，推进服务业加速发展。规范提升传统服务业。以合理布局、规范经营、改造升级为重点，推动餐饮住宿、商贸流通等传统服务业健康发展。以筹办农运会为契机，提升酒店业接待水平。扎实推进“放心早餐”工程。切实抓好中心城区35处拟建菜市场的规划设计工作，重点抓好7处拟建菜市场的规划选址、建设和6处已建菜市场的改造提升工作。贯彻落实家电、摩托车下乡和家电以旧换新政策，全面提升“新网工程”建设水平。积极发展现代服务业。大力发展现代物流业，加快各类物流园区规划建设，积极推进物流企业整合和战略重组，推动工商企业物流业务实行外包，加快发展第三方物流。支持金融机构在南阳设立分支机构，完善金融服务体系，启动金融街规划建设，优化金融生态环境，推动金融业快速发展。加快特色文化旅游产业发展，抓好伏牛山世界地质公园核心区、卧龙岗文化旅游产业集聚区、镇平玉文化改革发展试验区、社旗赊店商埠文化产业园区建设，着力打造武侯祠、恐龙遗迹园、宝天曼、丹江渠首、桐柏淮源等五大龙头景区，大力推进独山风景区建设，培育一批精品旅游线路，带动文化旅游产业快速发展。加快实施张仲景医药创新工程，培育壮大集医疗、保健、教育、科研、产业、文化为一体的中医药创新体系，强力推进“中医药都”建设。大力发展科技研发、技术交易、信息咨询、知识产权认证等科技服务和投资咨询、资产评估、法律、会计、职业中介等专业服务。积极推进“三网”融合，加快3G网络建设。进一步抓好商业示范社区创建活动，培育一批省级、国家级商业示范社区。认真贯彻落实国家房地产调控政策，促进房地产市场健康发展。

(四)加快新型城镇化进程。把城镇化作为带动“三化”协调发展的着力点，坚持走集约高效、生态宜居、城乡统筹、协调发展的新型城镇化道路，全面实施城乡建设三年大提升行动计划，力争城镇化率达到40%。加快城镇建设发展步伐。启动实施中心城区振兴工程，突出项目支撑，强力推进产业结构优化升级、综合交通体系、能源基础产业、社会事业等领域重大项目建设，进一步增强中心城区的发展后劲和辐射带动能力。以新区、工区和产业集聚区为重点，拓展中心城市发展空间，加速壮大城市经济。组建南阳新区管理机构，完成总体发展规划、控制性详规、核心起步区城市设计的编制工作，搞好南阳新区土地和空间控制，加快基础设施建设步伐，加大项目引进、建设力度，为《南阳新区建设总体方案》全面实施奠定坚实基础。进一步理顺鸭河、官庄工区管理体制，建全机构，充实人员，发挥职能，加快规划建设步伐，力求取得突破性进展。以农运会场馆及配套设施建设为重点，高标准推进东北分区建设。加大城中村和老城区开发改造力度。抓好中心城区3座大桥续建改造、23条道路改扩建。力争年底前基本完成中心城区背街小巷改造任务。抓好中心城区独山水厂、污水处理厂二期、白河南污水处理厂、污泥处置工程和垃圾处理厂二期工程建设。加快全市天然气长输管线和城区燃气输配系统建设，争取西气东输二线南阳段支线6月底前建成送气。加快县城和小城镇发展。依托县域产业集聚区，搞好县城规划，推进基础设施建设，完善城市功能，加快培育一批宜居宜业的中等城市。以“争星创强”活动为载体，以突出特色、挖掘内涵、提升品质为重点，培育壮大50强镇，突出抓好主要交通线、产业带上的小城镇建设，精心打造一批人口超5万的中心镇。提升城镇规划和管理水平。统筹城镇发展各项规划，加快建立起与城镇化进程相适应的基础设施、公益事业、公共交通、市场等规划体系。加强对规划实施的监督，严厉打击违法建设行为。加强城市景观建设，重视建筑风格塑造，创建优美宜居城市。加强城市管理，建立城市精细化管理长效机制，开展社区达标晋星活动，狠抓城市交通秩序和主要道路综合整治，巩固经营秩序和小广告治理成果。全面实施市容环境和园林绿化提升行动计划，启动城市数字化管理系统建设。坚持公交优先，完成中心城区公交发展规划，优化线路、增加班次，方便市民出行。实施中心城区地下空间开发利用规划。把节地、节水、节材、节能落实到城市规划建设管理的全过程，积极推进节约型城市建设。加快人口向城镇转移。以改革的精神和更大的气魄，积极推动农村人口加速向城镇转移。加快户籍制度改革，制订实施促进农民到城市落户的政策。着力解决好进城务工人员的就业、安居、子女入学、社会保障四个关键问题，逐步使进城落户农民享有与市民平等的待遇。积极稳妥地推进城市新区、产业集聚区和城乡结合部新型农村社区建设，带动城乡一体化发展。构建综合交通体系。抓好南阳机场二期改扩建工程，积极争取开通新航线。配合做好宁西铁路复线和火车站改建工程相关工作。力争开工建设郑渝高铁南阳段。加快内邓高速建设进度，争取三淅高速、武西高速南阳段开工建设。大力实施312国道部分界段一级路改造工程。开工建设南阳汽车北站等一批运输场站。

（五）全力做好第七届全国农运会筹备工作。筹办农运会是我市加快发展、促进转型、扩大开放的重大平台，也是推进城市发展、繁荣体育事业、提高城乡文明程度的重大机遇。今年是农运会筹备的关键之年、决战之年，做好今年各项筹备工作，至关重要。一是广泛动员，上下联动。举办农运会，重在筹备、重在过程，要把农运会筹备与完善城市功能、扩大对外开放、建设美好家园、提高全民素质和城乡文明程度结合起来，最大程度地发挥农运会的辐射、带动和提升功能。从现在起，全市上下各级各部门、社会各界人士，都要积极行动起来，参与、支持、服务农运会筹备工作，自觉履行好“人人都是东道主，我为农运做贡献”的光荣使命，营造“办好农运会，热情迎嘉宾”的浓厚氛围。二是加快农运会硬件建设进度。年底前，完成8个新建体育场馆（场地）、7个改建场馆和新建、改造宾馆建设任务，完成水、电、路、网络等基础设施和智能化工程建设，确保各项硬件建设任务大头落地。三是大力推进农运会软件建设。搞好农运会资源开发和开闭幕式策划工作，认真组织开展在全省全国有较大影响的主题宣传活动，加强接待服务人员培训，树立南阳开放文明的新形象。四是深入开展“六创一迎”活动。坚持市、县、乡、村四级联动，全面推动创迎工作提速加力，深入开展群众性精神文明创建活动，促进城乡面貌、全民素质和城乡文明程度的全面提升。五是积极争取上级支持。抓住农运会筹备这一重大机遇，用足用活相关政策，筛选、策划、包装一批重大项目，积极争取国家和省的支持。

（六）打好南水北调移民迁安和工程建设攻坚战。南水北调中线工程建设对于作为渠首、水源所在地和干线经过地的南阳，必将产生重大而深远的影响，同时也为我市转型发展、跨越发展带来了十分宝贵的发展机遇。我们一定要高度重视，深入研究，全力以赴，为工程建设做出应有贡献，在服务保障全局中更多更好地造福南阳人民。扎实做好移民迁安和后续发展工作。今年是南水北调移民迁安攻坚之年、决胜之年，要坚定信心，狠抓落实，确保按时间节点完成任务。高标准推进第二批移民新村建设，5月20日前达到搬迁入住条件，8月底前完成8.6万移民搬迁安置。探索移民后期稳定发展路子，全面落实各项移民帮扶政策，确保移民“搬得出、稳得住、快发展、早致富”。切实搞好工程建设协调服务。今年南水北调中线工程主干渠将全面掀起建设高潮，要积极做好干线工程土地征用和施工环境维护等工作，确保工程建设顺利实施。加强库区生态建设和污染防治，确保水质安全。

（七）深入推进科教兴宛和人才强市战略。积极推进自主创新体系建设。加大科技投入力度，建立健全以企业为主体、市场为导向、产学研相结合的自主创新体系，大力推进科技成果转化，加快高新技术产业化步伐，增强自主创新能力，提高区域发展核心竞争力。加强科研基础条件建设，开展重大科研项目攻关，努力在新能源、光电、新材料、装备制造等领域争取一批国家、省重大科技项目，创建一批国家级重点实验室、高新技术企业和省级工程技术研究中心、创新型产业集聚区。制定实施南阳市专利奖励办法。争创国家科技进步示范市和国家知识产权示范市。进一步提升高新区、新能源国家高技术产业基地和卧龙农业高新科技示范园区建设水平。实施教育优先发展战略。加大投入力度，强力推进学前教育、城乡义务教育和高中阶段教育均衡发展。加快南阳中心城区和县城中小学建设和布局调整步伐。今年中心城区投入1.5亿元，新建、改扩建10所以上中小学。实施“名师、名校长、名班主任”工程，加大教师补进力度，合理安排城乡教师交流，全面提高教育质量。强力推进职教攻坚计划，加快职教园区一期规划建设步伐，启动工业学校、高级技工学校入驻园区工作，加快南阳职业学院和镇平玉雕职业技术学院筹建进度。重视加强高等教育，培育壮大一批特色专业学科；积极推动南阳医专升本和河南省经济管理学校、南阳农校、南阳幼师升专工作。大力发展民办教育。强化人才支撑。重视培养企业高层管理人员，努力建设一支具有战略思维、懂经营、会管理的企业家队伍。加强专业技术人才队伍建设，畅通人才引进“绿色通道”，加大高层次紧缺人才引进力度，实施海外人才引进“百人计划”。推进创业人才“星火工程”，培育创业人才队伍。加强企业博士后科研工作站和研发基地建设，加大对科研院所、高等院校、文化、医疗机构等人才载体的扶持力度，为吸引、留住、用好人才创造有利条件。

（八）强力推进改革开放。深入开展大招商活动。进一步强化大招商的战略地位，围绕产业培育和功能提升，积极与重大客商和战略合作伙伴开展创新型招商活动，不断提高大招商、招大商的成效。精心筹办南阳赴环渤海、长三角等地区的大型招商活动，深入开展以高新区、南阳新区、鸭河工区、官庄工区和产业集聚区为载体的专题招商活动，积极参加省内外重大招商活动，努力办好第九届玉雕节和第十届张仲景医药科技文化节。深化与中国兵工、中国兵装、首钢控股、中国平安等央企的战略合作，抓好亚太科技、富士康、郑州日产特种车辆、东风新能源汽车等一批重大合作项目建设。建立招商引资长效工作机制，狠抓跟踪督查，争取项目早落地、早投产。加快南阳机场航空一类开放口岸和南阳市B类口岸作业区建设，争取设立南阳出口加工区。深入推进各项改革。加快市属企业脱钩改制步伐。深化国有企业改革，完善国资监管运营机制。完成市县政府机构改革评估工作，积极稳妥地推进事业单位分类改革和公安警务机制改革。进一步理顺市区管理体制，建立财权事权一致、充满活力、运转高效的城区管理体制。启动研究职能弱化、无实质教学任务的市属培训机构资源整合与盘活办法。完成集体林权制度改革主体任务，实施配套改革。深化财政体制改革，强化财源建设，积极开展村级公益事业“一事一议”财政奖补工作。推进投融资体制改革，增强融资能力。同时，认真落实收入分配、金融、价格、教育、文化、水利等方面的改革措施。

（九）加强生态建设、环境保护和资源节约。加快林业生态市建设。坚持山区生态林、通道绿化、平原农田林网、环城和村镇绿化并重，加快造林绿化步伐，完成造林55万亩。加大环境保护力度。以创建国家环保模范城市为契机，积极争取国家大型环保项目落户南阳，大力推进唐白河、淮河流域和南水北调中线工程水源地等重点流域、区域水污染防治，控制电力、钢铁、造纸、印染等重点行业主要污染物排放总量，加快重点污染企业搬迁步伐，全面推进农村环境综合整治。强力推进节能降耗。大力淘汰落后产能，在冶金、建材、化工等行业实施高耗能设备更新改造，建设一批重大节能项目。加快节能服务体系建设，加大节能新技术、新工艺、新产品开发推广应用力度。推进资源集约节约利用。做好循环经济试点工作。积极推进节水技术改造。坚持最严格的耕地保护制度和集约节约用地制度，建立健全土地整治、集约节约用地和监督管理机制，保障发展用地需求。大力开展农用地和村庄整治，稳妥推进城乡建设用地增减挂钩，积极探索农村宅基地有偿退出途径，加大存量建设用地盘活力度，提高土地资源保障能力。推动矿产资源整合，提高矿产资源开发利用水平。

（十）切实保障和改善民生，促进社会和谐稳定。坚持以人为本、执政为民，实施好“十项民生工程”，让人民群众得到更多实惠。大力推进就业促进计划和社会保障工作。实施更加积极的就业政策，新增城镇就业9万人以上，下岗失业人员再就业2.5万人以上，其中“4050”等就业困难人员1万人，“零就业家庭”动态归零，新增农村劳动力转移就业8万人以上，全年发放小额担保贷款2亿元以上。完善落实被征地农民就业和社会保障办法。提高企业退休人员基本养老待遇。强力推进社会保险扩面征缴清欠工作，新增城镇企业职工基本养老保险1.2万人，城镇居民基本医疗保险稳定在75万人以上。实现失业保险市级统筹。巩固完善新农合制度。抓好新型农村养老保险试点工作，5个试点县力争参保人数达到165万人以上。扎实做好社会救助工作，提高城乡低保、农村五保供养水平。重视帮扶救助“空巢”困难老人。积极推进企业职工工资集体协商制度。大规模实施保障性安居工程，开工建设各类保障性住房90万平方米。加大住房公积金归集力度，发挥住房公积金制度的保障作用。加快文化强市建设，增强南阳软实力。实施艺术精品战略，繁荣文艺创作。加快文化重点项目建设，完成南阳广电中心建设任务，开工建设南阳报业大厦。完善公共文化服务体系，推进市县图书馆、文化馆、博物馆、档案馆和乡镇文化站、农村文化大院、广播电视村村通等文化惠民工程建设。加强国家历史文化名城建设，搞好文物保护和合理利用。全面完成有线电视数字化整体平移。大力发展卫生、体育等社会事业。深化医药卫生体制改革，加快推进基本医疗保障制度建设，建立基本药物制度，改进社区卫生服务。健全基层医疗卫生服务体系，促进城乡基本公共卫生服务均等化。推进公立医院改革试点。深入开展争创食品药品安全监管示范县、优秀城市活动，保障食品药品安全。加快全民健身试点城市和国家休闲体育产业基地建设步伐，完成600个村、50个社区全民健身工程。统筹做好人口计生工作，稳定低生育水平，提高出生人口素质，优化人口结构，积极应对人口老龄化。维护社会安全稳定。加强和改进信访工作，不断探索以群众工作统揽信访工作的新途径，推行重大决策信访风险评估，引导群众以理性合法途径表达诉求。启动“安全南阳”创建工作，加大责任追究力度，坚决遏制各类重特大事故发生。搞好地震安全工程建设。加快推进社会治安视频监控系统建设，加强社会治安综合治理，保持打击各类犯罪行为的高压态势，进一步提高人民群众的安全感。

同时，继续加强国防动员、国防教育和人民防空工作，重视支持驻宛解放军、武警部队和民兵预备役工作，全面落实优抚安置政策，积极创建全国双拥模范城。做好村委会换届工作。深入推行“四议两公开”工作法。支持工商联、工会、共青团、妇联、科协、文联、企联等发挥桥梁纽带作用。认真做好工商、统计、审计、民族宗教、外事侨务、残疾人、气象、地方志、档案等工作。

四、深化“四个带动”，开创政府工作新局面

新的形势和任务，对政府自身建设提出了新的更高的要求。我们要进一步增强忧患意识、责任意识、为民意识，继续以“四个带动”为总抓手，坚持依法行政，从严治政，强化运作，求实求效，推动全市经济社会科学发展、跨越发展。

（一）深入实施“四个带动”。按照“巩固、深化、创新、提高”的要求，强力组织“四个带动”新突破。一是强化项目带动。健全完善项目工作机制，统筹推进经济、文化、社会等领域项目建设，今年全市实施140个以上投资超亿元的重大项目，带动全市城镇固定资产投资完成1400亿元以上。市级重点抓好60个左右重大产业升级项目、20个重大城市建设项目、10个重大能源交通项目、10个左右重大项目前期工作。二是提升品牌带动。实施质量兴市战略和标准化战略，强化品牌激励、培育发展机制，建立国际、国家、省、市四级品牌梯队，集中培育一批优势明显的企业品牌、产品品牌、工作品牌，全年争创国家级品牌20个、省级品牌120个，促进产品质量、工作标准和发展层次全面提升。三是深化创新带动。积极推进科技创新、体制机制创新和管理创新，争取创建省级以上研发平台10家，着力培育一批体制机制创新和管理创新典型，激发各领域的创新创造活力，推进创新型南阳建设。四是推进服务带动。进一步清理行政审批项目，优化流程、简化程序、缩短时限，完成以行政审批为重点的全市统一的行政效能电子监察系统建设，研究制定绩效评估指标体系及绩效考核办法，开展机关效能提升行动，大力优化发展环境。

（二）强力推进依法行政。深入推进依法治市工作，扎实开展法治南阳创建活动。全面贯彻依法行政实施纲要，严格依照法定权限和程序履行职责。加强政府法制建设，完善行政决策机制，出台实施《重大行政决策规则》，坚持依法决策、民主决策、科学决策。规范行政执法行为，落实行政执法责任制和责任追究制。积极做好行政复议工作。自觉接受人大及其常委会的法律监督、工作监督和人民政协的民主监督，切实办好人大代表建议和政协委员提案。认真听取各民主党派、社会团体和无党派人士的意见和建议。主动接受新闻舆论监督和社会公众监督。进一步扩大政务公开范围，及时把与人民群众利益相关的各类事项向社会公开。

（三）坚持从严治政。深入推进“两转两提”，加强政府运行管理，塑造良好政风，树立高效廉洁的政府形象。一是严肃政纪。修订完善并严格执行政府规则及各项工作制度，强化制度约束，严肃政务纪律，确保令行禁止、政令畅通。二是勤政敬业。在政府系统扎实开展“创先争优”活动，树立榜样，拉高标杆，建立激励干事创业的工作机制，营造想干事、多干事、干成事的良好环境。三是从严治“奢”。严格财经纪律，加强支出管理，全年因公出国（境）经费、车辆购置及运行费、公务接

待费等支出预算零增长，制止铺张浪费，降低行政成本。四是廉洁从政。认真落实领导干部廉洁自律各项规定，严格执行廉政建设责任制，以制度建设和权力监督为核心，进一步建立健全政府系统惩治和预防腐败体系；严厉查办涉农资金、环境保护、征地拆迁、重点工程建设、土地出让等方面的案件，坚决纠正损害群众利益的突出问题，以反腐纠风的实际成效取信于民。

(四) 强化运作，务求实效。强化运作意识，创新运作方法，抢抓机遇，精心谋划，统筹推进，重点突破，奋发有为。大力推行“三具两基一抓手”的工作方法，坚持超常规、不违规，以领导方式和工作作风转变，加快发展方式转变、提高办事效率。围绕贯彻落实省政府《关于支持南阳经济社会加快发展的若干意见》，加强学习研究，搞好对省衔接，尽快在相关专项规划编制、政策实施、项目安排、体制机制创新等方面，取得实质性进展。改进目标管理，细化分解目标，层层落实责任，加大督查力度，强化考评问责，确保各项目标任务落到实处。

各位代表！站在新起点，实现新跨越，责任重大，使命光荣。让我们在省委、省政府和市委的坚强领导下，齐心协力，锐意进取，开拓创新，扎实苦干，努力实现“十二五”良好开局，为建设富强美好和谐新南阳而努力奋斗！

统 计 公 报

南阳市统计局关于2010年国民经济和社会发展的统计公报

(2011年3月16日)

2010年是实施“十一五”规划的最后一年，也是全市经济社会发展面临复杂形势和严峻挑战的一年，在市委、市政府的正确领导下，全市上下齐心协力，克难攻坚，抢抓机遇，开拓进取。全市经济稳定增长，整体结构逐步优化，社会事业全面进步，人民生活不断改善，为“十二五”时期经济社会发展奠定了良好的基础。

一、综合

初步核算，全市全年实现生产总值1955.84亿元，比上年增长11.6%。其中：第一产业增加值401.18亿元，第二产业增加值1017.07亿元，第三产业增加值537.59亿元，分别比上年增长4.5%、14.4%和11.2%。三次产业结构为20.5∶52.0∶27.5，二、三产业比重较上年上升0.9个百分点。

全年居民消费价格比上年上涨3.6%，其中，食品类价格上涨8.8%。商品零售价格上涨3.7%，农业生产资料价格上涨1.1%。

2010年居民消费价格指数

(以上为100)　　单位：%

类别	指数
居民消费价格指数	103.6
#城市	103.8
农村	103.3
#食品	108.8
#粮食	107.8
肉禽及其制品	103.1
菜类	137.1
烟酒及用品	102.9
衣着	100.8
家庭设备用品及服务	99.7
医疗保健及个人用品	102.1
交通和通信	100.3
娱乐教育文化用品及服务	101.8
居住	101.7

年末全市从业人员675.3万人。年末城镇登记失业率为3.5%。下岗失业人员实现再就业3.13万人,其中,就业困难人员就业数1.31万人。新增农村劳动力转移就业12.42万人。年末全市城镇在岗职工为70.5万人。

全年全市地方财政总收入122.88亿元,比上年增长21.0%。地方财政一般预算收入69.07亿元,增长23.0%。其中:税收收入54.15亿元,增长30.2%,税收占地方财政一般预算收入的比重为78.4%,比上年提高4.4个百分点。地方财政一般预算支出247.11亿元,增长21.4%。其中,教育支出增长15.7%、科学技术支出增长22.2%、农林水事务支出增长26.7%、社会保障与就业支出增长29.0%、医疗卫生支出增长25.3%。全市13个县(市、区)中有3个县(市)地方财政一般预算收入超5亿元。

二、农业

全年粮食种植面积1124.78千公顷,比上年增长0.3%,其中:小麦种植面积663.06千公顷,增长0.3%;棉花种植面积84.89千公顷,下降20.3%;油料种植面积313.6千公顷,增长2.6%;蔬菜种植面积246.73千公顷,增长3.1%。

全年粮食产量584.02万吨,比上年增长0.8%。棉花产量7.68万吨,下降14.6%。油料产量115.08万吨,增长3.3%。肉类总产量68.44万吨,增长1.3%;禽蛋产量31.8万吨,增长1.8%;奶类产量30.3万吨,增长4.6%。"十一五"期间粮食生产连续5年超百亿斤,粮食商品率达到68%。

2010年主要农产品产量

单位:万吨、%

产品名称	产量	比上年增减
粮食	584.02	0.8
夏粮	359.08	0.8
秋粮	224.94	0.8
油料	115.08	3.3
花生	92.59	4.4
棉花	7.68	-14.6
烤烟	5.55	-5.4
蔬菜	946.91	5.1
水果	66.41	7.5

年末农业机械总动力1120.41万千瓦,比上年增长4.2%;农用拖拉机89.73万台,下降5.5%;农用运输车7.11万辆,增长6.6%;农村用电量16.98亿千瓦小时,增长1.7%,化肥施用量(折纯)79.88万吨,增长4.2%;全年新增节水灌溉面积9.78千公顷。

三、工业和建筑业

全年全部工业增加值910.56亿元,比上年增长15.1%。规模以上工业增加值634.47亿元,比上年增长22.4%,其中,轻工业增长22.0%,重工业增长22.7%,轻、重工业比例为43.2∶56.8。产品销售率98.1%。

规模以上工业35个行业大类中,增加值超过20亿元的达到11个,居前5位的为:纺织业103.82亿元,比上年增长21.2%;非金属矿物制品业79.44亿元,增长18.5%;农副食品加工业38.28亿元,增长27.1%;石油和天然气开采业33.36亿元,增长8.2%;化学原料及化学制品制造业29.57亿元,增长13.9%。

主要工业产品产量中,畜肉制品产量比上年增长89.5%,小麦粉增长9.8%,纱增长19.9%,发电量增长16.3%,碳酸钠下降25.0%,水泥下降15.9%,天然原油与上年持平。

2010年主要工业产品产量

产品名称	单位	产量	比上年增减(±%)
天然原油	万吨	227.52	
天然气	万立方米	5874	3.7
小麦粉	万吨	254.39	9.8
发酵酒精	万千升	3.76	-15
啤酒	万千升	14.85	-46.7
卷烟	亿支	130.88	2.3
纱	万吨	102.9	19.9
布	亿米	4.27	6.8
碳酸钠(纯碱)	万吨	89.09	-25
化肥(折纯)	万吨	20.74	-30.9
中成药	万吨	2.24	1.5
水泥	万吨	1279.81	-15.9
人造金刚石	万克拉	34.4	44.2
生铁	万吨	122.23	-39.5
铁合金	万吨	10.05	-4.7
发电设备	万千瓦	17.96	-3.6
交流电动机	万千瓦	1124	17.8
发电量	亿千瓦小时	150.96	16.3
供电量	亿千瓦小时	247.06	28.6
畜肉制品	万吨	2.39	89.5

全年规模以上工业企业主营业务收入2015.57亿元,比上年增长35.1%;利润总额129.58亿元,增长66.8%。分所有制看,国有及国有控股工业利润25.67亿元,比上年增长14.1倍;非公有制工业利润93.62亿元,增长41.9%。分行业看,利润总额居前5位的行业大类为:纺织业20.54亿元,增长

46.8%;非金属矿物制品业16.13亿元,增长37.2%;石油和天然气开采业12.20亿元;农副食品加工业9.59亿元,增长64.1%;黑色金属冶炼及压延加工业7.14亿元,增长19.5%。

全年全社会建筑业增加值106.51亿元,比上年增长7.8%。全市具有资质等级的总承包和专业承包建筑企业实现利润9.38亿元,增长27.3%。

四、固定资产投资

全年全社会固定资产投资1389.43亿元,比上年增长20.5%,增速比上年回落8.2个百分点,“十一五”期间累计完成4652.5亿元,年均增长29.8%。其中:城镇投资1129.95亿元,增长21.6%,回落9.6个百分点;农村投资259.48亿元,增长16.0%,回落3.4个百分点

在城镇投资中,国有及国有控股投资254.01亿元,比上年下降8.4%;民间投资855.71亿元,增长33.0%;港澳台商投资19.35亿元,增长105.1%;外商投资7.09亿元,增长104.8%。第一产业投资33.35亿元,下降11.7%;第二产业投资718.74亿元,增长19.2%;第三产业投资377.86亿元,增长30.9%。

2010年各行业城镇固定资产投资完成情况

单位:亿元、%

行业	投资额	比上年增减
合计	1129.95	21.6
农林牧渔业	33.35	-11.7
工业	718.19	19.1
石油	30.51	-1.8
电力、热水	12.41	-66.3
燃气、水	18.09	-51.8
冶金	57.59	7.5
建材	155.07	26.1
化工	84.86	23.4
机械	133.21	54.0
电子	23.58	70.6
食品	89.85	30.6
纺织	60.88	26.9
其他工业	51.85	47.5
建筑业	0.32	1118.9
交通运输、仓储和邮政业	39.99	65.3
信息传输、计算机服务和软件业	4.49	-53.4
房地产业	97.64	23.5
水利、环境和公共设施管理业	113.03	44.7
教育	15.67	113.8
卫生、社会保障和社会福利	10.69	15.1
文化、体育和娱乐业	9.76	-37.2
其他	86.80	32.6

全年房地产开发投资70.32亿元,比上年增长25.3%,其中,住宅投资60.02亿元,增长37.1%。商品房施工面积967.35万平方米,增长15.7%,其中,住宅831.40万平方米,增长18.8%。商品房竣工面积170.95万平方米,增长7.5%,其中,住宅150.05万平方米,增长12.0%。商品房销售面积272.90万平方米,增长24.9%,其中,住宅258.66万平方米,增长28.2%。商品房销售额56.80亿元,增长33.8%,其中,住宅51.63亿元,增长46.8%。

全年全市城镇投资施工项目达到4146个,比上年减少485个;其中本年新开工项目2965个,减少894个;亿元以上项目283个,增加138个。

全年全市产业集聚区共完成投资469.52亿元,其中工业项目投资完成339.08亿元,占集聚区投资额的72.2%。施工项目1083个,新开工项目751个,投产项目632个。

南阳天羽有色金属压延有限公司二期工程、乐凯集团第二胶片厂柔性树脂版生产线、内乡石材基地、闽商陶瓷园、内乡至邓州高速公路、新新电机技术开发公司年产50千瓦电机用铜转30万个等一大批重点项目进展顺利。

五、国内贸易

全年批发和零售业增加值100.12亿元,比上年增长10.9%;住宿和餐饮业增加值64.81亿元,增长5.6%。

全年社会消费品零售总额789.17亿元,比上年增长18.7%。分城乡看,城镇社会消费品零售额565.47亿元,增长19.6%;乡村社会消费品零售额223.71亿元,增长16.4%。分行业看,批发业零售额110.23亿元,增长21.6%;零售业561.83亿元,增长18.1%;住宿业6.12亿元,增长22.3%;餐饮业110.99亿元,增长18.6%。在限额以上批发和零售企业销售额中,食品类增长46.8%,粮油类下降17.6%,石油及制品类增长147.1%,家用电器及音像器材类增长190.5%,金属材料类增长14.2%,种子饲料类增长55.3%,棉麻类下降14.4%。分产品销售量看,汽车销售8.49万辆,增长282.4%;家用空调器销售41.5万台,增长32.8%;水泥2.1万吨,增长92.7%;钢材29.1万吨,增长72.3%。

六、对外经济

全年对外贸易实现进出口总值9.53亿美元,比上年增长49.6%。其中:出口总值6.46亿美元,增长50.7%;进口总值3.07亿美元,增长47.4%。在出口总值中,机电产品出口1.52亿美元,下降9.6%;高新技术产品出口1.11亿美元,增长44.3%。

全年新批外商投资企业26个。合同利用外资金额2.44亿美元,比上年下降25.4%。实际利用外商直接投资2.01亿美元,增长51.2%。全年引进省外资金168.5亿元,增长24.5%。对外承包工程和劳务合作合同金额0.74亿美元,增长26.7%;营业额0.89亿美元,增长77.3%。

七、交通、邮电和旅游

全年交通运输、仓储和邮政业增加值83.14亿元,比上年增长17.5%。

全年完成客运量16642万人,比上年增长31.4%;货运量15222万吨,增长19.1%;完成旅客周转量127.97亿人公里、货物周转量387.88亿吨公里,分别比上年增长4.9%和31.1%。年末民用汽车保有量30.28万辆,增长21.0%。

全年邮电业务总量48.77亿元,增长16.9%。其中:邮政业务5.11亿元,电信业务43.66亿元。年末本地移动电话用户359.26万户,计算机互联网用户42.31万户,固定电话用户85.63万户,局用电话交换机总容量134.24万门。

全年共接待境内外游客1868.1万人次,比上年增长38.2%。旅游总收入95.6亿元,增长37.9%。年末共有A级旅游景区28处,其中,4A级以上景区6处。星级酒店37个,旅行社120家。

八、金融、证券和保险业

年末全市金融机构人民币各项存款余额1471.22亿元,比年初增加325.32亿元;其中,居民储蓄存款955.82亿元,比年初增加152.01亿元;企业存款212.55亿元,比年初增加64.06亿元。年末金融机构人民币各项贷款余额827.50亿元,比年初增加128.42亿元;其中短期贷款548.99亿元,比年初增加109.47亿元;中长期贷款240.45亿元,比年初增加25.05亿元。

全年保险公司保费收入44.48亿元,比上年增长17.7%,其中:财产险保费收入8.61亿元,增长25.9%;人身险保费收入35.87亿元,增长15.8%。全年赔付13.98亿元,增长52.4%,其中:财产险赔付5.31亿元,增长30.0%;人身险赔付8.67亿元,增长70.3%。"十一五"期间,交通、民生、中信、郑州银行和中航、中信证券相继入驻南阳,与天津市合作设立的南阳村镇银行及两家支行挂牌开业,新纺、利达光电、西泵公司成功上市。

九、教育和科学技术

年末全市拥有普通高等学校4所,当年招生2.29万人,在校生6.67万人,毕业生1.9万人。成人高校1所,当年招生0.02万人,在校生0.08万人,毕业生0.09万人。中等职业技术学校92所,当年招生5.08万人,在校生13.5万人,毕业生4.15万人。普通高中72所,当年招生5.12万人,在校生15.15万人,毕业生5.75万人。初中学校441所,当年招生14.16万人,在校生41.47万人,毕业生12.59万人。普通小学3763所,当年招生21.69万人,在校生112.21万人,毕业生14.24万人。特殊教育学校10所,当年招生192人,在校生935人。幼儿园在园幼儿21.79万人。全年累计发放"两免一补"资金5.09亿元,资助困难学生210万人次。

全年全市科技活动人员1.92万人,科技活动经费支出16.47亿元;省级工程技术中心18家、重点实验室3个;共取得省级科技进步奖21项;申请专利1345件,授权专利926件;签订技术合同106份,成交金额3224.1万元;培育国家级企业技术中心4家,省级企业技术中心31家。"十一五"期间,南阳先后被授予国家新能源高技术产业基地、国家光电高新技术产业化基地、省光电和生物产业高技术基地,卧龙农业高新科技示范园区晋升为国家级,荣获"中国最具创新力城市"称号和"全国科技进步先进市"称号。

年末共有产品质量监督检验机构15个。法定计量技术机构12个。全年强制检定计量器具26万台件。制定、修订地方标准113项,其中新建标准15项。完成产品认证的企业达到26个。年末共有5种产品拥有"国家地理标志产品保护"称号;5种产品拥有"中国名牌产品"称号;43种产品拥有"河南名牌产品"称号。全市共有天气雷达观测站点2个,卫星云图接收站点1个。地震台站1个,地震遥测台网1个。

十、文化、卫生和体育

年末共有艺术表演团体17个,文化馆16个,公共图书馆13个,博物馆16个;全国重点文物保护单位13处,国家级非物质文化遗产名录10个。有线电视用户68.2万户,广播电台1座,广播人口覆盖率95.7%;电视台1座,电视人口覆盖率95.7%。年末共有综合档案馆14个,已开放各类档案14.03万卷(件)。"十一五"期间荣获"中国楹联文化城市"称号。

年末全市共有卫生机构373个,其中:医院、卫生院302个,妇幼保健院(所、站)13个,疾病预防控制中心(防疫站)14个,卫生监督检验机构11个。卫生机构病床床位2.77万张,其中,医院、卫生院2.59万张。卫生技术人员3.11万人,其中:执业医师和执业助理医师1.14万人,注册护士1.03万人。疾病预防控制中心(防疫站)技术人员0.11万人,妇幼保健院(所、站)技术人员0.13万人。农村乡(镇)卫生院222个,床位0.73万张,卫生技术人员0.8

万人。新型农村合作医疗制度覆盖所有县市区，实际参加农村合作医疗农民925万人，参合率达到99.4%。

全年运动员在国内外重大比赛中，共获得金牌20块。参加省万村千乡农民篮球赛，获第二名。参加省第十一届运动会成人组比赛获一等奖2个，二等奖12个，三等奖13个，团体二等奖。第七届全国农运会筹备工作扎实推进。

十一、人民生活和社会保障

全年农民人均纯收入5666元，比上年增长14.9%，扣除价格因素，实际增长11.3%。农民人均生活消费支出4012元，增长11.3%。农村居民家庭恩格尔系数为38%。

城镇居民人均可支配收入15077元，比上年增长11.7%，扣除价格因素，实际增长7.6%。城镇居民人均消费性支出11116元，增长15.9%。城镇居民家庭恩格尔系数为33.1%。

年末参加基本养老保险人数50.7万人，其中：参保职工36.5万人，参保离退休人员14.2万人。参加基本医疗保险人数74.8万人。参加失业保险人数62.6万人。

全年共发放城镇居民最低生活保障金2.5亿元，享受最低生活保障13.7万人。发放农村低保金3.2亿元，农村低保对象43.9万人。发放城乡医疗救助资金7859万元，救助28.6万人次。

年末各类社会福利院床位3.8万张，收养3.6万人。城镇建立各种社区服务设施166个，其中，社区服务中心38个。全年销售福利彩票1.3亿元，接受社会捐赠359万元。

十二、资源、环境与安全生产

全年总用水量24.62亿立方米，其中：农业用水13.01亿立方米；工业用水7.72亿立方米；生活用水3.62亿立方米。

“十一五”期间，全市化学需氧量、二氧化硫分别减排7.5万吨和9.5万吨，超额完成省政府下达我市的减排任务；全市河流水质明显好转，城市集中式饮用水水源地水质100%达标；城市环境空气质量优、良天数达标率稳定在90%左右；丹江口水库水质稳定达到调水要求。

全年共营造林49.5万亩，其中，人工造林38.2万亩。退耕还林13.05万亩。全市参加义务植树586万人次，完成义务植树1550万株。年末共有自然保护区6个，其中，国家级自然保护区3个。森林公园8个，其中，国家级森林公园2个。年末全市森林覆盖率为37%。全年共发生各类安全生产伤亡事故896起，比上年增长1%；死亡200人，比上年下降21.3%。

注：

1.本公报为初步统计数。

2.地区生产总值、各产业增加值绝对数按现价计算，增长速度按可比价计算。

3.居民家庭恩格尔系数指居民家庭食品消费支出占生活消费支出的比重。

4.部分数据因四舍五入的原因，存在着与分项合计不等的情况。

四议两公开

【南阳市创造性实施“四议两公开”工作法】 随着农村经济社会发展，农村社会组织形式深刻变化、利益格局深刻调整，农村基层党组织的领导机制、领导方法和基层干部的工作理念、工作作风出现不少不适应新形势新任务的情况，村党支部在农村工作运行中定位不准确，村党支部与村委会合力不够强，基层党员群众的民主权利难以保障，农村经济发展、基础设施建设和公益事业推进困难加大，农村不稳定不和谐因素增多等问题日益凸显。为从体制机制上破解这些问题，邓州市于2004年创造性地探索提出了农村决定重大事项、解决重大问题的“四议两公开”工作法。2009年4月，国家副主席习近平在河南调研期间专门听取了关于“四议两公开”工作法实施情况的汇报，给予了充分肯定，要求河南率先推广，并作出重要批示：“邓州工作法是党的基层组织建设的好经验、好做法，可加以完善并在更大范围内推广。”随后，胡锦涛和贺国强、回良玉、刘云山、李源潮等领导先后作出重要批示，肯定这一工作法把党的领导机制、“两委”协调机制、党内基层民主机制和农村村民自治机制有机融合在一起，是党领导的村级民主自治机制的创造性实践。2009

年11月，中组部在河南召开了全国党领导的村级民主自治机制工作经验交流会，将"四议两公开"工作法的经验推向全国。

【"四议两公开"的主要内容】 所有村级重大事项都在村党组织领导下，按照"四议"、"两公开"的程序决策实施。"四议"包括：一是党支部会提议，就是所有村级重大事项的决策，都由村党支部会在广泛征求党员和村民意见的基础上，提出初步意见并表决通过；二是"两委"会商议，就是村党支部委员和村委会委员对村党支部会的提议进行讨论、完善、表决；三是党员大会审议，就是把"两委"会商议的意见交党员大会讨论审议；四是村民代表会议或村民会议决议，就是按照《村民委员会组织法》规定，把审议意见提交村民代表会议或村民会议讨论表决。"两公开"：就是决议公开，把决议的内容向全体村民公布，接受监督；实施结果公开，把决议实施的情况特别是工作成效实事求是地公布，督促党员干部扎实工作，确保决策落到实处。

为推广和运用好"四议两公开"工作法，省委、省政府于2009年5月作出了《关于在全省村级组织推广邓州市农村党支部、村委会"4＋2"工作法的决定》，并先后召开了由市、县、乡、村主要负责人参加的电视电话会议，市、县主要负责人参加的现场会，市委副书记、组织部长参加的工作汇报会等，使"四议两公开"工作法得到了全面的推广和运用。

【"四议两公开"工作法推广实施】 南阳市在推广实施工作中，主要做到四个"狠下功夫"：

第一，搞好宣传发动，在统一思想认识、激发工作热情上狠下功夫。三年来，多次召开不同层次的现场会、经验交流会，始终抓住党员干部这一组织者、实施者和广大农民这一参与者、受益者两个主体，深入进行教育引导，充分调动推行这一工作法的积极性。省委、省政府作出在全省推广实施的决策部署后，市委、市政府进一步就全面推广、深化完善、科学运用作出安排，明确了议事内容和决策程序，规范了具体操作规程，并组织大规模的巡回宣讲团，集中时间对县、乡、村干部进行了深入培训。同时，印发辅导读本2万多册，在农村现代远程教育网连续播放专题片，在各类新闻媒体开办专题专栏，营造了浓厚的社会氛围。

第二，抓好关键环节，在加强队伍建设、强化制度保障上狠下功夫。一是配好村党支部书记。采取两推一选、公推直选、面向社会公开选拔等方式，把"双强"党员干部选拔上来，让他们在推广"四议两公开"工作法中发挥好主导作用。至2010年底，全市"双强"村党支部书记、党员干部分别达到98%、80%。二是建好村级班子。坚持从农村优秀致富能手、复转军人、专业协会负责人、高校毕业生中选拔村干部，让他们在推广"四议两公开"工作法中发挥骨干作用。三是保障党员权利。坚持常年对农村党员进行教育和培训，激发党员的工作积极性和创造性。同时强化党员大会审议等环节和程序，从制度上尊重和落实党员的主体地位。四是选好村民代表。把素质好、威信高、能力强、热心为集体办事的群众选为村民代表，让他们当好农民群众的代言人。全市选出村民代表15.7万名。五是完善配套制度。完善《村民自治章程》，修订《村规民约》，建立健全"党员联系群众制度"、"村民代表联系户制度"、"民主监督制度"、"责任追究制度"等配套制度，使"四议两公开"工作法更加科学化、规范化。

第三，把握基本原则，在确保正确方向、科学规范运作上狠下功夫。一是坚持以党的领导为核心。做到既巩固党的领导核心地位，又防止以党代政、由党组织包办村务，保证"四议两公开"工作法始终沿着正确的方向运行。二是坚持以发扬民主为根本。党员大会审议时发扬党内民主以凝聚党心，村民代表会议或村民会议决议时发扬人民民主以凝聚民心，使广大党员群众参与有渠道、管理有资格、诉求有回应、监督有保障。三是坚持以严格程序为关键。强调各地严格遵循"四议"、"两公开"的"路线图"，一个步骤不能减，一个环节不能丢，一个次序不能乱，确保发挥最大效应。四是坚持以推动科学发展为目的。我们要求各地在推广实施中，着力解决重眼前轻长远、重发展轻环境、重经济增长轻社会事业等问题，全面落实中央和省委保增长、保民生、保稳定的一系列决策部署，实现农村科学发展、和谐发展。

第四，加强组织领导，在狠抓工作落实、务求取得实效上狠下功夫。一是强化责任落实。把推行"四议两公开"工作法纳入党建工作整体布局，作为各级党组织书记年终工作述职的重要内容，强化县委书记的第一责任、乡镇党委书记的直接责任和村党组织书记的具体责任，形成了一级抓一级、层层抓落实的工作格局。二是坚持以点带面。在全市13个县(市、区)经济基础好、班子战斗力强的村先行试点，培育出一批各具特色的先进典型村，让各个村学有目标，干有榜样。同时，对相对落后的村重点指导、强力帮促，尽快提高水平。三是加大督查力度。全面实行县级领导联乡、乡科级领导包村、乡镇干部包组、村党员干部包户制度，进行全过程的督促检查。四是严格目标考核。对工作推行情况实行目标管理,严格考核奖惩,坚持责任追究,确保各项工作任务落到实处。

【"四议两公开"工作法深化完善】

2010年,南阳市立足于规范运作,着眼于深化完善,致力于拓展延伸,对"四议两公开"工作法进一步深化提高和拓展延伸,主要做到了五个"更加注重":

第一,更加注重科学性,准确把握"四议两公开"工作法的定位和适用范围。"四议两公开"工作法是基层建设的制度创新之举,是党领导的村级民主自治机制的有效实践形式。市委紧紧抓住这个带有根本性的机制和方法,不拔高、不缩小、坚持实事求是;不自满、不松懈,坚持持之以恒;不包揽、不替代,坚持科学实施,不断提高全市"四议两公开"工作法的运用水平。

第二,更加注重规范性,进一步健全配套制度。在健全各项规章制度的基础上,结合各地实际,进一步从阵地建设、配套设施、村容村貌、氛围营造、版面设置和档案资料等方面进行统一要求和具体指导,通过项目实施、自筹资金等方式,新建1284个村级活动场所,培育典型示范村215个。实现了软硬件建设标准化、制度化、规范化的要求。

第三,更加注重执行性,进一步加强"三支队伍"建设。我们始终抓住村党支部书记、党员和村民代表这三个主体,依托农村党员活动日、农村党员干部培训基地、农村党员干部现代远程教育等载体,强化教育培训。今年以来共举办培训班56期,充分调动了他们推行"四议两公开"工作法的积极性。尤其是按照"一定三有"的要求,全面落实了村干部的工作报酬,进一步加强了村党支部书记队伍建设。

第四,更加注重延展性,进一步抓好"四议两公开"工作法深化拓展。我们分别在全市乡镇、街道、社区和"两新"组织中选择了48个试点单位进行探索,把"四议两公开"工作法理念与这些领域的民主决策、民主管理、民主监督等制度相融合,针对不同领域的行业性质和工作特点,对"四议两公开"工作法的运行程序和部分环节进行有效整合和增减,使"四议两公开"工作法的领域不断拓展,内涵不断丰富,方法不断完善,更好地服务于经济社会发展。

第五,更加注重持续性,永葆"四议两公开"工作法的生机和活力。市委始终把推行"四议两公开"工作法作为农村党建"三级联创"考评和各级党组织书记年终工作述职的重要内容,实行目标管理,严格责任追究,强化责任落实。围绕市委提出的抓好"四件大事"、实施"四个带动"要求,把推行"四议两公开"工作法纳入到全市工作整体布局,同时,把推行"四议两公开"工作法与当前正在开展的"创先争优"活动、农村党建"三级联创"活动等党建载体有机地结合起来,做到融通发展,整体联动。

【"四议两公开"工作法主要成效】

一是党领导下的村级民主自治机制更加完善。"四议两公开"工作法,通过进一步理顺村"两委"关系,使党支部的领导核心地位和村委会的决策执行主体地位更加明确,"两委"班子实现了目标同向、步调一致;通过提议、决议和决策实施全过程的群众参与,落实了群众的知情权、参与权、表达权和监督权;通过党员审议等环节,充分保障了党员的权利,从而构建了党领导下充满活力的村级民主自治机制。

二是农村基层党组织的领导核心作用更加有力。实施"四议两公开"工作法之后,农村所有重大事项从选定议题到科学决策、再到组织落实,都在村党支部的直接领导下进行,确保了基层党组织始终掌握农村工作的主动权、领导权。同时,这一新的工作法也促使基层党组织和党员干部积极转变领导方式和工作作风,不断增强创造力、凝聚力和战斗力,从而更好地发挥了领导核心作用。

三是党员干部科学发展的思路更加清晰。"四议两公开"工作法集中了干部群众的智慧和力量,实现了科学决策、民主决策,解决了一些基层干部不敢干、不愿干、不会干的问题,使农村各项工作决策有了思路、发展有了抓手、稳定有了保证。通过实施这一工作法,全市92%以上的行政村实现了决策的科学化、程序化、规范化,农民群众的满意度达到85%以上。

四是农村经济社会发展的成效更加明显。至2010年底,全市4891个行政村运用"四议两公开"工作法制定和完善了符合科学发展观要求的发展规划,3000多个行政村选准了特色产业、找到了致富门路;3130个行政村建成了文化大院和新农村书屋;累计筹资5.23亿元,修路1712公里,建饮水工程387处,新建沼气11280户,安装太阳能8650户,完成村庄整治、城中村改造1142个村。三年来,全市农民人均纯收入增加1676元,增幅达57.9%。

五是农村社会更加和谐稳定。"四议两公开"工作法从制度上防止了村级权力滥用和腐败现象的滋生,有效解决了疑难事务和复杂矛盾,使广大农村基层干部做到了想干事、会干事、干好事、不出事。近年来,全市运用新工作法成功解决涉及土地、宅基地、低保对象确定、道路修建、林木纠纷等热点难点问题1.3万件，农村信访总量下降了70%。

六是党群干群关系更加融洽。“四议两公开”工作法的推行，使党员干部在工作中自觉讲方法、讲程序、讲协商，主动问政于民、问需于民、问计于民，实现了党的主张和群众意愿相统一，广大农民群众更加拥护和支持党的领导，党在农村的执政基础更加巩固。（赵军）

六创一迎

【启动“六创一迎”活动】 2009年5月31日，市委、市政府召开全市“六创一迎”工作动员大会，决定以承办全国农运会为契机，举全市之力开展“六创一迎”活动。具体目标是在全市范围内开展“争创国家生态园林城市、中国优秀旅游城市、国家卫生城市、全国双拥模范城市、国家环保模范城市、全国文明城市”活动，“迎接全国第七届农民运动会”的成功举办。会议印发了《关于成立南阳市“六创一迎”工作指挥部的通知》和《南阳市“六创一迎”工作方案》，市委书记黄兴维、市长穆为民分别讲话。确定“六创一迎”活动7大创建目标和14项创建任务，确立了“党政主导、四级联动、部门实施、全民参与”的指导思想，明确了“先易后难、分步实施、重点突破、整体推进”的工作思路，坚持全市动员、全民参与，实施城乡共建、整体推进，进一步完善城市功能、提升城市品位、打造生态宜居城市，改变村镇面貌、优化人居环境，建设和谐美丽新南阳，靓装新颜迎盛会。

【“公民守法行，单位创文明”】 2009年6月30日，市“六创一迎”工作指挥部综合办公室、市公安局联合下发了关于《开展“公民守法行，单位创文明”活动的通知》，在全市范围内开展“公民守法行，单位创文明”活动，将个人和单位遵守交通法规情况纳入文明单位、文明个人的评比检查验收考评内容。

【中心城区环境卫生集中整治】 2009年7月8日，市中心城区召开环境卫生集中整治动员会，组织开展中心城区主次干道环境卫生、背街小巷环境卫生、建筑垃圾集中整治三大战役，基本清除了城区多年积存的垃圾，掀起“六创一迎”工作高潮。8月20日召开全市环境卫生集中整治总结大会，进一步明确了城市垃圾管理责任主体，建立健全长效管理机制，力争使城市环境更洁、更靓、更美。

【中心城区违法建设综合整治】 2009年8月6日，市中心城区违法建设综合整治动员大会召开。市委书记、市“六创一迎”工作指挥部政委黄兴维、市长、市“六创一迎”工作指挥部指挥长穆为民。市领导李天岑、姚进忠、陈光杰、原永胜、常康、王中、文学林及市中级人民法院院长庞景玉出席会议。各县（市、区）及有关单位主要负责人，市中心城区违法建设整治工作领导小组成员单位负责人等参加大会。

【全市妇女“六创一迎”誓师】 2009年8月21日，召开全市妇女“六创一迎”誓师大会。市委副书记、市“六创一迎”工作指挥部副指挥长贾崇兰号召全市广大妇女充分发挥“半边天”作用，积极投身“六创一迎”工作，为建设美好家园作出自己的贡献。

【“六创一迎”志愿服务集中活动日】 2009年9月12日，团市委在中心城区开展了青少年志愿服务“六创一迎”集中活动日活动。号召广大青少年争当“创迎”宣传员，发挥带头作用，大力宣传“创迎”活动；争当城市美容师，积极参与环境整治、植绿护绿、交通协管活动；争当文明使者的传承人，大力弘扬文明、健康的先进文化，主动告别不文明言行，勇于塑造诚实、守信的新青年形象。

【中心城区交通秩序整治百日会战】 2009年11月3日，市中心城区召开“六创一迎”交通秩序整治百日会战誓师大会，市公安局开展百日会战千人执法交通秩序整治活动，在市城区七一路、中州路、车站路和人民路等主要路段，集中对非机动车、行人闯红灯，停车越线、不按规定车道行驶、机动车乱停乱放等交通违法行为进行强力纠章，使交通秩序混乱状况得到了有效遏制。

【中心城区市场经营秩序专项整治】 2009年11月20日，召开专项会议安排部署中心城区店外经营、占道经营、马路市场整治取缔工作。市、区政府组织城管、工商、卫生等职能部门掀起了一场声势浩大的市场经营秩序整治活动,全面取缔主次干道店外经营、占道经营和马路市场,取缔了华山路、红庙路、工农南路、永安路、杏树庄前街等市场道路多年存在的马路市场,收到了明显成效。同时,加快农贸市场建设和已建市场的管理力度,坚持边建边治,以建促治,建管治并重。年底前三区建成了29个规范化的农贸市场,并以社区为依托,建成了一批临时性、过渡性农贸市场、蔬菜市场、便民市场,为市民群众创造了整洁、有序、便利的生活环境。

【"两场"搬迁和"三汤馆"、"五小"行业整治】 2009年9～10月份,三区及有关部门经调查摸底对城区影响市容环境卫生的196家畜禽养殖场点、258家废品收购场点进行了搬迁外移、妥善安置。同时,工商、卫生部门组织对城区"三汤馆"、"五小"行业和不具备经营条件的商业门店进行了全面的清理整治,受到了广大市民群众的广泛好评。

【文明交通行动计划】 2010年2月1日,南阳市启动实施为期3年的"文明交通行动计划",市文明办、公安局组织开展了社会志愿者宣传文明交通活动,文明交通行动主题班会活动,不开特权车、不开霸道车、文明行车活动,"文明客运之星"评选活动和"公民守法行,单位创文明"等一系列公益主题活动,进一步增强全市交通参与者的交通安全意识、法制意识和文明意识,营造有序畅通、平安和谐的道路交通安全环境。

【中心城区非法营运三轮车综合整治】 2000年开始,南阳市中心城区非法营运三轮车整治采取了"切割""回购""置换"等多种手段,收到一定效果,城区交通环境逐步好转。2000年前后,切割8000余台。2008年,市财政出资600万元,对城区的2000多辆机动三轮车进行估价后,一律收购销毁。2010年3月,据三区摸底排查城区驾驶机动三轮车残疾人有253人,市政府实施第三次"三轮新政",拿出100万元购买150辆轮椅车,无偿置换城区残疾人机动三轮车,共有75名残疾人登记申请更换机动轮椅车。市政府又出台一揽子残疾人就业政策,特意为残疾三轮车主提供三区环卫站公益性岗位150个。对自谋职业或灵活就业残疾人员给予社保补贴,免费给残疾人开展技能培训。市财政还拿出30万元,用于自主创业残疾人小额借款。4月8日、9日,市先后召开市中心城区交通秩序综合整治协调会和集中取缔非法营运三轮车动员大会,在中心城区开展取缔整治非法营运三轮车大会战,严管严治三轮车及其他各类交通违法行为,集中治理中心城区"摩的"非法参运,大货车、农用车、拖拉机违规入市等其他突出违法违规行为。从三区及市公安局、交通运输局、城市管理局、残联共抽调300余名执法人员和工作人员,专门成立7个联合执法队,突出重点时段、重点路段、重点区域,采取区域性集中治理、设置固定查扣点集中查扣等措施,联合执法,全力取缔三轮车非法营运。经过连续多年治理,南阳市城区从事非法营运的三轮车,从最初的上万辆,缩减到200辆,多数存在于残疾人当中,人数在200人左右。

【城市道路街巷综合整治】 2010年初全面启动城区44条主次干道综合整治工作后,路长单位、有关职能部门有序推进,逐步深入,开展主要道路、街巷综合整治工作,先后组织开展了城区环境卫生集中整治"净化家园"行动,有效解决垃圾积存和卫生死角问题,不断巩固提高环境卫生整治成果。实施市容提升计划,对城区主要道路市容市貌进行综合整治,城管部门开展户外广告整治拆除"秋风行动",对城区3000余块大型户外广告牌(墙)进行了全面拆除,彻底解决城区大型户外广告存在的违规广告多、粗制滥造广告多、随意设置多以及设置杂乱、安全隐患大等问题。城管等部门强力推行路段承包管理责任制,全面推行"门前五包"责任制,逐步建立完善城市精细化管理长效机制,使城市管理逐步进入正常化、制度化、规范化管理轨道。

【"牛皮癣"小广告专项治理】 2010年4月1日,启动小广告治理专项行动,全城动员,全民上阵,在多条战线上展开了对城市"牛皮癣"的围歼,对中心城区所有道路、街巷和居民社区的小广告进行集中清理整治,打赢了一场大规模的小广告整治工作歼灭战。短短月余,中心城区各级各有关单位共出动人员数万人次,投入大量资金,清除小广告数百万条,粉刷墙面400多万平方米,刷新卷闸门近6万个、公共设施箱体3万多个,城市"牛皮癣"小广告基本得到了清除。有关部门和辖区街道办事处建立了长效管理机制,及时清除乱贴乱画小广告,巩固了管理成果。

【生活垃圾规范化收集】 为进一步提高城区环境卫生质量,2010年5月,组织三区及有关部门,全面推行生活垃圾袋装化管理,推行上门收集垃圾制度。实施"垃圾不落地"工程,三区环卫部门及辖区街道办事处增加清扫保洁力量,增设垃圾果皮箱,延长工作时间,有效遏制了夜间生活垃圾乱堆乱倒的现象。

【中心城区模范社区创建】 2010年，中心城区共有各类社区132个，市指挥部从细胞创建抓起，从4月份起，把创建模范社区纳入创建规划，制订了环境卫生、绿化硬化、公共设施、亮化美化、环境秩序、市场管理、门前三包、机构队伍、创建资料和创迎氛围等十项创建标准，要求城区各街道办事处2010年6月底前完成所辖30%的模范社区创建任务，12月底前完成所辖80%的模范社区创建任务，2011年6月底前城区所有街道办事处社区及近郊乡镇部分村庄社区完成创建任务。三区及各街道办事处从治理脏乱差入手，综合施治，扎实创建，进一步加大社区基础设施配套建设力度，管理逐步规范，服务功能不断完善。指挥部多次组织深入社区现场观摩，辖区街道开展形式多样的模范户、示范户、星级户评比活动，引导居民养成了良好的生活习惯。至2010年底，中心城区验收命名模范社区110个，创成率达83%。

【城区网线整治规范及入地改造】 2010年，市供电公司投资7800万元，对城区电力设施进行了油漆刷新，完成了文化路、七一路、工业路高压网线入地改造工程。联通公司筹资1.35亿元，成立了主次干道、背街小巷和居民小区3个线路整治工作组，组建15个专业线路施工队，全力清理城市“蜘蛛网”，对城区工业路、中州路、仲景路等13条道路通讯线路进行了入地改造工作，全面实施架空网线规范入地，进一步净化了城市视觉空间。

【城区“五小”行业专项整治】 2010年“五小”行业包括：小餐饮店（含“三汤”馆）、小浴室（含足疗、汗蒸）、小美容美发厅、小娱乐场所（含小歌舞厅、小网吧）、小旅馆。城区共2471家“五小”（其中“三汤”馆472家）。存在的突出问题是：无证经营的占60%。近半店铺面积狭小，“三汤”馆过半数存在前灶后厅现象。以及设施设备不完善，卫生观念淡薄现象，脏、乱、差问题十分突出。4月16日，中心城区启动“五小”行业专项整治工作，组织卫生、工商等有关部门对“三汤”馆和“五小”行业进行分类整治，收到了初步成效。

【城区基础设施配套建设】 2009年～2010年，中心城区市政道路、环境卫生、园林绿化、环境保护等城市基础设施建设改造工程不断加力提速，完成了人民路、文化路、七一路、工业南路、建设路与人民路交叉口、人民路与张衡路交叉口及张衡西路、车站北路的大修改造，健康路、仲景路、312国道、农运会场馆周边道路及光武大桥、雪枫大桥、南阳大桥建设施工步伐明显加快，有效提高道路通行能力。强力实施园林绿化提升计划，完成了10多条道路绿化的升级改造和缺株断垄行道树苗木补栽。推动三区积极实施背街小巷整治改造和立体绿化工程，有序推进城市景观路和示范街巷打造工作。三区公厕建设、旱厕改造和垃圾中转站、建筑垃圾处理场的建设工作有序推进，2010年中心城区全面消除了旱厕，城市功能日臻完善。强力推进中心城区老污染源的搬迁，天冠公司、普康药业搬迁工作进展顺利，市污水处理厂二期工程基本完工。

【县市、乡镇环境综合整治】 2009年～2010年，全市各级各部门坚持四级联动、同创共建，尤其是各县市充分发挥基层工作积极性，积极履行属地管理作用，狠抓县城和沿国道、省道、旅游线路沿线乡镇的环境综合整治工作，使城乡基础设施、环境卫生、市场秩序、市容面貌普遍好转，全市城乡环境面貌显著改观。特别是一些乡镇办被通报批评或挂黑旗后，工作力度切实加大，城镇面貌迅速改观，实现了从落后到先进的大转变。（张涛　肖予飞）

四个带动

【“四个带动”发展战略形成】 2010年2月4～7日，市长穆为民，市长级干部郭庆之，副市长崔军，市委办、市委宣传部、市政府办、市发改委、财政局、科技局、工信局、监察局、行政审批中心等部委局办负责人组成考察团，赴福建省福州市、泉州市、厦门市开展专题考察。考察结束后，考察团向市委、市政府提出把“四个带动”作为推动南阳市经济社会又好又快发展的重要抓手尽快付诸实施的建议。2010年3月4日，市长穆为民在《政府工作报告》中提出，大力实施“四个带动”，改进加强政府自身建设，推动南阳经济社会又好又快发展。2010年3月8日，市委全委(扩大)会议决定在全市迅速组织实施“项目带动、品牌带动、创新带动、服务带动”发展战略，以此作为推动经济社会跨越发展的突破口，加快建设富强美好和谐新南阳进程。

【“四个带动”工作机制】 3月10日，南阳市成立以市委书记黄兴维任组长，市委副书记、市长穆为民任执行组长，市长级干部郭庆之，市委常委、常务副市长朱长青，市委常委、市纪委书记孙丰年，市委常委、宣传部长姚进忠，市委常委、市委秘书长原永胜，副市长李建豫、冯晓仙、崔军，市长助理李中杰分别任副组长的领导小组。领导小组下设综合协调、项目带动、品牌带动、创新带动、服务带动等5个办公室，综合协调办公室抽调专人组成专门工作机构，其他4个办公室分别设在市发改委、质量技术监督局、科技局、监察局。为尽快推动我市“四个带动”工作顺利开展，市实施“四个带动”领导小组研究决定，从市委、市政府两办及市直有关部门抽调人员组建有关工作小组，实施集中办公，并明确工作职责。综合协调办公室下设综合组、考评组、督查组，其余的项目、品牌、创新、服务四个带动办公室各设一个工作组。

【“四个带动”部署与落实】 3月17日，市长穆为民主持召开“四个带动”领导小组第一次会议，会上通报、讨论了“四个带动”实施意见、绩效考评奖惩办法等问题。

3月23日，市实施“四个带动”领导小组办事机构召开第一次全体会议。市实施“四个带动”领导小组副组长、市长级干部郭庆之，市实施“四个带动”领导小组副组长、市委常委、市委秘书长原永胜出席会议并作重要讲话。市实施“四个带动”领导小组办事机构正式运转。会议全面安排部署了办事机构的工作。

3月24～26日，市实施“四个带动”领导小组办公室开展首次工作督查，分6个组对各县(市、区)、21个市直职能委局进行工作督查，重点了解自市委全委(扩大)会议、市政府四届四次会议以来，各单位贯彻落实会议精神、领导机构设立、工作方案制订、目标任务分解、具体工作措施及工作进度情况。各督查组主要采取听汇报、看现场、与单位主要负责人交换意见、共同研讨工作等方式了解“四个带动”在各级各单位的进展情况。

3月30日，市实施“四个带动”领导小组召开第二次全体会议。市委书记黄兴维、市长穆为民、市实施“四个带动”领导小组成员郭庆之、朱长青、姚进忠、李建豫、崔军、李中杰等出席。会议听取了市实施“四个带动”领导小组综合协调办、项目带动办、品牌带动办、创新带动办、服务带动办等负责人的工作汇报，回顾总结南阳市前一阶段实施“四个带动”工作进展情况，安排部署下一步的工作。

4月8日，召开实施“四个带动”工作会议，分解、下达了2010年关于项目、品牌、创新、服务带动的目标任务。市委常委、市委秘书长原永胜主持会议，市实施“四个带动”领导小组副组长郭庆之、李建豫、冯晓仙、崔军、李中杰在会上讲话，安排有关工作，市委各部委负责人，市直各一级单位主要负责人；各县(市、区)负责“四个带动”工作的领导人，综合协调办公室的负责人，县发改委、质监局、科技局、监察局的局长；市“四个带动”领导小组办公室全体人员参加会议。市实施“四个带动”领导小组副组长、市长级干部郭庆之对前一阶段“四个带动”工作作了总结，对2010年全市实施“四个带动”整体联动推进工作讲了指导意见。要求各级各部门要迅速把“四个带动”的目标任务层层分解落实，责任到人，并强调“四个带动”要联动推进，达到集聚效应。

4月28日，召开实施“四个带动”工作汇报会。市领导黄兴维、郭庆之、刘朝瑞、姚进忠、李建豫、崔军、李中杰出席会议，各县(市、区)和市直有关部门的主要负责人参加了会议。会议听取了各县(市、区)实施“四个带动”工作开展情况的汇报，部署了下一步工作。市委书记黄兴维充分肯定了实施“四个带动”以来的阶段性成绩，查找了工作中的不足。要求下一步工作要明确任务，突出重点；改进方法，科学运作；加强领导，夯实责任。

5月17～23日，市“四个带动”办公室组织了一次规模相对较高、较全面的专项督查活动，共分5个督查组，各组均有一名市级领导带队，利用一周时间对各县(市、区)和市直56个部门进行了督查，也是对“四个带动”自开展以来的一次大规模的摸底，收到预期效果。期间5月18日，市长穆为民又亲自到宛城、卧龙、镇平、内乡4个县(市、区)实地调研。

5月27日，市长穆为民主持召开市实施“四个带动”领导小组第三次会议，听取了近期“四个带动”督查情况汇报，讨论修改了“四个带动”绩效考评奖惩办法。市领导郭庆之、朱长青、李建豫、李中杰出席会议。5月29日，市委书记黄兴维又深入卧龙区调研指导“四个带动”工作。

【"四个带动"主要做法】 1.科学规划，明确发展目标。编制了"四个带动"年计划及3年和5年规划，做到"四个带动"长、中、短期目标互为补充、相互促进，为持续推进提供保障。项目带动：用项目的理念对各项工作进行细化、量化，拓展发展空间、集聚生产要素、增强发展活力、检验工作成效，确定未来3年，要力争实施亿元以上固定资产投资项目400个、完成投资3000多亿元；到2015年形成1～2个产值规模超1000亿元的支柱产业，2～3个生产总值超300亿元的产业集聚区，10个以上产值规模超100亿元的大企业。品牌带动：把品牌建设作为调整优化结构、转变发展方式的突破口，集中精力创建品牌，加快南阳品牌集群叫响全国、走向世界的步伐，确定至2015年创建成10大类、100个以上"国字号"品牌，树立"品牌南阳"形象。创新带动：实施科技创新、体制机制创新、管理创新三大工程，壮大一批具有规模优势和核心竞争力的高新技术企业，培育一批战略性新兴产业，最大限度把创新资源转化为现实生产力，初步形成跨越发展的内生机制。服务带动：把服务带动贯穿于经济社会发展的全过程，牢固树立"服务就是义务、服务就是环境、服务就是效益"的理念，简审批、降门槛、畅渠道，从体制、机制、理念、政策上全方位提升软环境，打造"投资场"。总之，把"四个带动"作为全市各项工作的总抓手、总指南，作为全面深化落实"四个重在"重要指导思想的着力点和落脚点，拓展到经济社会发展的各个领域、各个环节和全市各个层次，统筹协调，联动推进。

2.加强宣传发动，营造工作氛围。一是全面加强宣传。在南阳日报辟设"四个带动"专栏，宣传典型，介绍经验；在南阳电视台设立"四个带动"专访，每周采访4～5名县(市、区)、市直部门及企业主要负责人，介绍开展"四个带动"的部署和措施；市"四个带动"办设专刊和短信平台，及时通报"四个带动"工作动态；南阳网辟设专页，扩大"四个带动"的辐射面和影响力，在全市上下营造了浓厚的"四个带动"工作氛围。二是重视理论研究。先后组织了"四个带动"理论文章征集评选及理论研讨会、卓越绩效培训、赢在品牌专题讲座，邀请国务院参事、科技部原副部长刘燕华做了创新方法与自主创新专题讲座。以党校为阵地，分期分批分层次对市、县主抓"四个带动"的领导进行集中的理论培训，进一步增强各级干部正确运用"四个带动"理论指导实践的能力。三是注重总结推广。深入各县(市、区)和市直有关部门，在全市开展了"四个带动年度巡礼"宣传报道，全面总结推广各级各部门在开展"四个带动"工作中的新经验、新举措，进一步宣传展示"四个带动"工作成效，增强"四个带动"发展共识，凝聚发展合力。

3.狠抓落实，建立工作推进机制。一是建立强力组织机构。市委、市政府成立了以市委书记为组长、市长为执行组长，由市委、市政府有关领导兼任主任的综合协调、项目、品牌、创新、服务五大办公室共同构成的领导机构。各县(市、区)、市直各单位也成立了相应的专门机构，集中办公，形成党政齐抓、上下联动、部门配合、坚强有力的工作体系。二是建立"四个带动"周例会、月联席办公会议、重大事项会商制度，把各项工作细化具体化。三是完善"四个带动"目标考评机制。在全市目标考评体系中突出"四个带动"所占比重，明确任务，夯实责任。四是实行每月督查通报、季度座谈总结、半年一次工作推进会、观摩点评等制度，把日常工作安排与督查活动有机衔接，采取综合督查、专项督查、临时抽查相结合的形式，推进"四个带动"高效运行。

4.统筹联动推进，发挥"四个带动"聚合效应。坚持把"四个带动"作为一个整体、一项系统工程来对待，突出政府主导发展方向、发展理念、发展规划，主导产业政策、产业目标、产业方向的作用，统筹推进，整体联动，做到任务同步安排、同步落实、同步检查、统一考核，确保工作一体联动、相互促进，更好地发挥"四个带动"握指成拳的威力。

5.实施典型引路，提高整体工作水平。鼓励各地各单位在思想观念、工作方法上大胆创新、大胆实践，探索好做法，培育好典型。市里集中抓整体推进典型，县里抓各个单项典型。目前已涌现出了一批不同类型的工作典型，并及时召开经验交流会推广全市，有力推动了整体工作水平。如宛城区工业园区服务办对建筑地材统一价格、统一运输、统一供应、统一管理，实现了项目业主、征地农户和地材运输三方满意。社旗县整合人力资源管理部门、县职专和用工企业三方资源，围绕企业用工需要培养产业工人，解决招商企业用工难问题。市检察院专门定编成立了服务企业办公室，联系规模以上企业50家，并将服务企业发展纳入工作考评，定向联责，深受企业欢迎。

【"四个带动"工作成效】 "四个带动"实施后突出表现为四个方面的新变化：一是观念发生新转变。"四个带动"带来了南阳各级干部思想观念上一次深刻的变革，促进了思想的大解放、工作抓法的大转变，各级各部门抓带动促发展的意识明显增强。二是工作出现新气象。广大干部干事创业的热情空前高涨,上推标杆、自我加压、争先创优的氛围日益浓厚,工作标准和发展质量大为提升。三是带动取得新成效。省市重点项目顺利推进,产业集聚区建设步伐加快,招商引资和争取政策性资金成效显著;品牌集群不断壮大,国家级、省级以上品牌和行业标准数量激增;科技创新对经济增长的贡献进一步加大,体制机制和管理创新取得新进展;经济发展环境进一步优化,各地各单位服务意识显著增强。四是发展实现大提速。我市管理的12个省重点项目完成投资23.03亿元,占年度投资计划19.4亿元的118.71%;全市产业集聚区预计全年可累计完成投资390亿元,将超额完成全年目标任务;全市有1981个项目纳入省"十二五重大项目规划",总投资8611.1亿元,"十二五"期间计划投资7936.98亿元,初步通过审核的项目个数居全省第一位,总投资额及"十二五"期间计划投资额均居全省第二位。

在项目带动方面,通过召开高规格项目建设大会和开展项目观摩点评等活动,扎实开展"项目建设提速年"活动;以实施"3121"投资促进计划为载体,建立了重点项目协调推进机制、现场办公机制、监督制约机制、观摩点评和考核奖惩机制;加大项目跟踪和对口衔接力度,着力抓好资金、政策等要素,为项目建设提供重要支撑。全市上下大上项目、上大项目的氛围空前高涨。全市进入省"转型升级双千工程"的128个项目全年预计完成投资147.4亿元,占年度计划153亿元的96.34%;216个市重点项目预计完成投资185.68亿元,占年度投资计划200亿元的97.64%;争取省下达的中央投资计划项目1029个,下达年度投资计划37.7亿元,涉及交通、能源和社会事业等领域;1～11月份,新签约3000万元以上项目337个,项目总投资896.35亿元,合同引资666.93亿元;开工建设投资额3000万元以上引资项目252个,目前已到位资金185.1亿元,开工建设率74.48%,资金到位率48.34%,其中115个项目已建成投产,建成投产率34.12%;"421"上市计划稳步推进,新野纺织成功定向增发并募集资金5亿元,西峡汽车水泵公司上市申报已通过证监会审核,预计春节前上市公开发行可募集资金7亿元,平安集团收购防爆集团的14亿元引资项目现已到位7亿元。同时,我市利用天冠集团的技术优势,与首钢控股、中聚联合控股开展战略合作,力争建设全国最大的二氧化碳全降解塑料核心生产基地;发挥南阳拥有电动汽车电机和配套电池两大核心技术优势,规划5平方公里作为电动汽车研发生产基地,争取在2015年底前达到年产5～8万辆产能的电动汽车整车研发、生产能力。南阳核电项目已正式列入国家中长期核电发展规划,宁西铁路复线、郑渝高速南阳段、天池抽水蓄能电站、鸭电三期等一批事关南阳未来发展的重大项目前期工作正在顺利推进中。

在品牌带动方面,强力实施"1311"工程,制定了品牌培育梯级推进机制和南阳市知名品牌认定办法,开展了"质量服务进产业集聚区"活动,在全市90家重点企业导入"卓越绩效管理模式",在全市14个产业集聚区建立了质量技术服务站,开辟了绿色服务通道;品牌集群不断壮大,1～11月份共创建国家级品牌57个、省级品牌363个,分别占年度工作计划的102%和101%,使全市省级以上品牌个数达到565个,品牌带动开展以来的增长个数占累计品牌个数的74.3%。其中,新野纺织股份有限公司被国家纺织产品开发中心授予全国功能性棉纺织产品开发基地,企业主要经济技术指标和综合实力居全国同行业前列,先后荣获"全国纺织工业先进集体"、"全国棉纺织行业竞争力前二十强企业"等称号;南阳防爆集团股份有限公司作为中国最大的防爆电机科研生产基地、国家创新型试点企业,在CNE防爆电机获得中国名牌产品后,连年实现跨越式发展,荣登"中国大企业集团竞争力500强"、"中国机械500强"、"中国电气工业100强;河南宛西制药有限公司在"仲景"商标即被认定为中国驰名商标以后,商标价值已达27亿元,成为河南省"十大经济名片"。海洋钻机、防爆电机、中南金刚石等中国名牌产品企业效益也实现了连年翻翻,玉文化品牌、月季花卉基地、碱硝化工等知名品牌对提升产业结构、促进南阳经济发展起到了良好推动作用。用品牌培育的理念引进了中国内乡石材城、多晶硅、新野嘉元脱水蔬菜、中泰国际酒店和中达天润假日酒店两个五星级宾馆等国内知名品牌和项目落户南阳,壮大了南阳品牌的基础和实力。

在创新带动方面,围绕实施"431"工作计划,以促进科技成果转化和高新技术产业化为抓手,加强自主创新平台建设力度,强化人才培养和引进,科技创新对经济发展的贡献份额得到全面提升;深入实施了体制机制创新和管理创新,加快发展的内在合力和动力进一步增强。1～10月,全市共申请专利951件,同比增长15.8%,其中发明专利250件,实用新型专利530件,授权专利762件,分别同比增长16.8%、26.8%和50.3%;今年以来,全市共组织实施省级以上科技计划项目61项,争取资金

4020万元；新认定市级以上工程技术研究中心25家，重点实验室4个；重大科技项目的结项率和验收通过率达到100%，科技成果转化率达到70%以上；南阳高新技术产业开发区晋升为国家级高新技术开发区，南阳光电产业基地正式被科技部认定为“南阳国家光电高新技术产业化基地”和“河南省国家高新技术产业化基地”；天冠集团“年产3000吨秸秆纤维乙醇关键技术研究”突破了传统乙醇生产离不开化石能源的技术框架，乐凯华光“紫激光计算机直接制版板材关键技术研究”、防爆集团“核电厂用系列核级电动机关键技术研发”和二机石油装备集团“数字化超深井石油钻机装备研发及产业化”等河南省重大科技专项项目顺利通过省科技厅验收，企业在相关领域的技术水平；新建南阳防爆电气研究所有限公司、南阳普康药业有限公司等2家博士后工作站；科技创新对经济社会发展的贡献率达到49%，全市科技综合实力和竞争力位居全省前列。体制机制和管理创新方面，唐河县探索出的流转式、全程式、菜单式三种土地托管经营模式已托管土地2万余亩，卧龙区在7个街道40个社区建立了党员综合服务中心，市中级人民法院、宛城区农机局等15个单位创建的以“大党委”机制为核心的党建工作模式，推进了党建工作从垂直管理向区域整合。

在服务带动方面，以服务项目、服务企业、服务群众、服务农运及移民搬迁工作为重点，以督查和惩处为突破口，围绕强化服务意识、健全服务机构、完善服务机制、改进服务措施，积极开展全方位服务，服务水平的提升促进了全市发展环境的进一步优化。今年以来，对54个市直行政审批部门的服务项目进行了清理界定，积极推进行政审批机构整建制进驻中心，狠抓办结率，累计答复行政审批服务咨询56万余人次、办理行政审批事项121万余件，按时办结率达99%；全市共主动公开政府信息42060条，接受市民网上咨询9120次，受理群众网上来信1788件，回复率85.8%；接受重点企业、重点项目反映问题45个，协调解决39个；每月召开一次由市委办、市政府办、市监察局等22个部门为成员单位的服务带动工作联席会议，共召开联席会议5次，工作协调会6次，使服务带动的各项具体工作落到了实处；与市广播电台联办“行风热线——服务带动特别节目”，举办的59期节目中对39个单位进行了专访；服务带动活动月期间，各县（市、区）及市直单位开展集中服务186次、发放宣传资料580份，现场答复咨询3000多件，受理现场投诉68件。同时，全市构建了新的服务企业发展监督平台和信息交流机制，市县两级主动走访监测点企业562个，帮助解决企业问题96个；已有54个市直部门和6个公共服务单位在网上公开了服务承诺、审批事项、服务事项、收费标准和办事流程图；加强了对全市重点工作领域的服务督查，共受理乱执法、乱收费、乱罚款和不作为、乱作为的案件56起，查结49件，查究违纪资金65.5万元，实施责任追究85人，为全市重点工作的顺利推进提供了可靠保障。

【存在问题】。一是基层尤其是部分乡镇“四个带动”氛围淡薄，一些企业满足现状的求稳心态较重，对“四个带动”认识不够。二是对“四个带动”缺乏深入、系统的研究，对新方法、新路子探索不够；“四个带动”相关配套政策尚未及时跟进，有待研究加强。三是各级对好的经验、先进典型推广不力。四是整体联动推进不平衡，一些部门还存在“单打一”现象，认为抓好一个方面就代替了“四个带动”，没有坚持整体联动。（杨京卫）

大 事 记

1 月

3日 经河南省住房和城乡建设厅、省旅游局批准，社旗县赊店镇等28个镇(乡)成为河南省首批特色景观旅游名镇。

同日 国家农业部门公布第三批57个国家级水产种质资源保护区名单，淅川县丹江特有鱼类国家级水产种质资源保护区榜上有名，这是南阳首个、全省第五个国家级水产种质资源保护区。该保护区总面积1万多公顷。保护的物种包括细鳞斜颌鲴、三角帆蚌、黄尾密鲴等12种经济水生动物。

5日 科技部认定77个基地为国家高新技术产业化基地，其中包括南阳国家光电高新技术产业化基地。

5～6日 全国人口和计划生育工作会议召开，南阳市喜获首批"全国人口和计划生育综合改革示范市"荣誉称号，全国共有45个市(县、州)受到表彰。

6日 市委召开经济工作会议，对省委经济工作会议精神进行贯彻部署。确定2010年全市经济社会发展的主要目标是：生产总值增长11%；地方财政一般预算收入增长10%；全社会固定资产投资增长25%；城镇以上固定资产投资增长30%；社会消费品零售总额增长15%；城镇居民人均可支配收入增长7%，农民人均纯收入增长6%；物价、人口计生、节能减排等约束性指标控制在省定目标以内。会议强调，做好今年经济工作，重在保持"三势"、坚持"四个重在"、发挥"四个带动"、把握"六条原则"。保持"三势"，即保持好的趋势、态势、气势。坚持"四个重在"，即重在持续、重在提升、重在统筹、重在为民。发挥"四个带动"，即项目带动、品牌带动、创新带动、服务带动。把握好"六条原则"，即要把保持经济平稳较快增长与调整结构、转变发展方式结合起来，努力提高发展的可持续性；把重视项目投资与扩大消费、增加出口结合起来，努力增强经济发展的均衡性；把加快工业化、城镇化与推进农业现代化结合起来，努力促进"三化"协调发展；把推动自主创新与改造提升传统产业、培育战略性新兴产业结合起来，努力构建现代产业体系；把深化改革开放、创新机制与促进发展结合起来，努力增强发展的动力活力；把发展经济与改善民生结合起来，努力增强经济社会发展的协调性。

7日 南阳市召开"百万妇女信用创业大行动"工作会议。会议确定，向百万妇女提供5亿元小额信贷资金，推动妇女创业、促进经济增长。2月9日，2010年"百万妇女信用创业大行动"首批发放仪式在宛城区黄台岗镇举行，10名创业女性每人喜获5万元低息小额贷款。

8日 南阳市召开土地储备暨闲置国有土地处置工作动员大会。会议强调，要规范土地市场管理秩序，提高建设用地保障能力，扎扎实实推进中心城区土地储备和闲置国有土地处置工作，做好经营城市这篇大文章，为南阳经济社会发展提供资源支撑。

10日 河南副省长刘满仓深入淅川县看望基层移民工作者并就移民迁安工作进行调研。

12日 河南省委书记卢展工到南阳调研，先后考察了迅天宇硅品有限公司、天冠集团、南阳防爆集团、乐凯集团第二胶片厂等企业。市委书记黄兴维、市长穆为民等陪同调研。

13日 南阳市召开机构改革动员大会，对市县两级政府机构改革工作进行动员和部署，标志着市县政府机构改革进入全面实施阶段。此次市政府机构改革后，设置工作部门34个，部门管理机构2个，新组建单位元月底前领导班子到位、人员划转到位、办公条件到位、正式挂牌运转。3月底前基本完成市政府各部门"三定"工作。各县(市、区)在1月底前向市委、市政府上报改革方案。此外，将推行调整优化组织结构，推行大部门制，进行大科室制试点。

同日 市长穆为民会见以中国21世纪议程管理中心副主任周元为组长的中英低碳城市建设试点与示范专家组。

同日 司法部、民政部联合命名表彰第四批"全国民主法治示范村"，河南省16个村榜上有名，西峡县五里桥镇黄狮村跻身其中，荣膺"全国民主法治示范村"称号。

15～17日 河南省首次进行的2008级高中学业水平考试全面开展，南阳市37470名考生参加考试。

16日 第七届农运会首家

合作伙伴签约仪式举行。仪式上，河南赊店老酒股份有限公司成为农运会首家合作伙伴并赞助1100万元。

21日 南阳军分区党委(扩大)会议召开。市委书记、军分区党委第一书记黄兴维强调，充分认识新的形势，坚持党管武装的根本原则，切实抓好民兵预备役建设各项工作，推进民兵预备役建设和经济建设协调发展。

同日 在北京召开的低碳中国论坛首届年会上，邓州市获得积极发展低碳经济城市(县)荣誉称号。本次论坛由全国政协、中国科协、科技日报、中国人民大学公共政策研究院、中国低碳网等单位共同举办。

同日 《南阳市文化产业发展规划纲要》(2010年～2020年)通过省市专家学者的论证评审。《规划纲要》对南阳文化产业发展的定位是：河南省文化产业发展的重要增长极；豫西南文化产业中心城市；中部地区重要的区域文化产业集散中心；国家低碳文化产业经济区。

同日 "2009感动中原十大年度人物"评选揭晓，李海景位列榜首并成为"感动中国年度人物"候选人。李海景，男，1969年出生，唐河县郭滩镇人，生前系市信访局综合调研科科长。在他从事信访工作的15年中，接待人员上万人，赢得了人民群众的信任与爱戴。2009年9月16日，因积劳成疾，不幸因公殉职，年仅40岁。

22日 《南阳市卧龙岗文化旅游产业集聚区总体规划》通过评审。规划将卧龙岗文化旅游产业集聚区的空间架构分为核心区、支撑区、延伸区等3个层次，规划面积10多平方千米，分3期完成。

同日 在全国农产品质量安全监管会议上，邓州市久友面粉有限公司生产的"久友"牌面粉，喜获农业部质量安全中心"无公害农产品"荣誉称号，成为南阳市同行业唯一获此殊荣的企业。

23日 南阳新豪地陶瓷有限公司在社旗县产业集聚区奠基。公司主要生产瓷质砖等建筑材料。固定资产总投资1.5亿元。占地189亩，年可实现工业产值5亿元，利税8000万元。

25日 市总工会2010年"双节送温暖"活动正式启动，180万元帮扶资金将在月底前全部发放到市城区4000余名困难职工手中。市委副书记贾崇兰，市人大常委会党组成员、市总工会主席韩奎生出席启动仪式，并为来自市肉联厂、康远机械厂等6个企业的230名困难职工代表每人发放了300元的"双节"慰问金。

26日 山东国风风电设备有限公司南阳分公司风电项目开工典礼在镇平县产业集聚区隆重举行。项目总投资3.8亿元，一期投资2.1亿元，占地100亩，建设规模为年产各种兆瓦级风电机组200台，设计5月底基建完工并试生产，6月底实现整机下线。

27日 河南天冠集团承担的国家863计划节能与新能源汽车重大项目——生物柴油组分及汽车匹配技术通过科技部验收。这标志着废油、非食用油等炼成的生物柴油可完全满足汽车驱动，为中国推广应用生物柴油汽车提供了能源保障。

28日 南阳市新型农村社会养老保险基础养老金首发仪式举行。社旗县、淅川县、西峡县被确定为全国新型农村社会养老保险试点，目前，3个试点县都已按要求正式启动了新农保工作。

是月 淅川县福森药业通过了国家标准化委员会质量考核组的考核验收，被评为国家4A级"标准化良好行为企业"，成为南阳市第三个获此殊荣的企业。

是月 邓州市、社旗县获得商务部批准为国家级外派劳务基地。目前，全省国家级外派劳务基地仅有4个，南阳市独占两席。

是月 南召县山洪灾害防御试点建设项目顺利通过国家防汛抗旱总指挥部验收，至此山洪灾害防御体系在全县实现无缝隙覆盖。建成了全省首个山洪灾害预防体系。

是月 市物价局被评为"全国价格监管服务先进集体"，此次河南省仅有4个市级价格主管部门受到国家发改委表彰。

是月 经科技部考核评定，南阳市再获"全国科技进步先进市"荣誉称号。至此，南阳市已连续5次获得此项荣誉。同时，全市13个县(市、区)全部通过全国科技进步县(市、区)考核，卧龙区、宛城区、邓州市、西峡县、方城县、桐柏县跨入"全国科技进步先进县(市、区)行列"。

是月 南阳市16个项目获2009年度省科技进步奖。其中"县域经济与工业发展研究"等6个项目获二等奖，"河南油田高精度三维地震勘探技术研究与应用"等10个项目获三等奖，项目涉及机械、电子、石油、软科学等行业领域。

是月 市城区八一路新发现的一处战国古墓群发掘完毕。该墓群共有墓葬6座，其中两座保存较为完好，出土了一批铜器、陶器等随葬品。初步判断为战国中晚期的楚国贵族墓。

是月 在福州召开的第四届全国栏目剧评优暨研讨会上，南阳电视台《草庐故事》选送的栏目剧《后娘也是娘》获全国优秀栏目剧奖。

2　月

1日 经河南省名牌战略推进委员会审核批准，南阳市鑫特电气有限公司生产的鑫特牌变压器、光辉机械厂生产的南阳牌磨粉机等20个企业的20种产品榜上有名，获“河南省优质产品”称号。

4日 住房和城乡建设部命名31个县城为国家园林县城，桐柏县城榜上有名。

5日 市领导分3组慰问劳动模范和困难企业及职工，给他们送去了党的关怀和新春的祝福。

同日 “2009年中国最具影响力企业家”大奖在北京揭晓，五笔字型发明人王永民名列其中。

6日 全国政协副主席、民革中央副主席、著名经济学家厉无畏到南阳视察，并以“创意产业与城市经济发展”为主题作专题报告。

7日 国务院副秘书长、国家信访局局长王学军一行专程莅宛，看望慰问南阳市优秀信访干部李海景的遗属。河南省委常委、政法委书记李新民代表省委、省政府一同前往慰问。

8日 中信银行南阳分行隆重开业。

9日 河南省人大常委会党组副书记、副主任李柏拴，省政协副主席袁祖亮带领省直有关部门负责人，深入南阳慰问重点工程建设者、劳动模范、困难企业、农村困难户，给他们送去党的关怀并致以新春的祝福。

21～23日 中央电视台“新闻联播”栏目再度派出记者，对邓州“四议两公开”工作法进行深度解析。

23日 南阳防爆电气研究所有限公司被国家知识产权局认定为第四批全国企事业知识产权试点单位，这是南阳市企事业单位首次入选。

24日 南阳市举行“百亿送贷进企业、进市场、进农村行动”启动仪式。市工商局、邮政储蓄银行南阳分行郑重签署战略合作协议，两单位联合开展送贷行动，预计全年送贷总额可达10亿元，全市将有1.8万个中小企业、个体工商户和农户从中直接受益。

26日 南阳市举行春季人才招聘大会。本次招聘会吸引进场招聘单位120余个，提供求职岗位4000余个，共有1.1万人参会，其中大中专毕业生求职者占半数以上。截至招聘会结束，共有2600余名求职者达成就业意向。

28日 市委召开深入学习实践科学发展观活动电视电话总结大会，会议回顾总结全市深入学习实践科学发展观活动，对巩固和扩大学习实践活动成果、更好地推动我市经济社会科学发展进行再动员、再部署。自2009年3月份以来，全市分两批在9892个单位、14929个党组织、40.2万名党员中开展了深入学习实践科学发展观活动。经民主测评，全市第一、二批活动群众满意率均达到98%以上，得到了中央巡回检查组和省委的充分肯定。活动中，全市共解决影响和制约科学发展方面的问题6030个、党员干部党性党风党纪方面的问题1914个、涉及群众切身利益等方面的问题12179个、基层组织建设方面的问题2134个，为群众办好事实事62699件，使群众实实在在地感受到了学习实践活动带来的实惠。市委书记黄兴维强调，要建立健全学习实践科学发展观的长效机制，推动全市经济社会发展迈上科学发展的新台阶。

是月 唐河泰隆水泥有限公司日产4500吨干法水泥熟料生产线正式建成投产。公司于2007年12月28日正式开工建设，项目总投资4.3亿元，占地26.6公顷，年可产水泥熟料140万吨，预计实现销售收入3.2亿元。

是月 桐柏县民间文艺家协会副主席薛远增被世界民间文艺家协会授予“中国十大民间艺术家”称号。

3　月

3日 天瑞集团南召日产5000吨新型干法水泥生产线项目竣工投产。该项目是全市“发动机”计划的重点项目，总投资13亿元。

3～6日 中国人民政治协商会议第四届南阳市委员会第二次会议在南阳召开。会议期间，委员们听取并审议通过了政协第四届南阳市委员会常务委员会工作报告和提案工作报告，列席了市四届人大二次会议，听取并协商讨论了政府工作报告及其他报告。

4～7日 南阳市第四届人民代表大会举行第二次会议。会议听取审议了南阳市人民政府工作报告；审查和批准了南阳市2009年国民经济与社会发展计划执行情况和2010年计划草案的报告；审查和批准了南阳市2009年财政预算执行情况和2010年财政预算草案的报告；听取审议了南阳市人大常委会工作报告；听取审议了南阳市中级人民法院工作报告；听取审议了南阳市人民检察院工作报告。

8日 市委召开全委(扩大)会议，深入贯彻落实河南省委书记卢展工在南阳考察时的重要指示精神和省委经济工作会议精神，审议并安排部署在全市大力实施“项目带动、品牌带动、创新带动、服务带动”战略，动员全市上下统一思想，强化措施，真抓实干，全力推动南阳经济社会不断迈上新台阶。

9日 南阳市召开丹江口库区第一批移民安置再部署暨第二

批移民安置实施动员大会。河南省南水北调办主任王树山，市委书记黄兴维，市长穆为民作重要讲话。会议指出，全市上下一定要站在讲政治、讲大局的高度，切实增强紧迫感和责任感，提振信心，再接再厉，努力夺取移民迁安的新胜利。4月底前第一批移民新村要达到入住条件，6月初启动6.5万人的移民搬迁工作，8月完成搬迁任务。同时，6月初启动第二批移民新村建设，年底前完成整个移民新村建设任务，并要同步做好试点移民、第一批移民后续稳定和第二批8.6万名移民搬迁准备工作。

10日 河南副省长刘满仓到南阳考察第七届全国农运会筹备工作，对农运会场馆建设、文艺演出、资金筹集等提出具体要求。

11日 市政府与首钢控股有限责任公司、中聚联合控股有限公司战略合作协议签字仪式在北京举行。市委书记黄兴维，市委常委、常务副市长朱长青，首钢控股有限责任公司总裁李志强、中聚联合控股有限公司代表马英军出席签字仪式并致辞。三方就深化南阳地区的多产业领域合作达成了共识，一致同意结成战略联盟，致力于光电产业、PPC为代表的低碳产业、萤石为主的矿产资源、独山玉资源四大领域的深度合作。

12日 植树节，市党政军领导穆为民、郭庆之、姚进忠、陈光杰、常康、程德明、金星、谢先锋、李建豫、姚龙其、文学林、吴冬焕等来到兰湖森林公园，参加义务植树活动。当天，共有5000多名干部群众、驻宛部队官兵参加了兰湖森林公园植树活动，栽树5000余株。

15日 "中原曲艺研究基地"在南阳师范学院挂牌成立，它是文化部民族民间发展中心在曲艺方面建立的全国唯一一个研究基地。

17日 南阳市召开第七届全国农运会工作动员大会。市四大班子领导黄兴维、穆为民等出席。会议肯定了筹备工作取得的阶段性成果，指出了面临的困难和挑战。要求全市上下从讲政治、讲大局的高度，充分认识筹备任务的艰巨性，迅速行动起来，夺取筹备工作的全面胜利。

18日 南阳市召开自主创新体系建设大会。市领导黄兴维、穆为民等出席会议。市委书记黄兴维、市长穆为民发表重要讲话指出，要大力实施以提升自主创新能力为核心的创新带动战略，推动全市经济社会发展尽快走上创新驱动、内生增长的轨道。

21日 国家能源局副局长刘琦、中核集团副总经理余剑锋、河南副省长张大卫一行莅宛调研新能源生产发展情况。

同日 河南省副省长刘满仓到南阳调研移民迁安工作。

25日 乐凯集团第二胶片三PCB胶片生产线开工。该项目采用的技术属国内首创，计划投资14081万元，年生产能力1000万平方米。

是月 科技部授予西峡县"全国可持续发展生态示范县"称号。

4 月

1日 全国绿化委员会授予"邓州市全国绿化模范县(市)"荣誉称号。

2日 内蒙古乌兰察布市委书记吴永新率领党政考察团，来南阳参观考察工业企业和文化产业建设发展情况。

同日 南阳市台湾产业园揭碑暨中小企业创业基地奠基仪式和"唐河县情说明暨项目签约仪式"在唐河县举行。经过深入洽谈和对接，共签约10个项目，合同引资6.3亿元。

上中旬 特别是12～14日，市境受北方强冷空气影响，最低气温下降至0℃左右，西部、北部山区及新野、唐河等县遭遇强冰雹、中雪、晚霜冻袭击，油菜、果类、春柞蚕受灾严重，对小麦生长也有一定影响。

13日 南阳市政府与东风设计研究院江苏奥新新能源汽车有限公司签署合作框架协议，合资在南阳注册成立具有独立法人资格的电动汽车有限公司，生产销售电动汽车，在2015年底前达到年产5万～8万辆生产能力，促使南阳成为国家电动车生产基地。

14日 青海玉树发生7.1级强烈地震，造成重大人员伤亡和财产损失之后，南阳人民万分悲痛，纷纷以多种形式悼念逝者，为其祈福，人们自愿奔赴灾区对灾民实施救助，捐款捐物，支援灾区人民、灾区建设。一些企业和个体工商业者也自发赶赴灾区参加救援工作。市党政军领导黄兴维、穆为民、贾崇兰、李天岑、郭庆之、程德明、任锋等带头为灾区捐款，各机关干部、部队官兵、企业职工、学校师生、广大市民以及幼儿园师生、进城务工人员也踊跃捐款，向灾区献爱心。23日晚，市青年迎"五一"献爱心赈灾文艺晚会上，社会各界共为灾区募集善款100多万元。截至5月15日，市救灾扶贫服务中心、市红十字会、市慈善总会累计收到社会各界捐款446.17万元。

同日 农业部公布2010年第一批农产品地理标志登记名单，淅川县辣椒协会申请登记的"香花辣椒"名列其中。

16日 大唐邓州生物质能2×15兆瓦热电工程在邓州开工。计划总投资28188万元，为2×15兆瓦高温高压机组，全年供电量超过1.7×10^8千瓦时，预计2011

年3月1日投运,5月全部投产发电。该项目主要利用当地农作物秸秆作为发电燃料,如棉花秆、豆秆、油料秆及树木枝条等,每年消耗秸秆20万吨,使秸秆"变废为宝"。

18~20日 水利部副部长矫勇一行在河南省副省长刘满仓,南阳市委书记黄兴维、市长穆为民等陪同下,检查南阳市的水利建设情况。

19日 由南阳寅兴钢构有限公司和浙江华乐钢业集团联合投资建设的钢构生产基地项目在卧龙区龙升工业园区奠基。项目总投资2.1亿元,建成投产后,产值可达1.6亿元,税利1600万元。

同日 中华人民共和国第七届农民运动会筹备工作新闻发布会在国务院新闻办公室新闻发布厅举行。会议宣布第七届全国农民运动会将于2012年10月在河南省南阳市举办。农运会将设田径、篮球、游泳、乒乓球、中国式摔跤、龙舟、武术、健身秧歌、中国象棋、舞龙舞狮、自行车载重、风筝、钓鱼等15个大项、176个小项。届时,将有来自全国31个省、市、自治区以及港、澳、台地区3万多名体育健儿和各界人士、新闻记者参加。

21~22日 由市委、市政府主要领导黄兴维、穆为民带队,市四大班子领导及各县(市、区)、市直有关部门主要负责人参加,对各县(市、区)产业集聚区和重点项目建设进行集中观摩点评。

23日 今凯基因药物实验室(南阳)有限公司宣告实验室在南阳市高新技术开发区成立。公司荟萃了一批美国、中国等在基因抗癌药物研究领域的全球知名科学家。实验室带头人、美国基因科学家窦德献博士原籍社旗县。实验室采用"利用人体自身智慧"系统解决癌症的新理论和方法,开发出的药物能抑制多种癌细胞,是一种有针对性摧毁癌组织的高效抗肿瘤药物。目前,该公司研制的药物已基本完成实验室部分,即将进入临床试验。

27~28日 国家环境保护部部长周生贤一行在河南省副省长张大卫、南阳市领导黄兴维、穆为民等陪同下,对南阳市的环保工作进行调研。

28~5月1日 十届全国人大常委会副委员长盛华仁一行莅临南阳视察能源建设情况。

5 月

5日 市委召开创先争优活动动员大会,部署在全市17041个基层党组织、41.6万名党员中开展创先争优活动。全市各级党组织按照中央和省委的安排部署,把开展好创先争优活动作为重大责任、重大任务、重大契机,紧紧围绕"做科学发展先锋队、当南阳崛起排头兵"的活动主题和"五个好"、"五个表率"目标,精心组织,扎实推进,整个活动进展顺利,取得明显成效。

7日 国务院南水北调办主任张基尧、副主任张野一行,在河南副省长刘满仓、市长穆为民等陪同下,深入唐河县、新野县,走进移民新村、移民样板房屋,察看第一批移民新村建设情况,慰问库区移民、移民干部和移民新村建设者。

9~16日 中国·南阳第八届玉雕节暨国际玉文化博览会隆重举行。大批海内外珠宝玉石界客商,专家、学者,媒体记者及有关部门负责人,省、市领导参加开幕典礼。河南省副省长张大卫宣布开幕,南阳市市委书记黄兴维做了热情洋溢的致辞,南阳市市长穆为民主持开幕仪式。国家国土资源部副部长汪民、中国珠宝玉石首饰行业协会常务副会长孙凤民讲话,对会议表示热烈欢迎。会议为"独玉杯"十佳玉雕创作新秀和南阳首届工艺美术大师颁发证书。会议期间,专家学者们举行了玉文化研讨会、玉文化论坛等学术研讨活动;贵宾及客商们参观了玉石精品展览,参加了镇平县石佛寺镇的国际玉城开市仪式等活动。9日,中国·南阳第八届玉雕节暨国际玉文化博览会举行市情说明暨合作项目签约仪式,南阳市成功与外企、外商签订30个经济、社会项目,总投资69亿元,合同引资66.3亿元。投资额度大、产业结合度高、技术含量高、发展前景好的有:桐柏县政府与内蒙古博源控股集团有限公司签订的引资28.4亿元年产40万吨食用油生产项目,邓州市政府与河南阳光集团签订的引资5亿元的阳光油脂项目,西峡县公路局与洛阳天骄置业集团签订的引资4.5亿元的西峡天骄国际宝坻房地产项目,内乡县政府与山西恒荣煤业有限公司签订的引资4亿元的宝天曼国际养生谷项目。

9日 中石油河南分公司与南阳市农运资源开发有限公司签订合作伙伴协议,并向农运会筹委会赞助600万元。

10日 镇平县石佛寺镇国际玉城一期项目建成竣工。该项目占地86.6公顷,总投资12亿元,计划分3期建设完成。一期工程占地13.3公顷,投资3亿元。

同日 市教育局专门下发通知,明确市中心城区义务教育阶段学校招生行为"七不准":不准义务教育阶段学校招收择校生和组织任何招生考试;不准招收学区内适龄儿童和小学毕业生入学;不准拒收经教育行政部门认定分配的进城务工经商农民随迁子女和返乡农民工子女入学;不准学校与社会单位之间签订招生协议,招收协议生;不准举办复读班或复习班，也不得举办特长班、重点班、实验班等；不准教育部门工作人员、中小学教职员工参与招生中各种信息的弄虚作假，并从中牟利；不准学校利用各种形式宣传考试成绩、升学率和中招“状元”。

10～11日 由河南省人大常委会副主任储亚平任组长的省人大常委会执法检查组，对南阳市贯彻实施《中华人民共和国归侨侨眷权益保护法》情况进行执法检查。

11日 电影《士兵武文斌》首映式在“抗震救灾英雄战士”武文斌的家乡邓州市举行。

同日 最高人民检察院副检察长朱孝清在河南省检查院检察长蔡宁的陪同下，到南阳调查研究指导工作。

13日 市“六创一迎”指挥部发出在中心城区全面推行生活垃圾袋装化管理的通告。

14～17日 镇平玉雕在第六届中国(深圳)国际文化产业博览交易会上，获得“最佳文化创意奖”和“优秀展示奖”。

15日 中国月季之乡·第一届月季文化节开幕式在卧龙区石桥镇隆重举行。

16日 民生银行南阳分行在南阳开业。至此，南阳已有3个全国性股份制银行。

20日 中聚国际集团公司与南阳市政府、天冠集团新型生物材料有限公司举行增资协议签约仪式。中聚国际集团有限公司董事长李志强、高级副总裁马英军，市领导黄兴维、穆为民等出席签约仪式。根据协议，中聚国际集团公司以6600万元加盟天冠集团新型生物材料有限公司，共同兴建全降解塑料万吨级产业化生产线，成为全球最大的全降解塑料生产供应商。

22日 投资50亿元的闽南陶瓷园项目开工奠基仪式在内乡县产业集聚区举行。该项目占地333.3公顷，将利用4～5年时间，建设50条具有国际先进水平的辊道窑自动化生产线，年可生产高级墙地砖15亿平方米，年产值将达300亿元，安排就业岗位1万个，形成中原较大的陶瓷生产基地。

26日 河南陆德筑机股份有限公司大型筑路机械项目在南阳开工奠基。项目计划投资2.6亿元，年产大型设备60台套，计划2011年上半年竣工投产。项目投产后，可实现年销售收入3.58亿元，上缴税金3275万元。

31日 市长穆为民亲切会见了日本冲绳县华侨经贸访问团，双方就文化旅游、商业贸易等领域进行了友好会谈。

是月 由中国储备粮管理总公司投资1亿元的河南公司南阳直属库溧河分库项目，在南阳生态工业园区开工奠基。该项目占地1.36公顷。设计总仓容30万吨。项目建成后，可实现年销售收入1.2亿元，将成为豫西南地区最大的现代化粮库。

6 月

7～8日 河南省委书记、省人大常委会主任卢展工深入南阳市宛城区和镇平、内乡、西峡3县调研“三夏”工作，强调要有效组织抢收、科学安排抢种、周到细致服务、力保全年丰收。并就县域经济发展，构建和谐社会、基层组织建设和干部队伍建设以及农运会筹办、产业集聚区建设、稳定粮食生产等发表了重要意见。

10日 市南水北调丹江口库区第一批移民搬迁指挥部成立，市委书记黄兴维，市委副书记、市长穆为民分任政委和指挥长。11日，指挥部召开库区第一批大规模移民搬迁动员大会，动员全市上下统一思想，振奋精神，坚决打赢大规模移民搬迁硬仗。17日，淅川县滔河乡凌岗村的506名移民第一批迁入唐河县毕店镇凌岗村新家，到9月4日，第一批移民6.5万人全部搬迁安置完毕。

同日 南阳市政府与省电力公司举行推进南阳电网发展框架协议签约仪式。根据框架协议，4年内，河南省电力公司将投入37亿元，全面加快南阳电网建设，为南阳经济社会又好又快发展提供可靠能源保障。

18日 方城物理法制备太阳能级多晶硅技术成果新闻发布会宣布：由南阳迅天宇硅品有限公司、中国科学院上海技术物理研究所联合研发的物理法太阳能级多晶硅全流程工艺，顺利通过了中科院上海分院组织的专家鉴定。这项技术填补了国际上没有专门面向光伏产业的多晶硅工业技术的空白，标志着中国已经超越发达国家，在节能环保的低成本太阳能级多晶硅制造新技术领域取得了重大突破。6月30日，世界首个全物理法制备太阳能级多晶硅全流程工艺贯通暨规模化生产庆典在方城县新能源产业集聚区举行。

同日 河南——浙江投资合作项目洽谈会签约仪式在郑州举行，在全省签约的100个项目中，南阳市签约12个项目，总投资14.6亿元。

同日 2010年全省第一次重点项目观摩点评活动第二观摩组莅临南阳，河南省副省长徐济超带领省直有关部门负责人和18个省辖市市长，对南阳市新能源产业集聚区和唐河县产业集聚区进行了实地观摩。市长穆为民、副市长崔军陪同观摩。

同日 第七届全国农运会重要接待场馆之一——南阳梅溪宾馆商务大厦举行开工奠基仪式。南阳梅溪宾馆商务大厦集五星级酒店、公寓、大型商场、住宅、休闲娱乐为一体。项目工期预计两年,预计总投资1.6亿,占地1.2万多平方米,建筑面积7万多平方米。建成后能同时容纳1000余人食宿、会务,将成为集接待服务、旅游观光、休闲购物于一体的现代化地标性建筑。

18～19日 全国政协人口资源环境委员会副主任、九届浙江省政协主席、原南阳地委书记李金明在郑州出席河南—浙江投资合作项目洽谈会后,带领部分浙商代表,来南阳市考察投资环境和项目。

24～25日 市领导贾崇兰率团参加2010中国北方旅游交易会和北京国际旅游博览会,并举办旅游合作联谊会,推介南阳旅游。在王府井步行街举办了南水北调渠首风光展,向来自世界各地的游客展现了一幅幅瑰丽的南阳山水画卷。

26日 新疆哈密地区行署副专员王健全带领哈密地区党政代表团一行10人莅宛,考察工业、城市建设、旅游产业发展等情况。按照中央统一部署,河南省新一轮对口支援新疆的地区由阿克苏转为哈密。

27日 深港南阳总商会正式成立。

28日 汇博生物技术有限公司医用高分子医疗器械等10个项目,在位于市城区白河南的新能源产业集聚区集体开工。这10个项目总投资10.1亿元,全部建成达产后,年新增销售收入52.1亿元。

同日 南阳深圳经贸合作洽谈会在深圳举行南阳市情说明暨合作项目签约仪式。市领导穆为民、王建民、张振强、吴冬焕出席签约仪式。深圳市副市长张文及深圳150个企业代表出席会议。总投资20亿元的广州市德保仓储物流有限公司与南阳市卧龙区合作的南阳市汽车产业博览中心项目,总投资15亿元的福建南安飞宙机械设备有限公司与内乡县合作的冈石生产项目等40个项目在洽谈会上签约。合作项目投资总额127亿元,合同引资118亿元。

29日 由市建业住宅集团投资25亿元兴建的农运会迎宾馆在独山脚下开工建设。该项目建筑面积5万多平方米,为五星级,预计2012年7月正式营业。

是月 市委常委、市纪委书记孙丰年率领南阳市经贸代表团访问乌兹别克斯坦、土库曼斯坦等中亚国家。访问期间,代表团参加了南阳市红棉棉纺厂在该地区的经贸活动,会见了乌、土等国有关部门负责人,达成了一系列经贸投资意向。

7 月

1日 南阳—南京始发列车正式开行。

8日 信阳市委常委、政法委书记高俊峰带领信阳市党政考察团莅临南阳,考察产业集聚区和项目建设情况。

13日 河南—上海经济技术合作暨旅游项目推介会在上海市浦东新区举行。南阳市充分利用上海世博会的大平台,积极洽谈招商,共有5个项目在会上签约,合同引资17.85亿元。

同日 第七届全国农运会接待宾馆项目——园林式四星级的中达天润假日酒店及五星级的中泰国际酒店举行奠基仪式。

同日 河南省委常委、省军区政委颜纪雄莅临南阳检查防汛工作。

16日 全国人大常委会委员、内司委主任黄镇东一行到镇平县就《老年人权益保障法》贯彻实施情况和修订工作进行调研。

同日 南阳市党员干部警示教育基地在高新区揭牌启用。

中下旬 全市连续多次遭受暴雨和特大暴雨袭击,部分区域发生严重暴雨、洪涝地质灾害,特别是7月23～24日,沿淅川、西峡境内的丹江、鹳河两岸居民房屋大部分被淹,部分被淹房屋水深达2米以上,一些重灾村除部分钢筋混凝土结构的房屋外全部倒塌;3条国道、7条省道和两县的固定电话、移动通讯及电力一度中断,鹳河淅川县城体育场段堤防决口15米,给人民群众生命财产造成巨大损失。据灾情办初步统计,7月份全市因暴雨洪涝,受灾人口359.34万人,因灾死亡33人、失踪18人,紧急转移安置277357人,农作物受灾面积27.01万公顷、绝收4.19万公顷,损坏房屋75565间、倒塌房屋48395间,损坏河道堤坊149处,冲毁塘堰坝、灌溉设施、桥涵208座(处)及小水电站1座。共造成直接经济损失76.45亿元,其中农业直接经济损失24.4亿元。民政部针对河南等地灾情,启动了国家四级救灾应急响应。河南省副省长刘满仓、民政部救灾专员李全茂以及其他有关省直部门负责人先后于23～25日紧急赶赴南阳,指导抗洪救灾。

17日 市政府下发《关于做好当前防汛工作的紧急通知》,并拿出市长预备金200万元用于防汛救灾,号召全市向灾区捐款,支持灾区抢险救灾。

22日 全市召开抗洪救灾捐款活动动员大会,动员市直各部门各单位迅速掀起抗洪救灾捐赠热潮。市直各单位迅速行动,当日捐款已达648万多元。

24日 市防汛指挥部启动二级防汛应急响应,先后发布防洪调度令13个。市四大家领导成员和各县(市、区)及乡镇领导干部均在汛情危急时刻奔赴第一线与广大群众一起进行抗灾斗争。

同日 河南省军区3个应急分队、市武警部队、独山部队、空军驻内乡场站分别派出部队紧急赶赴灾区，抢险救灾、化解险情。市交通局、公路局组织对冲毁公路进行抢修。南阳联通公司和移动公司在检测到西峡、淅川县通讯信号中断后，迅速组织工程技术人员检查抢修。南阳供电公司紧急出动抢修队伍93支、1180人、抢修车辆271辆。市水利防汛抢险分队25人携带4艘冲锋舟奔赴淅川、西峡，连夜作战，解救围困群众。市民政局、卫生局及时派出工作组赶赴重灾县核查灾情疫情，安排救助工作。各级党委、政府及各部门迅即展开灾后重建工作，大力抢修恢复各种水毁基础设施，重点恢复道路交通、电力、通讯设备。农业部门组织灾区农民排除积水、补种晚秋。民政部门及时下放救灾物资，组织灾民重建家园。社会各界积极捐款捐物救济灾民。

25日 市政府发出《关于做好汛期抗灾救灾工作的紧急通知》，成立了工作组，分赴灾区核查灾情，检查各项救灾措施落实情况，指导灾区政府做好救灾工作，安排好转移群众的生活。

8 月

3日 河南阳光油脂集团总投资约5.5亿元的50万吨植物蛋白项目开工奠基仪式在郑州市举行。

4日 南阳市事业单位岗位设置管理工作会议召开。会议要求，2010年年底前完成市属事业单位岗位设置管理工作，各县(市、区)事业单位岗位设置管理工作与市直同步启动，同步推进，力争同步完成。这意味着全市8000多个事业单位将实现由固定用人向合同用人、由身份管理向岗位管理的转变，涉及到21万余人的切身利益。

同日 河南省副省长秦玉海、省民政厅厅长杨云、副厅长黄亚林深入西峡县丹水镇、军马河乡、米坪镇，淅川县寺湾镇、大石桥乡等地，察看"7·24"鹳河洪灾受灾情况，慰问受灾群众，指导灾后重建。

5日 西峡县"7·24"洪灾发生后，宛西制药8000多员工捐款65.5万元救助灾区，随后公司又捐赠34.5万元。是日，宛西制药有限公司再次向西峡灾后重建捐款100万元。

同日 郑州银行南阳分行举行挂牌成立仪式。这是郑州银行在郑州市以外设立的首家分行。

6日 方城县兽药园内纳瑞森、牧展宏兴达、健达3个兽药项目同时投产。3个项目总投资达到1.09亿元，产能达到165万吨，年销售收入预计1.65亿元。

9日 市委书记黄兴维出席在新疆新和县举行的由南阳市援建的新和职业技校竣工剪裁仪式。

11日 市政府举行仪式聘任夏青(中国环境科学研究院原副院长)、任为苓(水利部水利水电科学研究院原副总工程师)为市政府高级经济顾问。市长穆为民颁发聘书。

同日 河南省政协副主席、省工商联主席梁静，到西峡调研民营企业受灾和灾后生产自救工作开展情况。

16日 河南省副省长刘满仓深入南召县检查指导防洪工作，强调要提高预防能力，确保群众生命财产安全。

17日 国务院南水北调办主任鄂竟平一行抵达南阳，全面考察移民搬迁、工程建设和水质保护工作。

同日 世界银行国际金融公司投资1000万美元参股河南牧原公司。

18日 中航证券有限公司南阳建设中路证券营业部举办开业庆典，这是继中原证券，民生证券公司之后，入驻南阳的第三个证券公司。

19日 河南省委常委、常务副省长李克在南水北调陶岔渠首和淅川县移民新村，探访民情民意，察看工程进度，慰问基层干群。

20日 世界中药联合会第三届会议在南阳召开。

同日 2009年度河南工业企业百强位次排定。南阳市7个企业榜上有名，数量居全省第五位。这7个企业分别是：中国石化集团河南石油勘探局、河南龙成集团有限公司、河南省淅川铝业(集团)有限公司、河南天冠企业集团有限公司、南阳鸭河口发电有限责任公司、河南新野纺织集团股份有限公司、河南省西保冶材集团有限公司。

21日 冯友兰纪念馆开工奠基仪式在唐河县举行。

23～25日 河南省委常委、省政法委书记李新民，省委政法委常务副书记李承先，省公安厅常务副厅长李建中，省执法巡视组组长、省高级人民法院副院长田立文到南阳调研平安建设工作。

24日 港澳深地区闽籍企业家访豫活动省情说明会暨项目签约仪式在郑州举行。全省共签约项目341个，南阳市签约项目52个，其中投资额超过10亿元的项目10个。

26日 国家信访局副局长王耀东莅临南阳，就当前信访工作任务及信访机构自身建设等情况进行调研。

同日 在第六届豫洽会河南省情说明暨合作项目签约仪式上，全省共签约项目351个，其中南阳市签约项目33个。

29日 南阳市召开南水北调干线征地拆迁安置工作动员大会。市长穆为民在讲话中指出,国家确定了中线一期工程2013年主体工程完工,2014年汛后通水的目标,南阳市境内185.5千米干线工程年内将全线开工建设,需永久征地2726.6公顷,临时用地4860公顷,拆除各类房屋13.9万平方米,搬迁安置人口3575人,迁建电力、通信、广电、管道等各类管线总长654千米,征迁安置和工程建设任务繁重。各级各有关部门要团结一致,协同作战,坚决打赢南水北调中线工程干线征地拆迁安置攻坚线。

9 月

1～2日 湖北省人大常委会党组书记、副主任任世茂一行来宛,考察"十一五"规划完成情况及"十二五"规划编制情况。

2～4日 市委、市政府组织考察团,赴湖北考察汽车工业,与东风汽车股份有限公司达成共识,联合成立合资公司,合作生产沼气汽车。

4日、6日 中共南阳市委、南阳市人民政府分别向淅川县委、县政府和邓州市、唐河县、新野县、宛城区、卧龙区党委、政府发出贺电,祝贺他们在丹江口库区移民安置工作中所作出的重大贡献,向奋战在移民迁安第一线的干部群众表示亲切慰问。

8日 在厦门举行的第十四届投洽会上,南阳代表团与外商签订14个大项目,其中20亿元以上项目2个。

9日 信阳市委书记王铁率该市党政代表团来南阳观摩考察项目建设及产业集聚区建设情况。

9～10日 铁道部副部长陆东福带领铁道部计划司司长杨忠民等来南阳就郑渝铁路南阳站位和运十铁路淅川县荆紫关镇站位选址进行考察。河南省副省长张大卫,市领导黄兴维等先后陪同。

10日 河南省委、省政府分别向南阳市委、市政府和淅川县委、县政府发出表扬信,希望再接再厉,扎实做好已迁移民后继帮扶和第二批移民迁安工作,全面打赢这场硬仗,向全省人民交上一份满意的答卷。

13日 台商投资企业协会成立庆典在唐河举行。目前,全市已有40余个台资企业,近60个台属企业。

13～14日 由市委书记黄兴维、市长穆为民率领的南阳市党政考察团在郑州市、洛阳市考察学习。

16日 日本SUWA光电株式会社与中光学集团的利达光电达成合资合作协议,共同打造年产销2000万台光学镜头、数码镜头全球市场占有率第一的合资企业。此举将使南阳成为数码镜头生产制造基地,形成光学元件、模具、注塑、组装、物流等一体化的、规模达百亿元的光电产业配套集群。

同日 南阳医学高等专科学校与海南摩根投资有限公司联合投资南阳医专二附院签字仪式举行。南阳医专二附院新址坐落在白河南生态园区内,总投资约2亿元,规划病床1000张、安养公寓500张床位,建设门诊楼、医技楼、病房楼、食堂各一栋。

同日 台湾仁爱妇科研究院直属基地揭牌仪式在新成立的南阳仁爱医院举行。台湾仁爱医院研究院于1980年在台北设立,是一家从事女性健康研究的国际化医学科研机构。

19日 卧龙区政府与深圳市福州商会在南阳举行福州工业园项目签约仪式。市委书记黄兴维,市委常委、统战部长王建民出席。深圳市福州商会福州工业园项目位于卧龙区南阳光电产业集聚区,项目合计规划用地66.7万平方米,总投资12亿元。

同日 第三届华侨华人中原经济合作论坛在平顶山开幕。南阳市共有25个项目签约,投资总额25.55亿元,项目涉及农产品加工、食品、纺织、机械制造、新能源等产业。

19～28日 河南省第十一届运动会在洛阳市举行。南阳市派出由210多名运动员、80余名教练员和工作人员组成的代表团,共参加17个大项685枚金牌的角逐。最终共夺得金牌114.5枚、银牌24枚、铜牌24枚,总分1193分。金牌总数排全省第六位,总分排全省第八名,并获得贡献奖第五名,奖励榜第七名、输送奖第七名和体育道德风尚奖。

20日 中共南阳市委作出《关于开展向王宛川同志学习活动的决定》。28日,中共南阳市委决定授予王宛川同志"优秀共产党员"称号。王宛川,男,1966年2月出生,宛城区白河街道党工委副书记、办事处主任。7月27日,因积劳成疾引发心肌猝死,不幸倒在工作岗位上,年仅44岁。

20～21日 在第二十五届中国电视金鹰奖颁奖典礼上,根据南阳市著名作家李天岑长篇小说《人精》改编的20集电视连续剧《小鼓大戏》喜获三等奖。

20～22日 中共中央政治局委员、中央书记处书记、中宣部部长刘云山与随行的中宣部副部长翟卫华、文化部副部长王文章、国家广电总局副局长赵实、新闻出版总署副署长蒋建国,在河南省委书记、省人大常委会主任卢展工,省委常委、宣传部长、副省长孔玉芳,省委常委、秘书长曹维新及市委书记黄兴维、市长穆为民等的陪同下,考察调研基层宣传思想文化工作。

26日 南阳市首届企业家高峰论坛在河南天冠集团公司举行。论坛发布了2010年南阳企业50强和2010南阳高成长企业30强。

同日 南阳高新区获得国务院正式批复，升级为国家级高新区。这是继20世纪90年代初郑州国家高新区、洛阳国家高新区建设后，河南省国家高新区建设的一项重大突破。

29日 淅川县淅铝集团大电解二期在建工程氧化铝储存塔封顶浇灌作业时，因支护出现问题，造成支架垮塌，致使19名建筑工人被掩埋。该事故共造成8人死亡，11人受伤。

10 月

3日 市长穆为民在希腊出席世界地质公园大会。并代表中国伏牛山世界地质公司与希腊蒲赛罗芮特世界地质公园正式签订了友好协议。

5日 中国·南阳2010敬拜诸葛亮盛典在卧龙岗大拜殿前隆重举行。市领导李天岑、秦俊、谢先锋、仝运科，著名作家二月河等出席活动。副市长冯晓仙主持敬拜仪式。

8～9日 中共中央政治局党委、国务院副总理李克强到南阳市考察调研经济社会发展情况。李克强在河南省委书记卢展工、省长郭庚茂及中央有关部委负责人陪同下，先后深入到邓州市桑庄镇和腰店乡现代农业示范园区、南水北调中线工程渠首、丹江口水库、淅川县厚坡镇陈庄移民新村及河南中光学集团、乐凯集团第二胶片厂、天冠集团等处，对南阳市经济社会发展情况，特别是高新技术产业、现代农业、生产性服务业发展情况进行了考察，并重点考察了移民迁安和中线工程建设情况。

10日 南阳市无线电管理局揭牌成立。

同日 由市纪委、监察局策划组织，唐河县豫剧团演出的大型现代豫剧《歧路冷雨》，在省文联主办的全省黄河戏剧奖大赛上夺得金奖，并获得8个单项奖。

11日 陕西省商洛市市长杨冠军、副市长李生荣率领政府代表团，到西峡考察工业企业和城市建设发展情况。

同日 由内蒙古博源集团投资兴建的河南三源粮油食品有限责任公司年产40万吨食用油项目一期工程开工奠基典礼，在桐柏县产业集聚区举行。市领导黄兴维、贾崇兰、郭庆之、王建民，内蒙古博源集团总裁贺占海，河南工业大学副校长陈复生等出席奠基仪式。该项目一期工程占地21.3公顷，工期10个月，总投资14亿元。

13日 南阳农校、南阳裕冠服饰城有限公司合作筹建的南阳农业职业学院签约仪式在南阳农校举行。这种公办民助联合办学新模式，在南阳尚属首例。双方签约后，南阳裕冠将注资7000万元，用于双方首期合作项目，即教职园区的新校区建设。

14日 南阳市人民政府与亚太先进科技国际投资集团举行合作项目签约仪式。此次签约的项目主要是超大功率LED通用照明产品、电动汽车新型电机研发与生产项目，投融资总额约10亿美元。

同日 在新中国治淮60周年纪念日之即，中国邮政在桐柏县首发《新中国治淮六十周年》邮票一套四枚。

15日 西峡县举行中国重阳文化节开幕仪式。

16日 中国·桐柏庚寅年祭祀盘古大典在桐柏淮源景区举行。

同日 首钢控股公司与天冠集团签订增资协议，首钢控股公司以现金加资产共计65175万元对天冠集团增资，持有60%股权。根据约定，首钢控股公司将全力扶持合资公司发展生物能源、化工产业，并立足国内市场，寻求海外发展。同时依托天冠工业园区，积极发展能源(煤炭)物流配送及园区260万千瓦时热电厂项目。

17日 中国·南阳第九届张仲景医药科技文化节举行市情说明暨合作项目签约仪式，共签约经贸项目30个，投资总额58亿元，合同引资53亿元。

17～22日 中国·南阳第九届张仲景医药科技文化节暨中医中药中国行文化科普宣传周河南省活动隆重举行。科技部副部长王伟中，河南省副省长刘满仓，国家中医药管理局副局长马建中，省政协副主席王平，国家、省有关部门的负责人，有关行业的专家、学者、企业家和媒体记者及市领导黄兴维、穆为民、贾崇兰、李天岑等出席开幕式。与会领导与嘉宾举行了祭拜医圣张仲景大典、南阳市中医药产业发展战略规划论证会及健康养生产业创新与发展专题报告会。

19～20日 以河南省人大常委会副主任刘新民为组长的省人大常委会调研组莅宛，对重点项目建设及"十二五"规划编制情况进行调研。

26日 2011豫台经贸合作洽谈会暨项目签约仪式在郑州市国际会展中心举行，南阳市共有11个项目成功签约。投资总额2.2亿美元，合同引资2.14亿美元。

同日 在河南省南水北调丹江口库区第一批移民总结表彰暨第二批移民安置再动员电视电话会议上，南阳市被评为第一批移民迁安工作省辖市优秀单位。淅川县、唐河县、宛城区3个县(区)

获得县级优秀单位称号,唐河县毕店镇等7个乡(镇)获得乡级优秀单位称号,唐河县毕店镇凌岗村等5个村获得村级优秀单位称号,另有邓州、唐河等17个县乡村分别获得先进单位称号。

28~29日 河南省委书记、省人大常委会主任卢展工来到南阳,就认真学习贯彻落实党的十七届五中全会精神,谋划好"十二五"发展召开调研座谈会。省委常委、秘书长曹维新和黄兴维、穆为民等市四大班子领导、各县(市、区)和栾川、卢氏县党政主要负责人及一些乡镇、高校、企业负责人参加调研座谈。

29日 南阳市举行第七届全国农运会倒计时两周年庆祝活动。省农业厅厅长朱孟洲,省体育局党组书记彭德胜,市领导穆为民、李天岑、朱长青、孙丰年、姚进忠、任锋等出席庆祝活动。庆祝仪式上,出席领导和万余名各界代表共同参加了"迎农运盛会,做文明市民"宣誓和签名活动。南阳防爆集团、卧龙区、宛城区、高新区和鑫磊石材公司分别向市筹委会捐款2000万元、100万元、100万元、30万元和22万元。

31日 南阳市召开公安管理体制改革动员大会,宣布撤销市区原卧龙、宛城、车站、高新4个公安分局,新组建15个派出所。即将市区所属的32个农村派出所整合为6个中心派出所,城区15个派出所整合为9个派出所。

下旬 南阳市建成D级GPS三维空间大地控制网。该项目于2008年初立项实施,是国家重点测绘项目和省示范测绘项目,10月底,项目通过省测绘产品质量监督站专家验收。为全市宏观决策、土地规划管理、城市规划设计、工程建设管理等提供一个统一的平面和高程基准。

11 月

2日 以全国人大教育科学文化卫生委员会主任委员白克明为组长的调研组莅宛,就南阳市城乡医药卫生体制改革情况进行调研。

同日 全国人大代表、省人大常委会党组书记、副主任李柏拴带领省人大常委会视察组莅临南阳,视察指导第七届全国农运会筹备工作。

5日 南阳新区建设总体方案在省委常委会上通过。南阳市成为除中原城市群以外,省内第一个通过新区建设总体方案的省辖市。新区集中布局在城市东南部白河南岸地区,远期规划面积约190平方千米,未来南阳中心城区总人口将达到300万人。南阳新区将突出新能源产业优势,重点发展生物质能源、核用电动机、风力发电设备及电动汽车、专用汽车等产业,建设全国重要的新能源产业基地,成为区域经济增长极。同时,南阳新区将依托郑渝客专、宁西铁路扩建以及南阳机场改扩建,建设打造区域性服务中心,成为豫鄂陕接合部的现代化综合交通枢纽和区域物流中心。

同日 南阳天一密封服务有限公司投资3亿元的车用油封和密封条自动化生产线,在内乡县产业集聚区开工奠基。项目达产后,可年产8000万套车用油封和密封条,生产规模位居全国第一。

9~11日 中共中央委员、全国人大常委会农工委副主任、北京军区原政委符廷贵,到南阳市拜谒彭雪枫纪念馆,参观彭雪枫故居,考察指导文化旅游产业发展。

10日 "国家外派劳务基地"授牌仪式在邓州举行。这是该市继2008年6月被河南省商务厅命名为"全省外派劳务基地"后,获得的又一项殊荣。

12日 中国(郑州)2010产业转移系列对接活动在郑州国际会展中心举行。南阳市有28个项目成功签约,数量居全省第3位,签约合同总额达82.6亿元,引资额达74.1亿元。

同日 第九届中国玉石雕刻"天工奖"评选揭晓,镇平县入围的28件玉雕精品一举夺得1金、2银、3铜和最佳工艺奖、最佳创意奖等奖项。

13日 在第十二届中国专利奖颁奖大会上,由乐凯集团第二胶片厂发明、河南省知识产权局推荐的专利"感光组合物及使用感光组合物制作的平印版"(热敏CTP版)荣获中国专利优秀奖。该发明是第二胶片厂主导产品热敏型CTP版材核心技术之一,填补了国内数字化印刷技术空白,打破了国外公司技术和市场垄断。

14日 邓氏文化交流暨先祖塑像揭幕活动在邓州城郊吾离陵举行。来自美国、泰国、马来西亚、香港、澳门等国家和地区,以及来自四川、江西、广西等10多个省市的邓氏宗亲后裔代表200余人参加活动。市人大常委会副主任秦俊、原副主任邓桦等出席。

21日 河南省副省长刘满仓、省长助理何东成深入南阳市察看农运会筹备工作。

22日 乐凯华光印刷科技有限公司(简称乐凯华光公司)揭牌仪式在南阳市华光工业园隆重举行。乐凯华光公司是由乐凯集团第二胶片厂整体改制成立的新公司。

24日 台湾永庆集团南阳(唐河)产业园项目签约仪式举行。该项目投资23.5亿元,采用园中园的模式,在唐河县产业集聚区开发建设台商服装、制鞋产业示范园,主要生产服装、鞋类及运动用品。

28日 南阳华诺陶瓷有限公司在唐河工业集聚区开工建设。该项目由山西万通丽家建材有限公司投资兴建,项目占地33.3公顷,计划总投资6亿元,引进6条全自动生产线,规划设计引入了循环经济和清洁能源理念,年可生产高档陶瓷2500万平方米,解决就业2000多人。

30～12月1日 河南省委副书记叶冬松来到南阳,就创先争优活动进行调研。

是月 南阳市刘庄农贸市场正式开业运营。该市场位于中心城区西北郊,占地6.5万平方米,总建筑面积4.3万平方米,可供300多个商户入驻。是豫西南规模最大的全封闭永久性综合农贸市场。

12 月

1日 南阳至北京(南苑)空中直航开通。开通后南阳至北京(南苑)的飞行时间仅需1小时15分钟左右,大大有利于南阳经济社会发展。

1～2日 中国农民体协顾问、农业部原部长陈耀邦,农业部副部长、中国农民体协主席危朝安一行莅临南阳,视察第七届全国农运会筹备工作。

2日 市政府与郑州日产汽车有限公司战略合作协议签字仪式举行,双方将携手建设郑州日产南阳专用车生产基地,发展壮大专用车制造产业。

同日 解放军总参谋部作战部副部长孟国平少将一行,到镇平县国际玉城项目现场,实地考察玉文化产业改革和发展情况。

3日 银海钢材市场一期开业暨二期启动庆典仪式在南阳龙升物流中心举行。该市场是豫西南地区面积最大、档次最高、辐射影响力最强的大型现代化专业钢材集散中心。总投资4.3亿元,一期工程占地32公顷、投资2.8亿元,商业面积21万平方米,可容纳商户250个。该市场正式投入运营后年吞吐量达200万吨,交易额可达50亿,可实现年税收1.8亿元,为社会提供各类就业岗位2000多个。

同日 中国电力投资集团公司南阳风电二期30兆瓦工程开工奠基仪式在方城县二郎庙乡隆重举行。

4日 被誉为"中国动画短片奥斯卡"的北京电影学院第十届动画学院奖在京开奖。由南阳理工学院软件学院创作的《盘鼓舞》动画作品获得"实验影像奖"。

7日 《南阳市现代农业发展总体规划》评审会在北京举行,规划顺利通过评审。

8日 《南阳新能源国家高技术产业基地规划》顺利通过评审。

9日 河南省委常委、省军区政委颜纪雄少将莅临方城县,调研指导创先争优活动开展情况。

同日 南阳市情说明暨现代农业合作项目签约仪式在香港万丽海景大酒店隆重举行。在签约仪式上,香港裕嘉科技有限公司、香港双和科技有限公司、法兰(香港)印务有限公司等15个公司与南阳合作项目成功签约,总投资18.5亿元。合作项目涉及生态农业信息化、金木瓜系列饮品深加工、年加工30万吨花生仁扩改建、兰花基地建设、环保新材料等项目。

13日 内乡县政府与鹏翔科技有限公司签约,投资12亿元的鹏翔科技有限公司成功落户内乡产业集聚区。南阳市鹏翔科技有限公司是由深圳市凌安科技公司、深圳市环球光通公司等3个企业联合成立的,项目建设周期为两年,采用国际最先进的技术设备,主要生产手机、笔记本电脑、平板电脑、电源适配器、速拍仪、变频等电子产品。

14日 南阳市召开市委四届十九次全会(扩大),研究确定了打造鄂豫陕省际区域性中心城市、构建中原经济区重要区域增长极的战略定位,提出南阳主体区建设分两步走,即"五年彰显优势、十年实现崛起"的具体发展目标。第一步:到2015年底,人均生产总值、城乡居民收入达到全省平均水平,财政收入占GDP的比重明显提高,综合实力和竞争力显著增强,经济总量占全省的比重明显提高。第二步:到2020年,人均生产总值、城乡居民收入超过全省平均水平,经济总量占全省的比重进一步提高,成为中原经济区的重要区域增长极。

15日 南阳供电区"十二五"电网发展规划评审会在郑州召开。南阳市"十二五"电网发展规划顺利通过省电力公司专家组评审。根据规划,至2015年,南阳供电区将有1座1000千伏特高压站,4座500千伏变电站,30座220千伏变电(开关)站,超过100座110千伏变电站。全社会供电量及最大负荷将达到248亿千瓦时和490万千瓦。电网覆盖供电区全部人口,输配电网协调发展,能够满足南阳经济社会全面发展需要。

同日 南阳防爆电气研究所博士后科研工作站暨南阳二机石油装备(集团)防爆特种车辆有限公司成立揭牌仪式相继在南阳防爆电气研究所举行。

19日 即日起,南阳市在劳动争议仲裁庭设立农民工劳动争议"绿色通道",快审快结各类拖欠农民工工资案件。对事实清楚、权利明确的欠薪案件适用简易程序处理,并及时移送司法机关执行。同时,实行小额劳动争议"一裁终局",减少农民工维权时间和成本。

同日 北京南阳商会暨经济发展促进会揭牌仪式在北京河南大厦隆重举行。国务院三峡工程建设委员会原副主任、办公室主任郭树言,国家安全部原部长许永跃,中共中央委员、全国人大财经委副主任委员、中国人民解放军第二炮兵原政委彭小枫上将,总装备部原副政委李栋恒中将,国家民委原常务副主任赵延年,海协会副会长王富卿,总后勤部政治部原主任郭旭恒少将,北京市工商联党组副书记、常务副主席郑默杰等莅临会议。市长穆为民、市委副书记、市政协党组书记贾崇兰,市人大常委会主任李天岑,市委常委、统战部部长王建民,市政协副主席吴冬焕出席会议。据不完全统计,南阳籍人员在北京经商办企业1000多个,从业人员20多万人。

21日 白河零级橡胶坝工程正式开工,标志着中心城区内河整治进入加快实施的新阶段。白河零级橡胶坝是南阳市为改善城市环境、迎接全国农运会而实施的一项重要基础工程,建成后将引白河水入邕河,形成绕农运会主体育场和新闻中心的水循环体系。预计2011年汛期前完工。

23日 光武大桥开工仪式举行。光武大桥西起滨河路,东至白河大道,主桥长840米,桥面总宽度为41.5米,双向六车道。光武大桥是中心城区首座斜拉桥,也是主城区通往南阳机场、未来城市新区的快速通道。

同日 河南省政府公布南阳新区和漯河新区建设总体方案并宣布开始实施。方案显示,南阳新区将在市中心城区东南部白河南岸地区集中布局,是体现城乡统筹、产业协调、产城融合发展的复合型功能性区域,空间上涵盖城市、农村和生态用地。规划区空间范围以南阳新能源产业集聚区和高新技术产业集聚区为基础,适度向外围拓展,西北以白河为界,东至许平南高速,北到南水北调总干渠,南至宛城区溧河乡南边界,远期规划面积约190平方千米。在行政区划上,主要涉及宛城区的白河、枣林办事处和红泥湾、茶庵等乡镇的相关区域。

同日 市中心城区农运会新闻中心区域的一中路、汉冶路东段、大屯路、天山路4条道路同时开建。

29日 雪枫大桥正式开工建设。南阳大桥改建工程也于同日开工。作为南阳第一座跨白河特大立交桥,横跨滨河路和白河大道,两侧连接北京路与生态工业园区,计划2012年6月底前完工。国道312线南阳大桥改建项目采用在原桥两侧加宽方案,双向8车道,计划2011年年底前完工。

30日 南阳村镇银行股份有限公司举行开业庆典。天津市委常委、副市长崔津渡,天津市政府副秘书长陈宗胜,南阳市领导黄兴维、穆为民、李天岑、朱长青以及参与设立南阳村镇银行的相关银行主要负责人和省市有关部门负责人出席庆典仪式。南阳村镇银行是报请中国银监会同意经河南银监局批准天津市政府与南阳市政府支持,由天津农商银行、渤海银行、天津银行、天津滨海农村商业银行和南阳市、北京市、天津市的6个企业出资,共同发起设立的新型农村金融机构。

概　　况

基本情况

自然地理

【区域位置】 南阳市位于河南省西南部，东界河南省驻马店、信阳市，南接湖北省襄阳市、十堰市，西与陕西省商州市相连，北与河南省三门峡、洛阳、平顶山3市毗邻。地理坐标为北纬32°17′～33°48′，东经110°58′～113°49′。

【气温、降水】 全年平均气温15.5℃。年降水总量819.1毫米。日照时数1477.8小时。无霜期215天。

【地貌】 南阳地处全国第二级地貌台阶向第三级台阶过渡的边坡上，西、北、东三面环山，是一个向南开口的马蹄形盆地。山地、丘陵、平原大体各占1/3。其中，山地面积为9709平方公里，占总土地面积的36.5%；丘陵面积为7980平方公里，占总土地面积的30%；平原面积为8911平方公里，占总土地面积的33.5%。

山地包括北部的伏牛山、西南部的淅川岩溶低山与东部的桐柏山，海拔高度一般都在400米以上，相对高度大于200米，高山海拔高度超过2000米，相对高度大于500米；低山海拔高度400～1000米，相对高度为200～500米。

【水系】 南阳市河流分属长江、淮河、黄河三大水系。长江水系汉水流域的唐、白河水系最大，丹江水系次之，淮河水系分布于南召、方城、桐柏3县，黄河水系只有南召县马市坪乡的河水汇入嵩县的伊洛河。主要河流有白河、唐河、丹江、淮河、湍河、刁河、鹳河、三夹河、甘江河、泌阳河、赵河、淇河等。

渠首风光

自然资源

【主要矿产资源保有储量】 石油(年开采量)138.65万吨。天然碱8996.14万吨。蓝晶石368.52万吨。岩金113756千克。沙金4226千克。伴生金5057千克。银1669.27吨。红柱石995.38万吨。金红石289.28万吨。石墨842.21万吨。

【动植物资源】 市境已发现有脊椎动物415种。其中哺乳类49种，鸟类249种，爬行类32种，两栖类16种，鱼类69种，还有节肢动物、环节动物、线形动物、扁形动物、腔肠动物、原生动物等。饲养动物主要有牛、马、驴、骡、猪、羊、兔、狗、猫、鸡、鸭、鹅、鹿、貂、蜂等。“南阳黄牛”体型高大，肌肉发达，皮质优良，为全国五大优良品种之一。“南阳黑猪”在全省享有盛名。南阳柞蚕居全省首位，柞绸驰名中外。

全市共有维管束植物184科927属2298种，其中蕨类植物26科62属179种，裸子植物8科15属27种，被子植物150科850属2092种。列入国家重点保护的植物30余种，主要有香果树、银杏、天麻等。列入省级重点保护的植物共10余种，主要有铁杉、石槲、辛荑等。用材树种有300余种，经济树种有数百种。其中西峡的猕猴桃、南召的辛荑居全国之首，西峡的油桐、西峡和内乡的山茱萸、镇平的杜仲、淅川的柑桔居全省之首，南召的苹果、桐柏的板栗为全省重点产区之一。药用植物共1000余种，野生花卉和城市绿化植物400余种。主要土特产有猴头、木耳、香菇、茶叶和蕨菜、珍珠花等山野菜。主要农作物有小麦、玉米、水稻、棉花、烟叶、绿豆、芝麻、红薯、花生等。

【水资源】 全市多年平均地表水径流量为67亿立方米，地下水年补给总量达26.64亿立方米，可供开采的地下水资源多集中在唐、白河下游的平原区，年可采量约8.58亿立方米；全市实有水资源总量70.35亿立方米。

【土地资源】 全市土地面积26509平方公里，其中山区9709平方公里；丘陵7980平方公里，平原8911平方公里。常用耕地面积941.18千公顷。

行政区划

南阳市辖卧龙、宛城、高新3区和南召、方城、镇平、内乡、西峡、淅川、新野、唐河、桐柏、社旗10县及邓州1市，92个乡，114个镇，30个街道办事处，4509个农村村委会，351个社区居委会，是河南省土地面积最大、人口最多的地级市。

人口

全市常住人口为10263006人，同第五次全国人口普查2000年11月1日零时相比，十年共增加543006人，增长5.6%，平均每年净增54301人。

桐柏佛教学院

全市常住人口中，男性人口为5280417人，占51.45%；女性人口为4982589人，占48.55%。常住人口性别比(以女性为100，男性对女性的比例)由2000年第五次全国人口普查的109.54下降为105.98。

民族

2010年，全市共有44个民族成分，除汉族外，计有回、蒙、满等43个少数民族，总人口26万余人，占全市总人口的2.4%，占全省少数民族人口1/5强，居全省18个市地少数民族人口之首。

宗教

全市有佛教、道教、伊斯兰教、天主教和基督教5种宗教，信教群众56万余人，遍及全市13个县市区。从事各种宗教教职人员共有2080人，其中佛教321人，道教381人，伊斯兰教阿訇147人，天主教25人，基督教1206人。至2010年底全市共登记开放宗教活动场所964处，其中寺观教堂493处，固定场所471处。全市共有各级宗教团体47个，其中市级7个，县级40个。

组织机构

中共南阳市委

书　记　黄兴维

副书记　穆为民　贾崇兰(女)

常　委　黄兴维　穆为民　贾崇兰(女)　朱长青　刘朝瑞　王建民　杨其昌　孙丰年　姚进忠　陈光杰　原永胜　常　康　任　峰

中共南阳市纪律检查委员会

书　记　孙丰年

副书记　高立业　褚松华　宋新献

常　委　孙丰年　高立业　褚松华　宋新献　白　湞　孙秀奇　贾　硕(女)　徐天如　苌其林

中共南阳市委工作部门

市委办公室

市委秘书长　原永胜

市委副秘书长　王韵华　宁春士　赵显夫　张何伟　刘文俊　刘中青

市委组织部

部　长　杨其昌

副部长　苏方文　张德钊　张书报　孙起鹏

市委宣传部

部　长　姚进忠

副部长　庹　军(女)　吴朝河　景文栓　王同杰

市委统一战线工作部

部　长　王建民

副部长　靳明志　朱　钦

纪检员　温毅明

市委政法委员会

(市社会治安综合治理委员会)

书　记　常　康

副书记　刘　明(市综治办主任)　柳维钦(市委防范办主任)　司如岑(市委维稳办主任)　郭建国　李恒德

市委机构编制委员会办公室

书　记
主　任　夏广军

市委农村工作办公室(市扶贫办)

主　任　王宛楠

副主任　胡庆恒　王珊民　江宏伟

纪检组长　王兴华

市委群众工作部(信访局)

部(局)长　李　鹏

副部(局)长　余国廷　刘荣堂　李保灵　李苏宾

纪检组长　贾振强

市直机关工作委员会

书　记　王法志

副书记　张宜民　王晓东

纪工委书记　郭建里(女)

工委委员　尹　晓　文　锋　法玉伟

市委部门管理机构

市委老干部局

局　长　丁功银(回族)

副局长　李书胜

纪检员　曾　璟

市委直属事业单位

市委党校

校　长　贾崇兰(女,兼)

常务副校长
书　　　记　郑德扬

副书记　王自全

副校长　许玉建　杨振保　高元志

校长助理　张绍绪

南阳日报社

总编辑
书　记　关玉国

副总编辑　包廷怀　张　敏　张富杰　杨培基　李明建

纪检书记　赵怀成

市档案局

局(馆)长　武乐善

副局(馆)长　金　鹏

市委部门领导的事业单位

市委党史研究室

主　任　吕德民

副主任　张艳佩(女)　李克实

南阳宾馆

总经理　李宗玲(女)

副总经理　郭玉堂　单清林　苏　石

市党员电化教育中心

主　任　文　锋

市台胞台属联谊会

会　长　王艳丽(女)

老干部活动中心

主　任　闫富旺

老干部休养所

主　任　朱海成

南阳晚报社

总编辑　张　敏(兼)

南阳市第四届人民代表大会常务委员会

主　　任
党组书记　李天岑

副主任　杨德明　金　星(女)　马东升　李东武　秦　俊　党光德　谢先锋

秘书长　何新华

委　员(40名,以姓名笔画为序)

马　俊　王子芝(女,蒙古族)　王成法　王国俊　王保全　王恒宇　王献忠　王新志(回族)　朱中典　朱玉伟　刘亚斌　刘克成　刘克敏　杜风光　李　科　李文安　李为民　李全胜　肖庆玲(女)　张　航　张学祥　陈代云　陈保国　宗香勤(女)　赵　杰　胡逸云　秦英林　袁中告　徐文建　高志平　常　杰　庹　军(女)　韩松德　韩奎生　程相武　曾宪玲(女)　雷恩洲　廖华歌(女)　薛江峰(女)　冀淑芳(女)

副秘书长　刘克敏　常　杰　王子芝(女)

办公室

主　任　刘克敏(兼)

研究室

主　任　李全胜

副主任　唐炳申
信访室
主　任　王子芝(女,兼)
副主任　陈松华
法制委员会
主　任　朱中典
副主任　王富生
财政经济委员会
主　任　朱玉伟
副主任　宗香勤(女)
内务司法工作委员会
主　任　雷恩州
副主任　樊黎明(女)
法制室
主　任　曾宪玲(女)
选举任免代表联络工作委员会
主　任　李为民
副主任　孟祥营　范成志
代表工作室
主　任　王新志
预算工作委员会
主　任　韩松德
副主任　高黎明
农村工作委员会
主　任　陈保国
副主任　马　俊
教育科学文化卫生工作委员会
主　任　冀淑芳(女)
副主任　翟　毅　李静敏(女)
城乡建设环境保护工作委员会
主　任　王国俊
副主任　赵　杰　游金会
民族侨务外事工作委员会
主　任　王成法
副主任　郭　成

南阳市人民政府

市　长　穆为民
副市长　朱长青　陈光杰
李建豫(女)
姚龙其　冯晓仙(女)
张振强　贺国营
崔　军
市长助理　马学民　李中杰
王　中　田向和(女)
康连星

南阳市人民政府工作部门

市政府办公室
秘书长　姚国政
副秘书长　孙　振　李　洪
曾光春　赵　彬
卢伟平(女)
李　力　郭　鹏
张　伟　杨明显
燕军庆　程相岑
周天龙　李　仪
市发展和改革委员会
主　任　李甲坤
副主任　时乘风　梅晓林
刘荣阁(女,兼)
石显清　殷玉宝
王清平　杨子宛
陈建敏　时德清
纪检组长　李聚兴
工业运行局局长　赵成林
市教育局
局　长　柳克珍(女)
党委书记　李英世
副局长
副书记　杨振江
副局长　李宗阳　李元章
杨　扩　龙云飞
纪检书记　张世君
市科学技术局
局　长　褚庆义
副局长　李静波(女)
张华国　栗杰阳
毕跃莲(女)
纪检组长　闫光彬
市工业和信息化局
局　长　陈华山
书　记
副局长　苏玉男
副局长　陈伯灵　苏克刚
刘书忠　刘永德
张大豪　赵成林
董宏彬
市民族宗教局
局　长　杨光才

副局长　赵　刚　崔德锐
纪检组长　李万清
市公安局
局　长
书　记　李国周
副局长
副书记　万保平
副局长　路书剑　马建峰
魏玉廷　周长远
张其俊　高广伟
马中虎　勾志强
纪检书记　赵明杰
工会主席　宁指南
市监察局
局　长　褚松华
副局长　徐天如　丁建华
旦天志
市民政局
局　长
书　记　王　琴(女)
副局长　曾凡春　郭亦红(女)
陈洪勋　张天庆
武胜乾
纪检组长　周清香(女)
市司法局
局　长　杨志刚
副局长　贾宗华(女)
李青田　刘中和
谢清波
政治部主任　宋向阳
纪检书记　邓士星
市财政局
局　长　胡云生
书　记　孙天朝
副局长　孙专才　郭廷献
王景文
纪检组长　马长勇
市人力资源和社会保障局
局　长　程建华
书　记　王　坤
副局长　闫宏显　高　华(女)
王金彦(女)
付文义　文献华
李　军
纪检组长　罗明柱
市国土资源局

局　长
书　记　包建铎
副局长
副书记　王保湘
副局长　张清松

市环境保护局

局　长
书　记　宋宽军
副局长　刘金利　王修志
　　　　张建新　彭德栋
总　工　张全献
纪检组长　贾　玮
工会主席　王喜章

市住房和城乡建设委员会

主　任　廖玉安
书　记　陆行仁
副书记　张清范
副书记
副主任　王　克
副主任　刘鹏举　张群林
　　　　张喜雨　王怀雨
纪检书记　张　森

市交通运输局

局　长　李建涛
书　记　王谊卿
副书记　陈文珍
副局长　张宝玉　闫保卫
　　　　赵　伟　高贤信
　　　　刘学刚　冯昌清
　　　　贾　翊　姚　磊
纪检书记　白　烽
总　工　王文东

市水利局

局　长
书　记　李守强
副局长　李金栓　刘　根
　　　　张　晌　李星华
纪检书记　张秀杰
总　工　王会午

市农业局

局　长　谢广平
副局长　宋天庆　王志恒
　　　　葛荣黎　李敬铎
　　　　董国良　袁　璋
纪检组长　王德钊
总农艺师　李玉生

市林业局

局　长　宋运中
书　记　张荣山
副局长　刘化忠　张宏宪
　　　　齐宗俭(女)
　　　　吴子猷　周明金
纪检组长　邹平洲
总　工　王邦磊(蒙古族)

市商务局

局　长
书　记　郑国炳
副局长
副书记　秦　炫
副局长　田　峰　李金岭
　　　　王文巍　孔繁智
　　　　乔保全　谢北新
纪检组长　田　军

市文化广电新闻出版局

书　记　马本殿
副书记　任威东
副局长　陈同庆　杨永德
　　　　张　涛　贾廷选
　　　　罗佩霞(女)
纪检书记　严红伟(女)

市卫生局

局　长　赵玉亭
书　记　陈启功
副局长　冀文鹏　王卫民
　　　　舒国华(女)
　　　　桂延耀　张封岭
　　　　陈少禹　王尽翔
　　　　黑喜栓　高立超
纪检书记　秦守国

市人口和计划生育委员会

主　任　李天玉
副主任　张海阔　白均益
　　　　王　克　姚　辉
　　　　张耀军
纪检组长　孙　波

市审计局

局　长　杨鸣哲(女)
书　记　方　向
副局长　田　青　鲁德岑
　　　　孔雪飞　余耀伟
纪检组长　李东晓

市外事侨务办公室

主　任　赵天才
副主任　郝以昆　刘　波

市国有资产监督管理委员会

书　记
主　任　肖海有
副主任　李　忠　胡石明
　　　　王玉建　蒋　璞
纪检书记　杨保坤
离退办主任　陈　克
政治部主任　尚军生

市畜牧局

局　长　王　放
书　记　王长勋
副局长　王冠立　刘长胜
　　　　张振耀　魏家川
纪检组长　王　鹏(蒙古族)
总畜牧师　马建坤(女,回族)

市体育局

局　长
书　记　苏定堃
副书记　王玉亭
副局长　吴　强　吴宗彦
　　　　徐春林　马驰昭
纪检组长　黄　华

市统计局

局　长　王书延
副局长　陈长龙　王中华
　　　　赵信章
纪检组长　谭涌涛

市旅游局

局　长　黄　乐
副局长　亓　静(女)
　　　　李忠林　张清岑
　　　　王　素(女)
纪检组长　杨云梯

市粮食局

局　长
副书记　畅　强
书　记
副局长　郭德生
副局长
副书记　王建跃
副局长　李　华　张德新
　　　　赵天祥
纪检书记　李鹤翔

市安全生产监督管理局

局　长　周建国
副局长　彭义仁　贾宗温
　　　　李玉春　韩宝立

纪检组长 赵 震

市食品药品监督管理局

局 长 张树华

副书记 毛 伟

副局长 黄国祥 刘林来 李金朝

纪检书记 韩 杰(女)

稽查大队长 王 定

市城乡规划局

局 长 张德宝

书 记 李保江

副局长 周德林 王建生 张振耀 宋海瑜

纪检书记 康 臣

总规划师 王群彦

市城市管理局

局 长 肖 河

副局长 杨洪甲 王宏旭 李会中

市政府部门管理机构

市政府法制办公室

主 任 燕军庆(兼)

副主任 陆 波

市政府金融服务办公室

主 任 李 洪(兼)

市政府议事协调机构的办事机构

市人民防空办公室

主 任 李绍华

副主任 任传伟 夏明晓

纪检组长 方遂昌

市政府直属事业单位

市直机关事务局

局 长 张运成

书 记 杜学锋

副局长 王海银

市节会活动办公室

主 任 张 伟(兼)

副主任 朱清山

市接待办公室

主 任 赵 彬(兼)

书 记 宁春士

副主任 张书锋 杨天嘉

纪检员 梁军胜

市地震局

局 长 郭 鹏(兼)

副局长 王 勉 邱海涛

市供销合作社

书 记、理事会主任 张兴珍

监事会主任 王 奇

理事会副主任 彭义举 刘安豪

监事会副主任 史 良

纪检书记 何英俊

总经济师 董文基

市农业科学研究所

所 长、书 记 王玉斌

副书记 陈明侠

副所长 冉中民 徐 郁 徐志森

纪检书记 余行简

市行政审批服务中心

主 任 张居文

书 记 牛建刚

副主任 王明钦

纪检组长 王培杰

生态工业园区管委会

常务副主任 李培彦 王国林 姚河予

南阳理工学院

书 记 刘 建

院 长、副书记 姚锡远

副书记 郭建生

副书记、纪委书记 李 宏

副院长 刘荣英(女) 王万鹏 张 伟 肖泽昌 陈世云 张 钢(女)

工会主席 周礼春

南阳医学高等专科学校

书 记 鲁庚林

校 长 方家选

副书记 张金虎

副校长 梁新武 逯应坤 张须学 徐持华

纪检书记 张国良

南阳农业学校

书 记 王胜利

校 长、副书记 邱佳阳

副书记、副校长 范长海

副校长 贾国文 宋建华 布登付

纪检书记 孙天洲

南阳工业学校

书 记 王 岩

校 长 冉生学

副书记 潘自力

副校长 张廷哲 常绍君 刘延召 郭 坚 景 群

纪检书记 潘自力(兼)

南阳经济贸易学校

书 记 贾兆玉

校 长 全廷建

副书记 张金玉

副校长 陈居政 乔永贵 申春雪(女)

市住房公积金管理中心

主 任 冯文胜

市南水北调中线工程办公室

主 任、书 记 刘浩安

副主任 靳铁栓 曹祥华 皮志敏

纪检组长 齐声波

市移民局(市政府移民办)

局 长 王玉献

副局长 武 伟 王炜逸 刘贵献 刘宝聚

纪检组长 吴家宝

南阳市直副处级以上事业单位

市地方史志办公室

主 任 阿 颖(女,维族)

书 记 马秀银(回族)

副主任 刘胜海

纪检员 潘华强

豫宛宾馆

总经理　王海银
副总经理　曹兴林　孙万林
市政府驻郑州办事处
副秘书长
主　任　武安庆
副主任　闫广州　郑春山
市政府驻北京联络处
主　任　刘少先
书　记　高　峰
副主任　孟范中
纪检员　王春堂
市人才交流中心
主　任　柯其锐
市人事考试中心
主　任　周　华
市失业保险管理处
主　任　高　华(女,兼)
市企业养老保险管理局
局　长　苏金勇
市机关事业单位保险管理处
主　任　刘照红(女)
市医疗保险中心
主　任　杨　华(女)
书　记　段庆银
南阳市高级技工学校(市技师学院)
校　长　赵保志
书　记　秦运洪
南阳西军用饮食供应站
站　长　郑先波
市信息中心
主　任　李学勤
市住房委员会办公室
主　任　邱宗岚
市建筑设计研究院
院　长　刘　伟
市房产管理中心
主　任　陆行任(兼)
书　记　张清范(兼)
副主任　刘书臣　向天军
　　　　贾晓斌
纪检书记　郝　丽(女)
南阳伏牛山地质公园管理局
常务副局长　关　湘
市经济社会调查队
队　长　李吉山
南阳地方经济社会调查队
队　长　杨　光
市企业干部培训中心
书　记　王书举
市医药经济发展中心
主　任　陈瑞伟
市公路管理局
局　长
书　记　王志凯
副局长　鲁桂林　王建海
　　　　徐　超　李付平
　　　　熊永建
纪检书记　高新峰
工会主席　王建义
总　工　毕旭冰
市交通战备办公室
主　任　张建强
市道路运输管理局
局　长　高贤信(兼)
市交通路政管理处
处　长　赵　伟(兼)
市农村公路管理处
处　长　姚　磊(兼)
市地方海事局
局　长　李云梅
市财政干部教育中心
主　任　韩海平
市财政专项资金管理处
处　长　宋黎明
市非税收入管理局
局　长　艾国强(回族)
市农村信用资金管理处
处　长　尹清占
市会计核算中心
主　任　马传亚
市基层财政管理局
局　长　刘德安
市经济责任审计局
局　长　余耀伟
南阳黄石庵林场
局　长　李金平
书　记　曹志刚
南阳黄牛良种繁育场
场　长　王玉海
南阳黄牛科技中心
主　任　贾志阳
市水利建筑勘测设计院
院　长　路金镶
市鸭河口灌区管理局
局　长　孙跃星
市鸭河水库工程管理局
局　长　田国祥
副局长　张思峰　王新建
　　　　齐　峰
纪检书记　周永聚
市园林绿化管理局
局　长　秦书林
市市政管理处
主　任　魏春兴
市环境卫生管理局
主　任　李　伟
市城市管理监察支队
书　记　王　域
市盐业管理局(盐业总公司)
书　记　范道理
副局长　朱玉召　焦　勇
纪检书记　贾廷恩
市知识产权局
局　长　崔云宝
南阳21世纪议程管理办公室
主　任　蔡国印
市卧龙高新园区管委会
主　任　葛均西
市体育运动学校
校　长
副书记　吴　强
副校长　刘自群　董建中
　　　　张亚坤
纪检书记　刘红霞(女)
南阳电视台
台　长　陈建明
南阳人民广播电台
台　长　陈建明
书　记　陈振海
南阳文化艺术学校
书　记　崔照臣
校　长　张新强
副校长　时　坚　张学增
　　　　胡大卫
市博物馆
馆　长　赫玉建
南阳汉画馆
馆　长　凌解兵
油田教育中心
主　任　黄传录

书　记　曹明伟

市宛西中等专业学校

书　记　郝树声

副书记
校　长　周树先

副校长　丁　成　袁延波

市宛东中等专业学校

校　长
书　记　张　满

副校长　曾凡新　郭清华
　　　　韩中山　王敬波

南阳幼儿师范学校

书　记　王明亭

校　长　卢明存

副校长　李　黄　刘洪奎

市宛北中等专业学校

书　记　李天祥

校　长
副书记　范长海

副校长　王秋举　田立新
　　　　陈丽辉

纪检书记　刘　新

南阳广播电视大学

书　记　黄景玉

校　长
副书记　马汉亭

副书记
副校长　贾伟杰

副校长　史天为　冯俊玲(女)

副书记
纪检书记　马晓玲(女)

市招生考试办公室

主　任　张建生

市第一中学

校　长　杨显社

书　记　周道平(女)

市第二中学

校　长　王　超

书　记　张合福

市第五中学

校　长　叶文瑞

油田第一中学

书　记　闫胜彦

校　长　王海云

油田第七中学

书　记　聂海勇

校　长　魏忠星

市第一中等职业学校

校　长　崔建华

市第二中等职业学校

校　长　黄　鹏(女)

书　记　王齐星

市爱卫会办公室

主　任　熊　岩

张仲景国医院

院　长　高立超(兼)

副院长　符华阳　赵青春
　　　　李瑞森

纪检书记　林海兵

市中心医院

院　长
副书记　李玉东

副院长　仝运科(兼)
　　　　翟玉峰　张保朝
　　　　任　武

纪检书记　翟玉峰(兼)

市疾病控制中心

主　任　王卫民(兼)

书　记　冀文鹏(兼)

副主席　王玉敬　王志昂
　　　　张文韬

纪检书记　孙　侠(女)

工会主席　陆千超

市环境监测站

站　长　胡兰群

市商务管理职业学校

校　长　杨亚娜(女)

市经济协作办公室

主　任　唐跃鹏

国际贸促会南阳支会

会　长　陈中林

南阳医专第一附属医院

书　记　傅建邦

副院长　王国庆　王立意
　　　　刘雅彬　贾　奎
　　　　郭随成　王立峰

南阳医专第二附属医院

院　长　赵付生

书　记　周梅玲(女)

市公安干部学校

书　记　罗小果

校　长　顾军旗

南阳监狱

书　记　杨志刚

监狱长　周广聚

政　委　郝建兵

副监狱长　王栓保　李振海
　　　　　王　炜

纪检书记　周兴忠

政法干部学校

书　记　张士华

省检察官学院南阳分院

院　长　龚岩林

省法官进修学院南阳分院

院　长　谢明洋

市烟叶生产办公室

主　任　赵国交

市农业机械管理局

局　长　张胜海

书　记　赵玉安

副局长　马子斌　阎道畅
　　　　岳明书　范保祥

纪检书记　张国云(女)

政协南阳市第四届委员会

副主席　文学林　赵秀玲(女)
　　　　仝运科　宋　蕙(女)
　　　　赵金文　张志安
　　　　贺国勤　刘荣阁(女)
　　　　吴冬焕(女)

秘书长　王保云(女)

副秘书长　赵增琦　韩德栓
　　　　　彭廷政

常务委员(以姓氏笔划为序)
　　　　王　力
　　　　王　克(蒙古族)
　　　　王文顺　王西娟(女)
　　　　王同杰
　　　　王克成(蒙古族)
　　　　王若愚　王金富
　　　　韦占荣(女)
　　　　卢国强(回族)
　　　　任　锋　任玉晋
　　　　刘　冰　刘文青
　　　　刘洪定　华道梅(女)
　　　　师恒建　朱　钦
　　　　朱学灵　毕跃明(女)
　　　　毕跃莲(女)
　　　　闫保卫　余世虎

吴子献　张　晌
张小红(女)
张丰敏(女)
张建新(女)
张婉婉(女,高山族)
张略韬　张聚奎
时亚丽(女)
李　林(女)
李付元　李金朝
李冠彧(女,回族)
李晓兰(女)
李敬铎　李登刚
陈　曦(女,回族)
岳　爽(女)
柳维钦　胡卫东
胡保珍(女)
赵明喜(女)
赵增琦　郝书霞(女)
夏天俊(女)
徐春林　殷志永
聂付华　曹月西
常　琦(回族)
黄　鹏　黄新璞(女)
龚庆生　彭廷政
褚松华　葛宝岳
韩　博(女)
韩宝立　韩德栓
雷　耕　魏建廷

研究室
主　任　张小红(女)

提案委员会
主　任　赵明喜(女)
副主任　谷　晔

经济委员会
主　任　李金朝

农业委员会
主　任　张略韬

教科文卫体委员会
主　任　王克成(蒙古族)

民宗台港澳侨委员会
主　任　毕跃明(女)
副主任　闪秀荣(女,回族)

社会和法制委员会
主　任　曹月西
副主任　刘顺跃

学习和文史资料委员会
主　任　张建新(女)

县级政协工作委员会
主　任　时亚丽(女)

南阳市人民检察院

检察长、书　记　刘在贤
副检察长、副书记　李兴华　郭国谦
副检察长　李光成　秦大苏
　　　　　王中信　尤德炳
纪检组长　白晶玉
政治部主任　唐荣军
反贪局局长　张　科
公诉处处长　潘玉亭
反渎局局长　李明芳

南阳市中级人民法院

院　长、书　记　庞景玉
副院长、副书记　卢光明　刘　鹏
副院长　史成群　王　定
　　　　宋黎晓　王振国
政治部主任　门果林
纪检组长　铁松建
执行局长　葛天河

中国人民解放军南阳军分区

司令员　程德明
政治委员　任　峰
副司令员　傅生华　王　华
副政治委员　祝润安
参谋长　傅生华(兼)
政治部主任　刘新旺
后勤部长　时召龙

中国人民武装警察部队南阳市支队

支队长　田光明
政治委员　郭　炬
副支队长　王天青　李建荣
副政治委员　方亚伟
参谋长　耿　普
政治处主任　王　旭
后勤处长　刘　伟

中国人民武装警察部队南阳市消防支队

支队长　郭华杰
政治委员　王晓河
副支队长　侯新生　梁永健
副政治委员　梅忠东
指挥长　章　锐
参谋长　杜秀林
政治处主任　刘文晓
后勤处长　张建良
防火处长　白兆世

市公安局下属实战单位

市治安警察支队
政　委　胡志勤

市刑事警察支队
支队长　张　鋆
政　委　李保山

市交通警察支队
支队长　别占军
政　委　张文媛(女)

市监管支队
支队长　江俊斌
政　委　陆平汉

森林公安局
局　长　周鲁阳
政　委　朱万东

民主党派

民革南阳市委
主任委员　金　星(女)
副主任委员　张　驰
　　　　　　李晓兰(女)

民盟南阳市委
主任委员　赵秀玲(女)
副主任委员　华道梅　王贺伟

民进南阳市委
主任委员　刘荣阁(女)

副主任委员　葛宝岳
　　　　　　肖庆龄(女)
九三学社南阳市委
主任委员　仝运科
副主任委员　胡宝珍(女)
　　　　　　宗香勤(女)

群众团体和工商联

南阳市总工会
主　席　韩奎生
副主席　常　琦　赵建军
　　　　李　中　聂首梅(女)
共青团南阳市委
书　记　李冠彧(女)
副书记　樊　牛　赵　楠
　　　　李筱珂
纪检员　王　栋
南阳市妇联会
主　席　张婉婉(女,高山族)
副主席　齐　岭(女)
　　　　乔　玲(女)
纪检书记　庄旭阳(女)
南阳市科协
主　席　薛江峰(女)
书　记　刘建华
副主席　彭富生
纪检员　刘卫利
南阳市文联
主　席　王遂河
书　记　廖华歌(女)
副主席　凌解放　陈明远
纪检组长　张现实
南阳市社科联
主　席　姚进忠(回族,兼)
书　记　吴朝河(兼)
副主席　石　峰　张建军
南阳市残疾人联合会
理事长　宋金海
副理事长　唐圣敬　贾庆红
纪检组长　杨鹏兴
南阳市工商联
主　席　吴冬焕(女,兼)
书　记　陈冉楠
副主席　李光敏　吴桂荣(女)
纪检员　金少鹏

并入有关部门保留牌子的机构

市物价办
主　任　常秀梅(女)
副主任　吕秀成　王志涛
　　　　丁心长
纪检组长　李　军
文明单位建设指导委员会办公室
主　任　王贵汉
副主任　银　剑　孙起照
纪检组长　杨林云
保密局
局　长　郭荣庆
副局长　刘　进　李文举
政策研究室
主　任　赵显夫
副主任　赵　静(女)
　　　　曲　岩
市侨联
主　席　刘红跃
市委台湾工作办公室
主　任　徐朝炎
副主任　谢文海

国家部委和省驻宛部分单位、市属企业

南阳市供电公司
总经理　张立庆
书　记　华　峰
副书记、纪委书记　倪万立
副总经理　徐　伟　李新伟
　　　　　王　波
工会主席　王正钊
总会计师　周　黎
飞龙公司总经理　赵永强
南阳市邮政局
局长、书记　张军政
副局长　魏建峰　崔　嵬
河南省移动通信公司南阳分公司
总经理　刘发展
书　记　王保全
副总经理　杨德志　张红伟
　　　　　闫党辉
中国联合通信有限公司南阳分公司
总经理　陈小星
副总经理　王春生　朱玉平
　　　　　葛华民　符长征
　　　　　焦国群　董晓敏
南阳市气象局
局　长　李海彬
副局长　孙长林　赵丰飞
纪检组长　李文静(女)
中国人民银行南阳市中心支行
国家外汇管理局南阳市中心支局
行　长　姜永跃
副行长　王　强　王　晓
　　　　李相才　王学昌
纪检书记　吴家尧
工会主任　刘卫东
中国工商银行南阳分行
行　长　王　伟
副行长　孙庆阳　王跃进
　　　　宋哲旭　温铁牛
纪检书记　孙君奇
中国农业银行南阳分行
书记、行长　赵乐飞
副书记、副行长　于　平　刘子军
纪检书记、副行长、工会主席　武合建
党委委员、副行长　卢　伟
中国银行南阳分行
行　长　石　磊
副行长　刘　宏　高红梅
　　　　郑英伟
纪检书记　魏建通
督导员　罗惠贤
中国建设银行南阳分行
行长、书记　张中歌
副行长　李慧敏(女)
　　　　樊国兴　邬荣平
　　　　李伟农
风险主管　黄俊峰
工会主席　郭保平
纪检书记　涂志堂
行长助理　岁秀训

邮政储蓄银行南阳分行
行　长　杨洪泽
中国农业发展银行南阳分行
行　长　王绍群
副行长　高建民　张富山
市商业银行
行　长
副书记　贾继红
董事长
书　记　杨曙光
副书记　库有亮
副行长　朱建伟　李明建
　　　　曾　凡
纪检书记　陈育新
监事长　赵庆增
工会主席　毛　宇
市农信办
主　任
书　记　董金润
副书记　丁广源
副主任　翟　勇　黄汉三
中国人寿保险公司南阳分公司
总经理　淡新虎
副总经理　郭文彬(女)
　　　　胡　峰　查广庆
中国人民保险公司南阳分公司
总经理　满占庆
副总经理　王国山　周学峰
　　　　郝文彬　刘新强
　　　　吴文光
太平洋财产保险公司南阳分公司
总经理　孙常安
书　记　乔玉勤
副总经理　门道发
太平洋人寿保险公司南阳分公司
总经理　宋文伟
副总经理　何心宽　李保瑞
市国家税务局
局　长
书　记　马东起
副局长
副书记　闫西伟
副局长　贾福运　张培红(女)
　　　　曾凡平
总经济师　徐亚东
总会计师　张占伟
市地方税务局
局　长　高新运
副局长　王晨煜　张富升
　　　　刘顺伟
纪检组长　薛兰青
总经济师　张宪立
市工商行政管理局
局　长　李　超
副局长　杜荣峙　陈桂芳(女)
　　　　张松富
纪检组长　武振强
南阳出入境检验检疫局
局　长　郭云超
副局长　刘　强　孙　映
纪检组长　刘　强(兼)
南阳海关
关　长　张新生
副关长　鲁士勇　徐庆立
南阳市烟草专卖局
河南省烟草公司南阳分公司
局　长
经　理　赵明山
书　记
副经理　胡焕兴　张五庆
纪检组长　常　方
市质量技术监督局
局　长　朱　萍(女)
副局长　皮炳申　张　照
　　　　刘振江　刘俊轲
纪检组长　王　林
省无委办南阳管理局
局　长　齐富宇
国家统计局南阳调查队
队　长　潘书林
副队长　李显清　宋　瑞
纪检组长　李俊岭
南阳师范学院
书　记　苗相甫
院　长　石恒真
副书记　谢东华　黄荣杰
副院长　刘湘玉　宋争辉
　　　　刘国章　卢志文
纪检书记　黄荣杰(兼)
河南工业职业技术学院
书　记　唐伯武
院　长　李生平
副书记
副院长　翟福生　王　伟
副院长　赵德申　李金波
　　　　杜建根
纪检书记　张旭东
工会主席　王仁伟
省经济管理学校
校　长　刘　军
书　记　刘卫红(女)
副书记　杨国敏(女)
副校长　李俊伟　徐世国
纪检书记　贺望琢(女)
工会主席　侯同江
新华书店
总经理
书　记　张广旭
副总经理　张耀华　侯红昕
　　　　郭俊杰
河南石油勘探局
局　长
总经理　李联五
书　记
副局长　唐大鹏
副局长　陶光辉　袁建强
副总经理　樊中海　王　敏
副书记
纪检书记　李　科
工会主席
总会计师　项习文
南方航空集团公司南阳基地
总经理　朱　海
书　记　刘照升
副总经理　张凤翔　张国卿
工会主席
纪检书记　张兴聚
郑州铁路局南阳车务段
段　长　马锡忠
书　记　李德龙
副段长　冯兴宽　邵金民
　　　　李学勤　杨　杰
　　　　张广州
副书记
纪委书记　王世英
工会主席　何铁军
二机石油装备(集团)公司
董事长
书　记　杨汉立
总经理
副总经理　尹永晶(董事)

张　勇
曲　宁(董事)
徐奇清　冯　草
李　铁
吕　冰(董事)

乐凯集团第二胶片厂
厂　　长
书　　记　滕方迁
副 书 记
工会主席　杨宗锡
副 厂 长　杜　璠　李　柯
杨永宽
总会计师　叶抚舜

红阳工业公司
董事长
书　记　张宝振
总经理　王忠平
监事会主席
纪 检 书 记　卢科杰
副总经理　张恒志　戚九民
郝永林　韩　韬
马金海　安中兴
谢　宏
总会计师　范华平
副 书 记
工会主席　冯其应

红宇厂
厂　　长　张振华
书　　记　范　军
副 厂 长　李建平　冯愿军
张振强　徐金锁
副 书 记　师增田
总会计师　吕炳强
总工程师　陈振华
工会主席　彭爱莲

向东厂
董 事 长
总 经 理　徐爱军
副总经理
书　　记　朱超英
监事会主席
工 会 主 席　乔新涛
纪 检 书 记
副总经理
总工程师　辛景平
副总经理　李彦民　刘云生
田效军

总会计师　刘素强

北方星光工业公司
董 事 长　张子贤
总 经 理　袁堂洪
书　　记　邓成行
副 书 记　朱长春
纪检书记
工会主席　褚德安
副总经理　李　域　李付生
余　宏
总会计师　吕春果

中南工业公司
董事长
书　记　赵玉泉
总经理　贾　攀
监事会主席　周子平
副总经理　郝　玲(女)
副总经理
副 书 记　牛建伟
副总经理
工会主席　侯　军

中光学集团
总 经 理　张守启
书　　记　王志亮
副总经理　王天洲　魏克伦
王世先
总会计师　陈鲁平
总工程师　李智超

鸭电公司
董 事 长　何毅敏
书　　记　高志平
总 经 理　张留锁
副总经理　宋嘉俊　余德忠
赵安立
总工程师　姚建村
总会计师　李甲林

六四五六工厂
厂　　长　宋铁军
书　　记
工会主席　朱德法
副 厂 长　徐明明　陈　磊
张国庆
副 厂 长
纪检书记　刘云志
总会计师　朱晨荣

方达发电
总 经 理　吕学斌

书　　记　丁　亿
副总经理　户传斌　秦　溱
纪检书记
工会主席　赵国峰
总工程师　陈广海

三七八处
书　记
处　长　裴绍营
副处长　姚庆宪
副书记　吴文方

高速公路公司
董 事 长　陈洪俊
总 经 理　王士教
副总经理　王景俊　王延风
副 书 记　周建功
纪检书记　汪　岩
总经济师　王　斌

河南兵储物流公司
董 事 长
书　　记　郭克亭
总 经 理　王功成
副总经理　杨　勇

河南华阳装备制造公司
总 经 理　吕广波
副总经理　吕　涛

南阳卷烟厂
厂　长　王恒宇
书　记　李贵玲
副书记
副厂长　孟祥军
副厂长　石国强　张　喆
副 书 记
工会主席　曾显峰
纪检书记

中联水泥南阳分公司
总 经 理　任振河
副总经理　刘天成　孟显军
宋玉安
财务总监　李学功

向东粮库
主　任　任国强
书　记　宋福太
副主任　苏小强

亚龙筑路机械制造公司
总经理　王志兴
书　记　寇宗理

镇平新星光学有限公司

董事长、总经理　王九耀
副总经理　王天法

防爆集团

党委书记、董事长、总经理　魏华钧
副总经理　白照昊　张书启
副书记、纪检书记　田忠义
总工程师　靳　芝
总会计师　李连新

天冠集团

党委书记、董事长、总经理　张晓阳
副总经理　路明章　刘　宏　贾永文　晋兆林　郭　凯　李玉新　翟光校　韩永玉
副书记　冯文成　刘　宏
工会主席　王福祥
纪检书记　胡天增
总会计师　郭功合
总工程师　杜风光

衡淯制药

董事长　谢清喜
总经理、书记　余国全
副书记　陈永新
副总经理　郑山亭　黎喜才　郭更武　冯景仲　侯耀东　李　健
工会主席　胡　辉

南纺集团

董事长　张合谦
总经理　袁清智
书记　余德聚
副总经理　袁宁华　孙德顺　白新民　杜思凡　朱庆生　何　建　蔡芳芝　谢清旺
副书记　杨振国　李俊廷
工会主席　张　伟

天泰水泥

董事长、总经理　余　强
副总经理　孙德明　姜克献　曾跃进　李泓冰　王　森　张文庆

金冠王码公司

董事长　闫成喜
总经理　赵子光
副总经理　李永祥　吕呈祥　海本霞
副书记　金宪章

神龙塑胶集团

书记　齐德斌
副总经理　樊自新　杨永章　崔付全　李业军　曾庆长
工会主席　王　琪

长风机械制造厂

厂长、书记　王万彦
副厂长　张珂瑜
总会计师　尚玉洲
纪检书记、工会主席　王　伟
副书记　潘茂伍

新旺氯碱化工

董事长　张相生
总经理　田建军
书记　朱克胜
工会主席　徐传谦
副总经理　李海明　程文波　白荣甫　朱光新　马金贵　卢俊杰　李遂堂

普康药业公司

董事长　席春迎
首席执行官　符蓬旭
党委书记、副总经理　牛　牪
副总经理　张小贝
副总经理、总工程师　张　华
工会主席、纪检书记　赵海光
副总经理　刘振敏

金冠集团

总经理　刘怀章

天工集团

总经理、书记　张连喜
副总经理、纪检书记　曹　华

宛运集团

董事长、总经理　胡逸云
纪检书记　吕锐矛
副书记　熊富有
工会主席　韩永庆
财务总监　杨清霞

南阳市机关工作人员转变作风**十禁止**

一、禁止参与赌博或变相赌博；
二、禁止工作日中午喝酒；
三、禁止用公款参与高消费娱乐活动；
四、禁止在民主推荐和选举中拉票贿选；
五、禁止参与和支持封建迷信活动；
六、禁止组织或参与小团体活动；
七、禁止拖延、推诿所承办的工作事项；
八、禁止在上班时间从事与工作无关的活动；
九、禁止借婚丧嫁娶敛财或侵占国家、集体利益；
十、禁止以任何形式谋取非法利益。

人　　物

党政军人物

黄兴维（1953.5～2011.10）　中共南阳市委书记。男，汉族，河南省固始县人。郑州大学化学系毕业，大学文化程度。1982年12月加入中国共产党，1970年11月参加工作，九届全国人大代表，省七次党代会代表，九届省政协委员，六届中国科协常委。1970年11月～1973年8月，为郑州大学化工厂工人；1973年8月～1976年8月，在郑州大学化学系学习；1976年8月～1978年12月，任郑州大学化工厂技术员；1978年12月～1984年3月，任郑州大学科研处助教；1984年3月～1985年2月，为河南省科学技术委员会科管处干部（其间，1984年10月～1985年1月，在日本东京国际培训中心进修学习）；1985年2月～1988年8月，任河南省科学技术委员会办公室副主任；1988年8月～1994年5月，任河南省科学技术委员会办公室主任（其间，1990年2月～7月，在河南省委党校第十期中青班学习；1991年1月～1992年12月，在河南大学经济学研究生班在职学习；1991年3月～1993年6月，下派偃师县任县委副书记）；1994年5月～2000年3月，任河南省科学技术委员会副主任、党组成员（1997年10月兼河南省科学技术协会副主席）；2000年3月～2002年10月，任河南省科学技术协会常务副主席、党组书记（正厅级）（其间，2000年9月～2001年1月，在中央党校地厅班进修学习）；2002年10月～2004年2月，任河南省科学技术协会主席、党组书记；2004年2月～2004年4月，任南阳市委副书记，市人民政府代市长、党组书记；2004年4月～2006年11月，任南阳市人民政府市长；2006年11月～2011年5月，任中共南阳市委书记。2011年10月病逝。

穆为民　南阳市人民政府市长。男，1961年11月生，汉族，河南省叶县人。郑州纺织机电专科学校机械制造工艺与设备专业毕业，政工师，中国人民大学研究生院政治经济学研究生。1985年6月加入中国共产党，1983年8月参加工作，七届、八届省委候补委员。1980年9月～1983年8月，在郑州纺织机电专科学校机械制造工艺与设备专业学习；1983年8月～1985年9月，任郑州纺织机械厂技术处技术员；1985年9月～1989年4月，任郑州纺织机械厂团委干事、副书记、党委委员；1989年4月～1992年5月，任郑州纺织机械厂党委委员、团委书记；1992年5月～1994年4月，任共青团河南省郑州市委副书记、党组成员；1994年4月～1996年12月，任共青团河南省郑州市委书记、党组书记、青联主席（其间，1992年9月～1994年6月，在河南省委党校经济管理专业夜大本科班学习）；1996年12月～1997年3月，任河南省巩义市委副书记；1997年3月～2000年12月，任河南省巩义市委副书记、市长（其间，1995年9月～1997年9月，在中国人民大学研究生院政治经济学专业在职研究生班学习）；2000年12月～2003年6月，任河南省巩义市委书记；2003年6月～2006年12月，任河南省郑州市委常委、巩义市委书记；2006年12月～2009年3月，任河南省郑州市委常委、副市长；2009年4月，任南阳市人民政府市长。

贾崇兰　中共南阳市委常委、市委副书记。女，1952年11月生，汉族，河南省镇平县人。开封师范学院政教系毕业，大学文化程度。1972年7月加入中国共产

党,1970年1月参加工作,1970年1月～1973年9月,任镇平县张林公社民办教师;1973年9月～1976年8月,在开封师范学院政教系学习;1976年8月～1984年8月,任南阳卫校人事科干事;1984年8月～1985年10月,任南阳卫校学生科副科长;1985年10月～1989年11月,任南阳卫校学生科科长;1989年11月～1992年6月,任南阳卫校党委副书记;1992年6月～1994年5月,任南阳地区教委副主任、党组副书记(1993年2月提正处级);1994年5月～1995年5月,任南召县委书记;1995年5月～2000年2月,任南阳市教委主任、党组书记;2000年2月～2004年3月,任中共南阳市委常委、宣传部长;2004年3月,任中共南阳市委副书记。

朱长青　中共南阳市委常委、市人民政府常务副市长。男,1959年1月生,汉族,河南省方城县人。郑州大学历史系毕业,大学文化程度,学士学位。1983年11月加入中国共产党,1982年7月参加工作,1978年9月～1982年7月,在郑州大学历史系历史专业学习,获历史学学士学位;1982年7月～1984年10月,任社旗县下洼乡团委书记、经联社副主任;1984年10月～1985年6月,任社旗县田庄乡乡长;1985年6月～1989年2月,任社旗县朱集乡党委书记;1989年2月～1990年3月,任社旗县人民政府副县长;1990年3月～1991年12月,任内乡县委常委、宣传部长;1991年12月～1992年10月,任共青团南阳地委书记;1992年10月～1994年5月,任共青团南阳地委书记兼邓州市委副书记;1994年5月～1997年8月,任桐柏县委书记、县人大常委会主任;1997年8月～1999年1月,任南阳市人民政府副市长;1999年1月～2003年11月,任中共南阳市委常委、市委秘书长;2003年11月,任中共南阳市委常委、市人民政府常务副市长。

刘朝瑞　中共南阳市委常委,邓州市委书记。男,1958年6月生,汉族,河南省淅川县人。在读博士。1983年5月加入中国共产党,1976年8月参加工作,1976年8月～1978年4月,任淅川县盛湾乡马湾初中民办教师;1978年4月～1980年4月,在内乡师范学习;1980年4月～1983年12月,在淅川县盛湾高中任教;1983年12月～1985年8月,历任淅川县盛湾乡党委秘书、副书记、乡长;1985年8月～1988年3月,任淅川县滔河乡党委副书记、乡长;1988年3月～1989年9月,任淅川县宋岗电灌局党总支书记、主任,县农经委副主任;1989年9月～1991年12月,任淅川县滔河乡党委书记;1991年12月～1993年12月,任南召县人民政府副县长;1993年12月～1996年2月,任南召县委常委、县人民政府副县长(其间,1994年9月～1996年7月,在河南农业大学农业经济管理专业函授班学习);1996年2月～1998年8月,任南阳市乡镇企业局党组书记、局长;1998年8月～2000年8月,任西峡县委副书记、县人民政府县长;2000年8～11月,任西峡县委书记、县长;2000年11月～2003年11月,任西峡县委书记;2003年11月,任中共南阳市委常委、邓州市委书记。

王建民　中共南阳市委常委、市委统战部部长。男,1954年5月生,汉族,山东省莱阳市人。河南大学历史系毕业,大学文化程度,学士学位。1976年2月加入中国共产党,1970年12月参加工作,1970年12月～1972年12月,在内乡县插队当知青;1972年12月～1976年3月,在部队服役;1976年3月～1978年3月,在南阳地区邮电局、方城县文化馆工作；1978年3月～1982年1月，在河南大学历史系学习；1982年2月～1984年12月，历任社旗县陌陂乡团委书记、乡党委副书记、经联社主任、乡党委书记；1984年12月～1988年12月，历任社旗县委常委、政法委书记，县委副书记（其间，1988年3～7月，在省委党校学习）；1988年12月～1991年2月，任社旗县委副书记、县人民政府县长；1991年2月～1992年6月，任社旗县委书记、县人大常委会主任；1992年6月～1995年4月，任南阳地区（市）工商局局长、党组书记；1995年4月～1999年1月，任南召县委书记、县人大常委会主任（其间，1997年9月～1998年1月，在省委党校学习）；1999年1月～2004年3月，任南阳市人民政府副市长；2004年3月～2009年3月，任中共南阳市委常委、政法委书记；2009年3月，任南阳市委常委、市委统战部部长。

杨其昌 中共南阳市委常委、市委组织部部长。男，1954年11月生，汉族，河南省长垣县人。河南广播电视大学汉语言文学专业毕业，大专文化。1981年9月加入中国共产党，1970年8月参加工作，1970年8月～1975年6月，为安阳震动器厂工人；1975年6月～1984年1月，在河南省安阳市机械工业局工作；1984年1月～1986年11月，任河南省安阳市重工局办公室副主任（其间，1982年8月～1985年8月，在河南广播电视大学文科汉语言文学专业函授班学习）；1986年11月～1987年8月，任安阳市人民政府办公室一办副主任；1987年8月～1991年4月，任安阳市人民政府一办主任；1991年4月～1994年12月，任安阳市人民政府办公室副主任（其间，1991年9月～1993年7月，在河南大学经济管理专业进修研究生班学习）；1994年12月～1998年2月，任安阳市人民政府副秘书长；1998年2月～1998年12月，任安阳市人民政府副秘书长、办公室主任；1998年12月～2001年12月，任河南省安阳县委书记、县人大常委会主任；2001年12月～2004年2月，任河南省农业科学院副院长、党委委员；2004年2月～2004年3月，任河南省农业科学院副院长，开封市委常委、市委宣传部部长；2004年3月～2009年2月，任开封市委常委、市委宣传部部长；2009年2月，任中共南阳市委常委、市委组织部部长。

孙丰年 南阳市委常委、市纪委书记。男，1957年10月生，汉族，河南省巩义市人。郑州大学中文系汉语言文学专业毕业，大学文化程度，学士学位。1985年11月加入中国共产党，1976年8月参加工作，1976年8月～1978年3月，任民办教师；1978年3月～1982年1月，在郑州大学中文系汉语言文学专业学习；1982年1月～1989年6月，在河南省政府办公厅信访处、政法科教处、省长综合办、秘书处工作；1989年6月～1996年9月，任河南省政府办公厅秘书处副处级秘书；1996年9月～2000年10月，任河南省政府办公厅一处处长（1997年～1999年在禹州市委挂职副书记）；2000年10月～2002年8月，任河南省政府办公厅三处处长；2002年8月～2006年12月，任河南省开封市副市长；2006年12月～2009年3月，任河南省开封市委常委、市委秘书长；2009年3月，任中共南阳市委常委、市纪委书记。

姚进忠 中共南阳市委常委、市委宣传部部长。男，1957年7月生，回族，河南省漯河市人。1978年12月加入中国共产党，1975年10月参加工作。历任新疆塔城军分区战士、班长，解放军西安政治学院学员，乌鲁木齐军区军医学校政治部政教室副连职教员。1985年12月～1988年12月，任中共郑州市委组织部干事、办公室副主任、主任；1988年12月～1989年6月，任中共郑州市委办公室秘书；1989年6月～1992年8月，任中共郑州市委办公厅第一秘书处处长；1992年8月～1996年12月，任中共郑州市二七区委常委、常务副区长；1996年12月～2001年4月，任中共郑州市管城回族区委副书记、区长；2001 年 4 月～2004 年 2 月，任中共郑州市管城回族区委书记；2004 年 2 月，任中共南阳市委宣传部部长。

陈光杰　中共南阳市委常委、南阳市人民政府副市长。男，1959 年 9 月生，汉族，河南省淮滨县人。河南大学经济管理专业毕业，大学文化。1982 年 12 月加入中国共产党，1981 年 7 月参加工作，1978 年 9 月～1981 年 7 月，在开封师范专科学校中文专业学习；1981 年 10 月～1984 年 5 月，任淮滨县防胡乡办事员、副乡长；1984 年 5 月～1985 年 4 月，任淮滨县计划委员会主任；1985 年 4 月～1988 年 7 月，任淮滨县栏杆乡党委书记；1988 年 7 月～1990 年 5 月，任淮滨县政府县长助理；1990 年 5 月～1996 年 2 月，任淮滨县政府副县长（其间，1989 年 9 月～1992 年 7 月，在河南大学经济管理专业学习）；1996 年 2 月～1998 年 7 月，任信阳县委副书记、县长；1998 年 7 月～1998 年 10 月，任信阳市平桥区委副书记、区长；1998 年 10 月～2003 年 12 月，任信阳市平桥区委书记；2003 年 12 月，任南阳市人民政府副市长。2006 年 12 月，任中共南阳市委常委、市人民政府副市长。

原永胜　中共南阳市委常委、市委秘书长。男，1965 年 12 月生，汉族，河南省温县人。华中科技大学西方经济学专业毕业，经济

学博士。1988 年 4 月加入中国共产党，1991 年 7 月参加工作，1984 年 9 月～1988 年 7 月，在郑州大学政治系政治专业学习；1988 年 7 月～1991 年 7 月，在郑州大学政治系科学社会主义专业学习，硕士研究生；1991 年 7～11 月，任河南省委办公厅第二秘书处干事；1991 年 11 月～1994 年 1 月，在河南省武陟县挂职锻炼，任县委办公室干事、县委办公室副主任、木城镇党委第二书记；1994 年 1 月～1996 年 8 月，任河南省委办公厅第二秘书处主任干事；1996 年 8 月～1998 年 8 月，任河南省委办公厅综合处主任科员；1998 年 8～12 月，任河南省委办公厅综合处助理调研员；1998 年 12 月～2000 年 10 月，任河南省委办公厅常委办公室副处级秘书；2000 年 10 月～2004 年 2 月，任河南省委办公厅常委办公室正处级秘书（其间，2002 年 3～7 月，在河南省委党校第三期青干班学习；2001 年 9 月～2004 年 7 月，在华中科技大学经济学院学习，获经济学博士学位；2003 年 6～12 月，在美国马里兰大学学习，任党支部副书记、副班长）；2004 年 2 月～2004 年 4 月，任南阳市委组织部副部长（正处级）；2004 年 4 月～2006 年 12 月，任方城县委书记；2006 年 12 月，任中共南阳市委常委、市委秘书长。

常　康　中共南阳市委常委、政法委书记。男，1954 年 6 月生，

汉族，河南省栾川县人。新乡师范学院化学专业毕业，大学文化程度。1984 年 9 月加入中国共产党，1973 年 2 月参加工作，1973 年 2 月～1975 年 10 月，任栾川县双台小学民办教师；1975 年 10 月～1978 年 8 月，在新乡师范学院化学专业学习；1978 年 8 月～1984 年 6 月，为栾川县教育局干部；1984 年 6 月～1987 年 3 月，任栾川县人民检察院副检察长、检察长；1987 年 3 月～1993 年 1 月，任汝阳县人民检察院检察长；1993 年 1 月～1994 年 6 月，任洛阳市郊区人民检察院检察长；1994 年 6 月～1999 年 4 月，任洛阳市人民检察院副检察长、党组成员；1999 年 4 月～2004 年 3 月，任洛阳市人民检察院副检察长、党组副书记（其间，1999 年 9 月～2001 年 7 月，在河南大学诉讼专业研究生课程进修班学习）；2004 年 3 月，任南阳市检察院党组书记；2004 年 4 月～2009 年 3 月，任南阳市人民检察院检察长；2009 年 3 月，任中共南阳市委常委、政法委书记。

任　锋　中共南阳市委常委、南阳军分区政委。男，1957 年 3 月生，汉族，江苏省如东县人。南京政治学院政治工作专业毕业，研究生学历。1977 年 12 月加入中国共产党，1976 年 2 月入伍，1976 年 2 月～1978 年 7 月，任六十七军高炮师高炮团一营战士；1978 年 7 月～1979 年 11 月，任

六十七军高炮师高炮团一营营部排长；1979年11月～1983年6月，任六十九师政治部宣传科副连职干事；1983年6月～1986年5月，任六十七军政治部宣传处正连职干事；1986年5月～1988年5月，任十四军独立团一营副教导员；1988年5月～1991年6月，任六十七集团军政治部宣传处正营职干事（其间，1986年3月～1988年7月，在南京政治学院政治工作专业学习）；1991年6月～1994年1月，任六十七集团军政治部宣传处副团职干事；1994年1月～1995年4月，任六十七集团军政治部宣传处处长；1995年4月～1996年4月，任六十七集团军政治部组织处处长；1996年4月～1998年8月，任六十七军通信团政委（其间，1993年9月～1996年7月，在南京政治学院经济管理专业学习）；1998年8月～2000年12月，任河南省军区政治部宣保处处长；2000年12月～2007年3月，任河南省漯河军分区政治部主任（其间，2001年9月～2003年7月，在南京政治学院政治工作专业学习）；2007年3月～2010年6月，任河南省南阳军分区政治委员；2010年6月，任中共南阳市委常委、南阳军分区政委。

李天岑 南阳市人大常委会主任、党组书记。男，1949年12月生，汉族，河南省镇平县人。河南电大党政干部班毕业，大专文化程度。1982年7月加入中国共产党，1970年12月参加工作，1970年12月～1972年7月，在镇平县农修厂当工人；1972年7月～1979年2月，任镇平县柳泉铺公社、遮山公社团委书记；1979年2月～1983年2月，任共青团镇平县委秘书、副书记；1983年2月～1984年4月，任镇平县纪委秘书；1984年4月～1990年11月，任镇平县委办公室副主任、组织部副部长（其间，1984年9月～1986年7月，在河南广播电视大学党政干部专修班学习）；1990年11月～1992年2月，任镇平县委常委、组织部长；1992年2月～1994年2月，任南阳地委副处级组织员、组织部干部科科长；1994年2月～1997年4月，任南阳地（市）委组织部副部长（其间，1996年9～10月，在省委党校学习）；1997年4月～1998年12月，任中共邓州市委书记；1998年12月，任南阳市人民政府副市长；2000年2月～2003年11月，任中共南阳市委常委、市人民政府副市长；2003年11月～2006年12月，任中共南阳市委副书记；2006年12月，任南阳市人大常委会党组书记。2009年4月任南阳市人大常委会主任、党组书记。

杨德明 南阳市人大常委会副主任。男，1950年8月生，汉族，河南省南召县人。解放军兽医大学毕业，大专文化。1970年3月加入中国共产党，1969年2月参加工作，1969年2月～1983年1月，在部队服役；1983年1～10月，任南召县人事局股长；1983年10月～1986年9月，任南召县皇后乡党委书记；1986年9月～1994年5月，任南召县委常委、纪委书记、副书记、县长；1994年5月～11月，任南阳地区行署副秘书长；1994年11月～1997年3月，任新野县委书记、县人大主任；1997年1月～2001年9月，任南阳市人民政府秘书长；2001年9月～2002年1月，任南阳市人大常委会党组成员；2002年1月，任南阳市人大常委会副主任。

金　星 南阳市人大常委会副主任。女，1949年7月生，汉族，河南省方城县人。在职研究生学历。民革成员，1965年8月参加工作，十届全国人大代表、民革河南省委常委。1965年8月～1979年8月，任方城县唐楼小学、二郎庙高中教师；1979年8

月～1981 年 9 月，任方城县九中教师；1981 年 9 月～1985 年 1 月，任方城县新建中学教师；1985 年 1 月～1992 年 11 月，任南阳市（县级）归侨侨眷联合会干事、秘书（其间，1985 年 6 月～1988 年 6 月，在郑州大学法律专业函授班学习）；1992 年 11 月～1996 年 8 月，任南阳市（县级）、卧龙区侨联副主席兼秘书长；1996 年 8 月～2004 年 1 月，任民革南阳市委副主委兼秘书长（其间，2002 年 5 月～2004 年 7 月，在中国人民大学财政金融学院在职读研究生）；2004 年 1 月，任民革南阳市委主委兼秘书长；2004 年 4 月，任南阳市人大常委会副主任。

马东升　南阳市人大常委会副主任。男，1950 年 12 月生，汉族，河南省内乡县人。1973 年 9 月加入中国共产党，1970 年 12 月参加工作。1970 年 12 月～1979 年 9 月，为部队战士、营部文书；1979 年 9 月～1981 年 9 月，任内乡县检察院书记员；1981 年 9 月～1983 年 9 月，任内乡县委组织部干事；1983 年 9 月～1984 年 5 月，任内乡县委组织部秘书；1984 年 5 月～1989 年 8 月，任内乡县委组织部副部长；1989 年 8 月～1992 年 3 月，任内乡县委常委、组织部部长；1992 年 3 月～1994 年 1 月，任镇平县委常委、组织部部长；1994 年 1～11 月，任镇平县委常委、副县长；1994 年 11 月～1998 年 8 月，任西峡县委副书记、县长（其间，1993 年 9 月～1995 年 7 月，在河南师范大学高等教育实用人才班经济管理专业学习；1996 年 4 月～1998 年 3 月，在中国社会科学院工业经济专业在职研究生班学习）；1998 年 8 月～2000 年 5 月，任南阳市卫生局局长、党委书记；2000 年 5 月～2007 年 4 月，任南阳市财政局局长、党组书记；2007 年 4 月，任南阳市人大常委会副主任。

李东武　南阳市人大常委会副主任。男，1950 年 10 月生，汉族，河南省桐柏县人。中央党校经济管理专业毕业，中央党校大学文化程度。1974 年 4 月加入中国共产党，1972 年 7 月参加工作，1972 年 7 月～1975 年 6 月，任桐柏县朱庄公社团委干事、副书记（1972 年 7 月选干）；1975 年 6 月～1983 年 3 月，任桐柏县果园公社党委秘书；1983 年 3 月～1986 年 8 月，任桐柏县委办公室干事、秘书（其间，1984 年 9 月～1986 年 7 月，在河南省委党校理论班学习）；1986 年 8 月～1990 年 11 月，任桐柏县委办公室副主任；1990 年 12 月～1996 年 2 月，任桐柏县委常委、县委办公室主任（其间，1993 年 8 月～1995 年 12 月，在中央党校经济管理专业函授班学习）；1996 年 2 月～1997 年 12 月，任桐柏县委副书记；1997 年 12 月～2001 年 9 月，任方城县委副书记、县长；2001 年 9～12 月，任方城县委书记、县长；2001 年 12 月～2004 年 4 月，任方城县委书记；2004 年 5 月～2007 年 4 月，任南阳市政府秘书长、党组成员、政府办公室党组书记；2007 年 4 月，任南阳市人大常委会副主任。

秦　俊　南阳市人大常委会副主任。男，1954 年 11 月生，汉族，河南省邓州市人。河南师范大学历史专业毕业，大学文化程度，学士学位。1984 年 9 月加入中国共产党，1973 年 2 月参加工作，1973 年 2 月～1976 年 11 月，任邓县白牛高中代课教师；1976 年 11 月～1978 年 8 月，在内乡师范学校中文班学习；1978 年 8 月～1982 年 7 月，在河南师范大学历史系学习；1982 年 7 月～1982 年 11 月，任南阳教育学院教师；1982 年 11 月～1984 年 11 月，任南阳行署地方史志办公室编辑；1984 年 11 月～1986 年 8 月，任南阳行署地方史志办公室副主任（正科）；1986 年 8 月～1989 年 4 月，任南阳行署地方史志办公室副主任、副总编（副处）；1989 年 4 月～1996 年 2 月，任南阳地区（市）文联副主席；1996 年 2 月，任南阳市地方史志办公室主任；2009 年 4 月，任南阳市人大常委会副主任。

党光德　南阳市人大常委会副主任。男，1954 年 11 月生，汉族，河南省邓州市人。南阳师范专科学校中文专业毕业，大专文化程度。1984 年 11 月加入中国共产

党，1973 年 2 月参加工作，1973 年 2 月～1978 年 3 月，任邓县二中民办教师；1978 年 3 月～1980 年 11 月，在南阳师专中文系学习；1980 年 11～1984 年 7 月，任邓县二中教师；1984 年 7 月～1985 年 6 月，任邓县教育局办公室副主任；1985 年 6 月～1987 年 2 月，任邓县教育局副局长；1987 年 2 月～1991 年 3 月，任邓县(邓州市)教育局局长、党组书记；1991 年 3 月～1994 年 2 月，任邓州市教委主任、党委书记；1994 年 2 月～1997 年 12 月，任邓州市委常委、宣传部长；1997 年 12 月～2000 年 12 月，任内乡县委常委、纪委书记；2000 年 12 月～2001 年 12 月，任内乡县委副书记；2001 年 12 月～2004 年 5 月，任内乡县委副书记、县长；2004 年 5 月～2007 年 3 月，任南阳市人事局局长、党组书记；2007 年 3 月，任南阳市委组织部副部长(正处级)；2009 年 4 月，任南阳市人大常委会副主任。

谢先锋　南阳市人大常委会副主任。男，1957 年 1 月生，蒙古族，河南省内乡县人。河南农学院果树专业毕业，大学文化程度，学士学位。1982 年 12 月加入中国共产党，1974 年 4 月参加工作，1977 年 4 月～1978 年 2 月，任内乡县余关公社谢寨学校民办教师；1978 年 2 月～1982 年 1 月，在河南农学院园林系学习；1982 年 1 月～1982 年 12 月；任南阳县青华公社团委副书记；1982 年 12 月～1983 年 12 月，任南阳县青华公社管委副主任；1983 年 12 月～1984 年 6 月，任 南阳县潦河乡经联社主任；1984 年 6 月～1986 年 6 月，任共青团南阳地委组织部副部长；1986 年 6 月～1991 年 12 月，任共青团南阳地委组织部部长；1991 年 12 月～1994 年 2 月，任共青团南阳地委副书记；1994 年 2 月～1997 年 12 月，任镇平县委常委、纪委书记；1997 年 12 月～2001 年 12 月，任镇平县委副书记；2001 年 12 月～2004 年 5 月，任南阳市委副秘书长；2004 年 5 月，任南阳市委副秘书长(正处级)；2009 年 4 月，任南阳市人大常委会副主任。

李建豫　南阳市人民政府副市长。女，1956 年 4 月生，汉族，山西省和顺县人。郑州大学中文系毕业，大学文化。1975 年 4 月加入中国共产党，1973 年 5 月参加工作，1977 年 9 月～1978 年 4 月，在周口市团委工作；1978 年 4 月～1982 年 6 月，在周口地区教育局工作(其间，1980 年 9 月～1981 年 7 月，在郑州大学中文系进修)；1982 年 6 月～1984 年 7 月，任淮阳县搬口乡党委委员、副乡长、副书记(其间，1984 年 2～7 月，在省委党校中青班学习)；1984 年 7 月～1988 年 5 月，任中共淮阳县委宣传部部长；1988 年 5 月～1993 年 8 月，任周口地区劳动局副局长、党组成员；1993 年 8 月～2000 年 8 月，任周口地区劳动局局长、党组书记(其间，1998 年 8 月～2000 年 12 月，在中央党校经济管理专业学习)；2000 年 8 月～2003 年 11 月，任周口市劳动和社会保障局局长、党组书记(其间，2003 年 3～7 月，在河南省委党校中青班学习)；2003 年 12 月，任南阳市人民政府副市长。

姚龙其　南阳市人民政府副市长。男，1962 年 10 月生，汉族，河南省伊川县人。兰州大学历史系毕业，大学文化程度，学士学位。1985 年 8 月加入中国共产党，1983 年 7 月参加工作，1983 年 7 月～1994 年 8 月，任河南省委统战部党派处干事、副主任干事、主任干事；1994 年 8 月～1996 年 11 月，任河南省委统战部党派知识分子工作处副处级调研员；1996 年 11 月～1998 年 12 月，任河南省委统战部办公室副主任(1995 年 7 月～1997 年 7 月挂职锻炼任信阳县委副书记）；1998年12月～2001年6月，任河南省委统战部政策理论研究室主任；2001年6月～2004年2月，任河南省委统战部党派知识分子工作处处长（其间，2002年9月～2003年1月，在河南省委党校第31期中青班学习）；2004年2月，任南阳市人民政府副市长。

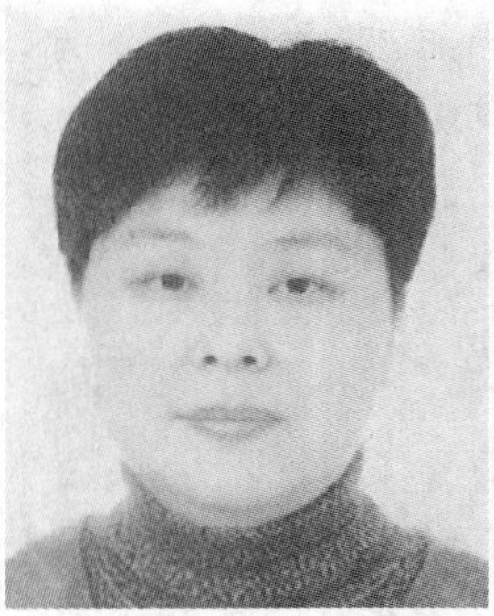

冯晓仙　南阳市人民政府副市长。女，1961年6月生，汉族，安徽省无为县人。西北电讯工程学院物理系毕业，大学文化程度，学士学位，高级工程师。1982年7月参加工作，九届省政协常委。1978年10月～1982年7月，在西北电讯工程学院红外技术专业学习；1982年7月～1984年6月，任电子工业部773厂技术员；1984年6月～1989年10月，任安徽省科技研究中心助工、工程师（其间，1986年6月～1988年11月，抽调安徽省科委大别山办公室从事科技扶贫工作）；1989年10月～1991年10月，任国家人事部专家服务中心工程师；1991年10月～1999年8月，任中国农村技术开发中心工程师（其间，1997年6月～1999年8月，下派南阳市卧龙区任科技副区长）；1999年8月～2004年4月，任南阳市市长助理（其间，2001年12月兼市工商业联合会会长）；2004年4月，任南阳市人民政府副市长。

张振强　南阳市人民政府副市长。男，1956年8月生，汉族，北京顺义人。海军政治学院毕业，河南省委党校经济管理专业在职研究生学历。1976年12月加入中国共产党，1974年7月参加工作，历任海军某航空军械库勤务连战士、连长，军械库保管队政治指导员，军械训练队队长，业务处副处长、处长；1991年10月，任河南省商管委办公室主任科员；1993年11月，任河南省商管委办公室行政负责人；1996年2月任河南省贸易厅物业管理中心主任；2000年6月，任河南省商业贸易行业管理办公室副主任、党组成员；2002年8月，任河南物资集团公司副总经理、党委委员。2005年6月，任南阳市人民政府副市长。

贺国营　南阳市人民政府副市长。男，1964年7月生，汉族，河南省平顶山市人。经济学硕士学位。1991年3月加入中国共产党，1985年8月参加工作，1983年9月～1985年8月，在河南省会计学校财政专业学习；1985年8月～1988年10月，在财政部办公厅工作；1988年10月～1991年9月，任河南省平顶山市财政局农财科副科长（其间，1988年9月～1991年6月，在中国青年政治学院夜大经济管理专业学习）；1991年9月～1994年7月，任河南省平顶山市财政局预算科副科长（其间，1990年7月～1992年1月，在河南省财税干部大专班学习）；1994年7月～1997年12月，任河南省平顶山市财政局副局长、党组成员（其间，1996年6月在河南财经学院会计专业自考毕业）；1997年12月～2000年4月，任河南省平顶山市财政局副局长、党组副书记（其间，1996年9月～1998年2月，在财政部研究生班财政管理专业学习）；2000年4月～2003年7月，任河南省平顶山市政府副秘书长、市政府办党组成员兼市工农关系协调办公室主任；2003年7月～2004年3月，任河南省平顶山市政府副秘书长、市政府办党组成员；2004年3月～2005年11月，任河南省鲁山县县长；2005年11月～2008年10月，任河南省鲁山县县委书记；2008年10月，任河南省南阳市人民政府副市长。

崔　军　南阳市人民政府副市长。男，1962年4月生，汉族，河南省新野县人。河南省委党校行政管理专业毕业，省委党校研究生文化程度。1985 年 1 月加入中国共产党,1981 年 9 月参加工作,省十届人大代表、市四次党代会代表、四届市委委员、市三届人大代表。1979 年 9 月～1981 年 9 月,在南阳工业学校电机专业学习;1981 年 9 月～1982 年 3 月,在新野县乡镇企业管理局工作;1982 年 3 月～1984 年 1 月,在新野县五星乡政府工作;1984 年 1 月～1984 年 12 月,为共青团新野县委干部;1984 年 12 月～1987 年 4 月,任共青团南阳地委学校部副部长;1987 年 4 月～1991 年 1 月,任共青团南阳地委学校部部长(其间,1988 年 9 月～1990 年 6 月,在南阳地委党校大专班学习);1991 年 1 月～1993 年 4 月,任共青团南阳地委宣传部部长;1993 年 4 月～1995 年 3 月,任共青团南阳地(市)委组织部部长;1995 年 3 月～1997 年 12 月,任共青团南阳市委副书记;1997 年 12 月～2001 年 12 月,任淅川县委副书记;2001 年 12 月～2007 年 9 月,任淅川县委副书记、县长(其间,2003 年 6 月～2006 年 6 月,在河南省委党校行政管理专业研究生班学习);2007 年 9 月～2009 年 4 月,任淅川县委书记;2009 年 4 月,任南阳市人民政府副市长。

文学林 南阳市政协副主席。男,1950 年 9 月生,汉族,河南省邓州市人。新乡师范学院物理系物理专业毕业,大学文化程度。1972 年 5 月加入中国共产党,1972 年 11 月参加工作,1972 年 11 月～1974 年 9 月,任邓县文营学校民办教师;1974 年 9 月～1977 年 8 月,在新乡师范学院物理系学习;1977 年 8 月～1982 年 1 月,任南阳宛运子弟学校教师;1982 年 1～8 月,任南阳市(县级)化纤厂宣传科科长、秘书;1982 年 8 月～1985 年 7 月,任南阳地区纪委办公室干事、审理科副科长(正科);1985 年 7 月～1986 年 7 月,任南阳地区纪委审理科科长(副处);1986 年 7 月～1989 年 8 月,任镇平县委常委、纪委书记;1989 年 8 月～1994 年 5 月,任南阳地区纪委委员(正处);1994 年 5 月～1999 年 4 月,任南阳地区(市)纪委副书记;1999 年 4 月～2000 年 12 月,任南阳市纪委副书记、市监察局局长;2000 年 12 月～2004 年 4 月,任南阳市劳动和社会保障局局长、党组书记;2004 年 4 月,任南阳市政协副主席。

赵秀玲 南阳市政协副主席。女,1957 年 8 月生,汉族,河南省南阳市宛城区人。河南大学政教系政治思想教育专业毕业,大学文化程度。1976 年 4 月参加工作,1989 年 3 月加入民盟,政协河南省九届常委、南阳市二届人大常委、民盟河南省委常委、民盟南阳市委主委、南阳师范学院经济与管理系主任、教授。1976 年 4 月～1978 年 9 月,任南阳四中教师;1978 年 9 月～1982 年 7 月,在河南大学政教系学习;1982 年 7 月～1995 年 10 月,任南阳师专政教系教师(其间,1994 年 9 月～1995 年 8 月,为北京大学经济学院访问学者);1995 年 10 月～2002 年 6 月,任南阳师专(师范学院)工会副主席;2002 年 6 月,任南阳师范学院经济与管理系主任;1998 年 1 月,任民盟南阳市委主委;2004 年 4 月,任南阳市政协副主席。

仝运科 南阳市政协副主席。男,1951 年 11 月生,汉族,南召县人。中山医科大学医疗系毕业,大学文化程度。1969 年 10 月参加工作,2000 年 3 月加入九三学社,河南省九届政协常委、南阳市二届人大常委、九三学社南阳市委主委、南阳市中心医院副院长、主任医师。1969 年 10 月～1978 年 9 月,任南召县太山庙乡马庄村乡村医生;1978 年 9 月～1983 年 7 月,在中山医科大学学习;1983 年 7 月～1988 年 1 月,任南阳地区医院医师;1988 年 1 月～1993 年 12 月,任南阳地区医院主治医师;1993 年 12 月～1998 年 10 月,任肿瘤内科副主任医师;1994 年 3 月～1998 年 1 月,任肿瘤内科主任;1998 年 1 月,任市中心医院副院长;2001 年 9 月,任九三学社南阳市委主委;2004 年 4 月,任南阳市政协副主席。

宋　蕙　南阳市政协副主席。女，1957年7月生，汉族，河南省南召县人。河南医学院医疗系毕业，大学文化程度，副主任医师。1973年6月参加工作，1973年6月～1978年2月，为南召县马市坪插队知青；1978年2月～1982年12月，为河南省医学院医疗系学生；1982年12月～1989年12月，任南召县医院妇产科医师；1989年12月～1991年11月，任南召县医院妇产科主任；1991年11月～1997年2月，任南召县医院副院长；1997年2月，任南召县人民政府副县长；2004年4月，任南阳市政协副主席。

赵金文　南阳市政协副主席。男，1953年10月生，汉族，河南省邓州市人。大专文化。1976年4月加入中国共产党，1973年3月参加工作，1973年3月～1974年11月，任邓县孟楼中学民办教师；1974年11月～1982年11月，任解放军基建工程兵第三支队战士、正排职干事；1982年11月～1984年9月，任西峡县人事局办事员；1984年9月～1986年8月，在河南省委党校理论班学习；1986年8月～1989年9月，任西峡县委党史办秘书，组织部副科长、科长；1989年9月～1992年3月，任西峡县委办公室副主任；1992年3月～1994年2月，任西峡县西坪镇党委书记；1994年2月～1997年12月，任西峡县委常委、办公室主任；1997年12月～2001年12月，任西峡县委常委、副县长；2001年12月～2004年3月，任镇平县委副书记、县长；2004年3～4月，任镇平县委书记、县长；2004年4月～2007年4月，任镇平县委书记；2007年4月，任南阳市政协副主席。

张志安　南阳市政协副主席。男，1952年2月生，汉族，河南省方城县人。大专文化。1969年10月加入中国共产党，1968年2月参加工作，1968年2月～1976年4月，为部队战士、班长、助理员（其间，1974年9月～1976年1月，在解放军后勤学院学习）；1976年4月～1982年7月，任南阳地区计划委员会干事；1982年7月～1985年8月，任南阳地区物价局人秘科干事（其间，1982年9月～1984年7月，在郑州大学干部专修科经济管理专业学习）；1985年8月～1988年10月，任南阳地区商业局业务科科长、人事科科长；1988年10月～1994年12月，任南阳地区（市）商业局副局长；1994年12月～1999年4月，任南阳市商业贸易局局长、党委书记；1999年4月～2004年5月，任南阳市对外经济贸易局（对外经济贸易合作局）局长、党委书记；2004年5月～2007年4月，任南阳市发展和改革委员会主任、党组书记；2007年4月，任南阳市政协副主席。

贺国勤　南阳市政协副主席。男，1954年9月生，汉族，河南省镇平县人。中央党校经济管理专业毕业，中央党校大学文化程度。1973年11月加入中国共产党，1970年12月参加工作，市四次党代会代表、四届市委委员。1970年12月～1976年4月，任解放军83028部队战士、班长；1976年4月～1978年9月，任镇平县石佛寺镇贺营村党支部书记；1978年9月～1981年9月，在南阳师专中文系学习；1981年9月～1983年9月，任镇平县委党校教师；1983年9月～1984年5月，任镇平县马庄乡党委副书记、书记；1984年5月～1988年10月，任共青团南阳地委副书记；1988年10月～1991年12月，任共青团南阳地委书记；1991年12月～1994年2月，任桐柏县委副书记、县长；1994年2月～1995年7月，任南阳市教委副主任、党委副书记；1995年7月～2006年5月，任南阳市林业局局长、党组书记（1994年8月

～1996年12月，在中央党校经济管理专业函授班学习）；2006年5月～2009年3月，任南阳市教育局局长、党委书记；2009年3月，任南阳市政协副主席。

刘荣阁　南阳市政协副主席。女，1964年8月生，汉族，河南省唐河县人。北京大学经济学院经济学专业毕业，研究生文化程度，硕士学位，讲师。2006年6月加入中国民主促进会，1990年3月参加工作，十届省政协常委。1982年9月～1986年7月，在北京大学中文系学习；1986年9月～1989年7月，北京大学经济学院研究生；1989年7月～1990年3月，待分配；1990年3月～1996年1月，任南阳市委党校经济管理教研室讲师、生活服务处经理；1996年1月～2003年12月，任南阳高新技术开发区管委会副主任科员、副局长；2003年12月～2007年4月，任南阳市高新技术开发区管委会助理调研员、副主任；2007年4月～2008年11月，任卧龙区政府副区长；2008年11月，任南阳市发改委副主任；2008年12月，当选民进南阳市委主席；2009年3月，任南阳市政协副主席。

吴冬焕　南阳市政协副主席。女，1956年1月生，汉族，河南省邓州市人。新乡医学院医学系毕业，大学文化程度，副主任医师。1979年8月参加工作，十届省政协常委、三届市政协常委。1976

年9月～1979年8月，在新乡医学院学习；1979年8月～1997年2月，任邓州市人民医院医生、医师、儿科副主任（1993年3月～1997年2月，任邓州市政协副主席〈不驻会〉）；1997年2月～2004年10月，任邓州市政府副市长；2004年10月，任南阳市工商联主席、总商会会长；2009年3月，任南阳市政协副主席。

韩奎生　南阳市总工会党组书记、主席。男，1952年11月生，汉族，河南省方城县人。河南省委党校干部培训班毕业，省委党校大专文化程度。1982年9月加入中国共产党，1978年11月参加工作，1976年9月～1978年11月，在南阳师范学校美术班学习；1978年11月～1983年8月，任方城县教育局办事员、秘书股副股长；1983年8月～1985年7月，在河南省委党校党政干部培训班学习；1985年7月～1989年4月，任方城县券桥乡、城关镇党委书记；1989年4月～1992年11月，任方城县委常委、政法委书记；1992年11月～1996年2月，任新野县委常委、政法委书记；1996年2月～2001年9月，任唐河县委副书记、县长（其间，1999年8月～2001年8月，在河南大学诉讼法学专业研究生函授班学习）；2001年9月～2001年12月，任唐河县委书记、县长；2001年12月～2006年12月，任唐河县委书记；2006年12月～2008年10月，任唐河县委书记（副厅级）；2008年10月～2009年4月，任南阳市总工会党组书记；2009年4月，任南阳市总工会党组书记、主席。

程德明　南阳军分区司令员。男，1962年12月生，汉族，湖北省当阳县人，硕士学位。1980年9月入伍。1982年10月加入中国共产党，先后荣立三等功七次，二等功一次，2004年9月，被授予大校军衔。1980年10月入信阳陆军学院学习；1983年7月，任四十三军一二七师三八〇团一营一连排长；1984年3月，任四十三军一二七师三八〇团一营炮连司务长；1984年10月，任四十三军一二七师三八〇团政治处宣传股正排职干事；1985年6月，任四十三军一二七师三八〇团一营三连连长；1986年1月，任五十四集团军一二七师三八〇团一营一连连长；1989年3月，任五十四集团军司令部军务装备处正连职参谋；1989年9月，任五十

生产。光电产业基地被科技部认定为国家高新技术产业化基地，南阳高新区晋升为国家级高新区。四是实施服务带动，优化发展环境。围绕提供优质高效服务这一主题，全面推行挂牌上岗制、服务承诺制等制度，对市直54个部门行政审批服务项目进行了清理界定，保留的712个行政审批项目全部进驻行政服务中心办理，“前店后厂”现象得到扭转，发展环境进一步优化。

二、协调推进“三化”进程，产业结构不断优化升级。一是做大做强产业集聚区。坚持把产业集聚区作为推动科学发展的有效载体，出台了一系列配套政策措施，完善了领导体制和工作机制，推动项目集中、产业集聚，打造了新能源、光电、纺织、碱硝化工等一批特色鲜明的产业集群。14个产业集聚区完成投资435亿元，超额完成年度目标任务。实施扶优扶强战略，筛选确定82家重点企业和50户高成长型中小企业，在项目、资金、用地、政策等方面予以倾斜，促其快速做大做强。二是加快中心城市建设。抓住筹办第七届全国农运会和新区获批准的机遇，积极筹措资金，加大城建投入力度，是建国以来投资强度最大的一年。全年中心城区建设投资超过30亿元，建成了一批道路、桥梁等市政重点工程，农运会场馆和配套项目建设加快推进，建成区面积扩大到100平方公里，人口达到100万人，中心城市首位度和辐射力明显增强。南阳新区获省政府批准，城市发展空间大大拓展。“六创一迎”活动深入开展，城乡面貌明显改观。三是大力发展现代农业。粮食主产区建设全面启动，鸭河口水库等10座病险水库除险加固工程建成投用，改造中低产田16.2万亩，农业基础设施不断完善，粮食生产能力进一步提高。着力做好创特色、强龙头、育品牌文章，新申报无公害农产品9个，新认定省级农业产业化重点龙头企业20家，农业综合效益和市场竞争力显著提高。新农村建设累计投入资金5亿多元，完成了100个试点村、100个示范村和1298个村容村貌整治任务，培育了一批典型和亮点。

三、加快改革开放步伐，发展动力和活力进一步增强。一方面，全力以赴打好改革攻坚战。基本完成市、县机构改革。国企改革继续深化，市属11家企业完成资产处置和职工安置工作，商务系统23家企业破产改制工作扎实推进。集体林权制度改革进展顺利，主体改革任务基本完成。全面推进公安管理体制机制改革，撤销市区原4个公安分局，新组建15个派出所，实现了公安机关向实战化的转变。另一方面，坚持不懈扩大开放。紧紧抓住国际国内产业转移步伐加快的机遇，以大招商活动为抓手，突出面向长三角、珠三角和海西地区招商，进一步创新招商方式，创优招商环境，狠抓项目落地，招商引资取得新成效，对外开放形成新态势。成功举办了第八届玉雕节和第九届张仲景医药科技文化节，组织参加了深圳投资洽谈会、闽籍企业家访豫等一系列招商引资活动，成为南阳市招商引资活动最活跃、效果最好的时期。全年实际利用外资2亿多美元，增长51.2%；到位省外资金265亿元，增长48.9%；进出口总额9.1亿美元，增长42.7%。提前两个月完成年度各项主要目标任务，省商务厅先后3次向市委、市政府发信祝贺。

四、着力改善和保障民生，和谐南阳建设扎实推进。一是集中财力办好“十项民生工程”。“十项民生工程”全面完成，新增农村劳动力转移就业12.4万人，新增城镇就业10.4万人，新建农村户用沼气3.2万户，新建续建经济适用房56.8万平方米，完成廉租住房8980套。增开了南阳至北京直航航班，开通了南阳至上海始发快速列车，群众的出行条件进一步改善。针对夏季部分地区遭遇的特大洪灾，坚持一手抓抗洪抢险，一手抓灾后重建，确保了灾区群众有饭吃、有衣穿、有房住、有病能医、有干净的水喝，取得了抗洪救灾的重大胜利。二是加快发展社会事业。优先发展教育，改造维修农村中小学校10万平方米，改建、整合中心城区中小学校8所，着力解决中心城区教育资源不均衡、大班额问题。职教园区被省政府命名为全省5个示范性职教园区之一。社区和乡镇卫生服务水平不断提高，新型农村合作医疗参保率达到97.7%，人均补助标准提高到120元，老百姓看病难、看病贵问题得到缓解。城乡低保补助水平、农村“五保”对象供养标准进一步提高，新农保试点稳步推进，广大群众在改革发展中得到更多实惠。三是扎实做好第一批大规模移民搬迁工作。坚持把移民迁安作为一项事关全局的政治任务来抓，突出抓好安置点对接、移民新村建设、组织搬迁和后续帮扶等关键环节，全年圆满完成第一批6.1万大规模移民搬迁工作，第二批8.6万移民安置扎实推进，受到中央和省委、省政府的充分肯定。南水北调中线工程建设进入高峰期，膨胀土试验段一期工程已完工，陶岔渠首枢纽工程和白河倒虹吸工程进展顺利。四是全力维护社会稳定。以推进事要解决为核心，以矛盾纠纷排查化解为主线，扎实做好信访稳定工作，信访形势平稳好转。深入推进平安南阳建设，以提高公众安全感和执法满意度为主线，以社会矛盾化解、社会管理创新、公正廉洁执法三项重点工作为抓手，加强社会治安综合治理，严厉打击“两抢一盗”和黑恶势力犯罪，组织开展了中心城区社会治安整治、“夏季亮剑”严打专项行动，广泛开展“大走访”爱民实践活动，社会治安状况明显改善。南阳市被省委、省政府授予“平安建设显著进步奖”和“农村平安创建工作先进市”称号。安全生产形势保持平稳，各类伤亡事故下降7.6%，死亡人数下降13.7%。

五、统筹推进各项工作，为经济社会发展营造良好环境。一是加强宣传文化工作。积极推动文艺精品创作，电视连续剧《小鼓大戏》荣获第25届中国电视金鹰奖，大调曲子《雪中红梅》荣获第六届中国曲艺“牡丹奖”。邓州“文化茶馆”获得文化部第十五届“群星奖”。持之以恒地推进文化产业发展，重点加快玉雕、中医药等特色文化产业发展，突出抓好镇平玉文化发展改革试验区和武侯祠文化旅游产业改革试验区，文化产业发展取得新成效。二是大力发展旅游业。精心打造伏牛山世界地质公园，完善提升恐龙遗迹园、宝天曼、丹江水库三大核心景区，建成了国际玉城、莲花温泉水城等一批新景点和配套设施，组建了中原第一漂等旅游企业集团，旅游业整体发展水平明显提升。全年共接待游客1868万人次，实现旅游综合收入95.6亿元，增长38%。三是加强生态文明建设和节能减排。以南水北调中线工程水源地、淮河源头生态保护为重点，着力搞好山区生态林、农田防护林、生态廊道建设，全市森林覆盖率不断提高，丹江口水库水质保持Ⅱ级以上标准。强力推进节能减排，组织实施节能攻坚百日行动，突出抓好水泥、火电等高耗能行业节能工作，狠抓各项限电限产调控措施落实，“十一五”规划确定的节能减排任务如期完成。

六、党的建设全面加强，执政能力不断提高。一是扎实推进创先争优活动。以“做科学发展先锋队，当南阳崛起排头兵”为主题，在全市党员中组织开展了创先争优活动，组织引导广大党员干部在推动南阳科学发展中创先进、争优秀。结合不同类型党组织、不同群体党员的特点和实际，精心设计活动载体，在农村党组织开展“新农村、新党建”创建活动，在街道社区党组织开展“一体两翼三服务”活动，在企业党组织开展“双建双引双促”活动，在外建党组织开展创建“五强”党组织和争做“五个先锋”共产党员活动。这些特色做法，受到中组部和省委的肯定，并在豫南部分省辖市分行业创先争优活动工作座谈会上作了典型发言。推出了基层共产党员的优秀代表王宛川这一重大典型，刘云山、李源潮等中央领导和省委书记卢展工分别作出重要批示，新华社、人民日报作了详细报道，引起较大反响。二是进一步加强领导班子和干部队伍建设。结合开展创先争优活动，在全市开展创建学习型党组织、创建学习型领导班子，争当学习型党员、争做学习型干部“双创双争”活动，组织广大党员干部深入学习科学发展观、十七届五中全会精神，提高了领导科学发展、驾驭全局的能力。结合机构改革和领导班子缺职情况，对县(市、区)和部分市直单位领导班子进行了调整配备，共选拔调整县处级干部235人，其中提拔64人(副处提正处39人，科级提副处25人)，平调171人(正处平调89人，副处平调82人)，为县处级领导班子注入了新活力。对全市规范干部平职调整，实现领导干部资源优化配置的做法，中央政治局委员、中组部部长李源潮作出重要批示，要求进行调研总结。深化干部人事制度改革，面向全市公开选拔30名副县处级年轻干部。认真学习贯彻干部选拔任用工作四项监督制度，强化对干部选拔任用全过程的监督。三是努力提升基层组织建设水平。深化农村党建“三级联创”，推动落实农村党支部书记“一定三有”制度，开展选派机关党员干部驻村任职及建立农村“六大员”制度试点工作，村级组织建设得到加强。总结完善“四议两公开”工作法，建立健全了民主监督、决策论证、党员联系群众、村民代表联系户等配套制度，在全市乡镇、街道、社区和“两新”组织中选定48个单位进行试点，“四议两公开”工作法覆盖面进一步扩大，运行质量明显提高。社区党建得到进一步加强，建立社区党建工作联席机构270个，建立社区“大党委”12个。

七、加强党风廉政建设，反腐败斗争深入开展。认真贯彻落实中纪委、省纪委全会精神，坚持标本兼治、综合治理、惩防并举、注重预防的方针，严格履行党风廉政建设责任制，扎实推进惩治和预防腐败体系建设，为全市经济社会发展提供了坚强有力的政治保证。

(一)以落实责任制为龙头，进一步加强对党风廉政建设的领导。把落实责任制作为推进反腐倡廉建设的龙头工程，纳入全市总体工作规划，统筹谋划，协调推进。市委多次召开常委会和市责任制领导小组会议，学习中纪委、省纪委有关会议精神，及时了解掌握情况，研究解决问题。出台了《南阳市四大班子成员党风廉政建设岗位职责》、《2010年全市党风廉政建设责任制工作安排意见》，将党风廉政建设和反腐败工作任务分解到市四大班子和各牵头部门，明确了任务和职责。进一步强调市委书记是全市党风廉政建设第一责任人，对全市党风廉政建设和反腐败斗争负全面责任；要求四大班子成员认真履行“一岗双责”，既抓好分管业务工作，又抓好分管部门和单位的党风廉政建设。市委反腐败协调领导小组切实发挥职能作用，及时研究、协调、解决工作中存在的困难和问题，在协调重大疑难案件的查处工作中发挥重要作用；反腐败牵头部门各司其职、各负其责，推动各项工作的整体推进；各级各部门把党风廉政建设同经济工作和其他业务工作一起部署、一起检查、一起考核，从而形成了一级抓一级、层层抓落实的工作格局。

（二）以服务科学发展为根本，做好重大决策部署的监督检查。围绕加快经济发展方式转变、保持经济平稳较快发展，加强对中央、省、市关于经济结构调整、自主创新、“三农”工作、保障和改善民生、节能减排和环境保护等政策措施落实情况的监督检查，共开展执法监察项目37项，查出违纪违法资金8600万元，纠正违规违法问题189个。围绕市委、市政府的总体工作部署，重点做好“四个带动”、“四件大事”实施情况的监督检查，出台了第七届全国农运会南阳市筹委会效能监察办法、丹江口库区移民安置工作责任追究办法等，对确定的工作任务跟踪问效，全程督办，保证各项工作部署落到实处。围绕建设服务型政府，出台了优化经济发展环境“十不准”和损害经济发展环境责任追究办法，严肃查处影响发展环境的案件，全年共受理举报投诉256起，立案59件，责任追究88人。

（三）以贯彻落实《廉政准则》为契机，狠抓党员干部廉洁自律工作。一是深入学习贯彻《廉政准则》。以党员领导干部为重点，通过在新闻媒体开辟专栏、举办《廉政准则》专题学习培训班、举行廉洁从政法规知识竞赛等形式，在全市营造学习贯彻《廉政准则》的浓厚氛围，有力推动《廉政准则》的贯彻实施。向党员干部发放《廉政准则》5000余份，举办培训班4期，培训乡镇党委书记229名。二是积极开展廉洁从政教育。各级领导干部定期上廉政党课，坚持每月向全市县处级以上干部发送廉政短信，勤提醒、常教育，引导他们筑牢思想防线。组织荣获省“黄河戏剧奖”金奖的大型警示教育豫剧《歧路冷雨》在全市巡演，受教育党员干部超过万人。三是坚决治理奢侈浪费现象和“节日病”。积极开展厉行节约专项治理活动，重点对公务车辆配备、办公费用支出等进行严格审批把关，做到从严控制，强化管理。严查“节日病”和违反机关工作人员“十禁止”行为，共查处公车私用56台，查处违反“十禁止”规定案件67起，机关工作人员作风得到进一步改善。

（四）以查办案件为重点，加大惩治腐败力度。一是加大办案力度。坚持从严治党，依纪依法办案，注重政治、经济、社会和法纪效果的有机统一，既坚定不移地惩处违纪违法人员，又旗帜鲜明地保护党员干部干事创业的积极性，努力做到查处一起案件、教育一批干部、完善一套制度、治理一方风气。全年新立案件1226件，结案1228件，受党政纪处分1349人，其中县处级干部20人。二是及时纠正损害群众利益的不正之风。以解决社会关注程度高、群众反映强烈的突出问题为重点，开展了减轻农民负担、纠正医疗服务和药品购销中的不正之风、治理教育乱收费等专项治理工作，并针对多发性、苗头性问题建章立制，有效地维护了群众的切身利益。全年查处专项治理案件1318件，党政纪处分和其他处理202人。三是加强农村党风廉政建设。深化农村集体“三资”委托服务代理、农村基层便民服务全程代理，实行村务监督委员会制度，积极推进农村惩治和预防腐败体系建设，全市所有行政村已全部建立村务监督委员会。

在市委班子自身建设方面，始终把建设学习型班子作为第一位任务，请进来与走出去相结合，坚持中心组集中学习制度，邀请原科技部副部长刘燕华等专家学者做专题辅导报告，先后赴郑州、洛阳等地学习考察，解放思想，开阔视野，领导科学发展的能力进一步提高。注重总揽全局，协调各方，主动处理好与人大、政府、政协班子的关系，致力于形成同频共振、合心合力、优势互补、有呼有应的工作格局。健全完善民主集中制，按照“集体领导，民主集中，个别酝酿，会议决定”的要求，对事关全局的经济社会发展问题、重要干部任免、重要项目安排和大额度资金调度使用等，都由集体研究决定。注重改进作风，坚持“三具两基一抓手”工作法，带头深入基层开展调查研究，解决实际问题，推动工作落实；市委常委带头严格遵守廉洁自律各项规定，管好自己、管好家人、管好身边工作人员，带动全市上下形成了求真务实、风清气正的良好局面。

【卢展工3次到南阳调研指导工作】 1月12日，河南省委书记卢展工在市委书记黄兴维、市长穆为民等陪同下到南阳调研。在宛期间，卢展工先后考察了迅天宇硅品有限公司、天冠集团、南阳防爆集团、乐凯集团第二胶片厂等企业，对南阳经济社会发展呈现的好的趋势、好的态势、好的气势给予充分肯定。卢展工强调，要认真贯彻落实党的十七届三中、四中全会和中央经济工作会议、省委经济工作会议精神,坚持重在持续、重在提升、重在统筹、重在为民,更加注重求实,更加注重求效,推动南阳经济社会又好又快发展。

6月7～8日,省委书记、省人大常委会主任卢展工到宛城、镇平、内乡、西峡等地,调研夏收、夏种工作。卢展工强调,要有效组织抢收、科学安排抢种、周到细致服务、力保全年丰收。市委书记黄兴维、市长穆为民等陪同调研。在南阳调研期间,卢展工对南阳市整体工作给予充分肯定,殷切希望南阳要保持好这种气势,更多研究一些具体的问题,思考一些问题,探索解决一些问题,把各项工作做得更好。

10月28～29日,省委书记、省人大常委会主任卢展工到南阳市,就认真学习贯彻落实党的十七届五中全会精神,谋划好"十二五"发展召开调研座谈会,省委常委、省委秘书长曹维新和黄兴维、穆为民等市四大班子领导参加调研座谈。卢展工在座谈中对南阳市工作给予充分肯定并强调,学习贯彻五中全会精神,关键在认真学习领会,关键在把握主题主线,关键在真正贯彻落实,更加科学更加求实更加求效地谋划好"十二五"发展。

【厉无畏到南阳作专题报告】 2月6日,全国政协副主席、民革中央副主席、著名经济学家厉无畏,以"创意产业与城市经济发展"为主题,以多媒体的形式,运用丰富、生动的案例,从当代经济、社会、文化发展态势和产业经济学的角度,对创意产业的内涵、特点以及与城市经济发展的内在联系,作了全面而深刻的阐述,为南阳市作了一场生动、精彩的专题报告。国际投资促进会执行会长王平、省政协副主席李英杰,市领导黄兴维、贾崇兰、王建民、金星出席报告会。

【中共南阳市委全委(扩大)会议】 3月8日,中共南阳市委全委(扩大)会议在宛召开,市委领导黄兴维、穆为民、贾崇兰、刘朝瑞、王建民、杨其昌、孙丰年、姚进忠、陈光杰、原永胜、常康出席会议。全会讨论审议并原则同意市委、市政府关于实施项目带动、品牌带动、创新带动、服务带动的意见,决定在全市迅速组织实施,以此作为推动经济社会跨越发展的突破口,加快建设富强美好和谐新南阳进程。市委书记黄兴维,市委副书记、市长穆为民强调,要以更加饱满的精神状态、更加有力的工作举措、更加务实的工作作风,把"四个带动"组织好,实施好,全力推动经济社会又好又快发展,为建设富强美好和谐新南阳作出新的更大贡献。

【李克到南阳市调研指导工作】 8月19日,省委常委、常务副省长李克到陶岔渠首和淅川县移民新村,探访民情民意,察看工程进度,慰问基层干群,协调解决问题。市领导黄兴维、崔军陪同。李克强调,要上下齐心,全力以赴,克难攻坚,确保圆满完成省委、省政府提出的移民迁安"四年任务两年完成"的目标任务,确保移民迁安后真正实现"住得比原来好、生活得比原来好"。

【李新民到南阳市调研指导平安建设】 8月23～25日,省委常委、政法委书记李新民到南阳市邓州、新野、唐河等地,调研平安建设工作。市领导黄兴维、穆为民、刘朝瑞等先后陪同调研。李新民强调,要增强服务意识,发挥好党和政府密切联系群众的桥梁和纽带作用;要扎实做好预防打击违法犯罪工作,切实维护群众利益,增强群众安全感,维护社会大局稳定。

【刘云山到南阳市调研基层宣传思想文化工作】 9月20～22日,中共中央政治局委员、中央书记处书记、中宣部部长刘云山,在省委书记、省人大常委会主任卢展工,省委常委、宣传部长、副省长孔玉芳,省委常委、秘书长曹维新以及市委书记黄兴维、市长穆为民等的陪同下,到西峡、镇平县等地,实地考察经济社会发展情况,就文化体制改革,文化事业、文化产业发展和基层文化建设进行深入调查研究。刘云山强调,宣传思想文化工作服务对象在基层、工作主体在基层、任务落实靠基层,必须坚持以人为本、面向群众,坚持重心下移、服务基层,以更大的决心、更有力的措施,切实加强基层宣传思想文化工作,大力加强公共文化服务体系建设,保证人民群众共享文化发展成果。

【李克强到南阳考察调研】 10月8～9日,中共中央政治局常委、国务院副总理李克强到南阳市考察调研。卢展工、郭庚茂、李克、曹维新、刘满仓等省领导,黄兴维、穆为民等市领导陪同考察。在宛期间,李克强先后到邓州市桑庄、腰店现代农业示范园区、南水北调中线工程渠首、丹江口水库、淅川县厚坡陈庄移民新村及中光学集团、乐凯集团第二胶片厂、天冠集团等处,详细询问、了解有关情况,与干部群众深入交谈,并就有关工作作出重要指示。李克强对南阳的工作表示肯定并强调,要按照深入贯彻落实科学发展观、加快转变经济发展方式的要求,扎实推进工业化、城镇化和农业现代化,增强发展后劲和优势,提升发展质量和水平。

【市委四届十九次全会】 12月

14日，中国共产党南阳市第四届委员会第十九次全体会议隆重举行。全会听取和讨论了市委常委会工作报告，审议通过了《中共南阳市委关于制定全市国民经济和社会发展第十二个五年规划的建议》。全会号召全市广大党员干部和人民群众全面贯彻落实党的十七届五中全会、省委八届十一次全会精神，深入贯彻落实科学发展观，解放思想、锐意进取、团结拼搏、克难攻坚，为胜利完成“十二五”规划，加快建设富强美好和谐新南阳而努力奋斗。（杜金增　万伟）

市委办公室

【服务全市中心工作】　一是筹办市委重要工作会议。精心准备市委全会、全市领导干部会议、全市经济运行会、庆祝抗日战争胜利65周年纪念大会等30余次会议，高质量做好会议文件、讲话起草和各项服务工作，确保了市委重大战略决策及时部署。二是参与全市重点工作。积极参与组织实施“四个带动”、“六创一迎”、南水北调和移民迁安、产业集聚区建设、第七届农运会筹备等中心工作，本着统筹兼顾、注重高效的原则，充分发挥参谋助手作用，积极协调左右、联系内外、沟通上下，凝聚各方力量，千方百计抓好落实，有力推动了市委重要工作的顺利开展。三是组织全市重大活动。统筹组织力量，较好地完成了李克强副总理、刘云山部长、卢展工书记等中央、省级领导视察南阳的接待工作。组织服务中央巡视组巡视南阳、全国人大代表视察南阳、全市县域经济观摩、第八届玉雕节、第九届张仲景医药科技文化节、伏牛山世界地质公园中期评估等重大活动的筹备和组织落实工作。四是全力做好信访稳定。积极发挥市委机关接访的协调、引导、督促作用，紧紧围绕“机关处访、机关维稳、应急协调”三项职责要求，切实强化分流、引导、协调、督促四个环节的工作，创新接访机制，精减批办流程，有效扼止了信访高发势头。全年共接待来访746起1万余人次，帮助协调解决重要信访问题20余个，维护了市委机关秩序，较好地发挥了机关维稳的作用。

【综合材料撰拟】　按照老辣、鲜活的标准，从政治高度、领导角度、学者深度着眼，撰拟修改各类文稿240多篇200多万字，准确体现领导思路，反映工作要求，展现南阳发展的新思路、新成效、新形象，得到了市委领导肯定。

【公文处理】　按照规范化要求，严把政治、政策、法规、程序、内容、格式、文字关，共处理各类文件、电报、会议纪要400多份，无差错出现，市委办公室被省委办公厅评为全省公文处理工作先进单位。完成《秘书工作》征订1300多份，《秘书工作》通联工作被中办《秘书工作》杂志社、省委办公厅评为通联工作一等奖。

【信息编发】　以展示发展、服务发展、推动发展为主线，主动融入，跟进服务，紧扣南阳经济社会建设，扎实组织信息报送，全年共编发南阳快报253期861条、信息摘报45期312条、南阳工作信息52期402条，年度信息工作位居全省前列。

【调查研究】　紧紧围绕全市工作大局和群众关心的热点难点问题，组织18个重大课题调研，形成调研报告、理论文章等各类文稿31篇，其中有16篇分别被《经济日报》、中央党校《领导科学》、省委《调查研究》、《南阳日报》等市级以上报刊采用，对宣传南阳、推动全市工作起到了积极作用，市委政研室被评为全省政研工作先进单位。编发《南阳通讯》12期，刊发文稿300余篇70多万字。

【督查】　紧紧围绕中央、省、市委出台的重大决策，紧扣决策督查、专项查办、网民留言办理三个重点，组织开展了“四个带动”落实情况、“六创一迎”重点难点工作、省市十项民生工程和省委一号文件落实情况、全市产业集聚区发展情况等督查。全年上报《督查专报》140期，专网上报185篇次，编发督查工作信息130期，全市党委督查系统督查反馈在省刊物发表151篇，采用量位居全省前列；办理中央、省、市领导批示件267件，办结率100%；办理人民网留言391条、书记留言板3万条，直接接待网民来访25人（次）。

【目标考评】　着重加强对目标体系设置、运行监控、考评的研究，删繁就简，按照保增长、调结构“一条主线”的要求，突出项目建设、产业集聚区建设、筹办农运会、南水北调中线工程建设和移民迁安等重点工作体系设置，创新运行监控手段，加大奖惩力度，组织完成了2009年度县（市、区）和市直责任单位的目标考评，并对6个县（市、区）和36个市直责任单位进行表彰奖励，评出了各级干部干事创业的正气和干劲，充分发挥了目标考评的激励作用。

【会务事务服务】　以优质高效为准则，确保市委日常工作正常运转，确保市委领导活动顺利进行。会务工作全年共组织各类会议和重大活动160余次，做到了周密计划，精心操作。值班工作全年共通知各类会议活动900余次，处理传真及文件通知2000余份，上报处理突发事件信息28条，编发《值班快报》126期。文档工作全年共收发文件、材料23万余份，发送机要信件5128封，传阅文件1600余份，接待借阅查询500多人(次)，完成文件、材料整理、立卷、归档和清退、销毁，实现了无差错目标。完成了《中办通讯》、《河南内参》征订工作。市委办公室被省委办公厅评为文件管理工作先进单位。

【机要、保密工作】 机要工作以加强密码工作管理为重点，以确保密码通信畅通、安全和加快党委系统信息化建设为标准，创新机制抓落实，努力提高通信保障服务水平。全年共传输办理各类电报29663份，做到了优质、高效、安全、无事故，市委机要局被评为全省机要工作先进单位。保密工作不断完善工作机制，创新工作思路，改进工作方式，实现了保密与开放、服务、执法、发展协调统一，各项保密工作取得新进展，被评为全省保密工作先进单位。

【机关党建】 切实加强机关党的思想、组织、作风和制度建设，组织开展争先创优活动、共产党员公开承诺活动，扎实推进支部换届、发展新党员、培训入党积极分子、民主双评、救济困难党员、职工体育运动会和军民共建等项工作，成功组织了省级文明单位换届，市委办公室连续3届保持省级文明单位。

【后勤保障】 扎实推进后勤服务体制改革，强化后勤服务规范化、标准化，保持后勤服务工作高效运转，保证了市委和机关重大活动的顺利开展。市委机关被命名为市级"园林式单位"、"卫生达标先进单位"、"计划生育先进单位"、"内保工作先进单位"，"平安建设先进单位"。同时，积极组织老干部外出参观学习，努力帮助老干部解决生活中的困难和问题。(杜金增　万伟)

纪检监察

【惩防体系建设】 按照《〈南阳市建立健全惩治和预防腐败体系2008—2012年工作方案〉任务分工》，加强对工作落实情况的监督检查，整体推进反腐倡廉教育、制度、监督、改革、纠风、惩治等各项工作，惩治和预防腐败体系建设取得新的进展。按照《南阳市反腐倡廉建设工作检查考核办法(试行)》，1月底至2月初，对13个县(市、区)和107个市直单位2009年度反腐倡廉建设工作进行全面检查考核。注重考核结果运用，对排前4名的县(市、区)领导班子和排前10名的市直单位领导班子进行通报表扬；对排名靠后的县(市、区)和排后3名的市直单位领导班子进行廉政谈话。7月下旬至8月上旬，市党风廉政建设责任制领导小组办公室组织督查组，对全市各地各单位党风廉政建设责任制落实情况进行年中督查。经常性开展对党风廉政建设工作的监督检查，共查处责任追究案件143件，党政纪处理193人。

【服务中心工作】 一是加强对推进科学发展重大决策部署执行情况的监督检查。紧紧围绕加快经济发展方式转变、保持经济平稳较快发展加强监督检查，推动"扩内需、促增长"、节能减排和环境保护、节约集约用地等政策措施的落实。共开展执法监察项目37项，涉及资金9.86亿元，查出违纪违法资金8600万元，纠正违规违法问题189个，提出监察建议81份。开展保障性住房项目和违规变更规划调整容积率问题专项执法监察，加强对防汛救灾款物管理和灾后重建工作的监督检查。二是围绕农运会筹备工作加强监督检查。出台《第七届全国农运会南阳市筹委会效能监察办法(试行)》，开展农运会建设用地违法建设专项整治活动，对农运会各时间节点确定的工作任务进行跟踪问效、全程督办。强化资金监控，共核减拆迁面积7.5万余平方米，核减资金5700余万元，保证农运会建设资金规范有

2010年12月7日市委常委、市纪委书记孙丰年(前右二)视察新野县王庄镇移民新村

效使用。三是加强对南水北调中线工程移民工作的监督。重点对移民安居工程建设、工程质量及移民资金使用等情况进行监督，对移民搬迁工作负责单位是否按要求有效完成任务进行全程跟踪问效。制定《南阳市南水北调丹江口库区移民安置工作责任追究暂行办法》、《南水北调丹江口库区移民人口登记管理工作责任追究暂行办法》等规范性文件，对移民安置工作中不作为、乱作为、侵害群众利益的行为严格实施责任追究。四是强力实施服务带动战略。按照市委、市政府关于实施“四个带动”战略的意见，把服务带动战略进一步目标化、具体化。建立市服务带动工作联席会议制度，开展“服务带动活动月”活动，对一些单位实施服务带动情况进行明察暗访，推动服务型政府建设进程。

【效能监察和优化经济发展环境】　一是强力推进电子监察系统建设。出台《南阳市人民政府关于深入推进“两转两提”加强效能建设的意见》、《南阳市人民政府关于推进全市行政效能电子监察系统建设的意见》。成立综合协调组、规划与技术保障组、项目梳理与信息采集组、资金保障组4个专项工作组，全面推进行政效能电子监察系统建设。二是完善企业生产经营环境监测制度。市县两级优化办主动走访监测点企业562个，帮助企业解决问题96个，并对工作进展情况实行动态监察、定期通报，保证企业生产经营环境监测点工作扎实有效开展。三是加强对规范行政处罚裁量权工作的监督检查。8月底至9月初，采取县（市、区）分片检查、市直部门随机抽查的办法对县（市、区）政府和市直部分单位规范行政处罚裁量权工作进行了检查。制定行政处罚案件评查制度、行政处罚投诉制度、重大行政处罚备案制度、行政处罚检查制度、违法处罚责任追究制度，建立以政府抽查、部门自查、系统检查为主要形式的常态化分级督查机制。四是严肃查处危害经济发展环境的案件。全市受理举报投诉256件，立案59件，查结52件，实施责任追究88人。

【案件检查】　贯彻党要管党、从严治党方针，加大查办案件工作力度，全市纪检监察机关共受理群众来信、来访、电话举报3349件（次），初核1128件，立案1226件，结案1228件，党政纪处分1349人，其中县处级干部20人、乡科级干部181人。开展治理商业贿赂专项工作，共查办商业贿赂案件59件，涉案金额697.44万元。开展工程建设领域突出问题专项治理，共排查政府投资和使用国有资金的建设项目667个，发现问题91个，纠正问题65个。加强案件审理和监督管理工作，坚持依纪依法安全文明办案。2月至3月，在全市纪检监察机关组织开展严格依纪依法安全文明办案集中教育整顿活动。7月，市党员干部警示教育基地正式投入使用，初步建立了驻基地办案的新型工作模式和机制，全市规范化办案水平不断提高。对2009年度全市纪检监察机关查办案件工作的10个先进集体、32个先进个人和评选出的13个优质案件进行了表彰。加强申诉复查复议工作，办结申诉案件6件，其中维持1件，变更5件。

【信访举报】　一是进一步拓宽信访举报渠道。抓好信访接待场所建设，完善信访工作联系点制度，向社会公布热线电话、网上举报信箱和办事程序等，受理了大批群众来信来访，全年接待群众来访600余批次，接听“12388”举报电话200余次。市县两级纪委领导共接访427次，接待群众1327人次。二是创新“三项制度”，切实提高信访案件质量。创新案件启动制度，形成信访案件查办合力；创新直查快办制度，提高信访问题解决实效；创新异地办案制度，确保信访案件公正透明。市纪委通过查办信访案件，共挽回经济损失3500余万元，三是开展信访监督。将信访监督工作纳入惩防体系建设和信访举报目标管理，全市共实施信访监督285件（次），占受理信访总量的15.9%。2010年，南阳市信访举报“1161”工作机制、信访案件办理在全省反腐倡廉建设创新经验交流会、全省纪检监察信访举报案件办理工作会上作了典型发言。

【反腐倡廉教育】　一是以《廉政准则》为重点，加强反腐倡廉宣传。通过在媒体开辟专栏、制作宣传展板以及组织讲座、报告会、知识竞赛、培训等形式，在全市营造学习贯彻《廉政准则》的浓厚氛围。市委常委、市纪委书记孙丰年在南阳电视台作《廉政准则》专题电视讲座。加大网络宣传力度，累计报送网评、跟贴3000余条。加大对内乡县板场乡纪委书记王学绪、西峡县田关乡孙沟村支书马景龙等先进典型的宣传力度，以先进典型引导人、鼓舞人。二是积极开展廉洁从政教育。组织荣获“黄河戏剧奖”金奖的大型警示教育豫剧《歧路冷雨》在全市巡演，受教育党员干部超过万人。坚持每月给全市处级以上领导干部发廉政短信，引导广大领导干部廉洁从政。三是推进廉政文化建设。命名邓州花洲书院和镇平彭雪枫纪念馆为南阳市廉政教育基地，举办“廉政文化建设”征文活动，增强全社会反腐倡廉意识。在城区规划120个模范社区，将廉政文化教育内容融入社区文化建设。

【廉洁自律工作】 一是加强对贯彻落实《廉政准则》的监督检查。2010年,全市共查处廉洁自律案件25件,党政纪处分和组织处理党员干部32人,维护了党纪政纪的严肃性,有效地促进了《廉政准则》的贯彻落实。二是继续治理奢侈浪费现象。对全市13个县(市、区)和市直73个重点单位2009年1月1日以来的公务费用支出情况、落实公务用车配备管理情况、因公出国(境)情况和党政机关办公楼等楼堂馆所建设情况进行了重点检查。三是严查"节日病"和违反"十禁止"行为。共查处公车私用56台,对涉及的单位和个人按照有关规定进行了处理。查处违反"十禁止"规定案件67件。

【纠风治乱】 一是进一步加强纠风专项治理。进一步健全县乡村三级纠风网络建设,夯实纠风工作基础。以解决社会关注程度高、群众反映强烈的突出问题为重点,开展了治理教育乱收费、公路"三乱"以及减轻农民负担、纠正医疗服务和药品购销中的不正之风、食品药品安全、"四项资金"监督管理等专项治理工作。全市纠风部门共查处案(事)件1318件,党政纪处分和其他处理202人。二是延伸评议触角,民主评议政风行风工作取得新进展。在全市80个政府部门和公共服务行业、50个政府部门和公共服务行业设在县、乡的3681个基层站所和窗口单位、4446所学校、334家医院、98个市直与民生密切相关的科室和岗位开展了民主评议工作。政风行风热线共收集群众意见建议4725个,有效解决问题4427个。

2010年7月16日南阳市委书记黄兴维(左)、省纪委副书记齐新安(右)为市党员干部警示教育基地揭牌

【基层党风廉政建设】 一是建立健全"四议两公开一监督"工作机制,农村基层民主监督制度体系不断完善。出台《南阳市关于全面推行村务监督委员会制度的意见》,全面推行"四议两公开"工作法和村务监督委员会制度。全市村务监督委员会共参与监督村级重大事项5270件(次)。二是巩固清理规范乡村财务工作成果,农村集体"三资"管理更加规范。在全市全面实行电算化管理,积极构建农村基层财务管理长效机制。把"三资"管理纳入基层干部岗位目标考核,作为"两述两评"的主要内容,由群众监督和评议。进一步规范乡村财务管理程序和资产、资源处理权限,规范农村集体项目招投标制度,加强对"三资"的动态监督。三是深化为民服务全程代理。继续完善县乡村三级服务网络,乡村两级共为农民群众办理服务212453起,促进了基层部门和基层干部工作作风的改变。四是开展强农惠农资金专项检查。查处涉农违规违纪案件177件,处理违规违纪人员184人,为农村集体组织和农民群众挽回经济损失1561.71万元。

【政务公开】 一是完善制度,政务公开规范化进一步加强。探索建立健全政务公开制度体系,对公开的内容、形式、程序、方法、保障等予以规范,构建政务公开深入发展的长效机制。二是全面落实政府信息公开条例。及时更新政府信息,在《条例》规定的期限内,对新形成的规范性文件在15个工作日内及时予以公开。加大与群众生活息息相关的一系列服务事项和服务承诺的公开力度,扩大公开信息量,拓宽社情民意表达渠道,建立社会热点跟踪机制,方便群众及时、准确查阅各类政府信息,提升群众满意率。妥善处理依法申请公开。完善监督保障机制,把政府信息公开纳入政府绩效考核内容。三是推进党务公开。把邓州市、桐柏县、宛城区溧河乡作为基层党务公开试点,对党务公开工作进行了认真的探索和实践。坚持深化完善"四议两公开"工作法,逐步建立符合县、乡实际的民主开放型党务公开运行新机制和制度保障体系。

【源头预防】 一是组织协调相关

部门，深化干部人事制度改革。召开了全市深入学习贯彻干部选拔任用四项监督制度会议，加强对干部选拔任用工作的监督。加大选拔优秀年轻干部力度，在全市公开选拔30名副县处级年轻干部。二是加强对政府采购活动和领导干部经济责任审计的监督。对参与政府采购活动中的国家机关及工作人员进行全方位监督，制订规范政府采购、建设工程招投标等一系列规章制度。督促审计部门开展领导干部经济责任审计和年度审计，重视审计结果的运用。三是开展"小金库"专项治理。在85个市直单位中开展"小金库"治理工作集体约谈活动，提高市直单位治理"小金库"的自觉性。继续深化党政机关和事业单位"小金库"治理工作，全面开展社会团体和国有及国有控股企业的"小金库"治理工作。四是深化行政审批制度改革。协调市行政审批服务中心、市编办、市政府法制办等部门对市直行政审批服务项目进行清理界定，共涉及54个部门，初步清理保留712个行政审批项目。市行政审批服务中心迁入新址，撤销了原有的交通运管、公安外事、房管和地税4个分中心，市直54个具有行政审批职能的部门全部进入市行政审批服务中心。

【纪检监察机关自身建设】 一是以活动为载体加强自身建设。4月23日，对全市纪检监察系统"做党的忠诚卫士、当群众的贴心人"主题实践活动进行了总结。巩固深入学习实践科学发展观活动成果，落实《关于进一步加强和改进纪检监察干部队伍建设的若干意见》，创先争优活动全面推进。二是加强县级纪检监察机关领导班子建设。6月3日，印发《关于加强基层纪检监察机关建设的实施意见》，规定新任的县(市、区)纪委书记，其常委职务排序排在党委副书记之后；连续担任县(市、区)监察局长5年以上或连续担任县(市、区)纪委副书记8年以上的，经组织考核，可提拔为副县级干部；县(市、区)纪委领导班子成员参加或列席同级党委全会等重要会议，参加同级党委组织的干部民主推荐会议。三是从严管理干部队伍。印发了《关于严格机关内部各单位借调人员的通知》，对机关各室从外单位借调人员的工作程序、借调时间、日常管理、纪律要求等作出明确规定。印发了《关于在市直单位机构改革中加强纪检监察工作的通知》，要求在机构改革中纪检监察机关"只能加强，不能削弱"。为市党员干部警示教育基地公开选拔12名工作人员。调整设置9个副处级岗位，在委局机关公开竞岗，营造良好的选人用人风气。四是创新纪检监察工作体制。下发《关于市纪委监察局对派驻机构实行统一管理有关问题的通知》，严格执行派驻纪检监察机构由市纪委监察局直接领导、实行统一管理的规定；按照性质相近、便于监督的原则，向市直64个单位派驻5个纪工委，每个纪工委负责若干部门或单位。派驻纪工委按正处级设置，纪工委书记由市纪委常委兼任。五是加强精神文明建设。市纪委监察局机关先后组织开展了献爱心送温暖，向农运会、玉树地震灾区、南阳灾区捐款等一系列公益活动，共捐款物价值10多万元。以创建全国文明单位为载体，不断创新创建形式，丰富创建载体，巩固创建成果，提高精神文明建设整体水平。

【四届市纪委五次全会】 1月22日，中国共产党南阳市第四届纪律检查委员会第五次全体会议召开，贯彻中央纪委五次全会、省纪委五次全会精神，回顾总结2009年反腐倡廉工作，研究部署2010年党风廉政建设和反腐败工作。市委常委、市纪委书记孙丰年作题为《深入贯彻党的十七届四中全会精神，扎实推进党风廉政建设和反腐败斗争》的工作报告。市委书记黄兴维在会上讲了3点意见，一是总结成绩，认清形势，进一步增强做好党风廉政建设的责任感和紧迫感；二是突出重点，把握关键，统筹推进反腐倡廉建设；三是加强组织领导，确保反腐倡廉各项任务落到实处。会议确定了2010年南阳市反腐倡廉工作的4项重点：一是加强对中央、省、市关于推进科学发展重大决策部署执行情况的监督检查。把保增长、调结构作为反腐倡廉工作的主线，加强对中央、省、市关于结构调整、自主创新、"三农"工作、保障和改善民生、节能减排和环境保护等政策措施落实情况的监督检查，加强对农运会场馆建设、移民资金管理、移民新村建设等的监督检查，为科学发展提供有力支持和坚强保证。二是建立健全反腐倡廉制度体系。加强反腐倡廉教育制度建设、监督制度建设、预防制度建设、惩治制度建设。三是认真解决损害群众利益的问题和群众反映强烈的突出问题。继续认真解决群众反映强烈的教育医疗、环境保护、安全生产、食品药品安全、企业改制、征地拆迁等方面损害群众利益的突出问题，加强对社保基金、住房公积金、扶贫和救灾资金以及政府专项资金管理使用情况的监督检查，严肃查处严重侵害群众利益案件。四是坚决查处违纪违法案件。要突出办案重点，针对工程建设、房地产开发、土地管理等腐败现象易发多发的重点领域和关键环节，加大查处力度。(王慧)

组　织

【创先争优活动】 按照中央和省、市委部署,市委组织部紧扣"做科学发展先锋队、当南阳崛起排头兵"这一主题,坚持实际、实效、实惠"三实"原则,组织和指导全市17041个党组织、41.7万多名党员扎实开展创先争优活动,取得了显著的阶段性成效。一是加强规划指导,精心组织实施。协调成立了市委创先争优活动领导小组,并牵头组建了活动办公室;研究制定了活动的总方案、各类别分方案和具体工作细则;采取经常性督查、随机检查等方式,加强督导把关;通过召开动员会、推进会、座谈会、下发文件、编印工作指南和活动《简报》等方式加强工作指导,确保了整个活动扎实有序健康开展。二是创新活动载体,强化创争效果。针对不同类型党组织、不同群体党员的特点和实际,精心设计活动载体,在农村党组织开展"新农村、新党建"创建活动,在街道社区党组织开展"一体两翼三服务"("一体",党员、志愿者、社区居民形成一个服务整体;"两翼",纵向连起多个层级、横向激活整个区域;"三服务",服务经济发展、服务居民生活、服务和谐稳定)活动,在企业党组织开展"双建双引双促"(建党组织、建工作体系,引技术、引人才,促产业升级、促品牌文化)活动,在外建党组织开展创建"五强"(政治引领力强、教育管理力强、推进发展力强、协调服务力强、带动致富力强)党组织和争做"五个先锋"(爱岗敬业、诚信自律、创业致富、服务群众、双向带动)共产党员活动,中央和省委创先争优活动简报31次宣传推介了南阳市的这些特色做法。坚持"六个注重",抓好外建党组织创先争优活动的做法得到中央创先办和省委领导的充分肯定。11月底,省委创先办在南阳市召开了豫南部分省辖市分行业创先争优活动工作座谈会,市委书记黄兴维在会上作了典型发言。三是融入中心工作,突出实践特色。组织引导基层党组织和广大党员,把开展活动与推动经济社会发展相结合,与实施"四个带动"战略、筹办第七届全国农运会、南水北调中线工程移民迁安、抗洪抢险等急难险重任务相结合,与整顿农村软弱涣散基层党组织、推进党建工作创新相结合,把开展活动的成效体现和落实到转变作风、推进发展、改善民生上来,形成了"在推动工作中创先争优,在创先争优中促进工作"的良好局面。组织开展"党旗在工地飘扬,党徽在移民中闪光"主题实践活动,成立党员突击队,全力服务移民迁安工作,顺利完成了移民试点和第一批移民任务,实现了安全、文明、和谐搬迁目标。在"7·24"特大洪涝灾害中,全市各级党组织和党员共紧急转移群众18万余人,解救被洪水围困群众5406人,组织捐款1000余万元,发放救灾物资800多吨,在抗洪抢险中发挥了中流砥柱作用。活动开展以来,全市各级党组织和广大党员共公开承诺事项22.4万件,已落实7.8万件,为群众办实事好事3.6万多件。四是抓典型树标杆,激发创争活力。在全市选树了一大批先进基层党组织和优秀共产党员先进典型,特别是推出了王宛川这一全国重大宣传典型,新华社内参、中央电视台、人民日报、光明日报、人民网、新华网,河南电视台、河南日报先后宣传推介了王宛川的先进事迹,在全国引起较大反响。刘云山、李源潮等中央领导和省委书记卢展工,省委副书记、省委组织部长叶冬松分别作出重要批示,要求将其作为重大典型在全国、全省宣传学习。同时,在市创先办活动《简报》开设"先进基层党组织事迹专刊"和"优秀共产党员事迹专刊",在媒体开设"党员先锋"、"我身边的共产党员"和"优秀共产党员风采录"等栏目,大力宣传推介先进典型的感人事迹,使基层党组织和广大党员学有榜样,创有目标,在全市上下掀起了努力创优、奋力争先的热潮。

【领导班子建设】 落实领导班子建设规划纲要和"三重三防"、"五重五不简单"要求,以思想政治建设为核心,以提高素质能力、优化班子配备、改进思想作风、增强整体功能为重点,以建立完善经常性教育管理机制为关键,全面加强领导班子建设。一是在推进"学习型领导班子"建设上下功夫。在全市各级领导班子和领导干部中深入开展"双创双争"(创建学习型党组织、创建学习型领导班子,争当学习型党员、争做学习型干部)活动,指导各级领导班子制定学习计划,建立学习制度,创新学习方式,综合运用集中培训、中心组学习、辅导讲座、知识竞赛、研讨交流等灵活多样的方式,强化对领导干部进行以中国特色社会主义理论体系特别是科学发展观,以及党的十七大和十七届四中、五中全会精神为主要内容的学习教育,强调理论联系实际,把重点放在解决实际问题、推进工作开展上,增强了学习的实效性。坚持把述学作为领导班子和领导干部年度考核的一项重要内容,通过个人述学、群众评学、组织考学,激发学习内动力,倡导形成良好的学习习惯,使学习由组织引导转变为干部的自觉行动。二是在选优配强领导班子上下功夫。根据机构改革和领导班子补充缺职需要,本着"优化结构、扩大交流"的原则,对县(市、区)和部分市直单位领导班子进行了调整配备，共选拔调整县处级领导干部235人，其中提拔64人(副处提正处39人，科级提副处25人)，平调171人(正处平调89人，副处平调82人)。调整中，综合考虑优化班子结构、增强整体功能和发挥干部自身优势等因素，进行全面衡量比较，确保优中选优，最大限度地实现人岗相适、才适其位，激发和调动了干部工作积极性。南阳市通过平职调整实现领导干部资源优化配置的做法，被中组部内刊《组工研讨》全文刊发推介，李源潮作出重要批示，中组部研究室(政策法规局)于9月底派调研组赴南阳市就"规范干部平职调整问题"进行了调研总结。三是在完善考核评价机制、树立正确考核导向上下功夫。全面实施以"一个意见、三个办法"为核心的促进科学发展的干部考核评价机制，组织对市直和县(市、区)县处级领导班子、领导干部进行了2009年度考核。134个县处级领导班子中，被评定为好班子128个，较好班子6个。根据考核结果，有针对性地提出了加强县处级领导班子建设的具体意见。四是在从严管理领导干部上下功夫。落实中央《关于进一步从严管理干部的意见》，指导各级领导班子以贯彻执行民主集中制为核心，建立完善了民主议事和科学决策的具体制度。切实加强对领导班子民主生活会的指导检查，会同市纪委派出指导组参加了市直和县(市、区)领导班子学习贯彻《廉政准则》专题民主生活会，督促领导干部在严肃党内政治生活中锻炼党性，提高解决自身问题的能力。严格执行领导干部收入申报、重大事项报告、出国(境)审批、离任审计等制度。全年共受理县处级干部出国(境)申请257人次(因公88人，因私29人，因公赴台140人)，有5人因不符合规定未予批准；委托市审计局对35名县处级干部进行了离任经济责任审计。充分发挥12380电话举报、信访举报、网上举报"三位一体"举报网络作用，及时受理查办干部群众反映的问题。全年共受理信访举报191件次，立案28件，查结28件。

【干部教育培训改革创新】 认真落实大规模培训干部的要求，先后选派123名处级以上干部参加省以上调训。依托市委党校举办县处级干部研修班、中青年干部培训班、县(市、区)直局长进修班、科教文卫干部进修班、专家政治理论培训班等15期，培训干部680人。围绕提高培训质量，改革主体班学制和班次设置，由以中长期学制为主向短期学制为主转变，由按级别设置班次为主向按类别设置班次为主转变。加大"菜单式"选学力度，在主体班培训中探索开展了分段式教学和研究式教学探索，组织市委党校秋期主体班240名学员赴上海复旦大学进行了分段培训，增强了培训的针对性、实效性。重视学风建设，建立了学风建设督促检查制度，成立了学风建设督导组，对重要班次由市委组织部派专人跟班督学，并会同所在单位加强对参训干部的跟踪教育管理，促进了优良学风的养成。切实加强对干部教育培训的宏观管理，认真落实干部教育培训办班备案审批和责任追究制度，有效遏制了多头办班、重复培训、铺张浪费等不良风气。

【年轻干部培养选拔】 着眼于南阳市领导班子和干部队伍建设的长远需要，结合年度考核，对县处级后备干部队伍进行了集中调整，选拔县处级正职后备干部158人[县(市、区)49人，市直单位109人]；县处级副职后备干部533人[县(市、区)169人，市直单位364人]。指导各县(市、区)对乡科级后备干部进行了集中调整，建立了后备干部队伍人才库。配合省委组织部，选派5名优秀年轻干部(正县级干部2名、副处级干部3名)到沿海发达地区和省直机关挂职锻炼。认真做好14名省选调生的面试、考察和安置工作，切实做到了公开、公平、公正。坚持重视基层、重视一线的导向，从优秀年轻村干部中考录5名乡镇公务员，进一步激发了年轻干部扎根基层、锻炼成长的积极性。

【干部人事制度改革】 着眼于优化领导班子结构、增强领导干部队伍活力，面向全市公开选拔了30名副县处级优秀年轻干部。公选中采取了全权委托中组部考试中心命制并批改试卷，全权委托省委组织部抽调面试考官，对入围人选进行普遍考察和重点延伸考察等方法，并实行全程"阳光操作"，每个环节、每个步骤都由市纪委、市公证处派员监督、公证，重要环节还邀请"两代表一委员"参与监督；每个环节的成果都在第一时间通过南阳党建网站发布公告，接受社会各界监督，确保把"公开、公平、竞争、择优"的要求落实到了公选的全过程和各环节，选出了人才、选出了民意、选出了正确的用人导向，在市内外和社会各界产生了良好反响。按照省委组织部对坚持"五重五不简单"，建立选人用人公正机制试点工作的部署，对改进竞争性选拔干部工作进行了试点，指导唐河县对完善干部考核评价机制进行了试点探索。组织市纪委、市检察院通过竞争上岗的方式选拔了12名处级领导干部；指导市交通局、信访局等单位对33个缺职的中层岗位进行了竞争上岗。坚持"凡进必考"，指导市保密局、市纪委通过考试选调了15名事业编制工作人员;指导市中级法院从全市基层法院遴选了10名法官。

【干部监督】 召开了全市学习贯彻干部选拔任用工作"四项监督制度"会议,采取发放学习读本、专题辅导、座谈讨论、撰写心得体会、问卷测试、知识竞赛、在新闻媒体开辟学习专栏、刊发领导署名文章等多种方式,组织指导全市广大党员干部特别是各级领导干部和组织、纪检干部认真学习四项监督制度。全市共发放学习读本2800册,开展问卷测试5000多人次。结合实际研究制定了《干部选拔任用工作全程记实办法(试行)》,为实施责任追究提供了科学依据。切实强化对干部选拔任用全过程的监督,对304名拟提拔对象和试用期满干部征求了执法执纪部门意见;分3批对46名拟提拔对象进行了任职资格审查,对审查中发现的学历不实、年龄记载不一致等问题,分别按有关规定作出处理;对所有拟提拔对象全部进行了任前公示。结合年度考核,对县(市、区)干部选拔任用工作落实了"一报告两评议"制度。严把干部调整备案审批关,共受理县(市、区)干部调整备案23批1285人次,及时发现并纠正违规用人53人次。加大对违规用人案件查办力度,立案查处违规用人问题3起,取消提拔资格1人,暂缓使用2人;对原南召县委书记刘建国职务犯罪涉案的48名人员进行了严肃处理,对9名行贿买官人员作出组织处理,并将处理情况在全市通报。

【人才队伍建设】 贯彻全国、全省人才工作会议精神,牢固树立"人才资源是第一资源"和人才优先发展理念,坚持党管人才原则,充分发挥组织部门牵头抓总作用,大力推进人才强市战略。一是完成了南阳市首个中长期人才发展规划编制工作。成立了市人才规划编制工作领导小组,协调人社、教育、科技、卫生、经济、文化等部门组成调研组,深入开展人才队伍建设和人才工作专题调研。在此基础上,编制了《南阳市中长期人才发展规划(2010—2020年)》(征求意见稿),明确了未来10年南阳市人才发展的指导方针、发展目标、战略任务、保障措施、人才工程等,为实现南阳市由人口大市向人才大市转变指明了方向。二是切实加强人才队伍建设。建立完善人才工作联络员制度,在各县(市、区)、大中专院校、重点科研院所、优势企业中明确了84名人才工作联络员,搭建起了人才工作信息交流平台,进一步完善了人才工作网络。建立完善了市级领导联系高级专家制度,并指导县(市、区)和市直各单位开展了领导干部联系人才工作,加强与人才的沟通交流,切实帮助其解决工作、生活上的实际困难。围绕实施"四个带动"、筹备第七届全国农运会等重点工作,协调引进了城市规划与管理、矿产资源开发等方面的5名博士;积极协调引进了3名博士服务团成员到南阳市挂职服务。三是加强对大学生村干部的教育管理。对县(市、区)、乡镇大学生村干部管理工作实行了百分量化管理,建立完善了定期走访、定期汇报、定期交流、定期培训、定期考核等制度。加强对大学生村干部的跟踪培养和管理,采取召开座谈会、问卷调查、量化打分等形式对大学生村干部到岗履职情况进行了全面检查。加大创业扶持力度,会同有关部门出台了《关于切实鼓励和支持大学生村干部创业富民的通知》,协调有关部门为42名大学生村干部提供了172万元创业支持资金。组织大学生村干部开展了"四议两公开"工作法主题征文、民情日记评比、文艺汇演、"三帮三联"等活动,促进了大学生村干部健康成长。

【基层党组织建设】 按照"在规范中科学运行、在统筹中形成特色、在提升中优化机制、在突破中持续发展"的思路,以农村党建"三级联创"、城市分行业创"五好"活动为总载体,以"四议两公开"工作法为抓手,坚持科学化、一体化推进基层党组织建设,初步形成了统筹城乡基层党建新格局。一是扎实开展城市分行业创"五好"活动。组织对全市2008—2009年度城市分行业创"五好"活动进行了检查考评,"七一"前夕召开了全市庆祝建党89周年座谈会,命名表彰了1个城市基层组织建设先进区和228个"五好"基层党组织。二是进一步加强村干部队伍建设。以落实"一定三有"为重点,指导各县(市、区)制定了提高村干部工作报酬的有关政策,并在自愿参保的原则上,按照个人缴费、集体补助、政府补贴相结合的方式,逐步为在职干部办理社会养老保险,解除了村干部的后顾之忧,激发了干事创业积极性。切实加大村党支部书记培训力度,市、县两级共举办培训班15期,集中培训村党支部书记3000余人次。指导西峡县继续对村党支部书记队伍职业化管理进行实践探索,这一做法被省委《党的生活》作为典型经验推介。三是进一步深化完善"四议两公开"工作法。把推行"四议两公开"工作法作为农村党建"三级联创"考评和各级党组织书记年终工作述职的重要内容,作为评定县乡班子抓基层党建工作的重要指标,实行目标管理,严格责任追究,强化责任落实。指导各县(市、区)进一步建立健全了民主监督、责任追究、决策论证、党员联系群众、村民代表联系户、档案管理等配套制度，提高运行的规范性。在全市乡镇、街道、社区和“两新”组织中选定48个单位进行试点，不断拓展“四议两公开”工作法运用范围。四是加强和改进街道社区党建工作。总结推广卧龙区建立社区党建联席会、组建“大党委”经验，在全市建立社区党建工作协调机构30个，党建工作联席机构270个，建立社区“大党委”12个。落实“三有一化”要求，加大社区建设投入，全市累计投入配套资金1500万元用于社区基础设施建设，增强服务功能，有250个社区办公用房达到“五室五站一场地”标准。五是认真做好非公有制企业党建工作。按照“非公有制经济发展到哪里，党的组织就延伸到哪里”的要求，督促各县(市、区)加大非公有制企业党组织组建力度。目前，全市9009家非公有制企业中建立党组织689家，478家规模以上非公有制企业全部建立了党组织。六是扎实开展选派机关党员干部驻村任职及建立农村“六大员”制度试点工作。从市、县直机关中抽调300名干部派驻后进村担任党组织书记或第一书记，结合实际研究制定了驻村任职干部《管理办法》和《行为规范》等制度，采取不定期抽查、定期督查、年度考查和群众满意度测评等方式加强对驻村干部的考核管理，引导驻村干部依托派出单位优势，扶持生产大户和经营能手，加强村班子建设，推进村务民主管理；从群众最急、最盼的问题入手，积极为群众办实事好事，受到了所驻村干部群众的欢迎。同时，在派驻党员干部的300个村配套开展了建立农村“六大员”制度试点工作，进一步健全和优化了农村公共服务体系。

【党员队伍建设】　一是善始善终地组织开展好学习实践科学发展观活动。按照省、市委部署，坚持“五个贯穿始终”、落实“五个更加注重”，认真抓好南阳市第二批学习实践活动整改落实工作，集中两个月时间对整个学习实践活动进行了“回头看”，总结运用学习实践活动的成功经验，指导各地各单位进一步建立完善了有利于科学发展的长效机制，整个活动取得了丰硕的理论成果、实践成果和制度成果。经群众满意度测评，全市学习实践活动群众满意率达98%以上。二是认真抓好党员教育培训工作。选调34名乡镇(街道)党政正职和127名村(社区)党支部书记参加了省里组织的集中培训。在南阳理工学院举办了3期乡镇领导干部培训班，培训乡镇党政正职279人。与南阳理工学院联合开办了农村基层干部大专学历班，新招收学员100人。依托农村党员干部培训基地举办村“两委”干部和村级后备干部培训班、农村实用技术培训班236期，培训1万余人，农村党员干部队伍素质有了新的提高。三是认真做好党员发展工作。加强对发展党员工作的宏观指导，制定了《全市发展党员宏观调控计划》；突出重点，做好在“两高”(高知识群体、高校学生)、“两青”(青年工人、青年农民)群体中发展党员工作；推行发展党员公示制、“两票制”、预审制、责任追究制，保证发展党员质量。全年发展党员1.35万名。四是积极做好党员管理服务工作。指导县(市、区)认真做好12371党员咨询服务电话接听和受理工作，统一印制了接听受理簿，建立完善了接听受理制度，全年共接听党员来电3000多次，妥善答复或解决了有关问题。进一步完善外出务工创业党员“双向共管”机制，在外出创业党员中组织开展“为创业地作贡献，为家乡添光彩”主题实践活动。2010年8月，南阳市部分县市突发特大洪涝灾害后，市委组织部积极争取中组部、省委组织部党费86万元，并从市管党费中拨出20多万元，拨付到灾区，救助受灾党员，支援抗洪救灾。五是充分发挥党员电化教育的作用。配合开展创先争优活动、移民迁安、抗洪救灾、“六创一迎”等重点工作，在远教频道和南阳党建网站开办了《创迎6+1》、《新视野》等精品栏目，制作了一大批优秀课件，其中《洪水中的不老松——记淅川优秀党员李子胜》、《中流砥柱——记南召县周湾村党支部书记杨恒武》两部课件被中组部采用。组织实施制作百部反映新农村建设先进典型的《百村故事》、百部选教精品课件的“双百工程”，制作完成《百村故事》70部，以宣传先进典型、推广农村实用技术为主题的专题片65部，教学资源开发制作水平有了新的提升。全年在党员干部远程教育频道和南阳电视台《党建视窗》栏目制作播出党员教育节目65期。全年共制作各类课件216部，其中被中组部采用26部，在省电视台播出27部，是近年来制作课件最多、质量最好的一年。(赵军)

宣　传

【理论武装】　一是结合开展“创先争优”活动和“双争”活动，推进马克思主义学习型党组织建设，加强干部理论学习教育。市委宣传部作为全省中心组学习先进单位在全省中心组学习经验交流会上作了典型发言。二是开展“科学理论进基层”集中宣讲活动，成立宣讲团，在全市组织举办学习贯彻党的十七届五中全会、省委八届十一次全会和市委四届十九次全会精神集中宣讲，作宣讲报告260多场，直接听众达2.8万余人，现场解答群众问题1600多个。组织举办“四个重在”主题党课活动，举办“纪念建党89周年，建设学习型党组织”知识竞赛活动，组织开展建设学习型党组织读书学习征文活动，推动了“科学理论进基层”活动深入开展。市委宣传部被评为全省“科学理论进基层”组织工作先进集体。三是加强基层党校建设，全市基层党校数量增至2613所，基层党校阵地得到进一步巩固和延伸。四是加强社科研究。围绕市委、市政府中心工作确定168项课题，组织开展重点课题研究。开展社科知识大篷车进基层活动15场，在社会上产生良好反响。

【新闻舆论宣传】 一是围绕上海世博会、广州亚运会、青海玉树抗震救灾、十七届五中全会，围绕李克强、刘云山、卢展工等中央、省主要领导来宛视察调研，开展大量宣传报道，在全市上下统一思想、凝聚力量、振奋精神发挥了积极作用。二是围绕市委、市政府组织实施“四个带动”、筹办第七届全国农运会、南水北调中线工程建设及移民迁安、开展“六创一迎”等重点工作和重要活动，开展一系列宣传，为推进市委、市政府各项重点工作鸣锣开道、加油鼓劲。三是对上报道工作实现新的突破。2010年全市在省以上主要报纸、电台、电视台发稿3800多篇(条)，其中在省以上主要报纸发头版头题36个，在中央电视台新闻联播发新闻12条，在中央人民广播电台发新闻35条，在省电视台发头条新闻26个，在省电台发头条新闻26个，展示了南阳科学发展、跨越发展、充满生机和活力的良好形象。四是开展新闻战线“三项学习教育”活动，开展向市新闻战线的优秀代表、南阳电视台记者郭保庚学习活动。组织开展“杜绝虚假报道、增强社会责任、加强新闻职业道德建设”教育活动，提升新闻舆论引导能力。

【思想道德建设】 一是以纪念中国人民抗日战争胜利65周年为契机，在全市弘扬以爱国主义为核心的民族精神和以改革创新为核心的时代精神。二是开展“知荣辱、讲正气、促和谐”主题道德实践活动，加强社会公德、职业道德、家庭美德和个人品德建设。建立先进典型数据库，开展“我推荐，我评议身边好人”活动和道德模范评选表彰暨巡讲活动，在全社会形成学习道德模范、争当道德模范的良好氛围。2010年全市共有5人荣登“中国好人榜”。三是以“三理”教育为重点，加强未成年人思想道德建设。组织举办“迎农运讲道德”中华传统文化报告会，评选表彰“南阳市第二届美德少年”，南阳市被评为全省未成年人思想道德建设先进单位。加强对文化市场的执法检查，为未成年人健康成长创造良好的社会文化环境。四是在农村探索开展心理咨询，拓展农村思想政治工作的新方法。五是大力加强学校思想政治工作。会同教育部门开展学校思想政治工作先进单位、先进工作者和优秀研究成果评选活动。六是在全市组织开展“百企千店践行道德承诺”活动，加强企业诚信文化建设。

【文化艺术和文化产业】 一是推动文艺精品创作生产。电视连续剧《小鼓大戏》荣获第二十五届中国电视金鹰奖，大调曲子《雪中红梅》等作品荣获第六届中国曲艺“牡丹奖”，《歧路冷雨》荣获河南省第四届“黄河戏剧奖”金奖，乔典运、周同宾、冀振东、李光成4位文艺工作者入选“省重奖全国性文艺新闻出版大奖获得者”榜单。二是实施文化惠民工程，覆盖城乡的公共文化服务体系逐步形成。邓州“文化茶馆”获得2010年文化部第十五届“群星奖”，淅川县图书馆被文化部命名为全国公共图书馆一级馆，卧龙区文化馆被命名为首批“河南省青少年社会艺术培训示范基地”。开展“欢乐南阳”群众文化活动。举办卧龙岗春季庙会暨新春灯会、全市首届戏迷票友大赛等群众文化活动。开展“银苑风采”摄影艺术展、庆祝“三八”国际劳动妇女节100周年图片展和“抗震救灾献爱心书画义卖”等活动。三是推进文化产业发展。西峡恐龙遗迹园4D影院建设等3个项目争取到省级文化产业发展专项资金130万元的扶持。在第六届中国(深圳)国际文化产业博览会上成功签约投资7.2亿元的国际玉城二期项目，镇平玉雕荣获本届文博会最佳文化创意奖和优秀展示奖。石佛寺被评为国家级文化产业示范基地。四是稳步推进文化体制改革。成立市文化广电新闻出版局和市文化市场综合执法支队。南阳网与南阳新闻网合并成立新的“南阳网”。全市13个县(市、区)已全部成立文化市场综合执法大队，有9个县(市、区)成立文化广电新闻出版局。

【对外宣传】 一是策划系列重大外宣活动。组织了上海世博会“河南周”、中国(郑州)产业转移对接、香港·南阳现代农业经贸、第八届玉雕节暨宝玉石博览会、第九届张仲景医药科技文化节等大型经贸、文化活动的对外宣传，树立南阳开放进取的良好形象，服务全市经济社会发展大局。第九届张仲景医药科技文化节宣传工作取得良好效果，11月，市委书记黄兴维，市长穆为民分别就第九届张仲景医药科技文化节的宣传工作作出重要批示，给予充分肯定。二是对外新闻宣传工作有声有色。借助中央、省主要涉外新闻单位和境外一些媒体的力量，聚焦南阳市优势、亮点，展示发展成就，在人民日报海外版、中央电视台国际频道等涉外媒体刊发各类稿件2000余篇（条）。做好涉外媒体采访接待服务工作，全年共邀请、接待了英国每日电讯、英国金融时报、丹麦国家电视台、奥地利国家电视台、芬兰赫尔辛基报等20余家境外新闻媒体200多名记者来宛采访，刊发了一批客观积极的报道，扩大南阳在海内外的知名度和影响力。三是组织开展“走进南阳”全国摄影大赛活动，近百名全国摄影家奔赴市各重要景点进行集中采风拍摄，进一步扩大南阳在海内外的知名度和影响力。四是组织拍摄制作了新版《魅力南阳》外宣折页，《魅力南阳》、《印象南阳》外宣画册。《南阳之最》外宣图书正在加紧制作中。五是进一步加强新闻发布工作。设立“南阳市人民政府新闻发布厅”，组织召开多次新闻发布会，服务市委、市政府中心工作。组织举办全市新闻发言人培训班，组织各县（市、区）开展大规模新闻发言人培训，培训人员近万人次。与清华大学公共关系与战略传播研究所合作成立“南阳教学科研基地”，为南阳新闻发言人培训工作提供了一个全国水平的高端平台。

【互联网新闻宣传管理】　一是围绕全市中心工作和各项重大活动，开展重大主题网上宣传活动。同时推动市内各重要网站与国内重点新闻网站实现链接，为南阳经济社会发展营造良好的网络舆论氛围。加强对上网络新闻宣传，全年在省级以上重点新闻网站发稿3100余篇，图片900余幅。协助新浪河南网开展“大招商——河南机会”南阳系列采访活动。二是加强网络舆论引导。整合各方资源，协调多方力量，共同开展网上舆论引导，形成工作合力。三是加强网络监控管理。市委办、市政府办下发《关于加强我市互联网舆情处置工作的意见》，建立全市网络舆情监测处置工作机制，调整充实全市互联网宣传管理工作领导小组，进一步健全全市重点网站和论坛日常联系协调机制，制订重大突发事件网上应急处置预案，规范网上新闻传播秩序。重拳整治网上低俗之风，积极倡导文明上网、文明办网、依法办网。

【第七届全国农运会宣传】　一是建立和完善农运会宣传工作目标管理运行机制。高规格组建筹委会宣传部工作机构，下设5个处，制定总体方案和各处具体工作方案，成立市筹委会宣传部目标办，每月召开一次目标管理月评议会议，督促检查各项工作的落实。二是组织八项重大对外宣传活动，提高省内外对第七届全国农运会和南阳市的关注度。1月在郑州召开第七届全国农运会南阳市筹备工作汇报会。2月举办市筹委会与省市新闻媒体暨民营企业家新春联谊会，为农运会筹资融资搭建平台。4月在国新办新闻发布厅举办第七届全国农运会筹备工作（北京）新闻发布会，40多家中央、省、香港主要新闻媒体参加。8月、9月两次邀请10余家中央驻豫和省级新闻媒体来宛，采访报道农运会筹备工作进展情况，并召开恳谈会，争取更多的关注和支持。拍摄农运会宣传片《相约2012》，在省市电视台反复播出，在农运会筹备宣传工作中广泛使用。举办农运会倒计时两周年系列庆祝活动。及“南阳摄影百家聚焦农运会”大型摄影活动。据不完全统计，2010年市外各级媒体、网站共刊发农运会相关消息3000多篇，刊发图片800多幅。三是组织市内新闻媒体集中宣传报道。市各家媒体开设专栏、专版，推进宣传报道持续升温，确保农运会新闻宣传报道阵地固定、力度不减。全力维护和更新好第七届全国农运会官方网站，为筹备工作营造良好的网上舆论氛围。积极与新华网、人民网、大河网等国内知名网络媒体加强沟通联系合作，制作网上专题，不断扩大第七届农运会的社会影响。四是农运会吉祥物、主题口号征集工作顺利推进，评选结果已呈报国家有关部门审批。五是做好农运会新闻中心建设相关工作。编制《新闻中心设备预算方案》、《比赛场馆光缆联网工程方案》等设计方案。完成比赛场馆光缆联网工程光武东路和健康路的管道铺设任务。六是以迎农运为契机，组织一系列群众性精神文明创建活动，群众的文明素质进一步提高，城市面貌有了很大改善。

【“六创一迎”宣传】　一是开展“迎农运、讲文明、树新风”知识竞赛及“文明交通行动计划”等文明礼仪知识宣传普及活动，编印《迎农运文明市民宣传手册》，普及农运会基本知识和文明礼仪常识，提升市民文明交通意识。二是开展形式多样的联创共建活动。集中整治中心城区城市环境卫生和“牛皮癣”小广告，开展道路综合整治，组织百日会战千人执法整治城市交通秩序行动。开展模范社区创建，打造出一大批整洁舒适、规范有序的宜居社区。加大背街小巷治理工作力度，改善市民生活环境。三是在市内各新闻媒体开设专栏、专题，对活动进行全方位、多角度报道。先后组织领导系列专访、记者采访团景区行、文艺展演等活动，营造浓厚的创迎氛围。11月，河南日报、河南电视台、大河报等7家省级新闻媒体,对南阳市开展“六创一迎”活动大力推进文明城市创建工作的成效进行集中采访报道。

【南水北调丹江口库区移民迁安宣传】 一是邀请中央、省级重要新闻媒体全面深入、持续不断地聚焦库区移民迁安,为移民迁安工作营造良好的外部舆论环境。积极与中央电视台沟通合作,央视七套先后3次派出记者来宛进行采访,播出相关新闻10余条。由中央电视台《聚焦三农》栏目制作的专题片《一切为了南水北调》于9月17日在中央七套播出,进一步树立南阳人民为国家无私奉献的良好形象。9月,举办南水北调丹江口库区第一批移民搬迁安置情况新闻发布会,向省内外新闻媒体介绍第一批移民搬迁的总体情况。11月,在北京组织召开“南水北调中线工程建设暨移民迁安宣传工作座谈会”,北京与南阳新闻媒体现场洽谈,共商携手合作,宣传中线渠首南阳。二是先后接待英国每日电讯、丹麦国家电视台、人民日报海外版等媒体的采访,境外媒体和国内重要涉外媒体对南阳市移民新村建设、移民搬迁、移民情绪等情况进行客观积极的报道,取得良好效果。三是10月27日～12月4日,组织市直新闻媒体开展“南水北调中线行大型采风活动”,引起工程沿线各地干部群众以及新闻媒体的广泛关注,积极宣传了南阳,推介了渠首。四是组织举办“南水北调丹江口库区移民迁安工作摄影图片展”。大型宣传画册《情满丹江》已经定稿,长篇报告文学《碧水壮歌》已完成初稿27万余字,电视连续剧本《丹江记忆》大纲以及移民迁安纪实片拍摄大纲正在加紧创作中。五是深入开展“迁安移民文明创建”活动,努力实现移民安置区和谐文明迁安,唐河县东王集乡鱼关新村被评为全省“迁安移民文明村”。

【“四个带动”宣传】 一是市委宣传部高规格组建领导小组,制定实施方案,成立办公室,召开市直宣传系统各单位实施“四个带动”座谈会。各单位结合工作实际分别制定实施方案,确保工作取得良好效果。举办实施“四个带动”宣讲报告会,组织全市宣传系统广大干部群众学习实施“四个带动”的意义、内涵、目的,增强贯彻实施“四个带动”的自觉性、主动性。二是大力宣传,营造氛围。召开“四个带动”宣传报道协调会,对宣传报道工作进行专题安排部署。市直各新闻媒体在主要版面、主要时段开设专栏、推出专题,确保宣传报道阵地固定、持续不断、力度不减,为全市实施“四个带动”营造了浓厚氛围。三是建立实施“四个带动”联席会议制度、工作督查机制、定期通报制度,推动各地各单位出实招、办实事、求实效。四是以项目带动为龙头,促进宣传思想文化工作上水平。进一步完善重点文化产业项目库,争取了省文化产业专项扶持资金130万元,加快推进南阳市文化产业项目做大做强。积极推进卧龙岗文化旅游集聚区建设、农运会广电中心建设、有线电视双向网改造、村村通广播电视工程等项目的建设进度。五是以品牌带动为载体,提升宣传思想文化新形象。继续打造“南阳作家群”品牌。多次举办南阳文学论坛,邀请著名作家、评论家开展研讨、讲座活动。电视连续剧《小鼓大戏》获得第二十五届中国电视金鹰奖,标志着市电视剧创作的重大突破。打造摄影宛军品牌。组织开展“走进南阳”全国摄影大赛活动,全市广大摄影作者和近百名全国摄影家对南阳市的工作亮点和景区景点进行集中采风拍摄;举办多期摄影讲座。六是以创新带动为动力,激发宣传思想文化发展活力。创新宣传思想工作理念,注重统筹城乡文化发展,加大城乡文化建设的投入,加大文化设施建设力度,深入实施文化惠民工程,加快构建覆盖城乡的公共文化服务体系。创新宣传工作内容,坚持用中国特色社会主义理论体系武装全党教育人民、用中国特色社会主义共同理想凝聚力量、用民族精神和时代精神鼓舞斗志、用社会主义荣辱观引领社会风尚。创新体制机制,深化文化体制改革,加快推进文化市场综合执法改革,按照省、市要求,市及13个县(市、区)的文化市场综合执法改革工作进展顺利,加快推进经营性文化事业单位的转企改制,建立健全突发事件新闻报道工作的快速反应和应急协调机制,正确引导社会舆论。探索建立了有利于繁荣文艺创作生产的保障机制和激励机制,推动文艺创作繁荣发展。健全完善文化产业发展长效机制,发展壮大文化产业,加快文化强市建设步伐等等。在转变政府职能方面,根据市委、市政府的安排部署,市委宣传部对全市宣传思想文化系统所有行政审批服务项目进行了重新梳理和审定,该下放到县级的坚决下放,该取消的全部取消。在规范行政执法方面,要求全市宣传思想文化各单位必须规范文化行政执法,严格执法程序和执法依据,做到文明执法,依法执法。在服务基层、服务群众方面,组织开展群众性精神文明创建活动,最大限度地满足全市广大人民群众在精神文明建设方面的各项需求,实施西部开发助学工程和革命老区助学工程,组织向贫困地区农村中小学赠送电脑活动,全市10个贫困地区农村中小学获得省文明办赠送的100台电脑,满足部分农村贫

困地区中小学生健康使用互联网的迫切需求。(李忠)

统　　战

【大招商活动】　2010年,南阳市各级统战部门主动深入招商引资工作一线,充分发挥各级商会、海联会、经济发展促进会的招商主渠道作用,为全市开展大招商活动内引外联、牵线搭桥。先后参与赴深圳、福州、温州、杭州、厦门、昆山、南昌等地一系列大招商活动,引进了一批大项目、好项目。特别是在长达40多天的港澳深地区闽籍企业家驻地招商活动中,采取各县(市、区)分散活动与市政府集中对接相结合的方式,提高招商引资工作效率,取得丰硕的招商成果。全市共发布对接项目1000多个,累计拜访企业279家,与闽商签约项目52个,总投资297亿元,合同引资289亿元。签约项目数和合同引资额均居全省第一位。市委统战部、市工商联获得"全市招商引资工作优秀服务单位"荣誉称号。

统战系统在参与、服务招商引资工作中,积极搭建新的平台。将以商招商与以情招商相结合,探索在珠三角、长三角、环渤海湾等经济发达地区建立南阳经济发展促进会,吸收在外南阳籍党政军领导、商界精英、创业人士加入,将在外南阳人物、人才、人脉凝聚成项目建设的合力。将经促会建设列为统一战线十件实事之首,重点实施,强力突破。先后组建了深港南阳总商会、广州南阳商会、深穗港发展促进会,泛珠三角区域内乡、唐河、南召、镇平、社旗、卧龙、宛城等县(区)经济发展促进会,北京南阳商会暨经济发展促进会等,形成了南阳在外招商网络,为南阳市举办在外招商活动提供人才和物质保障。

【推动非公有制经济发展】　实施"服务带动",促进"项目带动"。5月下旬至6月上旬,市委统战部、市工商联组成联合调研组,深入13个县(市、区),就民营企业加快经济发展方式转变、实施"四个带动"情况进行调研,积极当好市委、市政府发展非公有制经济的参谋助手。为民营企业发展想实招、办实事,积极推进融资担保体系建设,组织召开银企洽谈会、联谊会,为中小企业提供融资服务,帮助解决中小企业融资难题。举办南阳市民营企业招聘周,陆德筑机、南防集团等110多家民企参加活动,提供就业岗位3000多个。

开展非公有制经济组织党组织和共产党员创先争优活动。坚持分类指导、典型引路,创新活动内容和方法,加强对活动的督促检查,实现了"组织创先进、党员争优秀、企业有发展、职工得实惠"的工作目标。

引导非公有制经济人士回馈社会。青海玉树地震发生后,市委统战部号召全市民营企业和非公经济人士奉献爱心,向灾区捐款捐物230余万元。开展"百企帮百村"活动,采取产业兴村、招工富村、捐助帮村等多种形式结对帮扶。全年新增帮扶企业97个;新增结对村65个;新增帮扶项目118个;新增投资金额4496.4万元。惠及民生各项工作成效凸显,新增公益事业捐款2149.2万元。

【民族宗教事务】　组织开展民族宗教基本情况大普查。1～3月,对全市民族宗教工作17个方面的基本情况进行全面普查,把握基本情况,掌握最新动态,更新基本数据,做到底子清、情况明,进一步夯实民族宗教工作基础。

发展少数民族经济,向上级争取少数民族扶持项目21个,扶持资金331万元。开展少数民族村庄整治工程。帮助民族聚居地方培育支柱产业,初步完成南阳市少数民族"十二五"发展规划意见。10月下旬,中央统战部副部长、国家民委主任杨晶一行莅临南阳检查指导少数民族工作,对南阳市着力发展少数民族经济、促进民族团结和睦的做法给予充分肯定。

宗教工作取得重大突破。通过近年来坚持不懈的努力,对天主教地下势力教育转化工作不断取得新的进展。2010年5月,5名地下神甫在省宗教局备案、公开身份,沉重打击了地下势力,壮大了爱国力量,取得天主教工作的重大胜利。

【多党合作和民主政治建设】　市委常委会研究解决了各民主党派调研经费、学习培训经费等实际问题。组织各民主党派、工商联负责人和无党派代表人士开展暑期恳谈活动。12月初,市委召开党外人士座谈会,就进一步修改完善南阳市"十二五"规划建议,听取各民主党派、工商联、无党派人士的意见建议。

开展"树立和践行社会主义核心价值体系"主题教育活动,巩固多党合作政治基础。引导各民主党派围绕经济社会发展中的重点、热点、难点问题,开展调查研究。引导各民主党派成员积极服务社会,建成民盟爱心桥、烛光小学等民生工程,多次开展送医疗卫生、科技、文化三下乡活动。2010年夏季南阳市部分县遭遇洪水灾害,各民主党派成员主动奔赴灾区救助慰问受灾群众,参与抢险救灾,以实际行动践行社会主义核心价值观。

开展党外代表人士教育培训。开展党外代表人士综合评价工作,及时掌握、更新党外代表人士基本情况。结合南阳市党外代表人士实际,编制南阳市2010～2015年"六支队伍"教育培训计划。9月份在市委党校举办全市非中共领导干部培训班。

【海外统战和对台工作】 对台交流成效显著。不断深化对台经贸文化交流内涵,加大对台招商工作力度。举办"台商台胞唐河行"活动,来自台湾工商界的130多家企业代表在唐河实地进行投资考察、寻根谒祖,共签约项目10个,合同引资6.3亿元。活动期间南阳台湾产业园隆重揭牌。成立南阳台商投资企业协会,邀请10多家重点台资企业来宛进行投资考察,促成台湾制鞋、服装龙头企业永茂集团落户南阳台湾产业园。10月中旬,南阳市接待台湾阿里山邹族南阳探亲团一行15人,为"河南台湾月"活动增添了精彩一笔,被评为2010年全省涉台十件大事之一。

以姓名文化为载体,广泛联系海内外同胞,为经济社会发展服务。举办庚寅年世界廖氏祭祖大典,同参加庆典的澳门工商界领袖廖泽云进行深入洽谈,向廖泽云发出投资考察和联合办学的邀请。在郑州、方城两地同时举行中华曾氏祖根地暨古缯国遗址授牌揭碑典礼,曾宪梓把亲笔题写的"中华曾氏祖根地"匾额授予方城县,为南阳市"根文化"活动增添了新的亮点,扩大了社会影响。

海内外同胞积极为南阳市教育、卫生事业贡献力量。台湾台塑集团捐建"明德小学"5所,总投资450万元。海联会为方城县建设新农村卫生室项目10个,总投资50万元。全年港澳台各界人士捐资助学总额逾千万元。(项宁)

政法和平安建设

【政法概况】 2010年,南阳政法和平安建设工作以大幅提升公众安全感和执法满意度为主线,以深入推进社会矛盾化解、社会管理创新、公正廉洁执法三项重点工作为抓手,围绕"政法工作争一流、平安建设创特色"这一奋斗目标,抓基层、打基础、求突破、谋发展,取得明显工作成效。全市没有发生在全省有影响的群体性事件;没有发生在全省有影响的危害国家安全和政治稳定的案事件;没有发生在全省有影响的刑事治安和黑恶势力犯罪案件;没有发生在全省有影响的政法干警违法违纪案件;没有发生在全省有影响的群死群伤安全事故;没有发生因决策失误或处置不当引发的恶性案件、群体性事件。各类违法犯罪活动得到有效控制,社会治安状况明显改善,公众安全感不断提升,大量不稳定因素有效化解,信访形势持续好转,涉法涉诉信访总量有所下降,"法轮功"等邪教组织违法犯罪活动受到严厉打击,社会大局平安稳定,全市政法和平安建设工作呈现出良好的发展态势。

【政法和平安建设保障】 一是党政主要领导履行第一责任。2010年,先后7次召开市委常委会议,研究政法和平安建设工作,黄兴维、穆为民亲自部署各项工作。同时,县、乡两级党委政府也都把稳定工作摆上首要位置,坚持一手抓增长,一手抓稳定,做到改革发展与维护稳定两个责任一身担,党政坚强领导、部门齐抓共管的工作合力明显增强。

二是全方位加大投入,为政法和平安建设工作提供强有力的支持保障。2010年,市、县、乡三级财政对政法和平安建设工作的投入大幅增加。仅平安建设一项市财政就拨付专项经费1200万元,与2008年的500万、2009年的600万元相比,分别上升140%、100%。除专项经费外,三级财政投入资金8500万元,用于城区专业治安巡防队伍建设;1.9亿元用于城乡技防建设;1500万元用于综治基层基础建设,800万元用于"大走访"等专项活动经费。全年全市为政法和平安建设工作累计投入资金近3.5亿元,并带动社会各方面资金1.5亿余元,投入之大,创历史新高,"舍得花钱保平安,不惜投入创平安"的理念在南阳党政决策层面已经形成共识。同时,在制定"十二五"规划、出台市委全会报告等重大决策时,主动征求政法和平安建设工作意见,及时把政法基础建设、技防建设、装备建设等重点工作转化为具体项目纳入南阳经济社会发展规划。市委、市政府和市平安工作领导小组相继出台一系列规范性文件,内容涉及三项重点工作、平安建设考核、平安建设领导责任制等多个方面,从宏观角度加强对综治和平安建设工作的指导。

三是党委政法委领导管理政法和平安建设工作的能力明显增强。上半年,南阳县(市、区)委政法委书记做了比较大的调整。各县(市、区)政法委紧密结合本地实际,对综治和平安建设工作统筹谋划,科学决策,敢抓敢管、真抓实干,对各项工作部署抓的早、抓的实、抓的细,效果明显。市委政法委增补2名年富力强的副书记,增设政法纪工委、案件评查办等5个内设机构,增编16人。县(市、区)党委政法委也同步加大人员配置、机构调整力度,整体工作力量明显增强,党委政法委的领导权威进一步树立,组织协调职能充分发挥,在推进党委政府履行第一责任,政法部门各司其职、密切协作，职能部门积极参与、主动配合等方面发挥了重要作用。市委政法委和邓州市委政法委规范化建设的做法被中央、省委政法委分别作为工作经验进行推广。

【平安建设】 一是落实责任，齐抓共管工作格局形成。发挥政法部门主力军作用，构建各级党委政府主导、职能部门齐抓共管、人民群众广泛参与的平安建设工作体系。年初13个县(市、区)和56个市直单位分别向市委、市政府递交了平安建设目标责任保证书，明确各自应承担的目标任务和工作要求。市综治委、市平安建设领导小组根据年度工作重点，对市流动人口治安管理、学校及周边治安综合治理、市刑释解教人员安置帮教等5个工作领导小组及其办公室进行调整充实。综治委各成员单位按照系统抓、抓系统的要求，结合本单位实际，对平安建设的各项措施强力推进、狠抓落实。市教育局、交通局等成员单位制定了全市平安校园、平安交通等创建方案，对创建的目标、内容、标准、要求、方法等作出明确规定，进一步扩大基层创安的覆盖面。市委政法委、市综治委加强对平安建设运行情况的平时督导，实行“季度排队通报、半年集中讲评、年终综合考核”制度，不定期组织考评组，采用CT式扫描法，对各地各部门工作开展情况进行检查考核，确保把工作责任落实到具体单位、具体领导和责任人。针对督查中发现的问题，市五部委对6个单位实施领导责任查究，对9个乡镇(办)和4个单位实行重点管理；对上半年全省公众安全感指数排名后30位的5个县区在全市范围内给予通报批评；对在“大走访”、冬季防范等专项行动中，措施不落实的58个单位实行一票否决警示或通报批评。委托省统计局对全市238个乡镇(街道)的公众安全感进行全方位调查测评，更加详细掌握公众安全感较低的部位和区域，年底结合省委政法委调查结果，按照《关于落实平安建设工作责任制的若干意见》，对有关责任单位和责任人兑现惩戒措施。

二是开展专项行动，社会治安管控力度增强。2010年，连续开展了中心城区社会治安秩序整治、“夏季亮剑”专项行动，“阳光2011”严打整治百日会战等一系列专项打击活动，实行全警动员，集中优势兵力，一个时期一个重点，一个阶段一种策略，始终保持对各类违法犯罪活动的高压严打态势。特别是在“夏季亮剑”专项行动中，市公安局打破常规，采取“局长包所、警力下沉、警务前移”和“天天督察通报、周周考评排名、月月讲评督促”等一系列措施，在全市范围内掀起会战高潮。市公安局班子成员带头做表率、包战区，局机关1/2民警、分局机关2/3民警，全部下沉到基层派出所，与一线民警并肩作战，同步考核，经费、车辆、装备同时随警下沉。“夏季亮剑”行动取得明显效果。南阳中心城区7月15日～10月20日共发案1623起，同比下降50.2%.其中“两抢一盗”发案1528起，同比下降48.3%；共破获各类刑事案件1593起，同比上升245.6%。在强化专项打击的同时，把重点地区排查整治作为提高社会管控能力的重要抓手，精心筹备，强力推动。对排查出并由市、县两级挂牌督办的28个市级重点地区和各县(市、区)自查出的77个相对重点地区，全部按照“五个一”(一个领导机构、一套治理方案、一个综合工作组、一套销号摘牌手续、一套排查治理卷宗)的要求，派驻工作组进驻整治。专门成立3个督查组，不定期、不间断地进行督查催办，确保整治效果，对没有排查出乱点的3个县区实施重点监控，对7个整治不力的乡镇和单位在全市进行通报批评。通过集中治理，重点地区治安秩序明显好转，排查整治工作取得明显成效。在校园周边治安秩序整治工作中，按照省委、省政府要求，市政法委连续3次召开全市紧急会议进行部署，由市委、市政府两办牵头，市综治办、教育局、公安局、工商局、交通局等部门参加，组成5个联合督查组，市教育局另外组织11个专项督查组，对全市中小学校、幼儿园及周边安全防范情况进行拉网式排查督查，共检查各级各类学校、幼儿园3400余所，督促整改各类安全隐患3260余处，确保了校园及周边治安稳定和师生安全，没有发生涉及校园及周边地区的重大刑事案件。至11月30日，全市共发案20064件，同比下降10.6%，共查破各类犯罪团伙233个，同比上升39.5%，破获各类刑事案件11864起，抓获各类刑事违法犯罪人员8642人，抓获各类逃犯1843人，其中外省逃犯1822人，追逃工作全省排名第三。立案侦办涉黑涉恶犯罪团伙案件24件，打掉恶势力犯罪团伙84个，一审判决恶势力团伙成员582人；现行命案发生112起，破获107起，破案率95.54%。全市法院共审结故意杀人、故意伤害、绑架、以及“两抢一盗”、黑恶势力犯罪案件2498件，判处5年以上有期徒刑、无期徒刑、死刑的647人。

三是人防、技防设施普及，社会治安防控体系完善。市综治委在全市重新组建由综治部门直管的城区专职治安巡防队伍解决治安巡防力量不足问题，其中，市中心城区巡防支队400人，分卧龙、宛城、高新3个大队，支队长由市综治办主任兼任，日常管理工作由市区两级综治办具体负责，工资经费由财政全额保障。支队分区域在城区主要路段和重点部位设立标准化巡防站点23处，装备巡防督查车5辆，电动巡逻车25辆，巡防摩托10辆。各县市城区巡防大队和乡镇巡防大队人员也都分别在50人、15人以上，由综治办统一管理、统一指挥和统一保障，在维护本地社会治安秩序方面发挥重要作用。普及技防设施。在城区重点部位、重要交通路口、重点区域、行政企事业单位安装视频监控摄像机，在街道、门店、商户、居民区推广安装各类探测器。在农村，以村组和农户为重点，推广普及“平安大喇叭”、村级“平安互助网”等小型、实用技防设施。市、县、乡全部建立视频监控中心并对接联网，主要道路、重要交通路口和重点单位、部位监控率达95%；农村平安互助网安装使用率达到100%，实现村村普及，接入系统的农户达到90%以上；部分经济条件较好的村组也已经安装了视频监控系统，对入村路口、重点部位实行有效监控，城乡治安防控能力明显增强。

四是“大走访”爱民实践活动取得显著效果，公众安全感和执法满意度提升。2010年9月，市政法委抽调政法干警、机关、乡镇干部14682人(政法干警5042人，县级干部4568人，乡镇干部5054人)，在全市范围开展声势浩大的平安建设“大走访”爱民实践活动。市委、市政府两办下发活动方案，明确了活动的目标任务、组织领导、方式方法等有关要求，建立了经费保障、责任管理、信息报送和奖惩等工作机制。活动实行“一村一队”工作模式，每个行政村派驻一个“大走访”工作队，每个工作队按照“一警两干一员”(即一名政法干警，县、乡两名干部和一名本村信息员)方式组建，工作队员全部脱离原岗位，食宿在村，专职专责开展走访工作，保证走访入户率达到100%，矛盾纠纷排查率达到100%，调成率、群众满意率达到95%以上。“大走访”活动坚持突出“三个重点”，即突出打击各类刑事犯罪、整治治安安全隐患；突出处理信访积案、化解矛盾纠纷、理顺百姓情绪；突出创新社会建设和管理，提高社会管理的层次和水平。对走访发现的这些重点问题，各驻村工作队按照“边走访、边排查、边调解、边整治”的原则，及时进行梳理、分流和分析研判，拿出解决问题的具体措施。为确保走访实效，活动实行三级督查制，除市四大班子领导包县督查外，市委、市政府抽调市直部门39人组成13个驻县督导组，由县处级领导带队，驻县进行督导检查；市活动办派出3个暗访督导组，对各县工作开展情况及驻县督导组在位情况进行暗访检查；各县(市、区)对每个乡镇(街道)分别派出督查组，全程跟踪督查活动开展情况。通过近2个月的全面走访调查，全市共排查矛盾纠纷16222起，调处化解15532起，化解率达到95.7%；发现并整治治安乱点59处；解决突出信访问题1468起；收集群众意见建议26678条。活动结束后，为进一步巩固走访工作成效，市政法委对走访排查出的所有不满意户，一户不漏地做好回访和安抚劝慰工作，进一步强化问题解决的效果。

五是综治基层规范化建设加强。全市238个乡镇、街道全部健全了综治委及其办公室的机构设置、工作机制和人员配置。并采取典型引导、以点带面的方法，以方城县为试点推进全市综治工作中心规范化建设，各县(市、区)以力量整合一体化，工作硬件标准化，防控体系立体化，工作流程责任化，工作机制制度化为标准的综治工作中心“五化”建设得到强力推进。为推动乡镇综治工作中心职能向基层的延伸，在各行政村建立村级综治工作站，由村支部书记和治保主任具体负责工作开展，把化解社会矛盾、维护治安秩序的防线放在最前沿、最基层。各县(市、区)在综治基层基础工作中不断创新发展，探索出很多行之有效的工作经验。其中南召县大力实施“四三”带动工程，进一步深化“平安新村”创建，实现了亮点工作的突破创新；内乡县大胆引入ISO质量管理体系，基层综治工作在管理模式上更加科学、更加高效；新野县以创建“百户平安小区”为载体，延伸城区社会治安管理的触角，促进了基层的和谐稳定；邓州市推进“平安家庭”创建活动 突出舆论宣传、重点帮扶、典型树立和齐抓共管4个重点，夯实了综治和平安建设工作的根基。新野、社旗等县深入开展民主法制村建设，引导干部群众依法办事，减少各类矛盾纠纷产生；镇平、淅川、内乡等县在行政村成立治安协会、综治协会，协助治保会、民调会开展工作；西峡、邓州等县市建立了乡镇、街道综治专职工作人员分片包村工作机制，都取得了较好的社会效果和工作效果。消防安全、流动人口治安管理、刑释解教人员安置帮教、预防青少年违法犯罪、铁路护路联防、打击传销和无照经营专项行动、“扫黄打非”、核查纠正监外执行罪犯脱管漏管、解决人民法院执行难等综治专项工作，在综治委各专门工作领导小组和牵头主管职能部门的高度重视下，分别采取有效措施，均取得明显成效，为平安南阳建设奠定了基础，提供了保证。

【维护社会大局稳定】 2010年，维稳工作重点由转变面貌转移到源头治理上来，从预防减少矛盾纠纷和信访案件的增量入手，以“稳定工作基层化、基层工作信息化、信息工作网络化、网络工作机制化”为重点，化解不稳定因素，维护社会大局稳定。

一是狠抓矛盾纠纷排查化解，社会大局持续平稳。继续加强市县乡村四级矛盾纠纷排查调处网络建设和联席办公会议、排调例会、矛盾纠纷零报告等五项制度落实，建立健全重大事项社会稳定风险评估机制，重点抓好基层矛盾纠纷排查化解的信息化、网络化建设，乡镇(街道)综治工作中心和基层派出所全部建立矛盾纠纷信息平台，并与县市维稳办和群工部联网互通。82%的乡镇街道和基层派出所信息化平台建成运行。对排查出的矛盾纠纷和不稳定因素逐级建立工作台账，逐一落实化解责任，并以加强基层调解组织规范化建设为重点，充分发挥人民调解在维护社会稳定中的“第一道防线”作用，健全人民调解、司法调解、行政调解三调联动机制，最大限度地把矛盾纠纷化解在基层，解决在萌芽状态。全市共排查各类矛盾纠纷 26871 起，化解 25850 起，化解率 96.2%。同时，加强隐蔽战线的对敌斗争工作，切实发挥专门机关和国家安全人民防线的职能优势，加大对敌社情的掌控力度，维护国家安全和社会政治稳定。市委维稳工作领导小组进一步修订了《南阳市预防和处置群体性事件应急预案》。重大活动和敏感日期间，各地各单位按照属地管理、“谁主管、谁负责”的原则和“抓系统、系统抓”的要求，健全应急指挥网络，制定完善相关措施，加强应急准备工作，切实做到了防范到位，处置得当。2010 年，南阳没有发生大的突发性、群体性事件，全市稳定形势平稳向好。

二是围绕实现“三零”目标，防范和处理邪教工作深入开展。2010 年，南阳防范和处理邪教工作按照中央、省防范办的要求部署，按照“整体工作全面推进，单项工作重点突破，力争全省先进位次，确保‘三零’目标顺利实现”的总体工作思路，以防范打击、教育转化、警示宣传和无邪教创建为重点，以打好三年教育转化攻坚与巩固整体仗为载体，狠抓各项防范和处理措施的落实，取得较好的工作效果。全年共破获“法轮功”邪教案件 23 起，抓获犯罪嫌疑人 41 人，端掉窝点 6 处，打掉团伙 2 个，收缴“法轮功”反宣品 7500 余份。查处冒用宗教名义邪教案件 16 起，抓获邪教人员 72 人，整体工作继续保持“三零”目标。特别是在无邪教创建活动中，把实施“细胞工程”作为创建活动的关键环节，使创建覆盖面拓展到学校、单位、厂矿、企业、部队、家庭等各个层面，消除了创建的空白点。同时，为加强与周边省市的协作配合，形成全方位、跨区域的打击防范合力，由南阳防范办发起，建立了鄂陕渝豫四省市反邪教协作机制。这一做法得到了中央、省防范办的充分肯定。

【三项重点工作】　一是健全工作体系，齐抓共管的工作局面初步形成。市委常委会议多次听取专题工作汇报，黄兴维、穆为民分别作出重要批示，提出明确要求。市委、市政府专门下文，成立深入推进“社会矛盾化解、社会管理创新、公正廉洁执法”三项重点工作领导小组，下设四个专项工作办公室，分别由市人大常委会副主任、市公安局长、市中级人民法院院长、市检察院检察长牵头负责。市委政法委在委机关明确 27 人，在政法系统抽调 5 名工作人员负责三项重点工作。建立情况通报、分析研判、检查督导、工作例会等 6 项工作制度，健全月检查、季通报、半年讲评、年终总评的督导检查机制。各县(市、区)和各成员单位也都对应成立了三项重点工作领导小组及其办公室和专项办公室，明确了主抓领导和联络员。党委领导，政府负责，政法委揽总，政法部门各负其责，社会协同，成员单位和公众积极参与的推动三项重点工作的局面基本形成。

二是加强决策指导，三项重点工作推进目标具体明确。市委、市政府出台《南阳市深入推进社会矛盾化解、社会管理创新、公正廉洁执法工作规划纲要(2010～2012 年)》，从指导思想、目标任务、经费保障、责任机制等方面进行全面部署，提出 4 个目标，安排 18 项工作任务，制定 5 项工作措施，使三项重点工作既有长远规划，又有近期目标，既有措施要求，又有责任主体。同时，结合南阳实际，确立了着力推进三项重点工作南阳化、具体化；社会矛盾化解制度化、信息化；社会管理创新基层化、经验化；公正廉洁执法机制化、规范化等具体目标，为抓落实、求实效奠定了基础。

三是分类创新带动，三项重点工作推进效果明显。社会矛盾化解方面。在全市开展了“千村万户大调解工程”、“社会矛盾化解年”、“社会矛盾化解百日竞赛”等一系列专题活动，依法有效化解了一大批不稳定因素和矛盾纠纷。南阳市实施“千村万户大调解工程”、方城县开展政法干警联系村等活动作为工作经验分别被中央政法委、省委政法委转发。社会管理创新方面。建立健全了流动人口日常信息采集机制和信息核查机制，确保人口信息“实名、实情、实时、实数”登记制度全面落实。全市共采录上传暂住人口信息 304937 条、出租房屋信息 49794 条、旅馆业信息系统共上传信息 878149 条。同时，加强网络“虚拟社会”综合防控体系建设，全市400余家本地网站及互动栏目内的虚拟警察和报警岗亭实施24小时网上见警，全方位、一体化虚拟社会管控格局基本形成。公正廉洁执法方面。政法各部门围绕执法教育培训、执法规范化建设、推进执法公开等制定了一系列制度和规范性意见，执法不公不廉洁问题大幅减少，全市政法部门和政法干警争先创优意识明显增强。

【政法队伍建设】 2010年，市政法系统以推进公正廉洁执法为目标，以强化执法监督为手段，全面加强政法队伍思想政治建设、作风纪律建设和执法规范化建设，不断提高政法干警的执法能力和办案水平。

一是拓宽渠道，推进执法公开，强化执法监督。依托省委政法委对南阳公安系统的执法巡视工作，对巡视组交办的事项和信访案件及时办理，对发现的问题认真整改，对违法违纪的干警严肃查处。巡视期间，共办理巡视组交办巡视建议书17份，办理巡视组交办信访案件1296件，全市公安系统共追究干警责任61人，其中追究刑事责任的5人，追究党政纪责任的24人。依托“四员”强化社会监督。全市各级党委政法委、政法部门共设立案件质量评查员250人，党风廉政监督员713人，人民陪审员561人，人民监督员113人，全年共参加案件评查、评议、庭审1506件，进一步增强了政法机关的执法透明度和执法公信力。依托政法机关公开承诺办实事活动，对2010年度承诺办理的38件实事，通过电视讲话、窗口专栏、媒体刊登、网上发布等形式向广大人民群众进行公示，告知执法工作的内容、流程、时限，出台便民利民措施，拉近政法机关与人民群众的距离，拓宽群众监督渠道，提高群众对政法机关的执法满意度。

二是加强教育，规范执法行为，提高执法水平。在正面教育引导上下功夫。市委政法委结合创先争优主题教育活动，分两批对全市2008年以来新提拔的406名政法领导干部进行集中政治培训，各级政法机关全年举办各类业务培训76期，培训政法干警7415人次。开展争创人民满意政法单位和干警活动，树立了全国优秀检察院宛城区检察院、全省优秀法官伊应哲、优秀人民警察张守道等一批先进典型。在规范干警执法行为上下功夫。通过开展“纠正执法问题、促进公正执法”专题教育活动，全市两级政法部门共排查可能存在问题案件2526件，确定有问题案件837件，已全部进行整改。在队伍纪律作风建设上下功夫。通过开展“纪律作风突出问题集中整顿活动”，对政法干警涉车、涉酒、涉赌等违法违纪行为进行集中督查，期间共查处违纪行为24起，查扣车辆4台，下发通报3期，处理违纪干警8人。举办“学习廉政准则，公正廉洁执法”演讲比赛等活动，坚定政法干警的理想信念，筑牢干警的思想防线。

三是创新机制，解决突出问题，加强长效建设。市委政法委制订《关于进一步加强政法队伍作风建设的意见》，从政治思想、工作作风、纪律作风3方面提出明确要求，为全市政法队伍建设提供了总纲和指导。各级政法机关进一步加强干警执法档案建设，建档率覆盖全部执法人员、执法岗位和执法环节，并把执法档案考核与执法质量考评衔接配套、同步进行，对执法情况实行“一案一评、一事一评、日常考核、专项考核、年度考核”制度。考评结果作为干警晋升、晋级、奖惩的重要依据。为进一步解决涉法涉诉信访案件居高不下的问题，一方面完善公开告知、公开听证、公开答复、案件评查等“三公开一评查”机制，增强案件评查工作的可操作性。另一方面健全以案件评查为重点的纠错机制，案件评查与政法纪工委工作相互衔接、协调联动，实现了执法监督与案件查办的有效互动。（赵毅辉）

机构编制

市编办主任　夏广军

【市县政府机构改革】 2010年，市、县（市、区）政府机构改革工作整体工作推进顺利，市直大多数单位的“三定”已执行到位，县（市、区）“三定”规定印发完毕，改革任务基本完成。

1.政府职能转变取得新突破。按照政企分开、政资分开、政事分开，政府与市场中介组织分开的原则，进一步理顺管理权限，把不该由政府管理的事项转移出去，不该管的坚决取消或下放。通过改革，全面梳理了政府各部门的职责，共取消、下放29项，整合承担行政职能的事业单位9个。

2.大部门体制产生新格局。市政府共设置政府工作部门34个，部门管理机构2个。为切实解决部门分工过细、机构设置偏多、政出多门等问题，积极探索职能有机统一的大部门体制，把市文化局和市广播电视局合并，组建了市文化广电新闻出版局，实行大文化部门体制，统一管理全市文化产业、文化市场、新闻出版和广电事业；把市人事局与市劳动和社会保障局合并，组建了市人力资源和社会保障局，加强了人力资源统一管理，整合了人才市场和劳动力市场。为解决内设机构多、内部交叉扯皮、工作效率不高等问题，在实行大部门制的同时，按照积极稳妥、先行试点、逐步推进的方法，积极进行大科室试点，选择新组建的市工业和信息化局、市人力资源和社会保障局等6个部门进行试点，整合职责相近的业务科室，合并设置综合科室，每个科室编制一般不少于5名。通过改革，组织结构更加优化，机构设置更加规范，行政效率显著提高。

3.行政运行机制呈现新面貌。按照一件事情原则上由一个部门负责的要求，合理界定了政府各部门的职责分工，整合了业务相近的部门和内设机构，将原市建委的城市管理职责划入新组建的市城管局，将原市房管局承担的职责划入市建委，将原市中小企业局承担的所有职责、发改委工业行业管理等职责划入新组建的市工信局，强化整合了社会保障、食品安全监管及文化广电、扶贫开发等职能。理顺市政府部门职责关系58项，明确和强化部门责任101项，基本上解决了职责交叉和关系不顺的问题，使权责一致原则得到了充分的体现。

4.机构人员调整落实新要求。《南阳市人民政府机构改革实施意见》明确提出：在编制限额内，按照"人随职能走，编制随人走"的原则，根据职能任务和机构调整情况，对各部门的行政编制进行适当调整，并对人员编制实行实名制管理。这次市政府机构改革，带编划转行政人员75人，划转事业编制1059名，事业人员1666名，离退休人员672名。对于一些工作任务增加的部门一般不增加行政编制，主要通过转变职能、改进管理方式、整合内部资源、挖掘自身潜力等办法来解决实际问题，满足工作需要。对部门和内设机构的领导职数，严格按照有关规定核定。缺编的党政机关人员，原则上从超编的党政机关人员中选调。

【重点领域和关键环节改革】　1.开展经济发达乡镇行政管理体制改革试点工作。按照省编委《关于报送经济发达镇行政管理体制改革试点的通知》要求，市编办积极协调市统计部门对全市206个乡镇经济总量、财政收入、人口规模和城镇化水平进行了摸底排序，结合区域经济发展状况、地域分布特点和辐射带动作用、发展前景等因素对部分乡镇进行深入调研。确定桐柏县埠江镇，镇平县石佛寺镇，邓州市穰东镇，淅川县荆紫关镇，南召县云阳镇为南阳市经济发达镇行政管理体制改革试点镇上报省编办。

2.开展南阳新区、高新技术产业开发区和产业集聚区管理机构调研。市编办紧紧围绕市委、市政府中心工作，服务经济社会发展大局，探索推进重点领域和关键环节的改革。一是配合推进南阳新区、高新技术产业开发区、产业集聚区建设。由市编办牵头，针对南阳新区、高新技术产业开发区、产业集聚区的机构设置和职能配置进行了调研，提请市编委会研究了南阳新区、高新技术产业开发区的机构设置，并上报省编委。二是确定市官庄工区和鸭河工区体制机制。经市委批准成立后，市编委根据其承担的职能任务，对其进行科学定位，提出了机构设置的意见。三是按照先行试点的方法，全面改革市警务体制，实现了警力下沉。

3.清理市直非行政许可项目。为深入推进行政审批制度改革，会同市优化办、法制办等，对市直近60个行政事业单位的非行政许可项目进行清理，共清理非行政许可项目241项。

【事业单位改革】　一是对全市65所中等职业学校机构编制情况进行详细调研，配合教育部门，完成市区学校改建及校区扩建工作，调整下达教职工专项编制239名。二是对市直13家医院、县(市、区)212个乡镇卫生院进行详细调研，共核定乡镇卫生院编制11594名。三是完成全市承担行政职能事业单位改革及转企改制单位122个。四是完善了市县两级文化市场、综合执法机构建设，市场发展中心由市直下放到三区管理，成立了文化市场综合执法支队。

【机构编制管理和监督检查】　1.推进县(市、区)消化党政机关超编人员工作。市编委多次召开会议，讨论研究消化措施，下发《关于上收超编县(市、区)党政机关进人审批权限有关问题的通知》，明确对9个超编县(市、区)党政机关进人审批权限上收到市编委，由市编委对其党政机关进人实行审批和动态管理，并制定了具体的进人管理办法。结合消化超编工作遇到的实际困难，为更有效地推动工作开展，市编办制定下发了《关于推进县(市、区)党政机关消化超编人员工作的通知》，对县(市、区)消化超编人员工作提出了明确要求，对如何拓宽分流渠道提出了具体的指导意见。超编的9个县(市、区)分别成立了消化工作领导小组，由县(市、区)长负总责，并向市编委递交了2011年6月前完成消化任务的保证书。市编办多措并举，在控制新进人员的同时，对超编人员采取拉网式清理、多渠道分流、优惠性安排等消化措施。为确保消化工作落实到位，建立了消化超编人员情况月报和季度通报制度。超编县(市、区)每月上报一次进度表，市编办每季度以简报形式对消化任务完成情况进行通报，并定期进行专项督查。至2010年底，市超编县(市、区)由9个缩减为3个，党政机关超编人数由1182人缩减到216人，完成了消化总量的82%。

2.检查验收市县政府“三定”规定执行情况。政府机构改革基本完成后，及时对市直划转、合并单位进行机构、人员、编制调整，并配套调整和完善了机构编制信息库。市编办组成3个检查组，深入县(市、区)和市直各部门，对市县政府机构改革中“三定”规定的执行情况及机构编制重点工作进行了检查验收。

3.加强实名制管理工作。加强了人员编制日常管理，在规范和完善机构编制管理台账和人员信息库基础上，建立实行了“月办增减，季办审核，年度核准”的日常管理机制，有效防止了以虚报人员等方式占用行政、事业编制、冒领财政资金等现象，起到了较强的监督作用。市直机关、乡镇机关事业单位都已完全落实了实名制管理。同时，重视加强“12310”举报电话的监督作用，全年共接待举报电话及来人来访30余次。

4.规范进人程序。绝大部分单位进人、公务员招录、事业单位招聘等，都能做到先进行机构编制审核。2010年，报编委领导批准后核发《机构编制审核通知单》43份，对党群口出具审核意见15起。无空编单位不允许招考、不准进人，有效地防止了盲目进人、超编进人和逆向进人，强化了人员入口管理。

5.做好人员编制日常管理。坚持对市直机关事业单位人员编制进行定期审核和编制季度报表，全年共办理人员增减编手续2201人，统发工资编制审核500多批次，制作市直机关事业单位机构编制人员情况统计表2期。完成2009年度全市机构编制年度统计工作。全年共下发编委文件27份，编办文件78份。

【事业单位登记管理】 1.推进事业单位法人年度检验工作。全市应年检事业单位5574个，已办理年检单位5329个，年检率95.6%；其中市直应年检事业单位363个，已年检354个，年检率98%。变更登记442个，其中市直150个。

2.做好网上办公基础数据信息录入工作。已录入5991个事业单位法人登记管理信息，其中市直404个，县(市、区)5587个；更新年检信息5333个，其中市直358个，县(市、区)4975个。对355个市直事业单位开展了网上登记管理培训工作。

3.开展专项督查。组织开展了对县(市、区)和市直农、林、水、牧和农机系统事业单位法人所挂牌子和刻制印章情况的专项监督检查。全市共审核577个事业单位法人所挂的650个牌子和973枚印章。通过检查，保留牌子559个，改正牌子81个，摘除牌子10个；保留印章847枚，修正印章106枚，收缴销毁印章20枚。(杨胜亚 向国兴)

信　访

【信访工作成效】 2010年，全市信访工作呈现出“积极、向上、务实、高效”的良好态势，整体工作水平显著提升，信访形势持续好转：一是总量降幅大。市以上信访总量同比下降21.6%，是近年来下降幅度最大的一年；未发生

市信访局局长　李　鹏

重大群体性事件和重大上访事项，特别是在中央及省领导在宛视察调研期间及南阳重大政治活动期间，全市未发生重大信访问题。二是越级访量下降多。2010年，南阳市群众赴京集体上访实际发生量较上年下降33.1%，高于省定目标13.1个百分点；到省集体上访量较上年下降29.8%，高于省定目标9.8个百分点；群众赴京个体上访较上年下降14.1%，到市个体上访较上年下降16.5%；群众向市以上投信案数下降13.7%，件数下降14.9%；赴京非正常上访量较上年下降80.3%，比省定目标高出60.3个百分点。三是信访秩序明显好转。群众依法有序上访的意识不断增强，围堵市委、市政府党政机关、堵塞交通的现象比上年下降34.49%。

【信访表彰】 2010年，市信访工作受到国家信访局和省信访局充分肯定。9月29日，河南省信访工作领导小组下发文件，对南阳市扎实办理信访事项，予以全省通报表扬。9月28日，河南省南水北调丹江口库区移民信访工作会议上，南阳市和唐河县、淅川县、社旗县获省移民信访工作先进单位称号，南阳市唯一在大会上作经验介绍。12月28日，市移民迁安表彰大会对市信访局嘉

奖。7月14日,南阳市办信工作在全省工作会议上交流经验。南阳市驻京信访工作实行“统一住宿、统一管理、统一指挥、统一行动”的做法,多次受到省信访局领导和省驻京工作组的表扬,年终被省联席办评为先进单位,予以通报表彰。年底,西峡县、内乡县、唐河县被省委、省政府授予“2010年度信访工作先进县”,分别奖励20万元;淅川县、社旗县荣获全省“信访工作成效显著县”。市委副秘书长、市委群工部部长、市信访局局长李鹏被省委、省政府记二等功;市委群众工作部副部长、市信访局副局长刘荣堂,淅川县委群众工作部部长王明华,镇平县委群众工作部部长周洁,卧龙区委群众工作部部长贺登峰被省委、省政府记三等功。南阳市《立足市情创机制,强基固本增活力》的经验,在全省信访工作会议上交流。

【督察问责】 全市以强化责任落实、推动问题解决为根本,不断创新督查机制,提升督查成效。一是创新督查机制。在全市扎实推进信访案件“三色三级”督查制度,将信访案件分为Ⅰ级正常交办(绿色)、Ⅱ级预警督办(橙色)、Ⅲ级责任追究督办(红色)形式交办相关部门,不断强化工作责任,提高办结质量,不断提升人民群众的满意度。二是创新督查形式。进一步完善督查内容,将会议贯彻、领导接访、基础建设等信访工作制度,统一纳入督查范围。创新督查形式,采取驻点督查与随机督查相结合、明查与暗访相结合、实地检查与视频监控相结合、全盘扫描与重点督查相结合的督查工作模式,按照“督查问责与帮扶提高”并重的原则,加大督查密度,增加督查频率,提高督查的针对性和实效性,推动全市信访工作均衡开展。三是注重督查实效。市委信访工作领导小组坚持在督查前集中培训,统一督查标准和尺度;督查后听取汇报,全面了解情况,针对问题及时下发通报,进行意见反馈,责令改进工作,实施责任追究。2010年,市委信访工作领导小组先后对50个单位发放红色和橙色督办函,组织开展驻点督查、全面检查、明查暗访等15次,并根据信访问责的有关规定,按照“慎问责、严问责、真问责”的原则,先后对41个单位分别给予通报批评、黄牌警告或重点管理,有效地促进了工作的开展。

【信访决策领导】 市委、市政府高度重视信访工作,坚持高位启动、制度推动和示范带动,指导工作有方,部署工作有力,组织领导到位。一是高位启动。市委、市政府切实把信访工作摆在突出重要位置,市委书记黄兴维、市长穆为民亲历亲为,专题会议亲自主持、重要会议必讲信访、重大问题亲自解决;市委常委、政法委书记常康和市政府副市长贺国营履职尽责,安排工作具体、指导工作用心、督导工作用力;其他领导落实“一岗双责”,协调配合,凝聚力量,从决策层面实现了对信访工作的坚强领导。年初,市委常委会首先专题研究信访工作,元月19日在全省率先组织召开“平安建设暨信访工作会议”,及早对全市信访工作进行安排部署。市委、市政府还先后组织召开市委常委会、政府常务会、千人信访大会、季度讲评会、市联席会、中心城区依法处置会等16次全市信访工作会议,对年度工作进行重点安排或阶段性安排;连续2次召开由市委政府主要领导和县、乡党政主要领导、分管领导、群工部长、群工站长参加的“千人信访大会”,坚持以“高规格、大规模”的会议形式,高位推动工作,层层强化责任,强力推动信访工作扎实深入地开展。二是制度推动。全市各级各部门以全面贯彻《关于进一步加强新时期群众工作的意见》为主线,以落实《领导干部定期接待群众来访制度》等20项工作制度为重点,着力以制度落实推动工作落实。市委信访工作领导小组下发《南阳市信访工作争先创优活动方案》,在业务指标、制度建设、基础建设等15个方面,实行综合考评,实施动态管理,引导各级各部门加压增责、奋勇争先,全面推动工作。市委信访工作领导小组定期分析形势,建立通报制度,全年下发文件、电报200余份,指导基层开展工作,推动信访工作制度的落实。三是示范带动。市领导带头落实定期接访、阅批来信、领导包案等信访工作制度,全年共有35名市领导56次接待群众240起2000余人,批示或分包解决重大疑难信访案件172起,切实在密切联系党和政府与人民群众的血肉联系上做真功、出实效。在市领导的高度重视和示范带动下,各级各部门切实把信访工作作为全局性、战略性任务,摆上重要位置;把“发展是第一要务,稳定是第一责任”的要求,落实在具体行动上,在全市形成一级抓一级、一级对一级负责、层层抓落实、齐抓共管的信访工作新格局。

【畅通信访渠道】 全市各级各部门以维护群众合法权益为出发点和落脚点,拓宽群众诉求表达机制,为信访群众打造“四位一体”的绿色高效通道。一是部门接访。各级群工部门牢记职责,敞开大门接待,提升服务水平,扎实维护群众的合法权益。各职能部门按照职责分工,及时接待群众来访,积极解决职责范围内的信访问题。二是领导接访。市、县、乡和部门领导落实干部接访制度,坚持排班公示,定期面对面公开接待群众,特别是全市开展了“万人大走访”活动,深入一线为群众排忧解难,解决问题的质量和成效显著提升。三是网上信访。各级各部门注重发挥互联网便捷高效优势,着力强化信访信息化建设,开通书记、市长网上信箱和市、县信访网站,公开受理大量网上信访问题,使群众足不出户诉求有人受理、权益得到维护。四是联合接访。借鉴沈阳接访模式,创新开展定时分类接访机制,使公检法司“四长”和人力和社会保障局等部门,每周定时接待解决分管系统的信访问题,“事要解决”的针对性明显提高,深受群众好评。市委群工部全年接待群众9494批38960人,市、县党政领导接待群众9209批13316人,市直部门联合接待群众961批1370人,网上受理1691人次,大量的社会矛盾得到及时化解,有效地把群众吸引在基层,把问题解决在当地。

【信访源头防范】 各级各部门高度重视源头防范工作,坚定推进科学决策,落实排查化解制度,源头防范能力显著提高。一是深入推行科学决策。各级各部门严格落实《关于对涉及群众利益的重大决策事项进行信访评估的实施意见》,在涉及民生的重大项目、重大决策时,开展信访评估工作,强化决策前调研、决策中论证、决策后监督,以评估促稳定,以稳定促发展,避免因决策失误引发信访问题。各级各部门深入推行“四议两公开”,规范村组工作行为,做到“公开、公正、合法”,有效破解农村信访难题。二是构建群众工作网络。全市以县(市、区)委群众工作部、乡镇群众工作站、村群众工作室和大学生民情信息员为依托,构建了纵横交织、覆盖全社会的群众工作网络,确保有矛盾的地方,就有人做群众工作,以组织健全推动社会矛盾化解。三是坚持矛盾纠纷排查化解制度。全市县、乡、村三级信访例会制度得到较好坚持,矛盾纠纷排查化解工作深入开展。各地坚持定期排查与集中排查相结合,以“三级信访例会”为载体,明确责任,全力化解,真正做到了“发现得早、化解得了、控制得住、处理得好”。2010年全市共排查各类矛盾纠纷1.2万多起,化解稳定率90%,有效减少了上访问题的发生。

【信访“四季行动”】 2010年,南阳市创新信访工作办法,在全市开展“春疏源”、“夏强基”、“秋评查”、“冬问责”的四季专项行动。“春季百日疏源行动”中,市委成立由15名处级干部带队的督查组进驻各县(市、区)和12个市直单位,对贯彻上级会议精神、矛盾排查等9个方面的内容进行了督查,化解了432起矛盾纠纷。“夏季百日强基行动”中,市委群工部组成6个暗访组,先后5次对13个县(市、区)及26个乡镇领导干部接访、群工部(站)基础建设等工作情况进行了暗访督查,强化了基层基础建设。“秋季评查问责行动”中,市委群工部筛选100起重点案件,县(市、区)筛选209起信访案件,各地成立评查组,开展案件评查化解,达到了“事要解决、群众满意、降低存量”的目的。“冬季积案攻坚行动”中,市委群工部筛选交办96起信访积案,并成立4个专项督查组,带案督办。四季行动的实施,较好地把握了工作节奏,突出了工作重点,强化了工作责任,有效地推动了全市信访工作深入开展。

【信访基础建设】 各级各部门以推动信访信息化建设为切入点,强化信访基础工作,全市先后共投入150多万元,建立了信访业务网络系统,在全省率先实现了市、县、乡三级信访网络互联互通,“信访工作基层化、基层工作网络化、网络工作信息化、信息工作制度化”的建设目标稳步推进。全市先后投入近1000万元改善信访部门接待办公条件,方城、社旗群工部喜迁新址,镇平群工部改建工程进展顺利,乡镇(街道)群工站建设面貌焕然一新,全市信访基础建设得到了明显加强。各县(市、区)委群工部部长均享受副处级待遇,其中有3名县委群工部长进入县政府领导班子,担任副县长;全市70%的乡镇(街道)群工站站长已落实副科级待遇。全市新招录130名信访工作人员,提拔交流90多名信访干部,全市大专以上学历信访干部占90%以上,信访干部队伍建设明显增强。全市不断强化信访理论和信访业务培训,市委副秘书长、群工部部长李鹏借助市委党校对乡镇领导轮训机会,就信访工作对236个乡镇党政主要领导分批进行了授课;市委群工部于5月份和6月份对全市复查复核工作和信访信息系统应用的理论、实务进行了专题培训,11月份对全市200余名新任信访干部进行集中培训。通过一系列的培训,有效地提高了基层信访干部的工作水平和实际工作能力。为进一步开拓视野、理清思路、创新工作,市委常委、市委政法委书记常康带领14个县(市、区)群工部部长赴沈阳和三门峡市,参观学习联合接访等工作经验,成效明显。全市着力夯实信访工作基础,基层信访工作面貌发生了积极变化,基本实现了“硬件建设达标,配套设施完善,干部素质过硬,经费保障充足”的目标。

【创新信访体制机制】 南阳市在坚持落实信访工作制度的同时,

探索做好新形势下信访工作的新思路、新办法,取得丰硕成果。一是开展季讲评制度。突出对业务工作、制度建设、基础建设方面进行综合考评,每季度对全市信访工作进行站队排序,召开季度讲评会议,先进发言,落后表态,增强了信访考评工作的科学性、合理性,调动各级各部门争先创优的积极性,取得明显的工作成效。二是探索完善信访救助机制。制定完善救助办法,形成长效机制,按照"有理、小额、面广、息诉"的原则,推动疑难信访问题有效解决,用全省总量1/10的专项资金解决了全省总量近1/3的特殊疑难信访问题,受到国家信访局、省信访局有关领导的一致好评,并在全省工作会议上介绍了经验。三是加强信访文化建设。市委群工部进一步加强信访特色文化建设,优化接待环境,设置便民设施,提高服务水平,提升工作标准,拉近与群众的距离,密切党群干群关系,树立信访部门和信访干部的良好形象。四是把握信访规律。市委群工部积极探索、把握新时期群众工作的内在规律,加强对信访热点问题的分析和研判,切实发挥好"第二研究室"的作用。由相关科室撰写的《市直单位集体上访亟待关注》、《农村个访分析》、《探析百名上访老户》、《投信大户成因探析》、《南阳市30个上访量较大乡镇(街道)调研分析》、《涉法涉诉信访问题探析》等调研文章,受到省局和市领导的充分肯定,分别在省信访局《情况交流》和市政府《市长参阅》上转发,供全省和相关部门学习借鉴;为推动事要解决,提高办理信访案件的质量和效果,市委群工部精选案例50件编印了《信访工作实例选编》,市领导黄兴维、常康、贺国营分别作序题词,要求各级各部门学习借鉴,并结合实际,强化责任,推进事要解决,全力化解社会矛盾。

【信访工作面临的问题】　一是信访总量仍然较大。2010年虽然全市信访形势发生了根本好转,但信访总量仍然在高位徘徊,信访稳定的压力仍然较大。二是越级上访特别是赴京非正常上访仍比较突出。尽管南阳市在控制越级上访和赴京非正常上访工作上取得了明显成效,但与全省情况比,赴京非正常上访、越级集体上访、重复上访问题仍比较突出,化解稳控工作任重道远。三是信访热点问题较为集中。信访问题主要集中在土地征用、房屋拆迁、涉法涉诉、国企改革、劳动保障等方面,随着南水北调移民搬迁、全国农运会场馆建设的全面展开,使南阳市信访工作面临更大的压力。另外,复退军人、清退民师、艾滋病患者等特殊群体还没有实现根本稳定。四是信访秩序有待继续规范。2010年,全市信访秩序虽有所好转,但围堵冲击国家党政机关、阻断道路交通、扯横幅、呼口号等非法信访行为仍时有发生,严重干扰了党政机关的正常办公秩序和社会秩序,造成较坏的社会影响。五是直属部门和无主管单位、垂直部门的信访工作须进一步加强。虽然全市着力强化工作责任,齐抓共管的工作格局已初步形成,但直属部门和无主管单位、垂直部门的信访工作仍是全市信访工作的薄弱环节,必须进一步加强。(姚中伟)

市直党务

【落实机关党建责任制】　2010年,市直工委根据中央修订的《中国共产党党和国家机关基层组织工作条例》和省委《关于加强新形势下机关党的建设的意见》要求,向市委提出意见和建议,7月中旬,黄兴维要求工委在全市认真组织学习,并会同相关部门,结合南阳实际,研究制订贯彻实施意见。同时安排市委中心组组织一次学习辅导,请省里专家专题讲。工委就《条例》和《意见》的学习贯彻发出专门文件,并于7月23日召开市直各部门和各县(市、区)直工委参加的专题会议,深入解读《条例》和《意见》,明确学习贯彻时应当关注和把握的重点,特别是党的创新理论和党的建设的新要求,号召全市机关党的工作系统紧紧抓住这一新的重大机遇,在新的历史起点上实现机关党建工作的科学发展、跨越发展。工委加强对《条例》和《意见》学习贯彻的督促检查和服务,严格要求市直各部门和各县(市、区)直工委,及时报送学习贯彻情况,编发《机关党的工作》,并从省直工委团购《条例》和《意见》单行本,分发给市县两级机关基层党组织。市直各单位和各县(市、区)委分别召开党组(党委)会,专门听取机关党组织和工委汇报,并结合各自实际,研究提出学习贯彻的具体意见和措施。在贯彻落实过程中,突出抓好机关党建责任制的落实,加大管党治党力度,提升机关党建的地位和作用,强化机关党组织和市县两级工委的职能和作为,并有效解决机关党的工作上存在的困难和问题。各级一把手当好第一责任人、高位启动抓党建的意识普遍增强。

【机关党的思想政治建设】　2010年,开展建设学习型党组活动,加强机关党的思想政治建设。为配合服务好活动开展,工委使用留成党费6.6万多元,团购《部级领导干部历史文化讲座》和《苦难辉煌》2部书,分别赠送给市级领导、市直部门主要负责人和专职党务干部。工委加大宣传引导力度,通过《机关党的工作》及时进行情况综合与交流,提出针对性指导性意见,并在《南阳日报》上开设活动专栏,连续刊发市直机关动态,特别是好的做法和经验。6月,与市委宣传部、南阳日报社联合举办南阳籍著名发明家、中国自主创新领军人物王永民务实爱国谈创新主题报告会。9月,在市地税局召开市直机关建设学习型党组织活动经验交流会。市直各部门普遍把这项活动作为加强机关党的思想政治建设的着力点,提高党员干部和职工队伍的素质和能力。

【指导市直机关开展创先争优活动】 6月,召开市直机关创先争优活动推进会,突出科学发展主题,赋予时代内涵,体现机关特色,打造创争平台,力戒形式主义,加大组织领导力度,促进基层党组织和党员队伍建设。"七一"前夕召开市直机关"五好"基层党组织表彰暨新党员入党宣誓大会。同时安排近500名优秀党员和党务工作者赴东北考察学习,接受革命传统教育。结合新一轮政府机构改革,工委及时向市委汇报,并同市编办衔接,确保在实行大部门大科室的情况下,机关党组织按以下3条予以保留和加强:一是大部门大单位,机关党委仍然单设;二是中等规模的单位,需要合并内设机构的,尽可能地合并到机关党委;三是少数单位需要合并机关党委,也做到一个机构两块牌子,保留机关党委牌子,保留专职副书记。

【服务中心工作】 7月,南阳市连遭特大暴雨袭击,发生大范围洪涝灾害。工委组织协调市直机关党组织全力以赴投入抗洪救灾,踊跃向灾区灾民奉献爱心,募捐款677万多元,创近年来公益性捐款活动之最。作为伏牛路路长单位,工委多次召开有关方面参加的协调会,明确每个阶段的整治任务和重点,并督促检查抓落实,使这条路的路容路貌大为改观。

【市直机关纪检监察工作】 以学习贯彻中纪委五次全会和省、市纪委全会精神为重点,开展警示教育、宣传教育和示范教育;制订签订年度党风廉政建设和预防腐败责任书,将此纳入年度目标管理体系和评先评优之中;宣传贯彻《中国共产党党员领导干部廉洁从政若干准则》和《建立健全惩治和预防腐败体系2008—2012工作规划》;撰写反腐倡廉、廉政文化等论文5篇,上报信息20多条,并组织征订《党风廉政建设》、《中国监察》300多份;妥善处理信访接待工作,受理市直单位申诉案件2个,并受理举报案件1个,因其案情重大及时提交市纪委查办。

【市直机关基层党组织建设和党员队伍建设】 新审批建立党委2个、机关党委4个、机关总支2个,在市直一级单位换届选举机关党委3个、总支1个、支部7个;组织好"五好"基层党组织评选表彰,命名37个党委为"五好"党委、10个总支为"五好"总支、60个支部为"五好"支部,推荐受省委表彰"五好"基层党组织8个;抓好党员教育培训,印发新党员教育培训试卷千余份,对各单位考试情况进行巡查;举办党员发展对象培训班6期,培训1254人,审批发展新党员1182人;切实加强党费收缴、管理、使用;协调服务好市直机关的创先争优活动,按时收集整理报送活动月报表,到市直15个机关、企事业单位和学校指导督导,并报送活动信息;使用留成党费为基层党组织征订党的十七大和十七届四中、五中全会辅导读本1720册,并使用留成党费10万多元,对符合定补条件的市直171名困难党员实行按月定补,对不符合定补条件的109名困难党员发放一次性救助金7万多元。

【市直机关宣传思想工作】 会同市委宣传部出台市直机关党组(党委)中心组学习实施办法,对市直部分单位中心组学习情况进行检查考评,并发放中心组学习辅导书籍2000多册;重点抓好建设学习型党组织活动。负责实施方案的制订、信息材料的处理、《南阳日报》活动专栏的编发、经验交流会的组织及赠阅读本的发送,并配合市委宣传部开展"纪念建党89周年,建设学习型党组织"知识竞赛,下发配套读物近1800册,收到答卷7000多份;组织开展"四个重在"主题党课活动,推荐上报主题党课26篇,有6篇分获一二三等奖,工委宣传部获组织奖;加大新闻宣传和党报党刊发行工作力度。党报党刊征订创近年来最好水平。

【市直机关工会组织建设】 改选换届工会组织5个,督促建立工会组织1个;检查验收市直机关"模范职工之家"创建情况,评选表彰53个先进基层工会组织;举办市直工会干部培训班,120名工会干部参加;指导帮助部分市直单位开展文体活动,承办市直机关党务工作者新春音乐会。

【市直共青团基层组织建设】 新归入市直系统团组织2个,新成立团总支1个,改选换届团组织12个;深化团组织和团员青年创先争优,推荐国家级先进团组织1个,省级先进团组织2个、优秀团干部2名,市级先进团组织3个、优秀团干部2名、新长征突击手2名;新命名35个集体为市直级"青年文明号",推荐14个集体晋升为市级"青年文明号",4个集体为省级"青年文明号"，并组织10名"青年文明号"负责人参加团市委举办的"青年文明号"工作培训班；主动服务经济和社会发展大局，组织1200多名市直"青年文明号"成员和团员青年义务植树1000多棵，组建3支青年防汛突击队，并协助团市委举办赈灾晚会为西南旱区和玉树地震灾区捐款17万多元；在市直开展争当"四好"少年活动，并举办18岁成人仪式和14岁"青春"仪式。

【市直机关邪教防范和处理】 开展反邪教宣传教育，推进反邪教警示教育进机关、进学校、进企业活动，发放宣传页3000多份、制作发放光盘300多盘、警示教育素材100多份、知识读本800册、竞赛试卷4000份，制作20块大型反邪教警示教育宣传版在市直巡展，并组织市直26名专干参加业务培训；加强防范控制，同重点人员所在单位签订防控责任书，落实"三包一"责任制，并建立定期排查和信息上报制度；贯彻落实《全省法轮功人员2010～2012年三年教育转化攻坚战实施方案》，成功转化4人，超额完成三年内转化3人的目标任务；建立健全转化工作责任制、目标责任制、考评机制、督导机制等四项帮教工作机制，对8名已转化人员进行后继帮教；深化无邪教单位、无邪教系统创建活动，全年实现"三零"和"四个不发生"目标。市直防范办被省委、省政府评为全省防范和处理邪教先进集体，被市委、市政府评为中央取缔法轮功10周年防范和处理邪教工作先进集体，这也是市直防范办连续5年获此荣誉。

【市直党校教育】 发挥好教育培训主阵地作用，全年举办培训班8期，培训1438人次；完善基础设施建设，改造地下排水管道，防止跑冒滴漏，并再度治理教学楼和家属院1号、3号楼屋顶漏雨问题；规范经营管理，建立健全档案资料，对教学楼、餐厅楼实行长期出租并经过报批，相应提高门面房出租价格，并将家属院1号楼地下室出租；加强安全防范，并着力为租赁方隆泰大药房创造良好经营环境。

【市直机关党建研究】 制订印发年度课题调研计划，确定5项重点调研课题，组织指导市直机关党组织和县(市、区)直工委撰写论文48篇，数量质量都有大幅度提升，做好评选表彰的准备；工委作为省党建研究会课题组组长单位，所主持完成的《讲党性修养，树良好作风，促科学发展》和工委主要负责人撰写的《深入学习贯彻党的十七届四中全会精神，把党的建设新的伟大工程向纵深推进》，被评为2009年度全省机关党建研究优秀成果一等奖。再度出任2010年度省机关党建研究会课题组组长单位，组织协调9个成员单位，圆满完成建设学习型党组织这一课题子课题撰写和总课题的汇总任务；为会员单位赠订《机关党建之窗》1000份；按规定对社团法人证、收费许可证和机构代码证进行年审；市机关党建研究会被省机关党建研究会评为年度课题调研先进单位，被市社科联评为社科系统先进单位。

【驻村帮扶】 对所驻的新野县城郊乡李湖村，继续推进新农村建设，帮助筹措资金完成村村通工程。帮助下派村官所驻的卧龙区潦河镇崔营村，协调和争取村庄排涝和生产路项目资金10万元。到社旗县晋庄乡和淅川县马蹬镇挂职包村的人员，积极投入移民安置工作。(张建设)

老干部事务

【离休干部概况】 2010年底，全市共有离休干部3569人。其中享受地专级待遇55人、正县处级待遇55人、副县处级待遇1311人、其他待遇2148人，行政事业2696人、企业873人、全年离休干部逝世294人。

【老干部生活待遇】 一是完善了离休干部"三个保障机制"。从2010年起把市属企业及困难事业单位334名离休干部医疗费全部收归市财政负担。各县(市、区)对企业、困难事业单位、乡镇离休干部医疗费全部收归县级财政负担，实行由社保部门、卫生部门或老干部局统筹统管。唐河、西峡、内乡大幅提高医疗统筹标准，市直、唐河、方城、淅川、西峡等单位实行了刷卡结账或记账的办法，方便老干部就医。二是建立困难离退休干部帮扶机制。从2010年起，市直、邓州、唐河、内乡、镇平、宛城、淅川、西峡、桐柏、社旗等地，分别建立困难离退休干部帮扶机制，共投入资金86万元，对部分困难离退休干部实行有效帮扶。三是提高离退休干部公用经费标准。根据经济发展和离退休干部的实际需要，自2010年1月1日起，市离退休人员公用经费标准每人每年在原有标准基础上分别增加了320元，提高到每人每年地厅级800元、县处级700元、县处级以下600元，使离退休老干部共享改革发展成果。四是做好信访工作。各级老干部工作部门不断完善信访工作制度、建立健全信访工作长效机制，定期召开信访情况分析会，认真分析排查信访工作中倾向性、苗头性问题，采取有效措施，把问题和矛盾解决在基层、化解在萌芽状态，促进老干部队伍和谐稳定。

【老干部政治待遇】 落实老干部阅读文件、听报告、参加重要会议和重大活动、通报工作、组织参观考察、召开座谈会、走访慰问等各项制度。各级各单位分别建立了每季度召开一次离退休干部座谈会制度,向离退休干部通报本系统、本单位的经济状况和发展形势,广泛征求离退休干部的意见和建议,加强与离退休干部的沟通与交流、增进感情、促进工作。多渠道组织离退休干部参观考察和参与重大活动,市四大班子办公室、各县(市、区)、有关单位分别采取不同形式组织离退休干部到上海世博会等地参观考察,邀请离退休干部代表参加张仲景医药节、玉雕节等大型活动,增强了离退休干部对中国经济社会发展的感性认识,激发了老干部的政治热情。市领导带头,春节和抗日战争胜利65周年纪念日期间,分别对地厅级离退休干部和抗日战争时期离休干部逐人登门看望,让老干部们感受到了党和政府的关怀。

【老干部发挥作用】 据不完全统计,全市建立老干部发挥作用组织1672个,50%以上的离退休干部在不同领域发挥着作用。建立关工委组织7000多个,发展会员18万余人。邓州市关工委被评为全国先进集体,张鸿业、卢太华、李金成被评为全国关心下一代工作先进工作者。全国离退休干部先进个人、邓州市编外雷锋团团长、退休干部宋清梅和淅川县原外贸局局长、退休干部刘宝生,在全省离退休干部发挥作用先进事迹报告会上,用他们的亲身经历,讲述了"位退未敢忘忧国,年迈犹有报国志"的感人事迹,进一步激发了老干部们发挥自身优势、为经济社会发展做贡献的自觉性和积极性。

【老干部活动】 一是加强了硬件建设。市财政拨款160万,对市老干部大学进行全面装修改造,添置了现代化教学设施。市委、市政府决定高标准新建的南阳老干部活动中心已动工兴建。县(市、区)政府也都加大资金投入,继南召、西峡、唐河新建老干部活动中心、淅川新建老干部大学投入使用后,方城新建活动中心2010年投入使用,桐柏新建活动中心动工兴建,进一步改善了老干部大学、老干部活动中心的设施和环境。二是不断丰富老干部活动形式。市老干部活动中心,按照优质服务、让老干部满意的标准,不断创新活动形式、丰富活动内容。2010年举办大型活动20余场,参加社会演出20余场,参加离退休干部数万人次。20多个协会活动丰富多彩。市老干部门球队4月参加全国第四届体育大会获第三名。市老干部风筝协会10月参加岱山全国风筝邀请赛,获2金、3银、1铜、总分第二名佳绩;11月参加洛阳全国邀请赛和河南比赛,获6金、6银、3铜、总分第一名好成绩。11月份组队参加河南省第四届老干部乒乓球邀请赛,获优秀组织奖。各县(市、区)及市直单位充分发挥了老干部活动中心(室)主阵地作用,组织各种形式的离退休干部自管活动协会102个,2010年组织老干部节庆演出及联欢活动260余场;举办各种比赛400余场次;书画、摄影展80余次,老干部参加活动4万余人。三是加强了老干部大学管理工作。市老干部大学开设11个专业、18个班,招收学员近千人。学员中有60多人参与关心下一代工作,100多人在诗词学会、摄影学会、书画学会、风筝学会、艺术团、门球协会等各类组织中工作;6人在全国及全省书画、摄影、征文活动中获奖。县(市、区)办老干部大学12所,2010年招收学员8000余人。淅川老干部大学开设1个时事政治共修班,27个专业班分初级班、中级班和研修班;每周开课28节,每年1000余节;在册学员达到1000余人。唐河县老干部大学开设6个班,在校学员1500多人。全市有7所老干部大学被推荐为省级第一批示范校。乡镇及有关单位建老干部大学156所。(赵扬波)

党校教育

市委党校常务副校长 郑德扬

【工作概况】 2010年,市委党校认真贯彻落实《党校工作条例》和《2010～2020年干部教育培训改革纲要》,以科学发展观统揽全局,坚持"靠团结凝聚人心,靠发展振兴事业,靠开放带动工作"的指导思想,全面深化改革,扎实推进党风廉政建设,不断提升办学层次,提高办学质量,各项工作均位居全省市级党校前列。学校保持和获得了全国党校函授教育"优秀学区"、省级"文明单位"等多项荣誉,充分发挥了党校"三个阵地、一个熔炉"作用,为加快南阳经济社会发展提供了有力的智力支持和人才保证。

【主体班次】 围绕提高培训质量

这一中心，牢固树立现代培训理念，以提高执政能力为重点，以满足学员需求为导向，以从严治教为保障，在培训轮训高素质执政骨干中充分发挥了主阵地主渠道作用。共举办主体班15个，联办班4个，培训学员1100余人次。

【教学改革】 教学内容不断深化，在坚持“三基本、五当代”的基础上，突出教学计划的针对性、时代性、实用性。2010年，学员对教学专题设置满意率高达98%以上。教学方法不断改进，突出抓好研究式、研讨式、案例式教学，实现了课堂讲授与课外自学相结合、理论与实践相结合、提高素质与增强党性相结合。通过培训，学员的综合素质、执政能力、领导水平和党性修养得到了全面的提升。教学手段不断优化，充分发挥中央党校远程教学网的作用，严格落实教学计划，组织学员收听收看远程教学多达20余场。同时，不断提高图书馆数字化程度，增加电子图书种类，较好地发挥图书馆第二课堂作用。

【教学科研】 坚持正确的科研方向，加强管理，强化激励，实施科研成果精品化战略。全校发表学术论文144篇，中标各级课题89项，获得各类奖励21项。校刊《南阳论坛》编发6期，载文92篇。学校保持了全省党校系统“优秀科研工作组织奖”、获得了全市“四个带动”研讨会“优秀组织单位”等荣誉。

【函授教育】 坚持多策并举，稳定千人招生规模。深入开展“两查一评”活动，丰富教学活动。学校被省委党校授予2010年度“函授教育教学管理工作先进函授站”和“函授教育招生工作先进函授站”，全省仅南阳和郑州两家党校获齐这两项荣誉。同时，镇平分校、南召分校获得“函授教育教学管理工作先进函授分站”荣誉。（裴先东）

精神文明创建

【公民思想道德建设】 1.开展“迎农运、讲文明、树新风”活动。以学礼仪、讲文明、树新风为内容，依托市民学校、社区活动中心等基层宣传教育阵地，开展文明礼仪知识宣传普及活动。通过报刊、广播电视、互联网等多种媒体，运用公益广告、宣传漫画、知识竞赛等多种形式，宣传城市管理法规和市民行为“十不”规范、市民文明公约、居民文明守则及文明礼仪知识，树立注重礼仪、热情友善、文明礼貌的良好风尚，提升市民文明素质和社会文明程度。编印《迎农运讲文明树新风文明礼仪知识简明读本》，开展“迎农运、讲文明、树新风”知识竞赛及“文明交通行动计划”等活动，普及农运会基本知识和文明礼仪常识，提升市民文明交通意识。

2.开展“我推荐，我评议身边好人”活动。下发《关于开展“我推荐，我评议身边好人”活动的通知》，发动广大群众，在熟悉的人群中推举好人，在日常生活中发现好事，通过各种媒体对好人好事进行广泛宣传，发动广大群众积极参与中国好人榜的投票，营造学习好人、争做好人的良好氛围。2010年全市共有5人荣登“中国好人榜”。

3.开展道德模范评选表彰及巡讲活动。通过各种媒体对道德模范评选表彰活动进行宣传，发动群众参与评选表彰活动，把组织推荐评选的过程变成弘扬社会主义核心价值体系、推进精神文明建设的过程。组织道德模范在13个县（市、区）进行基层巡讲，宣传道德模范先进事迹，在全社会形成学习道德模范、崇尚道德模范、争当道德模范的热潮。

4.开展“我们的节日”主题活动。在春节、清明节、端午节等传统节日期间，组织开展中华经典诵读、网上拜年、网上祭先烈、爱国卫生运动、科学知识普及以及节日民俗文化娱乐等活动，把社会主义核心价值体系融入到传统节日之中，引导广大干部群众进一步认知传统、尊重传统、继承传统、弘扬传统。重阳节期间组织开展敬老爱老志愿服务等系列活动，先后在南阳师院、南阳理工学院组织“尊老孝老”报告会，大力弘扬“善待老人、孝敬父母”的中华民族传统美德，营造尊老敬老、爱老助老的浓厚氛围。9月20～22日，组织举办了以“弘扬中华传统文化、构建和谐社会、做有道德的人”为主题的“迎农运讲道德”中华传统文化报告会，在全市掀起学习传统文化，弘扬传统美德的热潮。

【农村精神文明创建】 1.推进农村“清洁家园行动”。制定《农村“清洁家园行动”量化考评办法》，坚持实行百分制考评和“连片创建”，进一步健全了农村“清洁家园行动”量化考核机制。农业、建设、交通、卫生、工商等相关部门，各司其职、各展所长，齐抓共管，各级文明办加强督查指导，完善工作机制，确保“清洁家园行动”扎实推进。4月中旬，省文明办组织全省“清洁家园行动”巡查观摩活动，桐柏县代表南阳市参加此次巡查观摩，并受到观摩组的一致好评。7月19日，组织全市农村“清洁家园行动”巡查观摩及总结会，对各县（市、区）农村的基础设施建设、卫生状况、创建氛围、开展创评活动以及活动资料等方面进行考察和点评，促进全市农村“清洁家园行动”健康发展。

2.开展城乡结对共建活动。按照城乡一体化要求,开展以城带乡,城乡共建精神文明活动。落实《省文明办关于深入开展文明单位结对帮扶农村精神文明创建工作的实施方案》要求,开展文明单位结对帮扶工作,按照三年一个帮扶周期的要求,组织人员对期满的帮扶村进行检查验收,确定第二批结对帮扶村。参加帮扶的各级文明单位深入结对帮扶村了解情况、摸清底子,并结合自身的特点和优势,以"清洁家园行动"为重点开展帮扶,帮助农村整治环境卫生,改善村容村貌,完善基础设施,制定村规民约,开展创评活动,促进农村精神文明建设。

3.开展"迁安移民文明创建"活动。在各移民村开展创建"迁安移民文明村"活动,围绕移民群众的思想和生活实际,解决农民最迫切的生产生活问题,推动移民安置村完善基础设施、加强村容治理、健全村规民约、建设乡风文明。加强对村民科学文化教育和思想道德教育,组织开展丰富多彩的文化生活,引导移民群众破除陋习,养成健康文明的生活习惯。通过组织开展各种道德实践活动和结队帮扶、志愿服务活动,培育文明乡风。加强对移民新村创建工作的检查指导,推动创建活动扎实深入开展,努力实现移民安置区和谐文明迁安。2010年,唐河县东王集乡鱼关新村被表彰为全省"迁安移民文明村"。

4.为农民群众办好事、办实事。实施西部开发助学工程和革命老区助学工程,根据省文明办要求,按照"特别优秀、特别贫困"的原则,严格把关,在受助学生本人提出申请、所在学校推荐,并经媒体公示后,10名宏志班学生及44名老区优秀贫困大学生得到资助。

【未成年人思想道德建设】 1.开展"学三理知识,做美德少年"道德实践活动。"三理"教育由点到面在全市逐步展开。各地各单位按照有教育阵地、有师资队伍、有教育教材、有教学方案、有考评机制、抓好组织落实的"五有一落实"标准,建立了科学的教育机制。根据不同年龄段未成年人身心成长的特点和接受能力,采取喜闻乐见、易于接受的方式,开展各类特色鲜明、健康有益的主题教育活动。围绕迎接2012年第七届全国农民运动会,组织广大未成年人积极参与"迎农运、讲文明、树新风"活动,自觉用文明礼仪规范言行。开展"做一个有道德的人"教育实践活动,评选表彰100名"南阳市第二届美德少年",引导青少年学生学习"三理"知识,争做美德少年。充分发挥学校教育的主渠道作用,开设以"三理"教育为内容的校本课程,并组织学生开展多种体验式实践活动。学校和部分乡镇、社区设立"青少年心理咨询辅导中心"。在省文明办的扶持下,建立了南阳市青少年心理咨询辅导中心,对未成年人进行心理咨询和测试,帮助未成年人减缓心理压力,消除心理障碍。加强对特殊群体未成年人的"三理"教育,进城务工人员子女和农村留守儿童入学、教育问题得到有效解决。开展未成年人法制教育和自护教育以及安全教育,预防未成年人违法犯罪取得明显成效。5月26日在市第十二小学举行南阳市"传唱优秀童谣、做有道德的人"网上签名寄语活动启动仪式,引导广大青少年继承优秀文化,激发爱国热情,做有道德的人。

2.建立学校、家庭、社会"三位一体"工作机制,育人网络逐步形成。各级宣传部门把未成年人思想道德建设作为新闻宣传工作的重要内容。南阳日报、南阳电台、南阳电视台、南阳晚报、南阳广播电视报以及南阳新闻网等新闻媒体开办专题专栏,刊播文章、图片、广播电视节目,采取大家谈、当事人现身说法、案例公开等形式,组织专题报道、系列报道和跟踪报道,反映工作动态,实施舆论监督,宣传先进典型,营造全社会关心、支持未成年人健康成长的浓厚氛围。各级关工委充分发挥"五老"(老干部、老战士、老专家、老教师、老模范)队伍作用,成立了思想道德教育队、科技文化教育队、法制知识教育队、公民道德教育队、网吧义务监督队共2000多个,人数达万余名,引导青少年积极向上,自觉抵制色情、凶杀暴力以及伪科学等不良信息的影响。市关工委、教育局、妇联和大部分学校创办了家长学校,建立了家长委员会,组织"家庭教育报告团",定期对家长进行家庭教育培训,宣传普及"三理"知识,推动学校教育、家庭教育、社会教育有效衔接。市文明办、市关工委联合组织青少年思想道德模范事迹报告团,在全市巡回演讲,以先进典型的事迹鼓舞青少年崇尚美德、立志向上,先后作报告13场次,直接听众1.3万余人,通过电视录像受教育人数达50多万人。8月20日,召开全市未成年人思想道德建设工作会议,表彰先进县(市、区)、先进单位和先进工作者,指出问题,批评后进,特别是对监管不力,造成黑网吧严重的邓州市工商局给予中止市级文明单位称号处理,社会影响较大。对净化社会文化环境工作作了进一步的安排,提出进一步的要求,推动未成年人思想道德建设工作深入开展。6月4日,在全省未成年人思想道德建设经验交流会上,市委常委、宣传部长姚进忠代表南阳市作"加强管理机制建设,努力推进净化社会文化环境工作"典型发言。方城县小史店镇初中学生张瑞入选全省美德少年候选人。在全省未成年人思想道德建设创新案例评选中，内乡县、卧龙区推荐的案例分别荣获二、三等奖。

3.强化对以网吧市场为主要内容的文化市场治理，社会文化环境得到进一步优化。深入持久地开展文化市场秩序集中整治工作，社会文化环境明显改善。市领导多次带领有关部门负责人和执法人员，对文化市场进行集中检查。7月27日～8月10日，市文明委、市关工委和文化、公安、工商、消防等职能部门联合组成暑期文化市场“四项集中整治”督查组，对全市网吧市场进行了明查暗访，共检查网吧60余家，针对发现的问题，有关职能部门依法处理违规网吧31家，取缔严重违规网吧9家。9～11月，按照省文明办统一部署，在全市开展黑网吧整治专项行动。先后组织3次全市性整治黑网吧集中行动，共查处取缔黑网吧160余家，网吧等文化市场上的违法违规行为得到有效遏制。为加强网络从业人员职业道德教育，成立网吧经营者协会，建立网吧行业自律和约束机制。开展“整治互联网低俗之风”专项行动，为未成年人构建了“绿色网络”空间。加大对校园周边环境整治力度，取缔了中小学校周边200米以内的网吧、游戏厅、彩票经营场所和娱乐场所。对涉及淫秽色情、凶杀暴力、封建迷信及严重危害青少年身心健康的图书音像制品、游戏软件和玩具饰品进行查收并公开销毁。南阳电视台、南阳电台着力净化荧屏声频，创新节目内容，拓宽播出渠道，给全市广大少年儿童开辟一片健康、有趣、科学文明的生活天地，先后播出一批面向未成年人的电视、动漫作品，丰富未成年人的精神文化生活。校外活动场所建设步伐不断加快，爱国主义教育基地和公益性文化设施向未成年人免费开放，为未成年人了解社会、学习历史、丰富阅历提供新的阵地。认真执行网吧市场执法监察机制，市纪委、市委宣传部、市文明办、市监察局对检查发现的突出问题进行通报，对有关执法部门和执法工作人员进行党纪政纪处理，先后有6个单位，19名个人受到处理，对工作产生良好的促进作用。

【文明单位文明行业创建】 围绕提高文明单位创建水平，进一步加强对各级文明单位的监管力度，不断健全上级考核、群众评议、社会监督的科学评价体系。制定《关于加强和改进文明单位管理工作的意见》，组织对全市各级文明单位进行年度复查，按照公正、公平、公开的原则，细化项目，量化标准，坚持查阅资料与现场考核相结合、定量考核与定性评价相结合，对各文明单位的领导班子建设、业务工作实绩、创建活动情况、管理规章制度、单位环境面貌、治安秩序状况等方面进行综合评价。在单位和行业创建中，通过不断强化各界监督，坚持实行晋升公示，努力扩大覆盖层面，文明单位的效益综合性、整体先进性、典型示范性和社会代表性得到充分发挥，有力地带动了全社会整体文明水平的提高。2010年全市共有56个单位被评为省级文明单位。

【省级文明单位】 2010年度省级文明单位55个，分别是：中共南阳市委办公室、中共南阳市委组织部、南阳市安全生产监督管理局、南阳市公路管理局、南阳出入境检验检疫局、南阳市工商行政管理局、南阳市第十三中学、南阳市疾病预防控制中心、南阳市鸭河口灌区管理局、南阳市水利建筑勘测设计院、南阳市环境卫生管理处、南阳市中心医院、南阳市道路运输管理局、南阳宛运集团有限公司南阳汽车站、南阳市高速公路有限公司、河南省南阳市油田国家税务局、南阳市教育局油田教育中心、南阳市宛城区财政局、南阳市宛城区人民法院、南阳市宛城区国家税务局、南阳市卧龙区农村信用合作联社、河南省南阳市卧龙区地方税务局、中共南阳市卧龙区纪律检查委员会(监察局)、南阳市卧龙区农村公路管理所、内乡县电业局、内乡县公路管理局、中国移动通信集团河南有限公司南阳市内乡分公司、河南省西峡县地方税务局、中国农业发展银行西峡县支行、中共淅川县纪律检查委员会(监察局)、中国人民银行淅川县支行、邓州市审计局、邓州市环境保护局、南阳金业烟草有限责任公司、镇平县公路管理局、镇平县农村信用合作联社、镇平县国土资源局、南召县农村信用合作联社、南召县人民法院、南召县交通运输局、桐柏县人民法院、桐柏县电业局、桐柏县人力资源和社会保障局、中共唐河县纪律检查委员会(监察局)、唐河县人力资源和社会保障局、方城县审计局、政协方城县委员会机关、社旗县邮政局、中国联合网络通信有限公司社旗县分公司、中共新野县纪律检查委员会(监察局)、新野县总工会、新野县公安局、南阳师范学院、中国石化河南油田分公司第二采油厂、河南油田油建工程建设有限责任公司、南召县质量技术监督局。(常学豪　孙朝阳)

保密监督

【保密工作部署】 一是根据市领导变动情况，及时调整充实了市委保密委员会组成人员。二是根据省委和市委、市政府工作部署，联系南阳实际，及时制定下发了

2010年全市保密工作要点。三是及时组织召开了全市保密局局长会议,传达省委保密委、全省保密局局长会议精神,表彰2008～2009年度全市保密工作先进集体和先进工作者,安排部署2010年全市保密工作。四是量化标准,将保密工作纳入全年整体工作规划,实行目标管理,严格绩效考核办法,明确到人,责任到岗,确保全年工作安排到位,落实到位。五是制定工作措施,明确工作方法,强化学习,建章立制,确保年底考核到位。六是全面贯彻落实《省委常委会关于保密工作决定事项的通知》精神,抢抓机遇,强力推进,为进一步完善全市保密技术投入机制,特别是为组织机构建设奠定了较好的基础。

【保密普法宣传】 一是按照"五五"保密法制宣传教育规划,明确年度普法宣传教育重点,并着重通过督查,抓好落实。二是继续深化对中央、省、市领导有关保密工作重要批示、讲话的学习活动,领会精神,强化落实。三是在全市扎实开展了新《保密法》普法宣传教育综合活动。主要是:及时成立活动领导小组,制定活动方案,明确任务,强化领导;组织征订宣传教育材料和挂图,为活动提供武器;市委常委、秘书长、市委保密委员会主任原永胜,在《南阳日报》发表《深入学习贯彻新保密法律为建设新南阳提供有力保障》的署名文章,明确要求全市各级各部门对保密工作必须思想认识到位,普法宣传到位,组织保障到位,任务落实到位;组织开展"全国保密承诺签订人员知识竞赛"活动;组织红阳集团、天冠集团两个代表队按时参加全省新《保密法》知识电视大赛活动;更新"南阳保密在线"宣传教育内容,扩大宣传教育面;利用多种手段,切实搞好保密普法教育,提高全社会保密法制意识。四是接待"共筑保密长城——走进河南"采访组在南阳市的采访活动。五是全市各级党校(行政院校)按照市和县(市、区)委保密委员会的要求,制定保密教育计划,做到了教师、教材、时间、效果四落实。六是及时组织开展了对全市"五五"保密普法宣传教育规划的检查验收工作。七是组织开展《保密工作》杂志征订和学刊用刊工作,办好《南阳保密工作》,开辟保密宣传教育园地和搭建经验交流平台,促进保密宣传教育工作全面开展。

【保密监督管理】 一是强化保密监督检查工作。市委保密办按照上级工作部署,集中时间,同公安、工商、商贸等部门一起,在全市范围内开展了涉密载体清理和取缔涉密文件资料非法交易活动监督检查工作。在全市范围内组织开展了政府信息公开保密审查、涉密载体清理、全市"十一五"保密技术发展规划和"五五"保密法制宣传教育规划的专项检查和验收工作。按照省国家保密局的工作安排,下发《关于开展全市政府信息公开保密审查工作专项检查的通知》,组织召开工作协调会议,成立两个检查组,在各地各单位严格自查的基础上,分层次进行重点抽查。全市共检查单位门户网站100余个,电子政务外网网站80余个。重点抽查市和县(市、区)直单位政府门户网站5个,市直单位门户网站8个。协同市电子政务办公室,对照《信息系统和信息设备使用保密管理规定》,对市直党政机关保密要害部门部位进行重点检查。开展综合检查考评调研工作。二是强化各项保密管理工作。突出重点领域、重点部门、重点岗位、重点人员的保密管理纳入各级领导干部保密工作责任制,坚持"八不"原则(坚持强化保密意识不懈怠,坚持扩大保密宣传不停止,坚持经常保密检查不断线,坚持严格保密管理不放松,坚持技术防范不落后,坚持经费投入不减少,坚持规范化建设不走形,坚持泄密处理不留情)。进一步明确全市党政机关保密要害部门、部位的确定标准,工作职能、涉密人员工作职责和涉密岗位应必须配备的防护设施、设备,确保各级各部门工作职责规范、工作标准规范、工作程序规范、工作考核规范。充分发挥保密协作组织的作用,采用互查和工作座谈等形式,总结经验,查找不足,堵塞漏洞。将驻宛军工企业的保密管理工作纳入年度目标管理规划,实行目标管理,强化军工企业的保密管理。强化专项保密管理。重点是做好规范化"三室"(机要室、阅文室、档案室)、密级确定、涉密载体、全国统一考试、印刷、复印定点单位、废旧物品收购站点的日常保密监督管理工作,明确职责,完善制度,强化督查,规范管理。三是强化技术保密管理工作。实行涉密计算机、涉密移动存储介质申报备案制度,建立台帐,明确标识,规范管理。强化对现代化办公机具的保密管理,严肃保密纪律,完善管理制度,确保各类现代化办公机具运行安全。推广运用成熟保密技术成果,增强保密技术防范和检查能力。市和县(市、区)保密部门争取财政支持,保密技术检查设施、设备得到加强。以计算机及信息系统安全保密管理为主题,组织业务培训,普及技术保密管理知识,提高技术主管及工作人员技术管理能力。实行上网信息审查备案制度,逐级签订保密责任书,实行分级保护。成立市涉密信息系统审批工作领导小组,强化领导,对涉密计算机、涉密计算机网络实行审查备案制度,做到同步建设,严格审批,规范管理。明确专人，切实强化对涉密计算机非法外联监控平台的日常保密管理工作，做到及时发现，及时处理，确保党和国家秘密安全。

【保密理论调研】 一是全市各级保密组织按照要求，联系工作实际，紧密围绕保密工作如何服务领导、重要会务、重大活动，特别是新《保密法》实施给保密行政执法带来的新课题，全方位开展保密调查研究工作。二是同河南山谷软件开发公司合作，持续开展涉密计算机非法外联监控软件推广应用工作，进一步规范完善了全市涉密计算机非法外联监控平台的保密管理。三是以保密工作如何服务企业健康有序发展为主题，先后多次深入大中型企业开展商业秘密保护与管理调研工作，共同研究新形势下加强商业秘密保护与管理的新举措。四是开展了保密管理下基层调研活动，通过调研，加深了对保密工作规律性的认识，探索总结了做好新时期保密工作的新途径、新方法，在抓工作落实"八化"：即年度工作任务目标责任化，各项保密管理系统化，日常工作制度化，保密检查法制化，保密宣传教育经常化，涉密人员管理动态化，基础设施建设规范化，保密部门内部管理统一化。在具体组织实施工作中做到的"八抓八到位"：即一抓组织领导，目标责任到位；二抓网络建设，机构人员到位；三抓素质教育，知识积累到位；四抓工作实效，方法措施到位；五抓督促检查，依法管理到位；六抓技术保密，防范设施到位；七抓组织协调，齐抓共管到位；八抓调查研究，创新方法到位。形成了一套基本工作制度：即年度工作任务层层分解的目标管理制度；保密监督检查的"三书"制度（失泄密事件查处通知，失泄密隐患通知书和保密整改建议书）；涉密人员管理的例会、签订保密承诺书、持证上岗、脱密期保密管理制度；保密网络组织体系的系统管理制度；保密宣传教育的一年一项重点工程制度等。（周永卫）

南阳市人大常委会

【经济平稳健康运行监督】 促进国民经济计划健康运行，是市人大常委会2010年工作的重中之重。7月，市人大常委会领导带队，深入20多家企业和市直有关部门，听取意见，分析形势，研究对策。常委会第九次会议认真听取审议了市政府关于上半年国民经济和社会发展计划执行情况的报告，对南阳市实施"四个带动"，促进经济较快增长给予高度评价。针对经济运行质量不高、经济增长支撑乏力等问题，建议市政府大力支持优势产业转型升级，积极发展高新技术产业，扎实推进产业集聚区建设。市政府对此高度重视，研究下发《关于加快推进产业集聚区科学发展若干意见》、《关于加快高新技术产业开发区发展的意见》和《关于加快中心城区经济发展的意见》等文件，编制一系列专项规划，出台一揽子扶持政策，促进了年度国民经济和社会发展计划圆满完成。

【财政预算健康运行监督】 7月，在对税收征管、预算执行和管理、审计工作进行视察的基础上，市人大常委会分别听取审议了市政府关于2009年财政决算草案和2010年上半年预算执行以及审计工作报告，作出了批准2009年财政决算的决议。针对财政增收后劲不足和征收管理、支出管理中存在的问题，要求高度重视财源建设，强化预算约束管理，科学编制部门预算，充分发挥审计监督的作用。近年，南阳市本着适度举债加快发展的思路，积极利用国内外贷款，加大社会事业投入，有效缓解了建设资金不足的矛盾，产生了良好的经济社会效益。为确保举债资金充分发挥作用，常委会听取审议了市政府关于市级债务管理情况的报告，要求市政府加强对债务资金管理，合理控制举债规模，提高资金使用效益，防范和化解财政风险。这些建议在政府工作中得到了较好体现。

【中心城区经济发展情况监督】 市人大常委会围绕制约科学发展的突出问题加强监督，不断加强对市情的研究，深化对市情的认识，着力破解影响和制约科学发展的突出问题。为提高中心城区的首位度，增强其对全市经济社会发展的引领、示范和带动能力，常委会听取审议了中心城区经济发展情况的报告，要求市政府及有关部门转变思想观念和领导方式，集中精力抓好城区经济发展，拓宽发展空间，提高招商实效，理顺管理体制，坚决扭转市属企业亏损的局面。组织视察组，深入了解中心城区土地划拨、出让、收益和土地闲置、土地违法案件查处等情况，听取审议市政府关于中心城区土地储备及集约经营情况的报告。督促有关方面下决心根治土地违法，用规划引领土地储备和利用，以制度规范土地管理和经营，加大违法案件执行力度，加大土地储备力度，加大经营城市力度，提高土地收益率，为中心城区发展提供更多的资金支持。

【推动质量兴市战略】 5月，市

人大常委会组织人员,深入邓州、西峡、社旗等县市进行视察,听取审议市政府的报告。强调把质量兴市工作作为经济社会发展的基础工程来抓,充分发挥政府主导作用,认真开展市长质量奖评审活动,鼓励企业提高自主创新能力、提升产品层次。市县两级政府采取措施,安排500万元设立市长和县(市、区)长质量奖,在14个产业集聚区建立质量技术服务站,企业核心竞争力不断增强,全年共创建省级以上名牌158个。

【提高招商引资项目落地率】 9月,市人大常委会采取市县两级人大联动的方式,在全市范围内,对招商引资项目落实情况进行检查,在此基础上,听取审议市政府的报告,提出突出产业招商,提高招商质量,狠抓项目落地,优化投资环境的审议意见。市政府定期对各县(市、区)合同履约率、开工建设率、资金到位率和市直有关部门服务招商引资情况进行考核排序,使招商引资实效进一步增强。

【提高旅游业对国民经济的贡献份额】 5月,市人大常委会组织人员,对全市旅游发展总体规划和中心城区旅游发展规划实施情况进行检查,听取审议市政府关于旅游业发展情况的报告,建议把大力发展旅游业作为转变发展方式、调优产业结构的战略举措,切实加强组织领导,突出抓好中心城区旅游,打造好汉文化品牌,正确处理开发与保护的关系,尽快扭转投资渠道单一的状况,促进了旅游业大发展、快发展。

【解决儿童入学难问题】 随着城市化进程的加快,中心城区义务教育资源总量不足与广大市民对教育资源需求不断增加的矛盾日益突出,加之优质教育资源过分集中,导致超大校、超大班现象普遍,严重影响儿童的身心健康。5月,市人大常委会经过认真审议,决定将张英等市人大代表提出的"关于加强中心城区中小学建设、进一步缓解教育资源不足的议案"交市政府办理。为确保议案办理短期内取得实效,11月,再次组织人员,深入市三小、四小、十二小、六十四小等6所学校,听取学校负责人汇报,收集学生及家长的意见,并将听取审议议案办理情况的报告,列入常委会第十一次会议议程,就加强组织领导、抓好校建规划及实施、加快教育资源整合等问题,向市政府提出整改要求。市政府通过整合教育资源新增学位2000多个,积极推进中心城区中小学改扩建,研究制定中心城区中小学布局规划和中小学建设规划,使议案办理工作取得明显进展。

【推动生态宜居城市建设】 2010年,南阳市抓住筹办全国第七届农运会的契机,不断加大投资强度和建设力度,使中心城区道路交通面貌发生很大变化,极大地改善了市民的出行条件,提升了城市形象。为了加快推进生态宜居城市建设,更加方便市民出行,11月,市人大常委会组织视察组,通过观看多媒体演示,深入交通主干道、重要路口、新建改扩建道路现场和背街小巷,全面了解中心城区道路建设情况。常委会第十一次会议认真听取审议了市政府的报告,在充分肯定成绩的同时,针对规划滞后、部分路段建设质量不高、管理不够规范等问题,要求高起点规划、高标准建设、高水平管理,促进了城市道路建设健康发展。

【推动农民持续增收】 市人大常委会对"三农"工作高度重视,专题听取审议了市政府关于增加农民收入情况的报告,要求搞好农田水利基本建设,加快推进农业产业化,拉长农产品加工链条,加强小城镇建设,多渠道增加农民收入。同时,组织执法检查组,对农业机械化促进法和省农业机械化促进条例实施情况进行检查。针对执法检查发现的问题,建议认真解决好农机补贴规模小、农机具库棚建设用地不落实等问题。这些审议意见,对农业发展、农民持续增收起到了重要推动作用。

【推动职业教育发展】 根据南阳市职业教育发展难、技工人才严重短缺的实际,9月,市人大常委会组织人员对6所中职学校进行视察,与18所中职学校校长和市直有关部门负责人进行座谈,深入了解职业教育法贯彻实施情况,听取审议市政府的报告。要求依法保障对职业教育的投入,尽快理顺市属中职学校的管理体制,建立正常的教师补充机制,强力推进职教园区建设,确保职教攻坚计划如期完成。

【司法监督】 司法公正是社会公正的最后防线,也是人民群众来信来访反映较多的问题,代表们十分关注。4月,市人大常委会采取查看台账、调阅案卷、讨论交流、走访当事人等形式,对公安机关办理的部分刑事案件进行抽查,听取审议市政府关于刑事案件办理情况的报告,要求加强队伍建设,严格办案标准,科学配置警力,加大整改力度。市政府及公安部门自觉接受监督,认真进行整改。至9月底,需要整改的28起案件19起正式结案,36名民警受到责任追究。市公安局建章立制,规范案件处理,强化执法监督,有效遏制类似问题发生。听取审议市中级人民法院民事执行工作和市人民检察院反渎职侵权工作情况的报告，就坚持司法为民，提高队伍素质，规范司法行为，加大民事执行和渎职侵权案件查办力度，向市法检“两院”提出整改意见。还召开全市司法监督研讨会，探索开展司法监督的新方法、新途径，努力提高司法监督水平。

【人大信访】 市人大常委会认真接待人民群众来信来访，对重要信访案件发函督办、调研督办、协同督办，全力推进“事要解决”；采取现场观摩、面对面指导等方法，推动人大系统信访信息化建设，提高办信接访效率，受到全国人大充分肯定；召开信访工作会议，总结经验，表彰先进，明确新形势下人大信访工作的定位和要求，推动信访工作深入开展。全年受理群众来信来访580多件，督促有关方面依法纠正和处理了一批处置不当或久拖不决的案件，维护了各方合法权益，促进社会和谐稳定。

【环境保护监督】 6月，市人大常委会组织执法检查组，深入部分企业、产业集聚区、污水(垃圾)处理机构和有关部门，调阅环评资料，了解达标排放情况，开展环境影响评价法执法检查。要求解决好法律宣传不到位、部分项目监管不到位、违法行为查处不到位等突出问题。组织开展以“依法保护大气环境，让百姓呼吸清洁空气”为主题的“环保世纪行”活动，宣传普及环保法律法规，唤起人们对大气污染的关注，促进南阳环境质量持续改善。

【发挥代表主体作用】 一是加大代表议案建议督办力度。对代表提出的涉及全局的重大问题，列入常委会会议议程，加强跟踪督办。对代表建议办理工作，完善落实常委会领导牵头督办、专门(工作)机构分类督办、代表工作部门协调督办、提建议代表参与督办的工作机制。对办理任务较重、热点难点问题较集中的承办单位进行视察。听取审议市政府和市中级人民法院的报告，推动建议事项的解决。至年底，市四届人大二次会议期间代表提出的266件建议，已全部办理并分别答复代表，代表对办理结果的满意率和基本满意率达到96%。

二是积极组织代表开展闭会期间的活动。召开代表工作座谈会，总结推广方城、邓州、宛城等地代表活动室建设的经验，研究出台《关于加强代表小组活动的意见》、《关于评选表彰先进代表小组、先进乡镇人大主席团和优秀市人大代表的意见》等文件，规范代表活动，激发代表履职热情。破解市直代表开展活动相对薄弱的难题，按照“有场地、有制度、有计划、有档案”的要求，组建市直代表小组，建立规范的活动室，为市直人大代表活动的经常化、制度化奠定了基础。同时，组织驻宛各级人大代表视察和专题调研，为代表依法履行职责搞好服务。

三是提高代表履行职责能力。在上年对300多名代表进行履职培训的基础上，又举办两期培训班，使本届代表基本培训一遍，从而提高了代表素质和履职能力。坚持向代表通报常委会重要工作，有针对性地邀请代表列席常委会会议和参加常委会组织的活动，落实代表知情权，发挥代表在常委会工作中的重要作用。

【干部任免】 市人大常委会正确处理党管干部与人大依法行使任免权的关系，认真贯彻市委意图，依法做好人事任免工作，保证了市级国家机关正常运转。在任免工作中，除坚持任前表态发言、颁发任命书等制度外，把被任命人员的供职承诺通过新闻媒体向社会公开，接受全市人民的监督，确保人民赋予的权力始终用来为人民服务。

【市四届人大常委会第六次会议】 2月24～25日，市四届人大常委会举行第六次会议。市人大常委会主任李天岑、副主任杨德明、金星、马东升、李东武、秦俊、党光德、谢先锋，秘书长何新华及委员共46人出席会议。会议审议通过了关于召开市四届人大二次会议的决定；审议通过了市四届人大二次会议主席团和秘书长建议名单草案；审议通过了市四届人大二次会议列席人员名单；审议通过了市四届人大常委会向市四届人大二次会议所作工作报告稿；听取审议了市人大常委会代表资格审查委员会关于终止和补选代表的代表资格审查报告；听取审议了市人大常委会关于市四届人大一次会议代表所提建议、批评和意见办理情况的报告，会议还表决通过了人事任免事项。

【市四届人大常委会第七次会议】 3月29日，市四届人大常委会举行第七次会议。市人大常委会主任李天岑、副主任杨德明、金星、马东升、李东武、秦俊、党光德、谢先锋，秘书长何新华及委员共41人出席会议。会议听取审议了关于市四届人大二次会议主席团交付的第20号议案审理情况的报告；听取审议了市人民政府关于2009年市四届人大常委会审议意见落实情况的报告和市中级人民法院关于2009年市四届人大常委会审议意见落实情况的报告；表决通过了南阳市第四届人民代表大会常务委员会关于加强中心城区中小学校建设，进一步缓解教育资源不足的决议。

【市四届人大常委会第八次会议】 5月26～27日，市四届人大常委会举行第八次会议。市人大常委会主任李天岑、副主任杨德明、金星、马东升、李东武、秦俊、党光德、谢先锋，秘书长何新华及委员共45人出席会议。会议听取审议了市人民政府关于《南阳市中心城区旅游发展规划》及《南阳市旅游发展总体规划》实施情况的报告、关于质量兴市战略实施情况的报告、关于公安机关刑事案件办理情况的报告、关于《中华人民共和国农业机械化促进法》和《河南省农业机械化促进条例》贯彻实施情况的报告；听取审议了市人大常委会关于《南阳市中心城区旅游发展规划》及《南阳市旅游发展总体规划》实施情况的调研报告、关于南阳市质量兴市战略实施情况的视察调研报告、关于公安机关刑事案件办理情况的视察报告、关于检查《中华人民共和国农业机械化促进法》和《河南省农业机械化促进条例》贯彻实施情况的报告；会议还表决通过了人事任命事项。

【市四届人大常委会第九次会议】 7月22～23日，市四届人大常委会举行第九次会议。市人大常委会主任李天岑、副主任杨德明、金星、马东升、李东武、秦俊、党光德、谢先锋，秘书长何新华及委员共46人出席会议。会议首先传达学习了省委书记、省人大常委会主任卢展工在全省人大工作研讨会上的讲话；会议听取和审议了市人民政府关于2010年上半年国民经济和社会发展计划执行情况的报告、关于2010年上半年预算执行情况的报告、关于2009年财政预算执行和其他财政收支的审计工作报告、关于《中华人民共和国环境影响评价法》贯彻实施情况的报告；会议通过了南阳市人民代表大会常务委员会关于批准南阳市2009年财政决算(草案)的决议和人事任免事项。

【市四届人大常委会第十次会议】 9月27～28日，市四届人大常委会举行第十次会议。市人大常委会主任李天岑，副主任杨德明、马东升、李东武、秦俊、党光德、谢先锋，市人大常委会党组成员、市总工会主席韩奎生，秘书长何新华及委员共45人出席会议。会议听取审议了市人民政府关于招商引资项目落实情况的报告、关于《中华人民共和国职业教育法》贯彻实施情况的报告、关于增加农民收入情况的报告、关于南阳市中心城区土地储备及集约经营情况的报告；听取审议了市中级人民法院关于民事执行工作情况的报告，听取审议了市人民检察院关于反渎职侵权工作情况的报告；听取了市人大财政经济委员会关于招商引资项目落实情况的视察报告；听取了市人大常委会关于《中华人民共和国职业教育法》贯彻实施情况的视察报告、关于南阳市中心城区土地储备及集约节约经营情况的视察报告；会议还表决通过了人事任免事项。

【市四届人大常委会第十一次会议】 11月25～26日，市四届人大常委会举行第十一次会议。市人大常委会主任李天岑，副主任杨德明、马东升、秦俊、党光德、谢先锋，市人大常委会党组成员、市总工会主席韩奎生，秘书长何新华及委员共44人出席会议。会议听取审议了市人民政府关于市级债务管理情况的报告；关于中心城区道路建设情况的报告；关于中心城区经济发展情况的报告；关于加强中心城区中小学校建设议案办理情况的报告；关于市四届人大二次会议代表建议、批评和意见办理情况的报告；关于市四届人大常委会第九次会议对市人民政府2010年上半年国民经济和社会发展计划执行情况报告审议意见研究处理情况的报告；听取审议了市中级人民法院关于市四届人大二次会议代表建议、批评和意见办理情况的报告；听取了市人大常委会关于中心城区道路建设工作视察报告；关于“加强中心城区中小学校建设，进一步缓解教育资源不足的议案”办理情况的视察报告；听取了市人大常委会选举任免代表联络工作委员会关于市四届人大二次会议代表所提建议、批评意见办理情况的调研报告；会议还表决通过了人事任免事项。(杨运来)

南阳市人民政府

综　　述

【市政府工作概况】 2010年，南阳市人民政府面对复杂形势和严峻挑战，迎难而上，开拓奋进，深入贯彻落实科学发展观，加快推进“一个载体，三个体系”建设，组织实施“四个带动”，抢抓机遇，奋力拼搏，较好地完成了市四届人大二次会议确定的各项目标任务，经济社会发展继续保持好的趋势、态势和气势。1.保增长，调结构，经济发展提速增效。2.两轮驱动，统筹推进，城乡建设步伐加快。3.三、集中精力抓大事，重点工作进展顺利。4.谋长远，打基础，发展后劲不断增强。5.致力改善和保障民生，和谐社会建设稳步推进。(详见本书第1面《政府工作报告》)

【李克莅宛调研指导工作】 8月19日，省委常委、常务副省长李克来到陶岔渠首和淅川县移民新村，探访民情民意，察看工程进度，慰问基层干群，协调解决问题。李克在调研时强调，大局为重、全局至上，重在落实、重在为民。各级各部门要严格按照“三具两基一抓手”和“四个重在”的要求，上下齐心，全力以赴，克难攻坚，确保圆满完成省委、省政府提出的移民迁安“四年任务两年完成”的目标任务，确保移民迁安后真正实现“住得比原来好、生活得比原来好”。

【秦玉海到南阳灾区检查指导救灾工作】 8月4日，副省长秦玉海深入南阳市检查指导救灾工作。针对下一步的抗洪救灾及灾后重建工作，秦玉海强调一要妥善安排灾后群众的生产生活；二要调动全社会的力量搞好灾后重建；三要规划好灾后重建和生产自救，将灾区房屋的重建纳入新农村建设；四要未雨绸缪，长远谋划，消灾减灾，清除隐患；五要搞好灾情核查，争取国家相应救助资金；六要进一步搞好雨情预测、监测和防汛工作。

【刘满仓11次莅宛】 1月10日，副省长刘满仓深入淅川县看望基层移民工作者并就移民迁安工作进行调研。刘满仓强调，要高度重视移民人口的核实、新村建设进度的平衡、移民情绪稳定和搬迁善后工作。当前，要着力在4个方面下功夫。一是要下定决心，采取措施，核实核准人口问题，对徇私舞弊者要从重从快从严处理。二是要配合安置地党委政府搞好移民新村建设，保证新村建设质量、进度、安全，组织好移民代表监督。三是要确保稳定。工作要扎实，方法要得当，信息要准确，处置要果断，解决要及时，把矛盾化解在萌芽状态。四是要不辜负省委、省政府的关心、帮助、支持，用足用活政策，用好、管好资金，坚决打赢打好这场移民迁安战役。在宛期间，刘满仓还深入科尔沁牛业南阳有限公司考察。

3月9日，刘满仓到南阳视察移民迁安和水利工作。省南水北调办主任、省政府移民办主任王树山，副市长姚龙其、崔军陪同。刘满仓指出，移民迁安，责任重大，使命光荣。各级各相关部门要在保证工程质量的前提下，加快工程进度，集中精力，全力以赴，强力推进，保证4月底前完成整个移民新村建设，达到入住条件。学校、卫生室、道路、水、电等公益设施和基础设施要与安置房建设同步进行，确保让移民高高兴兴、顺顺利利、平平安安地搬入移民新村。承建单位要有大局意识，在保本微利的情况下，严把质量关，实现移民的安全搬迁。

3月21日，刘满仓深入丹江口库区淅川县上集镇、九重镇等移民乡镇召开座谈会，听取市、县、乡(镇)、村四级移民干部和移民群众代表关于第一批、第二批大规模搬迁工作的意见和建议。刘满仓指出，最大限度地为移民着想，移民迁出地——淅川县及10个移民乡镇要积极配合安置地把第一批移民房屋建设好，抓住当前这个好时机，坚决把好质量关，在此基础上加快施工进度，同步推进配套基础设施建设。继续努力把移民人口核实核准，树立库区移民形象。提倡“轻装搬迁”，做好搬迁的各项准备工作，确保南阳走在全省移民工作最前列。

4月11日，省南水北调丹江口库区第一批移民新村建设现场会在南阳举行。刘满仓出席会议并讲话。刘满仓指出，2000年是省丹江口库区移民安置工作的攻坚年、决战年，大规模搬迁安置时间紧、任务重、难度大、要求高，强度空前。全省移民新村房屋主体建设已经进入关键时期，全面启动基础设施和公益设施建设。各级党委、政府要进一步增强紧迫感和责任感，切实加强领导，强化质量，加强监督，把库区移民工作抓紧、抓好，抓出成效。刘满仓强调，要进一步认清形势，明确任务，突出重点，突破难点，加压鼓劲，再接再厉，以更加饱满的热情、更加扎实的作风、更加有力的措施，以只争朝夕的精神，努力做好全省第一批移民安置工作，坚决打赢移民迁安这场硬仗。

4月18～20日，水利部副部长矫勇率中央扩内需保增长水利专项检查组一行13人来宛，重点就中央新增水利投资项目执行开展情况和水利工程建设领域突出问题专项治理情况开展监督检查。副省长刘满仓，省政府副秘书长何平，省水利厅厅长王仕尧、副厅长王建武、纪检组长郭永平，市领导黄兴维、穆为民、贾崇兰、姚龙其等先后陪同。

7月14日，刘满仓到桐柏县检查指导防汛工作，并深入卧龙区石桥镇南阳月季基地调研花卉产业发展情况。市长穆为民、副市长姚龙其先后陪同调研。刘满仓指出，今年天气异常，自然灾害频发，降雨的不确定性很大。目前已进入防汛的关键时期，各级各部门要高度重视防汛工作，立足防大汛、抗大洪，认真完善落实各项防汛措施，切实保障人民群众的生命财产安全。要严格落实防汛责任制，严格开展防汛检查，认真修订、完善各类防汛预案，着力抓好抢险队伍建设和料物储备工作，把水库防汛作为重中之重，加强汛期值班巡查，确保水库不出现问题，同时要强化河道管理，积极推动清障工作，确保安全度过汛期。刘满仓强调，卧龙区南阳月季基地是目前中国最大的月季种苗繁育基地、河南省农业产业化龙头企业,种植规模3000多亩,精优品种600多个。刘满仓在认真了解了该基地的生产经营情况后指出,花卉产业是朝阳产业,市场前景广阔,经济效益可观。南阳月季产业要引进高科技,提高栽培技术,培育一流花卉,吃透政策,选好项目,加强对外交流与合作,努力做大做强花卉产业,在促进农业产业化发展、带动农民致富方面发挥更大作用。

7月25日,刘满仓带领省民政、水利等相关部门负责人,连夜冒雨深入南阳市西峡检查指导防汛抗洪工作。刘满仓指出,做好防汛抗洪工作,关系经济社会发展全局,关系人民群众生命财产安全,南阳各级各相关部门对防汛工作高度重视,加强组织领导,加大工作力度,切实做好防汛抗洪各项工作,打了一场漂亮的攻坚战。这次西峡鹳河山洪暴发,灾情是有气象和水文记录以来最为严重的一次,对南阳是一次最为严峻的考验,南阳做到了以下几方面:一是高度重视,高度负责;二是反应迅速、行动快,干部及时到位、措施及时到位、抢险物料及时到位;三是精心组织,周密部署,应对紧张有序,从容对待;四是军民合力抗洪抢险,为工作赢得了主动,把灾害降到了最低限度。

8月16日,刘满仓深入南召县检查指导防洪工作。刘满仓指出,要认真编制村级防洪预案,全面落实山洪灾害防御责任制,完善灾害防御体系建设,保持通信、道路的畅通,24小时全天候值班,各级干部要高度负责,责任到人,保证及时发现灾情,在第一时间让群众撤离到安全地带。要预先确定好撤退路线,干部分片包干,保证在灾害发生前使群众顺利转移,确保群众安全。

10月17日上午,中国·南阳第九届张仲景医药科技文化节开幕式暨中医中药中国行文化科普宣传周河南省启动仪式在南阳市体育中心隆重举行。科技部副部长王伟中、副省长刘满仓、国家中医药管理局副局长马建中、省政协副主席王平、市委书记黄兴维、市长穆为民等出席开幕式。刘满仓向南阳市授"河南省经方中药研发与生产基地"牌,并代表河南省委、省政府讲话。

11月21日,全省南水北调丹江口库区第二批移民新村建设现场会在邓州市召开。刘满仓在讲话中指出,第二批移民新村建设已经取得了阶段性进展,总体工作健康有序。在下一步工作中一要认清形势,保持清醒,杜绝松懈、麻痹和厌战情绪。二要确保质量、确保进度、确保安全,全力推进第二批移民新村建设。三要落实政策,为工程的顺利进展提供各方面的保障。四要保证各批移民群众使用政策的一致性,坚持既带着感情做好移民工作,又坚持依法办事,做到人人各尽其责,人人守土有责,把着力点放到工作的落实上。

12月1日,刘满仓在省水利厅副厅长王建武等随同下,深入到市鸭河口水库和鸭灌区的腹心地带宛城区汉冢乡现代灌区示范区检查指导工作。刘满仓指出,要增加施工人员,加强施工力量,在保证安全生产、确保工程质量的基础上,加快施工进度,确保如期完成工程任务,以高度的责任感建好鸭河口水库除险加固工程。刘满仓强调,要充分认识现代灌区对于实现农业高产高效、改善生态环境、提高农村品位的重大意义,紧紧抓住中央新增农资补贴项目的重大投资机遇,加强领导,激发方方面面建设现代灌区的积极性,严格实行目标管理,采取多种举措,捆绑资金集中投入灌区建设,完善配套工程建设,突出重点,着力打造现代灌区示范区,打造高标准精品工程,造福广大群众。

【张大卫4次莅宛】 3月21日,国家能源局副局长刘琦带领新能源司副司长史立山及综合司、新能源司相关负责人莅临南阳,调研新能源产业发展情况。中核集团副总经理余剑锋,副省长张大卫,省政府副秘书长张庆义,省发改委副主任、能源局局长裴志扬,市领导黄兴维、穆为民、朱长青及市发改委负责人先后陪同。

4月27~28日,国家环境保护部部长周生贤,带领环境保护部总工程师万本太、规财司司长舒庆、人事司司长陈亮、科技司司长赵英民、环评司司长祝兴祥、监测司司长魏山峰、华北督查中心主任熊跃辉等莅临南阳市调研。副省长张大卫、省环境保护厅厅长李庆瑞、省环境保护厅副厅长王争亚,市领导黄兴维、穆为民、陈光杰等陪同调研。

5月9日上午,中国·南阳第八届玉雕节暨国际玉文化博览会在南阳体育中心盛大开幕。中纪委原常务副书记、河南省委原书记侯宗宾,国家民委原常务副主任赵延年,国土资源部副部长汪民,副省长张大卫,中国珠宝玉石首饰行业协会常务副会长兼秘书长孙凤民,中国文化经济研究院院长、中华民族文化促进会副会长、中国生产力学会副会长丁一,国土资源部地质环境司司长关凤峻,国家体育总局经济司司长刘扶民,工业和信息化部消费品工业司司长张莉,省政府副秘书长张庆义,省国土资源厅厅长张启生,省邮政管理局局长杨汉振,省体育局党组书记彭德胜,中国珠宝玉石首饰行业协会副会长、省宝协会长刘长秀,省工业和信息化厅副厅长陈党义，市委书记黄兴维，市长穆为民等出席开幕式。张大卫宣布中国·南阳第八届玉雕节暨国际玉文化博览会开幕。

9月9～10日，铁道部党组成员、副部长陆东福，带领铁道部计划司司长杨忠民、铁道部鉴定中心常务副主任周孝文等来南阳市考察铁路建设工作，重点对郑渝铁路南阳站位和运十铁路淅川县荆紫关镇站位选址进行考察。副省长张大卫，省发改委副主任裴志扬，铁三院书记刘为群，铁四院院长、党委书记何义斌，市领导黄兴维、朱长青、陈光杰、李东武、文学林等先后陪同。

【徐济超莅宛】 6月18日，副省长徐济超率领省观摩团第二组全体成员莅临南阳市，对市部分重点项目和产业集聚区建设进行考察指导。徐济超在观摩时强调，产业集聚区建设是事关中原崛起的战略性举措，是培育“三个体系”、加速转变经济发展方式的重要载体，是集聚项目、做大做强企业的有效途径。要按照“竞争力最强、成长性最好、关联度最高”的原则选好特色主导产业；要着眼于延伸产业链、搞好产业配套、培育产业集群，抓好龙头企业培育和产业配套。要创新体制机制，优化服务环境，完善基础设施，招引更多企业入驻，催生更多项目落地，为全省经济社会又好又快发展提供强大支撑。

【史济春莅宛出席庆典】 6月30日，世界首个全物理法制备太阳能级多晶硅全流程工艺贯通暨规模化生产庆典在方城县新能源产业集聚区隆重举行。副省长史济春、国家能源局综合司副司长邓奎、中国科学院院士褚君浩、省科技厅副厅长贾跃出席庆典，国务院参事、中国可再生能源学会理事长、科技部原秘书长石定寰，市领导穆为民、郭庆之、原永胜、李东武、崔军、张志安、康连星等出席庆典，庆典由副市长崔军主持。史济春在讲话中希望南阳迅天宇硅品有限公司以多晶硅项目规模化生产为契机，坚持以市场为导向、以技术为支撑、以开放为手段，科学规划，全面落实产品技术项目的发展目标和管理措施，努力发展成为全国新能源产业的生力军，为中原崛起作出新的更大的贡献。

【市政府四届四次全体会议】 3月18日，市政府四届四次全体会议召开。会议的主要任务是：认真贯彻市两会、市委全委（扩大）会议精神，分解落实《政府工作报告》提出的各项目标任务，明确2010年市委、市政府承诺十项民生工程责任单位。市政府领导穆为民、朱长青、李建豫、冯晓仙、张振强、崔军、李中杰、王中、田向和出席会议。南阳军分区司令员程德明，市人大常委会副主任杨德明，市政协副主席文学林，市人大常委会党组成员、市总工会主席韩奎生等应邀出席会议。市长穆为民发表讲话。

【市政府四届五次全体会议】 7月15日，市政府四届五次全体（扩大）会议召开。会议的主要任务是：回顾总结上半年工作，分析当前经济形势，安排部署下半年工作。市政府领导穆为民、陈光杰、李建豫、姚龙其、张振强、贺国营、崔军、李中杰、王中，市政府党组成员、市公安局党委书记李国周等出席会议。南阳军分区司令员程德明、市人大常委会副主任杨德明、市政协副主席文学林、市中级人民法院院长庞景玉、市人民检察院检察长刘在贤和市总工会主席韩奎生等应邀出席会议。市长穆为民发表重要讲话。

【重要决定】 2010年，市政府先后作出的重要决定有：

1月19日，作出《关于授予张晓阳等8人南阳市科学技术突出贡献奖的决定》

2月24日，作出《关于表彰2009年度全市招商引资工作优秀单位、先进单位、优秀服务单位的决定》

3月17日，作出《关于对发改委等单位嘉奖的决定》

3月19日，作出《关于表彰2009年度安全生产工作先进单位的决定》

5月10日，作出《关于对2009年度南阳市科学技术进步奖获得者进行表彰的决定》

7月2日，作出《关于奖励南阳市2009年度社会科学优秀成果的决定》

9月17日，作出《关于对市第一届青年创业市长奖获得者进行表彰的决定》

10月22日，作出《关于表彰环境卫生先进集体和优秀工作者的决定》

12月6日，作出《关于表彰2010年度环城高速绿化工作先进单位和先进个人的决定》

【重要通知】 2010年，市政府先后发出的重要通知有：

1月15日，发出《关于印发南阳市科学技术发展规划（2010～2011年）的通知》

2月26日，发出《关于下达2010年度市政府相关部门环保责任目标任务的通知》

3月8日，发出《关于印发南阳市南水北调库区第二批移民安置工作实施方案的通知》

4月6日，发出《关于印发南阳市市长质量奖管理办法的通知》

5月26日，发出《关于印发南阳市2010年防汛防旱工作方

案的通知》

6月7日,发出《关于进一步明确节能降耗工作责任和实施分包制的通知》

8月13日,发出《关于成立南阳市交通建设投资有限公司的通知》

9月13日,发出《关于印发南阳市知识产权战略实施意见的通知》

10月7日,发出《关于启动节能Ⅰ级(红色)调控预案的紧急通知》

11月25日,发出《关于进一步做好农村土地承包经营权流转工作的通知》

12月19日,发出《关于印发南阳市知名品牌评审办法的通知》

市政府办公室

【公文办理】 精益求精抓办文。文稿起草坚持以提高领导满意度、基层认同感和对实际工作的指导性为原则。在"新"和"实"上下功夫,杜绝空话、大话、套话、废话,多讲实话、新话、短话、管用的话。公文处理上,坚持从严、从精、及时、实效的原则,牢固树立质量意识、精品意识,进一步规范完善公文办理程序,重点在文稿的思想性、指导性、实效性上下功夫,严把文件的数量关、质量关、格式关、程序关、政策关,使公文的规范性、权威性明显增强。一年来,办公室共起草《政府工作报告》等重要文稿和领导综合性讲话、专业性讲话、工作汇报材料、署名文章等500余篇;印发各类文件800余份;接收处理中央、国务院、省委、省政府等电子公文2000余件、纸质公文1000余件、机要信件2万余封;收集处理各类归档文件1200余件,确保了政府各项工作的正常运转。

【信息调研】 立足实效抓信息。以"快、新、实、准"为要求,使信息质量和上报信息采用率大幅提高,为领导科学决策提供及时有效的参考。围绕政府领导关注的重点工作和"四个带动"等工作的落实情况,组织了"落实《政府工作报告》奋力做好全年工作"、"强力实施四个带动,推动南阳跨越发展"等系列专题进行信息反馈,多篇信息受到市长穆为民等领导的批示和肯定。全年共编发《南阳政务信息》128期,《政务要情》14期,《南阳政务信息·专报》70期。被省政府办公厅采用信息427条,专期信息19篇。其中《南阳市大力实施"四个带动"推进经济社会跨越发展》、《第七届全国农运会筹备进展情况及存在问题》等信息被省政府专期刊发,受到省政府领导的批示和肯定,有力宣传了南阳市工作。全市政务信息工作在全省保持先进位次。围绕重点抓调研。围绕牵动全局的重点、热点、难点问题,深入调查,潜心研究,精心锤炼,力求出精品力作,使调研成果更多地进入领导视野。一年来,办公室紧紧围绕中原经济区建设、实施"四个带动"、产业集聚区建设、重点项目建设、财源建设等全市中心工作,吃透上级精神,深入调查研究,组织有关方面出台了《关于加快南阳中心城区发展的意见》、《关于加强南阳财源建设的意见》、《关于推进城乡建设加快城镇化进程的实施意见》等一批重要政策措施,有力地推进了工作开展。同时,围绕深入实施"四个带动"、全市产业集群发展、软环境建设等多个重点课题进行了数十次调查研究,共编发《市长参阅》60期,推出了《对福建省实施"四个带动"的考察报告》、《对山东等地财源建设的考察报告》等一批有分量的调研文章,及时为领导决策提供了依据。

【目标管理与督查】 目标管理上,做好与省政府的对接协调,服务好市政府与省政府签订《2010年度南阳市目标责任书》。根据省政府要求和市委、市政府的工作重点,对全市政府系统各单位年度责任工作目标体系进行了调整完善和科学制定。对重点责任目标实行月报、季报制度,强化运行监控、督查和考评,及时协调解决问题。全年下发7期《目标管理通报》、11期《目标告诫通知书》,开展督查活动20多次,为全市年度目标工作任务的圆满完成提供了有力保障。督查工作一是认真抓好全市重点工作的落实。对《政府工作报告》中提出的重点工作和"四个带动"实施中的有关任务进行分解,明确责任单位,实施台帐管理,加强督促协调。二是抓好群众关心问题的落实。继续办好南阳新闻网"给市长说说心里话"栏目,与南阳日报社联办了市长热线,共受理网民留言18733条,受理群众来电12995个,办结率97%以上。三是抓好市委、市政府十项民生工程的落实。对十项民生工程进行任务分解,明确责任单位,确保领导到位、措施到位、效果到位。四是抓好领导批示件办理。全年共办理省、市领导批示件143件,办结率100%。五是抓好市政府领导交办的临时性任务的督查落实。先后完成了对全市14个产业集聚区发展情况、企业军转干部稳控、移民新村建设、夏季秸秆禁烧等专项督查。六是做好人大代表建议和政协提案办理。全年共收到省政府转来的建议、提案12件,市人大、政协转来的建议、提案691件,均全部办结。

【协调服务】 围绕助理领导决策,注意观察宏观形势动态,及时学习掌握国家的大政方针,坚持把主要精力放在全局性大事要事的研究、谋划上，努力找准形势、政策与本地经济发展实际的结合点，积极提出一些现实的、操作性强的对策建议，切实发挥好参谋助手作用。同时，充分发挥好办公室"总调度室"的作用，确保形成工作合力，推动政府工作有效运转。一是加强内部协调。办公室人员加强协作，分工不分家，相互补位，重大活动、重大任务由大家齐心协力共同完成，努力形成一个团结、有力的战斗集体。认真做好各位市长之间公务活动的协调服务，主动沟通联系，及时掌握领导活动情况。组织领导公务活动，细致考虑，周密安排，协调到位，没有发生大的纰漏，各位市长都比较满意。二是加强上下协调。对上加强与省政府办公厅的联系，积极争取上级的指导和帮助；对下加强与县(市、区)政府办公室的沟通交流，将政府工作的触角延伸到基层，实现了市、县政府办公室工作的联动。三是加强左右协调。注意与市委办、市人大办、市政协办的沟通及与市直各部门之间的联系，在重大活动、重要会议、接待安排等方面，注重沟通信息，搞好衔接，为政府工作的顺利开展营造了良好氛围。全年共组织或参与重要事务协调90多次，使一些棘手问题得到妥善解决。

【后勤管理】 一是严谨高效筹备会议。严格执行会议审批制度，进一步压缩会议数量，控制会议规格，严肃会议纪律，提高会务水平，努力做到少开会、开短会、开有实效的会。狠抓会前准备、会中服务、会后落实三个环节，力求会议主题明确，中心突出，部署周密。全年共牵头组织或参与组织了全省重点项目观摩点评会议、全省移民新村建设现场会议、第八届玉雕节、第九届张仲景医药科技文化节、诸葛亮文化旅游节、市委农村工作会议等较大型综合会议和电视电话会议90余次，市政府全会2次，市政府常务会议11次，市长办公会议38次，各类专业性会议500多次，较好地服务了政府工作。二是认真搞好接待服务。本着热情周到、节俭大方、坚持制度、注意细节的原则，进一步明确接待范围、严格接待标准、规范接待程序，不断提高接待水平。圆满完成了李克强、李源潮、卢展工、郭庚茂等领导来宛视察及其他各类接待任务200多批次，9000多人次。三是努力维护信访稳定。信访工作注重向前延伸，变堵为疏，改进受理作风，提高一次性处解率。对基层的来信来访，认真听取意见，及时批转有关部门办理。全年接待到市政府的上访群众660批次，疏导上访群众16480人次，使政府机关办公秩序明显好转。四是切实加强应急管理。按照"以人为本、健全机制、分级负责、协同配合"的方针，不断加强全市应急管理体系建设和机制建设，应急管理基础设施不断完善，应急管理队伍建设得到加强，基层组织自救互救能力明显提高。全年协助处置各类突发事件10余次，减轻和消除了突发公共事件造成的危害和影响。(谢春平)

行政审批

【市行政审批服务中心迁址】 2010年8月16日，南阳市行政审批服务中心搬迁至独山大道与冶铁路交叉口(华鑫苑楼下)。9月30日，在新中心门前广场举行入驻仪式。市领导郭庆之、孙丰年、杨德明、秦俊、李建豫、赵金文、贺国勤，副市厅级干部、市政府党组成员、市公安局局长李国周等出席仪式并剪彩。仪式由副市长李建豫主持。市行政审批服务中心主任张居文汇报了新中心建设情况，入驻单位代表做了表态发言。仪式上，市委常委、市纪委书记孙丰年要求各有关部门对窗口充分授权，实现行政审批服务中心运行的有机衔接；要围绕市委、市政府"四个带动"战略，坚持杜绝应进不进、两头受理、体外循环现象；各进驻单位领导班子成员每天要有一人在窗口办公值班，杜绝把窗口当成收发室的现象，确保中心按照"一站式办公，一条龙服务，一个窗口对外"的工作模式规范、高效运作。市行政审批服务中心要进一步加强对中心窗口行政审批服务工作的组织、协调、监督、管理和服务，真正把中心办好，办出水平，办出特色，让企业和群众满意。

【新行政审批服务中心简况】 新中心共5层，1～3层是办事大厅，4～5层是办公用房，办公场地由原来的800平方米扩大到8000平方米。进驻单位由原来的39个增加到现在的54个。进驻项目由原来的595项增加到712项。即办件从原来的97项增加到318项，承诺件时限压缩了1.13万个工作日。新中心办公设备齐全，有国际互联网、公安专网、房管专网、运管专网、车购税专网等网络，办公区内设有前台窗口和审批后台、资料室、大中小会议室，进入大厅有导办标示牌，视频监控，还配备有考勤指纹器、测评评价器等。(赵霆)

外事侨务

【因公出国(境)管理】 2010年共受理全市因公出国(境)团组49个120人，经市外侨办认真审核，取消了没有实质内容和无十分必要的出访团组6个13人，最终实际派出43个团组107人。其中参加中央各部委及省直部门

市外侨办主任　赵天才

跨地区跨部门团组(双跨团组)共22批22人,南阳市自组团组21批85人。南阳市自组团组按类别分为:党政机关团组12批67人;企业团组6批12人;高校团组3批6人。所有出访团组和人员都自觉遵守外事纪律,完成预定出访任务,顺利返回,无滞留违规等事件发生。

对因公出国(境)的管理,一是规范因公出国(境)报批程序,实施了年度申报计划,完善出访报告制。市委办、政府办联合下发《关于进一步加强因公出国(境)跨地区跨部门团组管理工作的通知》,重点加强对双跨团组的管理。二是强化因公出国(境)归口管理。出台一系列规定和措施,加强对全市因公出国(境)工作的归口管理。因公出国(境)团组在审批时,市政府明确要求必须经市外侨办的初审,否则不予审批;因公出国(境)人员在办理政审手续时,组织部门要求必须先经市外侨办初审并加盖公章,否则不予政审。三是加强对出访团组和人员的行前外事纪律教育。每个因公出国(境)团组出发前,发放《关于因公出国(境)团组纪律要求》到所有团员手中,并采取集中教育学习、团(组)长重点谈话和团员个别提醒等多种方式,要求出访团组必须严格遵守外事纪律、保密纪律和财务纪律。大型团组出访前还与安全部门协作,专题安排对其进行行前外事纪律教育。

【对外经济交往服务】 市外侨办落实南阳市"服务带动"发展战略,树立服务意识,创新工作方法,积极服务南阳市经济社会发展和对外开放。一是服务外向型企业,推动经济社会发展。以服务经济建设、服务企业为重点,对外向型企业的报件,做到优先审核、优先报批、领导亲自协调、全程跟踪服务。对出国招商引资洽谈项目等团组,全力以赴,及时高效,确保团组能按时顺利成行。派专人全程跟踪服务市红棉集团在乌兹别克斯坦投资的乌华红棉天使纺织公司开业庆典,确保中方代表按时赴乌出席。乌华红棉天使纺织公司顺利投产,年产棉纱2万吨,年销售收入2.6亿元。在2010年的大招商活动中,南阳市先后两次组织赴港澳地区举办招商推介活动,团组人员多、申办手续任务重、时间紧。市外侨办领导亲自带队赴省外侨办汇报协调,组织人员加班整理所需各种材料,每次仅用一周时间就将所有手续办理完毕,保证了市领导和招商人员如期到达,活动得以顺利举办。二是为对外交流合作牵线搭桥。利用对外接待、联络的各种机会,搜集有价值的信息提供给相关单位和部门,为全市的对外交流合作提供帮助。法国卡利埃尔市十分注意对农业环境的保护,在生态农业发展方面取得了良好的成效。经外侨办牵线搭桥,2010年由市领导带队专程访问了该市,实地考察该市在重视农业环境保护、大力发展生态农业方面的成功经验,促成南阳市与法国卡利埃尔市签署《农村创意文化和特色经济合作倡议书》。

【涉外事务管理】 2010年先后配合中国驻外使领馆,协调有关部门分别圆满处理了南阳市南召县、镇平县两名公民在海外受虐待及劳务纠纷的事件,切实履行了领事保护职责。指导南阳理工学院及时妥善处理澳大利亚籍外教突发危重疾病去世的事件,社会效果良好。

【外事接待】 全年市外侨办共接待外国来访团组12批次69人,分别来自日本、韩国、意大利、安哥拉、俄罗斯等10个国家,加强了相互间的友好交流,扩大了南阳市对外开放。4月,韩国春川市副市长申龙澈率团对南阳市进行友好访问,双方就体育、旅游、文化等多个领域的交流与合作达成了一系列共识,进一步深化了两市之间的友好合作关系。5月,日本冲绳县代表团访问南阳市,参观南阳市的学校和相关企业,双方就两地在环保合作、旅游观光、留学生交流交换、文化文艺交流等方面合作事宜进行深入的磋商和探讨。此外,还先后接待了安哥拉驻华使馆代表团、中英低碳城市建设试点与示范专家组、伏牛山世界地质公园联合国评估专家组、国际摩托艇联合会代表团和俄罗斯商贸代表团等重要礼宾、专家和经贸团来访,完成外事接待和翻译任务。

【华合论坛南阳专场推介活动】 2010年9月,第三届华侨华人中原经济合作论坛(简称华合论坛)在平顶山市举办,海内外知名侨商、专家1200多人参会。市外侨办自年初成立后,就把借助华合论坛这一平台服务全市招商工作确定为全年工作的重点。会前,多次到国务院侨办、省外侨办汇报,积极争取,赢得上级主管部门的大力支持,在论坛举行期间成功举办南阳市情说明暨合作项目签约仪式。这是论坛举办三届以来全省18个省辖市中，首次由一个地市举办专场推介活动，成为本届论坛的一大亮点。国务院侨办副主任任启亮、省外侨办主任冯永臣及南阳市领导王建民、张振强和200多名海内外侨商出席了仪式。

在专场活动上，南阳市根据自身的资源优势和产业优势，重点推介项目390多个，涉及能源、机电装备等8大类，总投资900亿元。签约仪式上成功签约25个合作项目，投资总额25.55亿元人民币，项目涉及农产品加工、食品、纺织、新能源等产业。

【侨务引资引智】 一是促成今凯基因药物实验室落户南阳。通过市外侨办的积极努力，由南阳市籍旅美著名基因科学家窦德献组建的“今凯基因药物实验室（南阳）有限公司”4月正式挂牌成立，落户南阳市高新区，该实验室主要研究和开发HIF基因类药物，是一种世界领先的高效、广谱抗肿瘤药物，一期研发引进风险投资8000万元，投资2000万元的高标准试验室已初步建设完成。二是引进海外捐资项目。经市外侨办联络争取，2010年方城、镇平、新野、宛城4县区又引进海外捐资助教项目4个，共计捐赠资金80余万元。（郝以昆　王峰）

侨　联

【侨（爱）心工程】 2010年，市侨联共引进捐资140余万元，援建8所小学，并资助部分贫困学生。此外，市侨联响应省侨联的号召，多种形式为北川中学再献爱心，在全市侨界开展“万人捐款”和“万人签名”活动，征集签名近万人，捐款合计23119.7元，为北川中学师生送去南阳侨界的爱心和祝福，受到省侨联的表彰。

市侨联主席　刘红跃

【姓氏文化联谊】 市侨联依托南阳姓氏文化丰厚的积淀，致力于拓展海外联谊，联络邀请姓氏宗亲到南阳市寻根谒祖，观察参考，投资兴业，服务地方经济发展。2010年3月，世界谢氏宗亲一行70余人到宛城区金华乡东谢营村寻根谒祖，达成捐建中华谢氏文化会展中心的意向。4月12日，古蓼国国王廖氏始祖叔安公纪念馆落成典礼暨庚寅年世界廖氏祭祖大典活动在唐河县隆重举行，全国政协常委、港澳台侨委员会副主任、澳门特别行政区行政委员廖泽云携700多名世界各地廖氏宗亲参加，并与唐河有关部门开展洽谈活动。市委常委、统战部长王建民会见廖泽云一行。4月17日，中华曾氏祖根地暨古缯国遗址授牌揭碑典礼在郑州和方城同时举行，在郑州，香港金利来董事局主席、世界曾氏宗亲联合会会长曾宪梓、省市有关领导和曾氏宗亲30余人参加授牌仪式，省社科院正式认定方城为中华曾姓祖根地，曾宪梓把亲笔题写的“中华曾氏祖根地”匾额授予方城县，并为方城县政府捐资20万元；在方城，毛里求斯共和国前文化部长、全国第一大党主席、KING集团董事局主席曾繁兴携海内外曾氏宗亲参加揭碑仪式。11月，邓氏文化交流暨先祖塑像揭幕活动在邓州市举行，来自美国、泰国、马来西亚、香港、澳门和内地的100多名姓氏宗亲参加。

【侨益维护】 2010年春节期间，全市侨联组织慰问归侨侨眷126户，发放慰问金2万元，救济物资折合人民币3万余元；依法做好侨务信访工作，成立了信访工作领导小组，加大了信访案件的协调处理力度，促进了侨界的和谐稳定，2010年共接待侨界来信来访56人（件、次），反映的问题都得到了较好解决。积极搭建平台，为侨界政协委员参政议政服务，提高参政议政水平。市侨联深入开展调查研究，积极提供提议案素材，为侨界人大代表、政协委员参政议政服务。（张硕）

对台事务

台　办

市台办主任　徐朝炎

【2010台胞台商唐河行及台湾产业园揭碑】 唐河县对台招商引资成效显著，已先后有8家台企落户该县工业园区。为巩固对台招商成果，4月2～4日，举办2010台胞台商唐河行及台湾产业园揭牌活动。全国海协会副会长王富卿，全国台湾同胞投资企业联谊会常务副会长兼秘书长何世忠，省长助理卢大伟，省委统战

部常务副部长耿开昌,省台办主任宋丽萍,市委书记黄兴维,市委副书记、市长穆为民,市委常委、统战部部长王建民等领导及130余名台商台胞参加活动。此次活动共签订了达然纳米生物科技、恩能饲料、安佑饲料、昶旭生物科技、鸿利达电子等项目10个,合同引资6.3亿元。合室家建材、鸿中五金制造、畅鸿塑胶、福林先科航模、华轩光伏和恒业光电等10家台资企业入驻该县工业园区,投资总额达25亿多元。另外,投资23.5亿元的台湾永茂集团鞋业项目、投资3000万元的安佑饲料、投资6000万元的达然生物、投资3000万元的恩能饲料、投资6000万元的合室家二期工程等项目2010年相继签约入驻园区。省委统战部副部长耿开昌为占地5平方公里的南阳台湾产业园授牌。

【南阳台商投资企业协会成立】 2010年9月13日成立南阳台商投资企业协会。第一次会员大会审议并通过《南阳市台商投资企业协会章程》和《南阳市台商投资企业协会第一次会员代表大会选举办法》。经大会选举,共产生理事54人,常务理事23人,秘书长1人,副会长8人,南阳畅鸿塑胶有限公司董事长台商詹添兴当选为会长。南阳市委台办主任徐朝炎被聘为名誉会长。市委常委、统战部长王建民,市人大副主任李东武,市政协副主席宋蕙,市政协副主席、市工商联主席吴冬焕等出席成立大会。南阳台商投资企业协会的成立为南阳与台湾文化大交融,经贸大合作,人员大往来搭建了桥梁,构筑了平台;也为台胞进一步了解南阳、投资南阳、建设南阳开辟了新渠道,为南阳大招商、大发展提供了"助推器"和"加速剂"。

【服务台资企业】 一是开展"台商投诉无积案"活动,按照省委对台工作领导小组《关于在全省开展台商投诉无积案活动通知》的要求,制定工作预案和方案,建立登记、协调处理、回复反馈、总结归档等一系列制度和措施并确保落实。年初,全市对台工作会议将台商投诉工作作为一项重要内容,明确要求,量化责任,纳入目标考评,使全市上下高度重视这一工作,积极主动协调处理问题及纠纷。各级党委十分重视这项工作,把它作为服务经济发展,服务统一大业的大事来对待。市委常委、统战部长王建民多次深入台资企业看望、走访,解决困难和问题,各级对台工作部门认真对待台商投诉工作,关口前移,经常走访台资企业,与台商交朋友,积极协调出现的问题与纠纷,确保南阳市台商投诉无积案。全年接待人访、信访、上报批转的台商投诉20起,做到了件件有回音。其中上级批转的案事件3起,全部办理完毕。二是对2009年以来签订的9个台资项目进行跟踪服务。协调项目双方,促其尽快开工建设,使项目真正落实,所有项目进展顺利。三是深入企业调查研究,帮助解决困难和问题,保证企业良性发展。四是进一步贯彻《中华人民共和国台湾同胞投资保护法》和河南省关于《台湾同胞投资法实施办法》,保护台商台胞的合法权益。

【对台招商】 2010年。南阳市以商招商、以情招商等多措并举的大招商格局取得招商引资工作新突破。新建台商投资园区2个,园区新增台资企业2家,合同利用台资24.3亿元。全年共有11家台资企业进驻南阳,完成投资1.5亿美元。唐河县台商产业园入驻台资企业10个,总投资额30亿元。西峡县采取以商招商的方式,促成台湾商人江俊德与河南联强公司共同投资6000万,成立联强航模公司,主要生产各种遥控设备控制飞机、车、船、机器人等高科技玩具,建成后年产值可达1.5亿元,销量的70%以上为欧美市场。西峡县台办充分发挥江俊德在台商协会与同行业的影响,围绕航模项目,吸引东南沿海的客商前来投资。2名意大利客商,4位台湾的商人到西峡进行考察,初步达成投资意向。淅川县先后引进永益石材公司、永晶矿业公司和光大电子等台资企业入驻淅川。同时,引导淅川知名企业到台湾发展。先后协调淅川铝业集团、福森药业公司、淅川森丽炉料公司赴台发展业务,寻找合作伙伴,促进了3家企业的发展。宛城区台办继续开展"六个一"活动,招商引资取得新的进展,又有两家台资企业落户宛城,总投资28万美元。

【宛台交往】 2010年,南阳市把扩大两岸之间的交流作为工作重点,调动社会各方面力量,广泛开展联络联谊工作。利用同乡会、宗亲会、民间社团等联谊交流平台,加强同台湾各界人士的交流交往,不断加深两岸人民感情,最大限度地争取台湾民心。全年共组织赴台交流团组16个,192人。其中经贸交流团组11个,130人;文化交流团组4个,48人;宗教交流1个,14人。共接待台湾各界来南阳交流团组13个220人。

一、搞好接待,广交朋友。一是承办台湾阿里山邹族探亲团南阳探访活动。按照"河南台湾月"活动的总体规划和安排,10月14～18日,以台湾原住民民意代表简东明先生为团长的阿里山邹族探亲团一行15人,到南阳开展探亲联谊活动。省台办副主任王庆春,南阳市委常委、统战部长王建民，南阳市委常委、宣传部长姚进忠等参加了在邓州上营村举行的欢迎仪式。市委副书记贾崇兰，统战部长王建民、人大常委会副主任秦俊，政府副市长李建豫等市领导在南阳市为探亲团举办了专题欢迎酒会，并组织探亲团到洛阳、郑州等地观光旅游。此次活动，加深了两岸同胞间的相互了解，也增进了的亲情、族情联系，活动通过中国日报、人民日报海外版、人民网、新浪网、台湾网、大公网、凤凰网等40多家新闻媒体的报道和转载，在两岸民众间反响强烈，收到良好的效果。达到了探亲联谊、感知河南的预期目的。二是接待了第六届全国农民运动会台湾代表团组团代表宋智忱到南阳的考察活动。8月30～31日，第六届全国农民运动会台湾代表团的组团人，中华海峡两岸文化观光产业发展协会理事长宋智忱一行到南阳考察第七届全国农运会筹办情况。市长助理田向和及第七届农运会筹委会负责人陪同考察并座谈。宋智忱参观考察了第七届农运会主要场馆的建设情况后，对这一全国性的赛事在中原腹地南阳举办充满信心，并表达了回台组团参加本届农运会及在宛举办台湾农产品展销会的意愿。三是接待各类台湾来宛团组。全年共接待了“百名台商唐河行”、两岸企业家南阳考察等13个团组220人的参访考察活动。通过洽谈共签约项目24个，涉及南阳市能源、机电、纺织、农业、医药、旅游、矿产资源等多个领域，互利合作前景广阔。四是重视对回乡台胞的接待工作。先后接待了台湾前新党主席谢启大、美国祥泰投资公司总裁谢坤铨、台湾女企业家协会会长马爱珍及镇平籍重点台胞刘克等台湾知名人士23人回宛进行探亲、祭祖、文化经贸交流等活动。

二、做好对台联络，争取台湾人心。方城县在台湾蓝绿阵营“五都选举”争夺战的关键时期，采取积极措施，最大限度地做好争取人心工作。一是在接待回乡探亲台胞时，引导他们利用自己的影响和人脉资源，发动在台人士坚定站在蓝营一边。二是向50多名方城籍重点同胞打电话，鼓励台胞坚持“一国两制、和平统一”方针，竭尽所能服务蓝营选战，为维护祖国统一贡献力量。三是组织方城台属“向台亲人开展打一个电话、写一封信活动”。用两岸和平统一、互惠共赢的事实，说服在台亲人为“五都选举”蓝营取胜做好工作。社旗县台办当得知国民党前军医闫桂海因思念家乡，在下肢骨折的情况下，坐轮椅回乡时，及时前去看望，送去生日的祝福和仲秋的问候。闫桂海激动得热泪盈眶，兴奋不已，无限感慨地说：‘三尺布尚可缝，同胞兄弟何不容呢?”表示回台湾后要劝说民进党的儿子，认同“一国两制”。

三、利用南阳经济、文化优势开展赴台交流。一是组织南阳市统战系统对台考察活动，10月，以南阳市委常委、市委统战部长王建民为团长的南阳市统战系统考察团赴台进行为期7天的考察。考察团专程赴阿里山看望了邹族乡亲，参观了邹族特色的生活习俗和文化设施，捐款5万元人民币用以邹族文化发展中心的恢复和建设，并就阿里山与南阳邓州市两地邹族乡亲间的经常往来和交流达成共识。在金门，考察团与金门县长李沃士就扩大金门高粱酒在南阳的销售进行洽谈；在高雄，考察团拜会了台湾原住民“立法委员”简东明，就加强两岸少数民族间的交流进行协商；在台北，考察团与“台湾啤酒公司”进行接触，探讨了“台啤”在南阳设点和设厂问题。同时，还看望了高雄市、台中市河南同乡会，慰问了众乡亲。二是赴台向台湾受“8·8风灾”的阿里山民众实施捐赠。9月12日，南阳市向台湾“8·8风灾”受灾民众捐赠仪式在嘉义县阿里山乡达邦村进行。南阳市人民政府副秘书长燕军庆代表南阳市把南阳市慈善总会募集的善款100万圆新台币捐赠给“8·8风灾”中受灾的嘉义县阿里山乡达邦村特富野社区邹族同胞，以帮助其恢复被毁文化设施。国民党中常委、“立法委员”廖国栋、嘉义县议员汪志敏、嘉义县阿里山乡乡长陈明利等参加了捐赠仪式。嘉义县邹族库巴特富野社文化发展协会理事长、邹族头目汪念月代表受助方讲话，30多名邹族长老、族长、群众代表出席捐赠仪式。台湾原住民电视台等媒体现场进行了采访报道。10月28日～11月4日，唐河县组织11人赴台进行为期8天的经贸交流与考察活动。重点拜会唐河籍的台湾同乡，召开唐河县旅台乡亲联合会年会，并对台商台胞唐河行活动签约项目进行回访，参观考察台湾旺望集团、合室家建材、安佑饲料等，参加了在唐投资企业老板组织的工商企业界人士、政界官员、媒体朋友的经贸洽谈，通过积极在台开展活动，为唐河与台湾进一步联系交流建立了平台，为台商来唐河投资畅通了渠道。为进一步拓展台湾市场，9月，西峡瑞发水电有限公司董事长王贵泽及双枪冶金集团总经理田丰菊相继赴台，考察台湾市场。西峡县的西保、宛药、金鑫公司和龙成集团等企业也加强与台湾相关企业业务联系。11月2～3日，台湾“中华国际经贸促进会”理事长林坤、执行长黄国栋、总会秘书高书娟等一行5人到西峡寺山国家森林公园和燃灯寺实地考察并达成合作意向，双方签订了《西峡县寺山景区与台湾“中华国际经贸促进会”旅游文化合作战略意向协议》。

四、积极为台胞台属服务,引导在宛台胞台属加强同台湾各界的联系。一是利用传统节日和重大活动等有利时机,向台湾各界发信函、贺卡6000余件,打电话交流联谊1万余次。慰问重点台胞台属110户,发放慰问款物合计人民币11万元。二是进一步拓展与台湾二、三代同胞的联系。组织南阳市青年联合会赴台湾同台湾青少年进行交流联谊。搭建了宛台青少年联络联谊的桥梁。三是积极为台胞台属服务,赢得台胞台属赞誉。全市对台部门帮助台胞台属解决涉及医疗、资产、房产等纠纷问题87件,协助处理赴台探亲、涉台公证、涉台婚姻、遗产继承事项104宗,为17户台属及2位定居台胞申请低保及实施救助。卧龙区台办针对定居台胞黄一清瘫痪在床,经济困难的实际,多次到家里慰问,并送去了棉被、药品、医疗器械等价值600余元的物品。83岁的黄一清感动得热泪盈眶,情难自抑。其妹黄同坤精心制作一幅题为"家"的匾额送到区台办以表达感激之情。

【对台宣传】 一是以举办第七届全国农民运动会和南水北调中线工程开工及移民迁安为契机,开展对台宣传。精心制作了反映南阳城市建设和农运会场馆建设及南水北调中线工程建设情况的图片、画册、折页和宣传手册等通过各种渠道送入岛内,向台湾民众宣传南阳社会经济发展的美好前景。二是组织宣传稿件,强化对台宣传。共制作宣传品项目40个,组织对台宣传稿件760余篇,被市以上新闻媒体采用400余篇。向台湾南阳文献等岛内媒体发稿32篇,被采用26篇。三是发挥南阳赴台交流团组多,接待台胞多的优势,开展面对面的对台宣传。南阳市全年共组织赴台进行经贸合作考察和文化交流的团组16个,赴台人员近200人。每个赴台的团组和人员在完成赴台任务的同时,把入岛宣传作为工作的重点,利用同台湾经济、文化界接触的有利时机,把各类对台宣传品送入岛内,宣传南阳厚重的文化、独特优越的自然条件和开放文明的发展环境。让岛内民众感知大陆,认知南阳。社旗、卧龙、宛城、新野等县区还将本地的投资项目、人文、旅游资源等资料发给回乡探亲的台胞。让他们带回台湾,介绍给在台的亲朋好友。四是利用互联网等现代化的传媒手段进行对台宣传。各地还开设涉台知识专项网页,为广大网民更快捷、方便地了解党和政府最新对台政策和台湾岛内广大民众的心声提供平台。西峡县发布20余条信息,浏览群众达2000人次。通过涉台专题网页宣传恐龙蛋化石博物馆和老界岭等景区,收到良好效果。

【涉台教育】 一是利用座谈会、茶话会及各种会议进行涉台教育。及时传达贯彻中央和省委的对台工作部署,通报台海局势和两岸关系发展趋势,明确对台工作面临的形势与任务。并将《两岸关系》、《台湾工作通讯》等对台工作杂志,送给有关领导参阅,争得领导的重视和支持。二是积极开展"涉台教育进社区"活动。全市在"涉台教育进社区"活动中,共制作对台政策、对台知识宣传展板30余块,布展110余次,出黑板报150余期,还通过举办宣传专栏、印发宣传手册、悬挂横幅标语等形式,以帮助社区居民增强对涉台知识的认识和理解,掌握中央对台方针政策和相关法律法规,受教群众达22万余人次。三是利用党校和各类培训班之机,开设涉台教育课程,对党员干部特别是各级领导干部进行涉台政策和法规教育,营造全社会共同关心、支持和参与对台工作的良好氛围。全市各级党校已将涉台教育作为重要内容纳入各类培训的教学之中。四是着力抓好对青少年的涉台教育工作。把涉台教育纳入青少年学生的思想政治教育内容,以中小学为依托,通过历史、政治课程教学,利用黑板报、校园广播、主题班会等形式开展涉台教育。五是积极开展"百场教育活动"。编写《台海形势及对台工作》专题宣讲材料,在全市范围内开展"百场涉台教育活动"。市台办主任徐朝炎还深入卧龙等县区对基层党员干部进行专题涉台教育讲座。全市各级台办利用干部培训、社区集会等时机,开展涉台讲座142场,受教育的干部群众16.3万人。

【其他涉台事务】 一是做好台胞台商的捐赠工作,2010年共接受台湾捐赠款物折合人民币277.8万元。1.接受台北曹仲植基金会捐赠轮椅600辆,价值人民币18万元;2.争取明德小学建设项目5个,总投资450万元,其中明德基金捐助资金225万元。这5个项目是:西峡县回车镇第一中心小学、唐河县大河屯镇中心小学、南召县马市坪乡大庄小学、内乡县大桥乡封营小学、内乡县板场乡中心小学。3.接受助学捐助34.8万元,惠及2所学校和20名优秀学生。二是收集对台信息96条,整理编发《对台工作》18期,被省台办及《豫台视窗》等媒体采用31条。三是处理来信来访68件次,做到了件件有落实,事事有回音。四是选派市县台办干部13名外出参加了业务培训。(谢文海)

台　联

【政策理论学习】 2010年市台联根据两岸关系发展的新形势,

深入学习中央对台方针政策，落实胡锦涛“12·31”对台讲话精神以及中央、省、市委对台工作会议精神和工作部署，及时调整工作思路，始终把握对台工作的正确方向。坚持理论政策业务学习。市台联坚持集中学习与平时分散学习相结合，自学与培训相结合的学习制度。坚持每周一上午政治业务学习，力求学习内容丰富、形式多样，并且加强自学、分散学，及时掌握中央对台方针政策，领会中央对台会议精神，把握台联工作大局。围绕对台重大事件，及时向台胞台属宣传中央对台方针政策，推动两岸关系和平发展。

【争先创优】 市台联按照全市统一安排，采取四项措施推进争先创优活动。1.抓集中学习教育。在争先创优活动中，除坚持周一学习日的基础上，每周又新增加一天的学习时间。集中学习采取辅导、讲座、培训、讨论、电化教育等形式，强化党员干部理论学习，全面提高整体素质。先后集中收看《雷锋》、《张思德》等英雄模范人物事迹影视片6部，《上甘岭》等爱国主义教育片三部。倡议号召机关干部多读书、读好书，开展读书竞赛。2.开展争当合格党员、优秀公务员专题座谈讨论。帮助每位机关干部职工提高思想认识，明辨是非。3.开展谈心交心活动。相互沟通、形成共识、凝聚力量，强化班子成员和党员责任意识，增强党员在工作、学习和生活中争先创优的自觉性。4.与所有党员签订以“创建先进党支部、争当优秀共产党员”为主题的争先创优公开承诺书，将争先创优活动落到实处。

【与台胞台属联络联谊】 双节期间走访慰问。市台联在元旦、春节期间，开展向广大台胞台属送温暖活动。在双节期间，共向岛内外的台胞台属打电话500多次，发贺卡300多份。筹集2万多元专项资金，到市直以及宛城、卧龙、社旗等县（市、区）走访慰问。搭建平台，举办联谊活动。利用中国传统节假日台胞集中返乡之际开展联络联谊活动，组织召开台胞台属“春节”、“中秋”座谈会、台商辞旧迎新茶话会等，畅所欲言，献计献策，共谋发展。2010年，市、县各级台联组织共举办联谊会、茶话会、座谈会等联谊活动50多场次。做好接待工作。贯彻中央“寄希望于台湾人民”的方针，借助台联与台胞血缘亲、地缘近的优势，做好台胞台属接待工作。市各级台联组织全年共接待台胞310起，700多人次。赴外省、市学习取经，联谊交流。3月21～27日，市台联会长王艳丽随省台联组织的考察团奔赴苏沪两地以及所辖地市学习考察，并撰写考察报告。11月15～22日市台联组织全市台联会长、理事及台资企业负责人赴成都学习考察。

【服务台资台属企业】 （一）走访台资企业、与企业家建立友谊，主动了解台资企业的基本情况，为其排忧解难，提供优质服务。（二）服务台资企业。市台联全年为台资企业提供法律咨询1000余次，办理证件、签证500余次，提供车辆服务700余次。（三）引进台资企业。4月份南阳市台湾产业园在唐河揭碑、总投资达26亿元，6月份社旗县台联引进台资企业南阳畅鸿公司，9月份南阳台商投资企业协会在唐河县成立，方城县台联引进台资企业南阳日安科技有限公司、总投资1200万美元，11月份台湾永茂集团（唐河）产业园投资23.5亿元签约。（王诗振）

节会活动

【南阳市节会活动办公室简介】 2008年10月，设立南阳市节会活动办公室，为市政府直属正处级事业单位。内设综合科、节会活动科、对外联络科3个科室，人员编制15名，其中领导职数1正2副，科级领导职数6名，工勤人员1名，经费实行财政全额预算管理。主要负责组织协调节会等重大活动的开、闭幕式，文艺晚会，各种主题活动的筹划、落实工作；负责玉雕节、医药节等节会的布展、组织、协调工作。负责节会主体活动文字的起草工作；组织协调、检查、督促节会接待；参观、治安、交通、招商、市容市貌整治等方面的工作；协助宣传部门做好对外宣传和社会宣传工作；负责组织协调国内外嘉宾、客商的邀请工作；督促节会期间确定的重大工作、项目的落实。

【中国·南阳第八届玉雕节暨国际玉文化博览会】 中国·南阳第八届玉雕节暨国际玉文化博览会5月9日开幕，5月16日结束。本届节会按照“南阳特色、国家级别、国际水准”的工作标准，以“突出玉雕精品博览，大力弘扬玉雕文化，推动玉雕产业发展”为指导思想，打造南阳城市文化名片。节会得到了国家有关领导、国土资源部、工业和信息化部、中国珠宝玉石首饰行业协会以及省委、省政府的高度重视和大力支持。中纪委原常务副书记、中共河南省委原书记侯宗宾，国家民委原常务副主任赵延年，国土资源部副部长汪民，国家体育总局副局长崔大林，省政府副省长张大卫，中国珠宝玉石首饰行业协会副会长兼秘书长孙凤民以及省工业和信息化厅、省国土资源厅、省邮政局、省体育局等省直部门主要领导亲临南阳指导工作。湖北省十堰市,辽宁省阜新市、岫岩县,云南省腾冲县、龙陵县,甘肃省裕固族自治县,青海省海北州祁连县等玉石原料产地的代表团应邀参加节会。筛选1500多件创作设计新颖、质量上乘的玉雕作品参与精品博览,原料涵盖了独玉、翡翠、白玉、密玉、黄龙玉、佘太玉、岫玉、水晶、玛瑙、碧玉、绿松石等十几类,是组织参展玉种最多的一届玉博会。其中,参加河南省"陆子冈杯"评选的作品300多件,共评出金奖25件,银奖30件,优秀奖21件,最佳创意奖18件,最佳工艺奖18件。在节会玉雕精品展销活动中,共设置大小展柜200多套,组织玉雕精品上万件,实现销售收入近20亿元。节会期间,南阳市分别与中宝协、省宝协、青海省宝协,镇平县分别与青海省祁连县、云南省龙陵县、云南省腾冲县、甘肃省肃南裕固族自治县签订了战略合作协议。玉博会期间共签署30个合作协议项目,投资总额69亿元,合同引资额66.3亿元。

【中国·南阳第九届张仲景医药科技文化节】 中国·南阳第九届张仲景医药科技文化节于10月17日开幕,10月22日结束。本届节会结合南阳中医药、人文、自然资源优势和健康养生发展需求,大打"科学养生"牌,首次提出打造"医圣故里、养生之都"口号,突出了"弘扬仲景文化,倡导科学养生,追求健康生活,促进社会和谐"的节会主题,把中华健康养生产业博览会作为贯穿医药节会的主线,把弘扬中医药文化、加快中医药科技创新、推进中医药学术发展、普及中医药科普知识作为节会的主要内容,主题突出,定位准确。国家科技部副部长王伟中、国家中医药管理局副局长马建中、河南省副省长刘满仓、省政协副主席王平等领导,中华中医药学会、中国中药协会、中国保健协会、中国中医科学院及省直有关单位负责人参加了节会。本届节会首次把博览会放在体育中心室外广场进行,共设置布展面积8000平方米,分8个展区,85个单位参展,全省17个省辖市以及省直24家中医医疗、科研单位组织参展,海王集团、中国医药集团等知名企业应邀参展。节会期间组织召开《南阳市中医药产业发展规划》论证会、中医药科技创新及产业发展高层论坛等十多项主题活动,推动了南阳市中医药科技创新与产业发展。国食创意(北京)营销管理有限公司节会期间来南阳专程考察中药及保健养生产业,该公司累计与南阳市20家中药保健养生产品生产企业签订了130多个产品的大包销售协议,并在北京"国食名品"专卖店设立南阳产品展销区。本届节会共签约项目30个,投资总额58亿元,合同引资53亿元,签约项目呈现出涉及领域宽、地域特色明显、科技含量高、中医药及保健品项目多等特点。

【节会宣传】 先后参加了上海国际珠宝展、沈阳国际珠宝展、北京国际珠宝展、龙陵黄龙三旅游文化周、第十届中国国际保健博览会、中医中药中国行文化科普宣传周等知名展会,通过参加精品展览、组织名医义诊、现场发放资料、当面对接洽谈等方式,宣传推介南阳市独具特色的玉文化、中医药产业发展优势,扩大节会的社会效益和经济效益。争取到了中央电视台七套"乡土"栏目、央视网"华人频道"、河南电视台"华豫之门"栏目分别在南阳市拍摄专题片;邀请到了人民日报、新华社、中央电视台、光明日报、人民网、新华网等主流媒体全方位、多角度、高质量报道节会盛况,扩大了节会影响力。(杨留现)

中国人民政治协商会议南阳市委员会

【中心城区土地调研】 2010年市政协组织部分政协委员和有关职能部门负责人,在政协领导的带领下,分3个组深入到卧龙、宛城、高新区和土地、规划、财政等部门,对中心城区土地管理、使用、储备、闲置国有土地清查和开发利用等进行调研。调研组通过听取汇报、实地察看和座谈讨论等方式,深入了解中心城区土地管理现状,形成《关于我市中心城区土地管理使用情况的调查报告》。报告着重指出中心城区土地管理使用中存在供需矛盾突出、调控能力不强、闲置浪费现象严重、土地储备困难、集约利用率较低、违法违规现象比较严重等问题。针对这些问题,委员们提出了5个方面的意见和建议:一是进一步提高对土地管理重要性的认识,为中心城区快速发展提供有效空间;二是重视理顺土地管理体制,尽快形成责权统一的体制机制;三是提升土地节约集约利用水平,挖掘存量土地潜力;四是加大中心城区土地储备力度,提高政府对土地的调控能力;五是严格土地监管执法,维护土地法规的严肃性。报告引起了市领导和有关部门的高度重视,土地管理中存在的一些突出问题,正逐步得到纠正;积淀多年的历史遗留问题正一一得到解决。

【粮食安全调研】 南阳是传统农业大市,建设粮食核心主产区,不仅有利于保障国家粮食安全,而且有利于推进南阳市现代农业和新农村建设。市政协围绕这一问题进行调研，形成《提升农业综合生产能力、确保国家粮食供给安全——关于对南阳市粮食主产区建设的意见和建议》的调研报告。报告在对南阳市粮食生产区建设总结经验、指出问题的基础上，提出了5个方面的意见和建议。一是建立对种粮农民的基本收益保障机制；二是加大对粮食生产区的转移支付和支持力度；三是把南阳纳入优质粮食生产基地建设范围；四是建设南阳小麦条锈病应急防控带；五是加大对南阳市水利基础设施建设的支持力度。这些意见建议对于加快南阳粮食核心生产区建设具有较高的参考价值，同时，被省政协作为推进中原经济区建设座谈会汇报材料报送省委、省政府参考。

【重点视察】　10月，组织部分政协委员对中心城区城市管理工作、城市道路交通设施情况进行视察。形成《关于对中心城区城市管理工作的视察报告》，提出加快完善城市综合管理体系，进一步提升城市管理能力，加大基础设施建设力度，提高城市功能运转的保障能力，加强市民教育，提高市民文明素质等意见和建议。

关于南阳市创建国家级卫生城市的视察，委员们对"创卫"工作成效予以充分肯定，对南阳市在城市建设和管理方面历史欠账较多、对照"创卫"标准差距还较大问题非常重视和关注，并为推动全市"创卫"工作健康开展提出了有针对性的意见和建议。

【市政协四届二次会议】　3月3～6日，召开市政协四届二次会议。听取和审议政协南阳市第四届委员会常务委员会工作报告和四届一次会议以来提案工作情况的报告。审议通过政协南阳市第四届委员会筹二次会议政治决议；审议通过关于政协南阳市第四届委员会常务委员会工作报告的决议；审议通过关于政协南阳市第四届委员会常务委员会提案工作情况报告的决议；审议通过政协南阳市第四届委员会第二次会议关于政协南阳市四届二次会议提案审查情况的报告。

【市政协四届五次常委会议】　8月10日，召开市政协四届五次常委会会议。主要议题是围绕中心城区土地管理工作建言献策。听取市委组织部关于免去朱广平政协南阳市委员会主席职务，撤销朱广平、董金德政协南阳市第四届委员会委员资格的说明。

【市政协四届六次常委会议】　10月21～22日，召开市政协四届六次常委会议。会议以贯彻市委关于实施"四个带动"的战略部署为主题，采取一个主题、多个议题的形式，广泛组织市政协各专委会、市各民主党派、工商联、13个县（市、区）政协委员组围绕经济和社会发展的重大问题、热点问题进行大会发言、议政建言。发言涉及民营企业经济发展方式转变、产业聚集区建设，坚持自主创新推动产业结构升级，农业支柱产业的发展以及农业产业化龙头项目建设、中心城区的主体地位和带动作用，推进城镇化建设步伐；还涉及教育、就业、城市交通、住房等热点、焦点问题。

【政协提案】　2010年，共提交提案502件。经审查，立案480件。其中，政协委员提案408件，各民主党派、工商联、人民团体提案71件，政协专门委员会提案1件。按类别划分，经济建设方面的提案241件，占提案总数的50.2％；教育、科技、文化、卫生、体育方面的提案110件，占提案总数的22.9％；政法、统战、劳动、人事和其他方面的提案129件，占提案总数的26.9％。全部提案经过提案委员会认真分类，按照归口管理的原则，分别送交57个单位和9个县（市、区）政府研究办理。未予立案的22件提案，作为委员来信转送有关部门研究处理。提案所提问题已经解决或列入计划准备解决的398件，占提案总数的82.9％；因条件所限不能解决或一时难以解决的82件，占提案总数的17.1％，对这部分提案，承办单位也及时向提案者作了说明。从反馈意见看，大多数提案者对提案办理情况表示满意或基本满意。（李夏玲）

民主党派

民革南阳市委员会

民革南阳市委主委　金星

【民革概况】 2010年，民革南阳市委积极实施“一人一案”工程，共提出建议和提案35件，立案35件，立案率100%。“关于加强中心城区中小学校建设，进一步缓解教育资源不足的建议”（第20号）作为市政府办理的重点议案，得到市人大常委会的跟踪督办，部分提案得到主流媒体的关注，受到社会的好评。

【思想建设】 2010年，民革南阳市委结合自身实际迅速制定出“学习和践行社会主义核心价值体系”活动方案。以学习和践行社会主义核心价值体系为核心，以建设高素质参政党为目标，在自身建设中体现时代性、把握规律性、富有创造性，参政党素质有所提高的指导思想和活动目的，强调学习重点，要求方式方法，做好筹备动员、学习、调研、研讨交流、总结、迎接检查6个阶段的时间衔接。5月份，民革南阳市委召开各支部主委、各工委主任参加的动员大会。根据活动方案，民革南阳市委于2010年6月19～23日组织民革党员赴南京拜谒中山陵，赴上海参观宋庆龄故居，考察苏州工业园，参观世博会，并与当地民革组织进行座谈和交流，取得良好成效。

【组织建设】 努力加强和改进基层组织建设，使民革基层支部真正成为民革南阳市委决策的组织者、推动者、实践者。民革南阳市委有10个支部，民革党员157人。2010年发展民革党员11人，其中高级职称2人，中级职称6人。各级人大代表、政协委员共28人。其中省政协委员1人；市人大代表2人（其中常委1人），市政协委员11人（其中常委4人）；区人大代表1人，区政协委员13人（其中常委2人）。

【参政议政】 2010年，民革南阳市委不断完善参政议政工作机制，积极实施“一人一案”工程，有目的、有计划地组织提案、建议的筛选和撰写工作，努力打造民革南阳市委和各级人大代表、政协委员两个参政议政平台，呈现出提案质量高、可操作性强、人大政协重视、媒体关注、落实效果好等特点。一是提案和建议受到人大、政协的重视。2010年，民革市委共提出建议和提案35件，其中集体提案15件，所有提案均立案，立案率100%。南阳市四届人大常委会第七次会议决定将张英领衔提出的“关于加强中心城区中小学校建设，进一步缓解教育资源不足的建议”（第20号）作为重点议案交市政府办理。市人大常委会还对议案的办理情况进行跟踪监督。二是提案和建议得到主流媒体的关注。《关于建立规范的政策性补贴补偿机制 优先发展公交的建议》、《关于改善南阳市区道路交通现状的几点建议》、《关于尽快解决污水处理厂污泥堆放问题的建议》、《关于在商业区由企业、政府和公安联合组建反扒组织的建议》、《关于加强南阳市房地产预销售管理的建议》、《关于尽快启动农运会志愿者登记、培训等工作的建议》、《关于加快城市公共交通专项规划编制工作的建议》、《关于对南阳市地下管线加强保护的建议》、《关于加强食品安全保障的建议》、《关于编印、发行〈南阳市民手册〉的建议》分别被《南阳日报》、《南阳晚报》报道。三是提案和建议受到承办单位的重视，落实效果良好。2010年，市农业局、公安局、房管局、住建委、交通局、公交公司等单位先后到民革南阳市委办公室征求意见；市区教师同工同酬的问题得到解决；部分建议得到采纳，正在分阶段落实中。四是积极参加政治协商、民主监督工作。民革积极参加中共南阳市委组织的“十二五”规划征求意见会。

【社会服务】 2010年3月份，

《南阳广播电视报》报道淅川县马蹬镇石桥小学生梁烁勇救山火被烧成重伤，民革南阳市委积极行动起来，第一时间到医院看望梁烁并捐款 2000 元。南阳发生百年不遇的洪涝灾害，民革南阳市委发扬“一方有难，八方支援”的社会主义精神，积极发动社会各界人士，先后组织凤凰电动车、奥奔汽车、明霞矿产品公司、标力·5i 娱乐、豫阳建筑、大统律师事务所、宛运集团、南阳医专附院、万马汽配等社会团体，深入到受灾群众严重的西峡县太平镇回龙寺村，察看灾情，看望受灾群众，捐赠面粉、大米、食用油、夏凉被、电脑等逾万元的救灾物资；向卧龙区谢庄乡掘地坪小学捐赠 1200 多册儿童和小学生读物，受到师生的热烈欢迎。为真实了解农村卫生状况，民革南阳市委多次深入到卧龙区王村、安皋、龙兴等乡镇开展农村医疗卫生建设情况的调研，详细了解农村卫生事业的建设情况，提出合理科学的建议。

【建功立业】 民革南阳市委立足本职，积极搭建人才成长的平台，涌现出许多先进人物。党员胡艳荣获“民革全国基层工作先进个人”荣誉称号；朱华锋荣获“民革全省基层工作先进个人”荣誉称号；张弛、薛灵环荣获“民革全省参政议政先进个人”荣誉称号；冯英剑、徐道胜荣获“民革全省思想宣传工作先进个人”荣誉称号。南阳广播电视报首席记者徐道胜发表十几篇有关民革的报道，《银屏连万家　事业灿如霞》获河南省好新闻二等奖，《二月河宝岛归来访谈》获河南省好新闻三等奖。薛灵环被市政府授予全市地方史志工作先进工作者；何方获南阳市科技进步二等奖一项；郭彦伟荣获 2010 年南阳市青年科技奖；王宁荣获“2010 年绿色社区创建先进个人”、“2010 年秸秆禁烧先进工作者”荣誉称号；王黎生荣获“南阳市优秀教师”、“南阳市理工学院先进工作者”、“年度十佳巾帼建功标兵”荣誉称号，主持完成省级科研项目《中外合作办学英语教育中的中西文化融合创新研究》。（*薛灵环*）

民盟南阳市委员会

【思想建设】 2010 年，民盟南阳市委以树立和践行社会主义核心价值体系为核心，以建设高素质参政党为目标，牢牢把握坚持中国共产党的领导、坚持中国特色社会主义政治发展道路的主题，进一步加强思想建设，全面提高广大盟员政治素质。2010 年 4 月，按照民盟河南省委和中共南阳市委统战部的总体部署，民盟南阳市委适时召开市委扩大会议，成立树立和践行社会主义核心价值体系领导小组，制定活动实施方案。方案明确指导思想，指出活动目的，具体安排筹备动员、学习、调研、研讨交流、总结、迎接检查 6 个阶段和时间衔接。活动开展过程中，邀请市社科联秘书长韩博为广大盟员作“从社会主义核心价值观的确立看‘养在南阳’的深刻内涵”专题报告；大家还和盟员教师一道，共同庆祝第 26 个教师节；推荐韦占荣参加由民盟河南省委组织的全省部分优秀盟员、盟务干部赴上海世博会、中共“一大”会址和南湖革命纪念馆的学习考察活动。

基层组织是广大盟员最基本的活动平台，2010 年，民盟南阳市委结合民盟组织的实际情况，鼓励在面对专职工作人员少，经费匮乏等诸多困难，主动征求盟员对盟务工作的意见和建议，发动大家积极出主意、想办法，努力激发民盟的组织活力。通过大家的共同努力，各支部开展活动的积极性得到进一步提高，基层组织管理规范、科学，民盟组织的凝聚力和向心力进一步增强，基层组织建设工作取得新的成绩。南阳民盟司法支部结合自身律师盟员多的特点，积极探索做好基层工作新思路。2010 年 8 月份，司法支部经多方联系，组织多名律师在南阳监狱为在押人员开展帮教活动，为在押人员提供法律咨询服务，还为南阳监狱捐赠部分图书，收到良好社会效果。南阳师院支部在 2009～2010 年度全省争创“活力支部”评先活动中荣获“全省先进基层组织”荣誉称号。民盟南阳市委认真贯彻落实“人才兴盟”、“人才强盟”战略，把发现人才、培养人才作为民盟的自身建设的重要工作，常抓不懈。2010 年，推荐张伟参加中共南阳市委党校举办的党外干部培训班的学习。

【参政议政】 民盟南阳市委坚持把履行参政党职能的重点放在市委、市政府的工作大局之中，在事关全局和民生的重大问题上深入开展调研，积极建言献策。民盟南阳市委大力倡导盟员平时做好调研工作，继续开展“一人一议”活动，积极组织实施集中调研活动。2010 年 6 月份，通过民盟南阳市委副主委华道梅与西峡县有关部门的积极协调，民盟南阳市委组织盟员先后到西峡县宛西制药厂、西峡县华山新村及五道幢风景区等企业、乡镇和旅游景点进行参观、调研，号召大家积极为南阳经济、文化、旅游事业发展建言献策。

为进一步提高民盟南阳市委参政议政工作能力，提升民盟南阳市委各项工作水平，在中共南阳市委常委、统战部长王建民的策划下，主委赵秀玲开拓工作思路，适时抓住市政府将聘请南阳籍中科院院士、民盟中央常委、清华大学教授王光谦为市政府科技顾问的信息，积极协调各方，聘请王光谦院士为民盟南阳市委首席顾问。2010年11月9日，在西峡县举行隆重的聘任仪式，赵秀玲主委向王光谦院士颁发聘书。

2010年，民盟南阳市委在各级“两会”上以集体或个人名义共提交议案、提案和建议70余件。主委赵秀玲在省政协常委会上作题为《抢救临沣寨文化遗产，落实科学发展观》的书面发言，引起与会者共鸣。副主委王贺伟是2010年度省人大会提交议案最多的代表，其领衔提出的议案《制定农村道路管理条例》作为省人大常委会的一项立法议题获得通过。民盟在市政协会议上以集体或个人名义提交的《建议乘坐公交车使用刷卡制》、《关于规范广告管理，提升城市形象的提案》、《关于从市民文明行为的养成做起的建议》、《关于进一步打造张仲景中医药文化品牌的建议》、《关于尽快对车站南路、人民路、百里奚路进行整修的建议》等提案，受到相关部门重视和采纳。南阳日报、南阳晚报、南阳电视台等多家新闻媒体予以关注报道。

【队伍建设】 民盟南阳市委始终贯彻执行《中国民主同盟组织发展条例》和《河南省民主党派组织发展规程》，严格按照《盟章》要求，坚持“三个为主”方针，全年新发展盟员8名，全部具有大专以上学历和中高级职称。民盟南阳市委下辖12个基层支部，盟员总数为236人，平均年龄52.3岁。其中省政协常委1名，委员2名，省人大代表1名，市政协副主席1名，常委3名，委员7名，区政协常委1名，委员5名，各级人大代表，政协委员共计20名。他们代表南阳民盟的整体形象，积极履行职责，为南阳民盟争得荣誉。

【政治协商】 11月份，民盟南阳市委主委赵秀玲等参加中共南阳市委组织的“十二五”规划征求意见座谈会。此前，由中共南阳市委统战部副部长靳明志带队，四个党派负责人和机关人员先后到发改委等单位进行专题调研。此举扩大了民主党派知情权，拓宽了参政议政平台。积极参与协商，坦诚建言献策，提出的多条合理化建议，受到市委、市政府领导的重视。

【社会服务】 一是扎实开展民盟农村教育烛光行动。2010年，民盟南阳市委积极响应民盟中央的号召，充分发挥自身优势，与民盟河南省委一道积极联络各方，在副主委华道梅的大力协调下，与西峡县田关乡中心小学达成共建“田关乡民盟烛光中心小学”协议，由民盟河南省委筹措30万元人民币，援助田关乡中心小学新建一栋综合楼，以改善学校办学条件。

二是援建“民盟爱心桥”。为扎实开展社会主义新农村建设工作，民盟南阳市委与民盟河南省委深入南阳市卧龙区谢庄乡进行调研，为解决谢庄乡匡庄村周边1.5万余名村民出行难的问题，民盟河南省委经多方协调筹资50万余元在谢庄乡匡庄村亥寺水库旁边的乡村公路上援建1座“民盟爱心桥”。

三是依托司法支部人才资源优势，积极开展“两劳”关爱帮教活动。司法支部组织律师到南阳监狱各监区提供法律咨询开展进监区活动。长期以来，由于不方便行使继承、婚姻、债权、债务等12个方面的370个问题，监所的一些服刑人员容易产生过激行为，影响到服刑人员的改造和监狱管理安全。开展法律咨询进监区活动有助于维护服刑人员的合法权益，也便于有针对性地对服刑人员进行法制、道德和政策教育。本着“应援尽援”的原则，广大律师在南阳监狱二、四监区举办法律咨询现场会，对74名服刑人员提出的关于婚姻、户籍等12个方面共111个问题，作出详尽细致的解释。华道梅、贾天涛2人在社会服务工作中表现突出，成绩显著，被民盟河南省委授予“社会服务工作先进个人”荣誉称号，受到民盟河南省委的大会表彰。

【成果展示】 民盟南阳市委主委赵秀玲主持的国家课题《关于增强我国文化核心竞争力问题研究》顺利结项，获优秀等级；赵秀玲另主持完成一项省政府重点调研项目，一项南阳城市管理方面的重点项目；其主持完成调研课题获省社科联优秀成果一等奖。马奇主持完成省哲学社会科学规划课题《豫西南民间由艺文化研究》；张秀芹主持完成《河南社会稳定与危机应急法律对策研究》、《推进依法治市进程，提高南阳城市形象问题研究》等省市级课题7项；邓凤莲主持完成省级课题1项。李文红荣获首届河南音乐“金钟奖”高校音乐专业技能比赛民族唱法金奖；贾天涛在2010年南阳市“港湾杯”百姓最喜爱的十佳青年律师评选活动中被评为“十佳青年律师”；石磊在全国中青年教师优秀课大赛中荣获优秀辅导教师一等奖；李仁瑞结集出版个人诗集《九月诗篇》；王肇基出版专著《反思河南人》；张秀芹出版发行专著《国际市场营销》。盟员全年在各级报刊、杂志发表论文近百篇，著书5部。其中获得国家级论文奖的2篇，省、市级的16篇。（陈龙海）

民进南阳市委员会

【民进工作概况】 2010年民进南阳市委以求真务实、开拓创新的精神认真履行职责，面对全面建设小康社会和建设高素质参政党的新形势新任务，坚持以科学发展观为指导，开展以社会主义核心价值体系为主题的学习教育活动，以提高参政议政能力和促进自身科学发展为着力点，以创建先进组织和争当优秀会员活动为抓手，切实加强自身建设，不断巩固和扩大政治交接成果，努力建设适应新形势新要求的高素质参政党，积极开展调查研究和社会服务，切实履行参政议政、民主监督职能。

【思想建设】 民进南阳市委坚持把树立和践行社会主义核心价值体系作为思想建设的重要内容，围绕坚持中国共产党的领导、走中国特色社会主义政治发展道路这个主题，积极稳妥地推进"树立和践行"活动的深入开展。把社会主义核心价值体系的学习教育做为全年的重点工作作出安排，及时转发《民进河南省委关于认真贯彻落实〈民进中央关于树立和践行社会主义核心价值体系、推进学习型参政党建设的意见〉的实施意见》，制定"学习和践行社会主义核心价值体系活动"方案，明确"树立和践行"的目标定位、主题原则和方法措施。民进南阳市委积极参加全市统一战线组织的社会主义核心价值体系的学习活动，引导广大会员参与民进中央组织的学习霍懋征和《六个"为什么"》网上有奖征答活动。各总支和支部，按照民进南阳市委的总体要求，把树立和践行社会主义核心价值体系作为组织活动的重要内容，结合各自实际情况，采取座谈研讨、学习交流、参观考察等多种形式，引导推动会员加强理论学习，使广大会员清醒、坚定地把握和坚持社会主义意识形态的本质，坚定地把握和坚持社会主义先进文化的前进方向，参政党意识、履行职能的责任感和使命感得到明显增强，进一步坚定走中国特色社会主义政治发展道路的信念，为推动各项工作发展增添新的动力。

【宣传工作】 民进南阳市委注重发挥宣传工作在推动思想建设中的重要作用，利用多种媒体和渠道拓宽思想宣传的广度和深度，形成宣传工作与思想建设相互促进的局面。充分发挥民进河南省委网站和《河南民进》内刊宣传阵地的作用。2010年向民进河南省委网站发布宣传信息49条。民进南阳市委密切与媒体的沟通和联系，积极利用地方主流媒体进行宣传。民进南阳市委组织的"全民健身"、"向南召灾区捐赠款物"、"向革命老区学校捐电脑"等活动被南阳日报、南阳广播电台、南阳电视台、南阳晚报及有关县级电视台报道30项次。注重宣传队伍建设，不断整合优势资源，充分发挥骨干宣传员作用，完善宣传工作制度，提高会员写稿积极性。根据机关经费情况，调整提高奖励额度，对产生较大社会影响和良好宣传效果的稿件予以特别奖励。将宣传工作经费列入年度工作的重要方面，更新电脑、复印一体机等现代化办公设备，为做好宣传工作打下坚实基础。把会员在本职工作和多党合作中所作出的贡献作为重点加强宣传，提高民进南阳市委的知名度和社会影响。

【组织建设】 民进南阳市委以深入开展民进全国先进地方组织、先进基层组织创建活动为契机，健全工作机制，探索创新工作方法，全面开展组织建设工作。民进南阳市委坚持中心组学习制度，认真总结和交流学习活动的经验，深化学习成果，加强领导班子的思想建设、组织建设和能力建设。推动领导班子建设制度化、规范化，领导班子的执行力和凝聚力得到提高。通过发现和培养人才，不断夯实高素质参政党建设的人才基础，为领导班子和基层组织负责人的新老交替和长远建设储备高素质人才，促进民进南阳市委组织工作的有效开展。

深入开展创建民进全国先进地方组织、先进基层组织活动是2010年南阳民进组织工作的重点内容，民进南阳市委充分利用各种会议，深入宣传开展创先争优活动的重要作用，宣传在活动中涌现出来的基层组织和会员先进事迹，积极营造良好的活动氛围；按照服务基层、服务会员的要求，根据各总支、各支部的不同情况对创先争优活动中出现的问题进行认真研究，分类指导。民进南阳市委社会服务和宣传两项专项工作被民进河南省委评为民进河南省先进；5个总支中有4个被民进河南省委授予"民进全省先进基层组织"称号；有6名会员被民进河南省委评为优秀会员。

民进南阳市委坚持"三个为主，注重政治素质，发展与巩固相结合，有计划稳步发展"的原则，正确处理好数量与质量、发展与巩固、重点与非重点、发展骨干成员与发展一般成员的关系，认真实施组织发展规划，以适应履行参政党职能新要求，提高参政议政能力为目标，不断改善南阳民进组织的整体结构。2010年发展新会员14人,会员总数达到271人,按照民进河南省委会要求,完善会员档案及填写会员基本情况表,为会员建立电子档案,全面掌握和了解会员情况,提高自身组织建设水平。

【参政议政】 2010年"两会"前民进南阳市委根据南阳市委、市政府的工作重点和社会关注的热点问题,组织会员开展深入细致的调研活动。两会中,民进南阳市委提交的《关于保护南阳老地名的建议》、《以筹办农运会为契机加快东北新区新城规划建设的建议》的提案紧扣市委、市政府的中心工作,引起市委、市政府的高度重视,被确定为政协南阳市四届二次会议主席督办的重点提案。《关于保护南阳老地名的建议》、《呼吁加强幼儿教育收费监管》在《南阳晚报》摘录登载。2010年10月,针对南阳市老百姓热切关注的教育问题,经过大量走访,深入调查研究,形成《政府出重拳尽快遏止师资恶性减员》的调研报告,被市政协主席会议确定为2011年大会发言材料。

【社会服务】 2010年,民进南阳市委把社会服务工作纳入重要议事日程。发挥优势,加大力度,创新社会服务工作,为南阳经济建设作出积极贡献。一是围绕中心工作,做好社会服务。为庆祝世博会开幕,迎接第七届全国农民运动会即将在南阳市举办,举办"庆世博、迎农运根雕书法文化艺术展"活动;在全国第二个"全民健身日",举办"青少年轮滑大赛"活动;2010年7、8月份,南阳市发生历史上前所未有的特大洪水,南阳民进会员踊跃捐款8000余元,购买大米、面粉、蜡烛等急需品送到遭受洪水重创的群众家中,为重灾户发放救急现金,为村道重修捐赠资金,彰显出南阳民进会员"洪水无情人有情"的大爱之心。受民进爱心感动,南阳蓝天燃气公司联系民进渠道,为重灾区南召县白土岗镇白龙村村民捐赠了价值6000多元的现金和生活用品;政法总支于寒冬时节带着价值3000余元的学习用品和爱心款,慰问南召县坂山坪镇大青小学师生,为该校每个学生证订2011年度的《小学生学习报》和《作文报》。二是整合资源,充分调动会内外力量参与新农村建设。再次组织会员向宛城区溧河乡樊营村南阳市示范式农家书屋捐书600余册;成立"医疗帮扶队"、"支教帮扶队",对医疗卫生、教育条件相对落后的乡村提供长期义务帮扶;组织宛城区溧河乡第四中心小学及所属教学点的校长到南阳民进学校参观,提高溧河乡第四中心小学的教学和管理水平;协助溧河乡第四中心小学筹措近20万建校资金;协调宋庆龄基金会为樊营村教学点贫困生捐赠衣物300件;促成南阳市荣昌学校与宛城区溧河乡樊营小学签订"友好学校"协议,使农村小学得到资助;民进医疗帮扶队成立以来,不断开辟群众就医便利渠道,相继为樊营村的百余名群众到市区有关医疗机构就诊提供各种形式的便利,缓解樊营村群众"看病难"问题,由南阳民进帮扶,在樊营村卫生所基础上建成的"樊营村医疗保健专业服务社"全面投入运营。三是发挥优势和特色开展民进社会服务工作。发挥民进教育、科技优势,利用"三下乡"等活动载体开展经常性社会服务活动。高教总支多方筹资为革命老区桐柏山区回龙乡中心学校捐赠一台电脑、一台打印机和文体学习用品,出资为学校安装宽带网,改变该校自建校40多年来与网络世界隔绝的封闭历史;理工学院支部奔赴移民迁居新村新野县王庄移民学校,为移民子弟购买学习用品,并捐出3000元奖学金;在第十五个世界读书日,民进南阳市委带领全体会员奔赴边远山区南召县乔端乡玉葬小学,送去1000元现金及图书;在西峡县二郎坪乡大庙小学,南阳民进为该校捐资1000元、为学生送去价值3000多元的学习用品和食品、药品。高教总支大中专支部的会员利用暑假时间赶往南阳市宛城区下关帝庙村博爱敬老院,给老人送去糖果、食品等消夏物品。(肖庆玲)

九三学社南阳市委员会

【思想建设】 坚持以学习践行社会主义核心价值体系和学习实践科学发展观为载体,通过开展形式多样的主题活动,全面加强思想政治建设,全方位提升九三学社南阳市委的向心力。多次召开专题会议,传达学习中共十七届四中全会精神、五中全会精神、九三学社十二届三中全会精神、九三学社河南省六届三次全会精神、省政协十一届三次会议精神等,全面提高社员的思想政治水平。

【组织建设】 坚持以强力实施"人才强社"战略为目标,严格按照"三高"(高学历、高职称、高素质)标准,优化人才结构,发展综合性人才,以促进支社活动为契机,增强九三学社南阳市委的整体凝聚力。一是调整优化组织机构。为加强提案工作,对提案工作委员会进行调整和充实,任命市委委员郑中立为提案工作委员会主任,王宇翔、尹德亂、曹宗鹏为副主任,同时配备8名委员。5

月7日，九三学社市委对教育一支社进行换届，选举产生教育一支社新一任领导班子，推选张群安任主任委员，增补王平任副主任委员，并对支委工作进行明确分工。二是积极支持各个基层支社开展工作。各支社根据九三学社南阳市委工作计划，结合自身特点，相继开展丰富多彩的主题活动，丰富基层支社的组织生活，提高基层社员参与社务活动的兴趣。教育一支社被九三学社河南省委评为先进支社，受到通报表彰。三是稳步推进组织发展工作。九三学社南阳市委始终坚持优化人员结构，重点围绕发展高素质和有较大发展潜力人士入社，全年共发展新社员10名。截至2010年年底，九三学社共有9个基层组织119名社员，平均年龄46.5岁。其中，科学、教育、医药卫生界的社员90人，占社员总数的75.6%；男社员65名，占社员总数的55%，女社员54名，占社员总数45%；大专以上学历118人，占社员总数的99%，其中高级职称74名，占社员总数的62%。全社共有省政协常委1人、省人大代表1人，市政协副主席1人、市人大常委1人、市政协常委3人、市人大代表2人、市政协委员8人，县人大常委1人、县政协常委1人，区政协委员1人，其中，厅级干部1名、处级干部3名。

【参政议政】 一是积极履行参政议政职能。利用参加南阳市委、市政府召开的协商会、座谈会、通报会以及征求意见会等机会，就南阳市经济社会发展的重大问题发表多项建设性意见和建议，得到市委、市政府的认可。两会期间，九三学社共提交集体提案6份，代表委员提案32份，内容涉及移民迁安、第七届农运会承办、城建、环保、民生等诸多方面。其中提交的第182号提案《关于对南水北调中线工程库区移民工作的建议》、第211号提案《关于综合利用农作物秸秆的建议》、第111号提案《农村污染严重，建议及时采取措施》，被市政协主席会议确定为2010年主席督办重点提案，占重点提案的1/3（全市共9件）。提交的《培育土地承包经营权流转市场，发展适度规模经营》和《关于对当前我市中小企业融资难问题的探讨》，被市政协评为优秀提案。二是扎实推进民主监督职能。九三学社南阳市委认真履行参政议政、民主监督职能，积极参与城市管理，农运场馆建设，畜牧、农技推广等工作的视察活动及市政协重点提案的督办。在政府部门、司法机关担任特约监督员，以高度的政治责任感，在行风评议和民主监督的过程中，认真履行职责，提出一些有价值的意见和建议，得到相关行业部门领导的高度重视和充分肯定。三是积极深入调查研究。重点围绕建设水源区生态农业、打造南阳绿色生态长廊、农村产权体制改革、生物乙醇对粮食问题的影响等重大问题，成立专题调研组进行深入调研。在政协南阳市四届六次常委会上，九三学社南阳市委作《建设水源区生态农业 打造南阳绿色生态长廊》的典型发言。6月份，九三学社中央组织举办“南水北调中线水源区生态文明建设论坛”，九三学社南阳市委作《建设生态文明、保护丹江水质》的专题发言，得到社中央的高度评价。在九三学社调研的基础上，社中央主席韩启德撰写的《关于南水北周中线工程水源区保护的建议》和《关于加快南水北调中线工程水源区生态建设的建议》，得到党和国家领导人的高度重视，胡锦涛、温家宝、李克强等中央领导指示，要求有关部门进行专题研究。

【社会服务】 一是情系移民，开展专家义诊慰问活动。5月9日，九三学社组织专家义诊团，在淅川县厚坡镇卫生院举行义诊活动。市中心医院、张仲景国医院、市第一人民医院、市第二人民医院、市骨科医院、张仲景医药研究所、南阳风湿疼痛医院等单位的11名医学专家参加议诊慰问活动，共为200多名移民群众进行义诊，并送去价值2000多元的药品。二是情系老人，开展老人节慰问活动。10月28日，九三学社南阳市委到独山双心老年公寓看望老人们，并送去日常生活用品和食品。三是情系农村，开展科技下乡活动。九三学社农业支社的社员，围绕“三农问题”积极建言献策，并开展科技下乡活动，服务“三农”。6月21日，副主委胡保珍、秘书长赵凡和农业二支社主委、河南省科技特派员曹宗鹏等3人到汉冢乡秋田蔬菜种植专业合作社进行考察指导工作。社员张瑞璋积极参加“三农”12316热线解答全省6个地市养殖户有关奶牛养殖、疾病治疗和牧草种植等技术问题，帮助解决生产上问题。四是情系环保，开展第22届中国“国际科学与和平周”活动。11月14日，开展“绿色低碳考察行”活动，九三学社南阳市委组织50余名新老社员，到方城县实地考察风力发电站。

【成果展示】 全社社员中共有42人获国家、省、市级及单位奖励，发表论文86篇，出版专著8部，获得科技成果22项。其中，研究员苏子磻培育的“衡星101玉米新品种”被评为南阳市科技成果一等奖，与内蒙古、新疆等单位签订15.2万亩地的种子繁育基地合同；社员吴汉卿出版的《中医微创入路解剖彩色图谱》、《大成水针刀疗法》获省“中医特色医技大比武”二等奖；牛志远获省第四届残疾人职业技能大赛“保健按摩”项目第六名；刘世恩被中央电视台网站聘为中医药健康养生顾问；杨敬获省“安全质量生产优秀监督员”荣誉称号；夏辉被评为河南省阳光工程雨露计划工作先进个人；艾春平被评为2009年度河南省教育厅学术技术带头人；周林所著《高职院校书法艺术教育研究与实践》获院级教学成果特等奖、省级教学成果二等奖；臧晋的《苦参素提取和纯化工艺的优化研究》获省科技成果二等奖；刘焱获市级发明奖；郭红林的论文《一种双正交矩阵性质之研究与小波质量分析》在第四届智能技术应用国际会议上被EI收录，《关于双正交矩阵的优化算法及四元小波包构建》被EI检索；郑中立书法作品在上海世博会展出，郑中立和周林书法在省统战系统、省工会组织的庆祝建国60周年书画展中分获一、二等奖，并在河南九三社讯发表；李天志、李胜芳为南阳师院学生开展义务心理咨询，并为南阳艺术高中等3所学校开展教师培训和招教辅导工作；张群安主持的“高性能建筑塑料模板项目”，既解决白色污染，又节约常规的木材模板，保护生态环境。

【宣传工作】 创办《南阳九三简讯》，全年共印发《南阳九三简讯》4期；《河南九三社讯》和《河南九三网站》采用信息28篇；建立九三学社南阳市委网站；积极参加“九三论坛”和社中央的其他征文活动，提交《发展方式的制度安排与政策选择》、《加强参政党内部监督机制的几点思考》等多篇论文，受到九三学社河南省委的充分肯定。（胡保珍）

民主党派小知识

中国国民党革命委员会中央委员会

中国国民党革命委员会（简称“民革”）由原中国国民党民主派及其他爱国民主人士于1948年1月1日在香港所创建，是具有政治联盟性质的、致力于建设中国特色社会主义和祖国统一事业的政党，是中国共产党领导的多党合作和政治协商制度中的参政党。

目前民革在全国各个省、自治区、直辖市（除台湾、西藏外）建立省级组织，建立了地市级组织270多个，基层组织3400多个，拥有党员65000多人。

民革历届主要领导人为宋庆龄（名誉主席）、李济深、何香凝、朱蕴山、王昆仑、屈武、朱学范、侯镜如（名誉主席）、孙越崎（名誉主席）、李沛瑶，现任中央委员会主席为周铁农。

中国民主同盟

中国民主同盟，简称民盟，是中国共产党领导的爱国统一战线的组成部分，是同中国共产党通力合作的参政党，是主要由从事文化教育以及科学技术工作的高、中级知识分子组成的，具有政治联盟特点的，致力于建设中国特色社会主义事业的参政党。

民盟现有成员15.7万余人，其中高教界占24.8%，普教界占35.3%，文化艺术界占5.7%，科学技术界占11.2%，医卫界占7.7%。省级组织30个，市、县级组织384个。民盟中央主办有向盟内发行的机关刊物《中央盟讯》和向国内外公开发行的月刊《群言》，设有群言出版社和群言科技咨询服务中心。

民盟历届中央委员会主席为黄炎培、张澜、沈钧儒、杨明轩、史良、胡愈之（代主席）、楚图南、费孝通、丁石孙。现任主席蒋树声。

中国民主促进会

中国民主促进会简称民进。由从事教育、文化、出版、科学和其他工作的知识分子组成具有政治联盟特点、为社会主义服务的中国政党。与执政党中国共产党通力合作的一个参政党。

1945年12月30日在上海成立。主要创始人马叙伦、王绍鏊、周建人、许广平等大多是上海文化教育界的进步知识分子。1949年9月，民进代表出席了中国人民政治协商会议第一届全体会议，参与制订《中国人民政治协商会议共同纲领》，为中华人民共和国的诞生作出了贡献。文化大革命期间，民进被迫停止活动。1978年民进恢复活动，确定把工作重点转移到为社会主义现代化建设服务上来。

民进中央历届主要领导人有马叙伦、周建人、叶圣陶、冰心、赵朴初、雷洁琼、许嘉璐。现任主席是严隽琪。民进中央主办的刊物是《民主》。

九三学社中央委员会

九三学社是以科学技术界高、中级知识分子为主的具有政治联盟特点的政党，是接受中国共产党领导、同中国共产党通力合作的亲密友党，是进步性与广泛性相统一、致力于中国特色社会主义事业的参政党。

截止2010年底，九三学社有30个省级组织，285个省辖市级组织，29个县级市组织，全国社员总数已达125000余人。九三学社先后拥有170余位中国科学院院士（学部委员）和中国工程院院士，许多成员为中国科技事业做出了卓越贡献。九三学社社员王淦昌、邓稼先、赵九章、陈芳允、程开甲获“两弹一星功勋奖章”，王选、黄昆荣获2001年度国家最高科学技术奖，师昌绪荣获2010年度国家最高科学技术奖。

九三学社中央历任主席为许德珩、周培源、吴阶平。现任主席韩启德。九三学社中央主办的刊物有面向国内外公开发行的《民主与科学》和在社内发行的《九三中央社讯》。

社会团体

南阳市总工会

市总工会主席　韩奎生

【总工会工作概况】　2010年，全市各级工会认真落实省总工会十三届四次全会和市总工会三届五次全委会精神，按照“四个重在”、“四个带动”的要求，坚持“三具两基一抓手”，扎实推进“三大工程”、“六项活动”、“八件实事”的实施，围绕中心，服务大局，奋力拼搏，在建设富强美好和谐新南阳的伟大征程中，充分发挥工人阶级主力军作用，圆满完成各项工作任务，为实现南阳“十一五”发展目标作出积极贡献。

【三届五次全委（扩大）会议】　3月17日，市总工会召开三届五次全委（扩大）会议，市委副书记贾崇兰在会上作重要讲话，市人大党组成员、市总工会主席韩奎生向大会作工作报告，市总工会三届委员会委员、经审委员、各县（市、区）总工会主席、市直基层工会主席参加会议。会议对2009年工作进行总结，安排部署2010年工作任务，对2009年度综合目标管理工作先进单位代表进行表彰。

【开展“双节”送温暖活动】　1月25日，市总工会在梅溪宾馆举行2010年“双节”送温暖活动的启动仪式。市委副书记贾崇兰，市人大常委会党组成员、市总工会主席韩奎生以及市总工会部分领导班子成员出席会议。“双节”期间，全市各级工会共筹集发放慰问金916万元，慰问923家困难企业和21650户特困职工。市总工会在市困难职工帮扶中心集中举行的2010年“双节”送温暖活动，现场为3280名困难职工每人发放300元慰问金。连续12年与南阳日报社联合举办“救助百户特困职工活动”，为近1300户发放救助金和过年物品。

【帮扶中心建设】　市总工会在邓州市召开2010年困难职工帮扶中心规范化建设现场会。市委常委、邓州市委书记刘朝瑞到会祝贺。会议宣读省总表彰决定，对2009年帮扶中心建设达到五星级的邓州市、新野县、唐河县、社旗县，达到四星级的淅川县、桐柏县进行表彰。全市县级五星级帮扶中心已达到8家，四星级已达到3家，圆满完成省定三年目标任务。对全市乡镇帮扶工作站情况进行调研检查，对达到要求的帮扶工作站，由市总工会统一授牌并给予物质奖励。继续开展小额借款促进再就业工作。2010年全市已发放小额借款420万元，超额完成全年工作任务。

【“农民工维权月”活动】　春节前夕，市总工会在市各大新闻媒体发表《致全市广大职工的新年贺词》和《南阳市总工会致全市广大职工和农民工朋友的慰问信》，看望慰问参加农运会场馆建设的农民工；与福建泉州市知名企业联合举办2010年春季外出务工洽谈会，提供2万余个就业岗位，约有1万余人初步达成就业意向。同时与泉州市总工会结成就业维权联盟，建立就业维权长效机制，为广大下岗职工、农民工再就业及维权奠定基础。

【职工职业培训】　2010年，全市各级工会开办以电脑、电气焊、服装、种植、养殖、家政服务等为主要内容的职工技能培训班，培训下岗职工及农民工5万余人。市职工业余学校开办职工技能培训班116班次，培训3650人，被全国总工会授予“职工培训优秀示范学校”、“全国女职工培训示范学校”称号。

【开展“金秋助学”活动】　8月26日，市总工会在梅溪宾馆举行2010年“金秋助学”活动启动仪式。130名困难学生每人得到2000元的资助。全市工会共筹集资金471万余元，发放助学款461万余元，资助4797名困难职工子女上大学。

【职工劳动竞赛】 深入开展第四届职工职业技能大赛，竞赛工种60个，各县（市、区）、行业和企业组织技能大赛270场，共有30多万职工通过技术比武得到培训，2万余名职工技术等级得到提升。大力推行首席员工制度和职工经济技术创新活动。召开“首席员工制度”推行现场经验交流会议，全市118家企事业单位建立首席员工评选制度，评选首席员工400多名；在全市开展职工创新成果评选活动，进一步提高职工参加自主创新实践的积极性，广泛开展“五小”活动，全市广大职工共进行技术改造、技术革新5万多项，提合理化建议10万多条。开展重点项目建设和重点企业节能减排活动，围绕农运会场馆建设和重点工程开展“三保三讲”竞赛活动，推动重点建设项目又好又快发展。在全市34家耗能大户、排污大户中深入开展节能减排竞赛活动，为建设资源节约型和环境友好型社会作出贡献。深入开展“安康杯”竞赛活动，全市有2654家企业和715913名职工参赛。全市共举办工会劳动保护群监员培训班39期，培训工会劳动保护群监员2000余名。

【劳模评选表彰和帮扶工作】 “五一”前夕，完成全国劳模、省、市“五一”劳动奖状、奖章、工人先锋号的评选推荐及表彰工作，对47名全国劳动模范、111名困难省部级劳动模范进行慰问、帮扶、救济，共发放救助款49.68万元，并对57名全国劳模进行体检和调查摸底。

【维权机制建设不断完善】 一是持续开展创建劳动关系和谐企业活动。全市开展创建活动的企业5543家，覆盖职工493418人。二是进一步强化职代会和集体合同制度建设。全市8403家单位建立职代会制度。三是强力推进企业工资集体协商，完善职工工资共决机制。签订综合集体合同6857家，覆盖职工618626人；签订女职工专项集体合同6307家，覆盖职工304630人；签订工资专项集体合同5505家，覆盖职工496433人。四是进一步推动厂务公开民主管理制度化、规范化、程序化建设。调整全市厂务公开领导小组成员单位，印发南阳市2010年厂务公开民主管理工作实施意见和厂务公开民主管理工作调研检查方案，组织开展第六次厂务公开大检查活动，促进厂务公开民主管理制度的落实。2010年，市总工会荣获“全国推动厂务公开民主管理工作先进单位”称号。全市共6903家单位实行厂务公开制度。五是进一步加强职工法律援助工作。全市县级以上工会建立法律援助机构15家，发展法律援助工作人员和志愿者88人，2010年已对236起案件进行法律援助。

【工会组织建设】 按照省、市委关于深入开展创先争优活动的意见要求，各级工会组织创造性地把党组织创先争优与开展争创“六好”工会活动有机结合起来，以非公有制企业和村（社区）等建会为重点，不断提高争创水平。在全国总工会组织的工会组织建设考核中，市总工会代表河南省迎接抽查考核，取得全国排名第四的优异成绩，受到全总、省总的表彰奖励。坚持“双措并举、二次覆盖”，在全市开展“广普查、深组建、全覆盖”集中行动，对13021个非公有制企业进行逐家上门摸底核查。截止2010年底，全市共新建工会组织1156家，发展会员107272人，建立小型非公有制企业工会联合会2996个，选聘社会化、职业化工会工作者73名。

【职工素质建设】 一是强力推进职工素质建设工程。印发《关于全市职工素质建设工程五年规划的实施方案》，为培养适应南阳经济社会发展需要的高素质职工队伍提供有力保障。二是深入开展“创争”活动。全市2100多个单位近40余万名职工踊跃参加，涌现出技术标兵98671人，3098个创新示范岗，创经济效益10亿元。三是大力推进职工书屋规范化建设。制定国家级、省级、市级三级职工书屋规范化建设细则，拨付配套建设资金和图书、电脑等硬件设施，指导规范276家县级职工书屋建设。三级职工示范书屋的图书、电脑全部配送到位，上架率100%，借阅率达90%以上。四是围绕工会重点工作，加大“三工”宣传力度。2010年，全市工会在市级以上媒体发稿1038篇，其中国家级42篇，省级223篇。扩大工会的社会影响，营造全社会关心、重视、支持工会工作的良好氛围。（温阳）

共青团南阳市委

共青团南阳市委书记 李冠彧

【共青团工作概况】 2010年,团市委团结带领全市各级团组织和广大团员青年,深入贯彻落实科学发展观,紧紧围绕市"四个带动"发展战略和团省委的工作部署,以青少年思想道德教育为主线,以青春建功创业成才为重点,持续探索深化团建创新路子,按照"多元化整合资源、项目化开展活动、精品化打造品牌"的要求,坚持既定的工作方向、工作载体和工作探索不动摇,开拓创新,务实重干,使团的各项工作取得显著成效。

【共青团南阳市三届五次全委(扩大)会议】 3月9日,共青团南阳市三届五次全委(扩大)会议在南阳召开。市委副书记贾崇兰出席会议并作重要讲话,团市委副书记李冠彧、樊牛、赵楠,副处级纪检员王栋出席会议。团市委委员、候补委员和各县(市、区)、直属单位团委负责人以及团市委机关全体人员参加会议。团市委副书记樊牛主持会议。会议回顾总结全市2009年团的工作,表决通过《共青团南阳市三届五次全委(扩大)会议关于团市委委员卸职递补、候补委员卸职确认案》(草案),表彰2009年全市共青团工作先进集体,听取团市委副书记李冠彧向大会作的题为《朝气蓬勃 创业建功 在建设富强美好和谐新南阳的实践中实现共青团工作新跨越》的工作报告。

【纪念"五四"运动91周年】 4月28日,南阳市纪念"五四"运动91周年大会在梅溪宾馆举行。市委副书记贾崇兰出席大会并作重要讲话,团市委副书记李冠彧、樊牛、赵楠,副处级纪检员王栋参加大会。大会由团市委副书记李冠彧主持,来自基层的青年代表、新团员代表及受表彰人员代表等200余人参加大会。会议表彰全市共青团先进基层团组织、模范团干部、优秀共青团员和新长征突击手等先进集体和个人,举行新团员入团宣誓仪式。

【青少年宣传教育】 一是坚持不懈地用科学发展观引领青年,深化实施青年马克思主义者培养工程,用马克思主义中国化的最新成果武装青年,开展青少年文明行系列活动,"永远跟党走"研讨班、"青年贯彻落实科学发展观"征文活动、县乡村团干部"四个带动"培训班等,帮助青少年构筑坚强的精神支柱、树立远大的理想信念。二是充分发挥青年典型的模范带动作用,开展各类行业的杰出青年评选活动,推出赵传宇、贾红旗、陈辉、朱艳霞等一批新时期的青年典型,营造出崇尚先进、争当先进的浓厚氛围。做好共青团县县上网工程,用好"南阳共青团"网络平台,开通团干博客,建立团干QQ群和飞信群,设计开发南阳青少年起航网和南阳青春E家网,充分发挥新媒体在引导青年中的重要作用。以"与伟大祖国共奋进,为南阳发展献青春"为主题,启动实施"南阳青年思想领航行动"和"我的青春故事"征集宣传等活动,全面整合各条战线的思想引导工作品牌和工作内容,围绕大学生、农村青年、进城务工青年、企业青年的分类引导目标,大力创新引导青年的路径和载体,初步构建符合青年思想形成规律、具有南阳特色的分类引导工作体系。

【青年创业就业工程】 团市委以南阳市青春创业就业工程为统揽,建立有效促进青年创业就业的工作机制,为青年创业就业提供全方位服务。一是科学规划。年初,制定年度工作目标,出台县(市、区)和团市委机关目标责任制以及就业创业工作月报制,确保工作整体进展实时反馈、重点项目按时落实。二是延伸手臂。以建设青春就业创业服务站和青春创业园为重点,努力打造青年创业就业见习工作的"青春"平台。全市挂牌建起"青春创业园"18个,"服务站"42个,组织2300名青年在创业园接受培训见习;稳步推进"青年就业创业见习基地"建设,重点抓好岗位对接,定期回访和跟踪管理的3个关键环节,力促见习基地工作细化深入。已建成国家、省级、市级见习基地9家,签订协议书9家,提供见习岗位1200个,1300名青年到岗见习,其中620名青年已签订见习协议;依托南阳驻郑团工委,在郑州建立全省首家团组织驻外"青年创业服务大厅",提供劳务派遣、人才交流、政策咨询、创业服务、教育培训、公共服务等6大项200余项服务。三是竭诚服务。与南阳市银监局联合开展"送金融知识下乡,助青年就业创业"活动,先后举办知识讲座58期,受益人员4084人。持续开展

"杰出青年进校园"、"青联委员谈创业"巡回报告、青年创业就业论坛、青年创业导师团等活动,引导青年学生转变就业观念,激发青年及青年学生的创业热情。深化农村青年创业小额贷款项目,推进实施河南青年助业贷款工程。全市共发放青年创业就业小额贷款3124.3万元,惠及人数767人,带动4604人就业,争取省国开行为市新新光电等7家企业发放青年助业贷款2000万元。借助各县(市、区)"青春创业就业服务站"阵地优势,收集136余家企业用工岗位5820个,举办供需见面洽谈会17场次,接受未就业青年咨询1.39万余人次,助4600名青年成功就业。组织全市各级团组织广泛开展农业技能培训和青年创业就业培训,共计开展农业技能培训89场,培训农业青年10879人,开展71期创业就业培训班,培训青年7980名。积极争取省大学生村官创业扶持基金,为12名创业大学生村官发放18万元创业扶持基金。四是倡树典型。联合交通银行南阳分行等单位举办首届南阳青年创业市长奖,借助电视报纸网络等传媒,依托电话、飞信、QQ群等现代手段,以3万余张报纸选票和260万次网络点击率为参考,评选出温州南阳商会会长邵建新等10名青年创业典型,并举办创业青年进校园活动,在大学生中弘扬创业改变命运、奋斗写意青春的时代精神。联合市委组织部在全市范围内评选出10名大学生村官"创业之星",20名优秀大学生村官,彰显共青团组织引领青年励志创业的影响力和工作实力。

【服务青少年健康成长成才】 一是深化实施青年志愿者行动。启动实施旅游青年志愿者专项行动,开展"服务旅游立省,青春壮美中原"主题活动,培养一大批青年旅游志愿者,促进南阳旅游业发展。以"做文明青少年建和谐新南阳"为主题,开展"六创一迎"青少年文明行系列活动,通过活动开展,倡导广大市民树立文明新风,共建和谐美好富强新南阳。二是持续推进青年文化行动。不断丰富青少年文化活动内容,举办青少年书信大赛、首届南阳少先队员形象大使"南南"、"阳阳"评选、青年"四个带动"演讲比赛、全国第六届青少年英语竞赛南阳分赛区比赛、青年文化艺术节、单身青年派对联谊、南阳青少年红歌大奖赛等活动。三是深入推进希望工程。在全市开展"河南希望工程20年寻访"活动,树立南阳市恒康集团、南阳市地税局等各类爱心典型20多个。为西南干旱、玉树地震举行南阳市青年爱心赈灾义演活动,活动期间共募资金103.9万元。持续开展救助贫困大学生"爱心接力"行动,共筹集捐款359.1万元,救助贫困大学生1363人。四是切实维护青少年合法权益。配合市人大常委会完成《未成年人保护法》专项检查,明确各级部门保护未成年人的工作职责,进一步完善市未保委工作相关制度。举办首届十佳青年律师评选活动,着力深化"为了明天——预防青少年违法犯罪工程",举办"文明上网校园行"主题活动,大力开展文化市场专项整治集中行动,大力实施"维权岗行动月"活动。围绕"深化服务台建设,提高服务质量"主线,不断加强12355青少年服务台硬件建设、队伍建设、品牌建设,全年共受理来电、来访、来信咨询共计3125人次。邀请人大代表、政协委员与青少年进行面对面沟通交流,畅通反映青少年利益诉求渠道,市"两会"期间,人大代表、政协委员向大会提交7篇有关青少年问题的议案提案。五是深化保护母亲河行动。以"绿色南阳献青春,园林城市添光彩"为主题,组织城区1300名青年在兰营水库营建青年林,以"共饮丹江水,保护母亲河"为主题,动员全市青年积极参与南水北调中线工程水源地生态环境保护工作,全年植绿、护绿400多亩。六是开展抗洪救灾青年行动。7月份,南阳发生洪涝灾害,团市委组织动员全市广大团员青年积极投身抗洪救灾。成立56支青年服务队、突击队,组织动员8000余名团员青年,抢救被困人员312名,挽回经济损失200余万元,充分发挥生力军和突击队作用,受到省、市领导的一致好评。

【基层团建创新工程】 按照强本固基要求,深化实施基层团建创新工程,科学规划《2010年度南阳市团建创新工程方案》,以"深化一个机制,实现三个突破,创建五大基地"为工作目标(即:深化党建带团建机制,在吸引青年、凝聚青年、服务青年上要有新突破,创建农村、企业、学校、社区、外出务工和"两新"经济组织等五大团建创新基地),打破传统的团组织设置,创新团建模式,使团的组织覆盖不断扩大。一是驻外团工委建设不断壮大。认真总结驻郑团工委和驻京团工委建设的成功经验,以创业成功青年为依托,以帮助指导为主,以老乡关系为纽带,成功建立南阳驻津团工委和驻深团工委,并根据青年的实际分布情况成立15个团支部,覆盖各界宛籍青年6000余人,取得较好的团建成果。全市已成立各类驻外团组织156个,团(总)支部256个,驻外青联1个。二是加强县域共青团建设。按照"强县固乡活村"的工作思路,完善县乡青年工作委员会建设,借鉴基层党建"四议两公开"工作法的先进经验,灵活设置村团支部,完善团的组织结构和工作职能，相继探索出团建N加(团组织+经济实体+团员青年等)创新模式。持续推进乡镇共青团组织格局创新试点工作，按照“以支部为基础，以团委为主导，以阵地为依托，以活动为联接”的原则，逐步把团面向基层工作的桥头堡从县级团组织推进到乡镇、街道一级。全市90%以上的乡镇、街道建立团的工作委员会和青年工作委员会，2342个村团支部书记由大学生村官担任。建立县级团组织工作考评制度和重点工作通报制度，设立县级团组织工作奖，奖优惩劣，初步形成上下一盘棋，共同谋发展的县域共青团工作格局。三是推进非公团建和社会组织团建工作。紧跟党建步伐，借助党建成果，积极探索和推广产业链建团、生产线建团、联合建团、依托建团、楼宇建团、片区建团、园区建团、市场建团、兴趣建团等各种团建模式。全市新建非公有制团组织162家，社会组织建团32家。坚持活动促建设，在“两新”组织中开展青年文明号、青年岗位能手评选、青年技能大赛等形式，促进团组织建设。加强企业青年工作委员会建设，着重在生产一线建立团组织，尽可能覆盖更多青年。同时努力提高学校团建工作和街道社区团建工作，完善工作制度，建立团员电子档案和飞信群，进一步联系青年、凝聚青年、服务青年。四是加强作风建设。以创先争优活动为契机，联合市委组织部下发《党建带团建暨在全市基层团组织和团员青年中深入开展创先争优活动的意见》，开展全市团组织作风建设月活动，积极创建学习型团组织、学习型团干部，使全市各级团组织和团干部时刻保持战胜困难的信心，始终保持昂扬的斗志，紧盯目标，勇往直前，一步一个脚印地推动团的事业发展。五是进一步延伸团的手臂，壮大青联事业，学联、青企协、青年志愿者协会等青年社团组织和少先队组织稳步发展，有力地扩大团的社会影响，巩固党执政的青年群众基础。(张少瀛　刘罗林)

南阳市妇联

【妇联概况】 2010年市妇联坚持以胡锦涛总书记“三八”讲话精神为指针，以党群共建创先争优为主线，以创建坚强阵地和温暖之家为目标，坚持“三具两基一抓手”工作方法，贴紧实际，围绕大局，强基固本，做到工作任务项目化，重点活动品牌化，常规工作特色化，自身建设优质化，各项工作取得明显成效。先后荣获全国维护妇女儿童权益先进集体、全国城乡妇女岗位建功先进集体、省党群共建创先争优先进单位、省推进中原经济区建设先进单位、省民声先进单位等荣誉称号。

【党群共建创先争优】 2010年是“三八”国际劳动妇女节100周年。全市各级妇联组织采取多种形式全面学习贯彻落实胡锦涛总书记的“三八”讲话精神，贯彻落实中央党群共建创先争优的工作要求，及时部署、加强领导、突出重点、上下联动，迅速掀起系统创先争优高潮。广大妇女干群以“巾帼创新功、岗位争优秀”为活动主题，争做科学发展的先锋队、争当妇女发展的排头兵，用南阳女性的锐气、志气和勇气，以不同凡响的成就、业绩和贡献，追求新目标，实现新跨越，建设新南阳。各级妇联组织以落实“三个一”为主攻方向，以创建“五型”、“五个好”、“五带头”为标准，巩固健全各级妇联组织，配齐配强各级妇联干部；培训提升各级履职能力，联合市委组织部举办为期两个月的第九期妇女干部培训班，组织200多名妇女干部参加全市妇女干部读书写作培训班，组织两批次25人高层女性到清华大学参加培训，组织4批次100多名女干部外出学习考察，实现多层次、多渠道、多形式的培训目标。着力打造“坚强阵地”、“温暖之家”，基本实现妇女之家挂牌全覆盖，争取政府为社区妇联购买公益岗位和按人均妇女一元标准增加妇联经费等工作顺利推进，全市有2个乡镇、30个村(社区)被全国妇联命名为首批示范乡镇、村。

【城乡妇女创业就业】 全市各级妇联组织坚持把发展作为第一要务，深化“双学双比”、巾帼建功活动，大力实施“巾帼科技星火工程”、“巾帼科技致富工程”，引导妇女在更高层次、更广领域创业就业。一是抓培训强内功。各级围绕“巾帼科技星火工程”，完善市、县、乡、村四级培训网络，开展各类实用技术培训1363期，受训妇女达10.6万人次。二是抓协调创环境。把实施“南阳市百万妇女创业大行动”和小额贴息贷款工作同部署、同安排。全市共推荐创业贷款妇女25466户，发放财政贴息贷款5409万元；发放小额贷款5.2亿元；扶持17039户妇女创业就业，基本实现3个100%(用贷妇女100%贷到贷款；100%收益；100%回收)，共树立710名优秀妇女创业典型，发展76个巾帼创业就业示范基地和巾帼综合示范村，推动全市46个特色产业基地扩大规模，直接安置2.1万多名妇女就业，带动15万多名妇女自主创业。联合人力资源和社会保障部门，建立

"4050"人员再就业援助服务站,组织动员社会各界开展"送政策、送技能、送培训、送岗位"等一系列"零距离"服务活动73场次,组织招聘会41场次,联系用工企业581家,提供就业岗位3686个,建立妇女创业就业实践基地51个,"三八"期间为5万名女性牵线搭桥谋到理想的工作岗位。同时,广泛开展"岗岗争创、岗村联创、岗位建功"活动,成立巾帼志愿服务队,深入基层结对帮扶,为所联系村办好事实事,为困难妇女捐款捐物,灾后重建、帮助抗旱浇麦等。

【宣传教育】 全市各级妇联组织发挥职能优势,传承时代文明、弘扬社会新风,做好"家"字文章、融洽邻里关系、增进和谐文明,市妇联以"三八"妇女节100周年庆典为契机,积极开展庆"三八"表彰及"回眸百年影像展"等系列活动,宣传表彰一大批先进妇女典型,见证男女平等基本国策的贯彻落实,彰显妇女事业百年来的成就与辉煌,突出广大妇女在南阳经济社会建设中发挥的作用和奉献。抓住五好文明家庭创建活动,倡扬中华民族传统风尚。借助母亲节,组织开展"十佳母亲"、"十优母亲"评选活动,表彰各类母亲典型200余名,在社会上掀起敬母、孝母、爱母热潮。结合重阳节,开展老年书画展、运动会、联欢会、为老人送健康等活动,为老年人送去节日的问候和社会主义大家庭的温暖。突出节能减排主题,开展"低碳家庭时尚生活"活动。以创建绿色社区、评选节能环保家庭、开展知识竞赛、征文、低碳绿色环保家庭小创造、小发明、金点子征集等多种形式,引导广大家庭成员从自己做起、从家庭做起、从点滴做起,为发展绿色经济、低碳经济和循环经济贡献力量。全市评比表彰学习型家庭、平安家庭、节能环保家庭、绿色家庭等典型300多户。其中2户被评为全国五好文明家庭;1户被评为全国低碳创新明星家庭;1人被评为全国低碳创新明星个人;2个社区被评为全国学习型家庭社区,3个活动站被评为全国妇女示范健身活动站。

【维护妇女儿童权益】 全市各级妇联组织以宣传《妇女权益保障法》和《省实施办法》为主要内容,开展"三八"维权周街头宣传咨询、"不让毒品进我家"和预防制止家庭暴力等专题普法宣传月活动,组织巾帼维权志愿者送法下乡、送法进社区、进家庭,维权知识竞赛等妇女群众通俗易懂、喜闻乐见的活动,增强普法教育的实效性。活动期间共展出版面6700多块,悬挂横幅5400余条,发放宣传材料80余万份,现场解答法律咨询5800人,受益群众达240余万人。市妇联与南阳电视台联合开办《律师支招》节目,邀请市著名律师解读典型案例,讲解相关法规,成为广大群众喜爱的法律"大餐"。各级妇联以服务妇女儿童,依法维护妇女儿童权益为主线,完善妇联四级信访网络,成立县以上妇女儿童法律援助中心15个、维权法庭14个、反家暴机构13个、救助庇护中心1个,建立维权站538个,开通维权热线22条。切实加强妇联信访工作,认真做好日常信访接待和法律咨询工作,积极配合"大走访"活动,主动下访,了解民情,对群众反映的问题快速办理,共受理群众来信来访来电1600多件,查处侵害妇女权益涉法案件689起,结案率达98%,群众满意率达100%。各级妇联深入开展"平安家庭"创建活动,以创建"五个一"、营造"五个"环境、做到"四防四无"、实现"四个更加"为重点,叫响"家家争创平安家庭,人人争当文明市民"活动口号,展开第二轮"平安家庭"创建热潮。推进"平安家庭"向纵深发展。全市共涌现出"平安家庭"示范村510个、示范户1488个。

【为妇女儿童办好事】 全市各级妇联发挥"温暖之家"作用,关爱帮扶弱势群体,把妇女儿童最关心最直接最现实的利益问题落到实处。一是真情关爱少年儿童。协调各级领导到基层慰问看望贫困儿童活动,为贫困儿童及留守儿童捐款64.6万多元,捐衣物6万多件,学习用品5万多件,图书3万余册,捐建留守儿童之家29个,捐建爱心书屋58个,在全社会营造出关心儿童、教育儿童、为儿童办好事、办实事的浓厚氛围。市妇联联合移动公司,对患艾滋致孤儿童进行爱心帮扶,为卧龙区青华镇"阳光家庭"的艾滋孤儿们送去5000元救助款及文具、书包等学习生活用品。"六一节"期间,市委书记黄兴维在百忙中为全市少年儿童题词"做学习好少年,当文明小市民",激励孩子健康成长。同时,组织家庭教育专家到全市中小学校、幼儿园面向学生家长作公益性家庭教育巡回报告,传播最新家庭教育理念,推进家庭、学校和社会共同关注孩子健康成长,8场报告会场场爆满,近2万名学生家长聆听报告会。二是倾情担当"代理妈妈"。注重突出工作特色,积极发挥品牌效应,针对数十年如一日的"代理妈妈"活动,制订活动暂行规定,建立"代理妈妈"活动资料库,保障"代理妈妈"活动的经常化运作。2010年3月份以来,以《南阳日报》为平台,大篇幅连续报道全市"代理妈妈"活动的开展情况及典型事迹,刊登200名家庭特困的优秀儿童的基本情况,向社会发出《播撒爱心希望,激扬人间真情》的倡议书,各级党委政府高度重视，社会各界大力支持，爱心人士踊跃参与，为全市2500名贫困孩子找到代理妈妈。三是热情推动妇科病普查普治。各级妇联从关爱妇女送健康入手，通过组织图片宣传一条街、发放健康知识小册子、为妇女免费送体检卡、设立贫困女性健康救助基金、对“两癌”患者（宫颈癌、乳腺癌）提供全程免费手术等，帮助广大妇女了解健康知识，及时诊疗疾病，保障身体健康。市妇联启动“女性健康服务年”活动，建立女性健康服务基地，为万余名妇女进行免费健康检查，全市妇女做“两癌”检查达百万人次，使广大妇女在接受服务中共享改革发展的成果。

【两纲要两规划】 市妇联抓住妇女儿童发展纲要（2001～2010年）实施最后一年的有利时机，召开专门会议研究部署“两纲要”、“两规划”目标落实评估工作，组成评估小组，分赴各县（市、区）及市政府妇儿工委成员单位开展调查研究及评估检查。各地各单位对照《目标责任分解书》和《成员单位职责》，认真采集数据，开展自我评估和督导，总结经验，查找不足，为“十二五”的《两规划》编制提供宝贵的经验。顺利通过省督导组对全市实施妇女儿童发展“两纲要”、“两规划”工作的督导检查。

【对外交流学习】 各级妇联注重加强与人大女代表、政协女委员的联谊；加强与女领导干部、女知识分子、女企业家的联谊；加强与各民主党派、工商联妇女的联谊；加强与各条战线妇联执委和妇女代表的联谊。同时，为推进中原经济区南阳主体区建设，拓展与湖北襄阳市妇联组织的联谊；组织妇女考察团赴台考察，开辟与台湾妇女组织的交流与合作，为南阳妇女工作发展注入新的思维活力。社会各界妇女发挥岗位优势，履行职责、建言献策，了解民意、有效维权，为推动妇女儿童工作发挥重要作用。（勾志峰）

南阳市工商联

【调研参政】 一是围绕全市中心工作和群众关注的热点难点问题，积极运用提案、议案、建议参政议政。在市政协会议上提交集体提案2件，组织工商联界别政协委员提交个人建议、提案28份，其中市工商联的1件集体提案和工商联界别政协委员的3件个人提案被市政协评为优秀提案，市工商联也被评为优秀提案单位。二是坚持锁定中心、服务大局，深入实地调查研究，积极建言献策。5月18日～6月12日，市工商联对全市民营企业加快经济发展方式转变、实施“四个带动”情况进行了专题调研，形成《民营企业是实施“四个带动”的重要力量》调研报告，市委书记黄兴维批示：“请转市‘四个带动’办阅，对全市民营企业在实施‘四个带动’中取得的经验应很好地总结推广。”市实施“四个带动”领导小组工作简报第七期刊登此调研报告。6月下旬，组织调研并撰写《深化“四个带动”战略的措施和建议》理论文章，在市“四个带动”理论研讨文章征集活动中被评为优秀论文。9月中下旬，对全市非公经济组织党建工作进行专题调研，所提建议得到有关部门的肯定和认可。调研成果丰硕，5篇调研报告上报省工商联，1篇被评为优秀调研成果一等奖，2篇被评为优秀调研成果三等奖。

【“百企帮百村”系列活动】 2010年，全市新增结对帮扶村65个，新增帮扶项目118个，新增投资额4496万元，新增捐赠金额2149万元。至年底，全市参与新农村建设的民营企业累计达到3262家，结对帮扶村累计达到719个，累计实施项目603个，投资总额5.4亿元，为新农村建设社会公益事业累计捐款4363万元，有力地支持南阳社会主义新农村建设，受到省委统战部、省工商联、省扶贫办的联合表彰。

坚持把“百企进南阳”活动融入南阳大开放、大招商活动中，同时采取措施，抓好“光彩回归工程”，引导南阳籍在外企业家、知名人士、务工经商人员回乡创业。全市各级工商联共引进项目34个，引导帮助返乡人员创办项目15个。

4月，在河南工业职业技术学院举行了民营企业家创业报告会，引导大中专毕业生转变择业观念，激发创业热情，收到良好效果。5月，与市人力资源和社会保障局、市教育局、市总工会联合开展民营企业招聘周活动，河南陆德筑机股份有限公司、南阳防爆集团有限公司等110余家民营企业参加招聘活动，提供就业岗位3000多个，达成就业意向千余人。

【服务非公有制经济发展】 充分发挥工商联政府管理和服务非公有制经济的助手作用，深入开展“一联两送一帮”活动，为民营企业提供融资、法律等方面服务，帮助民营企业更好地进行结构调整和自主创新，增强民营企业市场竞争力、抵御风险能力和可持续发展能力，为促进全市经济发展作出积极贡献。在融资服务方面，1月20日，组织召开全市金融界与企业界联谊会，为企业融资搭建了平台。同时，积极支持县(市、区)工商联和骨干会员企业组建投融资担保公司和小额贷款公司，不断拓宽民营企业融资渠道。2010，全市由工商联牵头或依托会员企业成立的投融资担保机构(含小额贷款公司)已达10家，共为企业融资近22亿元，有效缓解民营企业融资难的问题。在法律服务方面，全年新建立法律服务工作机构3个，累计达到12个。2010年，全市各级工商联及法律服务中心累计为民营企业提供法律咨询服务2100余次，参与调解132起，代理诉讼136件，为企业挽回经济损失1900余万元。法律服务工作成效明显。

【招商引资】 充分发挥工商联组织网络健全、联系广泛的优势，以异地商会为依托，先后参与承办市委、市政府在深圳、香港、福建、温州、杭州、郑州等地举办的南阳—深圳经济贸易洽谈会、南阳市与闽籍企业重点合作项目对接洽谈会、第六届中国河南国际投资贸易洽谈会等大型招商活动，共邀请客商100多人，促成26个项目的对接和签约，协议引进资金160亿元，被评为全市服务对外开放招商引资工作先进单位，同时，坚持“走出去”与“请进来”相结合，先后组织商务考察团对台湾、上海进行商务考察，组织民营企业参加由湖北省十堰市工商联发起承办的鄂豫陕川渝毗邻地区商会联谊会，邀请上海河南商会、无锡市工商联考察团等来宛参观考察，取得良好成效。

【宣传教育培训】 多形式、多渠道搞好宣传。一是充分利用工商联网站、内刊、工作信息等平台，搞好宣传引导。全年共编发《南阳商会》12期，通过手机短信平台为会员企业提供信息3000条次；在《河南工商界》刊发文章2篇、信息9条，被省工商联《工作信息》采用信息12条，被省工商联《民企社情》采用3篇，在省工商联网站累计发布工作信息9296条，采用量均位居全省前列。二是加强与主流媒体的联系与合作，开设专题栏目，扩大宣传效果。与南阳日报社联合开展“市优秀民营企业家风采录”系列宣传报道活动，对会员企业和部分直属商会进行宣传报道，收到良好效果。三是加大对外宣传力度，积极向各级新闻媒体投稿。在《中华工商时报》上刊发宣传文章19篇，在市级以上新闻媒体刊发宣传文章18篇，营造出有利于非公有制经济发展和非公有制经济人士健康成长的舆论氛围。

市工商联与市扶贫办、市邮政局联合举办向玉树等灾区和贫困地区“爱心包裹”项目关爱行动启动仪式

多方式、多途径开展培训。5月，举办“后金融危机时期国际国内形势与民营经济发展”培训班，邀请河南省社科院刘道兴教授来宛讲课，分析后金融危机时期经济形势，帮助民营企业理清发展思路，加快发展方式转变。全市260余位民营企业家聆听讲座，收到较好的效果。同时，还组织市区部分会员企业经理参加“中国自主创新领军人物”王永民教授《爱国务实谈创新》主题报告会。选派20余人次参加由省委统战部、省工商联在上海、郑州等地举办的培训班。

【引导民营企业承担社会责任】 切实加强民营企业思想政治工作，引导民营企业承担社会责任，积极参与社会公益事业和慈善事业。青海玉树、甘肃舟曲发生强烈地震和突发特大泥石流灾害后，市工商联与市委统战部联合下发文件，号召全市民营企业和非公有制经济人士积极向灾区捐款捐物，并与市扶贫办、市邮政局联合举行“爱心包裹”项目关爱行动。8月，与南阳电视台、大统集团共同发起“金玛特十周年·10万元爱心奉献救助贫困大学生”大型光彩助学活动，向贫困大学生发放助学金。2010年全市工商联系统捐资助学、扶贫救灾、助残济困捐款累计达1100余万元。为支持第七届全国农运会在南阳举办，赊店老酒公司、宛运集团、大统集团、陆德公司、丽都花园酒店、南阳钱柜等会员企业纷纷捐款，累计达2000余万元。

【会员队伍建设】 会员队伍进一步壮大。按照"积极发展、优化结构、加强服务、动态管理"的原则，继续加大会员结构调整力度。桐柏三源粮油食品公司、南阳纵横丝绸纺织公司等有代表性的民营企业被吸纳进入工商联组织。

商会建设力度进一步加大。一是加快行业商会组建步伐。2010年成立南阳市汽车后市场服务行业商会、南阳市建筑装饰材料行业商会、南阳台商投资企业协会等3家行业商会。市工商联直属行业商会达到15家。同时，认真履行主管单位职责，充分发挥宣传政策、提供服务、反映诉求、维护权益、加强自律的作用。二是积极推动建立经济发展促进会。与市委统战部、市商务局等部门通力合作，在经济发达地区组建成立深港南阳总商会、广州南阳商会、北京南阳商会暨经济发展促进会，打造高层次的招商引资平台，为南阳"大招商、招大商"提供有力支撑。

【机关建设】 全市工商联机关深入开展以创建"五个好"先进基层党组织、争做"五个表率"优秀共产党员为主要内容的创先争优活动。紧密围绕"推动科学发展，促进社会和谐，服务人民群众，加强基层组织建设"的总体要求和目标，加强领导，精心组织，引导党员干部带头学习提高，带头争创佳绩，带头服务基层，带头弘扬正气，并与创建学习型、服务型、和谐型机关活动有机结合，在全市工商联机关形成了创一流、争先进、当表率的浓厚氛围。

【学习贯彻《意见》精神】 2010年9月，中共中央、国务院颁发《关于加强和改进新形势下工商联工作的意见》（中发〔2010〕16号，简称《意见》）。全市各级工商联高度重视，迅速行动，积极开展深入学习贯彻落实《意见》活动，掀起"学习贯彻落实《意见》，全力推进工商联工作"的热潮。市工商联制定推动《意见》精神贯彻落实的工作方案，在南阳商会内刊、市工商联网站开设学习专栏，先后组织驻会领导、机关干部、企业家副主席和县（市、区）工商联主席等学习《意见》和中央有关领导人的重要讲话精神，积极组织开展不同层次、不同形式的学习活动，不断把学习活动引向深入。（邹粤）

文　联

【文联工作概况】 2010年，南阳市文联按照"高举旗帜、围绕大局、服务人民、改革创新"的总要求，认真贯彻卢展工书记关于"文联是桥、文联是力"的重要指示精神，坚持用科学发展观统领文艺工作和文联工作，以服务全市工作大局为重点，以满足人民群众日益增长的精神文化需求为根本，以推动文艺大发展大繁荣为目标，认真履行联络协调服务指导的基本职能。

【服务全市中心工作】 2010年，市文联以重要节日、重要事件和重要活动为契机，充分发挥文艺和文联优势，精心策划、认真开展主题鲜明、影响广泛的文艺活动。一是围绕全市南水北调中线工程移民迁安工作，市作协完成反映南水北调丹江口库区移民的纪实报告文学《碧水壮歌》初稿；完成电视连续剧《丹江记忆》的采访及资料收集整理。市摄影家协会与市委宣传部、市移民局共同举办"南水北调丹江口库区移民迁安工作摄影图片展"，编纂出版反映移民迁安工作的大型摄影画册《情满丹江》，实地记录自20世纪50年代以来丹江口库区移民迁安工作的历程和重大历史瞬间，全面展示出南阳市移民迁安工作取得的巨大成就。二是为配合南阳市委筹备第七届全国农运会工作，市委外宣办、市摄影家协会共同组织承办"南阳摄影百家聚焦农运会"大型摄影活动，活动历时两年，旨在通过100名本土摄影家的镜头，真实记录南阳承办第七届全国农运会这一重大活动的历史瞬间。三是为宣传树立南阳正在崛起的新形象提供精神动力和文化氛围，由市委宣传部、省摄影家协会、人民摄影报共同主办，市摄影家协会承办的历时一年的"走进南阳"全国摄影大赛也于5月正式启动，此次大赛以举办展览、制作宣传画册等方式，挖掘并展示南阳的秀美风光、丰厚文化及经济社会发展成就，扩大南阳在海内外的知名度和影响力，为全市经济社会发展营造良好外部舆论环境。

【协会活动】 市文联和各文艺家协会充分发挥文联的组织优势、体制优势、人才优势，精心策划组织大量丰富多彩的文艺活动，活跃社会文化生活，满足人民群众日益增长的精神文化需求，保障人民群众的基本文化权益，繁荣发展基层文化事业。市摄影家协会先后举办首届"银苑风采"摄影艺术展、"回眸妇运再铸辉煌"庆祝"三八"国际劳动妇女节100周年图片展、"税收·发展·民生"摄影大赛、"鲁氏车行杯"文明交通行动摄影大赛、"大华眼镜杯"六创一迎摄影大赛、"易名装饰杯"摄影大赛等一系列丰富多彩的活动，既服务基层工作，也丰富广大群众的文化生活。市书法家协会举办“南贸杯”书法大赛、“纪念姚雪垠百年诞辰大型笔会”、“南阳医专建校五十周年万人书法邀请展”等活动，积极致力于群众书法的宣传、普及与提高，使南阳市书法艺术整体呈现出繁荣向上的气象。在五省十市“秦巴墨韵”书法展览上，南阳的作品赢得与会领导和专家的一致赞扬和充分肯定。市音舞协会配合市委宣传部承办省委宣传部“唱响中国——群众最喜爱的新创作歌曲征集评选活动”南阳采风座谈会；成功举办“南阳市第二届器乐大赛”。民间文艺家协会充分发挥自身优势，协助政府及有关主管部门有效保护、合理利用和积极开发民间文化资源，继续做好民间文化遗产抢救工程以及省抢救工程“三个专项”工作；并与南阳师范学院、南阳美术与艺术设计学院共同举办“吕登阁剪纸艺术展”等活动。

【文艺创作硕果累累】 市文联把促进精品佳作的创作生产，作为弘扬社会主义核心价值观的必然要求，开展文艺活动、突出重点项目，继续打造以“南阳作家群”为代表的“文学宛军”、“摄影宛军”、“书法宛军”等一批文艺创作队伍；开展一批既围绕全市中心工作、又贴近群众生活的丰富多彩的文艺活动，充分发挥出文学艺术在文化建设和经济建设中的积极作用。继续举办南阳文学论坛，邀请有广泛影响的作家艺术家、评论家到南阳开展研讨、讲座活动。成功组织“周同宾创作五十周年座谈会”；举办“诗人痖弦原乡行座谈会”，并聘请台湾著名诗人、南阳游子痖弦先生为南阳市作协名誉主席，促进南阳文学艺术与台湾的沟通与交流。市摄影家协会通过一系列活动促进南阳摄影创作的繁荣与发展，承办“佳能大篷车”摄影论坛南阳站大型摄影活动；组织“2010平遥国际摄影大展”南阳采风观摩团赴平遥观摩学习；组织专家走进市中行、市国税局、市计生委、市中心医院等部门举办多期摄影讲座；开办“南阳摄影夜校”，对摄影爱好者进行6期的培训指导，在南阳摄影爱好者中引起较大反响。市美术家协会成立南阳少儿美术艺委会，并通过开展跨市区作品交流，邀请省市专家对南阳汉画、农民画、方城石猴等进行调研，为提高其艺术价值并走向市场提出许多宝贵意见。2010年12月9日，在河南省隆重表彰新中国成立以来142位荣获全国性文艺新闻出版大奖的会议上，南阳市第八届全国优秀短篇小说奖获得者乔典运，首届鲁迅文学奖获得者周同宾，首届曹禺戏剧文学奖获得者冀振东，第八届中国摄影金像奖获得者李光成等4人受到表彰，分别获得5万元的奖励，这是省委对南阳文学艺术创作的充分肯定与极大鼓励。此外，由李天岑的长篇小说《人精》改编的电视连续剧《小鼓大戏》荣获第二十五届中国电视“金鹰奖”三等奖，这是自“金鹰奖”设立以来全省省辖市中惟一的一部获奖作品，标志着南阳电视剧创作的重大突破，对宣传南阳，提高南阳知名度，提升南阳文化软实力都有着重要的现实意义和创新意义。在中国曲艺家协会主办的“第六届中国曲艺‘牡丹奖’鼓曲类复赛”中，由市曲艺家协会报送的大调曲子《雪中红梅》荣获节目提名奖和文学入围奖；三弦书《赌闺女》荣获文学提名奖、表演入围奖；大调曲《绣香囊》获作品入围奖、节目入围奖。在北京市曲协举办的曲艺邀请赛中，三弦书《小两口回娘家》荣获金奖，显示出南阳“曲艺之乡”的雄厚实力。在省音协举办的2010年小提琴选拔赛中，南阳选手获得3金5银的好成绩，市音协荣获组织奖。由市戏剧家协会选送的大型现代警示教育豫剧《岐路冷雨》在河南省第四届黄河戏剧奖中荣获金奖，市剧协获大赛优秀组织奖。第七届河南省少儿戏曲大赛暨第十四届中国“小梅花”河南选拔赛中南阳选送的两名选手荣获银奖。戏曲《青山明月》在河南省文联主办的优秀剧本参评活动中获得二等奖，《铁人检察官》、《铁窗》获三等奖。市摄协组织广大摄影家深入创作、积极参与省内外各项展赛，韩自豪、胡居凌等4人在“我眼中的河南”全国摄影大赛中获奖，韩自豪获金奖；张兼维手机摄影作品入选第十届上海国际摄影节；王肇航摄影作品在阿尔尼塔国际摄影大赛中获奖；封银生、张海阔等5人在“关注民生，共创和谐”摄影大赛中获奖；郭永林、杨遂理、张金敖等9人在“生态河南，美丽家园”摄影大赛中获奖；高志平、赵明山等4人在“信阳之恋”全国摄影大赛中获奖；石秀云、徐国兴等5人在河南省聚焦“三农”摄影大赛中获奖；杜辉宇、郑煜等6人在河南省“天使风采”摄影大赛中获奖。市美术家协会积极向全国、省市重要刊物、展览推荐作品，全年共在“省首届雕塑艺术展”、“省五届新人新作展”、“省九届国画展”、“省五届油画展”、“河南省版画展”等展览中获奖30余幅，在国家级刊物中发表论文6篇，出版发表作品18幅。市书法家协会在“纪念河南省书协成立三十周年大型书法展”上获奖22件，在河南省书协“表彰全国第三届兰亭奖大会”荣获组织奖。

【文艺阵地建设】 市文联充分发挥联络、协调、服务、指导的职能，采取多种措施，加强南阳文艺队伍的建设，继续实施“南阳历史名人长篇小说精品工程”、“签约作家制度”，继续承办全国乐器、书画考级工作。市摄影家协会完成会员的重新登记、换发会员证工作，为会员建立完整的纸质和电子档案；带动南阳各摄影社团、沙龙开展创作组织活动。戏曲家协会与南阳电台长期共同举办“空中大戏台”，积极弘扬民族文化，涌现出很多热爱戏曲的演唱者和创作者。市级9个文艺家协会在13个县（市、区）已普遍建立基层组织，各协会新发展国家级会员15人。全市已有国家级文艺家协会会员130余人，省级文艺家协会会员1100余人，市级文艺家协会会员3000余人。

《躬耕》期刊不断提高办刊质量、加强栏目建设，为巩固南阳作家的文学创作阵地、锻炼青年文学队伍提供一个良好的平台。《躬耕》子刊《情感故事》发行量连年稳中有升，《青春美文》逐步走上正轨，3本刊物全年的总发行量超过1.5万份；“南阳文学艺术网”、“南阳市摄影家协会”、“南阳美术馆”3个网站已经成为南阳文艺爱好者学习交流的阵地。（毕怡楠）

社会团体小知识

社会团体是群众团体的一个分类

中国有全国性社会团体近2000个。其中使用行政编制或事业编制，由国家财政拨款的社会团体约200个。在这近200个团体中，全国总工会、共青团、全国妇联的政治地位特殊，社会影响广泛。还有16个社会团体的政治地位虽然不及上述三个社会团体，但也比较特殊。它们分别是：中国文联、中国科协、全国侨联、中国作协、中国法学会、对外友协、贸促会、中国残联、宋庆龄基金会、中国记协、全国台联、黄埔军校同学会、外交学会、中国红十字总会、中国职工思想政治工作研究会、欧美同学会。

社会团体是由公民或企事业单位自愿组成、按章程开展活动的社会组织，包括行业性社团、学术性社团、专业性社团和联合性社团。

中华全国总工会

简称“全总”，是全国各地方总工会和各产业工会全国组织的领导机关。成立于1925年5月1日。中国工会的主要社会职能是：维护职工的合法权益和民主权利；动员和组织职工群众参加建设和改革，完成经济和社会发展任务；参与企业的民主管理，教育职工不断提高思想道德和科学技术文化素质（简称“维护、建设、参与、教育”四项职能）。中华全国总工会已和世界上130多个国家（地区）的400多个全国性工会组织以及国际和区域性工会组织建立了友好交往关系。

中国共产主义青年团

中国共产主义青年团简称“共青团”（曾名中国社会主义青年团、中国新民主主义青年团），是中国共产党领导的先进青年的群众组织，成立于1922年5月。共青团中央委员会受中国共产党中央委员会领导。共青团的基本任务是以共产主义教育青年，帮助青年用马列主义、毛泽东思想和现代科学文化知识武装自己，引导青年在社会主义现代化建设的实践中，锻炼成为有理想、有道德、有文化、守纪律的共产主义事业接班人。团员的年龄为14周岁至28周岁。

中华全国妇女联合会

中华妇女联合会简称“全国妇联”，成立于1949年，是中国共产党领导的全国各族女职工、女农民、女知识分子和其他劳动妇女、拥护社会主义的爱国妇女和拥护祖国统一的爱国妇女的群众组织。全国妇联的基本职能是代表和维护妇女利益，促进男女平等。

中华全国工商业联合会

简称“全国工商联”，成立于1953年11月，是中国共产党领导的具有统一战线性质的人民团体和民间商会，是中国人民政治协商会议的组成单位。

中国文学艺术界联合会

中国文学艺术界联合会简称“中国文联”，是由全国性文学艺术家协会，各省、自治区、直辖市文学艺术界联合会和全国性的产业文学艺术工作者联合会组成的人民团体。它成立于新中国诞生前夕的1949年7月，是中国人民政治协商会议发起单位之一。

人民武装

地方军事

南阳军分区

【概况】 2010年，南阳军分区坚持以党的创新理论为指导，落实科学发展观，贯彻胡锦涛视察军区时的重要讲话和军委、军区、省军区常委扩大会议精神，围绕建设全面过硬的战备预备力量，抓落实、谋发展，按照“任务牵引、活动推动、制度促动”的思路，坚持把思想政治建设摆在首位，推进应急应战能力建设，落实《河南省县（市、区）人武部工作规范》，从严治军，努力提高全区部队遂行多样化军事任务的能力，突出抓学习强素质、抓规范正秩序、抓重点求突破、抓融合谋发展，各项重大任务完成圆满，民兵预备役建设呈现出良好的发展局面。

一、坚持用党的创新理论强根固本，官兵思想政治基础更加牢固。坚持把学习党的创新理论作为思想政治建设的首要任务，采取集中培训等办法，深入扎实地抓好中国特色社会主义理论体系的系统学习。党委中心组学习，坚持联学共教，采取“三统三分”的办法，军分区、人武部同步进行，较好地保证了理论学习的落实和质量。“坚强党性、大兴四风”教育、核心价值观等重大专题教育，坚持主官主讲、活动牵引、成果展评，确保了教育实效。注重开展经常性的谈心活动，及时了解掌握官兵思想动态，做好有针对性的教育引导。认真落实思想形势分析和领导干部作形势报告制度，确保了部队高度稳定和集中统一。开展“四个深化”和“每月四堂课”教育，推动思想政治建设在基层的落实。结合重点工作、重大活动，运用多种教育载体，抓好民兵预备役人员的政治教育，促进民兵预备役政治工作落实。新闻宣传和报道工作取得较好成绩，全区共在中央级媒体见稿126篇，军分区和宛城区人武部被省军区表彰为新闻报道工作先进单位。

二、坚持把创建学习型党组织作为有力抓手，党委班子和干部队伍建设有明显进步。坚持把建设学习型党组织作为加强班子建设的有效载体，始终摆上位置、常议常抓。贯彻《政治工作条例》和《党委工作条例》，各级党委贯彻科学发展观的能力、科学决策民主决策依法决策的能力、履行军队历史使命的能力明显提高。加强团级单位党委班子建设，常委分工建立联系点对所属党委进行帮抓，党委班子建设的总体水平加强。宛城区、方城县、西峡县人武部党委被省军区党委表彰为先进团级党委。落实总政《关于在全军和武警部队党的基层组织和党员中深入开展创先争优活动的意见》，结合基层实际和党员岗位特点，开展“一诺三评”工作，创先争优活动取得阶段性成效。社旗县人武部机关党支部、邓州市人武部“编外雷锋团”展览馆党支部被省军区政治部表彰为先进基层党组织。落实《南阳军分区团以上领导干部参加地方活动若干规定》、《党员领导干部工程建设中廉洁自律若干规定》的要求，下大力抓好敬业奉献、政策纪律等专题教育，强化纪律观念，党风廉政建设得到进一步加强。新野县人武部纪委被省军区纪委表彰为先进纪检监察集体。做好干部调整配备工作，抓好新任职、新调入干部岗前培训，干部队伍结构得到优化，素质得到提高。开展“双百活动”，做好老干部服务管理工作。干休二所被省军区表彰为“老干部工作先进单位”。转业干部安置工作有新的进步，计划生育工作继续保持良好态势。卧龙区人武部、内乡县人武部被省军区表彰为“十一五”人口和计划生育工作先进单位。在全区政工干部中开展的“四项活动”成效明显，淅川县人武部政工科被省军区政治部表彰为先进政治机关。

三、坚持用《规范》统领部队建设，各级遂行多样化军事任务的能力进一步提高。紧紧围绕担负的任务，突出抓好《应急队伍建设规范》落实，不断加强民兵重点分队建设。按照“编为用、建为战”的要求，对南阳市35支民兵重点应急分队进行组织调整，22个专业救援分队的专业对口率均达到80％以上，提高民兵组织整顿质量的做法得到省军区肯定。贯彻《人武部工作规范》，在邓州市召开现场观摩暨经验交流会，形成《南阳市民兵基层建设工作规范（试行）》和《南阳市民兵重点应急分队遂行任务时的组织指挥程序及行动规范》等一批制度成果，提高了“三个一线”建设水平。在全区现役干部、专武干部、民兵连(排)长、职工等各类人员中广泛开展岗位练兵比武竞赛活动，各级各类人员岗位任职能力明显提高。新野县人武部、邓州市人武部、西峡县人武部取得综合成绩前三名的好成绩。军分区后勤部被省军区后勤部表彰为后勤按纲施训比武竞赛和成果展示优胜单位。探索信息化条件下训练路子，狠抓军事训练落实，圆满完成上级下达的训练任务，民兵应急分队遂行任务的能力得到较大提高。参加省军区基层专武干部部长集训获得总分第一名，宛城区人武部、方城县人武部被省军区表彰为军事训练先进团级单位。围绕“两个提升”目标，发挥“五种力量”作用，在适龄青年报名应征热情普遍下降，征兵工作出现冷拐点的情况下，圆满完成4010名新兵征集任务。司令部机关建设有新的进步，新野县人武部军事科、淅川县人武部军事科被省军区司令部表彰为先进军事机关。

四、加大依法从严治军力度，全区正规化建设形势发展良好。牢固树立综合安全观，紧紧抓住枪支弹药管理、网络失泄密防范、车辆安全管理等重难点问题和机关勤杂人员、营区外居住人员管理等薄弱环节，增强安全管理的预见性、科学性、有效性。严格落实安全管理目标责任制，加大对安全工作的检查、抽查力度，及时讲评通报情况，抓好整改，消除隐患。分区主官、周值班领导坚持每周对民兵武器装备仓库进行不少于2次的安全检查，确保武器装备仓库重点目标的安全。开展“五项整治”活动，组织全区所有单位主官、军分区机关干部和全区驾驶员集中进行学习整顿，保证行车安全。针对主官开车、干部驾驶私家车、干部家庭上国际互联网等问题，制定《南阳军分区日常管理工作实施细则》，提高正规化管理水平。各类报废弹药和危险品调运上交销毁任务完成圆满，较好地解决了长期积压的安全隐患。争取市委市政府支持，展开民兵武器装备仓库迁建工作，工程建设进展顺利。

五、大力深化后勤保障创新改革，后勤综合保障效能明显提升。严格执行财务管理规定，落实党委集体理财、军政主官“双签”、联审会签等财经法规制度，继续坚持预留家底“红线”制度。全区没有欠债和经济遗留问题，分区本级及大部分所属单位都积累了比较厚实的家底。军分区后勤部被省军区后勤部表彰为财务综合业务考评先进单位。对7名人武部离任主官进行经济责任审计，提出合理化建议24条，审减不合理开支近7万元，促进了经费使用效益的提高。军分区后勤部被省军区政治部、后勤部表彰为“十一五”期间全区审计工作先进单位。加大营房建设管理力度，进一步深化营房保障社会化改革，投资15万元对售房区水电系统进行改造，实现了水、电费分别由供电局、物业公司抄表到户并直接收费，彻底与分区脱钩，减轻了分区管理压力，军分区后勤部被济南军区联勤部表彰为房地产正规化管理先进单位。推进公务卡支付结算改革，驻市、县级单位刷卡率分别达到了70%、50%。大力开展节约型军营建设和节能降耗活动，降低水、电、暖、会议、接待、办公等费用，行政消耗性开支与上年相比减少6%。

六、着力构建和谐顺畅的内外环境，军政军民关系不断巩固加强。紧紧围绕市委市政府中心工作，积极协调驻军和组织广大民兵预备役人员参加经济建设、新农村建设、和谐社会建设和平安建设，军政军民关系更加和谐融洽。连续3年把实施支援社会主义新农村建设“五个一”工程作为年度工作的一件大事来抓，科学筹划、严密组织、逐项落实，取得了明显成效。全区各单位特别是受洪灾较重的桐柏县、西峡县、淅川县、内乡县、宛城区、邓州市等人武部积极组织民兵成建制参加抗洪抢险，军分区首长机关和西峡县人武部官兵及时抢通宁西铁路，西峡县、镇平县、方城县等人武部迅速组织民兵应急分队扑灭山林大火。军分区荣立南阳市抗洪抢险集体二等功，卧龙区人武部被省综治委铁路护路联防工作领导小组表彰为年度铁路护路先进单位。服务移民搬迁，配合地方党委政府圆满完成6.5万移民的迁安任务。切实维护国防利益和军人军属合法权益，桐柏县人武部被省军区、省委政法委表彰为先进单位。以争创全国双拥模范城为契机，协调地方强力推进拥军优属工作，在支持部队建设、随军家属安置、子女入学等方面切实为部队解决实际问题，2010年一次性拿出41万余元为173名随军未就业家属按每月200元标准发放了生活补助；安排53名军人子女进入市区重点学校学习；对参加中考的军人子女实行原考分基础上加10分的政策，确保驻宛部队军人子女受到良好教育，南阳市教育局被省国防动员委员会表彰为关心支持国防建设十佳单位。(乔相豹)

【军分区党委全体(扩大)会议】 1月21日，南阳军分区党委召开全体(扩大)会议。军分区党委常委、委员，各县(市、区)人武部党委第一书记及机关全体干部参加了会议。会议传达了济南军区和和省军区党委全体(扩大)会议精神；南阳市委书记、军分区党委第一书记黄兴维就坚持党管武装根本原则、加强民兵预备役建设作了重要讲话;军分区党委书记、政委任锋作了题为《积极适应建设全面过硬战略预备力量要求,努力优化领导部队科学发展的能力》的讲话;军分区党委副书记、司令员程德明报告了2009年度工作,部署了2010年工作任务。会议还表彰了2009年度各级各类先进单位和个人。(徐品朝)

【主题教育活动】 军分区从4月19日开始,集中5天时间开展“学习实践当代革命军人核心价值观,积极为建设全面过硬战略预备力量做贡献”主题教育活动。教育认真贯彻总政“三个求深入”和军区“五个坚持”的指导原则,紧贴军分区建设和官兵思想实际,按照“任务牵引、活动推动”的思路,采取理论灌输、活动推动、实践渗透等方法,帮助官兵职工提高认识,找准问题,理清思路,明确方向,增强自觉培育、自觉践行的内动力。(徐品朝)

【刘孟合检查指导南阳军分区基层建设情况】 2010年5月27日,省军区司令员刘孟合视察了邓州市人武部机关、邓州市湍河办事处基层武装部和邓州市湍河办事处水车居委会民兵连部,观看了由邓州市民兵应急维稳分队、民兵医疗救护分队和河南油田民兵防化救援分队的演示科目。(张祎)

【离任主官经济责任审计】 2010年4月份,以军分区副政委祝润安为组长的审计领导小组,对镇平、唐河、宛城、南召、方城、社旗、卧龙等7个人武部离任主官进行经济责任审计,共审减不合理开支12万元,为被审计单位下发审计通知书,提出合理化建议15条,促进经济效益和军事效益的提高。(吴周)

【现场观摩暨经验交流会】 2010年6月2日,南阳市贯彻落实《河南省县(市、区)人武部工作规范》现场观摩及经验交流会在邓州举行,省军区政治部副主任彭玉斌、南阳市副市长李中杰、南阳军分区首长以及13县(市、区)地方主抓领导和人武部主官观摩了由邓州市人武部和河南油田武装部演示的民兵重点应急分队防化救援行动科目,播放并下发了由宛城区人武部制作的《民兵应急队伍抢险救灾出动程序》教学片。会议制定了《南阳市民兵基层建设工作规范(试行)》和《南阳市民兵重点应急分队遂行任务时的组织指挥程序及行动规范(试行)》以及县乡两级《考评细则》,现场观摩了邓州市人武部和民兵基层规范化建设成果,6个人武部作了典型经验介绍。(张祎)

【民兵报废弹药调运】 6月8～9日,军分区成立由司令员程德明任组长,副司令员兼参谋长傅生华、副司令员王华任副组长,机关司、政、后人员为成员的民兵报废弹药运输工作领导小组。有计划、分步骤抓好各项工作落实,顺利完成民兵报废弹药调运任务。(张学鹏)

【民兵分队实装拉动】 2010年10月21日,省军区年度军事工作考核组对南阳军分区进行民兵分队拉动检验。担负拉动任务的宛城区人民武装部组织防汛分队60人,按照受领任务、定下决心、组织开进、展开行动、撤离现场5个程序严密组织实施。拉动过程中,组织严密,指挥科学,程序规范,受到了省军区的高度评价。(张祎)

【铁路治安维护】 2010年,南阳军分区贯彻省铁路护路联防工作会议精神,以维护铁路治安持续稳定为奋斗目标,开展安全文明铁道线活动,巩固深化铁路治安重点整治工作成果,加强护路联防队伍建设,严格实行铁路治安责任制,铁路护路工作成效显著。全年及时排除险情6起,参与处理铁路事故2起,有效地预防群体性冲击铁路拦截列车事件的发生,辖区内“拆、击、提、割、放”等五类事件明显减少。卧龙区人武部被河南省综治委表彰为铁路护路工作先进单位。(张祎)

【宁西铁路塌方抢险及抗洪抢险】 2010年7月23日晚,南阳市西峡县连降暴雨,5小时内降雨量达175毫米。24日2时30分,宁西铁路西峡火车站东叉区500米处发生大面积山体塌方,沙石将宁西铁路部分掩埋,导致运输中断。24日6时10分,南阳市应急办向军分区请求驻军部队和民兵预备役人员增援。南阳军分区迅速成立现场联合指挥部,配合铁路部门共同做好宁西铁路抢险救援工作,征用地方工程作业车4辆,组织军分区机关干部战士52人,西峡县民兵道路抢修分队250人,清理塌方泥石1.2万余立方米,经过救援人员9个小时的连续奋战,24日15时宁西铁路恢复通车。(张祎)

【二月河到军分区签名赠书】 7月12日,在第八十三个建军节来临之际,作家二月河到军分区现场进行签名赠书。二月河结合自己的军旅生涯和创作经历与军分区官兵进行了谈心交流,并将其帝王系列丛书签名赠送给官兵。(徐品朝)

【岗位练兵和比武竞赛】 根据年度工作计划安排,本着区分层次、突出重点、着眼实效、确保落实的原则,对岗位练兵进行具体筹划和部署。年初拟制《南阳军分区岗位练兵实施方案》，明确了岗位练兵比武竞赛的内容、阶段和参加人员、组织方法等。9月15～17日，组织所属人武部现役干部分类进行了理论、手枪射击、体能、微机标图、公文拟制等5个内容的考核，提高现役干部综合素质。（张袆）

【后勤按纲施训比武竞赛】 2010年初，依据军区、省军区关于开展后勤按纲施训比武竞赛和优秀成果展示活动通知精神，结合分区本级岗位练兵活动，采取在岗训练、集中培训、比武考核等形式，开展后勤岗位练兵活动。5月，集中组织全区后勤干部进行集训与考核。6月，在参加省军区后勤按纲施训比武竞赛与成果展示活动中，获单位优胜奖。（吴周）

【民兵武器装备仓库一期工程完工】 2010年3月，在省军区招标办监督下，组织了民兵武器装备仓库一期土方工程招标，选定中泰建设集团为中标单位。4月开工建设，9月一期工程完工，10月组织省军区质检站、建设单位、施工单位、监理单位、设计单位进行了验收。总投资142万元。（吴周）

【颜纪雄2次莅宛】 2010年7月13日，省委常委、省军区政委颜纪雄莅临南阳检查防汛工作。省水利厅副巡视员郭坡，南阳市市长穆为民，南阳军分区司令员程德明、政委任锋陪同检查。检查组察看了社旗县城赵河堤豆腐街险工段河道的安全情况、鸭河口水库一号溢洪道大坝防浪墙等施工现场及水库除险加固项目的施工进展情况。12月9日，颜纪雄到南阳军分区检查指导“创先争优”活动开展情况。活动期间，颜纪雄听取了南阳军分区开展“创先争优”活动情况的汇报，到方城县新能源产业聚集区参观了迅天宇多晶硅开发有限公司，慰问了干部职工。颜纪雄在检查指导中，对军分区“创先争优”活动给予了充分肯定。（张袆）

【支援南水北调移民迁安】 2010年，军分区坚持把支援移民迁安作为一项重要工作来抓，先后3次召开党委会研究部署参与支援移民迁安工作，下发了《移民迁安中的民兵预备役工作指示》、《关于做好移民迁安工作的通知》，召开全区服务移民迁安动员大会，向广大官兵和民兵预备役人员发出了参与支援移民迁安的《动员令》。7名党委常委分别承包一个有移民任务的县（市、区），坚持做到及时跟进，靠前指挥，具体指导；各县（市、区）人武部也分别成立由部长政委任指挥长、乡镇武装部长任成员的领导小组，每个人武部党委委员负责1个移民村。淅川县成立了300人的应急保障大队，7个有移民迁安任务的县（市、区）人武部，以及移民车队途经的辖区人武部成立了移民政策宣传队、搬迁重建突击队、专业技术保障队等50余支队伍、近200个小分队。民兵队伍在移民迁安中既当宣传队，又当工作队、突击队，广泛深入宣传移民政策，真情帮扶移民群众生产生活，对移民搬迁中的道路保障、秩序维护、物资装卸等进行伴随服务，受到移民群众的广泛赞誉。（徐品朝）

【省军区政治部工作组到军分区调研】 12月1日上午，省军区政治部主任吕民松一行3人到南阳军分区检查指导工作，南阳军分区司令员程德明、政委任锋以及全体常委全程陪同检查。吕民松听取了军分区工作汇报后，给予充分肯定，对下一步工作提出了4点要求：一是要切实抓好征兵工作完成，确保征兵任务完成；二是要高标准做好年终总结工作，认真搞好新年度工作筹划；三是要做好干部调整的准备工作，高度关注干部的思想稳定工作；四是要做好年底安全稳定工作，确保部队和谐稳定。吕民松和工作组成员还分别与后备干部谈心。（徐品朝）

【“邓州学雷锋网友营”成立】 3月5日上午，“邓州学雷锋网友营”举行成立仪式。活动由邓州市雷锋生前战友组织。2003年，邓州市雷锋生前所在战友在百度邓州吧上开辟了学雷锋网页，之后100多名学雷锋网友常年自发开展“慰问市光荣院老功臣”、“缅怀先烈，祭拜人民英雄”等公益活动，在不同岗位上传承着雷锋精神。为推动网上学雷锋，弘扬雷锋精神，这些雷锋的战友决定成立“邓州学雷锋网友营”。（徐品朝）

【军分区政工网开通】 12月15日，南阳军分区政工网正式开通运行，标志着南阳军分区政治工作信息化建设驶入了快车道。为加快政治工作信息化建设步伐，根据军分区首长关于南阳军分区政工网要“办出特色、办出水平、办出影响”的指示精神，经过一个多月的调研论证、设计筹划、技术攻关、功能调试，政工网如期投入运行。该网站开设了时事新闻、分区要讯、政策法规等16个频道专栏，实现了与14个网站实现直接链接，实时反映军分区政治工作最新动态。（徐品朝）

【中国共产党南阳军分区第九次代表大会】 12月30日，中国共产党南阳军分区第九次代表大会召开，全区63名代表参加会议。会议回顾总结了军分区第八次代表大会以来的26年,特别是近年来部队建设的基本形势,总结党委建设和领导工作的基本经验,研究确定今后5年的目标思路,选举产生了南阳军分区第九届党的委员会、纪律检查委员会。市委书记、南阳军分区党委第一书记黄兴维看望了与会代表并发表了讲话,南阳军分区政委任锋作了题为《坚持以科学发展观为指导,着力提升遂行多样化军事任务能力,不断开创我区民兵预备役建设新局面》工作报告。(徐品朝)

武 装 警 察

武警南阳市支队

支队长　田光明

政委　郭炬

【思想政治教育】 组织"培育当代革命军人核心价值观,永远做党和人民的忠诚卫士"主题教育,增强思想政治教育的时代感、主动性、针对性、实效性,卧龙区中队指导员王翔被省总队评为十佳"四会"优秀政治教员。开展经常性思想工作,制作官兵"帮难解困连心卡"。贯彻总部无锡会议精神,狠抓特色文化队伍建设,举办春节团拜会暨"建和谐·迎新春"网上文艺晚会、"放歌'八一'展风采"网上歌咏比赛和迎国庆评选优秀文体"十手"比赛。开展"讲身边故事、展武警风采"活动,5名官兵分别荣获省总队一、二、三等奖。贯彻武警总部预防工作网上集训和省总队预防工作座谈会精神,及时发现并认真做好一名有心理问题战士的教育疏导工作。做好新闻宣传工作,被省总队表彰为"新闻工作先进单位"。政治处自身建设不断加强,再次被武警总部表彰为"先进支队政治机关"。

【中心任务】 组织参加武警总部执勤训练工作网上集训和省总队信息化暨司令机关能力建设网上集训,发挥"三个载体"作用,邓州市中队被总部评为"正规化执勤先进中队",被省总队、省公安厅联合表彰为"三共"活动先进单位,在省总队遂行任务能力评估中取得第一名。贯彻洛阳监管工作会议精神,推进"四防一体化"建设,5月30日,完成南阳市第二看守所280名在押犯向第一看守所转移的押解任务。大抓军事训练,新兵教育训练取得省总队总评第三名的优良成绩,参加省总队"豫武—10A"实兵拉动演练并取得豫南片区第一名。参加省总队"卫士—10"演习和南阳市"夏季亮剑"严打,完成中共中央政治局常委、国务院副总理李克强,原中共中央政治局常委、中央纪委书记吴官正来宛视察的一级警卫勤务。担负市元宵节、"两会"、"两节一会"、丹江库区移民搬迁等重大活动安保任务。遂行唐河"8·6"秘密抓捕、淅川"7·24"抗洪抢险任务。认真组织涉日维稳备勤。司令部自身建设得到加强,被武警总部表彰为"先进司令部"。

【安全管理】 贯彻武警总部、省总队从严治警集训精神,先后组织开展"治'三松'、严纪律、保安全"教育整顿、"学法规、明职责、守纪律、树形象"士官教育整顿、"治酗酒、治车辆、治手机"专项教育整顿;开展隐患排查治理,围绕"人车枪弹酒、水火电毒密、小散远直差"等管控重点,逐队、逐项、逐人进行排查整治,直属大队二中队成功规避一起山洪泥石流险情,受到省总队通报表扬;制定《南阳市支队安全工作奖惩实施办法》,进一步明确职责任务,设立安全工作奖励基金,每月突击检查录像曝光,通报讲评,做到奖惩分明。支队被武警总部表彰为"连续七年预防事故案件先进单位",被省总队表彰为"安全工作达标单位"。

【基层建设】 制定《南阳市支队党委机关蹲点调研帮建工作措施》,抓蹲点帮建经验做法被省总队转发。举办党支部书记、士官支委和落实新《纲要》干部网上培训,提高"三个能力"。开展以"干部深化基本功训练、战士强化基本常识学习"为主要内容的"两基"活动,以"争创学习型警营、争做知识型军人、争当成才型干部”为主要内容的“三争”活动，围绕“五个好、五个带头”扎实开展创先争优活动，直属大队党委、邓州市中队党支部、直属一中队党支部、淅川县中队党支部、唐河县中队党支部被省总队党委表彰为“先进基层党组织”。提升软件建设质量，组织基层主官到精细化管理层次较高的桐柏县中队参观。指导机关各部门、各股(室)制定年度工作运筹图，科学统筹协调，推动工作落实。邓州市中队连续第十四年被省总队表彰为“基层建设标兵中队”，直属大队一中队、淅川县中队、新野县中队、唐河县中队、镇平县中队被省总队表彰为“基层建设先进中队”。

【后勤保障】 围绕后勤应急保障力量建设、“四项设施”建设和后勤安全管理三项重点工作，不断提高保中心、保生活的能力。坚持党委科学理财，严格各项财务制度落实，被省总队表彰为“四类经费管理先进单位”。开展“伙食指导周”活动，加强节能灶改造；开展安全行车教育，组织新式武器发放保管，被省总队评为“军械装备管理先进单位”。加大“四项设施”建设力度，所属17个中队已有12个搬入新营区，5个正在建设之中，新教导队建设完成立项、选址。开展岗位练兵，举办军械员集体办公暨新式武器培训、后勤专业兵比武、驾驶员复训、司务长、炊事员、卫生员等各类集训培训8期，在省总队组织的后勤专业兵比武中获得军需、武器识别、野炊制作、战救四项技术第一和总评第五名的优异成绩。搞好后勤应急力量建设，努力提高任务中吃、住、行、医、修等自我保障能力。

【薛国强到市武警支队检查】 1月14日，武警部队副司令员薛国强中将率工作组一行5人，在省总队总队长陈进平、政委刘生辉、副总队长丁信志、副参谋长熊先海的陪同下，莅临南阳市支队检查调研。在市公安局局长兼武警支队第一政委马学民、支队长姬志刚、政委郭炬的陪同下，薛国强一行查看了支队营区和作战指挥中心，听取了支队工作汇报，观看了支队信息化成果演示，并深入镇平县中队、内乡县中队等单位，实地检查部队正规化建设和官兵日常生活秩序，亲切慰问基层官兵。

【多项安保】 一、2月28日晚，南阳市在白河游览区月亮岛举行“春的礼赞”元宵节焰火晚会。武警南阳市支队官兵担负晚会的安保任务。针对晚会规模大、与会领导多、观看群众多的特点，支队组织了提前演练，进行了深入动员教育，参加执勤官兵克服天气寒冷等不利因素，坚持依法执勤、文明执勤，展示了部队形象，确保了全程安全。

二、5月4日晚，2009年世界旅游形象大使河南总决赛暨2010年河南选拔赛启动仪式在南阳市体育馆举行，40多名参赛选手以及70多名赛事官员、新闻记者和与会观众共1500余人参加。支队圆满完成启动仪式现场安全保卫任务。

三、5月9日上午，中国·南阳第八届玉雕节暨国际玉文化博览会开幕式在南阳市体育中心举行，中央部委、省市各级200余名嘉宾出席。支队圆满完成开幕式暨玉石展览现场的安全保卫任务。

四、9月17日，中国·南阳第七届张仲景医药科技文化节在南阳市体育中心隆重开幕，中央部委、省市各级领导等200余名嘉宾出席，现场观众2000余人，支队圆满完成开幕式暨医圣祠祭拜现场安全保卫任务。

【“夏季亮剑”严打整治】 为进一步维护南阳社会繁荣稳定，严厉打击犯罪活动，有效震慑犯罪，7月15日，支队出动XX余名官兵，参加了南阳市公安机关“夏季亮剑”严打整治百日会战千人誓师大会。活动开始后，全市全面启动二级防控模式，组织开展公安和武警展示警威，联合武装巡逻查控，震慑罪犯；加强对全市主干道、主要商业区及车站地区的治安防控，防范和打击违法犯罪活动，形成社会治安管控高压态势。

【“7·24”淅川抗洪抢险】 7月23日晚～24日凌晨，淅川县境内强降雨198毫米，因上游水库开闸泄洪，导致城区鹳河防洪堤上玖路段决口达14米，西湾村滨河路段发生4处管涌，人民生命财产安全受到严重威胁。7月24日早上，支队派出由直属大队大队长马翔带领的淅川县中队官兵为先遣分队，参加抗洪救援。下午18时30分，支队长田光明、参谋长耿普率后续梯队官兵冒着倾盆大雨实施机动增援，克服开进途中道路积水等各种困难，于晚上21时20分到达淅川抗洪现场。省总队副总队长丁信志带省总队前指，于24日深夜冒雨亲临淅川抗洪一线，指挥抗洪抢险。参战官兵发扬特别能吃苦、特别能战斗的作风，连续奋战14个小时，成功封堵决口。12月28日，南阳市召开抗洪抢险救灾总结表彰大会，武警南阳市支队被表彰为“南阳市2010年度抗洪抢险救灾先进集体”，荣立集体二等功，田光明支队长被表彰为“南阳市2010年度抗洪抢险救灾先进个人”，荣立个人二等功，5名官兵受到嘉奖。

【抓捕在逃杀人犯】　8月6日晚，支队出动8名官兵，携带武器和防护器材配合公安机关圆满完成一起在逃杀人犯抓捕任务，抓获犯罪嫌疑人1名，缴获自制匕首1把，参战官兵无伤亡。犯罪嫌疑人王某，2007年3月12日因打架斗殴杀死一人、重伤一人后逃跑，后被公安部列为网上A级通缉犯，2010年7月份秘密潜回，公安机关决定对其实施抓捕。

【李清印到市武警支队检查】　11月7日上午，武警部队副政委李清印中将在省总队刘生辉政委、王大华副政委的陪同下，到武警南阳市支队检查指导工作。李清印到达支队后，首先与直属大队一中队官兵共进早餐，了解基层官兵生活。随后，视察了支队机关营区，查看了支队作战指挥中心，看望慰问了机关干部，并合影留念。李清印要求支队以十七届五中全会精神为指导，切实按照武警党委的工作思路，科学制定工作计划和建设规划，认真抓好落实，推动部队全面建设持续健康发展。

【南召战士勇救轻生少年】　12月19日中午，南召县中队司务长崔尤福和战士姚傲波请假着便装外出，行至南召县旧一桥桥中央时，看到一名十一二岁的男孩正欲跳河轻生，2人迅速跑上前去，将体重达100余公斤的男孩死死抱住，奋力拉回桥上。事后两人报警，在向警方解释清楚事情原由后，悄悄地离开了现场。后经被救男孩父母和公安民警的3天走访，确定两名官兵的身份。29日上午，被救男孩和家人一起专程将一面写有“舍己救人、军民情深”的锦旗送到中队，表达对武警官兵的感激之情，此事经当地报纸、媒体报道后，在社会上引起强烈反响，受到了当地人民群众的高度赞誉。（全东生）

武警南阳市消防支队

支队长　郭华杰

政委　王晓河

【火灾防控】　履行各项消防工作职责，积极构建依法防控、基础防控、重点防控、全民防控为基础的社会火灾“防火墙”工程，努力消除各类火灾隐患，社会化消防工作全面推进，社会防控火灾能力不断提高，全市火灾形势持续稳定。

一是落实消防安全责任制，推进消防工作社会化。市委、市政府将消防工作目标纳入《县市区、市直单位2010年度责任目标》，紧紧围绕“防火墙”工程建设的“七化”目标，继续推进消防工作目标管理，市县两级政府出台加强消防工作文件12份，召开相关会议15次，及时研究部署消防工作。黄兴维、穆为民、贺国营多次听取消防工作汇报并作出重要批示和指示。市政府先后6次召开常务会、办公会和防委联席会，研究“防火墙”工程建设工作，协调解决消防重大问题。市防委会充分发挥成员单位行业管理优势，完善了消防安全责任、消防工作督查、联合执法等机制，共组织督查活动5次，督办、整改问题137处，组织联合执法行动5次，推动消防工作深入开展。

二是推进乡镇(街道)网格化管理，夯实基层防控火灾能力。全面落实“四抓三防两落实一到位”消防工作机制，召开乡镇、街道网格精细化管理观摩会，完善乡镇街道消防机构设置、职责范围、监督程序等工作运行机制。212个乡镇、街道全部正常开展消防工作，90%达到网格精细化管理标准，11个重点镇建成了“四有标准”专职消防队。2010年，全市乡镇、办事处共成立检查组570余个，检查单位3900个，清理“三合一”场所340个，清理住宿人员300余人，发现并督促整改火灾隐患6420余处。加强多种形式消防力量建设，选取穰东、金华等11个重点乡镇，按照“四有标准”建成政府专职消防队。大力推广“保消合一”、“巡消合一”等社会化消防工作模式，培训保安队员、治安巡防队员以及交巡警700余人。

三是提高单位“四个能力”，筑牢火灾前沿防线。大力推进社会单位“消防制度、消防标识、消防巡查、消防演练”四个规范化建设，统一设计制作了消防设施、灭火器材、疏散指示、消防提示等5大类64小类消防安全标识，制作了4大类11本消防安全重点单位管理档案,规范了单位的内部消防管理秩序。编印《南阳市社会单位消防安全"三会三化"建设手册》和《社会单位消防安全"四个能力"建设二十问》2万余份,精心打造40家"三会三化"样板单位,596家消防安全重点单位全部达到建设标准。通过举办消防知识讲座、播放火灾案例、开展灭火演练等形式,全面普及"四个能力"建设知识。各单位结合各自实际,科学制定灭火和应急疏散预案并定期演练,使每名员工会扑救初起火灾、会组织人员疏散逃生。

四是开展消防宣传,提升群众消防安全素质。以消防宣传"五进"活动为抓手,建立新闻媒体消防宣传协作制度,市级主流媒体建立消防宣传专栏,新增消防橱窗标牌2000块,城区主要地段消防宣传橱窗设置率达到80%,商场市场、宾馆饭店、公共娱乐等场所"三提示"标识牌覆盖率达到100%,组织开展"四个能力"培训和消防演练900余场次。打造了18条消防宣传示范街和2所消防宣传示范学校,市第二十一小学被教育部、公安部评为"全国消防安全示范学校"。市政府举行"全民消防总动员"暨《河南省消防条例》宣传月活动,在南阳网开办了"消防安全知识大家谈"栏目,围绕"全民消防,生命至上;宣贯新条例,共建防火墙"的主题,开展逃生疏散演练、知识竞赛、消防绘画等系列活动,掀起全民消防宣传的高潮。消防宣传服务队深入企事业单位和农村、社区、学校广泛宣传消防知识,印发"三会三化"手册和各类宣传资料25万份,培训消防安全责任人、管理人及特殊工种2万余人。14支消防宣传服务队和14万名消防志愿者举行宣传活动3600余场次。

【消防执法监督】 围绕"六化"工作机制,公正执法、规范执法,不断增强消防执法公信力。开展"人民满意执法队伍"、消防监督执法示范单位创建活动。全市所有执法单位进驻政府行政审批大厅,对重点工程开辟绿色通道,在互联网设立便民服务专栏,群众对消防执法满意率普遍提高。对省、市政府挂牌督办的32处重大火灾隐患采取层层签订整改责任状、承诺书的形式,建立"上级抓下级、部门抓行业、单位抓个人"的隐患整治责任追究机制,确保全部整改销案。根据不同时期的火灾特点,紧盯人员密集场所、公共娱乐场所和"三合一"场所,相继开展"守护中原"系列消防安全专项行动,依法运用行政拘留、强制拆除、强制清理、临时查封等手段,从严整治严重违法行为,整改了一大批火灾隐患。在"3·15"和"11·9"期间,组织消防、工商、质监部门集中开展消防产品专项整治,整顿消防产品市场秩序。

【执勤训练】 科学谋划、建强队伍、苦练硬功、规范勤务,打造南阳消防铁军。市、县两级全部成立综合应急救援队伍,集中90名攻坚组队员和基层指挥员进行5个月的强化培训,创新练兵操法18项,举办5次比武竞赛,获得全省比武竞赛第七名。3次举办大、中队战训干部培训班,3次开展战例分析研讨活动,2次开展练兵比武对抗赛,成立15个灭火救援攻坚组,开展超标准、超强度集中强化培训,官兵体能、技能、战术训练合格率达100%、优良率达83%,提升了攻坚组队员的攻坚克难能力。坚持"六熟悉"训练日和灭火演练周制度,深入高层、地下建筑和公众聚集场所以及重点单位,开展火情侦察、火场内攻、救人、破拆、排烟等"六熟悉"训练1276次,组织大型灭火演练55次,夜间演练34次,完善灭火救援预案、重大危险源、重点单位等基础数据库,提高了科学决策的效率和水平。

【消防救援】 全市消防部队共接警出动5337次,出动消防车15327辆次,出动警力60576人次,抢救遇险人员438人,挽回经济损失2.64亿元,完成玉博会、医药节、诸葛亮文化节等16次大型消防安保任务,尤其是在7月份的抗洪抢险中,参与水上救援457次,出动车辆(舟艇)753辆次,出动警力2986人次,抢救疏散被困群众3577人。在南水北调丹江口库区第一批6.49万移民搬迁中,消防支队出动消防车268辆次,投入警力1326人次,护送移民车队77批次,组织送水125次近2000吨,指导37个移民安置新村按标准配套建设公共消防基础设施,消除火灾隐患1500多处,实现省委、省政府提出的"不伤、不亡、不漏、不掉一人和不发生火灾、爆炸事故"工作目标,《解放军报》等中央媒体对消防支队事迹进行了多次报道。

【消防部队建设】 全市消防部队18次受到上级通报表彰,支队和2个大队被评为市级文明单位,11个大(中)队被命名县级文明单位,9个先进基层党组织、13名优秀党务工作者和23名优秀共产党员分别受到总队、支队表彰。12名官兵被总队、支队荣记个人三等功,34名官兵被地方政府记功、嘉奖。制订《深化部队正规化建设精细化管理方案》,修订18项精细化管理规定,选派15名基层中队干部到许昌等支队观摩学习,举办2期深化作战训练安全暨正规化建设培训班,规范4大类29种文书资料,基层正规化建设水平全面提升。80%的现役大队达到"六规范"标准,镇平、卧龙、唐河、内乡消防大队和特勤中队建成部队精细化管理样板单位。全市消防部队购置消防车8辆、宣传车7辆、个人防护装备5300件套、特勤装备2150件套，15个灭火救援攻坚组装备全部配齐，超期服役消防车及行政车淘汰率达100%；市区中队10吨以上的大吨位消防车配备率达到100%；所有执勤中队消防车数量达到5辆以上，完成消防装备建设任务。坚持信息引领警务，发挥信息化效能倍增作用，加强支队指挥中心和信息中心建设。加强支队指挥中心建设，更新指挥中心基地台等无线通信设备，完善图像传输系统，支队指挥中心、通信车、指挥长能够实时掌握灭火救援现场实况。15个中队配备了集卫星定位、火场辅助信息查询等功能为一体的灭火救援指挥箱，提高了现场信息利用率。

【火灾综合情况】 2010年，全年共发生火灾185起，亡1人，无人员受伤，直接财产损失271万元。与上年相比，火灾起数下降了7.55%，伤人数持平，亡人数下降了50%，经济损失上升了5.5%。未发生较大以上火灾事故，火灾形势总体平稳。(闫振强)

人民防空

【人防基本指挥所建设】 2010年12月30日，开工建设市人防基本指挥所该项目包括地下指挥部、指挥车辆掩蔽部和人防应急救援指挥通信中心3部分。其中地下建筑面积为2861平方米，地上建筑面积为3000平方米，项目总投资估算为5400万元。市发改委于2009年11月17日批准指挥所工程立项，国家人防办于2010年1月批准立项，2010年7月8日，可行性研究报告通过了由河南省人防办组织的专家评审。

【人防机动指挥所建设】 完成人防机动指挥所建设，是2010年省政府下达给南阳市的责任目标。主要任务是要购置全省统一型号的指挥车并配备指挥通信系统，共需资金约450万元。在全力保障基本指挥所建设的情况下，机动指挥所资金筹集困难。市人防办分别向省人防办、市委、市政府、南阳军分区领导汇报，并同有关部门多次协商沟通，采取分期付款的方式，先行购置机动指挥所车辆及配套通信系统，这样既完成了省政府下达的年度目标任务，又缓解了资金压力。经市财政局批准，调整了市人防办年度支出预算，首期款项已支付到位。机动指挥人员已经完成集训，指挥车已交付使用。

【人防组织指挥】 一是进一步加强人民防空重要目标防护工作。对南阳市辖区内人民防空重要防护目标，按照区别情况、重点防护的原则进行梳理，督促重要目标单位建立组织指挥机构，明确负责人。完善重要目标的监控机制，进行定期检查指导。安排专职人员抓好一类重要目标监控联系工作，指导重要目标单位搞好防护演练。同时，对天冠集团，燃气集团，704油库3个易燃易爆的重要目标制定周围群众紧急疏散方案，组建了防护专业队，配备了专业防护器材，制作了突发事件处理程序图。协调联系发改委、住建委、公安局等部门及重要目标单位建立协作机制，每季度召开联席会议，研究部署重要目标防护工作，不断完善和规范防护工作机制。二是进一步抓好人民防空专业队整组训练工作。组建了100人的人防应急合成专业分队，并进行协同应急救援训练。组织电力抢修人防专业队进行脱产培训，在强化理论学习的基础上，集中培训电力抢险抢修业务技能。组织通信医疗、抢险抢修、消防等人防专业队进行为期3天的集中训练，人员参训率达95%以上。同时，宛城、卧龙两区及各县(市)人防办会同人武部在民兵整组期间，对人防专业队进行整组训练，全年共组训人防专业队3200人，通过组训，提高人防专业队的应急救援能力及处置突发事件的能力。三是按照省人防办的要求，结合机构改革，根据现代城市防空袭斗争需要，对人民防空指挥机构进行调整并加紧组织点验和培训的准备工作，以提高指挥部成员的应急组织指挥能力。四是依据新乡疏散避难场所建设现场会精神，通过科学论证，协调相关部门，在城市建成区建立了2个人防应急避难场所。10月份完成了基础设施建设，12月制作悬挂了标识并正式挂牌，为城市战时防空袭和平时防灾、救灾提供安全保障。经科学选址，协调建起战时市直机关疏散基地，完善通信保障手段、内部指挥通信和基础设施建设。作战室和战斗值班室增添了指挥程序图和指挥、值班工作制度，重新划分了办公区域，完善应急指挥条件。

【人防通信警报建设】 一是贯彻《河南省人民防空办公室关于人防通信警报建设有关问题的通知》文件精神，加强人员培训，规范完善市人防通信警报建设标准。二是落实资金，完成全市人防警报器及控制终端的安装、调试工作。三是加强人防警报设备设施的维护管理，组织了全市警报设施检查，及时发现并排除故障，确保了国防教育日全省人防警报统一试鸣工作的顺利进行。南阳市在统一试鸣中，警报音响的各项指标均符合要求。

【人防宣传教育】 2010年，为庆祝人民防空60周年，市人防办结合实际制定《南阳市宣传活动实施方案》，确保庆祝人民防空60周年宣传活动的质量和效果。一是配合省人防办在南阳市新华城市广场举办全省人防机动指挥车跨区演练南阳站宣传活动，邀请市四大班子领导参加宣传活动仪式。在《南阳日报》开辟人防专栏，刊登市领导署名文章及展现人防事业60周年成就系列纪念文章。二是利用全民国防教育日，结合全省警报试鸣开展人防宣传活动。分别在市二十八中、十九中、实验中学等多所学校组织在校学生进行防空防灾疏散演练，利用初级中学新生军训时段，加入防空防灾演练项目及辨别警报信号种类练习。各县(市)区人防办都组织了警报试鸣仪式，悬挂过街联，制作宣传版面，发放宣传资料，领导发表电视讲话等广泛宣传人防法律法规方针政策，增强人民群众的国防观念、防空意识。三是举办人防成就展览，召开相关单位参加的座谈会，联合人武部举行万人签名支持国防事业活动，提高广大群众对加强人防建设的认识，增强社会各界人士关心支持人防事业的责任心。四是抓好各级党校、大中专院校和初级中学的人防知识教育工作，10万名学生受到防空防灾知识教育。五是高度重视，加大投入，搞好人防宣传“五进”活动。先后制作高质量的防空防灾知识宣传版面100余块，发放教育彩页及防空杂志等宣传资料16000余份，并将宣传资料分发至社区、企业、学校，为示范社区示范学校示范企业制作了标识牌。

【人防工程建设】 一是做好结合民用建筑修建防空地下室工作。2010年，南阳市人防工程建设在2010年总体上依然保持了平稳发展的态势，审批人防工程58个，面积26万平方米；新开工建设人防工程26个，开工面积12.6万平方米；竣工项目19个，面积7.56万平方米，完成全年任务的151%，同时，收取人防易地建设费758万元。县(市)审批人防工程32个，面积11万平方米。2010年，市人防办严格人防审批、加强内部管理，努力加大人防工程建设数量。1.争取领导对人防工程建设的支持。市人防办以国家、省人防办有关文件为重点，多次向市政府、军分区领导汇报有关人防文件精神，汇报人防建设存在的问题和难点，介绍人防建设的形势和任务，争取领导对人防工程建设的支持。特别是针对经济适用房、廉租房、拆迁安置房等保障性住房的人防工程建设问题，市人防办专门向市政府写出请示，并多次汇报，促请同意对以上保障性住房也必须落实人防政策，建设人防工程，改变了以往经济适用房既不建人防工程也不缴纳人防易地建设费的局面。市领导多次召开会议，对2012年农运会的建设项目进行安排部署，要求减轻负担，减免相关行业的行政事业性收费，但对人防工程建设非常支持，从来未开少建不建的口子。2 加强内部管理。在人防工程建设上，市人防办内部从领导做起，坚持原则，不开口子。对于个别确实不能修建人防工程需要易地建设的项目，坚持足额征缴人防易地建设费。3.加强同规划部门的沟通，巩固同规划部门多年来的协作关系。在工程建设项目人防行政审批中，按照人防法律法规和文件规定，严格落实“以建为主，以收促建”原则，从源头上杜绝漏建、漏缴现象的发生，确保人防工程面积稳步增长。4.、借助检察机关的专项侦查活动，促进各职能部门为人防严格把关。2010年，市检察院开展反渎职专项侦查，市人防办进行认真细致的自查，摸清底子，针对自身存在的不足积极整改，并主动与检察部门衔接，汇报相关情况。市检察院召集规划、住建、消防等部门举行座谈会，明确各职能部门对人防把关的职责，为全市人防工程建设营造良好的外围环境。二是规范人防工程建设程序，加强质量管理。1.在人防工程建设前，严格落实国家规定。在工程的立项审批、图纸设计、施工图审查、人防质量监督、监理手续办理上，人防办严格落实国家规定，按规定的面积和防护等级进行审批。2.建设过程中加强质量监督检查，实行工程建设管理责任制，工程技术人员分包各建筑工地，责任到人。未经人防监理检验和人防质量监督员的验收，不得进入下一道程序施工。办公室领导也经常深入到人防工程建设工地检查指导工作，帮助协调解决问题。3.工程建成后，严格落实验收备案管理制度，加强人防工程的建设质量管理。4.实行建设工程人防许可证正副本制度。建设工程通过人防部门审查合格或交易地建设费后，办理人防许可证副本，规划部门凭人防许可证副本办理规划许可证副本，待工程建成验收符合有关规定后，再办理人防许可证正本，规划、房管部门凭正本办理规划许可证正本和相关产权手续。5.举办全市人防工程建设管理培训班，对各县市人防办负责人防工程建设的领导和专干进行集中培训，提高县级人防工程建设管理水平。2010年，南阳市人防工程建设程序规范，管理严格，图纸设计资质合格率100%,送审率100%,按规定办理人防监督、监理手续率100%,工程主体验收合格率100%。

【城市人防工程规划编制】 考核目标要求2010年完成市区人防工程控制性规划编制任务,县(市)完成人防工程规划编制任务,并纳入城市总体规划。2008年省人防办编制城市人防规划工作安排后,市人防办委托省人防设计院编制了《南阳市城市人防工程规划》(征求意见稿),但由于南阳市的城市总体规划尚未通过上级部门的批准,《南阳市城市人防工程规划》(征求意见稿)在征求相关部门意见时,因城市总体规划没有通过评审,人防规划依据不充分,故人防规划还没有进行评审,没有纳入城市总体规划。人防工程控制性规划编制任务正在积极筹措资金,准备编制。县(市)人防规划编制工作,桐柏县、方城县和邓州市已经完成了人防规划编制,并于11月份通过了省办专家的评审。镇平、南召、唐河、社旗4个县已经完成人防规划编制工作,即可进行评审。内乡、西峡、淅川和新野4个县已经与省人防设计院签订了人防规划编制合同,但因县城的城市规划没有修改完成,暂时无法编制人防工程规划。

【人防工程维护管理】 根据南阳市人防工程的实际情况,在汛期来临前,市人防办及早下发做好人防工程防汛工作的通知,对防汛提出明确的要求,在汛期加强了值班,分组分片对公共工程进行了逐个检查,对单位工程进行有重点的督察检查。2010年,全市完成维护管理面积1.3万多平方米,排查出险工险段2个,分别对市八小家属院地面塌陷进行了回填处理,对大井居委会的早期人防地道进行报废,回填面积210余平方米。进一步加强对已建成和已使用人防工程的管理,成立了专项工作领导小组,建立了安全工作责任制。在人防工程消防检查中,共检查工程30余处,消除火灾隐患5处。(辛世云)

南阳三梅

在南阳,人们大多知道梅溪河,可对于并称南阳“三梅峥嵘”的另两梅:梅花城和梅花井,却知道的人很少。

梅花城:清咸丰四年(公元1854年),南阳知府顾嘉衡在明朝所建城墙的基础上,高筑城垣,大修城池。同治二年(公元1876年),知府傅寿彤又环城修筑郭城一周,周长十八里,并划为六段,俗称六关,即大东关、大南关、小东关、小西关、大西关、大北关。由于东西南北关寨垣互相隔绝,自成一堡,城寨平面布局状若梅花,固有梅花城的称号。

梅溪河:位于南阳市区中部,其源出自城北30里之紫山母猪岭和清泉沟,全长22.8公里。据清《新修南阳县志》载:“因其曲曲如画,故又名万湾河。”明洪武二十四年(公元1391年),明太祖朱元璋把第23子朱桱藩封南阳为唐王,大建王府花园。他听说紫山是风水宝地,就在紫山修建王府陵园。陵园建成后,王府为了免除从旱路去紫山扫墓之劳累,欲利用万湾河水道从南阳乘船去紫山,便疏通河道,两岸遍植梅树。这样,从紫山到宛城梅树连亘交枝,花香袭人。从此,人们便把万湾河叫作梅溪河。

梅花井:梅花井位于古城南门月城东侧40米处,井深18米左右,井口铺直径1.5米的石盘,盘有五孔,井底有5个大小不同的泉眼一齐喷发,酷似梅花怒放,人称梅花泉,又称梅花井。水味甘甜。梅花井何时建造,无考。自明洪武年间至1948年,3次因修城和拆城被封闭和填实。建国初期,群众筹资修复使用,1956年扩建南关剧院时,又用石板盖于地下。

至此,三梅峥嵘,就剩下一梅独放了。(吕凤林)

法　制

公　安

【公安工作概况】 2010年，全市公安机关以着力提升人民群众安全感和满意度为总体目标，按照“抓班子、带队伍、转作风、促发展”的整体思路，圆满完成各项工作任务。市公安局被评为“全市平安建设工作先进单位”、实施“四个带动”先进单位，“目标管理先进单位”，先后荣立集体二等功、集体三等功。

【维护政治稳定】 严厉打击“法轮功”等邪教组织，破获各类邪教组织案件36起，抓获犯罪嫌疑人110人，端掉窝点11处，打掉团伙4个，收缴各类邪教宣传品9000余份。妥善处置东佳机械厂等企业职工群体性上访事件和涉及特殊利益群体跨区聚会、赴省进京上访。抓好公安信访工作，强化领导接访制度，组织局长接待日22次，接访308起，全部结案。深入开展平安建设“大走访”爱民实践活动，全市公安机关共走访信访案件625起656人，解决信访问题580起，救助群众60.19万元。积极做好网上舆情导控，妥善处置南水北调库区移民、南阳2012年全国农运会场馆建设规划等事件的网上炒作。圆满完成李克强、吴官正、刘云山等中央领导和卢展工、郭庚茂等省部级领导来宛视察、调研的安全警卫（保卫）任务和玉雕节暨宝玉石博览会、张仲景医药科技文化节、伏牛山世界地质公园中期评估和省、市产业聚集区观摩等大型活动的安全保卫任务；确保上海世博会、广州亚运会及“五一”、“十一”等重要时期和节日没有发生来自南阳治安问题的干扰。

【打击刑事犯罪】 开展以打击“两抢一盗”为重点的“夏季亮剑”严打整治百日会战，始终保持对刑事犯罪的高压严打态势。2010年，全市共破获各类刑事案件13586起，其中破获“两抢一盗”案件8075起；查获各类犯罪团伙239个，涉及成员1098人；抓获各类违法犯罪嫌疑人9379人，批捕4164人，起诉7565人。一是开展命案侦破攻坚。践行“命案必破，质量必保”，全市全年共发生现行命案128起，破获122起，破案率为95.31%；全市破获命案积案29起，破外省命案20起，抓获外省命案逃犯51名。二是严厉打击黑恶犯罪活动。全市共打掉涉黑犯罪团伙5个、恶势力犯罪团伙95个，一审判决恶势力团伙成员664人。通过对省公安厅挂牌督办的白玉岗涉黑犯罪团伙深挖，成功破获南阳鸿德房地产董事长董金德雇凶杀人案。三是深入开展打击重特大和严重暴力犯罪活动。先后侦破省公安厅挂牌督办的“9·18”系列入室强奸在校女学生案（公安部专门发来贺电）、“7·9”系列盗窃车内财物案、“8·20”镇平一杀3人的恶性命案（李新民书记、秦玉海副省长先后作出批示）、卧龙特大持刀抢劫加油站案等一批有影响的大要案。四是紧盯“两抢一盗”犯罪不放松。以打团伙、打系列、打流窜为重点，成功摧毁陆仁升、季修杨等一大批“两抢一盗”犯罪团伙。省公安厅挂牌督办的18起“两抢一盗”案件全部破获；省公安厅挂牌督捕的17名“两抢一盗”逃犯全部抓获。五是强力缉捕网上逃犯。成功抓获新野县1996年“8·27”故意杀人逃犯郑洋等一大批网上逃犯。全市全年抓获各类网上逃犯2054名，其中历年逃犯280名，外省本地籍逃犯1153名。抓获年前故意杀人逃犯42名，年前故意杀人逃犯降低率为17.07%。六是认真组织开展“打拐”专项行动。成功侦破李宝珠、李霞夫妇贩卖亲生女婴等一大批拐卖妇女儿童案件。全市共立拐卖妇女儿童案件248起，破获97起；打掉拐卖犯罪团伙12个，抓获犯罪嫌疑人158人，解救被拐妇女儿童76人。七是加大经济、毒品犯罪打击力度。全市共受理各类经济犯罪案件355起，立案324起，涉案金额4.46亿元，破案315起，抓获各类违法犯罪人员422人，起诉313人，为国家、集体和个人挽回经济损失1.45亿元；先后破获毒品刑事案件57起，逮捕81人，缴获各类毒品1600余克；查获非法种植罂粟案件207起226人，铲除非法种植罂粟32万余株，没收涉案易制毒化学品1.2吨。八是积极开展狱内深挖犯罪，严打网络犯罪。全市监管场所共挖掘案件线索1319条，破获刑事案件

2198起,其中挖破命案17起,破获其他重大案件447起,抓获犯罪嫌疑人510人、在逃708人,其中抓获网上逃犯124人,缴获赃款赃物折款274余万元。全市网安部门共自办、协办各类行政、刑事案件204起,抓获各类违法犯罪嫌疑人252人。

【公安行政管理】 加强“三项重点工作”和“三项建设”,破解社会管理面临的难题。一是深化治安管理服务。以社会治安整治行动为载体,持续不断开展乱点整治、治爆缉枪危险物品整治、打击黄赌毒、“三电”专项斗争和企业、校园及周边治安环境治理等专项行动,特别是组织南阳市区公安机关开展公共娱乐场所集中整顿行动,共清理清查各类公共娱乐场所10余处,责令停业整顿6家KTV、宾馆和洗浴中心,抓获涉嫌卖淫嫖娼人员7人、涉嫌吸贩毒人员7人,查获有偿陪侍女71名,并从中查破一个4人涉嫌吸贩毒团伙,有效净化社会环境。二是持续不断开展交通管理服务。组织开展春运交通安全保卫、全市公路客运交通安全教育整治、校园周边交通秩序整治、机动车涉牌涉证、酒后驾驶、城区三轮车非法营运、预防重特大道路交通事故、“夏季亮剑”等专项整治活动,营造出安全有序的道路交通环境。全市全年共发生一般以上交通事故712起,死亡198人,受伤785人,直接经济损失190.4万元,与上年同比分别下降 9.53%、16.10%、9.25%、12.48%。三是进一步加强消防管理服务。开展世博安保、“平安中原”6号、“守护中原”系列消防安全专项行动,全面落实乡镇(街道)“四抓三防两落实一到位”工作机制,确保全市消防安全形势的平稳。全市全年共发生火灾185起,死亡1人,直接财产损失271.14万元。四是全面加强户口管理服务。开展全国第六次人口普查户口整顿工作,共摸排清理出应落未落常住户口13596人,已办理8542人;应销未销常住户口16540人,已注销15233人;户口登记项目差错9621人,已纠正6478人。推广使用流动人口信息系统4967套,录入流动人口、重点人口、出租房主等信息233976万余条。积极开展预约服务、上门服务、延时服务等便民利民服务措施,集中为群众办理居民身份证。五是加强网吧经营秩序管理服务。对全市600余家网吧的安全管理软件进行升级更新,并在全市范围内连续开展3次实名登记专项整治。全年共出动警力580余人次,检查网吧1500余家次,下发违法告知通知书38份,收缴、禁用上网卡91457张,全市网吧实名率较2009年提高32个百分点。六是进一步加强出入境管理服务工作。全年共受理、审批中国公民因私出国(境)申请30160人次;受理外国人签证51人次、居留许可101人次;登记64个国家和地区的境外人员来宛1075人次;登记21个涉外单位;查处各类出入境管理案件19起。七是积极服务全市中心工作和突发性工作。在南水北调第一批移民迁安工作中,全市各级公安机关在维护道路交通安全、排查化解矛盾纠纷、处置突发性案事件、帮扶困难移民户搬迁、服务户籍迁移等方面发挥重要作用,确保14820户65258人次移民迁安工作万无一失,市公安局被市委、市政府荣记集体三等功,被评为“南阳市南水北调丹江口库区第一批移民迁安工作先进单位”;淅川县公安局荣记集体二等功。7月23～25日,西峡、淅川、邓州、内乡、新野等地局部地区遭受特大暴雨袭击,全市公安机关全力开展抢险救灾工作,直接救助被困群众3000余名,转移安置群众8万余人,抢救价值近千万元受灾物资,市公安局被市政府荣记集体二等功,并被市委、市政府评为“南阳市2010年度抗洪抢险救灾先进集体”。

【治安防控体系建设】 全面提升社会治安防控能力,一是强化巡逻防控工作。坚持“警力跟着警情走”,在主要路口、出入市区路口设置治安、交警卡点,加强盘查布控,提高街面见警率和与犯罪分子的碰撞率,形成对违法犯罪活动的高压态势。同时,紧密结合“大走访”爱民实践活动,通过组建红袖标义务巡防队等形式,形成各方齐抓共管、群众积极参与,共同促进社会和谐稳定的良好局面。二是加强校园及周边治安环境整治工作。全市共破获涉校案件67起,排查出各类安全隐患2125处,当场整改1634处,下发整改通知书472份;清理校园周边违规经营摊点623个,收缴违法出版物1205册;排查出重点人员412人,逐一落实管控措施;在学校、幼儿园派驻警力2623名,派驻保安764名,设立校园警务室24个、治安室214个,增建、完善消防设施712件;举办安全讲座163场。三是狠抓治安乱点整治。深入开展治安重点地区整治工作,省级挂牌整治的车站区域和南召县非法种植罂粟区域已达到整治预期效果,其它16个市级挂牌、119个县级挂牌社会治安重点地区已全部整治到位并顺利摘牌。四是加强“平安互助网”建设。全市农村4432个行政村已全部覆盖;31249个自然村已覆盖29876个,覆盖率为95.61%;2699786户农户已覆盖2461840户,覆盖率为91.19%。共安装“气死贼”1170065套,“十户联防”报警系统38173套(组)

覆盖416754户，电子狗71235个，门磁121352个，村级联网系统1029组，移动电信机和网通平安互助网大喇叭报警系统覆盖4171个行政村（组）1061589余户。

【警务机制改革创新】 将南阳市区原有的4个分局、37个派出所进行局所合并，重新组建为15个履行分局和派出所双重职责的新型派出所（其中城区9个、农村6个），将市公安局及分局精简的968名警力全部下沉到派出所，使派出所警力由原来的372人提高到1340人，派出所民警占全部警力的54.3%，南阳市区共设置246个警务室。同时，积极探索县级公安机关改革新路子，选取西峡、内乡和邓州3个县市公安局作为试点，3个试点单位和新野、镇平警务机制改革均进入到实施推进阶段。2010年10月27日，省委书记卢展工在南阳视察调研期间，对南阳警务机制改革给予充分肯定。

【队伍建设】 开展各项专题教育活动，提升全市公安机关的综合实力和良好形象。继续学习践行科学发展观，开展"整治突出执法问题，推进公正廉洁执法"等主题教育活动，推进规范执法和执法安全工作；开展警车和涉案车辆违规问题、涉案人员非正常死亡专项治理等活动，规范民警的执法行为；加大督办和自办民警违法违纪案件力度，严肃查处一批民警违法违纪案件。同时，加大从优待警力度，为基层民警发放加班补助、解决拖欠民警培训费差旅费、组织优秀民警"游世博"、大力表彰奖励有功集体和个人等举措。全年共有1人被评为二级英雄模范，238人被荣记个人一、二、三等功和通令嘉奖，34个单位荣立集体三等功，涌现出以阮枫、张守道为代表的英雄模范人物；充分发挥纪委、督察部门的作用，对各项中心工作落实情况和民警执法执纪等开展经常性的督察，坚决严肃追究责任。南阳市"天天督察、周周排名、月月讲评"的做法受到秦玉海副省长的充分肯定，省公安厅专门编发《公安简报》在全省予以推广。

【重大案件】 1.西峡县312国道西路沿线系列入室盗窃案。2010年4月，经缜密侦查，西峡县公安局抓获重大系列盗窃案件犯罪嫌疑人李长青（男，32岁，西峡县重阳乡人），一举破获发生在312国道西路沿线的撬窗入室盗窃案36起。

2."9·18"系列强奸案。2010年7月10日，经过长达10个月的艰苦侦查和顽强攻坚，发生在内乡、邓州、镇平3县（市）结合部的省公安厅挂牌督办的"9·18"系列强奸案成功告破，专案民警行程上千里，将犯罪嫌疑人吕善交抓捕归案。当地政府和群众拍手称快，并向专案组赠送锦旗表示感谢，省公安厅专门发来贺电慰问。

3."8·1"特大传销案。2010年8月1日，原新华派出所成功破获"8·1"特大传销案，一举捣毁传销窝点10个，抓获传销人员550人，其中B级传销人员24人、C级传销人员48人、一般传销人员478人，扣押涉案银行卡70余张，成功打掉一个涉及四川、湖南、安徽、山东、浙江、青海等10个省市的重大传销团伙，带破传销案件8起，刑事拘留69人，其层次之高、规模之大、涉及人员之多为历年来南阳打击传销活动之最。

4、城区"5·1"系列重大持刀抢劫案。2010年5月份以来，南阳市多次发生持刀抢劫城区及周边加油站案件，在市公安局党委的领导下，梅溪派出所精心组织，周密部署，强力攻坚，至8月24日，成功打掉这一重大持刀抢劫犯罪团伙，涉案的10名犯罪嫌疑人悉数被抓获，破获系列持刀抢劫加油站、名贵烟酒店、美容美发店、出租车等共计31起案件，涉案财物达20余万元。

5、城区"7·9"系列盗窃车内财物案。2010年9月18日，经过两个多月的艰苦奋战，公安机关成功侦破"7·9"系列盗窃车内财物案，先后破获案件142起，带破入室盗窃案件16起，外省市区盗窃案件93起；打掉盗窃团伙5个。分别是原汉冶派出所通过阵地控制成功侦破王二营、吴建国团伙系列盗窃车内财物案；市公安局通过信息侦控查破高兵、周海峰团伙系列盗窃车内物品案；原建设路派出所通过顺线摸排破获刘攀攀、李贞献团伙系列盗窃案；原建西派出所通过跟踪侦查破获谭林、徐勇团伙系列盗窃车内财物案；原靳岗派出所通过细查深挖侦破孙君朝、郭兵团伙系列盗窃案。共抓获犯罪嫌疑人21名，涉案价值200多万元，缴获赃款、赃物价值100多万元。

6、宛城区枣林"12·2"特大杀人碎尸案。2010年12月2日，枣林派出所接群众报警称，在南阳市独山大道白河大桥南头桥下发现一包裹，内装疑似尸块。通过开展现场勘查和调查走访发现，两名女性青年被杀害，后被碎尸于市白河桥附近。市公安机关综合运用多种侦查措施，多警联动、整体作战，经过13个昼夜的顽强奋战，锁定并抓获犯罪嫌疑人陈帅（男，33岁，南阳市宛城区人），成功侦破这一特大杀人碎尸案。（杨媛）

检 察

【侦查监督】 2010年,全市共受理各类提请审查逮捕犯罪嫌疑人4069件5730人。经审查后批准逮捕和决定逮捕3160件4377人,共受理公安机关应当立案而不立案的案件线索166件,发出《要求说明不立案理由通知书》166份,公安机关接《要求说明不立案理由通知书》后立案165件277人;立案监督案件共批准逮捕140件209人,移送起诉119件178人,法院已判结88件129人。对公安机关不应当立案而立案案件39件49人,已纠正38件48人。对侦查机关的违法活动发出《纠正违法通知书》20份,发出检察建议54件。一是加大审查逮捕力度。共参与重大案件讨论92件,参加现场勘查73件。共批准逮捕"两抢一盗"案件1471件2170人、组织领导参加黑社会性质组织犯罪9件18人。加大惩治商业贿赂犯罪力度,逮捕职务犯罪案件88件96人。严厉打击偷税骗税、制售假冒伪劣食品、药品等严重危害人民群众身体健康和生命安全的犯罪,批准逮捕严重破坏社会主义市场经济秩序犯罪78件149人,维护良好的市场经济秩序。二是不断完善工作机制。将命案提前介入和捕前报备列入侦监部门重点考评项目,提高命案办理质量。全年136起命案全部进行备报,经市院审查,全市共批准逮捕168人(其中附条件批捕5人),不批准逮捕35人。制定《南阳市人民检察院关于远程视频提审工作的暂行规定》,在全市检察机关推行远程视频提审,实现检察局域网、看守所检察院独立监控系统和同步录音录像系统三网互通。5月5日,省检察院、省公安厅联合印发《关于建立逮捕必要性和不捕理由双向说明制度的意见(试行)》,在全省推广南阳首创的审查逮捕案件双向说明机制。三是开展刑事拘留和捕后案件跟踪监督专项活动。对2008～2009年度公安机关刑事拘留后台账上不显示处理结果的案件和捕后公安机关变更强制措施和无处理结果的案件进行专项检查,提出书面纠正违法意见98件次,纠正98件次。市检察院和市商务局等行政执法机关会签《南阳市行政执法与刑事司法衔接工作机制的补充规定》,进一步完善"两法衔接"机制建设。

【公诉工作】 全市检察机关共受理审查起诉案件5985件8533人,经审查后决定提起公诉5031件7223人,不起诉439人。其中审查检察机关侦查的职务犯罪案件337件412人,决定提起公诉315件387人、不起诉11人;市检察院受理审查起诉案件168件422人,经审查决定提起公诉134件268人、不起诉1人,交由县检察院起诉20件40人;受理二审案件110件,其中上诉案件84件,抗诉案件26件。全市检察机关出庭支持公诉2979件次,适用简易程序1937件。法院审结公诉案件4818件6858人,均为有罪判决。一是充分发挥公诉职能惩治犯罪。将"两抢一盗"等多发性侵财犯罪和"黑恶"势力犯罪作为打击重点,依法快审快诉,维护社会稳定。全年共受理抢劫、抢夺和盗窃犯罪案件1177件1818人,提起公诉1068件1636人;受理黑社会性质组织犯罪案件11件34人,起诉11件29人。以惩治商业贿赂等破坏市场经济秩序犯罪为重点,维护良好的经济秩序。共受理各类破坏市场经济秩序犯罪案件201件311人,提起公诉138件198人。受理商业贿赂案件121件125人,均已提起公诉。加大指控职务犯罪力度,保持对腐败行为的高压态势。共受理职务犯罪案件337件412人,其中贪污贿赂案件224件268人,渎职侵权案件113件144人;提起公诉315件378人,其中贪污贿赂案件210件252人,渎职侵权案件105件135人。内乡县院和卧龙区院分别成功办理省检察院指定管辖的濮阳市政府副市长王相玲、濮阳市教育局局长刘庆聚贪污、受贿案件,两名被告人分别被判处有期徒刑11年、14年。二是加大审判监督力度。全市检察机关对法院确有错误的判决裁定提出抗诉38件,法院审结43件(含往年积存5件),改判21件,发回重审22件。新野县齐辙博绑架案,法院一审以绑架罪判处被告人齐辙博有期徒刑十年六个月。县检察院审查后认为,被告人在实施绑架过程中仅使用言语恐吓,限制被害人人身时间较短,在获取500元小额赎金后即释放人质,主观恶性和社会危害性较小,属犯罪情节较轻。一审法院判决的刑罚不符合国家刑法总则罪责刑相一致的原则和分则第239条关于绑架罪情节刑罚幅度的规定,量刑畸重,遂提出抗诉。市中级法院经审理,采纳抗诉意见,改判被告人有期徒刑八年。三是推行命案办理新机制。贯彻落实《关于死刑案件办理工作的若干规定(暂行)》,全年检察机关公诉部门共出席命案现场41次,提出取证建议110余条;召开联席会议"会诊"疑难案件17次29件;召开案件评议联席会3次。审查起诉阶段命案一次退查率比上年下降3.7个百分点,提起公诉的命案均被法院判决有罪，省高级法院发回重审率比上年下降 7.2 个百分点。省检察院全文转发南阳命案办理机制的文件，《检察日报》在头版头题对南阳命案办理机制作详细报道。四是认真贯彻宽严相济刑事政策。对严重犯罪加大打击力度的同时，对初犯、偶犯、未成年犯、老年犯中犯罪情节轻微的人员，依法减少判刑，扩大非罪处理；非判刑不可的，依法减少监禁刑，扩大非监禁刑的适用。鼓励基层检察院对符合相对不起诉条件的案件，克服“五怕”心理，依法作不起诉处理。修改完善《南阳市人民检察院关于依法快速办理轻微刑事案件的意见》，明确依法快速办理轻微刑事案件的原则、范围、时限、程序、监督、奖惩和责任等。全年共对 380 人作出相对不起诉处理，相对不起诉率为 5.0%，比上年同期高出 2.85 个百分点。五是深入开展另案处理专项检查活动。5～8 月，全市检察机关开展“另案处理”专项检查活动，对 2008～2009 年度公安机关移送审查起诉案件中所有另案处理的嫌疑人进行排查，共清理出“另案处理”案件 1317 件 2814 人，共发出检察建议或补充移送通知书 227 份，已追诉到案 91 人，其中提起公诉 63 人，法院已作定罪判决 47 人。

【查办贪污贿赂罪案】 全市检察机关共立案侦查贪污贿赂等犯罪案件 190 件 236 人，同比上升 14.1%和 5.2%。侦查终结 251 人，侦结率 96.8%；提起公诉率 88.8%；法院已作出有罪判决 219 人，判处三年以上有期徒刑 142 人，当年判结率 87.25%。一是积极查办大案要案。全年共立案侦查贪污贿赂 5 万元以上、挪用公款 10 万元以上大案 149 件 186 人，大案率 84%，同比上升 3.5%。立案侦查县处级以上干部犯罪要案 21 人，同比上升 5%；乡科级干部犯罪案件 77 人，同比上升 71.1%。立案侦查大案数、县处级以上干部犯罪要案数和乡科级干部犯罪案件数居全省第一。省检察院指定南阳市检察院办理的禹州市公安局原局长曹刚、前任局长王建生等 6 人受贿串案被评为 2010 年度全省检察机关反贪侦查十大精品案件。二是开展专项治理。围绕行业腐败问题，深入专项治理工作，立案侦查工程建设领域贪污贿赂犯罪案件 42 人，占立案总数的 18.8%；国家工作人员涉嫌商业贿赂犯罪案件 62 人，占立案总数的 27.8%；组织开展南水北调中线工程移民迁移安置领域职务犯罪专项工作，立案侦查贪污贿赂犯罪案件 9 人。三是深入推行侦查一体化机制建设。围绕职务犯罪案件多发领域，组织专案侦查，突破一批有影响的大案要案。4 月份，采取专案侦查的形式，市检察院组织指挥 13 个基层检察院同步采取行动，在农机系统立案侦查有关人员借农机具补贴之机贪污受贿犯罪案件 17 件 18 人，涉及乡科级干部 12 人。

【查办渎职侵权罪案】 全市检察机关共立案侦查渎职侵权案件 94 件 135 人，其中，重特大案件和要案 130 人；科级 41 人，处级 4 人；大案要案率为 96.3%；玩忽职守 56 件 85 人，滥用职权 33 件 42 人，非法批准征用占用土地 2 件 3 人，非法拘禁 1 件 3 人，故意泄露国家秘密 1 件 1 人，暴力取证 1 件 1 人。侦查终结并移送审查起诉 90 件，法院已作出有罪判决 92 件 130 人（含往年立案 4 件 5 人），其中判处实刑 20 人。按照高检院查办人防工程建设领域渎职犯罪专项侦查活动的要求，结合南阳实际，在全市范围内开展专项侦查活动，共立案查处涉及人防工程建设领域重特大渎职犯罪 14 件 16 人，侦查终结 14 件，法院已作出判决 12 件 14 人。为国家和人民挽回经济损失 3000 余万元。

【监所检察】 一是开展专项检察活动，保障被监管人合法权益。查处两起监管场所在押人员非正常死亡案件，两名监管干警被依法处理；制定《关于对犯罪嫌疑人被告人在看守所内表现实行量刑建议的暂行规定》，清查教育有暴力犯罪倾向在押人员 28 名，查处故意犯罪 9 名，提出量刑建议 13

检察长刘在贤预约接待服刑犯人

人次，法院采纳12人次。升级全市13个看守所独立检察监管系统，发现纠正违规提审60余次、违规会见36次，查处11起“跑风漏气”问题，对6起监管干部涉嫌职务犯罪的案件线索进行立案侦查。制定下发《关于服刑人员中的冤假错案实行检察长预约接待制度的暂行规定》，全市检察机关14位检察长于7月28日在南阳监狱和13个看守所同时举行“检察长预约接待日活动”，共接访在押服刑人员68人，经审查后决定立案复查8件8人，转办4件4人，其余人员通过检察长解释后息诉。研发“在押人员诉讼信息监控系统”软件，将犯罪嫌疑人从关入看守所至出所，所经过的各业务部门各诉讼阶段的95项信息统一纳入信息监控系统，强化监督。二是查办职务犯罪案件，增强监所检察监督效果。全年立案侦查监狱和看守所干警贪污贿赂犯罪案件12件13人、渎职侵权犯罪案件8件8人。张龙海帮助犯罪分子逃避处罚案被评为南阳检察机关2010年度“十大精品”案件。三是抓队伍强素质，规范管理业务。举办监所检察科长、内勤、驻狱(所)检察室主任监所检察业务技能培训班4次共18天，138人次参加培训。制定派驻检察室考评标准，纳入绩效考评方案。

【民事行政检察】 全市共受理民事行政申诉案件956件，立案审查715件；向中级法院提出抗诉80件，通过检察机关调解结案116件；法院共审结市检察院抗诉案件138件(含往年抗诉案件)，改变134件；向法院发出再审检察建议213件，法院全部采纳再审；监督纠正民事行政诉讼活动中违法情形196件，向有关部门移交民事审判执行和行政诉讼活动中的违法或职务犯罪线索且有关人员被查处的28件；办理督促起诉、支持起诉案件105件，监督纠正行政机关在执法活动中的违法行为127件。南召县院办理的建行虚假诉讼系列案、卧龙区院办理的刘朝阳诉宏兴房地产开发公司恶意诉讼系列案，分别被评为2010年全省民事行政检察“十大精品案件”和“十大优秀案件”。根据高检院将法院民事、行政审判人员审判中职务犯罪案件侦查工作调整至侦查部门的规定，民事行政检察工作中发现职务犯罪线索26件，民事行政检察部门进行初查后，建议法院作出党政纪处分12件，向侦查部门移送14件，侦查部门全部立案侦查，法院亦全部判结。清查出92件历年来抗诉再审超审限案件，采取跟踪督促措施，全市滞留在法院的92起积案全部再审审结，其中91起得到改变，受到省检察院肯定。

【控告申诉检察】 全年受理群众来信来访1488件，其中受理举报838件，审查处理838件，举报中心初查157件，移送立案68件；办结上级交办信访案件163件，办结率为100%。一是开展涉检信访积案排查化解专项活动，共排查涉检信访积案117件，全部办结，息诉97件，息诉率82.9%。新野县李便巧信访案、桐柏县王玮信访案、程明山信访案等一批长年上访的信访积案得以彻底解决。二是提高举报工作水平。开展多种形式举报宣传活动，提高举报质量。坚持举报中心统一管理举报线索，逐件登记备案，实行举报线索的微机化管理。优先办理署名举报、集体举报以及重复举报，处理结果及时反馈举报人。三是刑事申诉、赔偿案件办理。对不服从检察机关处理决定的申诉案件严格依法受理，符合公开听证条件的，主动实行公开听证。受理的赔偿案件，依法确认，及时兑付。受理刑事赔偿申请26件，确认并给予赔偿25件，支付赔偿金57.92万元，返还财产30.22万元。四是加强窗口建设。全面加强控申接待大厅建设和心连心网络管理应用，规范来访接待工作。全市14个检察院接待室软硬件建设都取得明显的进步，卧龙、方城等9个县(市、区)院被省检察院评定为省级文明接待室。五是探索创新涉检信访工作长效机制。坚持“关口前移、重心下移”，变群众上访为督察下访，探索建立信访督察专员制度，市检察院任命3名资深高级检察官为信访督察专员，协调督办重大信访案件。成功督办淅川县上集镇某村的库区移民联名举报该村原支部书记王某及其妻子朱某(该村组组长兼会计)非法租赁、倒卖集体土地案件等信访案件。在全市13个基层院推行“群众来访点名接访制度”，将党组成员、各业务部门负责人的名单在控申接待大厅和心连心网站公示，群众可以预约当面接谈或“网上远程接访”，使检察长接待制度常态化。检察长全年共接待群众来访200余人次。

【检察技术】 全年共办结检验鉴定、文证审查案件1889件，发现和纠正原鉴定机关错误鉴定结论16件，文证审查案件数占有技术性证据的审查批捕、审查公诉案件的98%。职务犯罪案件讯问嫌疑人全程同步录音录像，累计进行同步录音录像376案465人1198次2136小时。全市39名有高检院授权的鉴定人员整合为市检察院司法鉴定中心成员，统一办理全市辖区的检察技术案件。筹建国家级二类司法鉴定实验室。根据高检院建设“国家级二类实验室”规划，市检察院通过调研制定出具体的实验室建设方案，待市财政对预算方案批准后组织实施。

【服务企业发展】　市检察院联系规模以上企业53家，各基层院联系企业50家以上，及时解决企业涉检诉求。共受理涉企案件线索380件，审查352件，分流311件。查处涉企职务犯罪案件196件225人；批捕涉企刑事案件494件719人；起诉535件800人；监督公安机关立案49件64人。民行部门办理涉企案件抗诉77件，法院改变判决65件。两级检察院共走访企业4046家，其中国营企业541家，民营企业1893家，中小型企业1612家。开展法制宣传1207场次。进行预防调查200件，个案预防187件。向企业发出检察建议344件，被企业采纳307件。8～10月，全市检察机关对筛选出的137家大中型企业进行集中走访。写出《关于我市企业发展环境存在的主要问题的报告》，提出解决企业发展环境的"八项建议"。

【职务犯罪预防】　3月25日召开全市职务犯罪预防会议，确定服务南水北调、农运会筹办等重点工程和加强警示教育基地建设三项重点工作。会同移民局和组织基层院开展9次规模性的预防调查。向市、县移民局和南水北调办公室派驻检察预防工作人员，开辟服务南水北调信息专门通道，提出专门情况报告16件，编发信息快报9期，发现5类37条问题。查证虚假移民50余人，协调解决拖欠农民工工资20余万元，发现犯罪线索3件5人，已移交侦查机关依法查处。组织开展涉及民生、土地房产管理、卫生医药、教育、农村基层矛盾等重点领域、行业的预防调查135件，发现移交案件线索73件。深入到税务、卫生医药、鸭电公司、公安交警支队等重点系统和单位，开展有针对性的预防活动62次，参与政府重要采购项目、医药配送企业遴选招标等专项预防监督事项114件。组织开展各类警示教育活动，市检察院警示教育基地于10月份正式启动。

【检察队伍廉政监督】　出台《进一步加强全市检察机关党组和检委会建设若干问题的意见》，积极推行两级院拟提拔或调整重用领导班子成员家庭财产申报公示制度，对市检察院和5个基层院拟提拔的26人进行财产公示。一是完善选人用人机制，在市检察院机关实行"双推双考"，公开选拔3名副处级领导干部。二是开展争先创优活动。宛城区检察院被高检院授予"全国模范检察院"称号、邓州市检察院检察长杜海宛被高检院荣记个人一等功。市检察院公诉局助检员刘艳、侦监处助检员胡宛秋分别获得"全省十佳公诉人"和"全省侦查监督十佳检察官"称号。南召县院法警大队被高检院确定为"全国检察机关司法警察编队管理示范单位"，全市检察系统2个集体和10名个人分别被省检察院记二等功，全市12个集体，60名个人被市检察院记三等功。三是队伍廉政建设监督，出台《南阳市人民检察院关于开展检察机关惩治和预防腐败体系建设检查工作实施方案》和《2010年全市检察机关党风廉政建设工作安排意见》，市县两级院分别签订党风廉政建设目标责任书。实施"侦查证"办案制度，3月份，组织侦查人员换证工作，对考试不合格和有违纪情况的3人取消或缓发证件。全年共受理违法违纪案件线索43件，初核22件，诫勉谈话3人，通报批评3人，警告以上处分7人。先后开展"恪守检察职业道德，促进公正廉洁执法"教育、"反特权思想反霸道作风"、"直接立案扣押冻结款物工作专项检查回头看"、"服务企业大走访"等多项专项活动，回访考察自侦案件108件，对有瑕疵的案件责成办案人员和所在部门进行整改，纠正不规范执法行为。（尚文来　王永强）

审　　判

【审判工作概况】　2010年，中级法院受理各类案件3726件，办结3553件，结案率95.36%。保持省级文明单位称号，被最高法院确定为全国司法公开示范法院，被全国总工会评定为全国模范职工之家，司法警察、网络宣传工作被评为全国先进，档案管理工作被省档案局命名为模范系统，涌现出全国优秀法官、河南省人民满意的十佳政法干警尹应哲、一等功法警成浩等一大批先进个人。

【刑事审判】　全年两级法院审结刑事案件4998件，判处犯罪分子6579人。严厉打击杀人、绑架等严重暴力犯罪，深入开展"打黑除恶"、打击"两抢一盗"专项斗争，审结故意杀人、抢劫、抢夺、盗窃和黑社会性质组织犯罪案件1104件；审结贪污、受贿、挪用公款和渎职等职务犯罪案件188件；审结放火、破坏电力设施、交通肇事等危害公共安全犯罪案件693件；加大刑事附带民事调解力度，1183起案件的附带民事部分得到调解并执行兑现。

【民事审判】　坚持"调解优先、调

判结合”原则，审结民事案件21709件，调解结案14537件，调撤率67%。进一步弘扬马锡五审判方式，大力开展巡回审判工作，方便群众诉讼。完善和深化在全国首创的立案预登记和委托调解制度，4243起纠纷在诉前得到化解，受到最高人民法院、省高级人民法院肯定推广。

【行政审判】 审结各类行政案件1639件。行政案件司法审查报告得到省高级人民法院和市委领导的批示肯定。进一步完善行政案件协调处理机制，全市法院行政诉讼案件协调撤诉率达87.68%，省高级人民法院在南阳召开现场会予以推广。

【执行工作】 执结各类案件7350件，执结标的额7.4亿元。完善党委领导、人大监督、政府支持、法院主办、各界配合的执行工作格局，有效化解执行难问题。完善立审执协调配合、执行流程管理、分权制约、执行听证等工作制度，提高执行质量和效率。采取提级执行、指定执行、悬赏举报和强制被执行人报告财产、接受审计等方法，开展办案竞赛和清理执行积案活动，加大执行工作力度。

【立案工作】 按时完成中级法院机关立案信访大厅改建任务，指导西峡、卧龙、宛城等基层法院设立立案信访窗口，受到省高院充分肯定；认真做好立案引导、法律释明和诉前财产保全、调解工作，强化案件流程管理，提高办案效率；加大司法救助力度，对涉及弱势群体和困难群众的52起案件，依法缓、减、免交诉讼费用32.9万元。

【审判监督】 共受理各类案件261件，审结252件，结案率96.6%，办结减刑假释案件986件，案件归档率100%，上网率100%。出台4项规范性意见，完善审监工作管理机制，明确工作重点，细化各自职责。先后在南阳监狱设立4个巡回审判点，办理减刑假释案件200余件。

【涉诉信访】 建立信访工作长效机制，坚持天天院长接访、每周一在市县信访局定期接访、每旬按业务分工预约接访，实行信访责任倒查和案件质量责任终身制，努力从源头上预防和减少涉诉信访的发生。以解决重复访、越级访、进京访为重点，扎实开展信访积案清理活动。全年上级交办的617件信访积案已化解526件，赴京访大幅度下降，赴京非访与上年同比下降75.5%。

【司法技术】 全面落实统一对外委托制度，加强对入册司法技术专业机构的监督管理。共办结对外委托案件62件，协助执行死刑，无一差错。

【司法监察】 修订完善各项党风廉政建设制度，下发《严禁内部说情和插手过问他人办理案件的规定》，严格落实“一岗双责”责任制，从网络舆情、信访案件、案件评查、领导批办案件、上级发回改判案件、新闻媒体曝光案件、当事人举报中发现违法违纪线索，严肃查处违法违纪干警；认真开展“万起案件评查活动”，对6件基本合格卷和3起不合格卷的9名责任人给予诫勉谈话和通报批评；协助党组抓好党风廉政建设，落实廉政监督员和廉政监察员制度，定期走访，听取意见和建议，落实廉政警示教育制度，促进党风廉政建设。

【司法装备】 建立完善管理制度，做好年度财政预算、财务收支管理工作；对固定资产购置使用，实行台帐管理，加大督导力度，狠抓“两庭”建设，对全市已建成的人民法庭争取奖补资金300万元，督促各基层法院新建成人民法庭5个，正在建设6个；加大资金争取和投入，改善办公办案条件。

【司法警察】 狠抓软硬件建设，积极开展岗位大练兵，以第一名的成绩被省高级人民法院荣记集体三等功；圆满完成“打黑除恶”、值庭押解、诉讼保全、机关安全保卫等各项任务，连续7年在省法院对口考评中名列前茅，被省总工会命名为“模范职工小家”，被省高级人民法院评为“法警工作先进集体”，继续保持省级“青年文明号”和全国法院“司法警察工作先进集体”荣誉称号。

【队伍建设】 开展“纠正执法问题，促进公正执法”专题教育活动和赵作海案件大讨论，强化法官社会主义法治理念及公仆意识、责任意识。严格职业准入制度，坚持凡进必考，全市法院通过择优遴选、公开考试招录干警90人。组织专题党课、专家讲座和视频授课等各种培训53期，与司考名校联合开办司法资格考试考前培训班，使100余名干警得到专家的指导，32人通过司法资格考试。认真落实从优待警各项措施，充分调动干警工作积极性。

【审判管理】 完善司法质效评估、队伍及个人绩效评价、司法政务目标管理“三位一体”的司法绩效考核体系，促进全市法院工作健康发展。合理配置司法资源，科学设置均衡结案率、审限内结案率等指标，形成符合审判规律的收结案动态平衡机制。制定“个案流转监督管理办法”，实行“后手监督前手”制度，加强审判节点跟踪监督控制。

【制度创新】 制定《个案流转监督管理办法》，实行后手监督前手制度，把司法瑕疵问题解决在初始状态；出台《立案受理工作指导意见》、《信访事项首问负责》、《信访责任倒查办法》和《信访案件流程管理细则》等制度措施，全面规范立案信访工作；下发《关于实行人民陪审团制度的意见》和《人民陪审团成员库管理办法》，使普通民众参与司法；落实《法官结对联络人大代表政协委员制度》、《关于建立人民法院与社会群众沟通联系的指导意见》和《关于建立法官与律师良性互动工作机制的指导意见》，确保各级代表委员有专人定期联系，征得社会对法院工作的理解和支持。

【理论研究】 组织召开专题调研会6次，协调全市法院在省级以上刊物发表调研文章204篇，调研、信息、案例编报、司法统计、《公民与法》通联工作，均被省高级人民法院评为先进。

【服务大局】 认真落实《全市法院服务企业十项措施》、《为南水北调中线工程建设及移民迁安提供司法保障的意见》和《强化审判职能服务"四个带动"十项措施》，稳妥处理融资租赁、建设工程合同和企业破产重组、劳动争议等案件，依法严惩破坏市场经济秩序和妨害社会管理秩序犯罪。

【重点工作】 实行严格的领导责任制和部门负责制，确保"十件实事"各项承诺落实到位。中院共上网裁判文书2050份，网络直播49起案件，开展5次"公众开放日"活动，办理回复网上来信202件，进一步加大审判公开的力度。报请市委下发《关于加强全市社会法庭建设的意见》，顺利完成"一乡一庭"建设任务，全市236个社会法庭的1039名常驻社会法官，成功调处各类矛盾纠纷3411起。同时，通过优化资源配置、提高经费保障标准，派驻9个巡回合议庭驻县办案等，加大巡回审判力度，刑事、民事、行政案件的巡回审判率均超过40%。（何志　牛永权）

司法行政

市司法局局长　杨志刚

【司法行政工作概况】 2010年，南阳市司法行政系统充分发挥司法行政各项职能作用，扎实推进社会矛盾化解、社会管理创新和公正廉洁执法"三项重点工作"，积极做好向社会承诺办实事工作，为保持全市社会大局稳定作出贡献。南阳市司法局被河南省委组织部、省移民指挥部评为移民工作先进单位，被市政府评为督查工作先进单位，南阳监狱被市委、市政府评为平安建设工作先进单位，全系统先后有25名干警荣立个人三等功，在全省监狱人民警察执法大培训、岗位大练兵活动中，南阳荣获知识竞赛团体三等奖。

【监狱工作】 深入开展狱内侦查和事故排查，加强对罪犯的排查防控。加强监狱安全设施建设，确保监狱场所不发生罪犯袭警、暴狱、劫持人质、伤害他人致死等重特大案件，不发生罪犯集体食物中毒及传染病暴发流行。做好罪犯的收押收容工作，确保新收押罪犯能够依法及时入监。深入开展监狱安全稳定隐患专项排查整治，对排查出的问题及时制定整改措施和整改时限。全年共排查出四类矛盾84起，危险部位46处，薄弱环节18个，均及时采取有效防范措施。做好生活卫生工作，加大对老病残罪犯生活医疗投入，加强流行性疾病防控，确保无流行病、传染病和食物中毒事件发生。提高罪犯教育改造质量，通过联合办学拓宽罪犯刑释后就业渠道。全年共开办计算机应用、农艺工、汽车维修、摩托车维修等17个技术教育班，并与市经贸学校、市一职专联合开办市场营销、电子电器维修等技术班，参加学习的罪犯达到368人。南阳监狱改扩建项目进展顺利，监舍等基础建设主体工程基本建成。

【依法治市工作】 2010年是南阳市"五五"普法依法治理规划实施的收官之年，全市"五五"规划规定的各项任务基本完成。一是深入开展法制宣传教育，大力弘扬社会主义法治理念。以"法律六进"活动为载体，深化"加强法制宣传教育，促进社会矛盾化解"主题宣传活动，把社会主义法治理念、社会主义荣辱观教育贯穿于法制宣传教育的始终，在全社会形成知荣辱、守法纪、促和谐的良好风尚。二是积极规范执法行为，全面推进依法行政和公正司法。认真贯彻国务院《全面推进依法行政实施纲要》,做好规范性文件的清理工作,从源头上保证依法行政。进一步深化行政审批制度改革,对市直52个部门的行政审批事项、行政事业性收费、经营服务性收费等进行全面清理,将保留的703个项目全部进驻行政审批大厅,简化办事程序。推广市地税局"以监督为中心,以机制为保障,以科技为支撑"三位一体的依法行政工作经验。全市各级司法机关认真履行宪法和法律赋予的职责,全面落实审务、检务公开,完善责任追究制度,健全司法部门纠错制度,提高办案质量和效率。三是广泛开展法治南阳创建活动,提高依法治理工作水平。2010年3月23日,南阳市下发法治城市、法治县(市、区)、法治乡(镇)创建意见,法治创建工作正式启动,全市以"民主法治示范村"创建活动为载体,深化完善"四议两公开"等村民自治形式,依法保障群众的知情权、参与权、表达权和监督权。四是立足法治惠民,着力保障群众合法权益。重点从行政执法和司法等环节保障群众合法权益不受侵害,充分运用法律手段解决群众反映强烈的热点、难点问题,依法促进就业、就学、就医、社会保障等民生问题的解决,维护人民群众的合法权益。五是开展"12·4"法制宣传日活动,悬挂宣传横幅2000多条,出动宣传车120多辆,制作宣传版面3000多块,设立法制宣传咨询台400多个,发放宣传资料10万多份,参与宣传人员达4000多人。在全省首届十大法治人物评选活动中,符光录光荣当选。方城县法治体育广场、南阳监狱三监区、社旗县城主干道被确定为全省法制宣传教育基地。

【律师工作】 在律师队伍中大力开展创先争优活动,引导律师队伍牢固树立政治意识、大局意识和责任意识。11月10日,全省律师行业创先争优示范会在南阳召开,省司法厅副厅长周济生出席会议,对南阳律师行业创先争优工作给予高度评价。全市律师紧紧围绕项目建设、产业集聚区建设、筹办第七届全国农民运动会、南水北调中线工程建设及移民迁安"四件大事",成立法律服务团,积极主动提供法律咨询和法律服务。淅川县司法局抽调律师、公证员、基层法律工作者、法律援助工作者,组成"百名法律工作者法律服务团",深入全县第一批搬迁的10个乡镇的57个行政村和近500个村民小组开展法制宣传和法律服务,使一批矛盾纠纷和信访案件得到及早预防和化解。5月16日,市司法局、市残联联合举办残疾人维权集中宣传和法律咨询活动,现场为残疾人免费解答法律问题,并在市县两级残联设立律师服务点,使残疾人维权工作常态化。加强对律师办理重大、敏感、群体性等"三类案件"的指导监督,全市律师共办理各类案件15903件,担任企事业单位、政府部门及民营企业常年法律顾问2981家,办理非诉讼法律事务9477件。

【司法鉴定】 做好41家司法鉴定机构、276名司法鉴定人的年度延续登录工作,出台《司法鉴定机构规范化执业考核办法》、《全市司法鉴定机构行风建设考核细则》,开展"纠正执业问题,促进诚信执业"专题教育活动,做好司法鉴定承诺办实事工作,法律援助案件司法鉴定事项一律免费。全市全年各司法鉴定机构共办理鉴定案件3489件,对残疾人、农民工或家庭困难申请援助的司法鉴定费用实行全免、减免或缓交,减免费用1.81万元。

【公证工作】 积极为重点工程、项目建设、招投标、土地使用权转让、国企改革、城市改造建设、南水北调移民迁安等提供公证法律服务,开展公证档案管理达标竞赛活动,加强公证管理信息化建设,全市各公证机构共办理各类公证29679件,公证收费400多万元,办证合格率达到99%以上。

【信访工作】 进一步完善市、县律师参与信访接待工作网络,引导法律服务工作者积极协助政府作好信访接待工作,引导群众依法表达诉求,疏导并避免大规模上访事件的发生,全年共参与信访接待1043起。按照市委政法委安排,积极参与涉法涉诉案件的评查处理工作,组成4个涉法涉诉案件评查工作组,对长期重复上访的37件涉法涉诉信访积案进行评查和督办,实现案结事了,息诉罢访。

【国家司法考试工作】 2010年度司法考试工作顺利完成,共报考1734人,设58个考场,各项考务工作规范有序进行。

【基层司法行政】 一是大力推进基层司法所建设。抓好第五批国债项目司法所建设,计划建设28个,已经完成27个,在建1个。各县市区司法局先后下派23人到司法所工作,无人所问题得到解决。8月下旬,省委常委、政法委书记李新民到唐河县城郊司法所视察指导工作,对司法所工作赞不绝口。二是扎实做好人民调解工作。全市全年共调解各类矛盾纠纷56942件,调成54095件,调成率95%,预防民转刑291起,防止非正常死亡127起,避免群体性械斗43起,有效防止各类上访案件258起。卧龙区司法局建立"乡镇干部全员参与矛盾纠纷预防化解机制”，形成在乡镇（街道）党委（工委）政府的统一领导、司法行政部门强化指导下的乡镇主要领导包面、副职包片、职能部门包线、包村干部包村（居）、村、居干部包重点的矛盾纠纷预防化解、调处机制。三是扎实做好刑释解教人员安置帮教工作。建立完善刑释解教人员信息管理系统，加强对刑释解教人员的衔接管控工作，减少脱管漏管现象。全市共建立安置帮教实体14个，使刑释解教人员顺利融入社会，减少重新违法犯罪的机会。全年共接收刑释解教人员2489人，衔接率、安置率、帮教率达到100%。四是规范基层法律服务管理，将全市原有205个基层法律服务所整合为100个。

【法律援助】　将法律援助经济困难标准从低保线的1.5倍放宽到低保线的2倍，扩大法律援助的受惠群体。同时，市县两级法律援助机构围绕市委、市政府十项民生工程法律援助工作的目标和要求，针对热点、难点问题，精心办理一批法律援助案件。内乡县法律援助中心办理的拖欠17名安徽籍农民工工资案件，为农民工追回拖欠工资3.85万元。一是全面建立法律援助与司法救助衔接机制。市中级法院、市司法局联合下发《关于司法救助与法律援助衔接工作的规定的通知》，要求在市中级人民法院及各基层人民法院设立值班律师办公室，向涉诉人员提供免费法律咨询，全市值班律师办公室均已设立。二是建立法律援助志愿者工作机制。6月，市司法局、团市委联合在全市开展招募“法律援助志愿者”活动，已建立一支2128人的法律援助志愿者队伍。三是建立南水北调工程移民法律援助网络。市司法局积极协调市移民局及相关县（市、区），设立南水北调工程移民法律援助工作站，促进移民工作顺利开展。邓州市法律援助中心在移民安置乡镇设立法律援助接待站，为搬迁移民解答法律咨询1500余人次，代写法律文书60余件，受到移民欢迎。淅川县司法局“百名法律服务工作者法律服务团”，深入移民乡镇、村组，认真排查化解矛盾，为库区移民搬迁安置工作作出积极贡献。四是夯实业务基础，加强工作基础建设。规范接待室建设，完善便民服务窗口，全市各法律援助机构已全部在临街一楼建立法律援助接待室。共设立法援助受理点270个，并依托工会、妇联等机构广泛建立工作站。“12348”法律援助咨询电话规范使用，优质服务，确保畅通。全市法律援助机构全年接待来访咨询10278人次。在市级以上媒体发稿50余篇，特别是11月3日《人民日报》刊登南阳市法律援助志愿者深入社区宣传的图片新闻，11月9日《法制日报》刊登南阳市法律援助中心《完善援助机制，满足群众需求》的文章，11月22日《河南日报》刊登《南阳　让法律援助更便民》等文章。市法律援助中心还在南阳广播电台97.7兆赫每天播放4次法律援助宣传广告，在南阳电视台多次播出法律援助宣传片，印制法律援助指南以及法律援助手册20000多份。市县两级法律援助机构利用平安建设大走访的机会，认真开展法律援助宣传和公众知晓率调查，为法律援助工作的扎实开展营造良好氛围。

【宣传报道工作】　截至2010年12月，全系统共在各类新闻媒体发稿1795篇，其中国家级501篇，省级508篇，市级716篇，受到省司法厅的表彰。（李杰）

政府法制

【政府法制工作概况】　2010年，法制办围绕政府中心工作，认真贯彻落实《全国推进依法行政实施纲要》和《关于加强市县政府依法行政的决定》，不断增强各级行政机关和工作人员依法行政意识和能力，坚持依法行政，加强政府法制监督，努力提高规范性文件质量，提升行政复议水平，为实现加快发展、富民强市、构建和谐社会提供有力的法制保障。

【规范性文件审查备案】　2010年，法制办共对720份文件进行审查把关，其中市政府出台文件95份，市政府办出台120份，市政府其他文种505份，经审查的规范性文件均未出现与现行法律违背的问题。向省政府法制局备案157件，各县（市、区）政府备案602件，市直部门备案209件，备案率达到100%，做到应备尽备，准确无误。

【行政复议】　全年受理行政复议申请89件，立案受理的案件69件。其中已审结65件，正在审理的4件；作出其他处理的20件。法定期限内结案率达94.2%。在已审结的65件案件中，作出维持决定的32件，维持率为49.2%；作出撤销决定的1件，撤销率为1.5%；作出驳回诉求复议决定的2件，驳回率为3.1%；作出责令履行决定的1件，责令履行率为1.5%；因促成双方达成和解协议而自愿撤回复议申请和经释法明理说服申请人自愿撤回复议申请的共29件，和解调解结案率为44.6%；共承办市政府应诉案件3件,法制办组织出庭应诉3件。

【行政执法监督和考评】 2010年,顺利完成行政执法监督证和行政执法证的换证工作,其中市直换证2152个,县区换证13674个,保障行政执法监督工作的实施;对市直具有行政执法资格的3000余人分4期进行行政执法培训考试,考试合格后颁发行政执法证。制定2010年度行政执法责任目标考评方案,明确考评方法、内容、评分办法和时间要求。对全市13个县(市、区),市直53部门行政执法责任目标进行考评,推进行政执法责任目标的落实。

【政府法制信息】 报送省政府法制办及法制网信息185条,其中法制网67条,省《政府法制工作》3条,积极宣传南阳市政府法制工作。深入县(市、区)和相关部门,开展调研工作,撰写《对我市依法行政工作的调查与思考》、《乡镇政府推行行政执法责任制工作的调查》、《行政调解在行政复议中的应用探析》等调研报告,为领导决策提供参考依据。

【推行仲裁制度】 法制办积极推进仲裁工作开展,南阳仲裁委在人民法院的支持和依法监督下,坚持以发展为第一要务,充分发挥仲裁在构建社会主义和谐社会中的作用,深入宣传、推行仲裁法律制度,保证依法、公正、高效仲裁,保护当事人的合法权益,保障社会主义市场经济健康发展。(周博)

法律小知识

1、刑法的任务是(1)保卫国家政权;(2)保护合法财产;(3)保护公民权利;(4)维护社会秩序。

2、犯罪的行为可分为作为和不作为。作为是指以积极的活动实施刑法所禁止的危害社会的行为,是人的积极行为,如故意伤害行为、盗窃行为都属于作为的形式;而不作为是指应当实施并且能够实施某种行为而不实施的消极行为。这种形式的犯罪必须以行为人负有某种特定义务为前提的,如行为人将年老多病生活不能自理的父母抛弃于荒郊野外以此来逃避自己应尽的赡养老人的义务,则构成了遗弃罪。

3、根据中华人民共和国刑法第17条规定;已满十六周岁的人犯罪,应当负刑事责任。已满十四周岁不满十六周岁的人,犯故意杀人、故意伤害致人重伤或者死亡、强奸、抢劫、贩卖毒品、放火、爆炸、投毒罪的,应当负刑事责任。已满十四周岁不满十八周岁的人犯罪,应当从轻或者减轻处罚。因不满十六周岁不予刑事处罚的,责令他的家长或者监护人加以管教;在必要的时候,也可以由政府收容教养。

4、正当防卫:为了使国家、公共利益、本人或者他人的人身、财产和其他合法权益免受正在进行的不法侵害,而采取的制止不法侵害的行为,对不法侵害人造成损害的,属于正当防卫,不负刑事责任。若要构成正当防卫必须具备以下四个条件:(1)正当防卫的目的条件,必须是为了保护国家、公共利益、本人或他人的人身、财产和其他权利免受不法侵害实施的防卫;(2)正当防卫的前提条件,必须是对不法侵害行为实施的防卫;(3)正当防卫的时间条件,必须是对正在进行的不法侵害行为实施的防卫;(4)、正当防卫不能明显超过必要的限度。对于明显超过必要限度造成重大损害的,是防卫过当,应当负刑事责任。

5、常见的犯罪类型有盗窃罪、抢劫罪、故意伤害罪、强奸罪等类型犯罪比较多。

6、刑罚分主刑和附加刑。主刑有5种:管制、拘役、有期徒刑、无期徒刑、死刑;附加刑有3种:罚金、剥夺政治权利、没收财产。

7、凡具有中华人民共和国国籍的人都是中华人民共和国公民。中华人民共和国公民在法律面前一律平等。

8、治安管理处罚的普通程序包括:受理、立案、传唤、讯问、取证、审核、告知、听证、裁决等程序。

9、治安管理处罚的种类有3种,从轻到重的顺序为:警告、罚款、拘留。

10、侵犯人身权利的行为有四类。第一侵犯他人身心健康的行为;第二侵犯他人人身自由的行为;第三侵犯他人人格名誉的行为;第四侵犯他人通信自由的行为。

11、醉酒的人违反治安管理应该受处罚的主要根据:(1)醉酒的人是有责任能力的;(2)行为人在醉酒前对自己的酒量是明知的,对自己醉酒后的行为是能够预见的,因而在其醉酒的状态下实施了违反治安管理的行为是能够预见的,因而在其醉酒的状态下实施了违反治安管理的行为具备主观上的错误。(3)醉酒完全是人为造成的,是可以避免和戒除的。因此,应予处罚。

农　业

农业综述

市委农工办主任　王宛楠

【农业和农村工作概况】 2010年，面对农产品市场剧烈波动，生产成本不断攀升，制约农业农村发展因素明显增多的复杂局面，全市认真贯彻落实中央关于农业农村工作的决策部署，加强基础建设，调整产业结构，落实惠民政策，不断推进农业农村经济的发展，取得显著成就。全年全市第一产业增加值401亿元，增长4.5%；农民人均纯收入5666元，增长14.9%。一是大灾之年再夺粮食生产丰收。农业生产相继克服冬春低温冻害、伏期特大洪涝、秋冬严重干旱等自然灾害的冲击，粮食生产再创新的历史记录，总产量达到58.4亿公斤，比上年增长0.8%，实现连续7年增产、连续5年突破50亿公斤，其中夏粮总产35.9亿公斤，比上年增长0.8%，秋粮总产22.5亿公斤，比上年增长0.9%。二是农村产业结构进一步优化。全市以粮食生产为基础，大力推进畜牧业、林业、农产品加工业等持续较快发展，形成多业并举、互促共进、良性发展的新格局。畜牧业以肉牛、生猪、奶牛、肉鸡为重点，新发展规模养殖场109个，畜禽规模化养殖比重达到72%，全年肉蛋奶总量达128.9万吨，实现畜牧业产值197亿元，占农业总产值的28.9%。林业生产稳步发展，完成重点工程造林4.32公顷，环城高速造林1680公顷，兰湖森林公园高标准植树222.67公顷，实现林业产值81.8亿元，较上年度增长16.3%。农产品加工业实现新突破，年屠宰加工10万头肉牛的科尔沁牛业、年屠宰加工100万头生猪的龙大牧原、年加工鲜奶18万吨的三色鸽乳业等3个龙头企业的加工能力稳步增长，已呈现明显的拉动效应；年屠宰加工3000万只肉鸡的福润禽业已开工建设。全市新认定省级农业产业化重点龙头企业20个，市级73个，全市国家级、省级、市级龙头企业分别达到2个、39个、187个，实现年销售收入385亿元，同比增长18%。新发展农民专业合作社819个，全市总数达到1888个。三是农业基础设施建设成效显著。重点水利建设项目有序推进，列入国家除险加固规划的70座水库，有69座通过竣工验收或投入使用验收。加速推进鸭河口、引丹、宋岗3处大型灌区续建配套及节水改造、丹江口水库水源区水土保持重点防治工程和小型农田水利建设，启动实施中小河流治理项目和新一轮重点小型水库除险加固项目。全市新增有效灌溉面积1.89万公顷、节水灌溉面积0.98万公顷、除涝面积0.67万公顷，治理水土流失510平方公里。总投资2.18亿元、计划完成1.21万公顷土地治理任务的农综开发项目，已完成除林网外的全部建设任务。农机装备水平大幅度提高，新机具、新技术推广力度进一步加大，全市拥有大中小型拖拉机89.73万台，农机总动力达到1120.41万千瓦，年度完成机耕131.06万公顷，机播122.53万公顷，机收80.33万公顷，农机作业水平明显提高。综合气象观测系统进一步完善，乡镇自动雨量站总数已达185个。四是农村民生持续改善。夏粮收购26.3亿公斤，实现农民售粮收入近50亿元。落实种粮直补、综合补贴10.06亿元，亩均补贴80.5元，补贴面积83.33万公顷，补贴农户220万户。良种补贴实现小麦、玉米、水稻和棉花全覆盖，花生采取试点制首次进行补贴，落实补贴资金2.49亿元，补贴面积达153.20万公顷。落实农机补贴资金9580万元，补贴各类机具1.4万台(套)，受益农户11085户。新建农村户用沼气3.15万座、新建沼气服务网点311个，超额完成省定、市定目标任务。“阳光工程”、“雨露计划”共完成劳动力转移培训3.6万人，转移就业率达91.2%。新解决44.3万农村人口安全饮水问题。对145个贫困村实施整村推进扶贫开发，实现11.3万农村贫困人口脱贫。五是新农村建设扎实推进。26个省级新农村示范村、100个市级试点村、100个示范村建设任务已全面完成，“六创一迎”村镇创优工作全面铺开，县域村镇体系规划不断完善，农村基础设施、公益事业和环境整治力度不断加大，农村面貌和农民生活质量明显改善。年度投入各类新农村建设资金5.1亿元，新修村内组户道路1295公里，新建改建村级标准化卫生室(所)890个，改扩建村级文化大院49个，新建新农村书屋(图书室)90个，添置体育健身器材146套，发展农家店和农村连锁超市452个。六是抗洪抢险救灾取得重大胜利。面对比较严重的洪涝灾害，进行提前预警、果断决策、攻坚克难，取得“7·24”抗洪抢险的重大胜利，抢救被围困群众6466人，紧急转移安置受灾群众18万人，大中型水库无一处决口、无一座垮坝，把灾害造成的损失降到最低。狠抓灾后恢复生产、水毁工程重建和农田整理修复，集中抢修抢建农村水毁倒塌房屋，实现入冬前受灾群众有房住、基本生活有保障，极大地稳定了灾区生产生活秩序。七是农村基层组织建设不断加强。深入开展创先争优活动，继续深化“三级联创”，推广“四议两公开”工作法，推进选派党员领导干部驻村任职和建立农村“六大员”制度试点工作，充分发挥农村基层党组织的战斗堡垒作用和党员的先锋模范作用，村级民主管理不断加强。

【“十一五”期间农业和农村发展情况】 “十一五”期间，全市粮食产量跨上50亿公斤的大台阶，成为全国19个粮食总产超50亿公斤的地市之一，农民人均纯收入相继跨越4000元和5000元两个大关，年递增13.3%，实现既增产又增收的双增目标。农村免费义务教育制度、新型合作医疗制度、最低生活保障制度全面建立，新型农村社会养老保险制度开始试点，农村饮水、电网、公路、沼气、危房改造等建设快速推进，农村公共事业取得历史性进步。全市5年累计建设农村公路15065公里，“村村通”工程全面完成；解决159.31万农村人口饮水安全问题；建设农村户用沼气池43.2万个；改造农村电网5.09万公里；基本实现村村通电、通电话、通广播电视；2007年以后全部免除农村中小学生学杂费；农民参加新型农村合作医疗达到893万人；纳入农村最低生活保障的有44万人，人均补助标准提高到60元；为80万名60周岁以上农村居民发放基础养老金；启动实施642个行政村整村推进扶贫开发，实现52万人口脱贫。城乡规划、产业布局、基础设施、劳动就业、社会管理等一体化进程加快，统筹城乡发展迈出可喜步伐。

【新农村建设】 2010年新农村建设坚持分类指导，以示范村、试点村建设为重点，以新型农村社区为带动，以“六创一迎”村镇创优工作为突破口，新农村建设和村镇创优工作取得显著成效，建设一大批工业发展型、移民搬迁型、园区带动型、旅游观光型、新型农村社区等各具特色的新农村建设典型。主要做法：一是明确建设任务。全市确定26个省级示范村、100个市级试点村、100个示范村和县城周围、国道省道沿线、旅游景点、农运会比赛场馆附近的1298个“六创一迎”村容村貌整治村为年度建设重点，按照规划先行、分类指导、典型示范、整村推进的要求强力组织实施。二是强化农村公共设施建设。以水、路、气、电等基础设施建设为突破口，全面改善农村生产生活条件。全年累计投入各类新农村建设资金5.1亿元，重点对农村道路、卫生室、文化大院、新农村书屋、农村连锁超市等农村公共设施进行高标准建设。同时，认真抓好以乡村集镇、村庄布局和环境卫生综合整治为重点的村容村貌整治工作，农村环境呈现出绿化、美化、优化、亮化的新气象。全面完成100个市级试点村、100个示范村建设任务和1298个村容村貌整治村年度建设任务。三是探索新型农村社区建设。各县(市、区)积极探索以

社旗县新农村建设一角

农民集中居住、基础设施配套、公共服务到位、环境和谐优美为目标的新型农村社区建设，通过整合中心社区（村），统一规划，分期建设，逐步实现农民整体搬迁、集中居住，打破原有村组界限，实现社区化管理，力争把新型农村社区建设成为富裕、文明、和谐、民主的社会主义新农村。四是组织现场观摩。市委、市政府先后召开全市新农村建设现场观摩活动和新农村建设“六创一迎”村镇创优推进会议。市委、政府、人大、政协负责人带领市直有关部门人员组成督查组，深入乡村社区，重点对村镇公共基础设施建设、村容村貌、市场秩序、交通秩序、卫生状况、占道经营、店外经营等状况进行专项督查，实地查看乡镇集镇建设和新农村示范村、试点村及“六创一迎”村容村貌整治村的进展情况。市委副书记贾崇兰、副市长姚龙其分别作重要讲话，对新农村建设及村镇创优工作进行安排部署。贯彻全省新农村示范村建设启动会议精神，组织县（市、区）新农村办公室主任赴林州市5个省级新农村示范村进行考察学习，通过实地观摩学习开阔眼界，统一思想，增强建设社会主义新农村的信心和干劲。

【农业综合开发】 全年农业综合开发项目共完成12133.33公顷的土地治理任务，其中改造中低产田8000公顷，高标准农田示范工程3333.33公顷，修复自然灾害损毁666.67公顷，总投资1.9亿元。继续加大对产业化经营的扶持力度。全年扶持产业化经营财政补助项目8个，贷款贴息项目6个，投入资金3991万元，其中中央、省、市财政投入1068万元。重点对种植业、养殖业、农副产品加工业进行扶持，促进企业扩大规模、提高生产水平、增加经济效益。

【世行五期扶贫项目】 2010年度世行五期扶贫项目涉及南召、社旗、桐柏3县14个乡（镇）、73个行政村，共投资金1142.9万元，其中世行资金636.7万元、中央补助资金99万元、省市配套资金各189万元、群众投劳折合资金29.2万元。建设道路48.87千米、建桥10座、打井6眼、改造蓄水池（塘、堰、坝）9个、改造灌渠0.9千米、建设护坡500平方米，整治村容村貌4处、建广场400平方米、建图书阅览室125平方米、建公厕3个，安装排水管道2.54千米，建设社区互助社17个。至年底，各项建设已顺利完成。

【扶贫开发】 扶贫开发坚持以加快贫困地区脱贫步伐为目标，科学规划项目、精心组织实施，取得显著成效。全年共投入财政扶贫资金1亿元，解决和巩固贫困人口温饱12万人，超额完成省下达全市的年度脱贫目标任务。主要做法：一是做好扶贫开发整村推进工作。在整村推进村确定上以革命老区为重点，坚持同等条件下老区贫困村优先实施，在全市确定的158个整村推进村中老区村占126个。在项目实施过程中以规划为平台，努力整合各有关部门的项目资金，努力增加整村推进建设投入。坚持实行项目资金公示公告制，增加透明度，项目实施中组织群众代表组成监督管理小组进行全程监管，项目建成后设立永久性标志，接受社会监督。二是调动各方面因素推进社会扶贫。5月6日，市扶贫办、市工商联、市邮政局共同主办“爱心包裹”启动仪式，全市44个爱心单位代表和爱心人士率先奉献爱心，现场捐款25万余元，其中全市扶贫系统捐赠119680元。进行村企共建专题调研，大力宣传推广宛西制药公司“村企一体化”社会扶贫新模式，进一步推进村企共建工作向纵深发展。三是继续搞好互助资金试点工作。互助金试点项目涉及5个重点县25个村，投入财政扶贫资金300万元，建立互助小组350多个，吸纳农户股金90万元，互助资金总额达到400万元。试点工作有效带动试点村产业发展，加快群众脱贫致富步伐。四是及时补助灾民。7月，全市多次遭受龙卷风、冰雹、暴雨、洪水等自然灾害袭击，淅川、西峡、南召、桐柏、内乡、镇平等县受灾严重，贫困地区有多处位于暴雨中心，造成的灾害更为严重。灾情发生后，扶贫系统组织专门工作组深入受灾严重地区，实地查看和登记灾情、安置灾民，指导群众开展生产自救。组织干部职工和企业捐款捐物，支援灾区恢复重建。国家扶贫龙头企业西峡县宛西制药集团向灾区捐款100万元。主动向上级呈报一批灾后恢复重建项目，争取上级扶持。

【科技开发工作】 全年科技项目总投资300万元，高标准、高质量建成一些科技项目并发挥较好经济效益和社会效益。共引进新品种19个，新技术30项，推广示范面积426公顷；引进种畜85头（只）；印发技术资料2.15万份，培训农民1.51万人，年可实现利润1136万元，使项目区3236个贫困户、1.2万贫困人口实现脱贫致富；可带动项目区周边地区8466户、3.48万人增加收入。科技项目拓宽了项目区农民的增收渠道。

【贫困地区劳动力转移培训】 全年贫困地区劳动力转移培训的质量及转移就业人数实现新的提

高。全市共投入培训资金583万元,举办各级各类培训450期,免费培训贫困地区农民1.6万人,输出贫困地区劳动力1.5万多人,劳动就业率达91%,超额完成年度计划任务。(周晓义 刘万欣)

种 植 业

市农业局局长 谢广平

【种植业概况】 2010年全市农业部门面对严重的自然灾害,按照"稳粮保供给、增收惠民生、改革促统筹、强基增后劲"的基本思路,围绕打造南阳粮食主产区、发展现代农业、建设社会主义新农村的总体目标,强力推进农业各项工作,促使农村经济快速发展,粮食生产再创新高,农业结构调整持续深入,农产品质量安全水平不断提高,产业化经营取得新的突破。全市粮食、棉花、油料总产分别达584万吨、7.68万吨、115万吨,分别比上年增0.86%、减产32%、增6.7%。粮食总产连续7年增产且连续5年突破50亿公斤。

【粮食生产】 在遭遇寒潮、低温、旱涝灾害情况下,全市认真贯彻落实支农惠农政策,改善生产条件,推广先进技术,实现良种良法配套,粮食生产再创历史佳绩。夏粮种植面积667.6千公顷,其中小麦663.06千公顷,夏粮总产359.08万吨,每公顷平均产量5378公斤,其中小麦总产357.63万吨,每公顷平均产量5394公斤。秋粮种植457.18千公顷,每公顷平均产量4920公斤,总产量224.94万吨,其中水稻48.2千公顷,总产量30.42万吨;玉米267.9千公顷,总产146.49万吨;豆类83.1千公顷,总产16.67万吨;红薯60.6千公顷,总产32.37万吨。粮食生产工作主要措施:一是大力推广良种,落实良种补贴政策。全市小麦、玉米、水稻等大宗粮食作物良种使用率达到100%,发放良种推广补贴资金2.49亿元,其中小麦、玉米每公顷补贴150元,水稻、棉花每公顷补贴225元。二是良种良法配套。2009～2010年度全市小麦测土配方施肥比例达到97.2%,每公顷平均减少不合理用肥18公斤(折纯),每公顷平均增产小麦481.50公斤;全市共设5个小麦病虫害综合防治示范区,带动全市农作物病虫害综合防治,避免小麦条锈病、吸浆虫等重大病虫害发生,综合防治田比未防田亩增产9.6%～38.5%,共挽回小麦病虫草害损失35.6万吨、秋作物病虫害损失122.05万吨。三是开展"千名科技人员包千村"科技服务行动。省、市、县3级选派1248名农业专家分包全市4510个行政村,向47915户农民直接传授技术。四是继续开展粮食高产创建活动。18个小麦万亩高产创建示范片亩产425～550公斤,3个水稻万亩高产创建示范片亩产643.8公斤。

【经济作物生产】 围绕全市优质粮、棉、油、烟、蔬菜、中药材、食用菌等10大优势农业产业,按照种植规模化、基地园区化、生产标准化的要求,发展经济作物生产。(一)棉花生产。全市棉花种植面积84.89千公顷,比上年减少20.3%,总产76849吨,比上年减少14.64%。全市大力推广抗虫棉、杂交棉,以中棉46号、鄂杂棉10号、银山2号、南抗3号、南农6号、湘杂棉、冀杂棉、百棉1号等优良品种为主。(二)小辣椒生产。全市小辣椒播种面积87.3千公顷,比上年减少11.2%,总产488659吨,比上年减少8.7%。种植品种以三鹰椒、子弹头等优良品种为主,良种覆盖率达到96.2%。(三)猕猴桃生产。全市年末果园面积8.79千公顷,比上年增加5.3%,总产237393吨,比上年增加14.7%。新建的猕猴桃基地有98%以上实施科学套种、插杆引缚、抗旱排涝等保苗措施,苗木成活率平均达到90%以上;老基地有256.67公顷完成高接换头、优化品种;进行人工授粉的弥猴桃占主产区挂果面积的90%以上,海沃德、红心果授粉率达95%以上,套袋率达到100%。病虫害防治、疏蕾疏果、夏季修剪、土肥水管理等均保持在90%以上。(四)食用菌生产。全市栽培袋料菌类2.16亿袋、地栽菌类700万平方米,总产鲜品33万吨、总产值19亿元,其中香菇9810万袋、黑木耳5500万袋、白灵菇1600万袋、平菇1900万袋、金针菇1350万袋、杏鲍菇150万袋、灵芝400万袋、鸡腿菇800万袋、黄背木耳20万袋、鲍鱼菇20万袋、天麻250万平方米、巴西菇200万平方米、双孢菇100万平方米、草菇100万平方米、猪苓20万平方米、茯苓30万平方米。(五)中药材生产。全年共种植中药材135.7千公顷(不含药用菌类），总产量约22万吨、总产值16亿元。其中山茱萸39.2千公顷，辛荑21.7千公顷，栀子12千公顷，木瓜8.5千公顷，丹参4.7千公顷，桔梗3千公顷，板兰根3.2千公顷，花椒24千公顷，葛根5千公顷，杜仲7.1千公顷，薄荷1.3千公顷，菊花1.3千公顷，连翘1.7千公顷，柴胡1千公顷，其他药材4.2千公顷；栽培天麻250万穴，灵芝400万袋。（六）蔬菜生产。全年蔬菜及菜用瓜播种面积246.7千公顷，总产量946.91万吨（含小辣椒和食用菌干重），比上年分别增加3.1%和5.1%。全年果用瓜类播种面积36.1千公顷，总产195.92万吨，其中西瓜29.8千公顷、0.71万吨，甜瓜5.9千公顷、19.48万吨，草莓0.36千公顷、0.73吨。（七）油料生产。全市油料种植面积313.4千公顷、总产115.1万吨，比上年分别增加2.6%和3.3%。其中花生202.5千公顷，总产92.59万吨；油菜50.9千公顷，总产13.3万吨；芝麻59.9千公顷，总产9.21万吨。

【农产品基地建设】 基地建设重点进行高产创建示范片（区）建设和标准化生产。建立粮食作物高产创建示范片48个，面积3.33万公顷，平均单产增加20%以上；建立棉花高产创建示范片8个，面积0.56万公顷，平均单产增加30%；建立油料作物高产示范片13个，面积1万公顷，平均单产增加15%。西峡县香菇、猕猴桃2个标准示范区被认定为国家级农业标准化生产基地，全年共组织申报5个省级农业标准化生产基地，全市国家级农业标准化示范区增加到11个、省级农业标准化示范区达到29个。成立南阳市蔬菜标准园创建工作领导小组，推广落实24个南阳市蔬菜地方标准，西峡县香菇标准化栽培园被商务部定为香菇出口生产基地。

【农业产业化经营】 （一）加大农产品加工贸易领域的招商引资力度。全年共引进农产品加工项目95个、资金106.9亿元，其中在第八届中国国际农产品交易会和第三届中国郑州农博会上，全市62家参展企业引进项目58个、资金80.91亿元。粮食、棉花、中药材、烟叶、桑蚕、奶业产业链得到进一步壮大，畜牧、油料、蔬菜产业链正在形成，39家企业被认定为省级农业产业化重点龙头企业。（二）加快品牌创建进度。一大批农产品先后6次参加国内大型农产品推介活动，“复利”牌木瓜丝获全国优质产品奖，“白云山”牌丹参茶、“博望”牌黄金梨、“仲景”牌香菇酱被评为全国优质农产品。（三）农业组织化水平快步提升。新发展农民专业合作社819个，累计达到1888个，其中省级43个、市级63个。（四）发展休闲观光农业。市农业局制定《南阳市休闲观光农业建设标准》和《南阳市休闲观光农业发展实施方案》，积极引导休闲观光农业稳健发展，努力创建特色农业产业。

【农产品质量安全】 全市启动县级城区农产品市场准入工作，对县（市、区）开展农产品农药残留例行检测，全年农药残留合格率平均为97.5%。市中心城区农产品质量水平位居全省前列，农药残留整体合格率为99.7%。新认定无公害农产品基地9个、4.73千公顷，新认证无公害农产品9个、有机农产品1个。全市共认定无公害农产品基地122个、42.27万公顷，认证无公害农产品105个、绿色食品5个、有机农产品8个、农产品地理标志21个。

【农资市场管理】 全市加大农业综合执法力度，共出动执法人员10951人次，检查农资市场（门店）6723个，查处案件526起，其中立案查处案件96起、结案92起，受理举报案件44起，查处未经审定种子和假劣种子56.07吨、涉案肥料209.18吨、假劣农药和假冒登记证农药6.5吨，涉案金额88.04万元、涉案人员35人，挽回经济损失596.8万元。

【农村经济】 全市农业部门不断推动农村土地流转，建立完善土地经营权流转机制和纠纷仲裁制度，加强农村集体资产与财务管理，探索民主管理、民主监督、资产运营、财务管理新机制。主要措施：（一）解决农村土地承包纠纷。广泛宣传《农村土地承包法》和党的农村土地承包政策，增强广大农民群众依法维护自身合法权益的意识和能力，认真受理土地承包来信来访，依法解决土地承包纠纷，全年共受理农村土地承包信访103件次，立案查处43件。（二）减轻农民负担。继续坚持实行党政“一把手”亲自抓、负总责的工作制度和“谁主管、谁负责”的农民负担专项治理单位负责制，县、乡各级政府层层签订减轻农民负担目标责任书，进一步强化涉农收费部门的责任，对减负惠农政策落实较差、群众反映强烈、农民负担问题多发的县（市、区）、乡镇、村实施重点监控，继续推行农民负担监督卡制度，全市共发放监督卡240万份。坚持和完善农民负担信访接待制度和责任追究制度，全年市农监部门受理群众来信来访125件，立案查处52件。（三）加强农村“三资”管理工作。以维护集体和农民的经济利益和民主权利为目标，加强农村集体资源、资产、资金管理。按照《南阳市清理规范乡村财务加强农村集体“三资”管理工作方案》的部署，从民主管理和民主监督机制、资产运营形式、财务管理模式和手段等方面，探索农村集体资产和财务管理的运行机制。完善农村财务公开制度，搞好民主理财，接受群众监督，保证农民对农村集体经济财产的知情权、监督权。指导村干部任期和离任经济责任审计工作，全市已审计643个村。加强村级征地补偿费的分配管理，指导各地建立健全征地补偿费专户管理制度。

【农业科技服务】　(一)完善种业服务体系。全市共建立小麦种子繁育地3.15万公顷，产种17760公斤，考察小麦、玉米、棉花、水稻、大豆、花生等作物品种240多个，从中筛选出25个苗头品种，实现作物品种引进、考察、繁育、质量检测、市场监管全程服务。(二)创新农业技术服务方式。在9个小麦主产县设立86个调查样点，建立小麦苗情监测与产量调查体系，设立万亩高产示范方、千亩高产示范田、百亩高产攻关田等高产创建示范窗口，带动技术推广和应用。(三)健全农业应急防控体系。全市争取到农业部专业化统防统治县1个、创建县6个，建立农业有害生物预警与控制区域站2个，唐河、邓州、镇平、方城、淅川、新野等县(市)农作物病虫害专业化统防统治应急防控体系已经建成，内乡县、西峡县正在筹建，全市已成立农作物重大病虫害应急防治队98个。(四)强化农业信息化服务。全年“12316”“三农”热线电话累计接受咨询10075次，“12582”“三农”短信平台为4万农户编发信息330条，推荐全市39名农业专家加入省级“12316”专家库。市、县两级18个农业信息网站共发布农业动态信息2500多条、市场供求信息3600多条、政务公开信息2800多条、其他信息4.6万多条，网上回复咨询9000多人次，为省内外客商牵线搭桥1800人次，促成农产品交易额3亿多元，171个乡镇信息服务站、2000多个村级信息员和300个信息服务超市上传产销、需求信息2700多条。(五)加强农村劳动力技能培训。通过对农村劳动力培训的阳光工程，全年共培训1.9万人，培训内容由过去非农技能培训转向以涉农专业技能培训，引导富余劳动力由外出转移为主，转向以就地或就近转移为主。(六)着力实施农村沼气工程。全市新建农村户用沼气31529座、新建沼气服务网点311个，培训沼气技能工830名。获取中央沼气建设项目投资3759.8万元，落实沼气国债项目第一批12390户、第二批14155户，对174个乡村级农村沼气服务网点配备870万元专用设备。圆满完成农村沼气大回访、大培训工作，全市共收集回访表格25万份，培训骨干技术员550名、培训沼气用户和基层技术员26万多人。(苏雷)

烟叶产业

市烟办主任　赵国交

【烟叶生产概况】　2010年全市通过土地流转、项目跟进、调茬轮作等措施，积极调整优化烟叶种植布局，重点抓好优势产区和优势农户，大力培植植烟大县、大乡、大村和大块烟田，6.67公顷以上连片大方烟田占总种植面积的92.4%，户均面积0.83公顷，规模效益和集聚效应明显提升。全年烟叶收购量38.7万担，完成省定年度计划的146%，完成计划比例再创历史最高水平，烟叶收购量占全省收购量的16.2%。烟叶每公斤平均收购价15.29元，较上年增加0.47元，为历年来均价最高的一年。烟农种烟收益3.3亿元，户均种烟收入4.5万元，成为烟区农民主要的经济收入来源，为县、乡财政贡献6508万元，超出年度目标1500万元。烟叶税收超过150万元的乡镇有19个，占总植烟乡镇数的27%，加上烟叶销售环节增值税等，全市烟叶税收总额达1.3亿元，为全市经济社会发展作出突出贡献。

【植烟项目建设】　全年投入烟草生产建设资金2000万元，其中国家烟草总局补贴869万元，省烟草系统配套1189万元，全年完成烟叶生产基础设施建设项目327个，建成烟水配套设施108个、机耕路21.78千米。新建卧式密集型烤房200座。烟水配套工程实际受益面积1.63万公顷，受益农户9400户。

【烟农服务体系建设】　(一)推动烟叶标准化生产进一步发展，在争创国家级烟叶标准化生产示范区的过程中，市烟办和市烟草公司积极组织有关人员编写《南阳烤烟生产标准化实施手册》，印发2万余册免费发放给烟农，对烟叶生产的管理标准、工作标准、技术标准等方面提出目标要求和管理要点，手册具有系统化、通俗化、实用性强的特点，成为生产一线技术人员指导生产和烟农实施烟叶标准化生产的得力助手。编发农家历，按照农时、季节对每个月烟叶生产工作内容提出明确的要求，极大推动全市烟叶标准化生产。(二)推行专业分工，提高社会化服务水平。在专业化服务上大力提升烟叶育苗集约化程度，全面实施专业化育苗、商品化供应，完善机械化起垄、机械化施肥、机械化移栽、病虫害统防统治等烟叶生产专业化服务项目，探索专业化烘烤、专业化分级的新模式。充分利用国家对农机补贴的有利政策，动员服务组织和植烟大户配套备齐烟用机械。引导培育成立烟农协会等组织，提高烟农自我管理、自我服务的能力。(三)建立监督体系。全市烟区完善以户籍化管理为核心的责任制，对农户分户建档、分类指导、分类管理，加强对烟农的跟踪服务，与烟农签订双向承诺书，明确双方责任和义务，规范生产行为；生产环节及时把肥料、农药等烟用物资供应到户，深入到所承包的村组及时指导烟农生产，现场答疑解难；在烟叶收购之前，进村入户宣传国家有关政策，并帮助烟农分级、挑拣，提高进站烟叶等级纯度，加快收购进度；收购时设立便民设施，为烟农提供周到、细致、快捷服务。

【南阳市圆满完成烟叶调拨与销售任务】　由于全市烟叶质量高、品质好、上等烟占所有烟叶的44.19%，烟叶具有浓香型的特点，加之烟叶收购等级合格率符合上级烟草部门和卷烟企业要求，至年末全市38.7万担烟叶已调销完毕。优质烟叶品质不断吸引上海烟草集团、浙江中烟、湖北中烟、吉林中烟、河南中烟等工业企业在全市建立原料生产基地，南阳烟叶对知名卷烟品牌支撑作用初步显现。

【烟叶生产先进单位】　市政府对2010年度在烟叶生产中作出突出成绩的先进集体进行表彰。内乡县被评为烟叶工作先进单位，淅川县、社旗县被评为烟叶标准化生产示范先进单位，方城县被评为烟叶基础设施基地单元建设先进单位，西峡县、唐河县、镇平县被评为烟叶收购工作先进单位，邓州市被评为标准化烟站建设先进单位；烟叶工作先进乡(镇)12个，分别是邓州市高集乡。社旗县朱集镇、饶良镇，内乡县余关乡、赵店乡、瓦亭镇，方城县古庄店乡、广阳镇，镇平县枣园镇，唐河县少拜寺镇，西峡县丹水镇，淅川县厚坡镇；服务烟叶工作先进单位11个，分别是南阳市公安局、气象局、地税局、农业局、工商局、质量技术监督局、信息中心、烟叶生产办公室、烟草局、农机局、中国邮政储蓄银行南阳市分行。(马丽珍)

畜　牧　业

市畜牧局局长　王放

【畜牧业概况】　2010年，全市畜牧工作突出发展肉牛、生猪、奶牛、肉鸡四大优势产业，积极实施项目带动、品牌带动、服务带动、创新带动战略，认真抓好项目建设、规模养殖、龙头培育、疫病防控、畜产品质量安全等五项重点工作，落实规划指导、政策扶持、技术服务、宣传引导措施，倾力打造南阳特色畜牧业，促进全市畜牧业稳步提高。全年肉蛋奶总量128.9万吨，其中肉类总产66.8万吨，蛋类31.8万吨，奶类30.3万吨。年外销优质生猪超过150万头，科尔沁牛业成为广州亚运会指定供应商。

【规模化养殖】　全市畜牧生产以发展规模化养殖为主，大力转变养殖方式，重点支持列入省“152建设工程”的规模养殖场和新增规模以上标准化养殖场建设。全年新建规模化养殖场109个，其中300头畜位以上规模养牛场(区)33个，200头畜位奶牛养殖场11个，新增年出栏1万头以上养猪场43个，3万只以上禽场16个，200只以上肉羊养殖场6个。全市规模化养殖场(区)达8.7万个，年出栏100万头肉牛、500万头优质生猪、存栏奶牛5万头的优势畜产品生产基地基本建成，规模化养殖比重占全市总量的73%，畜牧业由传统分散经营型向标准化规模化生产型、由数量扩张型向质量效益型转变的步伐明显加快。

【产业集聚区建设】　以年屠宰加工100万头生猪的河南龙大牧原肉食品加工有限公司、年出栏100万头生猪的内乡牧原公司为主导，以产品加工、生猪饲养、种猪生产、饲料加工、沼气发电、科研开发为一体的牧原生猪产业集群基本形成;以年加工屠宰10万头肉牛的科尔沁牛业南阳有限公司和南阳黄牛良种繁育场、南阳黄牛科技中心2个国家级种牛场为主的中原肉牛产业集聚区,极大地带动全市肉牛产业水平显著提高。社旗畜牧产业集聚区、三色鸽乳业产业集群建设正稳步推进。全市以特色优势产业为主导,以龙头加工企业培育、产业配套发展为重点的产业集聚区建设进展顺利,对畜牧业生产产生明显的拉动效应。

【畜产品加工】 围绕畜牧优势产业,采取政策引导、财政贴息等多种形式,大力培育畜牧龙头企业。年屠宰加工10万头肉牛的科尔沁牛业、年屠宰加工100万头生猪的龙大牧原、年加工鲜奶14万吨的三色鸽乳业等3个龙头企业的生产能力稳步增长,三色鸽乳业二期工程已基本建成。社旗福润食品有限公司3000万只肉鸡加工项目于6月份正式开工建设。科尔沁牛业成为广州亚运会指定供应商,龙大生猪产品远销日本。龙大牧原、科尔沁牛业、三色鸽乳业等企业通过开展定向投入、定向服务、定向收购等方式,为养殖户提供技术、市场信息、生产资料和产品销售等多种服务,采取保护价收购、利润返还等多种形式,与农户建立紧密、合理的利益联结机制,进一步发挥龙头企业的带动作用。

【畜牧业项目建设】 畜牧系统以项目建设为核心,全面提高畜牧业生产能力,积极主动地向上级申报建设项目,争取财政支持,已争取省级以上财政资金1.01亿元,其中生猪、奶牛、规模化养殖场标准化改造资金2570万元、畜牧良种补贴资金800万元、现代农业发展资金2500万元、畜牧技术推广资金930万元、畜牧大县补贴资金3300万元。2010年全市新增招商引资项目23个,总投资26亿元,已开工建设19个,完成投资9.3亿元。

【畜牧业品牌创建】 通过品牌注册、知名品牌申报、品牌宣传、产品推介等方式,探索建立名牌畜产品创建机制,大力培育科尔沁、三色鸽、牧原猪、福润肉鸡等畜牧产业品牌,发挥品牌效应,带动全市畜牧产业上档升级。科尔沁牛业南阳有限公司、河南龙大牧原肉食品有限公司、河南三色鸽乳业有限公司等已列入省级畜牧龙头企业行列。"南阳黄牛"商标注册已通过国家工商总局评审,进入公示阶段。"牧原顺发"商标已批复并投入使用。年度共创建各类品牌36个,其中群发牛肉、蒲山种鸡、三好鸡蛋、绿白乳品、三色鸽乳业、益力康兔肉等20多个产品已成为区域性地方名牌。

【动物疫病防控】 全市重大动物疫病防控工作以落实疫情监测、免疫消毒、检疫监督、无害化处理等为重点,全部完成猪瘟、高致病性猪蓝耳病、高致病性禽流感、牛羊口蹄疫、猪O型口蹄疫等重大动物疫病的疫苗订购计划,应免畜禽免疫密度达到100%,免疫抗体合格率达到85%以上。免疫耳标佩带、免疫档案登记率全部达到100%,全市无重大动物疫病发生。全年共对993万头(只)畜禽进行产地检疫。全面开展县、乡、村产地检疫工作,规模养殖场和散养畜禽产地检疫率分别达到100%、90%。耳标回收率、同步检疫率、动物产品上市持证率、检出病害肉及产品无公害化处理率均达到100%。

【畜产品质量安全管理】 畜牧局在检疫部门不断加大对无公害畜产品生产管理力度,全年共组织124个畜牧企业进行无公害畜产品一体化认证申报,其中有68个通过省级验收。强化畜牧业生产资料监管,全年共抽检饲料产品404批次、兽药410批次,兽药抽检合格率达到92.9%,饲料抽检合格率达到96.1%,均超过省定标准。共抽检生猪尿样7720份,瘦肉精检测全部为阴性。在生鲜乳专项整治活动中,共检查奶牛养殖场63个,奶站37个,抽检生鲜乳70个批次进行三聚氰氨检查,合格率100%。为确保上海世博会期间供沪畜产品质量安全,组织开展三色鸽杯迎世博保安全畜产品质量安全知识竞赛活动,加大畜产品质量安全宣传力度,对生产企业实施一对一管理,切实做到责任到人。全年未发生重大畜产品质量安全事故。(杜红渊)

林　业

市林业局局长　宋运中

市林业局党委书记　张荣山

【林业概况】　2010年全市林业部门突出抓好林业生态建设和集体林权制度改革，不断加大科技和资金投入，加快林业产业发展，加强森林资源管护。全年完成造林5.58万公顷，完成森林抚育和改造0.34万公顷，完成675个林业生态村绿化任务。南阳中心城区造林绿化实现新突破，在环城高速两侧和兰湖森林公园等造林0.19万公顷。全市参加义务植树560多万人次，植树1550万株。集体林权制度改革成效显著，明晰产权97.2万公顷，发放林权证15.23万本，明确产权面积79.7万公顷。方城县、社旗县达到林业生态县建设标准。新发展速丰林1.74万公顷、名优经济林1.04万公顷、苗木花卉0.42万公顷。全年林业产值81.76亿元。组织实施林业项目18个，争取省以上林业投资4.49亿元，占全省林业资金总数的18%。林木凭证采伐率、办证合格率均达到100%，征占用林地审核率达到93%，森林火灾受害率控制在0.4‰，林木病虫害成灾率控制在3.6‰。全年没有发生大的毁林、乱占林地、破坏野生动植物资源案件，避免重大森林火灾和林木病虫害，使森林资源得到有效保护。

【林业生态建设】　全市以林业生态大市建设为目标，围绕“绿色农运”，突出建设重点，推动整体造林绿化工作。全年共完成造林5.58万公顷，其中省重点工程造林4.31万公顷，一般造林1.27万公顷。为确保林业生态建设强力推进，市政府与各县（市、区）政府签订林业生态建设和森林防火目标责任书，强化目标管理，严格考核奖惩。对完成林业生态县创建任务的授予“全市林业生态建设先进县”荣誉称号。环城高速绿化采取政府统一规划，多元化投资造林，对营造森林面积在33.33公顷以上的投资者，政府给予一定的土地开发权。全年完成非公有制造林3.5万公顷，吸引社会资金1.23亿元。市财政投入环城高速绿化和兰营水库生态防护林工程资金2600万元。对林业生态建设采取现场观摩、专项督查等形式，加大督导力度，每次督查都排出名次通报全市。对环城高速绿化进行一日一通报，连续3次排名后三位的，追究乡镇主要领导和分管领导的责任。3月21日，对卧龙区蒲山镇、高新区第一产业聚集区给予分管领导诫勉谈话，两区各罚款10万元。

【集体林权制度改革】　市委、市政府把集体林权改制作为推进“三农”工作和新农村建设的主要内容之一，市委宣传部召开由多家新闻媒体负责人参加的林改宣传座谈会，组织记者分赴全市各地采访报道。林业部门利用市电台“行风热线”、南阳网“给书记市长说说心里话”、南阳林业网“局长信箱”等栏目解答林农提出的问题。市、县、乡、村4级集体林改领导小组，严格按照集体林改流程实行阳光操作，群众对明晰产权的满意率达到90%以上。积极探索配套改革，组织人员赴先进省市考察学习经验，采取试点先行、以点带面的方法推动整体工作开展。内乡、桐柏、新野等县成立林业产权管理中心，制定配套改革措施。市、县林业、金融、财政等部门密切配合，全力支持林业抵押贷款工作。全年成立林业市场9个，专业合作组织137个，流转林地面积6.61万公顷，林权抵押贷款6490.5万元。至年底，全市集体林权制度改革明晰产权97.2万公顷，发放林权证15.23万本，确立产权面积79.7万公顷。10月10日，内乡县作为全省3个典型县之一参加在北京人民大会堂召开的全国集体林权改革工作百县经验交流会。

【科技兴林】　全市科技兴林工作以项目建设和申报为载体，加大科技投入。全年共争取到《红豆杉等野生珍稀植物保护与开发利用研究项目》、《水蜜桃示范林基地建设项目》等7个项目课题，组织申报《卧龙区无公害薄壳核桃示范基地建设项目》等6个科技项目。组织开展送科技下乡活动。全市组织林业专家和技术人员,举办培训班和技术讲座170场次,培训林农21万人次,服务咨询群众4.6万余人次,发放科普资料及图书1.86万份。组织参加全省生态文明建设理论征文与实践研讨会,获得一等奖2名、二等奖4名。组织科技人员编制《"十二五"现代林业发展规划》、《苗木花卉发展规划》、《环城高速绿化实施方案》等20余项方案,完成《楸树埋根育苗技术规程》省级地方林业标准的制定。

【林业产业】 各县(市、区)林业产业持续发展。全市新发展以薄壳核桃、桃为主的经济林1.04万公顷,以107、108杨树为主的用材林1.74万公顷,一批具有地域特色的林果基地得到进一步巩固和提高。全市新发展苗木花卉0.42万公顷,种苗花卉面积达4.6万公顷。第一产业产值达58.68亿元。加工木材107.29万立方米,与上年度相比增长97%,第二产业产值达到16.24亿元。各地依托森林资源优势大力发展森林旅游业,全年森林旅游收入5.38亿元。第三产业产值达6.84亿元。

【资源管护】 严格坚持实行限额采伐、凭证采伐、凭证运输、凭证经营加工制度,严把木材源头关、流通关,清理征占用林地423起、面积0.76万公顷,审核上报征占用林地48起、面积0.21万公顷,征缴森林植被恢复费1114.89万元。组织开展春季严打整治专项行动、严厉打击破坏森林资源违法犯罪专项行动,重点督办大案要案,共查处各类林业案件2560起,刑事拘留102人,逮捕69人。认真落实森林防火行政首长负责制,制定《森林防火责任制追究办法》,抓好春节、元旦、清明节、重点风景名胜区重点时段、重要部位的森林防火,森林火灾发生的次数和受损面积较上年度有大幅下降。加强林业有害生物防治工作,加大预测预报和防治力度,防止外来有害生物入侵。共有效防治林木病虫害9.6万公顷,做到有害不成灾。加强野生动物疫源疫病监测工作及自然保护区管理和基础设施项目建设。抓好在建国家、省重点公益林项目方案的编报工作,搞好补偿资金的使用和管理。丹江库区涉及3县1市的生态林纳入全国天然林保护工程范围。

【邓州市和南阳师范学院荣获"全国绿化模范单位"荣誉称号】 4月11日全国绿化委员会下发《关于表彰全国绿化模范单位的决定》,对在国土绿化、改善生态事业中作出突出贡献的全国21个市(区)、89个县(市、区)和225个单位予以表彰,邓州市和南阳师范学院荣获"全国绿化模范单位"荣誉称号。

【南阳市举办第一届月季文化节】 5月15日,中国月季之乡·第一届月季文化节在南阳市隆重举办。中国月季协会会长张佐双、北京园林局副局长王振江、国家林业局南方林木中心主任高捍东、河南省旅游局副局长倪豫州、市委副书记贾崇兰、著名作家二月河、市林业局局长宋运中、党组书记张荣山及卧龙区区委书记王吉波、常务副区长罗岩涛等出席开幕式。文化节以月季观光为主题举办优秀月季品种展示、民俗文化表演、摄影书画展、月季发展研讨会等,成为招商引资、招才引智、招团引游的平台。

【刘满仓副省长考察南阳月季产业】 7月14日,副省长刘满仓、省林业厅副厅长丁荣耀在市长穆为民、副市长姚龙其、市林业局局长宋运中等陪同下到卧龙区石桥镇考察月季产业。

【南阳市召开全市林学会换届暨第二届理事会代表大会】 7月17日,南阳市召开林学会换届暨第二届理事会代表大会,来自全市林业系统的分管负责人,林业科研、教学、生产一线的科技工作者,林业企业代表和各相关协会的主要负责人共70名代表参加会议。市政协副主席、市林学会第一届理事会理事长贺国勤、省林业厅科技处处长、省林学会秘书长罗襄生、市科协副主席严硕、市民政局民间组织管理局副局长张兴出席会议。会议审议通过《南阳市林学会第一届理事会工作报告》、《南阳市林学会章程(征求意见稿)》,选举产生第二届理事会理事、常务理事、理事长、副理事长、秘书长。

【全省林业生态效益新闻发布会在桐柏县召开】 7月30日,省政府在桐柏县召开全省林业生态效益新闻发布会。省长助理何东成、省林业厅厅长王照平、中国林科院森林生态环境与保护所首席专家王兵、省农科院植物营养与环境研究所所长张玉亭、河南农业大学资源与环境学院院长杨喜田、省林科院院长朱延林、市林业局局长宋运中等出席新闻发布会。人民日报、中国日报、新华社河南分社、中央人民广播电台、香港文汇报、中国绿色时报、香港大公报等国内30多家新闻媒体40多名记者参加新闻发布会。

【河南宛西制药股份有限公司荣获"全国生态文化示范企业"称号】 10月16日,国家林业局、中国生态文化协会授予河南宛西制药股份有限公司"全国生态文化示范企业"荣誉称号。

【河南省林业产业现场观摩会在西峡召开】 11月1～5日河南省林业产业现场观摩会在西峡县召开。省林业厅厅长王照平、市政府副市长姚龙其参加会议。与会人员观摩了邓州市、镇平县、西峡县林业产业情况，西峡县、邓州市代表南阳市作典型发言。大会对全省首批认定的145家林业产业化重点龙头企业进行授牌。

【南阳市19个企业被授予第一批省级林业产业化龙头企业】 在省林业厅组织的第一批省级林业产业化重点龙头产业评定中，南阳市19个企业名列其中，占全省145个的13.1%。分别是：河南宛西制药股份有限公司、南阳泰瑞生物制品有限公司、河南福森药业有限公司、河南省南召县华龙辛夷有限公司、镇平县贾宋镇群星园艺有限公司、镇平县艺苑苗木专业合作社、南阳月季基地、南阳卧龙区石桥月季合作社、南阳豫花园实业有限公司、南阳文鲜月季科普基地、宛城区黄台岗镇众森林业种植合作社、南阳市宛城区卉森花木基地、新野县津绿林果专业合作社、桐柏山野茶开发有限公司、河南淮源酒业有限公司、河南益嘉林业发展有限公司、邓州益嘉地板有限公司、邓州赛博板业有限公司、邓州市新艺木业有限公司。（王保刚 马国丽）

水 利

【防汛】 2010年，全市防汛工作遵照早准备、早部署、早行动、早落实的原则，落实各项防汛措施，认真开展汛前检查，对排查中发现的问题，责令责任部门及时整改，完善全市防洪应急预案，加强河道采砂管理。汛期全市共发生4次大的降雨过程，特别是7月23～25日淅川县、西峡县、南召县和内乡县等地遭受特大暴雨袭击，丹江荆紫关水文站出现超百年一遇洪水，造成人员被困、耕地被冲、室内进水、山体滑坡，交通、通信、电力中断。强降雨造成11个县（市、区）受灾，鸭河口灌区白桐干渠渠首闸和白河中心城区第四级橡胶坝出现严重险情。市水利局对汛情进行及时预测预报，防汛部门迅速抢救被围困群众6466人，紧急转移安置群众18万人，及时修复水毁交通、电力、通讯设施、设备和水利工程。由于组织得力，成效显著，南阳市被国家防总授予全国防汛抗旱先进单位。12月27日，市委、市政府召开全市抗洪抢险救灾总结表彰大会，授予市水利局集体二等功。

【水利项目建设与规划编制】 （一）水利项目建设。全年共下达水利基本建设投资12亿元，占全省的近1/6，列入国家除险加固专项规划的70座水库，除鸭河口水库外全部竣工并通过国家验收，鸭河口水库已按计划完成主体工程，基本实现中央提出的3年完成专项规划内病险水库除险加固的目标。顺利启动新一轮小型病险水库除险加固和中小河流治理项目，全年共下达17座小型水库除险加固、6个中小河流治理项目。石步河、张沟2座中型水库及鸭河口灌区白桐干渠引水闸修复工程已进入实施阶段。4个电气化县和7个小水电项目按时完成，西峡、内乡、淅川3县通过省级电气化县验收。（二）水利规划编制。在总结全市水利“十一五”规划完成情况的基础上，开展《南阳市水利发展“十二五”规划》编制工作，共规划14类项目总投资488亿元，投资额为“十一五”规划的4.6倍。水利规划成果受到省政府加强水利重点薄弱环节建设会议和全省水利工作会议的肯定。

【农田水利建设】 全市农田水利建设成效显著，至年底按时完成的建设工程有：第四批鸭河口、宋岗灌区续建配套暨节水改造项目、2009年新增农资补贴扶持小型农田水利项目、总投资为8410万元的内乡县打磨岗灌区高效节水示范区、新野县小型农田水利示范区和一大批小型灌溉工程以及新野、宛城、邓州小型农田水利重点县和卧龙、淅川、镇平专项县项目。2010年度鸭河口、引丹、宋岗灌区项目、新野、宛城、邓州第一批和淅川、唐河第二批重点县项目、卧龙专项县项目及新野、桐柏井灌升级改造项目正在抓紧施工，全市新增有效灌溉面积18.93千公顷、节水灌溉面积9.78千公顷、除涝面积6.85千公顷。

【农村饮水安全】 2010年全市共投资2.30亿元，其中中央财政1.50亿元、省财政配套4471万元、市财政配套1237万元、群众自筹2320万元，解决13个县（市、区）72个乡（镇）44.32万农村人口和2.9万农村学校师生饮水安全问题，建成1万人以上规模水厂14处，全市累计已建成64处。完成2010～2013年农村饮水安全规划，核定全市农村饮水不安全人口为307.4万人。南召县成立农村饮水管理办公室，管理协调各乡（镇）农村饮水管理站和村用水协会的日常工作。

【水土保持】 全市实施水土保持工程主要有：丹江口水库水源区水土保持重点防治工程、桐柏县淮河源水土保持科技示范园二期工程、桐柏县国家重点水土保持项目、省重点小流域综合治理工程。全年共治理水土流失面积993.9平方公里,完成投资1.45亿元。审批完成80份开发建设项目的水土保持方案报告书(表),开展160次水土保持执法检查,共检查140个开发建设项目,验收10个开发建设项目的水土保持设施。完成全国水土保持监测网络和信息系统二期工程及南阳热电厂等重点项目水土保持专项监测、丹江口库区水土保持重点防治工程监测工作。

【中心城区河道治理】 市政府加大中心城区河道整治力度,围绕实施一期工程即"东线工程",做好机构建设、邕河规划设计、白河零级橡胶坝建设、确权划界等各项工作。(一)机构建设。市委、市政府建立中心城区河道整治工程指挥部,以水利系统人员为主成立河道治理融资平台——南阳水资源开发建设有限责任公司,开展土地储备等工作。(二)邕河治理规划设计。6月份启动邕河治理规划设计工作,由上海同济大学城市规划设计院组织编制,市水利设计院与市规划局全力配合。邕河河道治理规划、邕河两岸开发用地控制性详细规划、邕河两岸景观修建详细规划和邕河两岸市政设施规划设计成果于12月28日通过市政府评审。(三)白河南阳城区段确权划界工作已完成6个试点村,共划国有土地286.67公顷。

12月21日南阳市举行白河零级橡胶坝工程开工典礼。白河零级橡胶坝坝址位于黄渠河入白河口上游200米处,坝高5.5米,坝长8000米。建成后将引白河水入邕河,形成绕农运会主会场和新闻中心的水循环体系。

【水资源管理】 全市水利执法部门开展多种形式的水法规宣传教育活动,严格落实执法办案程序,推进水行政执法规范化、制度化建设,卧龙区水政监察大队被省水利厅授予省级示范窗口。全年查处违法水事案件300起,结案180起。征收水资源费近1000万元。开展21世纪前10年地表水功能区水资源质量变化调查评价、"十二五"水资源保护规划重点工程项目编制和上报,配合长江委对全市列入国家名录和饮用水水源地进行核查。

【水产养殖】 2010年全市水产品产量达到32万吨,其中鱼产量10.5万吨,水产业总产值达到40亿元。(一)加强水产品质量安全监管。落实无公害水产品基地建设和市场准入制度,加强水产养殖投入品监管,严禁使用违法违规渔药,从源头严把质量关。加强市场监管,以水产品批发市场和主要交易市场为重点,开展水产品重金属污染和药残监测。全年市级例行抽检1批次20个样品、农业部水产品质量检测中心抽检2批次6个样品、河南省渔业检测中心抽检10个水产品样品、20个饲料样品,全部合格。全市有5个县(区)共建立15个鱼病测报点,控制面积6.67千公顷。(二)加强渔业资源养护。开展禁渔检查及鸭河口水库、白河橡胶坝水域电打鱼专项治理。严格水库承包管理,整治施肥养鱼确保水库水质。投入水生物资源增殖放流资金80万元,投放各类鱼种800万尾。严厉查处非法捕捉、养殖、运输和贩售大鲵行为。(三)推广渔业科技。引进推广黄河鲤鱼、黄颡鱼、鳜鱼、黄鳝、小龙虾、泥鳅、河蟹、甲鱼等优良品种。举办2期名特优技术培训班,共培训工作人员250人、渔民100人。

【水利获奖】 全市水利系统深入开展创先争优活动,6名工作人员被授予全市水利系统岗位标兵称号,市水利建筑勘测设计院、鸭河口灌区管理局晋升省级文明单位。4项水利科技成果分别获得市政府科技进步二等奖3项、三等奖1项。鸭河口、兰营、虎山、赵湾水库分别被评为国家、省级水利风景区,全市水利风景区总量达到12个,位居全省第一。(阎海涛)

南水北调

市南水北调办公室主任　刘浩安

【南水北调概况】　2010年，市南水北调办公室积极服务南水北调工程建设和南阳经济发展，南水北调中线工程征地拆迁、规划设计、水质保护、项目争取等各项工作取得较好进展。提前完成2693.33公顷工程永久用地的移交工作，全年拨付征迁资金24亿元，拨付耕地占用税6.5亿元。南阳段主体工程全部得到上级批复，增加桥梁等问题得到确认，工程建设总投资达190亿元。争取中央生态补偿资金3.95亿元，争取库区水污染防治项目约200个，总投资约20亿元。编制完成库区经济社会发展规划。市南水北调办公室获得省南水北调中线工程建设领导小组的表彰和市政府目标管理工作先进单位称号。

【工程建设】　积极开展“南水北调中线行”等多种形式的宣传教育活动，引导广大群众自觉支持、服务南水北调工程建设。及时解决工程建设过程中出现的矛盾和问题，对各种恶意阻止施工行为进行坚决打击，为工程建设营造出一流的施工环境。至年底，工程建设全面提速，膨胀土试验段、陶岔渠首枢纽工程和白河倒虹吸工程已完成投资5.4亿元，其他主体工程进入招标阶段。

【工程干线征迁安置】　为做好征迁安置工作保证南水北调工程顺利实施，市南水北调办公室在全系统组织开展干线征迁“创先争优百日竞赛”活动，实行宣传发动、政策落实、信访稳定、资金安全、督察督办、任务完成的“六包”责任制。通过强力推进、精心组织，全市2693.33公顷的工程永久用地比省定时间提前10天移交建设单位，在全省黄河以南四市率先完成任务。共清理零星树木13.6万株，迁移坟墓9911座，清理机井995眼，迁建电力、通信、广电、管道1011条，迁建企事业单位及村组副业77家，搬迁居民681户，其中352户居民房屋已建成，调整生产用地155个村。11月，省移民办公室对黄河以南四市征迁安置工作进行督查，南阳市名列第一，市南水北调办公室受到省南水北调领导小组的表彰和奖励。

【工程规划设计】　(一)南阳段主体工程得到批复，境内一大批规划项目得到落实。与可研阶段相比新增桥梁9座，桥梁总数达到177座，其中66座桥梁提高设计标准，增加投资4.3亿元，对全市4666.67公顷临时用地补偿耕地占用税约10亿元；对523.07公顷的弃土弃渣临时用地按永久用地补偿，增加补偿资金2亿元。(二)对征迁安置规划设计进行优化。为维护地方和群众的利益，新增投资5000万元解决城集镇房屋装修、困难户建房、淅川县力强水泥厂、环球陶瓷厂、九重镇水资源广场、卧龙区垃圾处理场、镇平县农业养殖场的补偿和生产用地调整补偿问题，配合设计单位完成《征迁安置实施规划》的编制，对一些错、漏登问题进行纠正，对临时用地进行优化调整，减少对群众生产生活的影响。(三)各县(市、区)分配水量和增加水厂、管网优化布置等配套工程规划得到省政府批准。

【丹江口库区水质保护】　(一)加大《丹江口库区及上游水污染防治和水土保持规划》项目实施力度。至2010年底已完工项目83个，在建项目18个，共完成投资7.12亿元，占项目批复总投资8.8亿元的81%，占近期项目总投资14.3亿元的50%，其中工业点源治理项目完成投资2.4亿元，污水及垃圾处理项目完成投资1.67亿元，水土保持项目完成投资3亿元，其他项目完成投资381万元。对建成项目积极跟踪，落实各项配套措施，完善各项管理制度，确保充分发挥工程效益。(二)积极开展水污染防治项目研究，为水质保护提供理论指导。先后开展中央下达的老灌河污染源调查、库区面源污染防治2个课题研究，配合武汉大学开展水源区生态补偿机制研究，配合华中科技大学开展南水北调对地方经济社会发展影响研究。参与全国人大中线水源区生态文明建设论坛，争取对包括南阳在内的水源区建立生态文明改革试验示范区。参与国家南水北调办公室在云南组织的生态保护治理研讨会，为中线水质保护提供借鉴。(三)成功举办南阳市南水北调生态文明建设与区域经济发展研讨会。共收集各方面理论文章70多篇30多万字，为全市实现生态文明建设与区域经济协调发展提供大量的前瞻性意见和建议。(四)总干渠两侧水源保护区划定方案得到省政府批准。该方案涉及全市 849.7 平方公里的区域，其中一级保护区面积 58.5 平方公里，二级保护区面积 791.2 平方公里。加大环保执法力度，杜绝新上任何污染项目，使丹江口水库水质稳定在Ⅱ类标准。

【南水北调项目申报】 市南水北调办公室积极配合国家发改委、国家南水北调办公室对《丹江口库区及上游水污染防治和水土保持规划》进行调研和修编。将全市近 200 个项目列入环保规划，总投资约 20 亿元，比原规划实施的近期项目增加 60 个，增加投资约 6 亿元。配合市财政局积极争取国家对丹江口库区生态补偿资金，2010 年已落实 2.52 亿元，同时又新争取 4.15 亿元，近 3 年累计达到 7.31 亿元。通过向国家、省有关部门汇报争取并与工程沿线河北、北京、天津等省、市进行对接，争取对南阳市实施对口支援。国家南水北调办公室已同意对库区实施对口支援优惠政策，天津市率先开展对口支援工作，于年底同南阳市联合成立南阳村镇银行，服务南阳"三农"和地方经济社会发展。省发改委、财政厅、南水北调办公室已下发《关于对淅川县实施重点扶持若干政策的通知》，加大对淅川县经济建设的扶持力度。

【李克强副总理在南阳主持召开南水北调工程建设工作座谈会】

10 月 8～9 日，中共中央政治局常委、国务院副总理、国务院南水北调工程建设委员会主任李克强在南阳市主持召开南水北调工程建设工作座谈会。座谈会上国务院南水北调办公室主任鄂竟平、环境保护部部长周生贤、水利部部长陈雷和北京市副市长夏占义、河南省省长郭庚茂先后作汇报发言。在认真听取大家的意见后，李克强指出，南水北调工程是跨区域跨流域的重大水资源配置项目，是造福当代、惠及后人的基础性战略工程，也是惠及几亿人口的重大民生工程。建设好南水北调工程关系经济社会发展全局，关系中华民族的长远大计，对于缓解北方地区缺水以及地下水超采问题、促进水资源整体优化配置，对于带动沿线地区经济增长、提高人民生活水平和质量都具有十分重要的意义。李克强强调质量是南水北调工程的生命，容不得一丝疏忽，要始终把质量作为工程建设的核心任务，全面加强质量管理，努力把工程建设成为一流工程、精品工程、人民群众放心的工程。移民搬迁安置是南水北调工程的关键，要扎扎实实、深入细致地做好工作，实现和谐搬迁、妥善安置，确保移民搬得出、稳得住、能发展、可致富。治污和环保关系南水北调工程的成败，要强化水源保护和水污染防治，确保一池清水入库、一泓清水北上。南水北调工程投资很大，人民群众十分关心。要切实加强监督管理，合理控制建设成本，管好用好每笔资金，预防和惩治腐败，真正把工程建设成为阳光工程、廉洁工程。李克强最后要求，国务院有关部门和沿线地区各级党委政府要顾全大局，同心协力，加大工作力度，加快建设进度，完善体制机制，把南水北调工程建设好、运营好，把关系长远发展和保障民生的重大项目规划好、实施好，为全面建设小康社会、加快推进社会主义现代化贡献力量。河南省委、省政府和南水北调中线其他省市政府负责人、国务院有关部门负责人以及南水北调东线有关省主管部门负责人、河南省沿线地市负责人等参加座谈会。

10 月 9 日，中共中央政治局常委、国务院副总理、国务院南水北调工程建设委员会主任李克强在南水北调中线工程渠首所在地河南省南阳市，主持召开南水北调工程建设工作座谈会并讲话。

【鄂竟平到南阳考察指导南水北调工作】 8 月 17～19 日，国务院南水北调办公室主任鄂竟平到南阳全面考察移民搬迁、工程建设和水质保护等工作。在陶岔渠首枢纽工程施工现场，鄂竟平听取了设计、监理和施工单位的工作汇报，详细询问工程进展情况，了解制约工程建设的因素。鄂竟平指出，渠首枢纽是南水北调这一战略性工程的龙头，从事渠首枢纽工程建设使命光荣，责任重大。各参建单位要全力以赴、精心组织、科学施工，全力保证工程质量和施工安全，大力推进工程建设进度，把渠首工程建设成为经得起考验的精品工程。鄂竟平乘船实地查看丹江口水库水质并在船上听取汇报。鄂竟平对南阳市讲政治、顾大局，扎实有效的工作表示感谢。他指出，南水北调工程建设已进入高峰期，希望南阳市和淅川县在前段工作的基础上把工作做细做实，把工程建设的任务搞好。鄂竟平强调，如期实现南水北调中线工程2013年底主体工程竣工、2014年汛后通水的目标，任务相当繁重。在下一步工作中，一是要千方百计加快进度。既要加快各项前期工作进度，满足全线开工建设的需要，又要精心组织、科学施工，确保在建工程全速、高效推进。二是要认真抓好投资控制。要优化设计，严格审批，实事求是、科学合理地控制投资规模。三是要确保安全。要确保工程质量和施工安全，不出现重大质量和安全事故。要确保水质安全，通水时不能出现水质超标问题，真正实现一渠清水永续利用，向党中央、国务院和广大人民群众交上一份满意的答卷。

【南阳市召开南水北调干线征地拆迁安置动员大会】 8月29日，南阳市召开南水北调干线征地拆迁安置工作动员大会。会议的主要任务是统一思想，提高认识，组织动员南水北调中线工程干渠沿线广大干群迅速行动起来，集中力量，集中时间，坚决打赢征地拆迁安置工作攻坚战。市领导穆为民、贾崇兰、崔军、贺国勤、康连星出席会议。会议由市委副书记贾崇兰主持，市长穆为民发表重要讲话。副市长崔军对征地拆迁安置工作进行安排部署，市政协副主席贺国勤宣读《中共南阳市委、南阳市人民政府关于加强南水北调干线征迁安置工作的通知》，全市9个涉及征地拆迁安置工作任务的县（市、区）长递交征迁安置工作目标责任书。

【南阳市召开南水北调生态文明建设暨区域经济发展研讨会】 2010年8月4日，南阳南水北调生态文明建设暨区域经济发展研讨会在南阳宾馆举行。国务院南水北调办公室总经济师、环境移民司司长张力威、省南水北调办公室、省政府移民办主任王树山分别发表重要讲话。市长穆为民致辞。国务院南水北调办公室环境保护司副司长刘国华、副巡视员范治晖，省南水北调办公室副主任刘正才，市领导谢先锋、崔军、贺国勤、康连星等和财政部财政科学研究所研究员赵全厚、中国农业大学资源与环境学院教授胡林、省社科院工业经济研究所研究员樊万选、南阳师院环境与旅游学院副教授白景锋、市环保局总工程师张全献等出席会议。会议就全市生态文明建设和区域经济发展进行探讨，对建设水源区生态文明改革试验区、建立合理生态补偿机制等问题建言献策，努力探索一条既保护水源区生态环境又促进区域经济社会科学发展的双赢之路。

【南阳市启动“南水北调中线行”活动】 2010年10月27日，南阳市“南水北调中线行”活动启动授旗仪式在南阳宾馆举行，市委常委、宣传部长姚进忠、市政府副市长崔军、市长助理康连星、市南水北调办公室主任刘浩安、南阳日报社、南阳广播电台、南阳电视台负责人和有关县（市、区）宣传部门负责人出席授旗仪式。此次采风活动旨在宣传南阳、推介渠首、向中线沿线人民传递渠首人民浓浓的调水情、奉献情、环保情，大力营造“服务南水北调，搞好征地拆迁”的浓厚舆论氛围。

【南阳市提前完成干线永久用地移交任务】 市委、市政府不断加强干线工程征迁工作，采取有力措施抓进度促交地。截至10月20日共移交建管单位永久用地2693.33公顷，占任务的100%，比省南水北调办公室规定的时间提前10天。其他征迁工作也取得可喜成绩，共清理树木97523棵、清理机井951眼，迁移坟墓7302座，拆除居民房屋283户，占任务总量的45%；完成通信线路迁建371条，占任务的56.7%；迁建广电线路67条，占任务的67%；军事光缆迁建完成3条，占任务的37.5%；兑付征迁资金8.7亿元。

【南阳市召开南水北调工程临时用地移交工作会议】 2010年12月24日南阳市召开南水北调工程临时用地移交工作会议。副市长崔军出席会议并做重要讲话，他强调各级各部门要痛下决心，突出重点，科学组织，精心安排，按时完成南水北调工程临时用地移交任务。沿线有关县（市、区）及乡镇及相关部门负责人参加会议。市南水北调办公室主任刘浩安对干线征迁安置、临时用地移交工作作出全面部署。（李家峰　王晓梅）

鸭河口水库

【闸门管理】 在闸门管理和运用中严格操作规程，强化内部管理，采用经常检查、运用前后检查和汛前检查相结合的办法，有效地保证闸门设备运行的安全高效。对2#溢洪道4扇闸门钢丝绳、检修门机等电器及时进行检查和保养。全年共安全启闭闸门18次,经省水利厅考核,水库管理晋升为一级管理单位。

【防汛灌溉】 防汛工作以做好防大汛、抗大洪为重点,认真贯彻执行"安全第一,常备不懈,以防为主,全力抢险"的总方针,着力抓好水情预报、洪水调度和汛期检查抢修等工作,在汛前集中力量进行全面细致的汛前检查,对大坝工程和闸门等设施进行安全隐患排除。进一步健全和完善以行政首长负责制为核心的各项防汛责任制。认真做好防汛料物储备和代储工作,增补防汛物资,保证储备料物数量、质量符合规范要求。全年入库水量28.91亿立方米,是建库以来的第二大丰水年,出库水量26.9亿立方米,其中发电用水10.69亿立方米,溢洪道弃水16.15亿立方米。全年汛期相继出现"7·18""8·10""8·19""9·6"4次较大的洪水。特别是"7·18"洪水,洪峰流量(7月19日4时)达到8910立方米/秒,是建库以来的第二大入库洪峰。水库对"7·18"洪峰实施成功拦截,保护下游312、207国道、焦柳铁路、宁西铁路、欧亚光缆、二广高速及南阳市中心城区、新野县城等免受洪灾,减少综合经济损失40亿元。鸭河口灌区全年共引水1.13亿立方米,灌溉农作物8.33万公顷,净增小麦5200万公斤,净增社会效益1.03亿元。

【水力发电】 水电站不断强化安全生产管理,坚持贯彻"安全第一,预防为主"的方针,整合资源优化配置人员,保证发电生产安全高效。顺利完成右岸蝶阀安装工作。全年开机296天,共发电3863万度。

【除险加固工程建设】 水库除险加固工程建设为实现5月15日前满足度汛需要和年底前完成主体工程两大目标,强化质量管理,加快工程进度。至年底,工程累计完成投资1.54亿元,占总投资的69.9%,其中大坝和溢洪道2项主体工程累计完成投资1.25亿元,占合同总额的94.2%。在全体参建单位的共同努力下,除险加固工程如期实现各阶段的建设目标。(丁博)

移　民

市移民局局长、党委书记　王玉献

【移民工作概况】 1997年8月,南阳市成立移民安置办公室,正科级事业编制,归属市水利局,1998年9月实行公务员管理。2004年撤销市移民办公室,成立南阳市移民局,晋升为副处级事业单位,仍归口市水利局。2009年晋升为参照公务员管理的市政府直属正处级事业单位。2009年6月11日,成立南阳市南水北调丹江口库区移民安置指挥部,具体负责丹江口库区移民安置的组织实施与管理等工作。移民安置指挥部下设办公室、移民安置协调组、政策宣传组、监督检查组、信访稳定组、工程建设组、财务审计组等7个工作机构,指挥部办公室与市移民局合署办公。2010年,全市移民项目共完成投资58.3亿元,其中丹江口库区移民安置工作完成投资55.75亿元,大中型水库移民后期扶持资金发放2.06亿元,水库移民后期扶持项目完成投资0.49亿元,总投资额占全省移民投资的62.5%。丹江口库区移民迁安工作受到国务院副总理李克强,国务院南水北调办公室,河南省委、省政府的充分肯定,南阳市被省委、省政府评为丹江口库区第一批移民迁安工作先进市,市移民局第一批移民迁安工作被市委、市政府记集体二等功,市移民局被省委、省政府评为已建水库移民后期扶持工作先进单位。

【南水北调丹江口库区南阳境淹没概况及移民搬迁规划】 南水北调中线丹江口水利枢纽大坝加高后,坝顶高程由162米加高到176.6米,水库正常水位由157米提高到170米,库容由174.5亿立方米增加到290.5亿立方米。大坝加高工程淹没涉及淅川县11个乡镇、184个行政村、1276个村民小组、直接淹没人口10.59万人,淹没土地144平方公里、房屋244.5万平方米、集镇3个、工矿企业36个,同时还淹没大量基础设施,各项淹没损失达90多亿元。根据国务院批复的《南水北调中线一期工程丹江口水库建设征地初步设计阶段农村移民安置规划设计报告》,淅川县丹江口库区规划搬迁农村移民16.2万人,其中市外安置6.3万人,市内安置9.9万人。根据国务院南水北调办公室总体安排,从2009年～2013年的4年间,丹江口库区16.2万人移民搬迁任务要全部完成。为加快南水北调丹江口库区移民搬迁安置步伐，支持、服务好南水北调工程，省委、省政府提出丹江口库区移民安置“四年任务、两年完成”的目标，即：2009 年完成试点移民 1.1 万人，2010 年和 2011 年完成剩余的 15.1 万人安置任务。2011 年底前在市内安置 9.4 万人，协调出市安置 5.7 万人，完成淹没区其他专项、企业、集镇恢复改建工作。

【第一批移民集中搬迁】 第一批移民规划搬迁 6.5 万人，其中市内规划安置 3.8 万人，涉及 7 个县(市、区)25 个乡(镇)37 个集中安置点。移民新村建设如期完成，共建房 8066 户 120 多万平方米，各种基础和公益设施一应俱全。移民集中搬迁自 2010 年 6 月 17 日～9 月 4 日历时 80 天，共组织搬迁 76 批次 6.08 万人，实现了平安、顺利、和谐搬迁和不伤、不亡、不掉、安全无事故目标。

【移民安置】 移民搬迁后市移民局及时组织开展后续发展稳定工作，共调整移民用地 3266.67 公顷，及时完成生产用地分配、房屋修缮、移民各类手续办理、虚假移民人口整治工作，在移民资金结算完成后为及时发放每人每年 600 元(连续发放 20 年)的后扶资金做积极准备。开展各类培训 82 期，培训移民 1.5 万人次，转移就业 5000 余人。争取移民后期扶持资金 7400 多万元，完成征地 146.67 公顷，及时实施一批移民种植、养殖生产开发项目。为完善移民新村建设，争取投资近 2 亿元的环保和水保规划项目已经南水北调中线水源公司初审。协调市邮政储蓄银行安排移民创业就业信贷资金 1 亿元。围绕人力资源开发、社会事业发展、基础设施建设等共申报对口支援项目投资总额达 163 亿元。探索移民增收新途径，组织人员到新疆阿克苏地区考察，拟与新疆阿克苏金土地公司合作建设丹江口库区移民劳动力生态农业创业基地，组织移民务工创业。春节期间开展送温暖活动，共发放慰问资金 556 万元、物品 140 多万元。

【第二批库区移民新村建设】 第二批移民涉及淅川县 10 个乡镇 101 个村 8.6 万人，规划建设安置点 99 个，其中南阳市内安置 5.6 万人，涉及 7 个县(市、区)34 个乡(镇)55 个集中安置点。基本完成移民对接工作，101 个移民村已成功对接 97 个，剩余的 4 个社区对接正在抓紧进行。在推进第一批移民工作的同时，市移民局坚持早谋划、早行动，认真吸取试点和第一批移民新村建设的经验教训，抓质量、抢进度、重安全、保稳定，积极启动第二批移民新村建设。应对节能减排政策和物价上涨对新村建设的冲击，协调电业部门全力确保新村建设用电，确定 4 个水泥生产企业每天按市政府指导价为移民新村建设直供水泥 1 万吨。分阶段开展移民新村建设“争先创优”竞赛活动。至 2010 年底，在第二批建房总户数 11168 户中完成一层封顶 3403 户、占规划建设一层户的 98%，二层封顶 6479 户、占规划建设二层户的 85%，村部封顶 40 座占 87%，新村建设质量和进度始终处于全省前列。规划 3 年完成总投资 12.3 亿元的农村非试点项目前期工作已全面展开。

【移民信访稳定工作】 市移民局坚持采取“五个注重”措施，有效化解移民迁安中的矛盾纠纷。一是注重有针对性地解决问题。针对移民对接、新村建设、集体财产分割、搬迁准备、搬迁后续等每一时期的不同特点，及时调研总结容易引起移民上访的热点、苗头和倾向性问题，向上级提供决策信息，提高市委、市政府、市移民安置指挥部解决移民问题的针对性。二是注重从源头上解决问题。切实加强对县(市、区)党委政府和移民安置指挥部的宏观指导，多次组织召开移民信访问题协调会，千方百计提高基层化解矛盾的能力，使大量移民矛盾消除在萌芽状态。三是注重从体制建设上解决问题。在第一批移民集中搬迁之前制定《南阳市南水北调丹江口库区移民群体性事件应急预案》，明确化解矛盾的具体政策和措施，完善移民稳定工作的长效机制。四是注重化解群体性事件。一年中移民多次为反映房屋质量、虚假人口、土地调整、干部作风等问题，出现百人以上群体性上访达 8 次，由于采取积极引导的办法解决问题，没有造成事态恶化，有力地维护南阳大局稳定。五是注重从“以人为本”解决问题。牢固树立群众利益无小事的思想，对移民群众反映的每件事情，不推诿、不扯皮。2010 年度市移民局共接待移民群众来访 576 起 2734 多人(次)，受理群众来信 150 余封，立案交办案件 213 多起，办结 246 件，办结率为 97%。

【移民宣传】 在扎实做好丹江口库区移民迁安工作的同时，市移民局切实加强与各级宣传部门和新闻媒体的联系，营造大移民氛围。6 月 11 日丹江口库区第一批移民搬迁启动，市移民局坚持“围绕中心、服务大局、服务移民”，积极宣传移民工作的新政策、新动态、新成绩、新典型，为移民搬迁安置工作顺利、和谐、有序开展创造条件。市、县两级各类新闻媒体共开设移民宣传工作专栏 12 个，刊发各类移民宣传稿件 1200 余条(篇)；向省级以上新闻媒体投稿 600 多条(篇)，被《人民日报》、《光明日报》、《中国日报》、《经济日报》等国家级新闻媒体采用180余条(篇),被《河南日报》、《河南商报》、《东方今报》、河南电视台等省级新闻媒体采用150条(篇)。特别是一批反映迁安两地血浓于水、移民群众和谐搬迁的稿件被中央、省知名媒体刊发后,在社会上产生巨大反响,推动移民搬迁工作顺利开展。

【移民迁安督查】 市移民局围绕确保移民“搬得出、稳得住、快发展、可致富”目标,突出重点,扎实有效地开展各项督查工作,全年共组织开展专项督查活动30余次,形成督查报告40份,下发督查通报37期,先后责令市建设行政主管部门对从事移民工程有问题的30个施工企业进行约谈,对15个市外施工企业限制在南阳招标,对10个本地企业停办施工手续,对11个乡镇、单位实施重点监控,累计有80多个单位被通报批评。库区第一批大规模移民集中搬迁后,各种矛盾交织爆发,信访、人访事件和举报材料及上级领导批示件大量增加。市移民局采取建立台帐、分类包案、一案一结、限时办结等措施,集中开展一系列专项督查,取得明显成效。一是开展拖欠农民工工资问题专项督查。共受理拖欠农民工工资问题4件,协调解决农民工工资25.67万元。二是开展虚假移民人口问题专项督查。先后受理移民信访件10件,涉及34名移民身份认定问题,经督查组查实,取消其中9人的移民资格。三是开展省领导批示件专项督查。7月,副省长刘满仓就“阮营村全体正义移民”信访件批示要求调查落实。市移民局组织督查人员多次深入到邓州市刘集镇移民新村建设工地和淅川县香花镇开展走访调查,认为该信访材料所反映的内容大部分与事实不符,并及时向省指挥部办公室作出书面汇报。四是开展移民建房差价款解缴情况专项督查。8月,市移民安置指挥部财务审计组在审计中发现原淅川县大石桥乡东湾村收取移民建房差价款没有及时上缴。市移民局立即组织督查人员深入该村进行督查,使该村31.5万元移民建房差价款收取解缴工作得到进一步规范。五是对施工单位缴纳的履约保证金管理使用情况督查。督查中发现,第一批移民新村建设中施工单位缴纳的工程履约保证金管理使用混乱,大多都不能真正发挥作用,督查组除责成相关单位进行纠正,提出规范管理使用履约保证金的建议,使履约保证金真正成为督促施工企业严格按合同约定进行施工的有效保障。

【移民资金管理】 针对丹江口库区移民投入资金量大、涉及面广的特点,市移民局加强移民资金管理。制定《南阳市南水北调丹江口库区移民安置资金管理暂行办法》、《移民后期扶持基金使用管理暂行办法》、《移民后期扶持基金发放办法》等管理制度,规范资金收支行为,加强审计监督。全年共组织审计移民资金42亿元,发现问题44个,审计违规资金2438万元,分别下达整改通知书,对问题严重的3个单位通过市审计局移交县纪委、监察局调查处理。另外先后组织开展专项监察46次,处理领导批示件36个,经查实有违法犯罪嫌疑移交公安机关立案侦查5人,建议给予行政警告处分4人,对3名乡科级干部移交当地纪检、监察部门予以诫勉谈话。

【已建水库移民后期扶持】 (一)及时发放后期资金。2010年,共发放上年第四季度后扶资金5202万元346825人,发放2010年度第一、二、三季度资金15359.3万元341316人。第四季度资金待省政府移民办资金下达后即可发放实施。(二)推进后扶项目实施。省政府全年共批复全市水库移民后期扶持项目建设资金4919万元,其中大中型水库移民后期扶持结余资金3642万元,小型水库后期扶持基金1103万元,省管水库3.13公顷补助资金174万元。共完成人畜饮水项目13处,购置生产用地22.13公顷,完成低产田改造13.47公顷,调整土地3.13公顷,完成渠道硬化21.55千米,加固塘堰1处,新建拦河坝3处,修护河堤0.47千米,建桥涵11座,建卫生室294平方米,绿化7300平方米,架设路灯154盏,建养殖小区1处,培训移民干部、移民群众58期11780人次。(三)加大燕山水库移民安置遗留问题处理力度。方城县杨楼乡大宋庄土地调整及化工厂拆除问题已得到妥善处置。

【移民后扶项目管理和申报】 2010年,全市移民项目共完成投资58.3亿元,其中丹江口库区移民安置工作完成投资55.75亿元,大中型水库移民后期扶持资金发放2.06亿元,水库移民后扶项目完成投资0.49亿元,总投资额占全省移民投资的62.5%。为确保移民工程质量,市移民局完善监管机制,严格工程验收。全年共验收项目193个,涉及13个县(市、区)和高新区的47个乡镇152个村186个组,惠及移民群众20余万人。同时,加大项目争取力度,对3.35万留置人口生存困难问题通过省南水北调办向国务院南水北调办,并通过市人大、省人大向全国人大积极争取优惠政策,国务院南水北调办已将之纳入《丹江口库区及上游经济社会发展规划》。针对大规模搬迁后如何确保移民收入不减少且能发展、可致富问题，共规划160亿元的对口援助项目300余个，并通过省移民办上报国家南水北调办公室争取纳入国家"十二五"规划。另外争取上级对各类水库下年度后扶项目资金5443万元，其中小型水库1107万元、省管水库174万元、大中型水库4162万元，已全部得到批复。

【南水北调丹江口水库区第一批大规模移民搬迁动员大会召开】 6月11日，市委、市政府召开全市南水北调丹江口库区第一批大规模移民搬迁动员大会，动员全市上下进一步统一思想、振奋精神、明确任务、加压增责，确保第一批6.5万人移民实现安全、顺利、和谐搬迁。市委书记黄兴维、市长穆为民分别发表重要讲话。市党政军主要负责人刘朝瑞、王建民、孙丰年、姚进忠、原永胜、程德明等出席会议。会上，宣布成立由市委书记黄兴维任政委，市委副书记、市长穆为民任指挥长，市党政军领导贾崇兰、孙丰年、常康、程德明、谢先锋、贺国勤任副政委，副市长崔军任常务副指挥长的丹江口库区第一批移民搬迁指挥部。穆为民签署南阳市南水北调丹江口库区移民安置指挥部第4号令，要求在第一批大规模移民搬迁期间，各级各部门必须自觉服从市移民搬迁指挥部和前线指挥部的领导、指挥，做到政令畅通、令行禁止。市纪委、监察局发布《南阳市南水北调丹江口库区移民安置工作责任追究暂行办法》，明确南水北调丹江口库区移民安置工作过错责任的适用范围和责任追究方式。

【南阳市顺利启动南水北调丹江口库区第一批移民搬迁工作】 6月17日上午9时，河南省南水北调丹江口库区第一批移民搬迁启动欢送仪式在淅川县滔河乡凌岗村隆重举行。省南水北调办公室副主任王小平、省财政厅副厅长赵庆业分别致辞。市长穆为民讲话，市委副书记贾崇兰主持，市领导李天岑、常康、崔军、贺国勤，市中级人民法院院长庞景玉及淅川、唐河2县主要负责人出席。市委书记黄兴维宣布丹江口库区第一批移民搬迁仪式启动后，滔河乡凌岗村115户、506名首批移民满怀着对新生活的期待，分乘26辆客车、3辆救护车于上午11:40离开淅川县境直奔新家唐河县毕店镇，随行的还有工作用车15辆，货车74辆。下午16时20分，506名首批移民全部顺利到达唐河县毕店镇凌岗移民新村，在锣鼓喧天、隆隆礼炮声中满怀喜悦地参加了河南省南水北调丹江口库区第一批移民搬迁(唐河)欢迎仪式。在欢迎仪式上，副省长刘满仓向移民代表发放建房搬迁奖金和新居钥匙，国务院南水北调办公室征地移民司司长袁松龄讲话，省南水北调办公室主任、省政府移民办公室主任王树山主持，市委书记黄兴维致辞，省委农村工作办公室副主任马万里、省南水北调办公室副主任王小平，市领导穆为民、李天岑、郭庆之、李东武、姚龙其、崔军、贺国勤、康连星等出席，郑州、平顶山、新乡、许昌、漯河、南阳等6个省辖市移民安置指挥部主要负责人参加欢迎仪式。

【南阳市举行全市第一批大规模移民搬迁顺利完成新闻发布会】 9月5日，南阳市召开全市第一批大规模移民搬迁顺利完成新闻发布会，大会由市委常委、宣传部长姚进忠主持，南阳市副市长崔军向市内外新闻媒体全面系统地介绍第一批大规模移民搬迁安置情况。他指出此次大搬迁成绩喜人，全市上下"一切为了移民，为了移民一切"。自6月17日至9月4日历时80天，共搬迁76批次13761户60886名移民，实现不伤、不亡、不漏、不掉一人的安全搬迁、文明搬迁、和谐搬迁目标。会上，姚进忠、崔军以及市移民安置指挥部有关负责人共同回答省市媒体记者现场提问。(杨风)

农机管理

市农机局局长　张胜海

【农业机械化概况】 2010年，全市农机系统加快推进农业生产方式转变，农业机械化继续保持良好发展态势。年末全市农机固定资产总值达68.01亿元，比上年增长11.66%；农机总动力达1120.41万千瓦，比上年增长4.2%。共有拖拉机89.73万台，其中大中型拖拉机2.76万台，比上年增长21%；配套机具236万部(件)，机具配套比1∶2.63。大中型谷物联合收割机6353台，比上年增长7.67%，玉米收获机1710台。各类播种机18.36万台，旋耕机1.9万台，比上年增长52%；秸秆还田机2956台，比上年增长49.3%。挤奶机械、多功能微型耕作机械、池塘增氧机械、食用菌机械、烟草机械、山茱萸剥皮机、薯类加工机械等一大批新型机械都有较快增长。全市耕、种、收综合机械化水平达66%。全年完成机耕面积131.06万公顷,小麦机械收获62.34万公顷,机收水平93.5%,小麦生产基本实现机械化。玉米机收水平达27%,水稻机收水平达60%;实施机播面积达122.53万公顷。完成机械灌溉面积10万公顷,机械化植保面积45.20万公顷。机电灌溉面积27.53万公顷,机械秸秆还田面积14.67万公顷,保护性耕作面积1.87万公顷。主要粮食作物综合机械化水平达65%,其他特色农业机械化水平也取得重大进展。

【农机化项目建设】 全市共争取到中央和省级农机购置补贴资金9580万元,农机补贴资金总额、补贴机具品种及数量均创历史最高水平。一批大型多功能复式作业机械和各类特色产业机械得到进一步推广和应用。至年底,共补贴各种农机具14008台(套),其中水稻联合收割机36台,小麦、玉米联合收割机595台,大中型拖拉机2068台,手扶拖拉机4360台,旋耕机1545台,秸秆还田机947台,播种机649台,食用菌机械1732台,花生摘果机466台,微型耕作机305台,其他机械1305台,受益农户达11085户,直接拉动农民投资2.24亿元,间接拉动社会投资3亿多元。争取到粮食主产区农机化公共服务能力建设装备项目719万元,合作社发展扶持资金495万元,农机深松整地作业机具配置项目120万元,阳光工程培训资金240万元及水稻、保护性耕作、薯类、小辣椒机械化科技示范等项目。尤其是招商引进的中国第一拖拉机集团"南阳市现代农业装备科技示范物流园区项目"已经市政府同意立项审批,项目分3期实施,一期总投资6000万元,有利于进一步提升全市农机科技装备水平。

【农机监理】 全市农机安全监理工作以宣传贯彻《农业机械安全监督管理条例》、开展"农机安全生产年"活动为契机,以积极预防、加强监管、落实责任为重点,确保农机安全生产形势持续稳定。全市共检验拖拉机、联合收割机4.5万余台;新入户拖拉机、联合收割机2802台;新办驾驶证8796本;补发行驶证35本;换发驾驶证480本,补发驾驶证149本。共部署612次执法检查,对事故隐患排查813次,有效地避免农机重大事故发生。针对"三夏"、"三秋"工作中存在的安全生产问题,突出开展以农机车辆为重点的农业机械安全生产监督管理,严肃查处拖拉机违法载人、无牌无证驾驶、酒后驾驶等农机违法行为,进一步规范农机安全生产秩序。

【农机推广与鉴定】 全市主要通过农机技术试验示范项目建设的方式,引导、带动新型农机推广。全年共争取部、省级农机技术试验示范项目6个,市农机推广站在进行省薯类机械化收获试验示范项目建设中,严格按照项目大纲要求,制订详细实施方案,选择具有传统种薯习惯的社旗县作为实验示范基地,加强农机与农艺结合,做好田间管理和各项指标的测量与记录。收获时举行现场演示会,利用机械一次完成薯类的打秧、挖掘、作物与土壤分离等项作业。经测试,机械作业比人工收获效率可提高30倍,亩收获成本降低一半,且能显著降低薯类损失率和损伤率,并能疏松土壤,综合效果良好。桐柏县、唐河县、南召县继续承担农业部、河南省水稻育插秧机械化试验示范项目,在连年实施项目经验基础上,增加示范点,加大投放插秧机具,进一步扩大机插面积,普及机插技术,较好地完成项目目标任务。镇平县承担河南省保护性耕作试验示范项目,在建立试验示范田基础上,投放免耕播种机、深松机等新型机具,检测结果表明,土壤蓄水保墒能力明显增强。淅川县争取到省下达的小辣椒机械化移栽试验示范项目,选择试验田进行初步试验。在农机技术试验示范项目的引导、带动下,一些新型农机得到大力推广,解决农民生产技术难题,加快全市农业机械化进程。市农机部门对农机生产企业进行15次技术指导,为3个农机生产企业进行产品鉴定检测,其中南阳市利民科技有限公司生产的棉花异性纤维清除机已获得省推广鉴定证书。

【农机服务】 至2010年底,全市共有各类农机作业服务组织338个,农机户87万户,年农机经营收入25.2亿元。农机专业合作社达265家,固定资产原值2.7亿元,拥有大中型农业机械4200台,配套机具5200台,年经营总收入1.5亿元,纯收入7500万元。服务内容涉及耕、种、管、收各环节,已成为服务农村经济发展、推动土地流转和规模经营、推进农机科技应用与创新的重要力量。全市有11个农机合作社获部、省级示范社。

【农机跨区作业】 2010年"三夏"期间全市共投入联合收割机2.36万台,其中从外地引进1.7万台,机收小麦62.33万公顷,占麦播面积的93.5%,共组织全市3500台联合收割机外出收麦。主要做法:一是加强"三夏"工作领导。市政府在5月5日下发

《南阳市人民政府办公室关于做好联合收割机跨区机收工作的通知》，要求农机、公安、农业、交通、环保、公路、物价、消防、石油等部门同心协力，服务好联合收割机跨区机收工作。市农机局于5月18日下发《2010年"三夏"农机工作意见》，要求各县（市、区）切实做好"三夏"各项工作。二是提前行动确保"三夏"用机。全市"三夏"期间约需联合收割机2.3万台左右，市内仅拥有6000多台，加上因气候影响小麦成熟期推迟，收获时间缩短，加剧收割机供求矛盾。为此各农机部门全力以赴组织引机，社旗、方城、新野等8个县早在3月份就与河北、山东、安徽、陕西、山西、江苏及豫北、商丘、开封等地联系签订引机合同。5月，进一步加大引机力度，派出大量人员外出联系，确保足量、超额完成引机任务。全市农机部门有序引机6000多台，通过合作社、农机大户、农民结对子协议引机8000多台，纳入当地管理的散机3000多台。三是确保"三夏"油品供应。4月，市农机部门与石油部门建立"三夏"用油沟通联系机制，设置联合收割机加油绿色通道。中石化南阳分公司向农机手承诺，"三夏"期间农用柴油价格在国家均价的基础上每升优惠0.1元。5月17日，农机部门又与中石化河南南阳石油分公司联合下发《关于保障"三夏"农业机械用油供应的通知》，对"三夏"农业生产用油提出具体安排意见，确保麦收作业顺利进行。四是构建信息平台，保障信息服务及时、通畅。各级农机管理部门指定专人负责信息收集、上报，市农机局在麦收期间每天通过手机短信向市及有关局、委负责人发送收割进度和收割机出勤情况。在南阳市农机化信息网上专门设立"三夏"机收板块，对"三夏"期间的各类农机信息及时发布，为机手快速、准确地获取市场信息资源提供方便快捷的服务。市县农机部门公布24小时值班电话，做好麦收信息咨询和突发事件处理。并对全市从事跨区的管理人员、农机专业合作社社员、部分农机手的手机号码进行登记，通过中国移动河南分公司通讯平台免费提供"三夏"期间全省天气和跨区作业信息服务内容。五是落实补贴政策，保障农机物资供应。"三夏"期间全市农机补贴项目投入资金5350万元，新增大中小型拖拉机3656台，新增大中型联合收获机336台，其他机具3206台（套）。组织全市1305个农机经营网点积极筹措资金，购进联合收割机、播种机、施肥机、秸秆还田打捆等机械和配件，保障"三夏"物资供应，同时采取送货下乡，延长营业时间等措施，为农民群众提供便利。六是搞好各项服务，确保安全作业。在主要公路上设立收割机接待站45个，做好机手接待、机具调度、作业安排及后勤服务等，向过境联合收割机手免费提供各类作业信息咨询和车辆引导服务，确保"三夏"期间收割机在全市境内安全作业，顺利转移。各地县乡农机部门积极组织技术人员，分乡包片，对参加"三夏"服务的农机具及时进行维修和保养，特别是对联合收割机进行全面安全检测，确保各类农业机械在"三夏"期间安全作业。

【农机服务组织建设】　全市农机社会化服务组织初步形成以农机专业合作社为龙头，以农机大户为主体，以农机户为基础，以农机技术推广、培训和农机维修、配件供应、信息服务、投诉监督等为支撑的农机社会化服务体系，有力促进农业和农村经济快速发展。全市在落实农机购置补贴时，把农机专业合作社作为重点补贴对象，实行优先报名、优先安排，把补贴资金重点用于农机服务组织发展和大型新式机械的购置上，积极落实银企对接会议成果，为合作社提供资金帮助，市财政局、农机局为香花源泉等5个农机合作社上报争取贷款贴息资金10多万元；省财政对卧龙区应顺等11家优秀农机合作社各扶持资金45万元；省农机局对卧龙区会普等8个合作社扶持资金45万元。对20个被评为南阳市粮食生产先进单位的农机专业合作社，各奖励大型拖拉机1台。宛城区顺达农机专业合作社被评为全国农机专业合作社示范点，社旗县田庄乡卢金坡被评为全国农机大户示范点。

【农机科教培训】　全年完成无证机手培训10560人，管理干部和农机技术员培训1.3万人，联合收割机手培训1350人，阳光工程农机手培训5000人，全市农业机械化科技试验示范项目实施进展顺利。一是加强无证机手培训。各驾校牢牢抓住春夏联合收割机、拖拉机销售旺季形成的培训良机，紧密结合机具补贴政策的实施，与农机监理部门配合，加强对无证机手培训。二是有序开展基层农机人员培训。根据农业部通知精神和省农机局实施方案，全年继续开展对基层全体农机人员进行政策法规和新技术培训。市农机局专门成立南阳市农机教育培训行动工作领导小组，制订《南阳市农业机械化教育培训大行动2010年工作方案》，组织多名市、县农机基层领导和技术骨干参加省农机局培训班，各县（市、区）结合农机项目补贴和农机示范现场会广泛开展农机人员培训，方城、社旗、镇平、桐柏、唐河、南召、淅川等县分别依托承担的部、省级项目开现场会、深入项目示范区开办夜校。全市县级开展以新购机农民为重点的技术培训,共培训各类农机从业人员5.82万人次,圆满完成大行动培训任务。三是认真组织好农机科技试验示范项目的实施工作。方城、镇平、社旗3县承担保护性耕作项目已顺利通过省级验收。桐柏、唐河、南召3县承担的水稻机械化育插秧项目和淅川县争取到的小辣椒机械化移栽项目的实施工作进展顺利。四是阳光工程农机手培训走上正轨。农业部从2009年起正式将农机手列为阳光工程培训对象,全市所有农机校(驾校)已全部成为阳光工程培训基地。各校严格按照要求依法扎实开展农机手培训,同时与农机监理部门密切配合,对参加阳光工程培训的学员在办证上给予优惠,全年圆满完成5000人的培训任务,获得阳光工程资金225万元。

【农机市场管理】 认真贯彻落实《农机安全监督管理条例》、《农机维修管理规定》、《河南省农机化促进条例》等法律法规,积极开展农机市场监督检查。市农机局与工商、质监等部门密切配合,为维护消费者权益,结合农时季节特点,开展春秋季农机打假集中行动。全市累计出动执法人员300多人次,检查农机经营场点2000多个(次),发放宣传资料3000多份,查获假劣农机产品(配件)100多台件,有效遏制制假售假违法行为,保证农机产品质量安全。认真受理群众举报投诉,依法协调消费者与生产和经营企业纠纷,全年累计受理投诉15起,处理结案15起,较好地维护农机消费者权益。开展《农机维修管理规定》落实情况大检查,各县(市、区)在组织相关人员学习农机维修法规的基础上深入检查、及时整改,较全面地掌握全市农机维修市场发展现状和存在的问题,为进一步规范农机维修管理奠定基础。加大对农机企业产品进行质量检测认证,重点加强对机具先进性、适用性技术检测鉴定,全市15个企业产品被纳入国家、省农机购置补贴目录。(楚鹏)

淘金农机路

从一位农机手到远近闻名的农机大户,对于王中立来说,最让他骄傲的是今年在南阳举行的全国"三夏"跨区机收启动仪式上,他驾驶1号大型收割机,受到了农业部部长韩长赋、河南省省长郭庚茂等领导的接见,并回答了关于跨区机收的问题。

王中立是南阳市卧龙区武侯街道姜沟村农民,下学回乡后,他就和农业机械打上了交道。在乡农机站帮忙,开手扶拖拉机、小四轮,农忙时耕田,农闲时跑运输,几年下来也小有积蓄。

1999年麦收时,陕西人来收小麦的大型联合收割机让他大开眼界,收割机一过,壳粒分离,收割一亩50元,村里的农户争抢还排不上队,找不到收割机。

"抢手"的收割机让善于动脑的王中立发现了致富商机。2000年,王中立和他的伙计们花了八九万元买了第一台大型收割机,这也是卧龙区当时仅有的4台大型联合收割机之一。

回想起自己的第一次外出作业,王中立说,那时不像现在,农机等部门为跨区作业农机手提供各种信息和服务,解除了大家的后顾之忧。当年,他们第一次外出作业,孤兵作战,信息不灵,从卧龙区出发,沿路北上,走走停停,哪里有人联系,就到哪里去收割。尽管难,但他们凭借过硬的技术,深受农户欢迎。一个多月时间,挣了3万多元。这让王中立赚到了第一桶金。

几年的"南征北战",受益于农机发展的王中立认准了一个理,农机化是现代农业的发展方向,大有作为。2008年,他买了一台大型拖拉机。

国家鼓励农机业发展,实施农机补贴政策,催发了他的农机梦想。

2009年,王中立又合伙买了2台大型拖拉机,一台"新三王"大型联合收割机和一台"瑞创"收割机,一下享受了国家十几万的农机补贴。王中立说,是国家农机补贴好政策,助我踏上了发展快车。

作为农机大户,他时时刻刻能感受到政府的关心和支持。同年,在区农机局的帮助下,王中立牵头,有10户农机大户参与,成立了立志农机专业合作社。合作社拥有大型收割机、拖拉机、铲车和旋耕机等各种配套机械26台(套),能为农户提供种、管、收一条龙服务。

今年,王中立的立志农机专业合作社喜事连连。区人社局扶持他10万元小额创业贷款;立志农机专业合作社终于拥有了自己的独立"家园",占地4亩多,有停车场、维修车间和为外地车提供服务等;还被确定为卧龙区农机局农机驾驶员考试基地。今年,合作社还享受到深松机机具补贴2.5万元。立志农机专业合作社的快速发展,吸引了农机大户的加入。现在,入社社员15户。每年能带动每户社员多增收万元以上。今年仅跨区机收,农机专业合作社就有13万元收入。——摘自《南阳日报》2011年8月9日 作者:吕英民

工　　业

工业和信息化管理

【工业经济运行概况】 2010年，全市工业经济克服了后金融危机、节能减排等不利影响，保持高位增长。全市规模以上工业增加值达到634.5亿元，同比增长22.4%，高于全省平均水平3.4个百分点，在全省排第二位；企业主营业务收入完成2015.6亿元、增长35.1%，实现利润129.6亿元、增长66.8%，完成利税240.6亿元、增长52.3%。工业利润、利税增速均居全省第一位，主营业务收入居全省第二位。工业经济呈现出如下明显特点：一、质量效益明显提升。装备制造、油碱化工等六大战略支撑产业得到巩固，新能源、光电、新材料三大战略新兴产业快速发展，产业链条不断完善，产业规模不断扩大。企业产品销售率均保持在98%，全市35个工业行业中，整体盈利的行业33个。二、项目建设进展顺利。组织实施一大批重大工业项目，全市共实施投资额在3000万元以上"双百工程"项目106个，共完成投资122亿元，超额完成年度投资目标任务。三、产业集聚区建设步伐加快。全市产业聚集区共完成投资469亿元，累计引进省外资金200.6亿元，累计招商引资项目528个。高新区晋升为国家级高新技术产业开发区，高新技术产业集聚区跻身创新型产业集聚区，西峡产业集聚区进入全省10强产业集聚区之列，并被命名为河南省产业集聚区示范基地。四、企业改制和战略合作深入推进。市属企业改革遗留的共性问题基本解决，市属企业脱钩改制工作已经启动。战略合作步伐加快，与中国兵器集团、东风汽车设计院和江苏奥新电动汽车公司、亚太科技集团、郑州日产等签订战略合作协议，有望在光电、汽车产业方面实现深度合作。五、外贸出口持续回升。随着世界经济缓慢复苏，南阳市主要出口产品棉纱、棉布、服装、中厚钢板、光学元器件、CTP印刷版材和盐酸林可霉素等出口订货明显增加，工业出口交货值同比增长27.6%，有力推动全市工业经济快速增长。

【全市工业经济工作会议】 3月12日，召开全市工业经济工作会议，市长穆为民、副市长崔军等市领导出席会议，各县(市、区)县长、主管工业的副县(市、区)长、受表彰的企业负责人共200余人参加会议。会议出台《中共南阳市委、南阳市人民政府关于实施扶优扶强战略加快工业经济发展的意见》，对全市10强企业各奖励10万元，对全年工业工作进行全面安排部署。

【荣获省"企业服务工作先进单位"称号】 全面开展"四个带动"活动，制定印发《南阳市2010年企业服务行动计划》，建立企业首席服务员制度、企业服务活动联席会议制度、重点服务企业管理制度、考核奖惩督查制度，提高服务效率和水平。加强项目申报工作的协调与服务。全年争取奖励资金等政策性补贴资金项目13类83个单位项目。项目总投资32.2亿元，争取国家财政资金8180万元。由于积极为企业服务，市工信局在全市开展的"服务工业园区建设"和"服务项目建设"综合评议中，得分均居市直单位第二名。市工信局被省政府授予"企业服务先进单位"称号，被市委、市政府授予市"四个带动"工作综合奖。

【工业经济运行监测调控】 完善重点行业、重点企业经济运行监测制度，强化预测预警，在35个重点企业建立运行信息直报点，实行企业运行信息员制度，保障运行信息的准确、可靠。每月编发《南阳工业运行月报》和《南阳工业运行信息》，发送至市领导和重点企业，为领导决策和企业经营决策提供及时的信息服务。强化要素保障，针对煤、电、油、运等重要生产要素出现供应偏紧的态势，协调有关单位，全力保障各类生产要素供应。全年帮助企业解决涉及煤、电、油、汽、运等影响正常生产经营的重大问题21个(次)。为军工企业、两属企业、市属企业改制做了大量稳定工作。

【开展银企对接活动】 4月21日，组织107个企业参加省政府召开的银企对接洽谈会，签约项目56个，签约金额49亿元。5月21日组织召开全市银企对接会,驻宛金融机构及184个工业企业参加会议,签约项目263个,签约金额180.6亿元。

【安全生产与节能降耗】 全年组织安全生产检查4次,排除安全隐患,同时开展安全生产竞赛活动。对全市重点监管的96个高耗能企业分行业采取停产、限电、检修、轮休等不同措施,尤其对全市26个水泥企业进行实际产能的深入调研,向市领导提出限产、轮休的具体建议,解决工业企业节能降耗问题。2010年省淘汰落后产能领导小组下达南阳市淘汰落后产能目标任务,涉及炼铁、铁合金、水泥、玻璃、造纸、酒精、有色金属、纺织等9个行业19个企业,市工业经济管理部门多次对相关企业淘汰情况进行督促和检查,圆满完成省下达南阳市淘汰落后产能目标任务。

【中小企业服务体系建设】 组织实施《南阳市中小企业"小强人"培育计划实施方案》,筛选30个高成长型中小企业重点扶持,培育工业经济的第二梯队。加快中小企业信息化进程,提高企业利用信息网络的能力。服务体系进一步完善,新增担保机构11个,全市担保机构发展到41个,为1150个企业提供25亿元贷款担保;小额贷款公司达到15个(新增11个),开业12个,为中小企业发放贷款7亿元,促进中小企业较快发展。

【重点行业管理】 (一)装备制造行业。组织8个企业到省工业和信息化厅参加"河南省50户重点培育的装备备选企业"评审会,其中6个企业通过评审进入河南省50户重点培育名单。(二)加强对汽车行业发展的谋划和协调。成立汽车工业发展领导小组,制定汽车行业"十二五"发展规划,并与东风公司、郑州日产等企业签订开发特种车辆的战略合作协议,为下一步发展创造条件。(三)进一步做大做强食品产业。5月16～18日组织20个有影响力的食品企业参加由河南省人民政府主办的第八届中国(漯河)食品博览会,会议期间供销双方达成意向协议1.7亿元,现场成交2600万元。12月7～12日组织人员对全市16个饮料生产企业、5个乳品生产企业按生产标准进行检查,以保证双节乳制品供应安全。(四)工艺美术产业。根据国务院《传统工艺美术保护条例》和河南省政府《河南省传统工艺美术保护办法》精神,组织申报第六届河南省工艺美术大师评审,南阳推荐30名候选人,省工业和信息化厅已对30名候选人进行公示,并对个人作品进行评选。组团参加9月7～13日在辽宁阜新举行的第五届玛瑙博览会。南阳共有24个玉雕企业27件作品参展。经过专家评委认真评选,11件作品获奖,其中金奖1名,最佳工艺奖、优秀作品奖6名,扩大了南阳市玉雕产业的知名度。(五)建立两属、军工企业统计月报制度。通过努力,各企业都能按时上报月报表,为掌握两属军工企业的经济运行情况提供重要保证。(六)打击非法采沙行为。受市政府委托,8月9日～10月31日,市工信局牵头对白河宛城、卧龙区段内的非法采沙作业进行了调查、摸底、查封、处理,查处3条采砂船、9条运沙船,规范了市场秩序。

【开展承接产业转移活动】 全年以产业聚集区为依托,以完善产业链条为重点,强化产业转移对接工作,组织企业参加省内外交易会、博览会、展销会5次。11月12～13日,工业和信息化部、河南省人民政府共同举办的中国(郑州)2010产业转移系列对接活动在郑州国际会展中心隆重开幕,市委书记黄兴维、副市长崔军率领南阳市代表团出席盛会。代表团充分利用活动平台,邀请88位国内外客商参会,并分别参加组委会组织的国家区域性(河南)中小企业产权交易市场试点开盘仪式、先进装备制造业博览会、产业转移与中原经济区发展高层论坛、全国纺织产业转移工作会议和产业转移系列专场项目对接等一系列综合性和专题性活动。在签约仪式上,西峡电动车动力系统、广宇科技公司30兆瓦太阳能电池组件等28个项目成功签约,数量位列全省第三,占全省签约项目总数的7%,签约合同总额达82.6亿元,引资额达74.1亿元,达成5项合作意向和协议,总金额达21.7亿元。会上南阳市组织39个企业参加先进装备制造业博览会,设置65个展位,政府形象展位24个,成为博览会一大亮点。南阳市被组委会授予"最佳组织奖"和"最佳展示奖"。

【完成"十二五"工业发展规划编制】 按照省、市政府部署,组织编写南阳市"十二五"工业发展规划,具体包括3类16项规划:总体规划1个,即《南阳市"十二五"工业和信息化总体发展规划纲要》。综合规划1个,即信息化发展规划。专项规划14个。涵盖生物医药、装备制造、纺织服装、油碱化工、冶金建材、超硬材料、新能源、光电、多晶硅光伏、食品、汽车、玉雕、中小企业发展等多个专项领域。局"十二五"工业发展规划体系15项规划初稿已全部完成。

【信息化建设】 (一)建立健全信息化建设领导体制和工作机制。5月,市政府成立由市长穆为民为组长、市直有关部门负责人为成员的市信息化工作领导小组，各县(市、区)和市直各有关单位也都成立相应的领导机构，进一步加强对信息化工作的领导，形成由市信息化领导小组对全市信息化建设工作进行规划、组织、协调和督查，各部门自行建设、维护、应用的领导体制和工作机制，保证全市信息化工作有效运行。(二)编制南阳市"十二五"《南阳市信息产业发展规划》和《南阳市信息化工作"十二五"规划》。确立市未来5年信息化建设的指导思想、奋斗目标、工作任务和工作重点，为全市信息化建设和发展奠定良好基础。(三)信息化基础设施建设。2010年，全市光缆总长31万皮长公里，光缆接入点8780个(含入户点)，移动通讯网全市实现无缝覆盖，宽带节点延伸至行政村，累计发展固话、移动电话用户分别达111万户和486.4万户，发展宽带用户42.6万户，广播电视人口综合覆盖率达97%以上，采编数字化率达到90%以上，顺利完成"村村通"建设任务，政府、企事业单位、限额以上工业企业宽带接入率达到100%。信息化基础设施的不断完善，较好地满足全市信息化工作的开展，为促进经济发展和民生改善作出突出贡献。(四)网络应用范围不断扩大。2010年，除金盾、金银、金税、金卡、金财等"12金工程"在南阳市的公、检、法、财、税、银等领域得到广泛应用外，又先后建成新型农村合作医疗管理系统、信访业务网络系统、警务综合信息综合平台、工商食品信息备案查询系统等工作业务系统，全市大部分医疗单位拥有院务管理系统、医保管理系统、财务管理系统、人事管理系统、疾控中心系统、传染病网络急报系统等20多个系统。全市社会统筹、医疗保险、住房公积金、养老保险都已建成信息管理系统和全市范围的网络链接，有效地提高政府部门办事效率，为群众办事提供便利。(五)两化融合步伐加快。全市1523个限额以上企业中有近1/2企业建立网站，90%以上限额企业拥有网上企业介绍，其中中光学集团、乐凯华光、防爆电机等30多个企业正在使用或开发使用ERP系统，企业从内部管理、电子商务等各方面实现高度信息化。(六)农村信息化建设取得显著成效。至2010年12月，全市行政村移动电话信号覆盖率、光纤宽带接入率、广播电视覆盖率均达到100%，信息化基础设施和网络建设逐步优化。开通"农信通"农业信息入户工程，为农业、农村发展及农民致富，提供较好信息服务。(七)网络与信息安全管理得到加强。为维护网络和信息安全，确保网络正常运行和信息安全传输，成立以市信息中心、公安局、保密局等相关单位组成的信息安全联席会议和信息安全领导小组，建立健全网络运行和信息传输工作制度，使网络运行、信息传输进一步规范化、程序化、制度化，确保网络和信息安全。(周涛)

【品牌带动战略实施】 2010年，南阳市实施品牌带动战略取得丰硕成果。全市新创国字号品牌57个，省级品牌363个。南阳防爆集团、河南赊店老酒股份有限公司、河南石油勘探局、宛西制药、南阳二机集团荣获"首届南阳市市长质量奖"，各获30万元奖金。20个企业24种产品获得河南省名牌产品称号，20个企业各获10万元奖金。另有11个企业获得省A等质量诚信评价。

【标准体系建设】 全市产品质量合格率达94.6%，质量安全保障能力不断增强。技术标准体系建设成效明显，南阳市企业主持或参与制(修)订国际、国家标准32项，创建国家、省两级标准化示范项目45个。

【全市24种工业产品获省名牌产品称号】 荣获"2010年河南省名牌产品"称号的企业名单：邓州市雪阳棉纺集团有限公司、河南新野纺织股份有限公司、桐柏鑫泓制品有限公司、南阳市鑫特电气有限公司、南阳淅减汽车减震器有限公司、南阳防爆集团股份有限公司、南阳市油田机械制造有限公司、河南省西峡汽车水泵股份有限公司、利达光电股份有限公司、河南赊店酒业有限公司、河南汉华酒业有限责任公司、河南省卧龙酒厂、桐柏海晶碱业有限责任公司、南阳界中酿酒有限公司、南阳市金裕城门业有限公司、河南省西保冶材集团有限公司、西峡龙成特种材料有限公司、南阳汉冶特钢有限公司、南阳金戈利镁业有限公司、河南省淅川铝业(集团)有限公司。(杨建伟)

国企改革和国资监管

【国企改革】 (一)国有工业企业改制遗留工作基本完成。一是原定28个企业中市色织厂等11个改制企业全面完成资产处置、职工安置工作，新组建的股份制企业健康运行，木兰花家纺公司、新普电机公司等企业发展势头较好。二是新增的3个企业改制工作稳步推进。在全力解决28个企业改革遗留问题的同时，又启动医药公司、国防物资公司、新兴材料厂3个企业的改制工作。至

12月底,市医药公司改制工作已经启动,职工安置正在进行。国防物资公司正在测算职工安置费用,拟定改革方案,报市政府批准后组织实施。新兴材料厂正在清理债权债务关系,进行清产核资。(二)破产遗留工作基本完成。17个破产企业中,向东厂、红宇厂等7个企业破产终结裁定已下达,大河铜矿、石化厂等6个企业资产处置、职工安置的主要工作已完成,基本具备破产终结条件。破产企业退休职工医保问题得到妥善解决。市政府明确财政配套医保资金缴纳的具体办法,妥善解决5163名退休职工医保问题。破产后关门走人企业家属区水电改造、退休人员管理工作正加紧推进,并逐步向社区移交。柴油机厂、康远机器总厂2个政策性破产企业资产处置工作已基本完成,职工安置工作正在进行。(三)职工安置遗留的主要问题已解决。一是会同市审计、劳动、财政部门完成9个改制破产企业安置费用进行复核。二是全面完成职工养老、失业保险个人账户记录完善工作,通过职工补缴和财政挂账的办法完善18个企业近1.3万名职工个人账户。三是推进退休职工医疗保险工作。会同市劳动、财政部门对市直11个政策性破产企业(含历年来)的6173名离退休人员进行剥离,使其足额享受城镇职工医疗保险待遇。对33个依法破产企业(其中市属8个)24545名离退休人员进行剥离,争取省财政资金881万元,市政府已明确市财政配套资金处理办法,上述人员将足额享受医保待遇。四是落实养老待遇差。筹措资金2700万元,对13个企业1800余名职工补算待遇差,解决历史欠费对退休待遇的影响。(四)个性问题得到妥善解决。经过近几年的努力,国企改革主要任务已基本完成,但部分职工反映的个性问题很多。经过认真调查研究和梳理分析,对符合政策的企业退休人员待遇差、南纺集团工伤遗留、欠缴住房公积金等40多个问题给予解决,对不符合政策规定的新旺公司基准日后退休职工医保缴费、康远厂占地工要求双倍安置费、油泵油嘴厂集资工要求享受安置政策、长风厂退休人员要求享受5年军工龄补贴等20多个问题进行解释答复,较好地处理这部分遗留问题。(五)脱钩改制工作全面推进。市属国有企业脱钩改制任务88个企业中,已完成脱钩改制任务26个,正在进行的39个,论证方案23个。在工作推进上,建立联席会议制度,统筹协调研究解决脱钩改制中存在的重大问题,组织开展市属企业脱钩改制情况调查,由市国资委牵头,分6个工作组,对各系统各单位涉及企业数量、企业性质、资产情况、负债情况、职工人数、职工内债进行摸底,共制作各种表格300余份,涉及企业88个。在调查摸底的基础上,制订《南阳市人民政府关于加快推进市属企业脱钩改制工作的实施意见》。在具体做法上,坚持分类指导,统筹推进。对粮食系统,按照国家粮改政策,通过改制使企业成为市场主体,自主经营,自负盈亏,实现政企分开、政资分开的目的;对商务系统,针对企业个数多、资产状况差的特点,采用政府收回资产、盘活土地、安置职工,一次启动23个企业的破产;对其他系统,针对不同情况,或整体出让,或分立重组,或关门走人。水利系统,通过资源整合,成立水资源投资开发有限公司,交通系统组建交通投资有限公司,政府授权国资委履行出资人职责。在政策扶持上,对企业实施退二进三,用于安置职工,清理职工内债。对企业欠缴的社保费实行挂账核销,对企业欠缴退休人员医疗保险,争取上级补助和财政资助,分年度向医保机构缴纳,解决职工后顾之忧。在职工安置上,坚持分流解决,部分"4050"人员由政府提供公益岗位,部分人员通过资产重组上岗就业。在操作程序上,坚持依法规范操作,完善五级责任体系,严把论证审批关,依法处置资产,实行进场交易,进场交易率达到100%。

【国有资产监管】 (一)加强财务监督。进一步规范市属企业财务决算,及时、准确地完成月份财务快报统计,为掌握监管企业运营的基本情况和科学决策提供基础依据。加强2010年度全市及市属国有企业统计年报的培训。进一步做好监管企业改制过程中的清产核资、财务审计及经济责任审计,为企业改制做好前期基础工作。出台《国有及国有控股企业业绩考核办法》,依据业绩考核结果,确定企业领导人员的薪酬标准。(二)加强产权管理。先后在《河南日报》发布产权转让公告10次,办理完结产(股)权交易业务12个,成交价款2亿余元。全年采取拍卖方式进行国有产(股)权交易10个,采取协议转让方式交易2个,企业改制进场率达到100%,实现国有产权保值增值。共举办拍卖会18场,成交额9307.19万元,盘活大量国有资产。补办产权登记证企业13个,合计资产6.27亿元,其中国家资本5.43亿元,法人资本0.84亿元。批复评估备案企业4个,评估净资产价值3511.34万元,评估增值率50.6%。(三)开展账销案存资产和非经营性资产调查。加大对市属企业账销案存资产、非经营性资产和边缘性资产的自查、复查、核准和清理。汇总统计17个改制企业账销案存资产共计12749万元。对市属53

个企业非经营性资产进行普查，统计上报非经营性国有资产账面价值6464.96万元，评估价值4366.01万元。

【资本运营】 (一)组织企业积极参加省、市政府组织的各种招商引资活动。先后参加了河南—上海经济技术合作暨旅游项目推介会，港澳深地区闽籍企业家访豫活动省情说明会暨项目签约、对接会，第六届中国国际投资贸易洽谈会，第五届豫商大会，第十四届中国国际投资贸易洽谈会，取得良好效果。(二)积极推进监管企业与国内外大企业的合资合作。主要有：1.天冠集团与中储粮河南公司直属库合作建设漯河分库。总投资1.736亿元，占地面积13.6公顷，设计库容30万吨。2.天冠集团与首钢控股合作。充分利用对方资金优势，强力推进纤维乙醇产业化，打造世界先进水平新能源产业基地。3.南阳防爆集团与平安集团的合作。平安集团出资收购防爆集团。在此基础上，实现与美国GE公司的合作，把南阳建成全球性的防爆电机生产基地。4.南阳市医药公司与深圳海王集团合作。海王集团借款10300万元，解决医药公司职工安置。5.南阳天泰水泥与中联水泥合作。拟由中联水泥出资收购天泰水泥公司，投资3亿元，对现有生产线进行改造，形成年产300万吨水泥生产能力，预计将实现年销售收入8亿元，税利1.5亿元。

【企业班子建设】 (一)创新管理机制，实现企业党委班子和经营决策班子有机结合。逐步探索采取“双向进入，交叉任职”的办法来实现党委与经营班子的有机结合。帮助指导监管企业根据《公司法》、《中共中央关于进一步加强和改进国有企业党的建设工作的通知》要求，结合企业实际，使公司部分党委成员依法进入董事会、监事会和经理班子。董事会、监事会、经理班子中的党员按照《党章》有关规定进入党委会，理顺党组织与企业决策、执行、监督机构关系，创造企业党组织、董事会与经营班子和谐融洽氛围，形成董事会决策中心、党委政治核心、经营班子指挥中心“三心合一”的良好局面。天冠集团、金冠集团分别有6名和5名党委委员进入董事会和监事会，实现企业党委班子与经营决策班子有机结合。(二)选拔培养人才，发展壮大企业家队伍。一是拓宽选拔渠道。为适应市场经济需要，优化企业干部队伍结构，按照民主、公开、竞争、择优原则，逐步扩大公司招聘、竞争上岗、民主选举等方式的范围。在干部选拔使用上摒弃论资排辈，大胆使用年轻干部，做好后备干部的备、用工作，逐步建立干部能上能下、岗位交流、灵活规范的干部使用制度。二是注重教育培训。从企业现有人力资源状况出发，采取引进、教育和定向培养相结合的办法，建立后备人才库，为企业储备各类人才。按照加快培养、改善结构、健全机制、凝聚人才的原则，制定短期、中长期人才培养计划，培养造就一批具有先进经营管理理念的企业人才队伍。三是对市企业家协会、企业联合会、工业经济联合会进行换届，搭建企业家沟通、交流、提高的平台，开展企业家高峰论坛、企业家联谊会等一系列活动。

【企业党建】 坚持“两手抓，两手硬”的方针，一手抓企业改革国资监管，一手抓党建和精神文明建设。6月，组织召开迎“七一”国资委党建及精神文明建设工作会议，宛运公司、天工集团、防爆集团等企业进行典型发言，表彰一批先进基层党组织、优秀党员和优秀党务工作者起到典型示范带动作用。9月，结合“争先创优”活动，举办全系统演讲比赛，有16名选手参加比赛。12月，还相继组织系统内纪念“12·9”青年卡拉OK比赛、“四个带动”有奖知识竞赛活动，召开系统内“反邪教”专题会议，还举办企业党务工作者专题培训等一系列活动，在全系统造成一定的声势，推动企业党建和精神文明建设。围绕省级文明单位验收检查，大力加强机关内部建设。完成办公楼环境及监控系统改建，组织机关趣味运动会、县域经济学习考察活动等，增强机关向心力、凝聚力。

【安全生产】 召开全系统安全生产工作会议，开展企业安全教育培训和宣传工作，扎实开展安全生产大检查。全系统通过企业自查和检查督查，排查安全隐患100多处，并及时进行整改，全年无较大事故发生。落实高层建筑和电子弱电设备的防雷、防静电安全措施，相关技术服务工作落实到各监管企业，并且实现日常检查和定期检查相结合。对防雷装置进行监测，监测率达100%，合格率达80%以上，不合格整改率达到100%。全年未出现雷击事故，没有发生重大责任事故。落实企业新建建筑和新建工程项目的防震减灾措施，履行项目开工前的防震评估、监测等有关审批手续。

【污染企业搬迁】 (一)天冠集团。天冠集团老厂搬迁项目涉及集团下属11个生产单位，其中河南天冠生物工程股份有限公司是老厂搬迁的主体企业。该企业具有10万吨燃料乙醇生产能力，承担着每天为河南、河北、湖北3省乙醇汽油市场供应300吨燃料乙醇的任务，是实现清洁生产发展循环经济的国家示范工程。至12月底,企业搬迁项目可行性研究报告由西安设计院编制完毕。项目环境评价工作已经完成,并通过省环境工程评估中心组织的专家评审,市环保局对项目污染物排放总量出具意见,并已上报省环保厅。新厂区的项目土建施工、设备安装、工艺管道安装已全部完成,已试车投产。天冠集团老厂区已具备停产条件。(二)普康药业:普康药业公司拟搬迁至高新技术产业集聚区。至12月底,企业搬迁实施方案已编制完成,项目可行性研究报告已由河南省医药设计院完成,并上报市发改委审批。新厂区环评报告已由市环保局编制完成,并送省环评中心评审。项目新征土地工作已与规划、土地、高新区等部门进行协商,正在积极推进征用前期准备工作。(徐沙)

工业园区建设

生态工业园区

【机构简介】 2003年南阳市委、市政府批准设立南阳生态工业园区。2005年10月,管理体制发生变更,由"市办园区"变更为"市区联办,以区为主",建设管理权交宛城区行使。南阳生态工业园区管委会对工业园区行使综合管理职能,正处级规格,内设综合部、经济发展部、土地规划建设部、社会事业部、财务部、发展基金管理中心和统计站,核定事业编制34名,经费实行财政全额预算管理。2010年有工作人员25人,其中本科以上学历23人(研究生3人)。

【园区概况】 南阳生态工业园区规划面积54平方公里,涉及溧河乡17个行政村,枣林、白河办事处和黄台岗镇部分行政村。规划面积23.81平方公里的南阳新能源产业集聚区位于南阳生态工业园区内,暂由南阳生态工业园区管委会代管。至2010年底累计入驻企业200余个、从业人员1.9万人,建成区面积6.6平方公里,经济总量居全市14个产业集聚区第三位,先后被国家发改委和省发改委确定为南阳国家新能源高技术产业基地核心区和河南省生物高技术产业基地。生态工业园区紧紧围绕"建设新型工业化示范基地,现代化城市新组团"的发展战略,强化"集约、环保、精品、服务"四种意识,着力实现"项目建设、招商引资、基础设施、环境优化"四大突破,扎实推进集聚区建设,圆满完成各项目标任务,保持集聚区经济的快速、健康、良性发展,工业产值连年增速保持在50%以上。2010年,新能源产业集聚区被省政府列为首批24个对外开放重点产业集聚区之一、52个新型工业化产业示范培育基地之一,被南阳市政府授予"2010年度南阳市三快产业集聚区"称号。建成规模以上工业企业46个,初步形成以天冠集团为主的生物质能源及生物化工,以乐凯华光、天羽有色金属压延为主的光电印刷,以防爆集团、陆德筑机等企业为主的新能源装备三大产业集群。全年实现营业收入134.1亿元,增长60%,其中工业销售收入完成95亿元,同比增长100.8%;税利10亿元,增长12.4%;完成固定资产投资34.6亿元,增长200.8%。2010年被宛城区委、区政府命名为"招商引资工作先进单位"、"服务工业企业先进单位"、"平安建设工作先进集体"、"全区宣传思想工作先进单位"、"政务信息工作先进单位"、"统战工作先进单位"、"全区'五好'基层党组织",并获得"市级卫生先进单位"、"市级文明单位"等多项荣誉。

【园区招商引资】 坚持引大、引高、引优的原则,充分利用产业聚集区的优势,围绕"生物质能源、光电印刷、新能源装备制造"三大主导产业全力实施大招商活动。一是充分发挥企业主体作用。加强与各类中介机构、商会、行业协会的联系合作,通过产业招商、项目招商、小分队招商等形式,瞄准国内外500强企业,广泛开展招商。二是充分利用节会主动招商。利用第六届投洽会、豫浙经贸合作洽谈会、厦门投洽会、第八届玉雕节、第八届张仲景医药科技文化节、南阳深圳经贸合作洽谈会等重大节会开展招商活动。先后与郑州日产汽车有限公司、光弛科技(上海)有限公司合作,引进一期投资3亿元的年产10万辆特种车生产项目和一期投资7亿元的真空镀膜机和真空镀膜生产项目。三是加强与央企战略合作。围绕主导产业,通过股权转让、合资合作、兼并重组等形式,引进战略投资者,主动与首钢控股、中聚联合、国开投等大型央企进行战略合作。其中,天冠集团利用技术优势,与首钢控股、中聚联合控股开展战略合作,计划5年时间达到年产50万吨二氧化碳全降解塑料的目标,建设全国最大的二氧化碳全降解塑料核心生产基地;与国开投合作,建设煤炭物流基地。四是加强宣传推介力度,树立形象,打造招商品牌。制做集聚区标志性牌子、多媒体宣传光盘、宣传册子、整体规划布局沙盘,制订产业集聚区优惠政策,加强集聚区网站建设,强化互动交流功能,与"宛城新闻网"、"搜狐河南网"建立平台合作关系，组织编制"高科技助推大发展——南阳新能源产业集聚区专版"，并发布在"搜狐河南网"产业集聚区建设专栏头条。2010年签约及洽谈项目34个，总投资83亿元。

【园区项目建设】 按照市、区的统一部署，坚持以"项目带动"为中心，完善项目推进机制，把打好重点项目建设攻坚战作为推进集聚区发展的重大举措，积极筹划，精心组织，强力实施，集聚区重点项目建设呈现出良好发展态势。天冠集团、乐凯华光、防爆集团、娃哈哈南阳基地、天羽公司、河南天力等建成项目已成为全市工业发展龙头企业。一是实施项目个头大。2010年共实施重点工业项目38个，总投资68亿元，其中天冠集团民用沼气、乐凯华光PCB等3个项目列入省重点项目，瑞丰粮油、中粮储、天力电气设备等15个项目列入省"双千"工程，万德隆标准化厂房、一通防爆电机、天羽公司二期等16个项目列入市重点项目。二是新开工项目数量多。在抓好续建项目的同时，积极为新建项目的开工创造条件，坚决做好"服务带动"，使乐凯华光柔性树脂版二期、乐凯华光免处理CTP版材、天冠10万吨全降解塑料、天冠30万吨玉米综合深加工、溧河物流园二期等22个新项目全部开工建设。2010年，集聚区共建成投产项目22个，新开工项目27个，续建项目14个，储备项目20多个。

【园区基础设施建设】 为搞好项目配套服务，按照产城互动的要求，集聚区先后投资12亿元，建成主干道4条、配套道路5条、变电站5座、排水管道23公里，架设电网7公里，改建河道2处，提高了硬件水平，为加快项目建设铺平道路。同时，总投资1.5亿元贯穿东西的纬八路正在加紧施工，进展顺利；纬七路前期准备工作正有序推进。

【园区要素平台建设】 （一）加强融资平台建设，壮大担保平台实力，着力解决启动资金。扩大鑫众投资公司融资平台资产规模，根据财力争取财政增加投入2000万元，将资本金充实至1亿元。加强与国家开发银行、信用联社合作，力争融资规模超3亿元。完善现有担保平台，鼓励社会资本参股担保平台，提高担保能力。（二）增强土地保障平台建设，加大土地挖潜力度，着力解决建设用地的瓶颈制约。一是盘活存量土地，对集聚区存量建设用地进行分类清理、统计和建立台账，摸清土地使用情况，制定切实可行的盘活措施并及时实施，提高土地利用率。二是建立节约集约用地奖惩激励机制。完善集聚区投资强度、建筑容积率和投入产出率等方面的标准，实行相应激励机制，提高投资强度，促进节约用地。三是打造人力资源培育平台，着力保障企业用工需求。开展企业与南阳师院、南阳理工、河南工业职业技术学院等院校的校企合作共建，打造人力资源培育平台，开展劳动力定向培训。同时支持学校将实训基地放在集聚区企业，把生产过程作为学习项目和教育内容。四是加快集聚区创新平台建设，着力破解制约产业链关键环节发展的技术瓶颈。依托集聚区内天冠集团、南阳防爆等骨干企业现拥有的5个国家级企业技术中心、6个省级企业技术中心、2个博士后科研基地，与筹建的南阳新能源国家高技术产业基地创业中心相结合，开展多形式产学研合作，加快人才、资金、中介服务、公共技术和资源共享平台等支撑体系建设，引进或突破一批制约区域特色产业发展的核心关键共性技术，以技术进步壮大产业集聚区规模。（胡述毅　张家新）

南阳光电产业集聚区

【园区概况】 南阳光电产业集聚区（龙升工业园区）始建于2006年，位于南阳市区西北部，规划面积14.9平方公里，北起磨山、南至中州路西延线，西临宁西铁路，东到南水北调中线工程和兰湖森林公园，涉及王村乡、靳岗办事处9个行政村（居委会），总人口约1.5万人，主导产业为光电和物流。2010年，南阳光电产业集聚区强力实施"四个带动"发展战略，把集聚区的建设和发展作为卧龙区"工业强区"发展战略的重要载体，加大基础设施资金投入和招商引资工作力度，加快产业集聚步伐，产业集聚区建设取得新进展。集聚区共有入驻企业65个，其中2010年新入驻工业企业31个，实现营业收入39.2亿元，同比增长97%，实现税收8177万元，同比增长74%，全年新供地117公顷，从业人员达1.1万人。

【南阳光电产业集聚区管理委员会】 2006年，成立南阳光电产业集聚区管理委员会，为正处级单位，人员编制40人，管委会下设"一办三部"即：党政办、经济发展部、社会事务部和土地、城建、规划环保部。

【固定资产投资】 全年完成固定资产投资项目75个，其中新开工超1亿元固定资产投资项目25个，完成固定资产投资额28.8亿元，比上年增长103%。

【基础设施建设】 集聚区累计完成基础设施投资8.3亿元，其中

2010 年完成投资 2.5 亿元，累计建设道路长度 31.7 公里。新开工主次干道 8 条，共计 11.2 公里，进一步完善自来水、通讯、电力等基础设施建设，做好污水处理厂、新建变电站的前期工作。

【土地与融资】 2010 年，在市土地局、市规划局等市直部门的帮助支持下，将光电产业集聚区 14.9 平方公里全部定为建设预留地，上报省政府工业储备地 107 公顷。为集聚区的发展提供基本保障。同时，整合资源，强化投融资平台建设，整合区中小企业担保公司、财务公司等融资担保资源，形成注册资金 1.98 亿元的融资担保平台，融资担保能力达到 10 亿元。

【重点项目建设】 (一)新开工一批超 1 亿元的项目。2010 年新开工超亿元工业项目 13 个，总投资 19.3 亿元，其中寅兴钢构、辽源筑路机械等 5 个项目投资额都超过 2 亿元。(二)建成投产一批项目。集聚区 2010 年有 18 个项目建成投产，坚决关闭北京路老钢材市场，建成并启用投资 5 亿元的银海钢材市场，既形成一个全新的市场，也解决了城市管理的一个老大难问题。(三)引进谈成一批较大项目。2010 年，谈成并签订合同项目 18 个，其中较大项目有投资 13 亿元的福州工业园项目，投资 20 亿元的服装产业园，投资 10 亿元的金港集团粮食产业园项目，投资 7 亿元的海药集团头孢类中间体项目，投资 5 亿元的一拖集团农业科技装备示范园项目等。(宋哲云　张革)

石 油 工 业

【河南油田概况】 河南油田现为中国石化集团河南石油勘探局(以下简称河南石油勘探局)和中国石化股份有限公司河南油田分公司(以下简称河南油田分公司)的统称，组建于 1972 年 5 月 1 日。1998 年 6 月 1 日，河南油田由中国石油天然气总公司划归中国石油化工集团公司。2000 年 4 月，河南石油勘探局和河南油田分公司分设分立。河南油田是以油气生产为主，集油气勘探、开发、炼油化工、施工作业、辅助生产和社会服务于一体的国有大型一类企业，地跨河南省南阳、驻马店、平顶山、洛阳、周口、漯河、许昌、湖北省襄樊、枣阳和新疆巴音郭楞蒙古族自治州、奎屯市、伊犁地区 12 个市(州、区)。油田总部设在河南省南阳市宛城区油田"五一"村，其所属塔里木河南勘探公司位于新疆维吾尔自治区焉耆县县城西。截至 2010 年底，河南油田拥有探矿权区块 14 个，面积 30176.61 平方千米，采矿权区块 9 个，面积 880.90 平方千米。油气资源总量达 20.21 亿吨，已找到 16 个不同类型的油气田，累计探明石油地质储量 3.37 亿吨，探明天然气地质储量 90.20 亿立方米，已投入开发 15 个油气田，累计生产原油 7114.96 万吨、天然气 19.07 亿立方米。河南油田实行勘探局、分公司——二级厂(处)——矿(大队)——基层队(站)四级管理体制。截至 2010 年底，河南油田机关设 27 个职能处室。分公司下属 12 个二级单位，勘探局下属 15 个二级单位。共有 103 个矿(大队)、528 个基层队(车间)、2290 个班组，其中地震队 8 个、钻井队 46 个、油建施工队 11 个。全油田有直属党委 33 个，党总支 104 个，党支部 910 个，党员 18836 人。有职工 20673 人(其中分公司 10667 人)，其中拥有教授级职称 72 人，高级职称 1823 人，中级职称 3509 人，初级职称 2781 人。享受政府特殊津贴 1 人，石化集团公司有突出贡献的科技和管理专家 7 人，石化集团公司优秀青年知识分子 13 人，石化集团公司学术、技术带头人 23 人。河南省优秀专家 2 人。2010 年，河南油田拥有固定资产原值 240 亿元(其中分公司 202.40 亿元)，净值

2010 年 3 月 18 日，南阳市副市长崔军(右三)在河南油田钻井工程公司 45759 钻井队调研。

112.45 亿元(其中分公司 83.68 亿元);实现工业总产值 151.35 亿元,销售收入 143.95 亿元,实现各种税费 33.94 亿元。

【原油产量】 2010 年,河南油田以提高老油田采收率、增加可采储量为重点,加大滚动勘探开发力度,提高资源利用程度,增强油田稳产的物质基础。通过深化地质基础研究、工艺技术攻关、改善注水结构、老区调整挖潜,有力提升油田开发水平。全年生产原油 227 万吨,其中新井产量 8.96 万吨,措施增加产量 18.54 万吨,老井自然产量 199.50 万吨。生产天然气 5874 万立方米,其中,气藏气 1498 万立方米,溶解气 4376 万立方米。新增可采储量 176.70 万吨,基本实现年度储采平衡。

【油气储量】 2010 年,河南油田新增探明石油地质储量 1056.83 万吨,新增探明含油面积 12.72 平方千米。泌阳凹陷毕店区块泌 359 井、泌 363 井等井区,新增探明含油面积 8.76 平方千米,新增石油地质探明储量 514.05 万吨,石油技术可采储量 92.52 万吨。南阳凹陷白秋区块南 79 井、南 99 井和张 36 井等断块,新增探明含油面积 3.96 平方千米,新增石油探明储量 542.78 万吨,石油技术可采储量 81.41 万吨;新增控制储量 821.16 万吨。泌阳凹陷王集地区 E 王 24 井、E 王 25 井等区块新增控制含油面积 10.17 平方千米,新增控制石油地质储量 821.16 万吨,石油可采储量 139.61 万吨;新增预测石油地质储量 870.86 万吨。焉耆盆地宝南区块宝 13 井井区,新增预测含油面积 2.58 平方千米,新增预测石油地质储量 870.86 万吨。

【外部市场创收】 2010 年,河南油田不断加大市场开拓力度,取得市场开发的战略性突破。在印尼测井市场首次中标,在叙利亚先后中标修井、物探、地面技术服务和建设项目。在国内首次进入煤层气物探市场,创收 750 多万元。实现了与东北油气分公司的合作,取得 3 口井的工作量,实现产值 800 多万元。全年外部市场创收 18.43 亿元,完成年度计划的 102%。其中国内外部市场完成合同额 12.69 亿元,国际市场完成合同额 5.74 亿元。河南油田获得河南省"对外经济合作先进企业"称号。

【特种蜡生产销售】 2010 年,河南油田精蜡化工制定实施一系列加强特色产品开发的措施,通过调整产品结构,最大限度地满足石蜡—润滑油系统的生产。研发包裹剂Ⅲ型蜡、TC－1 抛光蜡、膨化炸药专用蜡、JLTR－1 调和蜡 4 种新产品,并实现了当年开发当年投产见效。全年工业化生产 26 个品种 60 个牌号的特种蜡。根据市场需求,多方运筹,重点突破,开发新用户 175 个,产品终端直销率达到 74%。全年特种蜡销售量达到 49392 吨,比上年同期高出 13024 吨,增幅达 35.81%。

【科技创新】 2010 年,河南油田共安排科技进步项目 149 项,其中石化集团公司科研项目 17 项,油田科研项目 132 项,项目开题率 100%。实现科技增油 10.8 万吨,科技增效 1.7 亿元。年内获得科技进步奖 108 项,其中省部级 10 项,油田级 98 项。"无机纳米材料可解堵堵水技术"获石化集团公司技术发明三等奖,"ZJ70/4500DBS 数字化交流变频钻机"、"河南油田稠油浅井套管钻井技术"、"西非重点盆地油气资源潜力及目标评价"获石化集团公司科技进步二等奖;"解决中性点不接地系统 VT 谐振问题的新技术"获河南省科技进步三等奖。申请国家专利技术 22 件,其中发明专利 5 件,实用新型专利 17 件;获得专利权 14 件。

【节能指标】 2010 年,河南油田加强基层节能管理,优化能源结构,实施降低采油系统单耗、降低注水(聚)系统单耗、降低注汽系统单耗、降低集输系统能耗、降低水电网损耗、降低炼化系统能耗、降低供暖系统能耗和降低生产辅助系统能耗等 8 项节能工程,完成 70 项节能技术措施项目,累计实现技术措施节能 1.05 万吨标准煤,完成各项节能任务指标。全年分公司工业万元产值综合能耗为 0.72 吨标煤,比考核指标低 5.91%;吨油气综合能耗为 210.36 千克标煤,比考核指标低 0.39%;吨炼油综合能耗为 82.06 千克标油,比考核指标低 2.89%。勘探局工业万元产值综合能耗为 0.59 吨标煤,比考核指标低 3.93%。

【安全环保隐患治理】 2010 年,河南油田投资 4718 万元,完成《油泥砂综合治理》、《井下作业处动力电源、变压器配置》、《水电厂双河变电站 35 千伏配电设备改造》等 16 项安全环保隐患治理项目。研究确定油泥砂处置工艺和技术路线,实现油泥掺烧燃煤锅炉的工业化应用,到全年共处理油泥砂 1.24 万吨;为井下作业处配置动力电源和变压器,解决井场作业设备无配套电源,液压封井器远控装置无法使用等问题。更换水电厂双河变电站 35 千伏配电设备,彻底解决断路器渗漏油现象,极大地降低短路器跳闸现象,增加变电站的运行可靠性,消除安全隐患。

【伊犁盆地地震攻关项目】 2010年,河南油田在伊犁盆地开展65千米的二维地震和100千米的大地电磁测深联合攻关项目。按照"采集、处理、解释一体化"、"科研生产一体化"、"地震地质一体化"的模式,创新解决近地表巨厚砾石层钻井工艺问题,提高效率,降低单位成本。初步探索一套针对伊犁盆地上古生界为主要勘探目的层的地震采集、处理方法。采用宽线施工、高覆盖、长排列、单深井大药量的作业获得高品质地震资料。共完成地震采集65千米。

【水平井工艺技术应用】 2010年,河南油田研制稠油水平井注采一次泵,现场应用于新庄新浅25区块6口水平井及井楼5口水平井,平均泵效达到55%,高于普通抽稠泵泵效29%的水平。针对张店油田南79断块边水活跃,在水平井完井时均采用避边水固井定向射孔,投产设计时加入气锚,优化泵深,保证有效沉没度,并在南79一平5井采用强启闭稀油水平泵,使泵效达60%以上。该区块从南79一平1井至南79一平7井共投产7口水平井,累计生产原油9593.60吨。

【安深1井完钻】 安深1井是石化集团公司部署在河南泌阳凹陷安棚区块的1口重点风险探井,也是兼探页岩气预探井。该井由河南油田钻井工程公司承钻,2010年8月28日完钻,完钻井深3510米,钻井取心进尺24.49米,取心收获率97.63%,钻井周期64天,为河南油田非常规油气勘探积累经验。

【研制抗高温高密度固井隔离液】 2010年,河南油田研制出具有冲洗和隔离双重功能、稳定性强和流变性好的抗高温高密度固井隔离液。该体系配制密度范围宽,耐温性较高,对钻井液的冲洗率达100%。现场应用10口井,有效解决高密度、稳定性和流变性三者之间的矛盾,防止油气水窜,确保了压稳地层和水泥环胶结质量。

【职工技能培训与鉴定】 2010年,河南油田培训职工13999人,完成年计划的118.6%。培训干部7891人次,完成年计划的113.8%。完成各级各类153个工种4679人次的职业技能鉴定任务,其中初级工1613人次、中级工1075人次、高级工1962人次、技师15人次、高级技师14人次。组织采油工、维修电工、石油金属结构制作工和电焊工参加石化集团公司职业技能竞赛的人员选拔和集训,并在竞赛中获得1枚金牌、4枚银牌、1枚铜牌。按照有关规定,两名取得优异成绩的劳务工被破格录用为企业全民合同工。

【应急行动】 2010年,河南油田修订发布"河南油田重大突发事件应急预案"(包括综合预案和15个专项预案),并3次启动一级应急行动。2月10日,恒山变电站供电的两条输电线路受大风、冻雨影响发生相间短路,造成油田中心区大面积停电,油田启动电力事件应急预案,多单位、多部门全力抢修,及时恢复正常供电。7月16~17日,油田周边区域遭受暴雨袭击,三夹河流域大面积过洪,灾害波及第二采油厂、钻井工程公司等6个单位。油田启动防洪防汛应急预案,开展抗灾自救,迅速恢复生产。10月1日,楼71316井发生井喷险情,油田启动井喷应急救援预案,使井喷得到及时控制。

【综合治理工作】 2010年,河南油田开展打击涉油犯罪专项治理。共取缔土炼油炉22座,收缴被盗原油610吨、被盗生产物资57吨,依法处置村民阻拦施工事件593起,继续保持输油气长输管线"零"打孔和新增违章占压为零的工作目标,涉油案件比2009年下降28%,生产治安秩序进一步好转。严打"两抢一盗",开展学校、幼儿园及周边治安专项整治行动,加强油区道路交通管理,矿区社会治安保持稳定。(韩伟 杨振明 王丽萍)

机械工业

【河南省西峡汽车水泵股份有限公司】 该公司系河南省宛西制药股份有限公司的控股公司,具有40多年生产汽车水泵的历史,是国内生产汽车零部件的重要基地。公司现有职工2300余人,注册资金9600万元,资产总额18亿元,占地面积51万平方米,下设4个全资子公司:河南飞龙(芜湖)汽车零部件有限公司、南阳飞龙汽车零部件有限公司、西峡县飞龙铝制品有限责任公司和西峡县西泵特种铸造有限公司。公司主导产品为汽车水泵、飞轮壳、发动机、进气歧管和排气歧管等,先后通过英国BSI公司ISO/TS16949、ISO14001和OHSAS18001"三标一体"认证。生产的"飞龙"牌汽车水泵覆盖重、中、轻、轿、微五大系列500多个品种,排气管200多个品种,进气歧管30多个品种,其中汽车水泵产品国内市场占有率达22%,居同行业首位。公司具备年产500万只汽车水泵、300万只排气歧管、100万只飞轮壳和其他产品

西泵获 2010“最具竞争力”中国汽车零部件百强奖

的生产能力，分别与上海大众、一汽大众、上海通用、通用五菱、神龙公司、奇瑞公司、海马公司、长城汽车、比亚迪、一汽丰田、吉利公司、东风乘用车、广汽乘用车、沈阳三菱、江淮汽车、江铃公司、东安公司、绵阳新晨、天内公司、重庆康明斯、东风康明斯、玉柴、潍柴、锡柴、朝柴、上柴、大柴、天津雷沃等 40 余家企业配套。公司已成功进入美国康明斯、德国道依茨、意大利菲亚特等国际知名汽车公司的全球采购体系。2010 年，公司坚持两抓、两创（抓国际贸易、国内乘用车市场，管理创新和技术创新）经营方针，坚持以市场为导向，以新品研发为动力，以提升品质为重点，实现产销 10 亿元，利税 10354 万元，利润 9397 万元。全年生产汽车水泵 361 万只、排气歧管 170 万只，继续保持汽车水泵国内领先优势。公司依托博士后科研工作站，走产学研相结合之路，积极与上海交通大学、郑州大学、武汉理工大学、西安理工大学、河南科技大学等高等院校合作，联合进行产品研发，研制出的捷达 5 气门水泵项目被国家科技部列入“国家火炬计划项目”，通用五菱 B470 水泵、雪铁龙 TU5JP4 水泵等产品被河南省科技厅认定为高新技术产品，公司被授予“国家高新技术企业”，河南省汽车水泵工程技术研究中心，共荣获 40 项国家专利。“飞龙牌”汽车水泵、进排气歧管被评为“河南省名牌产品”，“飞龙”商标被国家工商管理总局商标局认定为“中国驰名商标”。公司检测中心通过 ISO/IEC17025 实验室能力认可，成为国家级实验室。（程建锋）

【河南省西峡县内燃机进排气管有限责任公司】　河南省西峡县内燃机进排气管有限责任公司是一家拥有 6 个子公司，产业涉及制造、旅游、金融、物流、水电等 6 大行业的大型企业集团，是国内最大的内燃机发动机进排气管专业制造企业。公司占地面积 22 万平方米，建筑面积 10 万平方米，固定资产 10885 万元，现有职工 2000 人，其中工程技术人员 586 人。拥有雄厚的技术力量和完善的检测设备，具备复杂模具制作、高强度球墨铸铁、蠕墨铸铁、高镍合金、高硅钼合金、铝合金熔炼和金属加工等能力，年开发新产品 100 多个。2010 年，公司生产销售各类排气管 420 万支，实现销售收入 5.01 亿元，上缴税金 3960 万元，国内市场占有率达 28%。公司设备工艺先进，拥有各类生产、实验设备 1000 余台（套），计量检测、理化分析、性能实验手段齐全，研发能力居国内同行业之首。现已开发排气管产品 1000 余种，与一汽、大众、神龙、潍柴、玉柴、依维柯等 60 多个厂家配套，产品出口德国、美国、法国、意大利等国家。产品覆盖了重、中、轻、轿、微型车全系列及船用、军用等领域，公司申报产品商标 3 个，其中“劲派”商标被评为河南省驰名

西泵现代化车间一角

商标。公司不断引进创新机制和竞争机制，采用先进的管理模式，通过英国BSI公司审核和ISO/TS16949质量体系认证，先后被评为“河南省高新技术企业”、“河南省创新型企业”、“河南省3A信用企业”、“河南省重合同守信用企业”、“河南省优秀民营企业”等，连年被用户评为“优秀供应商”、“A级供应商”、“全国百佳汽车零部件供应商”。产品荣获省科技成果奖10余项、国家级新产品3项，获得国家专利17项。2010年，公司申报的《高镍奥氏体球墨铸铁排气歧管研究与产业化》被列入国家火炬计划，2010年公司制定2项汽车排气管铸造标准被确定为国家标准。

【南阳二机石油集团概况】 南阳二机石油装备(集团)有限公司，原为石油工业部第二石油机械厂，是中国石油钻采装备的大型骨干企业，重大技术装备国产化基地和石油轻便钻机国产化基地，国家级高新技术企业和国家创新型试点企业，中国自主创新百强企业，中国石油装备十强企业，也是河南省首批创新型试点企业、知识产权优势培育企业，河南省专利申请二十强企业。在中国石油和石油化工设备工业协会历年评比中，综合实力稳居国内同行业十强，在国内外市场上具有重要影响力。2004年6月，按照中国石化集团统一部署，南阳石油机械厂成功实施改制，南阳二机石油装备(集团)有限公司挂牌成立。2006年4月引进加拿大外资，成为中外合资经营企业。

公司占地面积56.46万平方米。2010年底有员工2115人，专业技术人员中，教授级职称4人，高级专业技术人员92人，享受政府特殊津贴3人，国家863课题计划专家库专家3人，省部级学术技术带头人6人。公司下设10个机关部室，设有技术中心、信息中心、质量检测中心等科研机构，以及铸锻、金属加工、钢结构、总装、物料配送、喷漆、热处理等13个基本生产单位，4个大型综合试验场，国际、国内2个销售公司和3个中外合资企业、1个全资子公司、4个控股公司、3个参股公司。公司主导产品共有12大系列、200多个品种，包括石油钻井装备、海洋钻修井装备、陆地修井装备、油井测试装备、专用车辆、井口工具等。2010年，集团公司全年完成工业总产值13.22亿元，销售收入11.4亿元，实现利润总额5566万元。2010年，公司扎实推进质量升级、管理升级、技术创新和市场开拓等各项基础工作，强化新产品及项目储备，完善企业战略布局，持续保持企业的安全运营和生产经营形势的稳定。

【“十二五”发展规划】 2010年，公司根据河南省和南阳市大力扶持发展装备制造业这一难得机遇，确立新的发展目标，谋求经营安全前提下的快速发展，编制“十二五”发展规划。经过认真编写和精心筹备，12月26～27日，公司举行股东代表暨领导干部大会、党委扩大会和工会委员会议，审议通过公司“十二五”发展规划纲要。按照《规划》，公司“十二五”经营目标为“8168”目标，即到“十二五”末，集团公司经营规模确保达到80亿元，力争达到100亿元；利润总额确保达到6亿元，力争达到8亿元。

【科研建设】 在新形势下，公司更加重视科研建设工作。(一)公司充分利用自身的人才等优势，积极推进科研平台建设。(二)及时投入资金进行设计软件升级，提高设计工作质量。(三)与中国石油大学(北京)等高等院校、科研院所进行交流和合作，提高公司科研开发能力。(四)建立院士工作站。8月31日，河南省科技厅批准公司申报的“河南省油气资源勘探开发装备院士工作站”，成为南阳市唯一的一家院士工作站。(五)加强博士后科研工作的建设。2010年，公司博士后科研工作站再次被评为“河南省优秀博士后工作站”，公司当选河南省博士后工作协会常务理事单位，并被评为“河南省引进国外智力先进集体”。

【产品创新】 集团公司积极追踪国际先进水平，加大技术创新力度，选择有市场前景、有良好经济效益的产品作为突破点，丰富公司产品系列，形成新的市场接替。公司5000米海洋钻机成功打入海洋装备市场，新型水井钻机研制成功，并批量出口东南亚市场。低温钻机项目获“省百项职工优秀技术创新成果奖”，并被列入国家火炬计划项目。“数字化超深井钻机研制项目”和“300—1500米水深海洋钻机的研发及产业化项目”分别通过省重大科技专项专家组的项目验收和立项论证，煤层气钻机顺利通过专家组评审等。“井架扶正器弹簧制造方法”获得国家知识产权发明专利授权。至此，公司获得的发明专利已达16项。公司加快前瞻性项目研发推进速度，加快新产品研发步伐，努力形成新的产品接替，其中直升机吊装钻机等20多个新产品项目研究，已取得较大进展。

【质量提升】 2010年，公司进一步加强质量管理，产品质量稳步提高。(一)成功导入卓越绩效模式，提升企业整体绩效与能力，增强竞争优势，扩大社会影响力。(二)质量分析更加细化。以质量例会为改进质量的重要举措，及时发现问题，解决问题，推动产品质量的不断升级。（三）强化质量改进计划的落实。（四）强化基础管理。建立健全相关规章制度，完善流程，严格考核，把质量责任制度落到实处。

【市场营销】 2010年，针对市场形势的新变化，公司调整营销策略，强化市场营销的基础管理，并加大激励约束力度。在国内市场上，以加强、细化内部管理为出发点，创新管理手段，加强队伍建设，提高执行能力。在国外市场上，进一步转变观念，调整营销思路，采取更加灵活的营销策略。设立迪拜中东办事处，加快市场反应速度，由单纯销售设备逐步转入设备和工程服务领域。开展进料加工贸易，积极尝试多种贸易方式。

【企业管理】 公司及时调整生产组织形式，推行精细化管理，适应市场变化。（一）根据市场特点进一步加快生产节奏，在生产调度中引入生产管理软件进行项目管理，提高生产组织效率。（二）细化内部管理，持续推进精细化管理，提升生产组织水平。（三）加强成本管理，进一步开源节流、降本增效。（四）持续深入推进TPM工作，管理创新成果固化工作按照“成书、成册、成规”的思路有序推进。（五）创新先进集体评选办法，把绩效管理方法运用到对部门、单位的工作考评之中，加强激励和约束，强化团队意识。

【多元化发展】 公司结合自身实际，突破原有思维模式，拓宽发展思路，在坚持石油装备制造主业的同时，整合社会资源，谋求相关多元发展。（一）投资南阳村镇银行。2010年9月，公司董事会表决同意公司入股南阳村镇银行股份有限公司。12月30日，南阳村镇银行股份有限公司成立，这是公司首次成功进入金融资本领域。（二）进军防爆电气、军品等新领域迈出关键步伐。12月15日，公司与南阳防爆电气研究所、上海方齐消防安全设备有限公司举行战略合作签字仪式，合作开发防爆消防装备。此举标志着公司进军防爆电气领域迈出关键步伐。在军品领域，公司在样机设计、资质认证申请等方面都取得较大进展。

冶金建材工业

【河南龙成集团】 河南龙成集团有限公司于1988年创建，是省委、省政府确定的百户重点企业。现已成为立足铁矿资源，发展特钢主业，横跨机械制造、冶金材料、IT、旅游等多领域，员工7000人的民营股份制现代企业集团，下辖南阳汉冶特钢有限公司、龙成特种材料有限公司、龙成工程技术有限公司、龙成冶金材料有限公司、深圳路畅科技有限公司、恐龙遗迹园旅游有限公司等5家全资法人企业和许昌矿业有限公司、龙潭沟旅游开发有限公司两家控股企业。（一）南阳汉冶特钢有限公司是河南龙成集团最大的全资子公司，是一家集烧结、球团、炼铁、制氧、炼钢、连铸、模铸、轧钢、热处理为一体的钢铁生产联合企业，拥有铁矿进口资质，是中国钢铁工业协会常务理事单位、中国特钢企业协会常务理事单位、全国工商联冶金业商会副会长单位、河南省钢铁协会副会长单位，以开发“特种钢、特厚钢、特重钢”为主攻方向，年产宽厚板200万吨，产品远销欧洲、亚洲、南美、北美、中东等地区。（二）西峡龙成特种材料有限公司是世界最大的连铸结晶器铜板研发生产基地，是国内唯一一家连铸结晶器总成、结晶器铜板（管）系列产品专业生产厂家，产品国内市场占有率达98%以上，并出口印度尼西亚、马来西亚、韩国、印度、俄罗斯、波兰、美国等国家和地区。（三）西峡龙成冶金材料有限公司是中国金属学会团体会员单位和全国连铸结晶器保护渣生产基地，公司研发的宽板坯和不锈钢结晶器保护渣填补国内空白，生产的薄板坯结晶器保护渣在同行业处于领先位置，年产销各类产品50余万吨，其中保护渣年产销10万吨，占国内保护渣市场1/2，并出口印度尼西亚、马来西亚、韩国、印度、俄罗斯、波兰、美国等国家和地区。（四）许昌矿业有限公司是河南龙成集团控股公司，正在开发建设的许昌铁矿位于许昌县和长葛市交界处，矿区范围27.3平方公里，储量约3亿吨，是河南省内已探明未开发的最大磁性铁矿，约占河南省内已探明铁矿资源储量的1/4。许昌铁矿建设项目被列入许昌市和河南省重点建设项目，本着“加快项目进度、保证工程质量、节省建设资金”的原则，力争尽快形成年采选200万吨原矿产能，进而形成年采选500万吨原矿的生产规模。（五）深圳路畅科技有限公司在国内率先拥有导航软件、导航数据库和导航硬件的自主产权，并取得多项汽车导航技术专利，拥有年产20万台GPS卫星导航仪的能力，正陆续开发出三大系列产品——高端的“畅想”系列、中端的“畅行”系列和底端的“畅游”

系列。（六）西峡恐龙遗迹园旅游有限公司的恐龙遗迹园景区为国家地质博物馆3家分馆之一，被誉为“世界第九大奇迹”，是国家4A级景区；西峡龙潭沟生态旅游有限公司的龙潭沟景区融山秀、石奇、水澈、林茂、潭幽于一体，被誉为“中原一绝，人间仙境”，是国家3A级景区；两个景区均为南阳伏牛山世界地质公园的核心景区、河南省服务标准化示范景区。

【河南龙成集团产值突破100亿元】 2010年，河南龙成集团实现总产值120亿元，同比增长20%；销售额93.3亿元，同比增长37%；实现利税7.4亿元，同比增长15.6%；利润4.4亿元，同比增长21%；入库税金2.79亿元，同比增长2%。

【河南龙成集团项目建设】 2010年，河南龙成集团共投资8.7亿元推进项目建设。汉冶特钢的二期建设后续项目、节能项目、排水防洪项目、排放治理项目均进入扫尾阶段。特材公司建成一条完整的辊系生产加工线；冶材公司完成多条生产线改造；工程技术公司完成3＃连铸机、4＃加热炉、3350热处理线等重点工程投资总额的80%及其他60多个子项目；许昌矿业公司取得39公顷土地使用权，完成井巷及硐室建设，地面工程全面展开；恐龙园景区完成二期工程主体建设；龙潭沟景区完成天池拦砂坝、山门区整体改造、水上滑道等重点工程；深圳公司在郑州建设高标准工业园；天然气公司获得西峡县政府批复的天然气特种经营权，目前正在进行公司建设和城内主管网建设。

【河南龙成集团自主创新】 2010年，河南龙成集团强化自主创新工作，取得丰硕成果。龙成集团荣获“河南省循环经济试点单位”称号，被河南省委、省政府评为“优秀民营企业”，获得专利证书4个，完成专利受理142项，其中12项为国际专利。汉冶特钢成功申报“河南省质量A等工业企业”、省名牌产品、省优质产品，通过国家级高新技术企业认定和国家级试验室认定并取得证书，荣获国家“冶金产品实物质量金杯奖”；汉冶特钢成功用于京沪高铁、郑州火车站、太原火车站、南京火车站、杭州湾大桥、新疆会展中心、北京财富中心大楼、上海中心大厦、昆明机场大楼、格尔木南山口水电站等国家重点工程。特材公司结晶器铜板再次荣获“河南省名优产品”称号；冶材公司被河南省科技厅等命名为“河南省高新技术企业”，并被多家大型钢企评为一级供应商。深圳公司获得国家“高新技术企业”、国家“火炬计划重点高新技术企业”称号，被国家商务部列为《商贸企业信用管理技术规范》标准试点单位；恐龙园景区成功申报“全国科普教育基地”，并被授予“最具影响力主题公园景区”、“最具竞争力品牌景区”、“最具创意营销策划景区”称号。

【党和国家领导人莅临河南龙成集团考察】 2010年6月8日，省委书记卢展工视察河南龙成集团；9月21日，中共中央政治局委员、中央书记处书记、中宣部部长刘云山深入龙成集团考察调研；10月28日，原中央政治局常委、中纪委书记吴官正深入龙成集团考察指导工作。至此，先后莅临河南龙成集团考察指导工作的党和国家领导人还有：中共中央政治局常委李长春、中共中央政治局常委、国务院副总理李克强、全国政协副主席王忠禹、全国政协副主席张思卿。

【河南通宇冶材集团有限公司概况】 河南通宇冶材集团创建于1998年4月，是一家集冶金保护材料、耐火材料新产品的研究、开发、生产、销售以及医疗保健、旅游开发、冶金机械装备制造、新能源汽车为一体的现代化民营企业集团。

集团公司现有员工2600余人，其中各类技术人员800余人，总资产8.2亿元。是河南科技厅命名的高新技术企业，是省100家优秀企业之一，南阳市民营企业30强。

公司下辖通宇冶金保护材料有限公司、华能耐材有限公司、五道幢旅游管理有限公司、废旧物资购销有限公司、通宇新源动力有限公司、豫西协和医院6个子公司和通宇生态工业园区一个经济实体。公司主要产品有预熔型中空颗粒系列连铸结晶器保护渣、模铸保护渣、引流剂、钢（铁）包覆盖剂和中间包保温吸渣剂、定型及不定型耐火材料、精炼三脱剂等6大系列120多个品种，产品畅销国内外160多个钢铁企业。2010年实现产值20亿元，销售收入17.3亿元，新上新能源汽车项目是通宇集团转变经济结构的又一个经济增长点。

【多元化发展战略】 （一）冶金保护材料。为集团公司核心产业，主导产品保护渣、引流剂的国内市场覆盖率达到90%，其中公司的引流剂属国家第一品牌，市场份额达到30%。公司产品畅销国内150多个钢铁企业，部分产品出口马来西亚、新加坡、澳大利亚等国家和地区。2008年通宇集团的检测中心被评为国家级实验室，公司技术中心被评为省级企业技术中心。2009年12月20日通宇牌商标被河南省工商局重新认定为著名商标，在同行业中处于领先水平。同年被河南省科学技术厅、河南省财政厅、河南省国家税务局、河南省地方税务局联合下文评为高新技术企业，被河南省科技厅、河南省发展和改革委员会、河南省环境保护厅联合评为节能减排科技创新示范企业。（二）机械加工业。为集团公司的重点支持产业，于2006年开工建设，完成厂房建设3万平方米，投入生产线3条，拥有定梁龙门数控镗铣床10台，梁式起重机12台，卧式车床23台，数控车床10台和630吨液压机1台，检测设备有德国引进的M10直读光谱仪、拉力试验机、GX51金相显微镜等10余台套，现已形成年产值1.6亿元，实现利税8000万元的生产经营局面。相继完成机械加工产业的两个发展阶段，即：第一阶段开发钢铁行业连铸设备配件加工修配（辊子）；第二阶段开发钢铁行业连铸设备核心设备—结晶器铜板生产。规划的第三阶段在通宇工业园区二期新上冶金机械装备制造项目。（三）投资建设豫西协和医院。2004年投入运营，医疗设备配备有德国西门子64排128层螺旋CT、直线加速器、数字平板大C臂、四维彩超，美国GE0.35T磁共振、双排螺旋CT、CR、C型臂X光数字减影机、彩超、乳腺CT，美国贝克曼库尔特全自动生化分析仪、五分类血球分析仪、免疫发光仪，德国吉米腹腔镜、宫腔镜、关节镜，日本奥林巴斯胃镜，瑞典金宝血液透析机等先进的医疗设备。医院分别与北京301医院、北京协和医院、武汉同济医院、第四军医大西京医院、省人民医院、郑州大学一附院及二附院建立技术协作关系。豫西协和医院自成立以来围绕公司倡导的“回报社会，报效西峡”的办院理念，坚持以病人为中心的服务宗旨，严格实行科学管理，用精湛的技术、优质的服务质量，赢得社会认可，被省卫生厅授予国家二级医院称号。2009年3月2日成立豫西协和医院医疗求助基金，旨在帮扶困难群众，服务西峡人民，体现社会责任。（四）旅游业。西峡县五道幢旅游管理有限公司于2004年成立，是由五道幢景区、漂流景区、五道幢宾馆3个单位组成。五道幢景区位于西峡县城东北部的二郎坪乡境内，总投资约2800万元，景区面积约20平方公里，全长5公里。景区集奇峰、瀑流、怪石、森林生态、古寨为一体，具备探险观光、休闲娱乐、避暑等功能。准三星级的五道幢宾馆，可接待120人，提供住宿、餐饮、娱乐、会议一条龙服务。龙河漂流景区投资6000万元，全长15公里，落差198米，有上、中、下三级码头，配备专业、高素质的护漂员，提供全套漂具及导游、保险等系列服务。（五）新产品开发。通宇集团于2010年与武汉理工大学合作开发新能源汽车总成及总控制器系统，成立了武汉理工通宇新源动力有限公司，主要经营范围为：新能源动力系统和控制系统及其零部件的设计、开发、生产及销售；汽车零部件的设计、开发、改装及销售。该项目建成投产后，可实现年销售收入20亿元，利税2.4亿元，新增就业岗位600余个。

【申报年产5万吨精炼引流剂项目】 为推动钢铁工业的顺利发展，提高钢铁产量和质量，降低成本，通宇冶材集团有限公司投入大量的人力物力研制开发高效精炼引流剂系列产品，解决连铸生产工艺中钢铁质量问题。精炼引流剂可在钢铁冶炼，钢包浇钢时，能够自动开浇，避免因烧氧引流而出现冒钢、跄钢及操作人员烧伤等事故，开浇成功率可达99%。该产品比重大、流速快、适当烧结厚度、抗钢水浸透；产品生产成本低，经济效益高，减轻炼钢工人劳动强度；提高钢铁产品质量，确保连铸工艺顺利进行，彻底解决不精炼的炼钢工艺的弊端。该产品的研制开发可替代进口产品，填补国内行业空白，已获国家知识产权局专利证书，专利号200710195028.5。通宇集团申报的精炼引流剂项目，规划建设生产车间1.52万平方米，建设成品仓库7500平方米，购置烘砂塔2台，供热炉2台，全自动化微机配料系统2套，混匀设备2套，除尘系统2套，行车5台。建设时间自2011年1～12月，计划年产量达到5万吨，计划总投资3260万元，其中固定资产投资3160万元，铺底流动资金100万元。资金来源全部为企业自筹。该项目建成后年可新增销售收入20000万元，实现税利3600万，新增出口创汇500万美元，新增就业人员450人，经济效益和社会效益良好。

感光材料工业

【感光材料生产经营】 2010年，乐凯华光印刷科技有限公司在国内外经济环境更加复杂、市场竞争日趋激烈、主要原材料价格持续攀升的形势下，加大市场开拓、技术创新、结构调整和成本控制力度，加快项目建设、改革改制步伐，稳步推进生产经营工作，主导产品产销两旺、多项经营指标再创新高。销售额、产值同比分别增长24.80%和21.78%，感光材料产销量同比分别增长20.16%

和 22.96%，其中全年胶印版材销量同比增长 25.81%。印刷胶片销量同比增长 16.10%，其中 CTP 版销量同比增长了 94.41%，已成为国产第一品牌。新产品 PCB 胶片产销量同比分别增长 136.84%和 53.20%，柔性树脂版产销量同比分别增长 251.33%和 56.03%。薄膜材料产销量双双突破 3000 吨，同比分别增长 85.21%和 82.75%。通过与国外客户互访等形式，增强国际市场对“华光”的信心。搭建华光产品“走出去”的营销平台，做好市场推广、客户交流和技术服务工作，提高华光产品的国际知名度。CTP 版出口量已占公司 CTP 版总销量的近 70%。

2010 年 10 月，中共中央政治局常委、国务院副总理李克强视察乐凯华光印刷科技有限公司。

【李克强到乐凯华光印刷科技有限公司视察】 2010 年 10 月 9 日下午，中共中央政治局常委、国务院副总理李克强再次来到乐凯华光印刷科技有限公司，走进华光园区，走进数码印版生产线，了解企业生产经营、技术创新、企业发展等工作，看望生产一线员工。李克强是在南阳主持召开南水北调工程建设工作座谈会后到乐凯华光印刷科技有限公司视察的。该公司党委书记、总经理滕方迁向李克强汇报企业生产经营、产品研发、数码印版、柔性树脂版等有关情况，陪同视察数码印版生产线，观看华光系列产品。随同李克强副总理来厂视察的领导有：环境保护部部长周生贤、水利部部长陈雷、国务院副秘书长尤权、南水北调办公室主任鄂竟平、国家发展改革委副主任杜鹰、财政部副部长廖晓军、国土资源部副部长王世元，国务院研究室副主任宁吉喆等；河南省委书记、省人大常委会主任卢展工，省委副书记、省长郭庚茂，省政协主席王全书，省委常委、常务副省长李克，省委常委、省委秘书长曹维新，省人大常委会副主任李柏栓，副省长秦玉海、刘满仓，南阳市委书记黄兴维，市长穆为民及南水北调中线其他省市政府负责人、河南省沿线省辖市负责人。

【刘云山到乐凯华光印刷科技有限公司调研】 2010 年 9 月 21 日下午，中共中央政治局委员、中央书记处书记、中宣部部长刘云山在河南省委书记卢展工，河南省委常委、省委宣传部部长、副省长孔玉芳，南阳市委书记黄兴维，南阳市市长穆为民等领导陪同下到乐凯华光印刷科技有限公司考察调研，充分肯定该公司坚持技术创新、积极推进印刷工业、文化产业发展作出的贡献，希望该公司继续加大技术创新力度，把企业做大做强，把产品做大做强，实现胡锦涛提出的“把华光品牌在国际市场上叫响”的目标！乐凯华光印刷科技有限公司党委书记、总经理滕方迁汇报公司生产经营、技术创新、企业发展等情况，并陪同参观数码印版生产线。中宣部副部长翟卫华、文化部副部长王文章、国家广电总局副局长赵实、新闻出版总署副署长蒋建国随同调研；河南省委常委、省委秘书长曹维新，南阳市委常委、市委宣传部部长姚进忠，南阳市委常委、市委秘书长原永胜等陪同调研。

【卢展工到乐凯华光印刷科技有限公司调研】 2010 年 1 月 12 日，河南省委书记卢展工在南阳市委书记黄兴维、市长穆为民等领导的陪同下，到华光科技考察调研，公司总经理、党委书记滕方迁汇报近年来生产经营、技术创新、项目建设等工作，并陪同参观了数码印版生产线。在参观华光科技的数码印版生产线，查看 CTP 版材，听取了公司汇报后，卢展工说，华光科技以自身不俗的业绩，为乐凯集团争了光，为南阳、为河南争了光，大长了民族工业的士气。华光科技能发展到如今这样的规模和水平，一方面充分说明企业队伍素质高，有人才，有技术；另一方面说明企业转型早，不断利用最新技术加快产品更新换代步伐。他希望华光科技继续加快技术创新步伐，加大产品结构调整力度，积极做好企业改制工作，把各项工作做得更好，为河南经济发展再作新贡献，为中华争光。

【乐凯华光印刷科技有限公司成立揭牌】 2010年11月22日，乐凯华光印刷科技有限公司揭牌仪式在南阳市华光工业园区举行。南阳市委书记黄兴维、市长穆为民、中国乐凯胶片集团公司总经理张建恒、党委副书记徐京燕、乐凯华光印刷科技有限公司总经理滕方迁等领导为乐凯华光公司揭牌。副市长崔军主持揭牌仪式。南阳市委常委、副市长朱长青，市委常委、市委宣传部部长姚进忠，市委常委、市委秘书长原永胜，市人大常委会副主任马东升，市人大党组成员、市总工会主席韩奎生，副市厅级领导干部、市政府党组成员、市公安局局长李国周等出席揭牌仪式。乐凯华光印刷科技有限公司是由乐凯集团第二胶片厂整体改制成立的新公司。第二胶片厂是经周恩来批准建设的三线企业，1969年开始筹建，1973年开工建设，1977年建成投产，总厂建在豫西伏牛山偏远山区，1992年总部搬迁至河南省南阳市，1997年完成了企业整体搬迁；2010年11月整体改制为乐凯华光印刷科技有限公司。经过30多年市场风雨的洗礼，乐凯华光印刷科技有限公司已由建厂初期偏居深山一隅亏损1000多万元，到实现整体战略转移在南阳市区建起国内最大的印刷光电信息记录材料研发、生产基地，发展成为拥有总资产16亿元、产销规模居国内同行业第一的国有大型企业，为推动中国文化产业实现跨越式发展，为中国印刷工业告别“铅与火”，进入“光与电”和数字化时代作出突出贡献。

【PCB胶片生产线动工建设】 2010年3月25日，乐凯华光印刷科技有限公司PCB胶片生产线在南阳市华光工业园正式动工。PCB胶片生产线是华光工业园内的又一个新建项目，也是乐凯华光印刷科技有限公司依靠技术创新进入新领域的新项目，更是该公司发展长河中具有标志性的新项目。目前中国已成为世界上最大的印刷线路板制造国，而PCB胶片是生产印刷线路板的重要信息传递材料，其市场前景广阔。该公司的PCB胶片技术属自主研发，国内首创，已将产品推向市场，填补国内空白。该项目计划投资1.4亿元人民币，年生产PCB胶片1000万平方米。项目建成后，新增销售收入4亿元，新增利税7000万元。

【免处理数码印版生产线建成投产】 2010年11月8日上午，乐凯华光印刷科技有限公司免处理数码印版生产线及配套项目正式开工建设。免处理CTP版材是乐凯华光印刷科技有限公司研发的新一代环保型数码印刷版材，成像后不需要化学显影，实现印前制版的绿色生产，具有显著的节能减排优势和广阔的市场前景。为了抢占国际制版技术高地和市场制高点，乐凯华光印刷科技有限公司经过不懈攻关，在版材的配方研发、工艺流程和装备制造方面，已经拥有全面核心技术，具有完全自主知识产权，具备产业化生产条件，这将引领中国印刷工业向绿色环保发展方向迈进。免处理数码印版生产线设计车速为45米/分，年生产能力1600万平方米，占地面积3万多平方米，计划投资3.6亿元。项目建成后，将增加产值约6亿元。配套项目包括化学品生产线及厂房、配套有机溶剂库等。12月21日，中国乐凯胶片集团公司组织验收组，对乐凯华光印刷科技有限公司1600万平方米/年CTP数码版材生产线（简称数码印版生产线）及华光园区一期配套公用工程进行竣工验收。验收委员会在听取项目建设、验收准备工作汇报和检查项目生产工艺、生产装备、生产现场并查阅相关技术资料、档案后，一致同意该项目通过竣工验收。验收委员会认为：该项目自主设计、自主施工，既能生产热敏CTP版，又能生产紫激光CTP版；生产线技术和装置水平达到国内领先、国际先进水平。在项目实施过程中，严格按照基本建设程序办事，合理安排工期，按时按质完成了工程建设，工程质量符合国家现行规范要求，达到全部合格，工程合格率为100%；项目建设中，严格控制资金使用，严格工程审计，资金来源和使用符合国家规定。“三废”治理、环境保护做到了“三同时”，“三废”排放达到了国家排放标准；安全、职业卫生、消防全部符合国家规定；工程技术资料齐全，案卷编制符合要求；生产装置、产品质量、原材料及公用工程消耗等符合设计要求。

【乐凯华光印刷科技有限公司获得4A级标准化良好行为企业称号】 受国家标准化委员会委托，河南省质监局派专家组到乐凯华光印刷科技有限公司开展标准化良好行为企业评审确认工作，并获得标准化企业的最高级——4A级国家标准化良好行为企业称号。乐凯华光印刷科技有限公司投产以来，高度重视标准化工作，不断加强标准化建设，建立完善技术标准、管理标准和工作标准，不断规范标准化工作；严格执行各项标准，不断检查标准执行情况，修订和完善各项标准，形成企业标准化体系，采用国家、行业标准220项，制定企业标准800多项。由该公司参与制定的国家、行业技术标准就有15项。

【乐凯华光印刷科技有限公司承担新一代制版技术课题研究】

"十一五"863计划新材料技术领域"基于纳米材料的新一代制版技术重点项目"立项工作完成，科技部明确乐凯华光印刷科技有限公司为该项目的"纳微米结构超亲水版材的规模化制备研究"课题的责任单位，负责课题各项任务之间的协调和组织。该项目符合印刷业数字化、环保化的发展方向，对提升中国印刷制版关键技术自主创新能力，加快中国环境友好印刷技术的发展具有重要意义。科技部要求通过项目实施，实现新一代制版技术的系统集成和优化，形成可产业化推广的技术和方案，并在出版印刷业实现示范应用。(赵国庆)

生物能源工业

【天冠集团概况】 河南天冠企业集团有限公司是国内存续完整、具有代表性的"红色企业"。1939年经中共中央领导人刘少奇批准创立，逐步发展为国内历史长、代表性强的乙醇生产企业。是生物质能源生产企业中唯一进入国家循环经济试点的企业，行业内唯一一家被国家批准设立博士后工作站单位，国家新能源高技术产业基地主体企业，国家燃料乙醇标准化技术委员会秘书处单位。中国车用生物燃料国家重点实验室，国家级企业技术中心，设在天冠集团。员工5000余人，总资产70亿元。集团下属3个生产厂，2个全资子公司、8个控股子公司、4个参股公司、1个国家级工程技术中心和1个省生物燃料工程技术研究中心。拥有年产105万吨小麦制粉加工生产线、年产6万吨谷朊粉生产线，拥有目前国内最大的年产50万吨燃料乙醇和18万吨优质酒精，日产50立方米工业沼气生产能力。产品涉及生物能源、生物化工、有机化工、精细化工、工业气体、电力等7大门类，主要产品有燃料乙醇、酒精、谷朊粉、全降解塑料、冰醋酸、醋酸酯、总溶剂、DDG饲料、二氧化碳、生物天然气等40余个品种，产品总量达100万吨以上。

2010年，天冠集团围绕企业的可持续发展，以结构调整为主线，以科技创新为支撑，坚持在发展中谋转变，在转变中促发展，深入实施"生物炼制，能化并举"的发展战略，发展态势良好。全年集团共完成工业总产值54亿元，实现销售收入49.6亿元，上缴税金1.33亿元，实现利润1.16亿元。全年生产燃料乙醇55.9万吨，均创历史最好水平。由于主产品的拉动作用，副产品产量增幅稳定，谷朊粉、饲料、麸皮、白酒、工业沼气、发电等，都实现快速增长，经营成效取得历史最好水平。

【节能降耗】 2010年，天冠集团不断强化集团总部作为成本控制中心的管理、调度职能，通过精细化目标管理和经济责任制综合考核管理和实施多项节能降耗技改措施，为节能增效作出实效。主要产品产量在创历史新高的同时，粮、煤、水、电等消耗指标全线降低。乙醇公司实施蒸馏热平衡系统改造、真空提酒设备改造等一系列技改措施，年节约蒸汽15万吨，节水36万吨，节省开支2000万元以上。通过应用高转化率酒精酵母技术，使成熟醪酒精度提升到12.96%，使吨酒精水耗、汽耗、电耗大幅降低，年节水195万吨、节汽10.08万吨、节电55.8万度，节能降耗效益突出。生物发酵公司围绕万吨级纤维乙醇生产线扩建，进行了预处理工段增加产能改造、蒸馏浓缩工段新型抽酒装置改造及污水处理二期工程改造等多项技改措施，使同等装置下的纤维乙醇产能扩大2倍，生产废水减少50%，节能效果达到50%以上，纤维乙醇生产成本大幅降低，向基本达到粮食乙醇成本的目标又前进一大步。漯河公司在稳定生产基础上，围绕酒精生产线的工艺升级，通过对酒精糖化发酵设施、循环水系统、电气仪表系统一系列技术改造，取得稳产高产和节能挖潜的双重成效。新乡公司以集团控股为契机，对能耗过高的设备统一进行技术改造，并针对性地进行发酵工艺设备改进，提高发酵质量和产量，消耗进一步降低。节能降耗管理措施和技改措施的双管齐下，使集团燃料乙醇生产以0.419t/t标煤的综合能耗继续保持国内领先水平。

【天冠集团在建在研项目】 2010年，天冠集团把项目带动作为转方式、调结构的着力点，推进在建、在研项目实现全面提速、多点突破。大部分项目实现了试产运营，以"天冠速度"夯实企业的发展基础。(一)生物天然气项目已完成投资3.6亿元，主体工程建设基本完成，其他配套附属及公用工程均进入扫尾阶段。已可接收乙醇公司全部、股份公司部分的高、低浓度废水，日处理水量能力已达1.5万立方米，日产沼气15万立方米。(二)4月，老厂搬迁及生物丁醇项目227天高标准地建成新的10万吨薯类乙醇示范生产线，并于11月22日实现联动投料试车。(三)生物丁醇项目与老厂搬迁项目同时启动，工程建设全部结束。顺利完成以水代料的联动试车，具备试生产条件，计划于2011年2月份正式投料试车。（四）万吨级PPC全降解塑料项目全面进入一期工程建设阶段。办公楼主体、厂区广场及道路基础工程已基本完成，即将进行罐区、制品工段及库房的土建施工。（五）国家重点实验室项目的申报工作取得重大进展，有望通过审批，成为河南省首家生物能源技术国家级研发基地。（六）项目研发。纤维乙醇关键指标已达到国际先进水平，其中纤维素水解率、纤维二糖酶发酵水平较上年提高100%，吨纤维乙醇综合生产成本同比下降16%以上。PPC的产品特性和催化剂性能进一步提高，产品拉伸强度最高可达20Mpa，不经过二次处理就可以直接满足普通制品的深加工，扩大产品应用领域。采用现代基因工程技术构建的高转化率酒精酵母项目通过在各生产系统的推广和应用，技术已经日趋成熟，发酵质量和发酵终了酒度进一步提高。乙醇制乙烯攻关课题取得阶段性成果，乙醇转化率达到77.3%，乙烯选择性达到78.6%。

【天冠集团改革重组】 2010年，天冠集团不断探索符合天冠实际的资产营运模式，通过多种资本运作手段，广泛吸引战略投资者参与项目共建与产业合作，实现各种资源的优化、共享与整合。PPC项目通过数次股权改造，实现央企中聚联合公司的加入。粮食物流项目继续加强与中储粮公司的战略合作，双方合资开建的粮库一期工程已建成启用，初步具备30万吨原料储备能力，并将依托中储粮公司的渠道和资源优势，成为企业稳固的原料库存和供应基地。10月16日，首钢控股有限公司与南阳市政府、天冠集团三方战略合作协议正式签署，11月30日完成对天冠集团的增资扩股，天冠多年寻求央企战略合作伙伴的不懈努力喜获成功。（陈铁）

电 器 工 业

【防爆集团概况】 南阳防爆集团股份有限公司是中国最大的防爆电机科研生产基地、国家创新型试点企业、中国电器工业协会防爆电机分会理事长单位。2010年南阳防爆集团在改革创新中快速平稳发展，实现工业总产值18.7亿元、利税4.19亿元。该公司生产高低压各类防爆电机、普通电机、电动/发电机、轻型发电机、防爆风机、防爆电器及监控仪表等，主要应用于石油、煤炭、化工、冶金、电力、军工、核电领域。先后获得“中国电气工业100强”、“中华人民共和国海关2A类企业”、“中国电器工业协会行业信用3A最高等级评价”、“中国百佳绿标企业”、“河南企业100强”；南阳市“劳动保障诚信示范企业（A级）”、“税收先进单位”、“纳税信用A级企业”、“慈善功勋单位”等荣誉。

【企业改制】 在省政府的直接领导下，防爆集团完成与世界500强企业——平安集团的战略重组，同时根据现代“集团企业”的发展趋势，对组织机构进行大规模调整重组，初步搭建“事业部制”框架。一次通过总装备部装备承制单位资格的“二方认证”现场审核。试验中心取得“国家认可试验室”证书。参加“矿用设备”国际标准制定工作。

【科研项目】 国家科技支撑计划项目课题——“大型增安型同步电动机防爆关键技术研究”、“YBZT系列隔爆型超高效铸铜转子电动机研制及国家标准草案”和河南省重大科技专项——“核电厂用系列核级电动机关键技术研究”顺利通过项目验收。申报专利36项，获得专利25项，其中发明专利5项，完成省市级科技成果鉴定5项。（王岩平）

医 药 工 业

【河南省宛西制药股份有限公司】

2010年，河南省宛西制药股份有限公司在董事会的正确领导下，积极应对医改新形势，创新经营思路，强化内部管理，以更加优质高效的服务参与市场竞争，企业继续保持了健康稳健发展的态势。集团全年完成产值210857万元，同比增长3.8%；完成销售收入260745万元，同比增长28%；实现利税34698万元，同比增长23%。（一）品牌建设展现新活力。经过多年的文化品牌经营，仲景文化、仲景品牌、产业链式的新中药产业发展模式已由原来优势资源成功转化为优质资产，成为未来可持续发展的内在推动力。2010年，先后组织六味地黄丸等传统中药发展战略研讨会、中药经典名方创新战略研讨会、天智颗粒临床应用与研究座谈会。由宛西制药主办，河南中医学院、大河健康报协办的纯公益健康讲座“仲景健康大讲堂”在郑州成功开讲。继出资500万在全国10所中医药大学设立张仲景奖学金助学金之后，又一次性出资80万在河南中医学院设立仲景学术传承实验班，设立张仲景奖、助学金，分10年资助10届实验班学员完成学业。连续承办9届张仲景医药科技文化节，世界中联第三届中医、中西医结合老年医学会学术大会。圆满组织庚寅年“医圣张仲景诞辰1860周年”拜祭典礼、纪念医圣诞辰1860周年座谈会、医圣故里寻根行等活动。积极参加中医中药中国行第二阶段活动启动仪式、第三届北京中医药文化宣传周、全国中医药文化宣传教育基地建设工作座谈会等现场活动。组织策划并首次作为命题单位参与第八届“全国大学生广告艺术节学院奖”颁奖典礼，投资2000万元分别在上海、郑州建设的企业文化展厅正式对外开放，太平镇游客服务中心一期工程建成投入使用。历时6年、6易其稿的《医圣张仲景》剧本完成创作，《仲景之光》改版升级。成功注册“仲景百草园”、“天智”等商标品牌，企业被授予“中医中药中国行活动突出贡献奖”，仲景牌六味地黄丸荣膺中国中药产品品牌十强。（二）信息化、规范化管理。2010年是企业经营管理的改革之年、创新之年。营销、生产、项目、研发、采购等各项工作精细化管理，取得显著成效。一是营销工作创新发展，经营业绩持续攀高。全年立足实际，面对政策高压、行业洗牌的不利局面，企业外拓思路，内强素质，全年实现销售收入超5000万元的品种3个，销售超1000万元的品种15个，较2009年增加5个，其中重点产品天智颗粒增幅在50%以上，产品结构进一步优化。饮片销售实现合同金额和回款同比增长45%和40%，销量增长迅速。二是对照新法规、新标准，产品质量持续提升。全面实施质量提升计划，加强过程控制，紧抓质量追踪，推行卓越绩效，产品一次合格率达99.8%。更新质量系统组织架构，成立GMP办公室，职责更细化，积极应对GMP改革，严格比照新版GMP与2010版药典新增细节，自查共查，积极整改，增补改进软硬件1200余项，在药监部门的多次检查中得到好评，粉针剂车间顺利通过国家GMP认证，酒剂车间GMP复检通过验收，企业生产许可证得以顺利换发，“市长质量奖”通过现场评审和初审，产品六味地黄丸、月月舒痛经宝颗粒、天智颗粒获“河南省名牌产品”，企业荣膺河南省质量诚信企业。三是立足长远发展，研发工作实现新突破。研发工作依托产学研合作，以市场为导向，确立起中药、化学药、保健品“三药并举”的研发创新战略，自主研发、加强引进，极大丰富了公司产品结构。全年共筛选中药“颐脑解郁颗粒”、“安神解虑颗粒”，化药“注射用硝普钠、注射用克林霉素、注射用盐酸丁卡因”等10余个新品种进行立项，获得“太子金颗粒”、“小儿咳喘灵颗粒”技术转让，积极申报国家科技专项5个，累计新申请发明专利5项，取得专利证书3个，“仲景牌西洋参地黄丸”保健食品获批准证书，温补肾阳酒完成试生产，天智颗粒获河南省科学技术进步三等奖。四是相关部门高效服务，形成合力参与竞争。财务工作认真研究财税政策、合理运用财税制度，争取财政政策的最大限度支持，确保了全年资金的充足合理流动。中药材、采购工作积极调研市场，优化采购流程，加强招标采购，创新开展常规大宗药材产地收购新举措，在全年原、辅材料等生产成本全面上涨并可能继续上扬情况下，原料药储备充足，采购成本得到有效控制。五是加强药材基地建设，备足企业发展后劲。安徽南岭牡丹皮基地顺利通过国家GAP认证，西峡山茱萸基地获得“山茱萸产地认定证书”。全年加大项目投入力度，完成“中药现代工程技术研究中心创新能力建设项目”、“年产2000吨优质山茱萸中药材生产基地建设项目”、“现代技术集成在传统中药浓缩丸中应用的技术平台项目”等10余新老项目的申报验收工作，获得补贴资金3000余万元。南阳张仲景医院、养生院项目稳步推进，张仲景大药房物流项目启用在即。六是转变管理方式，实施企业信息化管理。上马ERP信息化系统，购置现代信息化办公器具，对信息交流、物资采购、客户评价等实行网络化管理，实现信息流、现金流、物流有机统一，规范化、信息化的企业管理雏形逐步呈现。（三）集团产业发展。1.张仲景大药房公司完成领导班子调整，实现经营回升向好态势，企业驶入良性稳健发展快车道，目前已开设连锁直营药店近200个，服务范围覆盖河南省所有地级市和重点县（区），成为中原药品零售行业名副其实的第一品牌。2.张仲景大厨房公司主导产品仲景牌香菇酱，小品种做成大产业，投资上马1亿元，年产3000万瓶的香菇酱全自动生产线。2010年实现销售收入1.2亿，同比翻番，企业呈现蓬勃发展态势。3财富置业公司全年实现销售、利税同比分别增长25%和32%，开工建设的邓州财富名家一期项目开盘3天实现高达95%的销售率，财富世家二期项目开盘一周内全部清盘，邓州财富名家项目荣获河南省建筑界最高奖“河南省结构中州杯”。4、太圣公司新工业园区完成搬迁入驻，年产5亿套彩印包装生产线正式投产，将迎来产业发展新起点。5、上海月月舒公司通过提高产品品质，拓展分销渠道，经济效益增长明显。截至

2010年底,集团资产总额、利税、利润相比"十五"末,分别增长170%、190%和310%,打造一批以知名品牌为核心的产业集群,培养一批在全国具有一定影响力的产品系列,产业链条不断明晰,核心竞争力不断增强。(王文先)

【南阳普康药业有限公司概况】 2010年,南阳普康药业有限公司坚持科学发展,以技术创新为依托,建设质量普康、效益普康、绿色普康、和谐普康,呈现出持续发展的新局面。全年公司原料药生产林可霉素完成165万十亿、克林霉素完成21吨、克林霉素磷酸酯完成3.6吨,实现销售收入6.1亿元。(一)技术研发工作取得新进展。林可霉素核心技术取得新突破,研究实验发酵产率提高30%以上,解决庆大霉素质量难题,探讨完善克林霉素磷酸酯结晶新工艺,产品质量赶超国内先进水平。完成150个品种规格产品的药品再注册、克林霉素针用标准的申请与报批、盐酸克林霉素胶囊增加包装规格和胃友新包装规格的变更注册及省药监局备案、克林霉素针剂和克林霉素磷酸酯针剂试制与报批、棕榈酸酯试制与报批等工作。(二)环保管理取得新成就。建立完善的环保管理体系,制订公司环保运行控制指标,使环保工作步入新的发展轨道,废水、废气、废渣的治理取得明显效果,特别是分公司废水治理工程,解决长期困扰分公司排水达标的问题,根治庆大霉素气味扰民现象,使周围居民的生活环境得到明显改善,一次性通过省环保厅的检查验收。(三)公司发展后劲明显增强,项目申报成果喜人。先后完成盐酸林可霉素关键工程技术重大专项申报和项目材料跟进工作、林可霉素能量优化工程项目与林可霉素节水技改项目申报等工作。

南阳普康药业有限公司成立博士后工作站

【南阳普康药业有限公司博士后工作站成立】 2010年8月,公司申报的博士后科研工作站获得国家人力资源和社会保障部、全国博士后管理委员会批准,并正式开展博士后工作。建立博士后工作站是为了促进产、学、研结合,加快知识技术的商品化、产业化,培养和造就高层次科技人才,提高公司整体科研实力,并推动民族产业的发展。公司将认真落实、执行国家和省博士后工作政策和管理规章制度,切实加强博士后科研工作站建设,加快培养造就适应社会主义现代化建设需要的跨学科、复合型、战略性和创新性博士后人才队伍,促进经济建设和社会的快速发展。

纺 织 工 业

【新野纺织增发股票】 2010年新野纺织公司抓住股市好转的有利时机,运作股票增发工作。3月24日该公司非公开发行9000万股股票的申请经中国证监会审核通过,5月底募集4.94亿元的资金全部到位。本次增发募集的资金主要投入公司本部10万锭纯棉精梳紧密纺纱和新疆纯棉精梳纱生产线2个项目,项目全部建成达产后将年增加紧密纺纱和高档纺纱2.5万吨,年新增销售收入8亿元。此次股票增发成功和募投项目的实施,进一步提升企业竞争能力,提高持续盈利能力,破解发展瓶颈,使企业的经济发展方式实现质的飞跃。河南新野纺织股份有限公司是国有控股的大型纺织骨干企业,省百户重点企业之一,2006年11月成功上市。该公司拥有从德国、日本、瑞士、比利时、意大利等国引进的清梳联、精梳机、自动络筒机、转杯纺纱机、无梭织机等国际一流纺织设备和技术检测设备3000多台(套),占公司装备总量的80%以上,拥有国内最大、国际领先的转杯纺生产线,折合纱锭60万枚。主要生产和经营纯棉及混纺纱线、纯棉和混纺坯布、色织布、家用纺织品等四大系列100多个品种,年产高档织物用纱10万吨、服装面料1.5亿米,经济效益连年位居全国棉纺织行业前

10位和河南省同行业第一位。2010年销售收入列全国同行业第九位。先后荣获"全国纺织工业先进集体"、"全国棉纺织行业竞争力前二十强企业"、"全国纺织和谐企业"等荣誉称号并被评定为"全国农业产业化龙头企业"。(康宁)

【南阳纺织集团加快二期项目建设】 2010年南阳纺织集团有限公司针对整体形势好转、市场活跃、销售旺盛,但原材料价格大幅上涨、企业用工困难等情况,主动应对形势变化,调整经营战略,加强管理、深入挖潜、稳定队伍。突出原料采购、品种优化、质量提升、扩大销售、节能降耗、加强员工培训等工作重点,实现以大客户为主导,以纯棉、混纺和非棉纤维多品种生产经营模式。2010年实现工业总产值15.6亿元,生产棉纱56186吨,棉布8205万米,销售收入15.62亿元,实现税利11517万元,其中利润6526万元,税金4991万元。同时,该公司按照企业发展总体规划,积极推进,加快二期项目建设,积极做好规划、土地和周边关系协调,及时完善规划设计,抓紧进行地质、文物勘探和土建前期准备工作,做好设备招标洽谈。工地围墙已基本完成,主要主机和辅机设备已进入招标签约阶段,厂房建设已达成意向,项目建设有实质性进展。

【纵横丝绸入驻光电产业集聚区】 南阳市纵横丝绸纺织有限公司有职工1100人,拥有世界先进水平的剑杆织机和各类有梭织机、染色及后整理设备400余台套。固定资产9996万元,年销售收入5700万元,工业总产值5860万元,利税430万元。主要生产高档丝绸服装面料、高档家居装饰面料。2010年被解放军总后勤部命名为"军工产品定点生产企业",为部队专供军服里子绸。气爆中空柞蚕丝产品获市科技进步二等奖。高档超宽阻燃遮光产品泰阳呢获得欧洲M1质量安全认证。2010年该公司在南阳光电产业集聚区建设年产500万米高档丝绸服装面料、高档装饰面料生产线,总投资1.2亿元,是省工业转型升级重点项目,省"双千"项目、市"四个带动"重点工业项目和市"3121"投资促进计划项目,一期工程进行顺利,具有现代化标准的1.2万平方米主厂房和6000平方米的科研办公大楼建设工程已经竣工,正在抓紧进行绿化等附属设施建设,搬迁工作正在准备。(沈书波)

【邓州市永泰棉纺股份有限公司呈跨越式发展】 邓州市永泰棉纺股份有限公司是一家从事棉花收购、加工、纺织、销售为一体的大型纺织集团企业、河南省纺织10强企业、南阳市50强知名企业。该公司成立于2003年2月,位于邓州市南一环路西段南侧,员工2193人,其中大专以上管理人员、技术骨干268人;注册资金1亿元,总资产9.5亿元,其中固定资产5.5亿元;公司占地27公顷,拥有25万锭纱锭、2座大型轧花厂。2010年,生产"花洲牌"气流纺纱、纯棉普梳纱、纯棉高支精梳纱3个系列2.5万吨,产值6.4亿元,实现销售收入5.6亿元、利润5200万元、纳税1607万元,在南阳市规模以上限额企业中名列第30位,排10大税收高增长企业第3名。该公司为"河南省农业产业化重点龙头企业"、"河南省诚信民营企业"、"南阳市农业产业化重点龙头企业"、"南阳市高成长型民营企业"、"南阳市守合同重信用企业"、"南阳市再就业工作先进集体"。

【永泰棉纺"10万锭紧密纺和2万锭进口气流纺项目"开工建设】 2010年7月5日,邓州市永泰棉纺股份有限公司的"10万锭紧密纺、2万锭进口气流纺项目"开工建设。项目引进当代国际上最先进的全自动紧密纺精梳纱设备和气流纺设备。项目总投资2.7亿元,占地10公顷,仅生产车间建筑面积达3.7万平方米,建设周期8个月。建成投产后,年可产棉纱2.5万吨,实现销售收入8亿元、利税8000万元,安置就业800人。(张安钱)

【雪阳集团异军突起】 邓州雪阳集团股份有限公司是一个集彩棉科研、种植、加工、纺织、服饰生产为一体的具有完整产业链的企业集团。企业总资产9.2亿元,总占地面积66公顷,员工3760人。拥有彩棉基地2000公顷,年收获彩色皮棉2400吨;棉花良种加工企业1个,年生产棉花良种2000吨;棉花加工收购企业4个,年生产优质皮棉2万吨;纺织企业3个共20万锭,年生产棉纱2万吨;终端服装销售"雪阳棉屋"全国连锁店460个,年销售内衣500万套;板材生产企业1个,年生产中密度刨花板10万立方米。2010年完成工业总产值13.5亿元,实现销售收入12.9亿元,利税6650万元。雪阳集团是国家农发行3A级信用企业,全国"守合同、重信用"企业,"河南省农业产业化重点龙头企业","河南省农产品加工业示范企业","河南省重点后备上市企业"。2007年被国家民委、财政部、中国人民银行确定为"十一五"期间少数民族特需商品定点生产企业。2008年10月雪阳集团在全国工商联上规模民营企业排序中名列第1434位,被河南省工商业联合会评为"河南省民营企业百强",被河南省质量技术监督局评为"河

雪阳彩纺生产车间

南省质量管理先进企业”；被中国中小企业局评为“最具投资价值企业”。2009 年 5 月被河南省政府命名为河南省“高成长型民营企业”，9 月被中国纺织工业协会评为中国纺织服装行业竞争力 500 强企业，12 月被评为河南省纺织服装 50 强企业。商标为“河南省著名商标”，棉花和彩棉纱均为“河南省名牌产品”；所有产品全部通过 ISO9001 质量管理体系认证、ISO14001 国际环境管理体系认证。

【雪阳首创甲壳素彩棉纤维】 雪阳集团生产的雪阳牌彩棉纱的市场占有率在全国达到2/3以上，国内著名的彩棉内衣生产厂家绝大多数都使用过“雪阳”牌彩棉纱。由雪阳牌彩棉纱制成的天然、环保型纺织纤维——甲壳素彩棉纤维已成为世界首创，具有抑菌、消炎、除臭、止痒等功能，成为制作抗菌巾、袜子、保健内衣、运动服装等保健纺织品的主要生产原料，受到广大消费者的青睐，成为企业决胜市场、提高效益的拳头产品。

【雪阳彩棉产品行销全国】 雪阳集团在发展过程中始终坚持自主创新，努力提高企业核心竞争力。在彩棉研发、种植方面与中国农科院强强联合，2002 年成立中国邓州彩棉研发基地。推广种植的 2000 公顷彩棉，全部按照“公司＋农户＋基地”的运作模式，实行订单农业，带动 2 万余农户致富。在深加工上，该企业根据天然彩棉业正处于发展期，行业增长潜力大的市场形势，及时实施彩棉终端产品开发项目，2005 年成立全资子公司上海雪阳锦棉服饰有限公司，2007 年与上海东华大学合作建立雪阳—东华质量研发中心和博士后流动站。同时为了迅速提升品牌的知名度，聘用服装界著名职业经理人李晓平出任雪阳集团执行董事，全面负责上海雪阳的营销运作，聘请中国广告策划大师叶茂中操作雪阳的整体品牌形象策划，邀请台湾著名影星萧蔷担任雪阳服饰形象代言人。雪阳彩棉产品强势登陆后，共开发生产包括家居服、美体内衣、保暖内衣、床上用品、针织衫等八大系列彩棉产品，并形成以上海为营销中心辐射全国的销售网络，至 2010 年，在全国已建立 460 余家终端营销店。雪阳集团作为中国唯一拥有彩棉基地的完整产业链企业，其独特的终端销售模式——“雪阳棉屋”，倍受国内外同行业、营销代理公司和资本市场关注。

光电工业

【中光学集团概况】 河南中光学集团有限公司为中国兵器装备集团公司所属国有独资公司，国家光电行业大型企业，国家机电产品出口基地企业，河南省高成长型“百高企业”，河南省知识产权优势企业。资产总额 13 亿元，生产面积 61 万平方米，建筑面积 20 万平方米，员工 3700 余人。以发展光电产业为主导方向，在光、机、电领域均有较强的研发生产能力，产品包括光学元组件、投影机及大屏幕拼接产品、太阳聚能产品、改装车和光学设备等。2010 年，中光学集团强力实施品牌战略，打造中国光电第一品牌。产业和产品结构实现了持续调整和优化，经济运行质量和经营管理水平显著提升，盈利能力和职工收入水平双双提高。营业收入突破 10 亿元，全面完成年度经营目标。公司重点项目进展顺利、科技项目获得殊荣。营销管理再出新招，“中光学·COSTAR”全系列产品精彩亮相。2010 年公司再获爱普生、佳能最佳供应商、中国海关 2A 类企业称号，顺利入选河南省高成长型 100 强企业。

【中光学集团科技项目】 2010 年，中光电新区一期工程投入使用，数码系统光学元组件项目投资全部完成，特种光学元件项目、超硬光学薄膜项目和钕玻璃项目等按计划推进。4月,中光申报的"Z系列镀膜机项目"、"DLP投影机项目"得到省财政厅、科技厅批复,获得国拨资金120万元。9月,中光数字投影机系列产品顺利通过国家强制性产品3C测试和认证。10月,中光被省政府确定为重点转型企业,并获得出入境检验检疫协会审核的"中国质量诚信会员企业"证书。

【中光公司重奖特别贡献者】 2010年,对重点发展难题攻关、关键技术研发、重点客户开发、重大合理化建议、单位经济效益实现突破等方面设立特别贡献奖。对43位作出突出贡献的经营管理人员、技术人员及技能员工进行重奖,特别是对20位重大合理化建议提案者奖励港澳游和国内游在广大职工中引起热烈反响,极大地调动员工积极性。2010年该公司合理化建议突破1万条,同比增长250%,直接创造效益近600万元。

【"中光学·COSTAR"品牌精彩亮相】 2010年5月18日,中光学集团在北京举行以"世界500强国企全面进军投影产业"为主题的"中光学·COSTAR"媒体沟通会。高调对外宣布:中光学集团将扛起民族品牌大旗,正式推出"中光学·COSTAR"自主品牌投影机、大屏幕拼接墙等显示产品,全面进军投影整机产业。9月16日,公司在南阳举办"发现COSTAR——中光学集团全系列产品发布会",正式推出自主品牌——"中光学·COSTAR",包括投影机、大屏幕、微投等在内的全系列产品一同亮相。

电力工业

【热电公司概况】 南阳热电有限责任公司(简称"南阳热电")是由中国电力投集团公司、河南利华实业发展有限公司和南阳高新区投资有限公司合资兴办的热电联产企业,总投资约20亿元,机组装机容量2×210MW,两台机组于2008年相继投入商业运行,是南阳市唯一家集电力生产、热力生产以及供热服务为一体的绿色能源生产企业。截至2010年,公司完成发电量50.8亿千瓦时,累计上缴国家利税9739万元,为南阳地方经济发展和中电投河南公司三阶段战略的顺利开展作出积极贡献。公司投资1.2亿元开发建设的南阳市中心城区热水、蒸汽管网项目已进入工程施工阶段,计划于2011年年底投入运营,届时将新增供热面积365万平方米。白河南2×350MW热电联产项目前期工作王在紧锣密鼓推进当中,上述项目建成后将进一步加快公司减亏控亏步伐,为南阳热电赢得更加广阔的经营发展空间。在完成好生产经营任务的同时,公司加强干部、职工队伍建设和党风廉政建设,围绕"热爱企业、忠诚企业"的管理理念,推动公司科学发展再上新台阶,得到社会各界认可和上级领导的肯定。保持"中电投集团公司文明单位"、"河南省文明单位"荣誉,荣获全国"安康杯"竞赛优胜企业、集团公司安全生产先进集体、河南公司先进基层党组织称号,连续3年获得南阳市"'五好'党委"称号,连续3年被授予"河南公司安全文明生产企业"。(杨林)

食品工业

【赊店老酒股份有限公司概况】 1990年社旗县酒厂更名为河南省赊店酒厂,1997年1月更名为河南赊店(集团)有限公司,主要产业已发展到白酒酿造、酒精、饲料、发电、彩印包装、建材等。2001年更名为河南赊店酒业有限公司,2009年7月,由国有企业改制为民营企业,更名为河南赊店老酒股份有限公司。现有员工2000人,其中各类技术人员365人,中级以上技术人员165人,初级以上技术人员200人,其中国家级白酒评委1名,省级评酒师7名。固定资产3.8亿元,拥有年产饮料酒5万吨、饲料3万吨、酒精5万吨、发电2600千瓦时的生产能力。2010年实现销售收入50988万元,完成产值54031万元,实现利润1351万元。2010年被评为河南名优产品并获金质奖,被省酒协命名为豫酒"六朵金花",河南省名牌产品。企业荣获南阳市首届市长质量奖。

【新科技应用】 赊店老酒集团重视科技研发,改进生产工艺,强化新技术应用,取得明显成效。(一)采用膜分离技术加工而成的滤片进行除浊过滤,攻克白酒低温除浊技术难题。(二)由离子渗漏水改为电渗析处理水,使加浆水的除盐率由60%提高到90%,解决因水质所造成的白酒固形物偏高和沉淀的难题。(三)探索中高温制曲与酿酒微生物共栖、单粮改多粮发酵,不同工艺融合点在浓香白酒生产中的应用，利用酿造副产物黄水中的高碳酸营造高酸厌氧环境。(四)研制出"酯化液"，使曲酒优质品率在原有基础上提高28%，仅此一项新增效益500多万元。

【生态酿造工业园第一期工程启动】 赊店老酒股份有限公司规划建设生态酿造工业园区，2010年，第一期工程已经启动。该项目计划征地166.67公顷，投资6～7亿元，分三期进行。第一期从2010年开始建设，计划投资4亿元，征地45.33公顷，建优质酒窖4000个，到2012年可年产曲酒7500吨，销售收入达10亿元；二期工程按此规模扩大一倍，到2016年，销售收入可达20亿元；三期工程到2020年可形成3万吨曲酒生产能力，销售收入达40亿元。(郭磊)

【南阳卷烟厂概况】 河南中烟工业有限责任公司南阳卷烟厂前身为成立于1950年7月的南阳公营烟厂，1984年1月更名为南阳卷烟厂。2005年4月，南阳卷烟厂与许昌卷烟总厂重组，更名为许昌卷烟总厂南阳分厂。2006年11月，参与河南卷烟工业一体化重组，更名为河南中烟工业公司南阳卷烟厂。2009年7月，更名为河南中烟工业有限责任公司南阳卷烟厂。企业占地面积17万平方米，在岗职工1085人，拥有主要生产设备36台(套)，年卷烟生产能力45万箱。2010年，南阳卷烟厂以国家烟草专卖局在全行业范围内开展的"创建优秀卷烟工厂"活动为抓手，以全面推进"管理上水平"为主要任务，通过基础管理、产品保障、竞争能力、队伍建设、和谐发展上水平，达到了改革发展的一个新高度。全年生产卷烟31万箱，实现税金13.98亿元，其中国税12.58亿元，地税1.4亿元。企业先后荣获"2009年度全国安康杯优胜企业"、"全省劳动关系和谐模范企业"、"2009年度全省职工建功'十一五'技术创新竞赛组织工作先进集体"、"南阳市十大纳税企业"等荣誉称号。(一)注重技术改造，强化科技创新。企业先后投资600多万元，完成制丝线香料厨房加香加料系统改造、梗丝加料控制系统改造、成品库及辅料仓库搬迁项目等一系列技术改造项目，基础设施和装备水平得到较大提升。完善创新工作体系，积极实施科技创新，先后开展精益生产、管理质量评价、集约成本控制、学习型组织创建、设备连续运行等活动。2009～2010年，共发表科技论文20余篇，先后完成管理创新项目80余项，改进项目200余项，创造直接经济效益5000多万元，其中20余项成果分获国家级、省、市和公司级创新奖项，4项取得国家专利，2项获得国优QC成果。(二)实施集优生产，强化核心职能。积极参与行业"创建优秀卷烟工厂"活动，继续探索集优生产模式，通过精心设计和生产拉动逆向化、生产流程标准化等"六化"措施，实现生产各工序的精细控制，资源利用效率得到提高，与2009年相比，节约生产成本600余万元。进一步确立质量保障的核心地位，健全质量制度，加强过程控制，强化责任落实，打造质管特色，产品质量水平稳步提升。2010年，在国家烟草专卖局抽样检查中，红旗渠(软红)卷烟卷制与包装质量得分均达到100分。以设备连续运行为抓手，深挖设备潜力，大幅度提高设备运行水平和作业效率。在2010年烟草行业设备管理经验交流会上，南阳卷烟厂作了先进典型发言。(三)实施文化宣传，强化队伍建设。总结文化建设经验，积极实施河南中烟"金叶文化"和南阳卷烟厂"和谐文化"的对接工作，提炼形成"和谐超越"之南烟特质，成功举办"金叶之春"第三届职工运动会和"建厂60周年"系列文化活动，以文化认知和文化营造推动实现更加和谐的内部环境。继续深化"道德银行"活动，注重挖掘和宣传先进典型，在企业内部营造良好的道德氛围。重视妇女工作，实施女职工"123456"工程，为女职工展示自我、建功立业搭建了平台。重视职工教育培训，探索完善以宛烟教育培训学院为主导的学习教育机制，充分发挥政治、管理、工程等6个学院的专业优势，持续推行重计划、多覆盖、讲效果、双促进的"订单式培训"，中级以上技能人才由创建初期的46.3%上升到2010年的61.6%，拥有专业技术人才由15.1%上升到23.9%，队伍能力和素质得到进一步提升。(白书超)

信息产业

无线电管理

省无委办南阳管理局局长　齐富宇

【南阳无线电管理局成立】 2010年10月10日，南阳市无线电管理处更名为南阳无线电管理局，办公地址位于市区张衡东路的无线电监测大楼。机构规格为正处级，领导职数1正2副，核定事业编制42名，设置有局办公室、监督检查科、频率管理科、台站管理科、无线电监测站、人事科共6个科室站，内设机关事务管理科。经费实施全额预算管理，纳入省级财政预算，业务及人、财、物由省工业与信息化厅实行统一管理。

【无线电管理概况】 2010年，南阳无线电管理局新办业余电台执照8份，换发执照930份，台站年检率达35%、验证率95%以上，完善辖区7476个台站数据库建设。受理无线电干扰申诉20起，其中查处8起，暂扣干扰设备3套、拆除1部。完成无线电监测任务9108小时，有效维护辖区良好的空中电波秩序，在全省无管系统综合评议考核中，南阳无线电管理局被评为优秀等次，被省无线电管理委员会表彰为“无线电管理先进单位”。

【无线电频率与台站管理】 全年及时受理和办结了用频单位申请1个；完成当年新设台站执照核发、到期台站执照换发、执照核验建档等日常业务工作，新办业余电台执照8份，换发执照930份。台站年检率达35%、验证率95%以上。完善辖区7476个台站数据库建设，制定《南阳市无线电管理应急预案》，印发《无线电通信机房和通信塔管理规定》；开展无线电台站规范化建设及评选活动，进一步提高无线电台站的利用率及社会经济效益。执法活动程序合法、文书规范，均无行政复议和行政诉讼现象发生。

【监听监测】 全年共完成频段占用度、航空频率、防汛频率专项监测和电磁环境、考试监测等无线电监测任务9108小时，其中频段占用度监测8501小时，各类考试监测80小时，机场电磁环境监测11小时，机场航空频率专项监测163小时，外出环境监测8小时，防汛频率专项监测345小时。重点做好公安、民航、防汛等业务和450—470MHz、1164—1300MHz、1215MHz—1260MHz、1427—1525MHz、1559—1610MHz、1755—1785MHz、1850—1880MHz、1880—1900MHz、1900—1920MHz、1880—1920MHz、2300—2400MHz、2500—2690MHz、1850—1880MHz等频段的监听监测。上报监测月报12份。

【无线电安全保障】 全年共受理无线电干扰申诉20起，其中查处8起，暂扣干扰设备3套、拆除1部。全年共完成高(中)招、研究生、医师资格、注册会计师等国家各类考试保障14次，出动人员112人次，监测车辆24台次，发现语音作弊信号4起 数传疑似作弊信号30起。

【通信基站抽检】 完成辖区内的移动通信基站(GSM基站和CDMA基站)发射设备抽查检测工作，共抽检基站90个 发射机载频321个。其中抽检移动基站50个，发射机载频202个；抽检联通基站30个，发射机载频89个；抽检电信基站10个，发射机载频30个。

【无线电管理宣传】 全年编发《无线电管理简报》14期420余份，被市地市级以上各类媒体采用80篇，拍摄专题片1部、图片150张。发送手机短信14条1.8万人次，利用电台、电视台和电子屏幕播报宣传口号30条1.4万次，营造无线电管理工作的良好舆论氛围。(王访安)

信息化建设

【信息中心概况】 2010年，市信息中心狠抓政府信息公开和政府各子网站建设，强化信息资源的开发利用，全年共更新"今日南阳"2200余条，发布"图片南阳"166幅，播放"视频南阳"96期，编发信息参考2000余条，发布南阳市周边城市的经济社会发展动态1400余条，更新县市区、部门动态信息3438条，更新市政府及政府办规范性文件165条，刊登公示公告160余条，转发市直部门和县(市、区)政府信件3387件，刊发《网络舆情快报》100期，编发《烟草信息》24期，转发网友各类留言、建议、投诉、时评651条。其中，转发"人民网"上南阳网友给省委书记和省长的留言104条，南阳本地网站上网友留言547条。有力地推动全市电子政务和信息化进程。

【政府门户网站建设】 一是改造更新市政府门户网站主站。对原主站、子站、信息公开系统涉及新建、合并、撤消单位的网站结构、栏目内容进行大量系统调整；设置站群系统信息报送栏目，设计开发上线运行"政府信息公开监督评议"系统，并对政府门户网站互动栏目的前台、后台进行全面升级。二是部署落实政府各部门网站建设。对已经上网运行的部门子站指导其做好网站内容的充实、更新、维护工作，已建成的部门子站督促部门做好和委托南阳电脑公司的交接及技术指导，对刚启动和准备自建的部门继续做好技术咨询、质量把关。三是开展南阳市优秀政府网站评选活动。下发《南阳市人民政府办公室关于做好2010年度全市政府系统门户网站绩效评估工作的通知》，对各县(市、区)政府网站和市政府各单位网站进行评估，有效促进政府各部门网站质量的提升。

【政府门户网站应用】 一是加大政府信息公开力度。全年共更新"今日南阳"2200余条，发布"图片南阳"166幅，播放"视频南阳"96期，展示南阳新形象。编发信息参考2000余条，丰富网站内容。收集整理发布南阳市周边城市的经济社会发展动态1400余条，有效推动南阳经济发展。更新县(市、区)、部门动态信息3438条，更新市政府及政府办规范性文件165条，及时、充分、透明地将政府工作置于人民群众监督之下。二是公共服务事项更贴近社会需求。全年刊登公示公告160余条，在第九届中国政府网站评比中，南阳政府网站服务事项中的证件办理、资质认证等指标居全省首位。三是交流互动栏目紧贴市情民意、百姓关注焦点。全年共转发市直部门和县(市、区)政府信件3387件，部门回复率达85.1%。组织发改委、科技局等相关单位"四个带动"在线系列访谈，收到良好社会效果。对"百姓心声"论坛进行全面改造升级，并增加"问政于民"栏目，初步成为百姓抒发民意与政府沟通的重要渠道。

【信息资源开发与利用】 一是继续做好"网络舆情快报"编发，全年刊发100期。转发网友各类留言、建议、投诉、时评651条。其中转发"人民网"上南阳网友给省委书记和省长的留言104条，南阳本地网站上网友留言547条。二是认真组织全市工业企业景气调查。精选35个有代表性的市级重点企业和高成长型企业作为全市工业企业景气调查对象单位，对全市工业经济运行状况进行有效地监控和指导，得到省发改委和省信息中心的充分肯定。三是有效开展行业信息服务。全年共编发《烟草信息》24期，得到用户好评，受到市政府表彰。(丁光照)

移动公司

【移动公司概况】 2010年，中国移动河南公司南阳分公司全年累计净增用户32.8万户，客户总数达到380.6万户，客户规模位居全省第二位。新建TD站点243个，完成65轮TD拉网测试优化，TD覆盖率99.82%，接通率99.30%，下载速率1396.81Kbps，各项技术指标全部达到省公司考核目标要求。公司先后荣获"河南省'五一'劳动奖状"、"河南省模范职工小家"、"河南省工人先锋号"、"河南省安全生产先进单位"。被省公司授予"2010年度工程质量提升专项奖"、河南省通信管理局授予"河南省南水北调中线工程线路迁建工作先进集体"，被市委、市政府授予"2010年全市抗洪抢险救灾工作集体二等功"。

【网络建设维护】 公司充分发挥2/3G优势，实现TD与2G统筹兼顾、协调推进。GSM网络掉话率由年初的0.67%降低到0.54%，最坏小区比例由年初0.65%降低到0.29%，接通率由年初99.12%提升到99.45%，数据超忙比例由0.87%降低到0.56%,客户投诉总量较去年同期减少1541件,降幅13.95%,2G/3G网络质量得到显著提升。

【通信保障】 2010年,顺利完成灾后重建、南水北调主干渠线路迁改、2010年TD扩容、GSM14B及15A期、本地网工程、管道工程、WLAN三期、驻地网一期、集团客户五期、MDCN七期扩容、14期及15A交换工程等20余项工程项目建设任务。其中新建基站252座、直放站194套、室分74套;驻地网建设3.9万线;WLAN热点建设66个;新建管道122.3公里;新敷设光缆线路3455公里。南阳移动与联通、电信共建共享基站23个,管道14.11公里、杆路2公里,迈出了资源共享、成本分担的新步伐。完成管道工程119.498公里,完成焦济洛平南光缆线路工程管道建设3.3094公里,完成"7·23"特大洪灾光缆杆路改迁及重建任务1186公里。

【客户服务】 南阳移动分公司以"便捷服务、满意100"活动为载体,以搞好行风评议为动力,通过完善营业厅服务设施配备,广泛开展服务技能培训,提升一线基础服务能力,推动客户服务满意度稳步提升。2010年营业厅服务短信评价满意度平均达到99.14分,全省排名第二位,获"全省基础服务管理优秀单位"。客户服务中心荣获"南阳市巾帼文明岗"、"南阳市行风建设先进科室"等荣誉称号。

【创新工程】 南阳移动公司以服务公司战略有效落实为宗旨,坚持健康科学的发展理念,完善创新管理机制,提升全员创新意识,塑造创新文化,打造创新型企业。公司荣获河南移动质量管理(QC)小组活动优秀组织奖,网优班QC小组荣获河南省QC成果三等奖和省公司QC成果二等奖,终端服务中心服务改进小组获得省公司优秀奖,《建立快速高效通信保障工作体系》被评为省公司创新成果优秀奖,《定制〈全业务运维支撑手册〉,提升网络服务质量》被评为省公司创新提案二等奖,《TD－SCDMA台站资料申报系统》被评为省公司创新提案三等奖。(李建)

联通公司

联通南阳分公司总经理　陈小星

【联通公司概况】 2010年,南阳联通公司实现通信服务收入7.33亿元,其中移网收入成为全省唯一连续3年超过30%高增幅的地市分公司。南阳联通工业路营业厅和客服中心分别保持"全国青年文明号"和"河南省青年文明号"的荣誉称号。南阳市联通公司继续保持"省级文明单位"称号。

【网络建设与维护】 2010年,南阳联通公司新建2G基站419个、3G基站484个;新建改造驻地网416个,新增宽带端口3.1万户,移网基本实现无缝连接。投资3200万元,对313个新建住宅小区进行宽带光纤接入网络建设。投资1200万元,对唐河、邓州、新野、淅川、社旗、宛城和卧龙7个县(市、区)38个移民新村通信网点进行网络覆盖,新建光缆304.9公里,敷设电缆108.24公里。

【运维工作】 一是继续推进宽带112达标活动和宽带端口自动开闭驱动引擎上线工作。完成3945个宽带DSLAM节点静态和动态资料的核查和自动停复驱动引擎割接上线工作。二是完成南阳IP核心设备上联优化工作,扩容宽带核心设备上联中继电路69条,确保IP城域网上联带宽高峰期在85%以下。三是做好汛期通信安全保障工作。完成拉线检测3664条,增补拉线1234条;电杆培土4018处,校正电杆3171处;整改基站系统176处,检修基站空调1147台。四是完成南阳市区、境内高速、国道、县城及市到县的道路测试和优化调整,共调整小区天馈113个,测试楼宇139处,整治问题小区452个。2010年南阳联通客户满意度一直保持在全省前4名。

【管理创新】 2010年,南阳联通公司研发房地产资源管理系统和物料分发消耗管理系统,盘活闲置资产,降低运营成本。南阳联通公司荣获河南省联通公司管理创新工作二等奖2个,三等奖1个。房地产资源管理系统和物料分发消耗管理系统创新成果在全省得到推广。

【汛期通信保障】 7月下旬,南阳境内发生特大暴雨和洪水灾害。南阳联通公司紧急启动市、县、乡3级防汛预案,发布防汛红色预警警报5次,发送应急短信

1.47万条，累计投入救灾人员2560人次、抢修车辆510台次、应急设备1台次、油机489台次。汛期通信保障和抢险救灾工作得到南阳市委、市政府的高度肯定，荣获集体二等功。

【服务创新】 2010年，南阳联通公司在固定网络方面完善装移修管控体系，强化宽带和固定电话装移维过程管控，使固话宽带装移机及时率达到98%以上，故障修复及时率达到95%以上，南阳联通移网投诉指标保持在全省前5名。（王新成）

电信公司

【电信公司概况】 中国电信是特大型国有通信企业，主要经营固定电话、移动通信、互联网接入及应用、卫星通信等综合信息服务。中国电信集团公司南阳分公司于2003年5月成立。中国电信集团公司南阳分公司在南阳各县（市、区）设有15个分支机构，拥有覆盖全市城乡、通达各县城环电信网络和“商务领航”、“我的e家”、“天翼”、“号码百事通”、“互联星空”等知名品牌。2010年，南阳电信分公司坚持以服务南阳改革开放和经济建设为己任，大力扩展DSLAM下延的规模和移动网络基站的优化建设，全年主营业务收入完成1.179亿元，较去年同比增长20.6%，收入绝对值位居全省第三位；全网用户总量达26.8万户，较去年同期增长60.7%。收入EBITDA率为12.8%，利润率完成141.28%，收支配比实现历年来最佳匹配状态。公司先后获得河南省劳动关系和谐企业、河南省先进集体、网络建设一等奖、“玩转3G”销售技能竞赛三等奖、“天翼活力”河南电信员工普及健美操一等奖、南阳市规范化建设先进台站2010年度运维工作先进单位、2010年全省防汛抗洪救灾通信保障工作先进集体、无线电台站管理先进单位等荣誉称号。

【通信网络建设】 2010年，全年资本性支出累计完成8028万元，其中固网工程发包立项492个、资本性支出完成2838万元，年度预算完成率为101%；移动网资本性支出完成5187万元，年度预算完成率为100%。两网资本性支出完成双双位居全省前列。（一）固定网络。固网新增宽带端口22332线，新增接入线缆27840对，极大地提升本地网业务提供能力。全年电缆竣工工程237个，新增主干电缆180皮长公里，新增配线11650对。光缆竣工工程405个，新增主干纤芯3372芯，新增配线3402芯。EPON竣工工程270个，布放OLT18个，接入点309个，提供业务能力13660线、新增主干及配线37120线。（二）移动网络。全年新建移动基站120个、累计建成585个通信基站，EVDO基站升级580个，所有基站均具有1X和3G信号网络覆盖，具备4个2M传输3G基站507个，扩展网络覆盖面，加强网络通信能力。完成城域网及本地网3个环路，传输设备接入总投资1990万元。新建光缆杆路接入层2793皮长公里，光缆总长度达9033公里。507个基站EV－DO传输扩容，基站成环率达到65%，为宽带业务市场的拓宽提供坚实基础。（三）抗洪救灾。2010年7月，南阳境内遭遇百年不遇严重洪灾灾害。洪灾造成全市骨干线路损坏19段，移动基站停站182个，累计断杆、倒杆1107根，固网传输机房受阻、损坏8个，传输线路、光缆受损180皮长公里，共影响固网用户0.55万户、移动用户1.5万户、互联网用户1.1万户，造成电信直接网络损失370万元以上、经济损失约1037万元。南阳电信分公司第一时间启动防汛、防雷调度“三级”预案，24小时深入受灾区域查看、收集网络灾情，适时下达抢险调度命令，加强移动传输成环、杆路路由改造，推进Wi－Fi和EV－DO有效协同，把灾害损失降到最低限度。（四）网络维护。一是优化完善网络质量。分别为各县公司提供两条GE上行电路，实现业务负荷分担。对县公司核心数据设备进行大规模替换，扩宽宽带接入能力。对汽配、农行、白河镇、铁西、财局、师院等15个接入点机房实施全光上联，完成IP城域网扁平化及数据网优化调整工作，扩容南阳网络出口带宽5G，使南阳总出口带宽达到20G，进行CN2、163网的业务分流和单板负荷分担，新建第二综合关口局割接入网，提高网络安全性。二是提升客户感知。全年共受理、解决各类网络质量投诉1900余例，投诉处理及时率达到95%以上。三是做好网络整治工作。2010年4月起，南阳电信分公司开展“整治网络隐患，提升服务品质”网络整治专项活动，对网络存在的各类安全隐患进行全面整治、整改，消除大量安全隐患，提高网络安全性。

【市场经营】 2010年，南阳电信分公司坚定不移做好“158”经营战略：即抓好移动业务发展“一条主线”，突出宽带、E家、商话、固话、增值“五个并举”，做好网络建设、县域市场、新量激增、存量保有、增值发展、提升服务、强化管理、精神文明“八项工作”。(一)推进县域市场发展。利用3G先发优势、差异化服务优势,使3G手机在大、中、小企业等高端人士中得到广泛应用。在邓州、唐河等县重点乡镇建立20个宽带发展示范区,大力开拓农村宽带业务市场。西峡、新野等9个县公司规模发展进入全省60强,唐河、内乡、镇平3个县公司进入前30强。(二)聚焦增量市场。一是强化宽带的全业务基础地位,全面实施“装机一天通”宽带服务举措。2010年,宽带新增2.4万余户,宽带续费率达90%以上,宽带收入3059万元,占固网收入26%。二是细做融合促进e家快速增长。以3G、家庭账户为切入点,提升e家套餐竞争力和ARPU值,达到e家套餐中平均捆绑1.3部手机的目标。2010年,E家收入达1072万元,收入占比达到9%。三是强化商话对移动收入的拉动作用。全年无线商话累计实现收入890万元。四是加快行业应用开发。以总机服务(IVPN)、ITe通(集成开发定制型综合办公)、协同通信等3个产品型产品,推进行业客户市场开发新突破。五是突出3G无线宽带发展。以3G应用为契机,大力开发城市、农村无线宽带市场。

【客户服务】 一是健全客户服务制度。制定《八项服务承诺》、《首问负责制公约》、《营业人员服务规范》、《值班长巡查制度》等一系列制度。开展服务满意竞赛,从日常服务管理、业务流程等多个角度全方位落实服务标准,深化完善服务体系。二是强化服务监督。通过月度服务通报、投诉分析、明查暗访等方式加强服务监督,使得服务管理工作制度化、规范化。三是突出行风评议。开通24小时《行风热线》电台直播服务,采取接受投诉、点评维权、以案说法、现场讲解、现场调查、过程监督等方法,全方位、多角度提升客户感知水平。南阳电信分公司被省公司评为2010年服务先进单位,西峡电信营业厅被省政府评为全省唯一一个县级政风行风“群众满意基层站所”标兵单位。(王涛)

生活中教你八招保持心脏活力

新浪健康论坛

美国网络杂志最近刊文总结出8个护心小贴士,能让心脏保持最佳活力,平时生活中不妨一试。

1.多吃富含欧米伽—3的食物能预防心脏病。推荐食物包括三文鱼、沙丁鱼等深海鱼类,以及亚麻籽、杏仁等坚果。

2.多吃维生素B6、B12、叶酸。消化系统将动物蛋白转化为能量时,会产生一种名为同型半胱氨酸的物质。研究发现,体内同型半胱氨酸太多会增加心脑血管硬化和中风的几率。而维生素B6、B12、叶酸能帮助降低人体中同型半胱氨酸的水平。

3.美国心脏协会建议,每天摄入不超过2.4克的盐。营养专家建议,烹饪时可以使用低钠酱油等低盐调料。

4.认真刷牙,以保持牙龈健康。这是因为牙龈发炎,会让口腔细菌进入血液,从而引发动脉血管的炎症,导致动脉壁变厚,增加动脉硬化的风险。

5.多吃大蒜,可以降低血液中的胆固醇,从而降低患心脏病的风险。除了在食物中加入大蒜外,还可以每天使用400~600毫克的大蒜补充剂。

6.多吃洋葱。和大蒜一样,洋葱也具有降低胆固醇的功效,防止动脉硬化。推荐每天摄入50克新鲜洋葱。

7.辣椒粉中含有的辣椒素可以促进血液流通,同时降低胆固醇含量。烹饪时可以用辣椒粉来代替部分用盐,一举两得。

8.玫瑰花泡水喝。众所周知,压力过大会引起高血压。常用玫瑰花泡水喝,能减轻负面情绪,从而为血管减压。

商 业

商贸服务

【商务工作概况】 2010年，全市商务系统以改善民生、扩大内需为主线，大力实施开放带动战略，外贸出口、实际利用外资、对外经济贸易新签合同额、营业额、外派劳务等工作均提前2个月完成省下达的年度目标任务。(一)招商引资成绩突出。全市引进境内外资金保持高速增长态势，全年实际利用外资2.01亿美元，同比增长51.2%，占省定目标任务的131.5%，提前2个月完成省定目标任务；到位省外资金272亿元，同比增长102%。(二)重大招商引资项目实施速度加快。全年共签约3000万元以上项目396个，项目总投资915亿元；合同引资额680.8亿元，开工项目累计到位资金302亿元，资金到位率58%，共开工建设317个项目，开工建设率80.05%，183个项目已建成投产，建成投产率46.21%。(三)对外贸易增势强劲。全年进出口总额9.53亿美元，完成省定目标的134.7%，同比增长49.6%，已恢复到2008年金融危机前的水平。其中出口6.46亿美元，完成省定目标的135.6%，同比增长50.7%；进口3.07亿美元，完成省目标的132.8%，同比增长47.4%。全年对外经济合作新签合同额7206万美元，同比增长23%，占省定目标的111%；营业额6340万美元，占省定目标的113%，较上年增长26%；外派劳务6516人次，占省定目标的118%，较上年增长243%；年末全市在外劳务人员达13161人。(四)居民消费能力持续增涨。全市社会消费品零售总额完成789.2亿元，稳居全省第三位，增长18.7%，超额完成省定目标任务。至年末，全市销售家电下乡产品105.68万台(部)，占年度计划36万台(部)的293.6%；销售额22.94亿元，占年度计划6亿元的382.4%。

【对外开放】 全市高度重视对外开放工作，将开放型经济发展情况列入干部政绩考核内容，组织开展大招商活动，成功引进一大批经济技术合作项目，推进市域开放型经济向纵深发展。全市对外开放重点县(市)5个，省商务工作扩权县(市)3个，省对外经济贸易基地县6个，境外直接投资重点联系县1个。初步形成以进出口贸易、利用外资、对外经济合作为突破口，以工业园区为龙头，以县域经济为支撑，以产业开放为主要内容的全方位、多层次、宽领域对外开放新格局，为保持全市经济跨越式发展奠定坚实基础。

【商务建设】 市商务系统为大力推进地方经济建设，围绕全市生物、光电、碱硝化工、工业制造等12大优势产业，发布1800多个项目，在河南—浙江经贸洽谈会、南阳—深圳投资洽谈会等各种经贸洽谈活动上予以重点推介。在服务业、对外贸易、对外经济合作等领域打造商贸物流、餐饮服务、老字号、农超对接、外派劳务等优质商务品牌，提升南阳竞争力和影响力。市商务局不断强化服务意识，在招商引资、对外贸易、内贸流通、企业改制等商务领域，提高服务水平。先后无偿为114个企业办理法定许可、登记、备案等手续，受理"12312"投诉电话100余起，办理原产地证明1083份，办理各类认证112份，代办国际商事证明76份，申报万村千乡市场工程、家电下乡等各类项目资金22633万元，有力促进南阳商务经济发展。

【南阳市与省商务厅签署战略合作协议】 10月29日，河南省商务厅与南阳市人民政府促进南阳商务发展战略合作框架协议签字仪式在南阳隆重举行。河南省商务厅厅长李清树、南阳市市长穆为民分别代表河南省商务厅、南阳市人民政府签署《河南省商务厅、南阳市人民政府促进商务发展战略合作框架协议》。国家商务部副部长蒋耀平，商务部产业司副司长周若军，河南省商务厅厅长李清树、副厅长苗永清、戴松军和市长穆为民、副市长张振强、市政协副主席张志安等出席签字仪式。会上，省商务厅厅长李清树和市长穆为民分别致辞。框架协议规定，在南阳市政府同步配合的基础上，省商务厅重点从推进南阳市进一步扩大对外开放、提高招商引资的质量和水平、扩大对外贸易、扩大对外经济技术合作、加快发展国内贸易、加强农村商务信息服务工程建设、促进各项商务政策落实、加强商务队伍建设等8个方面对南阳商务经济发展给予合作支持。

【对外贸易】 市商务局强力实施品牌发展战略和市场多元化战略,积极开拓国际市场,促使对外贸易快速发展。全年进出口规模比上年同期增长55.2%、比2008年同期增加2.8%,已经恢复并超过金融危机前的水平。一是扩大外贸企业阵营。利用商务部正式授权南阳市具有进出口经营资格备案登记权的契机,鼓励、引导一批企业取得进出口经营资格,加大对新获得进出口经营资格的企业在政策、人才、信息等方面服务力度,帮助企业尽快熟悉业务并开拓国际市场。至年末,全市有进出口资格的企业达139个,出口超1000万美元的企业达17个,进口200万美元以上的企业有9个。二是积极开拓国际市场。市商务局先后组织防爆、天冠、木兰花、银丰、新棉等40多个企业参加春秋两季广交会、东盟博览会、韩国贸易投资洽谈会等国内外展(博)览会,促使企业开拓国际市场新领域。对欧盟、美国、日本、韩国、香港等传统市场出口额强势回升,对拉美、非洲、东盟、中东等新兴市场出口额快速增长。全年新增14个贸易国家和地区。至年末,全市企业共与127个国家和地区进行进出口贸易。三是调整产品结构。积极实施“科技兴贸”、“以质取胜”战略,提高传统出口产品的科技含量和产品附加值,调整出口商品结构,推进农产品出口产业化,提高外贸发展的质量和效益。全年香菇、辣椒、花卉等特色优势农产品出口额达1.65亿美元,占全市出口比重的25.5%;微生命探测设备、预涂感光板、盐酸林可霉素等高新技术产品出口1.11亿美元,占全市出口总量的17.1%;CHE牌防爆电机、华光牌感光材料、利达牌光电元件、华石牌石油钻机、汉风牌纺织品、飞龙牌汽车水泵等6个国际知名品牌出口产品的比重达29.5%;加工贸易出口额达9665万美元,比上年增长145.9%。四是创建出口品牌。为提高全市出口产品竞争力,市商务局加大国际知名品牌争创工作,推进企业进行国际管理体系认证、产品认证,注册境外商标和专利技术,加强境外营销网络和维修服务网点建设。积极为二机厂、二胶厂等7个企业申报河南省国际知名品牌,南阳的CHE牌防爆电机、华光牌感光材料、利达牌光电元件、华石牌石油钻机、汉风牌纺织品、飞龙牌汽车水泵等6个产品被确定为河南省国际知名品牌,品牌数居全省第五位。

【招商引资】 市商务局充分结合全市优势产业、优势资源、大项目建设等,筹划一大批涵盖工业、农业、旅游、基础设施及社会事业等领域的优质项目建立项目库,项目的动态库容达2000多个。充实和完善招商客户资源库,重点收集、整理国内外600多个知名跨国公司和战略投资者的投资资料。先后组织参加20多次大型招商活动,共签约项目445个,合同引资562.6亿元。其中同深圳、香港和澳门地区签约项目52个,总投资297亿元,合同引资289亿元,签约项目数量和引资额在全省均排第一位。市委、市政府坚持开展重大招商引资项目落实工程的“两察一评”活动,即每周由市委常委、统战部部长王建民和副市长张振强轮流召开一次重大招商引资项目督察会,每月由穆为民市长主持召开一次项目落实情况评比会,对各县(市、区)3000万元以上招商引资项目进展情况进行综合排序,并将排序结果公示。开展对招商引资项目的“大回访”活动,及时了解企业诉求,解决项目实施中存在的审批、规划、用地等问题,为外来企业营造良好投资环境。对30名市级负责人分包的33个重大招商引资项目和投资额在3000万元以上的312个签约项目进行跟踪督查,推进招商引资项目顺利实施。

【国内贸易】 商务部门坚持把扩大消费作为拉动经济增长的着力点,积极构建现代流通市场体系,不断扩大消费需求。全年社会消费品零售总额总量居全省第三位。一是大力促进农村消费。积极推进“万村千乡市场”工程,加强配送中心建设。全市新建农家店600个,占年度计划的150%,商品配送率达65%以上,农家店覆盖85%以上的行政村。做好农村商务信息服务工作。在夏、秋、冬季农产品网上购销对接会上,发布信息6072条,网上成交额达5000多万元。二是扩大城市消费。加强对餐饮、住宿、美容美发、洗染、家政服务、修理、再生资源回收等传统服务业的管理,建设“家政服务网络中心”,进一步完善便民服务体系。帮助三色鸽和刘宾餐饮两个国家级早餐工程试点企业完善基础设施、增加花色品种,早餐网点覆盖率比上年增长20%。指导、督促卧龙、宛城、高新3区做好中心城区29处农贸市场的规划、建设和标准化菜市场的改造升级,推动全市菜市场向标准化、规模化方向发展。继续开展汽车以旧换新和家电以旧换新工作,共受理汽车以旧换新补贴车辆2292台,发放补贴资金3399.4万元。三是提高市场调控能力。全年共编写各类市场运行分析报告385篇,发布市场运行信息1500条,有效促进市场繁荣。在市级商务预报平台开通的基础上，唐河县、邓州市于5月相继开通县级商务预报平台。全年新增4个省级商务综合执法试点县。全市有9个县(市)开通"12312"商务举报投诉服务热线，先后组织开展食品、药品安全、市场价格秩序、农资市场等专项整治活动，共查处案件1390余起，捣毁食品药品制假窝点28个，查扣假冒伪劣食品、化肥、农药等317余吨，挽回经济损失576万余元。会同畜牧、环保等相关部门，对37个限期整改屠宰企业进行重新验收，及时处理南召县、邓州市、西峡县等地生猪屠宰管理及外埠肉品管理问题。查处各类酒类流通违法、违规经营800多起，查处各类酒品5000多瓶，消毁假冒伪劣酒品2000多瓶价值4万多元，切实保证消费者喝上"放心酒"。

【对外经济技术合作】 2010年，全市大力实施"走出去"战略，积极引导和鼓励有区域优势的各类企业到境外投资办厂、承包工程、开展技术合作，扩展对外合作领域。南阳防爆电气研究所、河南油田油建公司先后获得对外投资和承包工程资质，以红棉集团为代表的12个企业获得境外投资权。大力实施"出国门、富万家521"工程，加强外派劳务基地建设。至年末，全市有社旗县、邓州市2个国家级外派劳务基地、6个省级外派劳务基地，省级外派劳务培训中心达9个，为打造"南阳劳务"品牌奠定坚实基础。

【企业改制】 全市商务系统面对改制企业多、职工人数庞大、历史遗留问题繁杂等困难，坚持以转换机制、增强企业活力为目标，做好企业改制工作。建立企业破产(改制)工作例会制度和企业改革领导小组办公室财务管理制度，对企业资产状况、财务账目进行清理审计，对职工的身份、年龄、工龄等逐个审查，弄清企业资产抵押状况和拖欠职工费用情况，统一安置标准和方案，确保改制工作顺利推进。加强与市财政局、人事劳动局、中级法院等部门之间相互协作，确保改制工作有序展开。至年底，在全系统47个企业中，24个企业完成改制和正在进行改制收尾工作，其余23个企业已经全部进入破产和改制程序，其中已有16个企业按照法律程序召开第一次债权人会议。

【南阳—深圳经贸洽谈会】 6月28日，南阳市在深圳隆重举行南阳—深圳经济贸易合作洽谈会市情说明暨合作项目签约仪式。全市共有40个项目成功签约，投资总额127亿元，合同引资额118亿元。签约项目涉及能源、机电、纺织、农产品加工、旅游开发、农运会场馆建设等12大类。

【南阳市组团参加闽籍企业家访豫活动】 香港、澳门、深圳3地闽籍企业家访豫活动于8月24～26日在郑州举行。在省情说明会暨项目签约仪式上，南阳市与闽商签订52个合作项目，总投资297亿元，合同引资289亿元。此次签约的主要项目有：深圳天海集团投资5亿元在邓州市建设3万吨润滑油及10万吨成品油仓储和销售项目、深圳宏立控股有限公司投资9.76亿元开发方城大乘山森林公园旅游项目、香港利嘉集团投资14亿元在内乡县产业集聚区建设太阳能电池板项目、伟誉(香港)有限公司投资10亿元在南召县建设生物质发电及生物质碳化燃料项目、香港华烨集团投资25亿元在镇平县产业集聚区建设机电产业园项目、深圳市福州商会投资20亿元在卧龙区光电产业园建设南阳市福州工业园项目、深圳市三三投资发展有限公司投资26亿元在桐柏县开发帝廷城建设项目、澳门宝龙集团发展有限公司投资35亿元在南阳市中心城区开发宝龙生活广场项目、深圳市意德祥实业有限公司投资18亿元开发唐河县虎山湖、石柱山旅游项目。

【南阳市组团参加第六届中国河南国际投资贸易洽谈会】 8月26～28日，第六届中国河南国际投资贸易洽谈会在郑州市国际会展中心举行。南阳市经贸代表团在洽谈会上签约项目达33个，投资总额200.9亿元，合同引资198.6亿元。

【南阳市组团参加第十四届厦博会】 9月8～11日第十四届国际投资贸易博览会在厦门举行。南阳市经贸代表团在这次博览会上成功签定14个合作项目，合同引资91.7亿元。这次签约的14个项目呈现四大特点：一是突出南阳的产业优势，进一步延伸产业链条。如内乡县的人造大理石项目、矽线石深加工项目、西峡县的香菇真空干燥保鲜技术项目、桐柏县的小苏打生产项目等。二是合作项目规模大。本次签约项目的投资均超1亿元，其中邓州市与香港国华控股有限公司合作的粤港工业园项目、内乡县与厦门建材责任有限公司合作的人造大理石项目的投资额均超过20亿元。三是签约项目科技含量高。在卧龙区投资4.7亿元建设的粉煤灰提取超细纤维项目是从工业废料、煤灰中提取造纸的超细纤维原料，集循环经济、资源综合利用、高新技术于一体，在镇平县投资2亿元改造热电厂的生物质燃料发电项目是对传统产业的升级再造，实现对原有资源充分利用和开发。四是工业园区建设更加专业化。邓州市粤港工业园项目总投资达30亿元，细分为粮食加工工业园、汽车配件工业园、高新技术园、棉纺产业园、商贸物流园；社旗县箱包工业园建设既结合原有的产业基础，又进行精细的专业分区。（王琳）

供销合作商业

市供销社主任　张兴珍

【供销合作社经营概况】 南阳市供销社下辖13个县(市、区)供销社、196个基层社，县以上直属参、控股企业174个，76个商品交易(批发)市场，9000多个经营服务网点，资产总额40亿元，员工3万余人。市供销社直属企业9个，事业单位1个，员工1600多人，资产总额10亿多元，2010年全市供销社系统牢固树立“资产是根、网络是魂、改革是神”的理念，大力实施“四个带动”战略，整体工作步入健康、快速发展轨道。全年完成购销总额179.8亿元，实现利税1.81亿元。市供销社所属的红棉集团大胆实施“走出去”战略，积极开拓国外市场，在乌兹别克斯坦、土库曼斯坦投资设厂，广泛开展对外经济交流，年出口创汇1062万美元。市供销社连续6年被省供销社评为“全省供销社系统先进单位”，被全国供销合作总社确定为改革发展联系点。

【新农村现代服务网络建设】 全市供销合作社系统大力开展“网络建设提升年”活动，取得显著成效。(一)现代流通网络覆盖面不断扩大。截至2010年底，全系统建设市、县2级物流配送中心63个，发展县乡超市569个，村级超市、农资农家店等8808个，覆盖全市90%以上的行政村，年经营额达40亿以上。西峡县、淅川县、唐河县、邓州市等一批县级社网络覆盖率达到95%以上，基本形成覆盖全市的市、县、乡、村4级经营网络。(二)强化一网多用功能。充分利用销售网络把农资、日用消费品送下乡，把农产品引入连锁超市，促进农超对接。发挥遍布城乡8000多个网点的优势与市委组织部、市联通公司开展“三网整合与合作”活动，开展农村远程教育，代理联通公司业务，积极拓展经营领域，提高经济效益。(三)不断提高网络运营水平。惠农达集团、新合作公司等连锁企业采取现代信息管理手段和现代流通方式，积极推行统一配送、统一价格、统一结算、统一标识和统一服务，建立配送中心和销售终端互联互通的信息系统，提高网络标准化、信息化水平。

【农村合作经济组织】 全市供销合作社系统认真贯彻《农民专业合作社法》，加大服务“三农”力度，联办400多个种植、养殖、加工、农资供应等专业合作社，注册登记300多个，入社社员10万余户；创办行业协会123个，吸收会员2.8万个，年助农增收2.5亿元以上。其中邓州市、唐河县、社旗县、新野县、淅川县、宛城区、卧龙区等专业合作社发展速度和质量尤为显著。全市获全国供销合作总社“千社千品”的专业合作社达27个、省、市“示范专业合作社”19个。邓州市穰原农作物种植专业合作社集农作物机械化防治病虫害、播种、收割、农资和种子配送等服务于一体，发展社员3000人，拥有9个分社、各种农机具143台(套)，为3个县(市、区)30万农户提供服务。新野蔬菜和唐河栀子专业合作社分别荣获全国农民专业合作社50强称号。

【供销合作社企业改革】 (一)深化体制改革。对新建企业和新上项目一律实行股份制，实现投资主体多元化。对所有企业继续深化内部人事、劳动、分配3项制度改革，使企业活力明显增强。(二)积极组建企业集团扩大经营规模。对供销社优质资产或相关业务进行重组整合，组建集团公司，积极探索“一社两体”集团化经营模式，成立“南阳供销集团公司”、“鑫合投资担保公司”、“鑫合社有资产经营公司”，资产和重要业务的经营管理由供销集团统一运作，实行母子公司一体化经营模式，增强抗风险能力。(三)强化企业管理。市供销社先后制定出台《关于进一步加强社有资产管理的有关规定》和《企业经营者薪酬及奖惩管理暂行办法》等规定，加强监督管理，加大奖惩力度，发挥监事会和审计部门的作用，强化对社属企、事业单位的监督管理，防止发生违法违纪现象。

【项目建设和资产开发】 全市供销合作社利用国家宏观政策机遇，加大资金争取、项目申报、项目建设力度。全年共争取国家和省、市拨付给供销合作社系统“新网工程”建设、农贸市场建设、进出口监管仓储建设、化肥储备贴息、出口费用补贴、太阳能发电、专业合作社发展等10余个项目的财政扶持资金2000多万元。积极申报和筹建南阳惠农达农资物流配送园区、南阳再生资源回收利用基地、中国·南阳农副产品交易市场、中原棉花储备中转交易中心、红棉集团在乌兹别克斯坦投资1800万美元的棉花纺织二期工程等8个重大项目，总投资额达6亿元以上。在建项目取得新进展。全年新建投资500万元以上项目10余个。红棉集团在乌兹别克投资1800万美元的纺织项目一期工程顺利竣工投产，运营良好。南阳新合作公司投资8000多万元，收购大型电器市场——时令电器；新野开心生活广场和西峡6个乡(镇)超市全面整合农村市场，资产开发实现新突破。惠农达集团26层商务大厦一期工程已经竣工，资产增值近1亿元。淅川、卧龙、社旗、南召、内乡等县(区)社资产开发也取得较好成效。

【主营业务】　(一)继续抓好棉花经营。以红棉集团为龙头的涉棉企业科学分析市场形势，扩大棉花购销业务。全年供销社共购销棉花8万吨左右，购销其他农副产品6万吨以上，取得较好经营效果。(二)大力抓好农资经营。以惠农达农资集团和13个县(市、区)农资公司配送中心为龙头，积极开展农资流通网络建设和农资供应，全年供应化肥120万吨，供应农药6370吨。(三)大力抓好日用工业品经营。以南阳新合作公司和各县配送中心为核心，经营规模快速增长，全年日用品经营额达40亿元以上。(四)狠抓“双总”业务。积极发展总经销、总代理等营销模式，“双总”业务品种达3900多个，经营效益明显提高。

【支农服务】　全市供销合作社系统充分发挥农资供应主渠道作用，做好农资供应和服务工作，确保全市农业生产需求。(一)建立健全农资服务新体系。市供销合作社利用“新网工程”和“万村千乡市场工程”建设机遇，加快现代流通网络建设步伐，依托市惠农达集团和市(县)农资公司大力兴办农资连锁店，完善服务功能。市惠农达农资集团充分发挥骨干企业的带动作用，在全市建直销店、加盟店626个，将农资商品直接调运到终端网点。(二)维护市场秩序，确保商品质量。全系统各经营网点牢固树立责任意识，自觉维护市场秩序，开展“诚信农资经营，放心农资下乡”活动，与工商部门联合设立“12315”申诉举报联络站。发挥农资流通协会作用，倡导会员诚信经营，多次配合工商、农业、质检等监管部门，开展自查自纠，从源头上杜绝不合格农资商品流入市场。(三)加大科技投入，开展优质服务。市供销合作社积极开展农技知识咨询和“放心农资科技服务进乡村”活动，宣传推广新技术、新品种。惠农达集团公司投资12万元购买测土配方仪器，为农民免费测土配方，建立26个测土配方实验基地，指导农民科学合理使用农资商品。采取增加供应网点，延长营业时间，延伸经营范围，开展电话预约、送货上门、拆整卖零等便民措施，确保农民对农资商品的需求。全年共开展农业科学技术培训36万人次，培训农民经纪人3600人次，组织农业专家送科技下乡460人次，技术咨询16万人次，印发新型实用科学技术资料5万条份，测土配方1.2万公顷。

【农资经营】　2010年，全市供销合作社系统供应化肥120万吨，与上年度相比基本持平，供应农药6370吨、农膜1700吨。种子、兽药、小件农具等供应量较往年略有上升。(一)转变经营方式。随着市场经济的逐步深入和经营政策的进一步放开，原有的经营格局被新的营销模式所打破，各类农资厂商、经营大户进行设点销售，各级农资公司积极改善服务形式，打造新的营销模式，确保农资供应的主渠道作用。到年末，全市供销合作系统已建立起以惠农达农资集团和13个县(市、区)农资公司配送中心为龙头的乡村农资连锁店4057个。(二)全市中小型复合肥厂、复混肥厂数量不断增加。由于这些厂家了解当地市场需求，具有生产成本低、运输半径小、费用低等特点，深受广大经销户和农民好评，其产品在市场的占有份额逐步扩大。但同时也存在少数企业受生产技术、设备的局限，产品质量不稳定，坑农、害农事件有所上升。(三)农资价格持续走高。9月，尿素1880元/吨，同比上涨19%；磷酸二铵3150元/吨，同比上升34%；复合肥2400元/吨，同比上升14%；其他农资价格都有不同程度的上涨。

【再生资源回收利用】　全市年回收再生资源65万吨，其中废旧金属32万吨、废纸18万吨、废塑料3万吨、报废机动车辆1.4万多辆。从事再生资源回收的从业人员有3000多人，其中大部分是无照个体经营者，具有经营资质的回收企业400多家(包括回收站点200多个)，其中规模较大、已初步形成购、销、加工体系的只有市广发物资回收公司和市金属回收公司2家企业。市广发公司拥有2个再生资源回收集散市场，其中一个是全市唯一的由省、市发改委批准备案的再生资源回收利用中心,也是河南省再生资源行业协会常务理事单位、副会长单位和南阳市再生资源行业协会会长单位,公司有长期加盟回收网点68个,是南阳市及周边几个大型再生资源回收利用企业的主要客户,年经营废旧物资20多万吨,废旧钢铁近6万吨。

【棉花经营】 2010年全市具有棉花加工资格的企业48个,参加400型打包机技术改造的企业42个。200型小包取缔工作由2010年底延至2014年底。生产经营特点:(一)收购开秤较晚,价格起伏较大。棉花销售价格从年初的每吨1.3万多元稳步上升,到8月底每吨涨至1.7万元。9月份新棉上市时棉花价格出现暴涨,到11月9日最高价格每吨接近3.4万元。从11月10日价格开始下跌,到11月29日每吨不到2.41万元。全年棉花收购受到价格暴涨暴跌的影响起伏波动较大。9月中旬新棉上市时开秤收购价为每公斤7.9元,随后一直上升,到11月上旬涨至每公斤13.6元。国家对棉花调控政策出台后,收购价迅速降至每公斤10.6元,此时棉农惜售,棉花加工企业限收。随着销售市场价格的回升,收购价又升至12元以上。(二)棉花质量指标较常年偏低。棉花平均品级以四级为主体,平均衣分35,主体长度28毫米。(三)棉花经营继续维持南阳棉、新疆棉、进口棉三分格局势态。南阳棉花不能满足全市棉纺需求,大部分棉花加工企业开展新疆棉(包括甘肃棉)的经营工作,全年新疆棉购进总量达40万吨左右。(四)农贷资金对龙头企业支持力度加大。农业发展银行在投放棉花收购贷款时,继续坚持"区别对待,择优扶持"政策,加大对棉花产业化龙头企业和进行400型技术改造企业的支持力度,但在贷款中增加法人个人财产抵押条件。(五)市供销社直属的兴合、红棉两个专用线继续发挥棉花交易平台功能。南阳市兴合棉花有限公司棉花转运站全年办理南阳农业发展银行监管棉花和新疆农业发展银行等金融机构监管移库棉花5万多吨。南阳市红棉集团所属的棉花储备库全年承储国家储备棉2.3万多吨,完成期货交割棉近1万吨。

【烟花爆竹经营】 市供销社结合南阳既是烟花爆竹消费大市又是民间鞭炮生产大市的特点,以确保生产经营安全为重点,利用连锁配送服务网络,全年实现购销总额2.1亿元,实现安全生产无事故。(一)加强仓储建设。高标准建设市、县两级烟花爆竹仓储物流配送体系。聘请省、市安全生产方面的专家深入市、县帮助规划建设烟花爆竹仓储设施。投入7600多万元分别对8个烟花爆竹仓储物流配送中心进行建设升级,设立专、兼职安全员经常对仓储、经营场所进行巡查,确保安全生产经营。(二)强化市场监管。充分发挥供销合作社系统多年来培养的一批特殊商品经营管理人才的优势,积极协调安监、公安、工商等部门制定科学的监管体系。采取办理证照和定期进行市场巡查、稽查等手段,打击无证经营和假冒伪劣产品,及时排查处理安全隐患。(三)适时组织商品。在商品销售旺季前夕,选派业务骨干分赴烟花爆竹生产地,按照质量优先、看样选货、储备优质商品的原则,选购产品满足市场供应。发挥市、县、乡、村4级工业品连锁网络优势,推进配送中心与网点直接配送,降低费用提高效益。

【南阳市经贸代表团赴乌兹别克斯坦、土库曼斯坦进行商务考察】 5月29日,以市委常委、纪检委书记孙丰年为团长、市政府外事侨务办公室主任赵天才、市供销合作社理事会主任张兴珍等为成员的南阳市政府经贸代表团赴乌兹别克斯坦、土库曼斯坦进行商务考察。代表团受到乌兹别克斯坦轻工业部副部长苏尔达诺夫地热情接待。代表团成员先后视察乌华红棉天使纺织公司,参观新型纺织生产线,参加乌华红棉天使公司开业庆典。代表团成员在考察期间与乌方轻工业部部长海达罗夫、副部长苏尔达诺夫就农业、纺织业合作项目进行广泛地交流和洽谈。海达罗夫部长对乌华公司的建成给予高度评价,希望二期工程尽快完成投资。双方还商讨了三期工程远景发展规划。在结束对乌兹别克斯坦商务考察后,代表团成员转赴土库曼斯坦首都阿什哈巴德进行考察。土库曼斯坦棉花工业部部长、阿什哈巴德市市长、道路部部长等亲切接见中方代表团。双方就土库曼斯坦对红棉集团投资的棉花种子包衣项目给予高度评价,双方经友好协商,在棉花加工、油脂加工、农业机械、城市规划、城市建设、光亮工程等方面达成广泛合作意向。

【红棉集团荣获全国供销社系统百强企业】 11月1日,在全国第二届供销合作社系统企业工作会议上,对全国供销合作社系统近5万个企业进行综合评审,南阳红棉棉业集团名列第85位,被评为全国供销社系统百强企业。

【南阳供销集团有限公司成立】 4月26日,市政府下发《关于组建南阳供销集团有限公司的通知》,同意由市供销合作社全额出资2.7亿元注册成立南阳供销集团有限公司,市供销合作社10个直属企业作为集团公司的子公司予以工商注册登记。由于股权属于企业内部变更不发生交易行为，因此不进入产权交易中心交易。市供销干部学校仍作为市供销社社有资产不纳入南阳供销集团有限公司。（李志明）

粮油管理

市粮食局局长　畅强

【粮食购销】　2010年，全市粮食部门认真落实夏粮收购各项措施，备足仓容及收购器材，加强收购人员队伍建设，通过贷款、自筹等形式备足收购资金，确保收购期间及时足额兑付农民售粮款。全市共收购夏粮26.3亿公斤，比2008年的历史最高记录22亿公斤多4.3亿公斤；实现农民售粮收入近50亿元，比上年增加近16亿元。全年共收购粮食31亿公斤，占省下达全市目标任务14.82亿公斤的209%，粮食销售总量23亿公斤，占省下达目标任务12.75亿公斤的180%。

【粮食安全】　全市粮食部门健全地方粮食储备制度，全年完成市级储备粮1500万公斤、县级储备粮3926万公斤，储备粮"四无"率达到100%，超过省定95%的标准。7月，面对特大洪涝灾害对储备粮安全带来的严重威胁，粮食部门精心组织，严防死守，使全市700多个库点、粮仓安全度过汛期。

【国有粮食非购销企业改革】　2010年，县（市、区）非购销企业改制已基本完成任务，市直企业已有3个完成改制。市面粉厂大院内3个非购销企业改制工作进展顺利，已完成职工安置、补偿金兑付的大部分工作，内退人员手续已全部办理完毕，对234人解除劳动关系，占总人数310人的75.5%。

【军粮供应】　全市严格执行军粮供应政策，落实各项管理制度，规范军供手续，确保军粮供应无差错无事故。加强军粮服务网点和军粮供应队伍建设，采取灵活多样的军供方式，不断提高服务水平，随时满足部队用粮需要。建军节期间，市粮食局局长畅强、副局长王跃建和市军粮供应中心主任李宏等到市武警支队、消防支队和部队军营对驻宛官兵进行慰问，听取部队官兵对全市军粮供应的粮油质量、品种搭配、服务质量的意见和建议。（李秀坤）

盐业专营

【盐业概况】　2010年，全市盐业工作坚持以科学发展观为指导，深化内部改革，调整经营战略，落实专营计划，坚持依法治盐，维护食盐安全，发展非盐产业，壮大经济实力，实施综合治理，打造平安盐业，在确保专营工作稳定和促进盐业经济转轨变型的道路上迈出坚实步伐，较好地完成年度目标任务。全年盐产品总购进63684吨，较上年同期下降3.2%，盐产品总销售69057吨，较上年同期增长3.9%，年销售额10543万元，实现利税409万元。全市碘盐覆盖率、碘盐合格率及合格碘盐食用率均达到国家规定标准。全市非盐商品经营工作保持平稳发展，营销队伍日益壮大，经营品种不断增加，年销售总额达324万元。市盐业局继续保持省级社会治安综合治理先进单位、省级卫生先进单位、市级园林单位、市级平安建设先进单位等称号，先后荣获"全省食盐专营目标管理达标单位"、"全省盐政管理先进单位"等多项荣誉。西峡县盐业管理局、市盐业局城区分局、淅川县盐业管理局、市盐业局郊区分局被评为"河南省食盐专营先进单位"。

【食盐专营】　（一）完善目标管理考核机制，确保专营计划落实。市盐业局坚持"量化考核为主，定性评价为辅，综合评定，奖惩兑现"的原则，以食盐、多品种营养盐、工业盐和非盐商品经营等主要业务指标为重点，调整完善年度目标考核办法，严格落实清库核资制度，健全督查机制，强化目标管理，促进各项目标任务的落实。（二）狠抓市场营销网络建设，巩固盐业发展基础。全市盐业以原有"食盐安全村"创建工作为基础，与川盐自贡分公司密切协作，以普通碘盐、绿色食盐、多品种营养盐和"普洁"牌洗涤产品为媒介，以必要的利益驱动为手段，加快乡村食盐网点整合改造步伐，其中桐柏县、淅川县、内乡县、方城县等盐业部门立足长远发展，调整营销策略，采取分片包干、查销结合、联责联利等办法，探索出具有各自鲜明特色的销售网络建设新路,为全市盐业经济发展方式转变作出典型示范作用。(三)大力开展食盐营销创新活动,促进食盐专营计划完成。市盐业局主动加强与盐厂及有关单位的沟通协调,加大各类盐品调运力度组织货源,确保市场供应和大局稳定。淅川县、内乡县、西峡县、南召县、唐河县、社旗县和中心城区等分别在辣椒腌制、畜牧养殖、食品加工、饲料加工、饭店、机关和学校食堂用盐的供应上扩大销量。为更好地满足人民群众消费多样化,丰富市场,服务民生,社旗、淅川、桐柏、西峡等县盐业部门完善激励机制,密切关注市场,推广多品种营养盐和绿色食盐,在较短时间内实现绿色食盐的平稳上市,促使多品种营养盐经营步入全新发展阶段,开辟新的效益增长点。2010 年,全市累计完成食盐购进 49927 吨,销售食盐 55609 吨,分别占年度计划的 99.9%和 111.2%;共计购进多品种营养盐 4940 吨,销售 5103 吨,分别占食盐购销总量的 9.9%和 10.2%;全年购进绿色食盐 2150 吨,销售 944 吨。经市卫生局、市盐业局、市财政局、市疾病控制中心联合考核评估,全市碘盐覆盖率、碘盐合格率及合格碘盐食用率均达到 98%以上,使防治碘缺乏病成果得到进一步巩固。

【盐政管理】 全市盐业管理部门扎实开展盐政法治宣传活动,围绕"科学补碘,持续消除碘缺乏病"的宣传主题,营造浓厚的食盐安全舆论氛围。进一步加强盐政执法队伍建设,不断加大缉私打假工作力度,有效遏止省外私盐对全市盐业市场的冲击。加强日常监管工作,淅川、镇平、唐河、南召、桐柏等县和中心城区的盐业监管部门分别采取对私盐泛滥乡镇派驻专人进行全天候监控,联合卫生、新闻等单位反复开展市场大排查、大走访活动,始终保持对涉盐犯罪的高压态势,提高碘盐市场占有率,为多品种营养盐、绿色食盐平稳上市创造条件。全年累计查处涉盐案件 238 起,其中 10 吨以上的重大案件 30 起,查获私盐 674.5 吨。

【小工业盐管理】 面对全市工业盐销量严重下滑的困难形势,盐业部门严格落实工业盐用户档案管理制度、销售台帐制度和点对点供应制度,采取上门促销、座谈交流等形式,竭诚为用户提供优质服务,推动地方经济发展。全年累计完成工业盐购进 13757 吨,较去年同期增长 1.1%,销售 13448 吨,较去年同期下降 8.7%。

【南阳市宛盐酒业有限公司】 南阳市宛盐酒业有限公司是市盐业运销包装有限公司以省盐业总公司名义买断中国驰名品牌——酒鬼酒系列产品河南区域总经销、总代理权,与股东共同出资筹建的股份制有限公司,具有独立的法人资格和经营自主权,主要经营酒鬼酒、湘泉原浆系列酒、习水老窖系列酒和普洁牌洗衣粉等。该公司自 2009 年 12 月 8 日成立后,坚持在日化、调味调料、副食品等不同门类、不同品牌的商品经营上寻找商机,旨在通过非盐产品经营打造具有南阳盐业特色的盐业物流配送体系和销售品牌,形成食盐专营与非盐商品经营相辅相承、互为依托的格局,促进全市盐业经济发展方式转变。2010 年销售总额达 324 万元。(史宏伟)

烟草专卖

【卷烟销售】 2010 年,全市销售卷烟 158.5 亿支(31.7 万箱),同比增长 3.26%。实现卷烟、烟叶销售收入 458213 万元,同比增长 18.26%,其中卷烟销售收入 384854 万元,同比增长 23.01%。实现"两烟"税利 84013 万元,同比增长 7.24%,其中卷烟税利 72701 万元,同比增长 11.41%。实现税费 49282 万元(含烟叶税)。

【烟草稽查】 烟草执法部门不断加大烟草稽查力度,维护烟草专卖秩序,全年共查处涉烟案件 13354 起,查获违法卷烟 2079 万支、非法烟叶 5.5 吨,查处非法运输案件 38 起,取缔无证经营 212 户。全市涉烟案件受到拘留以上处罚 276 人,其中拘留 167 人,逮捕 55 人,判刑 53 人,劳教 1 人;破获网络案件 11 起,其中,1000 万元以上案件 2 起,100 万元以上案件 4 起,"1·03"案件和"12·25"案件分别被列为部级、厅级督办案件。

【烟草收购】 2010 年全市共种植烤烟 5553.33 公顷,比上年减少 5180 公顷,收购烤烟 1.94 万吨(38.7 万担),收购均价为 15.29 元/千克。实现烟农收入 2.96 亿元,同比减少 1.52 亿元。

【南阳金业烟草有限责任公司】 南阳金业烟草有限责任公司位于河南省南阳市邓州市,2004 年 5 月,经国家烟草专卖局、河南省烟草专卖局批准成立,股东分别为南阳市烟草公司和河南省中烟工业公司。公司占地 15 公顷,注册资本 6655 万元。2010 年 9 月正式启动投资 1.3 亿元的技改项目,计划 2011 年 9 月完成。截至

2010年年底，公司拥有总资产10131.48万元，负债总额2760.74万元，所有者权益7370.74万元。公司全年共加工原烟58万担，实现销售收入5601万元，税利3183万元。

2010年南阳市烟草专卖局（公司）基本情况统计

项　　目	完成情况
卷烟销售（亿支）	15.35
卷烟销售收入（万元）	384854
实现税利（万元）	84013
查处涉烟违法案件（起）	13354
2010年度烟草行业投入烟叶生产基础设施建设资金（万元）	2058
烟水配套工程累计受益面积（公顷）	16933.33
烟叶种植（公顷）	5553.33
烟叶收购（万吨）	1.94
零售户数（户）	40588

（孙善兴）

石油供应

【石油营销】　2010年，中国石化河南南阳石油分公司以服务南阳经济社会发展为第一要务，积极履行国有企业责任，在“三夏”、“三秋”、“抗旱救灾”、“春运”等特殊时期，多方调运资源，实施惠农惠民政策，为推动全市经济发展提供成品油资源保障。全年公司实现石油经营总量60万吨，在河南省中国石化销售系统排第二位；零售石油总量46万吨，占全年计划的105.1%，在河南省石化系统排第四名；直销分销总量突破12万吨，终端市场占有率进一步得到巩固和提高。公司实现非油商品销售收入2480万元，同比增长12%，润滑油销售1.8万吨，占全年计划的111%，销售总量在全省石化系统排列第二位。

【企业管理】　南阳石油分公司深入贯彻落实中国石化集团公司、中国石化股份公司各项规章制度，完善内部管理，全面落实《财务支出管理实施细则》、《大宗物资统一采购管理办法》，在市、县两级公司实行全面预算管理，促进财务管理规范化，落实办公用品采购询价和比价制度，降低费用支出，通过在线监控资金流动，规避资金风险。落实安全生产“十大禁令”、中国石化“销售企业安全禁令”，对承运商进行合同化管理，加强预案演练，增强企业应对突发事件的能力。开展“每一滴油都是承诺”宣誓活动，提高员工质量意识。对进出油库（加油站）的油品实行取样、留样制度。在加油站广泛开展引车服务、微笑服务、加油提醒等标准化、规范化服务，努力提高服务水平。对企业内部闲置土地和机械设备进行全面核查，编制闲置资产处置计划，发挥闲置资产管理效益，提高资产利用效率。

【销售网络建设】　2010年公司加大资金投入，加快销售网络建设，全年新建加油站9座。对形象破损的加油站进行专项治理和改造，全年改造加油站、“易捷”便利店17座。为提高农村加油站服务能力，对200余座农村加油站进行升级改造。（宋磊）

交通物流

铁路运输

【铁路运输概况】 南阳车务段管理区域为十字型，跨焦柳、宁西两线，管辖49个车站，是郑州铁路局管理车站最多、管辖范围最大的车务段。全段车站按技术作业性质分区段站2个、中间站46个、线路所1个；按地理位置分焦柳线车站16个、宁西线车站33个；按业务性质分客货运站10个、货运站10个、不办理客货运业务站29个；按车站等级分一等站1个、二等站2个、三等站9个、四等站12个、五等站25个。全段营运里程合计556公里。其中，焦柳线管辖平顶山西站至耿坡站等16个车站(K234＋956M-K474＋098M)，计239.14公里；宁西线分别管辖自李家湾站至富水站等33个车站(K248＋285M-K563＋617M)，计315.33公里；孟宝线(K99＋528M-K98＋009M)，计1.52公里。2010年车务段狠抓安全管理，至12月31日18时，已实现连续安全生产8472天，再创车务段安全生产历史新纪录。在客货运输方面坚持做大做强战略，努力提效益，全年共发送旅客416.9万人，发送货物569.1万吨，实现运输收入8.68亿元。

【运输安全】 全段把安全生产作为核心，完善安全管理人员月度考核办法，提高防止事故奖励标准，实行安全风险抵押制度，建立违章扣款返还机制，设立应急备用金，重奖防止事故的功臣，严惩顶风违纪的典型，确保全段集中精力紧盯安全。树立“小站无小事”的理念，规范中间站及作业人员一日工作标准，明确安全管理人员巡查中间站频次。坚持基础与盯控并举的方针，完善安全生产约束体系，健全日常教育体系、主要行车工种脱产培训制度和业务尖子奖励机制，促进职工素质不断提高。完善干部流动检查、周末查岗、现场巡视和自控型班组考核制度，形成自控、防控合力，确保安全生产的持续稳定，获得全局“安全生产标杆单位”称号。截至2010年12月31日18时已实现连续安全生产8472天，在全局车务系统中名列前茅。

【运输生产】 积极实施做大做强战略，开辟南阳东货场、南阳西货运、西坪电煤运输和安棚专用线4个经济增长点，开行南阳至南京临客，促成南阳至上海图定列车的开行，为增产增效注入强劲动力。建立全段运能、运力统一调配机制，集中优势扩大运输效能。全年共发送旅客416.9万人，发送货物569.1万吨、89529车，实现运输收入8.68亿，同比分别增长2.8%、－3.1%、－3.2%、18.8%，分别完成年计划的95.4%、94.8%、94%、102.4%。

【经营管理】 车务段落实集约管理要求，全面推行预算管理，强力推进节能降耗，实行权责挂钩制度，消减生产过程的浪费行为，确保运输成本的总量控制。强化“主辅共进”的意识，大力扶持段内集体企业发展，推动辅业进入西坪、南阳东、安棚等新兴市场，在全段开办8个代售点，帮助集体企业设立2个项目，为辅业的发展壮大拓展空间，确保辅业在整体稳定中不断发展。

【郑州铁路局车务系统建精品创一流工作推进会暨第三届职工技能竞赛在南阳举行】 10月10～14日，郑州铁路局车务系统建精品创一流推进会暨第三届职工技能竞赛在南阳举行。本次大会由郑州铁路局主办，南阳车务段承办并得到南阳市政府和有关企业的大力支持。郑州铁路局党委书记杨建祥、工会主席王俊吉，副局长陆彦斌，南阳市委常委、副市长陈光杰及南阳军分区司令员程德明等出席开幕式。大会共分两项内容，一是通过观看专题片和现场观摩全面总结和回顾创建成果，把建精品、创一流工作不断推向深入。二是来自全局16个车务单位的54个参赛队、256名选手参加接发列车、调车、站调和车号等5个大项的比赛，南阳车务段作为参赛东道主，分别获得接发列车单线组、调车中间站平面取送组两个团体第一名和接发列车双线组、车号组2个团体第三名；在个人奖项上获得接发列车单线组车站值班员、接发列车双线组车站值班员、调车中间站平面组连结员4个第二名。(王康)

公路运输

【公路运输概况】 2010年市交通运输管理局大力加强交通基础设施建设，提高运输管理和服务水平，严厉查处路政违法案(事)件保护路产路权，巩固治理超限超载运输成果，努力破解城市交通难题，积极开展文明系统和文明单位创建工作，使全系统省级文明单位达20个，市级文明单位达41个，市行政审批中心交通运输管理分中心被授予全国交通运输行业文明示范窗口，整体工作取得显著成绩。(一)交通基础设施建设再创佳绩。全年交通基础设施建设完成投资19.5亿元，占年度投资计划的121%。内邓高速公路完成投资9亿元，为目标任务的100%。干线公路建项目13个，完成投资2.6亿元。农村公路完成投资4亿元，为目标任务的113%。国防公路续建5条，新开工项目2个，建设规模347.6公里，完成投资1.65亿元。道路运输场站共开工建设13个项目，其中续建项目4个，新建、改建项目9个，完成投资6800万元，为目标任务的103%。水路运输建设完成投资107.6万元，为目标任务的119%。(二)运输管理服务能力进一步提升。进一步加大城乡客运一体化建设力度，全年新增农村客运车辆210辆，中心城区发往各县(市、区)客运线路全部实现公司化经营模式，南阳——鸭河、南阳——歪子等城乡公交线路相继投入营运，极大地方便城乡交流。积极引导货物运输业的健康发展，促使500台以上的货运企业向物流企业转型。建立和完善出租车运营管理、服务质量等一系列规章制度，平稳投放400台新增出租车，加快推进旧车的报废更新步伐。深入开展客运市场清理整顿、城区交通秩序整治、打击非法营运等专项治理活动，严厉打击客运违法经营行为，促使全市客运市场秩序明显好转。全年公路水路运输完成客运量1.66亿人次、客运周转量126.8亿人公里，货运量1.5亿吨、货运周转量387.9亿吨公里，较上年度均有大幅度提高。(三)路政治超工作成效明显。市交通运输局加快推进市级路政机构转岗从事高速公路路政管理工作，加强干线公路路政执法和农村公路路政巡查力度，规范设置交通标志、标线，严厉查处路政违章案(事)件，有效保护路产路权，确保公路安全畅通。以开展超限超载车辆专项治理行动为契机，重点打击超限超载车辆和非法改装车辆，全年共检测车辆53万辆、卸载货物1.1万吨、处罚车辆8.8万辆、拆解车辆480辆。(四)努力破解城市公交发展难题。2010年3月市公交总公司整体移交市交通运输局。针对中心城区的城市公交工作，市公交总公司开展大规模、多层次、全方位的深度调研，深入研究分析城市公交工作存在的主要问题和解决办法。全年财政投入3000万元新购100辆公交车，初步形成财政对公交的补贴机制，公交公司强化内部管理，创新经营模式，厉行勤俭节约，提高工作效率，促进企业运营秩序良性发展。全年公司实现营运里程1954万公里，比上年增长2%；实现营运收入4262万元，为年计划的104%，比上年增长2%；车辆满班率达97%，车厢服务合格率达91%，车厢整洁合格率达93%。(五)安全生产形势总体稳定。市交通运输局始终坚持"安全生产，预防为主"的方针，切实加强对安全生产工作的领导，持续开展"安全生产年"活动，经常组织安全大检查，强化全系统安全发展理念，创新监管体制，加大安全设施投入，不断提高应急处置能力，全年全系统未发生一起较大以上安全责任事故，市交通运输管理局被省交通厅评为先进单位。

【公路运输生产】 2010年全市共完成客运周转量126.67亿人公里，货运周转量355.07亿吨公里，客货周转量折合累计增速达29.01%，居全省18个地市第二位。在服务南水北调移民搬迁中，全市运管系统组织服务搬迁客货运车辆14045台次，出动工作车辆2860台次，人员4586人次，累计搬迁移民76批次13761户60886人。最多一天全系统投入车辆259台，投入服务搬迁人员373人次，移民人数4494人。

【安全生产】 2010年全市确保安全形势持续稳定发展，被省交通厅和市政府评为安全工作先进单位。主要做法：一是制度完善，责任明确。市交通局年初同各县(市、区)交通局签订安全目标责任书，各县(市、区)和各行业管理部门也都逐级签订安全生产责任书，形成各司其责的安全生产格局。二是深查细排安全隐患。为把安全事故消灭在萌芽状态，市交通局制定下发《关于进一步明确交通安全承包和督导工作的通知》和《关于认真做好2010年交通运输安全督导工作的通知》，成立2个领导巡视组和6个安全生产督导组，组织8次督导活动，对发现的安全隐患及时督导消除。三是严厉查处违法经营和生产活动。全年查处无证、证照不全或资质不符的违法经营客车69台，非法参运"黑车"27台；公路系统查处违法生产2起,处理拒不执行安全监管监察指令、抗拒安全执法案3起,不按规定进行安全培训或无证上岗事件2起,有效地净化营运和建设市场。

【中心城区出租车检测】 2011年9月15日～10月11日,为了从源头上消除车辆安全隐患,不让出租车“带病上岗”,达到安全、卫生、规范的运营要求,市运管局对中心城区7个出租车公司的1385辆出租车的车容车貌、计价器、坐垫套及整车性能等10余项进行严格检测,对不合格的责令限期整改。

【客车司机集中培训】 2011年全市有跨省客车550台、跨市、跨县客车4700多台、县域内客车2070台,全部班车线路有司机和乘务人员1.2万多人。为全面提高客运班线经营者、驾驶员和乘务人员的服务技能、职业道德水平,促进客运行业有序发展和服务水平的全面提高,从9月11日起南阳市运管局分期分批对全部客车司机和乘务人员进行培训。培训主要内容是客运法律法规、职业道德、客运安全生产等知识,培训结束后进行统一考试,对于不合格者取消其营运资格。

【南阳市运管局违章处理投诉中心建成启用】 2010年8月市运管局违章处理投诉中心建成并投入使用,150平方米的对外服务大厅中设有GPS监控、96520热线、违章处理、法律咨询等,集调度指挥、投诉受理、安全监控、信息服务等功能为一体,这是市运管局加强运政执法规范化建设、便民惠民服务的重要举措。该中心在建立健全相关内部管理制度的同时,严格按照执法程序对《证据保存清单》、《询问笔录》、《违法行为通知书》、《处罚决定书》、《案件调查终结报告》等法律文书进行专人负责开具、保管、建档,做到一案一档、程序合法、处罚有据;严格执行收缴分离、罚缴分离的制度,所有罚款实现银行代收,确保交通运政执法公开、公正、公平、便民。

【中心城区出租汽车从业人员培训】 为进一步提升出租汽车行业的服务质量,8月10～31日南阳市运管局分15期对中心城区近3000名出租汽车从业人员进行分期培训,培训内容主要为职业道德、服务规范、行业法规、人文地理等,培训结束后采取统一闭卷考试,对考试不及格者停止上岗,不予办理出租车客运资格服务证,不予进行年度审验。

【中心城区机动车维修市场整治】 4月16日,南阳市运管局与卧龙、宛城两区运输管理部门30余名执法人员在北京路、光武路、312国道等区域联合开展中心城区机动车维修市场专项清理整治活动,重点取缔店外经营和占道经营,打击无证经营,净化维修市场环境。整治中,对符合开业条件的业户指导其合法经营,对条件欠缺的8个3类经营业户下发整改通知书,要求限期进行整改,对不符合开业条件又拒不整改的经营户坚决予以取缔,促进汽车维修市场健康有序发展。(高新海)

公路建设

【高速公路建设】 2010年是内邓高速公路项目启动的开局之年,按照省、市总体要求,全年要完成路基工程40%的工作量。为保证工程建设顺利进行,市政府要求市直各有关部门实行特事特办,建立服务内邓高速的绿色通道,各参建单位科学组织,不断优化施工方案。全年完成投资9亿元,为目标任务的100%。主要完成补偿征地拆迁、清理地面附属物及部分土石方和桥梁工程。

【干线公路建设】 全年干线公路在建项目共13个,完成投资2.6亿元,其中6个市交通局直管项目完成1.39亿元,尾工(含标志)项目完成870万元。3个县管项目完成900万元,4个新开工项目完成1.03亿元,在建项目合同履约率和质量合格率均达100%,优良率达95%以上。

【农村公路建设】 全年河南省下达全市农村公路建设项目359个共923.3公里,桥梁36座3149延米,计划总投资3.80亿元。其中县乡公路项目62个460.6公里,通村公路项目297个462.7公里。全年实际完成投资4亿元,为目标任务的113%,建设农村公路1386公里,其中县乡公路536公里,村道联网公路850公里,危桥改造2033延米,超额完成年度农村公路建设任务。

【公路养护】 市公路局全年实施25个养护工程项目,完成投资3.08亿元,其中续建项目4个31.61公里,完成投资4514万元。新开工大中修项目13个204.3公里,完成投资2.34亿元。安保工程1个,完成投资840万元。危桥改造工程7个1174延米,完成投资2075万元。辖区内干线公路危桥监控率达100%。小修保养完成投资2300万元,油路基层坑槽挖补12.7万平方米,面层坑槽挖补10.49万平方米，进行油路预防性养护1.5万平方米，利用SBS改性沥青治理路面反射裂缝88.77万米。完成G312线等7条干线公路绿化工作，全市列养干线公路优良路率达到61%，使路容路貌发生明显变化。境内干线公路在全省“好路杯”评比中夺得银杯。

【超限超载治理】 市路政执法部门不断加大干线公路治超力度，提高文明执法水平，全年共查处路政案(事)件1367起，依法索赔382万元，案件查处率、索赔率均达到100%。依法检测车辆39万台次，卸货4371吨，车辆超限超载率控制在4%以下。各县(市、区)路政管理部门充分利用流动监测车，以流动检测稽查、设置限宽限高设施等形式，加强对农村公路超限超载的治理力度，有效维护农村公路质量。

【二级公路收费站收费人员安置及资产处置】 取消政府还贷二级公路收费站后，全市16个收费站1510名管理和收费人员的安置工作稳步推进。除352名收费人员通过省交通厅统一考试安置到高速公路收费岗位外，各县(市、区)的收费人员按照分级管理的原则已得到妥善安置。市直事业编制收费人员已经市政府研究同意设立“两站一支队”进行转岗安置。收费站固定资产处置方案经市政府批复，资产评估工作已基本完成。

【干线公路抢险保通】 2010年7月全市发生特大洪水灾害，造成境内11条干线公路交通中断，直接经济损失3.64亿元。灾情发生后全市公路系统广大干部职工迅速行动，全力抢通。在一周内迅速打通11条干线公路325处共650公里断行路段。为全市抗洪抢险救灾工作的顺利进行提供有力保障，市公路局被市委、市政府荣记“集体二等功”。

【债务锁定工作】 对取消政府还贷二级公路收费后纳入债务锁定的4.18亿元贷款余额的利息支付问题，按照国家和省有关政策及各县(市、区)使用统贷资金情况，同比例分解到县(市、区)。至年底，全市13个县(市、区)2009年5月至2010年12月应承担利息已全部足额上解到位。对承担市政工程建设形成的1.3亿元债务，按照分期分批、逐步到位的原则，由市财政分年度予以弥补；对于南阳中心城区周边干线公路养护经费不足问题采取“一事一议”办法给予解决。

【公路建设项目申报】 市公路局利用国家“十二五”期间加大普通干线公路投资力度的机遇，全力做好公路建设重点项目的申报工作。G312线城区改线、雪枫大桥建设2个项目已经交通运输部同意纳入下年度建设项目。G312线唐河至双铺和王村至内乡县、西峡县交界改造等4个项目已经省交通运输厅、省发改委同意并上报交通运输部。以上6个项目投资规模达25.23亿元，其中交通部、省交通厅投资约10.2亿元，占全省项目的1/5。

【“两桥一路”重点工程开工建设】 南阳大桥加宽改造工程和雪枫大桥建设工程于2010年12月29日顺利开工建设。南阳大桥加宽改造工程含引线长1.182千米，总投资4768万元。雪枫大桥新建工程全长1.047千米，工程批复总投资1.81亿元，其中中央投资4319万元，省补贴9059万元，计划2012年6月底完工。G312线中心城区改线工程全长19.67千米，批复总投资5.25亿，其中中央投资近1.19亿元。“两桥一路”的开工建设标志着交通公路服务农运会重点项目的全面启动，标志着南阳普通干线公路建设史上特大立交桥建设和一级公路建设获得历史性突破。

【豫西南六市治超区域联合执法会议在南阳召开】 6月18豫西南六市治超区域联合行动工作会在南阳召开。省交通运输厅路政处副处长房益林、市交通运输局副局长、路政处处长赵伟等和驻马店、平顶山、信阳、许昌、漯河、南阳6市交通运输和公路部门相关负责人参加会议。会议重点围绕开展治超区域联合行动进行座谈和讨论，并就《豫西南六市治超区域联合执法第一次、第二次行动方案》听取与会代表的意见和建议，对《行动方案》进行修订完善。治超区域联合行动实行6市轮值办法和组长单位负责制，6月份开展2次集中统一行动，由南阳市任组长单位，每次行动为期5天。统一行动期间6市在各自辖区，采取固定站点执法与流动稽查相结合的方法重点控制线路节点，同时兼顾辖区周边其它道路，利用治超流动稽查采取突击行动，有效打击绕行、闯岗等违法行为。会议强调各单位要高度重视治超区域联合执法行动，紧紧围绕行动方案落实工作责任、细化工作措施，确保联合行动的顺利进行。要加强治超部门之间的沟通协调，相互配合，互通信息，形成合力，加大治理力度。各市治超办公室建立快速联络机制，对重要信息和重大事件及时相互通报，同时注意车辆、行人及自身安全，提高安全防范和应急能力，确保治超安全。会后，与会代表还现场观摩S103南阳方城超限站和G312南阳桐柏超限站的治超工作。

【南阳市举办首届农村公路养护

技能竞赛】 9月3～8日南阳市在镇平县举办第一届全市农村公路养护职业技能竞赛。来自全市11个县(区)的代表队77名选手参加比赛。市总工会劳工部部长王琦、副部长胡冠军、市交通局局长李建涛、副局长闫保卫、市农村公路管理处处长姚磊莅临指导。此次竞赛活动分理论考试和实际操作两部分进行。实际操作部分既有上级规定的路况量验、坑槽挖补项目,又结合南阳实际增加水泥路灌缝项目,模拟完整的养护施工全过程。11支参赛队伍经过两天紧张激烈地角逐,卧龙区参赛队获得一等奖,西峡县、镇平县参赛队获得二等奖,内乡县、新野县、方城县参赛队获得三等奖,胡波等10名选手分获个人一、二、三等奖,杜东旭等10人获优秀选手荣誉称号。竞赛活动的成功举办充分调动广大农村公路职工学习业务知识、掌握岗位技能、提高自身业务素质的工作热情和积极性,为提高全市农村公路养护技术水平奠定良好基础。(邹爱民 蒋天栋)

交 通 战 备

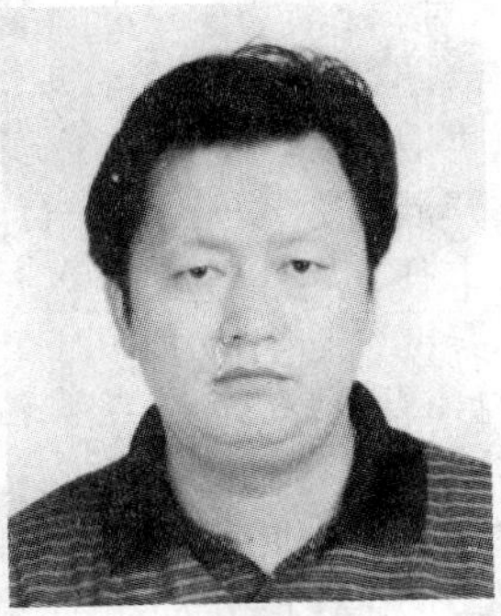

市交通战备办主任 张建强

【交通战备概况】 2010年南阳市交通战备办公室以新时期军事战略方针为指导,坚持平战结合、军民兼容原则,贯彻交通战备工作为国防建设服务、为驻军部队服务、为地方经济建设服务的宗旨,求真务实,圆满完成《南阳市国防公路"十二五"规划》的编制。加强对7个在建国防公路项目建设管理,积极做好8个国防公路的申报工作。顺利完成参加抗震救灾部队回撤过境任务。部队机动演练交通保障、国防交通信息化建设、国防交通预案修订完善等工作也取得可喜成绩。

【圆满完成《南阳市国防公路"十二五"规划》编制】 市交战办会同市发改委、交通局、公路局、地方驻军等部门,在上年度初步编制的《南阳市国防公路"十二五"规划》基础上,结合省交通厅反馈的意见,对规划进行补充完善,明确"十二五"全市国防公路规划指导思想、规划重点和基本原则,提出规划实施和保障措施。确定"十二五"期间国防公路及部队进出道路建设项目28个,总里程760.8公里,总投资136435万元,申请国家补助资金66363万元。

【国防公路建设】 2010年全市在建国防公路项目7个,总里程347.6公里,总投资78031万元,其中中央投资21885万元,省补助资金19927万元,市县配套36219万元。全年实际完成投资16503万元,其中中央资金5133万元,省补助资金2579万元,地方自筹8521万元。对在建项目交战办按照《南阳市国防交通工程监督管理实施意见》和《南阳市国防交通资金管理要求及使用程序》,严格工程管理和资金使用程序,工程整体建设顺利推进。

【国防公路项目申报】 交战办把项目申报作为全年工作重点,全年共上报国防公路项目8个,部队进出口道路项目5个,分别是:南召四棵树至卧龙区王村公路、内乡夏馆镇至小湍河公路、内乡湍东至靳河公路、内乡大桥至湍东公路、镇平G207线楸树湾至尹庄公路、镇平老庄至遮山公路、桐柏县X043线朱庄至黄岗公路、社旗县朱集至晋庄公路。对上述项目积极做好前期工作,有6个国防公路项目已经省发改委、省交通运输厅通过可研报告、施工图设计批复。将南召县四棵树至卧龙区王村公路项目和独山装甲旅出口道路项目纳入国家投资计划,资金总额为3592万元。将两个部队进出口项目纳入省投资计划,总投资180万元,其中省补助资金90万元。

【完成抗震救灾部队交通保障任务】 根据济南军区和省交战办通知,5月22～25日,参加青海玉树抗震救灾部队回撤2次途经南阳地域。为做好交通保障,交战办在市交通局的领导下,认真制定交通保障预案,积极协调公安、高速交警、路政管理等部门,顺利将部队引导入境,同时做好高速服务区休息、就餐、车辆加油等工作,圆满完成部队回撤交通保障任务。(崔振平)

宛运集团有限公司

宛运集团公司董事长
党委书记　胡逸云

【生产经营概况】 2010年南阳宛运集团有限公司面对燃油价格持续走高、铁路客运冲击加剧、公路客运市场竞争激烈、城乡公交抢占客运市场份额的严峻形势，集团公司党政领导团结一心，带领全体员工紧紧围绕“共享改革成果，共建和谐宛运”的指导方针，不断深化改革，创新管理体制和经营体制，精心组织生产经营，强化企业各项管理，加强思想政治工作和精神文明建设，全力做好信访稳定工作，较好地完成年度各项目标任务。全年共完成客运量3657万人次、客运周转量36亿人公里、货运量71万吨、货运周转量10965万吨公里，分别为上年的108.9%、109.5%、105.2%和90.5%。实现收入4.77亿元，实现利润1300万元，为上年的121%，超计划140万元。集团公司分别被河南省委、南阳市委授予“五好基层党组织”，荣获“河南省‘六好’基层工会”、“河南省内审工作先进单位”、“河南省物流行业最佳创新企业”、“南阳市纳税信用A级企业”、“南阳市劳动保障诚信A级示范企业”等荣誉称号，名列“南阳企业50强”、“中国道路运输百强诚信企业”第十三位。

【客运生产】 集团公司不断探索经营新模式，重点抓好公车经营和区内线路资源整合，全面提升安全管理能力，进一步提高服务质量，有力促进了企业经济效益稳步攀升。主要措施：(一)圆满完成春运任务。2010年春运期间安全运送旅客210.3万人次，实现营运收入7030万元，同比增长24.8%，再创春运收入历史新高度，为全年目标任务完成奠定坚实基础。(二)强力开发线路，抢占客运市场。全年新批客运班线26条，增加线路里程13410公里，其中省际线路9条、市际线路17条。南阳至郏县、淅川至卫辉等6条市际班线已经双方道路运输部门同意，正在办理行政许可手续。经市道路运输管理局共向上级申报17条客运线路，其中7条省际线路和5条市际线路正与相关省、市运管部门协调。结合公司实际和客运市场现状，制定上报南阳—郑州、南阳—唐河线路城际公交运营实施方案。经过努力已开辟6条旅游客运专线由旅游分公司经营。(三)加强公营车辆管理，稳步提高公车效益。年初为公营车辆安装车载录像监控设备354台，防止途中收入流失。加强对公营车辆成本控制，加大公车稽查力度，共上路查车3000余台次，纠正违规行为120起，查处贪污违纪行为27起处理26人，有效堵塞漏洞，实现公车增效1018万元。(四)整合客运资源，提高站控收入。唐河分公司、三分公司分别对20台南阳—唐河线路上的社会车辆实施承包，实现该线路统一经营。镇平、南召分公司也对全线路所有车辆进行整合，统一进站经营，促使站控收入比上年同期增加6700多万元。(五)开展优质文明服务活动，打造客运服务品牌。以公车服务管理为重点，继续深入开展“旅途如家”和“推广使用普通话及‘十字’文明用语”活动，加强南阳至郑州“精品客运班线”的创建工作，强化业务知识培训，加强员工仪容仪表管理，服务水平明显提升。2010年共为旅客和经营者做好事1732起，受市级以上媒体表扬51人次，收到锦旗20面，表扬信94封。集团公司被中国交通运输协会地方客运协作工作委员会评为“全国交通运输客运行业优质服务示范企业”。(六)加强客运结算管理，加快企业资金周转。加强对内部分公司之间结算的审核确认，加快对外结算清收，全年共办理结算收入5667万元，审核结算支出3181万元，确认应收差额3009万元，应付差额523万元，清欠回收资金2910万元，确保资金回收及时到位，提高资金利用效率。

【安全生产与机务管理】 安全管理工作坚持贯彻落实“安全第一、预防为主、综合治理”的方针，相继开展“春运安全专项教育”、“夏季行车安全百日赛”、“安全生产月”等活动，认真开展安全隐患排查治理，严格落实安全生产责任制，安全形势持续平稳。2010年客运车辆总行程1.92亿公里，行车安全4项频率分别比省定标准下降95.25%、97.5%、95.25%和78.22%。严格落实机务管理各项规定，加大进站车辆抽检力度，确保车辆技术状况良好，杜绝机械事故的发生，集团公司共有营运客车1300台，车辆完好率达99.4%。全年新增车辆172台，报废59台，置换车辆58台。

【多种经营】 集团公司围绕做精做活多种经营的战略思想，坚持以市场为导向，努力寻求新的经济增长点，积极协调外部关系，不断加大管理力度，较好完成各项目标任务。检测公司主动与车管所协调开展一站式服务，尽力方便广大车主办理年检、入户业务，增加检车收入，全年共检测车辆43300台。驾培公司深入到大中专院校联系定点培训业务，开办分校及招生培训点，提高市场占有率。不断开辟新业务，被省、市运管局授予残疾人驾驶员培训基地。加强培训质量管理，学员考试合格率大幅度提高，全年共招收初办驾驶证学员3740名、从业资格证学员4600余名。金方正公司以市场需求为导向，与北京捷创门窗南阳分公司合作开发出铝塑复合型材，提高金方正产品的市场竞争力。全年生产销售型材约1800吨，制作门窗2.98万平方米，生产销售中空玻璃1.86万平方米、胶条52吨。亚飞公司成立市场开发队伍，广泛开展社会车辆销售，全年共销售车辆321台。石油公司加强与中石油的合作，实现油品销售互利双赢。及时为经营单位提供油价升降信息，保证油品供应。仲景商城、车站商城积极为商户提供优质服务，狠抓场区消防安全，确保市场稳定发展。门店房屋出租率分别达98%和99%。货运公司立足于巩固老客户，加大宣传力度，开通物流新线路，进一步扩大市场经营规模，抢占货运市场份额。严把车辆入户关，加强安全管理，加大保险额，增加保险险种，有效降低经营风险。技工学校与南阳工业职业技术学院、南阳工业学校等联合办学实现互惠共赢；与市劳动部门和上海、杭州、苏州等地的企业积极联系，签订用工协议，全年推荐就业30余人。书院中学、书院小学积极做好房产设施维护管理工作，努力打造“书院”品牌。水电维修公司、文体馆等承包单位结合各自实际，采取行之有效的经营策略，保证承包目标的实现和员工队伍的稳定。

【企业管理】 集团公司改革经营管理体制，撤销客运总公司和实业发展总公司建制，将3个机关27个部室整合为1个机关18个部门，建立精简高效的管理机构。严格落实各项财务制度，认真做好财务核算工作，坚持每月做好各单位财务分析报告，为领导正确决策提供依据。严格资金管理，服务好生产经营。加强统计分析和基建维修预决算工作，全年共审核预决算72项次金额621万元。加大审计工作力度，坚持离任经济责任审计制度，积极开展专项审计和经营目标审计核实工作，充分发挥审计的监督作用。组织开展安全生产大检查和安全隐患排查治理活动，组织联合检查组对生产经营单位治安、消防安全、场区安全等进行检查，对存在隐患单位下发整改通知书，集团公司利用GPS监控平台进行监督，全年查处严重违规违章车辆1334台次，处罚金额24万余元，处罚教育整改率达100%。严格按照考核办法奖惩兑现，对上年度超额完成计划的新野分公司和五分公司的经理、书记分别奖励一辆轿车以调动广大干部员工的工作积极性。推行自主开发的办公自动化系统，有关文件、材料通过微机网络上传下达，开通办公自动化手机短信平台，对会议通知、紧急文件接收等发送短信提醒，进一步提高工作效率。对场站监控设备进行全面维护、升级，进一步完善“宛运视频监控系统”，充分发挥信息化设备在企业管理中的作用。

【场站建设】 南阳中心汽车客运站改建项目已编制项目设计方案，待上报市规划、城建等主管部门审批。高等教育园区客运站建设项目已基本完善土地预审材料并上报国土资源局审核。桐柏汽车站改建项目建设前期手续已经完善，工程招标后即可开工建设。社旗汽车站搬迁新建项目工程已基本完工，第一期省交通厅补助资金300万元已拨付到位；方城汽车站搬迁新建项目征地协调工作已初步达成征地赔偿意见。（高明涛　郑向华）

航务海事

【安全监督】 全市海事系统全面建立安全承包责任制，督促和指导县、乡政府落实船舶安全管理，责任书签订率达到100%，形成“横到边、竖到底”的安全监管责任体系。在春运、“五一”、“十一”等节假日和汛期等重点时段，全市海事执法人员围绕安全生产年的工作重点，深入辖区进行明查暗访，按照安全隐患排查要求，深入重点水域、重点船舶进行安全隐患治理，强化事故隐患整改及动态监控。基层海事机构加强现场监管和进出港签证，开展经常性的安全大检查。做好长江干线和省内运输船舶超载专项整治行动及冬季防风、防冻等工作，加大现场监管力度，查处和打击超员超载、农用船及渔船载客、违章驾驶等行为。全年共出动海事执法人员620余人次，巡航220艘次，出动车辆260余车次，下发安全检查文书190份，排查安全隐患38起并全部整改，完成船舶进出港签证1万余艘次，安全运送旅客60余万人次。

4月15日，由农业部统一装备的中国渔政41C29号执法快艇在丹江口水库正式投入使用。

【船舶检验】 船检部门坚持“安全第一、质量第一、服务为本”的指导思想，认真执行船检规定，对全市营运船舶进行技术监督。按照交通部海事局的要求，继续开展船舶吨位丈量整治活动，于2010年9月30日前圆满完成辖区363艘船舶的整治工作，完成率达到100%。

【船员管理】 2010年，全市共举办3期内河船员、渡工知识培训班，共培训船员654人。组织2期长江干线船员和省内船员理论考试，确认合格船员78人。

【水路交通应急救助】 为及时有效解决突发水路交通事件，市海事航务局建立健全水上应急救援机制并在丹江口水库、鸭河口水库、石门湖，麒麟湖等重点水域进行水上安全救助演练，不断提高海事安全监管和水上搜救应急能力。汛期前，参照往年的水情、汛情特点，制定防汛工作预案，积极做好防汛各项准备工作。在秋季抗洪救灾中，市航务海事部门先后解救21艘旅游船舶、10余艘渔船和23名渔民，确保水库大坝和库区人民生命财产安全，受到当地群众称赞。

【市海事航务局圆满完成南水北调中线工程移民搬迁水路运输任务】 在服务南水北调中线工程移民活动中，市海事航务局紧紧围绕省委、省政府提出的“不死、不伤、不漏一人”的移民搬迁目标，强化工作责任，进行周密部署。在丹江口库区组织开展客船船员培训，进行安全教育和船员适任证书再有效考试，提前对参运船舶进行年度检验，特别是加强对7艘汽车客滚船的管理。淅川县航运部门周密制定移民水路运输方案，对3个参运单位签订移民搬迁安全责任书，运输过程中严格构筑3道防线，即所有乘船移民必须穿上救生衣，由航运部门组成人体保护墙，逐航次配备救助艇实施救助，全程、全力对水上移民运输进行保护。在淅川县航运、海事等部门的参与下，全年完成6个批次的水上运输任务，共出动运输船舶146艘次，安全运送移民617户5134人次，圆满地完成移民搬迁水上运输任务。

【编制南阳市《十二五水路交通运输发展规划》】 按照省市交通运输主管部门的统一部署，在科学发展基础上结合全市实际，市海事航务局组织编制南阳市《“十二五”水路交通运输发展规划》。规划积极推进唐河航运开发，完善全市综合交通运输体系，加快辖区安全基础设施建设，提高监管科技含量，为实现全市水路交通的跨越式发展和改革的新突破奠定基础。

【南阳市水上交通安全监控中心正式启用】 2010年11月29日，南阳市水上交通安全监控中心顺利建成并交付使用。该监控中心建设严格按照国家规定的项目建设程序进行实施。设计方案按照《河南省水上交通安全监控建设相关技术要求》进行设计并通过核准。项目进行严格的招投标程序，择优选择信誉度高、技术能力强的电子监控企业施工。监控中心配备DLP大屏显示器、LED显示器和15台监视器以及服务器、录像机、防雷系统等配套设施，采用联通公司的光纤与库区联网，提升南阳水上交通安全监管水平和应急反应能力。

【水路运输管理】 市海事航务局加强运输企业管理，不断提升运输服务效率和水平，积极参与车船路港千家企业低碳交通运输专项行动，引导航运企业使用标准化船型，建立沿线办事处，提高集约化、信息化管理程度，降低船舶空载率。规范、高效服务管理，不断促进水路运输健康发展，至2010年底辖区水运企业由“十五”末的12个发展到18个，其中省际14个，省内4个。客货船舶共计2477艘，货物运力载重由17.2万吨发展到55.1万吨，增长221%。货船单船平均载重吨位由580吨发展到1150吨，增长98%；货运量1310万吨，增长131%；货运周转量604628万吨公里，增长583%；最大船舶载重量达1.3万吨，客运旅游船舶由679艘发展到1994艘，增长193%；客运量248万人，增长23%；客运周转量8520万人公里，增长21%。(李强)

民用航空

【南阳南航基地概况】 2010年是南阳基地实现大跨越、大发展的一年，全年保证飞行训练突破3000小时，完成旅客吞吐量19万人次，飞行训练和航班生产均创历史最高记录。南阳姜营机场扩建工程稳步推进，工程建设全面展开。在生产量大幅度增加的情况下，围绕南航"推进战略转型，确保安全盈利，全力增强南航综合竞争实力"的核心任务，基地确保飞行安全、空防安全和地面安全，实现第二十五个安全年。9～10月，基地先后圆满完成中央宣传部部长、中央书记处书记、中央政治局委员刘云山和中央政治局常委、国务院副总理李克强的专机保障任务。

【安全生产】 全年基地共安全保障各类飞行训练38522架次，飞行时间3106小时16分，同比分别增长57.8%、52.6%。安全保证航班3546班，完成旅客吞吐量19.01万人次，货邮吞吐量721.2吨，同比分别增长17.6%、41.7%、23.8%。共安全检查旅客92979人次，随身行李148766件，托运行李64383件，查出违禁物品1136件。

【生产经营】 南阳基地以发展航空运输服务地方经济为指导，积极拓展航空市场，并向航空总部提供各种市场信息，大力增开航线、航班。南阳—深圳航班由原来的每周4班增加到每天1班。在原有航班的基础上，开通南阳—北京(南苑)的直航航班。全年南阳机场旅客吞吐量和货邮吞吐量均创历史最高纪录，超过邻近的襄樊机场，实现销售收入4200万元，直销收入1129.8万元，航班平均客座率达到74.22%，同比增长10.28%；平均座公里收入0.58元，同比增长6.67%。

【机场扩建工程建设】 南阳姜营机场扩建工程在完成征地工作后于10月份全面开工建设。在指挥部与各参建单位的共同努力下工程建设进展顺利，至12月已完成投资1.2亿元，场道工程已完成土方102352立方米，回填砂砾石26267立方米。基地高度重视施工现场的安全工作，认真落实不停航施工方案，加强施工现场的监督管理，既保证机场运行安全又保证施工进度。

【南阳机场隆重举行南航商务简化实验基地启动暨BCBP白金机场揭牌仪式】 2010年8月13日，中国南方航空股份有限公司商务简化实验基地启动暨BCBP白金机场揭牌仪式在南阳机场隆重举行。南航信息中心纪委书记兼工会主席张振、南航南阳基地总经理朱海等出席仪式并为南航商务简化实验基地和BCBP白金机场揭牌。南阳机场在新航站楼实现离岗、安检、登记口系统100%支持国际航空运输学会工作条码登机牌(BCBP)标准服务，简化旅客登机程序，缩短登记时间，真正体现国际航班要求的方便、快捷。南阳机场也成为中国大陆首个得到国际航协总部认定和获得国内首家"BCBP白金机场"证书的机场。(李英)

2010年A319、B737、EMB145 3个型号、3架飞机同时在南阳机场进行训练。

邮　政

【邮政概况】 2010年全市共有邮政局(所)270处，邮政储蓄网点236处，ATM自动柜员机90台，邮政车辆161辆。邮路总长5222公里，城市投递段道232条，农村投递线路(单程)2.75万公里。全年邮政系统实现收入6.04亿元，完成年度预算目标的102.27%，同比增长28.56%。其中邮政企业实现收入3.93亿元，完成年度预算目标的106.22%，同比增长19.81%，收入绝对值居全省第二位。企业经营货币现金存量达到9698万元，居全省第二位，同比增长22.12%。完成收支差额3068.22万元，全员劳动生产率14.02万元。局党委被命名为河南省"'五好'基层党组织"，市邮政局被评为"全国邮政用户满意企业"、"全国邮政模范职工之家"、河南省"职工职业道德建设先进单位"，社旗县邮政局被命名为河南省文明单位，集邮公司永胜队被评为"全国邮政优秀营销团队"。市邮政局和邓州、新野、方城、社旗、南召5个(市)县局被评为河南邮政优秀企业，7个县局被评为河南邮政先进企业。集邮公司客户经理张芳被评为河南省"'三八'红旗手"。

【南阳市举行《庚寅年》生肖邮票首发仪式暨首届生肖文化艺术展】 2010年1月5日，《庚寅年》生肖虎邮票、《虎福中原》汉画虎邮票首发仪式暨"国宝汉画虎福中原"南阳市首届生肖文化艺术展览会在南阳汉画馆广场隆重举行。河南省邮政管理局局长杨汉振，南阳市市长穆为民、市委副书记贾崇兰、著名作家二月河、市人大副主任秦俊、市政府副市长冯晓仙和市政协副主席贺国勤等出席开幕式并为南阳虎年生肖形象大使授牌。杨汉振、穆为民、贾崇兰、二月河分别为庚寅年生肖邮票和汉画虎邮票揭幕。南阳市邮政局、文化局、市文联、旅游局、科技局等市直有关单位负责人，市文化、邮政系统干部职工和南阳师院师生代表及广大集邮爱好者共1千余人参加开幕式。南阳日报、南阳晚报、南阳电视台、南阳人民广播电台等新闻媒体对开幕式盛况进行了报道。

【南阳市邮政局启用张仲景纪念邮戳】 2010年3月3日，南阳市邮政局启用联体纪念邮戳一枚纪念"医圣"张仲景诞辰1860周年。

【农村邮政网络建设和村邮站建设列入南阳民生工程】 为充分发挥邮政服务资源优势，构建邮政公共服务体系平台，市政府将农村邮政网络建设列为2010年全市10项民生工程之一，加快推进农村邮政网络和"村邮站"建设。

【南阳市邮政局启动"爱心包裹"关爱行动】 2010年5月6日，由市扶贫办、市工商业联合会、市邮政局共同主办的南阳市"爱心包裹"项目系列关爱行动启动仪式在市邮政局鸿雁大厦隆重举行。市委常委、统战部部长王建民、市政协副主席、市工商联主席吴东焕等负责人出席启动仪式，全市各界44家爱心单位和近200名爱心人士参加仪式。邮政局开放全市所有邮政网点接受捐赠。

【《2009年陆子冈杯金奖玉雕作品》个性化邮票发行】 2010年5月9日，《2009年陆子冈杯金奖玉雕作品》个性化邮票在中国·南阳第八届玉雕节暨国际玉文化博览会开幕式上首次发行，省邮政管理局局长杨汉振，市委常委、宣传部长姚进忠等负责人参加发行仪式。

【《民间传说——牛郎织女》邮票首发仪式在南阳举行】 2010年8月16日，《民间传说——牛郎织女》邮票首发仪式在主会场范蠡纪念馆和分会场卧龙区桑庄、宛城区牛郎庄3地同时举行，同时还启用绝版原地纪念邮戳、举行爱情邮票展览、中秋世博集邮文化礼品展览、牛郎织女剪纸工艺展览及歌舞表演、相亲会等丰富多彩的活动。

【南阳市举行《新中国治淮六十周年》纪念邮票首发仪式】 2010年10月14日《新中国治淮60周年》纪念邮票暨《淮河之源　生态桐柏》邮票珍藏册首发仪式在淮河源头桐柏县举行。水利部淮河水利委员会副巡视员周志强，省邮政管理局局长杨汉振，南阳市市长穆为民，市委常委、宣传部部长姚进忠，市人大副主任秦俊，市政府副市长冯晓仙，市政协副主席宋慧等出席首发式并为该套邮票、邮册揭幕、签字。新华社、中央电视台、中国新闻网、经济日报、香港商报、河南日报等近20余家知名媒体对首发式进行采访、报道。

【全局邮政储蓄余额突破100亿元】 2010年南阳邮政局把金融类业务作为各项业务发展的龙头，不断调整结构，扩大规模，提升效益。第一季度邮政储蓄余额净增超过10亿元；5月20日邮政储蓄规模一举突破100亿元，成为全省继郑州、驻马店局后第三个邮政储蓄余额突破百亿的邮政局，全年新增余额25亿元，实现收入1.91亿元，同比增长10.44%。

【农村邮站建设】 2010年全局积极推进农村邮政综合服务平台建设，共建成村邮站1391个、连锁超市708个、邮政示范田4000公顷，全面完成省公司下达的年度建设计划。（刘力扬）

金　融

人 民 银 行

【人行南阳市中支概况】 中国人民银行南阳市中心支行是中国人民银行的派出机构，人事、党务、监督等工作受人民银行济南分行领导，各项业务工作受人民银行郑州中心支行领导。作为中央银行的分支机构，主要履行贯彻执行货币政策、维护金融稳定和提供金融服务的职责。2010 年，人行南阳市中支进一步强化“履职尽责，有所作为”的信念，振奋精神，扎实工作，各项工作在巩固中提高、在创新中突破，较好地完成了各项任务，取得新的成绩。在济南分行年度考核中被评为目标管理先进单位；被市委、政府评为目标管理先进单位、服务企业和重点项目建设先进单位、平安建设先进单位、依法治市先进集体、保密工作先进集体。案件防范等多项工作在总、分行及郑州中支召开的相关会议上交流经验。

【货币信贷管理】 人行南阳中支制定了《关于贯彻落实适度宽松货币政策　促进全市经济平稳较快发展的指导意见》、《人行南阳市中支关于加大对产业集聚区建设金融支持的指导意见》，推动金融机构以南阳市项目、品牌、创新、服务“四个带动”发展战略为方向，加大信贷投入，保证信贷投放的连续性和稳定性。积极抓好“民生金融”，督促引导金融机构落实房地产信贷指导政策，组织开展“金融支持青年创业”工程，认真做好大学生“村官”创业富民、自主创业等的金融支持和服务工作。加大金融支持扶贫开发工作力度，充分发挥信贷政策在扶贫开发工作的作用。至 2010 年 12 月底，全市金融机构人民币各项存款余额 1471.22 亿元，较年初增加 325.32 亿元，增长 28.39%。人民币各项贷款余额 827.50 亿元，较年初增加 128.42 亿元，增长 18.37%。

【银企协作】 积极探索银企合作新形式、新方法，以深层次的银企合作畅通货币信贷政策传导渠道，推动并成功设立全省第一家企业金融服务的非盈利性试点机构——邓州市企业金融服务中心，在搭建银企信息交流平台方面积累成功经验。组织召开 2010 年银企洽谈会，达成合作项目 263 个，签约金额合计 180.65 亿元。至 12 月底，已落实贷款 113 亿元，其中合同贷款履约率为 100%。同时，建立银企合作季度例会制度，促使银企沟通常态化。

【人民币管理】 (一)加大发行基金调拨和现金投放。全年调入发行基金 33 亿元，各金融机构交存现金 152.6 亿元，支取现金 96.2 亿元，回笼现金 56.4 亿元，较上年同期增长 58%，保证现金需求。(二)大力开展反假货币培训。加大执法检查力度，严密防范“法轮功”利用人民币进行煽动宣传，被市委、市政府评为“防范和处理邪教问题工作先进单位”。

【外汇管理】 创新外汇管理方式，深化外汇服务内涵。认真开展外汇现场检查，严把资本流入、流出关，确保辖区内外汇秩序稳定。采取回访调研、业务指导、开辟绿色通道等方式帮助涉外企业解决实际困难，在政策允许的范围内，最大限度地满足企业真实性收付汇的需求，有力地支持地方外向型经济发展。

【金融服务创新】 一是在全市开展金融产品创新设计比赛，编印《南阳市金融支农创新产品和典型范例汇编》，起到典型示范和激励引导作用。二是自行开发“宏观经济时间序列数据管理系统”南阳数据库，为货币监测和宏观经济金融分析工作提供数据支撑。三是以改善农村地区支付服务环境为突破口，引导推出一系列符合农村实际的特色支付结算工具和业务。新野县的“双绿色工程”模式，为 2.3 万公顷菜农绿色蔬菜产品生产销售提供安全、快捷的“绿色结算通道”，得到上级行充分认可。四是稳步开展财税库银横向联网系统的推广工作，成功实现辖区国税系统全部上线。积极推进国库支付改革，在社旗、镇平县支库实现农村老师、党员的补助资金直接拨付到个人账户。五是以镇平县全国反恐怖融资工作试点为契机，探索构建反洗钱长效机制，实现信息资源有效共享，对河南省金融机构反恐怖融资防范标准的制订提供借鉴。

【行风标准化管理】 按照岗位有标准、行为有规范、办事有制度、过程有控制、事后有考核的原则，分别制订中支机关和县支行行风建设“五项标准”，“严格、规范、谨慎、诚信、创新”的行业作风正在成为金融服务工作的基本准则。进一步规范政务公开程序，统一“窗口服务”职能，开展文明优质服务月活动，使银行业窗口部门服务人员在微笑服务、满意服务中形成比、学、赶、超的热潮，收到良好社会效果。8 月份，南阳市部分地区发生罕见的洪涝灾害，及时制定出台《关于做好灾后重建金融服务工作的指导意见》，指导全市金融机构加大灾后重建的金融支持和服务工作力度，保证灾后重建和捐赠资金及时划拨到位，用实际行动树立人民银行的良好形象。

【金融稳定】 (一)加强金融监测分析，及时化解金融风险。全面掌握辖区法人金融机构的流动性、经营状况以及变动趋势，及时对连续严重超标的机构进行警示，防范可能出现的流动性风险。加强已兑付票据农村信用社的后续监测考核，在全省率先下发《关于进一步加强农村信用社改革试点专项中央银行票据兑付后续监测考核的补充通知》，建立量化考核指标体系、强化监管调控职能，为上级行相应指标的确立和工作开展提供重要参考。(二)健全金融稳定机制，区域合作制度化、规范化。促进毗邻地区金融稳定协调机制向县域扩展，在邓州召开豫鄂毗邻五县(市)金融稳定协调机制第二届联席会议暨区域金融稳定论坛，进一步确立“情报互通、信息共享、相互配合、防化风险、共促发展”的工作原则，为区域金融稳定和经济金融合作奠定良好基础。(三)召开金融机构应急管理工作会议。开展市、县两级联动的金融突发事件应急预案演练，结合演练经验，协助上级行完成河南省应对突发金融事件应急演练方案的制定和修改工作，制作演练流程图，为下一步出台河南省应对金融突发事件操作指南奠定基础，并在全省金融稳定培训会议上做经验发言。

【信用体系建设】 人行南阳市中心支行把农村信用体系建设作为优化辖区金融生态环境的重点，分别在邓州、新野组织开展农村信用体系和农村金融生态环境试点建设，开发具有网络功能的农村信用体系建设系统，建立信用评价和信用体系建设考评机制。2010 年，以人民银行为中心、覆盖试点地区全部金融机构的数据和流程集中平台已初见雏形。全市共为 102.4 万户农户建立信用档案，已评定信用农户 55.4 万户，为 48.1 万户农户累计发放贷款 89.46 亿元。(刘波)

银行业监管

【银监概况】 2010 年，南阳银监分局以科学发展观为指导，全面贯彻落实河南银监局年度工作会议精神，以开展“管理服务年”活动为载体，加强监管工作的科学性和有效性建设，努力打造学习型组织和创新型分局。认真落实国家宏观调控政策、产业政策和信贷政策，支持地方经济发展，努力提高辖区银行业风险管理能力和可持续发展能力，各项工作都取得新的成绩。“十一五”期间，全市银行业快速发展，各项存款增长 799.66 亿元，增幅 126.95%，贷款增长 404.12，增幅 91.12%，银行业机构从亏损 2.55 亿元到盈利 7.43 亿元，增盈 9.98 亿元。银行业改革发展成效显著，国有商业银行健康发展，城市商业银行资产处置取得实质性进展，风险得到有效化解，农村信用社改革力度加大，支农作用逐步显现。银行业机构体系不断完善，股份制银行渐次设立，村镇银行不断发展，银行业支持地方经济发展实力不断壮大。

【优化信贷结构】 2010 年，南阳银监分局针对国家宏观经济政策和信贷政策的调整，坚持把督促银行业优化信贷结构、满足实体经济有效信贷需求、支持经济发展方式转变作为监管工作的重点积极推动。出台《南阳银监分局关于优化信贷结构　促进经济发展方式转变的指导意见》，引导辖区内银行业机构围绕南阳市委、市政府确定的“四个带动”战略，做好对重点领域和主要行业的金融服务，增强对薄弱环节和民生领域的信贷倾斜，加大对节能减排和生态环保的金融支持，着力优化信贷结构，促进经济发展方式转变。年末全市银行业金融机构各项存款余额 1436.7 亿元，较年初增加 313.6 亿元，增幅 21.5%；各项贷款余额 828.22 亿元，较年初增加 127.02 亿元，增幅 18.11%。排除南阳商行资产置换因素和年底呆账核销因素减少的贷款 24.77 亿元，2010 年底实际贷款余额 852.27 亿元，较上年增加 153.19 亿元，实际增幅 21.91%，比全省平均水平高 3.8 个百分点。存款增量居全省第三位，增速居全省第一位。

【实施金融创新】 2010 年，分局

积极创造良好的小企业金融服务工作氛围和外部环境,制定印发了《南阳银监分局关于进一步加强中小企业金融服务工作的指导意见》,使辖区内银行业机构小企业金融服务工作再上新台阶。一是架构体系逐步健全。为了更有效地做好小企业金融业务,各银行业金融机构加速构建服务小企业的专业化经营体系。二是营销触角由点到面。各银行业金融机构改变过去单一盯住产业链上下游小企业营销的做法,按照市委、市政府新的产业体系规划,分区、分片、分层拓展小企业客户;三是产品创新进程加快。各银行业金融机构从市场调研、产品研发、"售后"评估等环节入手,在小企业金融产品上"精耕细作",小企业金融产品创新进程不断加快。2010 年 12 月末,全市银行业中小企业贷款余额 264 亿元,比年初增加 65.7 亿元,比年初增长 33.08%,高于全市银行业各项贷款平均增幅 15 个百分点。其中小企业贷款余额 112.7 亿元,比年初增加 43.4 亿元,比年初增长 62.66%,高于全市银行业各项贷款平均增幅 44.7 个百分点。分局获得省局中小企业服务先进单位称号。

【信贷支农】 为积极引导督促辖区内银行业金融机构加强和改进农村金融服务,促进南阳市农业和粮食生产稳定发展,制定《南阳银监分局关于进一步支持农业和粮食生产发展的指导意见》,要求辖区内银行业机构从扩大农村金融服务网点覆盖面、正确把握银行业对农业和粮食生产的贷款投向、着力提升银行业信贷支农服务水平、努力改进银行业信贷支农服务方式等方面增加对"三农"信贷扶持力度,支持薄弱环节,优化产业结构。进一步巩固和提升南阳市的农业基础地位。年末辖区内银行业机构涉农贷款余额 495.7 亿元,较上年增加 110.2 亿元,增长 28.6%,增幅高于同期贷款增幅。

【防范信贷资金风险】 (一)加强宣传。要求辖区内银行业结构结合自身业务,制作相应的信贷业务操作程序和解读说明发放至有关企业和社会公众。(二)强化学习培训。督促银行业机构开展多层次的"三个办法、一个指引"培训,将贷款新规的有关精神贯彻落实到基层。3 月上旬开始,分局利用 3 个月时间,在辖区银行业金融机构中集中开展贷款新规学习竞赛活动,有效促进辖区银行业金融机构对贷款新规知识的学习和运用。(三)抓好督促检查。上半年分别组织对国有商业银行、农村信用社落实"三个办法一个指引"情况进行现场检查。11 月,根据省局要求对辖区内银行业机构"三个办法一个指引"落实情况进行现场检查,检查业务金额 191748 万元,发现问题 113 笔 117235 万元,对发现的问题,提出具体的整改意见,确保"三个办法一个指引"在全市银行业机构中的贯彻落实。

【化解不良贷款】 (一)继续实行目标管理。分门别类确定辖区内银行业机构不良贷款"双降"、"双控"目标,坚持月考核、季通报,进一步强化责任意识。(二)实行风险提示、监管谈话。督导各银行业机构进一步加强对关注类贷款的管理,防止贷款劣变,严控增加新的不良贷款。(三)要求各银行业机构继续把化解不良贷款当做工作的重中之重,积极争取地方政府和有关部门支持,加大清收盘活和处置力度。(四)严格责任追究制度。督促各银行业机构进一步加强内部审计和稽核,对贷款发放、管理、处置、核销过程中的违规违纪行为,严格按照相关法律及规定严肃查处,严格落实责任追究制度。年末辖区内银行业机构不良贷款余额 83.21 亿元,占比 10%,较年初减少 6.84 亿元,下降 2.79 个百分点。

【开展"银行业内控和案防制度执行年"活动】 (一)认真开展"银行业内控和案防制度执行年"活动,努力提高银行业机构管理者和一线员工的内控与案防制度执行意识和执行力,建立起自觉遵守规章制度、自觉执行内控要求、自觉抵制违规行为的良好执行力文化,推动案件防控工作开展。(二)督促各银行业机构深入开展以账户开立合规性、银企对账及时性、票据业务真实性、联行清算结算严格性、个人消费按揭贷款真实性、信用卡审查发卡规范性为主的"六大重点风险排查",并根据风险排查情况,及时修补操作风险和管理漏洞,加强对基层网点的有效管控,加大案防的执行力度。(三)督促各银行业机构落实案件责任追究的有关要求,坚持重大案件"一案四问"、双线问责、上追两级的规定,切实执行赔款、走人、移送制度,形成案防的高压态势和震慑力度。(四)督促各大型银行做好网点营销平台整顿。要求其严格遵循"真实代销、专柜管理、卖者有责"的原则,加强对基层网点营销平台管理,全面开展清洁店面、清理产品、清除闲杂,防止诉讼连带责任的发生。

【地方融资平台建设】 (一)督促辖区银行业机构按照银监会"逐包打开——逐笔核对——重新评估——整改保全"流程,认真做好平台公司"项目包"逐笔打开及分类处置工作。(二)建立政府融资平台贷款台账,及时完成辖区内银行业机构政府融资平台贷款清查上报工作任务。同时,督促辖区银行业机构建立完善地方政府融资平台贷款台账,认真完成地方政府融资平台贷款四方对账工作。(三)积极筹备地方政府融资平台贷款统一会谈会议,制定统一会谈方案。在分局的积极协调下,市政府于11月12日召开政府融资平台统一会谈会议,较好完成统一会谈任务。顺利完成“数据分解、四方对账、数据汇总、统一会谈”三方签字四方备案等阶段性工作,已进入“整改保全”阶段,并在此基础上建立政府融资平台贷款调查统计制度。

【积极推进南阳商行风险处置和改革发展】 2010年,为了巩固南阳市商业银行风险化解成果,增强核心竞争力,出台《南阳银监分局关于促进南阳市商业银行改革发展的意见》。一是加强和南阳市政府及有关部门的汇报、沟通,求得对南阳商行风险资产处置、贷款集中度达标以及改革发展的支持指导,协调有实力、具有先进管理经验的省内外企业洽谈合作,引进合格战略投资者,增强抵御风险能力,提高市场竞争力。二是鼓励南阳市商业银行积极改善指标、强化内控管理,加快向县域延伸机构。截至2010年12月末,该行账面资本净额64453万元,资本充足率达到11.17%;拨备覆盖率为262%,最大一家客户贷款总额与资本净额之比为9%,低于10%的单一客户集中度限额,各项监管指标达到历史最好水平。

【推进农村信用社改革发展】 2010年,市银监分局在抓好农村信用社日常监管,提高资产质量的同时,大力支持农村中小金融机构的改革和发展。一是制订下发《南阳银监分局关于进一步推进农村信用社改革发展的工作意见》,提请市政府成立南阳市组建农村合作(商业)银行工作领导小组,出台《南阳市人民政府关于加快农村信用社体制改革的通知》。确定桐柏、西峡、方城和宛城4个联社为今年组建农商行达标单位。二是积极支持南阳村镇银行筹建。分局多方配合,努力创造条件,支持辖外金融机构进驻,壮大农村中小丮构队伍和规模,更好支持地方经济发展。目前南阳村镇银行筹建申请已被省局批复同意,积极筹备开业。三是支持农村信用社化解风险,加快发展。向南阳市政府提交《南阳银监分局关于请求南阳市人民政府化解农村信用社风险有关情况的报告》,争取在风险化解、信用环境建设以及改革发展等方面取得地方政府的支持。截至2010年末,全市农村信用社各项存款余额436.13亿元,各项贷款余额343.94亿元,分别比年初增加80.3亿元和62.57亿元,增长22.57%和22.24%。完成全年指标任务的114.09%和117.79%。

【新入驻银行业机构监管服务】 2010年,在南阳市政府的大力支持和积极协调下,中信银行、民生银行和郑州银行先后在南阳设立机构。银监分局既注重强化服务意识,为中信银行南阳分行、民生银行南阳分行、郑州银行南阳分行的筹建开业提供快捷高效服务。严格按照有关法律法规履行监管职责,使新开业机构按照有关法律法规和国家宏观调控政策审慎经营,努力增强风险防控能力,改善金融服务能力,提升经营管理能力。新开业机构经营规范,业务发展迅速,实现“高增速、低风险”的良性发展。

工商银行

【工商银行概况】 2010年,南阳工商银行贯彻国家宏观经济调控政策,大力拓展金融业务,加强风险控制,优化信贷结构,支持地方经济快速发展。年末各项存款余额166.9亿元,各项贷款余额70.4亿元,中间业务收入1.26亿元。实现拨备前利润30600万元,同比增加3385万元。实现拨备后利润29774万元,同比增加8098万元。实现净利润22581万元,同比增加6158万元。

【资产业务】 2010年底,南阳工商银行各项贷款余额70.4亿元,较年初增加3.1亿元。(一)坚持“三抓”促公司贷款增长。一是抓新机遇。根据南阳市重点项目规划,按照行业产业政策选准项目,紧盯辖区内南水北调、城区基础设施建设、农运会等重点项目、重大工程,做好项目对接落实工作,支持地方经济发展。二是抓新产品。按照本外币联动、多产品发展的原则,以贸易融资、票据贴现产品为主线,加大中小企业融资力度,破解中小企业融资难题,提高优质贷款市场份额。三是抓营销质量。认真研究信贷政策、客户需求、业务产品,选择适销对路的贷款品种,对照贷款条件,严格审查,严格把关,落实还款来源和贷款管理规定,确保每笔贷款营销的安全性和效益性。(二)大力开办票据贴现业务。动员全行力量寻找票源,完善激励措施,引导各支行积极开办票据贴现业务,票据业务普及率达80%。(三)促进个人贷款发展。加大对个人商用房贷款、个人房屋抵押贷款、二手房贷款、个人汽车贷款产品的营销力度,保持个人贷款市场份额占比同行业第一。

【负债业务】 2010年底,市行人民币各项存款(含同业)余额达到166.9亿元,较年初增加30.9亿元。一是做到早安排、早部署,早行动,组织开展储蓄存款劳动竞赛活动,掀起营销高潮,为储蓄存款持续攀升营造大环境。二是实施激励政策引导。制定《个金产品考核办法》、《绩效考核挂钩办法》等,加大储蓄款考核权重,调动全行员工抓储蓄业务的主动性,引导各支行重视储蓄、重视市场、重视排名,构建以业绩价值为导向的个人金融业务发展格局。三是细化项目考核,强调月均增幅。按照实现市场占比第一要求,设定月均增幅考核指标,制定储蓄存款日通报、月分析点评、季考核兑现的激励措施,营造争优创先氛围,推动储蓄存款持续增长。四是实行大户集中维护、中小客户分散管理的营销管理模式。建立分层联动营销机制,实行行领导任首席客户经理制,建立优质客户、重点单位由市行、支行分包责任制,抓住财政、社保、公积金、军队、同业五大龙头客户,开展经常性的走访慰问、座谈联谊活动,密切银政、银企关系,挖掘增存潜力,促进存款增长。五是把企业货款归行率作为存量调整和新增贷款申报的重要指标,保证有贷户存款增长。六是重视资产业务对公司存款的推动作用。通过对各种经济成份优质客户的信用等级评定和融资授信,吸收更多的新客户在工商行开户,增加公司存款。

【中间业务】 2010年,实现中间业务收入12639万元,同比增加4655万元。一是实施"一把手"工程,严格执行"问责制"。把中间业务收入当做"经营第一指标"来抓,对中间业务收入同业占比落后、中间业务收入任务完成较差的支行和部门负责人进行诫勉谈话、黄牌警告,对全行中间业务收入贡献大的支行和部门给予重奖。二是定期召开同行业市场分析会,做好重点支行的帮扶工作。每月召开经营分析会,深入剖析全行中间业务发展状况,及时找出制约中间业务发展的瓶颈,提出具体应对措施。市行领导按照分包支行深入一线开展督导,相关部门组织营销分队帮助支行营销,上下联动,实现增收目标。三是落实奖惩措施。提高中间业务考核权重,加大资源倾斜力度,设置突出贡献奖,充分调动了全行组织拓展中间业务收入的积极性。

【风险管理】 (一)强化信贷管理,严防贷款劣变。一是贯彻国家宏观经济调控政策,继续倡导绿色信贷理念,大力支持节能减排、循环经济、低碳经济等绿色产业,严格控制"两高一剩"产能过剩行业贷款,对达不到环保要求的企业和项目一律不予信贷支持。二是坚持"有保有压"行业政策,全力压降潜在风险贷款。制订压降退出计划,明确职责,限期清收。全年实际压降潜在风险贷款37266.2万元,优化了信贷结构。(二)加强内控管理,确保稳健经营。一是做好制度执行的检查落实工作。7月开展规章制度执行情况大检查活动和信贷业务整顿活动,提高全员遵章守纪意识,夯实内控管理基础。二是全面推进业务运行体系改革和监督方式的转轨变型,确保业务健康运行。三是实行案件防控目标责任制。市分行与各支行、各部门签订《案件防范工作目标责任书》,各支行也通过签订目标责任书的形式,将案防工作目标层层分解到各职能岗位,落实到每位员工。四是做好案件防范的教育培训工作。组织开展"学制度、守章程、严排查、保安全"主题教育活动,组织员工认真学习《业务操作指南》、规章制度、法律法规和代理业务知识,通过不间断、分层次、高标准的教育培训工作,使各级人员时刻绷紧防范风险这根弦。五是加强员工行为动态管理。对重点环节、重点对象、重点岗位进行排查,对排查出的关注对象,落实责任人,进行重点帮控和教育,防患于未然。六是加强了计算机安全管理。确保全行计算机信息系统安全稳定运行,无计算机事故和案件发生。

【服务管理】 市行先后制定出台《南阳分行服务工作考核办法》、《南阳分行营业网点服务工作管理办法》、《南阳分行优质服务工作管理办法》、《第三方检查考分办法》等,明确责任,强化管理,为进一步做好服务工作夯实基础。强化服务管理,成立服务品牌办公室,落实服务工作"一把手"责任制,形成上下齐抓共管的工作局面,促进服务工作不断提升,服务投诉逐步减少。加强服务渠道建设,加快对营业网点改造升级步伐,扮靓营业窗口,美化营业环境,整合业务流程,体现人性化服务,树立南阳分行崭新形象。注重加强客户经理、大堂经理队伍建设,组织大堂经理、客户经理开展培训,提高综合业务营销技能、服务礼仪技能,充分发挥两支队伍在业务拓展中的作用。(杨斌)

农业银行

【农行南阳分行概况】　2010年中国农业银行股份有限公司南阳分行坚定不移地贯彻落实省分行制定的“1213”发展战略和“三争两提高”奋斗目标，在市委、市政府和监管部门的大力支持下，立足南阳市情行情，大力调整业务结构，积极转变发展方式，有效防控各类风险，推动南阳分行各项工作取得显著成绩。至年底，各项存款余额197亿元，较年初净增27.6亿元，完成省分计划的102%；存量、增量均居全省第三位。其中对公存款净增9.7亿元，完成省分计划的112%，居全省第三位。储蓄存款净增17.9亿元，完成省分计划的97%，居全省第五位；同行业市场份额第一，较2009年底提升一个位次。各项贷款余额32.7亿元，较年初净增4.5亿元。各项贷款累计发放43.35亿元，剔除票据贴现因素，实体贷款累计发放25.77亿元，同比多投放8.52亿元，控制在省行计划内。到期贷款现金收回率为99.85%，高出省行下达99%的控制目标0.85个百分点。县域法人贷款较年初净增3.9亿元，完成省分计划3.5亿元的128%；农户小额贷款净增1.86亿元；惠农卡发卡新增44289张；新增授信16226户，完成省分计划13400户的121%。委托不良资产处置7623万元，绝对额居全省第四；累计清收自营不良贷款2427万元，完成省分计划111万元的2186%，绝对额居全省第六、完成率居全省第四。中间业务收入8067万元，居全省第六。其中个人人民币结算收入3417万元，完成省行计划3500万元的97.6%；信用卡收入379万元，完成省行计划342万元的110.9%；电子银行收入（不含自助银行）595万元，完成省分计划300万元的198.3%；自助银行收入787万元，完成省分计划860万元的91.5%。新增个人电子银行注册户数196634户，完成省行计划14.8万户的133%；新增企业电子银行注册户数999户，完成省分计划470户的213%。实现拨备前利润25237万元，居全省第六，同比增盈1326万元，完成省分计划22200万元的114%，计划完成率全省第三。实现经济增加值8258万元，全省排名第三；实现全年安全经营，未出现各类重大违规违纪违法案件。

【业务经营转型】　2010年，农行南阳分行把省分行制定的发展战略与南阳分行实际相结合，制定《中国农业银行南阳分行“1213”战略发展规划实施方案》，突出重点，加快经营转型步伐。（一）以推进网点转型为重点，加快零售业务发展。全力抓好“春天行动”、“激情仲夏”、“赢在金秋”零售业务综合营销活动，首季即实现储蓄存款净增16.3亿元，完成年度计划的38%，抢占先机、赢得主动。为有效增强网点竞争能力，制定实施《中国农业银行南阳分行2010年零售业务综合考评办法》、《网点存款上台阶奖惩办法》等机制，对储蓄存款、代理保险、基金销售等指标加大绩效考核、资源倾斜力度。坚持实施“赢在大堂”营销策略，先后组织4次大规模的大堂经理、客户经理、一线柜员业务培训和多轮巡回培训，完成网点标准化服务导入工作，启动营销技能导入活动，进一步夯实零售业务协调推进、加快转型的基础。（二）以拓宽营销渠道为重点，加快中间业务发展。全行把中间业务发展的重点锁定在渠道建设上，通过不断完善“物理网点＋自助银行＋电子银行”的立体服务网络，打通资产、负债与中间业务的联动营销通道。全面推行综合营销策略，实施资产、负债、外币与中间业务联动，落实资产业务与代理保险“双单运作”、资产类客户存款归行率管理、出口创汇客户本外币一体化服务等措施，全行代理保险综合手续费收入超额完成省分年度计划，市场份额保持第一。结售汇、国际结算量提前超额完成年度计划，位居全省前列。（三）以创新处置方式为重点，加快资产处置进度。针对委托不良资产额度大、处置难度高的现状，扎实推进清收处置班子工程，分行班子对市公路局、大川公司、淅川制药等大户直接分包、提级清收。重新组织不良资产澄底分类，排查筛选处置对象，并实施动态管理。充分运用委托代理、依法清收、处置抵押物、打包处置等方式，拓宽处置路径。

【服务“三农”与资产营销】　2010年以来，农行南阳分行坚持“面向三农”市场定位，围绕全市经济发展的重点和热点，加大金融支持力度，取得较好经济效益和社会效益。（一）以提升综合效益为重点，加快县域“三农”业务发展。对11个县域支行实施分类指导、梯次发展，鼓励西峡、邓州、桐柏等重点支行优先发展，推动后进支行在重点业务、重点领域上逐一突破。锁定产业集聚区建设、有产业支撑的农户金融整村（乡）推进、新农村建设等“三项重点”，实现与产业集聚区的有效对接。继2009年向内乡牧原公司发放存栏种猪抵押贷款8000万元的基础上，再次创新担保方式，支持奇春石油、南召养殖公司等重点企业，全年累计向县域产业集聚区企业投放贷款10.5亿元，先后向农业产业化龙头企业新棉、南棉投放贷款1.23亿元。在县、乡党政部门支持下，选取有产业支撑的专业村建立服务"三农"工作站56个，建立健全农户金融整村推进的组织保障，全年累计投放农户贷款9.36亿元，同比多投放4.1亿元。同时，不断强化风险防控措施，于3月初专门制定实施《农户贷款到期收回管理办法》，建立健全农户贷款预警预报、逾期报告、限期收回、责任追究等工作制度，保证"三农"工作的规范、稳健开展。"三农"业务风险控制在省行规定的1%以内，实现"服务到位、风险可控、发展可持续"的基本要求。(二)以提升市场份额为重点，加快城市资产业务发展。针对城市资产业务市场竞争力不足的现状，组织开展城市资产业务专项调研活动，提升城市资产业务竞争力的共识和合力。1.发展重点。对列入省行"1618"战略的卧龙、宛城两行进行重点支持，发挥重点行优先发展的示范、牵引作用。2.发展路径。依托小企业服务中心、个贷中心两大平台，强力营销优质中小企业、高端个人客户，整合营销资源，提升客户质量。个贷中心已顺利通过上级行验收，个贷业务已全面推开。小企业中心受到市政府、人行、银监局的高度关注和大力支持。3.资产营销。在做好核电、农运会前期基础工作的同时，以南水北调、中源化学、中联水泥等项目为重点，加快"核心客户群"建设；针对资产营销进度不均衡、资产"空心化"严重的局面，于8月初召开农行南阳分行首次资产营销专题会议，制定《农行南阳分行资产业务营销奖励办法》，对增量、存量贷款分别明确奖励标准，收到明显效果。4.对公存款。深入开展"'5321'双扩"竞赛活动，对公存款净增创历史新高。

【内控管理与机制建设】 2010年度，农行南阳分行把强化管理工作与机制建设有机地结合，按照股份制改革发展要求，夯实内控管理，靠机制推动业务发展。(一)坚持"合规文化"学习教育。根据省分行合规文化建设工作安排，制定《南阳分行合规文化建设实施方案》，推行市、县行机关定期学习制度，在全行范围内举办高频率、多场次的规章制度培训、法律法规考试，进一步营造"合规创造价值、违规就是风险"的浓厚氛围。(二)扎实做好风险排查及问题整改。6月初，在全行范围内开展业务排查、员工行为排查、安全保卫排查为主要内容的案件风险集中排查活动，按业务条线、管理层级签订《案件风险集中排查工作责任书》，强化对重点岗位、重点部位、重点环节、重点业务、重点领域的监督管理，并对总行集中审计、各业务条线自律监管等内外部检查发现的问题进行集中整改，先后通过审计署、财专办的审计、检查，内控管理水平显著提升。(三)切实加强信贷基础管理。认真落实国家宏观调控政策、上级行信贷结构调整要求和经济资本刚性约束，接受银监分局专项检查；落实独立审批人派驻制度，向全辖各支行派驻了风险经理，切实加强贷款的审查审批、授信执行和用信管理。制定实施《农户贷款到期收回管理办法》，保证"三农"工作稳健开展。(四)认真探索财会运营管理新机制。结合上级行运营管理体系改革，制定出台《南阳分行2010年运营基础管理、风险管控工作意见》、《财会运营工作三管行长履职考评办法》、《南阳分行会计监管员管理办法》、《关于加强会计主管管理的指导意见》，实行运营监管警示函、风险分析例会制度。制定并实施《南阳分行后台中心建设规划》，探索区域现金中心运营模式，启动中心金库建设工作。首批实现指纹认证系统的成功切换，上收会计监管员管理权限。(五)强化安全维稳责任。制定实施《农行南阳分行关于进一步加强信访维稳工作的意见》，并与各县支行、机关部室签订案件防控、党风廉政建设和安全维稳责任书，进一步明确责任，扎实处置信访维稳事项。认真执行安全保卫、信息科技、信访维稳值带班制度和重大事项报告制度，针对性地排查隐患、化解矛盾，保证全行和谐稳定。(徐新东　谢国雄)

建设银行

【建设银行南阳分行概况】 2010年，建设银行南阳分行围绕"中心城市行排名前移，同业竞争增份额进位次，经营管理质量效率双提升"的目标，强化基础管理，优化客户服务，提升经营能力，各项工作取得新业绩。年末实现各项存款余额172.65亿元，各项贷款余额83.71亿元，中间业务收入1.18亿元，不良贷款0.77亿元，控制在省分目标之内。

【各项存款】 年末全口径存款余额1726509万元，系统内排第三位；较年初新增272988万元，系统内排第二位。一般性存款余额1725315万元，系统内排第三位，同业排第二位；较年初新增275988万元，同业排第三位。企业存款余额839598万元，系统内排第三位，同业排第一位；较年初新增186079万元，系统内排第一位，同业排第一位。个人存款余额885718万元，系统内排第五位，同业排第三位；较年初新增89910万元，系统内排第三位，同业排第三位。

【各项贷款】 年末余额837113万元，系统内排第五位，同业排第一位；较年初新增109147万元，系统内排第十一位，同业排第一位。其中小企业贷款余额28412万元，较年初新增19124万元；个人贷款余额147212万元，系统内排第七位，较年初新增41407万元，系统内排第七位，同业排第三位。

【经营效益】 全年实现考核利润25991万元，同比增加3475万元；实现经济增加值13589万元，同比增加640万元。

【其他各项业务】 (一)中间业务收入。实现中间业务净收入11824.77万元，系统内排名第四位，同业排名第二位，同比多增加2263万元，完成年初计划12131万元的97.48%。(二)国际业务。国际结算量完成26612万美元，系统内排第七位，同业排名第二位，同比增加12352万美元，完成省分行计划的147.84%。结售汇量完成18784万美元，系统内排第五位，同业排名第二位，同比增加10565万美元，完成省分行计划的182.37%。对公外汇中间业务收入完成517.39万元，同比增加239.33万元，系统内排第五位，完成省分行计划的147.83%。国际收支客户数完成167户，系统内排第五位，同比增加78户，完成省分行计划的139%。(三)电子银行业务。新增高级网上银行企业活跃客户890户，完成年度计划的178%，计划完成率系统内排名第五位。新增个人网银盾活跃客户31875户，完成年度计划的46.88%，计划完成率系统内排名第二十一位。新增手机银行活跃客户7377户，完成年度计划的22.7%，计划完成率系统内排名第二十位。新增短信客户本年累计79912户，完成年度计划的79.91%，计划完成率系统内排名第九位。新增E路同行客户15869户，完成年度计划的192.35%，计划完成率系统内排名第十位。电子银行交易量为29.29%。(四)银行卡业务。龙卡通发卡新增181829张，系统内排名第四名，累计发卡量899472张。借记卡客户新增56176户，系统内第四名。信用卡累计发卡达到58588张，系统排名第四位。购车分期业务审批通过432笔金额3496万元，系统排名第四位。调额367笔3014万元，完成年度计划的814%。(五)企业年金业务。企业年金受托资产规模新增2302万元，完成年度计划3000万元的76.73%。个人账户管理户数新增16490户，完成年度计划1万户的164.9%。集合计划客户新增25户，完成年度计划15户的166.67%。(六)个人投资理财产品。基金销售额122391万元，四行销量占比32.5%。销售收入1131.96万元，四行收入占比56.9%。建行基金销售额27450.46万元，其中实物金销售额570.05万元。“大丰收”等理财产品销售额145947万元。(七)资产质量。不良贷款额为7670.1万元，考核不良贷款额为170.1万元，控制在省分行计划内；考核不良贷款率为0.02%，与去年同期持平。

【客户营销】 (一)全面实行对公客户、个人客户分层维护方案。建立分行领导对22家对公客户实行“七制”管理。对南水北调、社保、代理国库集中支付、南阳核电、抽水蓄能、宁西铁路复线项目实施持续营销。南水北调南阳段白河倒虹吸施工标段账户于11月23日在分行开立，12月10日，分行与河南省南水北调中线工程建设管理局南阳段建设管理处成功签订《白河倒虹吸施工标段资金监管协议》，完成与省直管部、湍河渡槽工程中标单位资金监管协议的签订工作。同时，分行已与省直管部初步达成协议，省直管部同意南阳段11个工程标段施工账户全部在分行开立。唐河、方城、镇平、南召、内乡、淅川支行已与当地财政部门签订国库集中支付代理协议，其中方城、南召支行为当地独家代理银行，中州路、人民路支行已完成代理国库集中收付资格的认定，卧龙区、宛城区财政局已决定将财政零余额账户开立分行。抓住淅川、西峡、社旗县“新农保”试点机遇，积极拓展新农保、新农合资金归集户，制定《南阳分行争办新农合、新农保账户活动方案》和《南阳分行社保业务竞赛活动方案》，实施相关的奖励约束措施，促使桐柏县新农合资金归集账户落户分行。举办“建行·财富峰会”、客户理财报告会、“VIP客户新春电影答谢会”、“福虎贺新春、建行礼相送”“中秋客户回馈”、“温馨祝福、生日有礼”等高端客户增值活动，实行“分行有效监控、督促——网点负责人关注、支持、直接认领客户——客户经理专业化维护”三级管理模式，促使机构负责人参与高端客户日常管理，进一步维护个人高端客户关系，提升高端客户的忠诚度。(二)执行联动营销办法。对联动营销项目及时会商、跟进、通报，通过组建任务型团队等方式，提高联动营销响应能力。分行重点对南水北调项目、产业集聚区项目、南阳理工学院代发工资项目等实施联动营销。(三)开展社区营销和金融课堂活动,扩大理财客户数量,夯实理财产品销售基础。紧紧抓住一季度、“五一”、“十一”、高校开学、中秋等黄金营销时段,先后开展“喜迎新春,开户赠礼”、银行卡刷卡有奖、信用卡专项激活、黄金擂台赛、高校营销等20多场专项营销活动。新增个人高端客户在省分行旺季营销竞赛中获得系统内排名第三,荣获“高端客户拓展”二等奖。(四)电子银行业务。开展电银业务KPI考核政策宣讲及新产品培训,建立电子银行专业化营销队伍,扩大电子银行产品市场份额。(五)国际结算业务。加大对重点企业营销力度,继续紧盯龙成集团、二机石油公司、新纺公司、天冠集团和二胶厂等全市重点外汇客户,加强资本项目营销,增加资本项目国际结算量。充分发挥本外币一体化营销优势和分行与支行联动营销优势,在努力拓展南阳市区客户群体的基础上,加大各县(市)国际业务客户营销。国际结算量和结售汇量居同业第二位,国际结算量和对公外汇中间业务收入创分行开办外汇业务以来最高水平。

【经营转型】 (一)推进网点转型。南都分理处、建设路分理处升格为网点型支行。完成长江路分理处、中州路支行、社旗支行、内乡支行和高新路支行5个网点的迁址装修,安装自助银行7个,离行式ATM1台,新添设备23台。争取装修指标450多万元,安装自助设备价值230万元。16个转型网点全部通过省分行预验收,4个网点接受总行的现场检查。(二)推进县支行转型。落实省分行“双百工程”要求,完成对县支行下派锻炼大学生7人的选拔和聘任工作。提高县支行管理人员业务营销能力,分两批组织县支行负责对公和个人业务的副行长共30余人到分行经营部门和城区机构进行跟岗交流学习培训。实行县支行专门序列考核,并在人力资源、费用等方面予以倾斜。加快建设县支行视频会议系统,视频会议系统已覆盖各县级支行。(三)启动村镇银行设点申报工作。总行在新野县设立的建信村镇银行已获批准筹建,成为四大商业银行在河南省内设立的首家村镇银行。

【优化结构】 专业化经营架构初步搭建。成立贷后管理部,实现大中型客户信贷业务贷后管理岗位与市场营销岗位分离。小企业信贷工厂已进入场所装修和家具采购阶段。对公商务中心正抓紧选址。个贷中心进一步实行专业化、流程化管理。

【内控风险】 (一)加强基础管理,提升管理质量和水平。开展基础管理建议和意见征集活动,共查找基础管理方面存在的问题43项,提出合理化建议49条。进一步细化基础管理考核,在量化案件(包括严重违规)考核的同时,将积分管理、内外部审计监管检查发现问题和整改等纳入基层机构KPI考核,完善案件防控工作奖励机制。(二)强化资产风险管理。调整优化信贷结构。对存量近40户大中型公司类客户进行梳理,逐户确定存量大中型公司类客户的信贷经营定位,分为优先支持、审慎控制、压缩退出3类。建立并完善信贷退出机制,共退出贷款42700万元,计划完成率100%。实行小企业客户的平行作业,有序开展“贷后管理年”活动,完成贷后管理岗位职责分离工作,个人贷款中、后台管理集中省分行。对现行贷后管理相关制度进行全面系统地梳理,形成《现行对公信贷业务贷后管理“规定动作”要点》,稳步做好鸿德、非税、热电等重点监控客户的风险化解工作。加大对逾期信用卡欠款的催收力度,通过法院诉讼16户,上门催收150余户,寄发律师函46户,申请去院执行3户。建立贷后管理评价机制,将近3年新发放贷款不良率、非应计贷款率、评级覆盖率、预警客户跟踪管理系统指标、押品指标和信贷结构调整等6项贷后管理考核指标分解落实,纳入2010年度KPI指标进行考核。做好贷后管理年工作组织与信息交流,分行信息交流量累计积分148分,在全省二级分行中排名第一。(三)规范业务操作。完善信贷操作风险违规信息库,对在自查、上级检查、外部监管部门检查中发现的违规问题纳入信息库,并做好整改,跟踪整改率达到100%。强化个银业务“大风险”管理,将严禁代客理财、代客操作等纳入个人银行业务风险管理范畴,开展各种检查检查11次,下发通报8次,扣减绩效7.88万元。抽调前台业务骨干,对全辖33个对外营业机构进行每年1次的顶岗检查。对公会计以“操作规范化,管理上水平”为主线,全年共派出检查组77个,参与人员154人次,检查机构77次,发现和解决各类问题172个,处罚责任人30人次。方城支行顺利通过省分行组织的会计基础一级验收,其他22个对公营业机构中,19个达到会计基础等级二级,3个机构达到会计基础规范化。深入开展专项治理活动。金库中心累计清分现金40.2亿元,同比业务量增长近10亿元,缴存人民银行38.4亿元,使全辖现金备付率控制在省分行核定指标内。加强对公账户集中管理,集中报送人行核准率达到99%以上,账户合规率达到100%。对全行员工重新签订了保密协议书。(四)强化案件防控。一是加强从业人员教育,提升员工职业操守意识。贯彻《中国建设银行员工从业禁止若干规定》,全行员工签订《廉洁合规从业承诺书》。组成6个检查组,对全辖"19项禁令"落实情况进行全面检查。开展以"查违规、查失职、查贿赂"为内容的"百日整肃活动",发现9个方面共30个问题,已全部整改。

【员工培训】　以管理人员、业务核心人才和一线员工为重点,分层次抓好员工培训工作。全年共主办完成培训项目18期,培训员工1744人次,完成培训工作量2019人天。选派部分业绩优良的机构和部门主要负责人分3批共20余人到上海复旦大学参加商业银行经营管理知识专题研修班培训。对全行分管对公业务的副行长、委派会计主管、专职兼职对公客户经理和分行公司事业部全体客户经理、负责人共90余人进行《营销技能提升》专题培训。采取与兄弟行联合办班的培训方式,选派部分党务工作者、支行理财经理、部门经理、基层机构负责人、对公客户经理、"双百工程"大学生等42人,分6期参加7行联合的履岗知识、专业能力提升培训,牵头举办新乡、焦作、平顶山、信阳、漯河、驻马店等7行的风险经理能力提升专题培训。7月和11月,分两批对新入行33名大学生进行为期1个月的岗前培训。(孙君泽　何蓬)

农业发展银行

【信贷支农】　2010年年末,全行各项贷款余额127亿元,全年净增9亿元,考虑核呆因素实际增加10亿元,是近3年来贷款增加最多的一年,增加额名列全市国有银行前列。全年累计发放贷款81亿元,同比多投放10亿元,在农村金融中的骨干和支柱作用更加突出。一是确保粮棉油收购资金及时足额供应。针对夏粮收购主体多元化的严峻形势,充分发挥收购资金供应主渠道作用,积极支持企业多收粮、收好粮。累计发放2010年小麦最低收购价贷款29.76亿元,支持企业收购小麦15.5亿公斤,贷款投放量和支持收购量同比分别增长77%和68%。同时,按照"区别对待、有保有压、择优扶持"的原则,积极支持新棉收购。至年末,共发放2010年度棉花收购贷款10.53亿元,占全省投放量的90%,支持企业收购标准级皮棉126万担,实现执行政策与防控风险的有机统一。二是重点拓展农业农村基础设施和农业开发中长期信贷业务。发放贷款2亿多元,重点支持邓州等县(市)农村公路建设、淅川电业、鸭河口水库除险加固、唐河县卫生教育等一批涉及民生的中长期贷款项目。三是择优支持农业产业化经营。全年累计发放贷款27亿元,确保南阳纺织、牧原食品、天冠乙醇、宛西制药等产业化骨干企业的正常流动资金需要,有效发挥龙头企业的辐射带动作用。新营销一批具有高成长性的农业产业化龙头企业,择优支持一批"名、优、特、新"的小企业。四是储备一大批项目。进一步完善项目储备制度,做好项目的筛选和上报工作,为业务发展奠定基础、积蓄势能。

【经营绩效】　以完善经营机制、加大激励约束为着力点,激发和调动全行的经营活力和动力。推行新的经营绩效考评体系,采取季度计划考评和年度综合考评相结合,以季度计划考评为主体,区分有、无不良贷款下降任务两类行,分别设置差异化的指标及权重,客观评价和衡量各行当期发展水平。加大季度绩效挂钩力度,实行重点工作专项奖励,一些重点、难点指标创历史同期最好水平。企事业单位存款和财政存款达到17.9亿元,占各类存款的比重由上年的42%提高到78%;全年企事业单位存款人日均余额303万元,完成省分任务的101%。全年不良贷款净下降12567万元,不良贷款占比降至1.59%,下降1.19个百分点,连续5年实现不良贷款"双降"。实现中间业务收入204万元,占省分任务的120%。实现经营利润2.65亿元,完成省分任务的106%。同时,信息咨询业务试办,国际业务通过总行验收,服务功能日臻完善,多元增收的局面初步形成。综合经营绩效考评名列全省第五位。

【基础管理】　突出打基础、抓基层,风险管控能力和合规经营水平进一步提升。一是突出抓好信贷基础管理。开展信贷制度学习竞赛活动,提高制度执行力。对重点行业、大额客户实施"穿透式"管理,及时提示和及早规避风险。组织客户风险全面排查,实施有针对性的监管服务措施。做好贷款资金的全过程监控,对非正常中转他行的,实行经济处罚,并予以责任人违规积分。抓好客户经理尽职管理,建立信贷合规管理责任体系,进一步明确办贷、管贷各环节的责任。全行存量贷款风险得到有效控制,没有新增不良贷款和发生事实风险贷款。商业性贷款利息收回率保持100%,是全省3个地市行之一。2009年度棉花收购贷款提前两个月实现"双结零",建行以来尚属首次。二是抓好专业条线的管理和监督。市分行各部室制订专业考核办法,落实岗位责任管理和绩效考核,确保各项管理制度的有效落实。深入开展“三查两评”活动,加大对薄弱环节的检查指导力度。出台《员工违规积分管理实施细则》,违规积分情况与员工年度考核、奖金、晋职晋级挂钩。三是抓好市、县两级行建设。制订二级分行经营管理基础平台建设实施方案,建立与之配套的运行机制和管理办法,进一步整合业务发展资源。(李军)

中国银行

【中国银行南阳分行概况】 2010年,中国银行南阳分行深入贯彻总分行发展战略,进一步深化机制改革,调整经营结构,扩大业务规模,降低内控风险,提升盈利能力,全面实施三年发展规划,全行各项工作呈现持续稳健发展势头。年末全行实现拨备前利润2.11亿元、净利润1.78亿元,本外币净收入3.62亿元。全行人民币贷款余额54.19亿元,外汇贷款539万美元。各项人民币存款余额114.27亿元,较年初新增21.58亿元。各项外汇存款3032万美元。全行不良资产率为1.27%,保持省行控制目标之内。市行营业部被推荐申报全国银行业协会“千佳服务示范单位”,七个营业网点被命名为市级“文明示范窗口”,并受到通报表彰,4个单位被省行评为“巾帼文明示范岗”,邓州支行营业部被评为省级“群众满意基层站所”。

【金融市场业务】 分行积极扩大优质授信规模,优化核心存款结构。先后向河南中建路桥公司仲景大桥项目、河南中源化学股份有限公司小苏打项目、宛西制药股份有限公司、中南钻石股份有限公司等投放贷款3.5亿元,全年向市重点建设项目、医药、建筑等行业累计投放贷款16亿元。大力拓展县域优秀民营企业客户,新增小企业授信客户13户,新增启贷通客户15户,新增授信4520万元。做大做优票据融资业务,全年票据贴现买入量46.66亿元,票据业务综合考核位居全省第一位。积极推介福费庭、信用证、供应链融资产品,为天冠企业集团成功签约2010年首笔订单融资业务1亿元。全年实现国际结算业务量5.4亿美元,同比增长94%。

【个人金融业务】 稳健拓展消费信贷业务,全年投放房地产按揭贷款、汽车消费贷款、抵质押循环贷款和信用循环贷款6.9亿元,同比多增4.1亿元。扎实开展业务竞赛、客户招募、扮靓网点、“理财进社区”等阶段性营销活动,并通过销售高附加值的理财产品稳步扩大高端客户群。大力发展银行卡业务,中银卡新增发卡2.35万张,计划完成率全省排名第一。人民币收单交易量7.2亿元,同比增长120%;新增间联商户73个。多渠道加快个人网银业务发展,新增48201户,完成省行计划100.1%。网银交易量77亿元,完成全年任务指标的102%。以客户为中心,加快网点内涵转型,促进旗舰店、自助设备、网上银行、电子银行等协调发展。认真落实“大厅制胜”战略,提高大堂服务水平,全面提升网点竞争能力。

【中间业务】 巩固传统业务优势,深入挖掘客户需求,努力实现中间业务由单产品销售向全产品线销售转型。一是继续加大优势产品营销力度,加强企业网银、工商验资、银税通业务营销,提高财务顾问费、敞口承兑承诺费、承兑汇票手续费收入。二是大力拓展人民币结构性理财、周末理财、委托理财等重点产品,优化产品结构。三是开辟企业年金、存放同业、代签银行承兑等新的增长渠道,叙做人民币存放同业业务17.5亿元,与8个企业签署年金合同。四是大力推介贸易融资业务新产品,实现国际结算中间业务收入1252万元。全行实现中间业务净收入7520万元,同比增长11.95%。

【风险管理和内控防案】 根据国家政策和授信策略的变化,实施差异化行业授信策略,继续加大对重点行业优质客户的授信支持,适度支持市场前景好、成长性强的客户。强化监控预警,严格控制新增不良贷款。深入贯彻贷款新规,引导授信业务健康发展。关注类贷款占比较年初下降2.94个百分点,全年化解不良资产7617万元,存量不良贷款净压缩1100万元。全方位贯彻内控防案“五个融入”,严格落实“双十禁”、“六个严禁”,实行内控合规“6+3”评价办法,强化内控建设的集约性和有效性。加强业务经理履职管理,有效防范操作风险。强化压力传导机制,加大问责追究力度。健全防案预警机制,全面提高技防能力,有效防范化解隐患,全年实现无案事件、无责任事故的目标。(宋歌)

商业银行

【商业银行概况】　2010年,南阳市商业银行业务快速发展,效益持续提升,各项监管指标全面达标,迈出向县域设立机构的新步伐。年末全行总资产109.5亿元,较上年净增23.59亿元;各项贷款余额58.28亿元,较上年新增突破10亿元;各项存款余额83.67亿元,较上年净增13.67亿元;中间业务收入达到1036万元,较上年增收198万元;全年实现经营利润1.5亿元,创出历史新高;资本充足率达到11.17%,优于监管指标3.17个百分点;不良贷款率1.46%,优于监管指标1.54个百分点;拨备覆盖率262%,优于监管指标162个百分点,其他各项指标也全部达到或优于监管要求。南阳市商业银行华瑞支行经过验收再次被命名为"全国文明优质服务示范单位",文化支行被评为2010年度河南省银行业"文明规范服务示范单位创建先进单位",交通支行被市妇联树为"全市巾帼妇女先进集体"。

【业务发展】　全面提升金融服务水平,加大网点改造力度,改进市场营销策略办法等,实现各项存款大幅增长。至2010年底,全行存款余额达到83.67亿元,较2009年净增13.67亿元,日均存款达到76.9亿,较2009年日均净增9.87亿元,整体实力提升,增强支持地方经济发展的能力。充分发挥地方银行的资源优势和网点优势,并依托信贷产品的杠杆作用,在代收代付、代理保险等中间业务上,加快拓展步伐。同时积极开展同业合作,利用银银平台,实现理财业务新突破,全年中间业务收入1036万元,较2009年净增118万元。2010年,南阳市商业银行累计发行银行卡102534张,银行卡保有量367936张,卡下存款83280万元,实现各项手续费收入253万元,POS交易金额达120000万元。加大设备投入力度,全年共新增5台ATM(取款机),3台CRS(存取款一体机)、10台BST(多媒体自助维端),自助化、科技化服务水平跃上新台阶。

【服务地方经济】　2010年,南阳市商行坚持"三个服务"的市场定位,突出结构调整,大力支持地方优质项目建设和龙头企业的生产经营,尤其是加大对中小企业的扶植力度,并积极发展风险较低的个人消费贷款、个人经营性贷款等零售业务,创出特色,提升效益。年内小企业及个人信贷业务累计投放27.85亿元,占贷款总量的78%,结构逐步优化,特色优势逐渐凸显。加强银地合作,积极创新业务模式,先后与市区下岗失业人员小额贷款担保中心、信用担保公司等建立合作关系,有效增加担保主体,拓宽客户服务渠道。大力开办可循环信用和最高额抵押贷款业务,优化信贷程序,提高服务效率,满足客户需求。全年累计投放各类贷款余额达到58.28亿元,其中新增贷款10亿元,创历史新高,积极支持地方经济发展。同时,积极履行促和谐、保民生的企业社会责任,不断强化与劳动部门、南阳市担保中心的配合协作,继续大力开办由财政贴息、担保中心担保的下岗失业人员再就业贷款,累计发放该类贷款3138.5万元,支持571户下岗人员家庭实现再就业。

【资产风险管理】　全行贯彻落实银监会"三个办法一个指引"规定,组织全行范围的学习、培训、测试活动,并在银监会组织的知识竞赛中取得了二等奖的优异成绩,信贷人员业务素质和管理水平大幅提升。遵循审慎、精细、科学的原则,优化信贷流程,实现以客户为中心的短链条流程管理。为规范业务行为,对银行承兑、汽车贷款、票据以及中小企业贷款等业务进行流程再造,细化防范措施,变贷前、贷中、贷后三段式管理为贷款受理、调查、风险评价、贷款审批、签约、发放、支付、支付后管理和资产处置九大环节管理,保障信贷业务的审慎规范和健康运行,继续保持无新发放不良贷款的良好记录。

【经营管理】　(一)治理结构调整。依照法律和公司章程规定优化董事会人员构成,制定《南阳市商业银行董事、监事、高级管理人评价管理办法》,进一步提升董事会、监事会的领导决策能力。对全行股权结构进行清理排查,并在此基础上拟定新的增资扩股方案,为历史风险的全面化解和全行新的发展奠定基础。针对经营发展中的重大事项召开股东会、董事会进行集体审议,科学决策,为科学发展、有效发展保驾护航。对董事、监事、高管人员以及南阳市商业银行"三会一层"的履职尽责情况进行评价报告,对全行风险管理情况以及重要业务经营的风险境况进行专项检查,防患于未然,充分发挥监督职责。(二)内控管理。抓好柜面业务操作规程落实,开展会计规范化达标升级活动,有效防控操作风险。加强后督检查和内审检查的频率与覆盖面,针对业务风险点开展重点监督、专项治理,及时发现纠正问题。吸取历史教训,盯住案件多发环节、重点岗位，加强人员教育管理，加强制度监督落实，有效控制案件风险。在安全保卫、科技安全及其他业务领域，坚持抓源头防范、抓制度落实、抓日常监督，确保各项业务、各个网点、网络系统的安全运转。(三)机构建设。南阳商行迈出向县域拓展的第一步，新设西峡、淅川两个县级支行，扩大影响，方便客户，抢占市场，膨胀业务，存贷款业务均达到规模要求，为全行快速有效发展作出贡献。同时，迁址改建市区网点5个，引进理财产品，完成网上银行系统的开发测试和上线准备，实现经营区域扩张，服务手段丰富，产品结构优化。(四)队伍建设。全年招聘业务骨干及优秀大学毕业生75人，为商行发展补充新生力量。开展两部主任竞聘，使一批思想进步、业务优秀的骨干人员有了发挥才能的平台。同时加大智力投资，利用远程教育、聘请专家讲座、岗位比武练兵等多种形式，组织各类培训1900多人次，并鼓励员工在职学习，全年考取各类证书人数达470人次，员工知识水平、业务素质不断提高，一线业务发展能力大幅提升。(五)对外宣传。南阳商业银行创办《南阳银行》报，开通门户网站，打造宣传平台，培育教育基地。利用河南省第一届金融博览会机遇，精心设计策划，积极参展推介，展示南阳形象，扩大商行影响。(朱明杰　曾照准)

交通银行

【概况】 交通银行南阳分行是交总行确定的两家省辖分行改革试点行之一，于2008年12月正式开业运行。开业以来，南阳分行秉持"与客户共发展，与地方共繁荣，与社会共进步"的价值理念，坚持"靠融资产品支持地方经济，靠财富品牌服务居民生活"的经营理念，以服务当地经济为己任，积极贯彻执行国家经济金融政策，大力支持南阳当地经济建设，有力助推了当地经济又好又快发展和社会各项事业的进步。2010年10月，交行南阳分行又成为在全市中率先设立分支机构(卧龙路支行)的新引进股份制银行。2010年是南阳分行各项业务快速、健康、协调发展的一年。在市委、市政府以及各监管部门的大力支持下，南阳分行通过大胆创新和艰苦探索，狠抓各项经营基础建设，有力推动了各项工作的开展。截至去年底，南阳分行各项人民币存款余额24.3亿元，较年初新增10.3亿元；各项贷款余额28亿元，较年初新增12.6亿元。

【以公司业务为龙头，支持地方重点项目和产业发展】 南阳经济总量大、客户群体数量多，开业以来，交行南阳分行对属市规模较大的前50家工业企业深入调研，在充分了解客户需求的基础上，结合交行产品功能和价格优势，一户一策制定综合服务方案，大力拓展工业企业客户。截至2010年年底，交行南阳分行人民币公司贷款余额19.3亿元，较年初新增6.3亿元，有力支持了南阳当地经济发展。

【努力打造最佳零售银行】 交行南阳分行自成立以来，一直把中小企业信贷业务作为重点工作。2009年5月，南阳分行在银行同业中率先成立小企业信贷服务中心，通过建立独立的操作平台、打造独立的产品体系、开发独立的审批流程、为小企业信贷业务发展提供强力保障。同时，南阳分行还坚持不断研究支持中小企业发展的新路径，率先与本地中小企业担保中心及河南省担保集团等担保单位建立合作关系，有效解决了由银企间信息不对称产生的小企业担保难题；针对小企业特点，南阳分行还先后推出"物业融资"、"应收账款质押"等新产品，积极为中小企业发放信用贷款、固定资产贷款以及贸易融资等，满足中小企业多样化的融资需求。

【创造以财富管理为特色的最佳现代化银行】 目前，交行南阳分行已开办储蓄业务、银行卡、个人结算业务、汇兑、网上银行、代发工资业务、代销基金、代理保险、代理销售金银章币、实物黄金等个人业务。并针对不同客户群体，制订相应的综合营销服务方案，已形成"私人银行"、"沃德财富"、"交银理财"、"快捷理财"等服务品牌为代表的完备的个人财富管理客户分层管理体系，交通银行财富管理品牌影响力日益提升。

【以优质高效的服务与客户携手开启富泽未来】 做好服务关系着银行的形象和未来，交行南阳分行始终坚持"以客户为中心"的服务宗旨，做好和客户的"一对一"服务，持续改善客户体验。自开业来，南阳分行不断完善自助银行、网上银行、电话银行、手机银行建设，优化网点功能区布局，增设便民设施，推进金融服务质量提升。

【风险防控能力进一步提高】 交行南阳分行对银行风险防范工作高度重视，不断完善风险防范长效机制建设，加大对部分重点内控基础薄弱环节的风险防范力度，严格对违规操作问题的问责，管理基础逐步夯实，风险控制管理水平不断提升，2010年获得交通银行河南省分行会计工作示范行荣誉称号和会计结算内控管理先进单位称号。（秦婵）

邮政银行

【邮政银行南阳分行概况】 中国邮政储蓄银行有限责任公司河南省南阳市分行于2007年12月17日挂牌成立，是中国邮政储蓄银行河南省分行在南阳境内设立的二级分行。下辖邓州市、新野县、唐河县、方城县、社旗县、桐柏县、南召县、镇平县、内乡县、淅川县、西峡县、南阳郊区、南阳油田共13个一级支行。市分行下设办公室、人力资源部、财务会计部、综合业务部、信贷部、公司业务部、审计部、风险合规部、渠道科技部、小企业贷款中心10个部室。全市共有邮政储蓄网点273个，其中银行自营网点34个，ATM自动柜员机166台，在岗职工506人，聘用工38人，其他用工119人。2010年全市累计实现收入1.79亿元，位居本系统全省第二位，完成计划的108.22%，排全省第八位，同比增幅54.73%，排全省第七位，实现利润6086.64万元，利润率达到33.93%。

【个金业务】 邮储银行南阳市分行开办的个人业务包括储蓄业务、银行卡、个人结算业务、汇兑、网上支付、个人网上银行等。通过推进二级支行的转型，优化网点服务设施、环境，抬升差异化服务能力，加强高端客户维护，促进个人储蓄业务快速增长。至2010年12月底，全市邮储余额达到43.45亿元，位居全省第二位，全年净增7.32亿元，位居全省第三位。理财全年13.76亿元，位居全省第四位，基金1.08亿元，位居全省第一位，商易通客户结存1936户，位居全省第一位，绿卡通卡发放8.59万张，位居全省第一位。全年实现代收保费1.65亿元，位居全省第四位，实现收入897万元，位居全省第二位。

【公司业务】 邮储银行南阳市分行开办的公司业务包括对公结算、对公存款和企业网上银行。通过持续开展专业队伍建设和营销技能培训，指导优质项目和特色项目在全市的开发和推广，截止12月底，南阳市分行公司存款余额达到20.94亿元，位居本系统全省第三位，年净增13.12亿元，位居全省第一位。其中方城县支行公司存款余额达到5.19亿元，位居全省县级支行第一位，淅川县支行公司存款余额达到3.86亿元，位居全省县级支行第二位。

【零售资产业务】 邮储银行信贷业务包括小额质押贷款、再就业小额担保贷款、个人商务贷款、好借好还小额贷款、佳信家美二手房按揭贷款和小企业贷款。邮储银行南阳市分行在零售资产业务发展中突出“四抓”：即“抓团队建设，提升凝聚力；抓作风建设，强化执行力；抓学习交流，推广先进经验；抓效能提升，增强发展能力”。这些措施，推动零售资产业务可持续发展。截至2010年12月底，全市本年累计放款13.85亿元，贷款结余11.96亿元，均居全省第三位。其中商务贷款本年累计放款5.03亿元，贷款结余5.39亿元，均居全省第一位。

【财务管理】 深入推进二级支行损益核算，加强成本费用控制，开展了财务会计基础工作规范化达标和财务会审，进一步规范财务行为，提高会计核算质量和管理水平，在全省历次财务会审中，南阳市分行财务会计工作名列前茅。财务统计工作得到市统计局、市银监局的认可。

【风险管控】 开展合规宣传、培训、警示教育、业务会审，进一步增强全体员工守法、合规意识。深入细致地开展制度建设、检查落实、考核评价等内控管理工作，根据业务发展需要先后开展现金业务、零售资产业务、公司业务、信息员调查走访、反洗钱等10余项专项审计，并根据南阳实际，开展ATM专项检查、印章管理专项检查、信贷业务突击审计周活动。按照“责任到位、追究到位、惩诫到位、整改到位”的原则，切实强化问题查处工作。狠抓安全生产检查和防范工作，采取明查暗访、综合检查、专项检查、联合检查、市行复查等方式进行安全检查。通过全行上下的共同努力，南阳市分行实现内控“保三争二”的目标。

【服务质量】 持续开展网点规范化达标，加强检查考核，不定期对网点进行不间断的检查，每季度检查覆盖率达100%。开展各项服务管理培训，成立渠道科技部，加强对网点的监督检查力度，建立健全服务档案，及时通报检查情况，服务质量和服务形象有很大提升。方城县文化路支行被市纠风办评为“群众满意的基层站所”。（华金伟　邢红斌）

中信银行

【中信银行南阳分行概况】 2010年2月,中信银行河南省分行南阳分行成立。分行贯彻执行国家金融政策,秉承"中信服务,天天进步"理念,规范内部管理,强化风险意识,拓展业务领域,树立品牌形象,各项业务快速发展。截至2010年12月末,南阳分行人民币一般性存款25.26亿元,其中对公存款21亿元,完成全年计划的200%;储蓄存款时额4.25亿元,完成全年时点计划的224%。各项贷款13.14亿元,当年累计向公司客户提供各类授信支持48.6亿元,资产质量良好。全年实现毛利润3542万元。在中信银行河南省分行系统内,南阳分行连续荣获一类行,并获评河南省分行2010年度"优秀经营单位";在南阳4家股份制银行中,中信银行人民币存款、公司存款、储蓄存款余额和新增额等6项指标均居第一位。南阳分行营业部被授予"南阳市青年文明号"称号。

【品牌建设】 分行将"形象宣传、产品宣传、人物宣传"三者有机结合,着力创建理财品牌。一是在南阳知名的平面媒体和市场、写字楼、高档会所、宾馆酒店等目标客户集中的地点,以形象和产品宣传为主,打造个人理财品牌。在《南阳晚报》上推出中信理财"五朵金花"。二是先后举办8期理财推介会、说明会、报告会等,聘请专家讲课,内容包括理财和保险、基金等投资产品,向客户提供增值服务。三是成立服务品质提升领导小组,通过晨会、工作例会、服务专题会、录像查看等多种方式,开展服务讲评,加强条线推动。不断完善服务品质考核办法,奖优罚劣。狠抓服务细节,加强日常服务监督检查。推进大厅服务流程改造,优化服务流程,提高服务效率。

【风险防控】 2010年陆续出台风险管理、费用管理、会计管理、绩效考核等方面的规章制度和管理办法,使员工在业务操作中做到有据可依,有章可循。健全制度监督,对业务流程各环节执行情况进行监督,提高规章制度执行力。强化信用风险防范,成立风险部和信用审批委员会,申请郑州分行委派风险经理,风险关口前移。完善授信审批机制,加强贷后管理,认真进行贷后首检,根据评价结果调整授信策略和政策。加强会计培训和检查,建立健全各类登记簿和台账,每周召开会计分析例会,组织会计业务培训与考试。加强会计业务检查和整改,落实责任人,提高自我纠偏能力。

【拓展公司与零售业务】 (一)大力支持龙头骨干企业,积极支持地方经济发展。对南阳市支柱行业、骨干企业、龙头企业进行重点支持,全部建立业务合作关系,重点为其提供授信、结算服务,满足其资金需求,帮助做大做强。(二)加强创新,积极支持优质中小企业发展。成立中小企业服务中心,配置专人和专项营销费用,积极拓展中小企业客户。对南阳市多个工业园区、专业市场和部分经济活跃的县域逐个上门走访,了解信贷需求,确定数十家优质中小企业作为支持重点。同时,围绕石油、钢铁、汽车、家电行业核心企业,推出多户联保、存货质押、担保中心担保、核心资产抵押(土地、房产、机器设备等)、法人账户透支业务,以更加灵活的担保方式满足企业需求。(三)加强渠道建设,促进零售业务发展。一是积极拓展财运通、间联POS渠道,为专业市场和综合市场商户提供更加方便快捷的结算方式。二是大力拓展代发工资业务。三是开拓三方存管渠道,与3家券商开展合作。四是拓展理财渠道。丰富的理财产品满足客户多元化投资理财需求,获得客户青睐。(张毅峰)

人保财险

【人保财险概况】 2010年,人保财险南阳市分公司以科学发展观为统领,深入贯彻落实"促发展、增效益、防风险"的工作主基调,按照"短期有效、长期有利"的要求,以合规经营、精细化管理为保障,抢抓机遇、迎难而上,财险业务规模实现历史性突破,管理和服务水平显著提高。"十一五"期间,公司保费收入快速增长,业务规模实现翻番,年保费收入从2005年的17400万元发展到2010年的42190.51万元,首次突破4亿元大关,保费规模是2005年的2.42倍。5年间累计保费收入15.13亿元,实现利润1亿元以上,累计处理各类赔案177193件,支付赔款8.71亿元,为南阳经济社会发展作出重要贡献。

【财险业务】 2010年,公司坚持效益第一原则,加快发展,调整结构,夯实基础,防范风险,实现财险业务健康发展。一是实施"车险保效益"工程。从承保源头和理赔关键环节入手,强化风险管控,优化业务结构,确保车险全线盈利。二是落实大客户责任制。围绕省、市重点投资项目计划,从项目来源、项目审批、项目落地、项目建设等关键环节入手,积极参与农村平安建设,继续与政法委合作,推办"和谐家园"社会治安保险。重点关注全市重大工程和基础设施建设项目,捕捉发展机遇,把握发展重点,制定发展策略,实现财产险业务新突破,巩固财产险领域优势地位,落实大项目业务续保责任制。三是继续抓好"一司一单"货运险业务,落实开展"货运险百万县"活动,推动货运险业务快速健康发展。四是责任意外险业务取得新的突破。与市教育局联合举办全市校园方责任险培训会议取得丰硕成果。与市安检系统有效互动,独家承办全市安全生产责任保险,使安全生产责任保险领域得到进一步拓展。充分发挥公司在健康险领域的经验优势,加大力度巩固原有阵地。五是按照"量力而行、规范经营、风险可控、支农惠农"的原则,大力发展农村保险事业。继续做好政策性能繁母猪保险"应保尽保"工作。积极参与社会主义新农村建设,大力发展具有农村特色的分散性保险,在全市推办烟叶种植保险,取得较好的经济效益和社会效益。开展声势浩大的保险"三下乡"宣传活动,进一步扩大公司在农村的影响力。六是大力推进城网、农网建设,健全考核激励机制,加大基础设施投入,优化网点布局,组织开展各种有效活动,使全市团队建设迈上新台阶。

【经营管理】 健全"三位一体"创利保障机制,加强承保、理赔、财务"三位一体"盈利能力建设,实施"车险保效益"工程,有效防范经营风险。一是把好承保端口,优化业务质量。落实风险评估责任制,实施责任追究,增强风险评估的有效性。继续推行选择性承保政策,适时调整核保政策和市场政策。认真落实差异化费用管控政策,优化费用资源配置效能,全面推行跟单提费。健全出单管理中心建设,推进出单管理的专业化、规范化和标准化。二是推进理赔流程标准化建设,改善理赔管理。加强查勘、定损、报价、医疗审核、核赔、核损等理赔关键环节的管控。发挥理赔稽查大队职能,深入开展理赔反欺诈活动。完善医疗跟踪审核管理,深化医疗审核、医疗跟踪、案件复审"三位一体"管控模式。加强理赔队伍管理,不断改善理赔队伍结构与质量。三是健全财务预算精算体系,优化资源配置。强化差异化费用资源配置模式,加强对成本费用支出管控的过程管理。健全准备金精算管理,加强成本费用管控,提高资源使用效率,强化资金运用管理。四是严格单证管理,明确职责,规范流程,定期检查核对。加强档案管理,改善基础设施,坚持高标准、严要求,把好档案入库关、管理关、借阅关和销毁关,不断提高档案综合管理水平。

【服务理念】 (一)继续开展服务标准化建设,以《客户服务基本标准》为基础,加强宣导、教育和培训,不断提高全员的服务意识、服务标准和执行意识。(二)提升查勘调度效能。充分利用 GPS 智能查勘调度系统,提高第一现场到达速度,提高服务效率和客户的满意度。(三)实施服务效能综合评价,完善客户投诉管理。坚持属地处理原则,实行首站化解问责,防止矛盾激化,避免投诉升级。对问题突出的投诉案件,加大责任追究力度。围绕客户满意度、服务标准和客户投诉处理效率,加强监测和考评,不断提高客户满意度和忠诚度。(四)大力推广应用 CRM 系统。加强客户实名制工作的日常管理,从承保源头开始,加大工作力度,确保客户信息录入的准确性,为下一步的电话营销和无现金支付提供保障。全面开展客户信息历史数据清理,将客户信息纳入客户唯一档案,实现"一户一档"分级管理。在推广应用 CRM 系统的基础上,开展客户评级和分类管理工作,全面加强客户资源管理,推行差异化的客户服务举措。(陈祎)

人保寿险

【南阳人寿保险公司概况】 2010 年中国人寿保险公司南阳分公司实现保费 16.35 亿元,同比增长 13%,保费总量全省排名第四位。其中长险首年期交保费完成 24311.32 万元,同比增长 25%;短险保费完成 6766.77 万元,同比增长 5%;续期保费实现 71683.3 万元,完成比 91.54%。市场份额为 33.05%,继续保持全市同业第一位次。2010 年人寿公司为 10 亿元的小额贷款资金投放提供保险保障。为近 10 万建筑大军提供了意外保险保障和意外伤害医疗保障,每人保险金额达 12.5 万元以上。为南水北调移民 3.2 万人提供保险保障 38.4 亿元。全年实现银保新单保费 6.73 亿,完成比 92.13%,首年期交 9886 万元,完成比 90%,同比增长 162%。理赔部共处理案件 36272 件,理赔金额 1.28 亿元,其中寿险案件 3575 件,理赔金额为 7085 万元,短险案件32697件,理赔金额为5673万元。市人寿保险公司继续保持“省级文明单位”荣誉称号,被省政府评为“维护妇女儿童权益及创建平安家庭先进单位”,被省金融财贸工作委会员评为“先进工会”。在连续5年的行风评议中被评为先进单位。市公司第二营销部被南阳市总工会评选为“‘五一’巾帼建功”先进集体。

【风险管控】 2010年,中国人寿保险公司制定了核保、生调、回访、核赔、保全、信息技术管理等一系列严密的考核办法,通过随机抽查、阶段考评、典型通报,进一步增强岗位人员的风险意识、责任意识。使内部风险管控能力得到提升。南阳人寿保险公司落实总公司账务制度新规定,全市保费收入账户全部上收市公司,县(区)公司不再设立保费账户,收入资金通过刷卡或通过当地银行柜面全部缴存市公司账户,减少资金在途时间,有效防范资金风险。

【六位一体销售信访沟通渠道】 2010年,市公司构建了“信函、电话、公司内网、公司外网、传真、面访”六位一体的销售人员信访沟通渠道及配套的信访信息系统处理平台。该系统的搭建成功,为进一步做好销售人员信访工作,广泛听取销售人员心声,维护销售人员合法权益,创建和谐团队起到重要作用。

【公司培训部成立】 2010年南阳人寿公司培训部成立。市公司有效整合培训资源,组建起92人兼职讲师团,初步对现有的初级主管和营销员进行轮训,迈出总公司教育培训三年规划的第一步。(张锡奇)

太平洋保险

【太平洋财险概况】 中国太平洋财产保险股份有限公司南阳中心支公司自2002年成立以来,秉承“诚信天下,稳健一生,追求卓越”的企业核心价值观,本着努力打造“一家负责任的保险公司”经营理念,坚持科学发展,勇于承担社会责任。2010年全年公司共实现保费收入5244.14万元,共受理案件7832件,累计支付赔款2639.54万元。为南阳经济发展和人民生活安定发挥重要作用,为确保一方平安作出一定贡献。

【经营管理】 (一)加强内部管理促进业务发展。积极参与行政事业单位采购招标,努力探索“产寿联动,交叉销售”的工作模式,整合资源,壮大展业队伍。围绕重点企业,积极开展大项目攻关,注重渠道业务,提升公司规模,及时解决工作中的问题,为业务发展铺平道路。(二)对外强化诚信建设,对内强化管理和风险管控。诚信建设中实行承诺制,向社会公开承诺“不欺骗客户,不误导消费,不诋毁同行”。公司内部确立“快速发展、优质增效、提升管理”的经营方针,不断完善、细化内控管理制度,规范员工行为,在承保管理、理赔服务和财务管理等方面下功夫,加强核保核赔的管理和协调工作,完善约束机制,不断提升内勤岗位人员的综合素质,切实把规范制度落到实处。

【客户服务】 公司依托全国统一客户服务电话95500实行7＊24小时全方位、无障碍的客户沟通。2010年底推出“4006095500”全国车险电话销售服务,完善对私家车客户跟踪服务。实施全员大客服,实行首问负责制,在营业大厅设立“行风投诉受理处”,方便客户投诉和监督。不断完善客户服务平台建设,通过建立以客户为中心的管理理念和经营模式,建设专业、规范、高效的客户服务体系,树立公司的客户服务品牌。做好窗口文明服务工作,建立健全售前、售后服务体系,细化各岗位人员的客户服务质量。(聂永红)

太平洋寿险

【概况】 中国太平洋人寿保险股份有限公司(以下简称“太平洋寿险”)成立于2001年11月,是中国太平洋保险(集团)股份有限公司(以下简称“中国太平洋保险”)旗下专业寿险子公司。中国太平洋人寿保险公司南阳中心支公司是中国太平洋人寿保险股份有限公司河南分公司下属地市级中心支公司之一,成立于2002年3月26日,公司现址位于南阳市高新技术开发区张衡路与人民路交叉口太平洋寿险大楼。现任党委书记、总经理宋文伟,副总经理张前,总经理助理姜志刚。目前中支机关内设总经理室、行政人事部、计划财务部、运营中心、个险业务部、团体业务部、银邮业务部、续期保费部等8个职能部室,公司下辖14家县级机构,拥有3000多名内、外勤员工。公司坚持“稳健经营、客户至上、诚信为民”的服务理念,以“诚信天下,稳健一生”为企业核心价值观,赢得了全市人民的信赖。公司以建设和谐南阳为己任，以“大公司之所思，大公司之所为”的姿态，勇于承担社会责任，切实保障被保险人利益，有效发挥了保险的经济补偿、资金融通和社会管理功能。成立9年来，累计实现规模保费48亿元，居全市寿险行业前三甲。公司坚持“用心承诺，用爱负责”这一理念，真诚服务群众，9年来，服务客户50余万户，处理理赔案件12999件，总赔付金额为6670多万元，为南阳经济发展和社会进步作出了积极贡献。

【南阳中心支公司主要荣誉】 1.2003年，南阳中心支公司被南阳市消费者协会评为“消费者信得过单位”和“诚信单位”称号，是保险企业中首次获此殊荣的保险机构。2.2004年，南阳中心支公司荣获中国太平洋人寿保险股份有限公司“三十强中心支公司”荣誉称号。3.2005年，南阳中心支公司在保险行业首次全辖推出“诚信服务承诺书”和“业务人员诚信服务保证书”，被南阳消费者协会授予“诚信维权先进单位”。4.2006年6月，被南阳市人民政府授予2005—2006年度“重合同守信用企业”称号。5.2006年9月，在南阳市首届最受市民信赖的保险公司评选活动中，被评为“南阳市最受市民信赖保险公司”称号。此后，于2008、2009年连续两度再获此殊荣。6.2010年12月，荣获南阳市劳动保障诚信示范企业（A级）单位殊荣。

【勇担社会责任　爱心捐助公益】

“诚信天下，稳健一生，追求卓越”是中国太平洋保险的企业核心价值观，企业在追求利润、创造利润的同时，勇担社会责任、做优秀企业公民，这是一家负责任的保险公司应尽之责。作为一家负责任的保险公司，太平洋寿险南阳中心支公司将自己视为社会的一份子，时刻铭记所应承担的社会责任，热心公益：通过捐资助学，用爱心点亮孩子心中的希望；通过救助孤残，让救助者扬起生活的信心；当灾难来临给人民的生产生活造成损失时，南阳中心支公司在做好本职工作的同时，慷慨捐助，为国家分忧，帮灾区度过难关：2008年“5·12”大地震，公司踊跃捐款共计6万余元。2010年4月14日，青海玉树地震发生后，公司迅速行动，组织员工捐款3万元。南阳中心支公司积极参加当地植树造林，维护城市环境等一系列的爱心义举在当地产生了良好的社会效应，受到社会各界的广泛赞誉，有力提升了公司的良好形象。（付玉宛）

财 税

财 政

【财政概况】 2010年全市地方财政总收入完成122.9亿元，增长21%。一般预算收入完成69.1亿元，为预算的112.8%，增长23%。其中，市级一般预算收入完成19.5亿元，为预算的104.3%，增长12.6%。分项完成情况是：全市地方税收收入完成54.14亿元，增长30.2%，税收占一般预算收入的比重78.4%。其中，增值税9.1亿元，增长16.3%；营业税15.6亿元，增长15.8%；企业所得税3.7亿元，增长12.9%。非税收入完成14.92亿元，增长2.2%。一般预算支出情况。全市一般预算支出完成247.1亿元，为调整预算的96.3%，增长21.4%，增支43.6亿元。其中，市级一般预算支出完成49亿元，为调整预算的86.4%，增长21.3%。全市主要支出完成情况：教育支出完成45.2亿元，增长15.7%；科技支出完成3.5亿元，增长22.2%；农林水支出完成32亿元，增长26.7%；文化体育与传媒支出完成2.4亿元，增长4.8%；社会保障与就业支出完成33.6亿元，增长29%；医疗卫生支出完成22.9亿元，增长25.3%；城乡社区事务支出完成8.1亿元，增长46.7%；环境保护支出完成15.8亿元，下降2.3%；一般公共服务支出完成36.3亿元，增长23%；公共安全支出完成13.4亿元，增长10.5%。全市财政经常性收入增长13.2%，教育、科技、农业支出均达到法定增长要求。基金收支情况。全市基金预算收入完成36.1亿元，增长118.9%。其中国有土地使用权出让收入完成34.6亿元，增长123.8%。基金预算支出完成44.3亿元，增长81.8%。市级基金预算收入完成7.8亿元，增长43.1%。其中国有土地使用权出让收入完成7.3亿元(其中土地净收益完成2.1亿元)，增长37.8%。基金预算支出完成8.7亿元，增长145.7%。

【财政收支】 (一)收入征管。全市财政一般预算收入完成69.1亿元，增长23%，5年来增幅首次超过全省平均水平。全市国税部门组织地方税收收入10.8亿元，增长12.7%；地税部门组织地方税收收入30.8亿元，增长13%。调整完善耕地占用税和契税征管体制，加之南水北调中线工程耕地占用税入库较多，两项税收完成12.5亿元，增长165%。收入质量进一步提高，税收占一般预算收入的比重比上年提高4.4个百分点。(二)支出管理。全市一般预算支出完成247.1亿元，增长21.4%，支出规模首次超越洛阳市居全省第二位，比上年增支43.6亿元，增支额相当于2002年全市财政支出总量。(三)争取资金。全市共争取各项转移支付和专项资金144.9亿元，增长24.3%，保障事关经济社会发展的重大资金需求。其中，除淅川和西峡县外，争取将邓州、内乡、桐柏、南召和市本级纳入生态补偿范围，补偿额由2008年的6400万元增加到2010年的4.8亿元，增长6.4倍。(四)财源建设。出台加强财源建设的意见等一系列政策措施，建立考核激励等机制，增强财源建设合力。加大专项资金整合力度，支持重点企业和高新技术项目等建设，夯实财政增收的经济基础。

【保障经济平稳较快增长】 切实发挥财政调控经济职能，支持实施“四个带动”，支持经济结构调整和产业转型升级，促进经济回升向好。一是支持重点项目建设。近3年来，累计争取中央、省级新增投资35.3亿元，市县配套资金9.2亿元，实施一批基础设施和民生工程项目，扩大政府公共投资。2010年市级筹措资金1.7亿元，奖励补助产业集聚区投融资平台，加速南阳市产业集聚区建设。加大投融资力度，支持农运会场馆建设和城区路、桥、坝等新建改建工程。市级筹措1400万元，支持招商引资和项目争取工作。筹措4.9亿元，支持南水北调生态保护和移民搬迁安置。二是支持实施品牌带动。筹措资金1000多万元，支持推进卧龙岗文化旅游产业集聚区、玉文化旅游区等建设。推进实施“质量兴市”，市财政投入资金700万元，重点支持宛西制药、利达光电等企业研发中心和重点实验室建设。筹措专项资金近3000万元，支持福森制药、科尔沁牛业等一批具有较强辐射带动能力的农业产业化龙头企业发展。三是支持推进科技创新。积极整合财政科技资金,推动重点领域关键技术突破和自主创新能力提高。筹措自主创新资金3200万元,引导社会资源增加对技术创新领域的投入,支持光电光伏、新能源、装备制造、新材料、中医药等5大领域的科技创新,落实科研人员奖励资金160万元。四是支持结构调整和转型升级。推进节能减排和生态环保,筹措5.4亿元,支持市污水垃圾处理、农村环保等项目建设。争取省级中小企业发展资金2200万元,支持中小企业技术创新和产业升级。积极深化投融资体制改革,推进银政、银企合作,为经济社会发展提供信贷支持。

【保障民生改善和社会事业发展】 始终将服务和保障民生放在重要地位,筹措落实"十项民生工程"资金50多亿元,促进各项社会事业发展。一是促进就业和社会保障。筹措就业资金1.4亿元,全年新增城镇就业10.4万人、农村劳动力转移就业12.4万人。覆盖城乡居民的养老保障体系初步建立,新农保试点县达到5个。及时对城乡低保、农村五保和优抚对象发放物价上涨临时补贴。落实高校、中职中专家庭经济困难学生救助政策。支持廉租房建设和发放廉租房租赁补贴,全年新增保障性住房56.8万平方米。二是推进教育发展。提高农村中小学年生均公用经费标准和家庭经济困难寄宿生生活费补助标准。对105万农村中小学生免除学杂费和教科书费,对7.6万城市中小学生免除学杂费。筹措9100余万元,支持实施农村中小学校舍维修改造和校舍安全工程、优化中小学布局和落实义务教育教师绩效工资改革。支持中心城区7所中小学校建设,改善城乡义务教育办学条件。三是支持医疗卫生事业发展。落实资金7000余万元,支持城乡医疗救助体系建设。城镇职工及居民医疗保险覆盖面进一步扩大。筹措落实补助资金10.8亿元,新农合参合农民达896万人。支持实施农村改水改厕、15岁以下人群补种乙肝疫苗等重大公共卫生项目。积极筹措城乡居民基本公共卫生服务经费。此外,筹措资金2.4亿元,支持文体与传媒事业发展。争取资金2.4亿元,完善政法经费保障机制,提高基层政法机关办案和装备保障水平。认真落实提高县市津补贴政策,缩小市直与两区津补贴差距,规范收入分配秩序,促进社会和谐稳定。

【保障农业农村发展】 加大"三农"支持力度,促进农村经济社会发展。加大涉农资金整合力度,新增教育、卫生、文化等事业经费主要用于农村,促进农村经济社会协调发展、农民收入稳定增加。一是加大惠农补贴力度。兑现惠农补贴28.6亿元,其中:粮食直补和农资综合补贴10亿元;农机具购置补贴9600万元;农作物和畜禽良种补贴3.1亿元;家电和汽车摩托车下乡补贴4.6亿元,销售量、销售额、补贴额均居全省前列。二是提高农业综合生产能力。筹措1.9亿元,支持农业综合开发,改造中低产田、建设高标准农田18.2万亩;筹措7200万元,支持5个小型农田水利重点县建设;争取产粮大县奖励1.1亿元,调动产粮大县发展粮食生产积极性,为确保全市粮食丰产增产夯实了基础。筹措资金5600万元,支持方城、新野等8个县市区粮食、畜牧、茶叶、花卉等支柱产业发展。落实县域金融机构奖励资金3208万元,调动金融机构加大涉农贷款投放的积极性。三是改善农村生产生活条件。加大农村基础设施建设投入,支持解决户用沼气3.15万户,解决农村安全饮水47.2万人。发放大中型水库移民后期扶持基金2.1亿元,使34.1万移民得到实惠。筹措4.1亿元,完成农村义务教育债务化解工作。严格落实村级经费,确保村级组织正常运转。

【财政改革】 市财政局坚持推进财政科学发展为目标,深化改革,加强监管,全面提高财政科学化精细化管理水平。一是深化各项财政制度改革。部门预算全面推进,编制水平不断提升。推进国库集中收付制度改革,制订国库集中支付改革意见和新的支付流程,提高直接支付比例和财政资金拨付效率。政府采购范围继续扩大,采购规模达到20.5亿元。二是提高财政资金使用效益。充分发挥政府投资评审、绩效评价等平台作用,推进依法理财。全年评审财政投资36.7亿元,综合审减率达23%。加大对重点项目的绩效评价,并将评价结果同预算编制相结合,促进财政资金使用效益的发挥。三是强化财政监督检查。开展强农惠农资金专项清理检查、工程建设领域物资采购和资金管理专项治理等工作。继续开展"小金库"专项治理,治理范围扩大到社会团体和国有企业。完善行政事业单位资产管理办法,提高资产规范化管理水平。狠抓农村基层财会管理,巩固提高"村账乡监"水平。四是加强财政"两基"建设。强化财政基本数据信息统计、收支科目体系、会计等各个方面的管理基础建设。在全市43个乡镇开展基层财政所规范化建设试点工作,提高基层财政服务水平。五是推进依法理财。积极推进政务公开和部门预算公开，认真办理代表建议和委员提案，自觉接受人大、政协监督指导，认真整改审计部门提出的意见和问题，促进依法行政、依法理财。开展“走进预算单位，了解预算单位，服务预算单位”调研活动，主动为预算单位服务，树立财政部门良好形象。

【南阳“十一五”期间财政情况】 一是财政收支规模不断扩大，财政实力明显提升。全市财政总收入累计达470.7亿元，是“十五”期间的2.5倍，增加279.2亿元；地方一般预算收入累计达257.7亿元，是“十五”期间的2.7倍，增加163亿元。全市一般预算支出累计达862.1亿元，是“十五”期间的3.3倍，增加600.4亿元。2010年13个县(市、区)平均一般预算收入和支出规模分别达到3.7亿元和15.1亿元，比2005年增加2.2亿元和10.5亿元。全市人均一般预算收入和支出分别由2005年的271元和722元，增加到2010年的630元和2254元。“十一五”是财政保障能力增长最快的时期之一，有力保障全市大事支出，保障重点项目建设，保障民生持续改善，保障经济社会协调发展。二是财税政策不断完善，支持经济发展作用持续强化。用足用好用活各种财政杠杆，发挥财政资金“四两拨千斤”的作用，全市筹措资金近50亿元，有力地支持战危机、保增长取得重大胜利，支持“一个载体、三个体系”建设和招商引资，支持科技创新，支持文化旅游、金融与服务业等产业发展，支持经济发展方式转变，促进财政经济协调发展。三是财政支出结构不断优化，保障改善民生取得新进展。坚持把保障和改善民生作为制定各项财政政策的出发点和落脚点，5年来全市用于支持民生事业的支出达200多亿元，年均增长20%以上，有力支持解决了就业难、就学难、就医难和社会保障、住房保障“三就两保”问题。支持农业稳定发展，推进深化农村综合改革，累计发放各类惠农补贴促进农民增收120多亿元，是广大农民群众得到实惠最多的5年。四是改革创新不断深化，财政管理水平得到新提升。坚持把推进体制、机制和制度创新，作为提高财政管理水平的重要动力和手段。调整完善市与县区财政体制，推进部门预算、国库集中收付、政府采购、投资评审、绩效评价等改革，加强财政科学化精细化管理，为经济社会发展提供有力的资金和体制保障。(李晓波)

国家税务

市国税局局长　马东起

【国家税务概况】 2011年，全市国税系统共完成税收收入68.83亿元，占省局年初分配计划60.7亿元的113.48%，同比增长22.34%，增收12.57亿元。其中：增值税完成41.5亿元，同比增长17%；消费税完成14.62亿元，同比增长29.6%；企业所得税完成7.3亿，同比增长24.07%；个人利息所得税完成683万元，同比下降84.86%；车辆购置税完成5.3亿，同比增长65.86%。税收总量在全省位居第四位，增幅位居第四位，在南阳国税历史上首次突破60亿元大关，实现历史性突破。

【税收管理】 一是开展税收专项整治。明确整治重点，深化数据分析，实施团队评估，取得明显成效。全年全市共评估纳税人3116户次，入库税款2.2亿元，评估成效位于全省第5名。二是以链条式管理为抓手，强化货物和劳务税管理。将农产品加工和矿产品加工经销企业确定为全市链条式管理的重点项目。同时，将家电下乡、油田、钢铁等重点税源企业、国有粮食购销企业等作为链条式管理备选项目，全年共开展链条式管理项目21项，先后对1258户企业进行重点核查，查出有问题企业381户，查补各项税款5358万元。三是加强企业所得税纳税管理。提取2009年度入库税款比对异常企业清单，对缴纳增值税较多而缴纳企业所得税偏少的异常企业数据进行分析和筛选，选取缴纳企业所得税税款不足增值税税款1%的517户企业，列入评估派单，开展重点评估。共调增应纳税所得额35436万元，评估入库税款7298万元。持续加强年度申报的后续管理工作，严格控制所得税年度低零负申报率、连续亏损企业、纳税申报异常企业等数据，及时发现问题，查找原因，所得税年度低零负申报率由去年的51.64%下降到目前的29.86%，同比下降21.8个百分点。企业亏损面11.65%，同比下降13.7个百分点，年度申报质量显著提高。农信社专项整治取得明显成效全市共核查农村信用社企业所得税

4525万元，入库税款全省排名第三。四是强化国际税收管理。2010年非居民企业所得税共入库税款2303.53万元，与去年同期1753.5万元增收550.03万元，增幅31.4%。五是强化大企业税收管理。建立市级定点联系企业制度，建立涉税事项协调会议制度和上下联动的立体税源监控机制。有针对性地召开大企业见面会议，开展个性化服务，受到普遍好评。六是做好征管基础工作。在省局监控的22项征管指标中，南阳市国税局有14项指标位于全省前6名，7项指标位于全省前3名。七是做好信息基础工作。开展信息化基础管理工作达标检查；切实加强监控，快速反映，有效保障网络与信息系统安全；开展运行维护和技术支持工作，确保各种信息系统平稳运行。同时，深入开展数据质量管理和数据分析应用工作，为提高征管质量提供参考。检测下发数据质量报告两期。通报32项指标8198条错误数据；发布日常监控指标检测结果12次，涉及疑点数据110条，供基层整改。八是强化税务稽查。全市共检查案件601户，查结571户，查结税款4110.54万元，为去年同期3219.66万元的127.67%。加大打击制售假发票行为，共查获假发票案51起，收缴各类假发票824万份，抓获非法出售假发票犯罪嫌疑人64人，捣毁出售假发票窝点42处，打掉贩卖假发票团伙18个。九是完成财税库银横向联网推行工作。全市7045户应申报企业共签订“三方协议书”2659户，占企业户数的37.74%；成功实现扣税27796户次，划转税款18.88亿元。十是平稳推进普通发票换版工作。按照总局、省局确立的“扩大机打发票，大力压缩手工发票，合理使用定额发票”的原则，及早着手，采取四项措施，积极稳妥推行发票换版工作。全市使用一机多票系统开票企业为3210户，使用普通发票网络服务系统开票企业为545户，其中网络在线开具539户，网络离线开具6户。

【纳税服务】　市国税局服务工作赢得广大纳税人和社会各界的普遍好评，在行风评议中南阳市国税局又获得第一名，实现行风评议“五连冠”；连续3年被市政府评为“优化企业发展环境先进单位”，在8月份召开的全市实施“四个带动”工作会议上，市国税局作为全市唯一执法单位就优化服务工作进行典型发言。河南省电视台、南阳电视台等多家媒体联合对市国税局的纳税服务工作进行采访报道。尤其是在12月份南阳市纪委、监察局随机组织部分纳税人对市直15个服务招商引资工作的部门进行现场评议中，南阳市国税局以97.49%的满意率高居榜首。在纳税服务中，一是做好税收宣传工作。认真组织税收宣传月活动，邀请二月河、周同宾等南阳名人谈税收、写文章宣传税收，取得明显效果。在省局内部网页发表各类文章的数量和在《中国税务报》等新闻媒体上发表的宣传稿件数量均位居全省前列。二是明确工作思路，围绕服务出实招、优化服务求实效。三是用足用活政策，为企业带来真实惠。协调提高干制香菇的出口退税率，为西峡3万户香菇种植和经营户带来实惠；帮助二胶厂、石油二机厂等企业解决纳税中的难题；积极向上争取对南阳市企业发展有利的政策，服务南阳经济建设。上半年，省国税局分配给南阳市国税局出口退税指标1.7亿元，但由于市外向型经济发展迅猛，1.7亿元的指标远远不能满足需要，市国税局领导班子和相关科室积极与省局协调，多方努力争取指标，使省局给南阳多分配8000万元的出口退税指标，满足出口需要。四是深化服务内涵，提高国税服务水平。邀请第三方介入对全市国税系统的纳税服务情况进行深度调查，及时发现解决其中存在的问题。进一步完善服务设施，投入大量资金改造基层办税服务厅，规范纳税服务制度，使纳税服务系统化、规范化。

【税源专业化管理】　市国税局对信息管税进行不断的探索和尝试。第一阶段提出以“七大体系建设”为主线，努力构建新的税收管理机制。以数据分析为整个税收管理的发起点，利用数据分析查找税收管理的薄弱点，通过解析数据疑点堵塞管理漏洞，通过建立长效机制提升管理水平。一是建立数据分析体系。建立信息数据“三级分析、三级落实”机制，把数据分析作为税收管理的起动机和助力器。二是建立纳税评估体系。建立市局、县（市、区）局、基层分局（所）三级纳税评估体系。真正把纳税评估作为解析数据疑点，堵塞管理漏洞，提高管理质量的主要手段。三是建立税源管理体系。市国税局机关各相关部门协同建立对各类税源的全方位管理体系，针对不同税源采取不同的管理办法，采取专业化管理、团队管理、分级管理等切实有效的办法，真正做到把大税源管精、中税源管好、小税源管住。四是建立完善稽查体系。重新配置稽查资源，优化稽查程序，提高稽查质量和效率。五是建立纳税服务体系。使纳税人在办税服务厅内可以办理所有涉税事项，实现真正意义上的“一站式”服务。在税务稽查、纳税评估等环节贯穿服务思想，把纳税服务体现到税收工作各个方面。六是建立税收执法风险监控体系。根据税收执法的实际情况，列出税收执法风险点，针对不同类型的执法风险，制定不同的防范措施，在切实做到依法治税的前提下，确保全体税务人员的执法安全。七是建立健全税收管理员的绩效考核评价体系。制定出科学合理、符合实际、便于操作的绩效考核评价体系，充分调动税务管理人员的工作积极性。第二阶段是提出取消税收管理员管户制度，实行团队化、流程化的信息管税模式。按照信息管税的要求，实行团队化、流程化管理。

【内控执法】 规范执法行为，提高执法质量，防范执法风险是南阳市国税局党组2010年的重点工作之一，列入年初工作计划。市国税局深入开展围绕部门职能查找风险、围绕风险事项找表现、围绕制度规定建流程、围绕工作流程定标准等内控工作，明确岗位职责137个，风险事项90个，完善防范措施90条，优化工作流程89个，建立流程图105个，初步形成执法有依据、操作有规范、权力有制约、过程有控制的市国税局机关科室内部风险控制体系。11月底，市国税局党组召开市局机关推行内控体系的动员学习大会，从12月起开始在机关运行，从2011年开始扩展到各县(市、区)局。同时，大力开展执法检查和执法监察，全面落实税收执法责任制。专门制定《税收执法检查工作实施方案》，把残疾人再就业企业、资源综合利用企业享受税收优惠政策情况，一般纳税人认定情况和税款入库情况四个方面作为执法检查的重点，在全系统开展专项执法检查，及时发现解决基层税收执法中的问题，为省局统一开展的执法督察打下良好基础。在日常执法中，以建立规范的长效机制为核心，从规范税源管理、业务审批以及执法流程等基础工作抓起，认真落实各项管理制度，对执法程序、审批权限、办理时限、工作标准等内容都进行明确和规范，有效解决不作为、乱作为以及执法随意等问题。(王振风　赵燕)

2010年南阳市国家税收入完成情况

单位:万元

单位	年计划	2010年12月			累计					
		完成	同期	占同期%	累计完成	同期完成	累计完成占		增幅排名	总量排名
							同期%	计划%		
合计	607000	47334	43486	108.85	688310	562630	122.34	113.4	-	-
卧龙	75200	4602	3841	119.81	64346	72353	88.93	85.57	16	3
宛城	171180	6317	7448	84.81	181265	162046	111.86	105.89	12	1
高新	43900	5483	3950	138.81	42815	48061	89.08	97.53	15	6
油田	98800	7289	5294	137.68	138008	68790	200.62	139.68	1	2
邓州市	16400	2231	1463	152.49	19144	16077	119.08	116.73	8	10
唐河县	8540	725	952	76.16	10245	8386	122.17	119.96	6	14
方城县	12030	794	2466	32.2	15879	11688	135.86	132	3	11
镇平县	13270	2915	1131	257.74	14570	12965	112.38	109.8	11	12
社旗县	5400	271	333	81.38	5860	5205	112.58	108.52	10	16
新野县	20020	1358	1491	91.08	20799	19542	106.43	103.89	14	9
内乡县	12930	1427	1575	90.60	13764	12577	109.44	106.45	13	13
淅川县	22100	1884	2737	68.83	25227	21123	119.43	114.15	7	7
西峡县	53510	5419	5502	98.49	57834	51039	113.31	108.08	9	4
南召县	7950	638	1254	50.88	9916	8054	123.12	124.73	5	15
桐柏县	16700	653	1463	44.63	21092	16072	131.23	126.3	4	8
车购分局	29070	5328	2586	206.03	47546	28652	165.94	163.56	2	5

2010 年南阳市各类企业完税情况

单位:万元

项目	2010 年 12 月			累计		
	完成	同期	占同期%	累计完成	同期完成	累计完成占同期%
税收收入合计	47334	43486	108.85	688310	562630	122.34
其中:国有控股	6641	7263	91.44	100821	47331	213.01
其中:国有企业	9879	8880	111.25	209497	190361	110.05
集体企业	613	473	129.6	6222	4235	146.92
股份合作企业	382	96	397.92	2880	1157	248.92
股份企业	24243	24376	99.45	331779	238846	138.91
私营企业	1809	2062	87.73	24529	19520	125.66
涉外企业	2150	2623	81.97	39769	52404	75.89
其他企业	8258	4976	165.96	73634	56028	131.42
(一)国内增值税	38665	35423	109.15	414983	354191	117.16
其中:国有控股	6573	5685	115.62	77398	41032	188.63
其中:国有企业	10374	7861	131.97	97439	88002	110.72
集体企业	90	467	19.27	3050	4167	73.19
股份合作企业	92	93	98.92	1205	1135	106.17
股份企业	22728	21592	105.26	246850	191908	128.63
私营企业	1704	1952	87.3	22052	17272	127.67
涉外企业	1569	1615	97.15	24549	34124	71.94
其他企业	2108	1843	114.38	19838	17583	112.82
(二)国内消费税	236	220	107.27	146278	112872	129.6
其中:国有控股	141	97	145.36	1159	1220	95
其中:国有企业	2	52	3.85	99733	81370	122.57
集体企业	03		0	3		
股份合作企业	1			1	2	
股份企业	222	151	147.02	46013	30974	148.55
私营企业	2	8	25	381	372	102.42
涉外企业	0	7		4857	84.21	
其他企业	9	-1	-900	102	94	108.51
(三)企业所得税	2261	4710	48	73338	59112	124.07
其中:国有控股	-73	1481	-4.93	22264	5079	438.35
其中:国有企业	-497	967	-51.4	12325	20989	58.72
集体企业	523	3	17433.33	3128	65	4812.31
股份合作企业	289	3		1674	20	8370
股份企业	1293	2633	49.11	38916	15964	243.77
私营企业	103	102	100.98	2096	1876	111.73
涉外企业	581	1001		15172	18223	83.26
其他企业	-31	1	-3100	27	1896	1.42
(四)个人所得税	32	120	26.67	683	4510	15.14
(五)车购税	6140	3013	203.78	52984	31945	165.86

2010年南阳市国税分征收品目收入情况

单位:万元

项目	2010年12月			累计		
	完成	同期	占同期%	累计完成	同期完成	累计完成占同期%
一、国内增值税	38665	35423	109.15	414983	354191	117.16
卷烟	3644	2464	147.89	27645	27089	102.05
酒	106	26	407.69	1600	1833	87.29
纺织	1644	1830	89.84	20516	15343	133.72
成品油	662	1012	65.42	8856	3832	231.11
原油	6010	3868	155.38	63336	30829	205.44
化工产品	1625	2855	56.92	25118	23897	105.11
建材	4632	1098	421.86	45155	35532	127.08
钢坯钢材	7	1170	0.6	7330	13505	54.28
有色金属	260	970	26.8	2154	3538	60.88
机械、运输设备	2834	2399	118.13	24970	21675	115.2
电力	5271	4562	115.54	55001	54528	100.87
商业	6125	6924	88.46	71342	63525	112.31
其他	5845	6245	93.59	61960	59065	104.9
二、国内消费税	236	220	107.27	146278	112872	129.6
卷烟	1	51	1.96	99731	81368	122.57
酒	225	156	144.23	2961	2979	99.4
汽油	1			15751	11245	140.07
柴油				12948	9069	142.77
溶剂油				1494	1128	132.45
润滑油				5149	2719	189.37
燃料油				8115	4241	191.35
其他	9	13	69.23	129	123	104.88
三、企业所得税	2261	4710	48	73338	59112	124.07
工业	893	4379	20.39	50188	36553	137.3
商业	74	126	58.73	11542	15012	76.89
金融保险	813	49	1659.18	7448	4530	164.42
房地产	533	223	239.01	3345	2388	140.08

2010年南阳市国税收入完成情况

单位:万元

单位	年初计划	地方级收入					其中:省级收入				市级及市级以下收入			
		2010年12月		累计			2010年12月		累计		2010年12月		累计	
		完成	比同期±%	累计完成	比同期±%	占计划%	完成	比同期±%	累计完成	比同期±%	完成	比同期±%	累计完成	比同期±%
合计	123400	10523	-2.3	125781	10.99	101.9	911	33.2	11518	-15.1	9612	-4.7	114263	14.5
卧龙	22550	1270	5.6	18558	-12.7	82.3			155	-17.1	1270	5.5	18403	-12.6
宛城	23900	1572	-16.1	22524	-0.7	94.2	911	33	11363	-15.1	661	-44.4	11161	19.8
高新	12000	1435	42.1	11419	-11.1	95.2				-100	1435	42.1	11419	-11
油田	15100	1785	34.5	18990	93.4	125.8					1785	34.5	18990	93.4
邓州市	4200	536	32	4500	12.6	107.1					536	32	4500	12.6
唐河县	2300	145	-37.2	2484	15.3	108					145	-37.2	2484	15.3
方城县	3750	151	-82	4436	25.8	118.3					151	-82	4436	25.8
镇平县	3500	760	175.4	3663	10.8	104.7					760	175.4	3663	10.8
社旗县	960	26	-50.9	1179	17.7	122.8					26	-50.9	1179	17.7
新野县	5300	342	-7.6	5306	6.4	100.1					342	-7.6	5306	6.4
内乡县	3400	337	-12.7	3409	7.6	100.3					337	-12.7	3409	7.6
淅川县	5850	484	-30.2	6501	20.2	111.1					484	-30.2	6501	20.2
西峡县	13800	1351	-1.3	14639	14.4	106.1					1351	-1.3	14639	14.4
南召县	2090	166	-52.2	2513	20.4	120.2					166	-52.2	2513	20.4
桐柏县	4700	163	-57.8	5660	32	120.4					163	-57.8	5660	32

地方税务

市地税局局长　高新运

【**地方税收概况**】　2010年,全市地税部门共组织各项收入390970万元,同比增长16%,增收53964万元。其中税收收入完成368676万元,同比增长15.4%。地方级税收完成309994万元,同比增长13.2%,占计划30.73亿的100.9%,市级税收完成107990万元,同比增长14.3%,占市政府目标10.53亿的102.6%,圆满完成全年税收任务。地方级税收总量、进度、增幅、增收额分别在全省排名第5、19、18、10位。组织一般预算收入330243万元,同比增长14%,占财政一般预算收入的比重为47.8%,同比下降3.7个百分点。地税收入呈现"总量扩大、增长稳定、质量提高"的态势。

【**地税服务经济发展**】　开展办税服务厅规范化建设和企业服务活动,推行首问负责、承诺服务和"一站式"、"一窗式"服务,开通POS机刷卡缴税业务、"一机双屏"服务等,营造和谐的税收征纳关系。市地税局被河南省人民政府评为"企业服务年活动先进单位"。"十一五"期间,全市地税系统依法办理减免地方税收8.8亿元,审批财产损失税前扣除3.59亿元,落实再就业税收优惠政策减免税收1136.3万元,惠及全市4887名下岗职工,减轻企业和居民负担,提高税收运行质量,支持企业技术改造和科技创新,加快经济结构调整步伐。加强残保金和工会经费代征工作,市局被评为"全省扶残助残工作先进单位"。

【**地税征管建设**】　一是强化税源管理。积极探索"抓大、控中、规范小"的税源分类管理模式,健全分析预警评估机制,加强税源监控。按照"全面上机、上机全面、简便易行、监管有效”的要求,科学设置2大类6大项25个考评指标,各单位认识到位、输机到位、管理到位、考核到位,实现“以机控税”,提升税收管理水平。二是强化发票管理。全面应用发票管理软件,顺利实现发票管理系统上线。开展发票“双奖”活动,提高消费者索票积极性。三是推行分级分类稽查。全系统共立案查处税务违法案件1000余起,查补税款及罚款3.9亿元,维护税法刚性。抓好打击涉税犯罪工作,查处销售假发票违法犯罪案件51起,收缴假发票824万份、票面金额10亿元,抓获犯罪嫌疑人64人,净化税收秩序。四是加强行业税种管理。开展创行业和税种管理品牌,提高科学化、规范化管理水平的“两创一提”活动。根据税收管理现状,做好行业、税种管理情况的调查,选准切入点,制定工作方案、行业税种管理办法及工作流程,自主开发管理软件12个,开展交流观摩、完善提高、总结经验,形成“一县一行业、一区一税种”的管理新模式。以“以票控税、先税后证”为原则,规范对房地产交易环节的税收管理,全市房地产业税收从2006年的14369万元增长到2010年的42206万元。按照“统一管理、集中征收、分级入库”的征管思路,强化代收代缴,同年组织车船税6594万元、增长30.3%。推进个人所得税自行申报,全市4116名年收入超12万元个人申报补缴税款1956万元;强力推广应用个人所得税管理系统,全市1543户企业成功实现网上申报,入库税款676万元。五是加强法治建设。坚持规范执法,完善税收执法机制,大力普及税法知识,整顿和规范税收秩序,扎实推进依法治税,执法正确率稳居全省第一位。新改版的《南阳地税》杂志被省新闻出版局正式批准为内部刊物,并被总局图书阅览室收藏,市地方税务研究会被评为“全国标兵学会”。

【地税基层建设】 地税全系统100个税务所(分局)规范化建设项目全部按要求完工,累计投入资金8047万元。配备纳税服务车59台。建成办税服务厅(室)86个,面积7911平方米。小会议室86个,小食堂70个,小活动室及活动场所87个,小阅览室80个,小浴室73个。基层建设工作取得征管质量、工作效率、税收收入、地税形象“四提升”和政府、社会、纳税人、基层“四满意”的良好效果。全市共有4个基层单位被表彰为“河南省优质服务窗口”,4个基层窗口单位被评为省级“群众满意的基层站所”,9个基层窗口单位被评为市级“群众满意的基层站所”,市局被评为“全省地税系统基层所建设优秀单位”。

【地税信息化建设】 加强内部网站建设,开展网站评比,评出优秀网站5个、先进网站5个、特色奖4个,形成“打造数字名片、建设心灵家园”的浓厚氛围。加强信息技术培训和专业队伍建设,健全网络安全体系和管理机制。注重探索总结,在省局组织的信息化征文比赛中,获奖论文数量位居全省第一。强化信息管税,全市纳入计算机管理的纳税人达7万多户,95%以上的税款通过计算机征收。信息化建设提升大平台、拓宽新通道、建造新门户,依托信息化支撑的税收征管新格局已初步形成。全系统拥有各类计算机2000多台,建成并运行局域网151个,上网运行的工作站800多台,实现省、市、县、乡四级联网。(马顺利)

2010年南阳市地税系统税收收入分单位完成情况

单位:万元

单位	年实现税收	同期数	增幅%	排序	同比增减
卧龙区	36047	31733	13.6	11	4314
宛城区	24275	19214	26.3	2	5061
邓州市	21298	17989	18.4	7	3309
唐河县	17171	15194	13	12	1977
方城县	13085	12091	8.2	15	994
镇平县	17780	16269	9.3	14	1511
社旗县	8951	6931	29.1	1	2020
新野县	15569	13235	17.6	8	2334
内乡县	14440	11923	21.1	4	2517
淅川县	15026	14168	6.1	16	858
西峡县	33636	33291	1	17	345
南召县	12571	10406	20.8	5	2165
桐柏县	21715	18574	16.9	9	3141
开发区分局	11289	9755	15.7	10	1534
市直分局	71336	58065	22.9	3	13271
油田分局	24666	22280	10.7	13	2386
涉外分局	9821	8233	19.3	6	1588
合计	368676	319351	15.4		49325

2010 年南阳市地税收入情况

单位:万元

项目	2010 年累计完成	同期完成	增幅%	增收额	占一般预算收入的比重%		
					本期	同期	增减
一、收入							
1.全市组织的各项收入	390970	337006	16	53964			
2.税收及预算收入							
税收	368676	319351	15.4	49325			
中央级收入	58682	45521	28.9	13161			
地方级预算收入	330243	289622	14	40621	47.8	51.6	-3.7
其中:税收收入	309994	273830	13.2	36164	44.9	48.8	-3.9
教育费附加收入	20249	15792	28.2	4457			
3.市本级预算收入	117438	102378	14.7	15060	60.2	59.1	1.1
其中:税收入	107990	94460	14.3	13530	55.4	54.5	0.8
教育费附加收入	9448	7918	19.3	1530	4.8	4.6	0.3
二、财政一般预算收入							
1.全市	690668	561666	23	129002			
2.市本级	195066	173226	12.6	21840			

2010 年度南阳市地税局税收收入分产业完成情况

单位:万元

项目	2010 年累计	上年同期累计	增幅(%)	增收额
税收收入合计	368676	319351	15.4	49325
其中:第二产业税收合计	184824	160502	15.2	24322
1.采矿业	29649	26545	11.7	3104
其中:煤炭开采和洗选业				
其中:有色金属矿采选业	1422	1118	27.2	304
2.制造业	71792	63939	12.3	7853
其中:黑色金属冶炼和压延加工业	2882	3554	-18.9	-672
其中:有色金属冶炼和压延加工业	4987	4810	3.7	177
3.电力、燃气和水的生产供应业	15872	13686	16.0	2186
其中:电力生产供应业	13791	8590	60.5	5201
4.建筑业	67511	56332	19.8	11179
其中:第三产业税收合计	183852	158849	15.7	25003
1.交通运输业	23888	19311	23.7	4577
2.批发零售业	23147	23784	-2.7	-637
3.金融业	37744	31808	18.7	5936
4.电信业	9911	9218	7.5	693
5.住宿和餐饮业	12820	11889	7.8	931
6.租赁和商务服务业	20475	16451	24.5	4024
7.房地产业	42206	35451	19.1	6755
8.其它	13661	10937	24.9	2724

经济管理

计划与投资管理

市发展和改革委员会主任 李甲坤

【发展改革工作概况】 2010年全市生产总值达到1900亿元，同比增长11%。粮食生产再获丰收，总产达到116.8亿斤，连续7年增产、连续5年保持100亿斤以上。规模以上工业增加值同比增长22%。全社会固定资产投资增长20%，其中城镇投资增长23%。社会消费品零售总额增长19%。对外贸易出口增长40%。全年财政总收入122.9亿元，增长21%。一般预算收入69.1亿元，增长23%。规模以上工业实现利润120亿元，增长55%。"十一五"节能减排约束性目标全面完成。实际利用外资2亿美元，增长51.2%，到位省外资金265亿元，增长48.9%。城镇居民人均可支配收入、农民人均纯收入分别增长9.3%和10%。城镇新增就业10.4万人，新增农村劳动力转移就业12.4万人。养老、医疗等社会保障面进一步扩大，教育、卫生等社会事业发展加快。

【南阳"十一五"发展简介】 2010年是"十一五"期末之年。总体上看，过去五年是全市经济社会又好又快发展的五年，是转变经济发展方式迈出坚实步伐的五年，是城乡面貌发生巨大变化的五年，是人民群众获得更多实惠的五年。"十一五"时期，全市生产总值由2006年1031亿元升至2010年1900亿元，地方财政一般预算收入由2006年29亿元升至2010年69亿元。高速公路通车里程达到553公里，跃居全省第一，宁西铁路建成通车，南阳机场新航站楼建成启用，发电装机容量达到288万千瓦，由电力购入地区发展成为电力输出地区。城镇居民人均可支配收入、农民人均纯收入年均增长13.6%、13.3%。

【南阳"十二五"发展规划】 组织开展专题研究，编制事关南阳经济社会发展的战略规划。研究提出规划体系和基本思路，在《南阳日报》上开设"我为'十二五'献良策"专栏。对先期完成的现代产业体系规划等在《南阳日报》上进行专题解读。起草《中共南阳市委关于制定全市国民经济和社会发展第十二个五年规划的建议（讨论稿）》，在广泛征求市厅级老同志、党外人士和社科理论界代表意见的基础上，经市委四届十九次全会讨论通过。"十二五"规划纲要（征求意见稿）已编制完成。

【开展中原经济区南阳主体区建设研究】 明确南阳在中原经济区的功能定位和发展目标，充分发挥南阳作为中原经济区建设的主体区、对接周边的先锋区和连南启西的桥梁纽带作用，着力打造"一极两轴三区"的总体发展格局，成为中原经济区的重要区域增长极、豫鄂陕省际区域性中心城市和重要综合交通枢纽、全国重要的新能源、光电高新技术特色产业基地和重大装备制造基地、河南省高效生态经济示范区。起草《关于推进中原经济区南阳主体区建设的意见》，提交市委四届十九次全会讨论。

【编制南阳现代产业发展规划】 组织编制完成《南阳现代产业发展规划》、《南阳现代服务业发展规划》、《南阳现代农业发展规划》及新能源、光电等专项发展规划。其中《南阳现代产业发展规划》已经下发执行。《南阳现代服务业发展规划》、《南阳现代农业发展规划》、新能源产业发展规划、光电产业发展规划相继通过专家评审论证。

【重大专题研究】 开展产业集聚区发展、中心城区经济发展、南阳在中原经济区的地位作用、加快现代服务业发展等重大专题研究，撰写25篇调研报告或工作建议，受到市委、市政府领导的高度评价。研究的成果进入市委、市政府领导决策，体现在领导讲话、文件中。

【研究南阳新区建设总体方案】 南阳新区建设总体方案分别于2009年9月25日、11月5日经省政府常务会和省委常委会批准，使南阳市成为除中原城市群之外省内第一个通过新区建设总体方案的省辖市。

【优化产业结构】 着力实施战略支撑产业转型升级工程、战略先导产业发展培育工程、战略基础产业巩固提升工程，积极谋划新能源、光电、先进装备制造、新材料等战略新兴产业发展，狠抓83个工业转型升级重大项目建设，二机石油大型数字化钻机等23个项目建成投产，形成一批新的工业增长点。

【产业集聚区建设】 建立产业集聚区积累机制、服务机制和激励机制，相继出台《关于加快推进产业集聚区科学发展的意见》、《关于支持中心城区产业集聚区(工区)发展的若干意见》、《南阳市产业集聚区争先进位竞赛考核实施办法》等一系列配套政策。通过政策引导、考核推动、针对帮扶、督导推动，促进各地突出主导产业发展，强化招商引资，完善基础设施和配套服务设施，产业集聚区建设全面提速，一批特色产业集聚区初步形成，对全市经济社会发展的综合带动作用不断增强。全市14个产业集聚区完成投资435亿元，实现规模以上营业收入800亿元。

【产业自主创新能力建设】 中光学集团特种光学元件产业化、天冠集团10万吨二氧化碳全降解塑料等15个高技术产业化项目开工建设。物理法制备太阳能级多晶硅全流程工艺项目全线贯通，工艺技术通过中科院上海分院组织的专家鉴定；LCOS光学引擎高技术产业化项目通过国家验收。淅铝、新野鼎泰电子公司等4个企业技术中心通过省级认定。利达光电高效聚能光伏系统工程实验室已批准建设。

【服务业发展迅速】 积极争取国家、省服务业发展引导资金600万元支持镇平石佛寺玉文化产业信息传播中心等3个项目建设。国际玉城、莲花温泉水城等项目建成投用，恐龙遗迹园二期等一批重大项目开工建设，组建中原第一漂等旅游企业集团。民生银行、郑州银行、交通银行先后在南阳设立分支机构，南阳村镇银行挂牌运营。

【重点项目建设】 坚持以项目统揽经济社会各项工作，以“项目提速年”活动为载体，强力实施“3121”投资促进计划，建立重点项目协调推进、联审联批、观摩点评等机制和“四个一”推进办法，推动项目建设。12个省重点项目，完成投资22.94亿元，占年度计划的119%。216个市重点项目，完成投资254.7亿元，占年度计划的130%。南阳金牛彩印集团纸铝塑液体无菌包装材料、福森药业年产1亿片盐酸二甲双胍缓释片等40个项目竣工投用。南阳核电项目已正式纳入国家核电发展规划，“两评”报告和可研报告全面完成，正在进行咨询评审工作。S333-核电厂区的进厂道路已通过验收。天池抽水蓄能电站项目，省政府“停建令”已正式下达，工程区域征地移民实物指标调查与公示工作完成，可研阶段的各项专题正在抓紧开展，部分专题报告编制完毕。郑渝铁路项目，国家发改委已初步同意列入“十二五”规划。宛西电厂可研报告已编制完成并通过国家电规总院评审。

【争取上级项目资金】 根据国家投资导向和省投资重点，积极捕捉信息，充分发挥牵头协调职责，协调各县市区、市直各部门筛选上报项目，多次赴京进省汇报衔接，全年共争取国家、省投资项目和资金22.6亿元，超过全省的1/9。

【项目成果】 全市共筛选确定“十二五”重大项目2733个，总投资14271.8亿元。已有1981个项目纳入省“十二五”重大项目规划，总投资8611亿元，其中“十二五”计划投资7937亿元，总投资和“十二五”期间计划投资均居全省第二位。

【资源节约和综合利用】 把加强节能降耗工作作为转变经济发展方式的重要环节来抓，严格落实各项节能减排措施，加快十大节能工程建设，大力淘汰落后产能，积极发展循环经济、绿色经济和低碳经济，增强可持续发展能力。召开六次节能工作专题会议，研究出台《关于打好节能攻坚战确保实现“十一五”节能目标的意见》、《关于2010年节能主要工作目标责任》等政策。与13个县市区和24个省“3515重点耗能企业”签订节能目标责任书。停止对“两高”和产能过剩行业扩大产能项目的审批、核准和备案，取消电解铝、多晶硅等高耗能企业优惠电价。对应淘汰的19个企业的生产线和设备进行全部拆除，筛选33个拟关停或部分关停企业，启动节能攻坚百日会战行动。对“两高”行业分别采取停产检修、改造等调控措施。对列入红色预警的8个县区进行现场高位专项督查。南阳防爆集团150万千瓦高效节能电机、中源化学能量系统优化等一批重大节能项目建成投用,天冠集团、六四五六工厂国家循环经济试点和内乡牧原、桐柏碱硝化工园区省循环经济试点进展顺利。全年万元GDP能耗下降7.41%左右,完成“十一五”目标任务。

【改革与开放】 改革方面:加强总体指导和综合协调,制订和实施十项重点改革行动计划。积极推进医药卫生体制改革,“五项重点改革”进展顺利,在全省率先推行医院用药阳光集中配送。集体林权制度改革主体任务完成,农村承包经营土地流转面积发展到92.8万亩。启动“421”企业上市工程,新野纺织成功实现定向增发,募集资金近5亿元。西泵公司在深交所成功上市。同时,会同有关部门,积极推进国有企业、文化体制、农村综合等重点领域改革,取得积极进展。开放方面:会同有关部门,深入开展大招商活动,积极主动与大企业进行沟通衔接,先后促成中光学与南方兵装集团、南防集团与平安集团、天冠集团与国开投集团及中聚联合控股、中光学与富士康等开展战略合作,推动一批重大合作项目开工建设。

【社会事业】 认真实施“十大实事”,投入各项资金50亿元。会同有关部门,完成农村中小学校舍维修改造13.5万平方米,建设县乡公路536公里、村道联网公路631公里、农村公路桥梁2033延米。新解决44.7万农村居民饮水安全问题,新建用沼气农村户3.2万户,新修“村村通”柏油路和村内道路1295公里,新建改建村级标准化卫生室(所)890个。建设乡镇综合文化站55个、村级文化大院220个、广播电视村村通400个。全面启动新一轮农网改造升级。新建续建经济适用房56.8万平方米,新增廉租住房8980套。(黄晨阳)

统　　计

市统计局局长　王书延

【统计工作概况】 2010年,南阳统计工作紧紧围绕全市经济发展大局,着力加强统计基础建设,提升统计服务能力、统计数据质量和统计公信力,全面履行统计部门工作职责,完成年度各项统计任务。市局荣获全国经济普查工作先进集体、全国城乡划分清查工作先进集体,河南省统计服务工作先进单位,市政府服务农业生产先进单位、政务信息先进单位,市直机关工作委员会“五好”党委,连续16年保持省级精神文明单位,连续8年被评为全市文明单位建设先进系统。

【统计调查与普查】 2010年,全市统计系统牢固树立数据质量第一的观念,按照“全程监控、全员参与、惩防并重”的原则,进一步完善统计数据质量控制机制,加大数据质量审核评估力度,确保真实、准确反映南阳经济社会发展实情。切实规范源头数据采集,建立规范的、对原始数据可核查的统计台账制度,切实做到数出有据。强化专业统计的工作流程建设,实施《南阳市统计数据质量责任制及责任追究制度》。加大数据质量评估力度,坚持实行“下管一级、下算一级”的数据质量控制办法,建立《南阳市宏观统计数据质量评估论证办法》和《南阳市分专业统计数据生产过程认定控制办法》。一是第六次全国人口普查取得阶段性重大成果。在市政府的组织协调和广大普查对象的支持配合下,经过全市普查人员的共同努力,第六次人口普查各项工作稳步有序推进,取得了阶段性重大成果。开展生动活泼的人口普查宣传启动仪式,为普查顺利实施创造良好的社会环境。完成全市人口普查246个乡级、4845个普查区、42932个普查小区的区域划分、地图绘制。按照“下延两级”、“叠加式推进”的培训方式,对6.5万名普查工作人员进行业务技术培训。组织6.65万余人投入人口普查登记、督导、巡查、暗访工作,确保普查登记“区不漏户、户不漏人、人不漏项、项不失真”,确保源头普查登记数据的真实可靠。按照“统一组织、分县处理”的数据处理工作模式,严格执行“自审、互审、会审”三道程序,组织12台光电扫描仪、91台计算机、331名数据处理人员和7名业务技术督导员巡回指导,完成340万张普查短表的光电扫描、数据编审任务,并安全上报省人口普查办公室。12月7日,省第六次人口普查领导小组代表省政府特向南阳市委、市政府发来感谢信,对南阳市第六次人口普查组织工作给予充分肯定。二是全面完成“十一五”节能降耗统计监测任务。建立节能降耗的统计预警机制,将全市耗能在万吨以上的45个工业企业能源消费情况提出预警，定期向市委、市政府报告，与市发改委等部门一道协助市政府启动2010年节能目标应急响应预案。三是稳步推进服务业统计、城乡样本轮换和其他重点统计调查任务。扎实做好服务业统计工作，制定《南阳市公路、水路能源消费调查方案》、《服务业调查实施方案》。积极做好第二次经济普查公报发布、开发利用、资料编印等后期有关工作，第二次全国R&D资源清查工作顺利完成报表填报、数据上报、质量抽查、数据评估等工作。切实做好城、乡抽样调查样本轮换工作，下发《关于开展地方城镇住户和农村住户、农产量抽样调查样本轮换的通知》，确保调查网点轮换工作顺利进行和业务工作基本衔接，城镇、农村调查样本轮换分别获得全省此项工作先进单位称号。四是完善市委、市政府科学决策的统计监测评价体系。建立完善产业集聚区统计监测评价体系，起草下发《南阳市人民政府办公室关于加强产业集聚区统计监测工作的通知》，建立并实施《南阳市产业集聚区发展统计监测考核方案》，对全市14个产业集聚区进行月度监测。根据《南阳市人民政府关于加快中心城区经济发展的意见》，制定包括经济发展、社会事业、人民生活、可持续发展4个方面23项指标的中心城区经济社会发展综合考核评价指标体系。进一步加强县域经济、政府目标管理、乡镇综合实力等统计监测工作，按季发布各县(市、区)主要经济指标完成情况，满足全省县域经济年度考评需要，积极协助市政府目标办搞好年度目标管理监测考评工作，建立乡镇经济综合评价指标体系，继续做好妇女儿童发展纲要、农村贫困人口、全面建设小康进程监测等各项工作。五是全面完成2009年年报和2010年定报工作，比较客观、真实地反映全市经济社会发展水平、结构和动态变化。

【**统计服务**】　2010年，针对国际金融危机和欧洲债务危机的持续影响，市统计局创新举措、主动作为，专题召开“全市统计服务工作会议”，制定下发“五四三”行动计划，全力提升统计服务质量和水平。一是突出运行监测，助推经济平稳较快发展。为强化复杂形势下对经济运行情况的分析研判，统计局高度关注宏观经济政策走向，认真跟踪监测市委、市政府“四个带动”、七项“行动计划”、“3121”投资促进计划、工业“双百工程”等重大工作部署实施情况，在做好经常性月度、季度统计调查的基础上，继续执行重点企业快速调查半月报制度，主要专业旬报制度、固定观测点制度，加强对重要领域、重点行业的跟踪调查，准确反映态势，预测经济发展的新趋势和新走向，为全市保增长、调结构、促转型提供统计支持。二是突出重大课题研究，切实服务科学发展。下发《关于做好2010年统计调研分析工作的通知》，要求统计部门紧紧围绕宏观经济运行中事关全局的战略问题和党政领导普遍关心的热点、难点问题，深入开展南阳经济发展定位、结构调整和发展方式转变等重大课题研究；为服务全市“十二五”规划编制工作，在全市统计系统开展“数说‘十一五’，展望‘十二五’”系列分析活动，为市委、市政府谋划“十二五”提供决策参考。全年共撰写各类统计分析报告382篇，两办采用政务信息110余条(篇)，国家、省三网采用各类信息2336条(篇)，先后6次在季度、半年度市长办公会、经济工作会或人大常委会通报经济运行情况。《2009年南阳市产业集聚区综合考核位次情况》获得市委书记黄兴维的批示，《南阳与郑州及周边中心城区发展情况比较》、《2009年南阳产业集聚区发展纵横观》得到穆为民市长的批示。《经济深度调整期的南阳支柱产业选择》获全省统计科技进步三等奖、《后经济危机时代南阳发展崛起的分析》获得全省优秀统计分析报告特等奖第一名。三是突出统计资料整理和信息发布，推出统计服务精品。对《南阳统计月报》、《南阳工业月报》进行改版，从贴近实用出发，调整指标体系，丰富内容。每月10日前将上报数据加工整理出《南阳统计快报》、《南阳工业快报》，每月15日提供当月经济运行报告，20日前提供季度分析报告，并分别报送给市主要领导进行决策参考。提高《统计提要》、《统计年鉴》等统计服务产品的时效性和编辑质量。经过充分准备，积极筹建，开通“市统计局外网”，丰富统计信息发布内容，积极服务社会公众。

【**统计制度方法改革**】　(一)加强GDP数据的审核与评估。按照全省统一核算方案要求，扎实做好分县(市、区)、分行业增加值核算工作，建立完善以GDP核算为中心的专业数据质量控制体系，强化GDP数据与各专业数据的协调性、匹配性。(二)批发和零售业、住宿和餐饮业统计制度改革。严格按照制度规定，认真做好调查单位名录库的整理，组织实施纳入限上统计的大个体报表的填报，以及限下企业和个体的抽样调查工作，积极研究解决法人在地统计原则下数据分批的处理办法，推进贸易统计制度顺利进行。(三)私营单位劳动工资统计。整理确定私营单位工资调查名录库，确保样本对各县(市、区)、各行业有较好的代表性。四是加强城乡划分与编码维护更新工作，准确反映全市城镇化水平，为普查及各项调查提供准确依据。

【统计基础建设】 (一)统计基层基础建设。创新方法,积极运作,在全省率先以市政府名义下发《南阳市乡镇(街道)统计基础建设工作标准》、《南阳市部门统计基础建设工作标准》、《南阳市企事业单位统计基础建设工作标准》以及考核验收办法、评分标准等9个配套方案,推进统计基础建设社会化和向乡镇(街道)、部门、企事业单位延伸。(二)统计信息化建设。投入52万元,通过政府采购,购置服务器2台、路由器1台、存储系统1套、微机13台、防病毒网关1套等设备,对统计信息网络进行全面扩建升级,提高网络传输能力;在全市统计系统成功推广应用统一的电子邮件与即时消息传输系统;按照"三级部署、四级管理"的模式,成功建立全市统计系统计算机桌面管理体系;对网络核心进行功能区划分,极大地提高网络安全运行效能;利用新购设备成功建立广域网络路由器的双备份系统;加大对内、外网系统的安全监测和维护,确保网络安全、高效运行;扎实推进乡镇、企业的联网直报工作,利用VPN网关实现所有乡镇与市局内网的联通,目前236个乡镇(街道办事处)均已具备直报基本条件,大中型工业企业网上直报率达100%;与市移动公司联合,在全省18个地市率先推出统计业务短信平台、催报系统,提高工作效率。(三)部门统计工作得到加强。修订完善《南阳市部门统计数据报告制度》,建立专业科室与市直部门统计相互联系的工作机制,制定对部门统计工作的巡查及评比表彰制度,积极推进统计、财政、发改、税务、工商、金融、电力、运输等部门间数据共享平台建设。

【统计法制建设】 积极探索建立行之有效的统计执法机制,制定《南阳市统计执法工作流程》,对统计执法检查流程和统计违法案件处理工作流程进行规范。在全市统计系统开展统计法知识学习活动,南阳代表队在省统计局举办的"统计法知识竞赛"活动中,荣获全省第一名的优异成绩。联合市监察局、司法局等4部门在全市开展《统计法》和《统计违法违纪行为处分规定》贯彻执行情况大检查,对463个统计调查单位进行执法检查,先后立案查处统计违法行为41起,执结38起,为统计工作顺利推进保驾护航。

(杨光　安红波　杨海全)

国情市情调查

国家统计局南阳调查队队长　潘书林

【南阳调查队概况】 2010年南阳调查队认真实施"四个带动"战略,以全面提升调查数据质量为重点,以强化基层基础工作规范化建设为抓手,努力提升南阳调查队系统的管理、调查、服务和创新能力。全年开展流动和消费价格调查775个,企业景气监测149个,农业调查4个县52个产量点,监测生猪养殖户801户,贫困监测调查400户,规模以下工业调查138户样本企业,生产投资价格调查186个,城镇住户调查1110户,部分服务业抽查11大类,专业调查5项。

【流通和消费价格调查】 根据国家调查方案要求,2010年南阳市确定居民消费类及商品零售类代表规格品755个,涉及全市中心城区各类调查网点183个。南阳调查队按照"定人、定时、定点"原则,及时关注物价波动情况,每月将CPI数据以《南阳调查专报》的形式向市委、市政府领导予以汇报。通过实地采价和科学计算,2010年全市居民消费价格总水平同期上涨4.1%。该项调查结果已成为省政府评价省辖市物价水平的主要依据。

【企业景气监测】 2010年南阳市企业景气调查样本企业共149个,包括全部国家重点企业、上市公司和部分大中小型企业,具有较强代表性。从全市走势看,各季度企业景气指数均运行在景气区间,表明全市微观主体对宏观经济运行和自身发展趋势持续看好。

2010年南阳市企业景气指数

2010年	企业家信心指数	企业景气指数	同比(%)	
一季度	138.06	119.43	5.47	6.8
二季度	133.27	125.48	11.9	13.4
三季度	127.53	124.2	4.2	-0.09
四季度	128.88	123.03	-3.15	-8.21

【畜禽监测调查】 主要畜禽监测调查作为国家专项调查制度，调查内容为猪、牛、羊、禽4大畜种，以及与4大畜种相关的政策措施的贯彻落实情况。2010年主要畜禽监测调查涉及南阳辖区内除西峡县以外的12个县(市、区)的猪牛羊禽生产，特别是对唐河县、邓州市、内乡县3个生猪调出大县进行重点监测。全年进行12次月报和4次季报，对全市1181户规模以上猪牛羊禽养殖户(单位)，128个小区的猪牛羊禽生产情况进行实时监测调查。其中唐河县、邓州市、内乡县3个生猪调出大县各30个散养小区内截至12月的生猪养殖户分别达到276户、148户和377户。

【农村住户调查】 2010年在唐河、镇平、方城、邓州4个县(市)各抽选10个样本点，每个样本点抽选10个样本户，开展农村居民收入支出情况以及所在村的发展情况、家庭基本情况、居住情况、住户成员与劳动力从业情况、农业生产结构调整与技术应用情况调查，调查数据直接上报国家进行汇总。

【城镇住户调查】 7月在南阳中心城区抽中37个社区居委会、共1110个调查户进行入户调查。调查内容包括住户成员基本情况、住房情况、收入和消费性支出等情况。10月对1110户调查户按家庭收入进行排队，抽选2011年～2013年的100户常规调查户和10户城乡一体化试点户。对110户常规调查户集中培训和入户指导后，12月进行正式记账工作，调查结果作为国、省对省辖市城区居民可支配收入情况的评价依据。

【国家级贫困监测调查】 全年对社旗、桐柏、南召、淅川4个国家扶贫工作重点县的农村常住户开展贫困监测调查。样本数量每个县抽选10个样本点，每个样本点抽取10户，共计400户，调查数据直接上报国家进行汇总，并作为确定国家级贫困县的监测依据。

【农业统计调查】 2010年为及时准确提供各次种植业抽样调查资料，农产量抽样调查的预产、实产在唐河、镇平、方城、邓州4个县(市)抽取52个产量点开展，国家以此作为确定粮食大县的主要依据。

【规模以下工业调查】 南阳规模以下工业抽样调查在全市13个县(市、区)的138户样本企业和58个个体村展开，调查数据直接上报国家进行汇总。

【生产投资价格调查】 南阳工业品价格调查共有样本企业170个，规格品356个，其中工业品出厂价格调查的规格品为201个，原材料、燃料、动力购进价格调查的规格品为155个。南阳固定资产价格调查共有样本企业16个，其中建筑安装和装饰投资价格统计单位为9个，其他费用投资价格统计单位为7个。调查真实地反映全社会及各类工程固定资产投资的规模、速度、结构和效益，为国家及各部门科学地制定、检查固定资产投资计划和进行国民经济核算提供科学、可靠的依据。

【部分服务业抽样调查】 全市共抽中国家级服务业样本企业149个。全市经1～5月、1～11月两次定报调查以及宛城、卧龙两区一、三季度季报调查，比较详尽地掌握全市仓储业、租赁业、娱乐业、计算机服务业、商务服务业、居民服务业等11个行业大类整体发展状况。

【环境保护满意率专项调查】 3月，在南阳中心城区20个社区600户居民家庭中开展“2009年公众对城市环境保护满意率调查”。该调查结果是城市环境综合整治定量考核(简称“城考”)的一项重要指标。调查显示：南阳公众对城市环境保护满意度越来越高。

【组织工作满意度民意调查】 8月，按照河南调查总队统一部署，开展“2010年组织工作满意度民意调查”。调查了解干部群众对组织工作和组工干部的满意度，听取干部群众对组织工作的真实意见、看法，为提高选人用人公信度和改进组织工作提供量化参考。2010年南阳的组织工作满意度明显高于上年。

【国有企业反腐倡廉民意调查】 根据中央纪委和国家统计局的统一部署，10月14～19日先后深入中国人寿保险股份有限公司南阳分公司、镇平县电业局、中国移动通信集团河南有限公司南阳分公司以及中国邮政储蓄银行有限责任公司南阳市分行等4个样本单位，开展“2010年国有企业反腐倡廉民意调查”，调查结果上报国家统计局河南调查总队。

【城市公共文明指数调查】 10月，根据国家统计局河南调查总队部署，南阳调查队抽选工作人员参加河南调查总队和河南省文明委组织开展的“河南省城市公共文明指数调查”。调查通过暗访的形式，了解各城市创建工作的常态和城市公共文明的真实水平，发现创建工作中存在的薄弱环节，督促解决与人民群众密切相关的实际问题，调查显示：2010年全市的公共文明指数明显高于上年。

【党风廉政建设民意调查】 根据河南省纪委和河南调查总队的统一部署,了解当前人民群众对全省党风廉政建设和反腐败斗争状况的意见和看法,正确估价反腐败斗争形势,为深入开展反腐倡廉工作提供决策参考,南阳调查队于10月25日～11月10日在城区8个社区200户居民中开展“2010年河南省党风廉政建设民意调查”。

【统计执法】 南阳调查队在抓好调查系统法制队伍自身建设的同时,强化普法宣传,加强学习和培训,加大调查统计执法力度。在健全数据质量控制制度,确保源头数据质量的同时,利用“12·4”法制宣传日等举办各类活动,以推进规范统一、改革创新、公开透明为主线,着力促进普法工作与调查业务工作的紧密结合。

【调查服务信息】 2010年,南阳调查信息被国家统计局网站、中国信息报和党政部门采用各类信息18篇条。被国家统计局河南调查总队采用各类信息640篇条,其中调查信息263篇条,工作信息110篇条、其他信息267篇条。南阳调查队针对地方党政领导关注的物价变动、粮食生产、畜牧业生产等热点问题深入开展调研,及时提供调查信息和分析报告,全年共编发和报送14期《南阳调查专报》,为市委、市政府主要领导决策提供实效强、质量高的调查信息。(赵春凤)

审计监督

市审计局局长　杨鸣哲

【审计概况】 2010年,全市审计机关以促进经济平稳较快发展和加快转变经济发展方式为主线,牢固树立科学审计理念,认真履行审计监督职责,不断巩固提升审计成果,审计工作取得突出成效。全年共完成审计和审计调查单位563个,查出违规金额472827万元,损失浪费金额12503万元;通过上缴财政、减少财政拨款及归还原渠道资金等促进增收节支82452万元。

【市本级预算执行情况审计】 市审计局落实“维护财政资金安全、促进深化财政体制改革、规范财政管理、确保财政政策有效落实”的工作目标,共开展审计和审计调查单位111个,查出违规金额430203万元,促进增收节支80066万元,提出审计建议345条,挽回或避免经济损失1125万元。

【专项资金审计】 全年完成农村劳动力“阳光、雨露”培训、城镇职工和居民医疗保险、中小学校舍安全工程、农村公路建设资金、支援江油市恢复重建项目资金及农信社资产负债损益情况等27项专项资金审计和调查,共开展审计单位384个,发现侵害人民群众利益金额22942万元,促进增收节支2386万元,提出审计建议1003条,挽回或避免经济损失205万元。

【经济责任审计】 全市共开展审计单位68个,查出违规金额1213万元,管理不规范金额17762万元,领导干部负直接责任金额1684万元。

【审计质量建设】 市审计局贯彻落实《审计法实施条例》和《国家审计准则》,结合南阳实际研究制订《南阳市审计局审计时效控制办法》、《南阳市审计机关审计报告质量控制办法》和《关于政府投资重点建设项目跟踪审计办法》。开展审计专业培训6期,300人次,审计人员的职业道德、素质和审计能力得到提高。修订审计质量控制有关制度规定,落实审计质量过错责任追究制,实行五级复核,推进审计结果公告制度,把审计项目、审计组成员、举报电话在《南阳日报》进行公告,接受被审计单位及社会各界的举报和监督,促使审计人员做到依法审计,规范审计,公正审计,廉洁审计,文明审计。

【审计宣传与理论研究】 全市审计机关提供的稿件被《中国审计报》采用5篇、《南阳日报》采用12篇。编发的《南阳审计信息》被市委、市政府和省审计厅采用26余篇。上报的审计科研重点课题,被省审计厅评为一等奖1篇、二等奖3篇、三等奖2篇,市审计局荣获审计科研工作优秀组织奖。

工商行政管理

【工商行政管理概况】　2010年，全市新发展各类企业2617个，保持平稳较快增长势头。抓住制约中小企业和农村经济快速发展的“贷款融资难”问题，与邮储银行南阳市分行通力协作，在全市开展“百亿送贷进企业进市场进农村行动”，为企业商户和农户发放贷款13.9亿元。以增加商标数量、提升品牌质量为重点，着力实施商标带动战略。全市新申请注册商标213件，同比增长35%(其中涉农商标97件，同比增长40%)；成功申报河南省著名商标18件，“南阳黄牛”、“桐柏桔梗”成功注册中国地理标志商标，填补南阳市中国地理标志商标的空白。至年末，全市拥有中国驰名商标3件，河南省著名商标89件。全市12个签约招商项目开工建设11个，到位资金10.4亿元，建成投产6个。围绕粮食增产、农民增收和维护农村市场繁荣稳定，开展“兴农富民”各项工作。共鉴证、备案涉农订单合同7.2万余份，金额2.5亿元。

【流通环节食品安全监督管理】全市工商行政管理部门落实《食品安全法》，扎实开展元旦和春节食品安全专项整治、夏季食品专项整治、校园周边食品专项整治、十一和仲秋节日食品市场专项整治、地沟油专项整治、打击违法添加和滥用食品添加剂等多项执法整治行动，不断加大质量检测力度，共抽样送检商品6大类20余个品种213个样品，利用快速检测设备检测食品1980组，查处食品违法案件188起，捣毁制假窝点6个。

【重要商品市场监督管理】　(一)农资市场监管。以查处制售假冒伪劣农资为重点，集中开展“打假冒保春耕、保三夏、保秋冬种”专项行动，共检查农资经营单位4368户，立案查处各类农资案件791起，取缔无照经营370户，查扣涉嫌假劣化肥414吨、农药1679公斤、种子3080公斤，为农民挽回损失47万余元。(二)粮棉市场监管。加强市场监管执法，打击无照经营、掺杂使假等违法行为，共查处粮食案件145起、棉花案件34起。(三)成品油市场监管。全年共检查成品油经营企业、加油站(点)675户，取缔无照经营61户，查处各类成品油案件244起。(四)汽车市场监管。根据《汽车产业发展政策》和《汽车品牌销售管理实施办法》等有关规定，强化汽车市场监管，督促企业自觉遵守国家有关法律、法规和政策，规范、完善汽车销售服务，强化旧机动车交易市场监管，查处各种违法经营行为。

【公平交易执法】　加大执法力度，提高监管效能，共立案查处虚假广告、商标侵权、“黑网吧”、非法传销等违法案件13806起。一是加强广告市场监管。把整治媒体发布虚假违法广告作为工作重点，开展经常性抽查、检查活动，共监测各类广告27830条，查处广告违法案件138起，责令整改和停止发布违规广告268条，收缴违法印刷品广告32万份。二是加大商标行政保护力度。以保护商标专用权为重点，积极与企业开展联合打假行动，立案查处商标侵权案件211起，没收、销毁侵权商标包装12万余套(件)，为企业挽回经济损失1000万余元。三是严厉打击非法传销。共端掉窝点123处，遣散传销人员1220人，行政拘留325人，刑事拘留173人。四是重拳整治黑网吧。共取缔黑网吧134个，查扣电脑1421台。五是加强反不正当竞争和反垄断执法。重点查处公用企业或依法具有独占地位的经营者利用其独占地位在经营中附加不合理条件和滥收费用等违法经营行为，积极开展治理商业贿赂专项执法行动，立案查处商业贿赂案件16起。

【市场主体登记管理】　(一)内资企业登记管理。开展“企业服务年”活动，支持帮助企业做大做强。新登记内资企业554个，帮助乐凯集团第二胶片厂顺利完成改制登记，支持51个企业冠省名，2个企业冠国家级名称。大力支持金融服务业发展，新登记投资担保企业56个、小额贷款公司15个，中信、民生等3个银行在南阳挂牌成立。对重点行业登记监督管理，开展对乳制品及食品生产经营企业、涉及安全生产企业的登记档案清理自查，责令整改纠正185个，吊销严重违反安全生产管理规定企业营业执照13个，确保登记合法、规范。(二)外资企业登记管理。2010年，全市新登记外商投资企业17户，分支机构28户，投资总额1.7亿美元。(三)个体私营经济管理。树立“群众利益无小事，服务项目无大小”的服务理念，全面落实服务承诺制度，提高服务效能，全市新登记私营企业2046户、个体工商户12319户、农民专业合作社771户。(四)中介市场管理。扎实开展清理整顿职业中介市场秩序专项行动、企业登记代理违法违规行为专项整治，取缔非法职介机构11户、无证从事企业代理3个。

【消费维权】　全年全市共受理消

费投诉6065起,发布消费警示、提示44次,为消费者挽回经济损失310余万元。(李军林　闫广玉)

物价管理

市物价局局长　常秀梅

【物价管理概况】 2010年市物价部门围绕促进经济平稳较快发展这一主题,积极稳妥地推进价格改革,改进价格监管。注重综合运用多种手段,对成品油、城区水价、教育收费、药品等进行价格调控。开展涉农涉企收费和旅游价格等价格监督检查,查出价格违法所得800多万元。落实价格服务进企业活动,为260多个企业争取优惠电价,每年为企业减少电费开支近亿元。

【物价指数】 2010年,全年居民消费价格比上年上涨3.6%,其中食品类价格上涨8.8%。商品零售价格上涨3.7%,农业生产资料价格上涨1.1%。

【价格管理】 (一)成品油价格管理。密切关注成品油价格调整后对全市公路客运、农村道路客运、城市出租车造成的影响,保障国家政策在南阳顺利贯彻实施。(二)水价改革。受省发展改革委委托,经市政府同意,8月27日组织召开城区供水价格改革调整听证会,听取社会各界对城区水价改革调整的意见和建议。并结合南阳实际,提出水价改革调整初步意见,报市政府研究。(三)教育收费监管。加强对各级各类公办学校、幼儿园、民办学校收费管理。为解决保育教育成本上升对市直公办幼儿园办学质量的影响,联合教育部门于5月份召开市直公办幼儿园收费标准调整座谈会,并经与周边地市幼儿园衔接,报市政府同意后对市直公办幼儿园收费标准进行适当调整。(四)药品及医疗服务价格管理。落实国家、省定价药品目录调整、药品降价及河南省试点地区基本药物最高零售价格等政策措施,规范医疗机构价格公示制度,对宛西制药等企业部分药品进行出厂价格调查,完善药品省级招标市级价格备案工作,积极参与全市医药耗材招标。(五)房地产价格管理。继续开展经济适用住房审价,对武警南阳支队等经济适用住房价格进行审定。加强住宅小区物业收费的管理。对12个住宅小区物业收费进行审核和评定。(六)旅游景区门票价格管理。落实门票价格"一票制"规定,在保持旅游门票价格总体水平基本稳定的前提下,对现行价格确实偏低的西峡龙潭沟景区等少数旅游景点门票价格适时适度进行调整。

【价格监督检查】 2010年,按照国家和省统一安排,市物价部门认真开展涉农收费、涉企收费、教育收费、旅游价格等价格监督检查。一是组织开展涉农价费专项检查。分8个检查组对8个县(市、区)的教育、医疗、电力、有线电视等涉农收费进行重点检查。二是根据国家、省发改委的统一部署,组织开展全市涉企收费专项检查。先后对全市13个县(市、区)的交通、房管、土地、建设、规划、公安、消防、工商、气象、环保、质监等11个系统的收费行为进行全面检查,查出价格违法所得812.36万元,实施经济制裁164万元,进一步规范部门收费行为,增强对投资者的保护意识,为企业健康发展营造一个公平竞争的市场环境。三是积极开展旅游价格专项检查。为维护南阳创建国家优秀旅游城市成果,构建和谐社会创造良好的价格环境,根据上级安排,"五一"、中秋、国庆期间,对市区内旅游景点价格及明码标价情况进行检查,确保旅游黄金周期间价格平稳,促进南阳旅游业健康快速发展。

【价格服务】 2010年,市物价部门全面深化价格服务,切实服务好基层、企业和广大人民群众。一是强力实施"服务带动",开展"价格服务进企业"活动。市政府确定82个企业作为对口服务的重点单位,市、县两级物价部门联动,建立长期联系制度,主动上门服务,深入企业调查了解缴费情况、详细掌握各项行政事业性收费减免政策、价格优惠政策落实情况、企业在生产经营中遇到的价格和收费问题以及对价格工作的意见建议。积极为企业争取价格优惠政策,多方协调,全力争取,促使河南天冠企业集团有限公司等262个企业先后分3批获得县域产业集聚区工业用电企业电价政策优惠,获批企业数在全省居第一位,比排名第二、三位的郑州、新乡分别多出80个、89个企业,每年可为企业节省电费支出近亿元。二是做好南阳市人民广播电台"行风热线"工作。对"行风热线"反映的具体问题,能现场解答解决的，现场解答解决；现场不能解答解决的，限时解决，并将处理情况按时、按要求进行反馈。三是加强行政审批服务大厅工作。选派业务骨干到行政服务大厅窗口工作，所有行政审批事项一律由行政审批服务大厅受理，杜绝“两头”跑、“两头”办理的问题。

【价格调节基金】 2010年，市物价部门加大价格调节基金征收力度和宣传力度，积极协调代征单位与被征单位之间的关系，在完善基金征收手续、加强宣传的基础上，选择部分行业或领域进行重点突破，逐步延展征收范围。全年市本级共征收调节基金530万元。同时，配合审计部门对2005年以来的代征价格调节基金工作进行全面审计，为下一步完善价格调节基金工作打下基础。

【价格认证】 认真贯彻《河南省赃物罚没物管理条例》，严格执行价格鉴证师签字生效制度。以服务司法、服务社会、服务政府、服务系统为导向，全年共接受价格鉴证50余件，标的额180余万元，及时为司法机关和行政执法机关依法办案提供服务和证据支持，为解决价格矛盾纠纷，维护当事人的合法权益发挥积极作用。

【价格监测】 认真落实《价格监测规定》，及时完成对“重要消费品和服务价格”、“重要能源价格”等400多个品种监测报告工作。同时，认真做好“双节”以及“五一”、“十一”期间价格监测分析上报工作，及时关注市场动态，为各级政府实施宏观调控和价格决策提供可靠的第一手资料。

【价格成本】 认真搞好成本调查和成本监审，完成2所高校4个企业的定期监审上报工作，对主要农产品、副食品、农业生产资料3大类62种商品价格进行监测分析。先后对市城区城市供水、热力热电、市直3所省级示范幼儿园保教费、高中学校住宿费、医院病房床位费、旅游景点门票价格等共21个成本项目进行审核，原报成本总额达23451.07万元，核减8067.82万元，核增费用68.91万元，为调价提供科学依据，保证调定价（审价）工作的顺利开展。（张振强 张海涛 刘云）

国土资源管理

市国土资源局局长 包建铎

【国土资源管理概况】 2010年，市国土资源管理局，积极推进由“重审批向重监管，重管理向重服务”的两个转变，努力构建节约集约、依法高效的国土资源工作机制，狠抓资源保护，积极保障发展，国土资源各项工作取得新成效，圆满完成年度主要工作目标任务。全市耕地保有量持续稳定在99.41万公顷，基本农田保护面积连续保持在86.41万顷，超额完成省厅和市政府下达的考核指标，连续12年实现耕地占补平衡。全年共上报建设用地166个批次779个项目3112.53公顷，国家、省、市重点项目用地得到有效保障。全年共盘活存量土地1349公顷，新建标准厂房265万平方米，保障性住房供地计划完成率和当年已征收土地的供地率分别达到82%和85%，均超额完成省定目标任务。全面完成第二次土地调查任务，数据库建设与上图工作全面落实，工作进度和质量在全省处于领先位次。有效整合矿业勘查开发秩序，整合矿区数减少24%，辖区内甲类矿山储量动态检测率100%，勘查和采矿许可证持证率100%。扎实推进地灾防治和地质环境工作。群测群防网络健全，预警预报及时有效，“地质灾害群测群防十有县”已达5个，超过省定目标5%，全年无因地灾造成人员伤亡事故。南阳伏牛山世界地质公园中评估工作，顺利通过第八届世界地质公园大会评审。进一步加大执法监察工作力度，各类国土资源违法案件大幅度减少，全年立案119宗，结案率达95.8%，年度违法占用耕地占新增建设占用耕地面积的比例控制在省下达的目标之内。国土资源管理规范性文件合法性备案率达100%，当年行政复议与行政诉讼案件维持率达96.1%，均超过省定目标。省厅批转、交办信访事项办结率100%，本级年度信访事项办结案件群众满意率达85%以上。进一步提高依法行政工作，基层国土资源所规范化建设达标率100%。纪检信访案件办理率100%，结案率100%。全年共完成矿产资源补偿费入库4000万元，各项财政资金使用规范，无违反财政纪律。2010年，南阳市国土资源局被省国土资源厅授予“目标管理先进单位”称号，被国土资源部授予“全国国土资源管理系统推进依法行政及'五五'普法先进单位"称号。

【土地利用】　贯彻《南阳市人民政府关于节约集约用地严格集体建设用地管理的意见》，对批而未征、征而未供、供而未用、用而未尽等闲置低效利用土地进行调查摸底，研究制定促进存量国有建设用地盘活利用的奖惩措施，提高国有存量建设用地利用效率，破解用地难题。全市累计处置批而未征、征而未供土地 980 公顷，已征收实施并移交的国有建设用地 54 宗 294.22 公顷，综合供地率达到 100%，列入年度土地供应计划的保障性住房用地供应 7.88 公顷，计划完成率达到 83%，超额完成省定目标。粘土砖瓦窑厂整治成果进一步巩固。全市范围内累计拆除新建砖瓦窑厂 24 座，清理晾坯场 16 个，复垦土地面积 20.46 公顷，有效遏制粘土砖瓦窑的反弹问题。市场配置资源的作用进一步显现。2010 年，全市累计供应土地 382 宗，面积 1770.3 公顷，成交价款 46.9 亿元。市中心城区累计供应土地 102 宗，面积 289.5 公顷，成交价款 16.62 亿元，纯收益 11.3 亿元。

【耕地保护】　耕地占补平衡制度得到严格落实。建立 2010 年度耕地占补平衡项目库，新增耕地 0.79 万公顷万亩。总投资 23.67 亿元，建设总规模 10 万公顷万亩的渠首土地整治重大项目通过国家、省审批，并已进入实施阶段，邓州、淅川施工单位招标已完成，并已开工建设。新争取国家、省补助南阳新增费 2.4 亿元，主要用于土地整理项目、南水北调移民安置点土地整治和土地综合整治试点项目，资金已全部落实到项目上。强化耕地保护责任制度。市、县、乡政府和村、组、农户层层签订责任目标，耕地保护五项制度得到较好落实，耕地面积持续稳定在 99.41 万公顷，基本农田面积持续稳定在 86.41 万公顷，连续 12 年实现耕地占补平衡。

【建设用地管理】　全市全年累计上报建设用地 166 个批次，779 个项目，总报批面积 3112.56 公顷。积极做好建设用地保障工作。提供社会保障性住房用地 28.27 公顷，提供省、市重点工业项目用地 972.64 公顷，提供国家重点交通建设项目用地 683.64 公顷，提供产业集聚区用地 553.13 公顷。做好省重大建设联审联批项目服务工作，提供全省联审联批项目用地 1331.07 公顷。建设项目用地主要服务南阳姜营机场扩建项目、内邓高速公路、南阳市利用日元贷款城市环境综合治理项目、沼气利用子项目公司基地工程、西气东输二线南阳至驻马店天然气支线工程、永泰纺织、阳光油脂、通宇冶材集团有限公司年产 5 万吨精炼引流剂等国家、省、市重点项目用地。

【第二次土地调查】　第二次土地调查各项基础调查任务全面完成。农村土地调查。全市 13 个县(市、区)全部完成农村土地调查及数据库建设工作，并将二次调查成果统一更新到 2009 年 12 月 31 日的标准时点。全市基本农田调查上图工作全部完成。完成国家核查后成果地方复核完善、基本农田上图成果的调整确认和批而未用土地的调查核实工作，成果数据已全部报全国土地调查办进行国家级汇总。全市 13 个县(市、区)农村部分成果全部通过省二调办预检。城镇土地调查。全市市区、县城(市)区城镇土地调查涉及的 357 平方公里、乡镇政府所在地土地调查涉及的 494 平方公里，调查外业工作上半年全部完成。市区(含卧龙、宛城两区)、方城、唐河、桐柏、西峡、社旗、新野、南召 7 个县城(区)城镇地籍调查外业成果已通过省二调办预检，淅川、内乡、镇平、邓州等 4 个县(市)已向省二调办上报预检申请。13 个县(市、区)乡镇政府所在地城镇地籍调查外业全部完成，并向市二调办上报预检申请。

【矿产资源管理】　编制《南阳市落实河南省矿产资源勘查开发整合总体方案》，矿产资源整装勘查工作条件已经具备，进入实质性阶段。镇平县通过政府引导和市场化运作的方式，引进洛钼集团将楸树湾矿区的 14 个采矿权和 4 个探矿权整合为 1 个项目，由镇平县政府注册公司对 14 个采矿企业和 4 个探矿企业进行整合后，由洛钼集团持股收购该公司。矿业权实地核查及年检工作全面完成，全市甲类矿山储量动态监测率达到 100%。

【地质环境保护】　开展矿山环境保护，落实矿山环境恢复治理保证金制度工作全面铺开，对 44 个矿山企业的矿山地质环境治理恢复方案进行评审。矿山企业缴存矿山地质环境治理恢复保证金工作取得新进展，全市缴存矿山地质环境治理恢复保证金 193.52 万元。开展地质灾害防治，对全市 108 个地灾隐患点进行逐个排查，淅川、方城、内乡 3 县创建地质灾害防治"十有县"工作进展顺利，创建工作已通过省厅验收，并报国土资源部待批。

【国土资源政务公开】　推进政务公开和阳光行政。完善《南阳市国土资源局窗口办文管理暂行办法》，将 29 项行政审批事项全部移交市行政审批服务大厅国土资源窗口受理。制定9项配套措施，细化10项责任追究规定，确保实现“窗口围着群众转，部门围着窗口转”的目标。全年窗口共受理报件676件，收费143.03万元，接受咨询服务2315人次。国土资源窗口连年荣获“红旗窗口”称号，得到市政府、市行政服务中心领导的肯定和群众好评。全面推行政府信息公开制度，2010年对公文全部实行双签制，并按规定进行公开目录的编制，建立市国土资源局、市国土资源局办公室政府信息台账。升级改版网站，增设政府信息公开专栏，将信息公开目录、指南及信息公开网上申请表全部向社会公开。

【土地执法监察】 开展第九次卫片执法检查。按照国家土地督查济南局和省政府的规定，对违法用地依法整改完善用地手续，已向省政府和市政府补办用地手续294宗，涉及土地面积341.31公顷(耕地300.55公顷)，卫片执法检查符合补办用地条件的违法用地全部得到解决。做好违法违规用地专项查处整改。全市共查出违法违规用地143宗，面积100.07公顷(耕地94.87公顷)，立案143宗，结案130宗；收缴罚没款1505万元，拆除建筑物、构筑物30177平方米，没收建筑物27750平方米，复耕土地7.67公顷；提出党政纪处分建议34人，移送司法机关29人。查处各类国土资源违法案件。全市立案查处各类国土资源案件119宗，面积20.04公顷(耕地11.08公顷)，结案114宗，面积18.58公顷(耕地9.6公顷)，结案率95.8%。全市年度违法占用耕地面积不超过新增建设用地占用耕地总面积的9%。

【土地储备和闲置土地处置】 全年上报新增储备土地740公顷，超出下达计划440公顷，争取匹配用地指标163.53公顷，征收储备土地129.8公顷。清理认定闲置国有土地102宗317.27公顷，待市闲置国有土地清查处置领导小组审定后，提出处置意见，分宗制定处置方案，报市政府批准后集中进行处置。

【服务第七届全国农民运动会筹备工作】 按照市委、市政府的统一部署，积极配合相关部门，全力推进农运会场馆建设及相关配套项目的供地保障工作。严格执行农运会筹委会下达的季、月、周报告制度。中泰国际大酒店提前10天，天润假日酒店和迎宾馆均提前4天发放土地证；仲景大酒店业主单位土地出让金未缴齐全，土地证未按时间节点办理；格林豪特商务酒店土地出让金业主单位于11月16日缴齐，市局于11月26日发放土地证；康泰安置用地已报省厅待批。

【服务“六创一迎”工作】 对占道反弹严重的31个商户、34个流动摊点，全年共组织规范门店招牌和拆除设施专项集中行动7次，进行集中整治拆除不规范招牌与违章设施600余个。扎实推进街景街貌治理工作，新建新设宣传栏3个，设置宣传标牌标语26个，营造新华路“六创一迎”良好氛围。稳步实施沿街墙壁与建筑立面粉饰，已完成56栋粉饰装饰任务。“六创一迎”工作得到市指挥部两次通报表扬。

【服务南水北调丹江口库区移民迁安】 提请市政府制订《关于加强土地综合整治推进城乡统筹发展的意见》，在新增建设用地有偿使用费的分配上向移民安置点倾斜，向有移民安置任务的县(市、区)共拨付资金8530.99万元，用于土地综合整治，资金已落实到具体项目上。把有移民安置任务的县(市、区)作为土地整理项目投资的重要区域，共投资27949万元，安排项目12个，做到每个有移民安置任务的县(市、区)都有项目。协调县(市、区)整合县级财政收取的耕地开垦、新增建设用地有偿使用费及部分出让金用于移民新村建设。(宋伟)

质量技术监督

【质量技术监督概况】 2010年，南阳质监局紧紧围绕市委、市政府实施“四个带动”工作，省局“全面提升、两个创建”工作和市局确立的“1171”工作思路开展工作，全面实施质量兴市战略。一是建立大质量工作机制。把质量兴市、品牌带动、产品质量及食品质量安全、特种设备安全工作纳入经济发展规划和政府目标考核体系，同工商、环保、住建委、卫生、农业等40多个部门建立联席会议制度，加强横向联系，纵向指导，开展联合执法。二是强化质量意识。加强对企业的质量教育培训，宣传贯彻质量法律法规，强化企业质量主体责任意识。三是强化质量监管。对许可证管理、监督抽查、执法打假、“两大安全”监管等工作机制进行积极探索创新，切实加强质量安全监管。形成“政府主导、部门联合、企业主体、社会参与”、齐抓共管质量工作的大质量工作格局。市局先后被省政府、市委、市政府评为“河南省优质服务窗口”、南阳市“行政审批服务工作先进单位”、南阳市实施“四个带动”工作先进单位、“支持服务地方经济社会发展先进单位”、“服务对外开放招商引资工作先进单位”、“平安建设先进单位”、“政务信息工作先进单位”。

【全面实施质量兴市战略】 14个县(市、区)全部开展质量兴县(市、区)活动,设立县(市、区)长质量奖,将质量兴市工作纳入市、县、区政府目标考核体系并进行首次年度考核。市、县政府分别开展首届“南阳市市长质量奖”、“县(市、区)长质量奖”评选,共评选出首届“市长质量奖”5个并召开隆重的表彰大会。县(市、区)长质量奖评选也在有条不紊地进行。5月份,市人大常委会组织对南阳“质量兴市”工作开展视察调研活动,《关于质量兴市战略实施情况的报告》在市人大四届八次会议上获得通过。

【质量诚信成果】 全市质量诚信建设得到进一步加强,新创“中国质量诚信企业”1个,“河南省质量信用A等企业”11个。积极开展群众性质量管理活动,QC小组成果获国优2项,省优28项,市优50项。全市90余个企业推行卓越绩效管理模式。名牌创建再结硕果,新创河南省名优产品44个。产业结构不断优化,高新技术产业增加值占比由2009年的8.7%提升到10.4%。

【质量标准化建设】 指导帮助企业参与制定国际标准、国家标准32项,二胶厂顺利通过国家4A级标准化良好行为企业验收。全市已有5个企业承担9个国家标准化委员会或分技术委员会或秘书处工作。新创建国家级、省级农业标准化示范项目5个。利用标准化手段,强力推行公共信息图形标志标准化设置,服务“六创一迎”城市管理工作受到市领导高度赞扬。计量工作扎实开展,新建社会公用计量标准和企业最高计量标准7项,备案和强检计量器具26万余台(件)。积极开展“推进诚信计量,建设和谐城乡”和“计量公正下乡”活动,在全市加油站、医院、超市等场所推进诚信计量体系建设,严厉打击加气站、出租车计价器、粮食收购、农资、定量包装等方面的计量违法行为,14个商业服务企业被评为“河南省商业服务业诚信计量示范单位”,南阳卷烟厂被评为“河南省能源计量先进单位”,7个企业获得计量合格确认,定量包装商品净含量及标注监督抽查合格率达98.2%。服务“十一五”节能减排工作,出台《南阳市能源计量监督管理办法》,对国家、省政府确定的121个高耗能企业开展能源计量培训和检查,有力服务全市节能减排目标的实现。

【质量品牌带动】 制定出台《南阳市实施“品牌带动”工作意见》,制定品牌培育梯级规划和《南阳市知名品牌认定办法》,编制《品牌创建指导手册》,开辟《质量兴市·品牌南阳》专版,全年共刊登12期专刊,邀请高层品牌专家以市委中心组学习的形式举办品牌战略讲座,调研撰写的《实施品牌带动打造名优品牌》调研报告被河南省委政研室《调查研究》采用,撰写的《南阳市以品牌带动为抓手强力推进质量兴市全面提升经济社会发展水平》和《发挥标准支撑作用服务经济科学发展》等2篇专题文章先后被《省政府工作快报》、《质量兴省工作简报》、市委政研室《决策参考》等采用刊出。2010年全市新创“国字号”品牌57个,省级品牌363个。

【技术机构建设】 实行质监工作项目化,制订全市质监系统“十二五”质量检测项目建设规划和省级质检中心建设发展规划,强力推进国家级、省级质检中心建设。南阳玉器、新野棉纺织省级检测中心基本建成,已具备检测能力,实现南阳省级检测中心零的突破。借助省、市政府和省局的大力支持,依托南阳玉雕节和国际玉文化博览会,力促玉器产品省级检测中心上升为国家级检测中心,实现国家级检测中心零的突破,更好地服务地方经济发展。积极组织西峡汽车水泵、内乡石材、南召蚕丝等特色产品省级检测中心项目申报立项。科学引导市、县两级技术机构围绕民生民安投入360万元新上质检、计量、标准项目148项。市局检测综合大楼即将投入使用。唐河县局新征土地2.07公顷,蓄足二次创业发展后劲。桐柏县局筹资征地1公顷筹建天然碱省级检测中心建设取得明显进展。

【质量创新带动】 创新监管机制,探索建立多部门联合、省、市、县联动的执法打假新机制。创新服务机制,送管理、送标准、送技术“上门服务”。创新内部管理制度,完善财务、廉政、管理等各项制度36项。开展科研技术创新,锅检所承担的《节能技术在注汽锅炉上的研究和应用》科研项目荣获河南省科学技术进步二等奖。

【质量服务带动】 围绕经济发展方式转变,积极推进质量兴市、品牌带动和标准化战略实施。围绕“六创一迎”,深入开展公共信息图形标志标准化设置的宣传推广和督导。围绕南水北调移民搬迁和抗洪救灾,淅川县局、西峡县局驻村帮扶,分别被县委、县政府隆重表彰。围绕提升质量总体水平,开展执法打假和产品质量监督检查。围绕产业集聚区建设,积极开展“质监服务进产业集聚区(园区)”活动、“质量提升进万企”活动，开辟“绿色通道”。积极服务企业发展，市局领导班子成员先后30余次带队深入企业开展帮扶。围绕改善民生，出台惠民措施30项，开展惠民实践活动。围绕“两转两提”，加强行政服务窗口建设和政风行风建设，努力提高行政效能和服务水平。市局行政服务窗口连续第七年荣获行政审批先进单位荣誉称号，并再次被省政府表彰为“河南省优质服务窗口”。

【质量监管工作】 加强宏观质量管理，市、县两级均建立产品质量状况分析报告制度。每年向市、县两级政府提交质量状况分析报告，为政府决策提供依据。整顿技术机构，大力开展技术比武和检验比对活动，加强对18个机动车安检机构后监督管理，强化产品质量监督检查，全年组织开展水泥、复混肥、灰砂砖等6个专项治理，并对全市76个工业产品生产许可证企业实施分类监管。切实加强证后监管和不合格产品的后处理工作，严格市场准入，对不合格企业和产品按照“三不放过”原则，严格落实整改，杜绝质量隐患，质量水平不断提升。全市产品质量等级品率达到99%，全市产品质量监督抽查合格率达93.7%，高于全省1.2个百分点。

【打假治劣】 开展食品、农资、建材、汽车配件等16个专项整治活动，纤检所开展的絮棉纤维制品专项整治活动成效受到国家纤检局的充分肯定。开展“铁拳行动”和“双打”活动，全年依法查处各类违法案件416起，涉案货值820余万元，查处大要案32起，捣毁制假窝点62个，移送公安机关11起。加强法制教育，开展“3·15”、“5·20”、“安全生产月”、“质量月”等大型法制宣传活动，提升自身素质。开展行政执法人员培训和执法办案交流以及行政处罚案卷评查活动，进一步提升执法人员执法办案能力和水平。

【食品安全监管】 组织开展食品安全监督抽查，对全市40大类372个批次产品进行质量抽查，合格率95.4%，较上年提高3.3个百分点。大力开展食品安全整顿，重点打击使用非食品原料和滥用食品添加剂等违法行为，对小麦粉、饮料、冷冻饮品等产品的专项监督检查12次，开展问题乳粉彻查和清查清缴等专项整治行动。全年共检查各类食品企业及小作坊800个(次)，督促企业整改各类问题150个，对5个乳制品企业和16个含乳食品企业开展拉网检查，对食品生产许可证获证企业检查，提高许可质量。开展新形势下食品安全监管研讨，出台《进一步加强食品安全工作意见》。深入开展服务民生活动，大力开展“质监邀你看企业，食品安全大家行”活动，邀请社会各届参观质检实验室，展示质监形象，实行开门办质监，征言纳谏，服务民生。

【特种设备安全监察】 把特种设备安全纳入政府安全生产目标考核体系，县、乡两级政府任命特种设备安全监察协管员650余名。深入全市54个企业、120个中小学校、18个居民社区，广泛开展特种设备安全知识“进企业、进校园、进社区”宣传活动。强化特种设备使用企业质量安全主体责任，以特种设备安全大检查、专项整治和开展大规模宣传警示教育“三项行动”为载体，大力开展特种设备安全技术检验和隐患排查治理，全年共检验各类设备7061台，排查特种设备使用单位839个，排查整治一般隐患482个，重大隐患134个，连续第五年实现无重大责任事故。

【质监队伍建设】 组织开展在职学历教育、业务培训和技术机构检测技能大比武、执法打假大比武等活动，累计培训800多人次。全市系统有17人通过大专本科和在职硕士研究生入学考试，系统内大专以上学历人员比例达83.6%，77人通过岗位资格考试，公务员岗位持证率达92.4%。选派8名年轻干部到市局机关挂职锻炼，组织37名正科级以上领导干部到浙江大学进行短训，公开选拔23名优秀青年干部充实到科级领导岗位，公开招录公务员12名，充实到基层局工作。在全国检测技术大比武省局选拔决赛和全省技术工人大比武中，市局荣获6个团体奖和5个个人奖。市锅检所撰写的《节能技术在注汽锅炉中的研究和应用》科技论文荣获河南省科技进步二等奖。(陈晓文　靳红玉)

食品药品安全监管

市食品药品监督管理局
局长　张树华

【食品药品监管概况】 2010年，市食品药品监督管理局开展“争当食品药品安全监管示范县和创建食品药品安全监管优秀城市”活动。全市药品稽查立案件977起，罚款180多万元，为保障群众饮食用药安全作出应有贡献，市局受到市政府通令嘉奖。年度目标管理工作被南阳市委、市人民政府表彰评为“完成责任目标先进单位”。对口帮扶南水北调丹江口库区移民安置工作被省委组织部等3部门评为“先进集体”。精神文明建设被南阳市委、市政府评为“文明单位”；社旗县食品药品检验所被确定全省2010年度群众满意基层站所。

【争创食品药品安全监管示范县和优秀城市活动】 7月8日，在西峡县召开全市“争当食品药品安全监管示范县，创建食品药品安全监管优秀城市”动员大会。西峡县、社旗县、内乡县、南召县、唐河县等5个县被市政府命名为“争当食品药品安全监管示范县”称号，9个零售药店被南阳市食品药品监督管理局授予“药品安全示范店”称号。全市食品药品安全专项整治活动取得突破性进展，全年全市药品稽查立案977起，同比增长37%，药品稽查罚没款数达183万元，同比增长151%，移交工商部门违法药品广告111起，同比增长81%，全市查处不合格食品3.5万公斤，同比增长85%。通过“争创活动”，涉药单位质量管理明显规范，药械质量明显提高，生产经营面貌明显改善，服务水平大幅提升，广大干部职工工作积极性得到有效调动，全市系统整体工作水平有明显提升。

【药品生产经营企业退出规定出台】 9月9日，市食品药品监督管理局制定《南阳市药品生产经营企业退出规定》，严格规范药品生产经营秩序，严厉打击违法违规行为。全市所有药品生产企业符合规定9种违法违规情形的一律吊销《药品生产许可证》，所有药品经营企业符合规定12种违法违规情形的一律吊销《药品经营许可证》。

【食品药品电子监管】 9月6日，市食品药品监管系统全面启动，推进食品药品电子监管，以期通过人为监管和电子监管相结合的手段，提高食品药品监管效率，净化药械市场秩序，维护人民群众的饮食用药安全。食品药品电子监管系统共分3年实施：2010年底以前在全市药品生产企业、流通批发企业、零售连锁总部、实行医保刷卡的县级以上零售药店和县级以上医疗机构药房全部实现电子监管。2011年县级以上所有零售药店、大多数具备条件的乡镇医疗机构药房要实现电子监管。2012年其他涉药单位也要基本实现电子监管要求。

【食品安全综合监管】 全年组织协调有关职能部门先后开展“问题乳粉专项清查”、“食用油专项整治”等12项食品安全专项整治，检查各类生产经营单位5.4万个，立案查处违法案件323起，涉案金额215万元，捣毁制假窝点2个，销毁不合格食品3.5万公斤，累计抽检食品7500余批次，总体合格率达99%以上。

【药品生产环节监管】 以“大整顿、大完善、大提高”专项活动为总抓手，把对药品生产企业的日常监督、跟踪检查、注射剂类药品生产质量专项检查、两证换发、基本药物监管、2010版《中国药典》和新版GMP实施、推行质量授权人制度、派驻驻厂监督员等质量监管工作与全面实施以品种为单元的药品GMP管理工作规划相结合，加大培训力度，开展动态考评，实行质量例会分析，强化工艺验证，制定理论与实践相统一、质量稳定可控的药品生产工艺规程和岗位SOP，把以品种为单元的药品GMP管理措施落到实处。同时进一步强化医疗机构制剂室监管、特药监管和药品不良反映监测工作。对正常制剂的9个剂室实施监督检查27次，下达责令整改通知书7份。对辖区内14个特药监管单位进行52次巡回检查，全年无出现特药事故。全市共收录上报药品不良反应报告4000余份，病例报告数量与去年同期基本持平，病例报告质量、报告合格率明显提高。

【药品流秩序专项整治】 对全市药品批发企业实行定期检查制度，重点检查药品批发企业票、账、货是否相符，企业相关设施设备是否齐全，所经营的药品是否全部进入质量管理体系，质量管理机构是否能够对企业日常经营起到监督作用等，在检查中重点抽取含麻黄碱类复方制剂品种、国家基本药物品种，核查其购销渠道、供货方资质、合法票据及销售流向。通过对25个批发企业、1410多个零售企业的检查，对存在问题的51个企业下达责令改正通知书，查处超方式经营2起、超范围经营5起，查处其他违法违规行为为95起。制定《南阳市局2010年流通秩序专项治理整顿方案》，抽调市、县局11名业务骨干组成4个检查小组，采取外围取证，现场检查、核对、询问等方法对市区14个批发企业进行为期10天的全面检查，对企业涉嫌违法违规问题移交市局稽查大队和各县局立案查处。整治活动中按照"药品安全信用度分级标准"对企业进行评定，实行动态分级管理。9月10日召开市区药品批发企业典型示范现场观摩会，组织各有关企业学习南阳市仲景百信、易通、东森守信示范企业的先进经验。加大对终止妊娠药品的监管力度，进一步规范药品批发企业经营行为，严禁药品零售企业销售终止妊娠药品，并加强医疗机构终止妊娠药品使用行为的监管，积极配合其他职能部门开展打击非法销售终止妊娠药品和非法进行胎儿性别鉴定行为。共检查药品经营使用单位3438个，立案查处违法经营使用妊娠药品案件47起，其中药品零售企业(含连锁门店)27个，医疗机构20个，查封扣押终止妊娠药品145盒，查封扣押终止妊娠药品货值2153元，收缴罚没款6万元，有效规范全市终止妊娠药品销售使用行为。开展辖区内疫苗质量安全专项检查，切实加强疫苗在购进、储存、运输和使用环节方面的质量监督，确保辖区内疫苗质量安全有效。加强监督指导，顺利推进GSP认证和换证工作，依法办理行政许可事项。深化农村药品监管网络和药品供应网络建设，加强对协管员、信息员的培训，95%的行政村实现药品供应配送。加强药品违法广告监测，全年移交工商行政部门违法药品广告111起。

【医疗器械生产流通秩序整治】 对22个生产企业、市区99个经营企业、各县(市)36个经营企业、71个县级以上医院及其他医疗机构进行监督检查，覆盖率达100%。健全完善医疗器械生产经营企业信用等级档案，开展信用等级评定，对上年度确定为警示和失信等级的企业实施突击性检查，覆盖率达100%。对全市医疗机构在用分子筛制氧设备开展专项检查，责令改正2个。开展隐形眼镜及护理液专项检查，检查经营企业58个，查封扣押隐形眼镜及护理液产品11个，立案11起，依法取缔非法经营企业23个。完成医疗器械针对性抽验135批，监测移交工商行政管理部门医疗器械违法广告7起，上报医疗器械不良事件169起。

【药品安全专项整治】 履行南阳市药品安全专项整治工作联席会议办公室工作职责，印发《南阳市药品安全专项整治工作联席会议成员单位工作目标》、《南阳市药品安全专项整治工作实施方案》，安排部署全市药品安全专项整治工作。全系统相继开展非药品冒充药品、工业氧冒充医用氧、体外诊断试剂等专项整治，全市共抽验药品1895批次，检出不合格药品726批，立案查处率达100%，全年办理各类违法违规案件895起，上缴罚没款183万元，移交公安机关案件12起。全市一般程序案件结案率达93%以上。群众举报、投诉符合立案条件的立案查处率达100%。省局转办举报(投诉)、协查函、督办案件办结回复率达100%。省辖市局之间案件协查回复率达100%；符合追踪查源条件的假劣药械案件追踪查源率达100%。(贾博)

安全生产监督管理

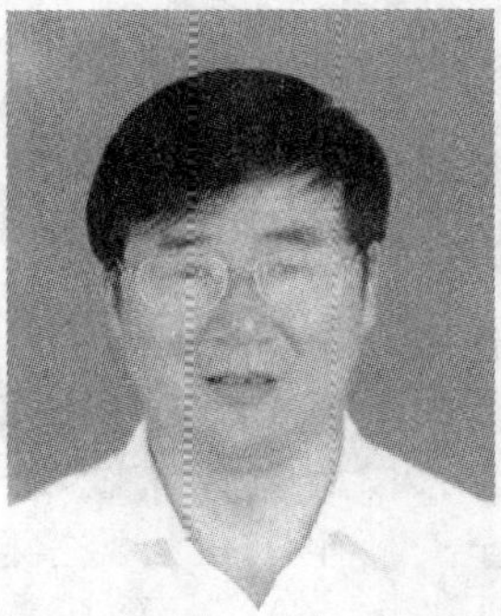

市安全生产监督管理局
局长　周建国

【安全生产监督管理概况】 2010年，全市安监部门深入贯彻落实科学发展观，坚持"安全第一，预防为主，综合治理"的方针，加大监管力度，狠抓措施落实，深化专项整治，全市安全生产形势继续保持稳定好转的发展态势。全市重特大事故得到有效遏制，较大以下事故总量大幅下降，实现年初确定的减少一般事故，有效控制较大、重大生产安全事故，杜绝特别重大生产安全事故的目标。全市共发生各类生产安全事故821起，死亡184人，占省定控制目标的78.97%，实现事故起数和死亡人数双下降，较好地完成省定各项目标任务。2010年，南阳市被省政府评为安全生产优秀市。

【安全生产监管数据】 2010年，全市共有各类企业13万多个，其中非煤矿山企业500多个，危险化学品(烟花爆竹)生产经营单位1200多个，各类从业人员150多万人。有各级各类学校8447所，在校学生近270万人。辖区内有注册机动车辆100万台，驾驶员120万人，农用车50多万台。6条高速公路通车历程508公里，4条国道17条省道260余条县乡公路通车历程8000余公里，村村通公路1.5万余公里，通车历程全省第一。6大旅游景区100多处景(区)点，其中国家、省级旅游景区(点)77处，星级宾馆38个，农家宾馆600多个。有各型水库495座，其中大型2座(丹江口、鸭河口)、中型21座、小型86座。有建筑施工企业245个。民爆器材生产企业1个，销售经营企业10个。各类压力容器4870台(套)。各类压力管线6618条，总长度555.49公里。电梯867台。厂内机动车1113台。大型游乐设施42台。客运架空索道1部。

【安全生产重点】 把非煤矿山、危险化学品(烟花爆竹)、交通运输、公众聚集场所、冶金建材和建筑施工等6个事故多发行业确定为安全生产专项整治重点，协同公安、工商、质监、供销、农业、电力等有关部门，按照"领导得力、标准严格、排查认真、整治坚决、效果明显"的要求，进行综合整治。

【隐患排查治理】 全市共开展大检查大督查活动6次，共排查出重大危险源130处，全部进行登记、评估。排查各类事故隐患21887项，整改20867项，整改率达95.34%。

【安全生产基础工作】 始终把符合安全生产标准作为高危行业企业准入的前置条件，实行严格的安全许可制度。对非煤矿山、危险化学品、烟花爆竹等行业分别按照法律法规规定的程序、严格标准进行安全条件论证和安全评价，凡不符合安全生产条件，达不到安全标准的坚决不予许可。全市共受理非煤矿山、危险化学品、烟花爆竹批发安全生产许可事项281件，颁发安全生产许可证281个，颁发烟花爆竹零售安全许可证3500个。认真执行新、改、扩建项目安全设施"三同时"规定，加大对新、改、扩建项目安全生产"三同时"审查验收力度。共审查验收非煤矿山建设项目329个，危险化学品和烟花爆竹企业182个。广泛开展安全标准化达标活动，扎实推进安全标准化建设，着力提升安全标准等级。在推行高危行业企业安全标准化试点的基础上，2010年在100多个企业进行推广，其中有2个企业已通过国家安全质量标准化一级验收，有3个二级企业正在努力向一级迈进。积极适应安全生产形势任务和环境条件的发展变化对应急救援提出的新要求，组织对高危行业企业应急预案进一步完善，并进行预案演练。全市共组织完善应急预案732个，组织城市燃气管道破裂应急演练等200人以上的大型实战演练22次，有效深化应急管理工作，提高应急救援水平。强化安全监管队伍建设。全市共累计增加安全生产监管专项经费650余万元，增加安监人员86人，增加安全监管装备200余台件。13个县(市、区)全部建立健全安全生产执法监察队伍，10个县(市、区)实行委托乡镇部分安全监管执法权办法，全市各乡镇(街道)都设立安监办。积极开展职业卫生安全健康监管工作。组织相关部门完成全市生产经营企业作业场所职业危害调查摸底工作，组织安监、卫生、劳动和社会保障、总工会四部门深入开展"粉尘与高毒物品危害治理专项行动"，取得明显成效。

【事故查处与责任追究】 紧紧围绕省政府下达的安全生产工作目标，结合实际情况，市政府进一步强化目标管理，针对各县(市、区)、各部门、各企事业单位的性质特点，分别制定下达更具有针对性、操作性的不完全相同的安全生产责任目标，各县(市、区)、各部门、各企事业单位把安全责任细化到每一个岗位、每一个员工，提高安全管理水平。对2009年度发生事故和安全管理差的11个单位及企业实行重点监控。严格按照"四不放过"原则，对发生的生产安全事故进行认真查处，依法严肃追究相关人员的责任。认真、及时、高效查处群众来信、来电、来访举报的安全生产事故或重大隐患，做到有报必查、有查必果、有果必复，切实发挥群众监督作用，有效防止瞒报、迟报安全生产事故、隐患现象。

【安全宣传教育】 充分利用电视、网络、报纸等主流媒体经常性地宣传安全生产的法律法规，方针政策以及安全常识。结合南阳实际情况，组织十项活动推动第九个全国"安全生产月"有效开展。副市长贺国营6月1日在南阳电视台发表电视讲话启动"安全生产月"活动，6月25日在《南阳日报》发表"致全市广大进城务工农民朋友们的一封信"，推进"安全生产月"活动深入、扎实开展，全市300余万人次受到直接教育。加大安全培训力度，全市共培训各类从业人员30余万人，其中农民工近6万人，特种工3万余人。7月19日，国务院发出《关于进一步加强企业安全生产工作的通知》和新《河南省安全生产条例》颁布后，全市迅速行动，扎实宣传贯彻。市政府召开4次专题会议，以会代训，分别对全市所有县(市、区)人民政府分管领导、市安委会成员单位负责人和全市安监局长、乡镇(街道)主要负责人、分管负责人和企业主要负责人等安全管理人员1500多人进行教育培训。全市共发放"通知"和"条例"合订本2万多册，基本保障从业人员需要。并在《南阳日报》专版刊登桐柏县、市交通局、邓州市裴营乡等16个安全生产先进单位先进经验，在南阳远教电视台对新野县五星镇、南召县白土岗等安全生产先进典型进行报道，多次组织召开安全生产座谈会，50余个先进单位或个人进行经验交流，有效提高各级、各部门、各企事业单位及各类从业人员的安全管理水平。组织开展"安康杯"竞赛、"中小学安全教育月"、"移动杯"安全生产有奖知识竞赛、"11·9"消防宣传日等一系列群众性、社会性的安全生产宣传教育活动，增强市民的安全意识。

【安全生产执法监察】 8月，市政府下发《关于集中开展严厉打击非法违法生产经营建设行为专项行动通知》。11月23日，召开全市严厉打击非法违法生产经营烟花爆竹现场会，把全市的打非工作进一步推向深入。一是强化打非责任。进一步明确各级、各部门主要负责人是打非工作第一责任人，各相关部门必须坚持认真履行各自职能，积极支持，密切配合，统一行动，联合执法，严厉打击，做到人员到位、履责到位、保障到位、用力到位、效果到位。实行打非工作通报制度，形成合力强大、行动坚决、效果显著的局面。二是形成强大声势，保持高压态势。充分利用电视、电台、报纸等媒体广泛宣传打击非法违法行为专项行动，设立举报电话，实施举报奖励，动员全社会力量参与打非行动。各级、各部门突出重点行业(领域)、重点区域、重点时期，对非法违法行为实施重拳打击，取得明显成效。全市共执法1882次，其中打击取缔非法违法生产经营行为373个，追究非法违法行为人员36人。邓州市以整顿成品油经营市场为突破口，组织各乡镇和市直有关部门集中行动，全力拆除67个非法加油站(点)。内乡县组织11个部门对5乡镇成品油市场进行整顿，拆除相关违法经营加油站。南召、桐柏、西峡等县坚持不懈地强力打击矿山非法违法行为，打掉非法违法开矿生产的猖獗势头。新野县"铁手腕、施猛药"遏制住非法违法生产烟花爆竹活动。淅川、内乡、南召3县依法取缔56座非法煤窑。公安部门向所有客运站派驻驻站民警，协同交通部门严厉查处非法违法运输行为。质监部门实施"定点清除"，保障特种设备领域生产安全。(王博)

出入境检验检疫

南阳出入境检验检疫局
局长　郭云超

【检验检疫业务概况】 2010年检验检疫业务同比有较大回升。全年共完成出入境货物检验检疫4116批，货值3.4亿美元，同比分别增长55.91%和65.80%。其中出境检验检疫3248批、货值2.84亿美元，同比分别增长44.23%和68.07%；入境检验检疫868批、货值5712万美元，同比分别增长123.71%和55.39%。出境货物包装239批、191万件。出具各类检验检疫证单5288份，同比增长23.7%。签发普惠制、一般原产地及区域性优惠证书1925份，签证金额1.34亿美元，同比分别增长41.5%和60.4%。检验检疫规费收入316万元，同比增长74.09%；共计减免各类检验检疫收费164万元，减免收费幅度为34.17%。检验检疫局第三次获得省级文明单位称号。

【农产品出口】 2010年全市食品农产品出口再创新高，出口货值2.3亿美元，同比增长81.1%，占出口总货值的81.4%。香菇、谷朊粉稳居出口产品的前两位，分别出口7422吨、1.19亿美元和26500吨、3570万美元，香菇出口货值较2009年增长94%，成为河南省唯一一个出口超亿美元的农产品。

【把关效能】 全年检出不合格商品184批、不合格货值113万美元；其中，检出进口不合格棉花171批、不合格货值44万美元，出具品质检验证书和重量检验证书342份，成功为企业索赔42万美元。

【检验监管】 (一)加大出口企业注册登记和备案力度。实施前期指导，帮助企业建立完善质量保证体系，缩短注册周期。卫生注册企业新增5个,总数达到38个;新增植物检疫注册企业3个、出口香菇备案基地1个、出口食品包装备案企业1个、出境货物木质包装标识加施企业1个。(二)西峡香菇国家级标准化示范区项目获得通过。作为第一个由检验检疫部门作为承担和保证单位的国家农业标准化示范区项目,在南阳出入境检验检疫局和西峡县政府的共同推动下,经过两年的建设,于7月28日提前一年通过国家标准委考核组的现场考核,成为全国第六批国家级农业标准化示范区。(三)首批3个河南省出口食品农产品质量安全示范区通过验收。密切与西峡县、内乡县政府部门的协作,对西峡香菇、内乡牧原、西峡猕猴桃3个示范区,认真制定实施方案和推进计划,分解目标任务,抽调业务骨干积极参与示范区建设,11月份顺利通过考核验收,取得河南省首批出口食品农产品示范区资格。其中内乡牧原和西峡香菇获得优秀示范区称号,受到省政府表彰。(四)西峡出口香菇示范区被推荐为全国首批10个质量安全示范区。11月,在省局的直接领导下,举全局之力,协同政府各级部门,攻坚克难,使西峡出口香菇示范区最终以107分的高分顺利通过国家质检总局考核组的考核,位居18个被考核示范区的前列,被质检总局命名为"首批重点推进出口食品农产品质量安全典型示范区"。(五)工业品分类管理全面展开。按照新分类管理办法,严格按照省局作业指导书,对符合分类条件的16个机电化矿产品生产企业、8个轻纺产品生产企业全部进行分类管理评定,评定为一类的2个,二类的5个,三类的17个;涉及高风险产品2类,较高风险产品7类,一般风险产品9类。

【服务经济】 (一)"质量提升"活动见成效。开展"质量提升服务进万企"活动、窗口建设和证单质量提升活动,实施专家解读进出口产品质量知识计划,大力扶持出口龙头企业。发挥桐柏的"天然碱之都"优势,结合桐柏碱业发展规划,积极指导桐柏两大碱业公司提升产品质量,完善实验室检测手段,提高自检自控能力,形成特色产业集群优势。小苏打出口7.4万多吨、货值1500多万美元,比2009年分别增长140%和152%。(二)工程成绩斐然。对培育、扶持、提升企业进行调整和扩大范围,新增企业4个,合并企业1个,调整企业1个,总量达到16个。实行一企一策,积极推进工作计划,全部完成工作任务。西保集团是南阳的重点扶持企业,年出口货值715.8万美元,同比增长360%。南阳明泰公司是2010年的重点提升企业,其出口品种达到12种,出口货值1800多万美元。

【检验检疫科技】 (一)科研工作取得新成效。《气爆中空柞蚕丝新技术研究与应用》项目获市政府2009年度科技成果二等奖;积极向省局申报3项科研项目,其中《进出口纺织原料检验检疫规程》获准上报国家认监委;在《中国医科大学学报》、《中国新药杂志》等核心期刊上发表科技论文2篇;《HACCP体系在干制香菇生产中应用》论文入选第八届HACCP研讨会优秀论文。(二)实验室检测能力有较大提升。一是实验室在4月份获得"南阳市市级重点实验室"荣誉。二是参加CNAST0502白酒分析和SXYZ-2010-003原子吸收光谱法测定金属元素铜(Cu)、铅(Pb)含量等两个能力验证项目,均获得"满意结果"。三是通过CNAS的计量认证+监督审核+扩项评审,并扩项成功,新扩项目46个,使检测范围由原来的4类扩大到11类,检测项目由原来的11个增加到57个,分别增加175%和418%。实验室全年完成检测样品1200多批,共5000余项,出具检测报告668份,同比增加80%。(董昊)

南阳海关

南阳海关关长　张新生

【海关业务概况】 2010年南阳海关实现进出口总值9.5亿美元,与去年同期相比增长49.6%,高于全省平均水平17.6个百分点,进出口全省排名由上年第九位上升至第八位。其中进口3.07亿美元,增长47.4%,出口6.47亿美元,增长50.7%。对外贸易呈现以下特点:(一)一般贸易进出口占主导地位。2010年,南阳市以一般贸易方式进出口7.94亿美元,增长57.9%,占全市进出口总值的83.3%。其中一般贸易进口2.73亿美元,增长55.6%;一般贸易出口5.21亿美元,增长59.2%。以进料对口方式进出口1.27亿美元,增长

100.5%，占全市进出口总值的13.3%。（二）东盟、印度、韩国、巴西和欧盟是南阳市主要贸易伙伴。2010年，南阳市与上述5市场进出口值分别为：1.93亿美元、1.07亿美元、0.9亿美元、0.86亿美元和0.77亿美元，同比分别增长73.5%、84.4%、193.5%、19.5%和14.4%。上述5市场进出口占全市进出口的58%。（三）全市外贸进出口以集体企业为主。2010年，南阳市集体企业进出口4.67亿美元，增幅巨大，同比增长98%，占全市进出口总值的49%；国有企业进出口2.78亿美元，增长21.4%；外商投资企业进出口1.98亿美元，增长17.2%；私营企业进出口0.08亿美元，增长109%。（四）主要进出口商品情况。受国家拉动内需政策推动，金融危机影响渐小，工业经济逐渐复苏，钢材市场回暖，铁矿砂进口量激增，与木薯干、棉花分列进口商品前3位，进口值分别为1.7亿美元、0.43亿美元、0.4亿美元，同比分别增长37.1%、93%、134%；出口商品主要为农产品、机电和医药化工产品。其中干香菇、其他合金钢轧非卷材、PS版、CTP版、石油钻机及零件分列出口商品前五位，出口值分别为1.06亿美元、0.76亿美元、0.37亿美元、0.36亿美元、0.34亿美元，同比分别增长91.6%、4681%、30%、62.7%、150%。钢铁产品、机械、纺织和工业金刚石的出口出现较大幅度下滑。

【对外贸易】 2010年，南阳海关累计受理报关单1464份，与去年同期相比下降24.1%。其中进口报关单161份，增加4.6%；出口报关单1303份，下降26.6%。监管货运量达320.3万吨，增长43.4%，创建关以来历史新高。其中进口货运量305.4万吨，增长37.8%；出口货运量14.9万吨，增长729.9%。监管货物进出口总值6.3亿美元，增长125%。其中进口4.5亿美元，增长125.9%；出口1.8亿美元，增长122.7%。征收税款5.3亿元，增长108.8%。实际入库税款5.3亿元，增长96.9%。办理减免税审批业务56笔，增长43.6%；减免货值5111万美元，增长169%；减免关税2452万元，增长145.9%；减免增值税1290万元，下降32.8%。办理加工贸易电子化手册备案61份，备案货值4075万美元；加工贸易联网监管电子账册企业3个，监管进出口货值5085万美元；稽查企业11个。

【综合治税】 南阳海关全面增强综合治税意识，加强税收征管工作力度，共征收税款5.3亿元，同比增长108.8%。实际入库税款5.3亿元，同比增长96.9%。其中关税0.1亿元，同比下降64%；增值税2.6亿元，同比增长35%。加工贸易内销征税653万元。公式定价补税800余万元。在国家税收政策调整的情况下为南阳进出口企业减免税款3742万元，有力地促进地方产业结构的调整和外贸经济发展。

【加工贸易】 南阳海关报经郑州海关审批公共型保税仓库1个；审批电子化手册备案资料库共计6份，备案电子化手册59份，备案进口货值5313万美元；联网监管电子账册企业3个，进口货值3754.7万美元，出口3467.2万美元；辅料备案4份；合同变更展期81次，深加工结转19批，外发加工3份；办理手册核销结案52份，核销电子帐册8次；内销征税653万元。

【海关稽查】 南阳海关围绕综合治税，共开展稽查企业11个。认真落实关企联络员制度，发挥风险管理的先导作用。主动联系重点服务企业，落实首问负责制，及时解决企业在通关、监管、减免税等方面的问题。通过加强企业管理，改进和优化企业分类管理制度和方法，积极帮助企业申请2A类、A类企业，年末关区2A类企业5个，A类28个。做好新企业的注册登记和企业信息变更工作，其中新企业备案82个，关区有效企业533个。同时认真做好报关员现场确认工作，2010年南阳关区共对111名考生进行现场确认。

【南阳海关聘请特邀监督员】 7月，南阳海关召开南阳关区特邀监督员会议，为南阳海关辖区内聘请的10名特邀监督员颁发聘书和证书。这是南阳海关认真贯彻海关总署和郑州海关关于海关特邀监督员管理办法要求，积极接受外部监督，进一步健全监督机制，促进政风行风建设和纠风工作，推动队伍建设和反腐倡廉建设的又一重要举措。根据《郑州海关特邀监督员管理办法（试行）》要求，此次聘请的海关特邀监督员既有来自重点进出口企业的代表，又有来自政府部门、商务部门以及公检法部门的代表；既有南阳市的代表，又有驻马店市和信阳市的代表，具有广泛的代表性。

【南阳海关为5个2A类企业授牌】 10月，郑州海关稽查处在南阳海关举行隆重的2A类企业授牌仪式，南阳关区的河南天冠企业集团有限公司、安阳钢铁集团信阳钢铁有限公司、南阳木兰花家纺有限公司、利达光电有限公司、南阳防爆集团有限公司5个企业喜领2A类企业标牌。南阳海关以关区5个2A类企业授牌仪式为契机，加大政策宣传力度，提高企业分类管理的社会认知度。2010年南阳海关新审批通过A类企业3个，2A类企业2个，使关区A类企业达到28个，2A类企业达到5个。认真落实2A类企业便捷通关措施，2010年共办理担保验放8笔，进出口金额7677万美元。

【绿色通道服务】 一是继续做好"区域通关"的推广，提高通关效率，用优质服务吸引更多的企业。二是加强与口岸海关的联系，走访日照、连云港等海关，协商区域通关事宜，疏通转关运输渠道。三是实行"全天候、无假日"的24小时通关预约工作制度，提供提前报关、预归类、预审价、上门验放、加急通关等便捷措施，为企业提供全方位、个性化的快速通关服务，通关效率大大提高。2010年共监管进出口货运量320万吨，同比增长43.4%，创南阳海关建关以来最高水平。

【服务南阳重点项目】 一是加强与市发改委及重点进出口企业的联系，为市重大项目提供海关政策支持，对涉及进出口设备的重大项目做好政策宣传，引导企业用足用好国家减免税优惠政策。二是加快南阳海关迁建项目实施。2010年南阳海关迁建工作在办理完毕土地划拨手续后进行项目设计、招投标、项目资金筹集等一系列工作，力争早日开工建设，为南阳市开放型经济发展服务。三是积极配合南阳市政府做好出口加工区、公共保税物流中心等海关特殊监管区域的申办工作。四是积极配合市政府做好南阳机场口岸的申报工作。南阳海关与市政府各部门通力合作，向河南省口岸建设领导小组申请开通南阳机场口岸，为南阳进出口企业打开直接通往世界的大门。五是做好富士康集团落地南阳对接工作，及时跟进，宣讲政策，热情服务，确保各项工作落到实处。

（王莹）

2010年南阳市进口前10位企业情况

企业名称	2010年进口值（万美元）	2009年进口值（万美元）	同比(±%)
南阳汉冶特钢有限公司	17010	12448	36.7
河南天冠企业集团有限公司	4307	2232	93
河南新野纺织股份有限公司	3925	1914	105.1
利达光电股份有限公司	1032	454	127.2
南阳南方智能光电有限公司	1004	556	80.6
乐凯华光印刷科技有限公司	998	1395	-28.4
南阳纺织集团有限公司	510	74	592.2
内乡仙鹤纸业有限公司	295	19	1493
南阳迅天宇硅品有限公司	277	460	-39.9
南阳红棉棉业集团有限公司	234		

2010年南阳市出口前10位企业情况

企业名称	2010年出口值（万美元）	2009年出口值（万美元）	同比(±%)
河南龙成集团有限公司	7825	1430	447.2
乐凯华光印刷科技有限公司	7707	5117	50.6
南阳二机石油装备(集团)有限公司	4316	3485	23.9
河南新野纺织股份有限公司	2983	859	247.3
中国石化集团河南石油勘探局	2896	6243	-52.6
西峡县家家宝食品有限公司	2663	431	517.3
南阳普康药业有限公司	1947	1790	8.8
南阳明泰食品有限公司	1933	2113	-8.5
中南钻石股份有限公司	1831	921	98.9
河南省西保冶材集团有限公司	1806	711	154

建设环保

城乡规划

【城乡规划概况】 2010年，市规划局加快规划编制步伐，加大规划实施力度，强化规划监督管理，较好地完成各项工作任务。加快城市总体规划的深化完善工作，新一轮城市总体规划已由省政府上报国务院审批；统筹安排中心城区52项专业规划编制；完成24条城区主干道道路工程规划方案编制，跨白河仲景大桥建成通车，完成光武大桥、雪枫大桥规划设计方案；完成第一、二批共18个“城中村”项目规划设计；受理建设项目670件，其中用地类467件，建筑类132件，市政类71件；共发放规划设计125件，函183件；发放建设项目选址意见书42个，规划用地面积约391.2公顷；建设用地规划许可证77个，规划用地面积约882公顷；建设工程规划许可证（副本）70个，建筑面积210万平方米；建设工程规划许可证（正本）28个，建筑面积154万平方米；完成汽车客运北站等3座客运站规划选址，完善南阳道路交通网络系统；完成4座变电站、3座水厂、2座垃圾中转站、20余座公厕等建设项目规划选址；完成梅城公园和20个街头游园的规划选址。对230余处违法建筑进行集中整治或拆除，拆除面积约11万平方米，有效地维护城乡规划的权威性和严肃性。成立卧龙、宛城、高新、油田规划分局，强化各派出规划分局职能，形成权责一致、依法高效的管理体系，有效保证重点项目顺利实施，推动全市城乡健康有序发展。

【规划编制】 市规划局高标准、高质量地推进城乡规划编制工作，着力构建科学合理、层次清晰、全面覆盖的规划体系。一是加强城市发展重大问题规划研究。聘请名家大师，拉高规划标杆，先后组织召开南阳城市发展战略高峰论坛、南阳市白河两岸暨东北分区空间发展战略高端论坛、中心城区城市特色与景观风貌座谈会等高规格会议，对城市发展战略和重点建设规划进行广泛论证，充分听取和吸纳高端专家意见，为市委、市政府城市发展决策提供重要的参考依据。二是做好城市总体规划报批工作。积极做好《南阳市中心城区总体规划》与《土地利用总体规划》的衔接，认真抓好新能源产业集聚区、高新技术产业集聚区、光电产业集聚区空间发展规划的对接，同时综合考虑第七届全国农民运动会筹备、白河两岸发展、独山风景区、卧龙岗文化产业集聚区等因素，全面系统地对总体规划进行修改完善，确保各专业专项规划与城市总体规划实现无缝对接，新一轮城市总体规划已由省政府上报国务院待批。三是全面编制专业专项规划。统筹安排中心城区52项专业专项规划编制工作，涉及经济社会发展、公共服务设施、基础设施、城市生态环境、减灾防灾以及城市空间形态等多个领域，《南阳市邕河河道整治及周边地区规划设计》、《南阳市中心城区路网加密规划》、《南阳市城市停车设施专项规划》等已组织多次规划成果方案汇报会，完善城市功能，提升城市综合承载力。四是突出重点片区规划。组织开展白河两岸区域城市设计国际征集，全力抓好白河两岸区域城市设计，力求打造一流水景岸线，突出南阳城市特色。突出抓好河东、河西片区控制性详细规划，力争率先形成规模和气势，拉动东部新区发展。重点抓好第七届全国农运会体育场馆等特色标志区规划建设，加强周边商务和办公服务区的规划编研，把体育馆沿河区域、新闻中心区域、体育场区域规划建设成为南阳的新门户、城市的新中心。五是全力做好重点项目规划。编制完成中心城区44条主要道路及沿街景观综合整治规划方案，为全市“六创一迎”活动的顺利开展积极做好规划服务工作。积极组织编制中心城区产业集聚区空间规划和控制性详细规划，加快新能源、高新技术、光电产业集聚区和鸭河、官庄工区规划建设，突出产业特色，实现产城互融，打造中心城区核心增长极。

【规划实施】 深入开展“企业服务年”活动和“项目推进年”活动，服务全市中心工作。一是立足于建设区域性中心城市的目标定位，按照白河为轴、拥河发展、突出特色、培育亮点的思路，着眼于服务全市发展大局，服务好农运会、“六创一迎”、产业聚集区、宛东新区、城市基础设施建设、教育、卫生及土地储备等重点工作，强化规划宏观调控，加快东北分区和河东新区的规划建设，拉大城市框架，提升城市品位，突出城市特色，打造城市亮点。二是坚持业务办公会议制度，简化审批流程，规范审批程序，加快项目办理速度。全年共受理建设项目670件，其中用地类467件，建筑类132件，市政类71件；共发放规划设计条件125件，函183件；发放建设项目选址意见书42个，规划用地面积约391.6公顷；建设用地规划许可证77个，规划用地面积约882公顷；建设工程规划许可证（副本）70个，建筑面积210万平方米；建设工程规划许可证（正本）28个，建筑面积154万平方米，有效保证了重点项目的顺利实施。三是有序推进“城中村”改造，对市政府批准的“城中村”改造项目，集中进行研究办理。第一、二批共18个“城中村”项目，已经全部下达规划设计方案，推动“城中村”改造的顺利实施。

【基础设施和公共服务设施规划】 加强交通市政、园林绿地及基础设施项目的规划建设。先后完成滨河路、汉冶路、白河大道西延及东延、312国道、张衡西路、车站北路、纬七路、纬八路、经十路等24条城市主干道道路工程规划方案的编制，道路总长约126公里，投资强度约144亿元；跨白河仲景大桥建成通车，光武大桥、雪枫大桥规划设计方案已完成，有效加强白河两岸的联系；完成汽车客运北站等3座客运站规划选址，进一步完善南阳道路交通网络系统；做好城市公用事业项目规划，先后完成4座变电站、3座水厂、2座垃圾中转站、20余座公厕等建设项目规划选址；同时加强城市绿化建设，完成梅城公园和20个街头游园规划选址。

【规划管理】 加大城乡规划执法力度，推进城乡规划效能监察，不断提高依法行政水平。一是完善规划审查审批机制。全面实施项目规划选址和方案审查初审制、业务工作办公会议制度和重大项目、重点工程市规划委员会决策制等管理机制，城乡规划审查审批工作质量和决策水平不断提高。实施规划公示听证制，加强规划公示平台建设，拓展规划公示范围，增强社会公众监督。健全完善项目规划批后管理、监管验收、执法监督管理机制，规划管理日趋严谨。二是加大城乡规划执法力度。对中心城区违法违章建设情况进行调查摸底，及时向市政府汇报情况并制定相关措施，组织召开南阳市中心城区违法占地违法建设整治工作会议，全面开展中心城区违法占地违法建设整治工作。全年先后组织130余次集中拆除行动，对白河游览区、兰湖公园、麒麟湖风景区等230余处违法建筑进行了集中整治或拆除，配合市“六创一迎”街道综合整治20余次，拆除面积约11万平方米，有效维护了城乡规划的权威性和严肃性。三是开展工程建设领域专项整治。认真贯彻落实建设部、监察部关于开展城乡规划效能监察工作的要求，会同市监察局组织开展工程建设领域突出问题专项治理工作，着重解决违反法定权限和程序擅自改变城乡规划、改变土地用途以及在房地产开发中违规调整容积率等突出问题，推进体制机制创新，维护群众权益，促进城乡规划依法行政和工程建设领域各项工作的健康发展。

【县乡规划】 全面落实“五个统筹”，坚持“以工促农、以城带乡、城乡统筹”，努力实现城乡规划和规划管理的全面覆盖。一是加快推进城乡规划全覆盖。全市11个县域村镇体系规划全部完成，县（市）域村镇体系规划及乡镇总规划的编制，在省厅第一、二阶段考核中获一等奖。全市14个产业集聚区已全部完成空间发展规划和控制性详细规

市城市规划监察支队正在拆除违法建筑

划编制。全市乡镇总体规划已基本编制完成，中心村规划编制已完成519个，正在编制的中心村规划有457个。二是理顺城乡规划管理体制。坚持城乡规划集中统一管理，南阳中心城区实施“重心下移、关口前移”，成立卧龙、宛城、高新、油田规划分局，强化各派出规划分局职能，形成权责一致、依法高效的管理体系。在市域范围内，加强对县（市）行业管理和重点规划的指导，理顺市和区（县）两个关系，建立乡镇（办）和村两级管理机构，健全完善村镇规划管理体制。三是完善城乡规划监管体系。健全横向到边、纵向到底的规划监管体系，保障各类城乡规划有效实施。积极推进规划监管体系向基层延伸，形成覆盖城乡、无缝对接的监管网络，推进规划监管体系向规划实施全过程延伸，对规划编制、审批、实施的各个环节进行统一监管。（徐建）

城乡建设

市住房和城乡建设委员会
主任　廖玉安

【住房和城乡建设概况】 2010年，住建委完成机构改革，实现机构、职能、单位、人员的顺利划转和平稳过渡。全市城镇化率达到38.5%，比上年提高1.7个百分点；创“市优良工程”42项、“卧龙杯”16项、“中州杯”10项、“市级文明工地”64项、“省级文明工地”14项、“中州平安杯”8项。市住建委获得全省住房和城乡建设系统优秀单位、全省移民工程建设管理先进单位、全省村镇建设先进单位、全省勘察设计行业管理先进单位和全省市政公用工程质量管理先进单位。获得全市南水北调丹江口库区第一批移民集体“三等功”、全市抗洪抢险救灾工作集体“三等功”、全市信访工作先进单位、全市“四个带动”工作先进单位、第七届全国农运会筹备工作优秀责任单位等荣誉称号。

【中心城市建设】 加快健康路等9条道路的续建步伐，启动车站北路、3号路等13条道路的新建工程，完成人民路、车站路综合整修，实施中州路与工业路、中州路与北京大道、人民路与建设路、张衡路与人民路交叉口的扩宽和渠化，仲景大桥顺利通车。污水处理厂二期工程进展顺利。对文化路、七一路、工业路、张衡西路等110千伏强电实施入地。完成了62条背街小巷整治改造；稳步推进城中村和旧城改造。全年新开工城市建设项目总投资突破30亿元，是中心城区一次性开工建设项目最多、投资额度最大、建设任务最重、成效最为显著的一年。

【县城建设】 桐柏县以“双创”为载体，实施40多项工程。方城县坚持重点突破，实施道路改造和污水处理厂二期建设。邓州市瞄准建设中等城市、文化名市、生态水城、豫西南区域性商贸流通中心的目标和定位，新建一批亮点工程、精品工程。西峡县着力抓好专业市场、居住小区、供排水等公用设施建设，推动县城扩容提质。内乡县按照“积极有为、量力而行、不建再控、建则精品”的原则，重点实施10余项工程。淅川县实施两手联动，一手抓县城建设，一手抓灾后重建。唐河县加快推进城镇化进程，新建一批生态宜居工程。新野县以“三城联创”为载体，实施一批供排水、绿化和道路、背街小巷改造工程。镇平县围绕“民生大事”搞建设。

清新浓郁的现代城市气息

南召县按照“山城、水城、绿城、生态旅游城”定位,强力推进城乡基础设施建设。社旗县围绕打造“文化名城、商贸古城、现代新城、环保绿城”的目标,加快赵河公园、山陕会馆周边开发、道路改造等工程建设。卧龙、宛城、高新3区加大城市综合整治,积极参与中心城区建设,围绕农运会场馆、城中村改造、道路建设做了大量深入细致的工作。全市所有污水处理厂实现规范稳定运营,出水水质达标排放,圆满完成省定目标任务。

【村镇建设】 全年完成121个建制乡镇生活垃圾中转站建设扫尾工作,85个乡镇生活垃圾处理设施全部配齐到位。农村危房改造任务全部完成,全年共争取中央及省级危房改造资金5400万元,占全省总量的1/8。对全市100个示范村、100个试点村和1298个“六创一迎”村容村貌整治进行督促指导,展示农村建设新风貌。

【保障性安居工程建设】 2010年共对全市22062户城市低收入住房困难家庭进行保障,做到应保尽保。2008、2009两个年度中央投资补助10166套廉租住房建设项目全部实现完工。全年新开工建设廉租住房4652套,新开工经济适用房20万平方米,竣工12万平方米。棚户区改造完成拆迁4580户、面积59.43万平方米,新开工建设42.35万平方米,新开工公共租赁住房5500平方米。唐河、社旗、新野、方城4县共有4320户住房困难家庭于春节前搬进新竣工的廉租住房和经济适用房。

【公用事业】 全市投资2300万元,新敷设改造供水管网18公里,新开水源井6眼,全年供水量达到2320万立方米。城市燃气投资2000余万元,新敷设燃气管网43公里,发展居民用户13385户,商业用户29户,年供应沼气1600万平方米,液化石油气2898吨。成功组织开展全国第四届城市“无车日”活动。城市污水集中处理量达到2845万吨,消减COD10030吨。城市供热投资700万元,新建热力管网800米。公用事业总体运行平稳,服务质量明显改善,满足人民群众生产生活的需要。

【城市综合开发拆迁改造】 2010年,全市房地产开发完成投资70.12亿元,同比增长25.3%,房屋竣工面积967.35万平方米,房屋销售面积272.9万平方米,实现销售额56.8亿元。

【建筑业管理】 2010年,全市建筑业实现总产值197.94亿元,同比增长24.1%。全年建筑企业累计签订合同额246.3亿元,同比增长10%。全市建筑业竣工总面积807.51万平方米,增长20.8%。产业规模继续名列全省前列。建筑业从业人员30万人。全年有2个二级施工总承包企业升一级,3个三级升至二级,新申请三级施工总承包企业4个,新增专业施工企业13个,新增专业增项7个,新增劳务企业13个。

【建筑市场管理】 2010年,相继开展一系列专项执法整治活动,对一批违法违规责任单位和个人进行处罚和曝光。先后下达隐患整改通知书20多份,对4个施工、监理企业进行约谈,通报处理13个施工、监理企业,对6个单位记入不良行为记录,并在《南阳工程建设信息网》上予以曝光。

【工程质量管理】 2010年,积极创新监管理念,采取项目巡查、抽查和专项整治相结合的方式,以场馆建设、移民新村建设、高层建筑施工质量控制为重点,以治理建筑工程质量通病和强化建筑节能为切入点,全面加强工程质量管理。创“市优良工程”42项,创“卧龙杯”16项,创“中州杯”10项。

【建筑施工安全】 2010年,紧扣年度安全生产目标,全面落实各级安全生产责任制,以重大危险分部分项工程控制为重点,以安全巡查督察为主线,全面实施安全隐患排查,消除一大批安全隐患。先后开展各类专项检查5次,安全大检查4次,安全质量标准化现场会3次,应急演练1次。创建“市级文明工地”64项,创“省级文明工地”14项,创“中州平安杯”8项。

【勘察设计咨询】 2010年,积极稳妥地推进勘察设计单位改制,规范整顿勘察设计市场,强化勘察设计质量管理,深入开展科技创新和勘察设计精品引路,提高勘察设计水平,将“五抓五提高”贯穿全年工作,有效地保持勘察设计咨询业的健康发展。全市完成勘察设计项目1004项,实现收入1.9亿元,施工图审查完成项目586项,投资近77.8亿元,施工图审查合格率、新建居住和公共建筑节能审查合格率、勘察设计质量合格率均实现100%。

【新型墙材发展】 2010年,全市中心城区“禁实”工作持续平稳,省级县乡“禁实”试点潦河镇和红泥湾镇等13个乡镇顺利通过试点验收。同时,开展全市新型墙材生产普查工作,了解企业产能、布局、品种、质量等信息,并积极通过政策引导,使一大批技术尖端、工艺先进、低碳环保的新型墙材全面占领主流市场。全年新型墙材产量达43.5亿标砖,占墙材重量的98%，年新增产能6.5亿标砖。

【工程造价与标准定额管理】 2010年，深入贯彻《建设工程量清单计价规范》，不断加强工程建设标准监督检查，深化工程造价管理改革，规范工程造价计价行为，强化注册造价从业人员管理，全年对117项在建工程进行建设工程强制性标准检查，解释定额问题280项，对9000多种建设标准材料、设备价格予以社会公布，满足工程建设需要。

【招投标监管】 2010年，进一步完善规章制度，强化监管，贯彻实施招投标《行业标准文件》，使招投标工作更公平、公开、公正。全年共办理招投标项目642项，工程造价76.25亿元，同比增长16%。

【清理拖欠工程款和农民工工资】 2010年，继续采取健全机构、督察检查、重点约谈、张贴公告、完善联动机制等措施，主动深入施工现场，了解清欠动态，有力地推动清欠工作深入开展。全年共受理拖欠农民工工资投诉案件261起，受理拖欠工程款投诉案件7起，共解决工程款拖欠71.01万元，转办案件79起。

【建筑节能】 2010年，推进全市建筑节能工作，严格按照国家标准执行新建建筑，加强建筑节能闭合管理体系建设，严把建筑设计审查关、施工许可关、工程监理关、质量监督管理关、工程验收备案关、外墙保温施工技术方案审查关、执法检查关。大力组织开展可再生能源建筑应用，加强机关办公建筑和公共建筑节能监管体系建设，开展建筑能耗普查统计、推广应用建设新技术，强化建筑节能材料和产品备案管理使用，着力推进示范工程建设，圆满完成省、市下达的年度约束性建筑节能目标任务。全年完成建筑节能节约标准煤3.9万吨，新建建筑节能标准执行率100%，建筑节能实施率达到97%。完成既有居住建筑节能改造16.21万平方米，争取到账国家、省财政建筑节能工程专项资金2744万元。

【移民安置建设】 强化对南水北调丹江口库区移民安置项目建设的督察，重点对勘察设计、工程质量、施工安全实施全过程监管，针对工程启动、主体建设、装饰装修等不同建设阶段，研究制订相应的施工技术操作规范，明确不同阶段的监控重点，并抽调政治素质高、业务能力强的专业技术人员常驻移民安置指挥部，为移民安置项目的建设质量提供技术和指导保障。全年完成第一批37个移民安置点、建筑面积达148万平方米的建设质量监督监管任务，有6万多移民入驻。第二批55个移民安置点、建筑面积达210万平方米，2011年4月底前完成建设任务，6月底前，将有6万多移民入驻。移民迁安工程管理工作得到省住房和建设厅表彰，荣获市政府集体三等功。

【抗洪救灾工作】 7月23～25日，全市发生百年不遇的特大洪水，淅川、西峡、南召、内乡、桐柏等县遇到百年不遇的洪涝灾害，这次洪水灾害规模之大，范围之广，历史上前所未有。7月下旬，全市发生百年不遇的特大洪水，住房和城乡建设局踊跃捐款350余万元。同时，召开灾区倒房恢复重建工作会议，安排部署灾后重建工作。（罗玉有）

房产管理

【房产管理概况】 2010年，全市房管系统干部职工坚持科学发展观，以促进房地产业持续健康发展为目标，以住有所居为要务，全面实施"四个带动"，认真贯彻落实国家房地产业宏观调控政策，强化职能管理，规范和发展房地产市场，推动全市房地产业平稳健康发展，圆满完成各项工作任务。全年市房产管理局完成房产登记发证12218本，房地产抵押登记7838起，二手房交易8696起，核发《商品房预售许可证》44份，下达《整改通知书》89份。限期整改物业企业9个，降低资质等级物业企业4个，注销物业企业13个，建立物业维修资金个人账户20669户，归集维修资金7166万元，全年完成商品房施工面积和投资分别为343万平方米、30亿元，分别占年度计划的123%和120%。

【商品房建设管理】 根据国家房地产业宏观调控政策，市房管局把普通住宅建设、稳定住房价格、加强市场监管作为工作重点。一是突出住房民生，加大普通商品住宅的供应，引导开发企业应对市场变化，重点发展中低价位、中小套型普通商品住房。二是对已批未建、已建未售的普通商品住房项目，采取促开工、促上市措施，督促开发企业加快项目建设和销售，对取得预售许可或办理现房销售备案的房地产开发项目，采取督促开发商在规定时间内一次性公开全部销售房源，并严格按照申报价格明码标价对外销售。三是积极推行开发企业动态管理、信用约束为主体的诚信体系建设，对开发企业经营行为进行清理和检查，培育一批实力强、信誉好的开发企业。四是逐月发布市场警报，及时把取得预售许可证的商品房项目、违规销售的商品房项目、处罚及立案调查的项目、投诉量大的商品房项目向社会进行公示，规避消费者购房风险。五是积极参加省厅组织的大型活动，5月份组织全市房地产企业参加在郑州举办的中原房地产暨绿色建筑博览会，面向省内外推介精品楼盘，荣获优秀组织奖和最佳展示奖。全年完成商品房施工面积和投资分别为343万平方米、30亿元，分别占年度计划的123%和120%。

【产权产籍和房地产市场监管】(一)产权产籍管理。2010年，南阳市中心城区登记发证12118本，面积380万平方米；房地产抵押登记7838起，面积270万平方米，借贷发生额57亿元。二手房交易8696起，面积87.7万平方米，交易额7.9亿元。(二)房地产市场监管。一是严厉打击土地规划、施工手续不齐，超规划、擅自改变土地用途，违法违规销售和广告等扰乱市场秩序的行为。二是加强商品房预售管理，严厉打击房地产合同欺诈行为，共核发《商品房预售许可证》44份，建筑面积134万平方米。三是全面开展房地产市场交易秩序专项整治。对81个开发企业和14个中介机构进行清理检查，涉及112个项目，538个楼盘，共下达《整改通知书》89份，对11个房地产开发企业给予行政处罚，并在《南阳日报》、《南阳晚报》、南阳电视台等主流媒体上连续曝光。同时广泛刊登“购房先上网，维权有保障”的公告，公示违规销售楼盘，有效地规避消费者购房风险。

【物业管理】 全面提升行业管理服务水平。全市实施物业管理的住宅小区已达792个，面积2268万平方米，实施物业管理的住宅小区和面积较去年同期分别增长46%和40%。其中省级优秀住宅小区1个，市级优秀住宅小区7个。一是加大物业企业清出监管力度。限期整改物业企业9个，降低资质等级物业企业4个，注销物业企业13个。二是拟定前期物业招投标实施细则等规定。推行住宅物业招投标制度，着力解决前期物业管理不规范，损害业主利益的现象。三是加强物业维修资金监管。共建立物业维修资金个人账户20669户，归集维修资金7166万元。有效保证资金使用安全。

【行业管理工作】 (一)装饰装修行业管理。全市装修装饰企业已达130个，位列全省第三位。其中省级装饰装修优秀企业2个，市级装饰装修优秀企业16个，二级资质21个，三级资质105个，设计资质4个，从业人员近6万人，吸纳社会剩余劳动力5万余人。全年完成装饰装修产值7亿元，达到历史最好水平。重点加强对业主执行法定建设程序、企业执行国家强制性标准等情况的监督检查。(二)房地产中介管理。全年新成立房地产中介机构9个，撤销资质2个，责令限期整改7个；新成立估价机构1个，2个房地产估价机构由三级资质晋升为二级。(刘美青)

住房公积金管理

【住房公积金管理中心概况】 2010年，全市新增住房公积金缴存单位472个，职工38114人，覆盖面达到53%，超目标任务3个百分点。全年归集住房公积金98212万元，同比增长20%，完成市政府下达目标的114%。办理公积金提取28499万元，同比增长37%，其中消费性提取20777万元，销户性提取7722万元。向2993户职工家庭发放公积金个人贷款34110万元，完成市政府下达目标的114%，存贷比达到36%，超目标6个百分点。实现住房公积金增值收益3362万元，同比增长34%，其中提取廉租住房建设补充资金1361万元。全市已缴存公积金的单位达到4305个，职工341715人。累计归集住房公积金505616万元，余额371900万元，其中油田分中心、市直和邓州、卧龙、宛城、镇平、西峡、南召、方城7县(市、区)累计归集额超过亿元。累计办理公积金提取133716万元。累计发放公积金贷款207527万元，余额132942万元，其中市直和镇平、西峡、宛城、卧龙、方城5个县(市、区)的累计放贷额超过亿元，公积金使用率达到59%。

【公积金归集】 市住房公积金管理中心继续加强政策宣传，深入扩面挖潜，坚持依法归集，实现归集工作的突破。一是积极营造良好的建缴氛围。以开展“四个带动”活动为契机，在《南阳日报》上宣传公积金政策，收到良好的社会效果。二是加大信息公开力度。按照市政府信息公开的要求，将住房公积金政策法规、工作动态等内容在公积金网站上予以公布，让广大干部职工及时了解政策、明确权利，维护群众的知情权。三是强化目标管理，促进归集。加强对各县(市、区)公积金目标完成情况的监控和指导，将归集工作实绩与个人考评挂钩，调动全体干部职工的积极性和主动性。四是抓好调查摸底，夯实缴存基础。深入开展辖区内住房公积金制度推行情况调查摸底工作，采取与单位负责人和职工座谈等方式，取得理解，赢得共识，不断扩大公积金制度的覆盖面。五是加强归集执法，力促国有和非公企业建立制度。对于有能力缴存而未缴存的企业，通过送达限期缴存通知书、处罚告知书等办法，进行建缴催缴。2010 年通过执法，使木兰家纺等 40 余个非公企业相继建立公积金制度，补缴公积金近 1000 万元。

【公积金使用】 2010 年，市住房公积金管理中心从南阳房地产市场实际出发，适时对公积金使用政策进行调整，并做到有保有压。一是根据市政府下发的《南阳市商品房买卖合同联机备案管理办法》，修订《南阳市住房公积金贷款实施细则》，要求贷款人出具由房管部门印制的联机备案合同，有效避免"一房多嫁"和虚假合同等套贷行为的发生。二是对于不能提供备案合同的职工，采取实地调查、走访购房人等办法确认购房行为真实性，使真正购房者不因合同问题而错失公积金贷款的权利。三是启动住房置业担保业务，开辟公积金贷款新途径。四是针对职工住房消费需求实际，适时将最高贷款额度由 20 万元提高到 30 万元，将贷款年限由最长 20 年延长到 30 年。五是对特殊原因没有足额缴存住房公积金的财政全供单位职工，连续缴存住房公积金 1 年以上者的，视为具备贷款资格。六是加大对购房提取真实性的资格审查，杜绝公积金违规使用行为的发生。对符合提取条件的职工，做到随申请随办理，提高办事效率，缩短办理时间。并按照以人为本的理念，放宽对长期失业困难职工及解除劳动关系返乡的外市户籍职工的提取条件。通过以上举措，保证职工真实需求得到满足，有效防范套贷骗提现象的发生，投机、投资性住房需求。

【公积金风险管理】 2010 年，市住房公积金管理中心始终把资金安全运作当做头等大事来抓，全面加强资金风险管理。一是进一步加强资金风险节点控制，确保整个资金运作过程安全、有序。二是严格贷款三级审批制度，初审阶段新增面谈记录流程，以便更好了解购房人的资信状况和贷款动机，力求做到贷款资金零风险。三是建立科学合理的数据安保机制。明确信息管理岗位职责，严格操作权限，注重网络安全，制定应急预案，确保住房公积金信息数据的安全可靠。四是在满足职工个人住房贷款需求和提取的前提下，通过研究国家利率政策，科学合理分配资金，最大限度地增加住房公积金增值收益，提高资金收益率。贷款逾期率较年初下降 11 个千分点，降至 3.3‰。

【公积金服务】 市住房公积金管理中心以"服务带动"为切入点，在为民服务上力推新举措。一是全力确保职工缴存知情权。与邮政局进行合作，为每一位缴存职工邮寄公积金个人账户对账单，努力满足层次不同职工的缴存知情权。二是安排市直管理部进驻市行政审批服务大厅办公，以优质高效便捷的服务，赢得广泛赞誉。三是扎实开展人本服务。方城管理部多次协调银行和房管等部门，主动上门为中南公司职工办理贷款手续，得到中南公司职工以及社会的好评。桐柏管理部主动与盘古花园等 11 个房地产开发企业合作，努力为贷款职工提供方便。唐河管理部针对各乡镇教师居住分散、路途较远、工作日不便办理的特点，利用节假日时间，集中为教师办理贷款业务。四是做好咨询和投诉工作。全年接受职工电话或书信咨询 5000 余次，受理"书记市长留言板"咨询和投诉 92 条。对职工的咨询、投诉，指定专人负责，做到咨询有答复，投诉有解决。（张云峰）

城市管理

市城市管理局局长　肖河

【南阳市城市管理局成立】 2010 年 1 月，南阳市城市管理局成立，隶属市政府，正处级财政全供行政单位，局机关内设 6 个职能科室，下属 9 个事业单位，编制 925 人，至年底实有 1510 人。

【城市管理概况】 城市管理局主要承担园林绿化建设管理、市政设施维护管理、市容市貌管理、环境卫生建设管理、市区内河维护管理、城市管理行政执法等工作职责，负责编制全市城市管理发展战略、中长期规划和年度计划，组织指导市直有关职能部门、各县（市、区）开展城市管理专项与综合整治。参与制订城市总体规划，参与评审城市基础设施建设项目规划设计方案并进行工程竣

2010 年 5 月 7 日，市长穆为民、市委副书记贾崇兰为南阳市城市管理局隆重揭牌

工验收，参与市区市场建设规划项目审核，参与市区城市公交线路的新辟、调整及站台新建、扩建、改建审核，参与市区主次干道两侧新建项目竣工验收和新建住宅小区综合性验收等。局机关内设办公室、城市综合管理科、城市景观管理科、市容环境管理科、政策法规科、城市管理效能督查科 6 个职能科室。下属 9 个事业单位，分别是市园林绿化管理局、市政管理处、环境卫生管理处、城市管理监察支队、市区河道管理处、白河国家城市湿地公园管理处、解放广场管理处、人民公园、生活垃圾处理厂。同时，南阳市城市管理委员会办公室设在市城管局，作为组织开展全市城市管理工作的市政府协调机构，充分发挥城市管理牵头把总考核职能，组织协调、监督指导、检查考核市政府有关职能部门和各县（市、区）城市管理工作。2010 年，全年完成人民北路、文化路、长江路等 12 条主要道路的绿化升级改造工作，完成城区内河清淤疏浚和防汛任务。整治户外违规广告 2000 余块。新建 22 座水冲式公厕、13 座垃圾中转站和 22 座游园。完成人民公园、动物园升级改造设计编制等前期筹备工作。启动中心城区 6 项专业专项规划编制。成立创建国家生态园林城市指挥部办公室和南阳市园林设计规划院，完成创建国家生态园林城项目的谋划和前期准备工作。完成中心城区苗圃搬迁、3 条景观示范路规划设计。完成城区园林绿化的调查摸底工作，筛选确定农运会举办前城市绿化建设项目。全面整治白河湿地公园、解放广场、人民公园经营环境秩序。市城市管理局被“六创一迎”指挥部授予先进职能部门和“流动红旗”单位，被市委、市政府确定为市“四个带动”重点示范单位。

【城市管理重点工作】 2010 年，市城市管理局按照“宣战、整治、承包、提升”8 字方针，实施“四个带动”，在精细化长效机制建设上实现新突破，在城管队伍规范化管理上实现新突破，在市容环境和园林绿化管理上实现新突破，在坚持以人为本的城市管理理念上实现新突破，得到市委、市政府的充分肯定和广大市民的广泛赞扬。一是完成 12 条道路绿化升级改造。抢抓春季植绿有利时节，组织园林部门干部职工，避开白天交通高峰，实施错时种植，夜晚施工，利民不扰民。对人民北路、文化路、长江路等 12 条主要道路进行绿化升级改造，增加城市绿量，提高绿化品位。同时配合城区电缆入地改造工程，短时间内将七一路、文化路、工业路苗木移到其他地方。二是启动应急机制，完成城区内河清淤疏浚和防汛任务。组织中心城区防汛指挥部办公室、市区河道管理处协调、督促检查市、区、办事处，集中清运积存垃圾，严格消灭蚊蝇，清除阻水障碍物，解决多年来城区内河阻水严重、行洪不畅问题。在夏季汛期汛情紧急时，启动防汛应急预案，全员上阵、昼夜值班、严防死守，打赢城区防汛抗灾这场硬仗，确保中心城区有大汛无险情。三是打赢整治户外违规广告攻坚战。在整治中心城区大型违规户外广告的“秋风行动”中，用 45 天时间共拆除违规大型广告 2000 余块，使城区街景豁然开朗，广大市民拍手称快。四是强力推进城市管理民生工程项目建设。全面消灭城区旱厕，新建 22 座水冲式公厕、13 座垃圾中转站和 22 座游园，超额完成年度目标建设任务。生活垃圾处理场续建工程已开工建设，预计 2011 年 3 月底完工。完成梅城公园工程建设的前期准备，梅城公园一期项目工程预计到 2011 年 5 月底完工。完成人民公园动物园升级改造设计编制等前期筹备工作，启动中心城区六项专业专项规划编制。成立创建国家生态园林城市指挥部办公室和南阳市园林设计规划院，完成创建国家生态园林城项目的谋划和前期准备工作。完成中心城区苗圃搬迁、3 条景观示范路规划设计。五是各单位团结协作，完成白河国家城市湿地公园现场复查、全省城市精细化管理考核验收等重大市容保障任务。六是实施“四个带动”成效显著。市城市管理局积极实施城市管理“四个带动”工作，充分发挥新体制优势，开拓项目工作途径，培育城市管理品牌，提升管理服务水平，构建职责明确、运转高效、管理精细、监督到位的城市管理体系，工作经验多次被作为典型在市“四个带动”会上交流，被市委、市政府确定为市“四个带动”重点示范单位。七是全力推进“六创一迎”。全面启动国家生态园林城市创建指挥部工作，完成城区园林绿化的调查摸底工作，筛选确定农运会举办前城市绿化建设项目。全面整治白河湿地公园、解放广场、人民公园经营环境秩序，人民公园一举摘掉“六创一迎”黑旗。市城管局作为市直唯一的职能部门，受到市“六创一迎”指挥部通报表彰，被授予先进职能部门和“流动红旗”单位。

【市容市貌综合整治】 全年先后组织较大规模综合整治7次。一是开展主要道路市容市貌整治。对30条主要道路市容环境进行集中整治，基本消除静态视觉污染，使城市面貌明显好转。二是开展迎“双节”市容环境整治，确保干干净净迎新年。三是开展景观示范路整治。以人民路、中州路、七一路为试点打造景观路，率先实施管线入地，基本实现“净空”。四是开展市政设施综合整治。强制拆除人民路等15条主要道路依附在市政设施上的违规招牌。五是开展夜市市场整治。初步规划城区夜市市场，有效遏制店外经营，净化美化城市景观。六是行道树私拉乱扯整治。对城区行道树私拉乱扯现象实施拉网式拔钉松绑集中整治，清理乱扯乱挂，督促沿街商户统一门店招牌，净化市容市貌。七是道路小斜坡整治。在城区39条道路同时开展道路两侧人行道路沿私设水泥、铁架等固定斜坡专项整治，外运6300余吨杂物，规范城市道路管理，改善市容环境。

【城市管理宣传】 重视舆论宣传引导，充分发挥报纸、电视、网络等媒体优势，引导各阶层人士关心、支持并积极参与城市管理。一是创办《城市管理》期刊。发起成立南阳市城市管理协会，创办“南阳城市管理”网站、《城市管理》杂志。宣传城市管理法规准则，传递领导和市民声音，介绍外地先进经验，总结南阳城管实践经验，展示城管风采，提升理论引领。同时，内部印刷《城市管理工作信息》、《城市管理工作》、《城市管理快报》以及《城市管理督查通报》等工作简报，作为反映城市管理工作的“窗口”和“载体”。二是开展向陋习宣战活动。在市各大新闻媒体同时开辟专题、专栏，把22种城市陋习的具体表现、社会危害及城市文明行为规范向社会公示，组织市民讨论互动，形成社会舆论宣传攻势。印制5万余份《向城市陋习宣战》宣传册，灌制“向城市陋习宣战”宣传录音资料，向沿街商户和市民群众发放，教育广大市民认识城市陋习的社会危害，增强城市意识、文明意识，自觉遵守城市管理规范，培养良好行为习惯。三是开展城管与市民互动活动。每次集中整治行动前，都预先在报纸等媒体上公示公布政策法律依据，扩大信息宣传，邀请新闻记者及时报道活动开展情况，发动广大市民了解、关心和支持城市管理，营造全民参与城市管理的浓厚氛围。

【创新城市科技管理】 创新工作方式，提升行政效能。一是设立效能督查科。对年度重点工作、阶段性重点工作、重要迎检任务等，进行实地督察，暗访督察，跟踪督察，台账式管理。二是启动财务监管预警机制。设立城管局系统会计监督中心，对各单位预算资金收支过程进行监督管理，统一财务管理办法，规范财务收支活动，提高资金使用效率。三是园林绿化采取错时施工，错开交通高峰，实行夜间作业，利民不扰民，实现一夜出新出彩。四是环境卫生推行“垃圾不落地工程”，对沿街单位、门店定时上门摇铃收集垃圾，避免商户沿街倾倒垃圾，杜绝二次污染。五是改新传统市政养护作业方法。研制出专用污泥运输车和专用污泥盛

环卫工人正在集中清扫路面

放工具,对清掏的污泥,一次性装车及时清运,实现清掏污物不落地。六是改新路灯管理技术。对现有路灯电源维修阀门进行改造,消除潜在安全隐患,有效遏制偷拉乱接盗用路灯电力行为发生,全年挽回近100万元的电费损失。

【县(市)城市精细管理】 邓州市组建市城管委,形成两级政府、三级管理、条块结合的大城管格局。唐河县努力打造"滨河夜市一条街"。西峡县以创建国家文明县城、园林县城为目标,重点开展城区交通、市场经营、户外广告三大秩序整治。方城县创新管理机制,实施全方位管理,强化城区校园周边环境治理;投资5000万元,新增公共绿地1.3公顷;南召县按照"完善功能、提升品位、改善环境、强化管理"的思路,坚持严格执法与文明执法相结合,堵违监控与正确疏导相结合,合理规划一批临时停车点和临时市场;桐柏县大力实施生态城镇体系建设,强化城市管理,新增绿地3.5万平方米,努力营造秀美、和谐、有序的城市环境。新野县积极探索城市管理市场化运作新机制,通过公开招标的方式,把道路市容管理、清扫保洁、公厕管理推向市场。淅川县建立健全园林绿化管理长效机制,实行定路段、定人员、定标准、定奖惩,一包到底,工作绩效与工资挂钩。社旗县坚持疏堵结合,采取与商户签订承诺书的办法,规范早市、夜市经营行为,专门设置"便民小广告张贴栏",减少乱贴乱画现象,规范门店招牌,强力推动管线入地。内乡县推行错时管理、分片包干制,推动管理工作由突击管理向长效管理、事后处罚向事前服务、简单执法向人性化执法转变。镇平县扎实推进环境卫生精细化管理,在主要道路推行白天保洁、晚上收堆的作业模式,延长保洁时间,有效解决夜晚垃圾乱倒问题。
(冀泮联)

环 境 保 护

市环保局党组书记、局长　宋宽军

【环境保护概况】 2010年,市环保局以科学发展观为指导,以创建国家环保模范城市为载体,坚持面向社会树形象、面向企业搞服务、面向群众办实事,强化执法监督,加强生态保护,不断推进环境监督管理向法制化、规范化方向迈进,各项工作不断取得新突破。全年受理建设项目环评868个,审批建设项目801个,其中市局审批166个,否决不符合国家产业政策和环保要求项目67个,审批农运会项目56个,减免环评编制和技术评估费用200余万元。关闭淘汰污染严重的造纸、制药行业企业11个,限期深度治理污染企业17个。丹江口水库稳定满足调水水质要求。唐河出境水COD、氨氮达标率均为98.1%,白河出境水COD、氨氮达标率分别为100%、88.5%,两个断面水质达标率均超额完成省定80%的要求。中心城区及11个县(市)城市集中饮用水水质达标率均为100%。市区空气质量全年优良天数321天,优于省定全年优良天数315天的目标要求。全市"十一五"期间COD、SO2排放量分别下降25.72%、18.55%,圆满完成省政府下达的减排任务。

【环境综合整治】 全年对59个国控、省控重点排污企业加大现场监察频次,对治污设施不完善的11个企业采取了停产措施,对15个重点工业污染源实施限期治理;对6个企业的工业炉窑实施限期治理;对普康制药有限公司等5个排放异味企业进行集中整治,对建筑施工工地扬尘污染预防、控制进行规范整顿。集中取缔供热区内的燃煤小锅炉,改用清洁燃料。完成对全市水泥、钢铁、多晶硅、风电设备等行业的核查进行监测。监督29个存在环境违法行为的化工企业整改到位,并在市环保局网站上进行公示。督促责任单位编制完成《2010~2015年南阳市辖区内污泥处理处置规划》和《南阳市污水净化中心污泥处置示范工程建设方案》。对全市10个涉重金属企业废水进行深度处理,对唐河世航皮业有限公司采取淘汰关闭措施。

【生态环境保护与建设】 全市纳入国家《重点流域水污染防治规划(2006~2010年)》的27个项目均已完成25个项目,年处理危险废物2.63万吨的南阳市危废处置中心项目基本建成,全市96个国控、省控重点排污企业全部建设自动监控基站,12个污水处理厂全部安装视频监控系统;在中心城区和11个县(市)安装15个空气自动站,在市域4条主河道建设9个市控县界水质自动站及2个辐射质量自动监测站,有效提高环境自动监控能力。

【建设项目环境管理】 全年受理建设项目环评868个，审批建设项目801个（其中市局审批166个），否决不符合国家产业政策和环保要求项目67个。省政府确定的65个重点项目，61个项目获得环评审批。审批农运会项目56个，减免环评编制和技术评估费用200余万元。对于产业集聚区主导产业开通环评审批“绿色通道”。

【核磁辐射环境管理和危险废物监管】 2010年，全市电离辐射环境质量保持天然本底水平，空气吸收剂量率监测值范围为82.4～120.7纳戈瑞/小时，均值114.51纳戈瑞/小时。全市电磁辐射环境功率密度监测范围为0～2.06微瓦/平方厘米，均值0.64微瓦/平方厘米，综合电场强度范围为0～2.72伏/米，均值0.89伏/米。工业危险废物产生总量为141863吨，其中综合利用124973.35吨、处置16889.65吨、贮存24.62吨。

【环境质量状况】 （一）水环境质量。1.河流水质。2010年，南阳市监控的722.2公里河段长度地表水7个监测断面中，Ⅰ～Ⅲ类水质比例为85.8%，较2009年提高28.6个百分点，Ⅴ类和劣Ⅴ类水质断面比例为0，较2009年降低14.3个百分点。全市4条主要河流水质均为良好，污染程度由轻到重依次为鹳河、白河、湍河、唐河。主要污染因子高锰酸盐指数年均浓度2010年较2009年下降17.7%，好于国家地表水环境质量Ⅲ类水质标准。氨氮年均浓度较2009年下降50%，好于国家地表水环境质量Ⅲ类水质标准。2.水库水质。鸭河口水库为中营养状态，综合营养状态指数和2009年持平，总氮浓度较2009年增加29.1%，总氮年均浓度呈上升趋势。丹江口水库为中营养状态，综合营养状态指数和2009年持平，总氮浓度较2009年降低14.6%，总氮年均浓度呈上升趋势。3.城市饮用水源地水质。2010年南阳市建成区地下饮用水源地水质符合国家《地下水质量标准》Ⅲ类标准，东水厂、二水厂水质达标率均为100%，水质良好。（二）城市环境空气质量。2010年，南阳市建成区空气质量指数为0.79，空气质量属良好级别，全年达到国家二级标准的天数321天，占87.9%。环境空气中可吸入颗粒物年均浓度较2009年下降10.2%，二氧化硫和氮氧化物年均浓度较2009年分别上升6.9%和26.9%。2010年全市降水pH值在4.19～7.78之间，酸雨发生率为2.22%。（三）功能区噪声。2010年，南阳市建成区区域环境噪声平均等效声级为53.7分贝，声环境质量较好。城区4个功能区噪声年平均等效声级昼间、夜间均达标，4个功能区噪声达标率及总测点次达标率无变化，均为100%。道路交通噪声符合《声环境质量标准》4类标准，属良好级别。

【固体废物污染防治】 （一）工业固体废物。2010年南阳市工业固体废物产生总量为526.98万吨，综合利用量444.07万吨，综合利用率为84.27%，贮存量46.05万吨，处置量37.09万吨。市污水净化中心污泥产生总量为22568吨，11个县（市）的县级污水处理厂共产生污泥27276吨，全部送往生活垃圾填埋场卫生填埋或做农肥使用。（二）医疗废物。2010年南阳市县（市、区）级以上医疗机构和部分乡镇卫生院共产生医疗废物1889吨，送往南阳市医疗废物处置中心焚烧处置。（三）城市生活垃圾。2010年南阳市中心城区生活垃圾日产生量为970吨，全年共产生35.4万吨，送往南阳市生活垃圾综合处理场卫生填埋。（四）建筑垃圾。全南阳中心城区共产生建筑垃圾约55万吨，送往城区周边填坑，综合利用率为100%。

【生态环境保护】 2010年，全市生态环境质量等级为优，基本未发生大面积秸秆焚烧火点。桐柏县、内乡县、西峡县通过国家级生态示范区验收，8个乡镇创建为省级生态乡镇，70个行政村创建为省级生态村。全市共有8个自然保护区，总面积20.85万公顷，占全市国土面积的7.92%。

【主要污染物排放及减排】 2010年全市废水排放总量为27275万吨，其中工业废水排放量为11070万吨，占全市废水排放总量的40.6%；全市废水中COD排放量为61512吨，其中工业COD排放量为27258吨，占全市废水COD排放量的44.3%。与2009年相比，工业废水排放总量增加1329万吨，增幅为13.6%；COD排放量降低5260吨，降幅为16.2%。废气中主要污染物排放量分别为：二氧化硫60410.5吨（含生活源8649吨），氮氧化物58917.9吨，烟（粉）尘25594.1吨。关闭淘汰污染严重的造纸、制药行业企业11个，限期深度治理污染企业17个；以13个城市污水处理厂和4个燃煤电厂为重点，加大对34个重点工程减排项目的环境监察和现场执法力度，有效削减污染负荷。两项主要污染物COD和二氧化硫排放量分别从2005年的8.96万吨、7.41万吨下降到2010年的6.15、6.04万吨。（唐建力 王瑞琴）

公用事业

供水

【水务(集团)有限公司概况】 南阳市水务(集团)有限公司成立于2005年8月,是在原南阳市自来水公司的基础上,经产权改革,由全体职工出资组建的有限责任公司。公司注册资本3000万元。止2010年末,公司拥有采水井100余眼,4座水源厂,4个实体单位,日供水能力22万立方米,供水主干管网总长400余公里,供水服务面积60平方公里。在册员工2100余人,其中各类专业技术人员430人,职工持证上岗率达98%以上。公司先后荣获"全国部门造林绿化400佳"、"省级文明单位"、"全省城市供水优秀企业"、"全省供水文明行业创建工作先进单位"等荣誉称号。

【供水保障】 (一)保障水质。投资近100万元添置、更新水质化验设备,定期清洗清水池,定期排放管网末梢水,化验出入厂水质,建立水源井水质档案。(二)保障水压。新增自动测压点2处,通过对末端压力的监控,调整水厂的水量,保证供水压力平稳。(三)保障水量。投资300多万元,新开水源井22眼,日新增供水能力3万立方米。

【管网建设】 投资1200余万元,完成中州西路、张衡西路、光武东路、明山路、健康路、体育场馆区三号路、四号路、五号路等DN300－600市政道路供水管道10千米新建和改扩建任务。投资100余万元,完成北京路阀门井和光武路DN600供水主管道修复、文化路双桥移管等工程。

【服务质量】 全年妥善处理用户投诉、受理"三来、三访"接待1200余起,处理"12319"城建服务热线490起及市长连线、市长信箱转办事件96起,用户满意度达98%以上。行风评议中,在30个参评的公共服务行业中获12名,在79个参评"惠民实践活动"单位中,获得"十佳单立"荣誉称号。(张琳)

供电

【电力工业公司概况】 2010年,全市用电量160.69亿千瓦时,同比增长21.38%。其中:第一产业完成14.05亿千瓦时,同比增长2.83%;第二产业完成118.39亿千瓦时,同比增长24.19%;第三产业完成93.71亿千瓦时,同比增长22.38%。线损率达到3.7%时,同比下降0.3%;电力销售收入63.84亿元,同比增长28.87%,实现内部承包利润3100万元。全市最高网供负荷2788万千瓦,创历史新高。

【电网建设】 公司与方城县政府签订征地协议,按期完成高压扩建征地工作。编制完成南阳电网"十二五"规划并通过省公司专家组评审,14项220千伏及110千伏电网工程项目得到省发改委核准。投资3.19亿元的农网升级改造工程全面启动。推动省公司和市政府签订《共同推进南阳电网发展框架协议》,2020年前计划建设的68项变电站建设用地全部纳入市、县土地利用总体规划。220千伏邓新线路工程和110千伏葛营输变电工程获省公司2010年度安全管理流动红旗,220千伏方城、镇平变电站工程获国网优质工程,设计院获省公司110千伏输变电工程设计竞赛一等奖。主网建设累计完成投资3.2467亿元。扩建220千伏变电站2座,新增220千伏主变容量360兆伏安,新建220千伏线路73.709千米,新建(改造)110千伏变电站6座,新增110千伏主变容量340兆伏安,新建(改造)110千伏线路25.68千米。城区8条主要干道实现电缆化,电缆线路总长15.46千米。共新建(扩建)35千伏工程1项,新建(改造)10千伏线路59.6千米、400伏线路2.36千米,新建(改造)配电台区134个。

【生产管理】 南阳电网已建成3个110千伏集控中心、2个220千伏集控中心和2个220千伏母子变电站，其中城区17个110千伏变电站实现了无人值班。建成覆盖全公司的综合计算机网络、调度自动化、调度员仿真培训、营销、95598、财务、负荷监控等系统，运营情况良好。城区供电可靠性从99.93%上升到99.94%。

【营销服务】 在全市基层站所民主评议中，公司系统224个供电所以98.35高分获得第一名。公司实现行风评议“六连冠”，获南阳市“民主评议政风行风建设优秀单位”和惠民实践活动“十佳”单位。

【企业管理】 建立以标准成本为核心的全面预算管理体系，荣获省公司财务集约化管理先进单位。规范经营行为，被评为市纳税信用A级企业。以提供服务、保障安全为重点，倾力服务南水北调移民迁安，被市委、市政府荣记集体三等功。认真做好“六创一迎”工作，被市政府授予红旗单位。

【农电管理】 建成2个新农村电气化县，41个电气化乡，651个电气化村，对全省贡献率达26.12%。新建标准化供电所173个，居全省第3位。在省公司6项农电专业技能大比武中获团体2个第一、3个第二、1个第三，农电员工安全知识调考和竞赛双双取得团体第一名。

【科技教育】 14项科技成果通过省公司鉴定验收，成果完成率和完成数均居全省第一。在省公司所有岗位业务竞赛中，以总分1633分的优异成绩夺得省公司同行业对标技能竞赛和调考成绩第一名。（尹娜）

燃 气

【郑燃燃气有限公司概况】 南阳市郑燃燃气有限公司是在原南阳两气公司全面改制的基础上，由原郑州燃气集团有限公司在2007年6月全额出资2.0亿元注册成立的，同年6月6日获得南阳市管道燃气特许经营权，年限为30年，范围1981平方公里。2009年10月，郑州公司与华润集团成功实现了战略合作，南阳市郑燃燃气有限公司作为郑州公司的全资子公司一并成为了华润集团的成员企业。公司下设11部1室，5个子分公司。至2010年末，公司拥有在职员工953人。发展管道燃气民用10余万户，商业210户，城市民商用气结构比69：31。

【主要业务目标完成情况】 管道气源主要为河南天冠集团生产的沼气，在沼气供应不足时，掺混CNG作为应急补充气源。在市中心城区敷设中低压供气管网389.84公里，覆盖面积60平方公里。累计发展民用户34149户，商业用户69户，储备工业用户1户；商业用气比例由2007年的13%上升至30%。（马雪玉）

供 热

【热力有限责任公司概况】 成立于2007年1月24日的南阳热力有限责任公司是南阳市唯一的热力经营企业，内设总经理工作部、政治工作部、工会办、生产技术部、设备维护部、安全监察部、计划经营部、市场营销部、财务管理部、人力资源部、监察审计部。2010年，实现增利6400余万元，实现供热103万吉焦，同比增长0.95个百分点；消缺率99.68%，同比上升2.22个百分点；机组年均全厂热效率54.19%，年均热电比110.09%，查处违规用汽3起，实现连续安全生产运行1022天。

【热力管网建设】 南阳中心城区热力网系统以南阳热电有限责任公司2×210MW抽汽供热机组为热源，对南阳市白河北A区的民用采暖用户及部分工业热用户实施集中供热，供热形式为蒸汽。至2010年末，公司拥有热用户达到70余家，蒸汽管网18公里，热水管网6公里，年供热能力34万吨。

【热力项目改革】 热力公司针对供热管道管径较小的实际情况，不断摸索研究项目改革，实现光武路热力管网和西药厂主管线的成功对接，供汽量比去年同期提高近80%，有效保障热网北线全部用户的供热质量。

【热力防汛抢险】 2010年7月，南阳城区突降暴雨，热力井全线被淹，保温破坏，水面沸腾，部分热力井坍塌。公司果断采取措施，关闭阀门，迅速开展抽水，对排潮管进行疏通保护，在最短的时间内恢复正常供热，把灾害对热力管网的损坏降到最低限度。（霍书明）

公共交通

【公共交通总公司概况】 南阳市公共交通总公司成立于1972年11月21日，原名为南阳市人民汽车公司，2005年8月更名为南阳市公共交通总公司。总公司设有18个处室，下属9个单位，其中公交营运公司5个，经济实体4个(广告公司、出租车公司、大修厂、旅行社)，公司机关位于独山大道中段。公司人员总数2498人，其中经市劳动部门审核为2123人，其他聘用375人。人员构成为：驾驶员607人，乘务员76人，修理工167人，专业技术职称133人。有停车场5个，面积31096平方米(46.6亩)，车辆318台，其中营运车辆293台，后勤保障性车辆25台。2010年，实现营运里程1954万公里，实现营运收入4262万元，成为南阳市中心城区为市民出行提供公共交通服务的骨干企业。

【主要业务目标完成情况】 2010年，公司实现营运里程1954万公里，为年计划的97%，比2009年增长2%；实现营运收入4262万元，为年计划的104%，比2009年增长2%；车辆满班率达97%，车厢服务合格率达91%，车厢整洁合格率达93%。完成100台公交车采购任务，先后对3路、7路、8路、9路、20路、2路、29路、36路进行优化和延伸，共计增加线路里程14.6公里，市民群众出行难的问题得以初步缓解。

【服务管理】 2010年共受理各类投诉308起，比2009年下降8%，共查证落实处理严重违票人员2人，一般性违票人员94人次，共查处偷盗油事件2人。全年受到媒体及市民表扬的事件共24人次，尤其是公交出租公司豫RT1309号车承租人在工作中见义勇为、勇斗不法歹徒，受到新闻媒体、公安及运管部门的表彰奖励。

【安全生产管理】 总公司对全体驾驶员进行建档，87人拥有A3驾照，开展安全例会12期，路检路查12次，联合各分公司下线检查89次，下发通报25期，整改通知5期，转发上级通知下发安全预案4次。全年无一例责任亡人事故发生，一般性事故122起，较去年下降13%。投入4.8万元更换灭火器344瓶，消防水带260米，维修消防设施6处，处理各类治安案件及票务纠纷72起，全年未发生一起刑事案件。(文廷勋)

乘坐公交车的注意事项

1. 乘车前，调查下，寻找最快捷、省钱路线。

2. 作为女士，乘坐公交车切忌不能穿短裙以及低胸上衣。

3. 作为男士，乘坐公交切忌不能最少是两日不洗澡，否则自己尴尬，也是对别人的不尊重(尤其是在春暖花开时节)。

4. 作为男女在乘坐公交时，最好着一双轻便的跟脚的鞋子。

5. 要大致明了你行将抵达目的地的上下两站站名，以备不时之需。

6. 个人私物尤其是现金等，应该少带，手机尽量不要随便显露，否则都会是欲盖弥彰的。

7. 乘坐公交车要善于学会余光观察周遭，不易直视对方、自寻不自在。

8. 乘坐公交车应主动远离手拿报纸观看之辈来站立或落座(此类人，要么是综治人员在跟踪或观察什么，要么就是心存歹念之徒，很少是纯良之辈，除非是莘莘学子或真正的书呆子)。

9. 忌在公共场合大声聊天、打电话，一来泄密，二来纯粹是在释放杂音。

10. 成年健康男女，巧遇老人或孩童，一定要起立让座，否则必将会受到良心的谴责！(只要你是年轻人，只要车里还有人站着，你就慷慨点让位)

11. 即便你要在乘坐公交时进食一些物品或饮料，但你要注意，在咀嚼时最好不要张开双唇，吞咽时不易弄出较大声音，更不易打出饱嗝！

12. 乘坐公交一定要穿着一些随意服饰，愿意佩戴墨镜的，最好要佩戴一幅便于藏拙、又不影响你直视对方儿眼！

13. 切忌，假如你就是没有购买一卡通之类的，一定要在公交车驶来前，准备好零钱。

14. 上车后，迅速观察一下，尽量寻找穿着干净之辈身旁停落——前提是你也应该干净利落！

15. 假如也就是一两站路程的，最好不乘坐公交——而是迈开大步走一下！

16. 坐下后，脚要放好，不要叉开或靠得很高或伸得很远。

17. 雨伞要收好，不要弄湿别人。

18. 高个子的人应该让矮个子的乘客靠近窗户和座椅站立，以方便其抓住扶手。

19. 不要带太大和太多的行李上车。

20. 当靠里面窗边的乘客下车后，向里面移动。

21. 上车后离开抓稳，以免撞倒或踩到别人。

22. 如果你晕车，靠车后坐(让座的几率会低点)。

23. 勿在车厢内修剪指甲。

24. 目光和身体不要太靠近别人的行李或财物(瓜田李下)。

25. 情人们勿在车厢内亲吻拥抱缠绵。

26. 下车后尽快走人行道。

教　育

教育综述

【学校·学生·教师】 2010年，南阳市共有各级各类学校7325所，在校学生（学员）2903857人。其中，普通高校4所，在校生66735人；普通中专13所，在校生82629人；普通高中72所，在校生151495人；职业高中64所，在校生47774人；普通初中441所，在校生414682人；普通小学3763所，在校生1122119人；特殊教育学校10所，在校生935人；有独立设置的幼儿园489所，在园儿童217883人；成人高校1所，在校生（学员）10572人；成人中专15所，在校生4622人；成人技术培训学校2904所，在校生（学员）626649人。另有成人中小学37所，在校生157458人。全市共有教职工114764人，其中专任教师102302人。

【教育投入】 2010年，全市国家财政性教育经费投入为54.49亿元，比上年增长19.8%；预算内教育经费拨款52.6亿元，比上年增加8.63亿元，增长19.62%。普通高中生均预算内教育事业费2377.29元，生均公用经费697.37元，分别比上年下降4.42%和29.12%；普通初中生均预算内教育事业费3245.32元，公用经费1116.84元，分别比上年增长11.97%和19.74%；普通小学生均教育事业费1971.96元，公用经费658.42元，分别比上年增长10.64%和25.01%。征收城镇"三税"教育费附加18617.4万元，比上年增长24%。多渠道筹措教育经费8.1亿元，比上年增加0.9亿元，增长12.5%。全市学校校舍总面积1291.3万平方米。中小学图书、仪器和体育卫生艺术设施有新的增加。

【学校食堂建设和管理】 至11月底，全市新建、改建学校食堂面积32万平方米，累计投入1.35亿元。全市856所学校食堂中，80%以上达到或超过省定标准。在学校食堂管理中，严格实行由学校或公司托管管理模式，从业人员统一培训考试上岗，饭菜价格由学校统一核定，剩饭菜由学校或公司统一处理，统一实行48小时留样，食堂食品主原料采取由学校初选、教育部门审核备案的办法确定主原料定点采购单位，开展学校食堂等级量化考评活动等制度，促进了学校食堂达标升级。至年底，全市已在60余所学校食堂进行了公司托管试验，省教育厅把南阳作为实行托管模式联系点，开展了"河南省农村中小学食堂由公司托管模式项目研究"。11月29～30日，在全国学校生活卫生设施改造经验交流会上，南阳市教育局作了题为《加大学校食堂建设管理力度构筑学校食品卫生防线》的典型经验介绍。

【召开全市教育工作会议】 3月18～19日，全市教育工作会议在西峡县召开。会议提出了"提高教育质量，复兴南阳教育"的总方针，确立了"促进教育公平，办人民满意教育"的总目标，对2010年工作重点作了安排部署：一要扎实推进义务教育均衡发展；二要强力推进职教攻坚工作；三要努力提高教育质量；四要全面加强教师队伍建设；五要编制好事业发展规划；六是实施"教育改革年"；七是着力促进教育公平；八是扎实做好安全稳定工作。市政府副市长张振强指出，一要调整优化教育结构，扎实推进均衡发展；二要整合职业教育资源，强力推进职教攻坚；三要推进教育改革创新，增强教育发展活力；四要实施人才强教方略，切实提高师资素质；五要解决热点难点问题，努力构建和谐教育。会上，市政府为荣获"全国推进义务教育均衡发展先进地区"的内乡县和荣获"河南省推进义务教育均衡发展成效显著单位"的西峡县、宛城区颁发了奖牌。五是在全市开展以实施新课改为主的教育教学研究活动，各地各学校围绕更新教学理念、转变教学和学习方式，打造高效课堂，创新教学模式。全市涌现出"导学激趣"、"导学互动"、"导学案"等一大批新的教改经验，西峡"三疑三探"新课程教改经验在全国推广。六是加强教育教学管理，市教育局先后出台了《学前教育保育教育质量监测评估指标体系》、《义务教育教学质量检测评估指标体系》、《普通高中教育教学质量评估实施办法》、《南阳市县区基础教育评估指标体系》、《南阳市局直学校评估指标体系》等举措，在全市各级教育部门建立了教学质量调研制度、质量建设专题会议制度、新课改开拓下的教学管理制度、教育质量评估和奖惩制度，全面加强教育质量管理。七是制定教育教学质量奖励机制，为充分发挥先进单位和先进个人的示范引领及带动作用，市委、市政府研究决定，从2010年开始每年拿出500万元，用于奖励为提升教育教学质量作出突出贡献的单位和个人。

【市教育局建立健全质量管理长效机制】 一是树立质量意识。把2010年确定为“教育质量建设年”，把2011年确定为“教育质量推进年”，强化监管，促进提升。把2012年确定为“教育质量提升年”，促进各级各类教育质量全面提高。二是推进“三项转移”。推进由终端评估向过程监管转移，建立高中阶段教育以市为主、义务教育以县为主的监管评估机制；推进质量由局部优质向整体提升转移，对整体质量徘徊不前的县区和学校，组织调研剖析；推进由主要依靠拼时间拼消耗，向依靠教改教研提升质量转移。认真探讨提升教师教学水平、打造高效课堂的路径，切实形成理念新、方法活、质量高、具有南阳特色的教学新模式。三是完善“全面评估机制”。建立单科抽检、过程测评、综合评价三项评估办法。四是健全“四项监管制度”。继续强化教育质量专题会议制度、教学工作视导制度、综合评定通报制度、教育教学质量表彰制度。五是在全市开展以实施新课改为主的教育教学研究活动。各地各学校围绕更新教学理念、转变教学和学习方式，打造高效课堂，创新教学模式。全市涌现出“导学激趣”、“导学互动”、“导学案”等一大批新的教改经验，西峡“三疑三探”新课程教改经验在全国推广。六是加强教育教学管理，市教育局先后出台《学前教育保育教育质量监测评估指标体系》、《义务教育教学质量检测评估指标体系》、《普通高中教育教学质量评估实施办法》、《南阳市县区基础教育评估指标体系》、《南阳市局直学校评估指标体系》等举措，在全市各级教育部门建立教学质量调研制度、质量建设专题会议制度、新课改形势下的教学管理制度、教育质量评估和奖惩制度，全面加强教育质量管理。七是制定教育教学质量奖励机制。为充分发挥先进单位和先进个人的示范引领及带动作用，市委、市政府研究决定，从2010年开始每年拿出500万元，用于奖励为提升教育教学质量作出突出贡献的单位和个人。

【市政府对六县区教育工作进行督导评估】 11月中下旬，市政府组织3个督导组分别对宛城区、新野县、唐河县、桐柏县、社旗县、方城县的教育工作进行督导评估。督导评估内容包括教育经费、义务教育均衡发展、职业教育攻坚、教师队伍建设、中小学管理与质量建设、中小学安全工作、校舍安全工程建设等7个方面。督导评估结果表明，各县(区)政府在财力比较紧张的情况下，逐年增加教育投入，优先保障教育事业发展。深化教育改革，强化内部管理，促进了教育事业的健康发展。同时，还存在一些亟待解决的问题。一是教育投入远远不能满足事业发展需要。二是办学条件有待充实完善。督导组所到的大部分农村中小学都存在教学配套用房不足，教学实验室不达标，图书和仪器比较老化，体、音、美器材欠缺，学校操场不达标，教育现代化水平滞后等现象。三是义务教育发展不够平衡。城镇学校普遍存在大班额问题，学位严重不足。四是师资队伍建设需要进一步加强。农村中小学教师年龄老化现象严重，普遍缺少体育、音乐、美术、计算机和英语教师，多教学点仍然实行教师包班制，教师工作十分辛苦，也影响了教学质量的提升。五是一些学校的精细化管理不到位。个别学校管理比较粗放，甚至有脏、乱、差现象。有的学校安全措施不到位，存在一定的安全隐患。六是职业教育有待进一步加强。主要表现是职业学校缺乏办学特色、缺乏专业师资、缺乏良好的实训基地，吸引力不强，服务地方经济建设的功能不强，办学水平和办学效益有待进一步提高。

【全市教育系统积极开展捐助灾区悼念遇难同胞系列活动】 4月14日，青海省玉树藏族自治州发生7.1级地震灾害后，南阳市教育系统迅速组织机关干部及广大师生伸出援助之手，以实际行动表达对灾区人民的深情厚谊和对地震中遇难同胞的缅怀之情。4月21日，全市各级各类学校一律下半旗致哀，停止一切娱乐活动，组织广大师生采取不同形式向在地震中遇难的各族同胞表示沉痛哀悼，并踊跃向灾区捐款。全市各级各类学校把捐助灾区、悼念遇难同胞等活动作为开展爱国主义教育、民族精神教育和人生观教育的生动教材，发扬“一方有难、八方支援”的精神，开展了“情系玉树、大爱无疆”系列活动。4月23日，市教育局发出倡仪，号召局机关干部、局直学校广大师生掀起了向灾区捐款的高潮，截至4月25日下午，局直教育系统共捐款289838.4元。市九小捐款1万多元。卧龙区各学校共捐款151156.24元。市十四小学把玉树抗震救灾情况作为拓展性校本教材，纳入思想品德课内容，通过开展“感悟玉树”征文活动，号召学生积极看报纸、听新闻，关注媒体信息，收集感人事例，要求师生共同撰写感悟，提高认识；市二十一小利用学校广播站开播悼念专题报道，师生共同朗诵《玉树不哭》等多首诗篇，祈祷逝去的同胞一路走好；市四小组织开展以“地震反思录”为主题的教育活动，让学生了解地震有关知识，总结出地震来临时的“十要”、“十不要”，从而提高学生的防震减灾知识，增长学生的自救保护技能。

【打造阳光高考】 6月7～8日，全市65485名考生分别在55个考点参加全国普通高考。全市普通高招共报考65485人，其中普通类考生报名60451人，参加全省统考对口生考生2469人，参加全省统考专升本考生2287人，体育单招、职教教师资格、高职班单招报名278人。全市共设考区14个，考点55个，考场2234个。外市派驻南阳市省级巡视人员108人，南阳市外派省级巡视员88人。市派包县巡视人员32人。

【香港明德基金助学计划启动】 6月10日，香港明德基金“缔造梦想”助学计划恳谈会在南阳豫宛宾馆举行。香港明德基金主席李洁英、基金秘书张婷等出席并考察南阳市香港明德基金“缔造梦想”助学工作，这标志着香港明德基金“缔造梦想”助学计划在南阳正式启动。与会双方就助学计划的合作细节进行了认真磋商。香港明德基金是在香港注册、由香港爱心企业和社会爱心人士发起的公益慈善组织，目的是扶弱济困，捐资助学。“缔造梦想”助学计划主要是捐助部分家庭贫困、品学兼优并考取二本院校以上的学生。该助学计划当年在南阳市挑选50名捐助对象，每人每年将享受助学金6000元，直至完成大学学业。该基金还计划在南阳市两所农村学校实施“开卷乐”图书捐赠计划和“童心看世界”电脑捐赠计划。

【受灾学校重建】 7月以来，南阳市连续普降大到暴雨，致使部分县中小学校受灾严重。据统计，全市受灾学校共1138所，倒塌校舍1399间，形成危房8449间，毁坏教学仪器设备7万余台、课桌凳23852套、图书27万余册，造成直接经济损失达1.7亿元。灾情发生后，市委、市政府高度重视，立即成立全市中小学抗灾救灾领导小组，组织动员市县乡村四级人员深入受灾学校排查险情，多方筹资1400万元，迅速部署重建工作。市教育局派出7个工作组分赴重灾区，实地察看受灾学校的具体损失情况，并结合正在实施的中小学校舍安全工程，相应调整项目规划，尽快重建校舍。据统计，省下达南阳市的300万元中小学校救灾款中，200万元用于受灾最重的西峡县，50万元用于较重的淅川县，50万元用于内乡、南召、桐柏、镇平4个受灾县。

【市人大视察中心城区学校建设】 11月16日，市人大常委会主任李天岑带领部分驻会市人大常委会委员，就“关于加强中心城区中小学建设，进一步缓解教育资源不足”的议案办理情况，先后来到市二十一小、市六十四小、市三小、市十二小、市四小等学校进行实地视察。市人大常委会副主任杨德明、秦俊、谢先锋参加了视察活动。市政府副市长张振强，市教育局局长柳克珍等陪同视察并代表市政府汇报了议案办理情况。4月初，市人大常委会有关议案下发后，市政府高度重视，将议案涉及的中心城区中小学建设和教育资源整合工作列入重要议事日程，确保新建学校项目顺利实施，推进中心城区义务教育均衡发展。针对中心城区教育结构布局不合理及义务教育资源不足等问题，市政府制订了中心城区中小学布局规划，2010年中心城区共安排改扩建学校8所，同时加大对义务教育的投入力度，强力推进义务教育阶段资源整合，缓解学位紧缺压力。李天岑要求，各级各部门要齐抓共管、形成合力，采取更加有效的措施，动员全社会的力量，调整中小学校布局，促进义务教育均衡发展，为教育事业的发展创造一个良好的环境。

【桐柏县设立学校食品安全督查室】 桐柏县创新学校食品安全监管机制，在学校设立食品安全督查室，加大学校食品安全监督工作力度。该县结合学校食品卫生工作现状，经过充分调研论证，报经县政府批准，由县食品安全工作领导小组和县教育局下发文件，要求全县有集体供餐的学校都要设立食品安全督查室，作为学校内设机构，监督学校食品安全。督查室要具备“四有”条件：有专职人员、专门场所、专用食品留样设配、专门制度；学校食品安全督查室直接对校长负责，宣传食品法律法规知识，培训考核学校食品卫生管理和从业人员；按照有关要求，实行食品原料定点采购和索证溯源制度，规范储存、加工、销售等环节，保证食品安全；开展日常检查，督促学校食堂各项规章制度的全面落实，加强常规监管，对工作中存在的问题和不足及时提出整改意见、限期整改；及时向监管部门报送食品安全信息，自觉接受相关部门的指导和监督。通过努力，该县学校食品卫生安全工作进一步得到加强,常规管理逐步迈向科学化规范化轨道,为确保师生食品卫生安全提供了保障。设立学校食品安全督查室的做法在全省乃至全国尚属首家。市政府副市长张振强对此作出批示:"要求学习、推广这个做法,确保校园食品安全。"

【全市高招共向各类高校输送新生44066人】 全市普通高招共报考65485人,共有24958名考生进入本科分数线,比上年增加2480人,被全国各类高等院校录取44066人。

【全市共发放"两免一补"资金5.08亿元】 全市春、秋两季累计发放义务教育阶段学生"两免一补"资金5.08亿元,惠及学生210万人次。其中,补助公用经费资金3.52亿元,发放免费教科书资金0.97亿元,补助寄宿生生活费资金0.58亿元。

【全市学校建设工程进展顺利】 全市校舍维修改造工程投入6722万元,实施危改项目307个。争取农村初中改造工程项目80个,争取资金3388万元,年底所有项目竣工。

【继续加强教育行风建设】 把"行风热线",大河网省长留言,南阳新闻网"书记、市长留言板"和《南阳日报》市长信箱等媒体栏目作为宣传教育政策法规、接受社会咨询的主阵地,共答复办理意见、建议1130条。开展"创建教育收费示范县"活动,坚持治理乱收费"月通报"制度,定期对受理投诉的乱收费案件及办理情况进行通报。开展涉教收费项目专项检查活动,对存在违规收费行为的学校及时进行整改。据统计,市教育局纪委共收到各类举报336件,全部按照案件管理权限进行了处理。

【中小学校办学条件得到改善】 全市共投入装备资金6658.74万元,图书、图书柜资金1950万元,装备多媒体教室1207个,新购置计算机780台。市中心城区投资5136万元,新建、改扩建中小学8所,新增建筑面积2.6万平方米。

【科学制订《南阳市中长期教育改革和发展规划》】 从2010年9月起,《规划》起草工作领导小组围绕全市基础教育、职业教育、继续教育、教育改革、教师队伍、经费投入、教育信息化、组织领导等重大问题,分9个专题调研组,深入基层进行专题调研,对关系教育事业长远发展的一些突出矛盾和重大问题进行深入分析研究,10月上旬形成《规划》初稿。10月中旬～11月底,起草小组在教育系统内部征求意见,随后市政府在全市范围组织第二轮征求意见,共收集意见、建议400余条。11月底,草案基本形成,邀请教育部原副部长张保庆,国家副总督学、教育部原基础教育司司长王文湛等领导和专家对草案进行专门讨论和指导。2010年12月20日和2011年1月5日,市政府常务会议、市委常务会议分别对《规划》草案进行研究和审定。在此基础上,经进一步修改形成了《规划》征求意见稿。全文包括序言、总体战略、发展任务、保障措施、实施等5个部分,共19条,约1.3万字。

【市中心城区新建改扩建8所中小学校】 市政府投入5136万元,实施市中心城区中小学校建设工程。这8所学校为:市十二小、市二中、市二十一小初中部、卧龙中学、市三十二小、市三小、市十七中、市六十四小。市教育局牵头,市财政、规划、文化、城建、土地等相关部门及卧龙、宛城区政府和高新区管委会配合,市中心城区中小学校建设得以扎实推进,8所项目学校建设进展顺利。市中心城区新增校舍面积2.6万平方米,新增学位3000多个。其中,市十二小南校区投入使用,当年招生830名,新增学位1440个。

【洛阳信昌公司捐资助教】 1月26日,洛阳市信昌道桥工程有限责任公司向西峡县太平镇扶困助学捐款仪式在该县太平镇中学举行。信昌道桥公司分别向太平镇初级中学捐款5万元,向该镇松树门村捐款1万元,唐寺沟村捐款5000元,向镇敬老院捐赠价值5000元的米面、食用油、水果等。洛阳市信昌公司,由太平镇松树门村王世敏、王国敏、王建敏等5兄弟于2004年创办,目前已成为拥有固定资产3000余万元、年产值超过6600余万元的道路桥梁建设企业。王氏兄弟在公司发展壮大的同时,不忘回报家乡父老,先后向家乡捐资10余万元用于扶贫济困、改善办学条件,并安排600多名农村剩余劳动力到该公司就业。

【龙成集团捐助贫困生15万元】 2月16日,西峡龙成冶材集团有限公司在西峡县一高举行资助贫困学生仪式,为该县105位品学兼优的贫困学生发放15万元的爱心款。龙成集团从2003年起,每年在全县选出100个贫困儿童作为对象,资助其完成九年义务教育,目前,资助费已累计达50万元。2006年该集团设立龙成集团高考奖学金,目前已发放资金60万元;投资400多万元兴建古庄河龙成希望小学、古庄河前营组居民新区;从2009年开始,该集团每年拿出15万元资助全县105位品学兼优的贫困学生。

【中国银行南阳分行向淅川县陶岔小学捐赠款物】 6月1日，中国银行南阳分行向淅川县九重镇陶岔小学捐赠了20台电脑和10万元现金，这是继2009年3月捐赠10台电脑、300多套书包、文具的基础上的又一次爱心捐助。陶岔小学位于南水北调中线工程渠首，是一所村办小学，办学条件较差，基础设施落后，为确保一江清水送京津，改善该校办学条件，该行主动奉献爱心，为学校慷慨解囊。

【举行庆祝教师节暨表彰大会】 9月10日，全市庆祝教师节暨表彰大会在南阳影剧院隆重举行，市领导黄兴维、李天岑、原永胜、秦俊、张振强、田向和、文学林、贺国勤，市教育局局长柳克珍、局党委书记李英世等出席大会。大会表彰了李优红、崔本勇等699名优秀教师和优秀教育工作者，命名表彰了朱敬建、王维等119名首届名校长和骨干校长，表彰了西峡县教体局、市九中等56个教育教学质量先进单位。决定给予受表彰的普通高中每所10万元和其他单位各3万元的奖励。

【开展向冯协学习活动】 12月2日，全市教育系统开展向冯协学习活动。冯协，女，23岁，新野县人，2010年7月毕业于郑州大学升达经贸管理学院，同年8月被录用为桐柏县特岗教师，分配到程湾乡第一中心小学任教。9月17日下午为抢救落水学生献出了年轻的生命。10月1日，《教育时报》刊发整版通讯《为国旗再添一抹红》；10月10日，《中国教育报》刊发头版头题《用生命奏响的师魂颂》。9月30日，桐柏县教育局作出在全县教育系统开展向冯协学习的决定。为弘扬冯协舍己救人的高尚师德和优良品格，激励全市教师教书育人、爱岗敬业的责任感和使命感，经市教育局党委研究，决定在全市教育系统开展向冯协学习活动。

【西峡县为农村教师办理住房公积金】 为提高农村教师待遇，促进义务教育均衡发展。西峡县财政拿出180万元，给全县4998名在职农村教师办理了住房公积金。

基础教育

【全市基础教育工作概况】 全市小学、初中适龄儿童少年入学率、巩固率、毕业率、普及率分别达到99.92%、98.88%、99.48%、99.62%和98.88%、96.7%、98.48%、96.6%；幼儿入园率大幅度提升，城市、农村儿童学前3年受教育率分别达100%和60.2%。开展规范化学校创建活动和基础教育阶段学校管理观摩调研活动，全市中小学管理水平显著提升。制定并下发了《南阳市规范化学校评估体系(试行)》，督促并指导各县(市、区)依据评估标准制定规范化管理学校五年发展规划，力争通过五年努力，使全市义务教育阶段学校全部达到规范化管理学校。

【市教育局规定中小学招生“七不准”】 5月10日，市教育局专门下发通知，明确市中心城区义务教育阶段学校招生行为“七不准”：不准义务教育阶段学校招收择校生和组织任何招生考试；不准拒收学区内适龄儿童和小学毕业生入学；不准拒收经教育行政部门认定分配的进城务工经营农民随迁子女和返乡农民工子女入学；不准学校与社会单位之间签订招生协议，招收协议生；不准举办复读班或复习班，也不得举办特长班、重点班、实验班等；不准教育部门工作人员、中小学教职员工参与招生中各种信息的弄虚作假，并从中牟利；不准学校利用各种形式宣传考试成绩、升学率和中招“状元”。如果学校违反规定，与社会单位之间签订招生协议，招收协议生，由学校负责将学生退回，由此引发的一切后果由学校承担。教育部门工作人员、中小学教职员工在参与招生过程中弄虚作假，并从牟利的，除依法没收其非法所得外，要按有关规定给予党纪、政纪处分；触犯法律的要依法追究法律责任。

【市教育局对小学教育教学质量进行抽测】 上半年，为全面加强教育教学质量管理，市教育局组织对全市13个县(市、区)16所小学四年级的教学质量进行抽测，认真把握全市小学生的综合素质和学业水平，从优秀率、及格率、合格率的区域差距，认真查找存在的问题，深入分析原因，提出了分类整改措施，为加强教育教学管理，提升整体教育教学质量起到了积极的推动作用。

【南阳市第一次实施中招全市统一集中评卷】 市教育局对全市447所初中6万余名学生中招考试实行集中统一评卷，全面监测初中阶段教育教学质量。共抽调评卷教师920人，分7个评卷点，集中5天时间进行评卷。评卷坚持一个标准，公平、公正、公信的原则，既为把握分析初中教育质量现状掌握了翔实依据，又为高中阶段教育统一招生录取奠定了基础。

【市长穆为民视察学校幼儿园安全工作】 5月5日上午,市长穆为民深入中心城区5所中小学幼儿园视察学校安全工作。他详细询问学校安全制度、安全设施、安保队伍建设情况,察看学校警务室建设,了解学校及周边重点交通路口警力配置情况。视察活动结束后,在市一中召开了学校幼儿园安全防范工作现场会。最后来到市一中学生餐厅,察看食堂卫生状况,了解饭菜质量,并在学生餐厅就餐,亲自体验学生生活。

【国家教育督导团对南阳市学校体育卫生工作开展专项督导检查】 9月25～28日,国家教育督导团莅临南阳,对贯彻落实《中共中央国务院关于加强青少年体育增强青少年体质的意见》,加强中小学体育卫生工作,促进中小学生体质健康水平等情况进行为期4天的专项督导检查,这也是南阳市代表河南省人民政府接受国家的督导检查。在宛期间,以国家督学、内蒙古教育厅原厅长郭明伦为组长的督导团一行,先后对内乡、西峡两县的4个乡镇和两所高中共计15所学校开展专项督查。通过检查,督导团认为南阳作为经济欠发达的人口大市,市、县、乡各级政府对学校体育卫生工作重视到位,工作机构健全。建立经费保障机制,实施了"学校卫生年活动"、"中小学食堂改造工程"、"农村小学体育器材配备工程"、"新农村卫生新校园建设工程"和"学校卫生室达标工程",以及"学校体育场地建设改造工程"。创造条件,克服困难,按标准开设体育、健康教育课程。坚持实施《国家学生体质健康标准》测试工作,达标率逐年提高。创新学校卫生保健工作新机制,使全市学校食堂管理水平逐步走上科学、规范的管理轨道。加强师资队伍建设,建立体育教师的长效补进机制。同时指出,要加大经费投入,使全市学校体育卫生设施配备尽快全面达到标准;把教师补充工作纳入对各县市区年度目标考核的主要内容,尽快解决教师缺编问题,配齐体育卫生保健教师和校医。

【两所县级幼儿园被评为省级示范性幼儿园】 4月,桐柏县直幼儿园、淅川县实验幼儿园被省教育厅命名为省级示范性幼儿园,这是南阳市县级幼儿园首次荣获省级殊荣。两所幼儿园以《幼儿园教育指导纲要》为指导,以幼儿教师基本功比赛、玩教具评比、游戏优质课评比等各项活动为载体,以"幼教管理精细化、教学工作特色化、办园行为规范化、安全工作制度化"为目标,强化管理、规范办园行为,顺利通过了省专家组的评估验收。

【南阳市首届中华经典诗文诵读大赛成功举办】 8月,由市委宣传部、市语言文字委员会、市教育局、市文化新闻广播电视新闻出版局、南阳人民广播电台联合举办的南阳市首届中华经典诗文诵读大赛落下帷幕。本次大赛历时两个半月,共分初赛、网络展播、复赛、决赛4个阶段进行,有420名学生参加网络展播。朗诵表演内容包括诗、词、歌、赋及现代文学作品等,经过专家评选和听众投票选出100名(小学组、中学组各50名)进入复赛,4场复赛共决出中学组和小学组各10名选手进入决赛。经过激烈角逐,共赛出中学组、小学组一等奖各1名、二等奖各2名、三等奖各3名、优秀奖各4名。

【全市义务教育阶段学校首届校长论坛成功举行】 11月2日,由市教育局主办,河南油田教育中心承办的南阳市义务教育阶段学校首届校长论坛在河南油田第七中学举行。本届校长论坛的主题是"改革课堂教学模式,努力打造高效课堂"。12位校长结合各学校实际,畅谈对改革课堂教学模式,打造高效课堂的经验和体会,并就课堂教学模式改革、打造高效课堂、提高教育质量进行了深入探讨。

【浙商捐资220万援建两所小学】 9月16日,浙商投资集团捐资220余万元在南阳市宛城区援建两所农村小学。6月中旬,全国政协人口资源环境委员会副主任、原南阳地委书记李金明在带领浙商投资集团到南阳进行考察时,促成了校建项目的达成。其中,该区汉冢乡袁营小学由浙江新东海置业有限公司捐资146.71万元,官庄镇龙泉小学由杭州华日电冰箱集团捐资82万余元,两所学校各建2幢教学楼,两所小学建设项目已于年底竣工。区政府拿出配套资金,用于学校的绿化、美化、硬化等。

【加强学校体育卫生艺术工作】 通过组织全市57726名初中毕业生参加中招体育考试,开展全市中学生"晨光"体育活动,举办市中心城区中小学生田径运动会,广大中小学生运动竞技水平不断提高。组织开展全市中小学体育、食品卫生专项督查,促进学校体育、卫生工作健康发展。积极参加全国、全省第三届中小学生艺术展演活动,卧龙、宛城教体局荣获全国优秀组织奖;选送的艺术作品荣获国家级一等奖2个,二等奖1个,三等奖4个。

【香港爱心人士捐资15万元在方城援建希望小学】 由香港宝莲禅寺牵线,香港爱心人士孙士明居士捐款15万元建设的方城县小史店镇孙景隆希望小学落成。2009年春期，经共青团方城县委联系，香港宝莲禅寺扶贫助学团到方城县考察，看到部分建于20世纪六七十年代的校舍由于年久失修，已成为危房，严重影响着师生安全和教育事业发展。宝莲禅寺随即联系香港孙士明居士和一些佛家弟子，通过希望工程捐资15万元建设该希望小学，解决了3个村200余名学生的上学难问题。据了解，宝莲禅寺是香港一座具有百年历史的著名寺院，居港岛四大禅寺之首。该寺多年来一直关注内地教育事业，支持希望工程。

高等教育

南阳师范学院

【概况】 学校占地123.8公顷，建筑面积64.21万平方米，仪器设备总值1.2亿元，图书馆藏书139万册，教职工1293人，具有博士学位教师142人。设21个院系，52个本科专业，全日制在校生2.1万余人，成人教育在籍生1.2万余人。2010年招收普通新生7092人，毕业生总数为5100人，其中普通本科生3529人，普通专科生1025人。

【重点学科建设】 健全校、院两级学科建设管理体制。积极加入郑州大学硕士研究生培养联盟，确定生物、汉文化、物理、化学4个优势明显的重点学科为遴选学科，14名教师为硕士生导师遴选对象。

【质量工程建设】 化学专业被评为国家级特色专业，数学与应用数学、地理科学被评为省级特色专业，《理论力学》被评为省级精品课程。"物理实验教学示范中心"被确定为省级实验教学示范中心。新设的园林、对外汉语、光电信息工程3个专业顺利招生。获得省级教学研究项目5项，其中一项被批准为重点项目。在"第六届中国曲艺牡丹奖比赛"中，学校推荐的大调曲《雪中红梅》进入金奖终评。2010年学校有500多名学生考取研究生。在河南省组织的特岗教师招聘中，有366名应届毕业生通过招聘考试。学校成为"2010年度河南考生心目中最理想的高校"。成功申报河南省文化改革发展人才培养基地。

【师资队伍建设】 全年共引进博士生7名，海外硕士1名，招聘调入硕士33名。继续实施"卧龙学者"工程，坚持打造学术平台，培养学术带头人，创建高水平学术团队。共有36名教职工通过高级专业技术职务评审，正高职称人数达到91人。

【科研工作】 全年共获立国家级科研项目4项，其中国家社科类基金项目2项，国家自然科学基金项目2项；获立省部级科研项目60余项，争取科研资助经费150余万元。全年共获得各项奖励136项，其中省自然科学优秀学术论文奖57项，省社科优秀成果奖3项，河南省政府发展奖1项。出版专著、教材50多部，发表论文900多篇，其中中文核心期刊发表270篇，被SCI等收录100多篇。文化部民族民间文艺发展中心批准的"中原曲艺研究基地"、河南省文化厅批准的河南省非物质文化遗产研究基地分别落户学校。继续打造《博士论坛》品牌，开办《教授讲坛》。学校两刊成效显著，双双获得全国百强学报、河南省一级期刊，《南阳师范学院学报》自然科学版荣获中国高校特色科技期刊奖。

【合作办学】 先后与华中师范大学、北京邮电大学等国内知名高校合作，开展联合培养在职硕士研究生。"国培计划"申报有4项获得批准，实现了承担国家级教师培训任务的目标。积极承担南阳市中小学教师资格认定考前培训和南阳市名校长培训工作。

博士论坛第25场讲座：高二旺博士《汉画中的礼制》

2010年录取成人教育学生3384人。进一步拓展国际交流,与美国布鲁诺大学、韩国京畿大学拓展合作领域,学校共引进外籍教师17人,有17名学生到韩国京畿大学和美国布瑞诺大学继续学习。

【经营管理】 学校"十二五"教育事业发展规划编制工作顺利完成,并通过教代会审议。确立了学校2010年后5年的发展目标、发展方向和实现目标的主要途径,为学校科学发展奠定了基础。进一步完善以教代会为基本形式的教职工民主管理制度和学生代表大会民主管理制度,继续推行校务公开。先后完成基建财务后续审计、科技开发公司经营审计、学校经济合同审计等工作。积极开展中央财政支持地方高校专项资金项目申报工作,500万元专项资金到位并投入使用。各项收入实现新的历史突破。全年完成700余万元仪器设备采购工作。加强仪器设备管理和国有资产清查,坚持实验室安全检查,保证设备的完好率、利用率。围绕学科、专业建设采购图书,全年共购置图书4万余册。先后被河南省图书馆协会、中国图书馆学会授予"全民阅读先进单位"荣誉称号。积极推进校园数字化建设,制定校主干网改造方案和学生公寓接入校园网方案,为广大教职工的学习和生活提供了良好条件。

【基本建设】 西区一期工程进展顺利,8号学生公寓已在9月份投入使用,学生食堂、教学楼、图书馆工程正按计划强力推进,西区道路、管网、硬化、路灯安装等工作基本完成。南区二期专家公寓全部完工,住房分配工作已经完成。顺利完成西区校园部分地段绿化、学生公寓智能限电改造、部分楼房维修工作。完成东区餐厅维修和中区三楼餐厅改造。推进节能减排,开展安全生产工作,杜绝各类生产事故发生。改善教职工居住环境,南区健身器材投入使用。2010年学校被国家绿化委员会授予国家绿化模范单位,后勤系统被省教育厅授予全省高校后勤先进单位称号。(王晓红)

南阳理工学院

【概况】 学校设10个系:机电工程系、计算机科学与技术系、电子与电气工程系、土木工程系、建筑系、应用数学系、商学系、外语系、艺术设计系、音乐系;7个院:文法学院、生物与化学工程学院、软件学院、张仲景国医学院、教育学院、继续教育学院、国际教育学院;2个部:体育教学部,政治理论教学部;56个本、专科专业,其中2010年新增应用化学、中药学、汽车服务工程、网络工程4个本科专业,软件工程、网络工程2个专升本专业。有教职员工1300余人,全日制普通本专科在校生16863人,分别来自全国28个省、市、自治区。学院占地面积86万平方米,建筑面积46万平方米。

【召开六届二次教代会】 3月20~21日,学校第六届教代会暨第四届工代会第二次会议召开。大会听取并审议通过了院长姚锡远所作题为《科学发展迎评促建 全面开花重点突破——增强学校核心竞争力推动各项事业新发展》的工作报告。确定了2010年以迎接本科教学水平评估为主线,以高标准进入评估工作各环节为着力点,以科学管理、质量工程、科研开发、学生就业为重点,继续调整设置专业和招生结构,科学发展,迎评促建深化内涵,调整提高的工作目标。

【教学工作】 把大力推进质量工程建设作为提升教学内涵建设的有效手段,制定下发《南阳理工学院本科教学质量与教学改革工程专项资金管理暂行办法》,立项建设校级重点学科2个、特色专业5个、实验教学示范中心4个、教学团队7个、优秀教材6部、精品课程14门。《模具设计与制造》课程获评省级精品课程,中医学教学实验中心通过省级实验教学示范中心建设立项评审,工业微生物实验室获市级重点实验室资质。组织开展2009年度及以前省校两级质量工程建设项目年度验收。组织召开了迎接本科教学工作合格评估工作动员会,统一思想,明确任务,为做好下步迎评工作奠定良好基础。在全面完成应用型本科人才培养计划和教学大纲修订、编写工作的基础上,制定下发《南阳理工学院教案和讲稿撰写规范》,对教案和讲稿撰写进行统一和规范性要求。按照"重点发展工科、积极发展特色学科、稳步发展基础学科"的指导思想,遴选申报道路桥梁与渡河工程等4个本科专业和初等教育等11个高职高专专业。按照应用型本科办学目标要求和人才培养需要,积极组织开展教学改革和研究。批准立项35个教育教学改革研究项目。组织教学成果鉴定和教改项目结题验收,通过教学成果鉴定项目1项、结题验收项目25项。开展第三届优秀教改论文评选工作。以竞赛为载体,促进教师教学基本功的有效提升。组织开展全校教师教学技能大赛和年度优秀教案评选及观摩活动,取得良好效果。组织完成全国大学英语四、六级和计算机等级考试等各类考试工作,继续强化毕业实践教学管理,组织了优秀毕业设计(论文)和优秀指导教师评选工作。开展教学质量保障体系的调研和建设，完成相关指标体系的起草，为全面开展质量保障体系建设与运行打下良好基础；制定下发《南阳理工学院教师教学质量年度考评办法（试行）》，组织对全校教师2009年度教学质量进行全面考评。圆满完成2009年度学位授予工作任务，审核、授予2979名本科毕业生学士学位。实施教材管理体制改革，全年完成1200余种、25万余册教材的征订、发放任务，教材课前到书率98%。组织开展了第二届校级特色教材评选活动。

【科研工作】 坚持"教学与科研并举"思想，鼓励和支持高层次科研项目和重大课题。在国家、省、市各级科研主管部门立项92项。高层次立项获重大突破，获省部级及以上立项29项，首个由学校教师主持、依托学校申报的项目《光纤拉曼和光栅共线集成技术及其在生命线系统中的应用研究》获国家自然科学基金立项，首获教育部人文社会科学研究专项任务项目（马克思主义中国化时代化大众化）课题立项，18个项目列入省科技发展计划，2项课题获省哲学社会科学规划项目立项，7项课题中标省政府决策研究招标课题。获各类科研成果奖励73项。其中，省发展研究奖1项，省科技进步奖1项，省社会科学优秀成果奖1项。79项科研成果通过各级鉴定（结项），其中通过省部级鉴定项目52项。争取到账科研经费96.1万元，其中纵向科研经费80.3万元，横向科研经费15.8万元。修订印发《南阳理工学院科研成果奖励办法》、《南阳理工学院纵向科研经费管理办法》和《南阳理工学院科研工作量积分办法》等3个科研管理文件，实施了新的核心期刊认定目录。对2009年度学校科研基金和青年基金项目进行鉴定和结项验收，对2009年度纵向立项科研项目进行资助，配套、启动纵向科研项目51项。进一步扩大校企、校际产学研合作，为地方经济社会发展服务。与南阳汇森公司签署全面合作协议，合资建设实验大楼。对南阳部分县市区有关企业进行调研考察，针对企业技术难题和产品研发瓶颈进行沟通，为今后深入合作奠定良好基础。整合科研人才和科研硬件资源，推动组建学科梯队，形成科研团队。邀请中国科学院院士张勇传、中国工程院院士王光谦等专家来校讲学，中医药创新与产业化发展高层论坛、纪念姚雪垠百年诞辰学术研讨会暨中国新文学学会第二十六届年会、第十七届全国现代结构工程技术交流会等高层次学术会议在校举行，校园学术氛围日益浓厚。围绕学校发展定位、培养目标定位，编辑印发5期《高教参考》，为学校发展提供有价值的理论参考。

【学生教育与管理】 以"四项教育"（伦理道德、网络文明、安全与法制、心理健康教育）为重点，创新形式，丰富内容，深入开展大学生思想政治教育工作，学生思想道德素质和综合能力明显提高。在做好迎新、军训、安全教育、纪律教育、入学教育、毕业生教育等日常学生教育工作的基础上，适时举办了第三届校园网络文化节、"感恩、自强、责任"大学生先进事迹巡回报告会、第八届5·25心理健康教育宣传月等活动。策划启动了第四届明德修身系列活动，开办"明德讲堂"，抓好在校大学生不良行为的教育引导和思想道德素质的提升。以完善"零缝隙"校园心理健康教育和危机干预工作机制为重点，坚持集体辅导和日常咨询并重，知识传授和危机干预同举，围绕心理健康教育教学、心理咨询、危机干预3个核心内容，开展全方位、多层次的心理健康教育工作，印发《南阳理工学院班级心理委员管理办法》，举办第三届心理素质拓展运动会和第四届行为健康大使评选活动，开设《大学生应用心理学》等4门选修课，学生心理素质不断优化。加强学籍学历管理，举办省高校学籍学历管理培训会议。以做好受资助学生的教育管理工作为重点，继续完善多元化的家庭经济困难学生资助体系。全年共办理发放国家助学贷款668.87万元，国家、学校奖助学金1492.31万元，勤工助学工资23万余元，入伍学费补偿或代偿223.37万元，并为528名家庭经济困难学生购置发放了越冬物资，为160余名家庭经济困难学生开辟入学绿色通道。扎实开展诚信教育，狠抓贷后管理工作。2010届贷款毕业生提前还款590笔，提前还款率达74.97%。以辅导员专业团队建设为重点，加强业务能力培养，不断提高学生工作队伍的综合素质。以培养学生创新能力为重点，通过"典型引路"，构建优良学风推进新机制。学校在"高教杯"2010年度全国大学生数学建模竞赛、第三届全国大学生先进成图技术与产品信息建模创新大赛、第五届全国大学生"飞思卡尔"杯智能汽车竞赛、2010中国机器人大赛暨RoboCup公开赛、"正保教育杯"第五届ITAT教育工程就业技能大赛、2010年全国大学生英语竞赛、第八届"挑战杯"河南省大学生创业计划竞赛、"高教杯"河南省第三届程序设计大赛等活动中，共获得国家级一等奖4项、二等奖12项、三等奖15项，省级一等奖4项、二等奖13项，三等奖8项。

【师资队伍建设】 坚持培养、引进并举，不断加强师资队伍建设。

1月，聘请南阳张仲景国医院院长高立超等14名专家为南阳理工学院国医学院教授。认真梳理师资队伍现状，资助12位教师外出攻读博士学位；按照“高起点、分步走、可持续”的要求，开展人才引进工作，全年共引进高学历教师39人；开展各种形式的教师培训，资助6位教师外出参加课程或专业培训，提高业务能力。做好职称评定的推荐和聘任，共推荐59人参加省高级职称评审会，其中正高17人，副高42人，通过率100%，居全省高校前列；推荐35人参加中级职称评审，全部通过；全年聘任112人晋升中、高级专业技术职务，程序逐步规范。按照“倾斜一线、倾斜教师”的原则，适度提高教职工待遇。

【国际交流与合作】 落实“由内到外、由外到内”两条路走的中外合作办学模式，拓展国际间校际交流与合作。与新西兰惠灵顿维多利亚大学签署“应用化学”和“生物工程”专业合作办学协议，与美国加利福尼亚浸会大学就举办中外合作办学机构达成协议，与俄罗斯圣彼得堡经济服务大学签署合作举办中外合作办学机构合作协议，与日本神户情报大学院大学达成在IT领域合作开展“专科+硕士”教育意向。与韩国南蛮医学院签署在韩国光州设立分院以及招收来华留学生的协议，增加了在韩国设立分院的数量及区域，拓宽了来华留学生招生的新途径。组织了中外合作办学评估工作，完成自评。切实落实有关外国留学生管理制度，认真做好外国留学生的学生管理、生活指导、安全教育。组织选派3名教师赴惠灵顿维多利亚大学进修学习。与日本大分大学签署新的5年期交换生项目协议。聘请23名外籍教师来校任教。

【招生】 继续坚持质量与效益协调发展的原则，把提高本科教育教学质量放在首要位置，突出专科教育办学效益，合理安排招生专业和招生人数。通过各种途径做好招生宣传和招生咨询，有针对性地宣传特色专业，切实实施阳光工程，做到“公开、公正、公平”，圆满完成年度招生任务，录取人数和报到人数创历史新高，生源质量进一步提高。在全省16所新升本高校中，本科二批理科一志愿报考率排名第二，文科排名第六；专科二批软件学院专科一志愿报考率理科在全省排名第一、文科排名第二，是河南省唯一一所第一志愿即可完成招生计划的高校。成人教育报考人数稳居全省前列。

【就业】 在与上海河南商会、九州通集团有限公司等建立人才培养合作关系的基础上，2010年又与香港华新集团、南阳汇森集团签订了联合培养合作协议。构建“1+3+X”就业教育模式，“1”是指比较完善的大学生职业发展理论教学体系；“3”是涵盖了职业生涯规划、职业素质养成和职业指导3个板块的职业实训平台；X是指个性化的职业发展指导和咨询。完善就业师资队伍建设。营造创新创业氛围，以创业带动就业。不断完善校友信息数据库，初步建成较完整的校友信息档案资料。建立健全地方校友会组织，发挥校友资源，开辟就业新渠道。多渠道巩固和开辟就业基地，举办专场招聘会和招聘月活动。引导毕业生面向基层就业，做好对家庭经济困难并就业困难毕业生的就业帮扶工作。有计划地组织毕业生参与“大学生志愿服务西部计划”、“三支一扶计划”和“农村教师特设岗位计划”、“大学生村干部”等国家和地方项目活动。完善毕业生就业服务信息化手段，坚持就业情况统计报告制度，加大就业率核查力度，确保毕业生就业率统计的真实性。毕业生初次就业率达到88.06%，年终就业率93.25%，其中正式就业率45.28%。

【改善办学条件】 首获中央财政支持地方高校发展专项资金200万元，获中央和省财政支持省辖市化解市属高校债务风险奖补资金274.6万元，获市属普通本科高校生均拨款中央奖补资金2297万元。实施完成2009年遗留实验室建设项目8个，预算185万元。组织2010年度实验室建设项目校级立项论证，立项建设项目27个，预算1413万元。立项项目预算创历年来最高。体育馆、农运会运动员公寓、教工四村开工建设，新图书馆完成方案设计，即将开工建设；积极协调推进220亩土地征用工作；新建东南校区洗浴中心；做好南湖北侧广场规划工作。伙食价格基本稳定，标准化学生食堂、公寓创建工作通过省教育厅验收，获“全省高校后勤工作先进单位”称号。加强文献资源和信息化建设，新购图书6万余册，新增名师讲坛、网上报告厅等数据库的远程登录端口，开通北大法意法律法规数据库等4个专业数据库。加强校园网络建设，加大基础设施建设，注重安全管理，保证安全稳定运行。建立健全安全管理机构，落实安全工作责任制，加强日常安全教育和管理；扎实做好语言文字工作，被授予“省语言文字规范化示范学校“荣誉称号，获“全国普通话培训测试工作先进单位”、全省“中华诵经典诵读大赛优秀组织奖”等称号。（逯忆　刘建　姚锡远）

南阳医学高等专科学校

【概况】　学校占地87.4公顷，建筑面积59万平方米，固定资产8.3亿元，教学仪器及医疗设备总价值2.6亿元。建有医学形态、医学机能、解剖、细胞与分子生物、临床医学、中医等6个实验平台和护理、医学影像技术、药学、中医学、针灸骨伤、医学检验技术、口腔医学等7个专业实训基地。艾滋病解剖标本全国少有，中药标本馆全国一流，仲景文化特藏馆独具特色。图书馆藏书105.2万余册，中外文期刊1553种，创办的《国医论坛》杂志面向国内外公开发行。学校有教职员工2000余人（含3所直属附属医院），其中教授、主任医师65人，副教授和副主任医师262人，有2名外国文教专家在校任教。各级各类在校生2.1万余人。拥有直属附属医院3所，规模床位1596张。

【师资队伍建设】　继续大力实施人才强校工程，着力做好人才的引进、培养和管理。一是推进高层次人才引进，全年共招聘硕士研究生31名、优秀本科生57名，优化师资队伍结构。二是修订《名师名医及学科带头人选拔与培养办法》，启动新一轮名师名医创建工作，评选出教学名师12人、临床名医7人、专业技术带头人1名；1人被评为河南省首届名中医。三是出台《优秀教师、优秀教育工作者评选办法》、《关于加快培养双师型教师的实施办法》、《辅系列中高级评聘专业技术职务暂行办法》、《工勤技能岗位聘任暂行办法》等文件，公开表彰校级优秀教师、优秀教育工作者92人；选派67名理论课教师到医疗岗位、实验教学岗位和辅导员岗位进行锻炼，提升专业实践技能。四是着力提高实验实训教师的整体素质，对原有实验实训人员进行考试考核，精简留用3名实验教师，其余5人退回服务中心工作；将5名硕士研究生和普通本科生充实到实验教师队伍。六是加强对中青年教师的培养教育，组织青年教师培训会，学校领导及校内外专家分专题进行师德师风、工作方法、爱岗敬业精神等专题辅导，全校180名青年教师参加培训。学校作为全国专科学校的唯一代表当选为全国第十四届解剖理事会理事。

【招商引资】　9月16日，南阳医专与海南摩根投资有限公司联合办院签字仪式在学校办公楼会议室举行。市政府副市长崔军、美国万斯投资公司董事杰克、海南摩根投资有限公司代表胡刚出席签字仪式。双方计划联合举办南阳医专二附院扩建项目，预计总投资2亿元人民币，占地8.58公顷，规划病床1000张，安养公寓500张床位，建设门诊楼、医技楼、病房楼、食堂各一栋，一期工程引资9000万元，正在进行单体设计和开工前的筹备。

【全国先进工作者郭遂成事迹报告会在院举行】　6月16日，全国先进工作者郭遂成事迹报告会在学校图书馆报告厅举行。南阳医专一附院工会主席、副院长、主任医师郭遂成结合自身体会作精彩报告。党委书记鲁庚林向郭遂成颁发“德育辅导员”聘书。

【中医药科技创新及产业发展高层论坛】　10月17～23日，中国·南阳第九届张仲景医药科技文化节在南阳召开。由南阳医专承办的《中医药科技创新及产业发展高层论坛》在学校图书馆报告厅举行，论坛由校长方家选主持。南阳市人大副主任秦俊，市政协副主席贺国勤，北京中医药大学教授、博士生导师梁永煊，中国中医科学院研究员、博士生导师张保献，河南大学中药研究所所长、教授康文艺，河南大学药学院教授、博士生导师岳淑梅等领导、专家及南阳医专300余名师生参加了论坛。

【教学工作】　学校体育工作被评为河南省普通高等学校体育教育一类学校。药学专业实训基地被河南省教育厅确定为2010年度河南省高等职业教育示范性实训基地建设项目。《中医正骨》课程被评为省级精品课程。中医学专业被确定为2010年度河南省高等学校特色专业建设点。学校主动适应区域经济和社会发展的需要，有针对性地调整和设置专业。新增口腔医学专业、助产专业、药品经营与管理专业，已通过省教育厅、卫生厅专家组的验收，专业总数达到11个。注重发挥多媒体资源优势，引导教师开展教法研究。在全面推广案例式教学法（CBL）的基础上，积极倡导以问题为基础的教学法（PBL），提倡教法创新，教学改革，向全校推荐“角色切换互动教学法”。

【科研工作】　建立科研激励机制，鼓励专业技术人员申报课题，提升科研水平。全年配套科研启动基金及奖励资金90余万元，申报各级科研课题38项，获准地（厅）级以上立项31项；出版著作92部；公开发表论文375篇，其中，国家级以上134篇，2篇被SCI收录；中标省级以上教育教学研究与改革课题3项，其中，“以能力为导向的卫生职业教育人才培养质量评价体系的研究”获全国卫生职业教育研究会课题立项，获得立项资助1万元。

【对外交流与合作】 利用仲景品牌优势,积极开展对外交流与合作,先后赴英国贝德福德大学、日本东京医科大学、新加坡南洋理工学院交流访问,邀请菲律宾伊密里欧学院院长来校考察交流,并签订联合办学协议,拓宽了对外合作办学路子。

【学生管理】 深入贯彻落实教育部《普通高等学校辅导员队伍建设规定》,建立健全辅导员考核、培养机制,多方位、多渠道对辅导员进行系统专业的集中培训。选拔12名辅导员参加省级培训;对考取硕士研究生的学生及班主任进行奖励,获奖学生46名,兑现奖励4.6万元。严格各项学生管理制度,进一步健全学习激励机制,促进学风建设。实行学生考试成绩联系系(部)、班主任制度,并将考试成绩作为学生入党、干部选拔、实习推荐的重要条件之一,全年涌现省、市、校级三好学生2005名,优秀学生干部300名,优秀毕业生435名;加大学生资助力度,兑付国家助学金、国家奖学金、国家励志奖学金、勤工俭学补助、双汇助学金、学校奖学金等共计513.36万元,受益学生6938人;为953名在校生发放国家助学贷款473.8万元。

【招生】 充分利用教育部"阳光高考"招生信息平台和省、市教育网络、媒体,扩大招生宣传范围,生源扩大到20个省,普通专科第一志愿上线率达到206%,居全省同类学校之首。先后与郑州黄河医学中专、安阳中医药学校等10所学校联合举办"3+2"专科教育。拓宽成人教育途径,经省自考办验收,与郑州大学药学院、护理学院联合招收本科自考生,成人教育在籍生达到4500人。

【就业】 进一步完善就业服务指导体系。先后举办毕业生专场招聘会15场次,累计提供就业岗位信息近8000余个。积极拓展就业领域,选拔458名应届毕业生入伍。2010年,学校共有专科毕业生7212名,一次性就业率为87.89%,顺利通过省教育厅毕业生就业工作评估。

【精神文明创建活动】 深入开展健康学校创建活动、评议身边好人活动、道德模范评选活动、书画摄影大赛、"爱国爱校、弘扬正气、推进发展"大讨论活动等;邀请著名作家二月河来校作专题讲座。新农村建设帮扶工作被省文明办评为"结对帮扶农村精神文明建设工作先进单位"。以"校园安全年"活动为主线,以创建平安校园为目标,建立信息员队伍,投资维护火灾报警系统,加强校园网的监控管理。全年共排查调处矛盾纠纷10余件,处理案事件60余起,学校荣获"南阳市2009年度依法治市先进单位"。开展创建"节约型校园"活动。全年修缮办公桌椅1万余套,检修学生宿舍1600间;种植、移栽树木、花木7380余棵(株),补栽药用植物80余种。

【基本建设】 抓住国家加大项目投资的机遇,继续做好基础建设项目工程。主校区4号教学楼实验实训部分竣工交付使用,人体生命科学展厅正在装修布展,二期工程已接近尾声;6号学生公寓(全国农运会运动员公寓)主体已经完工;体育训练馆和学生食堂升级改造方案已上报全国农运会南阳市筹委会;主校区东侧170亩政府储备地经市政府常务会议同意,划拨学校使用,有关手续正在协调办理中;一附院对老校区改造工程大部分结束。

【附属医院建设】 一附院以提高医疗质量为核心,以服务教学为己任,实现社会效益和经济效益双丰收。2010年对老校区教学楼、实验楼进行全面改造利用,优化就医环境,新增病区11个,床位350张,全年门诊量22.65万人次,住院病人2.78万人次,完成大中型手术5437例,其中心外手术617例。二附院扩建项目方案得到市政府支持,联合办院协议顺利签订,一期工程引资9000万元,开工前的各项筹备工作正在进行中。全年门诊量6.5万人次,住院病人1900人次,完成大中型手术685例。三附院顺利通过国家二级综合医院评审,引资建设病房楼项目正在进行中,全年门诊量4.15万人次,住院病人2692人次。(田琳　兰大鹏)

南阳广播电视大学

【概况】 有教职工62人,其中专职教师49人,管理人员16人。具有高级职称的6人,中级职称的27人,初级职称的16人。外聘专兼职教师15人。各类在校生7200人,下设8个电大分校(工作站)。学校占地4.4公顷,总建筑面积3.8万平方米,拥有教学大楼、电教实验中心,数控机床实训工厂、图书馆、体育馆、计算机中心、校园网络、投影室、语音室、卫星接收系统及物理、电工、电子实验室、培训教室等教学设施,固定资产4000余万元。图书馆拥有藏书8.2万余册,各类中外期刊150种,报刊35种,微机500多台,投影室10个。新购30台微机,组建数控车床模拟编程实验室。

【招生】 成人教育共招收开放教育本、专科生1250人,成人大专生159人,网络教育生656人。中职中专教育。加大对青年农民、进城务工人员、下岗失业人员的招生力度，建立生源基地，创新办学形式，采取联合办学、校企合作、半工半读、工读结合的形式，为学生就读提供便利和服务。2010年中职中专共招生2348人，其中普通中专招生482人，职业中专招生1866人。全年共组织保险代理人资格电子化考试327场，总计15647人次。举办中学班主任资格培训14期，培训班主任1965人次。

【教学改革】　坚持"以服务为宗旨，以就业为导向"的中职教育办学方针，逐步从传统的知识教育为主、学历教育为主和课堂教育为主转向以技能教育为主和实践教育为主的思想观念。一是深化课堂教学改革，科学选定教材，改进教学方法，着力提高课堂教学质量；二是完善学生学业成绩评价体系，结合期中考试、平时作业、课堂考勤、期末考试等综合评定学生学业成绩；三是强化实践环节，加大实践教学力度和强度，以提高学生职业技能水平；四是继续实施套读大专（在中专学习期间兼修大专课程）计划，探索"双学历"人才培养模式；五是强化以证代考，以赛促学。组织了会计电算化证书、电工证书、数控车工证书等考试。参加河南省中职学生技能竞赛活动，成功举办第二届技能月竞赛活动，加大了校企合作力度。与嘉世达签署合作办学协议。积极探索开放教育的新途径和新方法，一是坚持"两导两学"（即教师引导、辅导，学生个别学习、协同学习）和"六三一"（"六"是指以服务学生的自主化学习为中心，按照统一的质量标准和要求，围绕教学点建设与管理、招生与入学组织、教学准备、教学过程、课程考核、学籍管理与毕业审核六个环节；"三"是指省、市县三级电大协同实施；"一"是指通过一个基于信息技术的教学、教务管理平台进修过程的监控）教学管理模式，对学员公修课集中辅导，专业课以自学为主，辅以个别指导答疑的办法，收到较好效果；二是对教学过程进行规范，加强学员实名注册、网上学习以及平时作业考核的管理，配备专业教师负责学员作业的批改、个别答疑、复习指导；三是强化薄弱环节管理。及时督促学员上网学习，专门为学员聘请教师，在指定时间指导学生完成网上作业。统一审定毕业论文题目，指导论文的写作，提高答辩通过率；四是把服务理念贯穿于教学管理过程中去，充分考虑各教学点的实际情况，切实做好指导和服务工作，最大限度地减轻教学点的负担和工作上的失误。对秋期使用新教务管理系统的学员采用了由市校统一课程注册的办法，减少了中间环节，保证了新系统的正常使用。（黄金山）

河南工业职业技术学院

【概况】　学院占地43.87公顷，建筑面积37.2万平方米，固定资产总值4.25亿元；设置有15个教学系（部）、40个高职专业，在校生12940人；实验、实训室131个，教学设备总值6353万元，校外实习基地282个；图书馆藏书82万册。2010年5月被省政府确定为重点建设的示范性高职院校，是河南省高等学校数字化校园示范工程项目立项建设单位，荣获国家技能人才培育突出贡献奖，被评为全国机械行业骨干高职院校立项建设单位、校企合作先进单位。通过省教育厅高职高专学校体育工作专项检查评估、公共艺术教育工作检查评估，第二届全国高职高专大学生管理创意大赛组织奖、第五届全国高职高专"发明杯"大学生创新创业大赛优秀组织奖、河南省普通大中专毕业生就业工作先进单位，通过省级文明单位的年度复查。

【成功申报国家骨干高职院校】　根据教育部、财政部关于启动国家骨干高职院校建设项目有关信息和文件精神，8月初参加了河南省国家骨干高职院校申报答辩，以河南省第一名的排序被推荐参加国家骨干高职院校遴选，又以河南省第一名的成绩通过答辩，被正式确定为"国家示范性高等职业院校建设计划"骨干高职院校立项建设。

【校企合作】　先后承办了南阳市维修电动工职工技能大赛和国防科技工业系统数控铣工技能竞赛等两项赛事，荣获河南国防科技工业系统数控铣工技能竞赛突出贡献奖。与企业共建二级学院，分别与中光学集团签订协议，合作成立中光学光电学院；与北方星光集团签订协议，合作成立北方星光机电学院；与前进股份有限公司签订协议，合作成立前进化工学院。在河南国防科技工业系统职业教育暨职教集团第二届理事会上，被评为河南国防科技工业系统职业教育校企合作先进单位。

【人才培养模式改革】　深化工学结合、校企合作、顶岗实习的人才培养模式改革，积极探索"校中厂"、"厂中校"等模式，推动实践教学改革。制订各专业人才培养方案，推进工学结合人才培养模式的实施。电气自动化技术、数控技术、电子信息工程技术等专业的"工学交替、能力递进"人才培养模式改革，建筑装饰工程技术等专业的"四业"（即"专业、企业、就业、创业"在人才培养过程中的深度融合与互动，是高职教育改革"合作办学，合作育人，合作就业，合作发展"指导思想的积极实践)、"4＋1＋1"("4"指前两学年4学期传授知识，培养基本能力，第一个"1"是第五学期通过典型工程进行综合能力训练，使其在顶岗实习前具备履行顶岗实习岗位职责的能力，第二个"1"指第六学期顶岗实习，形成职业能力)人才培养模式改革，物流管理等专业的"岗位轮训，学做合一"人才培养模式改革，取得了成效。

【专业建设】 成立光电工程系，学院的教学系(部)发展到15个，组织电力系统自动化技术、旅游管理、应用英语3个新开专业的准备工作，确保3个新专业招生、教学工作顺利开展；数控设备应用与维护、汽车技术服务与营销、光电加工技术3个专业被批准为2011年新招生专业；物流管理专业被评为省级特色专业，电气自动化技术、机电一体化技术、物流管理3个专业被评为全国机械行业技能人才培养特色专业。

【课程建设】《单片机技术应用》被评为国家级精品课程，《建筑设计》被评为省级精品课程，《现代供配电技术》、《数控机床故障诊断与维修》、《商务英语函电》3门课程被评为教指委级精品课程，评审产生了21门院级精品课程。制订、完善1000余门课程的课程标准，确定主编教材立项37部，参编教材立项18部，其中4部教材荣获"天煌杯"全国机械职业教育优秀校本教材。获得河南省教育教学研究成果1等奖1项、2等奖2项。完成了14项院级教研教改课题结项评审和55项院级教研教改课题立项评审。

【实践教学】 学院先后派出90余名教师到企业指导、检查学生实习(顶岗实习)。做好了2010届毕业生顶岗实习的组织、管理、考核等工作，完成了省政府下达的组织学生到富士康集团顶岗实习的工作任务。已办理顶岗实习学生3100人，达到2011届毕业生总人数的70%，其中集中顶岗实习人数2300人，占已办理顶岗实习总人数的75%，派出7名教师到现场进行管理。

【职业技能鉴定】 完成7400名学生的英语AB级考试、5089名学生的英语四级考试、6662名学生的计算机等级考试工作和3167人次的职业技能鉴定工作。积极组织学生参加国家级、省级职业技能竞赛，6名学生获国家级三等奖，12名学生获省级一等奖，31名学生获省级二等奖，22名学生获省级三等奖，21名教师获国家级优秀指导教师奖，18名教师获省级优秀指导教师奖。

【师资队伍】 2010年度学院共推荐23名高级专业技术职务人员，通过20人，其中教授5人，副高级15人。引进大学毕业生36人，其中硕士研究生26名。学院内培养在职博士1名、在读博士4名、取得硕士学位38人。加强"双师"型素质教师培养，全面落实一线教师到企业实践制度。认定170名教师为双师素质教师，共派出91名教学一线教师到企业参加顶岗实践。完善专业教学团队建设规划和管理制度，《建筑装饰工程技术专业教学团队》被评为河南省教学团队，规划建设了5个院级教学团队。认定了24名专业带头人、9名带头人培养对象，选拔了4名青年骨干教师作为2010年度省高等学校青年骨干教师资助计划资助对象。

【继续教育】 2010年共录取各类继续教育人员768人，校企合作订单培养企业数量增加到6个，各类对外培训共计2002人。为河南北方星光机电有限责任公司、河南北方红阳工业有限公司、河南红宇厂、南阳向东厂和河南省核工业地质局等军工职教集团成员单位共培训职工330人。

【科研】 扩大技术服务范围，先后与南阳市百斯特液压机械有限公司、南阳市冠宇物资有限公司、南阳市上源精工机械有限公司等签订了技术服务合同。制作加工模具220多套，改进技术5项，生产机器15台，并在6月初通过了省级技术推广鉴定。先后为成员单位提供各类科研和技术服务27项；与企业联合申报河南省科技攻关重点项目和教育厅自然科学计划项目共3项。组织申报国家教育部课题1项，积极争取省部级以上科研课题、成果，组织跨系部、跨专业进行攻关，申报省级课题9项，教育厅课题8项，南阳市课题36项。组织申报各类奖项100项，获奖81项。通过厅级以上课题鉴定40余项。

【学生管理】 形成"教育、管理、服务、发展"四位一体的学生管理模式，以"大学生文明行为、文明教室、文明宿舍、文明就餐"创建活动为载体，切实加强学生良好行为习惯培养。以学生事务综合服务大厅为平台，做好学生各项服务工作。开展丰富多彩的校园文化活动，成功举办了第七届大学生科技文化艺术节，开展了暑期大学生"三下乡"社会实践活动，继续开展"军工情"文艺演出活动。在全国高职院校庆祝建国60周年发明创新"六个60"评选表彰活动中，荣获"全国高职创新教育杰出贡献院校"称号。学院大学生红色基地参观团荣获"河南省社会实践优秀服务团队"称号。加强大学生心理健康教育，落实学生资助政策，为279名家庭困难的新生办理"绿色通道"，为384名学士申请国家助学贷款142.6万元。评定国家奖学金10名，国家励志奖学金360名，国家助学金2430名。

【招生就业】　2010年录取新生4803人，其中普通专科4303人。普通高职类新生共报到4355人，依托校友资源拓宽毕业生就业渠道，11月，举办了校友回校揽才招聘周活动，先后邀请到宇通集团、中国机械工业第四建设工程公司等30余家校友单位到校开展专场招聘，为2011届毕业生提供就业岗位1000余个，最终签订就业协议或达成就业意向600余个。建立了校友会组织，召开了校友会换届大会。2010届3607名毕业生实现就业3552人，就业率达到98.48%。其中，协议就业率为72.89%，较上年增长9.98%，实现了就业人数、就业率较上年同期的"双增长"。

【改善办学条件】　一是加强基本建设。专家公寓楼已完成电梯及防盗门的招标采购、合同签订。第七届全国农运会摔跤比赛系列工程中的4个项目方案设计及报批、地质勘察、施工及监理单位的招标、合同签订和开工建设等工作进展顺利。并完成新校区二期工程征地项目建议书的编制和农运会中国式摔跤馆内部改造方案设计工作。二是加强网络建设与管理。数字化校园建设项目被省教育厅确定为数字化校园示范工程建设项目，已进入招标阶段。新老校区已实现3G全面覆盖。纸质和电子资源建设及图书、期刊、报纸的采编等，探索出新模式，新校区图书馆实现了藏、借、阅、学一体化管理模式和分库借阅、集中归还的流通模式，大大地方便了读者。三是后勤管理与服务水平不断提升。建立以服务对象评价为主的考核机制，改进和完善后勤社会化运行机制。

【全国农运会摔跤馆建设】　在筹备第七届全国农民运动会过程中，学院承担中国式摔跤比赛的场馆建设和400名运动员食宿接待。主要有四个新建、两个改建项目，即新建运动员公寓楼、运动员餐厅、运动员公寓周转楼、摔跤馆辅助楼，改建青年教师公寓、风雨操场。建设任务总预算约8000万元。根据《第七届全国农运会南阳市筹委会2010年筹备工作的工作意见》以及有关场馆建设和接待设施方面的文件要求，学校制定了中国式摔跤馆和接待用房改建总体方案，按照市农运会筹委会要求的时间，倒排工期，科学安排人力物力。新校区刚刚建成，资金非常紧张、市政府和上级财政没有投入一分钱的情况下，学院多方筹措资金3000多万元用于农运会工程建设，保证了农运会项目按时开工和顺利实施。（刘纪山　陈凯侠）

职业技术教育与成人教育

【全市职业教育攻坚工作推进会议召开】　11月10日，全市召开职业教育攻坚工作推进会议。会议确立了以改革为动力，以服务为宗旨，以就业为导向的职业教育发展目标，鼓励"公办民助"、"民办公助"和股份制等多元化办学模式，形成政府主导、行业企业和社会力量参与的多元化办学格局。为推进全市职教资源整合工作，市教育局、人社局以职教园区建设和县级职教中心建设为重点，将全市中等职业学校将由105所调整为50所左右，职业教育的规模、效益得到大幅提升。同时，加大资金投入力度，全年投资两亿多元，用于职业学校基础建设。其中，争取中央和省财政支持项目20个，资金总额达5000余万元，带动地方资金投入1.86亿元。西峡县政府、南阳农业学校、南阳幼儿师范学校等14个单位被市政府授予"全市职业教育攻坚工作先进单位"荣誉称号。

【教学科研成果获嘉奖】　在省教育厅组织的职业教育优秀教学成果评选活动中，全市获得一等奖1人，二等奖3项16人，三等奖5项25人；在省教育厅组织的中等职业学校优质课教学评选活动中，共获得一等奖10人，二等奖17人，三等奖18人；在省教育厅组织的职业教育优秀教学论文和优秀教学课件评选活动中，共获得一等奖12人（论文6人，课件6人），二等奖19人（论文12人，课件7人），三等奖32人（论文19人，课件13人）；在省教育厅组织的成人教育教学优秀教学论文评选活动中，共获得一等奖7人，二等奖8人，三等奖8人。

【强力实施职教攻坚计划】　职教园区一期200公顷用地规划要点已制定完毕，首批入驻的学校已完成建筑面积6万平方米，初步形成6000人的办学规模，市职教园区被省政府命名为全省5个示范性职教园区之一。唐河、淅川、西峡进入全省职教强县行列，使全市职教强县总数达到8个。规范招生行为，净化招生环境，拓宽中职生源渠道，顺利完成年度招生计划。加大项目争取力度，共争取国家、省职教项目20个，争取资金4800万元，加快了职教攻坚步伐。

【河南省南阳市农业学校】 学校两个校区占地38.22公顷,校舍建筑面积15万平方米,图书馆藏书18万余册,教学仪器设备1800万元。教职工280人,设有农学、牧医、农经、计算机应用、机电工程、电子技术、汽车应用7系24个专业,2010年招收新生4300人,毕业学生4037人。在校生9200人。学校荣获"全国中等职业学校德育工作先进集体"、"河南省职教攻坚工作先进单位"、"河南省示范性行业中等职业学校"、"南阳市未成年人思想道德建设工作先进单位"等称号。

加强教师队伍建设。坚持开展寒暑假教职工职业道德专题培训,强化教师教学基本功训练,重点加强青年教师教育教学能力培训,选送16名教师参加国家、省级骨干教师培训,10名教师分获省、市优质课一、二等奖,5名教师荣获"市第十三批学术技术带头人"称号;上报省市级优秀论文7篇,优秀课件11个,申报省职业教育优秀教育教学成果7项,教师在CN级刊物发表论文56篇,13名教师参加省、部级统编教材的编写。加强学生管理。落实《南阳农校班主任工作规范》,修订《南阳农校班主任津贴考评和发放办法》,提高班主任基础津贴,完善优秀班主任评选办法,将班主任工作作为教师聘用、职称评定、评优评先的重要依据,激励广大教职工争当优秀班主任;加强对班主任的培训,提高班主任的管理水平。教学工作。加强教学常规检查和规范化管理。落实《南阳农校教学工作规范》,严格教学纪律,坚持校系领导听课制,成立教学督导组,加强教学督导。深化教学内容和改革教学方法,突出实训。坚持以就业为导向,以岗位能力为本,精选课程内容,构建、组合课程体系,完成6门精品课程建设;组织学生开展各项技能竞赛和实践活动,汽修系参加首届全国职业院校技能大赛农业技能大赛获得二等奖,15名学生参加7个项目的省技能大赛,牧医系2名同学荣获一等奖。加强校内实验实训条件建设,新校区两栋实训楼完工投入使用,投资200万用于教学仪器设备采购,新建实验室6个。

学生管理。开展丰富多彩的主题教育活动,深化养成教育,强化学生的日常行为规范,学生综合素质高,受到招聘企业好评;充分利用宣传栏、广播、《文学书画报》、国旗下的演讲等多种渠道对学生进行思想道德教育和文明行为规范教育,坚持周一早上的集体诵背经典名篇活动;开展"三理"教育,开设有校级及全体中层干部担任主讲的德育综合课讲座,培养学生良好的职业道德和职业技能;开展阳光体育活动,营造浓厚的校园健身氛围;规范学生管理工作,累计完成了16249名学生的助学金申报和860名学生的免费评定工作,确保国家惠民政策的落实。

招生。加大招生宣传力度,利用国家涉农专业免费政策、"雨露计划"等优惠政策扩大招生宣传,举办现代农业实用技术中专班,同时深化校企合作,依托市场、企业办学,"广达班"、"三星班"、"鸿准班"等校企联合办为学生搭建了从上学到就业的直通车,增加了职业教育的吸引力。

就业。开拓就业渠道,强化校企合作。学校先后组织14家企业开展各种招聘活动17次,共安排入职学生1190人(不包含农学、牧医和自主实习的学生),学生就业率达100%。

改善办学条件。争取到中央财政支持的中等职业教育基础能力建设项目,获得中央和省财政1150万元的资金支持,学校培训楼建设项目进入2010～2012年省职教攻坚计划项目车;加强校内信息管理,自主开发研制了集注册、收费、学籍管理于一体的管理系统软件并投入使用;加强对食品安全、质量的监管,开展健康学校创建活动,建立持久的健康互动网络,提升师生健康水平,两个校区均被评为"市食品卫生先进单位"和"市疾病防控先进单位"。

新校区建设。积极实施职教攻坚计划,先后争取到各级财政支持资金4075万元用于新校区建设,新增建筑面积3万平方米,仪器设备360万元,初步形成了4500人的中职办学能力;积极筹办南阳农业职业技术学院,并与南阳裕冠服饰城有限公司签订校企合作协议共建新校区。

为三农服务。发挥人才、科研优势,做好南阳农综项目技术依托工作,圆满完成500名农民创业培训和485名农村基层农业技术推广人员培训任务;通过河南省"雨露计划"省级培训基地的重新认定,完成了75人培训任务;办好现代农业实用技术中专班,为新农村建设培养高素质人才;发挥校办产业骨干示范作用,增强学校服务社会的功能,绿白乳业公司拓展三个养殖小区,严把原料奶质量关,研发新产品,开设加盟店28家。(刘春霞)

【南阳经济贸易学校】 学校有教职工112人,其中专任教师69人,高级讲师25人,讲师33人,在校生2203人。学校建筑面积26255平方米,藏书46500余册。为市级文明单位和省级卫生先进单位。科研成果显著,开展课题研究7项,参加省级课件、论文、成果审报14项,全年共发表论文论著44篇(部)。

教学工作。开展听评课活动,提高课堂教学效率。推出省级优质课教师3名,市级优质课教师7名。深化开放式课堂教学改革和多媒体教学应用新模式的探索，注重对课堂教学改革的实践探索和经验总结，激发学生的学习兴趣。加强专业建设，突出技能教育。坚持以就业为导向、以考证考级为具体目标，突出实践性教学。新建现代商务专业和农村经济管理专业。教学过程中突出技能教育，把技能考核与职业技能鉴定相结合，充分调动学生动手、动脑的积极性。有52%的学生取得了会计证、全国计算机NIT资格证等资格证书。狠抓教学常规，加强师资队伍建设。严肃教学纪律，执行各项教学管理规章制度，强化备、讲、辅、批、考诸教学环节的管理，加强和细化教学常规过程性管理，加强考试纪律管理，以考风转变促学风转变。支持教师参加各级各类教学教研活动，加强课题研究，强化科研兴教意识。加强教师队伍建设，注重教师培训，选拔参加国家培训教师1名，省级培训教师2名。

学校管理。深化学生德育教育，狠抓学生行为养成。以文明习惯养成教育为起点，从抓小事，从基础做起，强化学生日常行为规范，循序渐进抓好规范养成教育。学生管理部门加大《准军事化管理实施方案》执行力度，开展校规校纪教育活动，组织学生学习班级量化考核文明行为规范四十条、中专生守则等，让学生把遵守校规校纪的意识转化为自觉的行动。通过主题班会等形式，开展学生尊敬师长教育活动，让学生学会尊重人、理解人，为学生个人走上社会成人成才打下良好基础。开展理想信念教育活动，帮助学生树立正确的职业理想和就业理念。通过“三理”教育主题活动培养学生良好的个人品德；通过开展教室宿舍文化活动，营造良好的德育氛围；通过困难学生免费上学的办理，实现学校培养优秀职业学生的总体目标。构建平安校园。根据谁主管，谁负责的原则，定期对学生宿舍楼、食堂以及校园进行安全大检查，摸清可能存在的安全隐患和潜在的矛盾，并做出相应对策，做到防患于未然。按照食品卫生安全的有关法规，严格落实定点采购制度、餐前检查制度，建立食堂管理考核制度等，提高食堂食品安全管理水平。

招生就业。全年招收新生1381人。设身处地的为学生就业服务，在就业环境、劳动强度、工资待遇上，为学生争得应有的利益。自4月1日开始至7月底，学校共组织16批次的毕业生分赴北京、深圳、温州、青岛等21个单位就业，就业率达98.8%。

校园文化建设。以各项活动为载体，丰富校园文化建设。以举办建校30周年活动为契机，切实加强校史校情教育，在学生中开展“我爱我的学校”征文活动，350余名学生参加，25名学生获奖；在教师中开展有趣的小型体育竞赛活动，举办师生歌咏比赛和联欢晚会；组织校友回校开展篮球友谊赛、励志成才讲座等，营造蓬勃向上的校园庆祝氛围。以青年志愿者活动为契机，积极开展向南方旱区捐助一瓶水一元钱活动；举办向玉树地震灾区遇难同胞哀悼日寄托哀思，为玉树灾区义演捐款活动；参加南阳市第八届南阳仲景医药文化节服务工作。按照一个团会一个主题的要求，坚持每周四举办主题团会。全年有9名学生入党。（焦中群　史瑞林）

【南阳市体育运动学校】 学校共有教职工117人，其中专任教师教练80人，具有副高级职称者14人，中级职称者30人，初级职称者30人，硕士学位研究生1人，在校学生300余人。校园面积3.5万平方米，建筑面积3.2万平方米，藏书5000余册，固定资产4000多万元。招收中专新生40余人，初中新生30余人，毕业学生50余人。

训练与比赛。坚持科学选材，科学训练。选拔那些发展潜力大、有运动天赋的学生进入学校运动队训练，为省十二届运动会储备运动苗子；对重点运动员的各项指标跟踪记录，科学分析，制定切合实际的训练计划，提高训练工作的针对性，提高训练效果。对社会上爱好体育的青少年开展短期培训，扩大学校知名度，从中选拔储备一批苗子队员；组织教练员到各县、市、区进行苗子队员选拔，为学校体育事业长远发展做好充足的人才储备。2010年9月19～28日，河南省第十一届运动会在洛阳市举办。南阳代表团共派出23支代表队，其中市体校派出17支代表队，最终南阳市代表团荣获金牌114.5枚，银牌、铜牌各24枚，位居金牌榜第六，奖牌榜第七，总分排行榜第八，顺利实现了市政府下达的“保六争四”的目标任务。其中学校自行车队以9金5银8铜的优异成绩。王圣崴获得男子乙组场地争先赛、场地500米个人计时赛、公路1000米个人计时赛冠军，王雪获得女子乙组场地500米个人计时赛冠军，李飞获得男子乙组场地1000米个人计时赛冠军，杨留获得女子乙组场地1000米个人计时赛、公路40公里个人计时赛冠军，岐小远获得男子甲组公路80公里个人计时赛冠军。学校赛艇队勇夺6金8银10铜，金牌数、奖牌数、团体总分在全省15支参赛队伍中均列第一，焦作、平顶山等老牌劲旅也位居其后。秦少宇在男子公开级甲组2000米+12公里全能比赛中获得两枚金牌，李杰雅在女子轻量级甲组2000米+12公里全能比赛中取得1枚金牌，牢凤建在男子轻量级甲组2000米+12公里全能比赛中获得1枚金牌，丁瑞杰在男子轻量级乙组2000米+12公里全能比赛中获得1枚金牌，王杰在女子公开级甲组2000米+12公里全能比赛中获得1枚金牌。魏学峰、邵永吉、张浩、李冲、付奥飞等10余人在各自级别2000米+12公里全能比赛中共获得8枚银牌、10枚桐牌。团体总分为200分。在青少年组跆拳道、中国式摔跤、篮球乙组三项比赛中，学校选手共夺得3金1银1铜。朱婷婷在女子甲组53公斤级比赛中夺得1枚银牌；董杰在中国式摔跤女子+66公斤级别比赛中为南阳夺下首金；刘俊在男子66公斤级比赛中夺得1枚铜牌；篮球女子乙组比赛中，学校代表队夺得第4名，计2枚金牌。李航在举重男子乙组94公斤级比赛中夺得1枚银牌，皮划艇队取得1金。学校被市政府授予"突出贡献奖"，学校自行车队、赛艇队、女篮被市政府评定为优秀运动队和优秀输送人才队。

教学工作。加强教学管理指导。结合教学常规对教师教学计划、教案、作业、教学进度和教学总结进行严格检查，确保教学工作正常进行。开展"三课"、"三优"活动，通过听评课、优质课和观摩课活动，使教师在互听互评中吸取他人长处，弥补自己不足，不断改进教学方法，提高教学水平。开展教研教改，转变教学理念，创新教学方法，不断提高教师职业道德和业务水平。开展学生评教和教学质量评估活动，对优胜教师和优胜学生进行表彰和奖励，充分调动教与学两方面的积极性。加强应届毕业生的实习和就业指导，增强学生实践能力和适应社会能力。

桃李风采。2010年11月27日，市体校培养选拔输送的优秀运动员、社旗县姑娘周春秀，在广州亚运会女子马拉松比赛中，以2小时25分的成绩摘得金牌，成功卫冕。2010年10月20日，学校选拔培养输送的著名自行车运动员、宛城区小伙儿冯永，在全国第十一届运动会(济南)自行车男子场地争先赛决赛中，为河南代表团拼得一枚银牌。在广州亚运会场地自行车男子争先赛上，冯永遭受伤病但坚持比赛，获得第八名。(王秀林)

师资队伍建设与师范教育

【全市中小教师学历达标率和高学历比率持续上升】 全市共完成5万多名中小学教师培训任务。普通高中、初中、小学教师学历达标率及高学历比率分别达到96.2%、98.6%、99.5%和4.9%、45.2%、73.9%。

【建立完善中小学教师补充长效机制】 为切实解决中小学校教师队伍数量不足、年龄老化、梯队断层、缺编缺岗问题，市政府研究出台了《关于建立完善中小学教师补充长效机制的意见》，明确要求从2010年起各县(市、区)每年都要有计划地组织教师招录工作，招录教师数量应不低于自然减员数量，招教政策要保持连续性。严禁在有合格师资来源的情况下有编不补，新补充教师重点向农村、山区和薄弱学校倾斜，切实解决中小学教师队伍数量不足问题。2009～2010年，全市公办学校公开招录教师2267名，其中，局直学校、幼儿园(含油田教育中心)公开招聘教师235名，增加教师编制186个。

【南阳市名校长工程高级研修班成功举办】 7月2～10日，市教育局组织全市近百名校长参加在北京师范大学校长培训学院举办的名校长工程高级研修班。教育部基础教育司原司长、国家督学王文湛，北师大校长培训学院院长、博士陈锁明，教育部小学培训中心副书记、博士楚江亭，北京十四中学校长、特级教师王建宗，教育部基础教育司副司长郑增仪等全国知名教育专家，分别围绕"解读《国家中长期教育改革和发展规划纲要》"、"变化与应对——走出教育的困境"、"学校发展规划"、"名校长经验交流与分享"、"生命不保何谈教育"等内容作了报告。研修培训期间，参训人员还深入北京市四中、北京市第二实验小学、北京市小学等名校进行参观学习，听取了北京四中原校长邱济隆成功办学的专题报告。

【举办中国名校共同体高效课堂名师指导团首届名师培训班】 8月11～13日，由《中国教师报》全国教师培训基地——中国名校共同体主办，南召现代中学承办的中国名校共同体高效课堂名师指导团首届名师培训班在南召县隆重举行。这是高效课堂名师指导团组建完毕后的首次"集结"。在3天时间内，来自全国189所课改名校的251位名师及南阳市省、市级示范性高中校长、教科研人员参加了培训。中国名校共同体秘书长、《中国教师报·现代课堂周刊》主编李炳亭，中国区域课改共同体轮值主席、郑州市教育局副局长田保华，全国十佳校长、山东兖州一中校长、中国名校共同体副理事长杜金山，中国名校共同体副秘书长、《中国教师报》

全国教师培训基地副主任张海晨等出席会议。市教育局局长柳克珍到会讲话。在培训班上，全体参训人员接受了专家报告引领、名师典型经验介绍、体验式课堂培训、体验式心理健康教育等一系列专题培训。

【镇平县教师进修学校被确定为全省首批示范性教师培训机构】　1月，镇平县教师进修学校被省教育厅确定为全省首批示范性教师培训机构。该县在加大经费投入、完善基础设施、加强队伍建设、充分发挥功能等方面入手，使学校成为全县义务教育阶段中小学教师的培训基地，成为全县教育教学、教改科研、现代教育技术和信息资料等指导服务中心。

【全市中小学班主任法制培训】　培训的主要内容有《中华人民共和国义务教育法》、《中华人民共和国未成年人保护法》和教育部制订的《中小学班主任工作规定》等。培训结合学校发生的各种案例，就学校的法定责任和义务、班主任在未成年人保护工作中的地位和作用、未成年受教育者的法定权利、新形势下未成年人保护工作面临的新问题、学校侵权案件法律分析、班主任如何做到依法执教依法管理等内容进行了讲解。要求每一位班主任必须熟悉相关的法律法规，严格依照法律法规的规定，履行班主任职责，保护学生的合法权益，引领教育教学工作沿着正确的轨道前进。

【中小学校长法制培训】　8月2～8日，市教育局举办第八届全市中小学校长法制培训班，来自全市各县（市、区）和乡镇的近800名教育法制干部、中小学校长参加培训。培训班聘请有关专家，以《依法治校实践中的若干问题》、《现代学校制度建设的理论和实践》及《国家中长期教育改革和发展规划纲要解读》为题，指导学员认真学习教育法律法规和《侵权责任法》等相关法律内容，分析了目前全市教育面临的诸多问题，明确以后全市教育改革发展的方向，为各类学校依法规范办学行为，维护学校、教师和学生的合法权益，推动依法治教的深入发展起到了积极作用。

【"国培计划"项目启动】　10月25日，"国培计划"——河南省农村中小学骨干教师培训（2010年）南阳师院班举行开班典礼，来自全省各地的250余名中小学骨干教师参加了开班典礼。这标志着"国培计划"在南阳市开始启动。

【中职学校教师培训】　全市组织30名和110名中职学校专业骨干教师分别参加国家和省级培训，其中一名教师到德国参加职业培训；开展职业学校教师教育技术能力培训，培训教师达400名。

【南阳市宛西中等专业学校】　2010年，学校按照面向社会，质量立校，德技并重，科学发展的办学指导思想。突出幼儿教育，机械基础、电工电子等专业优势，开展了现代服务类专业和涉农专业，促进学校全面发展。2月，顺利通过教育部国家级重点中专评审，成为新一批101所国家级重点中学职业学校的一员。

加大教学改革，提高教学质量。学校加快教学创新的步伐，以教学改革为突破口，以教师队伍建设为依托，以课程改革为动力，以高效的课堂教学为重点，重视教学过程与管理，强化技能训练，全面提升教学质量。严肃工作纪律，发挥教学督导职能。在教学楼一楼设立教育教学值班室，通过值班巡视、推门听课、学生评教等手段加大课堂教学督察力度，增强教师的责任感和使命感，改革教学环节，更新课程计划，突出技能训练内容和能力培养；落实室内课与活动课、理论与实践的衔接，开创适合课堂教学的新模式；改革辅导课，让学生动起来；采取灵活多样考试形式，以演代考，以做代考充分调动了学生学习积极性。教务处按照"定岗适教、以岗用人"的原则，对原来的6个教研室优化组合，整合成基础教研室、专业教研室和艺术教研室。突出动手操作能力培养，车工试训材料以木头代替钢材让学生进行实训训练，学生参加"省专业技能大赛"，获南阳赛区车工大赛一等奖。教务科先后开展了校园广播操、礼仪操、生肖操、《弟子规》背诵、文艺专场汇演及手工展活动等，三个代表队参加内乡"六创一迎"歌舞及健美操比赛均获一等奖。南阳市普通话演讲比赛荣获市一等奖和省三等奖；学校选送的英语情景剧被市教委直接选送到省会参加比赛。硬笔书法代表队获省两个二等奖一个三等奖。

学生管理。坚持德育为先，全面加强学生思想道德教育。充分利用校会、班会、传统教育和各类文体活动加强爱国主义和集体主义教育，强化三观教育。2月，开展了以班级为单位的"学雷锋"系列教育活动，并邀请内乡县司法局对学生进行法制安全教育。11月，针对女生开展青春期生理心理卫生讲座。正面引导，狠抓学生文明习惯的养成教育。强化考勤、纪律，引导学生养成遵纪守法的自觉性。加强两操管理，8月，对新生进行一周的军训，10月，开展了"文明礼仪活动"系列活动。

改善办学条件。8月，粉刷学生宿舍墙壁、维修木床和壁柜，整修粉刷校园西院墙、新砌了因雨灾坍塌的南院墙,保证了学生的安全和校产不受侵犯;增添部分实验实训设备,保证了学生技能训练和提高;在资金困难的情况下,平正了操场,增补了新图书,加强了校园文化建设。

就业。做好招生服务和参谋工作,学校积极外出考察企业,签订直供联办协议。至6月,08级1000余名学生全部安排到海尔、华硕等大型企业就业,10月,向富士康输送员工近400名。

农学中职教育。在涉农专业培训上不断探索,学校成立了农学中职教研室,校和村支部联合,创办农民中职班,为实现农民工的学力教育和技术培训创造了条件。

【南阳市宛东中等专业学校】 2010年,宛东中专共招收新生632人,其中高中400人,中专232人,在校生1912人。在编在岗教职工176人。高中设普通班、体艺特长班等;中专设汽车驾驶与维修、幼儿教育、船舶焊装、数控加工、计算机运用与维修等专业。

教学工作。加强教研工作,以研促教。坚持每周一次教研会,每学期组织一次优质课、公开课大赛,鼓励教师撰写教学心得和教研论文,学校教师在CN级刊物上发表论文数10篇,3项成果获市一等奖。重视师资培训,加快"双师型"教师队伍建设。教师参加职业教育国家级培训4人,省级培训8人,新课改省级培训25人次。鼓励教师进行学历进修,学校具有研究生学历的教师有30多人。积极进行教学改革,推进素质教育。高中新课改初见成效,必修课、选修课、活动课、实践课并重,对学分制进行探索;开发数种校本教材,教育教学质量不断提高:中专学生就业率达到100%,就业满意率达到95%以上;高中教育再创佳绩,高考成绩创历史新高。被唐河县教研室接收为高中教研组成员单位,并通过市级A类示范性高中评估。

学生管理。发挥学生科职能作用,加强班主任队伍建设,对班主任进行定期培训,每学期召开一次班主任经验交流会,严格班主任进班考勤制度和宿舍管理制度,时时掌握学生状态,预防恶性事故的发生。实行封闭式管理,严格校门出入制度,学生进出校门必须履行相关手续,保证学生人身安全。持续开展养成教育、感恩教育、三理教育、安全文明卫生教育等,提高学生的道德水平和文明素质。积极开展文体活动,活跃校园文化生活。举办春季田径运动会、夏季拔河比赛和乒乓球比赛、秋季篮球比赛、冬季长跑比赛;"五四"、"十一"期间举行故事会、大合唱、演讲赛、辩论赛等一系列活动,举行了元旦文艺晚会。11月,组队参加唐河县第四届运动会,获金牌总数第一和团体总分第一。12月,幼教专业学生参加了唐河县"六创一迎"文艺展演。加强学生安全教育。通过请县消防中队人员到校讲安全自救知识,请县法院人员讲法制知识,请交警队警察对学生进行交通安全教育等教育活动,增强学生的法律意识,提高学生的自我保护能力。

招生和就业。招生。2010年度,初中毕业生生源人数急剧下降,招生形势十分严峻,学校及时创新办班模式,先后与重庆、陕西、上海等地学校联合办学,拓宽招生渠道,共招收各类新生632人。就业。坚持以"就业为导向"的培养目标,在新生入学时就对其进行职业生涯规划教育,为学生设计个人前途,指明方向和目标;第二学年开设就业指导必修课,纳入正常的教学计划,总课时为20学时,教育学生树立正确的人才观、价值观、择业观,使不同层次的学生对自己都有一个准确的定位,为以后就业打好基础;毕业前一学期进行就业指导,积极为学生就业提供帮助和引导。学校和长三角、珠三角、京津唐等地多家用人单位进行沟通,掌握足够的岗位信息,优中选优,为学生提供就业岗位;通过互联网建立就业信息交互平台,把毕业生的基本信息和就业意愿发布在学校网站上,供用人单位选择;定期组织各专业学生举行技能展示汇报表演,邀请企事业用人单位到校观看,与学生交流,搭建学生和用人单位沟通的平台,拓宽了就业渠道。2010年学校中专毕业生总数为706人,在各种所有制企事业单位就业的有317人,从事创业的有59人,升入高一级学校的有259人,就业率达到100%。

改善办学条件。6月上旬,投资332万元的实验实训楼通过工程验收并交付使用。同时争取到上级20万元专项经费补助,加大了学校建设投入;加强校园的绿化、美化,顺利通过了省级园林单位的复查验收;学校为各科室、教学部配备了微机,开通了国际互联网,实现了办公现代化、信息化,顺利通过了市教育信息化应用工作评估验收。

开展精神文明创建活动。通过板报、橱窗、广播、校园网等平台宣传"创先争优"活动;通过课堂、报告会、知识竞赛等形式宣传"六创一迎"知识,引导师生"讲文明、树新风";积极参与"南阳市道德模范标兵"人物评选活动,为唐河县毕店乡凌岗移民新村捐赠200套生活用品(瓷盆、毛巾、香皂);结对帮扶唐河县昝龙镇贾湾移民新村村民35户,和移民结亲连心,为他们排忧解难,并在春节前夕为他们送去面粉等慰问品。

学校教职工为玉树地震灾区捐款10000余元;为桐柏、南召等遭受洪涝灾害的地区捐款8400多元;年终,为下岗职工、特困户等捐款近万元。学校中专08.5班被评为省级文明班级,学校保持了省级文明单位称号。(王文海)

【南阳幼儿师范学校】 2010年,学校招收新生1427人,其中三年制幼儿教育专业853人,学前教育(3+2)136人,大中专438人,毕业生1970人。在校教职工174人,其中专兼职教师154人,高级讲级49人,讲师28人。

加强师德师风建设。组织全体教职工深入学习《中小学教师职业道德规范》,并通过召开学生座谈会、学代会、团代会,组织开展学生评教活动,广泛征求学生对教育教学和学校管理等方面的意见。坚持实行每年两次以师德为主要内容的综合测评,对测评末三位的教职工进行戒勉谈话,广大教职工的岗位意识和敬业精神明显提高。

重视和加强教师业务能力建设。坚持每周一次的业务学习制度,学习先进的教改理念和教学方法,组织10余名教师参加了国家、省、市教育部门安排的学习培训。开展全员优质课教学竞赛活动,对优质课获奖教师进行奖励。重视青年教师的培养和培训,组织全体新进教师上汇报课,进行教学技能大赛,青年教师中比、学、赶、帮、超的氛围日益形成。教师申报省市教科研课题4个,参编教材、论著4部,发表论文53篇,在省、市教育部门获奖论文101篇,在省市优质课竞赛、课件制作比赛中有23人次获奖,学生辅导41人次获奖。

深化教学改革。尝试实施在分类编班的基础上进行分层教学,修订完善了3+2班、大中专班、小中专班、成人幼教班的教学计划。加强"3+2"升学班、对口生班和成人大专函授班的教学和管理。

按照《南阳幼师学生教育教学基本功达标方案》要求,在学生中开展创编舞、创编操、声乐、钢琴、弹唱、讲故事等技能比赛活动。在南阳市庆祝教师节表彰大会文艺演出、南阳市总工会庆五一文艺晚会、南阳市纪委廉政建设文艺晚会、邓州市"欢乐金秋"广场文化月活动和邓州市"六创一迎"文艺展演等项活动中,奉献了精彩的演出,充分展示了学校教育的成果和幼师学生的技能与风采。2010年学校被南阳市政府授予"教育教学质量先进单位"称号。

开展系列爱国主义教育活动,提高学生思想道德素质。学生管理坚持以正面教育和集体教育为主的原则,制定了德育工作计划,充分利用校会、班会、每周一升旗仪式等形式,有计划、有重点地对学生进行政治思想、文明素养及专业思想教育。先后开展了"与经典同行,让诗香久远"中华诗词诵读比赛、纪念"一二九"运动歌咏比赛等活动,对学生进行中华传统教育和审美教育;邀请《作文指导报》总编周录恒老师做了"情商、智商,一双成功的翅膀"专题报告,邀请邓州市人民法院少年审判庭庭长刘惠敏作了法制安全报告,对学生进行亲情教育和法制教育。加强对学生的心理教育和心理辅导,坚持开展个体心理咨询和团体心理辅导,邀请南阳师院教科院院长、教授丁新胜为全体教职工作"学生心理问题的识别与预防"专题讲座。

招生与就业。在初中毕业生生源大幅下降、各类学校招生竞争十分激烈的情况下,学校共招生1600人,全日制在校生达到4700余人,创学校历史最高记录。加强就业教育和指导,开设了《职业生涯规划》课程,开展经常性的就业训练。加强与用人单位和中介机构的联系,妥善安置08级涉外财会专业学生到华必信公司实习,举办08级、09级春期班、高中班毕业生技能汇报和供需洽谈会,一次性就业率连年保持100%。

改善办学条件。电钢教室、微格教室更新两台进口投影,投入近万元恢复建立了幼儿园模拟教室,购进88套蒙特梭利教具。继续实行钢琴、电钢琴、脚踏琴年合同维修制,提高现有设备的利用率。为每个微机室配置了消防和停电应急设备。完成新井配套工程并投入使用;对实验楼房屋大梁进行加固改造,确保师生安全。安装了校园监控系统。

积极实施职教攻坚计划。中职基础能力建设(二期)项目申报成功,可望2012年在新校区建设综合教学楼1座;同时,积极筹建新的学生宿舍楼。为谋求更大的发展,学校制定了《"十二五"教育改革和发展规划》,明确了发展目标、办学宗旨、培养观念、培养目标、发展任务和工作措施。学校在2009年成功申报省级重点职业学校的基础上,2010年又被教育部确定为国家级重点职业学校,被南阳市政府授予"职教攻坚先进单位"荣誉称号。(韩明锋)

【南阳市宛北中等专业学校】 2010年,宛北中专毕业学生1094人,招收新生2648人,年底在校学生共计3474人,设52个教学班。除普通高中外,中专开设有综合文科(3+2)、综合理科(3+2)、小学教育(3+2)、幼儿教育(幼师)、英语教育(幼师)、计算机技术与应用、电子电器应用与维修、制冷与空调设备运用与维修、磨具设计与制造、农村经济综合管理、农业机械使用与维护等专业。年底学校在编教职工83人。

学校突出“稳定高中规模、扩大中专招生”的办学理念,“以质量求生存、凭特色谋发展、靠管理上水平”的办学宗旨。

强化教育教学管理,提升教育教学质量。在教学管理方面,坚持突出教学工作在学校整体工作中的中心地位,坚持强化教学管理,全面提升教学质量。一是建立健全教师考评和激励机制,健全教学质量评价体系,深化教学改革,细化教学任务,激励和提高教师在教学工作中比、学、赶、帮、超的工作热情和创优意识,教学质量明显提高。二是加强作业、教案等常规检查,狠抓备课质量,坚决制止不备课或备课不充分、作业布置不科学、批改不认真等不良现象。三是狠抓课堂秩序管理,坚决制止迟到、早退、旷课和随意请假现象,坚决制止学生的课堂违纪行为,课堂教学秩序井然,教学效果明显提高。四是狠抓中专和基础年级教学工作,注重课程改革,讲究教学方法,实施分层教学,做到因材施教,突出专业特色,强调基本训练,达到夯实基础、促进发展的目的。五是抓好教研工作。坚持加强校本教研,解决教学工作的实际问题,不断提高教师的教学水平和科研能力。全年,教师在各类刊物上公开发表论文40余篇;在优质课比赛中获得市级一等奖4个,二、三等奖12个;五是严密组织骨干教师的培养、选拔和推荐工作,培育推荐省级学术技术带头人2名,提高学校师资水平。六是严肃考风考纪,搞好教学评估。坚持以评估教学质量、改进日常教学为目的,严密组织各类考试。做到命题规范、编排有序、纪律严明、惩戒到位,有效地端正了考风、扭转了学风。

学生管理。坚持德育为首、教育为主、素质为本的原则,改进和完善“封闭式+军事化”的管理模式,强化思想教育和素质教育,提高育人水平。一是坚持以思想教育为先导,加强爱党爱国、尊师爱校和革命传统教育,提高学生政治觉悟。二是坚持以素质教育为抓手,加强思想素质、道德修养和文明习惯养成教育,培养学生良好品质;三是坚持以纪律教育为手段,督促学生增强法治意识和守纪观念,提高遵纪守法的自觉性;四是坚持“三集中三讲评”,加强学习态度、学习方法、行为习惯和文明礼仪教育,改变学生精神面貌。五是加强“三观”和“三理”教育,引导学生树立正确的世界观、人生观、价值观,认真解决学生学习、生活、交友中出现的问题,帮助学生健康成长;六是加强宿舍管理和安全教育,制止学生乱住外住,提高自我防范意识,及时消除安全隐患,避免突发事件发生;七是加强常规管理,突出考勤考核和两操管理,认真落实一日规程,培养学生良好习惯;八是开展系列教育,借助升旗仪式、校园广播、文体活动、团日活动和校班会等形式,营造生动活泼、积极向上的学习氛围。九是优化政治思想工作网络,完善学生科、团委会、班主任、任课教师和学生干部“五位一体”的管理体系,发挥各个层面的积极作用,推动学生工作向精细化方向发展。十是积极组织各项有益的文体活动,利用演讲比赛、文艺演出、体育比赛、技能比赛等形式宣传先进思想和优秀文化,塑造学生的美好心灵。

招生。按照大力发展普通中专教育,继续走校校联合和校企联合的路子,增加师范类三年制和3+2计划,扩大企业冠名班数量,增加学生就业基地,稳定普高规模,重点发展艺体高中教育的总体思路,抓住国家大力发展中等职业教育的有利时机,以搞好专业设置和中专生业前教育和就业安置工作为基础,共招收各类新生2648名。(王秋举　刘付亭)

科学技术

自然科学

自然科学综述

【创新带动体系建设】 3月8日，市委全委（扩大）会议通过实施“四个带动”的决议，明确提出要“实施创新带动，增强发展动力”。市科技局作为实施创新带动的牵头单位，制订了《南阳市实施创新带动工作方案》，在确保各项创新任务整体推进的同时，以提升自主创新能力作为实施创新带动的重中之重，在政策、项目、资金等方面为自主创新提供有力支撑。3月18日，召开自主创新体系建设大会，出台《南阳市科学和技术发展规划》和《南阳市自主创新体系建设与发展规划》，把建设“创新型南阳”提升为城市总体发展战略，对科技创新重点工作进行安排部署。会议修订出台《南阳市知识产权战略实施意见》、《南阳市科学技术奖励办法》、《南阳市科学技术经费管理办法》等文件。《南阳市实施“四个带动”绩效考评奖惩办法》将科技投入、专利申请等6项具体指标正式纳入全市目标管理体系，自主创新政策体系初步形成。

【科技计划与经费】 坚持以项目带动提升科技创新能力，加大省部重大科技项目、国际清洁能源机制项目和国际合作项目的争取力度，一批重大科技项目获准立项实施。2010年，全市共组织实施省级以上科技计划项目171项，实际到位资金5757.5万元，其中国家级计划项目23项，省级计划项目145项，国际清洁发展机制（CDM项目）项目3项；组织实施市级科技计划项目11项，拨付资金200万元。其中，天冠集团“二氧化碳全降解塑料”和“生物长链醇的微生物合成及系统集成技术”等2个项目被列为国家863计划，分别获得国家科技经费600万元和400万元；利达光电承担省重大科技专项“新型光学引擎及数字投影机”获得资金支持200万元；南阳二机石油装备（集团）有限公司研发的“适用于-45℃高寒地区石油钻机”项目，被列入2010年度河南省高新技术产业化计划并获得210万元的专项资金支持；凯鑫光电仪器有限公司承担的省成果转化项目“聚光光伏太阳能电池匀光器件”，获得30万元资金支持；南阳市农科所承担的“优质高产棉花新品种宛棉10号试验与示范”和天冠种业承担的“燃料乙醇专用能源（薯类）作物储藏保鲜及初加工技术集成试验示范”等2个项目被列为国家级农业科技成果转化项目，共获得资金支持80万元；南阳泰隆集团、淅川水泥公司CDM（联合国清洁能源机制）项目到位资金1200万元，该项目实施期从2011年到2018年，预计这两个企业将获得总额超过1亿元的CDM资金支持；“昼夜宽动态自适应数字夜视CCD成像系统”、“高效红外辐射增效装置”等8个项目获得国家创新基金立项，获得无偿资助资金550万元；利用楔横轧近净成形技术制造重型车用贯通轴”、“汽车发动机及变速箱专用密封板材”等12个项目被列为省级创新项目，共获得资金支持120万元；二机、西排、利达光电等3个企业被列入国家火炬计划；西保、淅减、宝天曼地温空调等3个企业获得国家重点新产品计划资金支持。

【科技成果转化及高新技术产业】 先进装备制造、纤维乙醇、全降解塑料、紫激光版材等一批具有自主知识产权的项目进入产业化关键期。市科技局在政策、项目、资金上加大支持力度，加快科技成果转化步伐，重大科技项目结项率和验收通过率达到100%，科技成果转化率达到70%以上，高新技术产业成为支撑南阳发展的新亮点。二机石油集团研发的“适应于-45℃高寒地区石油钻机”实现销售收入74亿元，为中国和世界高寒地区石油勘探开发提供可靠的装备；利达光电集团完成的“DLP光学引擎与关键部件研发及产业化”项目，实现了中国微显数字投影产业由单一的元件加工向组件、部件及整机系统集成方向的转变与升级；市黄牛科技中心的“南阳牛品种选育改良及其产业化配套技术”研究成果在全省65个县市及周边省份部分地区推广应用，实现经济效益62.83亿元；宛西制药承担的省级高新技术产业化项目“金芪降糖丸生产线”已建成运行；西排公司承担的省级高新技术产业化项目“节能环保型发动机欧Ⅲ欧Ⅳ排气管研究与产业化”项目预计2010年全年将达产133万支，年新增销售收入1.48亿元，新增利税3624万元。乐凯华光自主研发的紫激光计算机直接制版版材达到国际先进水平，上半年已生产版材230万平方米，产值超亿元；天冠集团年产100万吨全降解塑料一期工程年产2.5万吨生产线建设进展顺利，计划2011年底建成投产。

【工程技术研究中心和重点实验室建设】 新认定市级以上工程技术研究中心25个，重点实验室4个。其中4个企业获准建设省级工程技术研究中心，分别是南阳淅川汽车减振器有限公司建立的河南省汽车减震器工程技术研究中心；南阳迅天宇硅品有限公司建立的河南省物理法硅材料工程技术研究中心；南召县华龙辛夷开发有限责任公司建立的河南省辛夷开发工程技术研究中心和中国联合水泥集团有限公司南阳分公司建立的河南省新型干法水泥节能工程技术研究中心。此外，天冠集团筹建的“国家生物能源开发利用重点实验室”已初步通过国家科技部审查，有望成为南阳市首家国家级重点实验室。科技条件资源更加完善，南阳市生产力促进中心被认定为国家级示范生产力促进中心；全市6个县(区)成功加入“河南省花卉产业技术创新战略联盟”，超过全省联盟成员总数的¼；利达光电与上海理工大学、上海交通大学合作，建立“光电产业技术战略联盟”；通宇集团与武汉理工大学、汇森公司与南阳理工学院等达成校企战略合作关系；全省首家孵化器式公司制实验室—今凯基因药物实验室落户南阳；暨南大学在南阳高新区建立基因组药物重点实验室，创新平台的类型和功能得到丰富和完善。

【实施企业创新能力培育科技工程】 天冠集团通过“全降解塑料项目”研发，使单位产品催化剂使用量较原来下降50%以上；“年产3000吨秸秆纤维乙醇关键技术研究”的突破，解决传统乙醇生产离不开化石能源的技术框架，示范线建设平稳运行，产品合格率100%。乐凯华光“紫激光计算机直接制版板材关键技术研究”、防爆集团“核电厂用系列核级电动机关键技术研发”和二机石油装备集团“数字化超深井石油钻机装备研发及产业化”等河南省重大科技专项顺利通过省科技厅验收，企业在相关领域的技术水平达到国际先进。科技园区创新工程扎实推进。南阳高新技术产业开发区获得国务院正式批复，晋升为国家级高新技术开发区；南阳光电产业基地正式被科技部认定为“南阳国家光电高新技术产业化基地”，成为河南省首批3个国家高新技术产业化基地之一；河南省(西峡)汽车零部件特色产业基地晋升国家高新技术特色产业基地；西峡冶金材料特色产业基地晋升河南省高新技术特色产业基地工作稳步推进；高新区工业园区、西峡县和唐河县产业集聚区创建省级“创新型产业集聚区”进展顺利。企业创新能力培育科技工程进展顺利。中南钻石、瑞发集团、张仲景大厨房、汉冶特钢、陆德筑机等5个企业被认定为国家高新技术企业；天冠集团和防爆研究所入选国家科技部首批创新方法试点，其中，天冠集团成为中国创新方法首批4个试点企业之一，防研所成为首批5个研究所试点之一；河南中源化学公司、南阳天泰水泥公司、南阳普康药业公司3个企业被认定为省级节能减排科技创新示范企业。西排、西保申报国家火炬计划重点高新技术企业，防爆集团、二机集团申报国家第三批创新型企业，淅减、通宇、宛药等3个企业申报河南省创新型试点企业工作进展顺利，正在评审。民营科技企业蓬勃发展。全市共认定民营科技园区3个，认定民营科技企业13个。在中国民营科技发展贡献奖评选中，全市有3个单位被评为全国优秀民营科技企业，3人被评为优秀民营科技企业家。民营科技企业的强势发展，已经成为全市经济增长和发展高新技术产业的生力军。

【科技兴农】 卧龙农业高新科技示范园区晋升为国家级农业科技示范园区。园区以生物工程技术中心为平台，研发“野生春生田头菇驯化栽培技术”、“废纸生产食用菌技术”等5项发明专利，入驻农林花卉项目25个，实现年产值近2000万元，初步形成以能源作物为主体，以有机蔬菜和林果花卉苗木为两翼的“一体两翼”产业格局，建立种植生产技术与转化加工技术衔接配套的完善的产业化技术体系。加强主要农作物良种选育。选育参加省级以上区试的品系14个，其中小麦新品系5个，棉花新品系4个，玉米新品系1个，花生新品系1个。参加生产试验的小麦新品系宛黑164和宛麦982，分别比对照增产10%和5%以上，参加生产试验的玉米新品系宛单739试验比对照增产10%以上。这3个品系均有望通过省级审定。正在参加区试的小麦新品系有3个。培育涉农科技型龙头企业和农民专业合作社。引导并帮助内乡牧原养殖有限公司申请营养饲料技术、早期隔离断奶技术、分胎次饲养技术、自动化控制技术等多项专利，建立养猪技术培训中心，使内乡牧原成为畜牧行业利用科技、传播科技的排头兵，免费对农户进行科学养殖相关技术培训。新野县蔬菜专业合作社通过承担“国家星火计划项目”和“河南省新农村建设科技示范工程”，建立起无公害监测点和档案卡，该社生产的甘蓝全部符合无公害标准，获准使用无公害农产品标志。实施科技富民强县专项行动计划。唐河、镇平、方城、宛城、社旗5个县(区)成为科技富民强县专项行动计划试点县，其中唐河、镇平、方城为国家级试点县，宛城、社旗为省级试点县。唐河县以黄牛产业为依托，在品种改良、配套技术组装运用等环节取得重点突破；镇平县以优质奶牛示范基地建设为龙头，带动奶牛产业和其他产业联动发展；方城县以裕丹参和木瓜产业化种植为突破口，带动医药保健品深加工企业的发展；宛城区以“无公害生猪养殖技术示范与产业化开发”为切入点，转化、应用一批先进的科技成果；社旗县以优质烤烟标准化种植为载体，推广新品种3个，新技术25项，培训农户2.5万人次，培训技术骨干3000名。

【知识产权及科技成果】 继2009年专利申请突破千件大关之后，2010年全市共申请专利达到1345件，比上年增长21%，其中发明专利387件，比上年增长36%。南阳市知识产权示范城市创建工作顺利开展，南阳防爆电气研究所有限公司被评为第4批全国企事业知识产权试点单位，高新技术产业集聚区被认定为河南省知识产权优势区域，中光学集团、石油二机等2家企业被认定为省优势企业，乐凯华光、天冠集团、市供电公司等3家企业被认定为省知识产权优势培育企业，西峡县产业集聚区被认定为省知识产权优势培育区域，仲景制药被认定为河南省传统知识产权保护试点区域。创新成果取得突破。2010年，市科技局共鉴定科技成果226项，其中创新程度达到国内领先和先进水平的73项，省内领先和先进的68项；拥有自主知识产权的33项。全市共获得省科技进步奖21项，其中二机集团完成的“适用于-45℃高寒地区的石油钻机”、利达光电完成的“DLP光学引擎与关键部件的研发及产业化”及南阳黄牛科技中心等单位完成的“南阳牛品种选育改良及其产业化配套技术”3个项目获得一等奖，一等奖获奖数量占全省13项一等奖总量的近1/4。此外，还获得省二等奖8项、三等奖10项，获奖总数排在省辖市第3名，获奖项目数量和质量均为历年之最。此外，南阳防爆电气研究所主持制定“IEC国际矿用设备标准”，实现南阳市主持制定国际标准零的突破；乐凯华光“感光组合物及使用感光组合物制作的平印版”专利获第十二届中国专利优秀奖；南阳理工学院“产品图纸自动审核及智能拼图软件”获第四届全省青年创新软件设计大赛唯一金奖。

2010年南阳市获河南省科技进步奖项目表

序号	项目名称	主要完成人员	获奖等级
1	适用于-45℃高寒地区的石油钻机	南阳二机石油装备(集团)有限公司	一
2	DLP光学引擎与关键部件的研发及产业化	利达光电股份有限公司	一
3	南阳牛品种选育改良及其产业化配套技术	南阳黄牛科技中心等	一
4	燃油加油机防爆安全技术研究	南阳防爆电气研究所有限公司	二
5	高强高韧低合金钢筋(丝)网	南阳市海通新材料公司	二
6	节能技术在注汽锅炉上的研究及应用	南阳市锅炉压力容器检验所	二
7	宝天曼国家级自然保护区森林生物多样性保育关键技术研究	内乡宝天曼自然保护区管理局	二
8	河南省中小企业集群式成长与中部崛超微观机理研究	南阳市高级技工学校等	二
9	河南省小麦“两高一节”耕作技术体系研究与应用	南阳市农业技术推广站等	二
10	中德合作河南农户造林项目综合技术应用研究与示范	南召县林业局等	二
11	益气活血中药抗脑损伤细胞凋亡及调控凋亡基因的研究	南阳市中心医院等	二
12	高镍奥氏体球墨铸铁铸造工艺的研究与应用	西峡县内燃机进排气管有限责任公司	三

续表

序号	项目名称	主要完成人员	获奖等级
13	解决中性不接地系统 VT 谐振问题的新技术	河南石油勘探局水电厂	三
14	HNLY-500 型捞油装置研制	河南南阳市油田机械制造有限公司	三
15	植烟土壤生态修复技术研究与应用	南阳市烟草公司	三
16	天智颗粒新药开发	河南省宛西制药股份有限公司	三
17	红花规范化种植研究	河南省宛西制药股份有限公司	三
18	“天意”牌保饰贴无机纳米型材保温系统	南阳天意保温耐火材料有限公司等	三
19	“三疑三探”教学模式研究	西峡县基础教育教学研究室	三
20	儿童人格与父母教养方式的相关因素研究	南阳妇婴医院	三
21	中西医结合治疗 150 例 AIDS 临床对照研究	南阳市宛城区第一人民医院	三

【科技人才队伍建设】 市政府先后聘请中国科学院院士、著名水利专家王光谦和国务院参事、国家科技部原副部长刘燕华任南阳市人民政府科技顾问；天冠集团、普康药业的海外高层次科技人才需求项目以及天一密封等2个企业的高端人才引进需求项目稳步推进。开展科技特派员工作和院士工作站建设。经过征集技术需求和积极的技术对接，第二批省级科技特派员进驻南阳市4个企业和4个乡镇共12人；同时，围绕做大做强区域特色优势产业，开展科技特派员产业链工作，已经组织申报1项科技特派员产业链；省级“院士工作站”建设正式启动，省科技厅经过现场考察和专家评审，批准南阳二机石油装备有限公司成立河南省油气资源勘探开发装备院士工作站。加大人才奖励力度。3月18日，全市自主创新体系建设大会召开，市政府对近年来在科技创新领域做出突出贡献的先进个人和先进集体进行表彰，并对获得“南阳市科学技术突出贡献奖”的8人每人重奖20万元。分别是张晓阳、李智超、刘俭、门红伟、强学杰、杨盛成、高文秀、贾攀。

【南阳第九届张仲景医药科技文化节】 一是召开南阳市中医药产业发展规划论证会。邀请国际国内中医药界知名专家、教授和领导20多位组成专家评审委员会，推举中国中医科学院教授刘保延作为评审委员会主任。通过《南阳市中医药产业发展规划》。这是迄今为止第一个指导南阳中医药产业发展的中长期规划，理清南阳中医药产业发展的主体思路、指导思想和重点任务，部署一批推动南阳中医药产业发展的重大项目，为南阳未来5～10年中医药产业发展描绘宏伟蓝图。二是举办中医药科技创新及产业化发展高层论坛。这是国家科技部在本届节会上安排的重点内容之一。中国中医科学院副院长，教授、博士生导师刘保延，北京中医药大学科研与产业管理处处长、教授、博士生导师刘铜华教授，河南中医学院仲景医药研究所所长王振亮教授，北京中医药大学医史文献学教授、博士生导师梁永宣教授，中国中医科学院中药学研究员、博士研究生导师张保献教授，河南大学中药研究所所长康文艺教授分别围绕“重视临床研究，提高中药科技创新性”、“中医药产业的发展与创新”、“仲景方在类风湿性关节炎治疗中的应用研究”、“日本张仲景中医药文化创新研究对中国中医药发展的影响”、“中药及其相关产业的现状与发展对策”等作专题报告。三是举办中医药展览。全市各部门、各单位和广大群众踊跃参观展览，市体育中心展厅现场，每天接待大约6000人次以上的人员参观。集中展示全市中医药资源、产业和发展优势，加强参会企业、科研机构、高校在中药材基地建设、标准化种植、中医药新产品开发、中医药教育科研等方面的交流与合作，促成一批合作项目，推动全市中医药产业的发展。这次张仲景医药科技文化节，进一步宣传推介南阳地道中医药产业的资源和发展优势，打响南阳张仲景中医药品牌，扩大南阳中医药新产品的知名度和市场占有率。

【南阳五次蝉联全国科技进步先进市】 经科技部考核评定，2010年南阳再次获“全国科技进步先进市”称号，这是南阳连续5次获得此项荣誉。同时，全市13个县(市、区)全部通过全国科技进步县(市、区)考核，卧龙区、宛城区、邓州市、西峡县、方城县、桐柏县跨入“全国科技进步先进县(市、区)”行列。

2010年度南阳市工农业和软科学类科技进步奖获奖项目表

序号	项目名称	完成单位	主要完成人员	获奖等级
1	年产3000吨秸秆纤维乙醇关键技术开发和产业化示范	河南天冠企业集团有限公司	张晓阳　王林风等	特等奖
2	紫激光计算机直接制版(CTP)版材研制	乐凯集团第二胶片厂	滕方迁　王　泳等	特等奖
3	压水堆核电站中低压核级三相异步电动机关键技术研究与应用	南阳防爆集团股份有限公司	白照昊　赵　岩等	特等奖
4	物理法制备太阳能电池级多晶硅技术	南阳市迅天宇硅品有限公司	高文秀	特等奖
5	小麦新品种邓麦996的选育及应用	河南先天下种业有限公司等	冯俊荣　左学玲等	特等奖
6	YB3系列隔爆型三相异步电动机	南阳防爆电气研究所有限公司	王　军　李梅兰等	一
7	Φ45mm高品级金刚石聚晶复合片	中南钻石股份有限公司	贾　攀　卢灿华等	一
8	高倍聚光光伏发电系统	利达光电股份有限公司	李智超　王天洲等	一
9	含NaHCO3碱卤湿分解蒸发制碱工艺研究和应用	河南中源化学股份有限公司	齐铁新　李山岭等	一
10	生物柴油清洁生产关键技术开发和产业化示范	河南天冠企业集团有限公司等	王学品　马晓建等	一
11	产品图纸自动审核及智能拼图软件	南阳理工学院	陈永辉　王林鸿等	一
12	纯棉舒肤纱研制与开发	邓州市雪阳棉纺集团有限公司	刘红中　张清杰等	一
13	野外施工作业应急抢险移动指挥系统	中国石油化工股份有限公司河南油田分公司消防支队	郑光全　宋劭勇等	一
14	汽车发动机及变速箱专用密封板材	南阳天一密封制品有限公司	杨明祖　陈宇翔等	一
15	高产优质多抗小麦新品种宛麦16(南阳997)选育及示范推广	南阳市农业科学研究所等	张明辉　张建国等	一
16	优质高产抗虫杂交棉新品种豫棉杂2号的选育与示范	南阳市园丰种业有限公司	郭成献　邱　峰等	一
17	一化性柞蚕大茧型品种豫大1号选育	河南省蚕业科学研究院等	包志愿　褚金祥等	一
18	宝天曼国家级自然保护区天然林保育恢复和可持续经营技术研究	河南宝天曼国家级自然保护区管理局等	朱学灵　毛俊宽等	一
19	八味丹参茶的研究与开发	南阳博瑞康科技发展有限公司等	毕跃峰　杨青华等	一
20	南阳市中医药产业发展战略研究	南阳市中医药产业发展战略规划项目组	冯晓仙　褚庆义等	一
21	ZYQH-15型多功能籽棉异纤清除烘干机	南阳市利民科技开发有限公司等	郭成献　周亚立	二
22	顶吹式(常压)燃油热水锅炉的研究及应用	河南华阳装备制造有限公司	吕　涛　王明天等	二
23	纯低温余热发电系统改造与应用	中国联合水泥集团有限公司南阳分公司等	任振河　宋玉安等	二
24	WCYJT12-6-5.4-Z智能型节能长冲程曳引抽油机研制	河南南阳市油田机械制造有限公司	吴世辉　梅振红等	二
25	SZ11-2000～16000/35系列有载调压电力变压器	河南天力电气设备有限公司	马庆付　肖　冰等	二

续表

序号	项目名称	完成单位	主要完成人员	获奖等级
26	YBW-12/0.4 预装式变电站	河南天力电气设备有限公司	马庆付　肖　冰等	二
27	双液热复合锤头技术研究与应用	方城县宛北环保设备有限公司	李新岳　王国新等	二
28	平面机构自由度分析组装工作台	河南工业职业技术学院	于兴芝　刘家平等	二
29	YBZT 系列隔爆型超高效率铸铜转子三相异步电动机	南阳防爆集团股份有限公司等	白照昊　靳　芝等	二
30	4 极高压燃汽轮发电机	南阳防爆集团股份有限公司	陈文省　李　银等	二
31	YB3E 系列(机座号 80～355)超高效率隔爆型三相异步电动机	南阳防爆集团股份有限公司	王瑞敏　李梦林等	二
32	YXn 系列(机座号 355～560)高压高效率三相异步电动机	南阳防爆集团股份有限公司	耿治起　李幸运等	二
33	高炉焦炭喷洒剂	西峡县恒冠冶金材料有限公司等	张国强　陈　果等	二
34	风机用隔爆型三相异步电动机节能增效方法研究	南阳理工学院等	宗荣珍　李幸运等	二
35	社区与医院双向转诊系统	南阳市第一人民医院	苏　静　朱荣妍等	二
36	铁路特种设备管理与调度系统	河南工业职业技术学院	杜　恒　陈　平等	二
37	烟草企业应用集成系统平台	河南中烟工业有限责任公司南阳卷烟厂	孟祥军　石国强等	二
38	多功能网络培训学习系统	河南中烟工业有限责任公司南阳卷烟厂	孟祥军　石国强等	二
39	无线电监测测向系统设计与应用	南阳无线电管理局	齐富宇　王志卿等	二
40	网络教育资源开发与应用研究	南阳师范学院	张鸿军　刘志都等	二
41	无线网络学习考试系统	南阳市科技开发交流中心	陈华军　张国良等	二
42	高校服务管理学生信息平台系统的研制	南阳理工学院	于　彬　张　哲等	二
43	市级电台稿件编审系统设计与应用	南阳理工学院	梁智学　杨海东等	二
44	防爆行业套裁软件系统的研究与开发	南阳理工学院	刘德春　李定珍等	二
45	钛换热器受热面上氧化铁垢化学清洗研究	河南工业职业技术学院等	许雅周　唐卫平等	二
46	纯小米醋发酵工艺优化及应用	南阳市军嫂商贸服务有限公司等	汪建利　许　彬等	二
47	免蒸发制备硼酸及硫酸钠新工艺	南阳新世纪硼镁工业技术研究所	肖景波　胡彩华等	二
48	高纯硝酸银生产工艺的改进	桐柏鑫泓银制品有限责任公司等	张书召　胡贵如等	二
49	利用枯草杆菌降低养猪场氨气排放污染的研究	新野县环境监测站等	王建彬　晋建丽等	二
50	新型影像输出片研制	乐凯集团第二胶片厂	滕方迁　李小军等	二
51	秸秆乙醇用木聚糖酶关键技术开发和生产应用	河南天冠企业集团有限公司	王林风　闫德冉等	二

续表

序号	项目名称	完成单位	主要完成人员	获奖等级
52	AF—E型清防蜡剂的研制与应用	中国石化集团河南石油勘探局双河社区服务中心	唐小斌　王　维等	二
53	Q3G-A型PCC纳米级高固含量碳酸钙浆料	南召鑫泰钙业有限公司	刘武营　刘武钢等	二
54	优势菌在景观水体富营养化修复中的应用模型	南阳师范学院等	王宗华　曹邦卿等	二
55	X038线夏馆至万沟段公路安全保障工程设计研究	南阳通途公路勘察设计有限公司	苏歌彤　马　东等	二
56	特殊路段路面结构设计应用的研究	南阳通途公路勘察设计有限公司	包　洵　孙东晓等	二
57	南阳武侯祠综合防雷技术应用研究	南阳市风云防雷工程有限公司等	马振刚　郑绍勋等	二
58	QCD-1G超级隔热保温涂料	南阳市七彩蝶涂料有限公司	李新红　李新照等	二
59	型钢轻骨料混凝土粘结滑移性能及锚固长度研究	南阳理工学院	张建文　段　伟等	二
60	FRP桥面板在中小型桥梁中的动力性能研究	南阳理工学院	张　铟　周建华等	二
61	河南石斛离体培养与栽培技术研究	河南省南阳农业学校	孙　廷　杨玉珍等	二
62	南阳浓香型烤烟品种筛选及配套特色技术研究与应用	河南省烟草公司南阳市公司等	赵明山　赵铭钦等	二
63	无公害硬质白小麦生产技术研究与应用	内乡县绿色食品协会等	王平均　符明娟等	二
64	蛹虫草栽培试验及应用研究	南阳农业学校等	夏　辉　黄　鹏等	二
65	铁皮石斛有效成分的提取与分析研究	南阳医学高等专科学校	尚喜雨　康爱英等	二
66	唐半夏种质资源研究	南阳医学高等专科学校	吴立明　程晓卫等	二
67	南阳小麦种衣剂筛选研究与推广应用	南阳市植保植检站等	李金锁　袁　伟等	二
68	绿豆新品种引进、筛选与示范	南阳市农业科学研究所等	李金榜　李金秀等	二
69	宛椒206的选育与示范	南阳市农业科学研究所	崔　炯　李金玲等	二
70	南阳生态区芝麻规范化栽培技术研究与应用	南阳市农业科学研究所	刘　焱　谢富欣等	二
71	smkp2植物制剂的配制、作用机理及在棉花生产上的应用研究	南阳市农业干部学校等	王敬昌　吴凌飞等	二
72	柞蚕大型茧多丝量品种宛黄一号、宛黄二号选育	南阳市农业学校	龚玉成　孙天洲等	二
73	曲流布料沼气发酵装置的改进与推广应用	南阳市宛城区农村能源环保站等	陈晓东　樊　畅等	二
74	综合抗旱技术措施在农业生产中的研究与应用	镇平县气象局等	高桂兰　张立军等	二
75	南阳盆地半冬性小麦品种规范化栽培技术研究与应用	卧龙区农业技术推广中心	张曼丽　王清英等	二
76	"天脊"硫基硝酸磷钾优化集成施肥技术在烟草上的应用	社旗县农资化肥配送中心等	李　营　杜学云等	二
77	棉花水浮育苗技术引进与示范应用	新野县种子公司等	田富强　袁奎芳等	二
78	全混合日粮(TMR)技术在肉牛场的推广应用	科尔沁牛业南阳有限公司	王风勤　贾恩堂等	二

续表

序号	项目名称	完成单位	主要完成人员	获奖等级
79	南阳市生猪标准化健康养殖技术应用研究	河南省南阳农业学校等	孙天洲 王 宇等	二
80	南阳市肉牛顽固性呼吸道病症综合防治研究	河南省南阳农业学校等	李生涛 李新春等	二
81	南阳市奶牛不孕症的调查及治疗研究	河南省南阳农业学校	王国强 包元顺等	二
82	三元杂交商品猪有机高效养殖技术研究	南召县康源养殖有限公司等	生 勃 生建业等	二
83	南阳市主要饼粕类蛋白饲料营养成分分析及应用研究	南阳市兽药监察所等	侯文宏 陈志杰等	二
84	南阳市主要牧草营养成分分析及应用研究	南阳市兽药监察所等	侯文宏 陈志杰等	二
85	农民用水者协会管理新模式在打磨岗灌区的应用	内乡县水利局等	尹新相 刘德晓等	二
86	水管体制改革创新模式在打磨岗水库管理所的应用研究	内乡县水利局等	常国范 王向延等	二
87	橡胶坝新技术应用研究	南阳市水利建筑勘测设计院	任泽垠 郝永山等	二
88	海沃德猕猴桃丰产栽培技术示范与推广应用	河南省西峡猕猴桃研究所等	王熙龙 周桃龙等	二
89	板栗丰产栽培技术研究	国营桐柏毛集林场	王家田 韩 涛等	二
90	河南古树资源调查与研究	南阳师范学院	赵丽英 陈吉宝等	二
91	香根草代料种植香菇研究与菌草产业示范推广	南阳市乾景中药材开发有限公司等	聂天南 蒋德俊等	二
92	月季芽变新品种适应性及生产技术研究	南阳市林业科学研究所等	孙曾丽 边 疆等	二
93	河南银杏区域化栽培试验研究	南阳市林业科学研究所	方占莹 倪相娟等	二
94	南阳市桂花品种资源调查及扦插繁育技术研究	南阳市林业科学研究所	田子涛 沈元勤等	二
95	杨树工业原料林定向培育及集约栽培技术研究	南阳市林业技术推广站	冯占亭 刘尚稳等	二
96	山茱萸低产林优质高效栽培技术研究	西峡县林业技术推广站等	时国超 李纪华等	二
97	艾灸足三里和关元穴对运动训练大鼠生化指标及自由基代谢的实验研究	南阳理工学院	顾长海 江红轲等	二
98	中学英语听力阅读学习策略培训及应用研究	南阳理工学院	夏莲茹 陶素芬等	二
99	河南省农村连锁经营竞争力研究	南阳理工学院	卜 森 李 浩等	二
100	河南省国际科技合作的模式、途径与政策研究	南阳理工学院	姬会英 常士正等	二
101	英语专业文学课程对学生人文素质影响的调查分析	南阳理工学院	徐卫华 赵丽霞等	二
102	南阳市大中专学生语言文字应用能力现状与对策	南阳师范学院	杨晓瑜 李艳梅等	二
103	典型县域水环境综合整治规划研究	内乡县环保局等	刘桂丽 赵 军等	二

2010年度南阳市医疗卫生类科技进步奖获奖项目表

序号	项目名称	完成单位	主要完成人员	获奖等级
1	胸腔镜在非小细胞肺癌TNM分期的临床应用	南阳市中心医院	董新伟 杨富涛等	一
2	自体左主支气管分期移植修复气道缺损的实验研究	南阳医学高等专科学校第一附属医院	刘亚彬 李学兆等	一
3	川芎嗪对人卵巢癌耐药细胞株A2780/ADM逆转作用的实验研究	南阳市第一人民医院等	赵旭林 贺利民等	一
4	南阳市预防艾滋病单阳配偶婚内性传播研究	南阳市疾病预防控制中心	施建春 王卫民等	一
5	妇科腹腔镜手术的临床类型及预防干预研究(附50例临床分析)	南阳市中心医院	郭　哲 王双双等	二
6	呼吸机“T型”密闭吸痰接件及“吸痰罩”对ICU呼吸系交叉感染防控的研究	南阳市中心医院	郭春燕 李玉星等	二
7	奥美沙坦对兔腹主动脉内皮损伤后PPARγ及MCP-1表达的影响	南阳市中心医院	刘　慧 李玉东等	二
8	心电图负荷测验、双源CT、冠状动脉造影对冠心病早期诊断的对比性研究	南阳市中心医院	柴志勇 陈　宁等	二
9	叶酸对伴有高同种半胱氨酸血症的高血压患者内生肌酐清除率的影响	南阳市中心医院	李海剑 鲁　冰等	二
10	经胸微创外科封堵成人动脉导管的临床研究	南阳市中心医院	杨　侃 韩　冬等	二
11	高位(外踝上8cm)腓动脉穿支供养的远端蒂腓肠神经营养血管皮瓣的临床应用	南阳市中心医院等	杨国志 李振武等	二
12	进展期直肠癌功能性扩大根治术的应用研究	南阳市中心医院等	王耿泽 马维娜等	二
13	内脏痛诱导大鼠远位触液神经元Fos蛋白表达的实验研究	南阳市中心医院	司小萌 王亚峰等	二
14	咽旁间隙肿瘤手术方式及临床分析研究	南阳市中心医院	黄维平 尹中普等	二
15	缩短遮盖法巩固弱视疗效的临床研究	南阳市中心医院	刘元真 路俊霞等	二
16	呼吸训练对缓解期慢性阻塞性肺疾病患者的影响	南阳市中心医院	李克芳 赵　江等	二
17	甲基强的松龙联合静脉丙种球蛋白治疗重症血小板减少性紫癜的临床研究	南阳市中心医院	丁显春 杜清勉等	二
18	颅内大型脑膜瘤的显微手术治疗	南阳市中心医院	于　东 张元峰等	二
19	FOLFOX6与改良EOF方案治疗晚期胃癌随机对照研究	南阳市中心医院	惠　双 仝运科等	二
20	胎儿纤维连接蛋白(fFN)和超声测量宫颈长度联合预测早产的临床研究	南阳市中心医院	吴　玉 高　虹等	二
21	聚焦超声治疗不同类型外阴上皮内非瘤样病变的临床研究	南阳市中心医院	姬　红 张举英等	二
22	宫腔镜下介入治疗输卵管梗阻性不育症临床研究	南阳市中心医院	陈建玲 吴瑞芳等	二
23	654-2注射液股动脉注射治疗糖尿病足的护理研究	南阳市第一人民医院	赵欣辉 李敏玲等	二
24	加味当归芍药散方对糖尿病早期肾损害大鼠血清超氧化物歧化酶和丙二醛的影响	南阳市第一人民医院	张立贇 王翼华等	二
25	血清IL-6、IL-18的动态变化在新生儿缺氧缺血性脑病中的早期诊断价值	南阳市第一人民医院	李天慧 朱阿瑾等	二
26	脂肪溶解液在乳腺癌腋窝淋巴结清扫术中的临床应用研究	南阳市第一人民医院	贾光伟 杨朝恒等	二
27	湿润烧伤膏无纺布贴片促进鼓膜穿孔愈合效果的临床对比研究	南阳市第一人民医院	李大军 赵保晔等	二
28	彩超无创鉴别诊断浅表淋巴结良价值的相关研究	南阳市第一人民医院	陈　今 毕清桂等	二

续表

序号	项目名称	完成单位	主要完成人员	获奖等级
29	冠状动脉介入治疗中无复流现象的临床研究	南阳市第二人民医院	吕树志　周华顶等	二
30	慢性肝病患者应用辛伐他汀降血脂安全性的临床研究	南阳市第二人民医院等	尚军洁　贾万奇等	二
31	脑瘫患儿家属依从性教育对患儿康复影响的相关研究	南阳市第二人民医院	孙　婧　杜学丽等	二
32	食管鳞癌 p53、TSP-1、VEGF 表达与肿瘤血管生成的临床研究	南阳市第二人民医院等	丁旭青　韩玉培等	二
33	双源 64 排螺旋 CT 三维重建在骨科临床应用中的研究	南阳市第二人民医院	刘永西　尚立林等	二
34	断层融合技术在骨关节系统和呼吸系统的临床应用研究	南阳市第二人民医院	王　锋　傅振杰等	二
35	阳虚荷瘤小鼠的辨证、辨病疗法实验研究	南阳市中医院	黑秀明　张寒梅等	二
36	屈光性透明晶状体置换术治疗超高度近视的研究	南阳市眼科医院	张春梅　曹　华等	二
37	片段弓结合 Nance 弓远中移动磨牙的临床应用研究	南阳市口腔医院	罗　哲　王照林等	二
38	精密附着体技术在口腔修复临床中的应用研究	南阳市口腔医院	祝红伟　郑淑珍等	二
39	闭合复位经皮从外侧克氏针内固定治疗儿童肱骨髁上骨折的临床研究	南阳市骨科医院	吕尚军　李文强等	二
40	多元化治疗复发性膀胱肿瘤的临床研究	南阳市肿瘤医院	顾德伦　胡云辉等	二
41	胸腔镜下肺叶切除术治疗肺部疾病	南阳市肿瘤医院等	金　冰　何海生等	二
42	超声引导穿刺活检在乳腺癌腋窝淋巴结定性诊断中的临床研究	唐河县人民医院等	林海中　谢　晓等	二
43	血管体位条件限制时 PICC 置管的临床研究	河南南阳市油田总医院	范瑞霞　康妙霞等	二
44	改良早期预警评分在急诊急救中的应用观察	河南南阳市油田总医院	石根萍　张玉英等	二
45	复方旱黑口服液对老年痴呆模型大鼠海马区 ChAT 表达的影响	南阳医学高等专科学校	丁玉琴　张海燕等	二
46	银杏叶提取物对兔动脉粥样斑块 bax/bcl-2 表达的影响	南阳医学高等专科学校	周玲生　方家选等	二
47	旱莲草对衰老大鼠细胞超微结构及功能的影响	南阳医学高等专科学校	李　弋　梁冬玲等	二
48	紫杉醇联合表阿霉素治疗复发耐药晚期乳腺癌临床研究	南阳医学高等专科学校第一附属医院	库建伟　张敬伟等	二
49	BiPAP 通气治疗 COPD 并发 II 型呼吸衰竭系统化护理研究	南阳医学高等专科学校第一附属医院	李　伟　冯云枝等	二
50	循证护理在妇产科护理教学中的应用研究	南阳医学高等专科学校第一附属医院	罗桂华　程　琳等	二
51	射频消融术对窦性心率震荡的影响	南阳医学高等专科学校第一附属医院	李　杰　王　璐等	二
52	阿托伐他汀对老年不稳定型心绞痛和慢性心衰患者 BNP 影响的临床研究	南阳市第九人民医院等	潘一一　于淑君等	二
53	硬腭黏膜移植联合眶周表浅肌肉腱膜系统皮瓣重建全层眼睑缺损	南阳医学高等专科学校第一附属医院	李晓华　王洪亮等	二
54	吸入不同浓度七氟醚复合持续静脉泵注丙泊酚对顺阿曲库铵肌松效应的影响	南阳医学高等专科学校第一附属医院	徐国亭　章小山等	二
55	自体骨髓干细胞移植联合部分脾栓塞治疗失代偿期肝硬化的临床研究	南阳医学高等专科学校第一附属医院	魏玉静　党惠兵等	二
56	食管癌术后胃功能不全原因分析及治疗	南阳医学高等专科学校第一附属医院	李文献　黄国胜等	二
57	重症急性胰腺炎合并呼吸窘迫综合征诊治的临床研究	南阳医学高等专科学校第二附属医院	王　哲　张国良等	二

续表

序号	项目名称	完成单位	主要完成人员	获奖等级
58	鸡尾酒疗法治疗中风先兆证的临床研究	南阳医专附属中医院	王万群　闫东升等	二
59	葡萄糖酸钙暗示治疗静脉推注的时间研究	南阳市精神病医院	邱亚峰　李义会等	二
60	电刺激骶神经结合视觉反馈治疗脊髓损伤后神经源性膀胱疗效研究	南阳市第九人民医院	贾党培　李　莉等	二
61	肠系膜修补粘连性肠梗阻术中浆肌层撕裂缺损肠管	南石医院	余德旺　李献哲等	二
62	中晚期食管癌陀螺刀放射治疗前后影像学变化暨疗效分析	南石医院	张志强　杨双林等	二
63	深Ⅲ度烧伤应用烧伤膏培养肉芽后大张皮移植临床研究	南石医院	杨　洪　赵学建等	二
64	急性中-重型颅脑损伤患者瞳孔曲线坐标图变化的临床研究	河南省镇平县中医院等	姜　超　唐少仁等	二
65	彩超监测加营养干预等综合措施在临床女性不孕症治疗中的应用研究	南阳市卧龙区妇幼保健院等	何兴云　李　璞等	二
66	方城县丝虫病消除后巩固措施研究	方城县疾病预防控制中心	金玉玲　陈　曦等	二
67	吸附全细胞百、白、破、乙肝四联疫苗临床效果研究	南阳市宛城区疾病预防控制中心等	任　文　王安林等	二
68	逐瘀醒脑胶囊治疗脑梗塞135例临床研究	南阳市张仲景医院	常　晓　马　锐等	二
69	四黄汤联合阿昔洛韦、阿米替林治疗带状疱疹的临床研究	南阳市宛城区中医院	唐黎明　宋海林等	二
70	益艾康胶囊配合中医辨证治疗艾滋病焦虑抑郁临床研究	南阳市卫生职业中等专业学校	闫炳远　贾中毅等	二
71	补肾化瘀通管汤并介入治疗双侧输卵管阻塞临床研究	南阳市人口和计划生育指导中心	周建华　何思峰等	二

气　　象

市气象局局长　王军

【公共气象服务】　2010年汛期南阳气候异常，暴雨和大暴雨天气频发。在汛期中，共发布气象灾害预警信号173次，启动暴雨灾害应急响应5次，向省气象局报送《重大突发事件报告(气象灾害)》6期。特别是在7月15～25日特大暴雨天气过程中，市气象局提前发出预警，及时启动重大气象灾害应急预案，为成功完成27万人口大转移赢得宝贵时间，有效杜绝了人员伤亡。荣立全市抗洪抢险三等功。

制定《南水北调丹江口库区第一批移民搬迁气象服务方案》，在大规模搬迁的80个昼夜，每天制作《移民搬迁专题天气预报》，发送到市移民安置指挥部，同时在短信平台向移民搬迁用户群发布未来12～72小时天气预报。移民搬迁气象保障服务被市委、市政府授予服务移民搬迁先进集体。

人工影响天气效益显著。全年共实施增雨作业4次，出动高炮88门次、火箭22套次，发射增雨炮弹1687发、火箭弹52枚，为农业生产防灾减灾做出了贡献。全市有固定炮站44座，高炮49门，火箭发射系统27架，地面燃烧炉一部，指挥和作业人员183名，基本形成人工影响天气火力网。地面测报、农业气象、高空探测、自动站等保持较好水平；中长期预报准确率成绩较好；农业气象产量预报质量总评分为97.8%；全年共创2个250班无错情、12个百班无错情；雷达、网络传输率名列全省前茅。

【为农服务体系和防灾减灾体系建设】　市政府印发《南阳市气象为农服务体系建设实施方案》，明确制定“在全市建成适应农业生产区域性布局的农业气象观测网络系统，初步建成结构科学、布局合理、功能先进的市、县、乡、村四级农业气象服务体系”等目标，确定完善农村气象灾害监测预警设施，优化农业气象监测系统，加强农业气象服务组织体系建设，发展农业气象科技示范园，建设覆盖广泛的农村气象信息发布网络，提高人工影响天气作业效益和增强气象应急服务能力等7项建设重点。

防灾减灾体系建设初具规模。全市已建成15个区域站和12个自动土壤水分观测站,对185个乡镇雨量站进行环境评估和资源优化;开发研制南阳新一代天气雷达数据自动监控系统、数据实时备份存储系统和网络监控系统,并能通过MAS系统把故障及时发送到值班员手机;以邓州、唐河、西峡现代农业气象科技示范园为试点,突出当地特色,提高服务针对性、有效性,新建8个科技示范园,开展关键气象要素和丹参、烟叶、花卉、林果、蔬菜等特色作物观测。

【气象应急管理】 实行24小时应急值班,市气象局全体工作人员全体公务员轮流参加应急值班,由党组成员分别带班,每周轮换一次。根据天气形势及时启动或解除气象灾害应急响应指令。重新修订《南阳市气象部门汛期重大气象服务应急实施预案》、《南阳市气象部门暴雨灾害应急预案》、《2010年决策气象服务方案》、《南阳市气象局应急处置气象服务工作预案》等。5月31日成功举行应急演练。

【气象法制建设】 2月11日,市政府办公室发出《关于切实做好〈河南省气象灾害预警信号发布与传播办法〉贯彻实施工作的通知》,积极开展以《气象灾害防御条例》为主题的气象法律法规宣传月活动,被市政府授予政府法制工作先进单位。

【雷电灾害防御管理】 8月13日,在镇平县组织召开全市中小学防雷安全工作现场会议,推广镇平局中小学防雷安全工作经验;不断拓宽气象信息服务渠道,加强12121信息服务、手机短信的宣传推广和进村入户,组织人员深入各集镇,向广大群众散发12121和手机短信宣传年画。(苏蕊玲)

【南阳市气象状况】 2010年,整体看属于正常气候年份,但不时频发的极端气候事件对全市造成的损失相对往年还是较为严重的。年内的暴雨、洪涝、冰雹、大风、大雾等灾害性天气,给农业生产、交通运输、能源电力以及人民的生产生活秩序带来不同程度影响,特别是暴雨、洪涝等灾害使人民生命财产遭受巨大损失,对南阳经济发展形成明显制约因素。

(一)气候概况

2010年,南阳市年平均气温正常、降水偏多,日照偏少。其中,冬季气温波动剧烈,阴冷与“小阳春”天气交替;春季雨水丰沛,气候适宜;夏季强对流天气频繁,局地出现史所罕见暴雨、洪涝灾害,灾情严重;秋季晴暖雨水偏少,秋高气爽,阳光明媚是金秋时节的主旋律。

1. 气温。

(1)年平均气温。全市平均气温为14.7℃(南召、方城)~15.7℃(南阳),距平值为-0.4~0.8℃,除南阳略偏高0.8℃外,其余县(区)接近常年。

(2)季平均气温。冬季气温接近常年但波动剧烈。冬季(2009年12月~2010年2月)平均气温2.7~4.0℃,距平值为-0.2~0.6℃,较常年同期比属正常。

季内各月平均气温:2009年12月2.9~4.2℃,距平值为-0.4~0.4℃;2010年1月1.3~2.8℃,距平值为-0.1~0.9℃;2月3.7~5.1℃,距平值-0.1~1.1℃;均接近常年值。但2010年2月中旬气温偏低,下旬又显著偏高,其中西峡、南召站下旬值均位于历史第一位高值。

春季气温正常。季平均气温14.0~15.0℃,距平值为-1.2~0.1℃,较常年同期比属正常。

季内各月平均气温:3月8.4~9.5℃,距平值为-0.4~0.7℃,4月13.4~14.5℃,距平值为-1.0~-2.0℃,5月20.1~21.2℃,距平值-1.2~0.5℃;3、5月与常年同期比属正常,4月与常年同期比显著偏低。

夏季气温正常。季平均气温25.7~27.0℃,距平值为-0.8~0.9℃,较常年同期比除南阳略偏高外,其他县区均属正常。

季内各月平均气温:6月平均气温24.7~26.2℃,距平值为-1.2~0.9℃;7月26.8~27.9℃,距平值为-0.6~1.0℃;8月25.6~27.5℃,距平值为-0.6~1.3℃;与常年同期比季内各月均接近常年值。

秋季气温略偏高。季平均气温15.7~16.9℃,距平值为0.4~1.3℃,其中,南阳、新野、唐河、西峡、内乡偏高,其余县(区)属正常。

季内各月平均气温:9月22.7~21.6℃,距平值为-0.1~1.0℃,较常年比多数县(区)正常略偏高。10月15.4~16.7℃,距平值为-0.4~0.8℃,较常年同期比属正常。11月9.7~11.5℃,距平值为0.6~2.0℃,较常年同期比偏高。

2010年12月,月平均气温3.9~6.2℃,距平值为0.8~1.9℃,较常年同期比偏高。其上旬异常偏高,中、下旬接近常年。

2. 降水。

(1)年降水量。全市降水量为749(邓州)~1513毫米(南召),距平百分率为-15.1~74.1%,除桐柏、唐河略少于常年外,其余县(区)都多于常年值。特别是南召、淅川位于有气象记录以来第一多。

(2)季降水量。冬季降水偏

少。季降水量12毫米(南召)～80.0毫米(桐柏),距平百分率-7.4～-61%,所有县(区)均较常年偏少。

季内各月降水量:2009年12月,降水量为0.7～30.2毫米,与常年同期比桐柏偏多35.7%,其余县区偏少8～88%。其中,中旬偏多,下旬无降水。2010年1月0.0～5.0毫米,距平百分率为-82～-100%,属异常偏少;其中,1月上旬降水量为0～4毫米,中旬无降水,下旬12个县(区)中仅桐柏有1.0毫米降水;均比常年异常偏少。2月6～45毫米,距平百分率为-61.5～25%,除西峡、桐柏接近常年外,其他县(区)均低于常年值。

春季降水时空分布不均。季降水量180毫米(镇平)～258毫米(内乡),距平百分率-3.5～62.9%,除方城、内乡较常年显著偏多外,其他县(区)接近常年。

季内各月降水量:3月23～80毫米,距平百分率为-22.8～61.1%,镇平较常年偏少,其余县(区)较常年偏多8～61%,雨量集中在3月下旬;4月45～88毫米,距平百分率为-27.3～54.1%,与常年比新野偏少,淅川、南召、方城、西峡偏多,其余县(区)正常,其中,4月上旬较常年比偏少5～8成;5月86～147毫米,距平百分率为-9.7～98.9%,除桐柏少于常年值外,其他县(区)均多于常年。

夏季降水异常偏多。季降水量415毫米(邓州)～1132毫米(南召),距平百分率-11.8～125.5%,其中,东部的唐河、桐柏少于常年值,西部及西北部的淅川、南召、镇平等县(区)异常偏多,12县(区)中有8个位居历史前十位高值。

季内各月降水量:6月41～161毫米,距平百分率为-70.2～55.4%,除镇平较常年偏多55.4%外,其余县(区)较常年偏少29.6～70.2%,雨量集中在上旬。7月174～565毫米,距平百分率为25.3～265.6%;12个县(市)中唐河、社旗、邓州3县(市)属偏多,其余县(区)均位于历史前十位高值,属异常偏多,特别是淅川、南召、西峡列有气象记录以来第一位高值;雨量集中在7月16～25日。8月78.2～514.7毫米,雨量分布不均;其中,桐柏、唐河偏少57%和3.9%,南召、南阳、镇平、内乡、淅川异常偏多82.5～180.6%,其他县(区)不同程度多于常年。

秋季降水偏少。季降水量122毫米(邓州)～208毫米(淅川),距平百分率在-34.9～23.1%,较常年同期比桐柏、邓州、西峡、唐河、偏少,方城、南阳偏多,其余县区接近常年。

季内各月降水量:9月,99～179毫米,较常年比偏多12.7～148.6%,尤其是方城、南阳、新野属异常偏多;10月,5.0～33毫米,较常年同期比偏少51.9～92.0%。11月,3.0～11.0毫米,与常年相比偏少67.0～84.1%。

2010年12月,降水量为0.0～6.0毫米,与常年比异常偏少53.8～100%。其中,上旬无降水,单站中下旬合计最多仅有6.0毫米。

3. 日照。

(1)年日照时数。全市年日照时数为1490～2029小时,距平百分率为-21.2～6.9%,较常年比除西峡偏多6.9%外,其他县(区)均不同程度偏少。

(2)季日照时数。冬季日照偏少。季日照时数270小时(内乡、南阳)～373小时(西峡),距平百分率为-2.9～-28.7%,其中,内乡、南阳、淅川偏少2成多,其他县区略偏少。

季内各月日照时数:2009年12月103.4～146.0小时,距平百分率为-24.0～2.7%,较常年比多数县(区)偏少。其中,上、下旬正常;中旬偏少。2010年1月99～133小时,距平百分率为-17.6～9.8%,接近常年。2月60～94小时,距平百分率为-16.4～-46.2%,较常年偏少。

春季接近常年。季日照时数427小时(内乡)～520小时(镇平),距平百分率为-13.8～5.7%,较常年同期比属正常。

季内各月日照时数:3月100～160小时,距平百分率为-26.2～16.2%,较常年比正常,但3月上旬偏少,中旬偏多,镇平中旬位于历史第一位高值;4月161～208小时,距平百分率为-6.5～22.2%,较常年比正常;5月142～183小时,距平百分率为-25.5～-4.6%,较常年同期比偏少,其中,5月中旬严重偏少,多数县区位于历史前十位低值。

夏季日照偏少。季日照时数344小时(内乡)～583小时(西峡),距平百分率为-39.8～2.3%,除西峡接近常年外,其余县(区)均少于常年同期。

季内各月日照时数:6月113～218小时,距平百分率为-40.7～14.0%,除内乡偏少外,其他县区均属正常。7月81～170小时,距平百分率为-9.9～-52.8%,其中,西峡、社旗略低于常年值,其他县(市)较常年同期比属异常偏少。8月138～199小时,距平百分率为-28.2～2.7%,其中镇平、内乡偏少,其他县(区)属正常。

秋季多数县(区)日照偏多。季日照时数388～536小时,距平百分率为-58.4～89.7%,除内乡、方城、淅川偏少外,镇平、新野、西峡、南阳南召、社旗等地均偏多。

季内各月日照时数:9月,74～143小时,较常年均值比偏少9.6～50.7%。10月,125～

207小时,距平百分率为-18.2～36.3%;较常年均值比镇平、新野略偏多,其他县(区)属正常。11月,178～215小时,较常年均值比严重偏多26～50.9%,所有县(区)均位于历史前八位高值。

2010年12月,全市日照时数158～187小时,较常年比偏多14.5～36.1%。其中,上旬偏多,中下旬正常略偏多。

(二)主要气候事件及影响

1.暴雨、洪涝。2010年的暴雨、洪涝是影响全市最大的气候事件,其范围之广、强度之高、危害之大均为史所罕见,与历史同期比属灾情较重的年份。

5月4日,内乡、方城达到暴雨标准,24小时降雨量达64.4毫米;6月18～19日,镇平站出现局地暴雨天气,并伴有24.4米/秒的瞬时大风;同日,南阳、社旗等地也出现局地暴雨雷电天气,无灾。

进入7月中旬,全市连续多次遭受暴雨和特大暴雨袭击,部分区域发生严重暴雨、洪涝地质灾害,特别是7月23～24日,沿淅川、西峡境内的丹江、鹳河两岸居民房屋大部分被淹,部分被淹房屋水深达2米以上,一些重灾村除部分钢筋混凝土结构的房屋外全部倒塌;3条国道、7条省道和两县的固定电话、移动通讯及电力一度中断,鹳河淅川县城体育场段堤防决口15米,给人民群众生命财产造成巨大损失。据灾情办初步统计,7月份全市因暴雨洪涝,受灾人口359.34万人,因灾死亡33人、失踪18人,紧急转移安置277357人,农作物受灾面积27.01万公顷、绝收4.19万公顷,损坏房屋75565间、倒塌房屋48395间,损坏河道堤防149处,冲毁塘堰坝、灌溉设施、桥涵208座(处)及小水电站1座。共造成直接经济损失76.45亿元,其中农业直接经济损失24.4亿元。

受灾较重的县(市、区)具体灾情如下:

淅川:7月18日20时～19日08时,全县出现暴雨,其中城关(龙城和商圣社区)、金河、上集等乡镇(街道)遭受特大暴雨袭击,降雨量达134.3毫米,18日20时～23时3小时内,降雨量达到98毫米。农作物受灾面积13570公顷,绝收2335公顷,倒塌房屋985间,890户1200名群众房屋进水被淹,死亡牲畜1000余头、家禽2000余只,转移安置群众580人,伤2人。据初步统计,直接经济损失785万元。7月23～24日,淅川的荆关、寺湾、西簧、毛堂、商圣、龙城、上集、金河等乡镇(街道)再次发生暴雨洪涝灾害,降水量均在90毫米以上,尤其城关镇的龙城和商圣社区、金河、上集等乡镇(街道)遭受特大暴雨袭击,7月23日20时～24日03时6小时雨量达189.7毫米,日降水量209.6毫米,加之上游地区普降大到暴雨,丹江、鹳河、淇河等河流暴发特大洪水,3条主要河道均超过警戒流量,达到历史最高。这次降雨强度之大、汛情之重、受灾程度之深,为百年一遇。据不完全统计,这次暴雨造成101498户38.7691万人受灾,组织转移疏散群众131615人,解救被围困群众893人,房屋进水29685户,倒塌房屋17623间,基本口粮7640万公斤被冲,农作物受灾面积28236公顷,绝收面积12893.3公顷,沿库乡镇有32(座)、万方鱼塘被冲,死亡牲畜8666头、家畜55.6万只,冲走网箱1240箱、鱼船12条,因灾死亡6人、失踪2人、伤3人,水毁乡村道路986千米,桥涵498座,停车场60个,直接经济损失24.4689亿元。

西峡:7月23～24日,连续出现大到暴雨天气。全县范围内累计雨量均在200毫米以上,其中本站23～24日人工站日雨量达217.0毫米;从23日08时到24日15时,除本站雨量站正常外,全县雨量站因停电和信号中断全部瘫痪。此次百年不遇的严重洪灾使全县基础设施遭到严重破坏,村级交通设施损失殆尽,县乡道路受损90%以上,国道、省道交通中断,电力、通讯一度中断,北部、西部山区群众耕地基本全毁,造成巨大经济损失。据初步统计,此次灾情共造成275212人受灾,直接经济损失达24.34亿元,其中农业损失10.76亿元,农村住房损失7317万元,工矿企业损失3亿元,交通设施损失7.6亿元,旅游景区损失1.2亿元,电力广电通讯损失9511.2万元,城乡集镇及教育等设施损失6959.6万元。

南召:7月18日08时～19日20时,县内多数站点雨量达到大到暴雨标准,其中白土岗等6个自动站雨量超过100毫米;22日08时～09时42分,不到两小时,境内的天桥、廖庄水库雨量达115毫米;23日08时～10时18分,两个多小时间,廖庄水库雨量达283毫米,其他多数乡达到70毫米;24日08时～20时,白土岗等多数乡镇雨量在50毫米以上;因连日遭暴雨袭击,灾情不断扩大,据不完全统计,农作物受灾面积达3099.8公顷,倒塌房屋366户,造成直接经济损失5671.5万元,其中农业损失2211万元,基础设施损失1687万元,公益设施损失431万元,家庭财产损失1343万元。

内乡:7月18～19日,七里坪、板场、夏馆、王店、余关、湍东6个乡36个村受暴雨袭击,其中七里坪日降雨量达476.6毫米,余关达323.2毫米,2.5万人受灾,农作物受灾面积1000公顷,成灾面积37公顷,直接经济损失

1740 万元，其中农业经济损失 200 万元。22～23 日，马山、王店、赵店、余关、赤眉等 6 个乡再次遭暴雨洪涝灾害，90000 人受灾，紧急安置 192 人，房屋倒塌 106 间，农作物受灾面积 6000 公顷，成灾面积 700 公顷，绝收面积 130 公顷，冲毁耕地 80 公顷，直接经济损失 1900 万元，其中农业经济损失 400 万元。

新野：7 月 17～25 日，先后多次出现强降水天气，单站累计最大降水量 254.4 毫米，多数站点雨量达到大到暴雨标准，境内的唐河、白河、湍河等主要河流暴涨，到处沟漫河平，洪涝严重，全县 15 个乡镇（街道）均不同程度受灾，农田内涝，桥梁道路涵洞冲毁，房屋地基长时间浸泡，导致房屋倒塌损坏，树木及电力设施毁坏，棉花、芝麻、玉米、豆类等作物倒伏严重，严重影响人民群众正常生活。截至 7 月 27 日，据各乡镇上报灾情统计数据：全县受灾人口 30.26 万人，倒塌居民房屋 1576 户 1468 间，损坏房屋 2450 间，因灾死亡大牲畜 1 头，紧急转移安置人口 7320 人，农作物受灾面积 3.46 万公倾，，成灾面积 1.8 万公倾，绝收面积 5000 公顷。毁坏耕地面积 77.02 公顷，直接经济损失达 17560 万元，其中农业直接经济损失达 9360 万元，基础设施损失 6250 万元，家庭财产损失 900 万元，企业损失 10501 万元。

唐河：16～19 日、22～23 日、24～26 日出现连续性降水，全县 20 个乡镇，达到大到暴雨的乡镇 15 个，过程降水大于 100 毫米的乡镇 5 个，最大雨量达 174.3 毫米，加之上游方城、社旗降水也较大，24～25 日达到暴雨和大暴雨，23 日造成唐河城关河道水位超警戒流量 90 立方米/秒。据县民政局统计，22 到 26 日的降水过程，造成全县 11 个乡镇受灾，受灾人口 8.9 万人，农作物受灾 1.21 万公顷，倒塌房屋 368 间，造成直接经济损失 7294 万元，其中农作物损失 5696 万元，基础设施损失 1500 万元，公益设施损失 20 万元，家庭财产损失 78 万元。

市区：7 月 22～23 日，南阳城区普降暴雨，观测站累计降雨量 155.3 毫米，其中龙王沟水库 258.8 毫米、兰营水库 148.0 毫米。暴雨共造成宛城区 24830 人受灾，紧急转移安置 7860 人，农作物受灾面积 2580 公顷，倒塌房屋 695 间，造成直接经济损失 783 万元，其中，农业直接经济损失 587 万元，家庭财产损失 196 万元。卧龙区受灾人口 5 万人，紧急转移安置 750 人，农作物受灾面积 1042 公顷，成灾面积 700 公顷，毁坏耕地 10 公顷，倒塌房屋 247 间，损坏房屋 99 间，造成直接经济损失 1052 万元，其中农业经济损失 580 万元，基础设施损失 255 万元，公益设施损失 170 万元，家庭财产损失 50 万元。

8 月 4、10、19～22、25 日，南阳市部分区域又出现暴雨灾害。受灾较重的西峡县，19～25 日持续阴雨，各乡镇过程雨量均大于 100 毫米，其中乡镇过程雨量大于 150 毫米的 6 个，大于 200 毫米的 2 个；此次连续性降雨引发洪涝共造成全县 15747 人受灾，紧急转移安置 6526 人，农作物受灾 14.4 公顷，成灾 8.67 公顷，绝收 5 公顷，毁坏耕地面积 5 公顷，损坏房屋 2000 间，倒塌房屋 716 间，直接经济损失 1698.7 万元，其中农业损失 260 万元，基础设施 804 万元，公益损失 93 万元，家庭财产损失 541.7 万元。

9 月 5、6 日，淅川、内乡、南阳、社旗、桐柏出现不同程度的暴雨天气，日最大降水量 78.7 毫米。其中，社旗的桥头等 6 个乡镇因暴雨致灾，受灾人口 1.47 万人，农作物受灾面积 380 公顷，倒塌房屋 92 户 276 间，损坏房屋 292 间，转移安置 368 人，大冯营乡张庄村干渠决口 2 米，直接经济损失 282 万元。

2. 大雾。全市年内共出现 54 个大雾日，较上年的大雾日数（72 个）有所减少，最小能见度 0.0 米。冬季大雾天较多，秋季次之，春、夏季相对较少，12 月份 6 个。受大雾影响，造成境内高速公路暂时封闭，交通运输受到一定影响，虽然其持续时间短，没有造成大的灾害，但给人们的生产生活带来诸多不便。

3. 大风。年内全市有 5 个大风天气，冬季 1 个，春、秋季各 2 个。瞬间最大风速为 24.4 米/秒，大风持续时间较短，无致灾。

4. 高温。7 月 1 日、15 日，南阳市局部出现高温酷热天气，最高气温达 38.5℃；8 月 4 日，大部分地区又出现高温天气，最高气温 38.0℃，高温闷热使人们深感不适，人体舒适度明显降低，无灾。

5. 冰雹。4 月 12 日，唐河、新野发生冰雹天气。其中，唐河 12 日 17 时 22～33 分和 18 时 41～43 分，马振扶、昝岗、城郊、张店、郭滩、上屯等沿唐河、三夹河流域出现冰雹，小的如米粒，大的雹粒直径有 3 厘米；据各乡镇统计，受灾面积约 1.9 万公顷，其中小麦受灾 1 万公顷，油菜约 0.4 万公顷，棉花可栽面积约 0.17 万公顷，露地蔬菜约 0.14 万公顷，小辣椒约 0.22 万公顷，损坏蔬菜大棚 226 个，经济损失约合人民币 610 万元。新野同日 17 点 53 分突降阵雨，并夹带冰雹，随降随化，小如绿豆，最大的直径有 1 厘米，重约 1 克，大约持续 7 分钟，冰雹造成受灾面积 533 公顷，受灾人口 4000 人，农作物损失 110 万元。

6. 浮尘。3 月 20～22 日，受

全国大范围沙尘天气影响，南阳市大部分地区遭遇近两年来最强的一次沙尘天气。20日上午11点，三四级风裹挟着尘沙袭击宛市，到下午1点整个天空和城市都被染成黄色，能见度较差。据环保部门监测显示，20日可吸入颗粒物浓度达0.322毫克/立方米，21日早晨6点飙升至0.725毫克/立方米，是平时可吸入颗粒物浓度日平均值的两倍还多，随着22日阴雨天气的到来，沙尘天气随之结束。

7. 连阴雨。唐河9月5～10日出现连续性降水，达到连阴雨标准，过程雨量127.1毫米，其中5～7日降水较集中，全县20个乡镇，有19个达到暴雨标准，大于100毫米的乡镇有7个，桐河乡过程雨量152毫米。连续降水使农田渍水，部分乡镇玉米、棉花倒伏。据县民政局不完全统计，此次连阴雨、暴雨天气使农作物受灾面积2017公顷，成灾面积1059公顷，绝收面积547公顷，受灾人口3.7万人，倒塌房屋32间，损坏房屋32间，直接经济损失1800万元，其中农业损失1680万元，基础设施损失60万元，家庭财产损失60万元。

(三)气候影响评价

1. 气候与农业。年内的气候对农业利弊兼有，弊大于利。冬、春的气象条件对农业较为有利，虽然冬季降水偏少，光照不足，但没有出现明显的低温等灾害天气，大多数地方土壤墒情较好，无干旱发生，对小麦生长较为有利；春季虽然气温起伏较大，但最低温度不是很低，降水适中，利于小麦旺盛生长，5月中旬正常略偏高的气温，利于小麦灌浆，而决定小麦产量的主要因素是灌浆，因此，有利的气象条件为小麦丰产丰收打下良好基础。夏季的气候对农业不利因素较多，虽然季初大部分县(区)土壤墒情适宜，玉米、花生、薯类等秋作物播种和薯类扦插进展顺利，适宜的光温条件，利于作物蹲苗及生长，但7、8月份严重的暴雨洪涝灾害使部分秋作物被水淹没，玉米、芝麻、棉花、烟叶等高杆作物倒伏严重，河流两岸的一些作物甚至被暴涨的河水冲走，西部山区群众耕地基本全毁，给农业造成巨大的经济损失。8月中到下旬全市玉米大部分正处于灌浆-乳熟阶段，但极端最低气温偏低、光照偏少，土壤偏湿。此阶段较弱的光合作用不利于有机物大量合成；较低的温度对有机物质向果穗籽粒运转也有一定不利影响；土壤偏湿，根系常因缺氧活力迅速衰退，造成植株未熟先枯，对玉米产量影响很大。对正处于花期的棉花来说，阴雨天气引起落花、落蕾，使坐桃率下降，棉花产量和品质也受到一定程度影响。

2. 气候与林业。2010年的气候对林业较为有利。适宜的光、温、水条件为植树造林，树木生长，为林业生态建设奠定良好基础。

3. 气候与交通。2010年的气候对交通运输利大于弊。影响南阳交通运输的主要障碍是大雾天气，而年内的大雾日数远远少于往年，且消散快，持续时间短，没有造成大的灾害；特别是春运期间，晴朗少雨的天气，使全市的火车、客运、水运以及飞机进出港都非常顺利，较好实现春运工作快捷正常、安全有序。

4. 气候与生态环境。年内虽光照少于往年，充足的雨水，适宜的温度对生态环境利大于弊，伏牛山世界地质公园、宝天曼自然风景区、100多公顷的独山森林公园、480多公顷的城市生态林保护区以及总面积24.5平方公里、水域面积1066.67公顷的国家级白河湿地公园等森林绿地和自然环境的生态形成良性循环。

5. 气候与畜牧业。冬季气候比较干燥，秋季温差大，猪、羊的发病率较往年有所上升；夏季的高温天气，使畜禽的采食量明显下降，导致体能衰退，从而抑制畜禽的生长发育，高温还导致家禽类动物产蛋量有所降低，畜禽疾患增加，但全年的光、热、水等综合气象条件对各类种植和野生牧草的生长较为有利。

6. 气候与旅游。2010年的气候对旅游非常适宜。春节、“五一”、“十一”等节日期间，气象条件较好，为人们出游创造良好自然环境，各旅游景点游客如织，全年接待游客总量及旅游综合收入较往年比都有所增长。

7. 气候与人民生活。全年的气候对人民生活和人体健康产生的不利因素多于常年同期。3月中旬受全国大范围沙尘天气影响，全市也遭遇了近两年来最强的一次浮尘天气，沙尘天气使可吸入颗粒物浓度明显增多，空气质量较差，对人体的健康形成一定的不利因素；往常的4月正是春暖花开，春光明媚的时节，但2010年气温明显偏低，特别是4月中旬的气候为20年来少有的异常，气温从11日之前的20℃左右直线滑落到7℃，难免使人感觉阵阵寒意，抵抗力较差，体弱多病人群的发病率明显上升。夏季暴雨洪涝成灾，秋末冬初干燥少雨，人体舒适度较差。

8. 气候与水资源。7、8月份较多的降水，为各大中型水库蓄水提供有利的水资源。虽然近期雨水较少，但有前期充足的雨水铺垫，因此，水资源量较往年比基本持平。

9. 气候与能源电力。对能源电力利弊兼有且弊大于利。夏季频繁的降水及暴雨天气一方面缓解酷暑的炎热，使供电压力有所减小，另一方面暴雨洪涝导致电力、交通、通讯等公用基础设施严重受损，变电站失压、线路跳闸，电杆倒伏严重，特别是7月23～25号的大到暴雨，使南阳市西部的西峡、淅川等县城大面积停电，影响企业生产和人民群众的正常生活；对电力能源来说与以往同期相比是受灾较为严重的年份。（刘萌）

地　震

市政府副秘书长　郭鹏
市地震局局长

【地震活动概况】 2010年南阳市共发生ML≥1.0级地震27次，其中1.0≤ML≤2.0地震22次，ML≥2.0地震5次。最大地震为ML2.2级，分别为：5月25日23时41分19.0秒发生在南召的ML2.2级、5月30日21时14分48.2秒发生在桐柏与枣阳交界处的ML2.2级地震、12月6日12时26分48.6秒发生在南召的ML2.2级地震。

2010年地震谣传事件。5月17日晚20时至18日6时，南阳市地震局值班人员陆续接到反映地震谣传的电话，称内乡、镇平午夜12点、凌晨4点将发生6级地震。地震谣传引起部分群众夜晚留滞户外，主要涉及乡镇为内乡县马山口、王店、余关，镇平县高丘、石佛寺等。市地震局在第一时间安排部署平息地震谣传。一方面安排市县地震办应急人员统一口径，解答群众来电；另一方面要求内乡、镇平县政府地震办采取措施，通知发生地震谣传的乡镇立即派工作人员到各村进行宣传解释工作，要求群众不信谣、不传谣，有情况及时上报，稳定群众情绪和社会秩序；第三要求其他县（市、区）地震办加强震情值班工作，防止地震谣传的发生和传播。经过市县地震部门的科学有效应对，地震谣传已得到平息，群众情绪稳定，生活生产秩序井然。

中国地震局副局长修济刚（前排左2）、河南省地震局局长梁宪章（前排左3）、南阳市地震局局长郭鹏（前排左1）到南阳地震台检查工作。

【地震前兆观测台网（站）的建设与管理】 南阳市有1个国家基准测震台、2个市级测震台、6口深水水位观测井、4个地电监测点、2个电磁波监测点和3个断层气二氧化碳监测点。其中2010年新建淅川县地震台，已经投入正常运行中；对豫03井观测室进行改造，架设电力、通讯线路，进行设备安装调试；完成邓州地震台的选址工作。初步形成基本覆盖全市，具有多测项、多手段的地震前兆观测网络。

【震情会商制度】 市地震局坚持周、月会商制度，定期召开会商会，邀请南阳地震台专家列席，会同监测科、市地震遥测台的专业技术人员，运用多种前兆观测资料共同做好地震短、临跟踪。全年共编写《震情》13期，《震情通报》12期。

【学术交流】 2010年10月24～27日，第二十九届鄂豫陕毗邻区地震联防会在十堰召开，根据会议预测综合意见，形成2011年度鄂豫陕毗邻区地震趋势会商意见。南阳市地震局交流的《南阳市2011年度鄂豫陕毗邻区地震趋势综合研究报告》获一等奖，专题论文获一等奖2篇、二等奖6篇。

【防震减灾】 一是认真学习贯彻《防震减灾法》。5月10日，市地震局为加强基层领导干部对防震减灾的重视，扩大防震减灾的宣传面，与南阳市委党校联系，将防震减灾知识教育纳入党校2010年各主题班培训课程，并由市地震局和市委党校共同完成课程编写及授课课件制作。在授课过程中，按照南阳市地震工作实际情况及《防震减灾法》主要内容，进行《地震形势与防震减灾》为主题的讲座,详细介绍地震基本知识、地震灾害、地震预报、地震防御、地震应急避险、中国防震减灾的方针政策和各政府部门的应急职责等多个方面的问题,并向学员发放《防震减灾法》读本和地震科普宣传材料。8月23日,河南省人大常委会教科文卫委巡视员赵忠远、河南省地震局副局长刘尧兴等一行4人的调研组莅临南阳,征求《河南省防震减灾条例(草案)》修改意见,进行立法调研。在立法调研座谈会上,市发改委、市财政局、市规划局等22个市直有关部门的负责人就各自职能工作提出建议。二是加强行政审批监管。落实《南阳市建设工程抗震设防要求审批程序》,完善行政审批制度,并配合开展行政审批制度改革,按照相关法律法规和政策规定进行审批,为社会提供优质高效快捷服务。全年完成行政审批服务项目203项,对不主动开展抗震设防要求审批的工程共立案73起,下达地震行政处罚决定的案件16起,向法院申请强制执行3起。

【地震灾害防御】 一是对建设工程项目抗震设防管理进行分类指导,针对工业园区项目,在保障做好地震安全性评价的前提下,为广大项目业主单位减缓评价服务费用支出,降低运营成本,方便快捷地办理抗震设防管理审批手续。为南水北调中线渠首移民安居工程做好抗震设防管理及安评技术服务,联合市移民局与市建委,指导移民安居工程能够做到按照规定的抗震设防等级进行规划建设。二是加强地震安全农居工程试点,做好移民新村抗震设防工作,提高农村建筑设施的抗震能力。按照南阳市政府《关于丹江口库区移民新村农居地震安全工作实施意见》,市地震局利用自身资源优势,在移民新村的规划、设计、施工阶段,为工程的开展提供长期防震抗震技术指导和防震知识咨询,确保移民新村工程在建设过程中严格按照抗震设防要求和抗震设计进行施工,使广大移民群众能够住上达到抗震设防标准的房屋。三是加强全市防震减灾科普示范学校建设。市地震局与市教育局、市科技局联合,有重点地对部分学校进行调研,为防震减灾工作开展较好的学校南阳市第三中学等27所学校命名为市级示范学校,并向省地震局申报,创建3所省级防震减灾科普示范学校。

【地震应急与救援】 一是加强地震应急实战演练。继10月19日在镇平县第一高中举办地震应急演练活动。11月24日在南召县现代中学举行地震应急疏散演练活动后,全市有过半中小学校进行地震应急实战演练,提高广大中小学生防震避震的基本知识和技能。二是建立完善的城市社区地震应急和救援志愿者队伍。10月,市地震局派遣地震现场工作队到驻马店市,与豫南数个地市的地震工作队伍组成豫南地震应急联队,开展地震应急实战演练活动。为提高地震应急队伍专业化水平,适应复杂多变的地震现场工作环境,配备越野车、GPS定位仪、对讲机、帐篷、野外工作服、照明设备、药品等应急物品数套。为充分调动社会各方面的救援力量,保护城市社区安全,与市红十字会、共青团市委等相关部门及大中专院校沟通协调,组建南阳市地震救援志愿者队伍,成立南阳市地震科普志愿者工作队。

【成功申报《南水北调渠首区地震安全科学探查项目》】 《南水北调渠首区地震安全科学探查项目》获得国家财政部、中国地震局批准,中央财政投资1500万元专款,中国地震局将其列入2011年建设计划,2011年底完工验收。该项目是全国200多个省辖市地震行业的重大工程,也是全国地级市地震工作部门首次获得中央财政一次性专项投资最多的。

《南水北调渠首区地震安全科学探查项目》主要包括南水北调中线渠首区地震监测台网及应急对策反应系统、南阳市地震活断层探测与地震危险性评价2个子项目。地震监测台网及应急对策反应系统建设主要包括南阳地震监测台网中心、应急指挥中心建设和3个综合监测台站建设。项目完成后,实现国家、地方和企业台站信息数据共享,充分利用南水北调中线工程在丹江库区建设的监测台网资源,提高观测精度(ML1.5),增加数据信息量,为南阳及毗邻地区经济发展及南水北调中线工程安全提供减灾依据。南阳市应急对策反应系统建成后,可提高政府应急能力,在破坏性地震发生后25分钟内提供南阳范围内地震灾情、损失评估结果,并准备好相应指挥信息,减少震时混乱和伤亡。通过开展活断层探测,可基本达到"地下清楚"的要求,查清全市高速公路围区近400平方公里范围,乃至渠首区等重要区域范围内有无活动断层,并对断层进行精确定位,针对断层危险性制定防灾对策,为城市发展规划提供科学依据。

市委、市政府成立由市委常委、市政府副市长陈光杰任组长的项目建设领导小组,统筹协调项目建设,并于12月28日组织召开由7个县(市、区)、18个市直部门领导参加的项目动员协调会,印发实施方案。同时,加大地方经费投入(已投入110万元),由市财政出资,租用联通公司3层共1800平方米作为监测台网中心和应急指挥中心用房(台网、活断层两个项目部先期投入使用)。

为保障项目顺利实施,前期已经邀请省局专家开展项目台站地址勘选、测试和建设方案设计。南召、唐河、内乡3个测震台站勘选及设计方案已经全部完成,报中国地震局批准后,即可进行台站基建、中心装修和仪器设备的招投标。市地震局与南阳核电办、规划局、国土局、河南油田等单位协调,收集部分图纸、数据,基本完成活断层探测设计方案的编制。(王晓谦)

科　普

【科技工作者之家建设】　为弘扬传承中医药文化内涵,展示南阳民间中医名医风采,激励他们为群众健康服务,南阳市科协、南阳张仲景传统医药研究会、《南阳日报》社联合组织开展了中国·南阳首届民间中医名医评选活动,共评选出市级名医10名、县(市、区)级名医50名、乡(镇)级名医155名,评出仲景故里特殊贡献人才10名、特色医疗人才10名、优秀传统医药传承人10名。为了加强学术交流,市科协经常组织市直学会及企业院校科协的专家学者开展学术活动。农学会、医学会、林学会等市直学会及石油勘探局科协、天冠集团科协、南阳理工学院科协等企业院校科协能够充分发挥作用,围绕南阳经济社会发展中的重大问题进行研讨,认真撰写学术论文,定期向市委、市政府印送参考资料,为领导科学决策提供依据。

【科学普及】　扎实开展科普工作,全民科学素质得到提高。一是认真组织开展科普宣传活动。5月18日上午,由市委宣传部、市科技局、市科协共同组织举办的南阳市第十届科技活动周启动仪式在市中心广场举行。市领导姚进忠、贺国勤及市直、两区有关部门领导出席仪式。本次活动共有40余个单位参加,摆放展板140余块,出动科普大篷车1辆,印制宣传彩页近2万份,从医疗卫生、农业等方面向广大群众宣传全市近年来在科技事业上取得的成就。9月10日上午,由省科协主办,南阳市科协、淅川县科协承办的2010年全国科普日活动在淅川县中心广场隆重举行。省科协领导、南阳市副市长崔军、市科协负责人、淅川县四大家领导、省市县有关专家和科技辅导员出席和参加启动仪式。市科协科普大篷车展教器材向广大群众和青少年演示了走进低碳生活的科普实验活动。11月23日,市科协科普大篷车又开进卧龙区陆营镇东岳庙移民小学,利用车载科普展教器材和科普展板,全方位地向广大师生展示科技原理,宣传科普知识,受到全校师生的热烈欢迎。全年科普大篷车深入到乡村、社区、中小学校共10多次,受益人员2万多人次。市科协荣获2010年河南省"全国科普日活动"优秀组织奖。

【青少年科技教育活动】　组织举办2010年南阳市青少年科技创新大赛。全市共有6.6万名中小学生参加,收到各类参赛作品2038项,评出市级获奖作品568项。推荐参加全省大赛作品65项,名次居全省前列。6月份,先后在中心城区及油田部分中小学校组织举办智力七巧板辅导员培训,培训一批科技辅导员队伍。组织举办了南阳市智力七巧板竞赛活动,共收到参赛作品1200幅,评出一等奖45名、二等奖207名,三等奖339名。

市科技馆青少年科学工作室经常利用双休日、节假日开展活动,全年共接待中小学生7600多人次。并组织南阳市代表队参加河南省第十届青少年机器人大赛,有6名中小学生参加全国机器人大赛,获二等奖2名,三等奖4名。在长沙举行的第12届国际机器人奥林匹克中国赛区比赛中,南阳代表队获二等奖2名,三等奖4名,获中学组团体二等奖1个。

【"三创一带"活动】　以"三创一带"(三创即创建科普示范县、创科普示范基地、创先进农村专业技术协会;一带是带动农民科技致富奔小康)活动为总抓手,着力推动农村科普工作。方城县蚕业协会等5个协会、卧龙区万亩石榴基地等2个科普示范基地被评为中国科协、国家财政部"科普惠农"先进单位,受到奖补;淅川县花椒协会、南召县皇后乡高效柞蚕养殖科普示范基地被省科协、省财政厅评为"三创一带"活动先进单位,受到奖补,另有4名农村科普带头人分别受到国家和省级表彰和奖补。

以河南省科协副主席谈郎玉为组长的《纲要》实施检查验收组于6月10～11日先后听取市政府副市长冯晓仙和方城县的汇报,对卧龙区汉画、刘庄社区,市九小,方城县多晶硅企业等进行了视察,对《纲要》实施给予肯定,顺利通过省政府的检查验收。

【南阳市第七届青年科技奖评选活动】　9月,南阳市第七届青年科技奖评选揭晓,共评选出获奖者60名,其中县(市、区)16名,市直及驻宛单位44名(详见附表)。(王金领)

南阳市第七届青年科技奖获奖名录

姓名	工作单位
勇合超	河南天冠企业集团有限公司
马秋菊(女)	南阳防爆电气研究所有限公司
张兴勇	南阳二机石油装备(集团)有限公司
姜岩蕾(女)	河南工业职业技术学院
刘长宝	邓州市建设局
廉　晔	淅川丹源水电有限公司
陈德鹏	南阳医专第一附属医院
王　挺	南阳医学高等专科学校
黄川锋	南阳医学高等专科学校
马瑜红(女)	南阳医学高等专科学校
姚　莉(女)	南阳市精神病院
党　强	南阳市中心医院
屈中玉	南阳市中心医院
温昌明	南阳市中心医院
冯晓东	南阳市口腔医院
李文强	南阳市骨科医院
李　朝	南阳市中医院
宋明爱(女)	南阳市第一人民医院
张　衍	南阳市第一人民医院
张彩举	南阳市第一人民医院
崔松体	邓州市第三人民医院
刘丽娜(女)	南阳市第二人民医院
孙新超	南阳市第二人民医院
吕树志	南阳市第二人民医院
吴希慧(女)	河南工业职业技术学校
刘克鲜(女)	方城县县直机关第二幼儿园
刘红宇(女)	南阳市第一中学校
王　雨(女)	南阳理工学院
陶海东	南阳师范学院
汤玉峰(女)	南阳师范学院
卢　成	南阳师范学院
陈永辉	南阳理工学院
邓　瑞(女)	南召县中等职业学校
逯　忆	南阳理工学院
马继彬	南阳理工学院
宋艳梅(女)	南阳理工学院
张建文(女)	南阳理工学院
陈兰莉(女)	南阳理工学院
王学军	南阳幼儿师范学校
王国锋	唐河县林业技术指导站
杨玉珍(女)	南阳农校
李　琴(女)	南阳市兽药监察所
石大强(女)	南召县林业局
李　猛	南阳市城区动物卫生监督所
冉志海	南阳水文水资源勘测局
张兴粉(女)	桐柏县公路局
韩德顺	南阳市水产技术推广站
胡　峰	南阳市水利建筑勘测设计院
刘　晓	河南省西峡猕猴桃研究所
乔　靖	新野县农业局农经站
朱从波	内乡县宝管局
袁建波	西峡县种子公司
王　颖(女)	邓州市农业技术推广中心
李晓丽(女)	邓州市种子公司
张　浩	邓州市植保植检站
邓宝红(女)	南阳市卧龙农业高新科技示范园区
符晓品(女)	内乡县城镇一小
王全黎(女)	南阳市种子技术服务站
牛晓明	河南淅川淅水集团有限公司
李　晓	南阳市实验中学

农业科技

【概况】 8月11日，河南省农科院下发关于设立河南省农业科学院南阳分院的批复，同意南阳市农科所加挂河南省农科院南阳分院的牌子，在南阳市农科所设立河南省农业科学院南阳分院，设立后现有人、财、物隶属关系不变，业务受河南省农业科学院和南阳市人民政府共同指导。

【科技创新】 品种创新。选育的小麦新品系宛麦982、宛黑064参加了省新品种生产试验，在各点均比对照增产5%以上，已双双通过省品种审定委员会专业组初审；选育的玉米新组合宛单739参加了省玉米生产试验；选育的宛杂棉7号、宛麦9617、宛麦783、宛麦75、宛花9911-7等11个作物新品系参加了省级区试。新选育出苗头品系16个。

品种引进。从全国重点科研院所共示范引进小麦、棉花、玉米、水稻、花生、芝麻、食用豆新品种180个，筛选出显著增产适宜南阳的农作物新品种10个。引进先锋茄子等蔬菜新品种38个，茶花、红叶石楠等花卉新品种10个。

技术创新。开展的南阳盆地花生蛴螬发生规律及综合防治技术研究，已研究出有效防治蛴螬技术；开展的绿豆根腐病、尾孢叶斑病防治研究，已筛选出防治最佳药剂；开展的杂交抗虫棉高产简化栽培研究，可提高种植工效一倍以上；开展的花生机械起垄覆膜、精量播种技术研究，示范应用增产显著；开展的芝麻不同生态区种植模式研究，已筛选出南阳芝麻主产县最佳种植模式。

【科研成果】 主持完成的“棉花新品种宛棉9号的选育及应用”研究项目获得省政府科技进步三等奖。主持完成的“小麦新品种宛麦18的选育及应用”获市政府一等奖，省农科系统二等奖，并申报了省科技进步奖。新申报市政府科技进步奖5项（宛椒206的选育与示范、南阳生态区芝麻规范化栽培技术研究与应用、绿豆新品种引进筛选与示范、南阳盆地花生蛴螬发生规律及综合防治技术研究、高产优质多抗小麦新品种宛麦16选育与示范推广）。宛麦18获得国家植物新品种权保护。在省以上核心学术期刊发表学术论文66篇。在全市科技创新大会上，市农科院被市政府表彰为“全市自主创新先进院所”。

【科技示范】 在南阳产粮大县方城、邓州、新野、宛城建立24个百亩小麦、玉米高产攻关田，实施选用优良品种、推广精量播种、测土配方施肥、病虫草害综合防治“四统一”的集成技术，组织高产攻关，攻关田比大田亩增产达10%以上。在方城县赵河建立的万亩小麦示范方，平均亩产538.8公斤；在方城县袁店示范的宛杂棉7号，亩产籽棉345公斤；在唐河县桐河示范的小辣椒新品种宛206，亩产达327公斤；在方城广阳示范的花生新品系宛9911-7，春播亩产511公斤，起到很好的示范带动作用。荣获全省农科系统科技成果转化先进单位。

【科技服务】 重点推广三方面实用新技术。一是推广小麦秸秆还田、增施有机肥等地力培肥技术，机械深耕改土、旋耕后镇压、小麦精量半精量播种技术，小麦氮肥后移、测土配方施肥技术，小麦病虫草害综合防治高产等集成新技术，在方城、邓州、新野、宛城推广应用8万公顷。二是推广棉花基质育苗、无土移栽的高产简化育苗新技术，在宛城、唐河等地推广应用0.67万公顷。三是推广花生机械起垄覆膜、精量播种新技术，在瓦店、苍台推广应用增产显著。积极落实南阳市“千名科技人员包千村行动计划”。定点服务对口县方城、桐柏粮食生产，组织科技下乡、召开现场观摩会、举办技术讲座40余场次，发放技术资料3万份，培训技术骨干2万多人。

【科研基地建设】 投资40多万元，新修溧河科研基地北出路300米，硬化、绿化、亮化一次完成。投资60多万元，建设基地大门、职工食堂、浴室等配套设施。

【项目建设】 小麦、棉花、芝麻、食用豆4个国家产业技术体系综合试验站项目，均开展了相关作物的品种筛选、展示鉴定试验，高产简化栽培技术研究与推广，建立了高产示范点、高产示范方，通过了农业部和体系专家的考评验收。芝麻和食用豆2个国家公益性行业专项、省重大科技攻关项目“杂交抗虫棉简化栽培技术研究”、“主要农作物新品种选育”、“宛棉10号选育与示范”等省市科技攻关项目、成果转化项目均完成年度项目任务。争取并获准国家小麦、棉花、芝麻、食用豆产业技术体系综合试验站“十二五”规划期间继续在南阳建站，新争取省玉米、蔬菜产业技术体系2个综合试验站，争取省成果转化项目1项，省协作项目3项。新申报南阳盆地粮食作物品种改良及繁育工程中心建设、南阳盆地粮食高产科技创新体系建设项目等省市科研项目12项。

【人才队伍建设】 新引进硕士2名。采取报销培养费的激励措施，鼓励在职人员学历提高培训，选派6人参加本科和研究生学历学习。同时,在全所科技人员中开展“四个一”活动,即完成一项创新(品种、成果、专利前三名),发表一篇论文,种好一块示范田,开展一次以上科技下乡服务,为创新人才的成长提供多种机会和平台。邀请韩国北方农业研究所博士徐完洙等农业专家就水稻、小麦、辣椒、棉花等农作物育种和栽培技术深入进行了交流和研讨。邀请程须珍、丘军等国家小麦、棉花、芝麻、绿豆产业技术体系专家,利用体系培训机会,开展相关产业学科学术交流4场次。选派中层干部和科研骨干分别到福建三明市农科所,湖北黄岗、荆州农科院,海南三亚市南繁基地等地对花生、花卉、蔬菜、小麦、绿豆、芝麻研究进行考察和学术交流。举办职工技术培训会、学术研讨、学术报告活动5场次,提高各学科研究水平。加强创新团队建设,向科研一线调配各类人员20多人,完成科研骨干,专业人才和科研辅助人员梯次配备,提高科研竞争力和工作效率。创优创新环境,倡导敢为人先、敢于创新、宽容失败的良好风尚,完善奖励制度,职称晋升、荣誉推荐向有突出贡献的科技人员和管理人员倾斜,形成重视人才的良好环境。全年有4人晋升了中高级职称,15人荣获省市级荣誉称号,1人荣获全市科技创新突出贡献奖。

(柳天芝　渠元春)

社会科学

【社科联工作概况】 2010年,南阳市社科联以“创优争先”和“双争”活动为动力,科学发展哲学社会科学事业,在理论武装、学术研究、社科普及、社科规划、队伍机关阵地建设等方面取得新进展。社科联机关和主办的《卧龙论坛》杂志相继获得省社科联系统、省“社科知识大篷车进基层”活动先进单位和全省社科联系统优秀期刊称号,继续保持全国先进社科联和省级文明单位等荣誉。

【学习宣传贯彻先进思想和理论】

市社科联把“创优争先”、“双争”活动和宣传贯彻十七届五中全会精神做为全市社科界的首要任务。全体党员干部积极参与到“创优争先”和“双争”活动的学习实践活动中,并相继开展群众评议和领导班子民主生活会。通过学习,机关党员干部对创优争先”和“双争”活动的意识得到增强,推动科学发展的思路得到明确。组织专家学者,分赴各级各部门召开学习宣传贯彻党的十七届五中全会精神座谈会、南阳‘十二五’发展规划征求社科理论界专家学者座谈会等,发言内容和相关信息多次在省、市媒体刊(播)发。

【学术交流及社科普及活动】 5～6月,开展“社科知识大篷车进基层”活动45场,受众14586人次,全年累计组织“中原大讲堂·南阳讲堂”活动54场,受众19589人次,对深入贯彻落实科学发展观,拓展社科知识普及渠道,纠正社会认知不良倾向、提升城市整体素质、弘扬社会正气、倡导文明新风和构建社会主义核心价值体系产生广泛而积极的影响。

11月份组织开展第二届南阳读书月活动暨“联通杯”爱南阳迎农运读书有奖知识竞赛活动。参与读书月活动的人数突破百万人,营造出全民读书、终身学习的良好氛围。市民俗文化研究会相继开展“虎福中原”、“七夕节‘牛郎织女’”邮票的选题、原地首发式等,并相继到新野、镇平、方城、唐河等县进行多次民俗文化采风活动;市档案学会积极开展学术研讨交流活动,7篇论文入选中国档案学会年会交流;市纪检监察学会开展调研活动,制定7项重点课题和29项参考课题;市图书馆学会举办“信息技术发展环境下图书馆馆员”学术研讨会”;南阳师院科研处学术交流活动蓬勃开展,《南都学坛》再次被评为“全国百强社科学报”;唐河县成立县社科联机构,加强对县级社科类团体的管理,并开展社科知识普及和形势政策宣传活动。全年市直各学会、各县(市、区)分会分别召开研讨会、座谈会、报告会、普及周(月)等一系列学习宣传十七届五中全会精神的活动100余场次,受众达42万余人次。

【社科研究】 围绕实施“四个带动”、“六创一迎”、南水北调中线工程建设与移民迁安、转变经济发展方式、产业集聚区建设、新能源基地建设和文化旅游强市建设等现实问题,向社会各界征集课题。编定《市级重点规划调研课题指南》60项,与南阳经济社会发展有关的应用性对策研究课题44项,共收到各相关单位申报348项,确定168项作为2010年度市级社科重点调研课题。完成《经典南阳》的编撰任务,10月份由河南大学出版社正式出版,直观有效地宣传南阳、教育人民、激励后人和凝聚人心、鼓舞士气,让外界更好地了解南阳、投资南阳。

【理论宣传阵地建设】 《卧龙论坛》是全市唯一一份社科理论刊物,编辑部不断加强自身学习,大胆借鉴外地市办刊先进经验,相继开辟"四个带动"战略、"六创一迎"活动、学习贯彻党的十七届五中全会、"十一五回顾"、"十二五展望"等专栏。3月份，社科联代表南阳市承担省委宣传部关于《中原文化记忆·南阳卷》(普通版)的编撰出版任务，10月份顺利完成并准时交印，已经配发至全省各农家书屋。社科联机关干部通过共同承担市社科规划重点调研课题《在社科领域开展体制机制创新和管理创新的研究》，使机关干部进一步增强工作责任心和使命感。4月份，参加在商丘举办的全省各省辖市社科联协作会议，对如何进一步做好新形势下的社科知识普及工作进行交流学习；5月份，配合北京市社科联、北京市电视台等单位完成《文化中国》专题片——南阳玉文化博物馆的拍摄工作，使南阳同玉文化一起叫响全国；8月份，参与唐河县和南阳市举办的"第九届冯友兰学术研讨会"及"冯友兰思想高端论坛"工作，为交流冯学思想、推介南阳尽绵薄之力。

【**学会管理及自身建设**】 市社科联按照"学会服务提升年"的目标任务，采取分包带队的形式先后19次深入学会，征求发展意愿，及时改进工作方法，密切同市直各学会、县(市、区)社科联(分会)和各重点联系单位的关系，使社科联成为全市哲学社会科学者之家。加强对《社会团体登记管理条例》、《民办非企业登记管理暂行条例》、《关于加强民办社科研究机构管理工作的意见》等相关文件的学习，加强同民间组织管理局、市工商局的沟通交流，从业务指导和机构管理两个方面对学会进行管理。

在"学会服务提升年"活动中，社科联领导带队深入各学会、社科联(分会)等近百次，严格按照社科联和各学会的《章程》，正确指导并出席市土地学会、图书馆学会、企业家联合会、企业思想政治研究会等5个学会的换届工作及会议，进一步健全社科联机构建设，为南阳市社科事业的科学发展打下良好基础。

【**社科优秀成果评奖**】 5月，开展2010年社会科学优秀成果评奖活动。收到申报的参评成果287项，评出2010年度优秀社科成果99项，其中一等奖11项，二等奖54项，三等奖34项。(详见附表)。(迟照冰)

2010年度南阳市社会科学优秀成果获奖名单

作者单位	成果名称	作者姓名	获奖等级
南阳师范学院	《论西汉后期的文学和儒学》	曾祥旭	一等奖
南阳师范学院	《现代汉语形谓句优先序列研究》	王文格	一等奖
河南工业职业技术学院	《中国传统文化》	秦其良 周 卫 武圣寅	一等奖
南阳日报社	《古今修身为政四句箴》	关玉国	一等奖
南阳医学高等专科学校	《医学应用写作》	刘荣志 李红普 刘 璞 孙国华 王爱平	一等奖
中共南阳市委党校	南阳市实施创新带动对策研究	刘化雷	一等奖
市文物考古研究所	论楚辞文化对汉画像石艺术的影响	王婉尧	一等奖
南阳理工学院	遵循教育规律开展高校思想政治教育	葛晨光	一等奖
南阳医学高等专科学校	校园文化建设与高校图书馆	潘晓红	一等奖
南阳师范学院	外部动机：一个尴尬的教育心理学术语	辛朋涛	一等奖
南阳师范学院	馆员的专业服务精神及培育	逯爱英	一等奖
南阳师范学院	《四书经纬》	郭穆庸 郭国谦 高金光 李登刚 刘秀英 赵秀玲 石保方	二等奖
方城县政府	《中华曾氏祖根地》	白振国 熊君祥 华云杰	二等奖

续表

作者单位	成果名称	作者姓名	获奖等级
市公安局	《道路交通违法案件卷宗规范》	别占军 刘 钺 金晓东 董 君	二等奖
南阳卷烟厂	《南阳卷烟厂志》	王恒宇 孟祥军 孙富贵 张金斗 王允栓	二等奖
市地方志办	《南阳年鉴》(2010)	阿 颖 马秀银 刘胜海 潘华强	二等奖
南阳理工学院	《基础会计学》	孙合珍 冯 黎 汤林伟 张学英	二等奖
南阳师范学院	《伏牛山旅游发展研究》	李 瑞 周 旗	二等奖
南阳师范学院	《广播电视编辑应用教程》	靳义增 孙笑飞 胡 泊	二等奖
宛城区委宣传部	探索农村信访工作的新规律	梁海磊	二等奖
南阳师范学院	学术期刊公信力缺失危机及化解对策	岳 岭	二等奖
南阳理工学院	高校突发舆情的发展演化机制及其引导管理	王楷楠	二等奖
南阳医学高等专科学校	建设有利于职业能力培养的护理实践系列教材	范 真	二等奖
南阳医学高等专科学校	人文关照与高校德育环境之构建	杜晓平	二等奖
南阳师范学院	高校图书馆为大学生撰写毕业论文服务的探讨	杨莉萍	二等奖
中共南阳市委党校	南阳古代政治文化的内涵	李延文	二等奖
南阳师范学院	汉画像乐舞百戏艺术中栩栩如生的“乐人”形象	田 平	二等奖
中共南阳市委党校	树立和实践与科学发展观相适应的正确政绩观	叶德跃	二等奖
中共南阳市委党校	毛泽东与个人崇拜问题的历史考察及其启示	李合敏	二等奖
中共南阳市委党校	关于实现领导干部良性竞争的思考	李永超	二等奖
南阳理工学院	也谈《神异经》之成书年代——兼与李剑国先生商榷	金军华	二等奖
南阳理工学院	南阳理工学院大一新生心理适应问题研究	余瑞玲	二等奖
南阳师范学院	高校图书馆为新农村建设服务的方法与途径	石洁灵	二等奖
南阳医学高等专科学校	医院档案信息管理研究	沈继涛 谷 波	二等奖
南阳师范学院	大学生职业搜寻中社会资本的创生与存续路径	李玉峰	二等奖
南阳师范学院	略论豫西南民间曲艺的艺术特色	马 奇	二等奖
南阳师范学院	政府投资项目“代建制”存在问题与对策研究	王新征 马可栓	二等奖
南阳师范学院	论诸葛亮之“多智而近妖”	张冬云	二等奖
南阳师范学院	国外语言学习网络课程的开发建设与启示	宗 云	二等奖

续表

作者单位	成果名称	作者姓名	获奖等级
南阳师范学院	儒、道生态伦理观与资源节约型、环境友好型社会建设	刘玉玺　周彦彦	二等奖
南阳师范学院	黑人自我意识存在的探寻——存在主义视野下的《看不见的人》	李小海	二等奖
南阳医学高等专科学校	高职院校科研档案管理的现状及对策	田　园	二等奖
市审计局	审计发挥"免疫系统"功能理论探析	杨鸣哲　孔雪飞　黄立坤　金启山　王劼方　顾世龙　黄杰生　柴景芳　徐子学　杨富红	二等奖
南阳医学高等专科学校	论高校教师提高课堂教学质量的途径	胡　南	二等奖
南阳师范学院	中国现代化视野下的农村劳动力流动	李文安　李亚宁	二等奖
南阳师范学院	南阳旅游业品牌化研究	雷化雨	二等奖
中共南阳市委党校	南阳深化"四个带动"亟待解决的几个思想认识问题	包　晓	二等奖
南阳师范学院	打造"养生之都"城市品牌　带动南阳经济和社会全面发展路径研究	赵秀玲　孙晓涛　慈教进　张乃仁	二等奖
市统计局	加快我市产业集聚区建设的对策研究	王书延　陈长龙　吴新汉　杨　飞　王　珂　刘春雨　刘国梁	二等奖
南阳师范学院	南阳城市管理及"数字化南阳"建设问题研究	付廷臣　陶海东　鲍春生　李会中　王　宾　靖安猛	二等奖
南阳师范学院	南阳市"六创一迎"城市景观设计问题研究	陈暅嵘　张　睿　瓮子杰　闫荣英　全　健　黄万埔　李　莉	二等奖
南阳理工学院学院	加快南阳市旅游发展问题对策研究	冯　黎　张　慧　李晓芳　邱晓云　翟　璇	二等奖
河南工业职业技术学院	商务英语服务南阳项目带动的对策研究	王　冕　李舒瑜　周　舵　乔竞宇　石　锐	二等奖
省经济管理学校	新型农村社会养老制度探索	乔淑琰　侯同江　王伟充　曹彦平　仝保奇　毛　懋	二等奖
河南工业职业技术学院	南阳市文化产业发展对策研究	马小兵　刘　崴　朱恩义　魏　浩	二等奖
南阳医学高等专科学校	南阳市大学生就业措施研究	马帮敏　罗清霞　吴玉林　陈庆凯　张天涛　袁　欣	二等奖
省经济管理学校	加快我市旅游人才培养研究	邢桂平　仝惠林　冉　三　梁玉建　陈枚珠　李　静　崔丽萍	二等奖

续表

作者单位	成果名称	作者姓名	获奖等级
南阳医学高等专科学校	公平视角下大学生思想政治教育有效性研究	姚　刚　梁顺平　张明立　刘莲东　张喜东	二等奖
南阳师范学院	南阳市传统中医药诚信为本的商业文化内涵研究	张小满　孙富磊　陈　存	二等奖
中共南阳市委党校	南阳市转变经济发展方式的难点与重点问题研究	郭伟峰　魏建克　张东林　文金川	二等奖
南阳师范学院	南阳市农村留守儿童成长机制研究	任　珂　贺林珂　阚云静　刘清转　曲　涵　张　昱	二等奖
河南工业职业技术学院	加快我市产业集聚区建设的对策研究	周金琳　吴希慧　冯书丽　李　峰　卢大钊　杨永青	二等奖
河南工业职业技术学院	推进政府管理创新为实施“创新带动”提供坚强保障	唐伯武　王仁伟　刘　崴　李荣胜　石社轩　陈元瑞	二等奖
南阳医学高等专科学校	高校社会主义核心价值体系教育研究	梁顺平　陈耀中　陈铁良　刘莲东	二等奖
南阳师范学院	从出土文献看汉代藏书在文献学史中的地位研究	饶增阳　田　辉　樊　普	二等奖
南阳理工学院	《大学生心理健康双向教本——我心飞扬》	葛宝岳　余瑞玲　宋　英	三等奖
南阳第一中等职业学校	《破解诸葛躬耕地千年悬案》	沙　超	三等奖
西峡县地方志办	《西峡县志》(1986～2000)	王富强	三等奖
南阳理工学院	《名曲赏析》	王美玉　张满升　司培培　樊银海　范桂霞　李　真　仝智倍　钞艺伟	三等奖
邓州市文化局	《邓州锣卷戏》	朱云诗	三等奖
中国工商银行南阳分行	《银行家营销之他山石》	宋哲旭　宋付力	三等奖
中共南阳市委党校	群体性事件的预防和处置问题	胡　娟	三等奖
南阳医学高等专科学校	图书馆环境文化建设研究	梁明春	三等奖
市博物馆	汉画真韵　古调新弹——记彩绘汉画像石拓本	王升平	三等奖
南阳师范学院	突发事件中网络媒体的舆论引导	周　珂	三等奖
河南工业职业技术学院	构建高职和谐校园问题的研究	皮小力　肖　凡　尹社会	三等奖
内乡县委党校	中国特色社会主义的发展是正确认识和处理社会主义社会基本矛盾的创新	王新章	三等奖
中共南阳市委党校	论和谐社会下社会稳定与危机应急法制化对策	国　庆	三等奖
南阳师范学院	李昉的类书编纂思想初探	李　乐	三等奖
南阳师范学院	农村文化产业发展态势分析	姜长宝	三等奖

续表

作者单位	成果名称	作者姓名	获奖等级
南阳师范学院	美国健康体适能课程模式在我国普通高校的实验研究	王亚立	三等奖
南阳师范学院	李清照与狄金森诗词对比的跨文化视角	韦兰芝	三等奖
南阳师范学院	我国地方省份与俄罗斯农业合作机制研究——以河南为例	陶海东	三等奖
中共南阳市委党校	依法管理政府财政提高财政运行效率	王　克	三等奖
西峡县委宣传部	重阳文化与河南西峡	段文汉	三等奖
卧龙区林业局	南水北调源区林业生态现状与发展对策	杜道丽　丁向阳　金世海　张　茜　杨天柱	三等奖
南阳师范学院	建立多元化的高等教育产权探析	杨　柳	三等奖
南阳理工学院	粮食主产区粮食物流产业发展研究	范荣华　姬定中　周青浮　樊智勇　李付彩　张　印	三等奖
河南工业职业技术学院	南阳市农民工就业保障制度研究	罗　琼　宋应云　韩　鹏	三等奖
西峡县紫金街道办	做好信访工作与构建和谐社会的思考	封彦波　王　斐　王晓琳　樊玉召　杨玉慧　李　鸣	三等奖
市经济贸易学校	利用网络及其资源促进未成年人思想道德建设的研究	贾兆玉　杨艳玲　雷德红　林海英	三等奖
社旗县委宣传部	学习型党组织建设问题研究	曹德怀　董桂松　周抒志　常雍馨　聂兴慧	三等奖
中共南阳市委党校	我市实施服务带动对策研究	裴先东　金　键　苏新留　贺望琢　徐振涛	三等奖
南阳医学高等专科学校	加强大学生社会主义核心价值观教育问题研究	王建林　刘　萍　江学法　王琼琼	三等奖
南阳医学高等专科学校	办好第七届全国农运会问题研究	李肃娜　陈　飞　陈文璞　李婉丽　李　栎　李　真　鲁全贞	三等奖
中共南阳市委党校	我市城市管理若干重大问题研究	鞠　端　贾曼丽　刘正洪　张明锐	三等奖
河南工业职业技术学院	专业人才培养与我市经济发展对策研究	杨继良　王美娥　赵　蕾　杨　乐　刘　真	三等奖
河南工业职业技术学院	交际策略与高职高专学生英语应用能力的培养	罗　芳　罗海峰　苏　峥　张　灏	三等奖
宛城区委党校	关于解决收入分配领域存在的突出问题的思考	田　娜　刘宛讯　蒋丽华　张成田	三等奖

文化旅游

文化事业综述

【文化惠民工程建设进展顺利】 2010年，市委、市政府再次把文化惠民工程建设纳入政府向社会承诺办理的十件实事之一，已超额完成。已建设55个乡镇综合文化站和220个村级文化大院，全市4500个行政村每村每月免费放一场电影工作已完成放映54048场，在1230个行政村实施了文化信息资源共享工程，在380个行政村建设了农家书屋，组织舞台艺术送农民演出202场，完成500个村村通广播电视工程任务。扩大了博物馆、纪念馆免费开放范围，新野汉画砖博物馆、唐河县博物馆向社会免费开放。加强图书馆、文化馆、文化站的业务建设。认真组织开展全市文化馆、文化站业务考评，卧龙区文化馆被省文化厅、省教育厅命名为首批“河南省青少年社会艺术培训示范基地”；宛城区金华乡文化站、唐河县城郊乡文化站在全省群众满意的基层站所评创中被评为先进单位。顺利完成唐河县和西峡县省级文化先进县的复核工作。在文化部组织的第四次全国公共图书馆评估定级中，淅川县图书馆被命名为一级馆，南阳市图书馆、唐河县图书馆被命名为二级馆，邓州市图书馆、镇平县图书馆、内乡县图书馆、方城县图书馆、社旗县图书馆、西峡县图书馆被命名为三级馆。

【文艺演出活动丰富多彩】 全市各县（市、区）文广新局围绕市委、市政府的中心工作，大力实施文艺精品战略。精心组织创作戏剧《移民情》等重点剧目；组织开展第七届全国农民运动会开幕式文艺演出的筹办工作，完成开幕式文艺演出创意大纲的撰写和创作任务，并顺利通过评审。组织参加河南省第五届少儿艺术节，夺得多项大奖，其中，琵琶齐奏《春江花月夜》荣获一等奖；组织参加“河南省首届黄河戏剧文学奖评选活动”，党万树、李古娥的《青山明月》，李克定、靳银才的《铁人检察官》，刘伟、党万树的《铁窗》等3部作品获奖；组织参加“河南省第六届青年戏剧演员大赛”活动，符龙等5名青年戏剧演员获奖；组织南阳市心连心艺术团等剧团，参加“河南省首届民营艺术表演团体文艺汇演”，李成涛等7人分获表演一、二、三等奖；组织参加“河南省第四届黄河戏剧奖”评奖活动，《歧路冷雨》荣获金奖，《南岭春》荣获银奖，刘伟等24人分别获得编剧奖、导演奖和表演奖等奖项；组织参加第七届河南省少儿戏曲大赛暨第十四届“中国少儿戏曲小梅花荟萃”活动，南阳市小选手周英姿等2人分别获得演唱银奖和演奏银奖，付双玲荣获优秀辅导奖。组织举办“南阳市第六届青年歌手大赛颁奖晚会”，在南阳电视台多次播放，收到良好的社会效果；举办“南阳市优秀剧本征集活动”，共征集剧本48部，李古娥的《丹江魂》、何中兴的《许云峰》、唐继敏的《范蠡救主》等16部作品分别荣获一、二、三等奖；举办“南阳市民营艺术表演团体优秀剧目评选活动”，南阳市心连心艺术团、南阳市卧龙曲剧团等12个团体获得奖项；举办“南阳市青年戏剧演员大赛”，南阳市曲剧团的盛蕊和符龙、内乡县宛梆剧团的马晓瑞等选手以优异的成绩，脱颖而出，获得大奖。邓州市文化茶馆项目参加全国第十五届群星奖角逐，获得社会文化项目类群星奖，荣获了政府最高奖。

【文化遗产保护利用再创佳绩】 在“5·18”国际博物馆日、第五个全国文化遗产日等节日举办了系列宣传活动，形成全社会保护文物的良好氛围。博物馆建设取得长足发展，新野汉画像砖博物馆和唐河县博物馆免费开放，使全市免费开放博物馆、纪念馆达到11座。南阳卧龙岗文化旅游集聚区建设进展顺利，其发展规划顺利通过评审，征地和招商引资工作正在进行之中。文物普查及楚长城调查工作顺利进行，文物普查田野调查工作已顺利通过省文物局专家组的实地验收审核，全市田野调查文物点总数7994处，其中新发现7056处，复查938处，已完成普查成果的汇集工作。淅川县刘国奇荣获国家文物局授予的“全国文物普查先进个人”称号，南阳市文物局荣获省文物局授予的“文物普查实地调查阶段组织奖”，邓州市、西峡县等6县（市）荣获省“文物普查实地调查阶段先进集体”称号，15人荣获省“文物普查实地调查阶段先进个人”称号，9人荣获省“文物普查实地调查阶段优秀志愿者”称号。在楚长城调查方面，南阳市文物局荣获省文物局授予的“长城资源调查优秀服务单位”荣誉称号，5人荣获全省“长城资源调查先进个人”荣誉称号。争取国家、省、市文物保护专项经费近千万元，完成南阳武侯祠拴马亭、南阳府衙西线修复工程及淅川荆紫关平浪宫、香严寺钟鼓楼等国保、省保单位古建筑的保护维修工程。编制完成张衡墓园、鄂城寺保护规划。积极配合南水北调和全市基本建设，做好文物保护工作。全年共完成南水北调考古发掘项目23个，发掘面积45000平方米；配合全市基本建设共完成钻探面积80万平方米，发掘面积2000平方米，发掘古墓葬300余座，出土各类文物1000余件。完成南阳武侯祠、淅川万寿宫、禹州宋聘三旧居等12个项目的勘察设计专项行动，设计面积5629平方米。对禹州神垕古镇伯灵庙、义兴工、郑州市古荥镇城隍庙大殿、洛阳市河南府文庙等单位的维修工程进行监理。完成全市15处第五批省保单位的保护范围及建设控制地带的划界工作。落实文物工作安全责任制，加大田野文物保护力度，配合公安机关侦破走私文物案件10起，鉴定收缴各类走私、被盗文物及恐龙蛋化石51件，尤其是配合邓州市公安局破获了市级文物保护单位文渠明代祖师像被盗案件。非物质文化遗产普查保护取得显著成绩。邓州越调、桐柏皮影戏2个项目被公布为第三批国家级非物质文化遗产，使南阳市国家级非物质文化遗产项目增加到10个，23个项目被公布为省级非物质文化遗产，有52个项目被公布为市级非物质文化遗产；有6人被公布为国家级非物质文化遗产代表性传承人，有25人被公布为省级非物质文化遗产代表性传承人。文化部组织开展的全国古籍普查工作已全面开展，并取得明显成绩。在全省非物质文化遗产研究基地评选中，南阳师范学院被评为河南省非物质文化遗产研究基地。组织国家级非物质文化遗产镇平玉雕代表性传承人仵海洲到北京参加文化部举办的“巧夺天工——中国非物质文化遗产百名工艺美术大师技艺大展”，展示了南阳的玉雕工艺。

【文化市场管理规范有序】 根据省文化厅开展“平安世博”文化市场专项保障行动的安排，组织市、县文化市场稽查人员加大管理查处力度。全年先后组织多次集中行动，严查违法产品，严打侵权盗版，严罚违规网吧，严防重大事故。全市累计出动文化执法人员1750余人次，稽查各类文化经营单位490余个，处罚违法违规经营单位278个，取缔非法经营单位32个，黑网吧7个，收缴非法光盘5万多盘。

【新闻出版和“扫黄打非”工作成绩显著】 深入持久地开展“扫黄打非”集中行动和专项治理工作。先后组织开展了打击手机网站制作、传播淫秽色情信息专项行动，迎世博出版物市场专项行动，打击政治性非法出版物专项行动，有效地净化了出版物市场。组织市、县两级执法人员统一开展专项治理行动7项，统一集中行动3次。全市累计出动行政执法人员9860多人次，检查各类经营单位4230多个（次），查缴非法、盗版、淫秽、色情出版物123800册（张、盘），在中心城区进行集中销毁。取缔关闭非法经营单位50多个，取缔游商、地摊90多个，查处各类大要案3起，刑事拘留4人，行政拘留11人，逮捕3人，判刑3人。特别是成功侦破和办理了国家、省“扫黄”办督办的“9·30”案件和邓州鸿发印刷厂盗印教辅案，逮捕了犯罪嫌疑人刘华、胡金明。在全市组织开展“我的书屋，我的家”阅读演讲活动，努力在全社会营造浓厚的读书氛围。南阳市被河南省新闻出版局授予演讲比赛优秀组织奖，邓州市的张会被推荐参加全国比赛并获得最佳口才奖，受到国家新闻出版总署颁奖表彰。积极推进企业软件正版化工作。10个第二批企业软件正版化实施单位投入资金300多万元，购买各类正版软件上千套，完成了企业软件正版化工作。南阳市被授予全省企业软件正版化优秀组织奖，并在全省工作会议上进行了经验交流。

【文化产业及文化体制改革工作稳步推进】 市委、市政府聘请国家文化产业研究基地主任、上海交大胡惠林教授编制的《南阳市文化产业发展规划纲要》和河南省发改委经济研究所所长郑泰森教授编制的《卧龙岗文化产业集聚区发展总体规划》顺利通过评审。根据规划，大力实施卧龙岗文化产业集聚区、南阳文化博览中心、农运会广电中心和广电传输网络整合工程等一批文化产业项目工程建设，筛选整理编制了《项目招商书》，加紧筹划南阳大剧院、南阳图书馆大楼等项目建设的前期工作，力争培育一批实力雄厚、具有竞争力和影响力的大型骨干文化企业。社旗县赊店商埠文化产业园区被评为河南省文化产业示范园区，镇平县石佛寺镇玉文化产业园区被评为国家文化产业示范园区。全市文化旅游收入持续攀升，实现了文化旅游产业新突破。组织协调指导镇平文化改革发展试验区建设，强力打造玉文化产业品牌，规划论证国际玉城等项目建设，有力地推动南阳玉文化产业快速发展。积极探索和稳步推进文化体制改革工作，市局和其他13个县（市、区）的文化市场综合执法改革工作进展顺利，市局文化市场综合执法支队已经省市编制部门批准，正在组建。

【省委书记卢展工视察南阳市博物馆】 1月12日，中共河南省委书记卢展工在南阳市委书记黄兴维、市长穆为民的陪同下到卧龙岗南阳市博物馆视察。

【南阳市文化广电新闻出版局举行揭牌仪式】 南阳市文化局与南阳市广播电视局合并，成立南阳市文化广电新闻出版局。3月31日，南阳市文化广电新闻出版局举行揭牌仪式，市领导姚进忠、冯晓仙出席仪式并揭牌，全市文广新系统100余人参加仪式。

【刘云山视察南阳市文化工作】 9月20～22日，中共中央政治局委员、中央书记处书记、中宣部部长刘云山带领文化部、新闻出版总署、广电总局有关领导深入西峡县五里桥镇黄狮村、内乡县、镇平县石佛寺镇玉雕文化产业园区和市博物馆、市汉画馆考察基层文化建设情况，并同基层宣传文化工作者进行座谈交流。同时，为南阳提供了两台流动舞台演出车、两台“扫黄打非”专用车。

【吴官正等视察武侯祠】 10月29日，原中共中央政治局常委、中央纪律检查委员会书记吴官正，中共中央委员、统战部长、国家民委主任杨晶，商务部副部长蒋耀平等在省委书记卢展工、市委书记黄兴维等陪同下到武侯祠参观指导工作。

【文广新局下发《关于做好丹江口库区移民安置帮扶工作的意见》】 12月15日，市文广新局下发《关于做好丹江口库区移民安置帮扶工作的意见》，要求全市文广新局系统对所有移民安置点开展对口帮扶工作，主要内容有：一是免除所有移民新村有线电视初装费，做到移民新村有线电视户户通。二是调整农村公益数字电影放映场次，并适当增加农村科教影片放映，保证每个移民新村每月免费放映一场电影。三是按照每个移民新村2万元的标准，为移民新村配备图书、报刊、杂志等，建好农家书屋。四是各个移民新村都要纳入文化信息资源共享工程建设计划，所需设备要及时到位，确保搬迁移民入住即可正常使用。

社会文化

【全市基层文化建设取得显著成绩】 3月2日，在全省文化馆、文化站业务考评活动中，卧龙区文化馆被省文化厅、省教育厅命名为首批“河南省青少年社会艺术培训示范基地”。宛城区金华乡文化站、唐河县城郊乡文化站在全省群众满意的基层站所评创中被评为先进单位。

【淅川县图书馆被文化部评估为一级图书馆】 3月15日，在文化部组织的第四次全国公共图书馆评估定级中，淅川县图书馆被文化部命名为一级馆。南阳市图书馆、唐河县图书馆被文化部命名为二级馆，邓州市图书馆、镇平县图书馆、内乡县图书馆、方城县图书馆、社旗县图书馆、西峡县图书馆被文化部命名为三级馆。

【“邓州文化茶馆”被文化部评为全国第十五届“群星奖”】 邓州市在社会主义新农村建设中，利用当地群众素有进茶馆品茶消遣的习惯，整合资源，因势利导，打造“文化茶馆”品牌，建起了以喝茶听曲、图书阅览、娱乐休闲等为主要形式的文化茶馆。目前邓州市村村都建文化茶馆，并且实现了管理、活动的规范化、制度化。文化茶馆融党的政策宣传、普法、科技、计生、实用技术教育等于一体，用先进文化占领农村文化阵地，产生了很好的效果，受到上级有关领导和部门的充分肯定，《人民日报》、中央电视台、《中国文化报》、《河南日报》等媒体对邓州文化茶馆进行了全方位、立体化报道。5月24日，全国第十五届“群星奖”在广州揭晓，“邓州文化茶馆”获社会文化项目类“群星奖”。

【邓州越调等被公布为国家非物质文化遗产】 6月10日，南阳市的邓州越调、桐柏皮影戏2个项目被公布为第三批国家级非物质文化遗产。至此全市已有10个项目被公布为国家级非物质文化遗产，23个项目被公布为省级非物质文化遗产。有6人被公布为国家级非物质文化遗产代表性传承人，有25人被公布为省级非物质文化遗产代表性传承人。

【卧龙区文化馆被评为全国先进集体】 12月下旬，卧龙区文化馆被中宣部、文化部、广电总局、新闻出版总署评为全国“服务农民、服务基层”先进集体。

艺　术

【琵琶齐奏《春江花月夜》荣获省少儿艺术节一等奖】 5月8日，在河南省第五届少儿艺术节上，南阳市一举夺得多项大奖，其中，琵琶齐奏《春江花月夜》荣获一等奖。

【党万树等在河南省首届黄河戏剧文学奖评选活动中获奖】 6月2日，南阳市文广新局组织参加“河南省首届黄河戏剧文学奖评选活动”。党万树、李古娥的《青山明月》、李克定、靳银才的《铁人检察官》、刘伟、党万树的《铁窗》等3部作品获奖。

【南阳市曲剧团接受社会公益捐款】 8月29日，上海仁鼎投资有限公司、河南双汇集团、天明集团、宋河酒业等企业向河南公益慈善事业捐资，南阳市曲剧团受捐100万元，团长庞雅敏赴郑州参加受捐仪式。

【南阳市在“河南省第四届黄河戏剧奖”评奖中获佳绩】 10月20日，南阳市文广新局组织参加“河南省第四届黄河戏剧奖”评奖活动，南阳市剧目《歧路冷雨》荣获金奖；《南岭春》荣获银奖；刘伟等24人分别获得编剧奖、导演奖和表演奖等奖项。

【周英姿等在第七届河南省少儿戏曲大赛中获佳绩】 11月10日，组织参加第七届河南省少儿戏曲大赛暨第十四届“中国少儿戏曲小梅花荟萃”活动，南阳市小选手周英姿等2人分别获得演唱银奖和演奏银奖，付双玲荣获优秀辅导奖。

【全市举办“优秀剧本征集活动”】 11月20日，举办“南阳市优秀剧本征集活动”。共征集剧本48部，李古娥的《丹江魂》、何中兴的《许云峰》、唐继敏的《范蠡救主》等16部作品分别荣获一、二、三等奖。

文　物

【文物钻探、考古发掘工作取得显著成绩】 积极配合南水北调和全市基本建设，做好文物保护工作。全年共完成南水北调考古发掘项目23个，发掘面积45000平方米；配合全市基本建设共完成钻探面积80万平方米，发掘面积2000平方米，发掘古墓葬300余座，出土各类文物1000余件。

【南阳汉画像石、画像砖参加“秦汉—罗马文明展”】 2010年4月15日，“秦汉—罗马文明展”在意大利米兰王宫拉开帷幕，这是中国国家文物局与意大利文化遗产部共同主办的，在米兰展出后于10月份赴罗马参展。南阳汉画馆馆藏的《投壶》、《车骑出行》两块画像石、新野汉画像砖博物馆的《双龙穿璧》有幸参展。

【单霁翔来南阳市视察南水北调中线工程文物保护工作】 4月19～22日，国家文物局局长单霁翔在省文化厅厅长杨丽萍、省文物局局长陈爱兰及南阳市副市长冯晓仙的陪同下，对南水北调中线工程南阳段的文物保护工作进行视察。先后深入邓州、淅川等南水北调考古发掘工地，对文物保护工作表示满意，强调既要做好文物保护工作，又要服务好南水北调中线工程建设。

【“走进南阳”全国摄影大赛在南阳武侯祠启动】 5月6日，“走进南阳”全国摄影大赛在南阳武侯祠启动。省文联副主席何白鸥，人民摄影报社副总编李涛，省摄影家协会副主席兼秘书长刘鲁豫，市委常委、宣传部长姚进忠共同为大赛揭镜。

【邓州市公安局破获文渠祖师像被盗案】 2009年6月，邓州市文渠乡茶店明万历年间祖师像被盗，案件发生后，文物部门积极配合公安机关侦办此案，及时提供该祖师像的有关信息。公安机关通过对收集的信息进行分析，锁定盗窃所用车辆为周口市淮阳车辆，并以车找人，经过长达几个月的多次奔波，终于将犯罪嫌疑人陈某、赵某、晋某等人抓获，被盗祖师像被追回。

【南阳文物赴日本参加华夏文明之源展览】 7月5日，由河南省文物局主办的“华夏文明之源——河南文物珍宝展”在日本东京国立博物馆隆重开幕。该展览荟萃全省181件文物精品，由省直及10个省辖市共21个单位的文物参展。南阳市博物馆南朝彩绘画像砖等11件文物及南阳汉画馆的“嫦娥奔月”、“仙鹿”、“仙人乘龟”等文物参展。该展览于7月至2011年5月29日先后在东京国立博物馆、九州国立博物馆、奈良国立博物馆展览。该展览进一步扩大了中原文化在日本的知名度和影响力，促进了河南文化与日本文化的交流与合作。

【海外华文媒体采风团到南阳武侯祠参观采风】 9月2日，海外华文媒体中国新闻社副社长、采风团团长夏春平，《澳门月刊》社长兼总编王定昌，中国新闻社河南分社、海南分社、加拿大《七天》报、澳大利亚《东方报业》、美国《美华商报》、意大利欧联时报传媒、奥地利《欧洲华信报》代表赴南阳旅游采风团到南阳武侯祠参观采风。

【国家文物局田野考古培训班在邓州市举办】 9月7日至12月31日，2010年国家文物局田野考古培训班在邓州市举办。国家文物局文物保护司司长关强、省文物局副局长孙英民、北大考古文博学院院长赵辉、南阳市文物局副局长陈同庆及邓州市有关领导出席开班典礼。学员来自河南、河北、山西、吉林、江苏、安徽等16个省（市、自治区）。此次田野考古培训班由国家文物局主办，北京大学考古文博学院承办，河南省文物局、南阳市文物局协办，是国家文物局为培养专业考古领队而举行的一次重要培训。

【中国·南阳2010诸葛亮文化旅游节启动仪式隆重举行】 9月29日，中国·南阳2010诸葛亮文化旅游节启动仪式在武侯祠大拜殿前隆重举行。市领导原永胜、秦俊、贺国勤出席仪式。市政府副市长冯晓仙主持仪式。9月29日至10月5日的文化旅游节期间，举行敬拜诸葛亮盛典、南阳旅游商品大赛暨旅游商品展销、南阳旅游风光摄影图片展、历届诸葛亮文化活动图片展、卧龙岗庙会、文化旅游推介、“博物馆之友”爱心认养古树名木等活动。

【南阳武侯祠获年度文化旅游胜地奖】 12月14日，由全国18家媒体共同成立的“中国城市第一媒体旅游联盟”联合举办的2010年中国旅游品牌总评榜河南分评榜出炉，南阳武侯祠获年度文化旅游胜地奖。

【淅川县公安局破获“12·6丹江库区古墓葬盗掘案”】 11月底，淅川县文物执法人员在对丹江库区田野文物进行日常巡查时，发现位于仓房镇沿江村玉山岭的一座古墓葬有被盗痕迹。随后，公安部门和文物部门严密监视案发地情况，终于在12月6日夜将正在实施盗掘的犯罪嫌疑人何某等抓获，收缴青铜鼎、簠、敦等青铜礼器20余件，后经河南省文物鉴定委员会鉴定，被盗掘的墓葬为战国中期楚国贵族墓，盗掘的文物多为国家三级珍贵文物。

【张仲景博物馆】 张仲景博物馆（医圣祠）成立于1984年12月，其前身为张仲景纪念馆、张仲景医史文献馆，为国有全民事业单位。1988年1月13日“张仲景墓及祠”被国务院公布为第三批全国重点文物保护单位。是青少年德育基地、全国中医药文化宣传教育基地。占地面积12030平方米，墓祠古建筑群占地3200平方米，房屋建筑物面积6669平方米。馆藏器具文物104件（套），古籍书刊文献1万余册。有职工43人，其中管理人员2人，专业技术人员18人，具有副高职称的1人，中级职称12人，初级职称5人，工勤人员23人。

2010年农历正月十六至十八日，举办医圣张仲景诞辰1860周年纪念活动，参加诞辰祭祀活动达3万人次以上。通过民间募捐铸造的铜质香炉一尊落成使用。圆满完成第九届张仲景医药科技文化节医圣张仲景拜谒大典仪式。装修接待室70平方米。接待吴官正等国家及省部级以上领导20余位，接待海外及港澳台地区游客300余人。全年共接待讲解800余场，8000余人次。对大、中、小学学生实行免费参观活动，参观学生达1.6万人次。完成六碑亭建筑安全加固、电网线路更换改造工作。购置新型ABC灭火器32具，消防水袋6盘。

新闻出版

【全市“扫黄打非”工作案件座谈会召开】 1月8日，全市“扫黄打非”工作案件座谈会在南阳宾馆召开。会议听取了13个县（市、区）“扫黄打非”办公室负责人关于本地2009年“扫黄打非”亮点、创新工作、存在问题及措施和建议情况汇报，传达了前不久召开的全省“扫黄打非”工作座谈会精神。会议在充分肯定各县（市、区）2009年“扫黄打非”工作取得成绩的基础上，指出了当前存在的突出问题。

【南阳市新闻出版局荣获“全国第十六届青少年爱国主义教育读书”特别奖】 1月15日，在第十六届青少年爱国主义教育读书活动颁奖会议上，南阳市新闻出版局荣获“全国第十六届青少年爱国主义教育读书”特别奖。

【南阳市文广新局向西峡农民赠送科技图书】 5月8日，市广电局副局长张涛带领局机关有关人员，将满载着市直广电系统深情厚意捐助的1700多本农业科技、科普知识等有关书籍送到西峡县回车镇西沟村，为山区农民送去丰富的精神食粮，切实解决农民群众“买书难、借书难、看书难”问题，推进了社会主义新农村文化建设。

【张会获“我的书屋，我的家”全国演讲比赛最佳口才奖】 7月1日，在郑州召开的全省农家书屋“我的书屋，我的家”阅读演讲活动座谈会上，南阳市被河南省新闻出版局授予演讲比赛优秀组织奖，邓州市的张会被推荐参加全国比赛并获得最佳口才奖，受到了国家新闻出版总署的颁奖表彰。

文化产业

【《南阳市文化产业发展规化纲要》顺利通过专家评审】 1月21～22日，《南阳市文化产业发展规化纲要》在南阳宾馆顺利通过专家评审。参加评审的专家有上海交通大学教授、国家文化产业研究基地主任胡惠林、河南省发改委经济研究所所长郑泰森、省文化厅副厅长郭书城，南阳市委、政府领导和市文广新局负责人及相关人员参加评审会。

【《南阳市卧龙岗文化旅游产业集聚区总体规划》通过评审】 1月22日，《南阳市卧龙岗文化旅游产业集聚区总体规划》在南阳宾馆通过专家评审。专家评审委员会主任、九届省政协副主席陈义初，省发改委原主任林景顺，省旅游局副局长张凤有，省文化厅副厅长郭书城等领导与专家参加了评审。市领导穆为民、姚进忠、冯晓仙、赵金文，著名作家二月河等出席评审会。

【文化产业项目申报成果显著】 5月9日，南阳市积极向上级申请争取文化产业项目16个共计11168.8万元，重点包括卧龙岗文化产业集聚区项目、东汉仿古科普观光园区建设项目及南阳府衙改造项目等三大招商项目。

【石佛寺镇玉文化产业园区等被评为国家文化产业示范园区】 11月10日，社旗县赊店商埠文化产业园区被评为河南省文化产业示范园区，镇平县石佛寺镇玉文化产业园区被评为国家文化产业示范园区。

市场管理

【文化市场整顿概况】 2010年，全市统一开展“扫黄打非”等专项治理活动7次，其中大型集中行动3次，累计出动行政执法人员9860多人次，检查各类经营单位4230多个（次），查缴非法、盗版、淫秽、色情出版物12380册（张、盘），并在中心城区集中销毁。全市取缔关闭非法经营单位50多个，无证网吧138个，取缔游商、地摊90多个，查处各类大案要案5起。

【全市开展“平安世博”文化市场专项整治活动】 5月1日至10月31日，在省厅开展“平安世博”文化市场专项保障行动中，组织市、县文化市场稽查人员加大管理查处力度，先后组织多次集中行动，严查违法产品，严打侵权盗版，严罚违规网吧，严防重大事故。全市累计出动文化执法人员1750余人次，检查各类文化经营单位490余个，处罚违法违规经营单位278个，取缔非法经营单位32个、黑网吧7个，收缴非法光盘5万多盘。

【南阳市文化市场综合执法支队成立】 5月19日，市编委以宛编〔2010〕17号文件批复南阳市文化市场稽查大队更名为南阳市文化市场综合执法支队，规格为副处级，经费形式由自收自支改为全额预算管理。

【开展暑假期间文化市场专项整治】 7月20日，由市文广新局牵头，公安、工商等执法部门配合，在全市范围内开展暑假期间出版物、互联网、网吧、荧屏声频等四项集中整治活动，取得明显成效。

【扫黄打非工作成效显著】 9月2日，成功侦破国家、省“扫黄打非”办督办的“9·30”案件和邓州鸿发印刷厂盗印教辅案，逮捕犯罪嫌疑人刘华、胡金明，对犯罪嫌疑人进行了刑事处罚。南阳市“扫黄打非”工作领导小组办公室获得全国“扫黄打非”办案有功集体称号，2人获有功个人称号。

广播电视

【广播电视电影工作成绩突出】南阳电视台、南阳电台、广电报社配合市委、市政府的中心工作,认真学习市委书记黄兴维两次到南阳电视台专题调研时的重要讲话精神,积极做好关于南水北调、移民迁安、六创一迎、四个带动、农运会筹备等宣传报道工作。围绕实施“四个带动”发展战略,实施深度跟踪报道,播出和刊载书记、局长访谈28期,营造了良好的舆论氛围。对上报道继续保持了良好势头,南阳电视台在中央台发稿50余条,省台发稿520条,其中央视《新闻联播》发稿11条,居全省前三名;南阳电台在中央台发稿32条,在省台发稿368条,其中头题8个,总分居全省第二,头题第一名,有力地宣传了南阳,为南阳经济和社会发展做出了贡献。

【南阳电台新闻创优获省表彰】南阳电台在2009年度河南省新闻奖评选中获得第三名的好成绩。南阳电台2009年共获得省一等奖3件、二等奖2件、三等奖9件。其中现场直播《我们都是一家人》被推荐到中国广播电视学会参加中国新闻奖评选。

【南阳电视台举办建台25周年台庆】4月30日,在南阳电视台建台25周年纪念日和“五一”国际劳动节到来之际,市委书记黄兴维,市委常委、宣传部长姚进忠,市政府副市长冯晓仙带领有关部门负责人,来到南阳电视台看望慰问员工,黄兴维发表了重要讲话,对南阳电视台25年来发展壮大和所发挥的巨大作用给予了充分肯定,要求南阳电视台要把握大局,发挥优势,创新提高,再创辉煌。

【电影《士兵吴文斌》获得好评】5月11日,由南阳市成功拍摄的再现四川“5·12”抗震救灾英雄形象的电影《士兵武文斌》,在北京、河南、四川及英雄家乡邓州同时举行首映式,随后在全国全军同步上映。中央电视台《新闻联播》、《新闻直播间》、《中国军事报道》、《中国电影报道》、《影视同期声》五个栏目及新华社、《人民日报》、《解放军报》、《中国青年报》、新浪网、搜狐网、凤凰网等上百家媒体纷纷聚焦该片并予以盛赞,引起社会强烈反响。

【广播电视抢险救灾工作】7月23～25日,全市大部分地区遭受特大暴雨袭击,致使广播电视设施设备受损严重。灾情发生后,广电系统在市委、市政府领导下,立即召开专题会议,迅速成立抢险救灾应急指挥部,动员组织全系统干部职工立即投入抗洪救灾工作。并明确提出要确保广电系统干部职工人身安全,确保网络安全播出,确保党和政府的声音尽快传送到千家万户。同时,市局成立抢险救灾、技术保障、信息传递等7个小组,680名技术骨干,63个抢险救灾小分队,深入一线,日夜奋战在抢修抢建工地上。灾后第三天,由市到县被损毁的9处光缆干线抢修完毕。灾后一周,内乡、南召、淅川、新野、桐柏、镇平县的发射台、城区及县乡光缆已全部开通,62个受灾乡镇的广播电视节目恢复播出。为灾情最为严重的西峡县重新架设光缆149公里,架设电缆87公里,使312国道沿线的6个乡镇恢复传输县电视台节目信号。深山区7个乡镇由于县乡光缆干线被全部冲毁,暂时使用卫星天线接收信号,能传播5～15套中央及省台上星节目。

【南阳市提前完成广电设施迁建工程】截至10月20日,南阳市按时间节点提前高质量完成广电设施迁建工程。在南水北调干线专业项目迁建工作中,全市广电系统共需迁建复建108条线路,约32公里。迁建工作中,严格按照省、市时间节点要求,倒排工期,强化督查,强力推进,认真组织指导相关县市区广电局及省网络南阳分公司完成广电设施迁建工程。提前完成全市广电线路迁建工作。

【南阳市圆满完成广播电视村村通工程建设任务】11月30日,全市圆满完成广播电视村村通工程建设任务。2010年是全省“十一五”广播电视自然村通工程建设任务的扫尾之年,南阳市共争取到500个自然村通工程建设任务,占全省总任务数的三分之一。在工程建设中,坚持科学规划,明确责任,严格标准、强化管理,确保了村村通工程建设质量优质。

(柳玉东　包明军)

南阳电视台

【南阳电视台发展改革工作概况】2010年,南阳电视台按照狠抓节目质量、狠抓开源节流和狠抓内部管理的指导思想,开展各项工作。

狠抓节目质量。6月底,新班子组建后,按照“精办节目、净化频道、节约增效、栏目自养”的指导思想,对全台14个自办栏目进行统一审看,广泛征求意见和建议,要求各栏目在创新的基础上完善和改版,同时制定各自达标标准。自8月下旬开始,对自办栏目统一进行压缩，个别栏目进行合并。压缩后栏目的时间长度控制住了，节目的质量提高了。特别是《南阳新闻联播》和《宛都播报》等栏目从时效性、信息量、报道深度、节目包装等方面都有了较大的进步。

狠抓开源节流。一是从节约一度电、一滴水、一张纸开始，压缩部聘人员、临时人员、保安、保洁等勤杂人员费用；二是对不能在岗人员进行规范。三是按照多劳多得、优劳优得、兼顾公平的分配原则，对栏目定额经费和部室绩效工资进行统一规范，分配办法更趋科学合理。同时，调整广告管理模式，实现广告创收的逐步增长。一是制定出台广告经营管理办法。对广告管理体制、广告合同、广告价格、收费办法、稿酬、广告制作与管理、广告监管等进行严格规范，防止跑冒滴漏。二是制定创收考核奖惩办法。三是利用举办车展、电器团购等活动，增加广告创收，实现了社会和经济效益双丰收。

狠抓内部管理。一是按照"摸情况、理思路、稳队伍、促发展"的指导思路，开展献言献策活动，共收到意见建议73条，为电视台下一步发展理清了思路。二是出台一系列管理规定。完善节目管理、设备管理、广告管理、人财物管理、劳动纪律规章制度管理、不能在岗人员管理、购置设备管理等规章。三是成立监察办和督查组，加大各项规章的日常监督，奖优罚劣，增强了全台上下严格执行各项规章制度的自觉性和主动性。

【强化新闻立台】 加强新闻策划，创新宣传形式，切实提高新闻宣传服务质量。全年围绕市"两会"、"六创一迎"、"玉博会"、"四个带动"、"农运会筹办"、"抗洪救灾"、"移民迁安"等不同时期中心工作，在《南阳新闻联播》中分别开设《"两会"心声》、《"四个带动"南阳行》、《搞好"六创一迎"建设美好家园》、《筹办农运会建设新南阳》、《打好移民迁安攻坚战》等专栏，进行集中报道。在报道形式上，增加系列和连续报道，增加现场报道、社会新闻，改进会议报道，强调编辑部要出声音，增强报道的深度和感染力。

【强化民生意识】 按照"三贴近"原则，精心组织策划完善了一系列有份量的民生类节目，反映群众心声，为群众排忧解难，贴近性、服务性、实用性更加凸显。如《宛都播报》从民生角度加大与群众利益密切相关的报道，有力地促进了社会和谐发展；《乡村纪行》栏目把镜头对准农村，真心为农民服务，成为农民朋友的良师益友；《新生活》开设《温情行动》、《生活3·15》、关注民生、贴近百姓生活；《直播南阳》适时推出《做大做强中心城区工业经济》、《集中整治非法营运》等民生访谈节目，助推城市建设；《发现》围绕科教文史旅游主题，服务南阳大文化发展；《法制时间》以"说法治新闻、讲法制故事"为宗旨，受到观众好评；《聚焦行风》、《草庐故事》、《新梨园》、《财智人生》、《新居南阳》、《健康直播室》等节目，立足服务本地为先，不断创新。另外，拍摄制作了《相约2012》、《感动之城活力南阳》、《激浊扬清促发展》、《约会南阳》、《神韵南阳》等宣传形象片；完成市政法委交办的政法系统专项活动专访及平安建设等6部专题片，全年共完成40余部专题及公益宣传片的拍摄。

【对上报道成绩喜人】 全年在央视发稿35条，其中《新闻联播》发稿15条；在河南卫视发稿692条，其中《河南新闻联播》发稿256条，头题26条。在河南卫视、《河南新闻联播》发稿条数均居全省各地市台前两名。在全国、全省各项评比活动中获国家一等奖1件，二等奖2件，三等奖3件；省一等奖1件、二等奖5件，三等奖6件。其中《天山万里情》译成10多种语言被文化部选为对外交流节目，创南阳电视台历史之最。

【成功举办各类系列活动】 "爱心之旅"特别节目，共捐款24万余元，帮助40多名家贫志坚的莘莘学子圆了大学梦；向灾区中小学献爱心的"情暖寒冬"及"送温暖"活动；南阳首届"相约九九金婚大典"、"说遍南阳"、市首届十佳律师评选、南水北调中线行采风、2010"爱心送考"、市首届广播电视汽车文化节活动、2011年春节电视文艺晚会、播音员主持人选拔赛、旅游形象大使总决赛、CCTV青年歌手南阳赛区比赛、市2010年青年歌手大奖赛等活动，全年共举办直播或活动共计98场，收到了良好的社会和经济效益。

【扩大覆盖提升生存与发展空间】 一是对新购摄录编设备登记造册，高质量完成安装调试；二是做好《南都在线》网站的维护和安全防护工作；三是更换转播中央一套节目的发射机和馈管；四是在洪灾严重的情况下，对廖山、燕店、桐柏、内乡、淅川、南召等高山转播台站进行维护、维修、信号测试，保证了信号畅通；五是安装调试信号光缆传输线路及相关监控系统，确保传输信号的可靠性和稳定性；六是在市委和市局的协调下，查出并解决了中央台和河南卫视信号传输干扰问题；七是安装调试CMMB（手机电视）1KW发射系统，构建了南阳市CMMB单频网；八是对设备出现的问题进行及时快捷的抢修,保证摄制、播控、发射等工作的正常进行。

【南阳市委做出向优秀记者郭保庚同志学习的决定】 8月7日,南阳电视台外宣部主任郭保庚在深入淅川县采访抗洪救灾过程中,因心脏病突然发作不幸离世,年仅53岁。郭保庚同志生于1957年12月,先后在南阳电视台记者科、专题部、社教部、外宣部等部门担任记者、副主任、主任职务。20多年来,他始终战斗在新闻宣传一线,先后参与了300多场电视直播活动,拍摄的30多部新闻作品在全国、全省获奖。曾被授予"南阳市十佳新闻工作者"、"南阳市十佳外宣工作者"等荣誉称号。8月13日,南阳市委宣传部作出《关于开展向郭保庚同志学习活动的决定》,号召全市宣传思想文化战线迅速掀起向郭保庚同志学习的热潮。郭保庚是全市宣传思想文化系统干部职工的杰出代表,是大家学习的榜样。他忠于党、忠于人民、忠于新闻宣传事业;他爱岗敬业,无私奉献,用生命诠释了一名优秀共产党员对新闻事业的无限忠诚。在第十一个记者节,中共南阳市委做出向南阳电视台优秀记者郭保庚同志学习的决定,并追认他为优秀共产党员。(陈露 李学芳)

南阳人民广播电台

【突出"新闻立台"服务中心工作】 突出强化"新闻立台",紧紧围绕市委、市政府中心工作,创新宣传形式,加强新闻策划,突出广播快捷特色,提高宣传服务质量。首先体现在新闻类节目设置上。新闻台全天有8档整点新闻穿插在《南阳新闻联播》、《早报南阳》、《新华快讯》、《新闻聊天室》等重头新闻节目中轮盘式播出,同时

南阳电台台长 陈建明

转播中央电台、中央电视台部分新闻节目,突出了新闻随时听的频率特点;交通音乐台全天有16档整点新闻和路况信息滚动播出。综合台和文艺生活台节目也增加了新闻信息量,提高了时效性。其次是策划为先,贯彻落实"天有主题,周有重点,月有策划"的宣传服务指导思想。一方面围绕中心工作策划栏目。围绕市委、市政府工作重心,在《南阳新闻联播》节目中先后开设"实施四个带动发展战略,推动南阳跨越崛起"、"做好移民搬迁工作,确保群众安居乐业"、"弘扬玉文化,做大玉产业"、"六创一迎在行动"、"聚焦三夏"、"众志成城抗洪救灾"、"回眸十一五展望十二五"、"南水北调中线行"、"深入贯彻落实党的十七届五中全会精神"、"四个带动年终巡礼"等专栏。在报道形式上充分发挥广播特点,以录音消息、连线、专题、访谈、直播等多种形式,全方位、多角度为市委政府中心工作创造良好的舆论氛围,做到了重大宣传无遗漏。《行风热线》特别节目,50多个相关部门负责人依次走进节目与听众直接交流,每周汇总情况、编发简报送有关部门,有力地服务了市委、政府的中心工作。5月26日《行风热线》七周年纪念日当天,邀请市长穆为民走进直播室就"四个带动"有关问题与听众直接交流,赢得了社会各界的肯定。特别是"全省工业项目观摩活动"、"全市移民新村建设"等移动直播,由于策划准备充分,得到了各级领导好评。另一方面围绕中心工作策划重头系列报道,深化报道主题,提升报道水平。先后策划了"六创一迎年初特稿"、"我身边的普通人"、"两会关注"、"美化环境,创建文明社区"、"四个带动之品牌带动"、"关注三夏"等连续报道;特别是"南水北调中线行"系列报道历时39天,行程6000多公里,发稿50多篇,连线30多条,报道全面而富有深度。另外围绕市民关注的问题,相继策划组织了城市垃圾处理、交通乱象整治、雨天排水等采访报道,采用多路记者现场直击、直播室热线电话、相关部门负责人面对面解答的立体报道形式,取得了较好社会效果。

【调整改版节目规范频率定位】 一是开办故事广播。故事广播于4月8日开播,听众反响较好。二是调整部分节目。在继续办好各频率原有主体节目的基础上,对节目进行了部分调整,新闻频率新上新闻资讯和音乐节目《新闻下午茶》,《亲子教育》节目开办"心灵的成长"特别节目;综合台新推出《史海风云》、《轻松时刻》两档节目;文艺生活台推出了老年娱乐节目《枫林唱晚》和《文艺开心吧》,并转播《行风热线》节目;交通音乐台推出《交通大家谈——律师在线》节目等等。调整后各频率定位和特点更加突出,节目设置更为合理。三是规范节目管理,完善节目量化管理体系。修改完善了节目量化考核体系,将各个频率所有节目统一分为五类,按类别制定考核标准,每月统一听评考核,节目质量与工资挂钩。在全省创优评比中,获省级一等奖3件,二等奖2件,

三等奖5件，其中反映南水北调移民迁安的现场直播节目“我们都是一家人”获中国新闻奖三等奖，创电台获国家新闻奖之先河。

【依托节目策划组织系列社会活动】　组织了年度3·15消费者权益日纪念会暨《行风热线》广场维权宣传活动；《空中大戏台》节目走进社区演出活动；南阳市首届中华经典诗文诵读大赛；第三届“爱心送考”社会公益活动；“重阳节金婚庆典”活动；“相约春天”植树活动和走进安徽江淮汽车采风活动；与电视台广电报联合组织“南阳市广播电视汽车文化节”活动；与团市委联合举办“青少年红歌大赛”；“南阳电台十佳播音员主持人”评选活动已拉开帷幕；全年共进行户外现场直播109场。

【广播电台实现优质播出村村通】　广播覆盖工作，是市委、市政府“村村通”工程中的重要内容。一是新购置部分电脑、录音笔等设备并完成制作设备专业声卡升级换代等；二是完成调频103.3和107发射机及天线更新改造；三是完成邓州、唐河信号落地工作；四是完成信号大部分运用光缆传输工作；五是加强对各县落地信号及设备的维护保养；六是实现故事广播顺利开播；七是增加98台公交车定频广播；八是配合市文广新局完成农运会广电中心大楼设计工作；九是加强节目和信号的监听及快速处理机制，从而实现了全年节目安全优质播出。（王慧）

有线电视网络公司

【有线电视网络分公司经营概况】　2010年，河南有线电视网络集团南阳分公司结合南阳实际，努力克服市场竞争、非法卫星接收设施销售猖獗、用户安装非法卫星接收设施多等重重困难，紧紧围绕“以优质服务为保证，稳定基本业务；以完善网络为条件，发展增值业务”的工作思路，积极应对市场形势，不断转变经营理念，推动各项工作上一个新台阶，分公司实现“零”案件、“零”事故、“零”问题，为安全传输、安保工作和社会稳定做出应有的贡献。

【南水北调占压线路管道建设工程】　8月份，南阳分公司按照南水北调指挥部的要求开始设计南水北调占压线管道工程，10月20日正式完工。网建部以减少费用、线路稳定为目的，在短短80多天里，架设光缆线路20余公里，拆除原线路6公里。

【邓州至淅川骨干网建设】　南阳13个县(市、区)有线电视网络基本构成环路，唯独淅川、西峡约115公里处于单独链路上，不具备自愈能力，存在严重的安全隐患。经过多年向集团公司申请批准后，于10月份开工建设，已架设光缆90余公里，邓州段基本完毕。市县骨干网的建设完成，将使南阳广电网络具备高完全性和高稳定性。

【抢修网络实现安全畅通】　7月份，受到持续雷电天气影响，市区网络和市县骨干网受损严重，累计损坏接收机14台、放大器40台、供电器5台、各种分支器340个，西峡县网络完全损毁，情况十分严重。分公司积极应对，在保证城区抢修的同时，组织人员去市县网抢修，临时抢通敷设光缆6公里，熔接点多达27处，一天半时间即抢通西峡线路，并于次日抢通桐柏、内乡和新野的损坏线路，经过不懈努力，确保网络安全畅通。

【卫星电视传播秩序明显好转】　全年分公司共开展80多次大规模的集中打击治理行动，累计查处非法销售点3个，收缴卫星锅3650个、高频头815个、支架398套、接收机370台。查处非法使用卫星地面接收设施的宾馆、洗浴中心88个，收缴卫星锅1260套、接收机355台、支架490套、高频头225个，整治活动取得明显成效，卫星电视传播秩序明显好转，卫星电视广播地面接收设施管理工作明显加强，有线电视用户流失率从上年的30%下降到8%，基本上遏制住了卫星锅泛滥的趋势。（胡化魁　吴维之）

报　纸

【《南阳日报》新闻宣传工作概况】　《南阳日报》坚持为人民服务、为社会主义服务的正确方向，进一步确立了“稳定、鼓劲，正面宣传为主”的办报方针。对于全市工作中的新经验、新成绩、新动态等及时报道；对于全市的大政方针、决策部署，力求“原汁原味”，努力做到“把握导向、引导有力、配合中心、服务大局，帮忙不添乱”，充分发挥主流媒体的引领作用，报纸质量在稳定中得到巩固提高。在服务全市中心工作上，在人大、政协、政法系统，党的组织工作，移民工作，南水北调重点工程等方面的宣传报道都有力作和重大突破。主要表现在以下几个方面。

一、十七届五中全会宣传有声有色。以中宣部关于《回顾“十一五”展望“十二五”宣传报道方案》为指导，紧密结合全市实际，大力宣传南阳市“十一五”期间经济社会发展取得的丰硕成果，宣传全市坚持科学发展、加快经济发展方式转变的成功实践，宣传全市战胜困难、走向胜利的辉煌历程，深度报道全市“十一五”期间的宝贵经验，着力宣传全市“十二五”期间的发展标准和部署，宣传广大干群为全市“十二五”发展建言献策的各种建议等，为动员全市人民实现“十一五”目标、投身“十二五”建设营造了良好的舆论氛围。

二、“四个带动”宣传引人注目。把“四个带动”的宣传报道作为全年的重头戏，充分报道南阳市“四个带动”工作动员大会的内容，报道市领导关于实施“四个带动”的重要讲话和工作部署，报道“四个带动”的实施意见，并对这个意见进行了详细解读。组织人员撰写并刊发了5篇系列评论，深入阐释实施“四个带动”的重大意义及如何搞好“四个带动”等问题，形成较强的舆论氛围。组织人员对市直有关部门负责人进行访谈，宣传报道他们对实施“四个带动”的新认识、新打算。在要闻版开设《实施“四个带动”助推跨越发展》专栏，及时报道各地在实施“四个带动”中采取的新举措、取得的新成效、涌现的新典型。与市纪委、市“四个带动”办联合举办“提高效能推动发展”系列专题热线活动。举办专题热线活动15期，受理群众诉求千余件，现场答复415件，调查落实解决539件，群众满意率达98%。

三、“两会”宣传报道及时充分。在充分报道全国“两会”和省“两会”新闻的同时，对南阳市“两会”的报道也很到位。在全面报道大会盛况和领导讲话的同时，对《政府工作报告》进行了详细解读，并及时报道了人大代表、政协委员的意见和建议。

四、移民迁安工作宣传受到好评。大力宣传党和政府关于做好移民迁安工作的重要部署，宣传搞好第一批移民迁安动员大会的各项要求，宣传各地做好移民安置工作的经验，宣传有关部门为移民迁安提供优质服务的典型等。为配合移民迁安，开展的“新移民、新家园、新生活”“三新”大型活动，专门出版了移民迁安特刊，集中报道第一批移民迁安的情况。

五、农运会筹备工作和“六创一迎”宣传丰富多彩。加大宣传力度，及时报道农运会新闻发布会在京举行的情况，及时报道农运会各项筹备工作进展情况，包括征地、基础设施建设等工作的新进展。以《同心创“六城”激情迎盛会》栏目为依托，根据农运筹备和创迎工作时间节点和需要，适时推出系列报道、相关专题专版等，多种体裁并用，文图比翼齐飞，及时报道全市各地的新动态、新进展、新典型、新成就、新经验，扩大宣传效果。特别是策划推出的《创迎一年间》、《农运会给南阳带来什么》等系列深度报道及市民评议团活动，营造了浓厚的舆论氛围。

六、张仲景医药科技文化节和玉博会报道影响巨大。及时报道关于张仲景医药科技文化节和第八届玉雕节暨国际玉文化博览会筹备动员会的各项要求，报道了各地准备情况。节会举办期间，全面报道节会盛况，出版医药节、玉雕节特刊，报道节会取得的丰硕成果。

七、争先创优宣传引人注目。先后在要闻版、中国新闻版、党政视窗版、社区新闻版开辟“深化争先创优、加强基层党建”专栏。刊发大量基层党组织在争先创优中的经验和基层优秀共产党员的先进事迹，在社会上产生了巨大反响。

八、“南水北调中线行”宣传声势浩大。和有关部门合作，精心策划成功实施“南水北调中线行”活动。探源头、做专访、走沿线、至京津，历时43天，行程6000多公里，发稿近80篇(幅)，有力宣传了南阳市和沿线各地在南水北调中的成功经验和先进事迹，提升了南阳的知名度。

九、维护社会稳定，建设平安南阳的宣传力度加大。在加强与市政法委和政法系统各部门联系的同时，成立南阳日报驻政法队伍记者站，恢复《平安南阳》专版，加大《平安南阳》版的刊发数量，系统地反映全市政法工作的新成就，大大提高公众安全感指数及对执法机关的满意度，在社会上引起较大反响。被评为2010年度平安建设工作先进单位。

十、言论宣传明显加强。围绕市委、市政府的中心工作，组织撰写刊发不少有较强引导力的言论，以南阳日报编辑部、南阳日报评论员、特约评论员的名义在头条位置刊发的评论员文章《承前启后话发展》全面总结南阳“十一五”的发展，科学谋划“十二五”的发展蓝图，为全市重点工作、重大活动、重要任务的开展起到了较好的引领、指导作用。

【《南阳日报》社获奖情况】 1月，日报被授予全国报刊广告“双文明”先进集体荣誉称号，同时荣获营销创新奖。2月，日报荣获“河南省希望工程支持单位奖”。6月，2009年度全国报纸副刊作品评奖揭晓，日报4件作品分获不同奖项。是月，日报获得“四个带动”理论研讨组织奖。9月，中国地市报群工好作品评选揭晓，日报送评的8件作品全部获奖，其中论文一等奖1件，二等奖2件，三等奖2件；内参一等奖1件，二等奖2件。获奖数量和等级均居与会报社首位。10月，2009年度全省报纸副刊作品评选揭晓，日报5件作品获奖。

【开放办报取得初步成效】 6月，关玉国任南阳日报社党委书记、总编辑。为了更好地开放办报，报社党委采取了八项措施：一是制定报社领导带头下基层采访调研的实施办法，要求领导和编委分包县(市、区)定期采访。不少领导带队下基层调研采访，写出了一批有分量的、有影响的新闻。如：反映邓州市新农村建设、西峡县抗洪救灾、社旗县招商引资的新闻等。特别是社旗“现象三问”的报道得到了市长穆为民的批示，并在全市招商引资大会上给予充分肯定。二是登门到各县(市、区)征求意见和建议，同时宣传办报理念和服务基层的工作想法，得到县(市、区)领导的理解支持；三是主动与市直有关部门沟通，派专人上门联系，提出更好服务意见；四是与省报社记者站合作，商讨选题，共同搞好对外宣传，制定奖励政策，仅下半年在河南日报等省级以上报纸发稿100多篇(幅)，其中一版头条共8篇，在日报外宣史上创下新纪录，收到明显成效；五是与市南水北调工程指挥部办公室合作，成功进行了“南水北调中线行”大型采访活动；六是派出记者，先后到北京、上海、新疆、杭州等地采访，扩大报道面。报社主动与北京日报洽谈，围绕“南水北调”及移民迁安工作，建立合作伙伴关系，形成浓厚的宣传氛围；七是在报纸上刊发有奖征集意见调查表，广泛征求读者意见；八是聘请社会各界的名家出任日报特约记者、特约评论员，加强言论宣传。

【新兴媒体发展势头强劲】 7月，南阳网与南阳新闻网整合后，紧紧围绕市委、市政府中心工作，打造平台，建章立制，狠抓管理，积极强化党网的“喉舌”功能，牢牢把握正确的舆论导向，提高网络综合实力，各项事业取得突出进展。南阳网注册网民近7万人，IP日平均值5万余个，日PV值30万多人次，已经成为以新闻宣传为主，集信息咨询、生活服务、网民互动于一体的综合性门户网站。两网进行整合后，实现了新闻信息资源的有机整合和优化配置，使网页更完美，内容更详实，新闻更有可读性，新改版后的南阳网实现了新闻和论坛的一站通服务。现已拥有新闻中心、网记、视频、家居、健康、图片、专题、时评、旅游、美食、汽车、婚嫁、摄影、文学、校园、书画、网上315等专业频道31个。

9月份，南阳手机报由原来的纯新闻版改为三个大型综合类板块，分别是：早报文化版(文化新闻、文化常识)，晚报新闻版(各类新闻、生活服务等)，以及周末综合版(新闻、文化、服务等)。改版后的南阳手机报立足本土，面向全国，服务各界，培育特色。为广大用户提供社会、经济、民生、文化、娱乐等全方位的贴身资讯服务，尤其是文化版内容、栏目乃全国独创。(赵静)

【《南阳晚报》服务全市中心工作宣传报道概况】 南阳晚报在宣传党的大政方针，服务市委、市政府中心工作方面，有几个突出特点，一是更加积极主动，报道信息量更大，中央、省、市出台的有关发展经济、改善民生和促进和谐的一系列政策和重大举措，都作了及时的报道。二是更加注重策划，凡事预案在先，充分发挥晚报优势，善用“组合拳”，推出“大制作”，形成强势报道。三是形式新颖，图文并茂，易读易看。

一、重大政策、重要会议和重要活动报道，精编辑、重处理。对党的十七届五中全会、中央经济工作会议、国务院调控物价重要会议和重大举措等都在一版作了头条导读，又在二、三版上作解读性报道，形成报道强势。如5月31日，一版头条导读《胡锦涛强调把基本医疗卫生制度作为公共新产品向全民提供/使群众看得上病看得起病看得好病》，醒目而又有贴近性，二版以《落实医改五任务使群众病有所医》作了详细报道，让广大读者充分感受到党的关怀。1月5日，市委常委连夜传达省委常委扩大会议关于支持南阳举办农运会的重要精神，对这一重要新闻，晚报精心编排，在一版头条导读《河南要举全省之力办农运会》，又在重磅新闻版上，以《筹办农运会全省共聚力》为题，作了详尽报道，并与农运会其他消息进行了组合，相得益彰。党员“创先争优”教育活动开展后，相继推出了《“创先争优”我们在行动》、《“创先争优”身边事》和《真心为民创先争优》栏目，对“创先争优”活动的动态和典型进行集中报道。

二、“两会”及玉博会、医药节和“十一五”、世博会等报道，形式新、力度大。对全国、省、市“两会”的报道有新的突破。全国“两会”报道，设计了统一的报眉《2010全国“两会”》，报道气势大。3月15日，全国人大会闭幕，国务院总理温家宝会见中外记者，在一版头题以《公平正义比太阳还要有光辉》为题进行了导读，并配发了温总理答记者问大幅彩照，在后边以“直播、妙语、热议、热点”等为题，进行了5个整版的组合报道，大气磅礴。对全市“两会”报道，力求创新，设计了统一的报眉《2010全市“两会”》，开设《“两会”点击》、《“两会”互动》、《“两会”声音》、《“两会”面孔》、《“两会”追问》、《“两会”深读》等栏目，增强了互动性和直观性，多渠道汇民情、聚民智、传民声。第八届玉雕节暨国际玉文化博览会宣传报道中，开辟专栏《激情迎节会美玉耀南阳》，刊发通讯《著名作家二月河谈节会影响/玉雕节为南阳大发展带来契机》等一系列深度报道，设计统一的报眉《相约节会》，组织10多个图文并茂的整版报道。第九届张仲景医药科技文化节宣传报道中，创新报道方式，策划了《医圣之光点亮药都》大型系列专题报道，陆续组织13个整版，图文并茂，气势恢弘。在宣传南阳文化产业方面，组织策划了《品牌文化》大型系列专题报道，刊发《卧龙岗南阳文化的高地》、《“南阳作家群”：一个城市的文化标志》等4个整版的深度报道。在“十一五”成就宣传报道中，开辟《数说“十一五”还看“十二五”》专栏，以数字见证南阳的发展，刊发《5年来，中心城区的巨大变化》等一系列可读性强的深度报道。

三、“六创一迎”特别是农运会筹备工作宣传报道声势宏大。及时报道场馆建设、周边道路建设、城市建设和软环境的改善等情况，每月刊发有关“创迎”文字稿件和图片近百篇(幅)，同时集中精力搞好重大策划，每月都推出10多个版的策划和活动报道。先后推出的专栏有《办好农运会大家一起来》、《聚力“六创一迎”共建美好家园》、《我的农运会》、《农运会给我们带来了什么》等。推出的大型系列报道有：春节马上到“创迎”再加力、“创迎”之年重点——看、少一点陋习多一点文明，齐心协力农运会给我们带来什么等。组织的重要活动有：“市民观察团”活动、“晚报小记者团走进农运会工地”活动，晚报“爱心西瓜”为建设者送清凉活动、“瞩目农运、描绘南阳”名家书画大赛活动。

四、实施“四个带动”的报道响鼓重棰。3月，市委决定实施“四个带动”战略，对促进全市经济社会跨越式发展的意义重大。在做好“四个带动”各项动态宣传报道的同时，及时推出了一系列深度报道。3月22～26日，以“主题策划”的形式，冠以《“四个带动”在南阳》专栏，相继刊发《经济发展靠项目推动，民生改善靠项目落实——项目、项目，南阳因你而改变》、《到2014年，把我市初步建成创新型城市——让创新火花点燃青春南阳活力》等4个整版的深度报道，全面深入地解答了南阳市实施“四个带动”战略的现实状况、面临的挑战、比较优势和前景瞻望。此后又相继推出《项目带动城市巨变》、《品牌带动“升级”南阳》、《创新腾飞的翅膀》等多个策划性报道。

五、南水北调库区移民搬迁报道高潮迭起。继续把移民迁安报道作为一项政治任务来抓，精心策划，报道高潮迭起。对省、市领导在有关迁安工作会议上讲话及深入库区和移民新村调查研究情况，都一一做了重点报道，有不少消息在一版头条做了导读，又在重磅新闻版面上做了详细报道或解读。同时，开设了《移民大搬迁系列报道》专栏，并设计了《移民大搬迁》统一的报眉，在重要节点上，强势出击。6月17日，库区第一批移民搬新家，刊发了整版主题策划《移民新村盛装以待》。18日，一版头条导读《车辚辚，马萧萧一路欢歌一路笑/昨506名移民挥别丹江喜迁新家》，二版至七版刊发了《我市丹江口库区首批6.5万移民搬迁昨日正式拉开序幕/挥手自此别故土迈步开创新生活》等5个整版报道。21～27日，又连推《移民新传·新家园》、《移民新传·新希望》、《移民新传·新生活》3个整版主题策划报道。

六、及时搞好玉树抗震救灾、舟曲泥石流救援和全市抗洪救灾报道，集中体现党的关怀，彰显人性光辉。2010年青海玉树发生了强烈地震，甘肃舟曲发生了泥石流灾害，南阳市部分县发生洪涝水灾。面对突如其来的灾难，晚报拿出大量的版面，报道党中央、国务院和市委、市政府救灾的指示和部署，报道军民在前线救援感人情景，报道全国人民和南阳人民慷慨解囊，爱心大奉献。玉树抗震救灾报道，在《强震玉树不倒》统一报眉下，推出20多个整版报道，刊发《玉树，南阳人为你牵肠挂肚》等感人肺腑的文章。抗击舟曲泥石流也作大策划，推出10多个整版的报道。在搞好全市抗洪救灾和灾后重建的报道外，还策划了《抢险救灾一线》栏目，组织《党和政府是灾民的靠山》等10多个整版的专题报道。

【组织公益活动提高报纸亲和力】

2010年，组织推出一系列有影响的大型公益活动，让读者广泛参与。如春节前后相继策划了“送寒门学子返乡过年”、“新春联大赛”、“南阳名家书画义卖，救助城区贫困户”大型救助活动和系列报道；组织“南阳首届烙画展”、“南阳首届民间工艺大比拼”大型活动和系列报道。3月份植树节，策划了《相约白河畔共植读者林》活动及策划报道。4月份，策划了“月老殿前牵红线，木札岭上定情缘”晚报相亲会大型公益活动和系列报道。5月份，策划了“我爱妈妈”系列活动，母亲节帮妈妈做点事，听妈妈讲故事。8月份，组织晚报爱心图书联盟，开展向老区孩子捐赠图书活动。10月份，组织“重骑自行车”活动，倡议市民健康出行，读者积极回应，进行了多篇追踪报道。这一系列公益活动，增强了与读者的互动，拉近了与读者的距离，提高了报纸的可读性和影响力。

【关注民生构建和谐社会报道】

在关注社会弱势群体方面，策划了“圆梦在行动”公益活动和系列报道，帮下岗职工找工作、救助贫困家庭学生等；3·15消费者权益日策划了《3·15维权联盟在行动》维权活动和系列报道；对二套房贷款首付提高，企业退休人员养老金上涨，春运，菜价等也都作了很多篇幅的报道；在中高招服务方面，开辟了“关注2010中高招”专栏，为考生提供全方位的服务，并组织了“晚报助考团”，举行大型咨询会《专家支招让考生和家长冷静报志愿》；利用“律师信箱”专栏，向市民免费提供法律咨询服务。在食品安全整治方面，推出了《暗访城区地沟油窝点》和《暗访盆窑病死猪肉》追踪报道，工商部门介入查处，群众拍手称快。在打造平安南阳方面，开设了《夏日“亮剑”百日“会战”》专栏，推出一系列时效性和可读性很强的报道。此外，在劳动保障、物价、环保、交通整治等方面还举办了“百姓问政”活动，赢得了读者的普遍欢迎。

【《南阳晚报》开设新版面打造新亮点】 2010年，南阳晚报扩为20个版，新开设《晚报时评》、《人文新闻》、《第一视界》、《事件纵深》4个特色版面，各个特色版面准确定位，精耕细作，突出了特色，成为报纸的一大亮点。《人文新闻》深入挖掘南阳传统文化，弘扬先进文化，为打造人文南阳做出贡献。《第一视界》版，则是用镜头记录新闻事实，反映城市发展之美，讲述百姓感人故事，可看可读。下半年，报纸在向都市化转型中又有新起色，服务民生、引导时尚、拓展读者群、尝试快乐阅读方面有所改进，先后推出的《Q友Q事》和《乐活乐趣》等版，受到广大读者好评。

【创新办报理念和管理机制提高报纸质量】 大力实施日报社党委提出的“一体两翼”发展战略，努力增创晚报新优势，办出晚报新特色。坚持与时俱进，大胆创新管理机制，进一步健全和完善各项规章制度。在增创晚报新优势、办出晚报新特色的道路上迈出可喜一步，其突出变化可以概括为五个方面：一是放大传统报道优势上有新起色，民生新闻更及时、更贴近，社会新闻时效性和可读性增强，时事报道保持强势，舆论监督适时有力；二是解决报纸同质化方面有新起色，本地新闻、独家新闻、独家手法和标题口语化有了突破；三是向都市化转型中有新起色，推出了许多服务读者的公益活动和一些崭新版面；四是塑造晚报品牌方面有新起色，初步实现从内容为“王”建设向品牌为“王”建设转变；五是版面风格有新起色，清新、疏朗、大气，富有个性的版面特色开始展现。其间，《中国新闻出版报》发文力荐本报“放眼全国创品牌，欲与大报试比高”的经验。省新闻出版局主办的《河南报刊审读》数次发文称赞晚报报道贴近民生，新闻有生命力，用新闻纸创造美好生活。

【南阳晚报获奖情况】 3月，2009年度全省报纸编校质量抽查评比揭晓，晚报差错率为万分之二点二，低于部颁标准，为历次抽查评比成绩最好的一次。河南省新闻出版局下发《关于2009年度全省报纸编校质量抽查评比情况通报》，对此次编校质量抽查评比中差错率低于万分之三的《南阳晚报》等29种报刊予以通报表彰。

6月，2009年度“赵超构新闻奖”揭晓，马聆道采写，韩德富、姜旭编辑的《邓州“台湾村”三百多年圆一梦》荣获一等奖。于欢、赵博采写，史春雷编辑的《为烈士寻找回家的路》荣获二等奖。马聆道采写，韩德富、王好学编辑的《首批253名移民迁入许昌新家》荣获三等奖。

7月，第24届(2009年度)中国地市报新闻奖评选揭晓，蒋宁宇、王琳拍摄的作品《让历史铭记那丹江边的光荣与豪迈》荣获一等奖。于欢、张燕采写，侯杰编辑的通讯《亲亲我的宝贝南阳爷爷疼你》荣获一等奖。陈明黎设计的2009年10月26日《主题策划》6版荣获一等奖。(周建生)

新华书店

市新华书店总经理　张广旭

【新华书店工作概况】 2010年全市新华书店大力推进和谐文化建设，精心组织政治理论读物的宣传发行，圆满完成“课前到书，人手一册”的重大政治任务，广泛开展全市性的读书教育活动，不断创新读者俱乐部发展模式，向全市人民供应了大量反映时代气息、积极向上、催人奋进的优秀出版物，为促进科学发展，实现社会和谐稳定做出了贡献。当年全市新华书店销售码洋36282万元，实现利税1065万元，固定资产原值达6139万元，拥有发行服务网点400余所。在2010年度全省书店系统综合考评中：南阳市店进入全省先进管理店行列，南阳市店、内乡县店、淅川县店、方城县店、社旗县店、宛城区店、卧龙区店荣获全省新华书店先进店；张广旭、陈俊国、杨建慧、李旭、刘兴超、卢勇、夏幸福荣获全省新华书店优秀经理；郝国和（淅川县店）、仝保成（宛城区店）荣获全省新华书店优秀管理者；在全省单项工作考评中，卧龙区店、宛城区店荣获教材发行工作先进店；南阳市店、南召县店、方城县店、卧龙区店、宛城区店荣获教辅发行工作先进店；南阳市店、宛城区店、卧龙区店、唐河县店荣获一般出版物发行工作先进店；卧龙区店荣获多元化经营工作先进店。同时，张广旭被授予中原出版传媒集团公司2010年度优秀党务工作者、优秀经营管理者称号，荣获南阳市劳动模范称号。

【政治理论读物发行】　围绕服务党的中心工作，重点推出了《部级领导干部历史文化讲座》等理论读物，同时配合“创先争优”活动的开展，精心组织相关理论读物的宣传发行，取得理想效果。

【教材发行】　在春秋两季教材征订中，面对义务教育阶段教材循环使用、高中全面课改、学生人数逐年下降等不利因素的影响，全市新华书店加强宣传，营造良好的舆论环境；加大协调，创造良好的工作条件；创新工作方法，建立适应新形势的经营机制，使得全市教材经营在保持大局稳定的情况下，副课配套率有了新的提高，课前到书率达到99%以上，全市教材发行总量稳步增长。

同时，认真做好大中专教材发行和馆供书装备工作。2010年是大中专教材新一轮的招标年，根据大中专教材市场需求大，竞争激烈的特点，认真研究教材市场的需求变化，以及各个学校的不同情况，有步骤、有计划地参与各个学校的招标工作，赢得了南阳师院、南阳医专教材的招标，从而恢复和巩固了新华书店在大中专教材市场的主导地位。并一举突破馆供书招标瓶颈，在全市大中专院校图书馆用书招标工作中，连续四次中标，并主动承担馆供图书的物理和数据加工。

【青少年读书教育活动】　以《我爱祖国的蓝天》为主题的第十七届青少年爱国主义读书教育活动，读本订数突破95万册，较上年明显增长，实现了两个效益双丰收。同时围绕实施方案要求，相继组织读书征文、知识竞赛、演讲比赛、师生联谊、夏令营等社会实践活动。读书活动始终受到市委、市政府的高度重视和新闻媒体的广泛关注：7月8日在南阳电视台成功举办电视知识竞赛，市有关领导亲临现场，为获奖选手颁奖，南阳电视台也摄制专题片，集中展示全市青少年热爱祖国、建设家乡、保护生态环境的良好精神风貌。本届活动再度荣获全国组委会的表彰和嘉奖，继续蝉联全国读书活动特别组织奖、优秀组织奖和发行先进单位等荣誉称号，南阳教师代表在全国读书活动表彰会上做典型发言和经验交流。

【南阳读书月活动】　在总结首届读书月活动的基础上，第二届活动注重丰富内涵，创新机制，相继开展了主题营销、作家签售、名家讲座等活动，成功举办南阳作家群高端论坛，开展读书月有奖知识竞赛，策划读者俱乐部系列报道等得到广大读者的踊跃参与，成功跻身于2010年度南阳十大新闻。作为本届读书月活动产物，由《南阳日报》社与市新华书店联办的品牌栏目——《书香南阳》，每周一期，受到了社会各界的好评。4月，与《南阳晚报》社联合举办首届南阳读书会，邀请南阳作家群和热心读者走进新华书店，畅谈读书体会，感悟读书成就，提倡读书风尚，产生良好的社会影响。

【“双星”创建活动】　按照加大力度，加快进度，巩固提高，全面推进的工作要求，广泛开展星级营业员培训、考核和评审活动。通过创建活动，一线员工的业务技能和综合素质得到明显提升，为一般图书发行团队注入了生机和活力。年底圆满完成全市书店的星级培训、考核、评定工作。选拔培训、组织推荐的一批优秀员工顺利通过省店三星级考评，其中一人成绩优秀，名列全省第一，破格晋升为四星级营业员。全市书店产生450多名星级营业员和4个2星级门市。

【读者俱乐部建设】　围绕联建扩建、功能拓展和会员活动等工作重点，全面加快读者俱乐部建设步伐。宛城、卧龙、唐河、桐柏、南召、镇平等店又创建了一批新网点。在组织管理全市俱乐部建设和发展的同时，市店高标准地筹建了南阳二监区俱乐部，实现了读者俱乐部进校园、进社区、进军营、进监区。同时完成全市俱乐部收费认证报告的续签工作。读者俱乐部的快速发展受到了广大读者的真诚欢迎，得到社会各界的广泛关注。在搞好行业管理的同时，市店加强自身网点建设，成功扩建了市一中俱乐部分部和22中开源中学分部，稳定了会员队伍，扩大了会员规模。

【物流管理】　认真落实《物流工作实施细则》，加快发运速度，提高发运质量，保证收货、发货、仓储各环节的协调运转，优质高效地完成全市中小学课本发货任务，全年累计代发101个品种，1132万册，确保了"课前到书"目标的实现。

【行业宣传】 6月，南阳二监区读者俱乐部开业，《中国新闻出版报》以大幅图片作了宣传报道，国内5家网站予以转载；7月，《出版商务周报》以"南阳读者俱乐部，遍布城乡的图书馆"为标题，全面总结了10年来南阳市读者俱乐部发展成果；11月，《南阳日报》、《南阳晚报》、南阳电视台组织力量深入社区、校园、农村、军营和监区，对读者俱乐部服务全民阅读、建设书香南阳所做的艰苦探索与不懈努力给予了充分肯定。（刘晓宇）

2010年南阳市新华书店图书销售分类统计表

项　　目	数量(册)	金额(元)
总计	64558312	362829177
哲学、社会科学	1272422	7072028
文化、教育	33900462	169458025
文学、艺术	2456905	16683259
自然科学、技术	1517464	8922048
少儿读物	1131291	5333906
大中专教材		
课本	22804970	141290982
图片	549330	2153693
其他出版物	925468	11915236

2010年全市新华书店系统主要经济指标统计表

项目／店名	销售		人均购书(元/人)	利润(万元)	劳动生产率(人均销售:万元/人)	期末职工人数
	册数(册)	金额(元)				
合计	64558312	362829177	33.35	2112.58	21.22	1710
南阳市	16054893	80188916		29.33	67.39	119
卧龙区	11197876	33276302	36.77	222.66	22.33	149
宛城区	4737507	34512989	41.08	421.7	19.17	180
邓州市	5458473	33574818	21.8	138.66	13.17	255
唐河县	3708961	23427659	17.91	216.01	13.7	171
方城县	3447386	24295831	23.94	251.4	19.13	127
镇平县	2936874	20337259	21.18	73.33	17.09	118
新野县	2689660	17693282	23.83	-54.23	12.03	147
淅川县	3236229	19050425	25.84	280.05	30.24	63
内乡县	3091239	23333476	36.31	173.77	18.81	124
社旗县	3129085	18774510	29.03	151.56	29.34	64
南召县	1744842	15483378	24.87	146.46	19.56	81
西峡县	1607377	10277216	23.52	40.04	19.76	52
桐柏县	1517910	8603116	19.7	21.84	14.34	60

（王小英）

档案管理

市档案局(馆)局(馆)长　武乐善

【档案馆工作概况】　2010年,全市14个国家综合档案馆馆藏档案3274个全宗1389344卷(件),比上年增加63507卷(件);馆藏声像档案4636盘,比上年增加1760盘;馆藏照片档案62758张,比上年增加1500张;馆藏电子档案1516件,比上年增加1213件;馆藏资料255675册,比上年增加8400册。全市14个档案馆现有案卷目录5976册,全引目录12459册,专题目录2958册,重要文件目录98册,著录卡片40004张。全市14个档案馆的机读目录共1022400条,比上年增加170000条,其中案卷级110900条、文件级911500条。向社会开放档案68825卷,其中建国前档案1600卷,开放案卷级和文件级目录183406条。新编内部参考资料11种34万字,公开出版4种194万字。全年向社会各界提供档案服务27360人次,调阅档案66267卷次;提供资料服务4967人次,调阅资料11964册次;提供现行文件服务3743人次,调阅文件7354件次;共向利用者提供档案、资料复印件71332页。在信息化建设方面又有新进展,继2006年6月南阳档案信息网开通后先后有9个县区开通了当地的档案信息网,4个县在政府网站设置了网页。全市14个国家综合档案馆于2003年底在全省率先实现"河南省一级标兵档案馆"的基础上,南阳市、卧龙区、镇平县、西峡县、邓州市等5个档案馆分别于2008年、2009年晋升为国家二级档案馆,2010年又有方城县档案馆晋升为国家二级档案馆。全市14个综合档案馆的整体工作仍居全省同行业之首。

【档案室建设】　全年有409个机关的档案工作通过规范化管理认证,其中省标特级1个、省标一级26个、省标二级277个、省标三级105个;全市国税系统被认证为档案管理最佳系统。据统计,全市的机关档案工作自2007年按照新标准重新进行规范化管理认证以来,至2010年年底共有559个机关的档案工作通过了规范化管理认证,其中省标特级2个、省标一级108个、省标二级342个、省标三级107个;市检察院、地税局、中级法院、国税局等4个系统被认证为最佳系统,其中检察系统实现了省标一级一片红。

全市的企业档案工作有1个企业晋升为国家二级先进、3个企业通过国家二级复查认证,2个企业被认证为省级先进、1个企业通过省级复查认证。全市的企业档案工作自2006年开始重新复查认证以来共有225个企业档案室晋升为国家级、省级先进,其中2个企业为国家一级先进、44个企业为国家二级先进、179个企业为省级先进。另外南阳供电公司于2009年被认定为"河南省档案管理示范单位",填补了全市无档案管理示范单位的空白。

全市的科技事业单位档案工作又有2个单位通过省级认证。科技事业单位档案工作自2006年开始重新复查认证以来共有49个科技事业单位通过了国家级、省级规范化管理认证,其中国家二级3个、省级46个。

全市各机关团体、企事业单位按时完成上年度各类文件材料的归档工作;全市364个社区、居委会全部完成建档任务,其中有53个社区建成了高标准档案室;全市1350家规模以上民营企业有816家建档,建档率达60.44%;西峡县成功创建为全省第三个社会主义新农村档案工作示范县,全市4904个行政村全部建立"四议两公开"村务决策档案,129个市级新农村建设试点村全部完成建档工作;南水北调中线工程、南阳姜营机场扩建工程、鸭河口水库除险加固工程等8个重点项目按要求完成了档案管理登记备案工作,沪陕高速、岭南高速公路项目档案管理顺利通过专项验收;与有关部门一起进一步完善了低保、社保、医保、城镇下岗失业、信用、林权制度改革、移民迁安等档案工作的规范化管理。

【档案科研】　全市有10个档案科研项目在省局立项,占全省当年档案科研立项总数58个的17.24%,位居全省第一,荣获"河南省档案科研优秀组织奖";有4个项目荣获省局优秀科技成果奖,其中二等奖3项、三等奖1项。2001年至2010年全市档案科研立项共104项,其中国家级4项,省级100项,共有52项获得省局优秀科技成果奖,其中一等奖3项、二等奖15项、三等奖34项。获奖数量与档次均居全省第一。

全市档案学会会员在省以上档案报刊和市以上新闻媒体上发表文章63篇(条),其中国家级17篇(条)、省级4篇(条)、市级16篇(条)、省局网站26篇(条);全市上报省档案学会的14篇论文全部荣获档案学优秀成果奖,其中一等奖4项、二等奖7项、三等奖3项,荣获"2010年度河南省档案学会优秀论文申报组织奖"。

【加强政府信息公开查阅场所建设】 12月25日,南阳市人民政府印发《关于加强政府信息公开查阅场所建设的通知》,并随文颁发了《南阳市政府信息公开查阅中心管理规定》。该文件明确:南阳市政府办公室在南阳市档案馆设置政府信息公开查阅场所,挂"南阳市政府信息公开查阅中心"牌子;各县(市、区)政府办公室也要在本级国家综合档案馆设置政府信息公开查阅场所,统一挂"政府信息公开查阅中心"牌子。同时还就政府信息公开查阅场所建设工作的组织领导、建设管理、监督保障和提供政府信息的内容、方式、时限等都做了明确规定。

【方城县档案馆晋升为国家二级档案馆】 11月22日,国家二级档案馆测评组一行8人按照国家档案局2008年2月21日颁发的《市、县级国家综合档案馆测评办法》和《测评细则》对方城县档案馆创建国家二级档案馆工作进行测评验收。方城县档案馆以89.16分的高分顺利通过测评,被命名为"国家二级档案馆",这是方城县档案馆继1997年被命名为"省一级标兵档案馆"后的又一次新突破。方城县人民政府为此专门下文奖励档案局现金5万元,记集体三等功一次。

【《2009年南阳大事记》出版发行】 10月,由南阳市档案局编辑,河南大学出版社出版的《2009年南阳大事记》出版发行。《2009年南阳大事记》为大16开精装本,133.2万字;收录大事图片180幅,其内容涵盖全市各行各业发生在2009年的大事、要事、新事。

【西峡县荣获"河南省新农村建设档案工作示范县"称号】 11月8～10日,河南省档案局考评组按照《社会主义新农村建设档案工作示范县验收标准》,对西峡县创建省级社会主义新农村建设档案工作示范县情况进行测评验收。西峡县涉农部门和相关乡镇、办事处、行政村的档案工作顺利通过测评,被命名为全省第三个社会主义新农村建设档案工作示范县。

【国家投资助建社旗档案馆】 社旗县档案馆建设项目获准纳入国家扶持的中西部地区县级综合档案馆建设试点县,是全省首批确定的5个县级档案馆建设试点县之一。新馆建设用地10亩,建筑面积4752平方米,总投资967万元,其中国家投资的807万元已划拨到位。由国家直接投资建设地方档案馆在全国尚属首次。

【《豫西日报》"入驻"市档案馆】 1月11日,南阳市档案馆与河南大学档案馆通过馆际交换,征集到1948～1949年间的49份《豫西日报》的数码图片140幅。《豫西日报》是豫西区党委的机关报,相当于省级党报。1948年6月6日,中共豫陕鄂边区分设为豫西区和陕南区。豫西区党委于1948年7月创办《豫西日报》,1949年3月,《豫西日报》随着豫西区的撤销而停办。由于当时的南阳、方城、南召、内乡、西峡、镇平、淅川等县分别归属豫西区二、六地委管辖,《豫西日报》的部分报道,诸如解放南阳、解放唐河、剿匪反霸、减租减息等都直接反映了南阳当年的革命斗争史,对于编史修志具有重要的参考价值。

【唐河县档案馆征集到一批冯友兰先生的档案】 唐河县档案局(馆)为了配合县委、县政府打响"友兰故里"这张名片,先后征集到著名哲学家冯友兰先生的档案、资料347件,其中307件是冯友兰先生的侄子冯钟儁老先生捐赠的。这批档案资料的主要内容有冯友兰的墨宝及其家族成员的照片、著作、家谱等。

【卧龙区档案馆征集到一批"城市记忆"图片】 卧龙区档案馆先后在10余位摄影爱好者手中征集到1000余幅反映南阳中心城区发展变化的照片,这些照片真实地记录了南阳的历史遗迹、重点工程项目建设、城市住宅建设、社区文化活动等情况,对今后的编史修志工作具有重要的史料价值。(张怀珍)

地方史志编纂

市地方史志办主任　阿颖

党组书记　马秀银

【地方史志工作概况】 2010年4月，中共南阳市委对市史志办主要领导任职进行调整，阿颖任主任，马秀银任党组书记。市史志办大力推进南阳市志、年鉴、月鉴、市情信息网站、方志资料开发服务等工作，出台了《关于全面启动部门(专业)、乡镇志编纂工作的通知》，与市人力资源和社会保障局联合表彰了全市史志工作先进集体14个，年鉴工作先进集体13个，月鉴(大事月报)工作先进集体3个，先进工作者46名。圆满完成年度各项目标任务，重点工作位居全省先进行列。荣获"河南省地方史志系统先进集体"，市直机关"五好"先进机关党支部等荣誉。全市史志系统17人获河南省地方史志系统先进工作者；保持市级"文明单位"荣誉。

【史志工作进展有序】 市史志办自我加压，编修《南阳市志》。2010年有141个承编供稿单位，完成初稿138个。编委会遵循质量第一的原则，通过学习中国地方志指导小组制定的地方志书编纂规范和质量要求，制订了《南阳市志书质量标准》(初稿)，以便对各类志稿严格把关，严格评审，已完成送审稿115个。对于部门已完成的送审稿，按照责任编辑编纂、主管副主编审改、主编总纂的三级负责制，已完成《南阳市志》初稿60%。全市部门志(专业志)纷纷上马，步入编纂快车道。《南阳市教育志》、《南阳市民政志》、《南阳烟厂志》、《南阳农行志》、《社旗卫生志》、《社旗税务志》、《新野乡村志》、《镇平玉雕志》等已出版。《南阳无线电管理志》、《南阳烟叶志》、《南阳棉花志》、《南阳卫生志》、《南阳中医志》、《南阳农科所志》、《南阳农业志》、《内乡大辞典》等正在编纂。

【地方综合年鉴编校质量进一步提高】 进一步规范和促进《南阳年鉴》的供稿和编辑工作，按照图书出版的要求，内容进一步充实，栏目归属更加科学。《南阳年鉴》由十六开版更新为国际标准大十六开精装版，由中州古籍出版社出版。全市有邓州市、唐河县、南召县、镇平县、社旗县、新野县、淅川县、宛城区、卧龙区等9个县(市、区)出版了地方综合年鉴，占71%，居全省第一。

【县(市、区)志编纂进展良好】 全市纳入省史志工作十一五规划、有续修任务的有11部志书，邓州市、南召县、内乡县、镇平县、宛城区、唐河县、西峡县等7个县(市、区)志已出版发行；社旗县经省史志办批准出书，已进厂印刷；桐柏县、方城县经过省级评审，正在进行最后的修改；卧龙区志已完成初稿。不在省续志规划的《淅川通志》即将完成初稿。

【《南阳月鉴》实现品牌化】 《南阳月鉴》已编辑62期，继续保持大容量、范围广、时效快、服务强的特点，融入新理念，增设新栏目，按时出版，及时发送到参阅领导手中，得到社会各界的充分肯定。桐柏县、唐河县出版的《大事月报》，质量也得到了大幅提升。

【市情信息网建成开通】 市史志办在建立地情信息库，完成对《南阳地区志》(上、中、下三册)、《南阳地区志》(1986～1994)、《南阳当代名人录》(上、下册)、《南阳百科辞典》、《南阳土特产品》、《南阳年鉴》14卷、《南阳月鉴》62期等共计500多部3000万字志书地情书的输机工作的基础上，于11月份又建立并开通南阳市情信息网站。南阳市情网站设南阳概况、史志动态、政务信息、市情信息库、图解南阳、历史文化、探讨与研究、民俗风情、史志机构等栏目，面向社会开放，大大提高了查阅的快捷性，满足了广大干部群众了解地情和地方文化的精神需求。邓州市、淅川县、社旗县、唐河县、内乡县、镇平县等县(市)史志办也建立了地情信息网站。

【中央电视台来宛摄制《方志中国》】 2010年，市史志办重点接待和配合中央电视台来宛摄制节目，宣传史志资料在现代化建设中的重大作用。元月和3月，由中国地方志指导小组推介，中央电视台“走遍中国”栏目组先后两次来宛摄制《方志中国》·南阳篇——“功在当代”节目。根据志书记载，北宋太平年间开发的襄汉漕渠，历经今宛城区新店乡、方城县博望镇、赵河镇、清河乡、城关镇等乡镇，被称为中国古代的“南水北调”工程的尝试。国家南水北调工程的论证专家到南阳，南阳市史志办向专家们提供了记录襄汉漕渠工程开发的志书以及论证资料，为“南水北调”路线设计提供了重要的参考资料。中央电视台考证拍摄了南水北调中线工程路径与当年襄汉漕渠的线路吻合，反映南阳史志办为南水北调工程的论证做出的重要贡献。此节目于11月16日至25日在中央电视台四套节目黄金时段播出，反映南阳市的内容于11月24日晚8时播出，25日早5时、午13时重播，有力地宣传了南阳及其地方史志工作在国家重大工程项目建设中所发挥的基础性资料作用。

【史志工作服务经济社会发展】 全年市史志办接待省内外社会各界史志资料查寻达60余人次，为南阳经济社会发展作出积极贡献。各县(市、区)史志部门纷纷拓展史志工作新领域，为当地党委、政府中心工作和重大经济文化旅游工程项目论证、建设提供史志资料服务。淅川县史志研究室着手收集编纂南水北调丹江库区移民工作的移民志，为县委政府移民安置和经济文化建设服务，为县政府提供县域村镇体系规划、旅游开发总体规划、三门峡至十堰铁路项目和第二轮国土利用总体规划等方面的史志论证资料；桐柏县史志办为县委政府提供史志资料，促进桐柏县建立革命老区红色文化廉政建设展览馆和桐柏佛教学院等。桐柏县史志办首家率先开办桐柏手机报，是继报纸、广播、电视、互联网之后的第五媒体，立足桐柏，及时发布重大新闻，准确传达县委、县政府工作导向，服务县域经济建设，提供决策信息，每周一期发送到全县副科级以上干部手机中。以史家笔法、纪实素写为基本格调，设时政要闻、特别关注、重点产业、城乡动态、民生民情等栏目，为全县各级领导和社会各界提供最现实、最直接的服务。宛城区史志办编纂的《范蠡故里在宛城》一书，宣传和提升了范蠡故里文化品牌，促进了文化开发建设；镇平县史志办公室编纂出版了《玉乡魂》、《镇平玉雕志》等书籍，打响玉文化品牌，为南阳玉文化产业发展和招商引资起到了促进作用。(薛灵环)

党 史 编 研

市委党史研究室主任　吕德民

【全市革命遗址普查工作顺利结束】 从2009年12月起，市委党史研究室根据中央党史研究室、省委党史研究室的部署，在全市组织开展革命遗址普查工作。市委党史研究室专门成立了革命遗址普查工作指导小组，制定南阳市革命遗址普查工作实施方案，召开革命遗址普查工作会议。各县(市、区)党史研究室也各自成立革命遗址普查工作小组，在认真挖掘、整理和研究党史资源的基础上，制定了符合本地区实际情况的普查工作计划，并集中培训了普查人员。承担普查任务的人员，克服重重困难，跋山涉水，辗转奔波，对全市229处革命遗址、14处其他遗址进行实地勘测，共拍摄图片2000余幅，调访知情人190余人次，汇总核查，填写36项表格，制作电子文档，撰写普查报告，按时向省委党史研究室上报了56万字的普查成果。通过革命遗址普查工作的开展，摸清了南阳红色景观的家底，为开展革命纪念地保护利用和红色旅游工作奠定了坚实基础。

【纪念抗日战争胜利65周年活动丰富多彩】 9月，市委党史研究室根据上级党史部门和市委的部署，联合有关部门开展了形式多样、内容丰富的纪念抗日战争胜利65周年活动。(1)参与筹备南阳市庆祝抗战胜利65周年大会，使纪念大会如期、成功在彭雪枫烈士纪念馆举行。(2)筹备召开南阳市纪念抗战胜利65周年座谈会。9月2日，市委党史研究室联合南阳军分区政治部和市直有关部门召开南阳市纪念抗战胜利65周年座谈会，抗战老战士和社会各界代表50余人参与座谈。市委常委、市委秘书长原永胜代表市委发表重要讲话，要求把伟大的抗战精神转化为建设南阳、增辉南阳的实际行动。(3)组织纪念专版、专栏。9月3日，市委党史研究室在《南阳日报》开辟以《牢记历史、珍惜现在、开辟未来》为主题的纪念抗战胜利65周年专版，登载数篇重点纪念文章。同时，还在南阳电视台开设“抗战老战士人物专访”专栏，报道数位抗战老战士的专访。(4)编辑出版《河山不容践踏——南阳抗战岁月实录》一书。全书共分8篇计63万字、105幅图片，全面、科学、系统地反映了抗战时期南阳的历史状况和南阳军民浴血抗日的真实场景。该书由中州古籍出版社出版。

【《中共南阳历史二卷》编写工作顺利推进】 市委党史室把南阳党史二卷(1949-1978)的编写作为党史工作的重中之重，采取市县联动、及时督导的方法，扎实、稳步开展市、县两级党史二卷编写工作。市委党史研究室根据省委党史研究室领导、专家和老干部所提修改意见，对市级党史二卷第四稿的观点、结构、史实、内容、语言进行了一次比较大的修改，重点做好充实完善工作，使7月底完成的二卷第五稿由原来的30余万字增加到40余万字。在推进县级党史二卷编写过程中，注意抓典型引导，以党史信息形式推出宛城区党史研究室编写党史二卷的做法供各地借鉴；抓质量进度，深入各地指导检查；抓环境优化，帮助解决人、财、物等实际问题；抓目标管理，实行奖优罚劣，强化激励约束。到年底，宛城、方城、邓州、淅川、西峡、镇平、南召、新野、卧龙区、桐柏等9个县(市、区)已拿出二卷送审稿或征求意见稿，内乡、唐河、社旗3县已编写出二卷初稿。

【精心编写党史著作和组织撰写党史专题及资政报告】 (1)为了纪念建党90周年和为全党党史学习活动提供地方教材，市委党史研究室组织骨干力量编写《中共南阳地方简史》一书，记载从1925年南阳有党的活动至今的光辉历史，展现南阳革命、建设、改革的伟大成就。到年底，约35万字的书稿已初步拟定。邓州市委党史研究室编辑出版了65万字的《执政实录》一书。唐河县委党史研究室编写、编辑了《中共唐河县历史大事记(1919-2010)》一书。方城县委党史研究室启动了《方城足迹》、《画册》、《方城党史人物》、《方城革命遗址》4本书的编写、编辑工作。(2)组织撰写党史专题和资政报告。全市党史部门立足编写党史三卷的需要，切实加强改革开放时期党史专题的编研，对这一时期党史上的关键阶段、重大事件和重要人物资料，进行广泛挖掘、深入研究和系统整理，撰写出党史专题41个。同时围绕市委和县市区委中心工作，在历史和现实的结合点上确立有价值的资政课题，深入调研，科学分析，撰写出资政报告28篇，其中《“四议两公开”：探索农村党的建设的新机制》等14篇在省、市党史月刊发表。

【党史资料征管成绩突出】 全市党史部门围绕党史著作编写、党史宣传教育开展、革命遗址普查和重要党史事件史料的收集，继续加大工作力度，持之以恒地做好党史资料征管工作。一是坚持强化党史资料征集工作。重点征集社会主义时期特别是改革开放时期的党史资料，集中征集革命遗址方面的党史资料，注意征集重大党史事件、重要党史人物的相关资料，着力征集领导干部个人留存的党史资料，有计划地调访老干部，积极抢救“活资料”。全年全市党史部门共调访历史当事人、知情人650余人次，查阅档案3000余卷，征集各类史料500多万字、图片万余幅。淅川县史志研究室积极开展南水北调中线工程库区移民民俗实物的征集工作，半年来已征集实物800多件、移民搬迁照片5000余幅，受到县委、县政府的称赞。二是认真做好党史大事记当月记和年编工作。市委党史研究室坚持及时收集、整理每月发生在南阳的大事要事，办好《南阳党史》月刊，按时做好向省委党史研究室的大事记月报、年报工作。同时广泛征集资料，编辑出版《2009年中共南阳市历史大事年编》一书。西峡县、邓州市、宛城区创办了县级党史月刊。三是启动党史资料电子数据库建设工作。市委党史研究室借鉴外地经验，加强党史资料档案室的科学化、规范化管理，增配各种资料管理设施，率先启动党史资料电子数据库建设。宛城、新野、邓州等县级党史部门，积极行动，争取资金，增添设备，稳步开展此项工作。宛城区党史研究室明确专人负责，已录入数部(篇)党史编研成果50多万字、图片3000余幅。

【党史宣传教育内容丰富】 一是隆重开展抗战胜利65周年系列纪念活动。二是搞好经常性的党史宣传教育。全市党史部门发挥自身优势，承继以往做法，坚持利用传统节日和重要党史纪念日，开展形式多样的党史宣传教育活动。全年全市党史工作者在党政机关、学校、各类培训班、革命纪念地等场合作党史报告50余场次，听众达3万人次；在新闻媒体开设党史宣传栏目7个；向社会捐赠党史图书、音像制品3000余册；制作党史宣传展板110多块；举办党史知识竞赛、红色歌曲联唱5次。这些丰富多彩的活动，让党史走出书斋、史册，走向社会、大众，走入党员干部、青少年的心中。三是加强党史网络建设。市委党史研究室按照“全省同行一流，市直单位先进”的标准，精心制作并开通南阳党史网站。网站共设13个主要栏目、36个子栏目，文字量达400多万字、图片近百幅，内容丰富，分类科学，版式新颖，品位高雅，开通后点击率直线上升，受到社会各界的一致好评。西峡县、宛城区、新野县3个县级党史部门克服困难，创造条件，建起了县级党史网站，并且经常充实、更新内容，日臻完善。其他县级党史部门均设立了党史网页。

【服务党委中心工作有特色】 根据市委、市政府关于实施“四个带动”工作部署，全市党史部门积极投身中心工作，主动服务大局。市委党史研究室围绕品牌带动，通过媒体、网络、党史著作等载体，大力宣传推介中共中央中原局旧址、彭雪枫纪念馆、杜凤瑞纪念馆、邓州编外雷锋团展览馆等红色旅游文化品牌，并认真审查南阳市革命烈士纪念馆陈展内容，指导场馆建设，为南阳红色旅游和红色品牌建设服务。方城县委党史研究室联合县老促会、关工委，筹资12万元，为方城县第一任民主政府县长刘毅然烈士建立了纪念碑，开辟了党史宣传教育的新阵地。（张新玉）

旅　　游

南阳旅游局局长　黄乐

【旅游业发展概况】 全市上下紧紧抓住国家加快转变经济发展方式、调整优化产业结构的重大机遇，认真贯彻落实《国务院关于加快发展旅游业的意见》，以“四个带动”为总抓手、以“六创一迎”活动为平台，统筹谋划，突出重点，旅游业发展的质量和水平明显提升。全市共接待游客1861.1万人次，实现旅游综合收入95.6亿元，与上年同比分别增长38.2%、37.9%，游客投诉率不超过0.1‰，无发生任何安全责任事故，圆满完成年度目标任务，旅游综合实力位居全省前列，为加快建设富强美好和谐新南阳做出了重要贡献。

【旅游规划编制】 聘请国内知名旅游规划机构北京大衍致用旅游规划设计院对原来的《南阳市旅游产业发展总体规划》进行修编，制订新的《河南省南阳市旅游产业发展总体规划》和《南阳市南水北调观光带概念性规划》、《河南省南阳市独山玉苑概念性规划》两个专题规划。根据南阳旅游发展实际，编制了《南阳市旅游产业发展“十二五”规划》，提出了“十二五”期间南阳市旅游业发展的总体思路、目标任务和具体措施。

【旅游项目建设】 坚持上大项目、好项目，以项目来支撑旅游业科学发展、跨越发展。全市共实施旅游项目116个，其中，在建项目88个（含跨年度项目）、合同和协议引资项目28个，计划总投资279.6亿元，已累计完成投资42.8亿元。投资超3000万元的项目102个，占总项目数的88%。项目涵盖景区开发建设、旅游道路建设、旅游配套服务设施建设等各个方面，旅游产业体系全面加强。

【景区点建设】 全年新创建3A级景区3个、2A级景区1个、国家级风景名胜区1个。国际玉城、莲花温泉水城、南召宝天曼、太公湖生态旅游度假区、太平镇游客服务中心、丹江国际酒店、老界岭滑雪场接待中心、双龙旅游购物市场以及五朵山旅游公路改道等项目初步建成并投入使用；恐龙遗迹园二期工程、老界岭三期工程、龙潭沟二期工程、山陕会馆综合开发工程、银树沟、云露山等项目进展较大；卧龙岗文化旅游产业集聚区、独山风景区、香严寺、丹霞寺、猿人大峡谷、内乡宝天曼、内乡宝天曼国际养生谷、丹阳湖开发、中心城区游客服务中心建设等项目有序推进。

【旅游宣传推介】 在中央电视台《朝闻天下》和旅游卫视台连续播出南阳旅游广告片，在旅游卫视台播放5期《走进南阳》旅游系列报道，强化了“中原氧吧，神韵南阳”的旅游主题形象；协调中铁运输公司，在郑州始发北京、天津等大城市的动车电视上开播了1分半钟的南阳旅游宣传片，生动地展示了南阳旅游的亮点和精华；组织各县（市、区）旅游部门和重点旅游企业，先后到西安、武汉、北京举办南阳旅游推介联谊会，期间共邀请当地400多个旅行社和新闻媒体进行全程报道，签订客源互送合同300多份，并兑现了对当地旅行社引客入宛的奖励，有效调动了外地旅行社引客入宛的积极性；联合河南旅游集团组织开展“坐飞机，游南阳”活动，共向南阳市输送游客2万多人次；承办世界旅游形象大使河南总决赛，举办首届诸葛亮文化旅游节，邀请南京、合肥等地320多个旅行社老总来宛进行实地踩线考察，邀请澳门《澳门月刊》，美国《美华商报》、《美中信使报》，加拿大《七天》报，澳大利亚《东方报业》，法国《华商报》，奥地利《欧洲华信报》，日本《关西华文时报》，英国《华商报》等 12 个海外华文媒体来南阳考察采风，扩大南阳旅游的公众认知度和对外知名度。据统计，全年南阳市接待外省游客量比上年增长 15%，客源市场半径正在不断延伸。

【旅游行业管理】 全年共组织开展专项检查行动 125 次，出动检查人员 285 人次，联合公安、交通、工商、卫生等部门检查 19 次，检查旅游经营覆盖面达 90%以上。下发整改通知 12 份，对 3 个旅游经营单位通过南阳电视台和南阳日报予以曝光，对 6 个问题突出的旅游经营单位依法进行行政处罚，取消 2 个星级饭店。南阳市旅游质量监督管理所直接受理各类旅游投诉 21 起，查处旅游违法违规行为 30 多起，其中立案 3 起，处理率 100%，双方满意率 99%，投诉率低于 0.01‰。满 5 年的 5 个旅游星级饭店和 620 名导游员通过年审。

【旅游服务】 巩固创建中国优秀旅游城市工作，召开 3 次专题会议，成立 7 个工作督导组，围绕南阳市"创优"工作中存在的具体问题，狠抓整改和落实，更新完善道路标志牌 500 多个，宾馆、商场等单位内部标志牌 2800 多个，提升中国优秀旅游城市水平工作取得了阶段性成果；对全市饭店的数量、档次、接待能力等情况进行调查摸底，制订了中心城区现有 14 个农运会接待宾馆改造提升方案，其中南阳宾馆、梅溪宾馆、银都建国酒店、丽都花园、国际饭店等进展较快，取得了明显效果；对新建的 3 个四星级和 4 个五星级宾馆超前介入，进行标准化指导；认真开展"旅游服务质量提升年"活动。聘请北京第二外国语学院、河南大学、河南财经学院、郑州旅游学院等院校的旅游专家教授 20 多人次，培训农运会接待、旅游特色村服务等旅游从业人员 2500 多人次，举办南阳市第四届导游员服务技能大赛和第二届旅游商品大赛，开展以治理脏乱差为主要内容的景区环境百日整治活动，开通 12301 旅游服务热线，旅游服务质量得到了大幅度提升。

【假日旅游】 元旦期间，全市共接待游客 21.1 万人次，旅游综合收入 1.02 亿元；春节期间，全市共接待游客 88.9 万人次，旅游综合收入 3.56 亿元；"五一"节期间，全市共接待游客 189.6 万人次，旅游综合收入 9.1 亿元；端午节期间，全市共接待游客 126.8 万人次，实现旅游综合收入 6.4 亿元，无发生任何旅游安全事故；中秋节，全市共接待旅客 38.1 万人次，实现综合收入 1.95 亿元；"十一"黄金周，全市共接待游客约 448.31 万人次，实现旅游综合收入 21.17 亿元，与上年同期相比分别增长了 26%和 24%，星级饭店客房爆满，农家宾馆生意红火，40%景区满负荷接待，全市旅行社组接团 1508 个、接待游客 6.5 万人次，达到了"安全、质量、秩序、效益"四统一目标。

【旅游新业态】 按照市场经济体制和现代企业制度要求，推进旅游企业经营体制创新，加快旅游企业的资产整合和资本融合，建立大型旅游集团，推动旅游业向品牌化、现代化、集团化方向发展。依托民营企业，对景区、酒店、旅行社等旅游企业进行优化组合，组建了中原第一漂旅游集团、莲花温泉旅游集团，实现了发展规模的扩张和发展效益的提升，被省政府金融办确定为首发上市公司重点后备企业，使南阳市旅游业初步走上了多种业态并举、产业要素互动的集约式发展之路。

【旅游惠民】 积极实施"百村万户"旅游富民工程，协助省科学院地研所有关专家，"因村制宜"地制订了西峡县化山村、东坪村、孙沟村、丹水村，淅川县仓房磨沟村，内乡县葛条爬村，卧龙区小王沟村、古庄村，南召县玉藏村、大石窑村等 10 个村的开发建设规划。新开办农家乐宾馆 95 个，提供了 2000 多个就业岗位，加快旅游与三次产业的融合发展。发行南阳旅游年票近 2 万张，协调宛运公司试开通发往恐龙遗迹园、内乡县衙、老君洞等景区的旅游直通车，深受广大市民欢迎，"持年票、游南阳"逐步升温。(郭振伟)

【南阳宾馆建设和发展概况】 南阳宾馆连续十一年被授予河南省最佳旅游星级饭店，连续十年保持河南省卫生先进单位荣誉。2010 年，南阳宾馆一是确定年度工作主题为上档升级年，并组织开展了全面上档升级主题活动，活动时间为三年。二是加强培训。组织管理人员在外出考察学习高星级酒店的同时，还邀请郑州、南阳两地酒店管理培训集团的教授、讲师为管理服务人员授课，更新管理人员的观念，提高管理水平。三是努力提高服务人员的服务水平。在最近几年人难用、工难招的状况下，宾馆在努力提高员工待遇的前提下，积极改善员工工作环境和生活条件，当年为员工宿舍安装了双温空调；加强职工餐厅管理，提高了职工就餐标准。四是开展有益的职工文化娱乐活动，提高职工文化生活水平。五是加强职工思想政治教育，为员工要求进步提供锻炼平台，6 月，南阳宾馆馆报《香樟家园》在公关部经理和全体员工的努力下诞生。六是加强硬件建设，突出南阳接待服务亮点。宾馆自筹资金1000多万元，将原来的四号楼装修改造成贵宾楼，将原来的天井院用高科技装修材料封顶，达到既不影响采光，又增加了使用空间，把天井院改造成具有现代时尚理念、彰显先进风格的中厅。七是做好二、三号楼的装修准备工作。（李金星）

【豫宛宾馆建设和发展概况】 2010年度豫宛宾馆抓住南阳市全国农运会筹委会要求更新改造的机遇，坚持在硬件建设上上水平，在软件培训上下功夫。全年共投资近1000万元对客房9至16楼和部分餐厅进行更新改造。新建集办公、厨房、供水为一体的配套综合楼一栋。对电梯、餐具、客房用品进行了全部更新，实现了在硬件建设上高标准、高档次的承诺。在软件上对客房、餐饮、保安、后勤维修四个重点部位工作人员进行技能与技巧培训，制定了消防、治安、食品卫生三大安全工作预案，确保软件建设上水平、上台阶。宾馆紧紧围绕“效益、发展、和谐、节约”四大主题，以创服务品牌拉动宾馆整体工作开展。打造形成了两大拳头服务品牌：一是餐饮服务走“绿色家常化”品牌，为客人提供一个安全实惠常吃常新的就餐环境，二是打造出客房“温馨化”服务品牌。在确保规范化服务基础上，客房服务更细致化、个性化，针对不同客人开展不同服务，为客人免费擦鞋、洗衣、烫衣、供伞、缝衣服等，让客人找到了家的感觉。全年豫宛宾馆完成省以上会议接待68次，市以上重要会议接待305次。宾馆被授予卫生信誉A级、综合治理先进、全国职业排球先进接待单位等荣誉称号。

健康格言集锦

1.五谷为养，五畜为益，五菜为充，五果为助。四类食品，营养价值，用四句话，分明主次。养生保健，合理膳食。饮食有节，适量食之。

2.抽烟危害：心率加快，血压升高。血管收缩，血脂增高。损伤脏腑，刺激大脑。抽之久之，危害不小。咳嗽吐痰，成疾成痨，花钱受罪，自找苦恼。

3.锻炼活动十四益：畅其积郁，稳其情绪。化其乖暴，蓄其元气。缓其急躁，排其毒素。运其肠胃，明其耳目。舒其筋骨，壮其四肢。和其血脉，润其皮肤。健其大脑，强其脏腑。何乐不为？诸多好处。

4.自然精华，清淑之气。不在凌晨，而在日出。天得之以清，地得之以灵。人得之以寿，物得之以宁。

5.脏腑胃肠，常令宽舒。其气流行，其血畅通。各种器官，功能平衡。身健神安，百病不生。恣纵口腹，煎炸烤烹。香甜肥腻，悦人口食。食之过多，不利肠胃，积累必塞，塞则生病。

6.滋味煎其脏腑，芳甘腐其骨髓。忧怒悖其正气，思虑消其精神；清淡和其脏腑，芳香养其骨髓。笑乐蓄其正气，寡欲安其精神。

7.勿以益小而不足为；勿以损小而不足戒。

8.气血旺，心脏健，身体壮，神魄安，脾为后天之本，肾为先天之体。酒肉颇多气血皆乱；厚味甘腻神魄不安。节食少腻自然健脾；限酒多素自能健肾。

9.精养灵根气养神，此真之外更无真。

10.性情气暴刚烈，或多思焦虑容易衰老；性情缓慢柔和，或少思寡欲常可延年。

11.老迟为性慢，无病为心宽。红杏难禁雨，青松耐岁寒。乌龟之长寿，松柏之延年，因生长得慢，凋谢得慢。故而，死亡得也慢。

12.纵欲耗精，损伤正气。思虑烦多，心劳成疾。安然无恙，居安思危。得神者昌，失神者亡。

13.解忧排怒松弛秘诀：冷静五分钟。于社会，看主流，想本质；于别人，看有点，想长处；于家庭，看老小，想和睦；于自己，看缺点，想身体。

14.若要身体健，走路手不闲：捶胸又敲背，旋腹又摩面；敲打两腿侧，伸指又握拳；挠首屈十指，揉眼把耳弹。

15.养生真经，九窍畅通，通则不病，病则不通。锻炼按摩，可令其通，青菜萝卜，也令其通。

16.两个肾半条命，一个脾主饮食。肾是先天之本，第二个心脏；脾是后天之本，它统帅肠胃。若要身体壮，保护这两脏。

17.有病要早治，无病要保养。三分治病七分养，九分锻炼十分防。大病要养，小病要抗。

18.有了恬淡宁静之心，才有百岁健康之身。健康金钥匙：健身先健心，心理平衡，百病不生。

19.脑统帅五脏六腑。健身要健脑，措施有六条：固精健脑，气功强脑，颐神养脑，膳食补脑，防病护脑，运动益脑。

20.三杯圣水—复活圣水：睡前一杯水，午夜一杯水，晨起一杯水。三杯温开水，预防百病水，称之为圣水（说明：温开水25度—35度，有很好的保健作用，誉为复活神水）。

21. 冬日负喧，日光浴诗

杲杲冬日出，令人暖肺腑。负喧闭目坐，和气生肌肤。

出如饮醇醪，又如蛰者苏。外融百骸畅，中适一念无。

旷然无所在，身空似悬浮。

卫生体育

卫　生

【圆满完成“十一五”规划目标】 据统计，“十一五”末全市医疗卫生机构总数达391个，较2005年增加32个；固定资产33.1亿元，与“十五”末相比，净增17.5亿元。实施医疗卫生服务体系建设项目308个，总投资8.4亿元，其中国债资金4.3亿元、省级资金0.8亿元、地方配套和项目单位自筹3.3亿元。“十一五”末全市卫生系统总建筑面积达264.8万平方米。年财政投入卫生事业费5.2亿元，是2005年的2倍；实际卫生技术人员37039人，较2005年24983人增加了13056人；实际床位数28986张，较2005年18114张增加10872张；执业(助理)医师18677人(2005年8625人)、执业护士14085人(2005年6103人)。全市千人口病床数达到2.66张(2005年为1.67张)，执业(助理)医师达到1.7人(2005年为0.8人)、执业护士达到1.3人(2005年为0.57人)。确定市级重点特色专科160个，省级重点特色专科5个。孕产妇死亡率从2005年的31.9/10万下降到2010年的18.84/10万，5岁以下儿童死亡率从2005年的17.2‰下降到2010年的7.74‰，婴儿死亡率从2005年的13.8‰下降到2010年的5.76‰。人均期望寿命达73岁。

【医疗卫生体制改革顺利推进】 新农合体制机制不断创新。实行“大病统筹+家庭账户+乡级门诊统筹”统一补偿模式，扩大省级及省内跨区定点医疗机构直补试点，制定千分制考核办法，确保新农合规范运行。全市共有895.8万农民参加新农合，参合率97.74%，较2009年增加1.7个百分点。全年累计补偿医疗费用12.41亿元，享受补偿的参合农民699.59万人次。开展国家基本药物制度基础工作，完成乡镇卫生院人员定编定岗和基本用药情况调查。执行河南省基本药物中标药品招标价格，市中心医院、国医院、医专一附院率先启动药品集中配送工作。基层医疗卫生服务体系进一步完善。对12个县级医院进行了投资建设，对28个乡镇卫生院进行改扩建，对609个村卫生室进行设备配置，新建成850个标准化村卫生室。从30个城市医疗机构选派150名医务人员对口支援30个中心乡镇卫生院，帮助开展新技术新业务40项，培训医护人员6394人次，为受援医院捐款捐物57.25万元。对13个社区卫生服务中心进行基础设施项目建设，对407名全科医生、96名社区护士进行了培训。累计建成25个社区卫生服务中心、29个社区卫生服务站。基本公共卫生服务扎实推进。实施6项重大公共卫生服务和9项国家基本公共卫生服务项目。对全市15岁以下人群85.1万人免费补种乙肝疫苗，完成2000名农村妇女乳腺癌筛查和94042名农村妇女免费增补叶酸工作。接受补助的农村孕产妇11.1万人，发放住院分娩补助2972.3万元。住院分娩率达97.88%，孕产妇管理率达85.23%，儿童管理率达80.79%。城市居民建立健康档案57.6万份，建档率达72.3%。农村居民建立健康档案174万份，建档率达20%。

【医疗卫生事业“四个带动”战略全面启动】 围绕“项目带动”，共争取医疗卫生基础设施建设项目88个，总投资41844万元。其中县级医疗机构6个、中心乡镇卫生院13个、社区卫生服务中心8个、精神卫生服务机构1个、国债村级卫生室建设60个，是历年来争取项目最多，投资最多的一年。围绕“品牌带动”，开展“树名医、创名科、建名院”活动。围绕“创新带动”，组织考察学习和观摩活动，实现发展理念、管理方式的创新。农村卫生围绕三个体系建设，在在乡村两级分别开展“三基一管”和“三培训一提高”活动；城市卫生规划农运会医疗应急救援中心、口腔医院等6个专科医院，卫生监督所等5个中心搬迁建设项目和新城区社区卫生服务中心建设项目。公共卫生体系完善了人才建设、制度建设、技术装备、预案制定等机制。围绕“服务带动”，各医疗机构“加强十项管理，落实十大指标，实现十个最好”。严格落实“两集中两到位”(将行政审批职能集中到一个内设机构，并向政务服务中心集中；将行政审批权向政务服务中心窗口授权到位，行政审批事项在政务服务中心办理到位），简化审批程序、压缩审批时限，提升了卫生窗口服务形象。

【全力创建国家卫生城市】 抽调40余名工作人员组建市创卫指挥部办公室，成立8个专业工作组和督导组，建立了市、区、办三级联动机制。继续巩固省级卫生城市创建成果，在城市基础设施建设、全民健康教育等方面实现新突破，确保完成80%以上的创建任务，为2011年申报国家卫生城市创造条件。城区各大中专院校、中小学校、幼托机构全面开展健康学校创建活动，在校学生和居民健康知识知晓率达到80%以上。开工建设市政道路15条，同时中心城区62条背街小巷全部整治到位，城区及城乡结合部80%的背街小巷达到硬化美化亮化。新建1500吨/日生活垃圾处理场1座，垃圾中转站27座，公厕40座，中心城区公厕全部达到国家卫生城市标准。启动梅溪河、温凉河、三里河等5条内河综合治理工程，改善内河生态环境。开工建设体育公园、邕河公园、汉宛城遗址公园、百里奚公园、梅城公园，完善白河姜营湿地公园，新建20座游园。加大创卫宣传力度，开通创卫短信平台，发放宣传画册，组织新闻发布会。广泛开展灭杀蚊蝇工作，灭蚊工作达到国家爱卫会规定标准。启动健康教育示范单位创建活动。创建健康单位152个、健康社区82个、健康医院7个、健康学校5个。加强"三汤"、"五小"专项整治工作，依法取缔、责令停业390个，整改基本达标1142个，命名市级"五小示范店"21个、区级180余个。加大督查评比力度，以百分考评方式进行排序公示、通报、曝光，有力地推进创卫工作扎实开展。加大基层创卫工作力度。西峡县、桐柏县、淅川县不断巩固国家和省级卫生县城创建成果，通过了省爱卫会年审。社旗、南召、新野、内乡等县城创卫力度不断加大，城区环境进一步优化。西峡县双龙镇通过了全国爱卫办暗访，被全国爱卫会命名为"国家卫生镇"，填补了南阳市没有国家级卫生乡镇的空白。西峡县太平镇乡、军马河乡通过了省级卫生乡镇暗访和考核，被省爱卫会命名为"省级卫生乡镇"。8个乡镇被命名为市级卫生乡镇，27个行政村被命名为市级卫生村，145个单位被命名为省市级卫生先进单位。

【疾病控制】 面对手足口病疫情，各级、各单位坚持科学防控，做到常态管理和应急处置相结合、预防措施和医疗救治相协调，强化重症集中收治，取得了无一例死亡病例的重大成效。艾滋病防治工作全面实施各项干预措施，规范开展抗病毒治疗，积极协助开展劝导工作，没有发生因卫生部门职责的信访、人访问题。结核病防治工作完成了第五轮全国结核病流调工作，继续保持现代结核病控制策略（DOTS）覆盖率100%。新涂阳肺结核病人治愈率达95.79%，超过省定85%的目标；登记治管新涂阳病人3637例，超过省定目标102例。强力实施扩大免疫规划工作，加强接种服务管理，各种常规疫苗接种率达95%以上。免费为8月龄至14周岁230.6万名儿童接种麻疹疫苗，接种率达97.62%，超出目标任务2.62个百分点。

【卫生应急保障】 圆满完成南水北调丹江口库区第一批移民搬迁医疗保障工作。全市卫生系统共投入卫生专业技术人员3384人次，救护车1070辆次，现场诊疗病人6656人次，累计发放使用药品30余万元。南阳市第一批移民集中搬迁的76批次、涉及57个移民村、13761户、60886人，已全部顺利安全迁出，无一人因伤病而滞留，没有发生一起食物中毒、一例传染病，实现了"不漏、不掉、不伤、不亡一人"的搬迁目标。7月下旬，市境遭遇严重洪涝灾害后，市卫生局立即派遣10支70人的医疗卫生小分队，奔赴灾情严重的乡镇指导医疗卫生单位重建、灾后防疫和灾民医疗救治工作。通过市直医疗卫生单位捐款捐物和市红十字会筹集了50余万元的消杀、抗菌、急救药品和物资运往灾区，确保了大灾之后无大疫。

【医疗质量管理】 以开展"医疗质量万里行"活动为抓手，以加强药占比等"十大指标"监控考核为手段，开展创建"优质医院"和"优质护理服务示范工程"活动，狠抓医疗护理核心制度落实、临床合理检查用药、医院感染管理、临床实验室质控、病历书写质量等基础环节和关键部位，提升医院管理和服务水平。全市二、三级医院消毒供应中心、手术室、ICU、PICU、RICU、NICU、感染性门诊等重点科室建设取得实质性进展。新申报省级重点培育专科13个。三级医院确定86个专业119个病种，二级医院确定67个专业128个病种，开展了临床路径管理试点工作。二、三级医院创建优质护理服务示范病区45个。平均药品收入占业务收入比例由2009年的51.6%下降为44.8%，甲级病历率超过90%，处方合格率超过95%，择期手术术前平均住院日为2.83天，患者平均住院日控制在12天以内（省定三级医院15天）。新建成6个固定献血屋,全市献血 59542 人次,净增 5450 人次,增长 10.08%,采血总量增长 11.1%。

【中医】 评论出台《关于加快中医药事业振兴发展的意见》。开展中医医院质量管理年活动,扩大中医药治疗艾滋病项目试点。在全市二级以上综合医院开展“中医药工作示范单位”创建活动,启动了县级综合医院(专科医院)中医科、“农村中医特色专科”、“乡镇及农村名中医诊室(所)”创建工作。从全市选送 10 名名中医走进北京清华园和北京中医药文化展览会现场开展大型义诊活动,圆满完成了第九届张仲景医药科技文化节、中医中药中国行文化科普宣传周河南站启动各项承办工作任务。南阳市被河南省人民政府确定为经方研发基地。

【卫生执法】 加强餐饮服务环节食品安全监管,扎实开展地沟油、一次性筷子及餐饮具集中消毒管理、问题奶粉清缴、蜂乳保健食品等专项整治活动,确保了全市无重大食物中毒等安全事故发生。同时,开展打击非法行医和消毒产品违法宣传疗效及非医学需要胎儿性别鉴定专项整治活动。加强职业卫生管理,对全市从事放射工作的人员进行了知识培训和健康体检。

【行业作风建设】 坚持正面引导为主,开展多种形式的争先创优活动,加强了党风廉政建设和精神文明建设,市直卫生系统已拥有省级文明单位 4 个,市级文明单位 13 个,县级文明单位 3 个。圆满完成中华医学会南阳分会、医院管理协会和农村卫生协会换届工作,推荐评选优秀专业委员会 20 个、省级优秀院长 2 名、市级优秀院长 36 名。围绕卫生文化建设,倡导五好(说好话、办好事、存好心、树好形、做好人)文化,举办了南阳卫生系统“天使杯”书画摄影比赛、“杏林欢歌”迎春文艺汇演。围绕行业作风建设,开展政风行风评议和医院专评活动,解决了群众反映的热点难点问题,受理信访案事件 676 件、1046 人次,办结率达 100%。网上药品招标采购量连续两年位居全省第一。创建“平安医院”实现了保平安的目标。圆满完成医药节、玉雕节等大型活动的医疗卫生保障和组织协调任务。抗洪救灾工作被授予集体三等功,移民迁安医疗卫生保障工作被省委组织部、省人社厅、省移民指挥部办公室授予“先进集体”称号,树立了卫生行业崭新形象。

【南阳市中心医院】 南阳市中心医院是国家三级甲等医院,是豫西南医疗、科研、急救、预防、保健、康复和教学中心,是郑大医学院、新乡医学院、河南科技大学医学院、南阳医专的教学医院和新乡医学院附属医院研究生培养基地。医院占地面积 10.1 万平方米,医用建筑面积 16 万平方米。有职工 2412 人(高级职称人员 252 人,博士 2 人,硕士研究生 202 人,硕士生导师 15 人,享受国务院特殊津贴专家 4 名,省管优秀专家 1 名,全国劳模 1 名,河南省跨世纪学术技术带头人 4 名)。“省级文明单位”,河南省医院民主评议行风地市级第一名,被省卫生厅评为卫生支农“先进单位”、全省医院创新管理“先进单位”、新农合管理“先进单位”。

医院编制床位 2000 张。2010 年医院门诊病人达 591068 人,共收治住院病人 62122 人次,比上年增加 2300 人次,提高 3.99%;床位使用率 143%,床位周转次数 48.4 人次/床,平均住院日 10.5 天,比上年缩短 0.5 天。全年共开展手术 16048 例,提高 45.8%。全年收入 5.28 亿元。医院现有西门子双源 CT、直线加速器、西门子 1250C 臂等一大批先进医疗设备,2010 年引进西门子 3.0 大孔径磁共振、医科达 10M 直线加速器、飞利浦数字血管造影机、GE16 排 CT、西门子彩超等高档医疗设备。医院有临床科室 57 个,其中省特色专科 2 个(分别是肿瘤内科、心血管内科),南阳市重点专科 25 个(分别是心血管内科、肿瘤内科、普通外科、神经内科、妇科肿瘤、小儿神经急救、白科、新生儿高危干预科、消化内科、内分泌科、呼吸内科、神经外科、感染肝病科、泌尿外科、产科、肾病风湿及血液净化、血液科、骨关节手外科、小儿心血管肾病、心脏外科、耳鼻喉科、骨科、胸外科、乳腺内分泌、创作外科),南阳市特色专科(分别是小儿脑瘫科和麻醉科)。完成了心内科、普外科、肿瘤内科、神经内科、小儿科、妇科 6 个学科 2011~2015 年河南省重点培育专科的材料审查、上报工作。全年共获市级科技成果奖 26 项,在国家级期刊杂志上发表论文 168 余篇,出版专著一部。

2010 年,南阳市中心医院扎实开展“医疗质量万里行”、“十大指标”监控活动,顺利通过省、市卫生行政部门的督导检查,综合得分位居全市三级医院之首。针对手足口病的严峻形势,建立手足口病救治第一病区收治重症患儿。全年门诊筛查、诊疗手足口病患儿 1900 余例,病区共收治手足口病重症患儿 940 人次,收治甲流感住院患者 99 人次,全部治愈出院,无一例死亡。医院新病房大楼于 2010 年 10 月 10 日投入试运行。大楼总面积 7.6 万平方米,住院床位 1700 张。设有净化手术室 24 间、心外科重症监护室、综合重症监护病房、生殖医学病房、静脉用药配置中心、骨髓移植净化病房等国内一流的先进设施。病区设有双人间、三人间、单人间及套间病房，可满足不同人群的需求。对南召县人民医院、内乡县人民医院、西峡协和医院进行帮扶支援工作，派出卫生支农医师19人，诊疗患者6533人次，开展手术210台次；支援对口医院病床20张、罗氏全自动生化分析仪1台、800mAX线机1台、多参数监护仪1台。同时，对800余名工作在临床一线的人事代理人员实行同工同酬，交纳补齐"四险一金"（养老保险、失业保险、医疗保险、工伤保险、住房公积金）。

【南阳市骨科医院】 南阳市骨科医院（南阳市第五人民医院）是南阳市卫生局直属二级公立医院，是南阳市骨科的医疗、康复、科研和教学中心。现有职工365人，专业技术人员占86%，高中级职称人员130多人，开设床位260张，医疗服务辐射南阳、信阳、驻马店及湖北省的20多个县市区。设有10个临床骨专科和1个南都分院，其中4个专科（关节小儿科、手外科、脊柱科、创伤科）是南阳市重点专科。医院在复杂骨折、疑难骨病、关节修复、脊柱矫形、断肢再植、手指再造、微创治疗、康复治疗和颈肩腰腿疼疾病等方面积累了丰富的临床经验。新装了层流手术间，建立了临床骨库。拥有磁共振、螺旋CT、数控（CR、DR）X光机、骨密度测量仪、关节镜、间盘镜、全自动生化分析仪、骨质愈合冲击波、五分类多功能血球分析仪、低温灭菌消毒柜、C型臂X光机、多参数心电监护仪、彩超等医疗设备。

2010年，率先在全市使用电子病历、医生工作站（HIS系统）、医学影像传输系统（PASK系统），安装了合理用药软件。电子阅览室系统可在院内网站浏览到2000种中、外医学杂志，被市卫生局列为全市卫生系统信息化建设观摩单位。深化优质服务，评选星级服务标兵和温馨科室，开设风湿病学校和椎间盘学校，实行一对一全程服务。积极开展健康教育宣传活动，在门诊大厅、住院病区等场所设立20多个科普知识宣传栏，购置电子大屏幕，开通《骨科医院健康教育》频道，发放健康处方、制作"创建健康医院"专题多媒体等，多渠道、深层次开展健康教育。成立青年志愿者服务队，免费提供医疗护理咨询、搀扶接送患者500余人次。荣获全市"六创一迎"流动红旗。全年共申报市级科研成果2项，开展新技术23项；组织院内会诊23场次；选派6名医师到医专附院进行技术规范化培训。与《医药卫生报》、《大河报》携手撰稿大型医院品牌化建设宣传材料；协助南阳电视台拍摄《财智人生》专题片；在日报、晚报、电视报上刊发科普文章26篇。刊发《骨科信息》33篇。建立医患交流平台系统，安装患者服务软件，建立营销协作医生信息库，确保患者无限时就诊咨询服务。热线回访率在90%以上，发送温馨短信1000余条。54名共产党员义务医疗队参与送医下乡36次，组织健康讲座5次。

【南阳市张仲景医院】 南阳市张仲景医院始建于1979年，是集医疗、教学、科研、康复、保健为一体的国家二级甲等中医院。现有干部职工160余人，业务技术人员131人（高级职称15人；中级职称60余人）；占地面积8137平方米。设有中医内科、中医外科、中医妇科、中医脾胃病专科、中医骨伤科、中医皮肤科、针推科、五官科、高血压病科、消化科、肾病科、肝胆病科、急诊科、脑病科等20多个专病专科，病区开放病床120张。拥有日本东芝TCT300MA型CT、大型全自动生化分析仪、彩色超声诊断仪、彩色经颅多普勒超声诊断仪、500MAX光机、B超、心电图、多参数监护仪、神经网络重建仪等现代化医疗设备。脑病专科、骨伤科、针灸科成为省、市、院级中医重点专科。

2010年，该院积极改善就医环境和住院条件，更新标牌，进行仿古化、庭院式改建工程和平面美化、立体美化建设，开辟患者休闲场所，种植花草，摆放鲜花盆景。对病房进行装修改造，更新床单元，安装中心供氧系统系统和呼叫系统。确定了具有中医药文化内涵的院徽、院训、宗旨和院歌；创办了院报、医院网站；请专业老师对医务人员培训太极拳、五禽戏、八段锦等具有中医文化特色的健身运动。深入开展民主评议医院行风活动，聘请了行风监督员，开展"合理检查、合理用药、合理治疗"和"全面加强医院管理，切实提高服务水平"活动。聘请专业机构对医务人员进行服务理念、服务方向、服务礼仪以及专业技能、沟通技巧等培训。实施"树名医，创名科，建名院"三名战略，狠抓"三基"、"三严"训练，加强人才培养。扎实开展"平安医院"创建活动和卫生支农工作。全年门诊量9万多人次，入院1319人次，出院1276人次，收入达931万元。对建档居民进行健康体检2653人次，为辖区65岁以上老年人进行免费体检338人次，让利6398元，体检优惠9万余元。被命名为"健康医院"。

【南阳市肿瘤医院】 南阳市肿瘤医院成立于1993年5月，2008年6月并入南阳市中心医院。医院占地面积8915平方米，建筑面积8294.4平方米，编制床位200

张,设有胸部肿瘤外科、食管外科、腹部肿瘤外科、妇瘤科、乳腺科、肿瘤内科一、二病区、手术室、放疗科、血液病区、中西医结合病区、腔镜微创治疗中心等12个临床科室或专业组,17个门诊医技科室。共有员工224名,其中高级专业技术职务30人,硕士研究生以上学历5人,南阳市学科带头人8人,南阳市相关专业学术委员会副主任委员以上职务5人。拥有全数字化钼铑双钯乳腺机、直线加速器、三维模拟精确定位系统、双排螺旋CT、五分类自动生化仪和全数字免疫分析系统等大中型肿瘤专科设备,其中全数字化钼铑双钯乳腺机为河南省仅有的2台之一。肿瘤射频治疗机、肿瘤旋切治疗系统等4台大型肿瘤治疗设备即将投入使用。2010年,该院推出了《落实医疗事故、医患纠纷责任追究制的规定》、《临床路径及单病种质量管理制度》、《一次性无菌物品的管理规定》、《分级护理制度》等25项规定。各方面工作均制订了合理的流程、路径及突发情况处理预案,通过检查、评价、监督狠抓落实。对医疗质量实行三级管理制度。初步完成HIS系统、LIS系统、PICS系统、电子病历管理、合理用药管理、成本核算等六大系统,20余个子系统的建设。2010年取得胸腔镜下肺叶切除术治疗肺部疾病、细胞块切片技术在宫颈阴道病变液基细胞学检查中的应用研究总结报告、多元化治疗复发性膀胱肿瘤的临床研究3项科技成果。全年医院投入52万元对门诊楼、中心腔镜室进行建设改造,面积约454平方米。

【南阳市眼科医院】 南阳市眼科医院成立于1956年,占地面积15318平方米,建筑面积5970平方米,固定资产900余万元,开放床位200张。从初建时的眼科联合诊所已发展成为集预防、医疗、教研、康复为一体的专科医院。现有职工215人,其中专业技术人员200人,高级专业技术人员23人,中级专业技术人员67人,初级专业技术人员110人。拥有美国威视准分子激光机,眼相干断层OCT扫描成像仪,法国眼科激光治疗仪,美国白内障超声乳化仪,日本眼用A、B超,电脑视野,角膜曲率仪,眼底数字眼相机,法国非接触眼压仪,角膜测厚仪等医疗设备。

2010年,该院在医疗卫生管理、科研方面,实施10大指标监管及考核;认真开展"医疗质量万里行"活动、临床路径管理试点工作(2010年将老年性白内障纳入临床路径管理);贯彻落实卫生部《关于进一步改善医疗机构医疗服务管理工作的通知》,落实卫生部《病历书写规范》;实施《手术安全核查制度》,确保手术安全。全年度荣获市科技成果二等奖2项,在省级以上及国家核心期刊发表论文30篇。同时,实施硬件设施建设与改造:医院临梅溪路门面改造、装修750平方米;医院一楼候诊大厅改造、装修1250平方米;拆除医院内家属楼一栋1000平方米;医院道路硬化400平方米;健康教育室改造、装修350平方米。

【南阳市口腔医院】 南阳市口腔医院位于南阳市光武中路,是集临床、科研、教学、预防为一体的口腔二级专科医院,是南阳市口腔医学研究所所在地。医院有职工208人,占地面积4600平方米,医疗用房5000平方米,开放病床70张。内设11个科室,2个口腔专科门诊。拥有全颌曲面断层X光系统、口腔综合治疗台、多功能麻醉机、多参数心电血氧饱和度监护仪、全自动生化分析仪、根管显微镜、贵金属铸造机、纯钛铸造机、真空烤瓷炉、口腔手机消毒器、来复锯、口腔技工研磨仪、水平观测仪等先进医疗设备。颌面外科被确定为南阳市临床重点专科。被授予"市级健康医院"、"2010年度全市目标管理先进单位"、"医疗质量万里行"活动及"十大指标"宏观监管先进单位、"五好"基层党组织,"2010年度全市医院行风建设先进单位"。

2010年住院人次达2097人,实施手术1842例。在省内率先开展了舌癌舌颌颈联合根治吻合小血管游离前臂皮瓣移植舌再造修复术、颞下颌关节重建术、颌骨畸形正颌外科手术、小下颌畸形牵引成骨技术、游离腓骨瓣移植修复下颌骨缺损等技术项目,治疗口腔颌面颈部各种良恶性肿瘤、口腔颌面部感染等疾病,开展严重复合伤整复、复杂颌面部骨折固定、唇腭裂手术修复、整形美容手术、睡眠呼吸暂停综合征的监测和手术治疗等项目。与上海交通大学口腔医学院合作,邀请20多位国内知名专家讲学、会诊及手术示教。开展免费唇腭裂手术1441例。12月,医院获得由中华口腔医学会和美国微笑列车基金会共同颁发的"2010年微笑列车突出贡献奖"和"微笑列车唇腭裂修复慈善项目优秀合作医院奖"。先后选派6名业务骨干赴上海交通大学口腔医学院、四川华西大学口腔医学院进修学习,引进本科专业人才6名,研究生1名。2010年开展口腔种植技术、无痛拔牙技术、三叉神经疼的射频治疗技术、牙周病序列治疗、牙齿显微根管治疗技术、睡眠呼吸监测等多项新技术、新业务。有3项获省市级科研成果奖。投资150余万元,购置了菲曼特F1m牙科综合治疗台、全自动生化分析仪,口腔根管显微镜,病理分析图文系统等设备。出版院刊

《灿烂》，宣传口腔卫生保健知识。5月25日，在南阳电视台举办了“灿烂杯”南阳市中心城区中小学生口腔保健知识电视大奖赛。邀请宾馆公关部经理讲课，传授服务理念。先后投资200余万元改建、扩建部分医疗用房，新建了电梯和营养食堂。医院征地项目初步得到落实，规划3.41公顷土地用于医院搬迁建设。

【南阳市第三人民医院】 南阳市第三人民医院始建于1948年11月，前身是南阳地直机关公费医疗门诊部（地直公疗医院）。1995年11月撤地设市，改为南阳市第三人民医院，是国家二级综合医院，郑州大学第一附属医院医疗教学协作医院和网络会诊中心分中心，南阳市中韩整形美容专家手术基地，河南省残疾人联合会小儿脑瘫手术治疗定点医院，河南省残疾人申请机动车驾驶证体检医院，南阳市伤残军人鉴定定点医院。主要承担南阳市离休干部、城镇职工居民、新农合医保定点医院。该院位于中州路，有职工296人，各级各类技术人员220人，开放床位320张。配备有美国GE－VolusonE8四维彩超、德国西门子四维超声诊断仪、美国史赛克腹腔镜、以色列飞顿光子治疗仪、德国西门子欢悦CT、意大利数字胃肠X线机、美国雷赛准分子激光治疗仪、日本尿沉渣分析仪、日本彩色电子胃镜、多功能参多参数中央监护系统、心电工作站等设备。该院以安全医疗为工作重点，成立了院务委员会、学术委员会、药事委员会、经济管理委员会、医疗安全管理委员会、设备论证管理委员会。加强医院文化建设，确立了院歌、院徽、院训。粉刷了门诊楼走廊外墙，装饰了住院部、三楼体检中心，封闭了走廊阳台，改造了住院部室内卫生间。开设“生命绿色通道”。对急危重病人实行先接诊、先抢救、先入院、后办手续。服务窗口科室和病区实行24小时值班制，做到挂牌上岗，文明用语。微创外科为南阳市特色专科，整形美容外科为南阳市重点专科。2010年免费收治一例面部巨型血管瘤患者，南阳日报以《社旗“癞脸人”，今朝得新生》为题进行了报道。

【南阳市精神病医院（市第四人民医院）】 南阳市精神病医院始建于1958年，是河南省建院最早的精神病专科医院之一，担负着精神病患者的预防、诊断、治疗、康复和心理咨询任务。增挂了“南阳市第四人民医院”、“南阳市医疗戒毒中心”、“新乡医学院教学医院”、“新乡医学院硕士研究生培训基地”、“南阳耿介法医精神病司法鉴定所”、“南阳市青少年网络成瘾治疗中心”、“南阳市12355青少年服务中心”、“南阳市心理卫生协会”等牌子。该院为新农合医疗定点医院、城镇职工居民医保定点医院，是一所集医疗、教学、科研为一体的二级甲等非营利性公立精神病专科医院。拥有西门子全身多层螺旋CT扫描仪、迈瑞全自动生化分析仪、无线蓝牙脑地形图、颈颅多普勒、眼动检测系统、诱发电位仪、美国进口无抽搐电休克治疗机、脑波治疗仪、脑功能障碍治疗仪、心理测评仪等大型医技设备。

医院有职工377人，其中专业技术人员308人，正高4人、副高11人、中级91人，年门诊量4万余人次，年住院患者4000余人次。开放床位360张。2010年，先后被市委市政府命名“市级文明单位”、被市纠风办评为“2009年度全市医院行风建设先进单位”、被南阳市卫生局授予“医疗质量万里行活动通报表扬单位”。

该院以“医疗质量万里行”活动、“十大指标”监管、“创建优质护理服务示范工程”、创建“健康医院”、民主评议医院行风等活动为载体，强化核心制度和法律法规学习，增强依法执业意识；加强“三基”、“三严”训练考核，营造良好学习环境；创新工作思路，加大病历质量管理力度；加强医患沟通，充实服务内涵；坚持业务、行政查房制度；消毒隔离与医疗废物管理更加规范；严控药品占比、次均住院费用等，严格物价收费、药品招标管理。成立失眠症、抑郁症、神经症、戒酒戒毒、网瘾戒除、心理咨询与治疗等特色专科。全年共鉴定各类案、事件204人次，无一例被投诉。全年获得市级科研进步奖两项，发表学术论文43篇，特色专科“抑郁症”通过评审。医院改扩建项目、中央补助地方重性精神疾病管理治疗项目正在顺利实施。

【南阳市第六人民医院（南阳市结核病防治所）】 南阳市第六人民医院是由市结核病防治所和传染病医院合并组建的二级专科医院。位于长江路，主要承担全市突发公共卫生医疗事件、重大传染病、结核病的医疗救治和社区卫生服务工作，是全市结核病、肝病诊断治疗中心。医院占地面积9338平方米，建筑面积12260平方米。有职工156人，其中卫生专业技术人员117人。医院设病床150张，设有结核病、肝病专科门诊和病区，拥有CT、彩超、全自动生化分析仪、800mAX光机、肺功能仪、呼吸机、PCR等设备。2010年获得市级标兵文明单位和健康医院称号，并荣获南阳市创建国家卫生城市健康医院红旗单位。

该医院实施了结核病控制项目，主要用于病人检查治疗、项目督导、基层培训和健康促进。利用世行贷款/英国赠款结核病控制项目(卫十项目)引进世行贷款资金211418美元(折合人民币175万),地方财政配套126万人民币,使近3万例涂阳肺结核患者享受到了国家免费检查和治疗管理,全市结核病疫情得到有效控制。启动中央转移支付结核病项目,用于对辖区内肺结核可疑病人提供1次胸部X光片和1次痰涂片检查;对确诊的活动性肺结核患者,免费提供统一标准化疗方案所需的抗结核药品,治疗期间提供3次痰涂片随访检查。启动省财政"三免"结核病项目,用于辖区内确诊的活动性肺结核患者,治疗期间每例减免胸片、血、尿常规和肝功能各1次,对急重症必须住院治疗的肺结核病人每人每天减免床位费用为9元(不超过30天)。完成社区卫生服务中心国债建设项目,实际建筑面积为2526平方米,总造价301万元,其中国债资金169万元,医院自筹资金132万元,2010年元月竣工并投入使用。完成全国第五次结核病流行病学调查南阳点的调查任务,3个流调点核实应检人口为4089人,实际受检人数3911人,受检率95.65%,分别通过国家和省疾控中心验收。全年全市共登记治管活动性肺结核病人9632例,其中新涂阳病人3546例(全年任务3535例),完成全年政府目标任务的106%。

【南阳市第八人民医院】 南阳市第八人民医院(原市京西医院)是一所集医疗、预防、康复、保健、教学、科研等为一体的综合性医院。下设两个社区卫生服务中心,3个社区卫生服务站,3个门诊。位于工农路,开设床位96张,编制人数83人,现有职工118人,其中卫生技术人员98人,高级职称7人,中级职称33人。开设内科、外科、妇产科、儿科、急诊、骨伤科、中医科、耳鼻喉科、眼科、口腔科、肛肠科、针灸等门诊科室;设立糖尿病、不孕不育、小儿脑瘫、心脑血管、肛肠等特色专科;开设内科、外科、妇产科3大病区。有东软飞利浦CT、500MAX光机、GE彩超、酶促化学发光仪、红外线乳腺诊断仪、电子胃镜、全自动生化分析仪、全自动血球计数仪、血凝仪、多导自动分析心电图机、麻醉机、呼吸机、心电监护仪、洗胃机、万能手术床、常规化验等仪器设备。1月被河南省卫生厅授予"五大工程建设先进单位"。

扎实做好社区卫生服务工作。社区卫生服务中心建立健康档案55346人份,辖区建档率达70.3%;在中原、川光社区开展社区诊断工作;每月定期开展健康教育,有完善的年度健康教育计划,6大类人群居民基本卫生知识知晓率达到75%。为辖区内居民提供优质的基本医疗和10项社区公共卫生服务。深入开展医疗质量万里行及"三好一满意"活动,获得一级医院检查评比第一名。共选派2人到省级以上医院进修学习,有7名医生参加了全科医师培训,9名护士参加了社区护士岗位培训,发表国家级论文8篇,共投入4万余元用于科研培训、人员的继续教育。《痔瘘消除丸治疗内痔临床及机理研究》获省中医管理局科技成果一等奖。全年收治无主救助病人64人次,为救治流浪乞讨无主病人医院先期垫资19万余元。

【南阳市第九人民医院】 南阳市第九人民医院(原南阳铁路医院)始建于1979年9月30日。2005年移交南阳市政府更名为"南阳市第九人民医院"。目前已发展成为集医疗、教学、科研、康复、保健、急救于一体的国家二级综合性医院。设置有康复医学科、微创外科等36个临床科室;拥有飞利浦大16排全身螺旋CT机、东芝1000mAX光机、GE四维彩超等先进设备;有通过省级验收的血液净化科、内镜室、百级层流手术室及重症医学科、消毒供应室等重点科室,定编床位240张。拥有各级各类专业技术人员291人,中高级职称111人。建筑面积20806平方米,绿化面积50%。2010年分别获得南阳市卫生工作目标管理先进单位、"医疗质量万里行"活动和"十大指标"宏观监管先进单位、全市医院行风建设先进单位、优秀艾滋病筛查实验室、"五好"基层党组织、健康医院等荣誉。

2010年,该院争创二级甲等医院,深化"医疗质量万里行活动",将26项医护核心制度提炼为简便易记的"68项卡死制度";扎实做好医院感染控制管理,血液净化室、内窥镜室、消毒供应室经省卫生厅复验合格。认真落实二级医院"十大指标"考核内容,每季度按时上报运行情况。认真开展"创建优质护理服务示范工程"活动,骨科、康复医学科、重症医学科作为"创建优质护理服务示范病区"试点,创建了"无陪化病房",受到患者好评。新农合病人住院费用比上年下降11%。做到了药品100%参加省集中招标,医疗器械、耗材100%参加市招标。对南召县皇路店镇卫生院进行对口支援,支农义诊13次。社区健康教育讲座24次,居民建档率78%。设立"济困"病房,为贫困患者减免费用10万元。业务收入增长15%。建立了病理科、血管瘤专科。引进专科人才14名(研究生1名、中高级人才6名)。选送外出进修学习10人次;院内业务培训讲座27次,培训职工3240余人次。全院理论知识竞赛4次,技术操作比赛2次。申报市级科技成果2项,发表省级以上论文21篇。开展妇产科、普外科、骨科临床路径6项。开展输尿管肾镜、经皮肾镜、前列腺汽化电切等泌尿科微创技术,腔镜下子宫肌瘤剔除等微创妇科手术和床旁透析等新业务、新技术16项。作为中残联“0—6岁抢救性孤独症儿童康复项目”定点医院,为10名贫困自闭症患儿免费康复治疗。接受援助眼科超声乳化手术设备价值160万元。全年白内障复明手术300例。国家残联、国家发改委“十二五”项目——南阳市康复中心大楼(6000平方米)建设项目民工获批复并落户市第九人民医院。

【南阳市张仲景国医院】 南阳市张仲景国医院(原南阳市中医院)是集医疗、教学、康复、保健于一体的国家三级甲等中医医院,为河南中医学院和南阳理工学院教学医院,开放病床500张。为正处级单位。附设“南阳市中西医结合儿童医院”和“南阳市腰椎间盘突出症诊疗中心”。有中西医专家100余人,其中27人为省市医学会各专业委员会正、副主任委员,12人荣获南阳市“科技拔尖人才”或“学术技术带头人”称号,15人被授予南阳市名中医,4人入选全国优秀临床中医人才;有螺旋CT、核磁共振、C型臂X光机、彩色B超、全自动生化分析仪、同步呼吸机、血液透析机、中药浓缩提取等大型诊疗设备200余台;开设急诊、心病科、脑病科、肿瘤、肾病、儿科、骨伤、妇产、普外、胸外、脑外、烧伤整形、微创外科等17个病区及针灸推拿、肛肠、皮肤病科等30多个特色专科,儿科为“国家级重点专科”,骨伤科为省级重点中医专科,心病科、肿瘤科和针推科是市级中医特色专科,普外科、烧伤整形科、妇产科是市级重点临床专科。

该医院坚持中西医结合的办院方针,大力实施“名医、名科、名院”战略,逐步形成了“中医有特色,西医有品牌,中西医结合有优势”的发展格局。对小儿脑瘫、中风、糖尿病、慢性肾衰、恶性肿瘤、缺血性心脏病、腰椎间盘突出症、股骨头缺血性坏死、血栓性静脉炎等都有其独特的中医药疗法,在南阳技术领先。对各种创伤、烧伤、结石、高危妊娠、新生儿重症、药物中毒等的救治及心肺脑复苏、院前急救能力均达到全市一流水平;荣膺全市民主评议医院行风“五连冠”,多次荣获河南省行风建设和医院管理先进单位。目前,建筑面积13000平方米的新综合病房楼即将竣工,届时医院开放床位将达到800张。

【南阳市中心血站】 南阳市中心血站位于白河南岸,占地1.18公顷,采供血大楼6180平方米,职工160人,承担着全市13个县(市、区)1100万人口临床用血的采集、加工制备和输血技术的指导培训工作,年供血量25吨。临床用血100%来自无偿献血,连续3次被国家卫生部命名为“无偿献血先进城市”。

2010年全市献血59542人次,采血总量121256个单位,临床用血总量233757个单位。街头自愿无偿献血持续保持100%,机采成分无偿献血比例100%,农村无偿献血比例64.5%,及时保证了临床用血需求和血液质量安全。该站持续开展继续教育培训工作,每年全体职工培训不少于75学时。根据法律法规,整理出一套业务工作流程及方案。开展血液制品品种有红细胞悬液、浓缩红细胞、洗涤红细胞、RhD阴性冰冻去甘油红细胞、RhD阴性红细胞悬液、手工分浓缩血小板、冰冻血小板、普通冰冻血浆、新鲜冰冻血浆、冷沉淀、机采血小板、机采冰冻血小板等多种产品。2010年,中心血站加大硬件投资,在原有设备基础上,新购置了全自动血型分析仪、全自动无菌接管机等先进设备。随着新设备的投入使用,自动化程度的提高,减少了人为差错的发生,做到了一切操作可追溯,一切工作有签名,差错事故落实到人,增强了职工的责任心,确保了血液质量安全,使南阳中心血站的业务水平达到全省一流。强力推进全市采供血网络化建设,把重点县市的献血屋建设作为项目重点建设。2010年年底,邓州、西峡、镇平献血屋和市区鸿德广场献血屋已经建成并投入试运行。购买2台房车,改善采血环境,增加采血点,方便居民参加无偿献血。中心血站采用全市供血库网络一体化模式,实行基层供血库计算机联网,确保血液的及时调配合理使用。加强县级供血库基础设施建设,解决基层供血能力薄弱的环节。与各临床单位长期保持联系,及时听取和收集各医疗临床用血单位的意见和建议,交流成分用血经验,指导临床用血。与献血者经常保持联络,召开固定无偿献血者座谈会、机采成分血献血者座谈会、稀有血型献血者联谊会等,及时收集献血者的意见和建议,完善工作服务流程。

【南阳市医学会】 南阳市医学会成立于1976年,隶属于南阳市卫生局,是经南阳市民政部门注册登记的全市综合性医学科技团体。学会现有38个专业委员会1.8万余名学会会员,各县(市、区)都成立了医学会,形成了全市的医学学会组织网络体系。同时管理南阳市护理学会及南阳市医师协会的日常工作。内设8个机构。

6月27日召开市医学会第

四次会员代表大会，市卫生局局长赵玉亭当选为理事会会长。成立了首届肝病专业委员会，对神经一脑血管、感染、康复、儿科、耳鼻咽喉一头颈外科、泌尿外科、眼科、神经外科等8个专业委员会进行了改选换届。市护理学会成立了首届手术室、消毒供应室专业委员会；市医师协会成立了输血、神经内科专业医师分会。发展团体会员单位130余个，推荐20余名优秀专家担任省医学会专业委员会职务。全年组织召开了检验、病理、神经一脑血管、康复、感染、肝病、急救医学、儿科、耳鼻咽喉一头颈外科、泌尿外科、消化及消化内镜、眼科、神经外科等14个专业的学术会议；护理学会组织召开了护理内科、手术室、消毒供应室等3个专业的学术会议；市医师协会组织召开了骨科、麻醉、输血、神经内科、肛肠等5个专业医师论坛及学术会。共邀请到国家级及省级专家40余人进行大会讲学，参会代表达2000余人。全年共举办护理、眼科、检验、外科暨急救、妇产科、医疗文书书写规范、医疗纠纷防范与处理等7个培训班，培训980余人。举办了市眼科老主委、老专家廖树森从医55周年庆典活动，市委副书记贾崇兰到会祝贺。全年共受理鉴定60例，完成鉴定58例，鉴定完成率达97%。6月5日，举办了全市医疗纠纷防范与处理研讨会。全年申报国家级继续医学教育项目17项；对各医疗卫生单位申报的继续医学教育项目进行评审立项6项；组织和举办省级Ⅰ类继续医学教育项目2项，Ⅱ类继续医学教育项目20余项；认真组织实施继续医学教育学分登记制度，审核继续教育学分2900余人。进行了甲型流感、手足口病以及常见病、多发病的卫生科普知识宣传。组织33名护理管理人员赴江苏省人民医院进行“舒心无陪化护理”培训；在西峡县组织召开全市卫生系统新闻宣传暨信息化建设培训工作会议；组织全市二、三级医院医疗文书考评活动。全年出版并免费发行《南阳医学》6期，18000余册。

【南阳市卫生职工学校】 南阳市卫生职工学校始建于1950年，原称“南阳地区卫生人员训练班”。1994年南阳撤地建市，更名为“南阳市卫生职工学校”，隶属南阳市卫生局，为正科级全供事业单位。编制19人，现有职工26人，其中大专学历20人，本科学历2人，在职研究生1人；中级专业技术职务11人，初级专业技术职务1人。学校位于南阳市车站南路，占地面积3000平方米，建筑面积2214平方米。拥有2个标准教室和4个多媒体教室，藏书10000余册。现有自考、成人高招在册生2328名。是“南阳市基层卫生人员培训基地”、“南阳市全科医师培训中心”、“南阳市中医适宜技术培训基地”。被省、市评为省爱国卫生运动先进单位”、“市级文明单位”、“先进自考辅导站”、“成人教育先进单位”。

2010年招收自学考试新生655人、成人教育新生327人。开设自考辅导班20个；全年共报考2686人次，共计7615科次；办理临床实践考核人数251人，毕业生人数232人。完成了2008级、2009、2010级专本科班的教学任务。2010年毕业184人。完成428名全科医师、104名社区护士的报名、培训、临床实习、实践技能考核及理论考试工作。完成全科医师骨干32人、社区药学26人、社区检验25人、社区B超24人、社区心电图23人、社区X线9人、社区口腔5人、社区康复6人的实践技能考核及理论考试工作。举办了重症监护专科护士岗位培训班、院内感染管理岗位培训班、西医类执业助理医师实践技能考试辅导班、中医、中西医类执业助理医师实践技能考试辅导班等7个短期辅导班，参加辅导总人数达625人。配合市卫生局筹备并实施了2010年全国执业医师技能考试南阳考点的考试工作(助理执业医师3879人，执业医师1483人)。承办全市医药卫生事业单位12个专业、461人的技师培训工作。

【南阳市农村卫生协会】 4月26日，召开了南阳市农村卫生协会第四届改选换届暨表彰会议。3月31日至4月2日受市卫生局委托举办全市健康档案建档培训师资班。5月21～24日，举办了全市新型农村合作医疗监督与管理工作培训班。6月25～30日，邀请有关专家对全市乡镇卫生院护理人员和医务人员300余人进行了无菌操作、心血管疾病诊断、呼吸系统疾病、院前急救知识、医疗事故的防范等内容的培训。10月10～11日协助市卫生局举办了“新跨越杯”乡镇卫生院竞赛活动经验交流会。会上，市卫生局局长赵玉亭提出了“技术规范化，服务人性化，管理科学化，收费合理化”的“四化”目标。11月2～8日，深入4县、5乡镇，调研乡村医生的“所思，所想，所求”，共回收有效问卷表297张，收集具体意见近1500条。对家庭受灾，生活困难，身患疾病的50余名乡村医生发放慰问金3万余元。

【南阳市爱国卫生运动委员会办公室】 南阳市爱卫会办公室是南阳市爱国卫生运动委员会的常设办事机构，是参照公务员管理的副处级事业单位，编制7人。承担组织爱国卫生工作法律、法规、规章和政策的实施与监督；规划、部署、协调和指导全市爱国卫生工作；组织开展全民健康教育、创建卫生城市、卫生县城、卫生乡镇、卫生村和卫生先进单位活动;推动农村改水改厕、环境卫生治理与除害防病工作;制定爱国卫生工作有关标准和检查办法,组织开展卫生检查评比活动等。按照市委、市政府的总体部署,积极推进创建国家卫生城市活动。健全了各级创卫网络,加快了城市基础设施建设步伐,城市管理力度进一步加大。人民路、车站路、张衡等道路大修工程相继完工,生活垃圾处理场、污水处理厂、粪便无害化处理厂建设进度加快,三区改造硬化背街小巷60余条,城区所有旱厕改造任务已全部完成并投入使用,新建40座水冲式公厕和27座垃圾中转站已基本完工。"五小"整治取得新进展,先后命名市级"示范店"21个、区级"示范店"186个,依法集中取缔、责令停业不达标"五小"门店390个,经整改基本达标1142个。强力整治交通秩序,清理"小广告"、"牛皮癣",整顿市场经营秩序,规范美化沿街广告牌匾,规范各种管线,抓好环境卫生保洁工作,全面推行生活垃圾袋装化。西峡、桐柏县继续巩固国家卫生县城创建成果,西峡县双龙镇被命名为"国家卫生镇",淅川县通过了省级卫生县城年审。西峡县太平镇乡、军马河乡被命名为"省级卫生乡镇"。全市新创成7个市级卫生乡镇、26个市级卫生村和176个省市级卫生先进单位。围绕春季传染病防控和新农村建设,组织开展了以卫生防病知识宣传、环境卫生综合整治为重点的爱国卫生月活动。中心城区组织开展了"千个城市,千人故事"一条街主题宣传活动,各医疗卫生单位组织了现场义诊咨询。组织开展了城乡环境卫生综合整治。争取中央补助地方公共卫生服务农村改厕项目资金1267万元,改厕任务30776户,项目涉及12个县(市、区)。印发了《南阳市爱国卫生宣传及健康教育工作方案》,全面开展健康医院、健康学校、健康社区和健康单位创建活动,成立了全市健康教育巡讲专家团,撰写健康教育科普知识读本。制定了《南阳市夏秋季灭蚊蝇活动实施方案》和《中心城区冬季统一灭鼠实施方案》。对中心城区847个机关单位和817个居民楼院建立了除"四害"档案。全面推行生活垃圾袋装化管理,彻底消灭了城区旱厕。中心城区开展了"灭蚊蝇先进城区"创建活动。在夏秋季每月5日、25日全市统一灭蚊蝇日,组织开展全民消杀活动。城区内河、广场、游园、下水道、绿化带、果皮箱、垃圾中转站、公厕等公共环境灭蚊蝇工作实现了市场化运作,收到明显效果,经省爱卫会组织专家考核,中心城区灭蚊工作达到了"灭蚊先进城区"标准。

【南阳市120急救指挥中心】 南阳市120急救指挥中心成立于2004年4月26日,担负着中心城区和卧龙、宛城两区日常院前急救和突发公共卫生事件的指挥调度工作,负责协调和指导全市三级急救网路建设,并兼负着对全市院前急救医护人员的技术指导和培训工作。有职工12人(高级职称1人,中级职称6人)。中心城区院前急救网络内成员单位共有17家,5家专科医院为辅助;急救站拥有救护车辆58辆、急救担架100余副;院前急救人员360人,其中医师137人,调度员、护理人员143人、司机80人。2010年,该中心共接听电话201434次(有效呼叫106362次、误拨呼入95C72次、恶意骚扰呼叫85456次).医院出车21380次(跑空次数7616次),累计接到病人14158人次;日平均接电话552次,出车59次,接到病人39人次,派车任务完成率64%。通过开展培训、检查、指导等多种方式,认真做好市、县、乡三级急救网络建设指导工作,规范了全市120急救体系建设。组织急救人员进入东关社区、河南工业职业技术学院、第十七小学等公众场合,对日常医疗知识、饮食安全和医疗保健知识、急救常识等进行培训和宣传。积极参与全市公共应急演练活动和社会活动医疗保障工作,圆满完成市政府安排的春节、元宵焰火晚会、玉雕节、大型体育赛事、文艺演出等重大活动的应急医疗保障任务。加入到南阳市应急救援支队,参加了"南阳市2010年城市燃气管道泄漏事故应急抢险演练"活动,与南航公司南阳基地联合在南阳飞机场,组织开展了人感染高致病性禽流感应急处置模拟演练活动。开展了南阳市2010年急救操作技术专项比武活动。拓展急救培训渠道和方法,加强省市级学术交流。完成了平顶山、信阳、南阳3个地市急诊急救业务骨干的培训任务,培训急诊急救骨干人员260人。承办了河南省医院协会急救中心(站)分会一届三次会议暨急救医疗管理专题会议。组织有关专家对南航南阳基地73名员工开展了应急救护培训。对全市158名基层医疗机构一线医护人员,开展了急诊急救业务技能培训。

【南阳市疾病预防控制中心】 南阳市疾病预防控制是隶属于市卫生局的正处级全供事业单位,是全市疾病预防控制、卫生监测检验、健康教育、预防医学科学研究、技术咨询的技术服务中心,承担全市13个县(市、区)疾病预防控制机构业务技术指导工作。有职工187人,其中高级职称30人,中级职称47人,大专以上学历人员占职工总数的77%;13个内设机构,拥有经计量认证合格、设备先进的卫生检测实验室。

2010年该中心全面落实法定传染病预防控制措施,确保重点传染病不发生大的流行。认真落实各类传染病预防控制措施,密切关注季节性传染病、新发传染病、不明原因传染病,经常深入基层进行调查研究和督导传染病防治工作,并制定相关工作方案,大力开展健康教育活动,确保了全市不发生大的疫情流行。全市13个县(市、区)通过疾病监测信息报告管理系统报告甲乙丙类传染病26种34375例,较上年同期(40668例)下降15.47%,报告发病率343.82/10万;报告死亡病例351例,死亡率3.51/10万。较上年同期(368例)下降4.62%。对甲型H1N1流感进行监测,掌握其流行趋势,为防治工作提供科学依据。全年共检测哨点样本406份,其中甲型H1N1阳性3份,阳性率为0.74%;应急检测68份,其中甲型H1N1阳性20份。巩固免疫规划成果,实现9种疫苗预防12种传染病,接种率均达到95%以上。加强艾滋病疫情监测,掌握艾滋病流行趋势、发病规律及影响因素,做好艾滋病防治工作。落实碘盐为主导的防治碘缺乏病措施,认真做好碘缺乏病监测工作,使碘缺乏病疫情继续控制在国家标准范围内。完善突发公共卫生事件应急预案,做好物资技术准备,快速有效地处置各类突发公共卫生事件,制定了《突发公共卫生事件应急预案》。做好7个全球基金疟疾项目县防治工作,巩固疟疾防治成果。全面开展疾病预防控制工作绩效考核,加强硬件建设,迅速提高疾病控制能力。2010年,艾滋病检测实验室被市科技局命名为市重点实验室,《预防艾滋病单阳配偶婚内性传播研究》和《青少年健康危险行为及应对措施研究》两项科研成果已通过市科技局组织的专家鉴定。

【南阳市红十字会】 南阳市红十字会1987年10月29日恢复工作。为副处级全供事业单位,隶属于市卫生局,编制人数7名,有工作人员10名、3个内设机构。截止2010年底,全市发展基层红十字会会员单位351个,会员人数27800人。志愿工作者1238人。

2010年该会积极开展救灾救助工作。汛期受灾期间,筹措到价值41万余元救灾物资,发放到淅川、西峡、内乡、南召等4个重灾县,使灾区5万灾民受益。青海玉树地震发生后,共接受社会捐赠救灾款物折合人民币1985476.33元,通过省红十字会转往玉树灾区。“双节”期间,开展“红十字博爱送万家”救助活动,投入救助款物达13.4万元。在南阳市区和邓州、内乡、镇平等县(市)开展造血干细胞宣传及血样采集活动,为中华骨髓库河南省分库提供了647份志愿捐献者的血样。截止2010年底,全市入库志愿者资料累计达2300余份,26位志愿者与患者初配成功,18位志愿者进行了高分辩检测,9位志愿者顺利捐献了造血干细胞。全年先后对市内43名白血病患儿给予共计129万元“小天使基金”的医疗资助。联合南阳市中心医院,深入到唐河县龙滩镇、卧龙区中州社区、宛城区东关社区开展送医义诊活动。利用“五·八”世界红十字日、防灾减灾日、世界急救日、世界艾滋病日、献血日等活动日广泛传播红十字运动的基本知识和“人道、博爱、奉献”的红十字精神,扩大红十字会的社会影响力。全年共发放宣传资料10万余份,展出宣传版面500余块、悬挂宣传横幅200余幅,新闻报刊报道38次,电视新闻报道6次,录制专题节目2次,市区出租车LED显示屏滚动公益广告10万余次,组织编发工作简报28期。市红十字会连续4年被中华骨髓库河南省分库评为“先进工作站”。

【南阳市卫生监督所】 全年共现场监督检查81个,查处超范围执业8个,使用非卫生技术人员从事医疗卫生技术工作35个,麻醉药品管理不规范6个,消毒管理不规范16个,医疗废物管理不规范32个。下达监督意见书81份,立案查处13个,罚款8.37万元。全年共监测医疗广告媒体4个,监测医疗广告110余条,14个医疗机构违规发布医疗广告,违规率为50%,较上年下降10个百分点,对10个医疗广告发布单位给予了警告处罚。召开市直管医疗卫生机构依法执业专题会议。受省卫生厅委托起草了《血液制品管理条列》、《脐带血造血肝细胞库管理条列》、《血站管理办法》行政处罚裁量标准(草案)。2010年共受理卫生许可32件,报请市卫生局审批发放许可证30件。抽检78个餐饮服务单位,6个无餐饮服务许可证或许可证过期,总体持证率92.3%;对71个有公用餐具的学校食堂和社会餐饮服务单位共660份餐具样品进行检测,合格448份,整体平均合格率为67.9%。对餐具检测不合格的21个餐饮服务单位均下达了警告处罚。检查发现1个社会餐馆发现有过期食品原料,1个学校食堂发现有无标签食品原料(已立案查处)。对21个公共场所进行了监督检查,下发监督意见书21份,处罚1个,量化分级监督18个。对辖区23个二次供水单位和直饮水单位进行集中监督检查,检查23户次,采集水样28份。对27个市直管学校开展传染病防控、食堂卫生、生活饮用水卫生的督查工作。对两节、春节庙会、两会、玉雕节、全省市长观摩会、全国排球联赛、中考、高考等重要会议、重要领导人来宛视察等13余次重大活动提供卫生保障。出台《南阳市2010年职业病防治工作意见》，开展以“防治职业病、造福劳动者——基本职业卫生服务”为主题的职业病防治法宣传一条街活动。对防爆厂、中烟集团等16个厂矿企业进行了日常监督检查，对康卫公司、二胶厂等2个企业新建项目进行了预防性监督，督促4个企业做职业病危害与评价报告。下发《南阳市卫生局2010年关于进一步加强医疗卫生机构放射防护工作的通知》、《南阳市卫生监督所关于开展放射卫生基本情况调查的通知》；对全市13个县(市、区)1100名放射工作人员进行了摸底调查；举办4期960名放射工作人员参加的“全市放射人员放射防护暨法律知识培训班”；对51个放射诊疗单位进行了检查。对放射诊疗许可证得发放、校验工作联合审查验收。共校验31个，新发证5个。接到各类投诉48起(转发给各县市区调查处理39起，市卫生监督所调查处理9起)，案件查处率达100%。

【南阳市中医中药研究所】 南阳市中医中药研究所始建于1980年，是南阳市卫生局下属正科级全供事业单位。编制10人，有职工15人，其中高级专业技术人员3名，中级专业技术人员5名，初级专业技术人员4名，工勤人员3名。该所位于南阳市工农路52号，内设4个科室，下属单位2个。是“市直文明标兵单位”。2010年，组织编纂出版《新编宋本仲景全书》，北京中医药大学钱超尘教授为该书作序，并作为珍本古医籍在上海世博会展览。4月16日，举办第二届“南阳中医药科技文化论坛”。参与南阳市政府“南阳市中医药产业化战略发展规划”的调研及制定工作。3月19日，受“南阳中医药产业化发展”项目小组委托，组织召开“南阳市中医药产业化研讨座谈会”。与《环球中医药》杂志社签订合作协议，与南阳市科技局联办《张仲景研究》杂志、与冠宝集团合作筹划开发“万兴东”。申报《〈张仲景药录〉的辑佚与复出考证》、《中药三联疗法治疗成人缺血股骨头性坏死的试验研究》、《华盖散与桃红四物汤加减治疗慢性阻塞性肺疾病的临床研究》、《骨刺消痛散外敷配合按摩治疗骨关节病临床研究》、《RNAi沉默CK基因对破骨细胞微环境的影响及中药治疗的新探索》等5个科研项目。参与天津中医药大学教授宋俊生主持的国家中医管理局重点攻关项目《〈伤寒论〉循证思维的再认识》的部分理论论证工作；“南阳市中医药产业战略规划”和“逐瘀醒脑胶囊治疗脑梗塞135例临床研究”项目分获市级科技成果一、二等奖。整理内部藏书，实行计算机管理，共整理输入各类书籍1734种，共计4669本。其中古籍医书246种共1428本，古籍史书79种共864本，医学类692种共1126本，文史类468种共746本，保健类88种共119本，期刊杂志43种共计2415本。(樊新生)

第七届全国农民运动会

【第七届全国农运会筹备概况】 2008年3月20日，农业部、国家体育总局和中国农民体育协会正式宣布，全国第七届农民运动会由河南省人民政府承办，于2012年在南阳市举行。这是南阳市、也是河南省建国以来承办的规格最高、规模最大的综合性体育赛事，是南阳历经15年，历经4次申办取得的重大胜利。中国是世界上唯一定期举办全国农民运动会的国家。1988年中国举办了第一届全国农民运动会，此后每4年举办一次，由农业部、国家体育总局和中国农民体育协会主办，各省、自治区、直辖市申请承办，前六届举办地分别为北京、孝感、上海、绵阳、宜春、泉州。本届南阳农运会将紧紧围绕“农”字设置农运会比赛项目，策划开、闭幕式文艺演出。本届农运会共设田径、篮球、游泳、毽球花毽、乒乓球、中国式摔跤、龙舟、民兵军事三项、武术、健身秧歌、中国象棋、舞龙、舞狮、自行车载重、风筝、钓鱼等15个大项，176个小项。还设置了搬重物赛跑、抗旱提水保苗赛跑、插秧赛、抢收粮食赛等，既趣味十足又贴近农民的日常生活。届时，将有来自全国31个省、市、自治区以及港、澳、台地区3万多名体育健儿和各界人士参加盛会。2009年9月9日，南阳市委、市政府成立了全国第七届农运会南阳市筹委会，在全市范围内开展争创国家生态园林城市、中国优秀旅游城市、国家卫生城市、全国双拥模范城市、国家环保模范城市、全国文明城市和迎接全国第七届农民运动会活动，全市动员、全民参与，实行市、县、乡、村“四级联动”，城乡共建、整体推进，完善城市功能、提升城市品位、打造生态宜居城市，改变村镇面貌、优化人居环境，建设和谐美丽新南阳。

【比赛场馆建设】 2010年是农运会场馆建设的关键之年，全年筹建和改扩建的场馆有：水上运动场(新建),承担龙舟比赛;南阳理工学院体育馆(新建),承担男子篮球比赛;南阳农校体育馆(新建),承担女子篮球比赛;南阳医专训练馆(改建),承担毽球花毽比赛;南阳师范学院体育馆(改建),承担乒乓球比赛;河南工院体育馆(改建),承担中国式摔跤比赛;南阳市体育馆,承担武术比赛;唐河县体育馆(新建),承担舞龙舞狮比赛;卧龙区麒麟山庄(新建),承担钓鱼项目比赛;南召县莲花温泉公园(新建),承担风筝比赛;邓州市宾馆(改建),承担中国象棋比赛;河南油田体育馆(改建),承担健身秧歌比赛;内乡县滨河路(改建),承担自行车载重比赛;南阳军分区民兵综合训练基地(改建),承担民兵军事三项比赛。竞赛项目布局初步确定,将9个大项摆放在中心城区,6个大项分布在有关县(市、区)和河南油田举行。主体育场主体结构已封顶,正在进行钢结构安装及内部粉刷,综合训练馆、游泳馆正在进行内部装饰装修,水上运动场已开工建设;唐河体育馆主体框架工程已完工,正在进行钢结构制作,卧龙钓鱼赛场已开始施工,南召风筝赛场地面平整已基本完成,河南油田文体中心的设计、施工招标已完成,内乡自行车载重赛场的亮化及配套的湍河治理已基本完成,赛场部分道路正在完善,邓州市象棋赛场正在做前期准备;新建的南阳理工学院体育馆正在进行看台钢筋绑扎,运动员公寓正在进行基础施工,南阳师院体育馆改造提升工作准备进行,新建运动员公寓已竣工,南阳医专体育馆、运动员公寓正在内外粉刷;河南工业职业技术学院运动员公寓基础梁柱钢筋已绑扎完毕,摔跤馆改扩建工程施工完毕,独山部队靶场按照民兵军事三项要求正在进行准备。

【基础设施建设】 配套基础设施建设进展顺利。农运会场馆区域13条道路建设已经全部启动;四水厂土方工程已完成,方庄、明山、西北郊变电站近期开工建设,北京、钓鱼台、迎宾等变电站上半年开工建设;宛城区永和苑安置小区建设已进入收尾阶段,丰源安置小区已建至12层,卧龙区白塔安置小区主体已通过验收,正进行内外装饰装修;制定接待任务分解方案,对各县(市、区)、大中专院校、河南油田等现有宾馆、酒店进行调查摸底,制订了维修、改造方案及优惠政策,出台了新建五星级、四星级酒店规划布局和招商引资工作方案,各主要新建宾馆正加速建设,改造宾馆已全部启动改造工作。新闻中心主体建筑包括新闻发布中心和广播电视中心两部分。新闻发布中心主要承担农运会期间的赛事新闻发布、记者办公任务。农运会举办期间,将至少有1500名中外记者云集南阳,报道盛会,推介南阳。广播电视中心主要承担赛事广播电视节目的直播、转播、制作、传输等任务。新闻中心建成后,南阳市广播电视事业整体水平将达到省级以上,南阳将从此拥有对接世界的信息平台。迎宾馆区域长途光缆入地挪移已全部完成;四水厂完成"三通一平",即将开工建设;迎宾、钓鱼台、北京、中州变电站正在按计划向有关部门申报,方庄变电站土建施工已经开始,明山、西北郊、城东变电站建设正在加紧协调。

【主题口号和吉祥物征集】 4月19日,中华人民共和国第七届农民运动会筹备工作新闻发布会在国务院新闻办公室新闻发布厅举行。这次新闻发布会由第七届全国农运会南阳市筹委会主办。其主要内容是:宣布第七届全国农民运动会将于2012年10月在河南省南阳市举办,通报第七届全国农运会筹备工作进展情况,发布面向全国征集农运会吉祥物和主题口号的消息,介绍农运会资源信息情况,启动市场开发工作。至此拉开了第七届全国农运会吉祥物、主题口号征集活动的序幕,活动至8月2日结束,受到社会各界的广泛关注,全国各地(除港澳台)共有1918人参与投稿,共收到有效参赛作品17478件,其中主题口号17162条,吉祥物316件。不少作品既体现了第七届全国农运会的主题、内容,也展示了南阳市独特的地域自然文化特色和悠久的历史人文精神,以不同方式表达了对南阳成功举办第七届全国农运会的美好祝愿。8月20日,第七届全国农运会吉祥物评审会召开。市领导姚进忠、原永胜、张振强,国内知名专家肖红、赵振乾等参加评审,委员会从经过初步筛选的69件作品中最终选出5件入围作品并提出了具体修改意见。

【农运会市场开发】 农运会是中国五大综合性体育赛事之一,但其品牌性价比相对较低、资源价值量相对较小,为此筹委会优化农运会主体内涵资源。即按照农运会自身的荣誉权、销售专有权、广告权、大型主题活动等资源类型,建立了农运会资源信息库,在此基础上根据不同层次的赞助行为进行资源配置。按照"政府引导、市场运作、企业赞助、社会支持"的基本原则和"适度开发、合作共赢"的运作方式,为农运会提供资金、技术、物资等服务保障。已完成市场开发任务4490万元,其中签约两个合作伙伴赞助商、两个供应商和1个特许产品经营商,合同总金额1850万元,已收到40余个机关团体、企事业单位和包括中小学生、退休干部、民营企业员工、普通市民捐款、捐物价值总计26839088元以及名贵树木、书画作品等实物。企业赞助营销全面展开，已经完成签约的企业有：赊店老酒股份有限公司（合同金额1100万元）、中国石油河南销售分公司（合同金额600万元）、方城峰阳山泉水有限公司（合同金额50万元）、淅川金戈利金银制品有限公司（合同金额60万元）、丰源角雕工艺厂（合同金额30万元）。达成初步合作意向的企业有：中国建设银行、中国农业银行、中国石化、中联水泥等。已建立沟通渠道的客户有：奇瑞汽车、宇通客车、福田汽车、长安汽车、中国移动、中国联通、酷派手机、中兴通讯、蒙牛集团、娃哈哈集团、雨润集团、金星啤酒、好想你集团、阳光保险、平安保险、中国人寿、李宁公司、安踏公司、金陵体育公司、广州爱奇、广东五星太阳能、合肥科大立安、锐丰音响、上海三思、深圳华立特、深圳蓝科、联想电脑、华硕电脑。特许商品市场开发工作启动。以开发适合大众需要的特许商品为重点，广泛征集有中原大地特色、现代文化元素、纪念收藏价值的特许纪念品设计、生产、销售方案，面向赛时，面向市场销售，开发大众化的适合大众需要的产品。12月初，已与淅川金戈利金银制品有限公司签订了首家特许经营合作协议。（张鹏）

体　育

【河南省第十一届运动会】 9月19～28日，河南省第十一届运动会在洛阳市举行。南阳市派出由210多名运动员、80余名教练员和工作人员组成的代表团，共参加17个大项685枚金牌的角逐。最终共夺得金牌114.5枚、银牌24枚、铜牌24枚，总分1193分。金牌总数排全省第六位，总分排全省第八名，并获得贡献奖第五名，奖励榜第七名、输送奖第七名和体育道德风尚奖。成人组也获得2个一等奖、14个二等奖、13个三等奖、9个优秀奖、团体二等奖和体育道德风尚奖。

【全民健身活动月】 5月6日，南阳市2010年“全民健身活动月”启动仪式在南阳市体育中心拉开帷幕，市委常委、宣传部长姚进忠和市党政军有关领导及市文明办、市直工委、农业局、教育局、文广新局、民政局等有关部门负责人出席了启动仪式，宛城区、卧龙区、市直系统、有关社区、河南工院、南阳农校、市各个体育协会3000多名代表和群众参加了当日的活动。体育协会代表和学生代表宣读了向全市广大人民群众和青少年积极参与全民健身活动的倡议书，2010年“全民健身活动月”正式开始。春节期间开展了丰富多彩的全民健身活动，丰富了市民的业余文化生活。春节期间参加了河南省体育局组织的2010年“促和谐、奔小康”群众体育活动系列比赛。南阳市代表队获得农民篮球第二名、乒乓球个人第五名，羽毛球队、乒乓球队和羽毛球队获体育道德风尚奖。

【农民体育健身工程】 该工程包括河南省乡镇农民健身工程、行政村农民健身工程、南水北调移民新村健身工程、城市社区健身路径以及市级农民健身工程和健身路径等。全年共完成省级乡镇农民健身工程3个，省级农民健身工程项目288个，健身路径10个，南水北调移民新村健身工程44个，市级农民及社区健身工程120个。争取资金510万。

【中国排球联赛河南天冠主场比赛在南阳举行】 2010年12月19日～2011年3月19日，中国排球联赛（2010～2011）南阳赛区河南天冠队主场比赛在南阳市体育馆举行。共进行了9场比赛。参加本赛季男子排球联赛的共有10支全国男排甲级劲旅：上海邓禄普男子排球俱乐部、八一株洲男子排球俱乐部、江苏盛光电男子排球俱乐部、山东百脉泉酒业男子排球俱乐部、河南天冠男子排球俱乐部、浙江利群男子排球俱乐部、辽宁三洋空调男子排球俱乐部、四川男子排球俱乐部、广东台山建龙男子排球俱乐部、复旦大学男子排球俱乐部。这是南阳市连续承办的第五个赛季，在前四个赛季中，南阳赛区每次都获得了优秀赛区。

【业余训练】 按照国家体育总局和教育部联合下发的《少年儿童体育学校管理办法》要求，遵循“选好苗子，打好基础，系统训练，全面提高，着眼未来”的方针，同教育行政部门密切配合，共同搞好业余体校的建设和发展。传统项目学校和业余训练点坚持依托学校，以校为主的原则，形成以市体育运动学校为龙头，以业余体校为龙身，以传统项目学校和业余训点为龙尾的三级业余训练网络。根据《河南省优秀体育后备人才培养网络建设实施办法》精神，在原有的10个训练点（分别是：宛城区体校、邓州市体校、新野县业余体校、镇平县体校、方城县券桥二初中、社旗县一初中、淅川县金河镇一初中、桐柏一初中、卧龙区十七小学、南阳市第十三中学）的基础上，又确定10个市级传统项目学校、16个省级传统项目学校（南阳市第十三中学、南阳市第二十三中学、南阳市一高、邓州市第二高中、新野县溧河铺镇二初中、内乡县城关一初中、南阳市二十二中学、社旗县城关一初中、南阳市二十八中学、镇平县第一高中、方城县券桥二初中、镇平县城关一小、南阳市第八小学、南阳市第七小学、南阳市第二十一小学、南阳市第十七小学)。南阳市第十五小学被确定为国家级传统项目学校,这是南阳市第一所国家级传统项目学校。南阳市体校被批准为国家级体育后备人才基地。邓州市体育运动学校的篮球训练馆、市第十五小学乒乓球训练馆、市网球协会网球训练馆被评为河南省单项后备人才基地。全市共有10个国家级青少年体育俱乐部。南阳水上运动场青少年体育俱乐部(市水上运动场1999年)、南阳市体校青少年体育俱乐部(市体校2000年)、南阳市体育场青少年体育俱乐部(市体育场2000年)、方城县青少年体育俱乐部(县教体局2001年)、桐柏县青少年体育俱乐部(县一高中2002年)、南阳市奥星青少年体育俱乐部(市八小2004年)、南阳市腾飞青少年体育俱乐部(市七小2004年)、南阳市雏鹰青少年体育俱乐部(市十五小2005年)、桐柏县青少年体育俱乐部(县体育中心2007年),南阳市博奥青少年体育俱乐部(市少儿体校2010年)。依托单位在体育系统的5个,依托单位在教育系统的5个。与市教育局联合检查、评估、确定10所市级训练点和市级传统项目学校,给予每校一定的器材和训练费补助。与市教育局联合举办全市中小学田径运动会,带动基层学校体育训练的积极性,发现选拔一些好苗子,做到资源共享、优势互补。

【体育产业】 制订完善《南阳体育产业发展规划》。根据河南省体育局印发的《2010年河南省体育产业工作要点》要求,结合南阳实际,认真调研、充分论证,制订完善《南阳体育产业发展规划》。申报国家级休闲体育产业基地,制定了《南阳市人民政府关于加快休闲体育产业发展的实施意见(草案)》并上报国家体育总局。

【体育彩票】 4月29日,召开全市体育彩票工作会议,对体彩销售点及从业人员开展普查工作,并制定促销措施。8月27~28日,在淅川县召开全市体育彩票工作座谈会。全市上半年体彩销量总额为8193万元,其中一分中心5097万元,二分中心3096万元。同时向国家体育总局申请发行"农运会即开型体育彩票"。

【体育市场管理】 开展漂流场所检查工作。6月1~4日,市体育局联合市安全生产监督管理局,对南召、西峡、内乡的4个漂流场所进行全面检查,对存在的问题提出了整改意见。6月28日,市体育局下发《关于委托南阳市人民政府体育市场管理办公室全权负责和处理南阳市体育市场经营管理工作》的通知。从7月1日起,南阳市人民政府体育市场管理办公室在国家法律、法规规定的权限和幅度范围内,可以全权负责和处理南阳市体育市场经营活动的审批和管理工作。6月21日至8月15日,对全市体育市场经营单位进行调查摸底,较好地掌握了全市体育市场经营单位的基本情况。开始组建体育执法队伍,对行政执法人员进行法律知识培训。

【南阳市体育总会】 修订了体育总会章程,调整了领导机构,制定了管理办法,为充分发挥体育社团组织的作用打下坚实基础。建立健全市级体育协会,全市体育协会已达13个。各协会发挥自身优势,积极承办和参与各种比赛,取得较好成绩。主要有2010年河南省老年人武术大赛、豫南城市羽毛球赛、河南省台球巡回赛(南阳站)、南阳市老年门球赛、南阳市乒乓球擂台赛、南阳市交通杯围棋赛等。据不完全统计,市级体育协会开展活动和培训达100多次,参加国家、省级比赛30余次,充分展示了体育协会的实力。市直各单位、大中专院校开展大型体育活动400余次,13个县(市、区)开展各种体育活动500余次。举办二级社会体育指导员培训班,共有120人参加培训,有23人参加省和国家的一级指导员培训。

【周春秀亚运会上夺金】 11月27日,南阳市社旗县籍运动员周春秀在广州亚运会女子马拉松决赛中,以2小时25分的成绩第一个到达终点,成功卫冕亚运会女子马拉松冠军。

【秦生志国际田径赛上夺冠】 12月6~12日,在马来西亚吉隆坡举行的第16届亚洲老将田径锦标赛上,55岁的南召农民秦生志勇夺1500米、5000米两项冠军。12月23日,南阳市对农民业余运动员秦生志予以表彰,并奖励现金3000元。(余跃洋)

人口 民族 宗教

人口和计划生育

市人口计生委主任　李天玉

【人口和计划生育工作概况】 2010年，南阳市人口和计划生育工作紧紧围绕“稳定低生育水平，提高出生人口素质”这一核心目标，着力打造全国人口和计划生育综合改革示范市品牌，更加注重高层倡导，更加注重统筹协调，更加注重服务关怀，更加注重改革创新，不断巩固扩大综合改革成果，稳步提升示范市工作水平，整体工作持续健康发展。全市13个县(市、区)涌现出5个全国计划生育优质服务先进县，8个全省计划生育优质服务先进县(市、区)。市人口计生委被省人口计生委表彰为“党风廉政建设责任目标工作优秀单位”、“‘五型机关’创建先进单位”、“政务公开工作先进单位”、“信访工作先进单位”；被市委、市政府表彰为“政风行风建设先进单位”、“惠民实践活动先进单位”和“预防职务犯罪工作先进单位”，受到市政府通令嘉奖。至2010年底，全市人口出生率控制在11.6‰以内，政策生育率为97.08%，出生人口性别比降低到112.5：100，圆满完成了全年人口计划和各项目标任务。

【人口】 2010年11月1日零时为标准时点进行第六次全国人口普查。南阳市快速汇总的主要数据如下：一、常住人口。全市常住人口为10263006人，同第五次全国人口普查2000年11月1日零时相比，十年共增加543006人，增长5.6%，平均每年净增54301人。二、家庭户人口。全市常住人口中共有家庭户2747794户，家庭户人口为9810752人，平均每个家庭户的人口为3.57人，比2000年第五次全国人口普查增加0.13人。三、性别构成。全市常住人口中，男性人口为5280417人，占51.45%；女性人口为4982589人，占48.55%。常住人口性别比(以女性为100，男性对女性的比例)由2000年第五次全国人口普查的109.54下降为105.98。四、年龄构成。全市常住人口中，0～14岁人口为2349084人，占22.89%；15～64岁人口为7058487人，占68.78%；65岁及以上人口为855435人，占8.34%。同2000年第五次全国人口普查相比，0～14岁人口的比重下降0.06个百分点，15～64岁人口的比重下降1.38个百分点，65岁及以上人口的比重上升1.44个百分点。五、各种受教育程度人口。全市常住人口中，具有大学(指大专以上)文化程度的人口为476856人；具有高中(含中专)文化程度的人口为1115720人；具有初中文化程度的人口为4386395人；具有小学文化程度的人口为2679325人(以上各种受教育程度的人包括各类学校的毕业生、肄业生和在校生)。同2000年第五次全国人口普查相比，每10万人中具有大学文化程度的由2081人上升为4646人；具有高中文化程度的由8563人上升为10871人；具有初中文化程度的由41505人上升为42740人；具有小学文化程度的由35113人下降为26107人。全市常住人口中，文盲率为3.94%，同2000年第五次全国人口普查相比，下降0.02个百分点。六、人口地区分布。全市2010年第六次全国人口普查快速汇总的人口地区分布数据如下：

〔常住人口按县(市、区)开列〕

地区别	常住人口(人)
南阳市	10263006
宛城区	887215
卧龙区	924517
南召县	557117
方城县	922404
西峡县	444383
镇平县	859506
内乡县	575169
淅川县	685637
社旗县	633742
唐河县	1282174
新野县	629166
桐柏县	393915
邓州市	1468061

【计划生育目标管理情况】 3月30日，市委、市政府召开的全市人口和计划生育工作奖惩大会，对88个先进单位进行了表彰，对12个落后单位分别给予一票否决、黄牌警告和通报批评，各县市区相继召开高规格的奖惩会议，表先促后，兑现奖惩，落实责任。

2009年度人口和计划生育工作奖惩单位名单

1.人口和计划生育工作优秀县市区(8个)

卧龙区、唐河县、南召县、社旗县、内乡县、宛城区、西峡县、新野县

2.人口和计划生育工作先进县市区(5个)

镇平县、邓州市、桐柏县、淅川县、方城县

3.人口和计划生育工作先进先进乡(镇、街道)(75个)

卧龙区：陆营镇、王村乡、安皋镇、七里园乡、英庄镇、光武街道

宛城区：官庄镇、溧河乡、红泥湾镇、黄台岗镇、仲景街道

南召县：太山庙乡、石门乡、白土岗镇、皇后乡、留山镇、皇路店镇

方城县：赵河镇、博望镇、杨集乡、四里店乡、广阳镇、清河乡

西峡县：回车镇、双龙镇、丁河镇、白羽街道、西坪镇、五里桥乡、丹水镇

镇平县：石佛寺镇、涅阳街道、高丘镇、老庄镇、侯集镇、杨营镇、玉都街道

内乡县：赤眉镇、大桥乡、赵店乡、桃溪镇、湍东镇、

淅川县：马蹬镇、厚坡镇、老城镇、九重镇、荆紫关镇

社旗县：城郊乡、大冯营乡、李店镇、赊店镇、桥头镇

唐河县：文峰街道、郭滩镇、昝岗乡、城郊乡、毕店镇、滨河街道

新野县：五星镇、上港乡、新甸铺镇、城郊乡、汉城街道

桐柏县：埠江镇、淮源镇、吴城镇、城关镇、城郊乡

邓州市：构林镇、湍河街道、裴营乡、彭桥镇、林扒镇、刘集镇、腰店乡

4.黄牌警告的单位(2个)南召县城郊乡、方城县袁店回族乡

5.通报批评的单位(10个)、卧龙区潦河镇、宛城区高庙乡、镇平县晁陂镇、西峡县桑坪镇、内乡县城关镇、淅川县金河镇、社旗县太合乡、唐河县苍台镇、新野县王集镇、桐柏县安棚镇

【人口和计划生育工作统筹协调机制逐步完善】 出台《实行部门联动进一步加强人口和计划生育工作的意见》，进一步明确了市直43个职能部门在人口和计划生育工作中的目标任务；出台《关于深化人口和计划生育综合改革提升示范市工作水平的意见》。围绕新的体制机制建设，对全面深化人口和计划生育综合改革，进一步提升示范市工作水平提出明确要求。3月30日，市委书记黄兴维主持召开市委常委会议，研究制定了关于县(市、区)人口计生委主任享受处级待遇的会议纪要，纪要明确县(市、区)人口计生委主任连续任职4年，且所在县(市、区)连续4年被定为全省人口和计划生育优质服务先进县或3年被定为全国人口和计划生育优质服务先进县，经组织部门全面考核符合条件的，可以享受处级干部待遇，进一步调动了人口计生干部干事创业的工作积极性。通过召开会议、下发文件、监控评估、考核奖惩等形式，发挥主导作用，协调相关部门分工配合，不断加强对人口计生部门的人才与经费保障，逐步建立完善了以党政主导、综合决策、部门协调、科学管理为主要内容的统筹协调工作机制，有力促进了全市人口和计划生育工作的快速发展。

【人口和计划生育综合改革工作稳步推进】 为进一步巩固提升综合改革示范市工作水平，市委、市政府主要领导先后对全市人口计生工作尤其是综合改革工作作出重要批示，提出了新的更高的要求。先后在南召、镇平、西峡连续召开会议对综合改革工作进行安排部署，确定27个乡镇为人口和计划生育综合改革示范试点，镇平、西峡、内乡、淅川、卧龙、邓州、方城等县(市、区)先后出台了深化人口和计划生育综合改革的《意见》及实施方案，突出工作重点，明确目标任务，初步实现了统筹协调责任化。

【人口和计划生育基础信息核查工作圆满完成】 一是扎实做好基础信息核查。全市人口计生部门组织对2000年以来数据库中的漏管人口进行采集，对信息重复等多种影响数据质量的现象进行核查；核查出的人口信息全部录入数据库，纳入服务管理，提高了人口数据质量。经过核查，全市近10年来共出生1285113人，核查出报表漏报出生141810人，数据库人口信息综合完整率达到99.18%，主要数据项逻辑关系准确率达到97%以上。二是深入开展人口数据调研分析。为进一步提高全市人口基础数据的准确性，全市人口计生部门组织收集了公安、统计、教育、卫生等部门1990年以来有关基本人口数据，并以县、乡、村为样本点，结合公安户口、在校学生、卫生防疫等数据进行实地调研，深入剖析了部门间数据在统计办法、统计口径、统计上报渠道等方面的差异以及存在差异的原因，为正确估价全市人口基础数据提供了科学、详实的依据。三是积极配合“六普”工作。充分发挥人口计生系统全

员人口信息库的优势，与公安、统计等部门实行人口信息共享，将最新的基础人口信息提供给相关部门，全力配合支持“六普”工作。

【**人口和计划生育优质服务加快提质提速**】 全市人口计生部门把推进以技术服务为主要内容的计划生育优质服务提质提速作为落实科学发展观、构建和谐社会的重要举措和关注民生、保障民生、改善民生的重要载体，最大限度地满足人民群众日益增长的计划生育、优生优育、生殖健康等需求。组织对基层计划生育服务能力进行了观摩评估，力促全市计划生育服务网络建设不断加快，全市新建和改建县级计划生育服务中心3个、乡级计划生育服务站48个。内乡、卧龙、新野、邓州等地的计划生育服务机构分别增设了“家保”服务中心、出生缺陷预防宣教咨询室、更年期咨询室、幼儿乐园等特色科室，内乡、镇平、唐河3县的计划生育服务中心被推荐为省级示范中心，内乡、镇平2县的计划生育服务中心和7个乡级服务站被推荐为“国家级示范站(所)”；全市13个县级服务中心全部达到甲级标准，建成了91个乡级示范服务站、90个甲级站，80%的乡级计划生育服务站和75%的村级计划生育服务室达到标识化、规范化要求，全市13个县级计划生育中心均取得了计划生育技术服务机构执业许可证，医疗机构执业许可证，母婴保健许可证，城镇职工、居民基本医疗保险定点单位资格证，新型农村合作医疗定点单位资格证，达到了“五证齐全”。全市共投入优生促进工程经费886.35万元，为84000余名待孕夫妇进行了孕前监测，查出阳性1454例，孕前监测率达到85%以上，孕前培训育龄妇女10余万人，为9万余名待孕妇女免费发放了叶酸和营养素，待孕夫妇出生缺陷预防知识培训覆盖率达到91%以上。

【**计划生育依法管理步伐明显加快**】 把教育、卫生系统违法生育专项治理活动作为“三项治理”的重点，共排查干部职工107079人(其中教育系统82265人，卫生系统24814人)；查实2000年以来违法生育1140例(其中教育系统836例，卫生系统304例)；已落实经济处理1140人，落实党政纪处理712人。全市共办理社会抚养费征收案件9084起，申请强制执行案件851起，社会抚养费首征到位率达80.2%，累计征收到位率85%。出台了《2010年南阳市出生人口性别比综合治理工作意见》、《南阳市出生人口性别比调查评估方案》等一系列规范性文件，进一步规范了专项治理行为；全年召开大型专题会议、部门联席会议、政府协调会议8次，市政府办公室组织市人口计生、卫生、食品药品监督管理等部门业务骨干对全市出生人口性别比综合治理工作联合督查4次，共查处案件1004例，罚款376万多元，没收药品661盒，没收B超33台，注销二胎生育证317份，处理1607人，纪律处分38人，降职1人，行政处分201人，通报批评516人，处理医师55人。

【**城区及流动人口计划生育管理服务水平进一步提高**】 把建立“统筹管理，服务均等，信息共享，区域协作，双向考核”机制作为流动人口计划生育工作的总目标，配备专(兼)职工作人员6067人，其中城区招聘460余名管理员和2080余名小组长、楼院长，街道—社区—管理小区—楼院长四级管理网络基本健全，全市在企业、超市、集贸市场等流动人口相对集中地建立计划生育协会307个。初步实现了人口计生部门与公安、工商、卫生等相关部门之间建立密切配合，管理互补，服务联动，信息互通。与全省17个地市全部签订了流动人口计划生育双向管理协议，与省内、省外流动人口集中地签订合作协议560余份，其中跨省签订283份，“一盘棋”格局已基本形成。

【**计划生育利益导向机制建设实现新突破**】 市委、市政府把逐步建立完善利益导向机制作为统筹解决人口问题、促进人口和计划生育工作持续健康稳定发展的重要举措。共为16572名奖扶对象、948名特扶对象发放奖扶、特扶金350.508万元；全市共为134867户(其中农业87823户，非农业47044户)独生子女父母落实奖励费64736160元；为主动放弃二胎生育指标的141户计生家庭落实奖励费28.2万元，为5644户政策内双女结扎家庭落实奖励费282.2万元；为4718名农村独生子女或双女计生家庭学生实现中招有效加分。全市新农合补贴计生家庭220461户，补贴金448.95万元；为计生家庭落实小额贷款、安装沼气补贴、购买农机补贴、安装有线电视补贴共计6327.04万元；救助困难计生家庭8399户，落实救助资金318.071万元，为187名升入大中专院校的计生家庭子女发放救助金29.92万元。全市共为36004户计生家庭(其中独子家庭11885户，独女家庭15313户，计内双女家庭8806户)投入养老保险465.46万元，其中市级投入153.13万元，县级投入312.33万元。

【**党风廉政建设和政风行风建设不断取得新成效**】 以贯彻落实“创先争优”、“两转两提”和市委“四个带动”战略部署为契机，全面优化服务环境，提高办事质量，出台完善了《首办首问负责制度》、《限时办结制度》、《服务承诺制度》、《责任追究制度》等管理制度，逐步建立起“用制度管人，依制度办事”的高效廉洁工作机制。开展了以查处假手术、假证明、假数据、假鉴定、虚报打击“两非”案件数量为主要内容的“弄虚作假”专项检查。共查处弄虚作假问题27件，处理责任人47名，有效地改进了基层人口计生部门的工作作风。

【政府信息公开规范高效】 从加强领导、充实队伍、完善制度、主动公开、依申请公开、网站建设、考核考评等方面提出了较系统的管理规范办法，从而使信息公开工作更加有章可循。2010年，市人口计生委共依法办理政府信息公开案件582件，其中市委书记黄兴维网上留言257件、市长穆为民网上留言206件，市长信箱119件；回答群众各类咨询2000多人次；查办依申请公开案件120多件；处理违纪党员、干部26人。市、县人口计生部门依法受理，依法审查，依法答复；为确保结案质量，建立了重大、疑难案件抽查、督查制度。对一些重点、疑难案件，市、县人口计生部门专门到案发地点抽查、核实、督查。社旗、宛城、淅川、方城4个县(区)，社旗县赊店镇、宛城区白河镇、淅川县马蹬镇、方城县赵河镇等21个乡镇被确定为计划生育政府信息公开试点，已全部验收合格。

【计划生育协会工作】 立足群众需求，开展集中性宣传与经常性教育相结合，打造宣传载体，创新宣传形式，建立和完善“省规范、市指导、县评估、乡负责、村落实”的村级协会规范化建设机制；完善章程公约，推动村民自治，积极开展“计划生育群众自治万村示范活动”，坚持“三级联创”，借鉴“四议两公开”的基本经验，创新计划生育群众自治工作机制。积极创造条件，开展部分计划生育家庭(农村领证的独生子女，年龄14周岁以上至法定婚龄的家庭)意外伤残死亡重大疾病保险，全面推行计划生育节育保险、独生子女伤残亡保险、基层计生干部意外伤害保险和以母婴安康保险为主的计生系列保险。

【计划生育药具管理】 以满足群众避孕节育需求为目标，积极拓宽服务领域，建立多种发放模式，开展避孕药具免费发放工作，实现免费避孕药具供应服务全覆盖。一是拓展发放渠道。建立药具超市、服务大厅、安装安全套自取机(153台)、增设城区免费发放点，提高药具发放服务覆盖面。二是提升工作效率，按照完成“09版全国计划生育药具购调存业务管理信息系统”升级运行。三是积极贯彻落实全省城区流动人口药具工作区域协作现场会议精神，实现了流动人口药具免费发放全覆盖。四是加强对县乡村级药管员知识和服务技能培训，全年共培训23期4060人。五是监管避孕药具市场，协调工商、公安、卫生等部门4次开展避孕药具零售市场集中清查治理活动。六是落实药具发放“批号＋编码”管理模式，全市14个县(市、区)全面实行全省统一编号对国家免费避孕药具实行实名制发放。七是积极开展“全国计划生育药具知识竞赛‘三基’岗位练兵活动”，并组成参赛队，勇夺全省第三名。(李长波　张黎)

民族宗教

市民宗局局长　杨光才

【民族】 南阳市是一个多民族的人口大市。2010年，全市共有44个民族成分，除汉族外，计有回、蒙、满等43个少数民族，总人口26万余人，占全市总人口的2.4%，占全省少数民族人口⅕强，占全省17个地市少数民族人口之首。南阳市少数民族人口分布呈大分布小聚居格局，是典型的杂散居地区。其中，回族158930人，主要分布在南召、镇平2县；蒙古族68769人，以镇平、南召、内乡居多；满族26299人，以淅川县居多。全市少数民族万人以上的县(市、区)有10个，其中卧龙区15789人，宛城区29348人，邓州市24388人，镇平县56030人，南召县30457人，方城县20548人，淅川县12789人，唐河县15776人，新野县13276人，内乡县19920人。全市共有少数民族千人以上的乡镇82个，2个民族乡，218个少数民族聚居村。

【宗教】 南阳市的宗教历史久远，全市有佛教、道教、伊斯兰教、天主教和基督教5种宗教，信教群众达56万余人，遍及全市13个县(市、区)。从事各种宗教教职人员共有2080人，其中佛教

321人，比丘190人，比丘尼131人；道教381人，乾道147人，坤道109人，道士103人，道姑22人；伊斯兰教阿訇147人；天主教25人，神甫10人，修士10人，修女5人；基督教1206人，牧师6人，长老56人，传道员1144人。佛教活动主要分布于桐柏、南召、社旗、唐河等县；道教主要分布于南召、方城、邓州、西峡、卧龙、宛城等地；天主教活动主要分布于唐河、邓州、镇平、卧龙、宛城、南召等地；伊斯兰教和基督教活动遍及全市。至2010年底，全市共登记开放宗教活动场所964处，其中寺观教堂493处，固定场所471处；其中基督教655处，伊斯兰教120处，道教107处，佛教72处，天主教10处。全市共有各级宗教团体47个，其中市级7个，县级40个。

【民族宗教工作概况】 民族宗教工作以民族团结、宗教和睦、服务全面建设小康社会为目标，突出稳定未雨绸缪抓防范，瞄准大局主动作为搞建设，全面贯彻落实党的民族宗教方针政策，强力推进民族宗教事务的法制化管理，充分发挥民族宗教工作的服务保障作用，促进民族团结、宗教和睦、社会和谐，民族宗教工作取得了新突破。市民宗局连续第四次被省民委(宗教局)评为民族宗教工作先进单位；南阳市发挥豫鄂五市民族宗教联谊会作用，妥善处理跨省民族宗教不稳定因素的做法，得到国家有关部门的充分肯定；靳红彬等5名地下神职人员被省天主教两会认定为神甫并在省宗教局依法备案。民族团结进步创建、民族村新农村建设、清真食品管理、重大节日对非法宗教组织“中国家庭教会”头目的监控等，都取得了明显成效。民族发展资金和少数民族定点企业贴息贷款的申报和争取创历史新高。

【广泛开展民族团结教育活动】 年初，市民族宗教局下发文件，在全市深入开展民族团结教育“四进”(进学校、进乡村、进社区、进清真寺)活动，广泛宣传党的民族工作方针及有关政策和法律法规。同时，加强对各地民族团结教育活动开展情况进行督导检查，为教育活动的开展营造良好氛围。根据中央统战部、中央宣传部、国家民委关于开展民族团结创建活动的通知要求，召开由市民族宗教工作领导小组成员单位负责人、各县(市、区)委统战部长、主管副县市区长及宣传部、民宗局负责人参加的专题会议，对全市开展民族团结进步创建活动进行全面安排部署。组织召开全市少数民族聚居村新农村建设工作现场会，指导各县(市、区)对少数民族聚居村新农村建设工作进行交流学习。

【筛选上报民族特需用品定点企业和民族扶贫项目】 一是从县区45个项目中考察、筛选上报民族发展资金扶持项目20个，资金355万元；为方城袁店、镇平郭庄两个回族乡财政转移支付200万元。二是为加快南阳民族经济发展，从众多企业中筛选南纺、新纺、鹏升、雪阡、丝绸、拓宝、华星、科尔沁、凌宝、淅川清真肉业集团等10个企业作为“十二五”期间民族特需商品定点企业上报，以使其享受政策、资金优惠。2010年，已确定的新纺、南纺等5个少数民族特需用品定点企业享受到国家财政贴息额突破5000万元。三是帮助少数民族聚居乡村编制“十二五”发展规划。

【推动少数民族文化体育事业蓬勃发展】 一是参加9月份在济源市举办的河南省第六届少数民族传统体育运动会，在参赛的舞狮、蹴球、毽球、武术等项目中，共获得6金2银的好成绩。二是参加河南省第二届少数民族书画展、少数民族文艺汇演和民族成绩展示活动，南阳市参展(评)书画及获奖数量均居全省前列，市民宗局获优秀组织奖。三是编印出版了《南阳少数民族民俗文化》丛书。

【加强清真食品管理】 一是对全市1181个清真食品企业进行年度审核检查，及时发现纠正存在的问题，实现清真食品的动态管理。二是强化清真食品执法检查，妥善处理了中心城区白河大道东段“清真周记美食”假冒清真和华山路“程记胡辣汤”清真不清等事件。三是省民委清真食品专项检查组对南阳市清真食品管理进行了专项检查。四是为方便外地来宛少数民族群众生活，及时完成了《南阳清真指南》资料搜集整理工作。五是邀请市领导和市政协委员对清真食品管理工作进行视察，提高各级对清真食品管理工作的重视程度。

【做好宗教维稳工作】 一是做好上海世博会期间宗教领域的稳定工作，成功劝阻天主教赴上海佘山朝圣活动。二是会同公安部门严密监控制止了基督教非法组织“中国家庭教会联合会”组织的非法聚会活动；成功处置了方城县券桥镇和中心城区白河南境外基督教组织的非法聚会活动。三是联合统战、公安等部门及时对基督教私设聚会点、10多名非法组织骨干及信徒赴境外参加培训等进行调查处置；成功劝阻方城、唐河基督教非法组织10多人赴南非参加“洛桑”大会活动。

【推动宗教事务规范化管理】 一是召开宗教团体及宗教活动场所

负责人会议，对宗教界广泛开展“四争创”活动和“和谐寺观教堂”活动进行全面部署，并组织13个县(市、区)宗教事务负责人分组交流，进一步推动创建活动深入开展。市佛协、道协和8个场所被省推荐为全国表彰的“模范宗教团体”和“和谐寺观教堂”。二是按照“两个专项工作”方案要求，敦促各宗教活动场所严格执行《民间非营利组织会计制度》，试点推行《宗教活动场所财务监督管理办法》，同时进一步完善宗教教职工人员信息数据库更新及教职人员备案工作。三是按照国家宗教局朝觐报名排队办法，顺利完成2010年伊斯兰教朝觐工作。四是召开会议对在全市开展宗教工作调研及治理基督教私设聚会点进行安排部署。五是做好宗教活动场所设立审批工作，全年依法办理10个场所的筹备设立审批手续。六是对全市民间信仰情况及“和谐寺观教堂”创建情况进行深入调研，并撰写了调研报告。

【宗教界难点、重点得到解决】 一是扎实推进分化瓦解天主教地下势力工作。指导有关县市区，通过多种措施和手段，对部分天主教堂点的神职人员进行调整，支持爱国人员逐步掌握南阳天主教的财权、人权、教权。二是天主教地下势力教育转化工作取得根本性突破。通过审核，5名地下神甫申请公开身份，省天主教“两会”认定其神甫资格，并在省宗教局正式备案，得到了国家宗教局、省领导和市委、市政府的充分肯定，省委统战部、省宗教局在南阳召开了祝贺5名神甫成功备案座谈会。三是积极维护天主教界合法权益，协调落实南阳天主教在沪房产拆迁补偿事宜取得成果。四是加强培训，着力提高天主教界人士的自身素质。选派王红伟到天主教中国神哲学院进修，施书廷、邢国利参加省中青年宗教界代表人士研修班培训，推选王若愚参加第八次全国天主教代表大会并当选为委员。五是与天主教地下势力顽固分子做坚决斗争。严肃处理了靳岗天主教堂擅自举办少年儿童学习班等事件。

【宗教界文化社会及自身建设】 一是筹备设立民族宗教事务服务中心，加强宗教事务管理。二是协助省宗教局做好河南佛教学院筹备工作。6月17日在桐柏召开佛教学院招生筹备情况评审会，省宗教局对前期筹备工作给予充分肯定。三是宣传贯彻国家五部委《关于妥善解决宗教教职人员社会保障问题的意见》。四是协助省宗教局做好“河南宗教文化交流协会”成立事宜。五是加强组织协调和督促指导，推动《走进南阳宗教》摄影大赛顺利进行。六是完成《南阳宗教大庭广众经》和《南阳和尚社会》的编辑出版工作。七是指导市伊协组织3个宣讲团，在全市13个县市区开展卧尔兹巡回演讲活动，并取得良好效果。指导市基督教“两会”开展科学思想建设，开展教职人员和骨干信徒培训教育；指导帮助佛协、道协政策法规学习班，广泛开展“以戒为师”肃整道风活动。七是组织宗教界广泛开展奉献社会活动。(李海阳)

社会保障

人事劳动保障

市人力资源和社会保障局局长　程建华

党组书记　王坤

【人力资源和社会保障工作概况】

2010年，是南阳市人力资源和社会保障局组建成立的第一年，局领导班子以"四个带动"为总抓手，突出一条主线(民生为本，人才优先)，狠抓两个关键(就业、社会保障)，推进两大计划(就业促进行动计划、人力资源素质提升行动计划)，深化两项改革(事业单位人事制度改革、工资收入分配制度改革)，开展六个争创活动(争创全国人社工作先进集体、先进工作者活动，争创全国文明单位先进单位活动，争创人民满意公务员活动，争创"五好"基层党组织活动，争创党风廉政建设、政风行风建设先进单位活动，争创平安建设先进单位活动)，有力地推进了整体工作。一年来，全市人社系统的信息宣传工作受到国家人社部的表彰；医保中心、人才交流中心、仲裁科被省人社厅授予"2008－2010年度优质服务窗口"；养老保险、失业保险、劳动保障监察、信访维稳、信息宣传等工作被省人社厅评为先进；"四个带动"、十项民生、信访工作、平安建设、信息宣传、服务对外开放招商引资等工作被市委、市政府评为先进；综合目标管理受到市政府的通令嘉奖。人力资源社会保障事业的平稳发展，较好地发挥了和谐社会"稳定器"、经济运行"减震器"和社会公平"调节器"作用。

一、着力实施就业促进计划，就业再就业工作持续扩大。全市上下着力实施就业促进计划，扩大和稳定就业达26万人次：一是用项目带动就业。以项目大带动，产业集聚区大建设，经济建设大发展为动力，拉动和扩大就业。全市新增农村劳动力转移就业12.42万人，新增城镇就业10.43万人，城镇登记失业率控制在3.6%以内。二是用创新带动就业。靠政策创新保障就业岗位。先后以市政府名义出台了《关于进一步做好就业工作的通知》、《就业促进行动计划》、《人力资源素质提升行动计划工作方案》和《关于加强就业困难人员安置公益性岗位就业工作的通知》，坚持把大中专毕业生、农村劳动力转移和全民创业作为就业工作的重点安排好，把稳定困难群体再就业作为关注民生、改善民生的难点解决好。靠科技创新、产品创新拉动产业链条，增加就业岗位。仅南阳光电、防爆两个高新技术特色产业基地即为全市新增就业岗位3000多个。全年实现失业人员再就业3.13万人。有1.74万名应往届毕业生在南阳联系就业单位并签订就业协议，就业率达85%，高于省厅确定的就业率5个百分点，全市共建立高校毕业生就业见习基地85家，每年可提供1500个就业见习岗位，已安排1000名高校毕业生参加就业见习，共计发放基本生活补贴300万元。三是用品牌带动就业。强力实施劳动力转移就业工程，制定了《十大劳务品牌三年建设规划》，创建优秀劳务品牌。在巩固"唐河保安"、"南召绣女"两大全国知名劳务品牌的基础上，不断提升"镇平玉雕"、"内乡建筑"、"方城电焊"、"邓州护士"四大省内知名劳务品牌，着力培育"社旗渔工"、"南阳校油泵"、"新野电子"、"唐河矿工"四大成长型劳务品牌。全市在外务工人员达235万人，年劳务收入达285亿元。全市靠品牌带动的转移就业人数达80余万人，占全市在外务工人员总量的34%以上。其中镇平玉雕外销人员达21万人,南阳校油泵从业人员近3万人,唐河在京保安2.7万人。四是用服务带动就业。围绕开展企业服务行动计划,着力创新服务举措,提高服务效能,优化就业服务环境。组织开展"就业服务月"、"民营企业招聘周"、"春风行动"等就业援助活动;举办各类职业介绍80余场次;新增发放小额担保贷款2.35亿元,扶持7178人创业,带动就业2.5万人。

二、着力推进社会保险扩面征缴,社会保障水平持续提升。一是不断完善社保制度。做到了"一完善两率先三积极"。"一完善"就是出台了《南阳市城镇职工基本医疗保险意外伤害管理暂行办法》。"两率先"就是在全省率先将意外伤害纳入职工医保报销范围;率先实现了城镇居民医疗保险门诊统筹。"三积极"就是积极争取中央和省财政专项补助资金2.78亿元,解决了全市335个关闭破产国有企业、40991名退休人员医疗保障问题;启动了工伤保险市级统筹;积极探索统筹城乡社保体系建设,新农保试点县达到5个,居全省、全国省辖市之首。二是强力推进扩面征缴。社保参保人次达520.5万,实现基金征缴收入30.23亿元。其中:城镇职工、居民医疗保险参保人数分别达74.8万人和79.27万人,征缴基金6.56亿元;失业保险参保人数达50.61万人、征缴基金1.02亿元;企业养老保险参保人数达50.62万人、征缴基金11.4亿元;工伤保险参保35.65万人、征缴基金3139.8万元;生育保险参保28.8万人、征缴基金2290万元;机关事业单位养老保险参保人数达25.28万人、征缴基金10.7亿元;新农保5个试点县参保人数达163.45万人,实现基金收入2.5亿元,领取养老金人数40.03万人。特别是企业养老保险、失业保险实行的是确保应发尽发,收不抵支时当地财政兜底保发的政策,及时足额扩面征缴基金,既减轻市财政支付的压力,又确保了参保者的正当利益,维护了社会稳定。三是稳步提高社保待遇水平。按时完成了企业退休人员第6次待遇调整,企业养老保险离退休人员月均工资达到1098.18元。提高了城镇居民城镇职工的医疗保险支付比例和最高支付限额,城镇居民的报销比例从50%~60%提高到60%~65%,最高支付限额从5万~6万提高到8万~10万。城镇职工的报销比例从75%~85%提高到80%~90%,最高支付限额从12万提高到17万元。投入210万元,为市直参加医疗保险的1.4万名公务人员进行了健康检查。四是确保基金安全。严格加强内部审计和监督;自觉接受财政、审计、纪检监察等执法执纪部门的监督;虚心接受社会各界和广大人民群众的监督。用制度规范资金运行,用监督制约权力运用,确保基金安全使用、及时使用、正确使用。

三、着力推进人力资源提升计划,人才资源开发持续推进。一是扎实推进引智引才工作。研究制定了《关于进一步规范市直事业单位引进高层次、特殊(短缺)专业人才"绿色通道"的意见》,市直单位共引进普通博士硕士生、国家重点大学本科生和副高级以上职称专业技术人才496人;新设博士后科研工作站2个,总数达到11个,在5个单位建立了河南省博士后研发基地。博士后工作站引进高层人才22人,共承担28个科研项目,有25项已取得成果,有6项拥有自主知识产权,参与制定国际技术标准2项,欧盟技术标准12项,国家技术标准76项。全市现有享受国务院特殊津贴专家72人,有突出贡献中青年专家4人,省级学术技术带头人34人,市科技功臣58人,市学术技术带头人1139人。二是扎实推进公务员队伍建设。研究制定《关于贯彻落实河南省行政机关公务员管理工作意见》,完善公务员调任、职位管理、行政奖励、处分、辞职、辞退等配套政策;采取"走出去、请进来"的办法,组织部分公务员到市县两级党校,到井岗山、西柏坡、上海、北京等地进行轮训;规范科级非领导职务审批办法,有力推进科级非领导职务晋升工作步入规范化、科学化、常态化轨道。三是扎实开展职业培训工作。全年开展各类就业培训、劳动技能培训9.49万人次。其中:组织农村劳动力技能培训5.57万人;组织失业人员再就业培训2.54万人,创业培训1830人;组织机关事业单位工勤人员岗位技能培训1.2万人。四是扎实打造南阳考务品牌建设。认真落实《南阳市市直事业单位公开考试聘用工作人员暂行办法》,要求事业单位补进人员,除选调外,坚持在编制限额内公开招聘。坚持严把三关、严格执行三项制度、切实做到四个加强。"严把三关"即:严把考试关,逐步推行异地命题、异地考试;严把体检关,随机抽取体检医院,推广使用"二次加密法",对体检结果有异议的二次复查等人性化关怀;严把政审关,采取用人单位初审、毕业生就业主管部门复审、招聘主管机关和监督监察部门再审的"三审制"。做到"谁考核、谁负责、谁签字"。"严格执行三项制度"即:严格执行终身负责制。由考试管理机构负责人与考点主考签订目标责任书,按照"谁主管、谁组织、谁监考、谁签字"原则,把任务、责任层层分解到人。严格执行保密制度。坚持区域内考试异地命题、制卷、评卷;面试环节,全部实行异地命题，异地考官。严格执行登记备案制度。对考生进行“四对照”（身份证、准考证、考场考号、考生本人），填写“诚信守诺书”；实行考生、监（巡）考工作人员双向监督，建立执纪人员台账。“切实做到四个加强”即：加强考风考纪教育，净化考试环境；加强考场监管，强化考场反作弊电子屏蔽措施；加强纪检监察全过程监督；加强应急处置，落实试卷、食品卫生、医护保障等安全保障应急处置措施。全年组织完成各种资格（技能）类考试、选拔性考试和委托性考试25项，参考人数达5.2万人次，有27999人通过考试，其中19463人通过专业技术资格、职（执）业资格和职称外语水平考试，8064人取得相应工人技术等级资格，256人招聘为事业单位工作人员，188人招录为公务员，28名军转干部得到安置。打造了人社部门优质服务品牌和公正公平竞争的考风考纪品牌，发挥了人力资源考试在营造聚才的用人环境、优才的用人导向方面的基础作用。经验做法在《中国劳动保障报》、《河南省人力资源开发》上作了刊登。

四、着力化解社会矛盾，信访维稳工作持续发展。一是努力构建和谐劳动关系。依法推进劳动合同和集体合同制度。深入开展创建“劳动关系和谐企业”和“工业园区活动”，全市进行劳动用工备案企业1133户，涉及职工35.4万人，小企业劳动合同签订率达83%。依法开展各类行政认定、鉴定。全年办理企业退休11455人，认定失业4320人，鉴定伤残等级1227人，认定工伤1068人。依法开展劳动人事争议仲裁。全年共立案1572件，比上年同期增长23.7%，结案1493件，涉案金额4320余万元，法定时效内结案率达到95%。调解结案965件，调解结案率为64.6%。其中，市直劳动人事争议仲裁委员会共受理案件401件，处理386件，涉案金额2100余万元，法定时效内结案率达到96.3%。调解结案267件，裁决119件，调解结案率为67.3%。依法开展劳动保障执法监察。创新劳动保障监察工作新机制：(1)部门联合开展执法监督。劳动监察、工会、工商等执法部门联合，邀请人大、政协、以及市行风监督员、媒体记者等参与监督。组织对195家企业进行劳动保障诚信等级评价，评选诚信示范企业和诚信企业86家。(2)实行执法监督双向守纪承诺制度。监督和被监督双方签订守纪承诺书，认真落实公正、公平、公开监督责任。(3)认真落实整改措施。督促企业主动补缴各种社保基金1200万元，在社会上和企业界引起良好反响。受理群众举报投诉891件，案件登记率100%，立案结案率98.8%。为26521名农民工追发工资4334万元，督促签订劳动合同4998份。南阳市保障农民工工资支付的经验受到省政府的充分肯定，并在全省“双节”期间保障农民工工资支付工作电视电话会议上做了经验介绍。二是认真落实企业军转干部解困政策。根据全省企业军转干部调标工作会议精神，会同有关职能部门认真研究豫人〔2007〕170号文件精神，制定企业军转干部调标方案，及时全面落实省定企业军转干部调标政策，为企业军转干部审核财政补助1600余万元，全部兑现企业军转干部解困政策。加强解困帮扶。市财政拿出160多万元在“八一”及“双节”期间，对市直两属困难企业1553名军转干部进行慰问和救济。市人社局也于春节前夕组织开展了“冬暖行动”，组织局机关和局属14个单位538名党员干部捐款9.55万元，对137名困难、特困企业军转干部进行春节走访慰问。加强维稳责任。推进包保制度、情报信息制定、健全应急预案、建立值班和报告等制度，全年共接待来访200多起，处理各种信件100多件。三是创新信访维稳机制。探索实施信访维稳“三访三争三联动”工作法（“三访”即定时接访、主动走访、定期约访；“三争”是在全系统开展争创“贯彻执行法律法规政策工作争取无行政复议、行政诉讼或虽有行政复议、行政诉讼但不败诉，无因工作失误引发的新增矛盾，无违法违纪行为”先进集体和个人活动；“三联动”即上下、内外、责任三个联动机制）。做到四个坚定不移：一把手负总责任、亲自抓、逐级负责坚定不移；每周二定时定点接待来访群众坚定不移；依法接访、文明接访、公正接访、亲情接访坚定不移；立足事要解决、限时办结、办案无瑕疵坚定不移。在市信访局设立专门接待大厅，市局每周二全天由局领导带队、各相关人员组成接访组接待来访人员。全年全市人社系统共接待群众来信来访和政策咨询10501人次，立案323起，结案301起，按期办结率达100%，成功化解群众集中反映强烈的矛盾问题71起，控制减少各类群访、越级上访30余起。

五、着力推进事业单位人事制度改革，确保改革、发展、稳定持续协调。稳妥推进事业单位岗位设置管理工作，制定了《南阳市事业单位岗位设置实施细则（试行）》，平稳推进全市8245个单位21.5万人的岗位设置管理工作。稳妥推进职称制度改革，不断拓展服务领域，把技术职务聘任扩大到民营企业和民间艺人等领域，完善专业技术人员职务聘任和聘期任职考核管理办法，为7427名专业技术人员办理了任职资格审核。稳妥推进事业单位实行绩效工资。完成了全市3733所义务教育学校9.4万名教职工绩效工资审核兑付工作。稳定了教师队伍和教育教学秩序。

六、强力实施创新带动,激发系统求新求变活力。一是积极探索统筹城乡社保体系建设新领域,新农保试点取得较大突破。市委、市政府高度重视新农保工作,纳入政府2010年重点工作计划,强力推进。成功申报方城、南召为全国第二批新型农村社会养老保险试点县。二是积极探索高层次人才引进和使用新模式,博士后研发基地和工作站建设取得较大进展。围绕"产业集聚区、重点和高新技术企业、工业发动机计划"等多个领域,积极争取上报南阳普康药业有限公司、南阳防爆电机研究所等两家博士后工作站成功建站,在河南中原化学股份有限公司等单位设立了5个博士后研发基地。三是积极探索公务员管理服务新制度,机关事业单位全员聘用制度全面推行。研究制定《关于贯彻落实河南省行政机关公务员管理工作意见》,完善公务员调任、职位管理、行政奖励、处分、辞职、辞退等配套政策。采取"走出去、请进来"的办法,组织纪检干部班、医院院长班和基层乡镇长班分别赴上海、北京等经济发达地区进行轮训。出台《南阳市事业单位岗位设置管理工作实施方案》,稳妥推进全市事业单位人员岗位设置。四是积极探索收入分配制度改革新方向,机关事业单位和企业收入分配秩序更加规范。全面规范公务员津补贴管理。稳慎推进事业单位绩效工资改革,完成了义务教育学校和公共卫生与基层医疗卫生事业单位绩效工资兑现。建立完善企业收入分配指导制度,及时发布调整最低工资标准,劳动力市场工资指导价位和行业人工成本信息、工资指导线,助推企业工资集体协商制度的完善。五是积极探索伤病预防控制治疗新政策,医疗、工伤保险保障能力逐步提高。出台了《南阳市城镇职工基本医疗保险意外伤害管理暂行办法》,在全省率先将意外伤害纳入职工医保报销范围;率先实现了城镇居民医疗保险门诊统筹;率先提高了城镇职工、城镇居民医疗保险支付比例和最高支付限额。首次将统筹地区外突发急病、急诊住院发生的费用纳入居民医保支付范围。2008年以来,累计争取资金2.76亿元(位居全省第二),解决了关闭破产国有企业退休人员医保问题。在全市范围内实现了城镇职工和居民医保同步结算。制定完善《南阳市工伤康复管理办法》,把参保单位职工发生工伤后上报时间缩短到48小时内。启动开展工伤保险市级统筹工作。开始探索建立职工工伤预防、医疗救治和康复三位一体机制。六是积极探索失业动态监控新规律,社会就业形势逐步企稳向好。将30个受金融危机影响严重的企业列为重点监控对象,建立并完善了失业动态监测制度。狠抓"五缓四减三补两协商"政策的落实,为市直30个困难企业发放社会保险补贴2323万元,涉及职工1.73万人;为97个困难企业缓缴失业保险费1693万元,涉及职工53971人;为503个困难企业减免医疗保险费3400万元,涉及职工26400人。全市58个重点企业及5个特殊行业90%的企业实现正常生产,80%的企业实现扭亏为盈,90%的困难企业稳定了就业岗位,做到了不裁员、不减薪。七是积极探索劳动保障监察诚信等级评价新举措,劳动关系日趋和谐。在组织对企业劳动监察过程中,增加服务承诺和纪律承诺,确保规范执法、公正执法、文明执法、廉洁执法、和谐执法,树立执法行为的良好形象;开展劳动保障诚信等级评价活动中,增加初审、复核程序,邀请人大、政协、市纠风办、市工商、市工会等部门及部分监督员、日报记者共同参与审定,提高了评定工作的公信力和亲合力。评选诚信示范企业和诚信企业86个,督促企业主动补缴各种社保基金1200万元。深入开展农民工工资支付工作情况专项检查行动,严肃处理拖欠农民工工资的行为。建立完善了建筑领域农民工工资保障金制度、权益维护告示牌制度、农民工工资支付监控制度和劳动保障诚信等级评价制度等长效监管机制。

【就业再就业超额完成目标任务】 全市城镇新增就业10.4万人,完成年度目标任务的130.4%。下岗失业人员再就业31254人,其中"4050"人员再就业13119人,分别完成年度目标任务的125%和131.2%。创业培训1830人,完成年度目标任务的153%;下岗失业人员再就业培训25361人,完成年度目标任务的140.9%。发放下岗失业人员小额贷款23519.5万元,完成年度目标任务的127.1%。农村劳动力转移就业12.4万人,完成年度目标任务的124.2%;农村劳动力技能培训55720人,完成年度目标任务的123.8%;劳务总收入285亿元,完成年度目标任务的142.5%。为下岗失业人员再就业减免费税1248万元;为4213名灵活就业人员发放社保补贴633万元;投入6665万元,开发公益性岗位12500个,安置"零就业家庭"和其他就业困难群体11097人(含油田5444个),实现了"零就业家庭"保证有一人上岗、动态归零的目标。城镇登记失业率控制在3.6%。2801名应届毕业生在南阳联系就业单位并签订就业协议，其中应届大中专毕业生就业率达85%，高于省厅确定的就业率5个百分点。

【企业养老保险】 全市参保人数50.61万人，完成年度目标任务的102.1%。征缴企业养老保障费114134万元，完成年度目标任务的121.4%。清欠6393万元，清欠率77.9%；为全市141609名离退休人员发放养老金189323万元；按时足额发放率和社会化发放率均达100%。

【机关事业单位养老保险】 全市机关事业单位养老保险参保人数25.28万人。征缴养老保险费106974万元，征缴率101%。为57839名离退休人员支付养老金107930万元，发放率为100%。

【失业保险】 全市参加失业保险职工62.6万人，完成年度目标任务的103%。失业保险基金收入10192万元，完成年度目标任务的131%。清理以往年度欠费2110万元，清欠率为181%。发放失业保险金5823万元，失业保险金的发放率及社会化发放率均达100%。累计领取失业金21578人，帮助12584名失业人员实现了再就业，再就业率达到58%，充分发挥了失业保险保生活促就业的双重功能。

【医疗保险】 全市城镇职工参保人数达到74.8万人，完成年度目标任务的105.2%，其中农民工参保人数2.3万人，完成年度目标任务的120%。征缴基本医疗保险基金65582万元，完成年度目标任务的147.4%。支出基本医疗保险费56210万元。城镇居民基本医疗保险参保人数达到79.3万人，完成年度目标任务的103.3%。市直纳入统筹管理离休干部884人。2010年市直离休干部医疗费总收入为1526.72万元，支出金额约为1949.7万元。

【工伤保险】 全市参保人数35.65万人，完成年度目标任务的100%；新增扩面10494人，完成年度目标任务的108%；其中农民工参保人数93525人，完成年度目标任务的100%。征缴工伤保险费3139.8万元，完成年度目标任务的138%。清欠176万元，清欠率39%。为722名享受伤残待遇人员、31名因公死亡人员、251名供养亲属共支出待遇1823.4万元。

【生育保险】 全市参加生育保险人数达28.8万人，完成年度目标任务100.5%。征缴生育保险费2290.2万元，完成年度目标任务的211.9%。为1779名符合条件妇女发放生育保险金1070.6万元。

【农村社会养老保险】 新农保5个试点县参保人数已达163.45万人，实现基金收入2.5亿元，领取养老金人数40.03万人；新农保试点县数量居全省、全国省辖市之首。

【人力资源开发】 全年农村劳动力技能培训5.57万人，完成年度目标任务的123.8%，位居全省第一；失业人员再就业培训2.54万人，完成年度目标任务的141%；创业培训1830人，完成年度目标任务的153%。建立高校毕业生就业见习基地85家（年可提供1500个就业见习岗位），全年安排1000名高校毕业生参加就业见习，共计发放基本生活补贴300万元。组织机关事业单位工勤人员岗位技能培训1.2万人，通过技能等级考试8064人。组织各类专业技术人员资格考试2.1万人，有5031名专业技术人员通过考试获得各类专业技术资格和执业资格。5862名考生应试，招录、招聘538人充实到各类行政事业单位；接收安排军转干部82名、随军家属19名。会同总工会组织开展南阳市第四届职工技能大赛，组织参加第三届全国技工院校技能大赛省级预赛，组织参加河南省第四届数控技术大赛，指导交通、旅游、商务等行业工种竞赛。

【高层次人才队伍建设】 新设博士后科研工作站2个，总数达到11个，在5个单位建立了河南省博士后研发基地。通过“绿色通道”引进普通博士硕士研究生、国家重点大学本科生和副高级以上职称专业技术人才496人。

【劳动工资建设】 完善了劳动关系三方协调机制。调查并及时向社会发布城区51个职业（工种）工资指导价位；对全市九大行业人工成本构成情况进行了调查摸底。全市进行劳动用工备案企业1133个，涉及职工35.4万人，小企业劳动合同签订率达83%，超年度目标18个百分点。实施小企业劳动合同专项行动计划和集体合同“彩虹计划”，全市有效集体合同740份，行业性、区域性集体合同11份，覆盖企业371个，涉及职工27.4万人，占职工总数的41%。

【劳动人事争议仲裁】 全年共立案1572件，比上年同期增长达23.7%，结案1493件，涉案金额4320余万元，法定时效内结案率达到95%。调解结案965件，调解结案率为64.6%，其中，市直劳动人事争议仲裁委员会共受理案件401件，处理386件，涉案金额2100余万元，法定时效内结案率达到了96.3%。调解结案267件,裁决119件,调解结案率为67.3%。

【劳动保障监察】 劳动保障监察机构巡察用人单位2400个,涉及劳动者33万人;受理群众举报投诉891件,案件登记率100%,立案结案率98.8%,为26521名农民工追发工资4364万元,督促签订劳动合同4998份。对全市186个用人单位2009年劳动保障诚信等级进行了评定,评选诚信示范企业和诚信企业86个,督促企业主动补缴各种社保基金1200万元。

【企业军转干部解困】 为企业军转干部审核财政补助1600余万元,全部兑现企业军转干部解困政策。组织局机关和局属14个单位538名党员干部捐款9.55万元,对137名困难、特困企业军转干部进行春节走访慰问。

【劳动人事信访】 接待群众来信来访和政策咨询10501人次,立案323起,结案301起,按期办结率达100%,成功化解群众集中反映强烈的矛盾问题71起,控制减少各类群访、越级上访30余起。

【行政认定鉴定】 办理企业退休11455人;认定失业4320人;认定工伤1068人;鉴定伤残等级1227人。

【事业单位岗位设置管理】 完成全市8254个事业单位21.5万名工作人员的岗位设置。完成3733所义务教育学校7.2万名教职工和2.2万名离退休人员绩效工资兑现审核。

【机关事业单位工作人员年度考核】 对全市机关事业单位222537名工作人员进行了年度考核,确定优秀等次34121人,称职(合格)186581人,基本称职(基本合格)91人,不称职(不合格)22人,82人暂缓确定等次,1640人未定等次。

【职称评审】 全市共有11793名专业技术人员通过初级、中级、高级职称评审,涉及91个专业,其中初级6429名,中级4083名,高级1281名。

【行政表彰】 批准开展23次行政表彰项目,其中推荐上报国家、省级表彰6次,以市政府名义表彰4次,以工作部门表彰13次,共表彰了389个集体、3562名个人。(盛锋)

民　　政

市民政局局长、党组书记　王琴

【民政工作概况】 2010年,南阳市民政部门紧紧围绕市委、市政府的整体部署,坚持"以民为本、为民解困、为民服务"的工作宗旨,突出重点、统筹兼顾,整体工作目标考评位于全市前列位次。

一、城乡社会救助体系不断完善,困难群众保障水平进一步提高。一是城乡低保补助标准、农村五保供养标准全面提标。二是按照上级要求,及时发放了物价补贴。三是全面开展医疗救助同步结算工作。全年全市城乡医疗救助64万余人次,支出资金7500万元。据统计,全年共争取上级救助资金6.5亿元,比上年增加15%,惠及困难群众70余万人。

二、救灾救济工作扎实到位,灾民生活得到妥善安置。2010年汛期,南阳市遭受严重洪涝灾害,省民政厅下拨灾民生活安置资金2000余万元,帐篷1600顶,棉被3500条,市、县两级筹集救灾物资2500万元,保证了灾民在第一时间得到妥善安置。经过申报,中央财政下拨南阳市倒房重建补助资金12428万元,平均每户补助1万元;省财政下拨6214万元,平均每户补助5000元。市、县两级财政按每户2000元标准拨付配套补助资金。年内下拨冬令生活救助资金3011万元,分发棉被5000余条、面粉100吨,确保困难群众和灾民冬令期间的基本生活。

三、基层政权建设取得新进展,民间组织运行质量进一步提高。社区基础条件不断改善,办公设施齐备的社区达到210个。全市已发展社区公益服务组织310个、社区志愿者近2万名。结合"六创一迎"工作,中心城区已有69个社区居委会被命名为"模范社区"。充实完善"4+2"工作法,建立"四议两公开一监督"工作新机制,全市4800余个行政村全部依法选举产生了村务、居务监督委员会。已建成农村社区试点164个,在建39个。注重培育发展服务经济社会的民间组织,采用"跟踪督导"工作法开展民间组织年检工作,全年年检民间组织 433 个，年检率达到 95%。全市依法登记各类民间组织 2243 个，居全省第一位。

四、以创建双拥模范城为统领，做好各项优抚安置工作。全国双拥模范城创建工作成效显著。市财政安排专项经费，双拥优抚、退伍、军休安置政策得到较好落实。市政府、双拥办结合工作进度，开展多轮督查，协调解决工作中的难点问题。全年全市发放义务兵优待金 5000 余万元，在解决创建双拥模范城最关键的问题上取得了突破性进展。

五、从提高服务质量入手，促进社会事务管理水平全面提升。殡葬改革稳步推进，进一步加大中心城区殡仪秩序管理力度，巩固近两三年的成果，有效服务了文明城市建设。婚姻登记规范化建设水平持续提高，全市新增 5 个"登记规范化建设达标单位"；全市全年办理结婚登记 8.6 万余对，离婚登记 1.3 万余件，合格率均达 100%；宛城、卧龙两区婚姻登记相互联网，实现了网上查询。积极探索救助工作方法，采用到站救助与流动、设点救助相结合、宣传教育与物质救助相配合、部门救助与乡村社区相联合的工作模式，有效治理了"职业乞讨"现象。流浪未成年人救助保护中心于 9 月份开工，主体工程已基本完工。城乡设标工作有条不紊，中心城区新栽路名牌 200 块，更新、移栽 221 块，新增门牌号 1000 余户。建立完成地名属性数据库，收录各类地名信息 5 万余条。完成了 5 个撤乡设镇的调研与上报工作。勘界工作完成 1 条省际界线、5 条县级界线的联检工作。民政部牵头在南阳市召开了豫鄂两省边界联检工作协商会议，充分肯定了南阳市牵头的豫鄂西段线联检工作。

六、福利慈善事业惠及更多人群，老龄活动丰富多彩。孤儿救助标准不断提高，中国儿童少年基金会为南阳市 3499 名孤儿购买了常见重大疾病公益保险。"福彩百万公益金，资助孤儿上大学"项目资助南阳市 38 名孤儿贫困大学生每人学费 5000 元。组织适龄孤儿参加职业技能培训，组织部分孤儿参观了世博会。重视涉外送养工作，全年涉外送养孤儿 18 名。社会福利机构建设步伐加快，成功申报社会福利中心项目 2 个。特殊群体救助工作落实到位，因艾滋病导致单亲家庭未成年子女生活救助标准逐步提高，艾滋病人每人每月 20 元定量补助全面落实。福利企业加强管理与服务，步入良性发展轨道。在南阳日报刊发公告，举办首届残疾人就业见面会。在南阳日报、南阳晚报以问答形式刊登福利企业发展的政策法规。承办了全省福利企业厂长会计培训会。福彩发行取得优异成绩，全市福利彩票销售达到 1.786 亿元，筹集公益金约 1400 万元。慈善事业发展呈现良好态势，慈善总会顺利换届。在青海玉树赈灾、全市洪涝灾害、台湾台风灾害期间，成功组织了善款募集活动。组团赴台开展了善款送达和慈善交流活动，开启了南阳市慈善文化交流的新模式。敬老爱老活动丰富多彩，高规格举办"敬老月"活动启动仪式，刊发各类敬老助老报道 100 余篇，举办各类老年文化活动 200 余场，为健在的 308 名百岁老人发放敬老补助金 36.96 万元。

【主要灾情】 年内市境多次遭受洪涝灾害袭击，给人民群众生命财产造成了重大损失。据统计，全市受灾人口 412.8 万人，因灾死亡 33 人，因灾失踪 19 人，紧急转移安置 357875 人，农作物受灾 31.87 万公顷，绝收面积 4.83 万公顷，倒塌民房 25440 户 63579 间，其中需政府帮建 12428 户 28528 间。灾害造成直接经济损失约 80.55 亿元，农业直接经济损失约 25.85 亿元，为建国以来南阳市灾情最重的年份之一。

【生产救灾】 倒房重建工作是灾后重建的重中之重。市政府先后下发《关于做好灾区恢复重建的通知》和《关于印发灾区群众倒房重建方案的通知》，对灾后恢复重建特别是倒房重建的指导思想、基本原则、工作内容、保障措施进行明确细化。中央、省、市级共安排全市倒房重建专项资金 21127.6 万元，并提高了补助标准。全市确定需政府帮建户 12428 户，其中已竣工 11863 户，确保受灾群众都有一间过冬暖房。市民政局由于防汛救灾工作成绩突出，被市政府记集体二等功，市救灾办被通令嘉奖，记个人三等功 1 人，嘉奖 3 人。

紧急转移安置工作。及时启动《洪涝灾害救助应急预案》，坚持把受灾群众的生命安全放在第一位，与有关部门做好受灾群众紧急转移安置的同时，会同市财政局及时下拨中央、省、市救灾资金 22633.36 万元，紧急调拨、运输救灾帐篷 1000 顶，棉被 9300 条，及时向受灾人员提供食品、饮用水、衣被、临时住所、医疗防疫等应急救助，切实安排好受灾群众的临时吃、穿、住、医等基本生活，做好因灾死亡人员家庭的抚慰，确保灾区群众生活稳定、人心安定。

认真落实春荒冬令工作。从 10 月份开始，逐村逐户对冬令期间受灾群众的生活困难情况进行排查摸底，确保不漏一户，不漏一人，做到底数清，对象准、情况明，准确划分不同人员在口粮、衣被、取暖以及医疗等方面存在的困难，分门别类，登记造册，建立救助工作台账，对群众缺粮、缺衣等情况做到心中有数、底数清楚。初步统计,全市需政府口粮救济人口约67.78万人,需衣被救济人口13.89万人。12月7日,下拨各县(市、区)第一批冬春生活救助资金3011万元,使冬令期间受灾群众的生活得到较好安排。

5月12日是中国第二个"防灾减灾日",市救灾办积极组织,开展了形式多样、内容丰富的宣传活动。通过开设专栏专题、刊发评论文章,并通过广播、电视播放公益广告、专题节目,做到报上有字、广播有声、电视有影,防灾减灾宣传覆盖面非常广泛,效果显著。卧龙区桃园社区被民政部授予"全国综合减灾示范社区"称号。

【救灾捐赠】 4月14日,青海玉树发生7.1级地震。市委、市政府两办下发通知,迅速在全市范围组织开展救灾捐赠活动。全市共接收社会各界捐款687.6万元,其中慈善总会180.98万元,已按要求向有关部门汇缴。7月中下旬,全市遭受重大洪涝灾害。市委办、市政府办于7月27日下发了在市直单位开展救灾捐赠活动的紧急通知,各县(市、区)也紧急开展抗洪救灾捐赠工作。全市共接收捐款1300多万元,其中市直650余万元,有力推动了救灾工作的开展。12月底,由市委办、市政府办牵头,市民政局承办组织开展"送温暖、献爱心"社会捐助活动,专项用于解决受灾地区双节期间生活困难。

【福利生产】 年初,市民政局、人社局联合下发表彰文件,对先进企业和先进工作者、先进残疾职工进行表彰。在南阳日报、南阳晚报刊登福利企业政策法规。切实抓好年检工作,全年共整改福利企业2个,取消不合格福利企业13个,有效净化了福利企业队伍。强化福利企业监管工作,全市福利企业残疾职工"四金"参保率达100%,工资发放及时、劳动合同签订率达100%,残疾职工的合法权益得到有效保护。深入开展残疾人集中就业工作。8月23日,举办南阳市首届残疾人就业见面会,为残疾人就业建立了良好平台。会上共有300余名残疾人到场咨询、登记,有100余名残疾人与福利企业达成了就业意向。建立残疾职工救灾扶贫体系,共帮助残疾职工贫困子女上学10余人,发放助学金3万余元。11月13日,承办了河南省福利企业厂长会计培训会议,全省各省辖市民政局负责人、福利企业厂长会计共300多人参加会议。会议邀请了财会专家、省国税政策主管和省民政厅福利企业政策法规主管进行授课。截至年底,全市共有福利企业110个,从业人数达到5965人,其中安置残疾职工3143人;全市福利企业销售收入31.26亿元,利润总额3.51亿元,合计上缴税金1.9亿元。

【福利彩票】 电脑彩票销量继续有所增长,全年销量位居全省前三名,占南阳福利彩票市场总销量的85%。其中"双色球"游戏7894万元,"3D"游戏4216万元,"22选5"游戏2292万元,"七乐彩"游戏368万元,"幸运武林"快开游戏138万元。全市共有投注站512个,全年新增站点103个,解决就业岗位1000多个。积极探索网点即开票销售模式,采取依托投注站进行销售,在全市成立12个中心站。经常增添彩票品种,不断满足彩民需求。已上市销售了勇士闯关、大富翁、节大欢喜、国游探宝、锦绣中华等58个品种,新上市44个品种,吸引了无数福彩爱好者。7月份。在省福利彩票中心组织的"即开票争创销售60强"评比活动中,全市有2个中心站跻身其中。全年全市福利彩票销售达到1.78亿元,筹集公益金约1400万元,代征个人所得税112万元,其中电脑票销售1.49亿元,网点即开票销售2066万元,中福在线销售850万元,全市彩票市场占有率53%,南阳市福彩销售总量位居全省第五名,其中电脑票销量位居全省第三名。

【社区建设】 全市社区基础设施建设稳步推进,办公场地和办公设施进一步得到完善。办公用房达到"五室五站一场地"标准的248个,办公设施齐备的达到210个。市局投入福彩公益金50万元,采取以奖代补的形式,对中心城区兴运、大官庄、溧源、蔡庄和百里奚社区办公设施进行大力扶持,已全部完成。

社区服务业健康快速发展,公益性服务逐渐趋于成熟。全市拥有公益团体组织310个,拥有社区志愿者近2万名,全年开展各类助弱、助老、助残等无偿服务3000余人次。在社区成立一站式服务窗口350个,方便居民办理业务,基本实现全覆盖。

在全市范围内大力开展"和谐社区"创建活动。结合全市"六创一迎"工作,中心城区有69个社区居委会被命名为"模范社区"。积极配合市发改委做好《南阳市社区建设"十二五"规划》编制工作,根据现状,详细制订了未来五年每年度社区建设发展目标。计划五年内在全市建立14个市、县级社区服务中心,平均每年建设11个街道级社区服务中心,平均每年扩建、改建、新建39个社区居委会。

加大农村社区试点建设力度。全市共建成农村社区试点164个,正在兴建中的39个。重点改善农村社区的公共服务条件。探索农村社区试点工作与其他农村各项工作的结合,进一步引导社会福利、医疗卫生、科技教育等各类资源向农村社区倾斜。

【村务公开民主管理】　根据河南省委、省政府和省纪委要求,协同市纪委、市财政局等6个部门联合推行"四议两公开一监督"工作机制。通过村民代表大会依法选举产生村务监督委员会,整合原有的村务公开监督小组、村民民主理财小组、村纪检小组等村级监督组织,健全完善了以村务监督委员会为主体的村级监督机制。全市4502个行政村,299个居委会除个别移民新村外,全部建立了村务监督委员会,硬件建设全部达到"六有"标准,在村务公开民主管理和农村基层党风廉政建设中发挥了显著作用。

8月,市村务公开民主管理协调小组牵头,市纪委、市委组织部、市民政局等11部门联合出台了《南阳市全面推进村务公开和民主管理"难点村"治理工作方案》,对全市"难点村"治理工作进行统筹安排,形成了由政府主导,民政牵头,部门配合,基层参与的工作运行机制。明确把"难点村"治理纳入工作考评目标,市、县两级进行不定期督导,确保工作稳步推进。截至年底,全市300个难点村中已经治理达标的有131个。经过治理,村"两委"班子凝聚力、影响力显著提高,村级干部的民主意识得到增强,依法办事能力得到提高。

【退伍安置】　及时发放《优待安置证》。根据市征兵办提供的"入伍通知书号段发放登记表",3月19日、12月9日两次集中将《优待安置证》下达有关县(市、区)组织发放。妥善接收退役士兵。5月、12月两次编制退役士兵报到须知,审查接收南阳市中心城区(卧龙、宛城)退役士兵1047人,其中城镇籍557人,农村籍490人。及时接转省退伍办安置南阳市转业士官161人。接转列入计划移交残疾退役士兵13人、复员干部3人。对2005年以来列入移交计划的伤残军人、复员干部安置情况进行一次回头看,督导各地按时完成170名伤残士兵(列入移交计划43名、因战因公127名)、31名复员干部接收安置任务。

制定退役士兵分配方案。通过多方协调督促,由市政府下发批复,将南阳市中心城区2008年冬季退役士兵于7月、8月采取指令性分配手段安置到有关单位;同时将2009、2010两个年度的两属单位安置计划协调落实到位。在大力宣讲退伍安置政策的基础上,对2009年冬季退役士兵,鼓励通过"双向选择"落实安置政策,对通过市行政审批服务大厅递交自谋职业申请的56人、通过双向选择落实单位的136人办理了有关手续;对余下的符合政府安置条件的退役士兵,编制安置方案报市政府于12月份批准组织实施。积极协调汇报,并于4月、9月两次撰写"通过考试向事业单位安排退役士兵工作方案"报送人事主管部门。

主动调研报告难点工作。走访市统计局、地税局、社会养老保险局、医疗保险中心等单位,先后于3月、4月两次向市民政局、市政府提供南阳市退伍军人安置工作所存在问题和对策,以及调研工作报告。为落实好退役士兵安置工作经费,多次报告请示市政府或财政局所需城镇退役士兵待安置期间生活补助、自谋职业、技能培训等急需经费。联系南阳农校、高级技工学校、经贸学校、北大青鸟等培训机构,借鉴人力资源和社会保障局"再就业培训",农业局"阳光工程"、扶贫办"雨露计划",以及外地退役士兵培训经验后,市民政局、人力资源保障局、财政局所制定《城乡退役士兵技能培训实施办法》由市政府办公室转发。

【军休安置】　全年全市共接收安置军休人员5人,完成上级下达的任务。将2009年度接收安置的军休人员信息录入民政部优抚安置信息系统,上报民政部、财政部、总政治部联合审定并获得通过。

严格执行安置政策,全面落实军休干部两个待遇。春节、八一、建国六十一周年期间,组织各单位开展形式多样的慰问军休干部活动,召开团拜会、举办军民联欢会、发放节日补助金、赠送春联等一系列送温暖活动,充分体现党和政府对军休干部的关怀。各项生活待遇按时足额发放,调整提高了军休干部服装费、军休干部遗属和1955年前后复员女军人生活补助等几项生活待遇。

全面启动军休干部房改工作。完成了军休干部售房信息数据录入及统计申报工作,做好房改资料立卷归档和总结工作。8月份将第一批申报的210名军休干部房改资料率先上报省财政厅审批。组织市直军休干部健康体检,协调督促落实师职退休干部医疗费报销等事宜,部分市县已制定出台了军休干部自付医疗费较多的补助办法,受到军休干部的普遍欢迎。

组织开展2010年度全市军休干部文体活动比赛。7月份市民政局举办庆"八一"军休干部文体活动,举行了钓鱼、门球、象棋、扑克、麻将、跳棋、军棋7个比赛项目,共14个代表队近130名运动员参加了比赛。活动还聘请医院专家为老干部进行健康知识讲座,多家媒体同时对比赛进行了报道,树立了军队离退休干部的良好形象。

【城乡居民最低生活保障】 城乡低保救助水平逐步提高,拟定出台了《南阳市城市低收入家庭认定实施细则》等文件,坚持做到低保对象有进有出,动态管理。农村低保保障标准再次提高,按照“四议两公开”工作法对农村低保对象进行分类施保,永久公示,将具体操作过程细化为8个步骤和12个工作流程,进一步规范了农村低保的审批管理程序。全市城市低保人均月补助水平提高15元,达到不低于145元;农村低保人均月补助水平提高10元,达到不低于60元,各县(市、区)均已落实到位。城市低保标准卧龙区、宛城区、镇平县、内乡县、社旗县为200元,西峡县204元,淅川县190元,其他各县(市)180元,全市平均为193元。11月份,根据省委、省政府和民政部、财政部通知要求,为城乡低保对象发放临时价格补贴1939.5万元(城市低保616.5万元,农村低保1323万元)。其中城市低保对象每人每月不低于15元,农村低保对象每人每月不低于10元,发放时间为3个月。全年城市低保累计支出资金23857.6万元,救助13.7万人;农村低保累计支出资金32855.1万元,救助44.1万人,基本实现应保尽保。

【农村五保供养】 各县(市、区)对五保供养标准进行调整。五保集中供养标准由每人每年1600元提高到每人每年不低于2000元,分散供养由每人每年1100元提高到每人每年不低于1200元。11月份,根据省委、省政府和民政部、财政部对农村五保对象每人每月不低于20元发放5个月补贴通知,为五保供养对象每人100元发放临时价格补贴369万元。全年五保供养累计支出资金12870.9万元,救助8.2万人。

根据《河南省农村五保供养服务机构建设和管理服务规范》要求,本着“在建敬老院抓进度,建成敬老院抓入住,入住人员抓管理”的工作思路,把加强五保供养机构管理和服务水平作为重点,按照“设施标准化、管理规范化、服务人性化”要求,稳步提高集中供养率。6月份,对优秀敬老院院长进行培训,组织到南召县云阳镇和洛阳市栾川敬老院进行观摩学习。新野县把乡镇敬老院院长组织起来进行业务培训和相互观摩交流。方城县开展了敬老院规范化管理升级达标活动,共评出四星级敬老院5个,三星级敬老院10个,二星级1个。卧龙区、西峡县、新野县、方城县充分利用倒房重建资金加强敬老院建设,南召、淅川、社旗等县利用倒房重建和危草房改造项目资金加强敬老院硬件建设,南召县敬老院建设规模与规范化管理达到了全市先进水平。西峡县被表彰为全国农村五保供养先进单位,南召县云阳镇敬老院被表彰为全国农村五保供养模范敬老院。市民政局低保中心主任宋红召被表彰为全国农村五保供养工作先进个人。2010年新建敬老院22所,改扩建62所。全市共有敬老院741所,其中乡镇办309所,村办432所,入住五保对象34064名,集中供养率达到41.7%。

【医疗救助工作】 城乡医疗救助工作重点放在全面建立医疗救助信息共享、平台共用、同步结算工作上。年初,协调相关部门出台了《关于进一步完善城乡医疗救助制度的意见》,就如何做好同步结算工作及医疗救助范围、救助程序、制度衔接、资金投入、部门职责等方面进行了明确。5月份在宛城区召开城乡医疗工作会议,由宛城区、邓州市、西峡县介绍同步结算工作经验,指导各县(市、区)全面开展医疗救助同步结算工作,同时规范救助程序,统一全市医疗救助审批表格,进一步规范审批程序。医疗救助同步结算工作在各县(市、区)已全面开展。止9月底,全市城市医疗救助累计救助46696人次,共支出资金858.9万元;农村医疗救助累计救助257473人次,共支出资金2475.1万元。

【双拥优抚】 全市双拥工作围绕创建全国双拥模范城活动的开展,认真贯彻实施新修订的《双拥模范城(县)创建命名管理办法》和新制定的《全国双拥模范城(县)考评标准》,将《全国双拥模范城(县)考评标准》纳入年度县市区民政工作考评办法。积极开展拥军工作,按照《关于加强新时期拥军优属拥政爱民工作的意见》和《南阳市驻军随军家属就业安置办法》规定,为驻宛部队13名军人子女中招考试成绩10分,协调55名部队子女就读市内中小学校,对173名驻南阳城区部队随军无工作家属身份进行逐一审核认定,并按每人每月200元的标准发放了生活补助。7月28日,召开市委常委议军会,对驻宛部队提请协调解决的道路、部队安全、官兵饮水等5个方面的问题进行了认真研究,并拿出了解决措施。帮助驻宛71669部队完成了营建征地。市委、市政府和军分区在全市开展了关心支持国防建设“十佳单位”、“十佳个人”评选表彰活动,并在《南阳日报》、南阳电视台等媒体对先进事迹进行了宣传,营造全社会关心支持国防建设的良好社会环境,进一步激发了全市广大干部群众的拥军情、报国志。

优抚工作扎实开展,优抚对象稳定。根据省民政厅关于做好更新优抚对象数据库的要求,组织人员对全市58193名各类优抚对象的资料进行更新上报，为190名各类优抚对象审核办理了评定手续。狠抓重点优抚对象医疗保障服务，按照先试点后推广的思路，于3月25日在宛城区召开重点优抚对象医疗保障"一站式"服务经验现场会，后又逐县（市、区）进行跟踪问效。5月份，为棉纺厂7名失业伤残军人办理了城镇职工基本医疗保险。11月份，对198名其他涉核人员进行了体检。为残障优抚对象配发康复辅助器具，在省假肢中心的帮助下，采取逐县集中服务和上门服务的方式，为全市139名建国前入伍的听障优抚对象配发了助听器，为19名肢残优抚对象配制了假肢，让残障人士感受到党和国家无微不至的关怀和温暖。

【民政信访稳定工作】 南阳市民政信访稳定工作以扎实办理信访案件为抓手，进一步强化接访、处置工作，通过直接接待和网上答复等形式不断拓宽信访渠道，并认真落实定期登记、分类、转交工作，全年共接待处置信访事项172起191人，其中接访答复156起176人、上级转交办理15起15人。通过及时妥善处置信访事件和突发事件，确保"两会"、十七届五中全会、广州亚运会等敏感时期没有发生民政服务对象和复退军人等特殊群体赴京大规模集体上访事件，维护了南阳社会大局稳定。5月份，市民政局信访科接手负责群众网上来访事项办理工作，研究制定《关于进一步规范群众网上来访事项办理工作的通知》，细化群众网上来访事项办理程序，建立健全工作网络，共受理信访事项190起，按期答复率达99%以上，大量不稳定因素得到提前化解，有效促进了全市民政系统的和谐与发展。

【社会团体登记管理】 按照全市战略发展规划的总体部署，注重培育发展优势项目和特色产业，依法对南阳市移动通信产品行业协会、建筑装饰材料行业商会、对台经济文化交流协会、台商投资企业协会、保险行业协会等12个社会团体进行了登记；围绕行业协会商会改革和政府机构改革，依法对南阳市外商投资企业协会、城乡规划协会、环境卫生协会等28个社会团体的法定代表人、业务主管单位等进行了变更登记；对南阳市动漫协会、信息协会等5个社会团体进行了注销登记；拟对南阳市恐龙化石学会、人力资源学会、美发美容协会等7个长期不开展活动、拒不接受监督检查的社会团体进行撤销登记。至年底，经民政部门登记的社会团体共有1407个（市直登记320个）。同时，加大对社会团体的监管力度。年检工作应用"跟踪督导"工作法，加快工作进度，提高年检质量，而且使多年的"难缠户、钉子户"也自觉接受了管理。顺利对286个社会团体进行了年检，占社会团体总数的96%。利用市国家安全局和公安局国保大队的监控作用，联合市委政法委、宣传部和镇平县民政局、公安局，成功粉碎了非法政治类社会团体"毛泽东思想研究会"的非法集会，避免了一场政治事件的发生，维护了社会大局稳定。

【民办非企业单位登记管理】 按照《民办非企业单位登记管理暂行条例》的规定，对147个民办非企业单位进行了年检，占其总数的93%。充分利用新闻媒体的监督作用和国家安全机关的监控职能，依法查处了所谓的"南阳邹氏宗亲联谊会"的非法大集会和寻亲问祖活动。通过依法登记和严格管理，全年新登记16个，变更登记17个，全市累计登记民办非企业单位836个（市直登记176个），民办非企业单位已经成为经济社会建设的一支重要力量。

【殡葬管理】 一是深入宣传殡葬政策，营造良好殡改气氛。除利用清明节、十月初一等特殊日子进行正常宣传外，于6月份在各县（市、区）开展殡葬改革宣传周活动，积极倡导绿色殡葬，提高广大群众实行火化的自觉性。二是加强殡葬基础设施建设，提高殡葬服务质量。全市有3个殡仪馆进行改造升级，有2个殡仪馆正在进行筹划搬迁，17处经营性公墓顺利通过年度检查验收，大部分村级公益性公墓建设已经纳入新农村建设规划。三是指导各县（市、区）民政部门严格殡葬执法，文明办事。配合市纠风办对个别存在以罚代化现象的县市进行查处纠正，净化了殡葬执法市场。四是进一步规范南阳城区的丧事活动和殡葬用品市场管理，起草了规范南阳城区丧事悼念活动和加强殡葬市场管理的意见和规范南阳城区丧事活动的通告。全年共查处丧事活动违规行为55起，对11个单位下达了限期整改通知书，责令27起影响较大的丧事承办人写出书面检查，丧事违规行为得到有效遏止，有力地促进了城区殡改工作的开展。新野县民政局等两个单位被省民政厅表彰为殡葬服务先进单位，单冬莹等3人被省厅确定为殡葬工作先进个人。

【福利慈善工作】 福利慈善工作以儿童救助和保障为重点，内引外联，多途径、多形式促进社会福利和慈善工作发展。7月份市慈善总会举行了换届选举。青海玉树地震发生后，市慈善总会发出倡议公告，各企事业单位踊跃捐款捐物，共募集善款190余万元和大批物资。汛期全市遭受多重灾害,总会周密组织实施,共募集善款290余万元,及时发放受灾地区。成立了“南阳市慈善总会企业爱心救助中心”,接受爱心企业1000万元捐款,设立了南阳市首个企业慈善爱心救助基金,基金平稳运行。

完成孤儿数量普查和复核认定,初步确定全市孤儿5200名,按每人每月270元标准进行救助,2289万元救助金已发放完毕。组织实施“福彩百万公益金,资助孤儿上大学”项目,对2010年度考入全日制普通本专科院校的南阳籍孤儿和部分特殊困难家庭的38名大学生进行资助,额度为每名大学生5000元。9月份组织9名16至18岁孤儿在漯河市参加由民政部和中国社会福利教育基金会共同开展的适龄孤儿免费职业技能培训,帮助孤儿通过职业技能教育提高就业能力。协助公安部门,完成全国打拐行动涉及福利机构儿童的血液样品采集工作。

艾滋病致孤人员和因艾滋病导致单亲家庭未成年子女生活救助资金足额下拨,全市确定救助对象680人,共下拨资金97.74万元。完成艾滋病单亲家庭未成年子女的生活救助提标任务,从2010年1月开始,将因艾滋病导致单亲家庭未成年子女救助标准从原来的每人每月65元提高到每人每月100元。完成艾滋病患者定量补助工作任务,补助标准为每人每月20元。全市确定艾滋病患者3795人,发放救助金81.97万元。

实施明德基金“缔造梦想”助学计划,资助贫困大学生。对象为高考考分在一本以上的南阳贫困考生,资助名额60名,由明德基金每年资助每人不超过6000元人民币,争取境外慈善资金144万元。继续实施“盛承慧基金”慈善助学项目,初步确定全市30名孤儿高中生为资助对象,获得救助慈善资金13.5万元。7月30日至8月1日,承办了2010年盛承慧女士见面会暨放飞梦想夏令营活动,42名孤儿参加了夏令营活动。与中国红十字会合作,向南阳市社会福利院捐赠贝因美奶粉150箱价值15万元。

【社会福利机构】 依法做好社会福利机构审批工作,新批准设置4所社会福利机构:南阳市社康老年综合服务中心、南阳市油田爱馨敬老院、唐河县颐养苑、唐河县正昌儿童福利学校;新批准筹建一所社会福利机构:南阳市福寿苑养老服务中心。加强县区社会福利中心规划、申报和建设,2010年社会福利中心建设项目申报全部成功。南召县、方城县社会福利中心建设申报项目已获民政部批准,80万专项资金已到位;有5个县争取到社会福利中心项目,占全省六分之一。积极开展河南省社会福利机构等级评定工作,市社会福利院被评定为河南省一级社会福利机构,卧龙区按摩医院、邓州市康复医院被评定为河南省二级社会福利机构。开展养老服务社会化示范单位创建活动,方城县老年服务中心、卧龙区万世颐康老年院被授予“河南省养老服务示范单位”。完成南阳市2011年基本养老服务体系建设储备项目组织申报任务,全市共上报储备项目15个,其中市级项目2个、县级项目13个。

【老龄工作】 4月19日,市老龄工作办公室正式移交市民政局。7月份,市政府下发《关于调整南阳市老龄工作委员会成员的通知》,市政府副市长李建豫为老龄委主任,新增老龄委成员单位12个。开展老龄宣传一条街活动,制作、展出各类老年政策法规宣传版面500余幅,发放政策宣传单2万余份。利用广播、电视、报刊等媒体进行宣传报道,开辟多个专栏宣传报道敬老模范人物40余人,各类活动宣传报道100余条。举办了两场“孝老爱亲先进事迹报告会”,2000余名学生及机关干部参加报告会。

9月16日,全市开展首届“敬老月”活动,中心广场举办了盛大的启动仪式,市四大家领导出席并讲话。活动中举办义诊等活动70余次,为老人办实事300余件,节日走访、慰问活动50余场,发放慰问金及百岁老人生活补助金15万余元,组织开展了各类老年文体活动200余场,丰富了老年人的精神文化生活。重阳节前夕,市老龄办与市老干局联合举办“重阳节金婚老人才艺大赛”,与市社区志愿者协会联合举办了“重阳节老年人联欢会”,向全市人民展现了老年人的风采。市老龄办被评为河南省“敬老月”活动先进单位。开展“孝亲敬老模范人物及敬老模范单位”评选活动,评选出“敬老楷模”10名,“孝亲敬老之星”30名,“敬老模范单位”12个,为全社会树立起了尊老、敬老的榜样。

【收养登记】 根据省民政厅、省档案局关于开展民政档案行政执法检查的通知要求,对收养登记档案管理执法检查工作进行了部署。在各县(市、区)认真开展自查工作的基础上,联合市档案局组成检查组,对各县(市、区)收养登记档案管理工作情况进行了抽查。通过检查,进一步规范了收养登记档案管理,达到了预期效果。截止年底,全市共办理国内收养登记106件,其中男性21人、女性85人。

【救助管理】 救助管理工作以推进救助管理机构规范化建设为契机，全面提高救助管理工作水平。认真贯彻落实《南阳市人民政府办公室关于进一步明确城市生活无着的流浪乞讨人员救助工作相关单位职责的通知》精神，明确各有关部门的职责，使市区的流浪乞讨人员得到合理的安置。根据省厅通知，积极落实《民政部关于进一步加强救助管理工作的通知》精神，要求各救助管理机构进一步健全救助管理工作机制，推动救助管理工作健康发展。救助方式坚持站内接收救助、街头流动救助与闹市区定点救助相结合，实现对中心城区全方位覆盖。全年全市共救助接待 6467 人次，对符合条件的 6316 人实施了救助，其中男 5065 人次，女 1251 人次，残疾人 1989 人次，未成年人 232 人次。扎实开展流浪乞讨人员中的危重病人医疗救助工作，督促协调定点医院、财政部门落实医疗救治资金。全年医疗救助 142 人次，支付医疗费用 54.3 万元，充分体现了党和政府对社会弱势群体的关怀。

【婚姻登记】 婚姻登记工作以贯彻落实新的《婚姻法》为载体，认真实施《婚姻登记条例》和《婚姻登记工作暂行规范》，强力推进婚姻登记室规范化建设，认真开展婚姻登记员培训，大力支持县级婚姻登记体制改革，理顺了工作关系。全市已有 9 个婚姻登记处获得民政部"登记室规范化建设达标单位"称号，8 个县（市、区）婚姻登记处取得了经费单列资格，解决了经费问题。在全面实施集中登记的基础上，大力加强登记机关的正规化建设和信息化建设，宛城、卧龙两区婚姻登记工作已经实施全区联网、网上查询等信息化手段，为优质服务提供了有力保障。同时在依法行政、规范管理、提高婚姻登记质量和服务水平、减少搭车收费、减轻群众负担等方面取得了实效，维护了婚姻当事人的合法权益。全年累计完成结婚登记 8.6 万多对，离婚登记 1.3 万多件。涉港澳台结婚登记 55 对，离婚登记 2 件。登记合格率 100%。

【地名区划】 城乡设标工作基本实现了合理化、正规化、标准化。中心城区新增门牌 1000 余户。按照市"六创一迎"指挥部要求，协调市规划局出台了公共信息图形符号——图名牌设置规划，对全市 44 条街路路名牌设置，摸清 44 条拟设立路名牌建路的路况，路名牌宜设立的位置。对中心城区路名牌进行综合整治，及时对损坏的路名牌进行修复和栽竖，拆除更新不符合要求的路名牌 176 块，移栽 45 块，新栽 200 块。县乡镇设标完成政府驻地路名牌设置 320 块，楼门牌设置 16512 块。206 个乡（镇）政府驻地设置路名牌 1168 块，乡（镇）政府驻地楼门牌设置 3920 块。村标设置完成 2737 个。

根据省厅 7 月份会议的安排部署，迅速启动地名属性库完善和矢量数据更新等相关工作。地名属性数据库已建设完成，共录入行政区、群众自治组织、居民点、单位、建筑物、道路、山、山峰、河流、湖泊、公交线路、旅游景点 12 类近 5 万条地名信息，增加地名信息数据量 1 万余字。通过 3 个月的工作，完全合格的图形数据、链接信息、属性数据已经上报省厅。

地名命名普查工作。2 月 25 日，召开了由二月河、王遂河、廖华歌、周同宾、李金朝及市规划局、城市管理局、交通局、文明办、地方志等部门负责人和知名人士参加的南阳市城区街道命名更名座谈会。责成卧龙、宛城、高新三区，对本辖区未命名街道进行详细的普查，摸清道路的位置、长度、宽度、距离、未命名原因等基本情况。对普查情况进行综合分析，制定命名预案，为下一步街道命名作详细的准备。

行政区划调整工作。按照成熟一个发展一个的原则，对社旗县太和乡、大冯营乡，镇平县张林乡，西峡县阳城乡、二郎坪乡拟撤乡设镇进行了实地调研和考察，并进行了材料整理及上报工作。根据国家近期和远期行政区划调整的规划和设想，提供国家关于行政区划调整的政策、法规及南阳市应采取的对策。积极参加鸭河工区、官庄工区设立的调研，根据国家设立市辖区的标准提出意见和建议，供领导决策时参考。

【勘界工作】 完成省级线 1 条，总长 1343.18 公里，南阳段 734.63 公里，沿线涉及豫鄂两省 4 个市、11 个县的联合检查任务。9 月份，由民政部会同两省民政厅及沿线 7 城市，在南阳召开了两省联合检查工作协商会议，圆满完成豫鄂线联检工作。完成县级线 5 条，共计 342.2 公里，涉及 10 个县（区）的 34 个乡镇 156 个行政村，共埋设界桩 30 颗。全年共发生边界纠纷 2 起，涉及豫鄂线淅川县与老河口市因煤矿资源引起的纠纷、淅川县香花镇南王营村与邓州市彭桥镇杏山村因修建地质公园景点道路引起的边界纠纷。通过深入实际，走访群众，实地踏勘，召开相关方面协调会，边界权属纠纷得到了妥善处理，维护了社会稳定和广大人民群众的根本利益。积极开展平安边界创建活动，制定《边界纠纷调处应急预案》。积极和界线周边地市协商，签定创建平安边界睦邻友好公约，制定了《关于开展创建平安边界活动实施方案》，为实现"纠纷共调、执法共助、边界共保、

发展共促”的睦邻友好长效机制打下坚实基础，为平安边界建设提供了有力保障。(徐玉顺　刘亚平)

残疾人事业

市残联党组书记理事长　宋全海

【残联工作概况】 市残联系统以残疾人社会保障体系和服务体系建设为中心，抓重点、谋全局、求发展，大力实施残疾人工作“四五六”(四个建设工作、五项重点工作、六件实事)工程，切实解决一大批残疾人最关心、最直接、最现实的利益问题，使全市广大残疾人得到了更多新的实惠，残疾人事业实现了跨越式发展。

【残疾人基层组织建设】 5月份，全市残疾人基层组织建设工作现场会在新野县召开，会上下发了市残联与市编办、民政局、财政局、人力资源和社会保障局联合出台的《关于进一步加强和规范基层残疾人组织建设的实施意见》，有力推动了乡(镇、街道)、村(社区)残疾人专职委员的选配、待遇的解决，真正发挥了残疾人专职委员的作用。目前，全市236个乡镇(街道)、4860个村(社区)全部配齐了残疾人专职委员，基本落实了工作待遇，为全市残疾人工作的开展夯实了基础。

【残疾人综合服务设施建设】 残疾人综合服务设施是为残疾人提供综合服务的场所。几年来，省残联连续把这项工作纳入目标管理，各级残联非常重视，一直作为重点工作，积极请示党委、政府，协调相关部门，投入大量精力，强力推进。2010年，市、县两级完成了残疾人康复中心、托养中心等25个“十二五”期间国家投资建设项目的预申报工作，并按要求做好了前期准备工作。市级残疾人综合服务设施(康复中心项目)已纳入国家发改委“十二五”投资项目，市发改委已立项，定为可行性建设项目，目前，正在协调规划和土地部门征地，力争2011年底开工建设。邓州市残疾人综合服务设施主体已完工，2011年“五一”前可入驻；卧龙区残疾人综合服务设施建设正在积极推进。随着市、县两级残疾人综合服务设施的建成和投入使用，南阳市为残疾人服务的能力将显著增强。

【残疾人社会保障体系和服务体系建设】 “两个体系”建设是省残联2010年度确定的中心工作，市、县残联积极协调相关部门，按要求落实了残疾人养老、医疗、低保等社会保障政策，社旗、淅川、西峡3个第一批新农保试点县，共为2.9万余名农村贫困重度残疾人代缴养老保险费。同时结合开展的托养、康复、教育、就业、文化体育、危房改造等业务工作，为残疾人提供优质服务，残疾人“学有所教、劳有所得、病有所医、老有所养、住有所居、残有所助”的目标正逐步实现。

【按比例安排残疾人就业】 按比例安排残疾人就业工作，继续实行机关事业单位纳入市委、市政府目标管理，企业由地税部门代征政策。为确保这项工作的落实和有所突破，一是出台了《南阳市人民政府令》第2号，颁布实施了新的《按比例安排残疾人就业办法》，为执行新标准提供了有力的政策保障。二是对省残联下达的残疾人就业年度目标任务进行了分解，并与各县(市、区)签订了目标责任书。三是与地税部门联合召开征收工作会议，并在《南阳日报》联合刊登年审公告。同时对2009年度未缴纳残保金的30个市直单位申请法院强制执行，执行残保金80余万元。四是建立月通报制度，一月一排名，一月一通报，增强了征收工作的紧迫感、责任感。五是适时召开残保金征收工作专题会，对未完成任务的县(市、区)取消年底评先资格，实行“一票否决”。全年全市按比例安排残疾人就业524人，征收残保金1800万元，被省残工委评为“按比例安排残疾人就业工作先进单位”。

【残疾人培训工作】 2010年，省委、省政府把残疾人培训工作列入“十大民生工程”。市、县两级下发了实施方案，成立了领导小组，开通了热线电话，对全市残疾人就业培训状况进行全面普查，并充分利用普查数据，结合当地实际，举办了形式多样的培训班。部分县(市、区)自编培训教材，为残疾人学习有关技术提供了文字支持。在农村实用技术培训中，各地结合当地产业特色，开展胡萝卜种植、养猪、食用菌种植等培训。培训期间，除免除生活费和培训费外，每人每天还补助误工费。全市共培训残疾人9597人，获得全省“就业培训工作先进单位”荣誉称号。

【残疾人三轮车置换工作】 在全市深入开展"六创一迎"、取缔三轮车非法营运活动中，涉及残疾人三轮车250余辆。各级残联牢固树立大局意识，在做好对残疾人的政策解释、宣传教育、积极反映残疾人合理诉求的同时，加强力量，全力配合市委、政府，并协助公安、人力资源和社会保障部门，妥善做好残疾人机动三轮车的置换和残疾人公益岗位安置工作，为建立良好的城市交通秩序、维护社会大局稳定做出了积极贡献，受到市委、市政府的通报表彰。特别是"三区"残联积极主动做好工作，认真协调化解矛盾，既努力贯彻落实市委、政府工作意图，又较好维护了残疾人权益，在保持残疾人群体稳定中功不可没。

【扶残助残工作】 全市共争取国家彩票公益金农村贫困残疾人危房改造项目资金40万元，县级匹配资金80万元，在桐柏、淅川、南召、社旗4县为400户贫困残疾人实施了危房改造。市残联高度重视，积极向上争取，各县（市、区）积极筹措资金，共为贫困下肢残疾人免费捐赠轮椅4005辆。在7.17洪水暴发后，残联系统积极主动为残疾人捐款捐物，心系残疾人，情暖残疾人，取得了较好的工作效果和良好的社会反响。

【残疾人康复进社区】 在全面完成省下达的经常性康复任务的基础上，重点对134名0—6岁贫困残疾儿童进行抢救性康复训练，完成年度目标的100%。同时，依托乡镇卫生院、村卫生所和社区卫生服务中心，为残疾人配备康复训练器材，并有效开展了一系列康复工作。6月22～25日，市残联举办首期社区康复协调员师资培训班，特邀省康复技术讲师团专家授课，来自全市13个县（市、区）残联的副理事长和88名社区康复协调员参加了培训。通过这次培训，参训人员掌握了基本的康复知识，加深了对社区残疾人康复工作目的和意义的认识，提高了基层康复人员的综合素质和康复服务能力，推进了南阳市社区康复工作向科学化、制度化、规范化方向发展。全年全市共建设139个乡镇康复室、1553个社区康复站，培训2271名社区康复协调员，为实现2015年"人人享有康复服务"目标奠定了坚实基础。

【助残"六件实事"】 （一）市委、市政府出台了《关于进一步加快发展残疾人事业的实施意见》。中央7号文件和省委80号文件颁发后，市委、市政府高度重视，于2010年8月13日，正式出台了《中共南阳市委南阳市人民政府关于进一步加快发展残疾人事业的实施意见》，这在南阳残疾人事业发展史上是前所未有的。《实施意见》抓住残疾人最关心的社会保障体系和服务体系建设问题，按照普惠与特惠相结合、一般性制度安排和专项制度安排相结合的原则，纳入政府公共服务，优先发展，为残疾人基本生活、就医、就学、就业提供了稳定的制度保障。与省委80号文件相比，在加强残疾人组织建设和发展残疾人社会福利、慈善事业等方面有了较大突破，省残联工作通讯两次对此予以宣传报道，年终也受到省残联考核组的充分肯定。（二）第二代残疾人证换发工作。市、县两级始终坚持快办、办准、办实的原则，按照超常规、按规矩、办实事的要求，不断改进和完善办证方式，力争简化程序，加快换证速度，不设卡，不积压，不滞留，使有办证需求的残疾人都能及时得到办理。截至年底，已有66774名残疾人办理了第二代残疾人证。（三）残疾人助学和托养工作。市、县两级利用彩票公益金资助高中、大学阶段贫困残疾学生526名，完成全年目标的159%；实施"阳光家园"计划，规范5个残疾人集中托养机构建设，为1660名残疾人提供托养服务，完成全年目标的109%。（四）"长江新里程"计划二期项目。经过全面筛查，共为247名贫困下肢缺肢者免费安装假肢，完成全年目标的112%。（五）健全完善以白内障复明手术为主的残疾人康复工作长效机制。在创建白内障无障碍市目标任务完成的基础上，做到发现一例，实施一例，免费一例，复明一例，全年全市残联系统共实施免费复明手术5856例。（六）组织参加全省第四届残疾人职业技能大赛，取得一等奖1名，二等奖1名，三等奖4名，并获得团体组织奖荣誉称号。

【残疾人事业宣传】 采取多种形式加大残疾人工作宣传力度，不断提高社会关注度，进一步营造了残疾人平等参与社会生活的良好氛围。在全国助残日、全国爱眼日、国际残疾人日、国际盲人日等重大节日，充分利用各种新闻媒体，大力宣传相关法律法规，大力表彰扶残助残先进个人。特别是助残日期间，市委副书记贾崇兰发表了电视讲话，《南阳日报》刊发了市政府副市长李建豫答记者问，并发表了评论员文章；南阳电台举办了"独山夜话"、"空中大舞台"、"残疾人之声"节目，与残疾人面对面宣讲政策，解疑答惑。各县（市、区）也开展了丰富多彩的宣传和助残活动。同时，为了使残疾人事业宣传经常化、持久化、制度化，市残联在南阳电台开辟专栏，每天定时为广大残疾人提供服务。全年全市通过报纸、电台、电视台发表新闻稿件或工作信息67篇，其中省级以上7篇，提高了全社会对残疾人事业的认知度，进一步营造了全社会关心扶助残疾人的良好社会氛围。

【残疾人信访及维权】 全市各级残联按照《信访条例》和中国残联残疾人信访工作要求，进一步完善了信访工作制度，规范了信访工作程序，使信访工作有领导分管，有工作专干，信访件处理及时，档案齐全，信息沟通、反馈渠道畅通。市、县两级残联累计接待残疾人来信来访550次，残疾人反映的困难和问题得到了及时的答复和解决，较好地化解了矛盾，消除了上访隐患，全市无残疾人集体赴省、赴京上访案件发生，确保了残疾人群体的稳定。(汪立栓)

人民生活

城镇居民生活

【城镇居民收入】 据抽样调查资料显示，2010年全市城镇居民人均可支配收入达到15077元，比上年增长11.7%，扣除价格因素，实际增长7.6%。从城镇居民家庭总收入的构成看，人均工资性收入10649元，比上年增长11%，占可支配收入的比重为70.6%，继续占据主导地位；人均经营性净收入1692元，增长13.1%；人均转移性收入2996元，增长11.2%；人均财产性收入410元，增长32.2%。

【城镇居民消费支出】 随着经济活力增强和城镇居民收入的稳步增长，全市城镇居民消费支出的增幅明显加快，全年人均消费性支出11116元，比上年增长15.9%，扣除价格因素，实际增长11.6%。从吃的方面看，人均食品支出3704元，增长16.89%，恩格尔系数降至33.3%；从穿的方面看，人均衣着支出1523元，增长15.1%；全年居民家庭购买服装的数量增长7.2%。从住的方面看，人均居住支出1125元，增长19.5%，其中，住房装潢支出增长98.1%。从行的方面看，人均交通通讯支出1431元，增长13.2%；家用小汽车已成为代步工具进入城镇居民家庭，年末，百户家庭汽车拥有量达到3.79辆。从家庭设备用品方面看，人均家庭设备用品及服务支出795元，增长21.6%。从医疗保健方面看，人均医疗保健支出915元，增长10.2%。从文教娱乐服务方面看，人均教育文化娱乐服务支出1275元，增长16.4%。从其他用品服务看，人均其他商品和服务支出349元，增长9.6%。

农民生活

【农民收入】 据抽样调查资料显示，2010年全市农村居民人均纯收入达5666元，增长14.9%，扣除价格因素，实际增长11.3%。农民纯收入增长的主要特点：一是工资性收入保持较快增长态势。随着经济运行态势持续向好和城镇化进程的推进，农村劳动力持续转移，工资水平提升，拉动农民工资性收入较快增长，人均达1689.3元，增长16.8%。二是家庭经营纯收入持续增长。农民家庭经营纯收入人均3606.7元，增长14.3%。其中，第一产业纯收入人均3219.4元，增长14.5%；第二产业纯收入人均154.7元，增长27.1%；第三产业纯收入人均232.5元，增长5.4%。三是农民多措并举，以金融资产或有形资产方式投资获取财产性收入，使财产性纯收入快速增长，人均为51.6元，增长24.6%。四是由于社会保障体系的不断完善，使转移性纯收入较快增长。农民转移性纯收入人均318.5元，增长10.3%。其中：报销医疗费收入人均27.8元，增长57.6%，粮食直补、良种补贴收入合计人均200元，增长6.7%。

【农民生活消费支出】 全市农村居民人均生活消费支出4012元，增长11.3%。农村居民生活消费结构的特点：一是恩格尔系数下降，食品消费结构进一步优化。农村居民人均食品消费支出为1448.4元，增长6.3%。其中，人均粮食支出425元，增长4.5%；肉禽蛋奶及制品支出315元，增长6.3%。农村居民恩格尔系数为37.1%，比上年下降了0.7个百分点，居民食品支出占生活消费支出的比重继续下降。二是衣着消费趋向成衣化、时尚化。农村居民衣着消费支出为214元，增长9.5%。其中，服装支出156元，增长15.1%；鞋类支出为49元，增长8.4%；衣着消费服务性支出下降71%。三是住房消费成为热点。农村居民人均居住消费支出1087元，增长18%。其中，居住消费品支出861元，居住消费服务性支出225元。农村居民人均居住面积达到32.2平方米，增长3.3%。农村居民每平方米住房价值为387元，增长20.8%。四是受家电下乡补贴政策的推动，农户耐用消费品拥有量迅速增加。农村居民购买机电设备人均支出达到107元，增长49%，洗衣机、电冰箱、彩电、热水器等从过去的奢侈品变为现今的普通耐用品。五是代步工具不断更新，交通消费大幅增长。随着收入水平的进一步提高和乡村道路的不断改善，农村居民用于改善交通工具的支出呈快速增长态势。另外，家电下乡产品新增了汽车、摩托车，拉动了对交通工具的消费，人均交通和通讯消费支出为366元，增长12.8%。其中，购买交通工具支出为149元，增长25%。六是“两免一补”政策，使教育支出持续下降。近年来，减免农村义务教育学杂费，对农村义务教育阶段贫困家庭学生实行“两免一补”政策，加上部分地区免除农村义务教育书本费，加大对学校私自收取教育服务费的监管力度，学杂费连续三年下降。人均文化教育娱乐消费支出为208元。其中，学杂费支出为71元，下降14%。七是新型农村合作医疗制度在全市全面实行后，补贴标准不断提高，各项规章制度不断完善，参合农民获益匪浅。农村居民人均医疗保健消费支出为265元，增长15.9%。其中，购买药品支出为107元，增长31.3%；医疗费支出为146元，增长6.6%。此外农村居民其他商品和服务消费支出人均70元，下降12%。其中，首饰、化妆品、美容美发支出分别增长17.6%、23.1%和58.8%。（杨光　安红波　杨海金）

身体密码：确定唯一的你

能证明你身份的证件、银行卡等容易丢失，密码也容易被遗忘，可在你身上还有一些生理特征却是独一无二的。用这些特征来识别你自己的身份，就是时下最流行的人体生物特征识别技术。

指纹：身份证据之首

用指纹术来鉴定个人身份，被誉为是身份证据之首。指纹是人类手指末端指腹上由凹凸的皮肤所形成的纹路。世界上，两个拥有完全相同指纹的人出现的概率为640亿分之一。指纹甚至比DNA更为独特，同卵双生者尽管拥有相同的DNA，但却没有相同的指纹。

人类还在胚胎时期，指纹就形成了，并且伴随我们的一生，它至今仍是一种有力的唯一性个体识别证据。

虹膜：藏在眼睛里的身份标识

虹膜是人眼瞳孔和眼白之间的环状组织，现在被视为是指纹之外最可靠的人体生物终身身份标识。外观上看，虹膜由许多腺窝、皱褶、色素斑等构成，是人体中独特的结构之一。

研究者发现，即便是同卵双胞胎的虹膜纹理信息也不相同，同一个人，左、右眼的虹膜纹理也不相同。稳定性高的虹膜纹理在胎儿7个月时已经形成，出生6～18个月后便终身不变。有研究认为，虹膜扫描技术的对比参照点达到200多个，这甚至超过了指纹识别技术。

静脉形状：暴露你的身份

人的静脉也是一种非常独特的生理组织，即使是双胞胎也不具有相同的静脉形状，甚至一个人的左手和右手的静脉结构形状也不一样。许多静脉隐藏在皮肤下，使其极难伪造或篡改。通常情况下，静脉形成不会随着人的年龄的增长而发生改变。

在使用静脉识别系统时，人们只要将手指、腕关节、手掌或手背放在扫描仪器之上便可，相机用近红外线摄取图像，软件会根据静脉结构的形状和位置创造一个参照模式。

声纹：使声音变成密码

声纹也是不可复制的。每个人有属于自己的音频特点、词语组合和音调等方面的特征，很难找到两个声纹完全一样的人。

目前在司法的身份鉴定中主要采用的是指纹、DNA鉴定，声纹识别也已被应用到身份鉴定中。在电话勒索一类的案件中，最容易获得的证据就是电话录音，通过声纹识别技术，能根据电话录音获得线索，缩短破案周期。（《广州日报》8.28 李文）

县市区概况

卧 龙 区

区 情 综 述

【概况】 总面积1017平方公里，其中耕地面积55610公顷，城区面积95平方公里。总人口904336人，其中城镇人口301765人。辖7个街道办事处、1个风景区办事处和7镇4乡。

区委书记：王吉波；副书记：马冰、贾星远、邵贺龙（2010年4月，兼统战部长）；常委：王中华（纪委书记）、王子辉（组织部长）、罗岩涛（常务副区长）、赵云杰（区委办主任，2010年4月离）、陈天富（2010年4月，由宣传部长改任区委办主任）、吴大革（2010年4月，由统战部长改任宣传部长）、郭建国（政法委书记，2010年4月离）、欧阳增林（政法委书记，2010年4月任）、常晓革（武装部政委，2010年4月离）、贾良选（武装部政委，2010年4月任）

人大主任：薛献府；副主任：包红伟、王万春、袁海成

区长：马冰；副区长：罗岩涛、李林（女）、宋瑞（女）、于若文、杨振中、李宛生、余永海

政协主席：王金彪；副主席：魏玉彬（女）、王克

法院院长：乔国和

检察院检察长：梁跃进

武装部长：郭晓华

总工会主席：苏尧

群工部长：贺登峰

2010年，卧龙区深入贯彻落实科学发展观，强力实施"四个带动"，务实进取，攻坚克难，创先争优，圆满完成了各项目标任务。全年实现生产总值102.5亿元，比上年增长11.2%。其中第一产业实现增加值18.2亿元，增长4.5%；第二产业实现增加值44.5亿元，增长10.9%；第三产业实现增加值39.8亿元，增长14.8%。第一、二、三产业分别拉动GDP增长0.8、5.2和5.2个百分点；三次产业对GDP增长的贡献率分别为7%、46.5%、46.5%；三次产业结构比例由上年的18.4∶44.1∶37.5调整为17.8∶43.4∶38.8，二三产业比重较上年提高0.6个百分点。地方财政一般预算收入3.29亿元，增长18.5%；农民人均纯收入6097元，增长18.8%；城镇居民人均可支配收入达16435.9元。年末区属金融机构各项存款余额为87.4亿元，贷款余额为74.6亿元。外贸出口实现1996万美元，其中进口26万美元，出口1970万美元。

【工业经济快速增长】 2010年，工业增加值完成39.1亿元，比上年增长10.9%；实现营业收入56.4亿元，增长31%；实现利润3.4亿元，增长60.4%。

【农村经济稳步发展】 农业机械化服务体系更加健全，综合生产能力进一步提高，全年粮食总产29.7万吨，其中小麦产量16.2万吨，实现了连续7年增产；特色产业明显加快，林果、花卉、蔬菜、养殖四大支柱产业专业村数量达42个，新发展农村专业合作社85个，肉、蛋、奶、菜产量分别达2.3万吨、1.7万吨、8.7万吨、68.2万吨，牧业产值达7.9亿元。

【第三产业经济快速膨胀】 2010年，社会消费品零售总额97亿元，增长18.4%。农游一体化加速推进，开辟了5条近郊旅游线路，举办了系列节会活动，实现旅游总收入23.9亿元，增长46%；第三产业增加值产生的税收占税收总量的比重达60%以上。二产和三产占GDP比重达82.2%，经济结构更加优化。

【统筹推进城乡建设与管理】 2010年，投入资金512万元，硬化小巷道路21条、面积3.4万平方米，打造28条特色景观巷，树立了"六创一迎"工作新品牌。全区已有90%的"模范社区"，超额完成市定70%的创建任务；东华村、彭营张庄区域、梅溪街道社区服务中心等城中村改造项目进展顺利。同时，圆满完成辖区38条主次干道、478条小街小巷、67座公厕的清扫保洁任务；投资1200万元，新建垃圾中转站6座、星级公厕9座，改造旱厕65座。开展城市管理集中整治行动百余次，拆除乱搭乱建7000余处，取缔马路市场56个，城市面貌有新改观，环境更优美。投资5790万元，加强集镇基础设施建设，完善了道路和排水系统，建成集镇垃

圾中转站7个；新农村建设投资4000万元，重点打造了7个精品示范村、8个市级试点村和13个区级试点村，龙祥路、龙升工业园区周边已成为新农村建设精品示范区域。同时，争取资金3056万元，完成了打磨石岩、彭李坑等水库的保险加固任务，并开展了河道采砂秩序整顿工作。全年造林4.7万亩，环城高速绿化造林工作全市第一，荣获"河南省绿化模范县"称号。

【重点工作进展顺利】 实施项目带动，全社会固定资产投资完成6.34亿元；实施品牌带动，新创建国家级品牌4个、省级品牌3个；实施创新带动，全区共申报专利117项，实现专利转化28项；实施服务带动，经济发展环境不断优化。光电产业集聚区建设步伐加快。投资4.2亿元的银海钢材市场正式开业，投资2.1亿元的寅兴钢结构已基本建成，投资超亿元的11个项目开工建设，13个续建项目建成投产，修建了银海路、光达路等园区道路，做好了污水处理厂、220KV变电站建设的前期工作。全年园区企业实现营业收入39.2亿元、税收8177万元。商业集聚区建设取得新突破。7大商业集聚区总经营面积达104万平方米，实现税收2400万元；全年建成城区商业项目6个，总商业面积24.2万平方米；新建标准化农贸市场14个，总面积7.9万平方米，其中12个已建成开业。农村商业网络更加完善。建成农村市场10个，发展标准化农家店42个、农资连锁经营网点20个；销售家电下乡补贴类产品27.6万台，销售额6.1亿元，分别占年度目标的193.3%和315.5%。农运会场馆建设扎实推进。白塔安置小区15栋安置楼中的11、14号楼主体已封顶，其他13栋主体已通过验收，配套设施招标投标工作已完成；钓鱼比赛场地已开工建设；6个新建宾馆和10个改造升级宾馆均按市、区要求扎实推进。南水北调第一批移民266户1155人已顺利搬迁，第二批移民安置工作正按照节点稳步推进；中线工程干线永久用地和临时用地征迁工作全部完成。

【招商引资与项目建设成效显著】 2010年，全区共签约项目71个，合同引资109.9亿元。实际引进外资1322万美元，占市下达目标的110.2%。实际到位省外资金23.5亿元，占市下达目标的117.5%；全区新建、续建50万元以上项目150个，总投资94.5亿元，已建成58个。市定重点项目13个，已建成6个，完成投资8.09亿元，占年度投资目标的124.9%。全区共获批各类项目386个，到位资金6.97亿元，同比增长9%，其中，政策性补贴项目105个，到位资金3.15亿元。自主争取281个，到位资金3.82亿元。

【和谐社会建设稳步推进】 坚持以人为本，扎实办实事，让广大群众实实在在享受到发展的成果。交通建设方面，争取资金4900多万元，修建农村公路129.5公里，改造危桥4座，实现了市"通达杯"竞赛三连冠。科技创新培育省级企业工程技术中心1个、市级工程技术研发中心3个，获得市级科技成果奖17项。卧龙农业高新科技示范园成功晋升为国家级农业科技园区。新建改建校舍1.5万平方米，二十一小二期、十四小及十七小资源整合等工作稳步推进，卧龙区以全省第二名的成绩通过了省政府义务教育均衡发展先进区验收。确定了112个文化资源共享村，新建2个街道文化站、12个社区文化中心和36个"农家书屋"，发展有线电视5300户，区文化馆被评为全国"服务农民、服务基层"文化建设先进集体。改扩建乡村卫生院2个、城市社区医疗服务中心2个、农村卫生室71个；全区11.2万人次享受到新农合补助金8312万元。被评为省级计划生育优质服务区，人口出生率98.8%，出生人口性别比1∶1.08。城镇新增就业人员11156人，下岗失业人员再就业10386人。发放养老保险金2.26亿元、失业保险金315.4万元，社会化足额发放低保金4114万元；改扩建乡镇敬老院6所，集中供养率达省定目标。新打机电井664眼，整修旧井1233眼，解决农村安全饮水4.4万人。残疾人社区康复示范区已通过省政府验收，基本实现了"人人享有康复服务"的目标。安全生产工作在全省55个区中排序名列第二。开展了严打整治专项斗争和"大走访"活动，社会治安综合治理进一步加强，群众安全感和满意率得到提升，社会大局稳定。同时，其他各项工作也取得了新的成绩。

卧龙区各乡镇办主要领导名表

乡镇办	党(工)委书记	乡镇长、主任
梅溪街道办事处	刘小丽(女)	华德奇
卧龙岗街道办事处	魏德林	张玉恒
靳岗街道办事处	冯居轩	王国辉(2010年6月离) 范云湘(2010年6月任)
七一街道办事处	陈世海	王　璞
武侯街道办事处	王　杰	潘同辉
车站街道办事处	刘洪岑	张晓东
光武街道办事处	王宏波	窦晓蓓(女)
龙王沟风景区办事处	燕长春	王清如
蒲山镇	王学显(2010年6月离) 樊　鑫(2010年6月任)	樊　鑫(2010年6月离) 陈安民(2010年6月任)
石桥镇	冉建国(享受副处级待遇,2010年6月离) 田华宇(2010年6月任)	田华宇(2010年6月离) 冯　伟(2010年6月任)
安皋镇	孙震(副处级)	方传军(2010年6月离) 孙　健(2010年6月任)
潦河镇	刘子杰	王　建
青华镇	陈永平	刘道杰
英庄镇	王天清(享受副处级待遇,2010年6月离) 杨建泉(2010年6月任)	李明敏(女)
陆营镇	华显文(副处级)	李伟东
七里园乡	张明团	王志德
王村乡	张建龙	杨建泉(2010年6月离) 刘洪涛(2010年6月任)
谢庄乡	张建勋(2010年6月离) 方传军(2010年6月任)	李伟兴(2010年6月离) 吴付举(2010年6月任)
龙兴乡	杨林青	惠广路

乡镇办概览

【梅溪街道办事处】 2010年,国内生产总产值61620万元,财政收入1015万元。新建项目4个,总投资23亿元;续建项目2个,正在办理相关手续项目1个,总投资7500万元。落实网格化管理,开展了“红袖标”行动和“大走访”爱民实践活动,建立监控网络平台,组成专业巡逻队伍,成立个人品牌民调工作室,有效地预防了矛盾的发生。辖区7个社区建成了“五室五站一场地”标准化社区。投资130余万元,高标准建设景观巷7条,长4800米;对辖区内26条小街小巷的“六乱”现象进行综合整治,投资193万余元对辖区街巷进行道路硬化、美化、绿化,在市“六创一迎”多次观摩评比中受到表彰。对1018户2341人发放低保金4110649元,将符合廉租住房条件的395户低收入家庭纳入保障范围,并实行动态管理;办理城镇居民医保13131人;成立街道和社区两级困难职工帮扶工作站;社区设立的“爱心助困基金”,变送温暖活动由忙一阵子为长效化;分批培训642名下岗失业人员,已安置1883人上岗;对辖区困难群众发放米、面、油等生活必需品价值5万余元。街道办事处被中华全国妇女联合会授予“全国妇联基层组织建设示范街道”,西关社区被全国妇联评为“全国妇联基层组织建设示范社区”,街道办事处被省总工会评为“六好工会”街道。

【卧龙岗街道办事处】 2010年,国内生产总值34.63亿元,固定资产投资2.49亿元,财政收入1282万元。新建项目5个,计划总投资3.94亿元,到位资金2.26亿元;续建项目4个,计划总投资18.16亿元,到位资金16.8亿元,完成投资5.29亿元。打造“三产街道”,域内已形成以卧龙路为主线的玉雕产业集块,以滨河路为主线的餐饮业集块,以大学园区为核心的服务业经济集块。以“六创一迎”创建为主导,投入3300余万元,其中引资3000余万元,修建了中达路、明清新城桥、港岛路,打造了玉文化巷、三国文化巷、党建文化巷等精品文化巷;投放环保垃圾筒650个,面向社会招聘清理工、护路工50人;清理废品收购点和家禽养殖点43处,封堵垃圾道550余处,清理“两违”建筑39处,拆除违章建筑7200余平方米。硬化小街小巷10条,粉刷墙体21万余平方米,绿化道路3条,修建星级公厕5座,旱改水公厕5座,修建垃圾池28个,推行垃圾袋装化。辖区有576户1045人享受低保,年发放保障金131.7万元;

完成贫困居民廉租住房148户，35名白内障患者享受免费康复治疗；发放医保卡752份，办理续保和新参保相关手续3200人；新农合参合人数13547人，参合率达100%，筹措新农合基金40.6万元，社区医院兑付医疗补助资金505.5万元；弱势群体实现就业岗位481个，落实小额贷款金额102万元。开展了“红袖标”行动和“大走访”爱民实践活动，走访群众7238户。

【靳岗街道办事处】 2010年，国内生产总值11.9亿元，固定资产投资3.1亿元，财政收入1035万元，农民人均纯收入5067元。新签约和洽谈项目11个，合同引资12.91亿元；新建项目5个，续建项目8个，完成投资3.1亿元；争取上级资金710万元。新农村建设投资1800余万元，硬化道路29公里14.4万平方米，修建下水道28公里，墙体粉饰3.5万平方米，安装路灯75个、太阳能325套，垃圾池12个。深入推进“六创一迎”，投入8万元对靳岗街沿街门店进行抛屋顶改造，拆除了30余个商户的违章建筑；授权春兰保洁公司对靳岗街沿线500米和312国道沿线实行全天候清洁；投入10余万元，对312国道沿线100米以内的墙体全部统一涂白；整治312国道沿线、兰湖公园、龙升园区、主次干道沿线、新农村周边等重点区域。开展林业生态达标，新造林2633亩、植树28.3万株。南水北调工程建设涉及476亩永久占地、790亩临时占地，已完成征用和赔偿工作，30户居民实现了和谐搬迁。开展了“大走访”爱民实践活动，被评为南阳市信访工作先进单位和社会治安综合治理先进单位。

【七一街道办事处】 2010年，固定资产投资15750万元，经济运行目标稳步推进，项目建设取得新发展，财政收入885.9万元，各项经济目标运行良好。新引进项目3个，其中快捷酒店1500万元，梅溪商厦1.56亿，金玛特宜居广场投资2000万元。续建项目4个，签约项目1个。以创迎工作为主线，以深入开展“六创一迎”工作为抓手，重点围绕“五小”整治、模范社区创建等工作，城市建设管理逐步规范；平安建设工作稳步推进，加强社会矛盾排查调解工作，积极协调司法、公安、检察室等职能部门配合开展夏季亮剑行动等专项斗争，爱民实践大走访工作中组建11个工作队44人，走访10320户，征求意见190余条，实现了发案数有效下降、破案数明显上升的目标。社会大局保持稳定，民生工作取得新成效，全年办理低保925户，累计发放低保金260万元，做到了应保尽保；发放廉租房补贴38万元，发放优抚金10.9万元。

【武侯街道办事处】 2010年，国内生产总值11.5亿元，固定资产投资8000万元，财政收入1488万元，农民人均纯收入5390元，城镇居民人均可支配收入14850元。新签约项目5个，合同引资5.28亿元，新建、续建投资800万元以上项目10个，总投资2.79亿元，到位资金1.88亿元。强力实施“四个带动”战略，实现了街道“一打四实现”的战略。辖区规模以上工业实现利润1173万元。农村经济稳步发展，成立了立志农机合作社和盛华建筑公司毛庄分公司，粮食生产连续7年增产；大力发展规模养殖业、小杂果种植业、绿色无公害蔬菜基地、进城经商务工经济、建筑运输业，及时服务项目征地等工作，推动了村民增收致富步伐。第三产业快速膨胀，新开业一批以福仕达汽车销售、老北京豆腐坊、三元宾馆、大曾购物为代表的现代服务业，武侯农贸生活广场、岗东村农贸市场相继建成营业，开辟了新的创业就业基地。南水北调中线工程建设征地涉及毛庄、姜沟两个村，永久性占地662.2亩，临时性占地202.1亩顺利移交。武侯街道社区服务中心大楼及站南社区、北京路社区标准化服务站相继落成。

【车站街道办事处】 2010年，国内生产总值20.9亿元，固定资产投资1.6亿元，财政收入720万元，城镇居民人均可支配收入16436元。新引进项目1个。开展7项服务进社区活动，将车站、顺达、铁西定为重点培育社区，主要以就业和社区保障服务、计划生育服务、环境卫生服务和安全服务为重点，解决环境脏、乱、差、居民看病贵、看病难问题。辖区社会大局持续稳定，采取巡防和技防相结合办法，加强辖区治安防范能力，辖区发案率明显下降，居民群众安全感大幅提高，并积极开展了“安全生产年”活动。全年共清理生活垃圾200余吨，建筑垃圾400余吨，铲除小广告、牛皮癣共3万余条，粉刷小巷17条，2.6万余平方米，刷写标语20条，绿化小巷700米，制作宣传版面100余块，安装路灯30盏，建成景观巷3条、模范社区5个。进一步健全计生队伍网络，开展计划生育康检集中服务活动，创新流动人口管理与服务工作，人口出生率控制在10.5‰以下，各项指标控制在许可范围内。落实惠民政策，关注弱势群体。为763户1796人月发放低保金20余万元，审报廉租房补贴500余户，发放优抚款31080元，安排“4050”人员32名。

【光武街道办事处】 2010年，国内生产总值13.15亿元，固定资产投资3292万元，财政收入729万元，城镇居民人均可支配收入1.64万元。全年新引进项目：1.南阳市锦利物资有限公司，刘庄农贸蔬菜市场；2.南阳市寰宇印务有限责任公司，寰宇印务；3.盘锦天益大药房医药连锁有限公司，好一生大药店；4.南阳市常绿置业有限公司，常绿·林溪谷房产；5.南阳市淯阳房地产开发有限公司，东华"城中村"改造；6.南阳装饰材料大世界，隆源美家建材大世界；7.南阳中实骏景房地产开发有限公司，中实骏景时尚广场；8.南阳市淯阳房地产开发有限公司，淯龙苑；9.南阳市众龙房地产有限公司，盛世龙源小区。在城市建设与管理方面，投资300万元硬化8条小街小巷，建成刘庄、光彩等6个农贸市场5.3万平方米，新增绿地5000平方米，建成4条精品巷，连续3次夺得南阳市"六创一迎"工作流动红旗，有6个社区被命名为"市级模范社区"。在社会和谐平安建设方面，被市委、市政府评为平安建设和信访工作先进街道；在基层党建方面，刘庄、西华、工业路3个社区先后组建党委，认真开展创先争优和"三示范"创建活动，取得明显成效。3月，"一线工作模式"进入市委党校课堂，主体班学员两次到刘庄社区现场观摩。街道办事处被区政府记集体三等功。

【蒲山镇】 2010年，财政收入2618万元。续建项目1个，新建项目15个，总投资4.76亿元，已完成投资2.65亿元。南水北调中线工程及移民新村建设工作，涉及15个村，近8000亩耕地，占相关村耕地总面积的20%；移民新村工程承担淅川县移民677户2747人的安置任务和大庄村蔡寨58户178人后靠安置任务。新农村建设在西线、中线、东线同时展开，西线沿龙祥路串珠成链、连点成片，扩大规模效应；中线以周后王、高庄、帅庄、黄渠河4个移民安置点建设为主，规划建设水、电、路、民居、广场等设施；东线以S231东改线沿线和大庄村后靠移民点为重点，沿路、沿河开发，打造滨河休闲观光带。投资1500万元建成占地4.2亩的民用水厂，蓄水量400立方米。S231东改线工程路基已经铺筑，完成任务的80%。全年发放农村低保金240.6万元，城镇低保金25.8万元；为五保人员争取供养金64.36万元，救助优扶对象237人76.9万元；发放大病救助金36.4万元、救灾款51万元、救灾物资6.5万吨。4月3日，成功举办了蒲山镇第四届桃花观赏节。2000多亩桃花树组成了"十里桃花路"，与上千亩金黄色的油菜花、雪白色的梨花争奇斗妍，形成了一道美丽的十里画廊。

【石桥镇】 2010年，国内生产总值4.8亿元，固定资产投资1.1亿元，财政收入419万元，农民人均纯收入4714元，城镇居民人均可支配收入14435.9元。新引进3000万元以上工业项目2个，分别是总投资4500万元的南阳市巧味食品有限公司和总投资3300万元的豫香园清真速冻米面食品投资有限公司。新农村建设和农游一体强势推进。5月12日，由卧龙区政府与中国花卉协会月季分会主办，成功举办了以"弘扬月季文化，做大月季产业"为主题的第一届石桥月季文化节，邀请50多位专家学者参加节会，举办了月季旅游观光、民俗文化表演、卧龙旅游产品展、现代月季专业化生产座谈会、大调曲研讨会等，进一步打响"中国月季之乡"品牌，辐射带动区域经济发展。不断创新推进城镇建设与管理，对城镇管理实行重心下移，以村为主，市场运作。逐步取缔了占道经营、店外经营，规范了市场秩序；在卫生和绿化管理上实行公司化运作，严格落实各项管理措施，确保集镇卫生整洁。同时，平安石桥创建工作稳步推进，加强镇综治规范化建设、视频平台建设、安装平安大喇叭等，在镇区各街道主要出入口，各村入村口安装视频监控录像，悬挂警示灯，并组建镇、村、组巡逻队伍巡逻打更，全镇社会稳定进一步增强。

【安皋镇】 2010年，国内生产总值4.88亿元，财政收入313万元，固定资产投资2.36亿元，农民人均纯收入4990元。全年内引外联项目5个，总投资2.3亿元。政策性项目全年到位资金突破1000万元。新农村建设实现了试点村建设由南部平原区向北部浅山丘陵区的实践探索，赵丁沟村已成为拥有大型标准化养殖示范小区的"园林"型新村。绕城高速绿化圆满完成，共造林2380亩，并健全林木管护机制，在全市乡镇评比中名列第三名。新发展软籽石榴260亩、簿皮核桃80亩，全镇小杂果种植突破1000亩；油料和蔬菜生产，建成2个百亩花生地膜覆盖示范方，新发展蔬菜大棚60座，徐坪蔬菜生产已成规模。全镇实现生猪饲养量2.6万头、家禽饲养量17.3万只，新建规模化养殖场3个。争取资金500余万元，大修防汛路3.9公里、安李路3.7公里、安太路3公里，挖补集镇道路4000平方米，完成了战备路集镇段铺油，硬化部分村道2公里，沙石化道路近30公里，修建了东潦河老李庄桥、连庄桥，修复了部分汛期水毁桥涵，开工建设了安蒲路靳营大桥。水利基础设施建设，争取资金450万元，实施了5000亩农综开发。同时，建设兰营村1000

亩节水灌溉工程，配合协调彭李坑、打磨石岩水库除险加固。文化体育事业再创佳绩，被命名为“河南省文化先进乡镇”和“全国全民健身先进乡镇”。

【潦河镇】 2010年，国内生产总值9.11亿元，固定资产投资11965万元，农民人均纯收入3738元。组织招商洽谈项目13个，其中外出招商洽谈项目8个，签约项目9个，落地项目8个，开工建设项目7个，合同引资2.3亿元，到位资金8000万元。辛店村近百农户加工豆芽，年产量达5万余吨，占领了南阳85%的市场；南阳山水有机蔬菜种植面积2000亩以上。辛店、中庄村生猪出栏达10000多头，丁奉店、李庄村奶牛、奶山羊养殖达2500多头，潦西、崔营村家禽养殖达20000多只。以“六创一迎”活动为契机，强力推进入市口及各村村庄道路的环境综合整治，申报4星级小城镇材料已上报市里。开展大走访活动，共走访14117户，在省安全感调查中位居全市乡镇办第33名、卧龙区第2名。完成造林2680亩，植树18.8万株，被市政府授予环城高速绿化先进单位。全镇有55760人参加了新农合，参合率96%。争取资金120万元，改建了卫生院病房大楼。全镇新成立农机合作社5个，新购进大型农机具16台。农综开发土地治理任务10000亩，涉及7个行政村，31个村民小组，1.16万人，项目总投资898万元。主要建设内容，新打机井70眼，修复40眼，架设低压线路1.5公里，建机井房3座，配套潜水泵20台(套)，开挖沟渠80.3公里，埋设地埋管道24公里，建桥涵建筑物156座，新修维修农田道路40.15公里，植树9.27万株，建苗圃基地一处。通过对项目区的水、土、路、林的综合治理，实现区域经济效益、社会效益、生态效益综合提高。

【青华镇】 2010年，国内生产总值7.5亿元，固定资产投资1.3亿元，财政收入227万元，农民人均纯收入4430元。项目建设，完成合同引资1.1亿元，实际到位省外资金4000万元。工业经济，发展涉棉加工企业10个、毛织加工企业24个、木材加工企业6个、小辣椒收购加工企业10余个、食用油深加工企业1个。限额以上工业企业有2个，投资3000万元的有万翔木业和银龙油厂。农业生产，小麦种植面积8.2万亩，亩均产量370千克，总产量30340吨；食用菌新发展香菇5万袋，双孢菇6000m²，木耳3万袋；小辣椒种植3.5万亩，亩产350千克，产值超过2亿元；棉花3.5万亩，亩产量175千克，产值上亿元；蔬菜种植新增100多亩60多个大棚；全镇各类畜禽存栏量达17.2万头(只)，各类养殖场近40个。新农村建设，筹资100多万元新建任家庄村。小城镇建设，投资120万元硬化路面，全镇共硬化水泥路10余条10.3公里。整修下水道、铺设彩砖、架设路灯；成立了集镇管理公司，负责集镇的卫生与管理。全年兑现粮食直补和综合补贴7495526元、家电下乡资金731260元、汽车补贴资金228852元、“两免一补”283万元。中招质量评估位居全区乡镇第一，筹资34万元为两个村配置了农家书屋和文化信息资源共享设备，新农合参合率达97%。

【英庄镇】 2010年，国内生产总值16.4亿元，固定资产投资2.2亿元，财政收入200万元，农民人均纯收入4638元。实际完成合同引资1.84亿元，引进省外资金1.72亿元，引进新上项目10个，续建项目1个。新增大葱种植3000亩，总面积达13000亩。投资550万元新建占地10余亩自动化养鸡场1个，全镇以养鸡、养猪为主的规模化养殖场达18个，蔬菜畜牧产业已成为新农村建设发展的主要支柱。先后通过争取项目支持和政府扶持，累计投资近300万元，修建村村通水泥路10.5公里，建设农村户用沼气100座，其中南刘营村500立方秸杆大沼气通过二期工程，已集中供气达100户以上，并利用沼液、沼渣发展无公害蔬菜500亩，食用菌6万袋。实施东坡村和镇一中、二中7000余人的安全饮水项目建设，群众生产生活条件不断得到改善。新植树14.3万株，新增绿化面积2600亩。小城镇建成区面积达2.2平方公里。承担淅川县大石桥乡柳家泉村338户1274人的移民安置任务，两个安置点尹营171户632人，官寺167户642人。同时，人均1.4亩、共1800亩的移民生产用地也足额调整到位，为移民搬迁后顺利接地和发展致富奠定了良好基础。

【陆营镇】 2010年，国内生产总值5.5亿元，财政收入308.7万元，农民人均纯收入5280元，固定资产投资8960万元。引进省外资金项目4个，到位资金7296万元。引进针锦毛织厂和航泰箱包厂，投资300万元，已投产运行。胤达制衣有限公司二期投资300万元，已投产使用。河南牧原公司计划投资4个项目，总投资8亿元，项目总占地面积达2500余亩，其中屠宰生产加工线项目占地600亩，饲料厂占地100亩，有机肥厂占地120亩，大型养殖厂占地1680亩，养殖厂项目已全线开工。投资600万元的陆南市场开发项目已全部竣工。总投资2000万元的原轧花厂改建项目，即将开工建设。投资3000万元的不锈钢厨具加工项目已经立项，进入实质性工作。移民迁安工作先后被省委、省政府评为“优秀单位”，被市委、市政府记“二等功”；人口和计生工作连续五年被市委、市政府评为优秀乡镇；平安建设、安全生产、公路建设等工作受到市、区好评。全年未发生一起群体性赴京、省、市集体上访事件，保持社会大局整体稳定。

【七里园乡】 2010年，财政收入1680万元。全乡合同引资6.1亿元，引进外省资金1.9亿元。新开工项目5个，新签约500万元以上项目3个，正在洽谈项目5个。新农村建设，坚持“巩固完善，丰富内涵，点面结合，整体推进”原则，按照“一廊两带”规划，全年累计投入1000多万元，整体推进的局面已初步形成。以4条入市口道路整治为突破口，倾力打造4条精品道路。对健康路、312国道按城市道路标准进行打造，对龙祥路、豫02线按照风景路标准实施改造，“六创一迎”工作取得实质性进展。开展“大走访”爱民实践、“千村万户大调解”等活动，建立健全了社会矛盾排查、包案、化解、调处、跟踪回访等工作机制。南水北调中线工程全面启动，途经乡境6个村16个村民小组，渠线全长6.2公里，占卧龙区段总长的1/3；需永久征地1009亩，临时用地480亩，拆迁面积5.9万平方米，占卧龙区拆迁面积的2/3。农运会场馆拆迁304户，面积11万平方米，涉迁群众1387人，实现了和谐拆迁；同时，协调了宛城区430亩和卧龙区89亩的农运会安置征地工作。农运会安置小区15栋住宅楼主体工程已全部完工。全乡5337户农民享受到178万元的粮食直补；综合直补及退耕还林补贴达38.85万元，涉及群众5400户；汽车摩托销售450辆，补贴41.34万元。南水北调工作受到市嘉奖，被区政府记集体三等功，乡党委被评为省级先进基层党组织。

【王村乡】 2010年，国内生产总值4.9亿元，固定资产投资56585万元，财政收入1915.4万元，农民人均纯收入6300元。新签约项目4个，总投资3.3亿元；新建项目8个，总投资5.5亿元，累计到位资金3.03亿元。新发展温棚150座，总数达600座；露天蔬菜660亩，引进日本铁杆大葱350亩；发展香菇种植40亩，黑木耳60亩。集镇建设，按照三纵三横的框架，加快市场三道街建设进度，对市场一二道街进行划行规市，逐步完善市场功能；以治理脏、乱、差为重点，以“六创一迎”综合整治为契机，硬化道路、粉饰墙体、规范广告牌，取缔占道经营。以王庄行政村为重点打造新农村示范区建设，乡村两级投入350万元，修建一条全长5.7公里的环线路；对6个试点村主干道、入户通水泥硬化，全长5.4公里。修建占地3600平方米的文化广场、新农村书屋、小型游园，村容村貌得到改观。沿高速、铁路、国道、省道两侧，做好通道林、围村林绿化，新植树21万株；高标准完成1500亩绿化组团和1000亩兰湖公园造林任务。发放粮食直补和农资综合补贴299.3万元，落实退耕还林补贴67万元，发放玉米良种补贴28.5万元，办理家电下乡补贴153.2万元；发放低保、五保、春荒救灾资金648970元。全乡新购大型农机共20余台，享受国家农机补贴40万元。

【谢庄乡】 2010年，国内生产总值2.6亿元，固定资产投资1.04亿元，财政收入147万元，农民人均纯收入3396元。新引进千万元以上投资项目6个，拟建项目5个，合同引资5.04亿元，完成投资1380万元。新农村建设按照“强线带点，整体推进，沿线打造新农村风景线”的思路，打造“两线一点”即：靳小路、安蒲路沿线新农村风景线和凉水泉新农村点。凉水泉试点村定位为少数民族示范新村，该村村容整洁，民族风格突显，生产生活条件大为改观；小王沟村围绕近郊旅游，完善基础设施，被省命名为“新农村建设示范村”和“旅游特色村”。林业生态区建设，完成了9.5公里环城高速沿线两侧各100米宽度和2个森林组团建设任务。高标准栽植杨树、冬青树、广玉兰等3405亩，成活率和保存率达89.5%以上，通过了市政府验收。同时，对道路路肩、边沟、绿化修整保护，确保了辖区干道净化畅通；筹资255万元修建村道17公里，对路肩进行了高标准培封。投资269万元建成了5层病房楼，新增病房38间，床位66张；投资70万元新添彩超、X光机等医疗设备，改善了医疗条件。有3.7万余人参加了新农合。投资20万元升级改造了敬老院，被评为省级文明敬老院。

【龙兴乡】 2010年，国内生产总值3.1亿元，固定资产投资5900万元，财政收入122万元，农民人均纯收入3060万元。新引进项目4个，续建项目4个，到位资金17007万元。已建成的鹏泰食品有限公司填补了没有限额企业的空白。优质花生、软籽石榴、香菇、猪羊饲养及以松林、杨林为主的良好植被已成龙兴特色。以发展农业生态旅游为主，实现了农业经济结构转型和乡村旅游资源的可持续利用，主要景点有古庄山水渔村、龙兴山庄、宏泰森林公园、古色古香吴汉古街等。投资2000余万元建设集镇，使原“工”字型集镇，发展为“二纵四横”6条主街道。新建政府办公楼6幢，改建4幢。新农村建设投入152余万元，以点带面、整体推进。古庄村已成为市级新农村建设亮点村，并荣获“省级旅游景观特色名村”。全乡农村低保对象、五保户供养、大病救助各类对象补助资金224.64万元，新农合住院实际报销331人次28.88万元，补助家电73台、汽车摩托车137辆资金41万元，发放计生奖扶资金15.8万元，“两免一补”资金53.6万元，惠及学生1854人。乡中心小学代表区迎接“省义务教育均衡发展示范区”验收获得第二名。乡获得“省文化艺术之乡”、“市道路养护示范乡”、“市林业生态建设先进乡镇”等荣誉。

【龙王沟风景区办事处】 2010年1月22日，根据《南阳市人民政府关于卧龙区设立龙王沟风景区办事处的批复》，即日起成立龙王沟风景区办事处，作为区政府的派出机构，其管辖范围为原龙王沟风景区管委会辖区。其旨在为龙王沟风景区开发和建设提供协调服务，负责景区内管理工作，包含景区发展规划制订、公用设施管理和环境保护、景区旅游业发展协调服务、景区服务业网点建设，以及景区农村经济社会发展等。龙王沟风景区办事处位于卧龙区北部，辖10个行政村，100个自然村，107个村民小组，面积76.66平方公里，人口2万余人，距中心城区15公里，是南阳市“中心城区环城生态游憩带”构成之一。龙王沟风景区多为伏牛山余脉的浅山丘陵地带，较大的水面与周围层次分明，连绵起伏的丘陵、浅山，构成一个完美和谐的整体。2008年3月，龙王沟风景区被授予市级风景名胜区。2008年11月经来自北京市、河南省、南阳市专家评审通过了《龙王沟风景区总体规划》。2009年8月，被水利部水利风景区评审委员会公布为国家水利风景名胜区。2012年农运会钓鱼比赛项目确定在景区举行。（刘科峰）

宛 城 区

区委书记 庞震凤

区长 王庆

区情综述

【概况】 宛城区总面积927平方公里，其中耕地面积62.5千公顷，城区面积86.04平方公里。总人口86万人，其中乡村居民54万人。宛城区辖仲景、汉冶、枣林、白河、东关、新华6个街道办事处，红泥湾、黄台岗、瓦店、官庄4个镇和高庙、溧河、汉冢、金华、茶庵、新店6个乡。

区委书记：马瑞平（2011年4月离）、庞震凤（女，2011年4月任）；副书记：庞震凤（女，2011年4年离）、王崇龙（2010年4月离）、王庆；常委：王元敏（纪委书记）、潘自东（政法委书记）、赵金元（组织部长）、梁海磊（宣传部长）、王仁峰（统战部长）、高贵洲（武装部政委）、孟庆剑（区委办主任）、李培彦（常务副区长，2010年1月离）、党长双（常务副区长，2010年1月任）；区委正处级干部：陈贞卿（2010年6月退休）、张超、李金有

人大主任：刘荣旭；人大正处级干部、党组副书记：韩兰森；副主任：张进学、高波、马云德、徐存亮

区长：庞震凤（女，2011年4月离）、王庆（2011年4月代）；副区长：李培彦（2010年1月离）、党长双（2010年1月任）、李登刚、李炳武、田西蒲、赵广东（2010年4月任）、张智广（2010年5月离）、胡忠志、王玉喜、贾玮（区政府党组成员，2010年4月离）

政协主席：程广宗；党组书记：王崇龙（2010年4月任）；政协正处级干部：李强；副主席：李明君、刘金波、侯金星

南阳工业生态园区管委会：正处级干部、常务副主任：党长双（2010年1月离）、李培彦（2010年1月任）；副主任：王国林、姚合予

法院院长：贾志侠

检察院检察长：王金荣（女）

武装部长：吴成（2010年4

月任)

公安分局长:陈光辉;政委:黄霞(女)

总工会主席:刘少先

群工部长:吴宝毅

2010年,宛城区深入贯彻落实科学发展观,坚持"四个重在",大力实施"四个带动",振奋精神,迎难而上,踏实工作,圆满完成了各项目标任务,经济社会持续保持又好又快发展的良好态势。实现国内生产总值100.9亿元,比上年增长11%,其中第一产业增加值23.68亿元,增长4.5%;第二产业增加值41.53亿元,增长12.5%;第三产业增加值35.69亿元,增长14.8%,比上年提高2.1个百分点。三次产业结构达到22.8∶41.3∶35.9,二三产业增加值占生产总值的比重达到77.2%,比上年提高2.8个百分点。全年全部工业增加值36.08亿元,增长12.5%;粮食产量38.23万吨,比上年增长0.43%。完成财政一般预算收入3亿元,财政一般预算支出12.5亿元。全社会固定资产投资完成额78.8亿元。社会消费品零售总额79亿元。商品进出口总额549万美元。实际利用外资1317万美元。城镇居民人均可支配收入16402元。人均消费性支出12625元。农村居民人均纯收入6486元,人均生活费支出5279元。

【经济实力再上新台阶】 工业经济快速增长。全区工业企业中新增产值超亿元的企业7个,总数达到17个。完成规模以上工业增加值21亿元、利润5.4亿元,分别增长22.6%、27.5%。建筑业持续发展,完成建安产值24亿元。农村经济稳步发展。多策并举,狠抓粮食生产,实现了连续多年稳定增产,总产达到38.23万吨。畜牧、蔬菜、林果、花卉生产规模不断扩大,效益持续提升。15个企业成为省市农业产业化重点龙头企业,12个农民专业合作社成为省市示范社,农业生产的组织化程度进一步提高。第三产业较快发展。社会消费品零售总额79亿元,增长19%。完成房地产投资13.2亿元,实施城中村改造、旧城改造等房地产项目22个,完成城中村改造拆迁40万平方米。以房地产、商贸、交通运输为主的第三产业对区财政的贡献达到1.18亿元。

【服务农运会工作再创佳绩】 坚持大员上前,部门联动,团结一心,以巨大的勇气冲破前所未有的各种困难和挑战,深入一线,深入群众,扎实做好宣传发动、调查摸底、丈量测算、协议签订、资金兑付等工作。坚持政策公开、补偿标准公开、办事程序公开,制订详细的工作方案,征得涉迁群众的理解支持,圆满完成3号路、4号路、北外环路、健康路中段、光武东路等道路拆迁任务,拆迁房屋21.7万平方米,创造了和谐平安拆迁的"南阳速度",展现了宛城人服务大局、干事创业的精神风貌。加强工作协调,搞好服务配合,完成农运会项目供地2600多亩,有效保障了比赛场馆主体工程、接待设施、道路、桥梁等建设项目的相继开工建设。高度关注并切实推进涉迁群众安置房建设,主体育场馆区域35栋安置房主体工程基本建成,新闻中心安置小区正在建设。扎实而富有成效的工作,得到市委、市政府充分肯定,宛城区被市政府授予"城市建设特别贡献奖"。

【突出项目建设】 重点项目建设进展顺利。始终把项目放在首要位置,坚持以项目统揽经济和社会发展全局,全年完成城镇固定资产投资68.5亿元,增长35.3%。实施各类重点建设项目108个,完成投资53.5亿元,占年度投资计划的116%,3个省重点建设项目、18个省转型升级"双千工程"项目、13个市重点项目均超额完成年度投资计划。乐凯华光印刷科技公司的柔性树脂版、西城科技公司的伴生尾矿稀散元素清洁提取、一通电器公司的防爆电机等项目已建成投产。天力变压器、天羽预涂感光版(PS版基)二期、乐凯华光重氮盐印制线路版(PCB)胶片和免处理数码印版(CTP)二期、天冠玉米深加工、天冠沼气、陆德大型筑路

宛城区"服务农运"志愿者总队誓师大会

机械、汇博生物制品、中祥电力电子、瑞丰粮油、万德隆标准化厂房等一批投资超亿元项目正在建设。以开放促发展，招商引资成效显著。全年新引进3000万元以上项目21个，引进区外资金26.2亿元。国投河南煤炭运销公司的煤炭战略储备加工基地、上海光弛科技公司的真空镀膜机和真空镀膜、娃哈哈欧乐商业中心、郑州日产公司特种车辆生产、南阳汽车销售中心等一批投资超10亿元项目实现成功签约。

【着力打造新能源产业集聚区】 新能源产业集聚区建设取得新突破。进一步完善园区规划，完成了村庄布局、路网加密、电力通讯、给排水等规划编制草案；加强基础设施建设，全年架设电网7公里、扩建变电站1座、修建配套道路5条、改建河道2处，建成区面积达到5.9平方公里；积极实施“企业服务行动计划”，为企业融资23.2亿元，为重点项目供地1670亩，解决了一大批企业生产经营中的实际问题。2010年产业集聚区实施重点建设项目38个，其中超亿元项目20个；全年实现营业收入134.1亿元、税利10亿元，被确定为全省首批对外开放重点产业集聚区、新型工业化产业示范培育基地，成为宛城区实施工业区战略、推动工业化经济快速发展的重要平台。

【城乡建设步伐加快】 统筹中心城区、小城镇、新农村建设，推进城乡一体化进程。深入开展“六创一迎”工作。共投入资金3700多万元，完成第四批背街小巷改造23条，建成游园6处，改造旱厕100座；粉刷墙体110多万平方米、卷闸门近3万个；新建农贸市场5个，取缔马路市场25个；创建中心城区模范社区30个；拆除各类违法建筑4万多平方米。全区及有关街道的创迎工作多次受到市委、市政府通报表扬，仲景街道及大井、明珠、黄河、常庄社区被授予全市创迎工作红旗单位。狠抓小城镇建设。共投入资金8000多万元，修建集镇街道5条，建成集镇垃圾中转站4座。红泥湾、溧河、瓦店、黄台岗、汉冢、金华等乡镇的基础设施及市场秩序有了较大改观。强化农村基础设施建设。争取并实施上级涉农项目42个，完成了1万亩农综开发土地治理、农村安全饮水、小型农田水利重点县建设等23个农业项目。投资2000万元的现代示范灌区项目圆满完成并通过省级验收。农综开发产业化经营项目争取上级补贴贷款总额1亿元。修建县乡公路54.6公里、村级联网公路112.2公里。全面完成环城高速绿化1.14万亩、林业生态区造林2.86万亩和13.8万亩的集体林权改革任务，被省绿化委员会评为造林绿化模范区。扎实推进新农村建设。积极培育主导产业，开展村庄绿化、净化、美化活动，村容村貌明显改观。新创建市级示范村、试点村14个。做好南水北调移民迁安工作。完成了第一批移民的安置工作，3311人顺利迁入红泥湾、高庙、茶庵3个移民新村，荣获全省第一批移民安置优秀县（市、区）；严格执行政策，切实组织征用了新店、红泥湾区域的南水北调中线工程永久用地，荣获省市奖励；第二批移民新村房屋和公益设施建设正在紧张施工。

【着力保障和改善民生】 围绕就业、就学、就医、社保等问题，投入资金1.5亿元，顺利完成了“十项民生工程”。城镇居民人均可支配收入达到16402元，农民人均纯收入6486元，分别增长11.4%、10.2%。认真落实各项惠农政策。发放种粮直补、农资综合直补、良种补贴、农机购置补贴资金共计8897万元，兑付“家电下乡”、“汽车摩托车下乡”补贴资金4100万元。做好就业和社保工作。发放就业再就业小额贷款1700万元，新增城镇就业人员1万多人，农村劳动力转移就业1.1万多人，“零就业”家庭动态归零，城乡低保补助标准、农村五保供养水平进一步提高。

【社会事业全面发展】 发展教育文化卫生事业。共投入资金2600万元，新建改造中小学校舍3.2万平方米；西湖袁营、西湖龙泉两所浙商捐资建设的小学基本建成，为宛城区引资发展社会事业开辟了新途径。完成了汉冢、红泥湾综合文化站建设项目和移民新村有线电视建设工程，新建村级农家书屋31个。完善基本公共卫生服务体系，新农合参合率达到98%，发放参合农民医疗补助8000多万元；汉冢、红泥湾、瓦店3个乡镇中心卫生院和枣林、新华2个社区卫生服务中心综合楼已建成并投入使用。狠抓人口和计划生育工作。落实了计生家庭奖励扶助、养老保险补贴政策，强化重点村、流动人口、“两非”行为的管理，保持了低生育水平，人口自然增长率为5.9‰，荣获全省计划生育优质服务先进区。推进民主法治和精神文明建设。坚持依法行政，办理人大代表建议和政协委员提案162件，办结率达到100%。广泛开展“创先争优”及精神文明创建活动，公民道德水平和文明程度得到提升。促进社会和谐稳定。扎实做好以社会治安综合治理、安全生产、信访稳定为主要内容的平安建设，荣获全省平安建设先进区。产品质量和食品安全监管工作得到加强。节能减排、环境保护等工作任务圆满完成。第六次全国人口普查工作进展顺利。

高度重视武装和民兵预备役建设,国防教育扎实开展。审计、统计、物价、民族、宗教、保险、信息、地方志、对台、人防等工作都取得了新的成绩。

宛城区各乡镇办主要领导名表

乡镇办	党(工)委书记	乡镇长、主任
白河街道办事处	刁仁庆	王宛川(2010 年 7 月逝) 郭广全(2010 年 8 月任)
汉冶街道办事处	温东阳	王国光(2010 年 8 月离) 李士范(2010 年 8 月任)
新华街道办事处	翟　青	付喜荣(女,2010 年 8 月离) 秦道宇(2010 年 8 月任)
东关街道办事处	李　冰	赵　诚
枣林街道办事处	徐联会	黎永欣
仲景街道办事处	赵玉鉴	陈联咏(女)
官庄镇	闫书勇(副处级)	包　鹏
瓦店镇	杨旭光	马　炜
黄台岗镇	王时良	曾宪伟
红泥湾镇	曾庆欣	李淑林(女)
溧河乡	王胜普	赵笏堂
新店乡	周大鹏	马勤成(2010 年 8 月离) 海本立(2010 年 8 月任)
金华乡	李云仓	颜庆奎
汉冢乡	秦世海	罗　理
茶庵乡	翟世阳(2010 年 8 月离) 王明东(2010 年 8 月任)	张瑞阁(女,2010 年 8 月离) 李　超(2010 年 8 月任)
高庙乡	杨明雪	王明东(2010 年 4 月离) 张学鹏(2010 年 4 月任)

乡镇办概览

【白河街道办事处】 2010 年,国内生产总值 6.19 亿元,财政收入 885 万元,固定资产投资 2.85 亿元,城镇居民人均可支配收入 15996 元,农民人均纯收入 5721 元。招商及项目建设工作,新上工业企业 16 个,扩建 1 个,投资总额 1.74 亿元;限额以上增长 12510 万元,同比增长 26%;限额以下工业企业实现利润 1560 万元,完成销售收入 22360 万元,产销率 98.5%。新上项目 18 个,其中,南阳宏帮汽车港项目,总投资 2 亿元,征地拆迁工作已完成;南阳天润假日酒店一期投资 20897 万元,宾馆综合楼、迎宾楼正在施工中;南阳张仲景医院项目,共投资 15000 万元,征地拆迁工作已完成。南阳机场扩建项目总投资 5.07 亿元,工期 18 个月,建成运行后能满足 57 万人次的年旅客吞吐量和近万次的年客机起降架次,将大幅提高南阳机场保障能力。

【汉冶街道办事处】 2010 年,国内生产总值 5.28 亿元,财政收入 1890 万元,城镇居民人均可支配收入 16068 元。中小型企业和民营经济总收入达 13.82 亿元,其中工业产值 1.6 亿元,入库税金 2552 万元,销售收入 100 万元以上的限额工业企业 2 个,产值 7018 万元。固定资产投资 50 万元以上的新上项目 7 个,计划总投资 551.16 亿元,已全部到位。新增个体私营企业 16 个,新发展个体工商户 415 个,安排下岗职工 900 余人。被市委、市政府授予"发展民营经济先进单位"称号。全力以赴服务农运会,成为全市农运会场馆建设和城中村改造的排头兵,实现了和谐、文明、安全拆迁,被南阳日报等市级媒体专版报道。平安建设工作,在全国群众安全感固定电话民意调查评比中,汉冶街道居民安全感满意度指数位居宛城区第一名。安全生产工作,被省政府授予省级安全生产先进单位。

【新华街道办事处】 2010 年,国内生产总值 13.2 亿元,财政收入 738 万元,固定资产投资 2.9 亿元,城镇居民人均可支配收入 1.46 万元。招商引资取得新成效。全年新引进 100 万元以上项目有深圳周一品小肥羊餐饮有限公司、欢歌 KTV、河南华唐镁业有限公司、杨家大院酒店、安瑞通防爆电气有限公司、双丰印务新技改项目、新华商务宾馆等 22 个,引资 2.3 亿元,到位资金 2.1 亿元。社会事业发展迅速。申请建设的 4 个社区服务站全部如期竣工并投入使用,街道社区服务中心选址工作已完成。建立了 10 个社区"爱心超市"、"爱心服务社”，13个就业岗位援助基地。计划生育工作两次参加市级计生系统现场会，并作典型发言，受到市、区领导一致好评。信访工作被市委、市政府授予信访“四无”街道荣誉称号，政法、综治、平安建设工作被市委、市政府授予“平安建设先进街道”荣誉称号。

【东关街道办事处】 2010年，国内生产总值1.38亿元，固定资产投资1.3亿元，财政收入830万元。招商引资和项目建设工作，引进投资在500万元以上的企业3个，引进资金总额12500万元。项目有南阳市汇森精密仪器有限公司与南阳理工大学合作投资研发中心500万元项目、豫丰园投资500万元建餐饮文化食品项目、旺盛一家投资800万元建餐饮高档酒店等。平安建设创建工作获市委、市政府授予“平安建设先进乡镇（街道）”荣誉称号。街道党工委获市委“五好”街道党组织荣誉称号。

【枣林街道办事处】 2010年，国内生产总值10.7亿元，固定资产投资6.02亿元，城镇居民人均可支配收入14829元，财政收入1020万元。项目建设效果明显。新上投资额在50万元以上项目21个，项目总投资23370万元。其中农贸市场项目6个、商业项目4个、工业项目8个、酒店餐饮项目2个、医疗项目1个。随着佳美家家具广场三厅的开业，家具专业化市场已达11个，经营面积12万平方米，容纳全国各地家具经销商800余个，集国内外品牌家具300个，年营业收入达7.2亿元，创利税9000余万元，家具销售占城区家具销售市场的85%以上，撑起了家具销售的半壁江山。家具市场的壮大带动了周边200余个家具加工生产企业的发展，催生了400多个家具运输专业户，60余个餐饮、住宿业，20多户物流信息货运部，形成了产、供、销一条龙的家具产业体系。

【仲景街道办事处】 2010年，国内生产总值12.8亿元，财政收入1340万元，固定资产投资5.5亿元，城镇居民人均可支配收入15000元，农民人均纯收入5800元。全年共引进24个企业，引进资金5.5亿元，到位资金5.5亿元，利用外资30万美元。新上百万元以上企业20个，增加规模以上企业3个，两个进行改、扩建，辖区内新增固定资产投资近6亿元，完成工业总产值1亿元，企业增加值5.5亿元，规模以上企业完成增加值4.7亿元，辖区内完成出口额2000万元。在市中心城区15个街道办事处创卫工作每月评比中连续5个月获得第一名。明珠社区和上岗社区被市创迎指挥部命名为首批模范社区，占宛城区被表彰的4个模范社区中的50%。第二批打造的柴庄等7个社区被市创迎指挥部评为达标模范社区。3月，被市创迎指挥部授予流动红旗，这是宛城区首家获得市流动红旗的街道办事处；7月和11月连续两次被市创迎指挥部通报表彰。连续4年获得市、区安全生产先进单位，连续3年获得市、区平安建设先进单位。工会组织建设工作，先后代表市接受全总、省总检查，被评为全国百强示范街道工会和市、区工会工作先进单位。

【官庄镇】 2010年，农业总产值6.5亿元，工业总产值13亿元，乡镇企业总产值18.5亿元，财政收入690万元，农民人均纯收入5675元。乡镇企业发展势头迅猛，全年累计吸引区外资金2.5亿元，实现乡镇企业产值18.5亿元，保持了乡镇企业发展的良好势头。全镇新上投资在500万元以上项目2个。占地17亩的泽鑫商贸城位于官庄振兴路南侧，投资1800万元，建筑面积近2万平方米，可入驻商户100户，重点经营服装、百货、家具、家电高端品牌产品，可安置300个就业岗位，实现年税利百万元。全镇已发展各类专业养殖场75个，较大规模的养殖小区4个。建成了以廖庙为中心的2000亩精细菜、返季节种植基地；以何上寨为中心的大路菜生产基地；建成6个蔬菜专业村。建成市级文明新村5个、区级文明村12个。

【瓦店镇】 2010年，工农业总产值10.8亿元，固定资产投资2.47亿元，财政收入271万元，农民人均纯收入6102元。全年共引进投资100万元以上项目12个，其中投资1000万元以上项目4个，投资3000万元以上项目1个。南阳天然香料公司总投资9000万元，醋酸生产项目正在加紧建设。通过对外招商引资，对内转变工业增长方式，工业经济初步形成了机械制造、纺织加工、食品酿造、新型建材、医药化工为主导的五大支柱工业体系，使全镇民营企业发展到80多个，从业人员8000余人。新农村建设工作，关帝庙村被确定为“省级生态村”、“市新农村建设示范村”。

【黄台岗镇】 2010年，国内生产总值6.29亿元，财政收入190万元，农民人均纯收入5929元。蔬菜生产常年向南阳大型超市供货，已成为南阳城区市民的主要“菜篮子”之一，蔬菜种植撑起了全镇60%农业人口的“钱袋子”。畜禽养殖突出以蛋鸡、奶牛为主，重点抓好养殖基地和专业场地建设。企业持续做大做强“三好”牌鸡蛋品牌。“三好”牌鸡蛋已被确定为“国际绿色生态合作组织推荐产品”,并使用相关标识。进一步扩大了东下河奶牛养殖场,一期投资1000万元,奶牛饲养规模突破1000头。大夫庄奶牛养殖场投资300万元,规划养殖规模500头。全镇工业企业60个,其中限额以上工业企业6个,限额以上企业完成工业增加值1.4亿元。全年全镇工业企业完成增加值2.91亿元,同比增长8%,实现税利3000万元。镇敬老院以其更加完善的设施和周到细致的服务,被评为省级先进敬老院。

【红泥湾镇】 2010年,国内生产总值8.26亿元,固定资产投资4.8亿元,财政收入210万元,农民人均纯收入6275元。农村公路项目和中心卫生院建设项目成绩斐然。全镇农村公路建设达78条,总里程177.9公里,总投资2174万元。投资213万元的中心卫生院建设项目竣工投入使用。其中投资200万元新建了门诊病房综合楼,改扩建了病房大楼,新增面积2500平方米。特色农业亮点纷呈。小辣椒种植占耕地面积50%以上,农业人口人均1.2亩,小辣椒已成为特色产业和经济支柱。全年共生产优质椒1335万千克,实现产值近两亿元。新发展养殖场7个,使养殖场数达到280个,畜禽存出栏量均创历史新高。小城镇创建工作,2006年,被市委、市政府授予“三星级”小城镇,2010年又通过“四星级”小城镇验收。移民安置工作先后被省委、省政府授予“第一批移民迁安工作先进单位”称号,被市委、市政府记二等功,第一批移民安置村大陈坡村也受到省政府表彰。

【溧河乡】 2010年,国内生产总值11.88亿元,固定资产投资6.6亿元,财政收入820万元,农民人均纯收入6264元。园区共引进各类项目80余个,总投资140亿元,其中投资超亿元项目33个,已建成超亿元项目29个,建成规模以上工业企业46个。项目建设协调办服务在建基础项目8个,承办了汇博生物等10个项目集体集中开工仪式,初步形成了生物能源、光电光伏、新能源装备三大产业集群。西洼奶牛养殖基地饲养奶牛近3000头,年产鲜奶11000吨,拥有6个现代化挤奶站,已成为豫西南最大的奶牛生产基地。

【新店乡】 2010年,国内生产总值7.8亿元,固定资产投资6.2亿元,财政收入856万元,农民人均纯收入达6520元。个体、私营、民营企业985个,限额以上企业9个,总产值18.5亿元,营业收入18.3亿元,入库税金2.47亿元,增加值完成8.7亿元,非公有制经济呈现出蓬勃发展的良好态势。招商引资工作,共引进资金2.3亿元。南阳寅兴轻钢采板有限公司、新蓝晶石超细粉厂、比亚迪4S店等项目已投入运营,江淮汽车4S店正在建设中。共争取到公路建设、白洮河治理、沼气建设等项目资金近亿元。造林总面积3800亩,树木保存率、成活率位居全区第一、全市前列,被市政府授予“林业生态建设先进乡镇”,顺利通过了省、市、区平原绿化检查验收。南水北调工程征迁工作,被市政府评为“南水北调中线工程永久用地征迁工作先进乡镇”。小城镇建设顺利晋升为“一星级城镇”,被市委、市政府评为“信访工作先进单位”、“平安建设先进乡镇。”

【金华乡】 2010年,国内生产总值5.4亿元,固定资产投资2.25亿元,财政收入88.5万元,农民人均纯收入5987元。基础建设工作,投资400万元新修水泥路15.1公里,其中乡道7公里、村道8.1公里,使全乡公路总里程达145公里。投资600多万元,打170米深水井2眼,解决了尹洼等6个村1.3万多人的安全饮水问题,使全乡安全饮水工程覆盖面积达16个行政村3.6万人,占全乡总人口的80%。5万亩优质麦平均单产466千克,位于全区前列。土豆、小白瓜、大青萝卜等特色农产品运销河北、辽宁、湖北等地,已取得了单季亩均2500元左右的经济效益。全乡绿化覆盖率达到36%,85%的村庄林木覆盖率达40%以上,顺利通过了“河南省绿化模范乡镇”的验收。

【汉冢乡】 2010年,国内生产总值4.34亿元,财政收入131万元,农民人均纯收入5800元。特色农业建设,大力推广郑麦9023、豫麦70、偃展4110等优良品种,培育了三八村2000亩小麦科技示范田、现代农业示范区内万亩优质小麦实验推广基地等一批现代农业典型,全乡小麦单产480千克以上,现代农业示范区小麦单产达520千克以上。全乡无公害水产养殖面积达3000亩以上,在省外发展水产养殖面积10.6万亩。全乡共引进各类项目16个,总投资700万元,在建项目6个,待建项目3个。全年新发展农民专业协会3个,顺达农机专业合作社先后荣获国家级农民专业合作社、示范社,省级农民专业合作社“50强”等称号。

【茶庵乡】 2010年,国内生产总值4.91亿元,固定资产投资1.45亿元,财政收入158万元,农民人均纯收入6457元。项目建设,新增宏达包装厂、宏基制砖厂、雪阳被服厂、永荣现代化养鸡场等限额以下企业12个,其中新增个体工业5个,个体商业766

个。新建养殖小区6个，新发展养殖大户122户，肉鸭、黑木耳等合作社3个。全乡畜禽存栏量达50万头（只），年实现产值3000多万元，经济合作组织总数22个，入社群众3089户9088人。贾洼移民村建设，投入资金60万元新修水泥路4公里，使贾洼村“村村通”里程达11公里，实现了村内干道、支路硬化和连接。

【高庙乡】 2010年，国内生产总值5.2亿元，固定资产投资2.3亿元，财政收入90万元，农民人均纯收入5500元。农综开发土地治理项目1万亩，涉及5个行政村，总投资898万元，新打机电井86眼，新修建筑物88座，开挖疏浚排水沟36公里，新修砂石硬化路9.8公里，混凝土道路6公里。改良土壤3000亩，实施科技项目2个，示范推广小麦新品种5000亩。全年实现社会化建沼气池400个。搞好基础建设，服务城镇发展。已形成新街道3条，拉大了集镇框架。投资160余万元新修下水管道4000米；投资30万元铺设彩砖；投资23万元在新街安装路灯51盏；投资8万元安装摄像头16个，实现主街道监控无死角；投资65万元，绿化了河道两岸和新街两侧。（高孟林　崔艳艳）

南阳高新技术产业开发区

区情综述

【概况】 南阳高新区于1995年3月经河南省人民政府批准成立；2005年12月通过国家发改委等六部委审核，正式纳入国家开发区名录库；2010年9月，经国务院正式批准晋升为国家级高新区。高新区规划面积24.83平方公里，管辖面积48.06平方公里，辖张衡、百里奚两个街道及白河南产业集聚区，共15个社区、4个行政村，总人口约16万人。南阳高新区是国家光电高新技术产业化基地、河南省防爆特色产业化基地、河南省“知识产权优势区域”，全省首批博士后研发基地。

中共南阳高新区工委书记：梁进；副书记：郭斌、廖新志；委员：韩明国、张照基、王炎欣（纪工委书记）、文华、王晓云（女）、乔永杰、强国省、刘超（2010年5月任）、曹东〔政法工委书记（2010年5月任）、群工部长〕

南阳高新区管委会主任：郭斌；副主任：张照基、文华、王晓云（女）、乔永杰、强国省、刘超（2010年5月任）；调研员：李文西（2010年7月离）、马喜平（2010年4月离）；副调研员：李萌

南阳高新区人大政协联络处主任：韩明国；副主任：乔云章

“十一五”以来，在市委、市政府的正确领导下，坚持以“发展高科技，实现产业化”为方向，按照“工业立区、项目兴区、高新技术产业强区”的发展思路，大力培育特色高新技术产业集群，加强科技创新体系建设，不断优化发展环境，逐步建立起以光电、装备制造、电子信息和新材料为主导的特色产业体系。

2010年，实现国内生产总值60.3亿元，增长25.81%；工业总产值96.5亿元，增长27.4%；工业销售收入94.69亿元，增长27.1%；城镇以上固定资产投资增长40.7%；地方财政一般预算收入14509万元，增长17.52%。

【主导产业快速增长】 把培育支柱产业作为保增长、转方式、调结构的主攻方向。采取多种形式，内引外联，大力组织招商引资，成功引进了一批装备制造、光电、物流等项目，继瑞士ABB之后，东风二汽、美的等一批知名企业陆续入区，主导产业实力进一步增强，同时以创业大厦为平台，引进各类研发机构14个，为产业发展奠定坚实基础。全年共签约引进工业项目59个，其中3000万元以上工业项目41个，超亿元项目29个，总投资63亿元。

【产业规模快速膨胀】 2010年，列入全市重点的13个项目共完成投资13.8亿元，占年度计划的119%。其中二机石油数字化钻机和石油钻机配套项目、金冠电气超高压及光电互感器项目、中光学特种光学元器件项目、华祥光学3G手机面板项目、防爆电机核级电机和电动汽车控制器项目、奥博物流中心项目等7个项目建成投产；创业中心光电孵化园二期工程全面竣工；瑞士ABB输配电开关设备项目、海纳川低辐射镀膜玻璃项目即将建成投产。高新区依托中光学集团、二机石油集团、防爆集团等龙头企业，推动了光学、装备制造等企业快速集聚，初步形成特色产业集群。

【特色园区初具规模】 投入建设资金5亿多元，重点规划建设了科技园、装备制造工业园、光电产业园等特色园区，建成面积4.58平方公里，实现通讯、供电、煤气、供暖、供水、排污、道路等“七通一平”，园区绿化、亮化及配套辅助设施不断完善。高标准编制了产业集聚区总体规划、空间规划、产业规划和修建性详细规划。全面启动了道路等基础设施建设，纬七、纬八、经十3条主干道进展迅速，2号、3号居民安置小区建设

已经启动,龙源、力源、天力、华阳4个项目即将进地建设。大力实施环境美化工程,对22条背街小巷进行改造,增建了一批垃圾中转站和公厕等环卫设施,建成并投入使用7个农贸市场,建设了5个游园,进一步扮靓了辖区环境。扎实开展"六创一迎"活动,全面整治脏乱差,城市管理规范化、精细化水平明显提高。集中进行以规划、土地、建设为重点的违法整治活动,坚决拆除违法建筑,遏制了私搭乱建的势头。

【扶持力度不断加大】 把推进科技创新作为保增长、转方式、调结构的中心环节,坚持以政府为主导,以企业为主体,加大政策引导和资金扶持力度,推动新型产政学研合作,强化孵化器等支撑服务,创新体系不断完善,自主创新能力不断增强。以高新区投资公司为主体,加强中小企业信用担保中心建设,为华阳、热点、华祥等企业融资3.18亿元,为创业中心光电孵化园在孵企业融资300万元。兑现区级科技创新奖扶资金近500万元,帮助国防科工所等8个企业获得市级以上创新基金和科技成果转化奖励资金765万元。

【创新能力明显增强】 辖区企业申请专利161项,获授权专利112项;全年新增省级工程技术研究中心2个;获得市级以上科技成果12项;中光学集团"65英寸以上激光电视产业化关键技术研究"项目入选国家863计划;国防科工所、英威东风、海科光电、汇丰光电等4个企业获国家创新基金支持;创业服务中心、汇丰光电、信利佳电子、凯鑫光电等4个企业获省科技成果转化项目奖;二机石油集团"数字化超深井钻井装备"和"300至1500米水深海洋钻机研发及产业化"两个项目或省重大科技专项支持;另有两个企业获市级创新基金奖励;高新区创业中心被科技部火炬中心列为大学生科技创业见习基地试点单位。

【社会事业协调发展】 统筹发展教育、文化、卫生、民政等各项社会事业,积极实施中小学改扩建、"城中村"改造、背街小巷改造等工程,切实解决了一批民生问题。千方百计扩大就业和再就业,提供就业岗位1300多个,城镇登记失业率控制在3.6%以内。农村低保、城市低保、农村五保、优抚资金及时足额发放。低保工作取得新进展,城市低保实现社会化发放和动态管理,农村低保提标扩面、入户调查和白河南产业聚集区低保移交顺利完成。全区新农合参合人数4万余人,参合率97%,居全市最高,全年共有4500余人次享受到医疗补助,总金额400余万元。对符合条件的45户个庭发放廉租住房补贴57120元。扎实开展新农村建设,积极稳妥推进"城中村"改造,创建文明社区8个,人居环境得到明显改善。协调解决农机具购置补贴难题,落实补贴资金20多万元;协调落实小麦良种补贴和玉米良种补贴,发放补贴50多万元。加强人口和计生管理,人口出生率控制在12‰以内,政策生育率97%,统计准确率100%。强化治安防控,深入开展综合治理、专项打击和"大走访"爱民实践等活动,全面推进检察、司法、法庭工作,平安建设水平进一步提高。认真落实信访稳定和安全生产责任制,全年未发生影响稳定的群体性事件和较大以上安全生产事故,社会大局保持和谐稳定。人大政协工作得到加强,人大代表、政协委员参政议政,组织调研,监督执法,三大文明建设协调推进。

高新区街道管理办主要领导名表

街道(管理)办	党工委书记	主任
张衡街道办事处	周锦章	李 伟
百里奚街道办事处	杨东杰	洪保云
白河南产业集聚区	王晓云(女,兼)	杜思彦

街道办产业集聚区概览

【张衡街道办事处】 2010年,坚持以服务项目建设为重点,以"六创一迎"和社区党建为抓手,以维护辖区社会稳定、加强内部管理、强化机制建设为保障,积极推动各项社会事业又好又快发展。国内生产总值4.167亿元,固定资产投资7050万元,居民人均纯收入6890元。强力服务项目建设。对重点项目建设实行"三定、五包、两挂钩"制度,对在建和新引进项目全程服务。辖区经济健康发展。鼓励社区加大资金投入,推进社区集体项目建设,新增建设项目9个。六创一迎扎实推进。"三清"工作常抓不懈,实行分片包干,强化动态巡查,集中清理垃圾、家禽家畜和废品收购站点,确保不反弹。全面推行垃圾袋装化管理,封查单位垃圾通道124处,设置封闭垃圾桶130余个。"五小"行业整治取得实效,制作安装门前三包标牌1000余个。扎实推进312国道和豫02线整治改造工作。积极开展环境整治。全力打造富有特色的精品街区和文明社区,行政金融小区获市级模范社区称号,和庄社区获市级文明社区称号。加大市场建设力度,新建农贸市场4个,加大"城中村"改造监管力度,做到了文明迁建。

【百里奚街道办事处】　2010年，以维护稳定为基础，以项目建设为中心，以创迎工作为纽带，以民生工程为重点，实现了经济社会全面发展。积极服务项目建设。积极开展“服务带动”，狠抓效能建设，完善了岗位责任制、首问负责制、服务承诺制和限制办结制等。召开协调会16次，做好辖区重点项目进地协调工作，保证了新进、在建项目顺利建设。壮大集体经济实力。以市场建设为龙头，大力发展三产服务业，规范了纺织大世界、陶瓷市场、北京路综合市场管理，建设了黄岗社区麒麟路综合市场、百里奚社区农贸综合市场、许庄社区二机厂农场市场、岗王庄社区张衡西路农贸市场。积极引导黄岗民营工业园内合力光学、中景百信医药、和瑞粮油等民营企业创优品牌。指导岗王庄社区成立南阳高新区诚信物业管理有限公司，安排百余名失地农民就业。

【白河南产业集聚区】　经省政府审核确定的南阳高新技术产业集聚区白河南区域，东至经十三路，南临沪陕高速公路和许平南高速公路，西至独山大道白河南段，北到规划中的黄河路，规划面积15.63平方公里，其中起步区2平方公里，发展区6.95平方公里，控制区6.68平方公里。2009年12月，市政府正式将区域内原属宛城区溧河乡和白河街道管辖的康庄、虎庙、王庄、李营4个行政村及赵营社区移交高新区托管，管辖面积23.2平方公里。2010年，按照“早协调，早安置，早实施”的工作思路，实现了大局和谐稳定，夯实了开发建设基础。针对年初交接期间工作成员交替、磨合期短和村组干部思想波动等问题，产业集聚区党总支和管理办公室积极运作，深入社区(村)与“两委”干部交心谈心，用行动感召村组干部，同时解决了村组办公经费不足、拖欠干部工资、贫困户补劫发放不到位等实际问题，稳定了干部队伍，营造了栓心留人的环境。制定了会议、来信来访、财务管理等20多项制度，使产业集聚区机关步入正规化、规范化轨道。移交托管后，本着“以人为本、先急后难”的原则，把群众最关心的户籍迁移、计生管理、优抚优恤等工作放在优先位置，根据户籍管理规定和村民自治公约，结合实际制定了户籍管理规定、计生奖惩规定等，在较短时间内完成了计生康检、结婚生育、户籍迁移、卫生防疫等服务事项。借鉴外地村民拆迁集中安置的做法和经验，理清了拆迁安置思路并提出合理化建议6条，为土地、规划、建设等部门制定政策提供了重要参考。确立了“政府主导，村委为主，村事村办”的开发建设模式，大胆探索创新，切实做好群众补偿拆迁安置工作，为纬七、纬八、经十3条道路开工建设创造了良好条件。实行“上下联动，网络化管控”的查处机制，开展宣传巡查120余次，对发现的违法建设和违法占地行为，认真调查，依法处置。配合土地监察分队对群众反响强烈的虎庙村13组非法买卖土地(窑场)等6起违法占地案件依法进行了查处。协调配合市规划监察支队开展联合执法活动3次，强制拆除违法建筑25户共计6000余平方米，有效遏制了违法建设和违法占地蔓延的势头。圆满完成了市政府下达的环城高速“一环一团一点”1117亩植树造林任务。扎实推进“六创一迎”工作，在南新路、南都路开展了两次大规模的“取缔无证(无照)经营门店、清理积存垃圾和小广告、落实垃圾袋装化”环境整治工作，修建社区垃圾池15个，新建农贸市场1个、汽车集中修理大院1个，极大改善了南新路沿线和赵营社区环境面貌。(渠琳枫)

社　旗　县

县情综述

【概况】　总面积1152平方公里，其中耕地面积84200公顷；总人口66.3万人，其中乡村人口44.4万人。辖10个镇5个乡243个行政村(街)。

县委书记：秦鹏鸣；副书记：张明体、黄玉杰(女)、刘玉斌(兼统战部长)；常委：王磊(纪委书记)、徐翔远(县委办主任)、刘世家(常务副县长)、叶挺硕(组织部长)、司仁银(政法委书记)、李明汉(宣传部长)、李培建(武装部政委)

人大主任：赵玉生；副主任：陈韬、王德麟、宋运广、李延武、张宛黎(女)

县长：张明体；副县长：刘世家、闫玉华(女)、马俊、孙大明、靳黎民、刘凤林、梁玉振、李亚洪、苑黎民(副处级干部)

政协主席：孙涛；副主席：杭溪清、白国辉(女)

法院院长：刘宏

检察院检察长：赵新强

公安局长：孙宪斌

武装部长：叶炜

总工会主席：李德春(女)

群工部长：陈俊伟

2010年，全县国内生产总值完成87.3亿元，增长10.8%；全社会固定资产投资完成56.5亿元，增长27.8%；地方财政一般预算收入完成1.77亿元，增长

26.4%;社会消费品零售总额完成31.4亿元,增长18.6%。金融机构各项存款余额47.6亿元,增长29.6%;各项贷款余额24.7亿元,增长31.5%。农民人均纯收入4069元,增长10.2%;城镇居民人均可支配收入12231元,增长12.2%。

【工业经济】 实施"工业强县"战略,加快产业集聚区建设,深入开展服务企业活动,促进了全县工业的快速发展。新上规模以上工业项目62个,新建和筹建了一批亿元以上工业项目。其中,新豪地陶瓷一期工程已建成投产;福润禽业肉鸡加工项目正顺利施工。骨干企业活力增强。赊店老酒通过战略重组,实现了体制机制创新,速度效益同步增长。目前,正瞄准全国名酒企业目标,筹建赊店老酒生态园;华茸堂药业成功实现了战略重组。产业集聚区快速发展。科学编制产业集聚区各项规划,理顺集聚区管理体制,加大基础设施建设力度,承载功能不断增强。已入驻超亿元项目12个。

【项目工作】 紧紧抓住国家扩大内需和沿海发达地区加快产业转移的机遇,强力实施"项目带动"战略,招商引资和政策性项目争取取得突破性进展。引进各类招商项目260个,到位资金28亿元,其中建成项目162个,亿元以上项目13个,3000万元以上项目60个。争取各类政策性项目136个,累计争取资金突破10亿元。

【城镇建设】 继续坚持大投入、大建设、大变化和区块开发、连片发展,城镇建设和管理水平进一步提升。高标准完成了县域村镇体系规划、县城总体规划修编、赊店历史文化名镇保护规划和部分镇村规划。多方筹措资金1.2亿元,对古城区骡店街、榆园街等7条街道进行改造,建成了赊店文化广场;启动建设新城区西环路、赊店中路、卧龙路、体育广场升级改造等9项工程;继续搞好赵河公园建设,三期工程已基本建成;新建3座公厕和2座垃圾中转站,硬化改造背街小巷15条。赊店古镇保护开发全面推进。建成了同福客栈、四合瓷铺、大升玉茶庄、姜家大院、刘记酒馆等一批新的文化景点。广泛开展"三城联创"活动,加强城市精细化管理,县城面貌明显改观,成功创建了省级园林县城和市级文明县城。小城镇建设和管理变化明显,"空心村"整治取得阶段性成效。交通建设成效显著。S333线拓宽改造顺利推进;豫龙客运站主体工程建设已经完工;潘河大桥建成通车;新修苗朱路、下徐路、社太路、晋桐路等县乡公路60公里,建成通村公路40公里,荣获全市农村公路"通达杯"竞赛铜奖,交通建设是近年来投入最大的一年。

【"三农"工作】 粮食生产喜获丰收,总产达到5.05亿公斤。特色产业发展壮大。植烟面积达到5万亩,实现烟叶特产税1700万元,烟叶生产在全市位居前列。畜牧养殖业快速发展。新建规模化养殖场15个,奶牛存栏达到5000头。蔬菜总面积达到22.8万亩,新发展蔬菜大棚530座。围绕农业产业化发展,培育省级龙头企业1个,市级龙头企业13个。新农村建设扎实推进。完成了8个示范村和9个试点村建设任务。农村基础设施不断完善。解决农村安全饮水4.1万人,新打配机电井956眼,新增有效灌溉面积2.6万亩,新增旱保田1.2万亩,并首次夺得全市"兴水杯"。完成植树造林4.6万亩,荣获市造林绿化先进县和省林业生态县称号。移民工作成效显著。顺利完成了第一批移民迁安工作,第二批移民新村建设扎实推进,被评为全省移民工作先进县,市政府记集体二等功。劳务工作取得新突破,被授予全国外派劳务基地县。

【和谐社会建设】 认真落实各项惠民政策,全年发放各类政策性补贴资金1.3亿元,发放社会保障资金3.1亿元。城镇居民基本医疗保险、养老保险、失业保险覆盖面进一步扩大,新型农村社会养老保险稳步推进。千方百计扩大就业,全县新增就业人员11012人,实现下岗失业人员再就业2677人。全面实施安居工程。新建廉租房3万平方米、经济适用房3.6万平方米。省市确定的"十项民生工程"全面完成。强力推进科技创新,企业平台建设和知识产权保护取得明显进步。积极发展教育事业。加强教师队伍建设,狠抓教学质量管理,教育质量有所提高。加强医疗卫生基础设施建设。县医院搬迁项目正在施工,县中医院门诊楼主体工程已完工。新型农村合作医疗扎实推进,农民参合率达95%。文化事业繁荣发展。基层文化站和农家书屋不断完善,广播电视覆盖率进一步扩大,赊店商埠文化产业园被列为省级文化产业示范园区。计生工作荣获全省计划生育优质服务先进县称号。扎实开展平安建设活动,加强社会治安综合治理,坚持不懈抓好安全生产、食品安全和信访工作,进一步完善应急管理运行机制,保持了社会大局的基本稳定,荣获全国法制创建先进县、全省农村平安创建先进县和全市平安建设先进县称号。强力实施可持续发展战略,加强土地管理和环境保护,圆满完成了省市下达的节能减排任务。

【精神文明、民主法制和政府自身建设】 深入开展文明城市、文明单位和文明村镇创建活动，干部群众思想文化素质和精神风貌显著变化，城乡文明程度逐步提高；民主法制建设得到加强，自觉接受人大、政协和社会各界的监督，高度重视人大代表建议和政协委员提案办理工作，全年共办理市、县两级人大代表建议和政协委员提案240件，满意率达99%以上；认真处理人民群众来信来访，及时解决群众关心、关注的热点、难点问题，共办理市、县两级领导批示308件，按时办结率达100%；深入开展"两转两提"和"创先争优"活动，加强廉政勤政建设，政府工作人员依法行政水平和工作效能进一步提高，干事创业、团结拼搏的氛围更加浓厚；大力开展国防教育，扎实做好双拥工作，加强民兵预备役建设。民族、宗教、审计、监察、人事、编制、统计、金融、侨台、史志、物价、气象、广电、质监、药监、农机、工商、盐业、邮政、保险、通信、残联、消防、电力、人防、地震等工作都取得了新的成效。

社旗县各乡镇主要领导名表

乡　镇	党委书记	乡镇长
赊店镇	葛明平（女）	任林仲
郝寨镇	赵向龙	秦旭征
桥头镇	王　辉（2010年3月离） 李德新（2010年3月任）	崔荣克（2010年7月）
李店镇	焦运富	陈晓鹏
饶良镇	李贺锋	李国伟
晋庄镇	夏中畅	郭德生
苗店镇	宋庆伟（2010年6月离） 文献充（2010年6月任）	文献充（2010年6月离） 耿松颍（女，2010年6月任）
兴隆镇	王合民	李九林
朱集镇	魏党勇	杨文永
下洼镇	方明洋	张玉泳
城郊乡	李铁成	李景元
唐庄乡	王清钦	吕　磊（2010年5月任）
大冯营	郭立宇（女）	陈　卓
太和乡	王玉合	高　闯
陌陂乡	李东方（副处级，2010年5月离） 丁照省（2010年5月任）	黄国富（2010年6月任）

乡镇概览

【赊店镇】 2010年，国内生产总值5.9亿元，固定资产投资2.1亿元，财政收入1044万元，城镇居民可支配收入12200元，农民人均纯收入5005元。按照县城总体规划，完成了赵河公园二期、西环路拓宽改造、镇中迁建、英宝电子二期及储备用地、国税局周边开发、廉租房二期、赵河公园三期、市民广场、县就业培训中心、滨河路北延、四海会馆、安达物流园等征地工作，共计1372.4亩。新修下水道10337米，美化、绿化、亮化道路7条，安装路灯360盏，硬化背街小巷总面积51710平方米，实现了老城区背街小巷硬化100%的目标。古城改造全面完成了县分配任务，立面改造和拆后复古建设进展顺利。招商引资工作，已先后有投资5000万元的东鑫冶金辅料有限公司、投资5000万元的南阳东博工艺品有限公司、投资5000万元的富庆纤维厂、投资1500万元的河南新源现代实业有限公司、投资2220万元的安达汽车货运有限公司物流园等大个企业落户赊店镇。争取政策性项目到位资金1114万元。先后投资320万元，对镇计生服务中心进行整体搬迁。加强社区建设，投入400万元加强了社区服务大厅和服务设施建设，新增办公场所1400平方米，新配电脑13台，远程教育120台套。

【桥头镇】 2010年，国内生产总值5.78亿元，固定资产投资1.93亿元，财政收入223万元，农民人均纯收入4405元。将招商引资列为全镇"一号工程"，着力打造工业强镇。引进固定资产投资1000万元以上项目4个，入驻产业集聚区，总投资额2亿多元。南阳新豪地陶瓷有限公司总投资1.5亿元;南阳晶日电子股份有限公司总投资5000万元;金龙科技有限公司彩印包装项目总投资2860万元。由广东客商和周口客商联合投资,第一期投资500万元建羊毛衫厂,第二期投资500万元建和棉纱厂;河南益力康食业有限公司总投资2860万元;由平顶山客商投资1500万元兴建粮食收储及深加工项目,投资500万元的粮储车间已建成;广东潮州客商投资500万元兴建皮鞋加工项目。以创建四星级小城镇为目标,坚持"规划、建设、管理、经营"四位一体的指导思想,高起点规划,努力提升集镇品位,邀请郑州规划设计院专家对珍珠河治理、文化公园建设进行高水平详细规划;争取项目资金220万元对珍珠河进行初步治理;围绕创建历史文化名镇和中心镇建设,启动了毓秀街改造工程。与南阳锦寓置业有限公司签订合同,计划投资6000万元。新农村建设按照"生产发展、生活宽裕、乡风文明、村容整洁、管理民主"的总体要求,突出抓好王蛮村、马蹬移民新村、吴氏营村建设和独柳树村村容村貌整治。引进千头畜位的南阳绿茵奶业项目已投资800万元,现奶牛存栏350头;新建投资150万元、总畜位达500头的肉牛养殖场2个;新发展生猪养殖场(户)40多个;发展养鸡场(户)20多个。以小河流村为中心,发展日光温室蔬菜大棚近100多座;以桥头集镇、吴氏营集镇为中心发展露地蔬菜5600亩;发展小辣椒23000亩。共种植通道林、网格林及围村林12万株2100亩,组建林木管护巡逻队16支。扩建农村敬老院2个,入住院民188人;镇中心卫生院840平米病房楼投入使用。全镇规划3个移民安置点,共需安置近2400人。第一批桥头、何营安置点共安置移民1523人,于7月3日、7月9日分两次顺利搬迁,生产建设用地2300亩已经全部调整到位。第二批吴氏营村安置点,计划安置移民860人,调整生产建设用地1300亩。在完成调地、"三通一平"工作的基础上,顺利进入移民新村建设阶段。

【郝寨镇】 2010年,国内生产总值5.14亿元,固定资产投资9000万元,财政收入347万元,农民人均纯收入4100元。建立300亩以上的优质小辣椒示范方3个,在胡庄村发展300亩脱毒红薯繁育基地1个,脱毒红薯种植25000亩。新发展养殖专业村5个,养牛小区6个,养猪大户500户,养羊大户100多户,牛存栏2.8万头,羊存栏3.2万只,畜牧业总产值4754万元。粮食总产量12.37万吨,新打配机电井40眼,整修乡村道路24条,整修桥涵13座,新增有效灌溉面积5000亩。新造林11000亩,植树80万株。烟叶面积6500亩,其中2000亩连片大方1个,1000亩以上连片方2个,500亩以上连片方2个。收购烟叶43万公斤。全镇非公有制企业940个,从业人员6598人,实现总产值68435万元。争取政策性项目22个,争取资金1.4亿元,到位资金3097万元。其中投资898万元的1万亩农综开发项目正在实施,已修拦河坝5座,挖塘1座,铺设路基27公里,打井82眼。招商引资项目45个,其中100万元以上项目6个,总引资额11.1亿元,已到位资金2000万元,其中入驻县工业园区项目1个,即郑州博一投资有限公司投资兴建的河南顺天生物科技有限公司,项目总投资11亿元。实施小城镇"五个一"工程,达到城镇建设美化、绿化、亮化。安装集镇监控设备7台,实施人民路东延工程,筹建970米的人民东路标准化新街1条。投资40万元,实施260米的光武路街道硬化。农村危房改造116户,对徐庄栗对黄、十里井张庄、王十里刘房庄3个村进行空心村整治,平整土地145亩。整修乡村道路20条81.3公里,投资640万元。按照"五通、两建、两改、一推广、一提高"的新农村建设试点村要求,投资493.2万元,重点加强了闫台示范村、年庄马庄试点村、徐庄新村建设。全镇安置移民1000人,涉及王营、年庄2个移民点,移民用地1700亩。

【李店镇】 2010年,国内生产总值7.85亿元,固定资产投资2.4亿元,财政收入337.5元,农民人均纯收入4033元。完成招商引资项目8个,其中入驻县产业集聚区3个,落户镇内5个,总投资2.13亿元,到位资金4500万元。争取政策性项目21个,资金5527万元,其中自身争取项目7个,项目金额641万元。立足建设社旗南部商贸中心镇这一发展定位,加大集镇建设力度,投资120万元完成了泰山西路标准化街道升级工程;投资130万元实施了交通路形象街道建设工程;旗航综合大市场建设顺利推进,400多间商铺主体工程全部完工。建设蔬菜大棚380多座,其中新建126多座,建设有机蔬菜产业基地。承担淅川县马蹬镇寇楼村230户近千人移民安置任务,顺利实施了移民住房及公共设施建设工程。积极实施空心村整治工程,平整耕地550亩。

【饶良镇】 2010年,国内生产总值9.03亿元,固定资产投资2.35亿元,财政收入774.1万元,农民人均纯收入4950元。倾力打造"植烟大镇"品牌,共收购烟叶77.8万公斤,实现利税265万元。发展窦庄、黄桥2个村

3000亩蔬菜基地,完成老窦庄村无公害大葱产地认证,成为社旗县东南部最大的蔬菜生产集散地,在核桃树村建成一个2000亩的烟菜轮作基地。大力发展肉牛养殖,新建养殖小区3个,养殖场10个,养殖大户165户,存栏肉牛2万头,年实现产值1.9亿元。共引进项目16个,总投资2.72亿元,入驻县工业园区项目6个,入驻镇工业园区项目10个,其中亿元以上项目1个,1000万元以上项目5个,500万元以上项目3个,500万元以下项目7个。向上争取项目共计52个,涉及资金3800万元,其中自行独立争取项目500万元。按照"生产发展、生活宽裕、乡风文明、村容整洁、管理民主"的总体要求,新农村建设以窦庄村夏老庄自然村为中心示范村,建设水泥道路4.1公里,栽植绿化风景树1300株。投资45万元修建了X027线黄庄桥;投资20万元铺垫了苗丁路沙石路面;筹资150多万元对全长1200米的阳平大道进行了改造,建成形象一条街;筹资38万元对交通路进行了路面整修硬化;筹资35万元对文化路西段进行整修;筹资120万元对饶良西湖进行了护坡整修;建绿地1300平方米,植树2100株。筹集资金48万元兴建镇敬老院综合楼1座;投资120万元新建镇卫生院综合病房楼1座;投资44万元新建丁庄中心学校教室32间;投资50余万元对8所中、小学校校舍进行改造、维修。

【晋庄镇】 2010年,国内生产总值4亿元,财政收入274万元,农民人均纯收入4580元。入驻县产业集聚区项目1个,镇内工业企业已发展至45个。引资3200万元入驻县产业集聚区的南阳市三顾堂酒业有限公司一期工程已建成,二期工程征地正在进行;引资1800万元的晋祥明胶厂年产值达1800万元,年创利税400万元;投资800万元的棉纺厂技改扩锭后实现年产值7600万元,利税可达120万元;投资300万元50万双手套厂设备安装完毕,开始试机生产。争取政策性项目13个,总投资5948万元,已到位资金4794万元。聘请郑州大学城市规划研究设计院专家对《晋庄镇2010—2020年镇区总体规划》进行修编,规划了以南阳路为轴线的四纵三横镇区框架。完善基础设施。投资200多万元对南阳路进行铺油改造升级;投资46万元打造前进路标准化街道;投资10万元新安装路灯50盏;对建设路、前进路、棉纺路、工业路和南阳路进行了绿化。畜牧业突出黄牛、生猪两大重点,培育发展了50个规模以上养殖场。其中,已建成规模以上养牛场2个,规模以上生猪养殖场33个,规模以上家禽养殖场15个。生猪存栏4万头,牛存栏10100头,羊存栏2.4万只,家禽养殖30万只。造林3250亩,植树19.8万株,道路绿化37.5公里;种植小辣椒3万亩;种植烟叶600亩。承担了淅川县马蹬镇关防、青龙嘴两村618人第二批移民安置任务,顺利完成了三通一平及房屋主体建设。新建镇中学宿舍楼2座69间,新建操场1个,改扩建小学校舍22间。投资20万元新建敬老院住宿大楼1座。投资100万元新建公路5公里。被评为"河南省南水北调丹江口库区试点移民先进单位"、"河南省绿化模范乡镇"。

【苗店镇】 2010年,国内生产总值4.36亿元,财政收入379.2万元,固定资产投资13010万元,农民人均纯收入4185元。新上银良三粉有限公司、恒达鸿运建材厂、长岗镇面粉厂、宏博机械厂、聚丰纺织有限公司等一批工业企业。引进招商项目9个,其中入驻县产业集聚区项目3个,引资2.11亿元;入住镇域项目6个,引资4600万元。争取政策项目18个,争取资金3373.49万元。城镇建设,完成了金盾路标准化街道改造工程;绿化金盾路、鲁艾路,栽植风景树520棵;完成了垃圾中转站配套建设。种植烟叶5000亩,继续保持植烟大镇的称号。三粉生产以赊店三粉制品有限公司和银良三粉有限公司为龙头,以石塔寺三粉加工园区为依托,实施品牌带动战略,迈上了产业化发展道路。畜牧养殖业快速发展,成立了2个生猪养殖专业合作社,加强了龙头企业兴源养殖有限公司的建设,培育了3个生猪养殖场和1个肉牛育肥场,建成了防疫中心站。高标准造林3000亩,植树18万株。作为第二批移民迁安乡镇,需安置淅川县马蹬镇白渡滩村移民275户1118人,是社旗县第二批特大移民安置点,移民新村建设有条不紊地进行。

【兴隆镇】 2010年,国内生产总值4.2亿元,固定资产投资1.9亿元,财政收入226万元,农民人均纯收入4200元。强力实施一村一品工程,重点培植了"烟叶、小辣椒、小杂粮、林业、畜牧"五大特色产业,发展烟叶2000亩,小辣椒1.2万亩,无公害小杂粮2000亩,林木1.8万亩,养鸡总量30万只,黄牛存栏量3000头,生猪存栏1万余头。高标准建设赵岗黄牛、吕楼蛋鸡和圭璋生猪3个规模化养殖小区,示范带动全镇畜禽养殖产业大发展。引进投资1000万元以上入驻县产业集聚区项目2个,驻镇项目9个,投资1.1亿元。争取政策性项目19个,涉及资金3800余万元。其中投资2000万元的土地整理项目涉及到4个行政村的农田基本建设。投资60万元,对社太路镇区段进行了拓宽改造建设;投资45万元,对政府西侧青年路实施扩建和水泥路硬化工程;投资30万元对政府北侧延安路铺设了礓石路面;投入资金15万元,对主街区商户门店进行了立面改造;投资90余万元,修建下水道近3000米;投资40万元,对新建农贸市场的功能设施进行完善,形成一条"工"字型标准化商业步行街;购置优质风景树300余株,在镇区及周边进行全面绿化、美化;投资500余万元,对镇敬老院、卫生院进行了扩建改造和设施配套建设,新建镇文化中心办公楼1座,公厕2座。建成了镇垃圾中转站,购置垃圾桶20个,清运车辆1台。镇区"三纵四横"的主框架已经形成,面积扩大到2.5平方公里。先后投资160余万元,对西温桥、新月楼、大张庄、小何庄等4个自然村进行了示范性基础设施建设,组织群众进行"四改一建"176户,群众生活环境明显改善。新建小学教学楼3座,房舍107间。

【朱集镇】 2010年,国内生产总值8.2亿元,固定资产投资1.9亿元,财政收入769.1万元,农民人均纯收入4345元。种植烟叶15310亩,其中千亩大方3个,500亩以上大方10个,被市政府评为"烟叶工作先进乡镇"。发展烟菜轮作10000亩,完成了王老庄千亩烟菜轮作建设基地,并通过了无公害大白菜产地认证。林果产业,成立了"绿丰果业有限公司",种植黄金梨1200亩,已进入盛果期。种植棉花2.5万亩,对棉花加工厂进行整合,成立公司,实行科学化管理,以银基、银鑫棉业为龙头,拉长了产业链条。植树造林4500亩,其中农田林网5个,片林60个,围村林25个。投资140多万元,建文化广场、医疗室、文化活动室、修入户路、下水道。栽植风景树3000余株。引进项目4个,洽谈项目2个。项目资金1.81亿元,到位资金5000万元。其中入驻县产业集聚区的项目是"康全牧业有限公司项目",固定资产投资6000万元。镇内招商项目4个,其中丰源综合市场开发项目总投资3000万元,社旗县华升门业项目固定资产投资500万元。争取上级项目20个,总投资6812万元。

【下洼镇】 2010年,国内生产总值4.9亿元,财政收入778万元,固定资产投资1.2亿元,农民人均纯收入4210元。种植烟叶9050亩,收购烟叶92万公斤,实现利税320万元。植树造林5600亩,林业面积5.2万亩。实施油料倍增计划项目,种植花生3万亩,初步形成花生加工交易集散地,年交易额达8000万元。引进项目12个,其中金祥酒业、长生面粉、神风物流、东方石料、生发护发、方圆萤石、坤泰石材、井湾页岩砖厂等企业陆续开业投产运营,其中4个企业已逐渐成长为规模以上企业。引进政策性项目25个,总投资7781余万元。乡村道路、烟水配套、小流域治理、中小型水库除险加固、学生公寓、卫生院建设、畜牧养殖、社下路、下徐路等项目已全部建成,全镇19个村实现村村通,农村道路网络初步形成。投资300余万元,用于集镇建设,基本实现"绿、洁、畅、亮、美"的目标。建成文化大院3个,文化长廊300米,标准化村部4个,公厕6座,游园4个,篮球场1处,农村超市3处,建成沼气820座。共建成7个村级敬老院。

【城郊乡】 2010年,国内生产总值5.5亿元,财政收入500万元,农民人均纯收入4900元。洽谈项目50余个,引资总额10亿多元。其中,九鑫钢构工程有限公司,投资1500万;昊邦农业科技有限公司,投资1300万元;金利达物流运输有限公司,投资4200万元;照凯标准化厂房,投资2200万元;懿德鑫石英板材有限公司,投资4200万元;顺天科技投资超10亿元。申报政策性项目20个,总投资1007.9万元。巩固了望东庄萝卜和代营大葱无公害蔬菜两大品牌,2010年获得农业部颁发的无公害农产品认证,以两大品牌为主的蔬菜种植2.4万亩,年产值突破1200万元。全乡生猪养殖场近300个,黄牛养殖场6个,养殖小区总数发展到4个,养殖专业自然村8个,大牲畜存栏万余头。新增有效灌溉面积6000亩,改造中低产田1.6万亩,打配机电井103眼,完成农村卫生改厕1000座。工业经济得到快速发展,新入驻投资超10亿元企业1个。投资120万元,硬化背街小巷17条,并购置垃圾清运车和工具,对背街小巷全日保洁。7月份顺利完成官寺、柳营两个移民安置点493户1670名移民安置工作,实现了平安、顺利、和谐搬迁。

【唐庄乡】 2010年,国内生产总值14.71亿元,农民人均纯收入4939元。向上争取政策性资金113万元,配套资金52万元,新建农桥12座,疏浚县乡河道2条,总长3.5公里。各类企业12个,其中限额以上工业企业7个。荣增面业产销两旺;北极电子元件厂,系返乡农民工刘羽生投资100多万元兴建,产品全部销往韩国三星电子,从业人员1000多人,实现销售收入180万元。招商续建项目2个,正粮集团社旗粮库项目,新增加投资1300万元;安信塑胶新增加投资500万,安装汽车坐垫编织机128台。引进项目15个，投资1.5亿元的物流园项目容纳了投资2亿元的生物肥项目；投资7000万元的白莲深加工项目等。新建和在建项目13个，总投资1918万元。先后建成千头黄牛育肥项目、后八座庵农田水利项目、东田引河灌溉项目等。植树22万株，面积3890亩；形成网格250个；高标准绿化街道1300米；签订确权合同2380份。建成300头以上的奶牛养殖场2个，黄牛养殖场5个，獭兔养殖场1个，存栏100头以上的养猪专业户32户。奶牛存栏1500头，产奶2000吨；黄牛存栏3200头，出栏4500头；生猪存栏2.5万头，出栏4万头；鸡存栏5万只，产蛋300吨，出栏鸡7万只。

【大冯营乡】 2010年，国内生产总值3.92亿元，固定资产投资1.3亿元，财政收入126.8万元，农民人均纯收入4197元。全年共上报政策性项目40个，总投资5154.8万元，已立项批复18个，实际到位资金797万元，其中11个项目已通过竣工验收，7个项目完成了规划选址、招投标等工作。招商引资项目5个，合同引资2700万元，实际到位资金2000万元；入驻县产业集聚区项目2个，总投资1.85亿元，达成入住园区合作意向1个，计划投资5000万元。新打配机电井40眼，整修渠道6300米，新增有效灌溉面积3000亩，新修农村公路8.8公里，新建沼气池60座，新打人畜吃水井4眼，解决了3500名群众人畜饮水困难问题。全力做好移民安置及后续稳定工作，共接纳安置淅川县马蹬镇向阳村1872名移民群众，移民新村已成为新农村建设的典范。全乡黄牛存栏1.89万头，奶牛存栏250头，生猪存栏5.6万头。新建专业养殖场4个：姚庄官寺三合良种猪繁育场、大冯营黄牛养殖场、党庄李模黄牛养殖场、丁庄大刘庄标准化养猪场。以吕营、党庄为主的养鸡专业村初具规模，养鸡专业户20个，年产值300万元。投资114万元，在乡中心学校建成了幼儿园教学楼和学生餐厅；投资49万元的乡中教学楼项目已完成规划，投资11.5万元修建了公厕和环形跑道，改善了办学条件。

【太和乡】 2010年，国内生产总值4.2亿元，财政收入189.4万元，固定资产投资1.1亿元，农民人均纯收入3630元。招商引资项目6个，引资5710万元。成功引资3000万元建设京都彩印有限公司；与深圳客商洽谈的赵河公园游乐场项目总投资1000万元；与江苏无锡欣豪投资有限公司洽谈，成功引资200万元兴建刘岗“希望小学”；总投资600万元的科林大酒店餐饮项目等。全乡境内实施的重点项目8个，项目总投资1383万元。种植烟叶3000亩以上，千亩以上示范方1个。以范楼烟叶示范方为依托，实施烟菜轮作，面积1500余亩。闫店岗桃园示范方，面积1000余亩，年产鲜桃120万公斤。高标准造林2350亩，认真落实林权证制度，共确权467户，确权面积6400亩。全乡年出栏千头以上养猪场5个，百头以上养猪场17个；5000只以上养鸡场3个，1000只以上养鸡场18个。新农村建设以宋庄移民新村为重点进行规划和建设，投资90万余元，对总长9000米富民路、长江路、建设路3条路段进行整修。对总长800米的幸福路西段，长江路南延路段进行了整体开发。投资40万元的乡卫生院住院楼竣工，投资300万元的建兴希望小学主体落成，投资40万元改建的中心校、中学教学楼已投入使用。

【陌陂乡】 2010年，国内生产总值3.83亿元，固定资产投资4558万元，财政收入216万元，农民人均纯收入4140元。完成2万吨五水硼砂生产项目，总投资6000万元，处理天然硼砂43000吨，产出五水硼砂2000吨；达成汽车配件厂意向1个，投资5000万元；引进并建成社旗永康货运有限公司项目1个，投资500万元；引进文臣蛋托厂、天元梦电子有限公司项目2个，已完成投资790万元；永辉薯业扩建项目已经完成。争取政策性项目资金851.3万元。建成垃圾场1处，购置垃圾清运车1辆，成立了街道环卫队，保证了街区的畅通和清洁。拉大城镇框架，对集镇规划进行修编并付诸实施。投资1600万元建农贸大街，新建门面房100套。投资10万元在前洼自然村修建拦河坝1座；投资82.5万元，修谢庄、贾寨、良桥、郭楼4村水泥路5500米，种植杨树2000棵，风景树500棵。种植烟叶2000多亩，形成500亩以上联片大方2个，300亩以上大方3个，200亩以上大方3个，收购烟叶30万公斤。黄牛存栏3000头，奶牛存栏800头，猪羊存栏4.3万头（只），家禽存栏28万只。完成植树造林3000余亩，其中通道及网格林绿化2000亩，农综开发项目区网格林1000亩。“三粉”龙头企业永辉薯业已完成投资300万元，企业以红薯专业合作社为依托，与张楼、鲁庄、贾寨的300多户群众签订了红薯种植收购合同，在张楼建起红薯种植基地1个，面积1000亩。（尚学庆　贾金星）

方　城　县

县情综述

【概况】 总面积2542平方公里,其中耕地面积113017公顷,城区建成面积14.6平方公里。总人口1026273人,其中,乡村人口957884人,市镇人口68389人。辖7镇9乡。

县委书记:梁天平;副书记:秦书君、何明海(2010年1月任);常委:白洁(纪委书记,2010年4月任)、毕新民(县委办主任,2010年4月任)、燕峰(组织部长,2010年4月任)、白振国(副县长)、杨新亚(政法委书记,2010年4月任)、张晔(女,宣传部长,2010年4月任)、王兵(女,统战部长,2010年4月任)、铁作山(人武部政委)

人大主任:董振荣(女);副主任:杨林升、陈振炎、刘兰生、张振西、孔祥朝、张海云(女,正处级干部)

县长:秦书君;副县长:白振国、夏天俊(女)、杨红忠、刘杰、李锡强、胡彦民、艾进德(兼群工部部长,2010年4月任)

政协主席:张春林;副主席:毛玉中、赵晓、李国夫、包鸣彦、梁士忠

法院院长:王付令(2010年6月任)

检察院检察长:梁志敏

公安局长:李晋源(2010年4月离)、惠俊先(2010年4月任)

武装部长:叶伙平(2010年8月离)、冯强升(2010年8月任)

总工会主席:代美玲

2010年,是"十一五"规划的最后一年,也是方城县经济社会发展取得显著成效的一年。面对复杂形势和严峻挑战,在市委、市政府的正确领导下,坚持以科学发展观为指导,开创了经济社会发展的新局面。全县国内生产总值完成1091520万元,同比增长11%;工业增加值427335万元,较上年增长14.4%;农林牧渔增加值310919万元,较上年增长4.8%;地方财政一般预算收入3.2亿元,一般预算支出15.88亿元,分别增长19.7%和16.6%;全社会固定资产投资完成937662万元,增长26.4%,其中:城镇固定资产投资完成290047亿元,增长29.5%;社会消费品零售总额532466万元,增长16.4%;粮食总产量560600吨;居民储蓄存款余额48.6亿元,增长20.9%;农民人均纯收入5246元,城镇居民人均可支配收入13434元,分别增长11.8%和13.4%;人口自然增长率控制在5.94‰;税收收入占一般预算收入的比重为69.6%,同比提高0.06个百分点;全县金融机构存款余额75.1亿元,增长36.8%;金融机构贷款余额34.3亿元,增长29.6%;居民消费品价格总指数为103.1%,上涨3.1%。

【实施工业强县战略】 坚持以招商引资、项目建设、产业集聚区发展三项重点工作带动全局,深入实施工业强县战略,工业经济不断壮大,转型发展势头良好。集聚区建设成效显著。按照"四集一转、产城互动"的要求,加大基础设施和项目建设力度,建设园区道路8条23公里,铺设供排水管网11.7公里,建设标准化厂房6.4万平方米,首期1500亩土地收储基本完成。累计完成固定资产投资29.7亿元,建成区面积达到2.77平方公里。入驻工业企业33个,实现主营业务收入12.1亿元,全省综合考核位次明显提升。启动了钻石产业园规划,加快推进乡镇创业园建设,工业集聚发展水平明显提高。主导产业培育步伐加快。全年引进工业项目35个,其中投资超亿元项目10个。新兴产业初具规模,迅天宇物理法制备太阳能级多晶硅全线贯通,多晶硅切片项目建成试生产;广宇太阳能电池组件项目形成20兆瓦生产能力;中南钻石年度技改项目全部完成,生产能力、市场占有率保持全国第一;风电一期运行平稳,二期工程正式开工。传统优势产业不断壮大,金馥油料倍增项目一期工程、固得威薯业扩建项目建成投产,兽药园、中亚精密轴承具备投产条件,龙腾装饰等项目加紧建设,农产品加工、装备制造、矿产建材、轻纺化工等产业规模和市场竞争力明显提升。全县限额以上工业增加值达到24亿元,同比增长23.2%,工业经济比重达到38.3%。科技创新和品牌建设得到加强。建成省级重点试验室1个、工程技术研究中心5个,专利授权42个。中南钻石成为中国名牌产品和河南省著名商标,金裕城门业成为河南省名牌。服务环境不断优化。深入开展服务企业活动,尽力为企业办实事、解难题。积极推动银企合作,加大信贷支持力度。争取和筹措各类资金4500万元,扶持迅天宇、金馥植物油、宛北水泥、广宇太阳能、中南钻石等企业发展。加大土地征收报批力度,全年报批各类建设用地1310亩,有效缓解了用地难问题。全面落实招商引资政策,大力推行项目责任人制,认真开展行风评议,及时查处"三乱"行为,努力为企业发展营造良好环境。

【加快城镇化进程】 致力于上项

目、打基础，抓建设、强管理，城镇建设步伐全面加快，城乡面貌明显改善。全县城镇化率达到38.1%，同比提高1.7个百分点。城乡规划更加完善。完成了县城总体规划、土地利用总体规划修编和产业集聚区总体规划，实现了“三规”合一。完成了县域村镇体系规划、村镇布局规划编制和乡镇总体规划修编，启动了县城潘河以东详细规划和新型农村社区规划，覆盖城乡的规划体系框架初步确立。县城建设全面加快。投资1.5亿元，完成基础设施工程16项。重点对龙泉路西段、释之路西段等6条道路进行高标准改造，打通了县地税局和县疾控中心区间路，对裕州南路等5条道路进行了绿化，新建绿地游园5个，城市品位进一步提升。完善城区污水管网15.5公里，污水处理厂二期工程通过省级验收，改造供水管线12公里；龙城路综合市场、昝庄农贸市场、释之路批零市场主体完工；潘河一级橡胶坝基本建成，龙泉公园东区规划和征地工作全面完成，城市功能逐步完善。吴府街改造一期完成拆迁7.5万平方米，605套9.5万平方米还建房正在建设，老城区改造迈出坚实步伐。产业集聚区与中心城区实现贯通，城市框架进一步扩大。小城镇建设富有成效。实施各类建设工程40项，开通硬化街道10公里，完成排水工程12公里，建设完善市场8个，全县5个乡(镇)实现升星晋级。深入开展“六创一迎”活动，不断加大城镇管理和村镇创优力度，全市创建文明城市观摩总结会、新农村建设暨“六创一迎”村镇创优现场会在方城县召开，文明县城创建工作位居全市先进位次。交通电力通讯保障不断加强。新建改造公路188公里，续建公路94公里。完成了S103郑新线方城段改造工程，S330道白线方城段、望花湖至普严寺景区道路、拐二线古庄店至二郎庙段建成通车，9座危桥改造项目全部开工，乡乡相连的环线公路基本贯通。启动新一轮农网改造升级工程，电网结构进一步完善。通信网络、广播电视信号基本实现了全覆盖。

【推进新农村建设】 坚持以粮食主产区建设和特色农业产业化为重点，突出抓好条件改善、科技长入、龙头带动、示范引领，着力提高现代农业和新农村社区化水平。粮油生产再获丰收。全面落实支农惠农政策，兑现各类农业补贴1.46亿元。扎实开展粮油高产创建活动，粮食产量11.4亿斤，连续7年丰产丰收；油料产量3.7亿斤，再创历史新高。产业富民成效明显。烟叶、小辣椒、中药材、花生、林果、畜牧等产业基地不断巩固，标准化水平进一步提高。黄金梨、晚秋黄梨、金木瓜、草庐蜂蜜获得有机产品认证，八味丹参茶、黄金梨荣获第八届国际农产品博览会金奖。全县无公害农产品基地认定面积54.7万亩。新建、扩建农业龙头加工企业2个，各类产业化组织达到44个，其中省级龙头企业1个，市级8个；新增农民专业合作社106个，累计达到200个。生产生活条件持续改善。完成农综开发、土地整理、高标准农田4万亩，新增有效灌溉面积2.4万亩、节水灌溉1万亩、旱涝保收田1万亩，农机总动力超过100万千瓦。治理水土流失8平方公里，完成了3座小型水库除险加固，解决农村3.05万人饮水安全问题。完成扶贫开发整村推进14个，脱贫人口1.31万人。农村沼气建设被评为全省先进。造林13.6万亩，林权制度改革圆满完成，成功创建省级林业生态县。南水北调中线工程征迁安置顺利完成，得到了省市的表彰奖励。新型农村社区建设开局良好。坚持规划先行、示范带动，稳步推进新型农村社区建设。乡镇试点社区全面启动，全县7个示范社区投入各类资金9800万元，建成新型住宅400套，独树砚山铺、广阳袁庄、柳河西峰、清河后楼、券桥中心社区等初具规模。市定新农村建设目标任务全部完成。

【加快发展现代服务业】 着力培育壮大文化旅游、商贸流通、房地产业，努力优化产业结构，促进第三产业全面发展。文化旅游持续升温。深入挖掘历史文化内涵，整合包装旅游资源，成功举办了中华曾氏祖根地暨古缯国遗址揭碑仪式、方城楚长城调研论证会、方城岩书岩画报告会等活动，努力打造丝绸之路源头和曾氏祖根地文化旅游品牌。丝路申遗工作得到市委、市政府的肯定和支持。加大景区开发力度，七十二潭被评为河南省旅游十大新秀，方城文化旅游的知名度和影响力进一步提升。全年接待游客86万人次，实现综合收入3.3亿元。商贸流通活力增强。在抓好城区三大市场建设的同时，金舟腾龙物流项目启动建设。大力实施“万村千乡”工程，新建农村网点148个，农家店、连锁店覆盖范围进一步扩大。全面落实国家鼓励扩大消费政策，家电、汽车、摩托车下乡补贴3350万元，带动销售2.58亿元。外贸出口、实际利用外资完成市定目标任务。房地产等新兴服务业加快发展。房地产开发完成投资4.7亿元，在建项目18个，建成商品房30万平方米，销售27万平方米。金融生态环境明显改善，全年新增贷款7.9亿元，增长30%。中介服务、广告发行等行业逐步兴起。以服务业为主的第三产业增加值达到29.5亿元，增长13.8%。

【社会事业健康发展】 以省市“十项民生工程”和县定“十件实事”为重点，着力解决就业、入学、医疗、住房和社会保障等问题。社会就业水平不断提高。多渠道开发就业岗位，全县城镇新增就业8343人，下岗再就业2987人，就业困难对象再就业1269人，零就业家庭动态归零，农村劳动力转移就业11254人，城镇登记失业率控制在4.5%以内。教育发展提质提速。完成110所中小学校舍改造，装备多媒体教室632个，“普九”债务化解工作全面完成。五高中新教学楼建成投用，特殊教育学校、城东新区小学启动建设。教育教学质量进一步提高，高考本科进线率达到35.1%。职教中心晋升为省级重点职业学校，方城县获得全市职教攻坚先进单位。医疗卫生条件明显改善。投资7000多万元，建成了县医院门诊楼，6个乡镇卫生院门诊、病房楼和70个村级卫生所。中山、利民两所民营医院投入运营。传染病防控工作得到加强，妇女病普查工作圆满完成。启动了居民健康建档工作。新农合参合率96%以上，全县实现了医疗保障全覆盖。社会保障能力显著增强。养老、医疗、失业等保险费征缴和保险金发放工作不断加强，城乡低保、五保、优抚政策全面落实，各类补贴资金按时足额发放。成功争取全国第二批新型农村社会养老保险试点县，参保率在全省试点县中位居前列。成立了“助残捐赠服务站”，其经验在全省推广，残疾人工作荣获省级先进县。建成廉租房3.75万平方米，为1920户困难家庭发放住房补贴240万元。各项社会事业全面发展。人口计生工作稳步推进，优抚政策全面落实，继续保持省级计划生育优质服务先进县荣誉。文化事业不断发展，新建了一批乡镇文化站等文化设施。老干部活动中心建成投用。科技工作进一步加强，县校合作不断深化，启动了“转变农业发展方式综合改革试验区”项目建设，荣获全国科技进步先进县和科普工作示范县，成为全国科技富民强县试点县。环境保护力度加大，荣获全市秸秆禁烧工作先进县，空气质量达到国家二级标准，出境水质、节能减排完成市定目标任务。

【加强社会管理】 以促进和谐、维护稳定、提高效能为重点，努力打造安居乐业的社会环境。信访维稳成效明显。以“案件办理质量年”活动为抓手，深入落实一线工作法、大走访、大接访等措施，积极开展矛盾纠纷排查化解工作，切实解决群众合理诉求，信访秩序进一步规范，初步实现由被动应付向正常群众工作的转变。安全生产不断加强。建立健全安全生产长效机制，强化安全生产责任，深入开展非煤矿山、道路交通、消防安全等专项检查整治活动，安全生产形势保持平稳，消防工作荣获全市先进县。深入推进质量兴县活动，强化产品质量和食品药品安全监管，确保了人民饮食用药安全。平安建设更加巩固。加大人防、技防投入，组建了县乡专职巡防队伍，在城区主要路口、重要路段设置监控设备，社会治安防控体系不断完善。扎实开展“春季严打、夏季亮剑、冬季打防攻势”等一系列整治活动，始终保持对刑事犯罪的高压态势，治安形势进一步好转。民主法制和精神文明建设扎实推进。自觉接受人大及其常委会监督，支持政协履行职能，认真办理人大代表建议和政协提案，主动配合人大、政协的视察、评议工作。坚持依法行政，规范行政行为。认真开展“创先争优”活动，切实转变政府职能和工作作风。深入开展精神文明创建活动，“五五”普法圆满完成。扎实做好“双拥”工作，武装、武警建设得到加强。民族团结进一步巩固，宗教管理更加规范。县档案馆晋升为国家二级档案馆，第六次全国人口普查工作进展顺利。外事、侨务、对台工作不断加强，审计、物价、地震、地方志、人民防空等工作取得新成绩，妇女、儿童事业健康发展。

方城县各乡镇主要领导名表

乡镇	党委书记	乡镇长
城关镇	周新奇(2010年12月任)	于保才(2010年4月任)
拐河镇	朱东明(2010年12月任)	关宏宇
广阳镇	单向丽(女)	张喜合(2010年12月任)
博望镇	史 钟(2010年12月任)	郭 炜(2010年12月任)
赵河镇	余瑞平(女,2010年12月任)	刘 晓
独树镇	张义刚	包学强(2010年12月任)
小史店镇	侯春湘	王曦昌
清河乡	侯金耀	侯其峰(2010年12月任)
柳河乡	张国强	张国铜

续表

乡镇	党委书记	乡镇长
袁店回族乡	张宏伟(2010 年 12 月任)	李志杰
券桥乡	赵晓远	陈广福
二郎庙乡	吴东升	田红梅(女,2010 年 12 月任)
古庄店乡	周 勇	王国经(2010 年 12 月任)
杨楼乡	王明伦	李绪伟(2010 年 12 月任)
杨集乡	郭 鹏	邢必达
四里店乡	牛雪峰	李志华(2010 年 12 月任)

乡镇概览

【城关镇】 2010 年,耕地面积 772 公顷,农作物种植面积 771 公顷,粮食总产量 3750 吨。国内生产总值 22.8 亿元,财政收入 1292 万元,农民人均纯收入 4909 元。服务县城建设,完成吴府街旧城改造新民段,一期、二期拆迁全长 800 米,宽 150 米,约 800 户,安置房建设全面启动,在建 20 栋,其中已封顶 10 栋;裕昇综合市场完成一期工程占地 140 亩,蔬菜市场和机动车市场商户入住条件已经成熟;完成南关大街扩宽改造全长 1350 米,宽 50 米;完成北环路西段、释之路、张骞大道综合改造任务;方舟城、江淮人家、华凯置业综合市场、仁和新世纪、康达路西延等工程建设中。项目建设,全年新上和在建项目 5 个,协议引资额 1.35 亿元,其中超千万元项目 3 个;投资 1.7 亿元裕昇综合市一期,建成主体工程 30 栋,总建筑面积 20 多万平方米,商铺面积 9 万平方米;华凯置业综合市场完成固定资产投资 9500 万元;安康佳苑综合市场引资 2000 万元,一期已基本完成;方舟城市花园酒店项目,设计 32 层,建筑面积 35000 平方米,完成固定资产投资 1500 万元,已建 12 层;亨源棉织集团迁建,引资 650 万元,已完成征地任务;鑫安气体二期工程总投资 600 万元,已建成运营。特色农业建设,新发展特色精品农业基地 5 个。三里岔、新建街、安庄、西关、韦庄等村建立围城蔬菜基地 8000 亩,花卉苗圃基地新增面积 300 亩,达到 2000 亩规模;新增 5 个农民专业合作社。新农村建设。完成 3 个新村规划,6 个村村容村貌得到整治。

【拐河镇】 2010 年,耕地面积 3185 公顷,农作物种植面积 3159 公顷,粮食总产 13883 吨。国内生产总值 4.17 亿元,固定资产投资 2.2 亿元,农民人均纯收入 2862 元。争取水利专项资金 880 余万元,对黄土岗、青山两座小一类水库进行除险加固。对存在险情较大的 3 座小二类水库进行修整,对韩家水库进行了除险加固。抓好人畜饮水工程,完成了 3 个村的安全饮水工程。完成了史家庄、徐沟两个村整村推进。新建沼气池 190 个,投入补贴资金 10 余万元。对澧阳大道和东大街进行拓宽改造。在聚拐路建设 6 座桥涵,有路无桥问题得以解决。完成村级道路 10 多公里,修建桥涵 8 座。全镇仿野生种植面积保持在 2000 亩。生猪牛存栏 2.3 万头。以香菇、木耳为主的食用菌生产规模继续膨胀。以晚秋黄梨、香酥梨为主的林果业长足发展。种植薄皮核桃 1000 余亩,播撒油桐 2000 亩,荒山造林 4 万亩。农机、养猪等专业合作社发展到 16 个。突出工贸特色,力推工矿业快速发展。把原有白湾、养马口萤石矿资源进行整合并组建万升工矿业。整合滑石资源,引进南阳杏山矿业开发有限公司入驻拐河,项目总投资 1 亿元。发展先锋药业,已完成固定投资 1000 万元。引进南阳双德房地产公司开发白湾集贸市场项目,已建成两层商住用房 60 余套。累计引资额 9000 万元,已完成投资 8000 万元,共实施种类工业项目 17 个。推进道白线建设。完成砂石垫方 12 万余方,路基 11.164 公里;建设 14 座小桥涵、1 座大桥函、1 座中桥涵共计 205 米;投入资金 14 万元,完成文化路东延至澧阳中学 1000 米道路建设;完成菜市场建设和搬迁;建成镇区垃圾中转站 1 座,配备垃圾自卸车 1 台、小型电动垃圾车 2 台。对镇区 100 盏路灯进行节能更新;新增道路 255 米,新增绿地面积 1500 平方米,新植街道风景树 320 棵。高标准建设辛庄岭村文化大院 1 座;完成温庄村、果木庄村两个整体推进村"户户通" 8000 米,巩固石门、二郎庙整村推进成果,建成无公害、标准化晚秋黄梨示范园 200 亩。筹措资金 300 万元建设农村集贸市场,新建标准两层楼房 27 间。以打造"中原丹参第一镇"为目标,发展丹参 3000 亩,育苗 200 亩。以晚秋黄梨为主的小杂果生产蓬勃发展。种植晚秋黄梨 550 亩,亩均效益在 4000 元以上,以香菇、木耳为主的食用菌生产继续保持增升态势,年产菌品 1000 余吨。畜牧养殖有了新的发展,已建成 300 头以上的养猪场 17 个、养牛场 1 个。

【广阳镇】 2010年，耕地面积7462公顷，农作物种植面积7239公顷，粮食总产量38186吨。国内生产总值9.9亿元，财政收入690万元，农民人均纯收入5200元。创业园区建设和招商引资项目建设工作，创业园规划已报批，规划区和控制区总面积2平方公里；投资500万元、占地7000余平方米的液化气站建设项目的用地规划许可证获审批并已立项，主体工程建设基本完工；组建了服务中南厂办公室和服务鸭河电厂的劳务公司，做好中南公司厂中村搬迁、广宁路改造、周边环境整治等工作。中南公司在厂中村搬迁腾出的34亩土地上，新增2万平方米厂房建设，完成了第十二期高品级工业钻石生产线技术改造项目，项目设计投资4.36亿元，新增大吨位压机488台，配套设施628台，新增高品级工业钻石7亿克拉；完成县产业聚集区300万元引资任务。支柱产业，种植烟叶6000亩，新增投资60多万元，修建烟区5.5公里砂石路，新打机井11眼，建设标准炕房20座，烟叶收购总量达73万公斤，实现烟叶特产税247万元；种植花生7万亩。围绕油料倍增计划的实施，新增1000亩花生标准示范田；林果业通过招商，引进河南绿邦林业开发有限公司资金2500万元，对西峰山5000亩荒山进行开发，实施旅游开发和生态造林，已完成治山整地5000亩，种植薄皮核桃3000亩、甜南瓜1500亩，成立中林冠玉核桃专业合作社。集镇建设，投资50万元，完成了民生路道路硬化和排水管道铺设任务；争取县财政资金200多万元，完成了广辛路第一期改造硬化；投资20万元，完成将军大道一期工程商住房门前彩砖铺设、排水管道处理工作任务；投资50余万元的垃圾中转站已建成并投入使用；招商引资5000万元，完成广安路、广辛路、广宁路、东岗游园1万平方米四个住宅小区建设工程；投资200万元的广武大道东岗15套商住房开发工程已全面开工建设。新农村社区化建设。对全镇40个行政村的新型农村社区布局进行重新规划，将40个行政村合并为19个中心村，袁庄村被命名为广阳富源社区。投资600万元，一期规划的祥和小区、丰园小区和依林小区3个小区全面开工建设，其中祥和小区已封顶10套住宅；丰园小区22套住宅已全部封顶，依林小区20套住宅二层已封顶。社会事业，新建卢台、罗庄、燕庄3所花园式学校和6所达标学校，投资280万元的医院病房楼全部完工并投入使用。倒房重建76间，涉及23户。

【博望镇】 2010年，耕地面积13340公顷，农作物种植面积10263公顷，粮食总产量57687吨。国内生产总值7.97亿元，财政收入350万元，农民人均纯收入5660元。招商引资及创业园建设，落实项目8个，完成引资额6000万元，创业园入住项目4个，分别是众诚磨料有限公司、皮庄免烧砖厂、博采工艺品厂和许庄液化气站。品牌创建，“黄金梨”在北京、上海开辟了窗口，并挤身中南海；落实3个千亩以上烟叶连片种植项目，注册3个烟叶专业化生产公司，实现烟叶集约化经营。镇区建设管理，全年城镇建设管理总投资3000万元，建成商住房112套，修复硬化街道700米，新增绿地4000米。基础设施建设，全年共争取村村通建设计划9.8公里，争取资金470万元，落实了干道4座桥梁建设；投入资金1200万元，鸭东干渠已硬化12公里，占总长的84.5%；争取资金建成了王彦庄、柳树底两个烘烤中心和4000亩部分烟地路、井等配套设置。争取项目资金1亿元，建成了中储粮博望库区，总部已转移到博望。

【赵河镇】 2010年，耕地面积8966公顷，农作物种植面积11565公顷，粮食总产量51062吨。国内生产总值7.6亿元，财政收入431.1万元，农民人均纯收入4875元。招商引资和创业园区建设。全年共引进项目4个，引资额2900多万元；引进的日本秸秆中高密度板材项目，已正式入驻方城县新能源产业集聚区，项目总投资1.6亿元，先期占地73亩。创业园区220公顷控制面积、110公顷规划面积已纳入镇区总体规划，家具、纺织、针织等项目已入驻园区。城镇建设，投资70万元，组织实施赵河大桥引线、护堤建设和桥栏安装，总长500米、宽9米、高9米的赵河大桥实现试通车；完成镇卫生院的搬迁。新农村建设，把全镇48个行政村、184个自然村规划整合成22个中心社区(村)，建立新农村建设示范村2个、试点村1个；江栋庄社区以老村拆迁为模式，已完成了拆迁工作，公共设施部分已开工建设；通过土地置换、村庄整治等不同模式的探索，贺家庄、石寨、泥岗等新农村建设试点示范工作扎实推进。农业产业化建设，在柿园、南寨、任庄、前滩、吴庄5个村实施了农业综合开发；杜庄、楼上、邢庄、任庄、宝岗5个村承担了农业现代项目，两个项目累计开发面积2万亩，新修整修沙石路56公里，植树23万株，修建农用建筑物368座，新打机电井230眼，项目区内形成了田成方、林成网、路相通、沟相连、旱能浇、涝能排的农业生产格局；烟叶收购47.6万公斤，实现税收150万元。

【独树镇】 2010年，耕地面积

11807公顷，农作物种植面积9619公顷，粮食总产量43934吨。国内生产总值9.23亿元，财政收入470万元。平安建设。投资40多万元，建设了便民服务中心，配备电脑、电子显示屏、空调、电话、视频监控系统、桌椅等办公用品，为全镇群众提供政策咨询、政务办理一条龙服务。招商和对外开放工作。借助S103—大河口县道整修项目，硬化园区主干道创业路1300米，自筹资金开通园区内康庄路350米；引进华鑫液化气站、超前实验小学、人民路东延等项目8个，引资总额11500万元，其中固定资产投资8000万元以上。小城镇建设，镇综合文化站、计生中心、垃圾中转站建成投入使用，建设路综合改造工程完成路面更新改造，加强镇区市场管理、环境卫生保洁、绿化管理3支队伍建设，建成镇垃圾中转站，实现垃圾日产日清。特色产业建设，运用“双加”模式（支部＋协会＋党群信用联合体），打造“砚文化一条街”，发展壮大黄石砚、砚山铺石猴产业；以银丰、远山公司为龙头企业，带动张寨、扳井、栗园、金银店生猪、肉蛋鸡养殖的发展，形成了以生猪、三青柴鸡为主的养殖业品牌；以春季植树造林为载体，建成以薄皮核桃、油桐、板栗为主的经济林10000亩，发展小辣椒2万亩以上，花生4万亩以上；全镇年产销滑石粉147万吨，实现工业年产值5.5亿元以上；培育物流货运品牌，发展物流配送产业，全镇共发展大型货运车辆1800多辆，年实现物流配送产值2亿元以上。文化旅游，投资30余万元建设的镇综合文化站投入使用；依托扳倒井光武庙、接官厅、黄石山、红二十五军长征纪念地、暖泉、中原野战军指挥部旧址等丰富的旅游文化资源，借助“丝路方城”大型推介活动，开发砚山铺黄石砚、石猴、招抚岗梳蓖等独具特色的旅游文化产品，建设景区农家乐饭店、采摘园。新农村社区化建设，将全镇44个行政村、265个自然村规划为18个中心村，4个居民社区，编制了砚山铺社区建设规划；对全镇的废弃地整理复耕，解决用地指标，向社区选址位置流转建设用地220亩，满足了近期住宅建设及行政中心、广场、幼儿园、便民超市等公共用地需求，硬化主街道1条730米，60套新型居民住宅达到入住条件，广场游园正在建设。

【小史店镇】　2010年，耕地面积11610公顷，农作物种植面积10049公顷，粮食总产量46432吨。国内生产总值5.77亿元，财政收入278万元。工业经济和项目建设，完成招商引资3.8亿元，其中投资额在1000万元以上的规模企业5个，100万元以上的企业67个。在镇区西部、省道高兰线与县道黄羊线的夹缝处，建成了控制面积为255公顷，水、电、路已初步完善的创业园区，目前，已入驻企业5个，在建项目2个。支柱产业，种植黑木耳1200万棒，发展黑木耳袋菇50万袋，形成了生产、加工、销售一条龙的主导产业；以张滹沱、河西、三岔口等村为主，建成500头以上养猪厂21座，百头以上养牛场2座，千只以上养鸡场2座；改造中低产田4000亩，新增节水灌溉面积3500亩。新农村社区化建设，完成21个行政村规划编制和2个行政村村容村貌整治，其中桂河新村已通过规划评审；解决农村安全饮水2.2万人，建成农村户用沼气1400户，对8个贫困村实行整村推进。小城镇建设，完成三星级小城镇的升星定级工作；先后投资660万元，高标准改建、新建镇区内道路2.7公里，硬化文化路、福利路、健康路各0.5公里；对金融大道段提前硬化，新建金融大道照明及排水系统2000米，实施商业街复明工程及文化路、福利路照明工程；镇东综合办公小区建成使用，派出所、司法所、地税所、工商所顺利入驻；镇邮政大楼和卫生院门诊大楼投入使用；镇中心商贸城开工建设；镇中心综合超市顺利开业。以镇区为中心，投资3600万元，覆盖全镇的饮水解困工程全面开工。交通建设。全镇修建“村村通”公路124公里，扫清了镇域内“村村通”工程遗留，并率先在后魏楼、张滹沱等村实现“庄庄通”油路工程。对道黄羊线陈楼河至马坪段23公里路面进行加固、铺油，完成省道高兰线小史店段路基建设任务。

【清河乡】　2010年，耕地面积8838公顷，农作物种植面积7881公顷，粮食总产量44376吨。国内生产总值5.17万元。项目建设和招商引资工作，实现合同引资4.5亿元，实际到位资金8000万元，扩建项目1个，新建项目6个，签约在建设项目3个。其中，清河创业园控制面积200公顷，实现当年规划，当年建成，当年获得审批，当年即入驻8个项目的目标。南阳安友投资有限公司，占地50亩，完成投资2500万元，建成冷库2座，汽车配件销售市场1个，建筑面积3200平方米；郭庄养殖场，占地45亩，投资2800万元，已建成现代化标准猪舍25排、料库12间，总建筑面积19000平方米；方城县鸿运皮具皮革制品有限公司，投资600万元，年营业额3000万元；宏祥针纺织有限公司，总投资500多万元，已投入固定资产300万元，安装设备100套；福源碳业公司投资800万元，已建成投产；嘉义木业加工公司投资250万元；太阳能动力车项目，是中原豪雨太阳能制品有限公司续建项目,投资2.6亿元,占地1800亩,年生产太阳能动力车11000台;七里岗兽药厂,投资2000万元,占地40亩,厂房正在建设。签约在建项目,伊利达服装有限公司,征地47.9亩,投资1000万元,完成厂房建设;智文服饰有限公司,投资1000万元;香港投资服装有限公司,投资1000万元。小城镇建设。镇区面积达到4平方公里,镇区人口1.5万余人,形成了4纵4横8条街的集镇框架。新农村建设。完成全乡村庄布局规划编制工作,全乡由36个行政村246个自然村合并为16个新型居民社区,先行对瑞祥社区、二龙山社区、王营社区、郭封社区进行了规划。其中,瑞祥社区为县级试点,整合后楼、双河、王庄、文岗4个行政村,22个自然村,筹建别墅式住房1500套,居住6000余口人,占地98亩。该社区采取村组委托代建的形式,引入开发公司集中开发,第一批先行开发别墅住房66套,商业用房60套,修建东西贯通24米宽大道500米。全乡落实造林任务13500亩。

【柳河乡】 2010年,耕地面积4252公顷,农作物种植面积4024公顷,粮食总产量19416吨。国内生产总值4.01亿元,财政收入290万元,农民人均纯收入4503元。项目建设。完成产业集聚区300万元标准厂房建设任务。完成了乡创业园选址、规划工作,达到了"三通一平整"标准。完成招商引资4680万元,新上工业项目3个,旅游开发项目1个,其中入驻县产业集聚区项目1个,入驻乡创业园项目3个。南阳伏牛山木瓜食品有限公司二期工程投资3000万元,在县产业集聚区征地10亩,建设现代化生产厂房2座4500平方米,新上木瓜酒生产线1条,已正式投产。西峰胶合板厂、西峰箱包厂、龙凤山世外桃源生态游乐项目均已入驻乡创业园区。新农村建设,重点打造建设了西峰新型社区。项目一期工程共置换土地400亩,可容纳西峰村8个自然村498户、1580口群众入驻,已有267户群众签订了入驻社区协议,社区130套商住一体房已建成49套,有13户已搬迁入驻;150套别墅已封顶56套,4幢7层共168户的住宅楼工程其中第一幢正在开挖地基。集镇建设,新规划的街区面积4平方公里,街区道路形成了六纵九横的框架格局,重点建设了龙泉路、碧霄路和街北农贸市场项目。龙泉路50套商业门店已全部建成售完;碧霄路23套商住一体房已开工兴建10套,主体工程已完工;街北农贸市场工程已全部竣工,17个商户全部搬迁入驻。成功晋升为南阳市三星级小城镇。支柱产业培育,推进木瓜、烟叶两大支柱产业区域化布局、标准化生产。木瓜产业,全年新增面积1.5万亩,木瓜总面积突破6万亩。继续巩固扩大木瓜"无公害"和"有机"认证成果,河南金木瓜实业有限公司与段庄、孟庄、边庄等村签订了"公司+基地+农户"订单式供需合同,实现了企业农户的双赢。公司生产的木瓜原浆酒被县委、县政府指定为招待外宾统一用酒,同时公司在全国10个省会城市建立了销售网络。南阳伏牛山木瓜食品有限公司、南阳仲景药馆生产的木瓜保健酒、木瓜茶、木瓜饮料等5个木瓜系列产品均实现了较好的市场效益。烟叶产业,全年种植烟叶1500亩,收购烟叶21万公斤,实现烟税64万元。基础设施建设。争取水利项目8个,以工代赈项目2个,新打机井23眼,新增有效灌溉面积7000亩;争取扶贫开发项目1个,实现1个村整村推进,脱贫1200人;争取科技项目1个,资金80万元,发展木瓜基地1437.5亩;新修"村村通"公路3公里;争取土地占补平衡项目1个,涉及3个行政村,平整土地950亩;争取二地增减挂钩项目1个,涉及5个村8个项目实施点,共置换土地97亩;全年新发展沼气472户,"一池三改"率达到100%。

【袁店回族乡】 2010年,耕地面积9160公顷,农作物种植面积6800公顷,粮食总产量43121吨。国内生产总值1.56亿元,财政收入256万元,农民人均纯收入4200元。工业经济。完成招商引资任务2100万元,启动了创业园区建设,整修园区内道路800米,成功引进了伊兴黄牛育肥场、鑫旺纺织品加工厂、农机服务合作社等3个企业入驻,总投资超过1000万元。鑫旺纺织品加工厂已投产,伊兴养牛育肥场已竣工。产业集聚区项目建设。金裕城门业在一、二期基础上继续扩张规模,新上非标室内门生产线1条和门业原材料加工基地项目1个。特色产业,收购烟叶15万公斤,实现产值243万元;林果生产借助汉山村无公害果品基地认证这一优势,新引进黄金梨近100亩。畜牧产业,以汉山村为重点,形成了"龙头企业+养殖大户+基地"的发展模式,该村10头以上养牛大户20余户。小城镇建设。完成了小城镇总体规划修编,新修中心大街700米,铺设下水管道1400米,拆除街道违章搭建物170余处,被市政府确定为一星级小城镇。新农村建设。完成1个村的整村推进建设任务,新修4个村的7公里水泥道路,重新修建了冷庄口——豫S331线2.4公里乡内主干道,在袁店村北坡自然村申报土地整理项目1个,平整新造土地110亩。全乡配套机井83眼,新建塘坝3

处。投入资金17万元，进行了变压器增容、电力线路延伸等电力设施建设。新建乡敬老院生活用房13间。8个村社区卫生服务站达到市示范卫生服务站标准。筹集农保资金130万元，全乡已有1137名60岁以上老人享受到了养老保险金。姜庄、四里营、朱园、沈庄等村植树1万余棵，在朱园、沈庄建设生态林500多亩，汉山村通过省级文明生态示范村验收。

【券桥乡】 2010年，耕地面积6800公顷，农作物种植面积9160公顷，粮食总产量43121吨。国内生产总值4.17亿元，财政收入308万元，农民人均纯收入5299元。招商引资工作。引进争取各类项目26个，其中已建成21个，在建项目5个，完成总投资3.6亿元。农业及农村工作，争取资金2100多万元，建成四级油路35条长115公里，基本实现了全乡村村通油路的目标；新增沼气1200余户；完成9所中小学校危房改造工程，改造面积达3200平方米，重建倒房160间，发放救灾款40多万元，发放救灾物品1800多件。改善农业生产条件，建成旱涝保收标准良田7万多亩，新修整修道路120条，长220公里，开挖排水沟198千米，新打机电井1000眼，新修建筑物568座。累计植树510多万株，绿化造林7000多亩。小城镇和新农村建设，新规划的镇区面积3.6平方公里，形成“六纵九横”的建设格局，投资1800万元完成文化路东延工程。券桥村新农村社区已建成73套标准化住房，贾李庄社区规划设计已完成。县产业集聚区建设，征用上千余亩土地，新修道路6条，新入驻大个项目十余个。

【二郎庙乡】 2010年，耕地面积8700公顷，农作物种植面积7074公顷，粮食总产量31849吨。国内生产总值3.68亿元，财政收入254万元，农民人均纯收入4825元。产业集聚区和重点项目建设。多晶硅项目完成投资5.49亿元，物理法制备太阳能级多晶硅技术达到国际先进水平，光伏用金属硅和太阳能级多晶硅产能分别达到6000吨和300吨；投资2亿元的广宇太阳能电池组件项目一期建成投产，产能达到20兆瓦；风力发电项目一期累计发电超过亿度，投资3亿元、装机规模3万千瓦的二期工程正式开工建设；南水北调干线征地拆迁安置补偿工作，已提前完成，干线内树木、机井、拆迁安置、地面附属物等已按要求全部清理完毕；涉及孟洼、郭庄、后林、潕沱、二郎庙、前陡沟等村西气东输后续工程顺利完成；固得威薯业扩建项目新建厂房2000平方米，年产值达到5000万元；裕泰轴承项目运行良好；产业集聚区下游位于吕河、潕沱的污水处理厂、自来水厂两个项目征地结束，进入建设阶段。新农村社区化建设，完成345亩新社区建设用地调整，纵横3条1.7公里，宽30米的主干道路开工建设；以庄科生态文明村为试点，投资18.5万元，建成了庄科新社区迎宾门，广场相关配套设施完善；以新社区建设和老街改造为重点，沿鲁姚路新建商业用房500余间。农村经济，以小麦千亩方建设和万亩花生倍增项目为重点，大力推进粮油高产创建活动；以固得威薯业和德云山“绿仕香”牌晚秋黄梨为龙头，发展特色产业基地。基础设施建设。全长870米、宽30米的德云路建成通车；望花湖至普严寺10公里的景区道路，6.3公里环乡道路建成通车；迅天宇、广宇公司引水工程建成并投入使用；完成产业集聚区北部，德云山南麓2000亩山林地封地绿化任务；德云山风电场绿化工程，完成造林600多亩。社会事业，新建村级卫生服务站5个，全乡拥有病房床位300多张；总投资110万元，全乡新建教学楼120间，宿舍楼30间。

【古庄店乡】 2010年，耕地面积8709公顷，农作物种植面积11074公顷，粮食总产量57016吨。国内生产总值4.56亿元，财政收入455万元，农民人均纯收入3540元。项目建设成效显著。全年引进100万元以上项目22个，超千万元项目5个，固定资产投资2.8亿元，新建成投产工业项目9个，工业企业运行质量和经济效益稳步提升。创业园入驻企业达到12个，其中石材加工企业10个，累计投资1.8亿元，年销售收入6000万元，利税实现1200万元以上，石材产业形成了开采、加工、销售产业链，花岗岩石材加工基地已现雏形，乡镇创业园建设综合评比全县第一。以打造特色产业基地为载体，着力打造优质烟示范基地。种植烟叶5500亩，被评为“全国优质烟生产基地”，收购烟叶75万公斤，产值实现1150万元，烟叶特产税250余万元，市政府连续三年授予“烟叶生产先进乡镇”称号；积极争取上级扶持资金，着力打造和培育畜牧养殖龙头企业，全乡发展500头以上黄牛养殖企业2个，100头以上生猪养殖场185个，500头以上生猪养殖场24个，畜牧业总产值突破5000万元；连续三年争取到农业综合开发建设项目，项目覆盖面积5.3万亩，总投资3000余万元，惠及13个行政村、近3万农民，项目区抵御自然灾害作用凸显。小城镇建设和交通建设。总投资1500万元的拐二线古庄店段建成通车；投资30万元的近河大桥已经竣工；高兰线街区段基础性工作全部完成。新农村建设。19个中心社区规划已全部完成,冯庄社区一期主体工程4月建成。被市文明委授予“全市清洁家园行动先进乡镇”。

【杨楼乡】 2010年,耕地面积8158公顷,农作物种植面积10325公顷,粮食总产量48746吨。国内生产总值5.68亿元,财政收入333万元,农民人均纯收入4666元。项目建设和工业经济。投资120万元修建了3.4公里乡园区道路,先后开工建设了投资300万元的钢窗厂项目,投资2000万元的五铃建材项目,彩虹桥建设项目已争取到位资金100万元;投资500万元的电动车厂项目、投资2亿元的燕山水库湿地游园项目正在接触洽谈。建成工业项目10个,全乡非公有制经济增加值实现5.6亿元。集镇建设,完成杨楼集镇的总体规划、土地利用总体规划和创业园总体规划,实现了“三规合一”。筹措资金360万元,对老街区铺设了排污管道和供水系统,对街区的主干道临街风景树进行了更新换代,重点街段设置红房顶,开通路灯25盏。新农村社区建设,对19个中心社区进行了详细规划,把治平社区作为全乡新农村社区建设的试点,总规划面积为600亩,设置安置居民1200户5000人,一期工程占地43.2亩,规划建设新式商住两用楼240套1900余间,已初步建成新式楼房80余套。基础设施建设。争取政策资金2000余万元,先后开工建设了杨楼——舞钢、治平——田庄、杨楼——古庄店、杨楼——尚洞、治平——三里河公路和二岗沟大桥,黄杨公路徐湾桥、大刘桥,均已建成通车。投资150万元的乡卫生院门诊大楼已建成投用。投资50万元的乡敬老院续建项目正在建设。开工建设了郭庄、赵店2个扶贫开发整村推进项目,实现了户户通水泥路。“三农”工作,新增农民专业合作社2个,完成扶贫开发整村推进2个,建成沼气216池。建成了储量达2.4万吨的粮食储备库。全年绿化造林8700亩,林权制度改革完成。共发放移民资金6000余万元,解决移民问题190多个。完成13所中小学校校舍改造。装备多媒体教室22个,投资800余万元的厚德学校正在建设之中,投资150万元的乡卫生院门诊楼建成投用。

【杨集乡】 2010年,耕地面积6805公顷,农作物种植面积6171公顷,粮食总产量33506吨。国内生产总值3.9亿元,财政收入610万元,农民人均纯收入3367元。围城项目建设。配合县直有关部门先后完成中空玻璃、检察院南侧、计生指导站、高速加油站旁边、金舟腾龙等多个重点项目230余亩的征地协调工作任务,即将完成龙泉公园等项目共250余亩的征(租)地协调任务。基本完成了石川景区山门、停车场、凉亭、游步道、宾馆等的建设任务,已投入正常运营。招商引资工作,新上或续扩建项目5个,总投资5560万元。方城县黑龙潭纯净水有限公司在李楼村黑龙潭岸边投资560万元,已投入试生产;南阳白云山和记黄埔丹参技术开发有限公司已投资2500万元,建成了占地近50亩,拥有8个生产车间的保健品、化妆品生产厂;在唐楼村投资550万元的医疗器械厂,已完成征地和厂房建设;在唐楼村投资1300万元的方城县鑫安气体有限公司的新型焊割气、液化气充装项目,正在建设中;小城镇开发建设,投入资金650万元,完成路面改造、“三线入地”、路灯安装等工作。二期工程投资3600万元,新开街道2条,长900米,宽30米。新农村建设。完成全乡的新农村建设规划,将全乡313个自然村、36个行政村整合为18个新农村社区,并以西桥中心村为试点,已完成前期规划和土地调整。农村基础设施建设。先后高标准完成董楼、尹庄、河坡3个村国债项目150池、崔洼村退耕还林项目70池和全乡社会建池400池的农村沼气建设;依托项目支持,在尹庄村新修村内公路2.3公里,新建董楼村东河漫水桥1座,新建方杨中路桥涵2座。新修村村通公路5公里,修补方杨路、独五路13公里,整修农村道路19公里。

【四里店乡】 2010年,耕地面积5159公顷,农作物种植面积3950公顷,粮食总产量21277吨。国内生产总值10.4亿元,财政收入330万元,农民人均纯收入3950元。园区建设和招商引资。创业园面积100公顷,已落户园区项目4个,投资额5700万元。其中,投资1500万元的光源萤石选矿厂、1500万元的中达铅锌选矿厂、1200万元的德顺硅石加工厂、1500万元的石圣萤石选矿厂分别建成并投产,实现了当年入驻、当年建成、当年投产见效的总目标。争取到国家农业推广项目“千亩红梨示范园”工程,在干沟村种植优质红梨3000亩。集镇建设,投资逾1000万元,完成了500米的和平路商业街街道整修、绿化、硬化及双向排水设施和路灯安装工程;滨河路1.5公里绿化、澧河漫水桥加固和文化路北端桥涵建设完工;完成中心文化站和乡卫生院防保大楼建设;投资400万元的乡中心小学迁建项目进展顺利。新农村建设。按照1个中心集镇、35个社区和58个基层村的要求,小店试点社区已经完成土地征用,道路、户型设计和178户山区零散居民入住审批等前期基础工作，已经建成入住53户，在建25户；社区内小学校、社区卫生服务站已经建成。发展林业经济和食用菌、中药材、畜牧等产业，共种杨树50万株，黄金梨、薄皮核桃、板栗等经济林7000亩，6月份裕丹参育苗300亩，可供全县大田移栽；实施栗坡轮休间伐工程，种植木耳香菇400万棒（袋），新建了一批猪、牛、羊、鸡等规模化养殖场。农村基础建设。争取到了1231万元的桥涵建设项目，已建成漫水桥20座，玉皇庙、焦庄、王三沟3座高架桥均在建设当中。建成沼气池40个，其中国债建池100个，社会建池440个。土地占补平衡工作，完成了贺庄、花里山、费家庄3个村、4个组的村庄灭失计划，新增土地152.1亩。（向国龙）

南 召 县

县情综述

【概况】 总面积2933.139平方公里，耕地面积47.23万亩，城市建成区面积12.5平方公里。总人口63.75万人。辖8乡8镇。

县委书记：赵景然；副书记：鄢国宾、毕跃杰、王全喜；常委：李晓明（纪委书记）、罗岩涛（组织部长，2010年4月离）、张梅（女，2010年4月，由宣传部长改任组织部长）、李宁（宣传部长，2010年4月任）、余广东（常务副县长）、王法堂（人武部政委，2010年9月离）、张振玺（政法委书记）、邓俊峰（统战部长，2010年4月离）、左德山（统战部长，2010年4月任）、周华锋（县委办主任）、胡奎（副县长）

人大主任：张长生（2010年9月离）；副主任：杨省林、齐自杰（女）、闫成海、黄敏太、杨茂生

县长：鄢国宾；副县长：余广东、胡奎、宋蕙（女，2010年4月离）、郝华敏、李云京、左德山（2010年4月离）、魏鹏飞、吴廷凯（2010年4月任）、张万军（2010年4月任）、石喆（女，2010年4月任）；县政府党组成员：韩华超、宋生

政协主席：朱晓栓；政协正处级干部：张三让（2010年4月任）；副主席：曾祥聚、石喆（女，2010年4月离）、张民

总工会主席：景文敏（2010年4月离）

人武部长：乔建明（2010年4月离）、曲智勇（2010年9月任）

检察院检察长：齐杰

法院院长：谢云龙

2010年，全县国内生产总值完成69.3亿元，同比增长12.8%；全社会固定资产投资完成62.9亿元，增长28.9%；农民人均纯收入4306元，增长12.5%；城镇居民人均可支配收入13141元，增长11.7%；地方财政一般预算收入完成2.44亿元，增长16.5%；城乡居民储蓄余额38亿元，增长16.9%；社会消费品零售总额42.3亿元，增长18.6%。

【项目建设和招商引资成果丰硕】 共争取到各类政策性项目138个，到位资金6.6亿元；新上及续建招商引资项目102个，到位资金15亿元；实际利用外资1900万美元，名列全市前茅，荣获全市外经贸工作先进县。总投资7.14亿元的天瑞集团青山水泥项目建成投产，投资5.82亿元的云铸年产10万吨铸造项目设备正在安装，天池抽水蓄能电站、核电站项目扎实推进。产业集聚区建设步伐加快。在全省排序比上年前移44个位次，基础设施建设完成投资2.2亿元，入驻工业项目30个，建成标准化厂房1.15万平方米；白土岗、板山坪、四棵树联合打造的中国中部非金属新型材料基地加速推进，已有5个投资3000万元以上的项目确定入驻，成为产业集聚区建设的一大亮点。

2010年3月3日，天瑞集团南召水泥有限公司日产5000吨新型干法水泥项目竣工投产

【工业经济发展壮大】 工业投资完成27.3亿元，增长38.5%，占城镇固定资产投资的67.4%，成为工业经济快速发展的重要因素。汽配铸造、电力能源、矿产建材、农副产品加工四大主导产业规模进一步膨胀，工业总产值完成108.1亿元，增长12.5%。来自工业的税收突破1.4亿元，增长15.6%。规模以上工业企业达到77个，实现总产值76.7亿元，增长24.8%；完成增加值20.7亿元，增长25%；实现利润3.9亿元，增长63%。其中，青山水泥、英威东风、北方红阳、东方蚕丝绸、源达矿产等5个企业年销售收入突破亿元大关。实施品牌带动、创新带动战略，建成省辛夷研发中心、市有机畜产品研发中心、市超细粉体材料研发中心，召宝牌奔驰汽车半轴、贯通轴荣获省优质产品，阿房宫商标获得省著名商标。

【农村工作全面加强】 投入资金1.28亿元，全面完成9个示范村、9个试点村和145个村容村貌整治村创建任务，培育出皇路店郑岗、留山丹霞社区和南河店幸福新村等一批新型农村社区，综合评比全市第一，如期实现“向荣杯”三连冠目标。扎实开展“四杯”竞赛，四大支柱产业加快发展，辛夷新建基地1200亩，实现产值1.2亿元；柞蚕产茧320万斤，实现产值5000万元；花生种植面积23.7万亩，总产7.1万吨；苗木花卉新增育苗7600亩，总面积达到2.3万亩。四大产业占产地农民收入的一半以上。植树造林10.5万亩。荣获全市造林绿化和苗木花卉工作先进单位。农村沼气超额完成市定目标，扶贫开发、农综开发、安全饮水、病险水库除险加固等工作顺利完成，农村生产生活条件明显改善。战胜特大洪涝灾害，抗洪救灾工作荣立市集体二等功。

【旅游产业转型升级】 完成投资2.76亿元，五朵山、真武顶、莲花温泉水城、宝天曼、猿人峡谷、丹霞寺等景区建设力度加大，配套设施不断完善。总投资5亿元的莲花温泉水城初具规模，温泉中心建成开放，成为南召旅游的一大亮点，被列为全省6个旅游上市后备企业之一。宣传推介力度加大，“原生山水、远古南召”品牌进一步叫响，南召旅游进入全面加速、转型升级、跨越发展的黄金时期。全年共接待游客237.5万人次，增长33.2%，实现旅游收入5.63亿元，增长35.4%。省、市先后3次在南召县召开旅游产业发展现场会。鸭河口水库被命名为国家级水利风景名胜区，南召县被中国旅游联合会授予“中国最佳休闲度假旅游名县”、“中国优秀生态旅游名县”。

【城乡面貌持续改善】 以“六创一迎”为载体，创建工作扎实推进，城市交通、卫生、经营、建筑秩序明显好转。县城建设共完成投资1.27亿元，打通光明西路，建设育才路，改造背街小巷，实施城区公厕建设和净水厂改造等工程。城区绿化达到60万平方米，人均绿地面积8.3平方米，绿化覆盖率达到37%。污水处理厂、垃圾处理厂运营继续保持全省先进。土地资源经营收益翻番，达到7700万元。小城镇建设步伐加快，星级城镇覆盖率达到75%，全县城镇化率达到32%。交通公路建设完成投资8600万元，新修改造各类公路137公里，社会化客运站主体完成。公路养护机制逐步健全，县道、乡道好路率名列全市前茅。

【和谐社会建设扎实推进】 中小学校舍维修改造、教学仪器更新和远程教育等工程相继完成，成功举办全县第六届运动会。乡镇综合文化站、村级文化大院、电影下乡、舞台艺术送农民等文化惠民工程顺利实施。县医院、乡镇卫生院、村卫生所建设得到加强。社会保障体系不断完善，新型农村养老保险试点全面启动，保障性住房建成4万平方米，廉租住房补贴1900户，城乡低保、农村五保发放保障资金4100万元，新农合基金支出7260万元，白内障复明手术完成300例，五类保险费支付2100万元。就业工作扎实推进，新增城镇就业1.75万人、农村劳动力转移就业2.25万人，发放小额贷款、岗位补贴、社保补贴等就业促进资金1300万元。惠农政策全面落实，发放“两免一补”、粮补和综合直补、农机具购置、家电下乡、移民后期扶持等补贴资金1.81亿元。计划生育荣获“国优”，实现了“三年两跨越”。平安建设工作成效显著，被省委、省政府授予“中原平安杯”，是南阳市唯一获此荣誉的县。

【大事要闻】 7～8月份，南召县遭遇7·18、7·24、7·25、8·09、8·10、8·20、8·24等7场特大暴雨，遭受建国以来最大的洪涝灾害，全县平均降雨量达725毫米，其中最大点降雨量四棵树五垛山1285毫米。黄鸭河李青店水文站，7月19日2时，水位198.1米，超警戒水位(195米)3.1米，流量5130立米/秒，超历史最大(3110立米/秒)2020立米/秒。雨量、雨强、洪峰之大都是历史所罕见。这几次降雨造成全县16个乡镇洪水四溢，道路损坏，桥涵坍塌，堰坝溃决，渠系瘫痪，耕地淹没、房屋倒塌，牲畜冲走，供电中断，通讯中断。全县累计受灾人口达46.65万人，农作物受灾面积25.4万亩次，房屋受灾倒塌房屋3694间，紧急转移群众3.7万人，死亡大牲畜1033头，损坏河堤975处95.1千米，冲毁塘堰46座，损坏护岸204处，损坏灌溉设施750处，损坏机电井17眼，损坏小水电站2处，道路中断389条次，供电中断70条次，通讯中断64条次，直接经济损失达6.1亿元。面对突如其来的灾情，在县委、县政府正确领导下，水利局及时启动应急预案，由于灾前准备充分，灾中协调指挥得当，在各级各部门和广大干群的共同努力下成功应对了洪涝灾害，最大程度保障了人民群众生命安全，减少了灾害损失。8月中旬，副省长刘满仓察看灾情时高度赞扬道："南召发生这么大的灾情，没有造成人员伤亡，简直是个奇迹，值得在全省范围内总结推广。"由于防汛抢险工作突出，县政府荣获全市集体二等功。

2010年12月7日，国家人口和计划生育委员会正式下文，命名南召县为"全国计划生育优质服务先进县"。

南召县第六届运动会于2010年10月28日，在县体育场开幕，全县53个代表团1572名运动员参加了全部36个小项的比赛。此次运动会是南召县规格最高、规模最大、参赛人数最多、比赛项目最全的一次体育盛会。

南召县各乡镇主要领导名表

乡镇	党委书记	乡镇长
城关镇	张　巍	李　雪(女)
城郊乡	高增伟	刘四海
留山镇	隋元亮	汪　峰
小店乡	张　学	杜　杰
云阳镇	贾　斌	李　哲
皇后乡	庞　若	孙富军
太山庙乡	吕永钧	李　勇
皇路店镇	艾　剑	张国庆
石门乡	胡宝勤	张翼飞
南河店镇	任　平(女)	臧建国
四棵树乡	薛付杰	胡剑峰
白土岗镇	刘九利	王书高
板山坪镇	张　勇	唐　峰
乔端镇	苏自清	孙晓刚
马市坪乡	齐自礼	李　立
崔庄乡	杨畯昭	夏习凤(女)

乡镇概览

【城关镇】　2010年，围绕"经济强镇、商贸重镇、宜居城镇"的战略定位，突出工业主导，狠抓招商引资，注重基础设施建设，保民生，保稳定，保增长，加大投入。圆满或超额完成各项目标任务。国内生产总值31.25亿元，固定资产投资5.4亿元，城镇居民可支配现金收入12900元，财政收入1547.6万元。实施工业兴镇战略，全年新上和扩建项目8个，引资额3.42亿元，到位资金1.2亿元，入驻产业集聚区项目3个，向上争取政策性项目3个，到位资金84万元。

【城郊乡】　2010年，狠抓"四个带动"，强力实施"项目兴乡、工业立乡、城建强乡"三大战略。国内生产总值3.658亿元，财政收入1280.6万元，固定资产投资5.303亿元，农民人均纯收入4369元。招商引资项目16个，争取资金993万元。新上引资项目8个，总投资1.11亿元，已到位资金5450万元。着重工业园区建设，工业经济蓬勃发展。加快建设城郊附属园区，实现与县产业集聚区优势互补。盘活河东工业园区存量资源，引进投资小、见效快的工业加工企业。抓住新农村建设这一主线，统筹农村经济全面发展。累计投入新农村建设资金88万元。

【留山镇】　2010年，围绕"工业强镇、旅游名镇、生态大镇、丝毯重镇"目标，切实抓好项目建设、旅游开发、城镇建设、新农村建设、作风建设等5个工作重点。国内生产总值3.26亿元，财政收入445万元，固定资产投资8671万元，农民人均纯收入增长12%。实现了招商引资和项目建设的新突破。共完成招商引资项目10个，总投资2.85亿元，实现投资3650万元，投资千万元以上的项目4个。准确把握新农村建设的新要求，探索出了新农村建设的新路子，使新农村建设成为了全县的亮点工程。

【小店乡】　2010年，认真落实"保增长、调结构、惠民生、促和谐"的一系列政策措施，大力促进农业增效、农民增收、农村面貌改善，积极发展社会各项事业，全力维护社会稳定，圆满完成了全年各项目标任务。国内生产总值2.03亿元，固定资产投资2.43亿元，财政收入369.3万元，农民人均纯收入4180元。全年共向上争取到项目8个。实际到位资金278万元。新上投资500万元以上工业项目5个,总投资额1.26亿元,实际到位资金7400万元。县产业集聚区共入驻项目2个。以以工代赈易地扶贫搬迁项目为依托,结合新农村建设、中心村规划、农村空心整治、农家乐旅游开发等,实现综合社会效益。

【云阳镇】 2010年,围绕建设"工业强镇、商贸重镇、生态大镇"的发展定位,确立"二二二"的工作思路,即突出城镇建设和项目建设两个重点;强化辛夷和花卉两大富民产业;确保稳定和计划生育两个底线良性运行。国内生产总值9亿元,固定资产投资4.6亿元,位居全县第一名,财政收入1367万元,农民人均纯收入4650元。编制了《云阳镇2010—2025年总体规划》,形成"一心、两带、三轴、五组团"。镇区面积由5.9平方公里设计规划到15平方公里。招商引资项目12个,投资额1.36亿元,涉及城建、机械加工、房产、服装、电子、养殖等领域。落户云阳项目资金共计1872万元,涉及安全饮水、教育卫生、道路桥梁等领域,总投资2800万元的镇区供水项目工程已接近尾声。

【皇后乡】 2010年,以建设"南召经济强乡"为目标,突出抓好招商引资和项目建设、城镇建设、新农村建设、民生改善、社会稳定和党的建设等项重点工作。国内生产总值3.22亿元,固定资产投资1.92亿元,财政收入563万元,农民人均纯收入4205元。优化企业发展环境和投资创业环境,采取让利招商、借势招商、以情招商、以商招商等多种形式,全年共新上企业8个,续扩建企业3个,在建企业2个,总投资9200万元。共向上争取政策性项目8个,资金667万元,主要涉及移民搬迁、城镇建设、乡村道路和学校改造等。

【太山庙乡】 2010年,围绕富乡富民、增强实力的工作目标,实现了全乡政治、经济、社会全面协调快速发展。国内生产总值3.9亿元,财政收入731余万元,固定资产投资2.4亿元,农民人均纯收入3900元。不断提升新农村建设水平。重点推进移民新村后续工程和二期工程,装修新村门面房,对新街附属工程桥涵配套、新街硬化、彩砖铺设、排水沟开挖、花坛设计、水电配套等各项工程逐步实施。带动广大群众积极发展农村经济。全乡形成了以花生、经济林、网箱养鱼为主的支柱产业,并出现了无籽西瓜、硬质桃、晚秋黄梨、薄皮核桃等为主的特色经济。新上和续建项目14个,计划投资6.4亿元,实际完成投资1.2亿元。

【皇路店镇】 2010年,国内生产总值5.93亿元,固定资产投资4.6亿元,财政收入1020万元,农民人均收入4520元。选择新型农村社区作为新农村建设新的突破口。郑岗社区为试点,一期工程36幢别墅已基本完工,二期工程正在规划建设之中。招商引资工作重点围绕优势农产品向拉长产业链条方向努力,冶金建材行业向做优做大做强方向努力的构想,全年共引进5000万元以上项目1个,1000万元以上项目3个,500万元以上项目5个,引资额1.15亿元。筹措资金480万元,对豫02线镇区段,按旅游过境通道标准进行彻底改造。完成了商住区商业地产开发,鸭河水库新增游船12艘,南阳市区至鸭河公交线路正式开通,整个第三产业呈现出良好发展势头。全年累计接待游客13万人次。

【石门乡】 2010年,实施"项目兴乡"战略,扎实推进项目建设、新农村建设、集镇建设和社会管理等工作重点,全乡经济和社会各项事业取得又好又快发展。国民生产总值3.5亿元 社会固定资产投资3.2亿元,财政收入351万元,农民人均纯收入4200元。全年共争取到各级各类政策性项目22个,总投资1200万元。招商引资工作势头强劲。引进投资6000万元的郑州仁康药业入住南召产业集聚区。统筹推进农业各项工作,实现农村经济繁荣发展。以村镇体系规划为载体,加大集镇建设力度,完善集镇建设规划。邀请规划设计院资深专家,扩大规划面积4平方公里,对集镇区进行商品位重新规划,形成独具特色的"三横三纵"集镇整体新框架,编制完善了《石门乡2010—2025年总体规划》,为石门集镇建设提供了可靠的依据。改善了农村生产生活条件。

【南河店镇】 2010年 围绕建设"经济强镇、工业重镇、商贸大镇、星级明镇"目标,突出抓好项目建设、城镇建设、新农村建设三项重点工作,努力实现经济社会发展的新跨越。国内生产总值13.3亿元,固定资产投资2.4亿元,财政收入963万元,农民人均纯收入4500元。居民储蓄余额2.7亿元,人均5400元。向上争取扶贫、水利等项目18个,到位资金1370万元。新引进招商项目9个,总投资5.2亿元。幸福新村建设试点,总投资5000元,统一模式集中联排规划居民住房300套,开辟街道3条,门店480间,分别建设了2个2000平方米的山珍和水产专业市场,设置5000平方米的休闲广场。新村建成后,可吸纳3000多农村人口务工经商。新农保工作顺利启动,5222名60岁以上的农民享受到了每月60元的养老金,新农合覆盖面进一步扩大,农村就医条件进一步改善。

【四棵树乡】 2010年,瞄准"旅游名乡、石材大乡、经济强乡"三个定位,突出抓好"项目建设、工业经济、新农村建设、旅游开发、集镇建设、平安建设和民生改善"七项重点工作,推动了全乡经济的持续发展和社会的全面进步。国内生产总值3.1亿元,固定资产投资2.59亿元,财政收入546.6万元,农民人均纯收入4300元,居民储蓄存款余额8311万元。争取到各类项目12个,分别是投资300万元的王营、三岔口两个村的土地平整项目;投资220万元的三岔口深山易地扶贫搬迁建设项目。投入资金1200多万元对已建的大石窑、北大河等8个试点村进行上档升级打造和对五朵山景区环线13个村庄进行村容村貌集中整治。立足原有开发基础,争创五朵山旅游品牌,努力叫响全省乃至全国旅游文化品牌,以品牌带动五朵山开发建设。对集镇区域进行了整体规划。立足于高起点、高标准和特色化,聘请省规划设计专家对四棵树集镇建设进行了总体规划设计。以机关办公楼建设为龙头,全面完成了四棵树街道中心区域危旧门面房拆除和重建工程。

【白土岗镇】 2010年围绕"工业强镇、建材大镇、生态大镇"的战略定位,国内生产总值3.9亿元,财政收入1204万元,固定资产投资3.75亿元,农民人均纯收入4250元。民营企业发展到2210余个,减少农村贫困人口1500人以上。招商引资总额超过1亿元。与板山坪镇、四棵树乡联合在县产业集聚区打造非金属钙业园区,拟引融资30亿,打造中原钙都。向上争取项目9个,争取到资金653.7万元。以新农村建设统揽农村工作大局,对已命名的瓦房庄村、杜村、中王庙村等10个文明新村16个经济特色村加强管理,使文明新村品味综合提升。

【板山坪镇】 2010年,以科学发展观为指导,实施跨越式发展战略,全镇经济社会呈现量增质提的好势头。国内生产总值5.6亿元,财政收入500万元,农民人均纯收入3700元。招商引资有新的突破。投资8000万元的河南仁合汇金超细钙粉生产企业;投资7000万元的中原钙业精细化工企业;中瑞控股投资5000万元的中部非金属新型材料基地项目。大理石工业小区占地35亩,投资120万元,配套了水、电、路等设施,可容纳大理石加工小锯150台,改变了大理石生产企业无序经营、污染严重等现象,提升了大理石产业的竞争力。受6.18暴雨袭击,全镇多处道路冲毁,房屋倒塌,经济损失达900万元。板山坪镇成立了灾后重建领导小组,共向受灾群众发放款物120万元;筹资50万元,修复水毁道路8000米。

【乔端镇】 2010年,以项目建设为主导,突出旅游开发、工业经济、城镇建设、新农村建设、生态建设等重点工作,国内生产总值2.22亿元,固定资产投资3亿元,财政收入506.2万元,农民人均纯收入4426元。对市级新农村建设示范村玉葬村进行升级改造,搞好村市级试点村白河村建设,对白水河移民新村升级改造,国家投资350万元的东乔移民新村规划、征地、移民对象确定等工作已基本完成。白河水电开发项目、洞街生态养殖项目已开工建设。宝天曼景区开发,全年投入资金2000万元,重点开发了宝天峡、别墅群、水库等工程。完成了《乔端镇总体规划》,已通过评审。筹措资金50多万元,水泥200多吨,对水毁道路、重点水利设施进行修复,迅速恢复了全镇正常的生产生活秩序。

【马市坪乡】 2010年,围绕建设"旅游名乡、生态大乡、能源强乡"的总体目标,实施"项目兴乡、旅游带乡、工业富乡''三大战略,狠抓项目建设、工业经济、新农村建设、旅游开发、城镇建设、社会管理等六项重点工作,全乡经济社会呈现出持续增长、全面进步、和谐稳定的发展态势。国内生产总值2.41亿元,固定资产投资2.24亿元,财政收入526.1万元,农民人均纯收入3773元。共争取到各类政策性项目13个,到位资金583万元,弘康中草药加工项目计划投资2800万元,实现投资200万元,完成征地、场地平整等工作。恒统矿业有限公司项目,计划投资3000万元,完成投资300万元。工业经济迸发出强劲活力,天池抽水蓄能电站项目可研工作扎实推进。

【崔庄乡】 2010年,围绕"项目兴乡,旅游强乡,特色富乡,生态大乡"四个定位,突出抓好招商引资和项目建设,实现乡经济社会平稳较快发展。在全市乡镇综合实力排序中前移了12个位次。国内生产总值2.52亿元,财政收入620.9万元,固定资产投资2.7亿元,农民人均纯收入3810元。向上争取道路、农综、林业、水利、代赈等政策性项目5类15个,总投资1800万元。引进由南阳万家园公司投资开发的猿人大峡谷景区漂流项目,项目总投资3亿元,项目实施后可带动圣垛山、老君庙等景点的开发,推出山地小火车,滑雪等旅游项目。发展以油桐、山茱萸、辛夷为主的经济林。完成生态造林1.8万亩，封山育林7170亩，公益林21万亩，以周湾、渔池、东南坪等村为主的香菇、黑木耳等食用菌生产，全乡达120万袋(节)的种植规模。以塔寺、粮食川为主的波尔山羊养殖基地，每年数量突破1.2万只。以寨坡为主的中药材种植基地，主要有柴胡、桔梗、菊花、山芋肉等10余个品种，面积达3万多亩，效益十分可观。以曹村、草庙为主的一体化柞蚕生产，年产量超2000石，群众增收3000元。(陈松林　韩德坤)

镇　平　县

县情综述

【概况】 总面积1500平方公里，城区面积17.8平方公里，耕地面积75180公顷。总人口100.9万人，其中农业人口68.6万人。辖12个镇7个乡和3个街道办事处。

县委书记：史焕立；副书记：王书祥、谢先莹；常委：常英敏(女，常务副县长，2011年4月离)、刘其新(纪委书记)、程治敏(女，2011年6月，由组织部长改任常务副县长)、赵水(县委办主任)、田永朝(2011年6月，由宣传部长改任组织部长)、张锋(2011年6月，由统战部长改任宣传部长)、张荣广(政法委书记)、陈清朝(武装部政委，2011年6月离)、方立清(副县长)、郑复兴(武装部政委，2011年6月任)、陈新江(统战部长，2011年6月任)

人大主任：王凡斌；副主任：李喜德、李国进、李巧菊(女)、徐明发、李英华(女)

县长：王书祥；副县长：常英敏(女，2011年4月离)、程治敏(女，2011年6月任)、方立清、任瑞林、吴增勤、乔宏晓、屈云霞

政协主席：赵明文；副主席：张照华、邱荣军、刘相岑、裴国宾(女)

法院院长：胡明理

检察院检察长：杜春江

公安局长：高岭

武装部长：李言峰

总工会主席：庞玉礼

群工部长：周洁

2010年，全县上下深入贯彻落实科学发展观，坚持"四个重在"，实施"四个带动"，知难而进，迎难而上，县域经济社会总体保持好的发展态势。全年完成国内生产总值154.2亿元，同比增长11%；地方财政一般预算收入3.4亿元，增长20.5%；全社会固定资产投资113亿元，增长28.2%；社会消费品零售总额72.7亿元，增长18.2%；城镇居民人均可支配收入13310元，增长10.2%；农民人均纯收入5918元，增长9.7%；人口自然增长率控制在6‰以内。

【工业经济强势增长】 集聚区入驻项目的质量和产业关联度有了新提高。全年集聚区新入驻项目15个，总投资11.9亿元，其中超亿元项目4个。集聚区新增投产企业8个，52个投产企业完成销售收入14.5亿元，入库税金9316万元。全年完成工业总投资37.8亿元，增长29.7%；限额以上工业实现增加值39.5亿元，利润总额9.2亿元，分别增长27.8%、24.3%。

【项目攻坚实现突破】 扎实开展大招商和项目提速年活动，全年新洽谈各类招商引资项目209个，总投资129.6亿元，实际到位资金21.7亿元。温州工业园、英奇陶瓷、秸秆发电等一批重大项目成功签约，华能火电、钼矿资源整合、锂电负极材料等重大项目前期工作扎实推进。120个政策性项目列入上级投资计划，到位无偿资金8亿元。

【城镇面貌明显改观】 县城总体规划获批实施。中心城区控制性详规覆盖面达到73%。城乡规划体系初步形成。拓宽融资渠道，加快重点工程建设，迎宾大道绿化改造、北大街路面硬化、内河整治、绿地游园基本完成年度任务，迎宾大道城区段改造开工建设；林语华庭、水岸星城等城中村改造安置项目基本完工；以建材花园、锦汇广场、财富新天地为起点，县城建设进入高层时代。扎实推进"六创一迎"工作，集中整治县城环境，规范管理专业市场，配套建设环卫设施，推进垃圾箱式收集和全天保洁，县城环境明显改观。19个乡镇全部配备了垃圾收集设备，遮山、高丘、老庄、贾宋等一批小城镇建设步伐加快，安字营撤乡建镇，石佛寺被评为全省十佳名镇。全年完成城镇投资27.9亿元，增长31.6%；城镇化率达到32%。

【玉文化试验区建设扎实推进】 成功协办第八届玉博会，与北大文化产业研究院等学术机构和韩国春川、缅甸克钦邦等知名玉石产销地建立战略合作关系。国际玉城一期正式开市，天下玉源一期初具规模，玉雕大师创意园、国际玉城二期、天下玉源二期前期工作基本到位。总投资15亿元的玉雕湾商贸城项目签约启动。市场改造、玉城大道、森林公园等建设任务如期落实。石佛寺玉文

化产业园被确定为河南省文化产业示范园区、国家文化产业示范基地。镇平玉雕荣获中国新锐城市名片。结合试验区建设，整合旅游资源，实行整体开发。争创玉雕湾4A级景区，石佛寺被评为全国特色景观旅游名镇，太公湖开发一期投入运营，依帝山(五垛山)开发成功签约，旅游开发实现新的突破。

【农村经济稳步发展】 农综开发、高西河水库除险加固二期、土地整理、安全饮水、赵湾灌区节水改造等涉农项目有序落实，有效改善了农业生产条件，粮食总产连续4年稳定在10亿斤以上。引进培育农业产业化龙头企业，香港润达生态养牛及加工项目开工建设，鑫兴养殖、长江渔人、康苑鳖业、华星苗木等一批龙头企业规模稳步扩张。扎实组织抗灾救灾，成功抵御百年一遇特大洪水。加强林业生态建设，圆满完成市政府下达的环城高速绿化任务。累计投资5900万元新改建公路90.9公里，抢修水毁公路32公里。深入开展“玉乡杯”新农村建设竞赛，加快新农村社区建设。投资7000多万元创建省级示范村2个、市级示范村6个、市级试点村8个。新增沼气3012户。全年实现农业增加值24.5亿元，增长4%。

【社会大局和谐稳定】 筹措3.5亿元支持八件大事建设。投资1.5亿元落实十项民生工程。完善公共服务体系，健全社会保障体系。新一高中正式开工建设，县医院病房楼、农村中小学校舍改造、乡镇卫生院、计生服务中心、综合文化站建设年度任务基本完成。成功举办全民运动会。继续做好新型农村合作医疗、城镇居民基本医疗、城乡居民最低生活保障、医疗救助、廉租住房和劳动就业工作，城乡低保基本实现应保尽保。完成600套廉租住房和1655户倒房重建任务。五保供养5032人。开展食品药品安全整顿，理顺管理体制，初步建立了食品药品安全管理长效机制。持续开展安全生产大检查、矛盾纠纷大排查、领导干部大接访和平安建设大走访，加强城乡巡防体系建设，组织专项整治，提高了人民群众的公共安全感，社会大局总体稳定。实施项目带动、创新带动、品牌带动、服务带动，在转变发展方式上进行了积极探索。坚持依法行政，深化政务公开，实施效能提速，落实廉政准则，政府自身建设有了新提高。

镇平县各乡镇办主要领导名表

乡镇办	党(工)委书记	乡镇长、主任
涅阳街道办事处	刘剑刈	刘智如(2011年4月离) 范海川(2011年4月任)
玉都街道办事处	徐文都	袁长安(2011年4月离) 丁长海(2011年4月任)
雪枫街道办事处	王旭红(女)	曾凡胜
石佛寺镇	刘乐平	陈云峰
贾宋镇	宋建军	王士奇(2011年4月离) 王　勇(2011年4月任)
侯集镇	赵国安(副处级,2010年12月离) 杨万春(2011年4月任)	杨万春(2011年4月离) 董文友(2011年4月任)
枣园镇	李华凌	董文友(2011年4月离) 吴　鹏(2011年4月任)
晁陂镇	王遂银	李宝杰
高丘镇	胡新田	孙晓波(2011年4月离) 杨　嘎(2011年4月任)
卢医镇	余亚军	韩　莉(女)
老庄镇	何海涛	丁长海(2011年4月离) 王士奇(2011年4月任)
遮山镇	王　强	任延峰
曲屯镇	李恒宇(2011年4月离) 刘智如(2011年4月任)	马国政
杨营镇	柴光钦	魏先钧(2011年4月任)
安字营镇	周坚定(副处级,2011年4月离) 朱林森(2011年4月任)	张海山
张林乡	毕中平	李忠玉(2011年4月离) 周　俭(2011年4月任)
彭营乡	肖　斌	王继坤
柳泉铺乡	冀虹珂	王文峰
王岗乡	姚成华(副处级,2010年12月离) 袁长安(2011年4月任)	刘　剑
马庄乡	朱林森(2011年4月离) 闻国阳(2011年4月任)	孙明岚(女)
郭庄回族乡	闻国阳(2011年4月离) 孙晓波(2011年4月任)	马　静(女)
二龙乡	张勇	王士亮

乡镇办概览

【涅阳街道办事处】 2010年，国内生产总值17.2亿元，财政收入2257.5万元。农民人均纯收入8647元。项目建设成效明显，入驻县产业集聚区项目3个，分别是投资1.2亿元的南阳梦瑶毛衫二期工程；总投资3.8亿元的山东国风风电一期工程；总投资8000万元的南阳星港涂料。集镇基础设施完善，主干道硬化、绿化、亮化率达到100%。镇菩路南段扩通工程、镇菩路中段“城中村”改造工程、涅阳商贸城等重点项目按计划进度完成投资建设任务。全年晋升和创建文明单位6个，其中，涅阳信用社晋升为市级文明单位，新华路社区晋升为市级文明社区。强化平安建设工作，将综治工作纳入重要议事日程，签订目标责任书30份；16个社区有综治办、有成员、有巡防员、有办公场所；村级巡防队伍均有15人以上。城区刑事、民事案件发案率比去年同期有明显下降，居民群众的安全感满意度明显提高。加强11所中小学内部防范和周边环境整治工作，各学校综治机构健全，学校周边环境200米以内无“三室一厅”，50米以内无围门、堵门经营摊点。

【玉都街道办事处】 2010年，重点工作扎实推进，经济增长势头强劲，整体工作运行良好，各项经济社会发展指标圆满完成。国内生产总值6.5亿元，财政收入582.6万元，农民人均纯收入7125元。产业集聚区建设，投资6000万元，占地100亩的标准化厂房项目启动建设。全年引进和新上各类企业14个，总投资6000余万元。加强对环保设施的监督管理，按要求关闭取缔宏盛选钼厂、选金厂等4个企业。提升文明集镇建设水平，投资40余万元，新建碾坊庄果品蔬菜市场。强力推进生态廊道网络建设工程，以312国道、207国道、宁西铁路、北张庄林带基地及柳卢公路沿线植树造林为重点，完善通道绿化，四旁植树新建生态能源林1000亩，新建平原林网网格22个，面积4600亩，在白河村新建密桃种植基地1000余亩。

【雪枫街道办事处】 2010年，实现了辖区经济又好又快发展和社会事业的全面进步。国内生产总值4.8亿元，财政收入461.2万元，农民人均纯收入6735元。全年引进和新上各类项目5个，总投资额达8.69亿元，投资都在1000万元以上。其中，南阳锐力防爆机电有限公司特种电机项目，总投资1.77亿元，地下管网工程已建好，正在进行厂房、院墙建设和设备购进；香港润达投资有限公司黄牛繁育基地肉食深加工项目，总投资2.086亿元，600亩黄牛养殖繁育基地土地租赁工作完成。文明单位建设，创建县级文明单位3个，即办事处机关、财政所、计生办，市级文明新村3个即大奋庄、七里庄、徐桥。植物园建设工作取得阶段性进展，投资300多万元的将军路植物园段扩建、游园路基及苗木种植绿化工程全面完工，完成工程量的50%，雪枫植物园的雏形基本形成。新修农村公路5公里。对39条村村道路，共计65公里，配备养护人员32人。林业生态建设，平原林网改扩建完成任务，生态廊道工程，搞好补植补造，村镇绿化工程完成率达100%。

【石佛寺镇】 2010年，作为玉文化改革发展试验区核心区建设重点乡镇，围绕“全国玉文化研究传播示范基地、全国玉产品购销中心、全国特色景观旅游名镇”的发展定位，实施“特色立镇、工业强镇、旅游活镇”三大战略，统筹发展社会事业，突出30项重点工程，经济社会总体保持持续发展的良好势头。国内生产总值13.2亿元，财政收入2034.5万元，农民人均纯收入8057元。在县产业集聚区建设上，共引进项目3个，其中，西唯康项目第一期投资200万美元，厂房建成投产；南阳金冠科技项目，总投资1.1亿元，占地102亩。重点项目建设有序推进。国际玉城一期工程全部完成。天下玉源玉料市场一期工程占地100亩，总投资1.5亿元，已建成4个组团，玉水河、玉水桥、绿化等工程基本完成，另有4个组团正在施工一层墙体。位于苏寨村北部150米的三级橡胶坝，投资350万元，完成工程量的90%以上，主坝体基本浇筑完成。认真完成基本农田保护工作，空心村整治完成211亩。县乡公路工程建设，投入资金176.5万元修路7条11公里，全镇22个村全部实现了通水泥路，玉雕湾民营经济小区完成投资1200万元，新增摊位670多个，商户2000多个，吸纳从业人员近3000人。林业生态建设，完成农田防护林系改扩建工程任务12万株，围镇围村造林560亩，低质低效改造2100亩，水源涵养林2000亩，灭荒造林2500亩。加大城镇建设力度，“四街一区”改造工程，总投资1600万元；玉城大桥建设，总投资670万元。城镇管理上加大投入，把镇区6大专业市场、滨河公园“三园”及拦河坝水面、12条主次干道纳入物业化卫生管理范围，城镇管理水平明显提高。

【贾宋镇】 2010年，围绕建设“工业强镇、商贸重镇、生态大镇、特色名镇”的发展定位，突出工业、市场、城镇、特色农业4项重点，促进了镇域经济和社会各项事业的又好又快发展。国内生产总值12.3亿元，财政收入312.6万元，农民人均纯收入7828元。入驻工业园区企业2个。引进的南阳微特防爆电机项目，总投资1.32亿元，占地100亩，全面完成厂房、办公楼、广场等基础设施建设和机器安装工作任务，正式投产；引进的南阳亚星平衡轴轴管机械加工项目，总投资8848万元，开工建设。镇民营小区入驻企业9个，投资500万元以上的企业5个，投资300～500万元的企业2个，100～300万元的企业2个。国土利用和监管工作，共完成城乡建设用地增减挂钩项目210亩。加大投入，构建治安防范体系。投入30万元安装摄像头40个，使重点市场、繁华路段技防率达到90%。农村公路建设涉及老枣韩路、李普吾、寺后张等4条道路7.5公里已全部建成。加快林业生态建设，新建田间林网网格18个，植树83723万棵，其中新建高标准网格3个，植树13696棵，网格15个，补植补栽树木69763株。加大小城镇建设力度，投资30万元新架设路灯50盏，投资150万元建成垃圾压缩中转站，投资20万元建设垃圾处理站2座，并在镇区范围内新增景观性垃圾桶30个，镇区内建造片林4处240亩，投资30万元对镇直单位和政府实行“夜晚景观”工程。由22名工人组成的环卫队，配备垃圾清运专用车辆2辆，洒水车2辆，对主要街道环境卫生，进行全日保洁。新农村建设，投资15万元修建沙石路2公里和水泥路450米，引资140万元，涉及3400人的安全饮水工程已完工，引资15万元修复水毁工程1处。

【侯集镇】 2010年，实现经济、社会事业的持续、快速、健康协调发展。国内生产总值8.7亿元，财政收入141.1万元，农民人均纯收入7630元。全年引进项目6个，其中县重点建设项目2个，一是山东客商投资180万元建立的王官羊毛衫加工厂投产运营。二是上海客商投资400万元建立的南门村恒昌羊毛衫全自动织机加工项目投产运营。农村经济快速发展。蔬菜长年复播面积达到3万亩，蔬菜无公害面积达到2万亩，年产蔬菜1.2万吨，产值达1.5亿元，金鱼养殖面积稳中有升，总面积达到6000亩，引进新品种12个，高精尖品质份额不断加大，出现了一尾精品鱼售价几千元，一亩水面效益超万元的局面。生猪存栏4.7万头，出栏3.2万头，牛存栏4500头，出栏2300头，肉类总产量4876吨。加大教育投入，投资60万元新建中心校幼儿园教室及办公楼48间，面积1152平方米。投资124万元新建一初中综合楼1座。加强土地管理，新整理空心村等闲置土地200余亩，新增建设用地80亩。南水北调工程侯集段正式启动，西门村居民安置点正式开始工作，征地工作顺利完成，实现按期向上级移交土地的目标。平安建设成效明显。投资16万元，建平安互助网6个，安装监控设施10余台套，为各村拨付专款用于购置全套警服、器械、小喇叭、铜锣等打更巡逻设备。

【枣园镇】 2010年，深入实施招商引资项目兴镇、烟叶支柱特色立镇两大发展战略，紧紧抓住上项目、增后劲、调结构、育支柱、重民生、促和谐这一主线，着力办好十件实事，镇域经济社会呈现平稳较快发展态势。国内生产总值5.1亿元，财政收入204.2万元，农民人均纯收入6041元。招商引资及项目建设成效显著。总投资3000万元的纤维乙醇二期工程项目顺利生产，生物柴油项目正常投产。投资1.8亿元的天冠纤维素酶基地项目到位资金1760万元。引资600万元建石英石粉矿1个；引资500万元建兔业养殖场1个；投资2000万元的硅矿石材料生产项目，机器、厂房已到位；投资700万元引流沙生产线正在建设；投资800万元建耐火材料厂1个；投资1300万元建肉牛养殖厂1个。实施城乡建设用地挂钩项目和占补平衡项目，整治土地101亩。集镇建设规划合理，镇区主要街道基础设施完善配套，实现了二星级集镇达标。筹资80万元新修富强路800米，投资35万元实施花园路东延改造工程，投资24万元的文化服务站建设竣工，增配垃圾车3辆，投资10万余元在集镇重点部位安装视频监控器10个。完成沟王、山南、上岗等村道路硬化2.8公里。规范农村公路管理养护站，组建20余人的公路管理养护队伍。推进生态镇建设工程，全镇植树5万株，植片林210亩，车站路、文化路两条街道造林绿化工程形成新亮点。大力推进烟叶支柱特色产业，实现产值352万元，完成税收77.2万元。

【晁陂镇】 2010年，镇域经济和社会各项事业都呈现出良好的发展态势。国内生产总值9.1亿元，财政收入156.7万元，农民人均纯收入7423元。招商引资工作成效明显，占地30亩，总投资3000万元的天艺服装公司一期车间改建完成，第一批100台设备全部到位。多渠道引资金、引项目，张营路口到关帝庙村道路建设项目，争取资金95万元。国土利用工作扎实推进，全镇已在半坡、王楼、吕营、张营、郝堂等村拆除135户、600余间房屋，整理土地近360亩，其中170亩已通过市土地局验收。集镇基础设施建设,新打通街道1条,装路灯80余盏,建垃圾池350个。

【高丘镇】 2010年,以招商引资上项目、小城镇建设、培育壮大支柱产业为重点,以建设社会主义新农村统揽工作全局,构建民营经济反哺农业、建设带动农村的联动发展格局,较好地完成了各项任务。国内生产总值6.6亿元,财政收入130.5万元,农民人均纯收入5245元。招商引资工作进展顺利,南阳澳福来药业有限公司二期工程投资1200万元,建成投产。全年引资项目9个,到位资金9200万元。加强基本农田保护工作,开展土地开发复垦,完成土地整理200亩。投资6万元,在省道248线、高(丘)二(龙)公路、高(丘)卢(医)公路两侧新植树3万株。扩大绿化造林面积,大力发展生态林、经济林,新增灭荒造林4508亩,封山育林10000亩。全镇共种植袋料香菇180万袋,木耳40万节。完善集镇基础设施,投资86万元对集镇所有主干道路高标准进行二次硬化,投资28万元铺设彩砖2400平方米,投资12万元分区安装20套红外线视频探头监控设备,投资3万余元新栽风景树1800余棵,投资5万余元对高丘人民广场进行全面整修。

【卢医镇】 2010年,奋力实施产业富镇、工业立镇、招商活镇、创星靓镇和新农村建设的总体发展战略,取得了镇域经济的良性发展,社会事业稳步推进的可喜成绩。国内生产总值4.6亿元,财政收入210.2万元,农民人均纯收入6292元。项目建设和招商引资工作成效显著,引进了香港画烨集团有限公司机电园项目1个,投资500万元的双丰机械有限公司设备到位;投资600万元的新丰金属材料厂厂房基本建设完毕。固定资产投资8900万元。按照“三星级集镇”的建设要求,加强小城镇建设管理,投资4万元建立一支专门的垃圾清运队伍,彻底改变集镇内的脏、乱、差现象。植树造林共植树5.37万株,完善网格16个,新建网格11个,超额完成14条乡镇、村道和2条通道工程的植树造林任务。国土资源管理工作,共计整理土地81亩。争取项目资金90余万元,新修混凝土水泥通庄路面6.4公里。发动全镇16个行政村,出动劳力1万余人次,动用机械6台,整修养护道路63.4公里。

【老庄镇】 2010年,立足三大资源优势,围绕建设“经济强镇、旅游名镇”的发展定位,实现了镇域经济社会平稳较快发展。国内生产总值4.9亿元,财政收入378.5万元,农民人均纯收入5481元。招商引资工作进展顺利,全年引进项目8个,投资500万元以上项目4个,1000万元以上项目1个,3000万元以上项目1个,5000万元以上项目2个,其中,镇平县华星机械制造有限公司总投资5100万元,主要为二汽生产汽车半轴套管、差速器外壳等配件。实施特色富民工程,扩大林果种植面积,巩固扩大以柿子、板栗、核桃为主的经济林,发展小杂果1000亩,栽植美国火炬松30万株,樱桃产量达500万公斤,生态种养示范园全面进入盛果期,在东部的东湾、李家庄、李沟等6个村扩大优质花生种植面积。学校基础建设,投资142.68万元,开工建设镇初中及镇寄宿制中心小学宿舍楼。加强生态环境保护和环境安全管理,关停污染企业,在公路沿线实施造林工程,旅游开发环境明显改善。注重把公路建设与旅游开发和社会主义新农村建设有机结合,争取资金60万元,建设207国道至太公湖长2.4公里水泥路加宽改造工程。完成山区生态体系工程建设2000亩,完成森林抚育和改造工程1.3万亩,封山育林3万亩。

【遮山镇】 2010年,突出招商引资,育强特色产业,致力改善民生,构建和谐社会,实现全镇经济与社会新发展。国内生产总值4.5亿元,财政收入243.5万元,农民人均纯收入6041元。招商引资成效显著。入驻县产业集聚区项目2个,分别是投资5000万元的南阳华兴科技有限公司和镇平县鸿安纺织有限公司。温州循环经济产业区建设进展顺利,实际到位资金2.281亿元。投资1.78亿元的危险废物处置中心项目,由上海人民企业集团投资,到位资金1.451亿元;南阳康卫环保集团有限公司投资4000万元的电子拆解中心项目,项目占地50亩,资金全部到位;由南阳华兴工贸公司筹资3500万元建设的年产3000吨塑胶制品生产线项目;南阳客商投资500万元建成投产的纸箱厂项目;由南阳客商投资300万元筹建的钢筋厂建设项目,投产以来,产品供不应求。土地利用和规划建设监管工作,全年完成挂钩项目75亩,土地平整1500亩。

【曲屯镇】 2010年,围绕“民营经济特色镇、支柱产业重点镇、集镇建设明星镇”三大战略目标,务实苦干,攻坚克难,圆满完成年度各项目标任务。国内生产总值4.7亿元,财政收入166.1万元,农民人均纯收入6016元。产业聚集区建设,一是美德利家纺有限公司,年产值1000余万元。二是投资1500万元的河南邦瑞特药业有限公司,正在试生产。全年引进项目8个,引资1.07亿元。土地利用和规划建设监管工作，全年完成土地增减挂钩项目152.5亩。投资10余万元，成立巡逻队，安装“气死贼”防盗装置4800套。投资12万元建设标准的视频监控中心，以自然村为单位的技防设施覆盖率达到100%。

【杨营镇】 2010年，按照“工业强镇，平安立镇，生态兴镇，产业富镇”的发展思路，镇域经济稳步增长。国内生产总值6.4亿元，财政收入134.9万元，农民人均纯收入6380元。成功引进6个项目并建成投产，分别是投资1655万元的灵奇玉雕工艺品有限公司；投资190万元的杨营毛衫厂；投资480万元的河南利丰制袋厂；投资600万元的特色金鱼养殖厂；投资670万元的马潭针织厂和投资420万元的杨营军翔制衣有限公司。引进资金3620万元，分别用于郭营、程庙4000亩土地整理项目，杨贾公路和程庙、梁营村共计15.9公里乡村道路建设等。改善办学条件，投资34万元新建贾庄小学综合楼1幢。土地利用，完成空心村整治91亩。投入资金184万元，共修建村庄道路7.6公里，农田道路8.3公里。在生态林建设中，共植树24.7万株，完成营林造林面积1980亩。加大小城镇建设投入力度，完善基础设施，投入资金3600万元，对文化路两侧共4600米的下水道进行清淤疏通，集镇4条主干道全部安装路灯，安装监控摄像头6个，设置垃圾集中堆放点3个，集镇形象得到明显提升。

【安字营镇】 2010年，围绕“乡镇企业强乡，特色产业立乡，开放带动活乡，科技教育兴乡”四大战略，取得了经济和社会事业的新成就。国内生产总值6.6亿元，财政收入235.2万元，农民人均纯收入6801元。全年引进项目6个，其中投资1000万元以上的项目3个，亿元以上项目2个。投资9亿元，占地300亩的鑫兴钢管，厂房钢骨架结构竣工。加快小城镇建设步伐，一是筹资100万元完成府前街改造工程，铺油500米，街道两旁铺彩砖6000平方米，栽植广玉兰120株，安装路灯30盏，整修下水道1000米，二是投资1200万元，在S244线以东、枣韩公路以北建占地45亩的安字营街东商贸城1处。

【张林乡】 2010年，乡域经济持续健康发展，社会大局保稳定。新星光学、三潭酒业、东峰化工3个企业入驻县工业园区的项目年产值和入库税金连年攀升，发展态势良好。国内生产总值9.1亿元，财政收入111.5万元，农民人均纯收入6552元。新星光学入库税金50万元，三潭酒业入库税金10万元，东峰化工利用废料生产的试验已试产成功。重点项目建设进展顺利。总投资899万元对10000亩的中低产田进行改造，投资150万元建设初中餐厅楼及宿舍楼。投资120万元对主要街道进行改造。加大对教育事业的投入力度。投资30余万元对玉皇阁、闻家营等学校的大门卫墙等进行了整修，投资14万元对朱张营、黑龙集等学校的操场进行硬化。植树造林工作取得成效。全乡造片林400亩，通道绿化10.2公里，完善农田网格96个，植树6.8万株，县乡道48条村村通道路的补植补造工作基本完成。争取村村通项目2个，自建4个，总长10公里，全乡村村通道路里程达到167公里，全乡公路管理养护到位，好路率达98%以上。

【彭营乡】 2010年，强力实施“工业立乡、特色强乡、旅游活乡、开发富乡、和谐稳乡”战略，乡域经济社会保持了平稳较快发展的良好态势。国内生产总值6.2亿元，财政收入165万元，农民人均纯收入6135元。招商引资和项目建设实现新突破，入驻县工业园区的志大毛衫厂顺利投产，实现利税180余万元；总投资10亿元的新亚油库扩建项目有序进行；由南阳兴茂棉纺厂在韩堂开发区投资1000万元投放30000锭纺纱生产线投产。实施烟叶生产振兴工程，全乡种植烟叶1200亩。在彭庄、田营、罗李沟、南王庄、田岗5个村实施6000亩优质花生项目，争取上级项目配套物资120多万元。实施食用菌示范园建设项目，打食用菌生产专用深水井1眼，引进自动上料机240台、高压灭菌锅炉6台、真空包装机10台，在原有单一金针菇品种的基础上引进茶树菇、香菇、平菇、草菇、黑木耳等新品种，建成标准化大棚25个，普通化大棚235个。着力打造“益康”牌食用菌品牌，加快特色产业规模化、集约化发展进程。着力打造羊毛衫加工基地，依托县园区志大羊毛厂和韩堂村羊毛厂两个企业，在乡域及周边发展毛衫加工点24个。加强土地利用和规划建设监管工作。全乡完成“空心村”土地整理180亩，配合县国土资源局监察大队拆除违法占地建房3起，有效制止违法占地建设2起。以创建“三星级”文明集镇为目标，吸纳民间投资2000万元，对老礼堂及外围7000平方米的闲置土地进行综合开发，筹建集农副产品、蔬菜、果瓜交易为一体的金龙农贸中心市场。成立市政管理所，投资30万元购买环卫专用车1辆，组建10人专职保洁队伍，对环境卫生进行全天保洁。加快林业生态建设，投资7.8万元，新栽植树木6万株，环千亩方造林1.2万株,罗李沟生态观光造林1.4万株,完善高速两侧1公里范围网格72个。

【柳泉铺乡】 2010年,深化结构调整,加强基础建设,强化发展措施,增强发展效益,狠抓各项工作落实。国内生产总值4.6亿元,财政收入247万元,农民人均纯收入5996元。从周口引进的创新机械、盛隆机械、佳利达、鑫达针织服装4个企业,总投资近2000万元。县工业园区内的泰德玩具制衣、南阳德福机械有限公司和乡域内的信合工艺、弘星建材等企业生产经营秩序良好,效益稳步提升。加强农业基础设施建设,努力争取中低产田改造、节水灌溉等项目,投资100万元的农用设施配套项目基本竣工,投资50万元的土地治理项目全部完成。调整优化农业生产结构,大力发展烟叶等特色经济作物。强力组织造林绿化,共新植树木11万余株,不断扩大、提高核桃、柿子、杏李等经济树种的面积和提高种植水平,改善种植结构。集镇建管稳步推进,投资50万元兴修战备路集镇段600米,投资20万元兴修陵园路300米,投资17万元新修下水道1500米,投资5万元安装街道路灯20盏,投资12万元对312国道沿线两侧墙体进行粉刷美化。加大对教育的投入力度,争取上级资金65万元,政府配套资金15万元,完成柳小餐厅宿舍楼建设任务。

【王岗乡】 2010年,切实转变工作作风,强化工作落实,全乡各项工作取得明显成效。国内生产总值3.4亿元,财政收入80.9万元,农民人均纯收入5213元。全年共争取资金4862.4万元。其中投资75.4万元,新建乡初中教学楼;投资87万元,建立厚碾盘村广阳大枣名优经济林基地,面积450亩,树木全部栽植到位。引资3500万元,在县产业聚集区建立金恒石材有限公司。引资1000万元,在姑坡村建立祥安金属有限公司。引资200万元,在砚台村建立鑫旺碳业制造厂。土地利用和规划建设监管工作,已整理土地面积66.4亩。深入开展平安创建活动,投资4万元,安装视频监控摄像头6个。筹资3.7万元,加强乡综治工作中心建设。完善城镇基础设施建设,筹资50余万元,硬化振兴街、菜市街西段道路共计2400平方米,新修下水道3000米,新装路灯20盏,新建垃圾池6个,维修公厕1座,新栽风景树200余棵,集镇功能进一步完善。植树造林工作,围绕S248线王岗段、柳卢公路王岗段、进村主干道、农田林网建设四项重点,抢抓春季有利时机,植树17余万株,造林2500亩。

【马庄乡】 2010年,围绕"强化招商引资,推进工业兴乡,育强特色农业,提升集镇品位,着力改善民生,建设和谐乡村"的发展目标,实现重点工作开展和重点项目建设扎实推进。国内生产总值3.8亿元,财政收入48.6万元,农民人均纯收入5329元。招商引资工作进展顺利,入驻县工业园区的金源工业助剂公司半年完成产值近2000万元,入库税金100余万元,乡民营小区引进投资200万元的佛缘棉业加工厂和投资100万元的马庄村免烧砖厂均投产运营。黄楝扒村引资120万元建设的小农水项目完工。投资380万元硬化Y012线铁匠庄——南岭段道路9.5公里。投资25万元完成大龙庙村铁匠庄桥建设。投资350万元建成大型超市1个。投资33.8万元完成了马庄小学电教楼建设。土地利用和规划建设监管工作依法推进,承担占补平衡项目任务100亩,完成92亩。小城镇建设,重点在集镇上档升级,提升品位上下大力气,先后投资80万余元,配套排水管道1500余米,铺设路沿石1500余米。

【郭庄回族乡】 2010年,调结构、抓重点、育特色、办实事,圆满地完成了各项目标任务。国内生产总值1.7亿元,财政收入49.7万元,农民人均纯收入5544元。全年引进项目4个,其中南阳康乐粮油公司总投资1300万元,灌装车间建设竣工,设备安装到位,小包装食用油已开始生产。千头肉牛养殖基地暨千亩烟叶示范基地项目总投资1100万元,在张庄、许桥、白杨、熊庄4个村租地1000亩,烟叶生产实现产量2.3公斤,产值32万元,税收入库7.1万元;肉牛饲养基地于8月份全面完成基础设施建设,共引进优良黄牛300余头。加强土地执法监察,加强对全乡1230公顷耕地的保护,全年开发复垦土地150亩。

【二龙乡】 2010年,进一步理清工作思路,确保既定目标扎实有序运行。国内生产总值1.6亿元,财政收入17.5万元,农民人均纯收入4499元。固定资产投入1.31亿元。对矿山、旅游开发环境进行集中整治,全年无重大环境污染事故及辐射安全事故。加大国土资源管理力度,规范土地矿产开发秩序,完成城乡建设用地挂钩项目53亩和占补平衡项目150亩。成立二龙街街道管理委员会,实现街道干净整洁,绿化及排水配套,市场管理规范,交通秩序井然。林业生态建设,在3个村实施水源涵养林和水土保持林工程,点橡补柞2000亩,高标准治山栽植塔柏、银杏、辛夷、女贞、马尾松1200亩,完成森林抚育和改造工程1.21万亩,在王坪——三潭道路西侧封山育林。在老坟沟、碾坪两村建成优质林果基地2个,面积2150亩,旅游道路补植补造广玉兰女贞1500株。在全乡公开招聘责任心强的公路养护员27名,养护公路总里程达64.2公里。(邹书恒)

内　乡　县

县情综述

【概况】 总面积2465平方公里,耕地面积46762公顷。总人口702819人,其中乡村人口52.9万人。城区面积14.36平方公里。辖城关、湍东、赤眉、夏馆、马山口、王店、灌涨、师岗、瓦亭9个镇和赵店、板场、七里坪、余关、大桥、岞曲、西庙岗7个乡,288个村委会、7个居委会和3850个村民小组。

县委书记:王万鹏(2010年月10离);副书记:全新明、史文涛;常委:柳明伟(纪委书记)、李玉芬(女,常务副县长,2010年5月任)、赵超(组织部长,2010年5月任)、李英杰(宣传部长)、邓俊锋(县委办主任,2010年5月任)、张亚明(政法书记)、李显庆(统战部长)、赵皖方(武装部政委)

人大主任:薛建国;副主任:孙荣银、张正钦、武豫辉、杨占勇、王金等(党组副书记)

县长:全新明;副县长:李玉芬(女)、魏建廷、张士典、郑文明、徐文磊、廖俊魁

政协主席:曹春晓(女),副主席:王陇本、庞洪波(女)、刘玉仙

法院院长:魏建国

检察院检察长:胡殿信

公安局长:崔春辉

武装部长:郭学明

总工会主席:刘玉仙(女)

群工部长:於景银

2010年,县委、县政府认真贯彻落实科学发展观,团结带领全县广大干部群众,瞄准"三县"建设目标,组织实施"四个带动",顽强拼搏,克难攻坚,经济社会平稳较快发展。顶住了各种自然灾害的严峻考验,全年实现生产总值100.3亿元,同比增长11.1%。其中第一产业增加值28.5亿元,增长4.7%;第二产业增加值46.9亿元,增长13.7%;第三产业增加值24.9亿元,增长12.7%。工业增加值41亿元,增长14.3%。粮食产量280252吨。财政一般预算收入完成2.82亿元,同比增长17%;财政一般预算支出12.1亿元。全社会固定资产投资完成96亿元,社会消费品零售总额42.2亿元。商品出口总额597万美元。实际利用外资1171万美元。城镇居民可支配收入达到13733元,人均消费性支出9400元。农民人均纯收入5196元,人均消费性支出4107.83元,同比增长32.3%。城乡居民年末储蓄存款余额44.6亿元。

【工业经济实现跨越式发展】 全年限额以上工业企业增加值完成21.6亿元,同比增长29.8%;实现利润1.48亿元,同比增长53.9%。产业集聚区发展驶入快车道,是自建立以来发展最好、建设最快的一年。面貌变化最大。已累计完成基础设施投资11.2亿元,新修道路14条共50公里,铺设管网41公里,架设电力通讯线路68公旦,新建标准化厂房30万平方米。项目进驻最多。认真开展大招商活动,不断创新招商方式,先后成立了"深穗港"、"京津冀"内乡发展促进会,全年共签约3000万元以上的项目46个,已开工建设40个。2010年底,产业集聚区已入驻项目67个,完成投资51.8亿元,进驻的项目和投入的资金是内乡历史上最多的一年。产业集群初显。陶瓷园、岗石、国宇密封、飞龙"双千万"续建项目、鹏翔科技园等一批投资超亿元项目的上马,产业集聚区内以建材、造纸、电子、汽车零部件、畜产品加工为主导产业的特色园区初显,"三个一体化、一个大石都"的雏形初步形成。省委书记卢展工、省长郭庚茂等省领导亲临内乡县产业集聚区视察工作,省、市产业集聚区建设现场会、重点项目观摩会多次在内乡召开。高度关注骨干企业发展,飞龙"双千万"、仙鹤纸业、龙大牧原、泰隆建材、神威民爆等企业产值均达到3亿元以上,神威民爆实现税收3015万元,成为内乡县工业历史上第一个税收实现3000万元以上的企业。西泵公司成功上市,牧原公司上市工作进展顺利,工业在县域经济中的支撑作用明显提升。同时,紧紧抓住国家扩大内需的历史机遇,认真开展"双争"活动,争取政策性项目91个,到位资金3.34亿元;争取财政均衡性转移支付资金2.608亿元,比去年增加8838万元,增长49.2%。其中争取南水北调生态功能区转移支付资金7500万元,增长120.6%,增幅居全省第一。内乡县被财政部确定为河南省县市区唯一的地方预算分析联系点。

【农业农村经济快速发展】 粮食生产,夏粮总产1.36亿公斤,秋粮总产1.44亿公斤,均实现了两位数增幅,连续7年保持粮食增产。烟叶产业,成功实现逆势而上,收购总量539万公斤,税收

1850万元,综合指标居全市第一,烟叶单产居全省第一。林果产业,新增核桃面积2.1万亩、油桃面积1万亩,"双十万"亩林果基地初具规模。林权制度改革工作步入全国先进行列,被国务院确定为"全国林改工作百先县"。畜牧产业,建成万头以上养猪场区45个,新发展标准化养殖场36个,成功创建或继续保持了全国生猪调出大县、国家级秸秆养羊示范县、农业部良种补贴示范县、河南省优质无公害畜产品生产示范县等荣誉称号,综合排名位居全市第一、全省第十四。新农村建设,完成了12个试点村、7个示范村建设和117个村容村貌整治任务,瓦亭、师岗、夏馆、乍曲等乡镇大胆探索,社区型新农村建设取得新突破。农田水利建设,新增有效灌溉面积1.2万亩,改造中低产田1万亩,解决农村饮水安全4万人。相继实施了吴沟、西沟、庙湾、油房、王庄五座小型水库除险加固工程,实现省"红旗渠精神杯"两连冠和全市"兴水杯"十二连冠。

【旅游产业基础不断夯实】 以打造"一衙一山一水"旅游品牌为核心,组织外出学习,采取宝天曼封山建设等措施,督促企业加大投入,不断夯实旅游业发展基础。在景区开发上,大宝天曼景区宣教中心已封顶,险峰线、水线的旅游步道、护栏修复工程基本完成,宝天曼宾馆装修改建工程已经启动,宝天曼宾馆东侧的水系景观正在进行美化建设。县衙周边改造规划通过国家级专家评审,拆迁工作已经启动。峡谷漂流景区累计投资1000多万元,新增了停车位、漂流船,完善了景区接待服务配套设施。在旅游招商上,投资15亿元的城域文化旅游、投资5.7亿元的宝天曼仲景养生谷等项目有序推进。在营销宣传上,邀请央视旅游卫视《有多远走多远》节目组到内乡县采访,成功举办了内乡县首届"县衙杯"旅游商品大赛和"赤眉油桃沟摄影大赛"等活动,进一步提升了旅游影响力。

【城乡面貌大为改观】 规划工作,完成了《县域村镇体系规划》、《乡镇总体规划》修编、40个《中心村规划》和6个重灾区乡镇灾后重建规划测绘和编制等工作,初步实现城乡控制性规划全覆盖。成立了规划咨询委员会和评议委员会,加大规划管理力度,维护了规划权威。县城建设,312国道湍东段升级改造、迎宾大道配套、仙鹤路建设、中心城区两座桥梁改造、廉租住房建设、城区部分巷道改造、县直示范性幼儿园建设、天贵大酒店建设、国力大酒店建设已基本竣工或完成年度建设任务。大成东路两侧建设、湍河城区段治理、南关农贸市场、方山东路等工程正在有序推进。2010年,是内乡县"十一五"以来,城建投入资金最多,建设工程最多的一年。"六创一迎",坚持周检查、月通报、季讲评制度,加大环境卫生管理、市容市貌整治、公共设施管护力度,城镇精细化、规范化管理水平明显提升。交通公路,开工建设里程150公里、建成水泥路(油路)69.6公里、桥梁5座441延米、大中修国道及县乡公路84.8公里、打造县乡文明示范路62公里。内乡——春景公路、七里坪——万沟战备公路等一批重点工程如期完成年度建设任务。内邓高速征地拆迁任务基本完成,隧道、桥梁等控制性工程进展顺利,进一步提升了道路通达能力。

【各项事业全面进步】 高度关注民生工作,狠抓省、市十件实事办理。发放粮食直补和综合直补、农机具补贴等惠农资金5984万元。劳动就业更加充分。积极落实再就业政策,发放小额担保贷款2800多万元。开展农村劳动力技能培训5000人,新增城镇就业8100人,下岗失业人员再就业2000人,保持了零就业家庭动态为零的目标。社会保障更加有力。发放低保资金2963万元、五保资金681万元,建成廉租住房1000套。特别是2010年,内乡县部分乡镇遭遇了百年一遇的特大洪水,给人民群众生命财产造成巨大威胁,县委、县政府提前预警,果断决策,科学调度,迅速转移、抢救被围困群众。争取倒房重建资金1570万元,迅速组织开展灾后重建工作,突出抓好灾民生活救助和倒房重建等工作,确保了灾区群众有饭吃、有衣穿、有房住、有病能医、有干净水喝,夺取了抗洪抢险斗争的重大胜利。教育文化事业更加繁荣。教育工作继续保持全市先进位次,完成了代课教师一次性补贴工作,为中小学幼儿园配备了安保人员,对全县13个乡镇的非法幼儿园进行了督查整顿,投资1.2亿元的菊潭学校项目已正式启动。坚持开展节日文化和广场文化活动,大力开展文化下乡活动,荣获"中国楹联文化先进县"称号。公共卫生更加安全。扎实开展了爱国卫生运动和手足口病、甲型流感防治工作,有效控制了各类传染病的蔓延。新农合参合率达97.2%,共补助农民33.5万人次,补偿资金6985万元,有效缓解了群众看病难、看病贵问题。社会大局更加稳定。狠抓节能减排,严格落实安全生产责任制,认真组织平安建设大走访活动,深入开展打击"两抢一盗"专项行动和信访稳定等工作,机械厂、农修厂、纸厂等原国有企业改制遗留"老大难"信访问题得到了稳妥解决,荣获"全省平安建设先进县"

称号，平安建设获省委、省政府通令嘉奖，安全生产获省、市奖励，社会大局保持稳定。同时，全市计生工作7个现场会在内乡县召开，进一步巩固了全国计划生育优质服务先进县成果。圆满完成了第六次人口普查工作，成功创建了河南省残疾人社区康复示范县，组织编制了“十二五”规划。宣传、统战、统计、审计、监察、物价、兵役、人防、住房公积金、民族宗教、广播电视、金融保险、质量监督、商贸流通、工青妇等工作都取得了明显成效。

内乡县各乡镇主要领导名表

乡镇	党委书记	乡镇长
城关镇	王宜显(副处级)	张万兴
湍东镇	常松郁	路登伟
赤眉镇	张延生(2010年9月离)	周同良
夏馆镇	王宜蛇	孟　晓
师岗镇	陈良甫	杨小强
王店镇	王慧珍(女)	王存峰
马山口镇	杨松林(副处级)	王建平
灌涨镇	王正强	刁晓英(女)
瓦亭镇	朱文华	张新炜
大桥乡	唐新庆	于林轩
赵店乡	杨玉法	石天军
余关乡	刘　晓(女)	张富朝
乍岖乡	周晓峰	李　伟
七里坪乡	宋合丽(女)	李炳杰
桃溪镇	胡著伟	冯黎明
板场乡	李振豪	孙鹏远

乡镇概览

【城关镇】　2010年，国内生产总值18亿元，财政收入1900万元，农民人均纯收入4320元，固定资产投资1.5亿元。荣获了河南省经济社会发展百强乡镇。招商引资成效显著，全年招商引资新上项目10个，有投资3000万元的华兴矿业项目，投资800万元的广缘商砼项目，投资百万元的玉米脱粒机项目，投资500万元的恒德皮革项目，投资1.5亿元的鹏翔科技研发中心项目，投资8000万元大成路双侧建设项目等。投资500万元的多彩棉纺织；投资800万元的舒欣机械加工，主要生产宽窄两用面条机、各种齿轮、打麦机等系列产品，年产值达900万元；投资500万元的宏发轴承；投资3000万元创办豫西南最大的钙粉、浆钙、釉料生产线，投资1.3亿元的宝隆冶金辅料有限责任公司，新上年产3万吨冶金辅料项目。意向投资1000万元吉通塑料有限公司项目和投资5000万元的皮革加工项目正在运作当中。城市建管工作，因老桥头改造工程，改善了30户居民的居住环境；总投资1500万元，征地40余亩，建成城关镇南园村方山路东段南侧农贸市场；建成大成路二期双侧建设工程；原文化局周边建设工程；投资54万元，硬化530米韩井南巷硬化工程；顺利完成鹏翔科技研发中心征地；完成了湍河河堤加固工程、县衙一期拆迁安置小区道路建设和自来水配套建设工程。投资40余万元，聘用56名保洁员，实行人巷挂钩，做到日清扫、日清运、日保洁实现了城区巷道环境卫生的全覆盖，确保了背街小巷洁净、畅亮。

【湍东镇】　2010年，国内生产总值25亿元，粮食产量3万吨，财政收入2250万元，农民人均纯收入5200元。招商引资工作。引资50亿元，新上了闽商陶瓷园项目，以福建万隆集团为主体，兴建50条具有国际先进水平的辊道窖自动化生产线，每条生产线年产墙地砖墙3000万平方米，年产值达6亿元，安排就业岗位10000个；投资15亿元的岗石基地项目正在建设中；投资2亿元的飞龙“双千万”二期工程正在加紧建设中；投资3亿元的排气歧管铸造分厂已奠基动工；投资3200万元建成华隆商品混凝土项目，填补了内乡建筑市场没有混凝土的空白。支柱产业，烟叶种植面积6000亩，完成烟叶收购128万公斤，实现税收130万元，投资98万元新建坑房49座。林果业，新建清凉庙、庙岗两村千亩优质核桃基地，在东王沟建成100亩红薯种植大方1个，50亩紫薯大方1个，年产粉丝2000吨。完成造林面积4300亩，其中山区生态造林2500亩，通道林200亩。发展赵沟生态园，清凉庙坡改梯生物配套，龙头、西王营片林3000亩。基础设施。筹措资金1380万元，新建龙园、盆窖村部，扩建庙岗、龙园、屈庄校舍80余间，新打机井85眼，新修屈庄，张岗、盆窖等8个村的村村通水泥路，并在主干道和交通要道安装监控设备。各村安装了平安大喇叭和无线报警装置，强化了治安综合治理，保持了社会大局的持续稳定。

【赤眉镇】　2010年，国内生产总值4.6亿元，固定资产投资3.1亿元，财政收入660万元，农民人均纯收入4174元。获南阳市“生态文明新村创建先进单位”、“林业生态建设先进单位”等荣誉称号。项目工作。全年引进工业企业项目10个，其中在工业园区建成的2个，投资1.1亿元，占地85亩的国宇密封垫厂，年生产汽车缸垫4000万套，实现产值1.5亿元，利税2000万元；投资1200万元兴建塑钢材料厂高分子门窗项目。镇域在建、建成项目7个，投资4600万元的轮胎裂解已在西工业园区征地25亩；投资300万元的页岩砖厂；投资500万元的宏兴新型墙体材料厂；投资500万元的齐营农民合作开发公司；投资800万元的高档板材深加工项目等。支柱产业。林果业引资1000万元，在齐营、王庄、张营等村建成薄壳核桃基地5000亩，新栽油桃0.5万亩，年产量3000万公斤，实现产值6000万元，产品已远销乌鲁木齐、兰州、上海等30多个大中城市，林果业收入已成为农民的主要经济来源；畜牧业新建王庄标准化养猪场1个，占地6亩，年生猪存栏1800头，年存栏1200头以上的养猪场3个，新建标准化鸡舍2排，蛋鸡存栏达75万只，是内乡单个养殖规模最大的标准化养殖场。基础设施投资300万元建成建筑面积为2600平方米的商贸大楼；投资1400万元新建商品住房46套，新修街道360米，并建成占地7.5亩的天宝文化广场；投资400万元，升级改造工程3处，新修下水道460米，整修街道1100米。全镇共硬化入组入户主干道32.5公里，修建下水道5700米，建引水渠1540米，新建文化广场8处，修建花带1500平方米，栽植绿化树苗12.8万株；建成农家宾馆16个，安排就业岗80多个，其中鱼贯口村"桃源山庄"被省旅游局授予"二星级农家宾馆"。赤眉镇被授予"南阳市农业旅游示范乡镇"。

【王店镇】 2010年，国内生产总值8.1亿元，粮食总产量2.46万吨，财政收入700万元，农民人均纯收入2908元。项目工作。全镇新招引项目7个，投产3个，在建、续建项目4个，项目总投资36700万元，已完成固定资产投资20050万元。有王店豪峰地毯公司、南阳澳瑞得新型建材、牧原公司薛河分公司、瑞祥有限公司、速生杨开发公司、内乡县东方养殖实业有限公司、彩钢瓦活动板房等；招引牧原公司在宋沟、均张、薛河等村建标准化养猪场5个。支柱产业。全镇烟叶种植面积5000多亩，落实四村联片大方1个3000多亩，大棚育苗、漂浮池育苗占整个烟苗的90%，配方施肥推广率达95%，推广膜下移栽1200亩，在遭受洪涝灾害情况下，烟叶收购总量达104多万斤，实现税收170万元。基础建设。硬化主次干道7800米，整修边坡400米，埋设下水管道1600米，涂白房屋39座，高标准建设村部1座，硬化配套文化娱乐广场1个，改造电网，架设路灯210盏，栽植绿化树木4000株。

【夏馆镇】 2010年，国内生产总值3.11亿元，财政收1248万元，农民人均纯收入1805元。项目工作。全年新上项目13个，其中投资在2000万元以上的项目4个。新发展项目有，投资3000万元的引鑫鑫矿业有限公司；投资4600万元的龙城集团；投资1200万元的南阳中阳实业公司在先期探矿的基础上，又投资600万元建浮选厂，日处理矿石能力300吨，产值1800万，实现利税200万元；引资2000万元在吴岗村建成集冷藏、冷冻、保鲜、深加工于一体的食用菌深加工厂。旅游开发，投资3.5亿元经营宝天曼50年，已投资5000万元新建星级宾馆，改造人行道路等；共投资200余万元，征地20余亩，建设停车场；投资100余万元，对景区内的安全设施进行了完善，对宾馆服务设施进行了升级，提升景区品位；按星级宾馆标准改造35户，已获得"三星"4个，"两星"6个。特色产业。新发展养殖专业场62户，各类规模养殖310个，新建1000只以上林地养殖户8户，引资8000万元建成牧原养殖分公司，引资1500万元在吴岗村建立食品保鲜加工厂，引资500万元建绿健大棚蔬菜基地。林果业全镇共植树造林20万余棵，营造片林基地5800亩；栽植风景树6000株；落实荒山造林6000亩，点播油桐5000亩。集镇建设。完成通道绿化补植补造18公里，栽植杨树1.6万株，栽植广玉兰、塔柏等风景树1.2万株，规范了蔬菜市场，使集镇框架进一步扩大，形成了"二纵四横"的集镇格局，被省委、省政府授予"中州名镇"。公益事业，投资23余万元，在湍源村建敬老院16间，并购置了冰箱等家电；投资300余万元，对吴岗、栗园、夏馆、大栗坪、青杠树等学校进行了扩建；完善了四台沟、黄靳、青杠树等村村部建设；投资200多万元改建卫生院办公楼，完善了基础设施，美化了环境，方便了群众就医取药。

【师岗镇】 2010年，国内生产总值5.87亿元，固定资产投资4.29亿元，粮食总产量4.88万吨，财政收入950万元.农民人均纯收入4197元。工业项目实现历史性突破。先后引资1000万元以上的工业项目10个。有投资6000万元的浙河纸塑印刷公司项目；投资3000万元的辣红素加工项目；投资3000万元的南阳浩南服饰有限公司项目；投资1000万元的秸秆炭化项目；投资1500万元的棉纺加工项目；投资1000万元的华星机械煅造；投资2000万元的师岗振兴建材项目。对全镇8个免烧砖厂升级改造5个，10个小型石子加工企业由原来投资80万元提高到500万元以上。争取政策性项目4个，到位资金近4000万元。投资800万元的南阳欧梵建材有限公司，年生产水泥助磨剂5000吨，产值达1600万元;投资1200万元的黑崖山石材开发,年产石子100万方。支柱产业。全乡烟叶种植5300亩,产值近800万元,实现税收150万元。落实3000亩大方1个,百亩大方20个。建成集漂浮式育苗、智能化烘烤、规范化收购、基地化培训四大中心为一体烟叶综合服务中心。畜牧养殖。全镇100头以上的养殖场45个,存栏500只以上的养鸡场38户,建成标准化养殖小区1个,养殖场6个,年总产值24652万元。新发展林果面积5000亩,道路绿化及四旁植树25万株,引进木材加工项目3个,扩建木材加工生产线2条,年加工木材10万方,完成年产值4300万元。红薯种植建成250亩的良种繁育基地,在沿山10个村种植新品种12500亩,在有烟方的8个村发展烟薯套种3500亩,平均亩产6500斤以上,全镇实现红薯产业年产值2143.5万元。基础设施建设筹资1个亿,实施了"七大工程"。建成师岗综合农贸市场、开发建设镇北路一条街、改造建设南路、解决集镇供水难问题、建设文化广场、建成师岗综合超市、镇直部门基础办公设施全面提升。镇敬老院进行升级改造;新建18个新村部;新修"村村通"水泥路24公里,全镇27个行政村全部实现了"村村通"水泥路;投资460万元的集镇供水项目正在加紧施工,投资300万元高标准建万人饮水安全水厂1个;新建改建校舍318间。

【马山口镇】 2010年,国内生产总值12.5亿元,粮食总产量1.76万吨,财政收入3300万元,固定资产投资2.8亿元,城镇居民人均可支配收入14460元,农民人均纯收入4840元。全年共招引项目8个投资4亿元。投资500万元的中明兴星,年产值400万元,实现税利40余万元;新星机械、马山铁锅、江山机械、金元化工等企业产值利税均有明显增长。全镇童车加工企业达10个,涉及加工户1000余户,年生产能力100万辆,年产值4000余万元。投资1.1亿元的云露山旅游开发项目已完成投资5000万元,已建和在建工程主要有248省道至景区3.6公里8米宽道路,景区内6公里车行道和35公里步道,三星级宾馆,景区大门、接待中心及停车场等;宝天曼矿产品开发公司,完成投资1000万元,实现产值5000万元,利税450万元;郑湾页岩砖厂投资500万元新上一条生产线,全年实现产值1000余万元。特色产业,新引资千万元建成野猪养殖基地2个,主芦花鸡养殖场2个,建成5个万头以上的养猪场、11个养殖小区,培育3个养殖专业村,全年可出栏生猪5万头,实现净收入5000万元。基础设施。投资2600多万元,建成占地22000平方米金马广场。三河口治理工程总投资1000万元,完成花北桥建设工程及三河口护堤岸工程。环集镇的河道堤防全部得到加固,默河一坝以上与三河交汇口形成2万平方的水面,提升了集镇品位。农田水利建设,全镇闸坝挖塘8座,新打机井54眼,恢复和新修灌溉渠3200米,实施小流域治理13处,治理水土流失面积2200亩,解决农村安全饮水6600人,除险加固小型水库2座,新增有效灌溉面积2000亩。新农村建设,累计投入资金将2000余万元。示范村河西村、试点村郑湾村两村的新农村建设初具规模。

【灌涨镇】 2010年,国内生产总值5.27亿元,粮食总产量2.58万吨,固定资产投资3.92亿元,财政收入854.5万元,农民人均纯收入3510元。工业经济加快发展,全年新上项目6个,有投资1.2亿元的南阳农丰肥业高塔复全肥项目,产值2亿元,利税1000万元;投资1200万元的内乡县纵横物流有限公司;投资1600万元的南阳市振诚物资有限公司;投资4500万元的豫宛三鑫面业;投资1600万元的东盈冶金辅料厂;投资5000万元的内乡三联绝缘密封垫有限公司。续建项目推进顺利,投资2.6亿元的龙大牧原高档肉制口品加工项目,已完成投资2.54亿元;投资9500万元的牧原公司饲料厂已完成投资4700万元,已建成6个钢板仓,配料库,成品库;投资1500万元的南阳正益化工有限公司,又投资900万元建成配套库房;投资2000万元的南阳宇林电讯器材有限公司已投产运行。支柱产业,烟叶种植6500亩,实现税收185万元,新建漂浮育苗大棚10座,密集化烤房20座,高标准实施烟水配套、烟炉建设、电力配套等工程,新建烟叶烘烤中心2处,烟炉177座;全镇千亩以上大方2个,100亩以上的种烟大户12个。基础设施。新修"村村通"水泥路10.2公里,新修下水道600米,新建沼气池400个,新建农民休闲广场1座。争取倒房重建资金106万元,扶持重建77户。

【瓦亭镇】 2010年,国内生产总值4.9亿元,粮食总产量1.3万吨,财政收入680万元,农民人均纯收入1095元,加大项目招引力度,新招引项目4个,有投资3500万元的源鑫石材项目;投资300万元的干鲜果冷藏深加工项目;投资150万元的鞋面加工项目;投资2000万元的西安百环建材项目。全年新增固定资金投资3600万元,投资5000万元五氧化二钒项目,年产钒土600吨,实现税收1000余万元;辽源石材全年共生产板材10万平方米,实现产值500万元,盛达、闫湾石材和8个灰砖厂等实现了全面生产。支柱产业。新增3个烟叶种植千亩大方,带动建立4个500亩大方,全镇种植烟叶7000亩,烟叶收购入库61万公斤,实现利税207万元。畜牧养殖。新建3000只以上蛋鸡场2个,万只以上柴鸡场1个,200头以上生猪场2个,全镇年末大牲畜出栏2500头,生猪存栏2.7万只头,羊存栏3.5万只,家禽30万只,实现畜牧业产值2400万元;林果业补植补造速生杨2.5万株,发展山药、春景核桃基地500亩,新发展龙须草200亩,完成造林4000亩,栽植杨树1.7万株,并营造围林村6处,点种油桐1200亩,花椒及柿树4万株,通道林补植6公里。基础设施。争取资金600万元,建成石营文化广场、瓦亭商贸市、邮政办公大楼等;投资90多万元,新修村村通公路8公里;争取资金237万元建文化中心1个,农家书屋16个;落实灾后重建资金15.2万元,新建房屋55间。

【大桥乡】 2010年,国内生产总值7.8亿元,财政收入967万元,农民人均纯收入4800元。项目工作再创新高。共招引项目13个,其中落户大型项目5个,投资总额达1.3亿元,有投资3000万元的河南德威矿业有限公司项目、投资2000万元的德徽预混建材项目、投资900万元的鑫泰冶材项目、投资5250万元的泰隆低温余热发电项目、投资1600万元的桥梁预制构件项目。已入驻运行的有投资亿元以上的泰隆新型干法水泥项目;投资4500万元的澳瑞得建材年产砖块1.4亿块;投资1000万元的永鑫建材,年产8000万块砖,由此带动相关产业链条30余个建材制品企业;投资3000万元的国荣溶剂化工项目;投资3000万元的环保设备制造项目;投资1800万元的澳门豆捞餐饮项目等10余个。支柱产业,以培育大场大户、发展标准养殖小区为主,全乡千头以上养猪场7个,新发展万只养鸡场2个,建成封营5万只种鸡厂1个,种猪繁育场1个,种鸡生产突破2000万只,全乡生猪存栏20560头,畜牧养殖成为当地农民收入的主要来源。建立蔬菜生产基地。成立蔬菜专业合作社,新发展温室大棚20多个,其中3亩大棚10个,1.5亩大棚7个,新发展池种莲藕150余亩,新建200多座温室大棚反季节蔬菜,全乡蔬菜产值6000万元。以杨沟柑橘为中心,新发展柑橘1200亩,使柑橘面积达6000亩,亩效益5000元以上。在西部山区栽植以油桐为主的生态能源林2599亩,栽植薄核桃5万株。基础设施。争取资金520多万元,新修加固河堤500米,修水泥硬边渠10000米,有效解决7个组15000人生活用水问题。硬化主次干道5.7公里;建封营村小学教学楼,整修大桥初中、小学的校舍;整修下水道2000米,修建和完善农村文化娱乐广场6处。争取资金155多万元,重建房屋33户。

【赵店乡】 2010年,国内生产总值6.2亿元,固定资产投资1.9亿元,农民人均纯收入3775元。项目建设。全乡共新上项目6个,其中超千万元的有路邦车业、天和冶金铸造、天德制革、康盛园冶金辅料、富家机械等,已建成投产的有龙翔生物柴油有限公司、菊龙面粉厂、南阳博兴矿业、华泰粮油加工厂、郦城石材、花洼免砖厂机械铸造加工和塑料加工等项目。支柱产业。全乡9个植烟村种植烟叶10500亩,年收购烟叶75万公斤,实现税收270万元。基础设施。筹资325余万元,新修11个村水泥路面2.5公里,并修建了下水道、架设路灯,栽种绿化树木;新修长岭、黄营、杜沟、袁寨4个村水泥路10公里;建成乡文化服务中心大楼和文化广场。投资700万元,高标准实施范营土地整理,高标准完成2000亩坡改梯工程和6000亩农业综合开发工程,改善了3个村的农业生产条件,新打配机电井38眼,建设烟水配套工程3处。

【余关乡】 2010年,国内生产总值3.06亿元,固定资产投资2.43亿元,财政收入895万元,农民人均纯收入2205元。项目工作成效显著,全乡共招引项目21个,其中千万元以上项目6个,总投资8亿多元,已完成投资1.6亿元。有总投资6亿元,占地500亩的国电宛西物流有限公司,年配煤100万吨;投资5000万元的瑞源实业有限公司,主产冶金辅助材料。骨干企业运行良好,五联、宏达实业、诚鑫公司、赛克龙等企业实现税收890万元。支柱产业。全乡种植烟叶1.3万亩,收购烟叶131万公斤,税收450万元,烟农直接经济收入2000元;新栽植核桃1.2万亩,完成荒山造林3000亩,退耕还林低效林改造4300亩,实施通道林绿化7.4万棵;全年牲畜存栏12万头,畜牧养殖集中度达到80%。基础建设。整合谢寨万亩土地整理、代君岭万亩核桃基地、岳沟3000亩基本口粮田、报滩2000亩小流域治理、烟叶配套、户用沼气等项目,完成土地综合治理改造2万多亩,闸坝11座,建烘烤中心2个,提灌站1处,水窖50多个,铺设管网3000多米,新建户用沼气池205座。引资500多万元,建成余关金达源购物中心。投资600多万元,新建余关烟站、气象站、文化站,对余关、报滩、孙沟等学校实施了改建扩建。申办倒房重建67户。

【乍岖乡】 2010年,国内生产总值4.5亿元,财政收入737万元,农民人均纯收入2315元。项目建设,以投资500万元的金灵厂、投资700万元的美灵电石工业白灰为标志的新型石材开发稳步发展;以投资500万元的细木板、1000万元的龙鑫钢纤维、投资500万元的猕猴桃果酒新产品研发成功运营,泰隆、博达、天曼、鑫达、鎔鑫5大骨干企业稳步发展。投资300万元的金灵大理石加工企业,产品销往韩国、杭州等地,年创利税20万元;投资300万元的鎔鑫新石材厂,年创税收15万元,投资300万元的龙鑫钢纤维制造有限公司等。支柱产业。种植烟叶5000亩,收购烟叶41万公斤,实现烟叶税130多万元,烟农收入650万元。畜牧业稳步发展。在上庄、双堰、王井等10个村发展规模在60～100只以上的养羊专业户15户,全乡大白山羊饲养量达到17万只。引资4000万元,承包荒山,建成观山、葫芦山、岗头等核桃基地1.5万亩;投资500万元,改造低产茶园1000亩,全年春茶产量2000公斤。在4月份举办的"河南省名优茶"评选会上,永青山的"伏牛绿芽"获得银奖,"永青云雾"获得优质奖。在庙湾村试种日本菜葫芦50亩,亩效益3000元。基础设施,投资450万元,修路、闸坝、挖塘。争取资金200多万元,新建清泉希望小学、乍岖初中体育场和庙湾村教学楼;吴垭石头村荣获全省首个"历史文化名村"。投资34万元在魏营村建文化大院,建中心文化站。发放救灾款27.7万元,倒房重建户34户,投资20多万元对乡卫生院病房、药房进行改造。

【七里坪乡】 2010年,国内生产总值3.9亿元,固定资产投资1.37亿元,财政收入303万元,农民人均纯收入3900万元。项目工作,新上项目6个,有内乡同力集团花岗岩开采项目;投资500万元的内乡县牧原养殖设备有限公司;投资1.6亿元西峡绿林商贸有限公司金矿开发项目;投资600万元食品添加剂钙粉项目;由徐州坤泽商贸有限公司投资3766万元建成内乡六九石英科技有限公司;投资1200万元的景泰山庄建设项目,是一个集旅游、休闲、娱乐、住宿、餐饮为一体的度假山庄。续建项目1个,投资8000万元的宝天曼矿业有限公司,一期投资3000万元。旅游业,宝天曼峡谷漂流围绕"打造河南精品、中原漂流龙头"景区的战略目标,新建1400平米的洗浴中心和星级公厕,设置安全通道、修建石挡墙、拦河坝,在危险地段安装闭路监控,对河道进行了清理,新配备漂流艇400只,定位为休闲漂,日接待能力1400人。支柱产业。强力发展林果(菌)产业,种植袋料香菇100万袋,产值800万元,嫁接板栗500亩,总面积达3000亩,荒山造林3200亩,成功试种新西兰红梨5亩,亩产值达5000元。畜牧业稳步发展,建成养鸡、养猪、养羊示范场12个,带动全乡发展各类养殖户360个。新发展大棚蔬菜300亩。基础建设,高标准整修村组道路60公里,补植杨树8000棵。争取项目资金880万元建设农村安全饮水工程,在后坪村修建可供5000人同时饮水的水厂1座,解决了4500人的饮水安全。新修农业生态观光园1处,修建硬边渠1200米。新修拦河坝4个,打井4眼,修铺设管道3万米。集镇被南阳市评为二星级集镇。争取项目款140余万元,房屋重建100户。

【桃溪镇】 2010年,国内生产总值3.9亿元,粮食总产量13093吨,财政收入450万元,农民人均纯收入1565元。工业企业发展取得了突破性进展,新建投资超千万元以上的项目4个,有河南宛泰粉末冶金有限公司年产3000万只轿车水泵和排气管类冶金配件项目,投资1.1亿元;投资5000万元的庆祥石材有限公司,主要生产加工石材工艺品;投资1000万元的兴盛农副产品储加工项目,是一个集干鲜果购销、冷储、深加工为一体的农副产品加工项目;投资500万元的伏牛山黄酒加工项目。二是续建项目3个,有三泰矿业五氧化二钒项目,二期投资5000万元;投资2亿元的天宝石业集矿山开采石材加工为一体,投资5000万元;投资6000万元的鑫岩石材仅两门石灰窑,每年产值达2500万。以石材加工的镇工业园区,上档升级改造日趋完善,25个企业实现产值15000万元。基础设施。投资100万元完成桃溪河治理工程;整修团结大道美化和亮化、绿化工程;投资600万元硬化桃溪镇富民路;投资5000万元修建飞扬路商贸街;投资40万元改造修缮政府机关。投资800万元,完成了新村部建设,村级敬老院和两排20户灾民样板房主体工程,完成了新村一桥二桥、河道护坡和一纵两横主干道等重点工程基础工作。农田水利。投资50万元,栽种优质薄壳核桃,依托仙鹤纸业市场的优势,利用原有种植龙须草的传统优势,分墩移栽和撒播种子6000亩。形成1.2万亩龙须草基地。治山整地1000亩,争取水利资金100万元,在大路村沟底组实施安全饮水项目建设,7个村民小组的饮水问题得到了解决。

【板场乡】 2010年,国内生产总值2.8亿元,财政收入1299.2万元,农民人均纯收入3946元,固定资产投资3.9万元。项目工作,全年新引进投资额在200万元以上的项目7个,其中已建项目2个,在建项目5个,已签合同项目1个。有铁矿石浮选项目2个、炼镍厂、隆鑫染色板厂、闽发石材厂等。支柱产业,袋料香菇生产规模突破500万袋,发菌成功率达98%以上,实现收入4000余万元。新嫁接板栗1000多亩,栽植山萸肉1500亩,新栽本地适生、速生、抗病能力强的中林46、2000系列两大品种20万株,以冯庄、双庙、柳坑等荒山造林、植草为重点,栽植龙须草1000亩,发展各类生态林2000亩,栽植核桃树800亩,发展山萸肉1000亩,嫁接板栗8万穗,改造次生林800亩。全乡生猪存栏4500头,发展专业村9个,专业场35个,专业户180户,建成2.6万只蛋鸡养殖场1个,年出栏10000只肉鸡养殖厂1个。抗洪抢险工作,7月,板场乡遭遇特大暴雨袭击,并引起山洪暴发,造成全乡道路、电力、通讯、供水全部中断,直接经济损失达7800万元。乡党委、政府迅速组织抗洪抢险突击队近500余人冒雨抢险,连续奋斗两天两夜装沙石6万多袋加固土门防洪大堤,确保了渔道河下游300余名群众的生命财产安全。转移群众5900余人,临时安置2600余人。筹措资金50余万元,打通5条主要通道,铺设自来水管线,抢通电力通讯,加固险房倒房。争取近10万余米的自来水管线,筹资近200余万,恢复饮水管道20余万米,解决了近6000人的饮水困难。筹资1700余万元,使285户倒房建设全部重建新房,倒房重建补贴也全部发放到位。筹资600余万元,完成全乡54座桥涵,15.2公里村组道路,3000余米挡墙的修复建设任务。投资150余万元架设了前庄大桥、马庄便民桥、竹元组便民桥、环乡挡墙等建设工程。集镇建设,投资90万元完善了河南岸新街后期配套工程。治理建设河北岸,硬化水泥路面3700余平方米。新农村建设。投资100万余元对村文化大院建设进行了粉刷涂白,安装门窗,修建了假山、凉亭,硬化了院内300多平方米的地坪;治理竹园河道。硬化冯庄长2.5公里宽3米的组组通道路,新建长70米宽5米的大桥一座,修复便民小桥3个。(魏瑞芳 吴昕)

西　峡　县

县情综述

【概况】 总面积3453.9平方公里,耕地面积22070公顷。总人口44.8万人,其中乡村人口29.12万人。辖白羽、紫金、莲花3个街道办事处,丹水、回车、丁河、西坪、双龙、米坪、桑坪、五里桥、重阳、太平10个镇,阳城、田关、寨根、石界河、军马河、二郎坪6个乡。

县委书记:张生起;副书记:摆向阳、李长江(2011年4月离)、李德成;常委:刘培成(纪委书记)、王晨昭(县委办主任)、王大兵(武装部长)、朱吉稳(常务副县长)、段文汉(宣传部长)、贺迎(组织部长)、赵连辉(副县长)、吕秀武(政法委书记)、韩丙森(统战部长)

人大主任:朱诗林;副主任:张冠英、张学亭、董天申、刘青有、李中曦

县长:摆向阳;副县长:朱吉稳、赵连辉、张小斗、华道梅(女)、何耀航、胡楠、吴在明、孙国徽(女,县长助理,2011年1月任);副处级干部:张克俭(西坪镇党委书记)、杨海韬、朱元朝、吕秀鹏、王建朝

政协主席:张天功;副主席:丁长森、崔春祥、彭永立、宋文超;副处级干部:王北武

法院院长:宋长青

检察院检察长:王伯钦

公安局长:常杰友

武装部政委:金先泽(2011年3月离)、朱培伦(2011年3月任)

总工会主席:周和平

群工部长:田青法

黄石庵林场党委书记:曹志刚

2010年,实现国内生产总值151.2亿元,比上年增长15.9%。其中一二三产业增加值分别完成21.9亿元、99.1亿元、30.2亿元,增长4%、19.1%、12.8%,三产结构达到14.5:65.5:20;粮食产量99950吨,增长一5%;地方财政一般预算收入5.86亿元,增长9.1%;地方财政一般预算支出14.9亿元。全社会固定资产投资完成136.1亿元,增长30.6%;社会消费品零售总额36.9亿元,增长20.2%。实际利用外资1320万美元。城镇居民人均可支配收入达到14607元,增长12.3%,人均消费性支出10175元。农村居民人均纯收入6512元,增长18.1%,人均生活费支出3991元。城乡居民年末储蓄存款余额47.98亿元。

【工业经济逆势增长】 全县工业完成总产值326亿元、税利23.7亿元,分别增长19.4%、17.6%。其中规模以上工业产值、税利分别达到263亿元、21.8亿元,分

别增长21%、18.9%。中药制药、钢铁及冶金辅料、汽车配件、农副产品加工四大产业分别实现产值7亿元、200亿元、19.3亿元、8亿元。全县有5个企业进入“全省民营企业50强”、6个企业进入“南阳企业50强”,新增规模以上企业20个,新增产值超亿元企业6个;宛药、西保、龙成三大集团分别完成产值22.7亿元、37.4亿元、130.5亿元,西泵公司成功上市,成为全市第一个上市民营企业;全年有7个企业通过国家行业质量体系认证,6个产品获得河南省名牌产品。全年共实施重点工业项目25个,总投资109亿元,累计到位资金57.1亿元,其中已建成投产13个。县产业集聚区共完成基础设施投资8亿元,新入园企业31个,新投产企业5个,被省政府授予“全省2010年度十强产业集聚区”,被确定为全省循环经济试点、全省新型工业化示范基地。全年单位GDP能耗降低7.69%、主要污染物排放总量减少3.3%。

【农业经济稳步发展】 新发展猕猴桃基地9060亩、中药材1.25万亩、香菇1.5亿袋、烟叶1.3万亩、规模养殖场23个。农业总产值达到35.9亿元。猕猴桃、香菇进入“国家农业标准化示范区”,香菇进入“全国首批重点推进出口食品农产品质量安全典型示范区”,在2010年中国特色农产品博览会上西峡香菇被评为“金奖”。成功举办了中国·西峡第二届猕猴桃高层论坛暨产销见面会,猕猴桃产销对接良好;香菇出口6558吨,出口额1.32亿美元,占全市农产品出口总额的81.6%、全省的16.6%,西峡县成为全省农产品出口第一大县。完成造林绿化15.14万亩,治理水土流失面积302.16平方公里。荣获“全国可持续发展生态示范县”,第九次蝉联省“红旗渠精神杯”。

【旅游经济持续攀升】 投资1.6亿元,启动了恐龙遗迹园二期建设、老界岭深度开发等7个景区建设工程;老君洞景区通过了省3A级景区创建验收。双龙旅游购物中心已建成投入使用,新发展农家宾馆88个。双龙镇化山村、太平镇东坪村、丹水镇丹水村、田关乡孙沟村成功入选“河南省特色旅游名村”,并被列入全省“百村万户”旅游富民工程扶持项目村。通过了联合国科教文组织对伏牛山世界地质公园的中期验收,举办了中国重阳文化节暨第六届伏牛山诗歌峰会,被授予“中国重阳文化之乡”,成立了“中国重阳文化研究中心”。全县各景区共接待游客296.3万人次,门票收入1.12亿元,综合收入11.23亿元。

外国专家关注西峡猕猴桃

【城乡面貌明显改观】 完成了西峡县城总体规划(2010—2030)、县域村镇体系规划、新农村村庄建设规划、灾后重建规划等一批城乡规划编制。启动了迎宾大道、白羽公园等10项县城重点工程,完成了彩虹桥等5个城镇重点建设项目;完善了县城自来水、污水管网等4项城市配套工程;实施了白羽路等7个路段道路绿化工程。双龙镇荣获国家卫生镇,丹水镇荣获全国特色景观旅游名镇,西坪镇、太平镇荣获河南省环境优美小城镇。顺利通过了“国家卫生县城”年审。新农村建设方面,全年共硬化村组户道路182.6公里、发展沼气1080户、新建休闲健身游园22个。田关孙沟村、五里桥黄狮村、回车西沟村被评为省级生态文明村。公路建设完成了G312线维修工程和5座危桥改造等干线公路建设工程、S331线战备公路改建工程,完成了61公里乡道改建和13公里村村通公路改建工程。

【发展活力不断增强】 完成外贸进出口4.16亿美元,增长170%,居全省第三位。全年签订各类招商引资项目164个,合同引资59亿元,实际到位资金19.6亿元。签约引进外资3400万美元,实际利用外资完成1620万美元。全年上报项目316个,争取到位资金8.5亿元,比上年增加1.7亿元。

【社会事业全面进步】 新增农村

劳动力转移就业9200人，新增城镇就业7830人，城镇登记失业率控制在3.8%。人口自然增长率为4.98‰。新农保参保率达到82.3%；改扩建了10所敬老院，荣获"全国农村五保供养工作先进县"；新建了2.4万平方米的经适房和廉租房。完成了22个农村中小学D级危房改造项目。西峡县在省政府"职业教育强县"评估验收中位居第一，教育教学质量评估位居全市第一。全县有线电视用户达到10万户；新建乡镇文化服务中心4个、村级文化大院15个。全县新农合参合率达98.8%。完成生态移民搬迁扶贫277户1034人。全年无发生重特大安全事故。

【抗洪救灾取得实效】　在"7·24"特大洪灾中，安全转移灾民16.1万人，其中农村转移13.6万人，县城转移2.5万人，安置灾民6.4万人。多渠道筹集款物9226万元，恢复干线公路26公里、县乡公路229.6公里、乡村道路477.4公里，治理河道68公里，建成迁安小区8个，政府帮建的3800户倒房户全部得到安置。

西峡县各乡镇办主要领导名表

乡镇办	党(工)委书记	乡镇长、主任
白羽街道办事处	樊少华	王炳奇(2010年11月离) 刘甲欣(2011年4月任)
紫金街道办事处	封彦波	杜俊如(2010年11月离) 李建伟(2011年4月任)
莲花街道办事处	王全洲	蒋敏昌(2010年11月离) 黄　磊(2011年4月任)
丹水镇	李　涛(2010年10月离) 张栓誉(2011年4月任)	张栓誉(2010年4月离) 郭　强(2011年4月任)
回车镇	黄为民	彭振生
丁河镇	李寅兴	杜晓伟
西坪镇	张克俭(副处级)	陈守科
双龙镇	吴在明(2010年10月离) 李　涛(2010年10月任)	李玉山
米坪镇	张大鹏	苗相伟
桑坪镇	朱光敏	郑光一
五里桥镇	郑双成	雷　涛
重阳镇	屈振伟	王培庆
太平镇	袁宝峰	卢韶兵
阳城乡	杜威业	庞　远(2011年4月离) 李大勇(2011年4月任)
田关乡	王宜文	薛本相
寨根乡	王金贵	郭好兵
石界河乡	田中超	庞潜泽
军马河乡	黄　静(女，2011年2月离) 庞　远(2011年4月任)	陈运朝
二郎坪乡	李宏伟	余晓华

乡镇办概览

【白羽街道办事处】　2010年，民营经济产值6.7亿元，工业经济产值8109万元，财政收入690万元，固定资产投资8562万元，居民人均可支配收入12973元。全年新引进项目13个，总投资8.02亿元，已建成投产10个；规模以上企业个数达到5个，产值超千万元企业个数达到8个。培育发展个体工商户121个，同时引进金帝国际商务会所、文化传媒有限公司等项目6个。新建杨家沟、南大街、龙湾3个游园，辖区内游园总数达到9个；背街小巷新安装路灯1296盏，安装路灯覆盖率达到98%以上；硬化背街后巷道路15条，总面积8992平方米，铺设下水道1746米；新安装视频监控探头64个，督促辖区各行政企事业单位、宾馆、酒店、超市、住宅小区安装视频探头93个，辖区内公共视频探头总数达到了183个，经营门店安装联网报警器164套，居民家庭安装报警器1892套，辖区内技防设施覆盖率位居全市前列。建成街道便民服务中心，已累计为群众办结各项便民服务事项124件，提供各类便民服务40余次，调解矛盾纠纷12起，协调安置就业岗位346个，审核办理小额贷款186万元，办理城镇居民医疗保险3205人；街道先后被授予省级卫生单位、省级园林单位。

【紫金街道办事处】　2010年，国内生产总值2.4亿元，财政收入560万元，固定资产投资6.8亿元，城镇居民人均可支配收入15142元。招商引资1.95亿元，新上和技改工业项目8个。其中西峡欣添菇业有限公司项目成功入驻工业园区；捷隆铸造项目、华盛钢铁贸易有限公司、汉鑫冶金材料有限公司、伟辉冶材公司、雅洁洗涤化工有限公司和合力冶材有限公司硅铝合金半钢发热剂技改6个项目投产运营。新发展和上档升级专业性市场及服务业16个，其中桐凤祥商务会所、新合作礼堂分店、西粤大酒楼、汉斯啤酒美食城和金星啤酒西峡体验中心5个项目已开业运营；新发展配件加工、汽车修配等庭院工业7个，新增个体工商户180个。完成211条20公里长背街后巷亮化工程；建成游园4个，绿化面积6000平方米；改造升级视频监控系统。建成安居工程2处，解决160户500余人住房困难，办理新型农村合作医疗、城镇居民医疗保险7373人，参加农村养老保险191人。办理城镇及农村低保、五保、住房补贴1794人次，发放低保金、住房补助金、救助金、优抚金230万元。实现就业再就业1386人，输出劳力2116人。

【莲花街道办事处】 2010年，国内生产总值3.6亿元，财政收入738万元，居民人均纯收入6231元，固定资产投资5.9亿元。全年完成招商引资项目18个，其中工业项目10个，第三产业项目8个，投资总额6.1亿元；新上及技改项目13个，总投资3.7亿元，其中工业项目5个，金方圆迁建、海成冶材、鸿运机械加工3个项目投资额均在3000万元以上。白羽公园已完成绿化苗木栽种、供排水管道、区间道路等工程，白羽堂、游客服务接待中心、人工湖等配套工程主体已完工。电力广场基础工程基本完成。高标准建成园林式庭院40户，绿色示范小区5个，省级示范小区1个、市级示范小区2个、县级示范小区2个。对背街后巷进行美化，共种植苗木2.7万株，新增绿化面积3200平方米，硬化道路2000余米，安装路灯2290盏。安装视频监视器48个，安装家用报警器1200余套，建立全辖区联网的电子防范监控系统。

【丹水镇】 2010年，国内生产总值7.76亿元，固定资产投资6.7亿元，财政收入1208.5万元。全年完成招商引资项目9个，招商额达2.4亿元，新上项目8个，8个项目全部进入丹水工业园。因“7·24”洪灾受损的20个企业全部恢复生产。新发展猕猴桃基地1300亩、烤烟6000亩、中药材3000亩、袋料香菇220万袋、茶树菇及长腿菇100万袋；春季造林182.5万株，造林成活率达到了90%以上。在丹水集镇征地82.93亩建设菊潭新村，一次性新建房屋142套，同时启动了丹水镇菊潭中心小学、菊潭文化中心建设工程；“龙腾”大桥建设、集镇至恐龙遗迹园道路升级改造工程已基本完成，实现了集镇商贸服务区与旅游服务区的全面贯通；分段实施了丹水河道综合整治工程，其中修复河道1200米，清淤、河堤加固2600米。旅游开发，完成了恐龙遗迹园二期征地356.8亩，扩宽312国道至景区道路2.7公里；龙都水上乐园项目顺利完成投入运营；启动了游客服务中心建设。丹水村被确定为河南省“百村万户旅游富民工程试点村”。投资770万元，启动了3万人农村安全饮水工程，已铺设主管网5.3公里，支管网6.7公里，入户1843户。新修村村通、组组通道路10公里，新发展沼气150个、安装太阳能500余户。

【回车镇】 2010年，国内生产总值8.39亿元，固定资产投资19.01亿元，财政收入1591万元，农民人均纯收入5096元。全年新上及技改项目13个，总投资28.16亿元，其中新上项目9个，技改项目4个；新发展庭院工业10个，总投资553万元。招商引资总计到位资金8.5亿元，其中县外资金到位2.45亿元；实施签约项目8个。新发展猕猴桃1200亩，新建猕猴桃保鲜库2座，新增保鲜能力200吨；新建标准化袋料香菇示范基地6处，种植袋料香菇350万袋；种植烟叶2100亩，实现税收37.5万元；新发展中药材2600亩；完成绿化造林8600亩，打造千亩以上造林基地4处，新栽各类苗木176.76万株。全镇县级以上新农村试点村6个，市级文明新村5个，硬化花园、杜店、王营道路7公里，建成文化大院3处。全镇新建沼气460座，新增安全饮水800户，新增有线电视用户360户。全年发放“五保”资金39.96万元，“低保”资金114.84万元；发放“7·24”洪灾因灾倒房户建房补贴资金425万元；扩建改造了镇敬老院，“五保”集中供养能力较上年增长了一倍。荣获“全省文化建设先进乡镇”、“全省造林绿化先进乡镇”等荣誉称号。

【丁河镇】 2010年，国内生产总值7.33亿元，财政收入210万元，固定资产投资1.88亿元，农民人均纯收入5834元。全镇产值超两千万元的企业有6个，庭院工业有26个，全年新上项目7个，技改项目6个，招商引资总额2.28亿元。新发展猕猴桃基地2600亩、袋料香菇1800万袋，建成了50万袋以上的香菇标准化生产基地6处；新发展栀子、四季金银花等2600亩；新发展万只以上养鸡场10个，千头养猪场1个，百头养猪场5个，50头以上养牛场2个。建成了丁河中心小学师生宿舍楼、丁河卫生院传染病病房楼、镇文化活动中心、生态移民迁安小区工程；对集镇的防洪大坝进行了修复，集镇防洪能力达到50年一遇。在镇区建成标准化垃圾池15个,购置果皮箱126个,垃圾清运车2辆,卫生保洁车12辆,招聘环卫工人15名,提高了卫生保洁水平。建成食用菌专业村27个,猕猴桃专业村18个,建成村级文化大院3个。“7·24”洪灾后,修复水毁道路及村组道路118公里、堤坝25处1.25万米,修复有线电视线路8.5公里、移动通讯线路7000余米;全镇倒房户177户全部得到妥善安置。丁河卫生院被省政府评为“全省卫生系统先进集体”,被河南日报农村版评为“人民最满意的医院”。镇获“河南省科普示范乡镇”荣誉称号。

【西坪镇】 2010年,国内生产总值6.56亿元,财政收入408万元,固定资产投资5.1亿元,农民人均纯收入5100元。全镇新上及技改工业项目17个,总投资9.82亿元,其中招商引资项目11个,引资额7.26亿元。全镇产值超1000万元企业7个,超500万元企业10个,全年新增限额企业3个,总数达到11个。新发展猕猴桃基地1180亩,新发展茶叶基地1000亩,袋料香菇种植规模达到800万袋,中药材发展面积4000亩。启动了牧牛岭生态移民二期工程,高标准建成小区住宅80套,安置移民80户。启动了高速公路服务区建设工程和西坪镇文化体育中心建设工程。

【双龙镇】 2010年,国内生产总值12.5亿元,财政收入1709万元,农民人均纯收入5300元。全镇新上、扩建、技改项目13个,总投资7.7亿元,其中已建成项目8个,在建项目5个;全年新入驻县产业聚集区项目2个,新批准限额企业1个;新上庭院工业26个,其中入驻后湖庭院工业园16个,使园区庭院工业总数达到96个;全镇民营企业52个,其中规模以上企业13个。完成猕猴桃野生改造300亩;发展袋料香菇700万袋;新发展柴胡、桔梗等中药材5000亩,总面积5.3万亩;全镇特色农业收入占农民收入的比重达50%以上。建成可容纳袋料香菇50万袋的香菇标准化基地1处。实施了龙潭沟二期工程,蓄水大坝、水上飞机滑道和新山门已竣工运营;龙河漂流中码头已建成开放;灌河漂流下码头工程已建成并投入使用。新建农家宾馆11个。全年接待游客75万人,景点门票收入2600万元,旅游业综合收入1.6亿元。在集镇东入市口建旅游购物专业服务中心1处;建成垃圾中转站1处;新埋设自来水管网3000米;新购置了保洁车、垃圾清运车和洒水车,新购了综合执法电瓶车1辆。“7·24”洪灾后,修复公路、土路270.8公里,因灾倒房的184户全部建了新房。

【米坪镇】 2010年,国内生产总值4.3亿元,财政收入101万元,固定资产投资4.7亿元,农民人均纯收入5723元。全年新上项目9个,其中已建成3个,入住县产业集聚区企业达9个。全年共发展袋料香菇1200万袋,香菇产值1.5亿元;以山茱萸为主的中药材种植业总产值6000万元;畜禽规模养殖场达到30个,全年畜禽产值3000万元;米坪中药材市场年度交易量达到3000吨,交易额2.5亿元。完成了集镇13条1300米背街小巷的道路硬化、镇文化中心主体工程建设、垃圾填埋处理场的选址和集镇防洪大堤的建设,灾民集中安置工程已开始施工。新发展沼气200户,太阳能260个,新建移动通讯基站5处。全年共发放各种补贴资金306万元。“7·24”洪灾后,恢复乡村公路45公里、村组道路56公里,修防洪大坝3.1公里,440户倒房户全部得到妥善安置。

【桑坪镇】 2010年,工农业总产值8.25亿元,财政收入123万元,固定资产投资1.86亿元,农民人均纯收入4828元。全镇新上工业项目11个,总投资4.38亿元,到位资金9740万元。在县产业聚集区新上项目2个。新建香菇标准化基地4个,种植袋料香菇2000万袋;新建2000余亩优质核桃基地2个;全镇有养鸡场50个,存栏量达30万只,有大型标准化养牛场1个,存栏量200余头。完成卫生院综合病房楼建设。三湾鹳河大桥和黄沙鹳河大桥已建成通车;完成了桑坪、北湾、玉皇岈村组道路硬化1.5万平方米;新建集镇安全饮水工程1处,解决了6300人的安全用水问题;新建户用沼气池100个;建成桑坪综合文化广场。投资1000余万元,完成小流域治理92平方公里,河道治理22公里,修建生物堤24公里,河坝5.3公里。实施了岭岗防洪大坝建设工程,完成阳光小区工程建设,高标准建好109套移民小区工程,配套完善了超市、标准化卫生室、新农村书屋、公厕、亮化等设施,移民已全部入住。“7·24”洪灾后,修复县乡公路5公里、村村通公路18公里,修复河坝1800米、河堤3000米,修复鹳河桥梁5座、村村通公路桥梁7座,全镇247户倒房户全部安置到位。

【五里桥镇】 2010年,工农业总产值60亿元,财政收入1472万元,固定资产投资41亿元,农民人均纯收入5600元。全年新上项目12个,总投资9.82亿元,其中招商引资6个,到位资金1.43亿元;产值超亿元企业5个,限额企业11个;全年新上庭院工业47个,总规模达300个。新发展猕猴桃2100亩；新发展袋料香菇480万袋，建成香菇标准化示范基地5个；中药材的发展规模稳定在2000亩以上；全镇养殖规模突破80万只；大棚蔬菜超千亩；花卉育苗基地达2000亩。完成了五里桥背街小巷和西李营光亮工程，安装路灯160余盏；实施了城区11个村垃圾处理工程，增设垃圾箱19个、垃圾收集车16个，配备保洁员18人。建成了龙乡路和天童幼儿园。启动建设慈梅寺张庄、王庄迁安新村，建成五里桥镇老年活动中心。新发展沼气210个，安装太阳能430个，建成文化大院2个、游园13个、新农村书屋3个。"7·24"洪灾后，修复道路58公里，恢复人畜饮水工程4处，108户倒房户全部住上了新房。

【重阳镇】 2010年，工农业总产值10.83亿元，固定资产投资4.98亿元，财政收入125万元，农民人均纯收入5088元。全年新上项目4个，其中建成投产1个。全镇新发展袋料香菇1500万袋，食用菌市场年交易额达2.5亿多元；新发展猕猴桃1110亩，全镇猕猴桃种植面积5000余亩；新建标准化种鸡繁殖场1处、蛋鸡生产场6个、养猪场2个。建成了重阳文化中心和菊花广场。全镇新打造新农村试点村4个，新硬化村组道路10公里，新建游园3处，配套新农村书屋10个，新增电脑20台、图书3.5万册，完成村庄整治4处，建成移民新村1个，村容村貌明显改观。"7·24"洪灾后，全镇179户倒房重建户中分散建房116户、集中建房63户；抢修损毁的堰渠1.4万米，桥梁12处，加固维修险情水库9座，修复受损的移动基站3处。全年解决2000人饮水安全，绿化美化村庄9个，新建农村沼气180个，新发展太阳能120户，新增、更换变压器5台、改造线路5公里，新建设移动基站1个、联通基站1个。被中国民协命名为"中国重阳文化之乡"。

【太平镇】 2010年，工农业总产值15亿元，固定资产投资7.8亿元，农民人均纯收入4735元。新上工业项目13个，引资总额6.54亿元，到位资金4.7亿元。全镇入园项目已达10个，限额以上企业达到4个。高标准管理好山茱萸基地3.5万亩、薄壳核桃基地4800亩.新发展五味子300亩、苜蓿草1万亩，新发展柴鸡9万余只。河南省伏牛山游客服务中心一期工程如期竣工，4月份顺利开业；启动东坪村伏牛山财富庄园高档旅游度假别墅群项目；改造升级农家宾馆21个，全镇中小型旅游宾馆达到7个、农家宾馆达到75个，日接待游客能力达到4800人。荣获河南省特色景观旅游名镇、河南省环境优美小城镇、河南省卫生镇。

【阳城乡】 2010年，国内生产总值2.9亿元，财政收入760万元，农民人均纯收入5507元，固定资产投资4.86亿元。全年新上项目18个，技改项目9个，其中招商引资项目15个，已建成投产7个，合同引资额6.56亿元，引资到位额2.21亿元；新入驻乡庭院工业园企业5个，已建成投产3个，总数达27个；入驻县工业园区8个，已建成投产5个，在建3个；全乡已形成汽车配件铸造和冶金保护材料两大主导产业，共拥有非公有制企业64个，限额企业5个，拥有星级企业3个，中港合资企业1个，出口贸易企业2个。新发展猕猴桃650亩；新建袋料香菇标准化示范基地3处，搭建标准化示范棚600个；种植烤烟2560亩；新发展各类中药材3600亩，建成千亩日本三岛柴胡示范基地3个，林果专业合作社5个，食用菌生产合作社4个；新建黄牛养殖场1处、养猪场1个；建成养鸡场2个，存栏量可达10万只。新建沼气池230个，建成沼气综合维修站1座，新装太阳能160个。"7·24"洪灾后，政府帮建因灾倒房户450户，建成集中安置点10个127户；修复河堤6700余米、河坝3520米，修复河道2.8公里；修复水毁村组道路45.5公里，整修桥涵48座。

【田关乡】 2010年，国内生产总值3.35亿元，财政收入276万元，固定资产投资1.8亿元。全乡新上项目8个，总投资2.2亿元。依托丝毯加工传统优势，提倡来料加工，全乡仅此一项人均增收100元。全乡共建沼气2680个，安装太阳能300台，改厨改厕800户。田关乡中心小学宿办大楼主体已完工；"7·24"洪灾后，恢复猕猴桃园988亩；修复水毁河堤、河坝1.1万米；完成坡头小学水毁工程。全年发放最低保障金56万元，发放救灾款189万元，面粉220吨，衣被450件套，救助困难家庭289户；倒房重建95户。

【寨根乡】 2010年，国内生产总值1.15亿元，财政收入90万元，农民人均纯收入4965元，固定资产投资11348万元。入驻县工业园区的诚合冶材公司、天阳冶材、宏立造型公司，全年销售收入均达到1000万元以上，全乡新增限额企业3个，入驻县园区企业已增加到12个。全年发展袋料香菇800万袋，建成以村为单位的香菇标准化生产基地5个，以组为单位的标准化基地25个；新发展猕猴桃基地220亩；新发展皱皮木瓜100亩、三岛柴胡40亩，五味子野生改造500亩。对界牌村进行了移民新村建设，50套安居房主体工程已全部完工。对寨根、方庄等村的电力线路进行了更新改造,新增3台大功率变压器,结束了寨根乡偏远山村用电不正常的历史。"7·24"洪灾后,修复道路33.5公里、河坝4400米、河堤8200米,75户倒房重建户全部得到安置,因地质灾害需搬迁的5户已全部搬迁安置在界牌移民新村。

【石界河乡】 2010年,国内生产总值2.74亿元,农民人均纯收入4696元,固定资产投资2.3亿元。建成了石界河香菇市场、灾民安置楼和移民小区,启动建设了冬青树二道河乡镇工业园区。"7·24"洪灾后,全乡倒房户276户,已在石界河集镇集中连片建房167户,其他倒房户均得到妥善安置;恢复石界河——烟镇公路,路基由5.5米扩宽到7.5米。

【军马河乡】 2010年,国内生产总值2.1亿元,财政收入85万元,固定资产投资2.3亿元,农民人均纯收入5350元。全年新引进企业10个,投资额达1.76亿元,其中投资1000万元以上6个,500万元以上4个;新增限额以上工业企业1个,使全乡的限额以上企业达到3个;全年新上技改项目4个。新建食用菌专业合作社4个、林果专业合作社2个、中药材专业合作社1个;建成袋料香菇标准化基地2处;新发展天麻100亩,野生改造连翘200亩、五味子100亩;新发展养猪场5个、养鸡场13个、养牛场4个。完成了集镇河西防洪堤坝工程、集镇排水管网建设、金马大道硬化。"7·24"洪灾后,116户倒房户均得到妥善安置,对110户地质灾害避让搬迁户,分别在集镇和孙门建2个安置小区进行集中建房。修复军马河——长探河公路38公里、"村村通"公路9公里、村组道路32公里、桥涵46处,修复河堤河坝5508米,修复安全饮水工程54处。

【二郎坪乡】 2010年,工农业总产值5.92亿元,财政收入149.8万元,固定资产投资1.81亿元,农民人均纯收入4958元。全年新上矿产品加工项目6个,技改项目2个,引资总额2.3亿元;全年新发展庭院工业12个,总数达到了67个。发展袋料香菇、草腐菌500万袋,发展野生猕猴桃400亩。新建集镇东区大桥1座,形成了绕集镇环型通道,方便了群众赶集购物和出行。龙河漂流景区正式建成投入运营,全年累计接待游客5万人次,实现旅游综合收入600余万元;银树沟景区二期开发建设工程正在进行,游客服务中心已建成投入使用;新发展高档农家宾馆21个,全乡农家宾馆总数达到137个,日接待能力达到3800余人。"7·24"洪灾后,修复乡村干道14.8公里、河堤河坝720米,全乡147户倒房户中新建的5个集中安置点集体安置59户,分散建房安置88户。(王富强　张晓红)

淅　川　县

县 情 综 述

【概况】 总面积2820.28平方公里,其中耕地面积57560公顷;水域面积365.6平方公里,水资源总量9.51亿立方米,其中地表水资源9.36亿立方米;境内有丹江、鹳河、淇河、滔河、刁河五大河流纵贯全境,拥有亚洲第一大人工淡水湖—丹江口水库,是南水北调中线工程的主要水源地和渠首所在地。境内已探明可开采矿藏39种,其中蓝石棉、虎睛石和松香黄大理石储量居全国第一。常住人口68.56万人。辖龙城、商圣2个街道办事处,荆紫关、寺湾、上集、金河、老城、盛湾、仓房、马蹬、香花、九重、厚坡11个镇和西簧、毛堂、大石桥、滔河4个乡。

县委书记:袁耀生;副书记:马良泉、汪天喜、宋超(兼纪委书记);常委:郭希朝(办公室主任,2010年5月离)、程立远(2010年5月,由政法委书记改任组织部长)、张荣印(组织部长,2010年5月离)、赵鹏(常务副县长)、王勇(武装部政委)、姬丰臣(2010年5月,由统战部长改任政法委书记)、陈助民(宣传部长)、贾松啸(县委办主任,2010年5月任)

人大主任:王吉成;副主任:崔金岑、王建都、多庆衔、王自俊、余仕芳

县长:马良泉;正处级干部:李廷伟、赵金秀;副县长:赵鹏、韩丙森(2010年5月离)、李晓兰(女)、赵红亮、王培理、冯有德、袁克政、杜勇(2010年5月任);县政府党组成员:辛泽涛、全建军

政协主席:李天相;正处级干部:李生林、张中志(2010年12月退休);副主席:李淅荆、梁瑞玲(女)、王俊林、郭则钦;党组成员:刘德礼

法院院长:丁建民

检察院检察长:李毅

公安局长:畅建辉

武装部长:董振武

总工会主席:崔金亮

群工部长:王明华

湿地保护处主任:闫天华

副处级干部:冀建成(移民局长)

2010年,国内生产总值实现125.76亿元,比上年增长

12.5%。其中：第一产业增加值实现28.88亿元，第二产业增加值实现69.64亿元，第三产业增加值实现27.24亿元。全县工业企业实现增加值63.15亿元。粮食产量24.9万吨，下降2.4%。全年财政一般预算收入7.35亿元，地方财政一般预算支出22.02亿元。全社会固定资产投资完成额124.1亿元。社会消费品零售总额46.89亿元。外贸商品出口总额997.6万美元，实际利用外资1400万美元。城镇居民人均可支配收入1.4万元，比上年增长12.4%；人均消费性支出1.1万元，增长15.9%。农村居民人均纯收入4237元，人均生活消费支出3622元。城乡居民年末储蓄存款余额57.05亿元。

经济结构进一步优化，三次产业结构比重由上年的23.3∶53.9∶22.8转变为23∶55.4∶21.6。第一、三产业分别下降0.3和1.2个百分点，第二产业较上年上升1.5个百分点。全年居民消费价格总水平比上年上涨2.1个百分点。有105名大中专毕业生实现就业。全年城镇登记失业率3.4%，城镇新增就业11200人，下岗失业人员再就业2819人，新增农村劳动力转移8600人。

【农业经济】 全年粮食作物播种面积91.5万亩，农业产值29.9亿元。油料面积59.4万亩，油料总产量10.9万吨；小辣椒总产10.7万吨；烟叶总产1.1万吨。造林面积17.6万亩；幼林抚育面积12.8万亩。林产品产量0.5万吨；林业总产值5412万元。肉类总产量5.7万吨，其中猪牛羊肉总产量5.2万吨；禽蛋产量2.6万吨。畜牧业总产值16.66亿元。水产品产量2.2万吨。渔业总产值1.9亿元。农林牧渔业总产值49.18亿元。

【工业经济】 全县工业总产值完成243.45亿元，比上年增长14.2%。年主营业务收入500万元以上的工业法人企业（简称规模以上工业企业，下同），完成总产值155.04亿元。其中国有及国有控股企业完成总产值33.28亿元。轻工业总产值完成20.94亿元；重工业产值完成134.1亿元。全年产值超亿元工业企业达到15个。年主营业务收入500万元以下的工业法人企业（简称规模以下工业企业，下同）及城乡个体工业完成总产值88.41亿元，比上年增长3.1%。规模以上工业企业实现主营业务收入120.98亿元，实现利税总额18亿元，实现利润10.76亿元。资质等级四级及以上建筑企业完成建安工程工作量11.24亿元，实交各种税金9957万元。房屋建筑施工面积34.55万平方米，竣工房屋建筑面积24.1万平方米。房地产开发全年投资5.3亿元，比上年增长137.8%，商品房施工面积20.69万平方米，商品房销售面积7.9万平方米，商品房销售额1.06亿元。

【交通通信】 全年各种运输方式完成货物周转量117751万吨/公里，旅客周转量101808万人/公里。实施交通建设工程14项，总投资4.2个亿，改建公路32公里，改造危桥4座，村村通公路30.5公里。年末公路通车里程2573.7公里，公路密度达91.3公里/百平方公里。年末公路干线好路率90%，县乡公路好路率80%。农村客运班线发展至50余条，营运客车157辆，全县所有乡镇和95%的村通上班车。拥有各种汽车7774辆（不包括农用车），机动营运船舶58艘，客位1204个，载货量1753吨位。邮电业务总量完成1.88亿元（含移动通讯），其中邮政3068万元，电信1.57亿元。年末局用电话交换机总容量34.6万门，固定电话5.7万户，移动电话用户28.3万户。年度新增移动电话用户6.9万户，计算机互联网络用户2.1万户，3G业务用户6270户。

【旅游经济】 旅游景区建设累计投资2亿元。全年累计接待游客239.5万人次，实现综合经济效益12.3亿元。

【金融保险】 年末全县金融机构各项存款余额93.66亿元，比上年增长53.9%。全年保费收入8791万元。

【教育科技】 全县有小学校341所（含119个小学教学点），初中21所，高中5所，九年一贯制学校1所，职业学校2所，成人技术学校15所。高中在校学生14924人，初中在校学生29156人，入学率为99.4%；小学在校学生为82694人，适龄儿童入学率100%。全县共有教职工7881人（其中专任教师7162人）。全县企事业单位晋升各类科技人员518人，其中具备中高级职称334人，初级职称184人。全年完成专利申报39项，获得专利授权50项，全年有6项科技攻关项目获得市科技进步二、三等奖。

【文化事业】 全年组织文艺活动28次。县曲剧团演出120场次，观众达26万人次。广播和电视人口综合覆盖率均达到92%以上，拥有有线电视用户5万余户，有线电视信号覆盖率为20%，全县电视机拥有率90台/百户。

【卫生事业】 全县卫生系统有卫生机构24个，其中：卫生院15个；拥有床位1160张，其中农村卫生院370张；全县拥有卫生技术人员1597人(其中农村卫生院554人);其中医生569人(其中执业医生313人,职业助理医师202人),药剂师261人,护士472人。全年共有63.7万人参加新型农村合作医疗,参合率达到98.3%,全年累计补助58.6万人次,补助金额9046.6万元,医疗费用的实际补助比例为47.1%。

【社会保障】 年末全县有36415名职工参加社会失业保险,对304个3496名失业职工发放失业保险金335万元,有361个单位47321人参加社会养老保险,为离退休职工发放养老金15258万元,有职工41892名和城镇居民49646人参加了基本医疗保险,全年的医疗保险支出3448万元,有323895人参加农村养老保险,全年为60岁以上老人支付养老保险金5117.1万元。全年对符合城镇居民最低生活保障条件的4064户7582人发放最低生活保障金1377.8万元,对符合农村最低生活保障条件的10360户34380人发放最低生活保障金2544万元。2010年淅川县遭遇重大洪涝灾害,损失严重,受灾群众达13万人,全年下拨因灾倒房重建资金6170万元,灾民安置转移及救灾资金997万元,救助困难群众4.3万人次,发放医疗求助金389.3万元。落实优惠政策,全年累计下拔优抚款935万元,其中发放农村义务兵优待金164.3万元。确定五保对像7537人,其中集中供养3769人,全年发放五保供养1228.6万元。

【公共事业】 城区总绿地面积达635公顷,人均公共绿地面积达到8.2平方米/人,城市绿地率和城市绿化覆盖率分别达到31.7%、36.4%。公共事业取得可喜进步。城市供水普及率达90%,全县供水网络达到137.8公里。城市的士60余辆,城区公交营运车辆16台,运营线路网长度15公里,县污水处理厂和垃圾处理厂均已投入运营。小城镇建设力度加大。全年新增道路9.4公里,新增绿化面积4.6公顷,安装路灯180盏,安装供水管道1.66公里,铺设下水管道12.3公里,新增建筑面积9.7万平方米。

淅川县各乡镇办主要领导名表

乡镇办	党(工)委书记	乡镇长、主任
龙城街道办事处	徐卷林	唐云芝(女)
商圣街道办事处	柳震奇	刘明献(2010年9月离) 区智利(2010年9月任)
荆紫关镇	刘贵献(副处级,2010年10月离) 邓文清(2010年10月任)	罗书运
寺湾镇	全建军(享受副处级待遇,2010年9月离) 王志斌(2010年9月任)	严富强
西簧乡	陶玉霞(女)	王志斌(2010年9月离) 赵红伟(2010年10月任)
毛堂乡	李士清(女)	李建兵(2010年10月离) 王振清(2010年10月任)
上集镇	辛泽涛(享受副处级待遇,2010年10月离) 李建兵(2010年10月任)	翟成敬
金河镇	张国朝	裴建军
老城镇	马华中	赵　炜(2010年10月离) 樊　涛(2010年10月任)
大石桥乡	罗建伟	向晓丽(女)
滔河乡	杨桂森(副处级)	何　丽(女)
盛湾镇	陈太良	聂俊毅
仓房镇	黄长林(副处级)	赵红伟(2010年9月离)
马蹬镇	衡尚武	范海明
香花镇	徐　虎(2010年9月离) 赵　炜(2010年9月任)	张光东
九重镇	杜　勇(副处级,2010年10月离) 徐　虎(2010年10月任)	马　飞
厚坡镇	秦振才	王德会

乡镇办概览

【龙城街道办事处】 2010年,工农业总产值8.46亿元,固定资产投资1.6亿元,财政收入586万元,居民人均可支配收入7741元。全年新引进项目6个,合同引资额1.6亿,其中,宝龙制业汽车消音器和奇隆公司的炉料保护剂项目已建成投产,台湾合山实业重晶石加工、河南鹏钰公司香菇酱料生产、南阳舒康公司香菇多糖生产等3个项目达成意向。

城市建设，承担楚都路和富强路建设拆迁，县医院迁建征地，体育场北侧拆迁，西湾和郑湾土地收储，经济适用房三期建设，郑湾北岗转盘保障性住房征地等8项市政工程任务，拆迁总面积1万多平方米，处理违法建房户102户。城市管理，打造人民路、东风路2个亮点。对人民路果皮箱进行维护升级，新上高档次花坛和时令花卉。同时，在东风路新安装一批时尚果皮箱。平安建设，闭路监控等技防措施进一步完善，辖区内社区警务室全部建立，群防群治能力大幅提高。保持市以上零上访，实现市级信访工作先进单位五连冠。文明社区建设，两次代表淅川新农村建设水平接受市里检查。7.24抗洪抢险，对受灾严重的23户110名群众进行紧急转移。在重点区域设立4个应急预警站。

【商圣街道办事处】 2010年，工农业总产值7.48亿元，固定资产投资1.4亿元，财政收入1396万元，农民人均纯收入7300元。新上500万元以上项目4个，华新铸造投资8000万元新上的树脂砂精密铸造生产线项目；林吉特投资5000万元新上的精密冲压件项目；盘亘砼业投资3000万元新上的混凝土搅拌生产线项目；五毒开发公司投资3000万元玖面速食生产线项目。县城建设和管理，先后出动宣传车20余辆次，悬挂宣传标语36幅，刷写固定标语12幅，设宣传栏5个。门前三包、责任单位明白卡逐门店签订发放，份数5800余份。对辖区环境进行综合整治，投入经费40余万元。新修垃圾池43个，配备50名卫生员，购置66辆保洁车以及2辆垃圾清运车。民生服务，投入20万元，对二高、一初中附近两条道路及下水道进行整修。新农合参合6200人，城市医保3260人，新农保参保610人，办理复核城市低保1322户，3226人，农村低保283人，发放优抚款7.8万元。

【荆紫关镇】 2010年，工农业总产值23.3亿元，固定资产投资3.5亿元，财政收入1002万元，农民人均纯收入4230元。面对百年不遇的7·24特大洪水，团结带领干部群众战胜百年不遇的特大洪灾，成功转移人员12016人，确保大灾面前不伤不亡，无一人失踪。灾后，解决倒房群众2000多人的住房和生活问题，在短短的半月之内使全镇的路、电、通讯等基本恢复正常。投资60多万元启动穆营至魏村护岸坝建设和209国道狮子沟大桥建设。工业经济快速发展。玉典化冶全面完成矿热炉改造和节能减排项目，实现销售收入6.7亿元；亚欣冶金投资6000万元启动具有国内先进水平的锰碳合金球项目，实现利税350万元；路逾鞋业贴牌生产迷彩鞋、防滑鞋、休闲鞋等产品，实现产值5000多万元、利税180多万元。银志油业通过技改扩规模水平，内在素质全面提升，不断发展壮大。文化旅游投资1500多万元，完成荆紫关解放纪念碑改建工程和一脚踏三省界碑升级改造，启动女子花园学艺场和三省友谊广场建设。河南卫视制作45分钟的《古镇雄关》大型纪录片，南阳电视台制作4集《悠悠古镇情》宣传片；开发草编、竹编、纸扇等具有鲜明地方特色的旅游商品。农村经济桑蚕产业发展平稳，建成蛋鸡场150个，存栏达到110万只；养猪3万多头，年产值2亿多元。新发展林果1.7万亩。新农合参合率100%，五保老人集中供养率60%以上。获得南阳市抗洪抢险先进乡镇荣誉称号。

【寺湾镇】 2010年，工农业总产值13.8亿元，固定资产投资1.4亿元，财政收入440万元，农民人均纯收入3950元。非公有制经济，新上3000万元以上项目2个，1000万元以上项目2个，200万元以上项目4个，总投资额1.5亿余元。贵族旋压件制造公司建成环保装饰板材生产项目，年产值3000万元；兆鸿电冶公司恢复县工业园区汽车配件项目。抗洪救灾成功转移群众1.5万余人，解救围困人员64人。组建80余人的防疫工作队，对全镇过水区域实施防疫，确保无疫情发生；组织志愿帮扶队800余人次，全面清理淤泥和倒塌房屋废墟，恢复受灾湖桑、耕地、林木，把洪灾损失降到最低限度。完成800余户2400余间倒房重建。集镇建设。完成夏湾新农村5000米集镇主干道两侧800余户商住房屋顶改造；实施山区居民搬迁，征地30亩，建设生态居民小区2个；对镇东广场进行升级改造，新建戏台1座，新装健身器材5套。新农村建设整合资金300余万元，打造209沿线新农村示范点，进一步扩大新农村建设覆盖面。生态建设。完成通道林补植补造500亩，栽植爬山虎3万株，新建湖桑基地5000亩，新发展河滩造林1.2万亩，完成镇区中心及环村绿化1200亩，新发展绿化林8000亩。民生及社会事业。共发放各类补贴资金480余万元。新农合及新农保参合率、参保率分别达98%和96%以上。投资2000余万元，建设五大民生工程，改造农村危房370余户，完成清凉寺等4个村整村推进，新建村级道路12.4公里，饮水工程3处，搬迁深山区居民100户近500人。修复沿河水毁护岸坝500米。完成孙家台空心村改造，新增耕地50余亩，建成沼气385座。被市委、市政府授予抗洪救灾集体三等功。

【西簧乡】 2010年,工农业总产值10.5亿元,固定资产投资2.1亿元,财政收入560万元,农民人均纯收入4400元。引进非公有制经济项目7个,1000万元企业4个,分别是香港安顺公司的淅川瑞丰纺织有限公司、中方阀业消失模铸造项目二期工程、淅川县永兴铁矿厂、广智源合金有限公司,总引资2.4亿元。新农村建设。在流西河、黑马庄村新建核桃基地1000亩,在龙岗、崖屋、河北等村点播油桐1万多亩,河北等村种植杭白菊500亩,柳树等村发展专业养殖场12个,培育专业养殖户30余个。基础设施建设。建设七棵树、流西河、大石河等5个村扶贫开发整村推进示范村工程,硬化道路15公里,修建人畜饮水工程12处;以及龙岗、带河村小流域治理工程、关帝村护岸坝工程、龙岗、洛阳易地搬迁工程等。新农村试点村建设龙岗村示范点,投入资金360多万元,修护岸坝2处,总长1300米;硬化村组道路2600余米;建人畜饮水工程2处;新建村部和标准化卫生室各1座;完善配套文化广场等设施。投资300多万元对集镇河卵石路面硬化6000多平方米,铺设路面彩砖3100余平方米,新修护拦底座1200多米,恢复水毁护提工程300多米,安放石桌20套、果皮箱50个、鲜花50多盆。对原街道路灯进行更换,新装路灯120多盏,彩灯40多盏,新栽补栽风景树400余棵。民生及社会事业,发放粮食直补、良种补贴及农资综合补贴、退耕还林、家电下乡、汽车摩托车下乡资金315万元。新农保参保率90%以上,对农村60岁以上老人发放养老金200多万元;新农合参合率98以上。在7.24洪灾时,全乡筹措资金近30万元,对受灾群众500余户、3000余人进行困难救助。完成236户倒房重建和300户危房改造。

【毛堂乡】 2010年,工农业总产值7.21亿元,财政收入336万元,固定资产投资1.87亿元,农民人均纯收入3950元。新上项目4个,全部为投资1000万元以上项目,总投资2.5亿多元,实际到位资金1.7亿多元。新上的有顺隆弹簧有限公司、永益化冶有限公司、昌源矿产品开发公司等。争取政策性项目16个,总投资1000多万元。新农村建设。洞河示范村硬化道路、广场1400多平方米,新建村级活动中心、文化墙、文化广场,粉刷美化墙体600多平方米,修建花带1000多米,建花池26处,栽风景树3000多棵。治理河道2.1公里,新修河堤700米。畜牧业年出栏500头以上养猪场达到10个,年出栏100头以上良种猪养殖户达到50户,年出栏20头以上养牛场达到3个。林果业新嫁接板栗5000亩,发展林果3000亩。在毛湾等村发展茶叶600亩。在闫家沟,店子发展金银花600亩。旅游业打造了白水河景区。配套完善了鹏翼食品有限公司等旅游服务企业,对观音峡景区进行规划开发。关停整顿非法采矿。先后炸毁死灰复燃的小钒窑5个,浸泡池14处,依法拦截处置非法运输车辆24辆次,处理有关人员8人。7.24洪灾,重灾户3280户,重灾人数13280人,冲毁主干道4条,受灾累计经济损失1.05亿元,生产生活设施遭受毁灭性破坏。全乡全力抗洪救灾及灾后重建。妥善安置倒房危房户750多户,对3000多亩水浸地进行排涝,对绝收田补种瓜菜。恢复加固道路170公里,清理道路塌方1.5万方,桥涵27座,倒房重建487户。

【上集镇】 2010年,工农业总产值32.7亿元,固定资产投资2.87亿元,财政收入1494万元,农民人均纯收入5670元。争取财政扶贫等项目23个,到位资金973余万元。新上项目13个,其中投资500万元以上项目9个,1000万元以上项目4个,合同引资3.05亿元,已完成投资2.1亿元。丹江假日酒店、方圆快捷酒店、众业制造等工业和服务项目落户镇域区内。工业经济将丹江摩減、森丽钢铁炉料、三宝绿色食品、丹江国际酒店列入全镇重点培育企业,全年工业总产值实现32亿元。生态农业及新农村建设,造林1.2万亩,新发展核桃4600余亩,补植补造板栗6000余亩,改良品种1万亩,全镇林果业面积10.6万亩。培育养殖专业村7个,专业场120个,专业户1300户,畜牧业产值达到1.1亿元以上,丹江湖乳业、三宝绿色食品进入全市农业产业化重点龙头企业行列。槐树洼等新农村试点村进一步美化升级,大坪等4个新示范村建设取得明显成效。小流域治理完成韦岭、白石崖等村7平方公里小流域治理和石板河、大龙、槐树洼、关帝村治山整地。移民迁安圆满完成第一批4个村的1227户5471人的外迁任务。启动第二批11个村移民迁安工程,顺利完成外迁人口实物复核调查、移民对接、户型选择、差价款征收等工作。基础设施建设。完成南环路、荆楚路、富强路、楚都路150余户拆迁工作,进入道路建设阶段;收储朝阳、商圣、钟观等社区土地1100余亩,加大市容管理,招录保洁员21人,确保辖区环境整洁有序。筹资200余万元修复水毁公路20余公里。完成淅河、王沟河及板桥川22平方公里小流域治理和3个村小型水利工程建设。启动4个贫困村整村推进工程。修筑村组路12.8公里，建井塔9处，解决1200余人行路难和1600余人吃水困难。被河南省委、省政府授予全省新农村建设先进单位。

【金河镇】 2010年，国内生产总值11.65亿元，固定资产投资2.86亿元，财政收入426万元，农民人均纯收入4210元。移民迁安如期完成6个村3800人移民的外迁，做到不伤不亡、不漏一人。配合南水北调移民复建公路金河至雷峰崖段建设。及时发放初期工程移民后期扶持资金。基础设施建，设完成集镇总体规划修编和60%的村庄规划，完成徐岭村4公里道路硬化，解决3个组600人出行难，完成西环路铺油。项目及非公有制经济。建立水厂，解决8个村1.05万人安全饮水。重点扶持伟业合金公司、金河隧道窑等新生企业，鼓励支持远大纸制品公司、楚河曲酒厂、深圳金利服饰、龙丝软垫公司等有潜力的成长型企业。加快新农村建设，抓好两个连片示范区建设。巩固4个试点村，重点抓好观沟移民新村建设；生态农业发展完成生态造林3000亩，治理小流域3000亩；在山区各村种植南瓜4000亩，青皮豆3000亩；新建沼气池230座，三沼综合利用示范村达到8个。驻马山旅游开发。完善大殿内部配套及基础设施建设；栽植常青风景树3000亩，建设采摘观赏游园500亩。

【老城镇】 2010年，国内生产总值4.8亿元，财政收入530万元，固定资产投资1.4亿元。移民迁安，完成第一批6个村1133户4820人移民外迁。配合长江委做好第二批14个移民村的移民人口和实物指标复核。建设4个后靠移民安置点，安置后靠移民730人。生态建设。直播“两籽”和黄楝植苗2100亩，发展杨树、刺槐、侧柏等3000亩，围村造林1550亩。生态建设。栽植常绿风景树300亩。生态经济林建设7个村仁用杏基地6000亩，其它生态造林1.3万亩。集中连片种植大路菜3000亩；培育养鸡、羊、猪、牛等专业养殖场，畜牧业产值2500万元。新农村建设。筹资160万元建成2200平方米的泉沟文化广场，安装6处照明灯，新修村内公路3公里，修建4800米引水灌区1处，解决450余人生产生活困难。民生工程。投资50万元搞好旺泉、黑龙泉渠系配套改造，新增农田灌溉面积200亩。解决七里等6个村安全饮水5360人。投资30万建设镇文化中心服务大楼。投入资金300万元新修建村组公路15公里，使非移民村组95%以上实现组组通水泥路。新农合参合率100%，城镇居民医疗参保率95%以上，农村60岁以上老人全部享受每月60元的养老金，解决农村436户住房困难。争取生态移民投资42万元，实现生态移民18户84人。投资1200万元，改造整理土地5700亩，配套水窖91座。获河南省南水北调丹江口库区第一批移民迁安工作先进单位称号。

【大石桥乡】 2010年，工农业总产值2.75亿元，固定资产投资9952万元，财政收入324.3万元，农民人均纯收入4380.4元。移民迁安。第一批移民搬迁5个村、40个村民小组、1317户、5569人，于8月中旬完成搬迁任务。生态农业。确立移民生态同步、五年建成绿色长廊的库区发展规划。争取国家公益林12.8万亩，完成林权制度改革，新造林面积达到6.5万亩。争取丹北小流域治理项目纳入国家规划，总治理面积60多平方公里，已投资550万元治理面积近50平方公里。配合县湿地保护处打造库周生态示范点。非公有制经济。争取涉及公路、水保、水利、造林、扶贫、教育、以工代赈、危房改造、希望工程等政策性项目1500多万元。引进九源门业进驻移民村台生产，变废为用的同时，为农村剩余劳动力提供就业空间。新上粉条加工、粮食酿酒等农产品加工企业10多个。7·24重大洪灾，造成1.6万人受灾，水毁民房800多户、3000多间，4个村5000多群众无家可归。抗洪抢险无一人伤亡，灾民得以妥善救济安置。全乡分散建房671户、2000多间，集中安置新建乡中心敬老院、磨屿湾村级敬老院2处。

【滔河乡】 2010年，工农业总产值6亿元，财政收入330万元，农民人均纯收入3982元，固定资产投资1.1亿元。6月17日，南水北调丹江口库区第一批移民搬迁启动仪式在凌岗村举行，省、市领导出席仪式。历时60多天，使9个村，2566户，10040人，分11个批次，全部顺利搬迁。7·24洪灾，使沿江16个村全部受灾，家庭财产损失979.61万元，全乡直接经济损失2.58亿元。成功救出11名被洪水围困的群众，及时转移群众7000多名，保证2430名灾民有饭吃、有水喝。发动群众开展灾后防疫和生产自救，重建房屋220户、680间，发放倒房重建资金330万元；危房改造375户，1312间，发放危房改造资金500万元。荒山造林栽植黄连木5000亩，点播油桐3000亩；村台造林栽植红叶柳和杨树1500亩；产业造林新发展薄壳核桃、二花基地3000亩。建成2个粮油专业合作社和1个林果业专业合作社。畜牧业巩固8个养殖专业村，新建养殖专业场3个。建成石庙湾新农村，修建2500多平方米的广场，围村造林栽植广玉兰、

2010年6月17日，河南省南水北调丹江口库区第一批移民搬迁启动欢送仪式在淅川县滔河乡凌岗村举行

枇杷、雪松等长青树400多棵。投资10万元建成尚岗村爬河桥一座；在杨伙和朱沟修建集雨水窖30个，修复渠道1000米。桥涵修复争取资金对丹江大桥受损部分进行修复加固，对严湾险桥进行拆除重建。被省委、省政府授予河南省南水北调丹江口库区第一批移民安置迁安工作先进单位。

【盛湾镇】 2010年，工农业总产值5.54亿元，固定资产投资1.1亿元，财政收入455万元，农民人均纯收入4150元。第一批移民迁安涉及10个村、13838人，顺利安置到河南省内2市7县12个安置点。招商引资。引进投资2000万元的华通机械制造有限公司，生产线12条，年销售收入6000余万元。生态农业。完成小流域治理配套建设工程万亩生态经济林的栽植，实施3万亩的幼林复垦以及封山育林、植树造林等相关生态建设。宋湾养鸡场投资100余万元进一步扩大养殖规模，年散养柴鸡3万余只，年创效益50余万元，已创出“绿色环保柴鸡蛋”品牌和“乌骨鸡”品牌；投资150余万元在陈岗散养柴鸡3万余只，新建大型养牛场1个，新发展6个畜牧专业村。生态建设。展滩涂林果业2万余亩，荒山造林1.5万亩，封山育林3.5万亩，点种造林4万亩，中幼林抚育垦复6500亩，公益造林14万亩。水利设施建设投资480万元实施岔河高泉引水工程，解决周边10个村1.5万人安全饮水，投资200余万元在6个村5000亩荒山实施小流域治理，坡改梯4000亩，修建水窖200余个，水渠14800米，谷房150余座。集镇建设。投资300余万元，完成1.3公里街道路面硬化。投资200余万元修建小三峡公路快速通道，投资200余万元对岔河出省通道路面进行加宽，投资50余万元修通天池村内道路6公里。完成48个村的电网改造工程，其中12个村被市政府评为新农村电气化建设标准村。社会事业。投资50余万元完善建设1个镇级、17个村级敬老院基础设施，全镇五保对象集中供养率60%以上。争取各项惠农资金近2000万元。被省委、省政府授予第一批移民工作先进单位。

【仓房镇】 2010年，工农业总产值6.07亿元，固定资产投资1.9亿元，财政收入450万元，农民人均纯收入5075元。第一批移民涉及3个行政村35个村民小组，552户，2310人全部按时顺利搬迁。旅游开发。香严寺由南阳万正集团投资3000万元进行景区综合开发建设，投资90万元对坐禅谷进行修护管理。郑州殷商文化有限公司投资800万元，开发丹阳岛。与丹江大观苑、湖北太极峡景区合作，与外地100多个旅行社签订合作协议。联合18个地市推动营销。年接待游客32万人，门票收入3000万元。集镇建设，资2200万元，新建成工贸路、橘园路，新建房屋1000余间，对旅游道路硬化扩宽、两侧进行绿化。生态建设，展柑橘4万亩，打造2个500亩集观光、采摘、科研为一体的精品园。实施荒山造林5000亩。在旅游通道两侧栽植松、柏3万株，全镇森林覆盖率90%以上，成为中原柑橘之乡、天然氧吧。项目经济。引进外地客商3个，合同引资3.4亿元，与河南大河咨询有限公司签订丹水源绿色食品开发，建成绿色山地鸡养殖项目、丹江鱼加工及冷储项目，柑橘冷储、保鲜包装及橘粉加工项目。交通设施。新建清泉至塔院3公里水泥路，修复水毁路段140余处，设置道路标示80余处，栽植道旁树木3万余株，实施路肩配土40余公里。电力建设，资1000万元，对仓房至白庄全长16公里的10千伏线路进行改造升级，新建白庄至胡坡8公里的高低压线路。建香严寺联通基站1座，建侯家坡联通移动共享基站1处，新上联通3G设备1台。小流域治理打造国家级流域治理示范点。修建拦水坝50余座，河两岸护堤工程3000米，桥涵12座，景亭65座，休闲小区12处，栽植花木26万株，修筑沿河砂石路4.2公里，完成小流域治理15平方公里。

【马蹬镇】 2010年，工农业总产值12.5亿元，固定资产投资1.8亿元，财政收入500万元，农民人均纯收入4070元。移民迁安涉及第一批移民村5个，1441户、6547名外迁移民，实现顺利搬迁。任沟村上垱组是全省第一个在2010年完成乔迁任务的后靠安置点。丹江大观苑新投资1.4亿元，建成丹阳楼、拜圣桥、观音禅院、盛世观音像和福森半岛假日酒店。生态农业。新建沼气服务网点2个，沼气示范村3个，建沼气池500余座；鼓励淅丹养殖有限公司规模扩展，新增大闸蟹养殖水面100亩，培育丹江大闸蟹品牌，年产值200万元。全镇新造林1.74万亩，栽植大生态林木30多万株。集镇建设。投资100多万元，打通新建路，高标准硬化路面6000平方米，使集镇形成三纵四横格局。铺设下水管道2500米，新建门面房180余间。新农村建设，将青龙居住条件较差的36户、162人搬迁至地势平坦的位置，改善群众的居住环境及生产生活条件。民生工程。投资300多万元，对环库路小草峪至关防段8公里路面重新进行硬化；投资200多万元，解决5个村近4000人、200头大牲畜饮用水困难；坡耕地改造1500亩，实施小型工程50多处。投资200多万元，对农村危房及倒房进行改造。

【香花镇】 2010年，国内生产总值8.2亿元，固定资产投资3.2亿元，财政收入642万元，农民人均纯收入5260元。移民迁安顺利完成试点移民、一批移民共9个村，83个村民小组，2665户，11094人的搬迁任务。工业项目，入住企业12个，投资总量过10亿元。食品城开工建设，入住企业6个，投资4500万的香江园食用油加工有限公司开工建设。入驻震宇、振翼、九九香、东风、香花等6个辣椒加工企业。随着震宇、振翼、九九香、信达、富汇源等农字号企业的膨胀扩容，辣椒产业得到恢复性发展。烟叶种植面积4000余亩，建炕房60余座，建成百亩大方6个。网箱养鱼快速发展，年累计出售商品鱼100余万吨。年末全镇牛羊存栏3万余头(只)。共投入资金1300余万元，实现“村村通水泥路”。新型农村医疗合作参合率98%，新型农村养老保险参保率100%。全面提升集镇环境质量。新建垃圾池40个，投资10余万元新建垃圾处理场1处。教育事业，投资400余万元，改善镇初中基础设施。投资130余万元，新建门诊大楼1700余平方米，投资100余万元建成1座1800余平方米住院部大楼。

【九重镇】 2010年，工农业总产值21亿元，固定资产投资10亿元，财政收入1875万元，农民人均纯收入5280元。移民迁安。张冲村第一批移民188户839人顺利迁安高家新村。渠首枢纽工程施工环境良好，工程施工顺利。南水北调中线总干渠淅川段全长14.435公里，全部在九重镇境内，南水北调中线总干渠淅川(九重段)境内永久征地4885.3亩全部移交给工程建管单位。内邓高速在九重境内全长8.9公里，占地894亩，已完成征地移交。工业经济新招商项目3个，总投资5.96亿元，完成投资8000万元。南阳富鑫机械制造厂总投资8000万元生产汽车离合器部件项目，九信与平煤集团总投资5亿元的100万吨电石基地项目，玉典钒业公司总投资3000万元的二期工程四条生产线正在建设，投资500万元的丰源科技技改项目已完成，投资200万元的黄磷厂环保技改项目已完成设备安装，九信电化公司总投资3.8亿元的循环工业技术改造项目等均在顺利进行。农业特色产业。建设现代烟草示范基地1个，种植烟叶4500亩，烟叶产值650万元。民生工程。投资90万元的医院门诊大楼建成投入使用，投资70万元的法庭办公楼已建成，新农保参保率87.7%，收缴保费252.3万元，60岁以上老人养老保险资金全部发放到位。集镇建设。投资30万元，新建跨街灯箱标语21座，在醒目位置竖立大型标语牌5个，突出渠首主题，宣传南水北调和移民迁安；投资50万元，维修下水道2.5公里，修补路面5000平方米等。对全镇所有街道路灯实施维修。集镇万人饮水工程全部普及到户。

【厚坡镇】 2010年，工农业总产值16.2亿元，固定资产投资3.2亿元，财政收入1207万元，农民人均纯收入4658元。移民安置。高标准建成陈庄移民新村，于9月7日实现顺利搬迁，并接受李克强等中央、省、市领导的视察。项目经济。完成申报25个，总投资1.6亿元，已到位资金1.1亿元。其中土地整理、移民后期扶持等项目已建成。工业经济。引进计划投资2个亿的淅水集团标准化厂区建设项目、投资1.5亿元的农贸市场项目、投资7000万元的福森药业烘烤中心及中药生产线项目、投资3000万元的俊辉磨料有限公司项目、投资1500万元的西安食用菌加工项目、投资500万元的正弘刚玉二期工程项目等企业。建成3个烟叶基地，使全镇烟叶面积达到5000余亩，烟税收入150余万元。公路投资4000万元高标准完成工业大道的路面铺油和2.8公里的北沿建设工程，投资2000万元完成

S335线路基工程，投资80万元完成5公里的杨窝等村村通工程；投资400万元完成18公里的土地整理项目区内的水泥路面硬化工程；内邓高速公路厚坡段19.2公里的建设工程正在快速进行，全镇“三横四纵”的大交通格局已经形成。唐湾新农村建设总投资1500万元，建楼房140座，总建筑面积3万余平方米。前街集镇“141”工程示范点总投资2000余万元，通过旧城改造，拆迁200多户，一期新建居民楼房72座，建游园广场1处。社会事业，投资90余万元建成防保医技楼，建设标准化村级卫生室18个。镇党委被市委授予“五好党委”荣誉称号。被市政府命名为“四星级集镇”。（魏瑞村）

新 野 县

县 情 综 述

【概况】 总面积1062平方公里，耕地面积65333公顷，城区面积18平方公里。总人口76.7万人，常住人中67.6万人。辖8镇5乡2个街道办事处，265个村(居)民委员会。

县委书记：方显中；副书记：金浩、李中龙；常委：齐宗波(宣传部长)、赵荣朕(纪委书记)、余泽厚(组织部长)、郭富玉(政法委书记)、王洪潮(常务副县长)、刘潇(县委办主任)、李富根(人武部长)、潘自钦(统战部长)

人大主任：张自强；副主任：周文来、朱有胜、廉福林、史政来、胡海川

县长：金浩；副县长：王洪潮、余晓勇、张琳(女)、李占德、杨建军、高知科；县政府党组成员：齐长松、黄定国

政协主席：蒋从文；副主席：葛成栓、王心东、韩公怀、曾浩

法院院长：薛红喜

检察院检察长：曹建煜

公安局长：卢志远

总工会主席：张字典

2010年，面对复杂多变的经济形势，全县上下深入贯彻落实科学发展观，紧紧围绕发展这一中心任务，立足当前保增长，着眼长远促转型，以项目经济、城镇建设、品牌战略三项重点工作统筹经济社会发展全局，抢抓机遇，奋力攻坚，较好地完成了各项目标任务。全县国内生产总值完成162.7亿元，增长12.4%。全社会固定资产投资完成109亿元，增长27.5%。地方财政一般预算收入2.85亿元，增长16%。社会消费品零售总额56.2亿元，增长18.4%。城镇居民人均可支配收入14217元，增长11.6%。农民人均纯收入6490元，增长16.7%。金融机构各项存款余额79亿元，增长19%，各项贷款余额48亿元，增长10%。

【工业经济转型加快】 深入实施“工业强县”战略，着力调结构促转型，培育新的经济增长点，增强了县域竞争优势。产业结构调整取得阶段性成效。棉纺织产业规模、装备水平、市场竞争力和赢利能力大幅提升，新纺公司10万锭精梳紧密纺项目顺利试车，华星公司规模迅速膨胀，纱锭突破10万锭，新浙服饰公司即将投产，服装加工项目实现突破。食品工业加工转化能力进一步提升，嘉元脱水食品公司产能翻番，科尔沁牛业公司销售收入达到1.1亿元。光电产业迅速发展，实现产值8.4亿元，增长88%。家居行业协会挂牌成立，新野县家居产业步入规范化发展轨道。全县规模以上工业完成增加值61亿元，实现利润16.3亿元，分别增长22.8%和53.3%。县纺织产业集聚区效益明显提高。完善了集聚区各项专业规划，新建改建道路6条，建设标准化厂房4.5万平方米，实现销售收入40.3亿元，入库税金5100万元，分别增长54%、45%。服务机制更加完善。健全金财担保公司和金源投资公司运行机制，引导银信部门优化金融服务，组织银企对接活动3次，新增贷款4.5亿元。对县行政审批服务中心入驻项目及单位实行动态管理，保障了重点项目建设和企业生产经营需要。

【对外开放力度加大】 坚持以招商兴产业，以投资促增长，把扩大开放与促转型、强基础、惠民生有机结合，增强了发展活力。招商引资工作取得新进展。大力开展产业招商、以商招商，深入实施“返乡创业工程”，凌峰电子公司LED项目开工建设。加强与大型企业集团的战略合作，美国希尔顿公司城市综合体、郑州粮食批发市场油脂加工及粮食购销项目相继签约，形成了项目梯次跟进、持续支撑的格局。对外贸易增势强劲。抓住全球经济回暖的机遇，积极培育外贸主体，支持企业开拓国际市场，实现进出口总额7098万美元，增长141%。政策性项目争取实现突破。全年共争取到位上级政策性项目资金6.3亿元，增长40%。33个市、县重点建设项目完成投资9.4亿元。农村安全饮水、廉租住房等一批事关民生的重大基础设施项目顺利实施。

【城镇化建设推进有力】 把城镇化工作作为最大的民生工程和投资拉动项目来抓，发挥规划的龙

头作用，不断完善城镇功能，促进了城乡统筹发展。城乡规划体系进一步健全。县城总体规划修编（2010—2030年）通过省住建厅评审，土地利用总体规划修编通过省市批复，村镇体系规划和55个中心村规划顺利完成，形成了以县城为中心、重点镇为支撑、中心村为依托、交通网络为纽带的城乡规划体系。县城建设管理力度加大。高标准实施了城区道路、街巷、供排水、公厕、绿化、游园等建设项目，人民路、大桥路等6条道路升级改造工程全面竣工，供水主管网铺设40.2公里，围城绿带成功闭合，县城综合承载力和公共服务水平稳步提升。违法违规用地及建设行为集中整治工作深入推进，"六创一迎"活动扎实开展，城市管理更加有序。交通基础条件得到改善。投资9218万元，新建县乡公路和"村村通"道路102公里，新建沙河桥、新星桥等大中桥梁4座，湍河桥等3座水毁桥梁重建项目顺利推进，"三年基本完成县乡公路新建改建任务"的计划如期完成，城乡一体的便捷交通网络初步形成。

【农村经济健康发展】　以活跃农村经济和增加农民收入为目标，不断加大投入，加速推进农业产业化，夯实了"三农"发展的基础。产业结构进一步优化。粮食生产再获丰收，兑现粮食直补、农资综合直补、良种补贴和农机购置补贴等1.1亿元，粮食总产达到5.67亿公斤，连续七年实现增产。全县新增规模养殖场12个，肉牛规模化养殖比重达80%以上。嘉元脱水食品公司成功晋级河南省农业产业化龙头企业，县被农业部确定为"全国蔬菜标准园建设示范县"。新增农民专业社29个，农民组织化程度进一步提高。农业基础条件明显改善。农建工作扎实推进，新增除涝面积1.5万亩，新增有效灌溉面积1.2万亩，新增节水灌溉面积5000亩，沙堰镇1.3万亩现代农田水利示范区建设初见成效。新解决3.2万人的安全饮水问题，"三年基本解决白河沿岸群众饮污染水问题"的目标顺利实现。新植树木333万株，农村生态环境得到改善。新农村建设更加深入。高标准建设了城郊乡李湖村、歪子镇棉花庄村两个省级示范性中心村，完成了12个市级示范村、试点村和70个村容村貌整治村建设任务。新甸铺镇宋庄村、歪子镇棉花庄村等新型农村社区建设起步良好。

【民生事业持续改善】　加大对民生事业的投入，解决了一批事关群众切身利益的问题。教育卫生等社会事业蓬勃发展。积极推进中小学布局调整和校舍安全工程，发放农村中小学"两免一补"资金5152万元，惠及学生7.2万人次，新建4所移民小学，撤并3所农村高中，实现了"高中县城化"。着力提升公共卫生服务能力，新建改建汉城、汉华两个社区卫生服务中心，歪子、王集、上庄3个乡镇卫生院和40个村卫生室。人口计生服务管理更趋规范，低生育水平得以巩固。城乡文化服务体系覆盖面进一步扩大，新开通广播电视光缆村15个，"文化三馆"、上庄、新甸铺两个乡镇文化站和25个"农家书屋"相继建成并投入使用。销售"家电下乡"产品5万余台（部），拉动消费超亿元。就业再就业工作平稳有序。多渠道增加就业岗位，新增农村劳动力转移就业10570人、城镇就业8360人，下岗失业人员再就业2068人。新招录教师和县直全供事业单位工作人员143名。社会保障体系不断完善。城乡低保补助、农村"五保"对象供养、新农合筹资及补助标准均有提高。发放低保金4436万元，4.3万人受益。64万人次享受新农合补助资金8466万元。成功创建全国残疾人社区康复示范县。投资5800万元，建成廉租住房966套6万平方米。社会和谐度进一步提高。在全省率先完成南水北调第一批大规模移民迁安任务，3018名移民实现安全、顺利、和谐搬迁。安全生产和食品药品监管实现经常化、规范化管理。积极排查化解矛盾纠纷，深入推进"平安新野"建设，全县社会大局保持稳定。

【新野汉画像砖博物馆隆重举行开馆仪式】　2010年6月7日，新野汉画像砖博物馆隆重举行开馆仪式。河南省文物局博物馆处处长康国义、副处长张永俊，南阳市委常委、宣传部长姚进忠，南阳市政府副市长冯晓仙等领导和市博物馆、汉画馆、文物考古研究所、古建研究所、知府衙门博物馆、张衡博物馆的主要负责人应邀出席开馆典礼并参观博物馆。县委书记方显中致欢迎辞，省文物局博物馆处处长康国义、市委常委宣传部长姚进忠先后讲话，并为汉画像砖博物馆开馆剪彩。新野汉画像砖博物馆是一座以陈列汉画像砖为主的专题博物馆，分为《历代珍品》、《汉砖春秋》、《名人天地》三个展厅。博物馆收藏的青铜器、陶瓷器、古字画、玉器以及其他各类文物5200余件，其中汉画像砖500余件。馆藏文物上起远古人类使用的石器，下至1911年前社会生活中的各类器物，时间跨度长达一百多万年。馆藏汉画像砖不乏享誉海内外的珍品，如平索戏车画像砖、斜索戏车画像砖、二桃杀三士画像砖都具有极高的历史、艺术、科学价值，堪称一部形象化的汉代百科全书。县汉画像砖博物馆的建成与开放,标志着新野县文化基础设施建设迈上了一个新台阶。它不仅是展示新野历史文化和当代建设成就以及“三个文明”建设的窗口,也是爱国主义和革命传统教育的重要基地,对传承和发展具有新野地方特色的先进文化,保障人民群众的基本文化权益,提高城市文化品位具有重要意义。

【著名侨领美籍华人政治家岑显利回新野寻根考察】 2010年10月26～28日,著名侨领、美籍华人政治家、前美国总统顾问,东汉时新野籍开国元勋岑彭第六十六世传人岑显利先生,在结束了对外交部、国务院侨办的访问之后,偕其夫人梁佩凤(知名画家),专程来到岑氏祖居地河南新野,寻根祭祖、省亲考察。10月27日,岑显利伉俪在县旅游局、前高庙乡负责同志的陪同下,到前高庙乡下庙村其始祖岑彭陵墓前进行了虔诚的祭奠,向先人敬献了鲜花,并到岑氏故居、碑碣、故事传说遗址处进行了参观凭吊,同桑梓父老进行了亲切交谈、合影,对新野的社会风貌、群众生活、经济建设取得的成就给予了高度的赞扬和肯定,对当地为发展岑氏文化所作的大量工作表示由衷的感谢。县领导方显中、王洪潮、潘自钦、余晓勇等会见了岑显利夫妇一行,并向客人介绍了新野的有关情况。岑显利先生表达了他对此番祖居地之行所产生的美好印象,表示很乐意为祖居地新野的建设、发展献计出力,多做一些实际工作,岑显利还将其夫人的亲笔画回赠新野,以资纪念。10月28日,岑显利一行离新野前往浙江、上海等地进行访问。此次岑显利先生回新野寻根,是建国以来新野县规格最高的外事侨务活动之一。

新野县各乡镇主办要领导名表

乡镇办	党(工)委书记	乡镇长、主任
汉城街道办事处	李正国	杨　勇
汉华街道办事处	李桂林	李海勤
城郊乡	郑清平	徐成旺
上港乡	刘习见(副处级)	高清林
新甸铺镇	王　凯	郑　杰
五星镇	邢显俊	曹铭华
王庄镇	杨韶光	杜　波
前高庙乡	姜　涛	袁轶鹏
溧河铺镇	时海定	王书东
施庵镇	李光白	李悦旭
沙堰镇	朱彦平(女)	胡宝印
樊集乡	孟　中	葛清雅(女)
歪子镇	孙林儒	赵　锋
上庄乡	张　涛	赵国臣
王集乡	徐建强	马正旺

乡镇办概览

【汉城街道办事处】 2010年,工农业总产值61.22亿元,财政收入1633万元,农民人均纯收入8723元。招商引资及项目建设。围绕棉纺棉织、高档家具、彩印包装、现代物流和城市建设项目,延长产业链招商和深度招商,顺发纺织项目合同引资4000万元,新上纱锭3万锭。成功实现了盛丰、伟华、家和、旭升、浩旺等纺织项目的挖掘扩规,5个棉纺织项目合同引资1.27亿元,呈现了集群发展态势。以拥有8万锭纺织规模家和纺织有限公司为依托,建立了汉城街道棉纺织协会,引进武汉瑞丽公司7000万元,新建全自动彩色印刷包装生产线两条,具有国际领先技术的日本三菱和德国海德堡全张四色印刷机一台,成为豫西南规模最大,技术最先进,年生产能力最强的印务包装企业。与河南梨园春集团达成战略合作协议,引资5000万元,生产“梨园春”牌家俱,畅销全国各地,同时把金鹏沙发扩建项目列为街道重点支持项目,为该项目协调用地30余亩。筛选组织6个祖传名店,筹办“臊子”加工厂,开发“汉城臊子”这一宝贵品牌。新上或扩建千万元以上项目14个。城镇建设。创新卫生管理体制,面向社会公开招标物业公司,实施市场化运作、物业化管理。规范辖区建设用地行为,先后清理违法违规用地41宗,拆除违法违规建筑16个。购置高档花台800个,绿化背街小巷12条,栽植杨树5万棵、香樟树3000棵、枇杷树2000棵。在“六创一迎”工作中,筹资100多万元,清理垃圾3000吨,粉刷墙体16000平方米,涂白树木20000余株,修筑封闭式可开合的垃圾箱132个。社会治安综合治理。形成“上下联动千家创,万人防范保平安”的平安创建氛围。筹资为街道安防大队购置巡逻器械。并对按照“集中、相邻、就近、方便”的原则,打破居民小区(段)之间的格局,把集中相邻的百户居民划分为一个小区,共建立起136个“百户综合管理服务小区”,为每一小区精选1名管理服务员。服务民生。筹资800万元,硬化辖区内背街小巷35条12600平方米,美化了北关文明小区、锦绣花园小区和新城文明小区。以银皓、和平棉织企业为培训基地,量身定作棉纺织人才,培训9000余人次。充分利用辖区内学校等社会力量,举办下岗再就业培训班28期,建立实习基地16个,培训6000余人次。

【汉华街道办事处】 2010年,工农业总产值13.86亿元,财政收入624万元,农民人均纯收入8060元。招商引资工作特色突出。共引进千万元的项目8个,计划投资4.47亿元,合同引资35.06亿元,到位资金1.65亿元。新野县丽晶国际酒店，由澳门嘉宏集团投资4000万元，项目为总投资8000万元的三星级标准涉外酒店，已运行；新野县景苑快捷酒店，引进香港资金2000万元，集住宿、餐饮于一体，已运行；新野县红宝石布业有限公司，由广东东莞市恒润实业有限公司投资3000万元；新野县明远节能设备有限公司，由江苏常州武进大元色织布有限公司投资6960.8万元；新野县翔富鞋业，一期投资3000万元，已投产；新野县神龙汽车配件制造公司，由湖北省老河口市汽车配件厂投资3000万元；"三农"工作取得显著成绩，新农村建设稳步推进。粮食总产突破6800吨，蔬菜、林果等优势产业的亩均效益超过了4000元。严格兑现各项惠农支农政策，发放种粮补贴资金100多万元；对辖区内5个社区81户的1000多头繁育母猪发放专项补贴10万多元；发放自来水管网改造600多户发放补贴近10万元。"家电下乡"共计补贴农民32万余元。小麦良种发放补贴资金7万余元。全年共造林1709亩，栽植94170株。全年新农村建设共投资20余万元。城镇化水平大幅度提升。投资60余万元对滨湖小区道路全面硬化1800米；硬化棉纺厂北小区道路350米；投资60余万元完成了幸福路改造；投资20余万元硬化了孟营社区孟营片800多米（包括下水道）；投资30余万元硬化了团结社区杨营片950米（包括下水道）；新修孟营小王庄片道路600米。严厉打击违法占地及建筑，打击乱占乱圈耕地10余宗，节省土地30余亩。依法拆除违法建筑8宗。拆除房屋建筑41间。为配合城市建设，完成土地收储任务369亩。为各个社区新建文体活动器材200多套。新增就业人员3789人，下岗失业人员再就业276人，争取再就业人员小额贷款67万。

【城郊乡】　2010年，工农业总产值19.20亿元，财政收入516万元，农民人均纯收入7031元。通过信息招商、以情招商，以商招商、文化招商、全民招商等模式，引进了科技含量高、产品附加值高的企业5个，跨国集团美国希尔顿集团已入住新野。强化蔬菜品牌意识。投资600万元，新建了占地7亩的玻璃连栋温室1座、薄膜覆盖连栋温室2座，园区育苗能力达3000万株。成熟掌握了有机无土栽培技术，试种成功了12个蔬菜新品种，实现了"农超对接"、直供配送。组建了4个农民专业社，嘉元公司、绿健公司分别被认定为省级、市级农业产业龙头企业，"宛绿"商标荣获"中国名牌"农产品称号，先后被评为"河南省蔬菜特色乡"、"河南省农业标准化示范基地"、"河南省农产品出口基地示范区"。坚持把新社区规划放在首位，结合"省土地增减挂钩"项目，在袁庄村实施了新社区试点，储备建设用地50亩，新增耕地157亩。李湖、袁庄等4村新打深水井4眼，1.3万人用上了安全放心水。新建袁庄敬老院1座，五保集中供养率达20%以上。在李湖、张楼卫生改厕500座，净化了环境。农业基础设施建设。实施了西北片1万亩"土地整理项目"、东南片1万亩"新增千亿斤粮食生产能力项目"和南3村1万亩"农资综合补贴中低产田改造项目"，修建桥涵616座，新打配机电井240眼，新修砂石路15.5公里，新修水泥路20公里，新植树11.7万株。文化教育。维修校舍11栋，新增课桌凳1600余套，新购置体育器材1200多件。防灾减灾。成功抵御了夏季洪灾，安全转移和妥善安置群众2400人。加强综合治理和信访基础设施建设，畅通平安互助网，开展"爱民大走访"活动，群众安全感明显提高。

【上港乡】　2010年，工农业总产值61.28亿元，财政收入1214万元，农民人均纯收入7597元。全年新上固定资产投资500万元以上的项目18个，其中1000～2000万元的9个，2000万元以上的4个，3000万元以上的3个，技改项目12个，全年共引进合同资金3.42亿元，实际到位1.49亿元。新增纱锭30000枚，全乡纱锭累计达到28万枚，年用电量1.25亿度。新农村建设。全年投资600余万元，在完善果园—赵岗—岗北—岗南新农村精品示范带的基础上，新建了赵岗村部、文体广场，购置了健身器材，建成了"百柳诗苑"。香乔村新建了社区化农村住宅样板房12套，并启动了村部、文体广场建设工程。强力开展"六创一迎"环境集中整治活动，共清除了垃圾300余处，建筑物料142堆，拆除破棚烂院13座，新修花带、下水道各1100米。岗南、岗北新建新农村书屋，存书数量达6000余册。新延伸街道590米，栽植风景树360棵，铺设彩砖2300平方米，组建了城管大队，启动了农贸市场、快捷宾馆等市政建设工程。

【新甸铺镇】　2010年，工农业总产值19.78亿元，财政收入537万元，农民人均纯收入7016元。项目建设。新引进投资3000万元以上企业2个，1000万元以上企业3个。天元纺织引进3台日本进口自动络筒机，生产线员工由200多人，减少到30人，产品产量和质量大幅提高。集镇建设。以管促建，集镇品位不断提升。一是加强管理。镇、村和相关镇直单位明确任务，政府每年拿出20万元进行补助奖励。主要街道的卫生清扫、花带修剪、树木管护公开对外发包,实行社会化管理。二是加大投入。投入50多万元,硬化背街小巷6条6000米。三是加快改造。引入社会资金,加快旧村改造,实现了镇与企业的发展双赢。新农村建设。把新农村建设和土地整治项目工作相结合,以"迁村并点"为契机,积极探索新农村建设的新路子。宋庄村已完成两个自然村搬迁,拆迁房屋60间,整理后可新增土地150亩。规划、图纸、模式、外观内置全部统一的新村建设快速展开,已经开工建设22户,建成高规格村部22间,新修水泥路1.6公里,架设高低压线路500米,铺设自来水管道1200米,栽植景观树200余棵,文化广场初具雏形,文化书屋、健身器材、球场等设施已经到位。农业基础设施建设。完成了农业生产综合开发项目10000亩;争取了小型农田水利项目,新建平板桥251座,新打机井110眼,配套灌溉设备110套,修生产路7000米,新增有效灌溉面积3万亩,全镇75%以上的农田实现了沟相通、路相连、田成方、林成网、旱能浇、涝能排。社会事业。新型农村合作医疗参合率保持在100%。高标准建成敬老院4座,入住五保老人160余人。救助建房户77户134间,发放救助金59万元。新发展有线电视652户,建成2个村安全饮水项目,新修村村通道路共9公里,有线电视发展到18个村近4000户,17个村通上了自来水。获得了省平原绿化"模范镇"、南阳市"五星级"小城镇、"十大魅力"乡镇、平安建设、信访稳定、基层组织建设先进乡镇等荣誉称号。

【五星镇】 2010年,工农业总产值18.12亿元,财政收入313万元,农民人均纯收入5928元。工业项目。全年新上1000万元以上项目1个,投资4734万元的九州红肥业有限公司;投资4000万元的莱芙特肥业有限公司建成投产;新上200万元以上项目3个,投资350万元的魏楼轧花厂,投资350万元的大李营铁钉厂,投资600万元的郭湖拨丝厂。技改扩建项目5个。全镇累计引进资金9300万元。基础建设。新修了政府南边东西街道,在五龙广场新植树320棵,新建成了占地千余平方米植物园1处,孟渠两岸的门面房建设开始进行;魏楼村溧河湾自然,修建村内主干道3公里,栽植风景树500棵,空心村开始搬迁。生态农业。菌菜生产上,形成了以方营为中心的万亩洋葱、甘蓝大露菜生产基地;以王葛庄为中心,辐射张楼、陈庄、张店等村的8000亩精细菜生产基地;以马庄为中心的500万袋平菇生产基地。畜牧生产。新增养牛场3个,养猪场13个,养羊场1个,养鸡场8个,畜禽饲养总量稳步增长。新农村建设。坚持"典型带动,整体推进"的发展思路,重点抓好了张店、马庄、郭湖、五星4个市、县示范村。张店村累计投入各项建设资金1200多万元,一举成为市级新农村建设示范村。安全饮水。水田、郭湖、宋湾各新打1眼150米深水井,投资620万元在原农机站院内新建了五星镇自来水厂。路桥建设。筹资650万元,完成了白河大桥、二环线路(郭湖——西高营)、八判公路(八里王——判官庄)三大工程。农田水利建设,投资270万元,改造涉及后楼、大李营、水田3村1万亩的中底产田,共开挖整个沟渠78.9公里,平整土地4000亩,机耕深翻土地5000亩,整修土路25公里,硬化道路4公里,植树8万株,新打机井172眼,配套潜水泵、发电机各142台,农用塑软管17500米,铺设地埋管道10公里,建井房10座,修建桥梁220座,购大型农机2台。被省文明委授予"新农村建设先进村镇"。

【王庄镇】 2010年,工农业总产值11.2亿元,财政收入221万元,农民人均纯收入5434元。移民安置。第二批移民安置接收淅川县盛湾镇兴化寺村村民512户2072人,分赵前、王水乔、毛潘3个安置点进行安置。全镇共调出移民用地近4000亩。高标准精心组织规划设计施工建设,打造生态宜居新村。同时,试点移民张湾村的后期稳定、项目扶持工作也有条不紊进行。招商引资。围绕花生产业、棉纺织业等本地资源优势,多措并举招商引资,共完成500万元以上招商引资项目6个;1000万元以上项目2个,分别为云丰棉业有限责任公司和新野富民花生食品有限公司;3000万元以上项目2个,分别为恒丰棉纺厂和新野泰安纺织有限责任公司;还落实到位的项目有畜牧交易市场建设项目、村村通公路建设和中心村建设项目等小项目10多个。城镇建设。加大城镇建设资金投入,全面完成了下水道排水工程、街道亮化工程、牲畜交易市场建设工程等,逐步形成了以商贸和农副产品流通业为龙头的社会功能较为齐全、基础设施较为完善的特色城镇,并成为豫鄂边区域性商贸、经济、文化、科技和信息中心城镇。生态农业。花生产业坚持品种改良,稳定种植面积在3.5万亩以上,推广"花生—蔬菜"套种模式,配套完善花生剥壳加工小区,花生加工小区10个,花生剥壳机械已达300多台,大中小型运输车辆达3600辆,收购辐射半径扩大到150公里,花生精果销售范围辐射广州、郑州、武汉、内蒙、山东等全国30多个大中城市,年交易量稳定在1亿公斤以上,已成为豫西南最大的花生交易市场之一。新农村建设。以张湾、肖集、前孙、乔湾示范村为重点,以点带面,整体推进新农村建设。对玉皇庙、张店、梅湾、毛寨等"村村通"公路进行了灌缝维护及修补8000余米,对水台子段及东张店村中心路进行硬化,完成了西高营段4.6公里"一主三环"公路建设。植树造林已植树35万株,签订林权合同150余份。投资30余万元在全镇主要路口安装了治安视频,建立了平安互助网络,提升了防范水平。荣获"国务院南水北调丹江口库区移民试点工作先进集体"称号。被省市评为"卫生镇",被市命名为"四星级集镇"。

【前高庙乡】 2010年,工农业总产值10.09亿元,财政收入258万元,农民人均纯收入5286元。全年引进外资7400万,其中千万元以上项目2个,投资2600万元的华青棉业有限公司,投资3000万元的龙潭农贸市场项目。集镇建设。投入180多万元,向西、向北铺设彩砖3000多平米,架设路灯48盏;多方筹措资金70余万元新修集镇南北路两条1600米,东西路1条600米,形成了五纵七横的集镇大格局。新农村建设。把东高营村作为农村建设的示范村,统筹力量,全力打造,建设了统一规划、亮化、绿化,集中供气、供水,集休闲、娱乐多功能为一体的新型农村社区。环境整治投入近10万元对集镇各街道沿街墙体进行了粉刷美化,组织千余人(次)上路、上街宣传、纠章、执勤,清理集镇和主干道生活垃圾1100余方,柴垛粪堆320个,拆除违法建筑、破屋烂篷120余处,规范了集镇商户经营秩序。沼气建设按照"户用沼气"、"联户供气"、"沼气综合利用小区"等建设模式,建成、使用沼气池2186个。荣获"全县招商引资工作先进单位"称号。

【施庵镇】 2010年,工农业总产值16.95亿元,财政收入463万元,农民人均纯收入6828元。新上固定资产投资500万元以上项目10个,其中千万元以上项目3个,招商引资额1.6亿元。按照"规划、建设、经营、管理"四位一体的工作方针,加大城镇投入,加快建设,加强管理,使集镇面貌发生巨大变化。投资980万元对集镇自来水管网、污水管网进行全面升级改造,新修道路1600米,新铺彩砖1万平方米,对全长800米的施南大道进行柏油铺设,新修下水道4400米;引资3800万元实施了商贸城建设工程;利用轧花厂破产拍卖,引资1.6亿元实施了新野农贸城建设工程。公路建设。先后争取国家资金3200万元,自筹配套资金1500万元,利用三年时间,对施庵境内46公里长的八七路、汉王路、蟒江路3条主干线进行全面维修,同时新修村村通工程100公里,形成三纵五横的公路格局。新农村建设,共投资700余万元,全力打造杨营、曾营、施庵、大营等示范村。新农村建设。新建标准化村部2座,文化广场2处,新修户户通路18公里,新发展有线电视"村村通"4个,新建沼气池810口,新修下水道9265米。农业基础建设。以农田水利建设为重点,加大基础建设力度,全面改善农业生产条件。引资1790万元,完成了鸭河口灌区续建配套工程,衬砌三分干3100米、四分干3500米,实施了5000亩的小农水建设项目,新打机井200眼,新秀桥涵闸136座,新增有效灌溉面积1万亩。

【沙堰镇】 2010年,工农业总产值1.22亿元,财政收入344万元,农民人均纯收入6687元。项目建设。全年完成500万元以上招商引资项目11个,合同引资2.02亿元。向上争取项目22个,争取资金2800万元。生态农业。设施蔬菜示范园面积稳扩至2000亩,日光温室发展至112个,新发展钢葱6000亩。畜牧养殖。新发展500头以上规模猪场2个,5000只以上鸡场3个,母牛专业村1个。农田水利建设。完成了1.3万亩农资补贴水利项目建设,改善了农业生产条件。新农村建设。焦店、赵湖、李营、丁庄4个新农村示范村通过开展村容村貌整治,完善基础设施,建设水平进一步提高,新确定的李庄、霞雾溪2个试点村正加快规划建设步伐。加大了沼气服务网点建设,"一池三改"率达到85%,完成造林20万株,全部落实了林权新机制。集镇建设。环境卫生整治成效明显,共清理建筑物料8600余处,垃圾1500余方,柴草垛860余个,拆除违法建筑及临时棚点170间,破旧招牌及户外广告牌156个,对沿线未贴瓷砖的墙壁统一色调进行了粉刷美化,种植绿篱150米,景观树300余株,花草800平方米,清理整修下水道6000米,安装路灯28盏,继续保持了"市级卫生乡镇"称号。对镇区建设路、团结路进行修建,架设了路灯,铺设了彩砖。加强集镇管理,建立完善了长效管理机制。成立环卫中队,配备了垃圾车,做到垃圾日产日清。公路养护工作被授予全市"示范养路乡"达标单位。实施了3000亩油质倍增项目、万亩花生良种繁育和万亩小麦高产示范方项目。

【樊集乡】 历史文化悠久,是著名的"钢葱之乡"、"猴艺之乡"和

"文化之乡"。2010 年,工农业总产值 7.8 亿元,财政收入 208 万元,农民人均纯收入 5678 元。项目建设。新上固定资产投资 1000 万元以上项目 4 个,分别是设立在县工业园区的沃新油脂公司、金塘家纺公司、开府酒业公司、通达物流公司;新上固定资产投资 300 万元以上项目 12 个。特色农业。钢葱产业逐步发展壮大,年种植面积稳定在 15000 亩左右,亩平均效益在 4000 元以上,在种植模式上实现了由分散种植向集约连片种植转变,在销售渠道上,实现了以合作社为龙头、以经纪人为纽带,集中收购,统一销售,实现了效益最大化。在全乡推广钢葱—土豆、钢葱—甘蓝等轮作模式,增加了土地利用综合效益。蛋鸡、肉牛、生猪等养殖大户逐渐增多,麒麟岗养殖场、新宇养殖场规模不断扩大。集镇建设。集镇功能不断完善。建设了怡心园广场,对中兴路、学府路进行了重修,对下水道进行了清淤,修建下水道 2400 米,架设路灯 20 盏。制定了城镇管理实施细则和居民行为规范,组建了城管队伍和保洁队伍,大力开展了环境卫生集中整治活动。新农村建设。后河、赵庄、潦口、骆庄等村基础设施建设力度不断加大,农村环境大为改观,带动了全乡新农村建设的整体推进。农田水利建设。争取国家土地整理项目资金 2100 万元,硬化道路 26 公里,整修生产路 50 公里,新打机井 187 眼,新修建泵房 206 座,配套电机 206 套,新修桥涵 54 座。社会事业建设。加大了教学楼的建造、改造力度,校园环境进一步优化。全乡 13 个行政村,村村都配备了电化教育设备,有线电视普及率达 80%。乡卫生院投资 54.7 万元新建了门诊病房楼,购买了多台先进医疗设备,建成了 13 个标准卫生室。全乡的群众安全感指数和执法满意度在全县名列第一。

【歪子镇】 2010 年,工农业总产值 20.66 亿元,财政收入 485 万元,农民人均纯收入 6195 元。项目建设。新上 500 万元以上的工业项目 11 个,其中投资 1000 万元以上的 5 个,投资 3000 万元以上的 4 个;正在洽谈的 1000 万元以上项目 4 个。种植业。实现夏粮连年丰收,确保了粮食安全;畜牧业。以小区建设和畜禽防疫为重点,以科尔沁牛业南阳有限公司为龙头,以史营千头肉牛育肥场为纽带,新发展棉花庄、周单庄、歪子 200 头畜位肉牛育肥场 3 个,老庙 500 头畜位奶牛养殖场 1 个,全镇牛、猪、羊、禽的饲养总量和质量稳步提高。特色农业。蔬菜产业由小到大,发展刚葱 3000 亩,小辣椒 8000 亩,其它蔬菜 2000 亩,建立蔬菜专业合作社 3 个。集镇建设。坚持"规划、建设、管理、经营"四位一体,重点加强了集镇的管理,提升了管理水平。投资 35 万元,对集镇城管人员和卫生人员进行统一着装,更换了所有垃圾车,购置一辆大型洒水车,对损毁路灯、果皮箱、绿化树木及时进行了修复和更换。通过了"五星级"集镇的动态检查验收。公路建设。一是积极向上争取实施了沙河桥修建项目、市龙凤路史营段公路建设工程项目和村村通公路项目 6.1 公里,筹集配套资金 120 万元。棉花庄、常蝉庵至老庄至马集和寺门乔营自然村的村村通公路工程已经完工;常梁线集镇段已建成通车。新农村建设扎实推进。请市县规划部门对全镇 22 个行政村都按照新农村建设要求,分批进行规划修编,合理规划了水电路、绿化等各类配套设施。按照"三点示范,一线连片"的实施方案要求,对史营、棉花庄、歪子 3 个新农村示范村进行重点培育,然后辐射沿歪史路两侧的岗头、老庙、寺门、马渠湖、于营等村,以此"三点一线"带动全镇新农村建设。卫生院建设。筹资 400 万元新建了镇卫生院住院楼,配备了先进设备。

【上庄乡】 2010 年,工农业总产值 13.3 亿元,财政收入 396 万元,农民人均纯收入 6233 元。项目建设。全年新上项目 7 个,总投资额 4250 万元。意向签约项目 4 个。集镇建设。先后投资 600 多万元,实施了集镇北街道延伸建设、市场建设、精品街建设、自来水厂建设、入乡口建设 5 项建设。新农村建设。按照示范引路,典型带动的思路,狠抓沿路沿线整治和示范村建设。全乡共修建下水道 3600 米,清理破棚烂院、柴草垛 830 多处,新修花带 1600 平方米,基本上改变了沿路沿线乱堆乱放的局面。康营村完善了沼气服务,发展了 500 多亩日本钢葱等新型经济作物;杨营村投资 10 多万元,建设了占地 1000 多平方米的村文体中心,并在广场西因地制宜修建了文化墙;上凤鸣村新修下水道 1200 米,花池 60 个,精致小桥涵 40 多座;山坡、马集示范村也沿路进行了广场、花带建设山坡村新修了农民文化广场、新建了文化大院、蓝球场,新修水泥路 2.5 公里。从公路建设、村级活动场所建设、农田水利建设、农村集中安全用水项目建设、卫生事业五个方面展开持续有效的规划和建设,使全乡社会事业得到了科学、持续的发展。大力推行农村合作医疗,参合率达 97% 以上;大力开展平安上庄建设,保持了社会持续稳定。

【溧河铺镇】 2010 年,工农业总产值 20.32 亿元,财政收入 567

万元，农民人均纯收入6620元。项目建设。完成引资项目18个，其中2000万元以上项目5个，报入驻县产业集聚区3个，总投资1.14亿元，规模5万锭混纺精梳纱的联发纺织项目；总投资4500万元的瓦楞纸板及彩印包装项目；总投资1.38亿元的年产15万台冷柜、展示柜项目。1000万元以上5个，500万元以上项目5个，已投产5个，设备安装3个，基建10个；另外还有选址项目8个。招商引资总额达3.52亿元，已完成投资1.96亿元。集镇建设。瞄准"三星级"集镇目标，投资150余万元，新建示范街500余米，铺彩砖8000余平方米，新修下水道1300余米，架路灯12盏。借河东空心村改造，新辟街道一条长850米，新增商铺45个，拉大了集镇框架。成立了集镇管理大队，建立了集镇管理新的长效机制。公路建设。积极筹措配套资金192万元，筹措回填沙资金120万元，高标准完成了蟒江线、聂王线溧河铺段15.6千米建设任务。同时，筹措资金1200余万元，新修"村村通"、"户户通"水泥路近110公里。新农村建设。不断深化村容村貌整治，完善基础设施建设，在巩固江黄集村的同时加大王坡、屯头和溧河村的建设力度。积极开展了"整洁之家"、"文明家庭"评选活动，不断加强了环境卫生集中整治活动，建立建全了长效管理机制。移民迁安工作。全镇上下克难攻坚，同心协力，圆满完成各项目标任务。工程质量进度荣获南阳市一等奖，全省二等奖，在全省率先完成第一批移民搬迁任务，被省委、省政府授予"第一批移民迁安工作优秀单位"、荣获市移民房屋建设"一等奖"，被市指挥部记"集体三等功"。同时积极帮扶移民，开展生产技能培训，协调解决300余人就业。

【王集镇】 2010年，工农业总产值9.86亿元，财政收入291万元，农民人均纯收入6533元。项目建设。全年共引进100万元以上项目5个，总投资2亿多元，占地60余亩的凌峰电子科技有限公司项目；礓水湾综合市场项目；政柱牧业万头标准化养猪场项目；周湾村棉纺厂项目；史井鞋业加工项目等。向上争取资金1500多万元，涉及公路、街道、农田水利、病房楼扩建等。城镇化建设。围绕建设生态集镇的目标，以礓水湾两岸开发为重点，突出抓好礓水湾东岸生态综合市场开发、集镇基础设施完善、湍礓路东扩和政府衔北延工作。投资264万元对街道进行硬化、美化；投入35万元对入镇口道路进行了绿化、亮化；投资125万元对集镇4条1.6公里街道进行了重新修建。新农村建设。以"六创一迎"为契机，加快了对西赵庄、周湾和王集3个县级示范村的新农村建设步伐。周湾小学教学楼项目已建成竣工并投入使用。赵庄村民活动中心正在配套图书室、茶馆、农家超市等建设。赵庄小岗自然村新村搬迁工作已经启动。王集村新村部已建成投入使用。特色产业。突出"春瓜秋菜"和皮南牛养殖两个重点，推进特色产业上水平。在大棚瓜菜上，具体抓好石羊岗瓜菜园区、小岗瓜菜园区建设，培育石羊岗瓜菜种植特色村；在全镇范围内逐步开展一村一品工程建设。逐步推广无土育苗技术。畜牧业。立足本地资源优势，坚持抓母牛，建基地，抓规模，增总量，抓改良，提品质，大中小一起上的思路，把畜牧产业进一步做大做强。一是确保科尔沁第四育肥厂、徐埠口皮南牛养殖专业合作社新上皮杂牛540头。二是新培育赵庄、齐楼2个母牛专业村。社会事业。已完成中小学布局调整工作。进一步加强敬老院建设工作，提高了五保集中入住率。（王国炳）

唐　河　县

县委书记　和学民

县长　刘明杰

县情综述

【概况】 总面积2512平方公里，耕地面积240万亩，总人口139.3万人，其中农业人口125.8万人。辖12镇7乡和2个街道办事处，519个行政村，3015个自然村。

县委书记:和学民;副书记:李恒俭(2011年6月离)、刘明杰(2011年6月任)、寇智洪(2011年6月离)、康连星(2011年6月任)、秦性奇(兼统战部长);常委:刘勤(女,2011年6月,由纪委书记改任常务副县长)、于滔(女,2011年6月,由县委办主任改任纪委书记),刘明杰(常务副县长,2011年6月离)、张国强(政法委书记)、马哲宇(2011年6月,由宣传部长改任县委办主任)、朱全富(宣传部长,2011年6月任)、赵浩(组织部长)

人大主任、党组书记:周永奇;党组副书记:曹杰清;副主任:王志洋、白宪友、许建光(副处级干部)、郑柏林、毛进朝、李梦然(女)

县长:李恒俭(2011年6月离)、刘明杰(2011年6月任);副县长:刘明杰(2011年6月离)、刘勤(2011年6月任)、刘学敏(2010年3月离)、舒伟、朱全富(2011年6月离)、赵阳、李海宪、曹卫东、杨长杰、方建波(副处级干部、县政府党组成员)、刘道贵(县政府党组成员)、邱国彦(县政府党组成员)、王磊(副处级干部、县政府党组成员,2011年3月任)

政协主席:买林平;副主席:陈新杰、贾成俊、张丰云、刘大奇

法院院长:宋涛

检察院检察长:刘海恩

公安局长:杨鹏程

总工会主席:靖中增

群工部长:高从林

2010年,县委、县政府认真贯彻落实科学发展观,紧紧围绕建设富强、人文、宜居、和谐新唐河的奋斗目标,坚持实施"四个带动"战略,以"项目建设年"和"城市管理年"活动为主线,抢抓机遇,群策群力,奋力拼搏,全县呈现出经济快速发展、民生显著改善、社会和谐稳定的良好局面。国内生产总值完成169.8亿元,增长11.1%,其中一、二、三产业增加值分别完成58.2亿元、70.4亿元、41.2亿元,分别增长4.6%、14.3%、13.3%。全社会固定资产投资完成99.5亿元,增长24.2%,其中城镇固定资产投资完成63亿元,增长30%。财政一般预算收入完成4.28亿元,增长20.7%,其中税收收入完成2.7亿元,占一般预算收入的63%。实现社会消费品零售总额68.9亿元,增长18.8%。城镇居民人均可支配收入1.37万元,增长12.1%;农民人均纯收入5919元,增长11.5%。

【招商引资成效显著】 2010年以省、市大招商活动为契机,完善招商机制,创新招商形式,健全招商网络,优化招商环境,成功举办了"2010台商台胞唐河行"和"世界廖氏宗亲祭祖大典"活动,招商引资工作取得了重大突破。全县合同利用省外资金项目36个,合同投资61.6亿元,实际到位24.9亿元,实际利用境外资金1130万美元,分别增长81%、38%、33%,增幅居全市第一。全县共招商引资3000万元以上工业项目44个,超亿元、十亿元项目8个,其中郭滩镇引进了永茂制衣制鞋、钜全汽车配件、旺望新型环保建材等项目,总投资达31亿元,上屯镇引进了投资6亿元的南阳华诺陶瓷项目,龙潭镇和大河屯镇联合引进了一期总投资3.2亿元的上海产业园项目,城郊乡引进了投资1.2亿元的鸿利达电子项目,文峰办事处引进了投资1亿元的亿翔市政项目等,这些项目投资规模大、科技含量高,为加快工业立县步伐起到了积极的助推作用。全县项目落地建设速度明显加快,省市县三级确定的重点建设项目均超额完成投资计划,名列全市第一,在全省对外开放工作会上,是南阳市唯一被省委、省政府表彰的先进县,荣获"全市园区建设暨项目建设先进单位"。

【工业经济稳步运行】 产业集聚区建设取得新突破。高标准打造了5平方公里的台湾产业园,规划了深圳产业园、上海产业园等。以铜镍矿、天然碱、干法水泥、多晶硅、陶瓷为主的矿产资源开发业,以粮、棉、油、畜为主的农副产品精深加工业,以机械、电子、纺织、服装鞋帽加工为主的劳动密集型产业等三大主导产业初步形成,入驻企业持续增加,累计达到97个,从业人员1.6万人,实现营业收入33.55亿元,利税3.66亿元,其中,世航皮业、日之新电子、双凤明胶等7个企业纳税均超百万元。县产业集聚区被命名为"河南省发展又好又快产业集聚区",在全省180个产业集聚区综合考核中排名第32位,被评为全市第二强。全县工业企业累计发展到1436个,其中规模以上工业企业151个,实现增加值31.8亿元,增长23%;全部工业增加值占GDP的比重达到36%,工业对经济发展的拉动作用日益增强。

【现代农业提速发展】 农业特色更加突出。粮食产量再创历史新高,总产达113.5万吨,连续七年荣获"全国粮食生产先进县"称号,产粮大县地位进一步巩固。毕店、大河屯和桐寨铺两个3万亩粮食生产核心区工程顺利推进,较好地发挥了示范带动作用。畜牧业突出规模化养殖和标准化生产,新增标准化规模养殖场15个,5个企业获省无公害畜产品产地认定,7个企业通过省产品出口注册认证,畜牧业实现总产值32.8亿元,位居全省第二。栀

全国最大的栀子生产基地

子、小辣椒等特色产业实现产值15.1亿元，占农业总产值的比重达到24.7%。林业生态县建设成果进一步巩固，新造林4.9万亩，顺利通过省市复核验收，荣获“省林业生态建设先进县”、“省造林绿化模范县”等荣誉称号。农业产业化稳步推进。大河屯、昝岗、龙潭、桐河、毕店、苍台等乡镇充分发挥龙头企业、农民专业合作经济组织的主导作用，积极推进土地合理流转，多元化流转土地37万亩，新发展涉农企业7个，农民专业合作经济组织发展到200个，源潭辣椒城被确定为国家级专业市场，农业产业化工作连续三年位居全市第一。农田水利基本建设全面加强。新增有效灌溉面积1.2万亩、节水面积3.5万亩、除涝面积1.1万亩、旱涝保收田2万亩，改造中低产田2万亩，新打配机电井196眼，完成倪河等5座水库除险加固工程，治理河道险工2处，解决了2万余人安全饮水问题。

【农村面貌不断改观】 新农村建设不断创新。全县累计建成省级示范村2个，市级示范村10个、试点村8个，县级示范村、试点村分别达到62个和128个，新农村建设呈现出支柱产业明晰、村容村貌整洁的可喜局面。移民迁安进展顺利。承担移民搬迁安置的乡镇和村组以大局为重，克难攻坚，全力配合服务移民迁安工作，圆满完成了试点及第一批移民新村建设、搬迁任务，压茬启动了第二批移民新村建设。移民试点工作被国调办评为先进县，第一批移民新村建设和搬迁工作均被省、市授予先进县称号，第二批移民新村建设工程按计划有序推进，保持了全省领先位次。

【城镇品位明显提升】 坚持抓城建就是促发展、惠民生的思路，抓住承办第七届全国农运会分赛事的机遇，多方筹资10多亿元，实施重点工程40项，2010年是唐河县历年来城市建设投资规模最大、建设项目最多、城市品味提升最为明显的一年。城市建设项目全面推进。滨河景观带、地质公园顺利建成开放，友兰湿地公园、体育馆、革命纪念馆、友兰纪念馆、城中村改造、城市棚户区改造工程等正在加紧建设，和谐广场、农资市场、再生资源回收加工市场以及旧货交易市场等专业市场建设全面启动，上海大道及第四大桥基本竣工，迎宾大道完成路基工程，延伸拓宽了北京大道、解放东路等5条道路，新修了龙山北路等10条道路，有效地拉大了城市框架，城区路网结构进一步改善。铺设供水管道、污水收集管网6000米，新建水源井6眼，新修道路绿化、亮化同步推进，市政基础设施进一步完善，城市绿化覆盖率提高两个百分点。城市管理水平显著提高。以“六创一迎”活动为载体，高位启动了“城市管理年”活动，县四大班子领导和县直各单位分包路段，开展了有史以来规模最大的城市环境综合整治攻坚战，新增公交车50台，成立了友兰出租车公司，优化了城区公交线路。小城镇建设和沿路整治成效明显。累计投资1.7亿元，新建集镇道路32条，高标准硬化道路19条。深入开展“星级小城镇”创建活动，加大沿路沿线整治力度，全县集镇环境明显改善，小城镇的统筹发展能力进一步增强。修建旅游交通环线公路54公里，旅游公路形成环状闭合线路，建成县乡公路40公里、乡村道路49.7公里，改建修复农村公路桥梁6座，城乡交通条件明显改善。

【旅游开发乘势突破】 瞄准创建国家A级景区的目标，着力推进旅游产业发展。不断完善基础设施。马振抚、祁仪、湖阳、黑龙镇等乡镇不断加大投入，持续开发景区。九龙湖风景区修建了水上观光廊桥，石柱山森林公园新开发景观9处，重建了天柱观，新建了南山门，古蓼国遗址建成了叔安公纪念馆，重修了龙泉禅寺。成功申报石柱山森林公园为国家3A级旅游景区，普化讲寺为国家2A级旅游景区，九龙湖风景区被评为省级水利风景区，打造出了“三园、二寺、一区、一址”（即友兰湿地公园、凤山地质公园、石柱山森林公园，龙泉禅寺、普化讲寺，

友兰湿地公园

九龙湖风景区，古蓼国遗址）县域旅游经济圈。

【着力保障改善民生】 全面落实惠农政策。发放粮食直补、综合直补等资金1.63亿元，发放中小学生“两免一补”资金8750万元，“家电下乡”、“汽车摩托车下乡”累计补贴8万台（部）3382万元，拉动社会消费4亿多元。完善社会保障体系。加大就业再就业服务力度，积极开展公共就业服务专项活动，发放小额贷款1428万元，城镇新增就业7500人，下岗失业再就业2554人；开展农民工技能培训3600人次，新增农村劳动力转移就业1.3万人，就业形势稳中向好。新增各类参保人员2万余人，各类社保支出2.7亿元；保障城市低保对象1.3万人、农村低保对象5.7万人，农村五保供养1.06万人，发放城乡低保、农村五保及各类救助资金8666万元，足额兑现了优抚补助及农村义务兵亲属优待金，全面提高了社会救助标准。积极发展医疗卫生事业。新型农村合作医疗健康运行，参合率达98.6%，发放医疗补助资金1.4亿元。改扩建乡镇卫生院3所，建成标准化村级卫生所70个。公共卫生事业持续改善，强化艾滋病、甲型流感等疫病防控，确保了人民群众卫生安全。加快农村倒房重建和城市廉租住房建设。城市新建廉租住房4.5万平方米，发放廉租住房租赁补贴资金1965万元，有效缓解了中低收入家庭和特困群体“住房难”问题，被市评为“住房保障工作先进县”。稳步推进和谐唐河建设。加大涉农案事件查处力度，坚决遏制农民负担反弹，被评为“全省政务公开先进县”。以信访工作机制创新为突破口，化解了一大批疑难信访问题，被评为“省信访工作先进县”、“省社会矛盾化解百日竞赛先进县”、“省南水北调信访稳定工作先进县”。社会治安大局持续平稳，群众安全感指数进一步提升，被省授予“农村平安创建工作先进县”称号。

唐河县各乡镇主要领导名表

乡镇办	党(工)委书记	乡镇长、主任
滨河街道办事处	张书强(副处级)	张献忠(2011年4月离) 刘海宪(2011年4月任)
文峰街道办事处	李连峰	史代恩
城郊乡	尹清岭	邓传宝
源潭镇	杨本甫	刘海宪(2011年4月离) 郭　坡(2011年4月任)
桐寨铺镇	汪新喜	张红岩(女)
桐河乡	刘　晓	安可旭
郭滩镇	郑　义	潘跃华(女)
张店镇	侯春倩(副处级,2011年4月离) 狄付长(2011年4月任)	王铁成
湖阳镇	巩长安	郭　坡(2011年4月离) 孙天领(2011年4月任)
苍苔镇	李平胜	尹永胜
龙潭镇	王胜森	刘　勇
黑龙镇	李永甫	高宏军
上屯镇	范　克	范泽平
昝岗乡	狄付长(2011年4月离) 张献忠(2011年4月任)	乔保义
祁仪乡	张瑞良	朱星兵
马振扶乡	王志刚	郝军坡
古城乡	赵群梅(女)	惠海建
大河屯镇	仝照振	白保捍
东王集乡	郭春彦	郭海鸥
少拜寺镇	朱　伟	绳应勇
毕店镇	孙振群	吕岩峰

乡镇办概览

【滨河街道办事处】 2010年，国内生产总值12.8亿元，财政收入1800余万元，农民人均纯收入6700元。经济工作稳步推进。招商引资新上项目7个，引资额达4.9亿元，其中投资5000万元的源之新电子公司已投产运行；投资6000万元的凤凰城市生活广场即将开业运营；投资5000万元的滨河实验小学开工建设；投资8000万元的兴利源电子二期工程正在建设；投资6000万元的荟萃园商贸城也已开工建设。培育壮大特色产业。创办建筑施工队10个，运输车队购置各类车辆170台，兴办沿312国道餐饮服务业70个。全镇经济年实现户值3.5亿元，为社会提供了3000个就业岗位。新农村建设。以谢庄、平路头自然村为新农村建设试点，高标准规划建设文化大院、娱乐活动室、购置各类图书、建设文化长廊203米、配备体育健身器材30套、安装乒乓球台5个，整修排水沟4750米，硬化村内道路实现户户通，在村内美化绿化环境5120平方米，道路两旁文化大院栽植各类风景树1万余株。社会事业。五保供养老人77户、77人，城市低保2266户7200人，农村低保256户602人；办理新农村合作医疗4246户16628人，办理城市医保1800余人，社会事业全面进步。

【文峰街道办事处】 2010年，国内生产总产值10.6亿元，财政收入1247万元，农民人均纯收入12980元，固定资产投资5亿元。项目工作。招商引资工作取得新突破，共新引进项目7个，合同引资额3.5亿元，在建项目5个，其中，南阳荣庆堂保健品有限公司总投资6000余万元，一期工程已于11月份试投产，年产值7500万元；南阳亿翔市政机械有限公司总投资1亿元，可实现年产值2亿元；唐河元和饲料有限公司，总投资7000万元，可实现年产值3亿元；南阳天禹再生资源有限公司总投资1300余万元，年产值可达1.2亿元。第三产业和服务业共新增1200余户；畜牧业生产。肉猪年出栏1.8万头，鸡年出栏35万余只，奶牛存栏260余头，林业生产。完成集体林改90亩。城市建设到得新进展。对飞凤路东延、新312国道修建、东环路北延、新华路北延、解放路东延进行了延伸扩建，对公主路、旭升路、兴隆路、盛居路等道路进行了升级改造；旧城改造县武装部周边地区、宛东中专扩建、飞凤游园建设以及焦庄社区下桥自然村拆迁安置等工作都已有序开展，全年共拆迁安置居民90余户。

【城郊乡】 2010年，国内生产总值11.2亿元，财政收入1344万元，农民人均纯收入5710元，固定资产投资6.37亿元。项目建设。突出以招商引资为主的非公有制经济建设步伐，新引进招商项目7个，分别是总投资1.2亿元的鸿利达电子科技、投资8000万元的鸿易新材料、投资7000万元的六和饲料、投资9000万元的宣溢水处理、投资6000万元的合室家二期、投资3000万元的鼎立建材、投资1500万元的北斗星肥业，总引资额达4.45亿元，已到位资金2.7亿元，已竣工项目有鸿易新材料、鼎立建材、鸿利达电子、北斗星肥业，已开工的有元和饲料、合室家二期、宣溢水处理项目。畜牧业。突出以黄牛为主的畜牧养殖业，新建50头畜位的后洼母猪繁育场，60头畜位的八里岗母猪繁育等各类养殖场5个，新发展专业户350个，黄牛、生猪、山绵羊、禽存栏量分别为2.3万头、3.2万头、2.3万只、32万只，肉类总产量5000吨，禽蛋产量1500吨，牧业产值达1.5亿元，占农业总产值的45%以上。新农村建设。新农村建设投入150余万元，对果园村进行完善、提高，补植补造苗木5000余株；对朱庄村进行升级改造，维修排水沟1200米，新修排水沟400米，补植绿化树木5000株，整修排水沟800米；对八里岗村硬化主次干道900米，修筑排水沟1500米，新建花池23处，栽植风景树1.8万株；生态林建设完成林网改扩建工程3700亩，造林14万株；移民安置水田营村343户、1406人；对1686贫困户、3140人实行低保，五保供养451人。

【桐河乡】 2010年，国内生产总值7.9亿元，财政收入445万元，农民人均纯收入5230元，固定资产投资2470万元。项目建设。完成招商引资8260万元，新上投资额1000万元以上项目2个，投资额400万元以上项目8个。林业生产初具规模。投资40多万元，对农田林网、通道工程、“村村通”工程和村镇绿化新植补栽树木，林木覆盖率达22%以上。畜牧业生产稳中有升。新建200畜位以上黄牛饲养场1个，黄牛饲养量达1.8万头，蛋鸭饲养新增千只以上养殖大户12户，饲养量8万只以上，生猪存栏400头以上养猪场发展至13个，饲养量达3万头以上。大力发展现代农业。种植特色林果和无公害蔬菜4000亩，小辣椒1.5万亩。社会事业。低保890户贫困户、1706人，强化五保户供养，投资68万元，建设乡级敬老院1座、村级五保大院6座；新型农村合作医疗参合人员达35192人，参合率97.5%。劳动力培训。通过各种渠道培训农民工和下岗职工200

人,介绍和安排就业400人;安置淅川县刘伙村和凹村移民255户1023人。集镇建设。投资300万元对双桐路进行重修、投资100万元对桐河中心大街改造、投资40万元建成公共汽车站、投资80多万元,对以上工程栽植绿化树木500株,修筑排水设施1500米,安装路灯150盏,集镇面貌焕然一新,投资80万元修建桐河大桥等工程的全面竣工,加快了桐河集镇向星级集镇建设的步伐。

【张店镇】 2010年,国内生产总值8.3亿元,财政收入1432万元,农民人均纯收入5800元。项目建设。全年招商引资1.78亿元,已建成和在建项目8个,其中,长宏光谱太阳能生产项目厂房已基本建成;唐河县宏强纺织品有限公司项目在调试生产。农业生产。种植优质棉5万亩,优质强筋小麦14.5万亩,玉米5万亩。以小辣椒、土豆为主的瓜菜业形成"两带"格局,东部、北部岗丘区3万亩小辣椒开发带,桐苍路六支以南2万亩土豆开发带。畜牧养殖。新建限额以上规模养殖场2个,各类规模饲养场达397个,其中养猪场229个,存栏生猪6.76万头;养牛场19个,存栏4000头;养羊场79个,存栏5500只;养禽场70个,存栏68万只;全年畜牧业产值1.7亿元。城镇建设,投资5000万元,对张店街的老村进行升级改造,形成"三纵三横"6条街道,投资120万元对张店镇南大街进行了拓宽升级改造,新开发的南大街长达520米,宽14.6米,道路两侧铺设3米宽的彩砖,总面积3100平方米,安装路灯12盏,达到了硬化、绿化、美化、亮化的标准。移民安置。安置淅川县滔河乡老人仓村移民401户、1619人。社会事业。新农合医疗参保80101人,五保供养655户、667人,低保困难户2871户、3921人。平安建设。安装了"十户联户报警装置"2500台,连续三年被市委、市政府表彰为"平安建设先进乡镇"。

【郭滩镇】 2010年,国内生产总值11.3亿元,财政收入762万元,农民人均纯收入6325元,城镇居民可支配收入2.2万元,固定资产投资3.6亿元。工业经济共引进项目6个。其中已建成项目2个,投资2000万元的郭滩镇裕嘉农发有限公司大型养猪场项目;投资2000万元的郭滩镇昶旭农牧科技发展有限公司兽药厂项目。加快推进小城镇建设步伐。一是实施镇中村改造,投资1700万元,利用镇中空心村废弃地,高标准建成两条商业街;二是拓展集镇框架,由友谊路向西至豫S335线新建街道1320米,使镇域面积由3平方公里扩大到5平方公里;三是投资60万元,对休闲广场及解放路、人民路、育英路进行升级改造和绿化,晋升为南阳市首批"园林乡镇"。畜牧业发展形成新规模。黄牛专业场5个,存栏1.6万头;养猪专业场107人,存栏4.5万头;养鸡专业场28个,专业户620户,存栏112万只。畜牧业总产值1.8亿元。农村低保3527人,供养五保老人584人,新农合医疗参保率达98.6%。

【源潭镇】 2010年,国内生产总值8.8亿元,财政收入753万元,农民人均纯收入6056元,固定资产投资3.6亿元。项目建设。引进规模以上项目5个,引资额3.5亿元,其中有投资9000万元的百汇通塑胶、投资2000万元的龙兴木业、投资5000万元的盛威油脂、投资6500万元的合室家建材、投资1.2亿元的压缩天然气项目。新入驻县产业集聚区项目3个,有投资2000万元的鑫犇牛业、投资3000万元的三宝牧业、投资1000万元的金唐粮业项目运行良好。全镇非公有制企业有235个,实现工业增加值3.1亿元。现代畜牧业快速推进。新认定无公害畜牧养殖场2个,新发展养殖科技示范户650个,全镇各类养殖场发展到196个,形成了5个综合养殖小区、3条养殖带,其中黄牛存栏7100头,出栏2900头;生猪存栏6.6万只,出栏4.9万头。城镇建设。升级改造了源潭主街道临街门面、山货街、烟站路、南环路,新建了戏剧居民小区,修建和完善下水道1500米,源潭集镇被市委、市政府授予二星级集镇;刘岗新区建设植风景树800余棵,沿街绿化6000平方米,安装路灯320余盏,提高了集镇品味,刘岗集镇被河南省文明办评为"全省农村清洁家园行动先进村镇"。移民安置。妥善安置桐柏移民196户、880人,崔湾移民171户680人。社会事业。实施城镇低保121户253人,农村低保2034户、3626人,五保供养700户703人,新型农村合作医疗参合7.4万人。

【上屯镇】 2010年,国内生产总值8.6亿元,财政收入845万元,农民人均纯收入5781元。工业经济发展迅速。完成招商项目5个,引进资金7.8亿元,其中投资2600万元的唐河县丰亚装饰有限公司二期工程于4月份全面竣工,年产值可达3000万元;县产业集聚区的源升食品加工项目投资4800万元,二期工程全面竣工,已正式投入生产;总投资6亿元的华诺陶瓷项目,即将开工建设。集镇建设。投资10.5万元,按照"绿、洁、畅、亮、美"标准,对镇区绿化带栽植速生杨2.3万棵,栽植风景树5600株,使环镇林带面积达到210亩。基础设施建设。多方筹资修建了河西唐河大桥，3月15日建成通车。发展特色产业，扩大“无公害蔬菜”种植面积，黄葱种植面积达5000亩，花生生产加工规模不断扩大，花生种植面积3万亩，加工企业12个，特色产业农民人均增收2400元。新农村建设。甘河湾新村试点建设已全面开工，新建标准化村级卫生室、图书室各1座，文化广场、村部农贸市场等设施建设配套到位。下屯新农村试点建设硬化道路4.2公里，修建沼气池150个，文化广场建设完工。全镇新增沼气用户210户，沼气用户1536户。畜牧业发展。畜牧业把以黄牛为主的高牧业作为农村产业结构调整的重点，大力推广联户饲养、大户饲养、标准化饲养三种模式，全镇共建各类畜禽专业场78个，新建150畜位以上的黄牛养殖场1个，千头以上养猪专业场12个，万只以上规模养鸡场1个，养殖专业户1850多户。全镇黄牛饲养量2.8万头；生猪饲养量5.6万头；禽类饲养量38万只。养殖业总产值1.4亿元。

【古城乡】　2010年，国内生产总值7.2亿元，财政收入1864万元，固定资产投资5.1亿元，农民人均纯收入6130元。工业经济成效显著。新上项目6个，其中工业项目4个，固定资产投资超3000万元以上项目3个，引进资金1.5亿元。在县产业集聚区分别引进投资9000万元的唐河东联汽车变速箱厂、投资7000万元的河南油田亚盛电器有限责任公司、计划投资9000万元的唐河奎晟建材有限公司。小城镇建设。投入资金250万元，对井楼集镇整修硬化路面2000平方米，修挖下水道2500米，铺设彩砖10000平方米，安装路灯82盏，建设隔离带23处。投资10万余元，购置洒水车2辆、垃圾清运专用车2辆，乡财政每年拨款12万元，村集镇筹资2.5万元，组建了22人的环卫工作队。新农村建设。高标准精心打造示范村付湾村，在以往投资150万元的基础上又投资90万元，整修主干道2条1500米，整修区间路6条5000米，全部路面硬化，修建路旁边沟15000米，铺设下水管道1500米，绿化道路3600米，安装路灯40盏，各项设施得到完善。特色产业。特色产业逐步壮大，全乡累计兴建各类规模化饲养场18个，其中黄牛场3个，生猪场10个，家禽养殖场5个。全乡生猪饲养量4.2万头，黄牛1.3万头，良种兔26万只，家禽12万只。全乡种植烟叶730亩，收购烟叶20万斤，户均收入12000元。林业生产以创建林业生态建设为目标，突出农田林网，通道绿化和镇村绿化的重点，全乡林地达2万亩。林木覆盖率达19%。移民安置。接收安置淅川县滔河乡文坑村移民351户1417人。社会事业。全乡2830户2833人享受低保，供养五保户654人。

【昝岗乡】　2010年，国内生产总值10.6亿元，财政收入1050万元，农民人均纯收入5980元。项目建设。招商引资1.6亿元，其中位于岗柳工业园区的圣荣复合肥有限公司，总投资1200万元，已建成投产，年可生产各类专用有机复合肥50万吨；投资850万元的有华实业有限公司面粉加工项目已建成投产；投资900万元的远华益健粮油有限公司大米加工项目已建成投产；位于县产业集聚区总投资达9000万元的唐河县惠农达农贸物流配送中心项目已开工建设。集镇建设。投资80余万元，完成了昝岗北大街、东大街2条街道路西的修建。筹资200万元，对昝岗2条老街进行了升级改造，铺彩砖9000平方米、挖排水沟6600米。乡村道路建设投资450万元，新修黄杨线昝岗至上屯段9.7公里公路。畜禽产业。大力推广规模饲养场建设，积极鼓励专业大户实行生态养殖，良性循环发展。稳康猪场利用项目资金建成了600立方米沼气池1个，日处理粪污60吨，日产沼气200立方米，可向周边150户农户实行集中供气。全年新建规模养猪场3个，总数达到114个，全年生猪出栏34万头，禽类产量5600吨，畜禽业产值2.2亿元。新农村建设。重点培育了朱店试点村建设，以餐饮、休闲、娱乐为一体的朱店生态园，成为唐南一条亮丽风景线。妥善接收安置淅川县滔河乡双庙村移民421户1681人。保障农村低保对象3342人，五保户供养对象635人。全乡新型农村合作医疗参合农民6.87万人。

【大河屯】　2010年，国内生产总值6.32亿元，固定资产投资4.8亿元，财政收入873万元，农民人均纯收入5940元。招商引资成效显著。已成功签约引资项目5个，引资总额5.4亿元。唐河县中德新能源有限公司计划投资1.2亿元，年可实现利税1800万元；河南同兴顺天电器有限公司计划投资2.2亿元，年可实现利税300万元；唐河双凤明胶有限公司二期工程计划投资5000万元，年可实现得税100万元；唐河县惠方电子厂计划投资1000万元，年实现利税100万元；河南裕嘉新农村科技有限公司计划投资1亿元。农田水利建设。高标准完成农综项目开发和粮食核心区建设工程。在秦岗、李湾、乔庄等7个村实施了国家农业综合开发项目，在刘楼、粪堆王、褚庄等6个村委实施了粮食核心区建设2

个项目共投资1800万元,其中,修路50.2公里,植树12.6万株,打配机井196眼,桥涵367座,新建配电房32座,铺设电缆50.2公里,灌溉水管37公里,开挖排水沟100.4公里。大力推进新农村建设。车厢店村投资150万元,硬化路面3000米,植风景树3万余株,修挖排水沟6000米,安装路灯52盏,墙体美化72幅1200平方米,建成了1500平方米的集休闲、娱乐、健身为一体的村文化广场。移民安置工作,建造的363套安置房主体工程已基本竣工,可以安置移民1400多人。小城镇建设。在全县第一批建成垃圾中转站和垃圾处理中心;对商贸城及八方购物广场等专业市场以及华西街的路灯、边沟、绿化等基础设施进行了完善提高;投资56万元打通了八方购物广场西侧的南北路,开通了东西便民街;投资150万元,在新政府东侧修建了占地27亩的文化广场。

【桐寨铺镇】 2010年,国内生产总值10.8亿元,财政收入950万元,农民人均纯收入6000元。农业生产。以粮食生产为基础,建设优质粮食生产基地,粮食年产量达1亿公斤。积极发展设施农业,发展温室大棚1200多座600多亩,种植大白桃1000多亩;不断完善农业基础设施,累计修筑生产路300余公里,硬化沟渠168公里,完善农田林网10.5万亩。项目建设。招商引资成果显著,入驻县产业集聚区千万元以上大项目8个,引资额7亿元,其中恒安光电、鑫利钢铁、正粮实业等项目取得了良好的经济效益,在镇西工业区,引进了绿丰肥业有限公司、新潮太子股份有限公司、皓月棉业、永棉棉业、周倜面粉厂等项目,引资额近4亿元。民营经济逐步发展壮大,有中小型棉花加工企业14个,年产值8.2亿元;免烧砖厂21个,年产值5.8亿元;大中型小麦加工企业5个,年产值5000余万元。畜牧业发展。以黄牛为主的畜牧业蓬勃发展,全镇200畜位以上黄牛育肥场14个,养牛20头以上的大户80户,黄牛存栏量12000头;规模以上养猪场40个。全镇肉年产量达7063吨。基础设施建设。高标准建设了双桐路、桐寨铺至油田高速连接线等干线公路17公里,硬化村道105.2公里,全镇37个行政村实现了村村通油路。社会事业。农村新型合作医疗农民参保率达95%以上。社会各项事业全面进步,连续被评为全市50强乡镇。

【苍台镇】 2010年,国内生产总值7.01亿元,财政收入591万元,农民人均纯收入5890元。项目建设。招商引资2亿元,新上项目15个,其中投资3000万元以上项目2个。傲雪面业有限公司新上日处理200吨小麦的面粉加工项目及精制挂面项目建成投产,成为唐南最大的面业加工生产企业;银雪面业有限公司投资1000万元,对原生产车间、生产线进行技改,新上国内最先进的日产40吨精制挂面生产线一条;投资1000万元的三皇粮油加工厂及投资800万元的新亿家连锁超市等一批企业建成运营;县产业集聚区新上投资3000万元的宏盛化工项目、投资6000万元的变速箱零配件项目征地已接近尾声。稳步推进新农村建设。投资50万元的文化站办公大楼正在施工;占地100亩集农副产品加工、运输、服务、商贸于一体的农贸市场正在建设中;新建郭庄村景观街一条,长900米,两侧进行了美化、绿化,安装了路灯,栽植了风景树。投资50万元修筑了苍襄路到湖北界段道路;投资20万元硬化闫庄村内外道路5条长2200米,解决了常年出行难问题。畜牧业发展不断壮大。投资1800万元新建兴达标准化种猪场,占地105亩,建标准化厂房49幢,存栏可达18000头,年出栏35000头,配套建设日产10吨饲料厂1个。全镇成立了面业、养鸭、养猪、养牛、花生、棉花等各类协会,会员达15000余人。平安建设。投资4万元对全镇21个村委安装平安互助网。

【湖阳镇】 2010年,国内生产总值8.8亿元,财政收入754万元,农民人均纯收入5835元,固定资产投资5.5亿元。项目建设。全镇工业化水平明显提高,唐河大华机械有限公司累计投入3200万元已正式投入运营,年产童车30万辆、玉米脱粒机3.6万台,年产值4000万元;新纬化纤机械有限公司投资1200万元,新上颗粒机生产线1条,新建办公宿舍楼1栋2000平方米;南阳市天达同兴石油技术有限公司投资1亿元,兴建测井综合服务队和年产10万套液压节能热泵热水器项目已进入实施建设;时代矿业项目投资6000万元,进行四个巷道作业,实现掘进1200米;全镇新上固定资产投资超过100万元的企业23个,固定资产投资2.5亿元。新农村建设。加强村级组织活动场所建设,投资130余万元,对周安、张湾、叶山、侯大庙、陈树园等5个村进行村级活动场所建设上档升级,其中新建2所,改扩建3所,建筑面积6000平方米。新农村建设,新建文化大院5个,改建、整修21个,配备了文化长廊、戏台、图书室、阅览室、健身器材设施,极大地改善了农村的文化娱乐条件。新农村合作医疗参合率达98%以上。集镇建设。投资50余万元,对医院新址门前道路进行升级改造,新建道路

500米，栽植风景树300余株，安装路灯20盏。加快旅游资源建设，投资760万元，修建了古蓼国遗址3.8公里上山道路，完成了2600米高低压供电线路和2400米供水管线建设，沿路种植绿化风景树10000余株，完成4000平方米平台土地平整；龙泉寺景区投资600余万元，修建了1500米环地公路，景区沿线栽植风景树6万余株。

【龙潭镇】　2010年，国内生产总值6.02亿元，财政收入658万元，固定资产投资3.4亿元，农民人均纯收入5431元。项目建设。大力招商引资，实现工业经济规模化发展。组建精干、高效的招商引资工作队伍，始终把招商引资作为一号工程，完成项目6个，其中工业项目5个，商贸项目1个，台资企业2个。5个项目计划总投资近2.05亿元。其中投资2500万元的华泰饲料有限公司，厂房主体工程已建成；投资1亿元的商贸项目唐河华仪物资贸易有限公司一期已投入运营，月实现税收1800万元；投资1000万元的御龙面业有限公司二期工程已全部建成投产，年产值达3000万元。小城镇建设。推动沿路整治和小城镇建设再上新台阶。已投入资金1000余万元，打造了以专业市场为中心的南部商业区；打造了以娱乐广场为中心的南部休闲区，构建了以路为媒城镇建设的新框架，形成人流、物流、信息流、资源流的集聚效应。新农村建设。新农村建设坚持与乡村体系规划相结合，与空心村治理相结合，与产业发展相结合，科学规划，统筹推进。建设养殖小区，推动畜牧业规模化生产。以整村搬迁为契机，统一调整畜牧业用地建专业场。每建一个专业场时统一协调资金，统一办理相关手续。以村为单位，搞好技术培训。因势利导，引领畜牧业健康有序发展。移民安置扎实开展。充分发挥移民代表作用，严把建房、搬迁各环节，第一批移民搬迁安置工作获省市县的肯定，第二批移民安置工作正在积极运作之中。社会事业全面发展。农村新型合作医疗，受益人数10289人；确定五保户350户、低保户670户，共发放各类救助物资计10余万元；认真落实好各项支农惠农政策；认真开展“平安创建”活动，增强群众安全感。

【毕店镇】　2010年，紧紧围绕以招商引资为主的项目建设、小城镇建设、粮食核心区建设及南水北调第一批移民安置工作等重点工作。国内生产总值5.75亿元，财政收入2000万元，农民人均纯收入5920元。引进各类项目17个，其中工业项目6个，基础设施建设项目6个，农业项目5个。尤其是引进南阳飞泰科技、裕嘉金元饲料2个上亿元的企业，使招商引资工作实现历史性突破。小城镇建设采取“整治、引导、建设”三位一体战略，实行建管并重，突出特色。投资2800万元，打造了全县农村小城镇中第一个新村——家来福新村，引资8000万元完成了星江农贸市场的建设和配套，集镇经营秩序更加规范，基础设施配套逐步完善，管理水平显著提升，宛东商贸名镇已经形成；以现代农业和农综开发项目为主的2万亩粮食核心区建设，实现了路、井、坝、渠、桥等全部基础设施配套。粮食核心示范区内林、坝、井等承包机制全部落实到位，流转土地2000亩以上，农业生产走上了规模化、产业化和工业化轨道。在移民新村建设上，高标准规划建设，实现了移民由农民向城镇居民的转型，确保移民“搬的来，稳的住，能发展，可致富”，确保了工程质量、进度和移民按期入住，受到了国家、省、市、县等的领导的好评。先后被省委、省政府授予“文明村镇”，被市委、市政府授予“四星级城镇”，获市“计划生育先进乡镇”、“信访工作先进乡镇”、“基层组织建设先进乡镇”等荣誉称号。

【黑龙镇】　2010年，国内生产总值7.5亿元，固定资产投资.2亿元，财政收入1188万元，农民人均纯收入5820元。项目工作。招商引资完成引资额2.8亿元，引进项目4个，年产8000万套阀门生产线项目，由福建科瑞特种设备制造有限公司投资3000万元，项目正在建设中；年产7000万条塑编复合袋及日产40万张不干胶标签项目，由烽原印刷包装有限公司投资2500万元，项目正在建设中；由务工返乡人员王超引进浙江资金1000万元在镇工业区建厂生产五金配件，项目正在试生产；众德门业引进驻马店嵖岈山门业1000万元，项目正在试生产。集镇建设。集中建设了一批重点工程，龙泉、普化两个商住小区建设；农工路升级改造工程投资300万元，全长867米，路宽18米，铺设沿路两侧生态彩砖12000平方米，架设路灯24盏，栽风景树150株；投资85万元对商业街中段、普化路进行油化、绿化、亮化工程；投资150万元对发山旅游景点停车场、道路、山门、绿化等进行了综合配套，发山普化寺风景区被授予国家AA风景区。农业基础地位不断巩固。全镇规模以上养殖场12个，年出栏1500头养殖场17个，现有各类规模以上养殖场56个，养殖大户72个，存栏3000只养鸡场16个，肉鸡年出栏10000只以上养鸡场4个，猪年出栏2000头以上现代化养殖场1个。新农村建设。投资40万元建设三官庙和贾湾移民新村。妥善安置淅川丹江口库区两个村移民2200多人。新农合参合人数48706人。因灾倒房帮建10户。享受城镇低保114户,农村低保1602户2179人,五保供养442人。投资75万元改造镇一中、镇小、西张庄、广佛寺等中小学危房项目。

【少拜寺镇】 2010年,国内生产总值8.15亿元,财政收入636万元,农民人均纯收入5350元。项目建设。全年招商引资8400万元,新上项目4个,其中已建成项目金象良种猪繁育场和唐人街购物中心少拜寺连锁店已建成投产;宛东艾丽森木业有限公司和少拜寺镇福顺良种猪繁育场正在建设中。回归经济大力发展,外出务工返乡人员领办、创办各类企业12个,收到了良好的经济效益和社会效益。小城镇建设。推进以小城镇为重点的基础设施建设,增强产业发展的支撑力,先后投入资金320万元,对少拜寺集镇"一纵三横"4条街道和涧岭店北大街进行了配套完善、升级改造和开发建设。道路交通建设。以"少涧路"复修和自然村通水泥路为重点,投入资金350余万元,圆满完成了县道"少涧路"9公里路面复修和韩庄、枣庄等村道12.2公里。农业基础设施建设。围绕农田示范方建设和特色产业发展,搞好农田水利建设,全年投入资金68万元,新打配机电井8眼,老井修复配套14眼,新挖堰塘坝3处,新增有效灌溉面积1000亩,农业生产条件得到改善。畜牧业发展。大力发展以生猪为主的畜牧业,产业化格局初步形成,全镇生猪养殖小区已达34个,200头以上规模养猪场346个,生猪饲养量达30万头,年外销生猪18万头,成为豫南最大良种猪生产基地。着力抓好以烟叶为主的特色产业。特色农业。增加农民收入,全镇植烟2700亩,收购烟叶60万斤,实现产值498.5万元,农民增收300余万元。新农村建设。切实抓好新农村建设,以韩庄为重点,培育新农村建设示范村1个,全镇修建沼气池512个,硬化、修建村间道路8条,新建文化广场2处。全镇农民"新农合"参保率达99.7%。

【东王集乡】 2010年,国内生产总值6.09亿元,财政收入833万元,农民人均纯收入5980元,固定资产投资3.96亿元,城乡居民储蓄存款余额1.5亿元。项目建设。新上招商引资项目7个,改扩建项目1个,其中500万元以上项目4个,总投资超亿元的黄磷丹肥业科技有限公司落户县工业区,填补了唐河县复合肥产业空白。发展特色产业,增加农民收入。一是烟叶生产稳步增长,全乡共发展烟叶2000亩,实现产值350多万元。新造片林3200亩,农户四旁植树50万株,形成造林网格300余个,顺利通过了省高级达标。以畜牧专业场、专业户为重点,新建200头黄牛场1个,1000头母猪繁育场1个,万只巨大蛋鸡饲养场1个,全乡共建成各类专业饲养场42个,发展养殖户400余户,黄牛饲养量达1.5万头,生猪饲养量达3.2万头,禽类达20万余只,畜牧业产值突破亿元。基础设施建设实现新跨越,一是在逐年美化、彩化原有街道的基础上,投资300多万元,建设了长760米宽74米的九龙西路西延工程;二是成立了"东王集乡集镇专业管理服务公司",乡财政每年拿出10万元作为补助,配备了垃圾清理车2辆,垃圾压缩处理车1辆,洒水车1辆,垃圾桶40个,街道商户门前硬化5000余平方米,铺设彩砖1100平方米,栽风景树800棵,修建排水系统1000多米,安装自来水管道3000米。社会事业取得新进展,农村五保供养650人,完善提高了王集、陈店、郭坡3所敬老院,共安置集中供养五保户260人,办理农村低保2216人。全乡新型农村合作医疗参合率达98%。

【马振抚乡】 2010年,国内生产总值6.3亿元,财政收入834万元,农民人均纯收入6250元。充分发挥区位优势,围绕油区和旅游开发两大特色,开拓了招商引资工作新局面,已建成石柱山森林公园、黄金海岸旅游、云龙山庄休闲度假、红星酒业二期工程、阳光养猪场、恒康养猪场等8个项目,引资额达1.37亿元,全乡民营企业68个,其中规模以上企业6个,招商62个,共引资5.3亿元,吸纳富裕劳力2100余人。继续把栀子产业作为特色产业,全乡4.5万亩栀子全部进入盛果期,经济效益和生态效益良好。推进畜牧业全面发展。全年共建成万头养猪场2个,中小养殖场15个,年出栏生猪65000头,出栏黄牛21000头,出栏禽类达26万头只。加快畜禽品种改良步伐,其中黄牛冷配率达97%以上。新农村建设。重点抓好了胡营瓦房庄示范村建设,疏通、硬化道路3公里,整修排水系统5公里,建设停车港湾站1座,修建文化广场1处1500平方米,配置了休闲健身等娱乐设施。集镇建设。投资160万元启动了马振抚旧街区升级改造工程,升级改造了2条旧街小巷已全部贯通,8米宽混凝土路面铺设全部完成。对马振抚、双河集镇进行了全面治理,新建集贸市场1处,可容商户500余户。完善了旅游基础设施,修通了郭桥至云龙山庄5.5公里旅游环线公路,改建姚岗村牛庄段1.1公里旅游专线公路,新建小桥1座,改善了通行环境。

景区3A级标准申报工作顺利通过省、市考评组的检查验收。社会事业。投资41万元,完成中学教学楼改造650平方米,学生宿舍改造350平方米,食堂改造150平方米。解决农村低保2100人,落实五保户供养549人,其中乡敬老院集中供养220人。农村新型合作医疗参合率达92%。

【祁仪乡】 2010年,国内生产总值57375万元,财政收入727万元,农民人均纯收入5325元。以招商引资为重点的工业经济实现新跨越。全年新上引资项目10个,投资1000万元以上项目7个,300～1000万元项目3个,其中投资2000万元的豫双门业入驻县工业园区,引资总额达2.39亿万元。以集镇建设为重点的基础设施建设得到快速发展。高标准修编完善了《祁仪乡集镇十年总体规划》。全年累计投入资金221万元,对全长570米的宁静路进行升级改造,高标准铺设水泥路面5000平方米;对长1700米的贞元路街道进行重新铺油整修,并对北段1000米路段铺设彩砖5000平方米;对友兰大道中段进行铺油建设;使集镇面积由原来的1.8平方公里扩建为2.5平方公里。农田水利建设。投资90余万元,在祁仪村建安全饮水工程1处,可解决2200余人安全用水问题;投资1700万头对山头水库除险加固;投资300万元对全乡灌渠进行清淤、维护,进一步改善了农业基础条件。旅游开发。投资600余万元,建设旅游景点,对石柱山风景区建设了天柱观、登山步道、山门、山顶停车场。新农村建设。打造了山水园林式蔡庄新农村,兴建文化广场、游园、游乐亭、停车场等旅游景点,安装了路灯、配备了健身器材、修建了林间道路。大力推广优质高效油料经济作物的种植,以许河、常庄、尚冲、临泉4村为主种植改良花生品种5000亩,可增收200余万元。畜牧业发展。以黄牛为重点的畜牧业不断发展壮大,全乡建畜牧养殖先导示范小区1个,黄牛联户饲养场4个,围山建场2处,畜禽养殖专业村14个,专业户3680户,各类专业场71个,实现畜牧业产值1.6亿元。林业生态乡建设工作成绩突出,对全乡16个山区村委的林权进行改革、流转集体山林10.3万亩,确权10.3万亩。在张庄、元山、孙庄、王田等村引进种植无患子5000亩。(孙晓云)

桐　柏　县

县情综述

【概况】 总面积1915平方公里,耕地面积39429公顷。总人口442953人,其中乡村人口360888人。辖11镇5乡和2个产业聚集区。

县委书记:杨忠;副书记:莫中厚、孙伟;常委:史文涛(组织部长,2010年5月离)、张富强(组织部长,2010年5月任)、张荣印(常务副县长,2010年1月任)、王庆芳(女,纪委书记)、赵浩(县委办主任,2010年5离)、汪风均(县委办主任,2010年5月任)、孙桓(政法委书记)、徐翔远(宣传部长,2010年5月离)、田新建(2010年5月,由统战部长改任宣传部长)、章翔(人武部政委)、刘明钦(副县长)、张智广(统战部长,2010年5月任)

人大主任:王清国;副主任:左振明、张胜武、刘永胜、梁燕(女)、朱长远

县长:莫中厚;副县长:张荣印(2010年1月任)、刘明钦、吴增阔、赵丰璞、万里平(女)、段秀勇(2010年5月任);县政府党组副书记:张荣印、孙恒、田新建;县政府党组成员:刘明钦、赵丰璞、万里平(女)、王鸣、黄登科、方明洋、卢康新、张一之、李发清;副县级干部:常书贵、魏晶平、王长岭(享受副处级待遇)、王金绪(享受副处级待遇)

政协主席:张群山;副主席:安可飞、马先成、徐桂勤(女)、罗镇

人武部长:陈银亭

法院院长:柳殿奎

检察院检察长:冯景合

公安局长:王鸣

总工会主席:姜万哲

群工部长:胡恩峰

2010年,全县国内生产总值完成78.6亿元,增长11.5%;财政一般预算收入完成2.86亿元,增长16.6%;全社会固定资产投资完成81亿元,增长27.8%;城镇居民人均可支配收入13175元,增长12.1%;农民人均纯收入3857元,增长11.9%;社会消费品零售总额39.4亿元,增长18.7%。

【工业强县迈出坚实步伐】 大力实施“骨干企业创新工程”和“中小企业成长工程”,全县规模以上工业企业达77个,销售收入超亿元企业10个。规模以上工业企业增加值完成22.6亿元,增长22%;实现利润6.7亿元,增长65.6%。县产业集聚区基础设施逐步完善,建成标准化厂房2.6万平方米,入驻企业8个。安棚化工专业园区完成投资9亿元,新开工建设项目6个。着力抓好节能减排,加快淘汰落后产能,推进中源化学等重点企业节能技术

改造,全县单位生产总值能耗下降8%。

【项目建设成效显著】 争取石步河水库等政策性项目204个,批复和到位资金9.2亿元。新引进和在建招商引资项目140个,到位资金20.6亿元;实际利用外资1710万美元,出口创汇完成1241万美元。招商引资综合排名全市第三,被评为中原最具投资价值县。重点项目建设顺利推进,中源化学10万吨小苏打改扩建工程建成投产,100万吨粉煤灰综合利用项目主体完工,安棚铁路货运站竣工投运,河南三源40万吨食用油、方欣粮油改扩建、二氧化碳综合利用专用助剂、中宇化工倍半碱等项目完成投资4.8亿元。

【农村经济持续发展】 粮食生产喜获丰收,总产量达2.47亿公斤。林业生态建设成效显著,完成造林7.2万亩。集体林权制度改革深入推进,被授予全市"集体林权制度改革先进单位"。新发展良种茶园3000亩、蔬菜5000亩、中药材1万亩。"桐柏山野茶"通过国家有机茶认证,"桐柏桔梗"获得国家工商总局地理标志证明商标注册。农业基础设施不断完善,石步河水库开工建设,二郎山水库除险加固二期工程竣工并通过验收,解决了2.8万农村人口安全饮水问题,新增农村沼气2800座,新发展农民专业合作社81个。新农村建设稳步推进,投入建设资金1.6亿元,完成了8个市级示范村、7个市级试点村和20个整村推进的建设任务,农村道路、通讯、文化娱乐等基础设施不断完善,荣获"全省扶贫开发工作优秀县"称号。各项惠农政策得到有效落实,兑现粮食直补、农资综合直补、"两免一补"、家电下乡补贴等资金8000多万元。

【城乡人居环境不断优化】 城区建设,完成了大禹路等8条道路改造,以及15条主次干道的维修工程,一水厂扩建、二水厂技改工程正在实施,启动城区河道污水管网改造工程。县城新增绿地面积3.5万平方米,绿化覆盖率达43.5%,绿地率达38.85%。小集镇建设步伐加快,"争星创强"活动深入开展,淮源镇成功创建省级历史文化名镇,全县城镇化率达37.6%。通行网络日趋完善,桐大路、毛回路、朱黄路、洛碱路、货场路等建成通车。

【文化旅游业加快发展】 淮源景区游客服务中心开工建设,河南佛教学院基本建成并顺利招生,祖师顶道观改造工程完工。淮源景区被授予"河南省生态文明教育基地"。成功举办第五届祭祀盘古大典、《新中国治淮六十周年》邮票首发式等活动。积极开展文化下乡工作,建成农家书屋23个、村级文化大院10个、乡镇文化站5个。全年实现旅游综合收入2.5亿元,以文化旅游为龙头的第三产业增加值达19.9亿元,在生产总值中的比重进一步提高。

【和谐社会建设扎实推进】 全县新增城镇就业7076人,农村劳动力转移就业1.2万人。农村低保达7167户,城镇低保达3316户,落实低保资金2618万元。抗洪救灾取得重大胜利,完成灾民倒房重建568间,改造危房1500户,农村五保集中供养率达40.6%。新农合参合率达95.7%,补偿金额4343万元。加快保障性住房建设,幸福小区320套2万平方米建成投用,惠民小区2万平方米主体完工。加固改造100所农村中小学校舍。扎实开展"平安建设大走访"活动,强化社会治安综合治理,荣获"全省农村平安创建工作先进县"称号。严格落实安全生产责任制,强化食品药品安全监管,扎实做好信访工作,全县社会大局和谐稳定。

桐柏县各乡镇区主要领导名表

乡镇区	党(工)委书记	乡镇长、主任
城关镇	王长岭(享受副处级待遇,2010年6月离) 岳秀法(2010年6月任)	岳秀法(2010年6月离) 李亚松(2010年6月任)
城郊乡	马书培	张润涛(2010年6月离) 袁德海(2010年6月任)
吴城镇	付兴伟(2010年6月离) 李文忠(2010年6月任)	门宏刚(2010年6月离) 张长鸽(女,2010年6月任)
月河镇	魏晶平(副处级)	
固县镇	王金绪(享受副处级待遇,2010年6月离) 安凤辉(2010年6月任)	岳道有
毛集镇	刘宏军	袁德海(2010年6月离) 史焕岭(2010年9月任)
回龙乡	王　冠	史焕岭(2010年9月离) 张义胜(2010年9月任)
黄岗镇	潘万伟(2010年6月离) 丁严冰(2010年6月任)	丁严冰(2010年6月离) 廖兴准(2010年6月任)

续表

乡镇区	党(工)委书记	乡镇长、主任
朱庄乡	刘宏奇	孟祥东(2010年9月离) 闫明月(女,2010年9月任)
大河镇	裴长青(女)	甘泉涛
淮源镇	曹兴奎	高瑞远(2010年6月离) 李　霞(女,2010年6月任)
新集乡	李文忠(2010年6月离) 张润涛(2010年6月任)	陈朝升(2010年6月离) 牛保彧(2010年6月任)
安棚镇	程远甫	孙玉东(2010年6月离) 李中羽(2010年6月任)
埠江镇	段秀勇(县政府党组成员,2010年6月离) 付兴伟(2010年6月任)	王顺苇(2010年6月离) 王诗东(2010年6月任)
平氏镇	安凤辉(2010年6月离) 孙玉东(2010年6月任)	牛苗苗(女,2010年9月离) 李忠兼(2010年9月任)
程湾乡	张东升	王兴勇
桐柏县产业聚集区	潘万伟(2010年6月任)	鲁成豪(2010年6月任)
安棚化工专业园区	王顺苇(2010年6月任)	陈华义(2010年6月任)

乡镇区概览

【城关镇】 2010年,国内生产总值18.8亿元,固定资产投资21.9亿元,财政收入1886万元,居民人均可支配收入13175元。项目建设。全年共引进规模以上项目13个,合同引资4.9亿元,到位资金2.8亿元。其中投资3000万元的胜出冲压件制造项目已投入生产;投资3000万元的淮北幼儿园项目完成主体工程建设;投资3000万元的金冠机电制造项目,已入驻标准化厂房14号楼;投资6000万元的威达汽车销售项目,填补了县汽车售后4S服务的空白;投资5000万元的粤兴纺织项目,已进入试生产;投资5000万元的祥合购物中心项目,已完成投资4500万元。17个项目正在洽谈中。争取到了社区体育健身和文化站、财政所建设项目,争取资金增长36%,包装、申报生态工程建设、城区河堤护砌和易地扶贫搬迁项目。项目建设为镇财政新增300多万元。城镇建设。围绕"四创一争"活动,完成了淮北中心公园、甲五路路基、乐神路南延和大禹路、体育路南延的拆迁建设和改造任务,硬化小巷32条14378平方米,修建排水沟9.2千米。实施了机关庭院、居民小区绿化工程,城区绿化覆盖率达到了43.5%。投资160万元对淮河源小区3条10米道,4条5米道,20多条3米道共4万平方米巷道进行了硬化。投资30万元,建成安居小区1700平方米集游玩、健身与一体的小区游园。投资60万元,对红叶小区进行了改造建设。对社区管理的公厕和所有建成区面积实行物业管理,服务面积达到12万平方米。

【城郊乡】 2010年,国内生产总值4.19亿元,固定资产投资6.45亿元,财政收入432万元,农民人均纯收入3860元。项目建设。全年新引进企业8个,实现合同引资额1.9亿元,到位资金4600万元。其中,艺林装饰、通源矿山机械制造等企业顺利入驻园区;创新工艺厂、江记油脂公司规模进一步扩大;方欣粮油有限公司实施了技改;黄金机械制造项目顺利投产。建成了十八拐万亩板栗基地、陈大庄万亩两松基地、方家寨万亩速生杨基地和以毛坡为主的千亩茶叶基地。在河坎、毛坡两村建成万只规模标准化肉(蛋)鸡饲养场4个,千头以上生猪标准化养殖场2座。组建建筑施工队200余支。新农村建设。发展农业合作社12个,其中市级示范社1个。相继完成了河坎、尚楼、刘湾3个村新农村建设,探索出了新农村建设与旧村改造、旅游开发、项目建设相结合的新模式。共完成征地1100亩,拆迁220户,分类有计划安置210户。完成40万吨三源食用油等13个企业和6栋标准化厂房垫方工程;完成了甲九路、纬四路、北环路和二医院、淮北中学、佛教学院等重点工程的协调任务。投入10万元,对城乡结合部主次干道实行物业管理。

【月河镇】 2010年,国内生产总值4.16亿元,固定资产投资4.55亿元,财政收入218万元,农民人均纯收入3911元。项目建设。全年共签订项目协议7个,引资6300万元,到位资金5100万元。金桥螺旋藻、同益混泥土搅拌站等重点项目实施。完成水利、土地等政策性项目申报11个,批复项目8个,到位资金639.4万元。新农村建设。新修组组通道路5200米,连户路900米,新建沼气102户,配套沼气服务网点1处,建文化墙80平方米,修建排水渠道500米。围村林、通道林、庭院及"四旁"绿化,造林面积达1200亩,栽植各类苗木10万余株。计划投入资金518万元的西湾村移民搬迁项目,全面启动,完成白庙移民新村二期搬迁任务。特色农业。新发展茶叶500亩,花卉苗木1000亩,蔬菜200亩,林果600亩,新发展养殖大户30户。徐寨村笔架山猕猴桃繁育基地新增400亩,新发展野猪散养户11个,存栏达到2000余头。基础设施建设。围绕祖师顶旅游开发,新发展农家饭店6个。新发展农村经济合作组织6个。完成镇区道路两侧边沟清理硬化2000米,完成镇北工业园等中心位置绿化面积2500平方米。完成村组道路10多公里,清淤加固塘堰21口,动土方28.5万方,受益农田面积6000亩,配套完善机电灌站9座,修缮村级学校700平方米,建成村级活动场所4处1600平方米,发放各类补贴资金300多万元,救助贫困中小学生332人次,新增五保户19人,新增城镇就业260人。

【吴城镇】 2010年,国内生产总值3.4亿元,固定资产投资3.82亿元,财政收入359万元,农民人均纯收入3810元。项目建设。全年招商引资到位资金7260万元,建成项目5个。在建项目3个,合同投资6000万元,已完成投资2700万元。意向项目1个,合同投资16860万元。其中佳美时代广场改扩建项目,填补了县没有大型现代购物中心的空白;孔雀岭蔬菜基地,建成垂钓池塘10亩,现代化日光温室大棚22棚;河南亚妮传播有限公司的户外LED大屏幕项目,在桐柏文化广场、大同街十字路口已正式投入使用。集镇建设。东环路建设工程,在建房屋120套,主体完工60套;疏通硬化街区排污泄洪管网3条1800米。在公交站繁华区修建水冲式公厕1座。完善综合农贸和农资建材两个专业市场基础设施。花生市场进入设施配套、功能划分、商家入驻阶段。成功运作案地两宗,多元化融资460万元。完成了16公里县乡道,29.5公里村道的路肩培护、边沟处理、杂草清理、路面保洁任务和农村公路及平面交叉调查任务。特色产业。发展茶叶栽植面积1200亩。栽植优质泡桐12万株3200亩,林木成活率达98%以上。新建畜禽养殖场1个,养殖大户5户。发展农民专业合作社17个,合作社农户户均增收6000元以上。其中德伙农机专业合作社被评为“省级优秀农机合作社项目”。道路沿线、集镇村庄外围和荒山荒滩栽植各类苗木20万株,完成造林4000亩以上,荣获2010年度“南阳市林业生态建设先进乡镇”荣誉称号。新农村建设。融资3600万元,开发建设的吴城村新型农民住宅社区,3条主干道和占地1100平方米的文化广场、休闲小游园已建成,已建和正建坡屋顶房120套。新修村组水泥路6条18.5公里,整修堰塘56个;新建大沼气池2座,小沼气池220个。

【黄岗镇】 2010年,国内生产总值3.76亿元,固定资产投资3.05亿元,财政收入682万元,农民人均纯收入3889元。项目建设。全年争取政策性项目19个,争取政策性资金2088万元。园区项目建设取得新的进展。郑州美特邦科技有限公司投资3000万元的新型墙材项目,已完成生产线安装并试产;高分子复合材料和塑木盖板项目,正在筹建厂房。同时,永兴公司投资2100万元新上三选厂,投资1000万元,完成五选厂建设。着力培育花生、大棚蔬菜、茶叶、干鲜果、畜牧等特色产业,花生面积稳定在3万亩左右,新建成大棚15座,新开挖茶叶基地750亩,干鲜果重点发展沙红桃和薄皮核桃,畜牧业巩固3个超500头的规模养猪场。农田水利建设。完成造林5000多亩,林改面积8.3万亩。完成王庄、光荣庄5000亩中低产田改造工程,修建拦河坝3座,提灌站1座。完成小型蓄排水工程15座,完成输电线路工程2.7公里,改良土壤2000亩,整修机耕路16.7公里,植树18000棵。改造农村危草房150间。硬化王庄管楼水库、光荣庄蒋河水库渠系6.5公里。新农村建设。新修大棚、光荣庄、岳新庄、黄岗等村内道路10多公里,修复冲毁工程20多处,新建沼气250池。成功举办“桐柏红叶节?风景这边独好”大型文艺演出、市心连心艺术团慰问演出和县政协送戏下乡活动。培训了光荣庄村、黄岗村农家乐从业人员。全年红叶游突破5万人次。共救助五保143人,救助农村低保804人,城镇低保137人,落实资金116万元。发放综合补贴、良种补贴、退耕还林、两免一补等资金413万元。转移农村劳动力3863人,其中为深圳富士康郑州分公司输送员工62人。

【毛集镇】 2010年,国内生产总值8.13亿元,固定资产投资7亿元,财政收入410万元,农民人均纯收入3922元。项目建设。全年引进项目12个,建成投产6个,合同引资2.62亿元,完成投资1.24亿元。入驻县产业集聚区项目进展顺利。总投资2300万元的健牌金属制品项目完成厂房、职工宿舍等主体工程建设;总投资1500万元的金泰建材二期扩建项目,建成厂房1600平方米、职工宿舍楼1200平方米;伟杰、田木湾、廷昌生态养殖项目,毛集兵营门窗厂建成投产。争取镇区供水管网改造等31个政策性项目资金4120万元。小城镇建设。小城镇建设完成滨河路1.2公里南延路面硬化；对政通路全线进行改造升级，铺装沥青路面2公里；栽植广玉兰、冬青、法桐480株，清淤边沟4700米，硬化背街小巷1.6公里。新农村建设。新农村建设粉刷墙体8216平方米，整修道路，排水沟渠6140米，改造门楼12户，绿化庭院21户，栽植冬青、刺柏、竹子等3160株，修建花坛7个360平方米，安装石桌凳5套，刷写特色文化墙512平方米，清理垃圾260立方米。投入各类资金160万元，成功创建了花生、水稻、板栗、中药材4个省级无公害农产品生产基地。成立旺盛养牛、国顺养蜂、丰果花生等专业合作社16个。建成了窦庄2000亩速生杨基地，南湖、湖山种植"两松"、冬青等绿化树1.26万株；新增造林5500亩，发展生态茶园560亩，镇区绿化覆盖率达到了45%。完成了9.7万亩集体林权改革。恢复、抢救了南湖百年莲花堰，种植发展五个品种60多亩莲花。落实了860余万元各项惠民政策资金，新修村组道路13.6公里，建成新庄等4个村的文化书屋，救助贫困学生21名，对镇敬老院进行了改造，投资30万元新建房屋36间，建成沼气216池，实施了10个自然村通有线电视工程。

【朱庄乡】　2010年，国内生产总值3.19亿元，固定资产投资2.59亿元，财政收入549万元，农民人均纯收入3827元。项目建设。全年新签约项目6个，续建项目2个，合同引资4.5亿元，实际到位资金1.1亿元。其中落户县园区的项目2个，投资2000万元的桐柏高新耐磨产品制造项目和投资1650万元的天隆纺织项目。落户境内的大个项目5个，投资3亿元的新郑机场后勤基地培训中心项目；投资1800万元的可降解塑料研发中心项目；投资1600万元的鑫隆矿业有限公司多金属采选项目；投资2300万元的街道综合市场开发项目；投资5600万元的桐柏广聚矿业有限公司高细度钙粉加工项目。争取政策性项目资金2429万元。新发展杨树2000亩、泡桐3000亩、香菇150万袋、木耳20万节、兰花5000盆、茶叶1800亩。新发展农民专业合作社6个。建成朱庄村板栗食用菌专业市场。馆驿新农村3排30套房正在建设。响潭新农村6排60套房，建成20套，已出售16套。完成朱黄公路(朱庄段)10公里路面铺油工程和研发中心道路路基处理任务，硬化馆驿、围山等村村组道路6.5公里。融资1100余万元，建设农贸综合市场和高速引线安置区，建房66户；修建下水管涵3000米，安装道牙石3000米，铺设生态彩砖3200平方米；整修清淤塘堰36口，护砌河堤400米，清理河道淤泥5000余方，新建拦河坝两处；硬化联通路、农贸综合市场路、医院路、滨河南路2200米；按照徽派风格改造菜市场和滨河沿路60余户坡屋顶，罩白美化墙体万余平方米，新修滨河路河沿长城墙1000米。投资40余万元，改造临街门面房19户；拆除街道乱搭乱建棚亭7处；新装路灯22盏；绿化引线两侧、街道及河道两侧3600米，种植风景树(竹)5000余株，在高速引线两侧撒种草籽10余亩。向外输出农民工1300人以上，就地转移剩余劳动力1500人以上。

【回龙乡】　2010年，国内生产总值1.29亿元，固定资产投资2.18亿元，财政收入323万元，农民人均纯收入3788元。项目建设。全年引进项目一批，其中，由广东敏城科技电子有限公司，投资500多万元建设的桐柏县铭新科技电子有限公司网络变压器生产项目，创2010年全县招商引资工作"两个第一"，即第一个在县长办公会议讨论通过，第一个入驻县产业集聚区标准化厂房；由遂平恒安集团投资2000多万元，开发建设的中药材交易市场项目，已启动30户临街商户住房建设。农田水利建设。争取农田水利基本建设等政策性项目10多个，争取资金1000多万元。生态集镇建设。累计投入资金100多万元，栽植梧桐树等8个树种共计100余株；拓宽桃花店至街区老政府2200米路面为12米，新建街区至粮管所道路500米，新建街区通往健身娱乐苑道路400米；新建街区桃西路排水管道780米；新购垃圾车1辆，果皮箱7个。特色产业。成立了仁德香菇种植、益民兔业、中药材种植等专业合作社，"合作社＋基地＋农户"的运作模式覆盖了60%的种养户。种植夏枯球、白花蛇草等中药材1.1万亩，发展连片林果基地18个，完成造林6000亩，栽植杨树、泡桐32万株，种植香菇50万袋，新发展各类畜牧养殖大户200余户，其中家兔养殖大户168户，养殖家兔5000余只，新发展500亩以上茶叶基地2个，种植茶叶1800亩。

【大河镇】　2010年，国内生产总值2.49亿元，固定资产投资2.37亿元，财政收入375万元，农民人均纯收入3771元。项目建设。全年新引进项目6个，合同引资5900万元，到位资金5700万元。其中投资2000万元的桐柏县金斯利针纺织服饰有限公司，已建成投产；投资2000万元的佰利矿山机械加工项目和投资1200万元的新科焦化项目均在上半年建成投产;投资2000万元的新型塑钢项目,已完成厂房建设和设备订购;占地30余亩,库容23万立方米的大河铜矿尾矿库项目已建成,投产后可日处理尾矿400吨,回收率70.75%。批复到位政策性资金项目23个,争取资金3000余万元。完成生态造林千亩以上标准基地林4处,S234省道和村村通道路植树30余公里,补植补造苗木40余万株。特色产业。新发展良种茶园800亩、蔬菜300亩、中药材500亩、苗木花卉600亩、专业养殖3处。河堤护砌1200米,二郎山水库除险加固二期工程竣工并通过验收,新发展农业专业合作社3个。新农村建设。投入建设资金100余万元,完成了新农村建设整村推进任务,村组道路、通讯、文化娱乐等基础设施不断完善。新增绿地面积2000平方米,绿化覆盖率达40%。对桐家河至上河段公路两侧及村庄进行绿化,修建花池35个,种植兰花8万株,栽种风景树7500棵。S234线大河段建成通车,建成二郎山防汛道路、箭杆冲至下庄、上河街区至肖沟村组道路。筹资100余万元建设敬老院长1座。

【固县镇】 2010年,国内生产总值3.82亿元,固定资产投资3.88亿元,财政收入370万元,农民人均纯收入3841元。项目建设。全年新引进项目4个,引资4.86亿元,到位资金1.91亿元。其中入驻县产业集聚区的年产500吨的α-亚麻酸和5000吨苏打水项目已经完成工商注册、税务登记等工作,实现了入驻县产业集聚区项目零突破;投资1.6亿元的桐柏华成矿业有限公司开工建设;投资3600万元的金泰矿业有限公司已经建成投产。集镇建设。上报政策性项目29个,批复项目20个,批复资金2780余万元。投资360万元,对老镇区进行全面改造,开挖铺设排水沟3500余米,铺设人行道地面砖4800平方米,栽植绿化树木1500株,新装路灯30盏;对原清真寺进行了改扩建;对政府机关进行了部分改造,建成标准化篮球场一个。新农村建设。硬化水泥道路8条3200余米,开挖铺设下水管涵8500余米,安装路灯30余盏,铺设人行道彩砖3000余平方米,新建房屋80余户。规划建设大石坡、沈楼、固县、后河水库4个茶叶种植基地5400余亩。其中新开挖大石坡茶叶基地700亩。已发展金成水稻、登喜肉牛养殖、双凤农机和桐淮养蜂专业合作社4个。完成林改面积9.28万亩。

【淮源镇】 2010年,国内生产总值3.2亿元,固定资产投资3.93亿元,财政收入410万元,农民人均纯收入3809元。项目建设。全年新引进项目4个,投资2000万元的古栗园泰和山庄项目及老年公寓建设项目;投资1.2亿元的生态旅游服务区建设项目;投资3000万元的兴源矿业深部采矿项目。扩建、续建项目3个。争取政策性项目资金2960.7万元。投入100多万元,建成旅游商品市场77户,水、电、路等基础设施全部完善;新建鸿仪河村长920米、宽60米的商业街1条;完成镇区一横四纵总长2000米道路的升级改造。投入200余万元,对景区路、淮河路、淮源大道铺设彩砖、硬化水沟、安装路灯、补植绿化树木等,同时建设了淮源大道西延工程。新成立了淮汉油桃、淮鑫木瓜等专业合作社。新农村建设。硬化了陈庄村万亩木瓜基地道路5.2公里,建提灌站2个,铺设管道300米,建蓄水池16个,补栽苗木12000棵。累计投入140万元,硬化组干道1600米,连户路1660米,新建拦河坝1个,硬化水渠380米,新建卫生公厕3个,垃圾池6个,文化广场1处,栽植绿化树木8600株,草坪430平方米,绘制文化墙380平方米。洪灾重建修复工程,完成了护砌河堤500多米,新建拦河坝2个,硬化道路6.5公里,新建、清淤塘堰坝等小型水利设施120处,修复沙石道路7.8公里、水渠9.6公里,清理水冲沙压农田130余亩。特色产业。精心培育以油桃为主的小杂果、茶叶、木瓜、板栗4个万亩基地,发展小杂果10000亩、木瓜12000亩、板栗8000多亩、茶叶1500亩。林业基础设施建设。投入10万元组建专业护林队,配备护林队车辆1部、风力灭火机6台、对讲机4部、专职护林员12名。投资150万元实施农村危房改造250户,完成倒房重建66户、105间。投资11万元改造7所村级卫生室。投资10万元新建2个新农村书屋。投资22万元建成2处五保大院。

【新集乡】 2010年,国内生产总值2.27亿元,固定资产投资1.97亿元,财政收入158万元,农民人均纯收入3763元。项目建设。全年新引进项目6个,合同引资1.2亿元。其中投资500万以上项目5个。入驻县产业聚集区的桐柏淮渎酒业有限公司进入征地阶段;桐柏晨昰门业进入基础设施建设阶段。入驻本乡境内的鸿利皮革纺织有限公司、宏利建材厂、宏泰木业等项目,均已建成投产。争取易地搬迁、危房改造等政策性项目11个,批复资金1800余万元。特色产业。建成洛河500亩标准化茶叶示范园和张盖茶园,新发展中药材苗圃基地2个200多亩,育苗200万株,可发展中药材5000多亩,已完成土地流转700余亩。对公路沿线村的村容村貌进行了6次以上的集中整治。完成春季造林3500亩。集镇建设。集镇环境综合整治,共拆除钢架铁棚76个,店外固定灶台21处,清理生活、建筑垃圾5000余方,清理与规范占道经营、店外经营100多户。投资600余万元,启动4条集镇道路的彩砖铺设、绿化、亮化、排水等工程,完成彩砖铺设4万多平方米,新建排水管网5500多米,改造和新增路灯40盏,栽植法桐等品种900多棵,硬化镇区道路近1000米。完成3个乡村道路7.5公路硬化,建漫水桥1座,配套机电灌站2座。完成农村危房改造250户,建标准村级卫生所5所。

【埠江镇】 2010年,国内生产总值6.74亿元,固定资产投资5.05亿元,财政收入653万元,农民人均纯收入3978元。项目建设。全年新引进项目12个,其中千万元以上项目11个,500万元以上项目1个,合同引资2.65亿元,实际到位资金8852万元。其中,光明塑料、鸿升烟花、中储粮储备库、吉祥棉织、上善若水服装、利帮生物科技、玖久通用机械等7个项目已建成投产;金牛电气二期、晨盛鞋业二期、郑大肥业二期、善若服装园、科信化工等5个项目正开工建设。大宝日化洗衣粉、太阳能光伏玻璃等项目正在洽谈。共争取各类政策性项目12个,到位资金1000余万元。埠江轻工专业园区建设快速启动。筹资120万元对工业路北段进行配套及南延建设,一批标准化厂房陆续开工建设或投入使用,一批项目相继入驻。特色产业。按照“南桃、北梨、东养、西莓”的产业布局,新增“埠江红”优质桃、晚秋黄梨种植600多亩,“双丰草莓”种植150亩,“埠江红”桃成功通过无公害认证;申报标准化生猪繁育养殖场2个,全镇规模养殖场达14个。建成了全市最大规模的德刚农机合作社,带动各类合作社已达14个。在全县第一个成立了土地林权流转服务中心,建成了全县第一个镇、村、组三位一体的土地林权流转工作网络,成功流转土地1500亩,明晰林业产权3000多亩。栽植速生杨3万余棵,村庄植树2万余棵,被评为全省造林绿化模范镇;以“六统一”的标准改造庭院40多户。培养了省级创业民星刘昌广、镇十佳新型农民王闯、刘书义等不同典型。胡楼村被省政府定为南阳市6个、桐柏县唯一的新农村示范村。集镇建设。围绕“六创一迎”活动,清理沿路沿线的柴草,拆除乱搭乱建违章建筑30余处,取缔、改造违章废品收购点4个。镇区中心环境卫生实行物业化管理;镇区中心免费公厕已建成投入使用,村村建起了标准化卫生室。

【平氏镇】 2010年,国内生产总值2.88亿元,固定资产投资2.63亿元,财政收入653万元,农民人均纯收入3814元。项目建设。全年新引进华辉食品、瑞承鞋厂、中港合资南阳巨源餐具3个工业项目,其中中港合资项目是全县第一个港资控股企业;扩建了星宇彩印项目,建成了淮源盛世牧业项目。引进了驿桐秸秆加工农业项目,家乐福购物广场、唐人街购物中心2个商业超市项目,引资1.38亿元;达成了新野钢葱、五木硼砂、铁离子稳定剂、电子、服装等项目意向。申报世行五期贷款、土地治理等政策性项目资金3000多万元,已批复2600多万元。完成了600米曙光路路面硬化、供排水、电力供应工程。集镇建设。镇东三角广场种草绿化,建管护房,街道环卫实行物业化管理,获省生态示范镇称号。建立了农村公路养护站,聘请4名工人对乡村主干道进行清扫维护,保证了道路的清洁和畅通。特色产业。新建80亩蔬菜种植示范小区1处,150亩品种桃基地1处;养殖黄牛30余头。全镇注册各类专业合作社16个。新农村建设。新修公路2.5公里,改造村部5间。以北东村苗庄组为新农村建设试点,清除柴草垃圾30处,美化墙体3000平方米,改造门楼30个,种植绿化树木5000多棵,整修边沟300米,硬化连户通道路500米,建小游园1处。完成了林改面积13500亩。

【程湾乡】 2010年,国内生产总值1.85亿元,固定资产投资3.07亿元,财政收入351万元,农民人均纯收入3778元。项目建设。全年上报乡村道路等政策性项目29个,总金额9225.81万元,已批复12个1202万元。入驻县产业聚集区的PVC管材项目厂区垫方正在进行;消失模生产项目工厂厂房一期主体工程竣工,生产设备已采购;桐柏淮鑫纺织有限公司开工生产;桐柏永翔纺织有限公司21套纺织设备已安装到位。特色产业。乡域内老韩家生态园二期农宿宾馆开业;新兴牧业生态养殖基地项目规模逐步扩大。完成造林3000亩,栽植“两松”26万棵;“增绿”工程栽植“两松”5万棵。通道造林栽植景观植物5000余棵,“两松”10万余棵。四旁植树共栽植杨树、青桐等3万余棵。林改确权面积14.1万亩。新建姚河村大南庄移民新区和龙嘴移民新区两处;和湾新农村铺垫村组道路4条5.5公里,栽植景观植物5000余棵。已注册黑明寺茶叶等专业合作社7个。其中黑明寺茶叶专业合作社示范带动周边200余户群众从事茶叶生产,茶叶年销售量

4000余公斤，年产值160万元。新发展茶园400余亩，炒制干茶1万余公斤，茶叶销售收入400余万元。由郑州恒福茶叶公司研发生产的“桐柏山野茶”通过有机茶认证，成为南阳市唯一获得有机茶认证的茶叶品种。完成危房改造200户、倒房重建35户。基础设施建设。投入资金100余万元，护砌姚河水毁大坝坝堤230余米，修复水毁道路500余米，加宽河坝出水口12米；铺垫岳沟、石头庄、苏扒等村道路路肩32000米，修复水毁道路1800米。

【安棚镇】 2010年，国内生产总值8.08亿元，固定资产投资6.58亿元，财政收入1075万元，农民人均纯收入3916元。项目建设。全年新引进项目10个，合同引资5.01亿元，到位资金2.54亿元。以顺成公司100万吨粉煤灰综合利用项目为代表的铁路货运站、万安光源三期工程、才源编织袋厂、万福祥非标门厂等一批重点项目相继建成投产。中宇化工倍半碱、鸿蚨祥物流等项目破土动工。集镇建设。争取镇区集中供水、中低产田改造等政策性项目15个，落实资金3500余万元。新硬化镇区主要道路3条2800米，新建社区游园3个700平方米，道路900米，排水管道2700米，铺设人行道彩砖2700平方米。土地所、法庭建成投入使用。基础建设。新建新安路3000米，货运连接线2800米，硬化太山、李湾、安棚等村村组道路2100米。圆满完成全镇23000亩林改任务，全年新增造林面积5300亩。高标准整地2000余亩，已种植茶苗700多亩。新成立各类专业合作社9个。荣获全省“村镇规划建设先进单位”，先后被市委、市政府授予“五十强乡镇”、“发展循环经济强乡镇”、“新农村建设先进乡镇”、“信访工作先进单位”等荣誉称号。

【安棚化工专业园区】 2010年5月成立，辖4个行政村，48个村民小组，耕地面积16527亩，辖区面积24.4平方公里，有企业68个，职工2000余人。国内生产总值2.8亿元，固定资产投资7.6亿元，农民人均纯收入3710元。项目建设。引进项目10个，建成项目3个，在建项目5个，签订合同2个，累计完成投资5亿元。年产15万吨小苏打、铁路货运站、塑料编织袋3个项目已建成投产；投资1.8亿元的中宇化工项目，准备围墙修建和场地平整；100万吨/年水泥粉磨站项目已完成投资1亿元；安碱三期2万吨/年全降解塑料项目投资2000万元完成了中试试验；洗涤用酶制剂(彩离子)项目，正在进行项目申报和设备定制；年产800吨的天德豆制品项目，主体厂房开始建设。20万吨小苏打项目、10万吨硅钾肥项目，正在协调征地等前期筹备工作。投资2亿元，对园区道路进行修建。完成了洛碱路(园区至新集312国道)、胡栗路、铁路货运站与郑大公路连接线等建设。碱都大道东延至明星化工路基及铁路货运站与园区连接线路基工程已完成。建成了园区第三供水厂，新建园区公共绿地面积6600平方米。取得发明专利3项、实用新型专利6项，建成博士后研发基地1个，争取承担国家“863计划”高盐卤碱清洁生产项目1个。其中安棚碱矿一期倍半碱工艺获得了省科技进步一等奖和化工部设计金奖，安棚碱矿二期和三期湿分解工艺获得行业科技进步二等奖。根据碱硝循环生产链，设计论证下游精细化工产品生产项目32项。对现有企业实施了节能减排技术改造，完成节能4000吨标准煤，减少二氧化硫排放量6.2吨，单位综合能耗5.96吨标准煤/万元，年节水100万方，全年综合万元增加值能耗降低9.36%。

【桐柏县产业聚集区】 2010年6月成立，辖5个行政村，73个村民小组，耕地面积18000亩，辖区面积27.9平方公里，入驻企业145个，从业人员15000人。固定资产投资297940万元。全年引进项目19个，引进资金41亿元，其中亿元以上项目4个。引进了博源投资28亿元年产40万吨食用油项目、汽车制造、食品机械加工、针织品加工等项目；开工建设了投资1.2亿元的二氧化碳催化剂项目；扩建了方欣粮油二期、胜出工业零部件公司二期和禹淮植物精华有限公司二期项目；入驻标准化厂房投产的众鑫机械、铭新科技、天隆纺织等项目；通过县长办公会的饮料加工项目、矿山设备制造加工项目、淀粉加工项目等。完成了甲五路、甲九路南段、纬四路、北环路、经七路、乙七街、乙八街等路基建设，共计13.07千米；新修盘古大道、桐明路、桐银路两侧及标准化厂房区间路等处供排水管网8000米；开工建设了丰湖公园、淮北客运站、物流中心、幼儿园、二水厂、邮政局等工程；建成了35千伏变电站1座，日处理2万吨污水处理厂1座等。新建成标准化厂房12#—15#楼、建成面积2.2万平方米，开工建设了6#厂房楼和26#—28#楼12000平方米的职工宿舍楼。危房改造32户，新建房屋84间。新修纬四路、经七路等主干道路5.4公里，连户道路4000米。完成堰塘清淤75座，修复水渠600米等。(胡家洋)

邓　州　市

市情综述

【概况】　总面积2369平方公里，耕地面积173.3千公顷，总人口171.3万人，其中城镇人口43.7万人。辖11乡13镇3个街道办事处和1个旅游管理区。

市委书记：刘朝瑞；副书记：刘树华、赵云杰、赵文林；常委：张强华（纪委书记）、杨振云（政法委书记）、褚清黎（常务副市长）、朱艳红（女，宣传部长、副市长）、孙云飞（组织部长）、张玉伟（人武部政委）、党建凯（市委秘书长）、刘永国（穰东镇党委书记）；市委正处级干部：王海亭、杜显聚

人大主任：殷中玲（女）；正处级干部：路德文、张峰；副主任：刘学信、李兴银、赵秀荣（女）；副处级干部：郭松山

市长：刘树华；副市长：褚清黎、朱艳红（女）、李虎、毕跃峰（女）、赵显三、王彩霞（女）、陈达、靳社强；党组成员：丁心强

政协主席：王杰敏；正处级干部：杨德堂、梅振武；副主席：刘齐安、路德军、齐群强、郭心平（女）；党组成员：赵绪亮

总工会主席：陈祖胜

法院院长：李亚钦

检察院检察长：杜海宛

公安局长：丁建民

人武部长：刘育青

群工部长：张伟

南阳市引丹灌区管理局长：杨显功；党委书记：王振江

2010年，全市完成国内生产总值231.5亿元，比上年增长10.8%。其中：第一产业增加值68.5亿元，增长4.5%；第二产业增加值107.5亿元，增长14.3%；第三产业增加值55.5亿元，增长11.2%。人均生产总值17060元，增长10.6%。三次产业结构由上年的29.6∶46.4∶24调整为27.7∶44.4∶27.9。非公有制经济增加值166.5亿元，占生产总值的比重为72%。全年居民消费价格比上年上涨4.4%，其中，食品类上涨11.68%，农业生产资料价格上涨3.2%。全年农业总产值116.6亿元，比上年增长4.6%。全年粮食种植面积285.63万亩，比上年增加1.11万亩，其中：夏粮种植面积204.09万亩；秋粮种植面积81.54万亩，增加1.07万亩。全年粮食总产量103.52万吨，其中：夏粮76.45万吨；秋粮27.07万吨，均与上年持平。全年油料总产达到27.26万吨，增产0.85%；棉花总产2.11万吨，减产16.27%；烟叶总产0.82万吨，下降43.84%。全年农综开发投资2902万元，新打机井178眼，开挖、疏浚沟渠84.71公里。年末全市农业机械总动力达到168.7万千瓦，比上年增长6.7%。农用拖拉机14.3万台，农用运输车6.2万辆。全年农村用电量25369万千瓦小时。全年全部工业增加值100亿元，比上年增长14.8%。其中，规模以上工业增加值64.9亿元，增长22.4%；规模以下及个体增加值35.1亿元，增长3%。在规模以上工业中，农副食品加工制造业增加值14.2亿元，增长35.7%；纺织业增加值16.6亿元，增长27.4%；板材加工业增加值9.5亿元，增长52.4%。全年全社会固定资产投资127.9亿元，比上年增长15%，其中城镇投资99.4亿元，增长22%；农村投资17.2亿元，下降8%；农户投资11.3亿元，增长1.9%。在城镇固定资产投资中，工业投资54.9亿元，比上年增长9.4%，占城镇投资的比重为55.3%。全年社会消费品零售总额70.4亿元，比上年增长18.9%。其中，城镇零售额52.7亿元，增长18.8%；农村零售额17.7亿元，增长20.1%。分行业看，批发零售贸易业零售额55.8亿元，增长17.5%；住宿餐饮业零售额14.6亿元，增长24.6%。全年交通运输、仓储及邮政业实现增加值7亿元，比上年增长22.1%。全年各种运输方式完成货运1145万吨，周转量181255万吨/公里；完成客运量1879万人次周转量294530万人/公里。全年实现财政总收入6.5亿元，比上年增长20.2%，其中，地方财政一般预算收入5亿元，比上年增长20.6%。全年地方财政一般预算支出25亿元，比上年增长23.6%。年末金融机构各项存款余额124.4亿元，贷款余额58亿元，比年初增加7.1亿元。全市共有中小学校、幼儿园759所，在校学生37.7万余人。全年科技经费支出2540万元。全年共组织实施各级科技计划项目48个，申报各级科技成果34项。全市共有艺术表演团体2个，文化馆、图书馆、博物馆各1个，农村文化茶馆1200多个。全市共有卫生构39个，其中乡镇卫生院25个，卫生机构实有床位数2794张。全市卫生技术人员2247人，其中高级职称95人，中级职称546人，初级职称1001人。新农合制度建设取得了新成效，农村参合人数1426027人，参合率达到99.8%。城镇居民基本医疗保险参保人数8.7万人。全年城镇居民人均可支配收入14302元；人

均生活消费支出10716元，增长9.7%。城镇居民恩格尔系数31.4%。全年农民人均纯收入6141元，比上年同期增长12.1%；人均生活消费支出3901元，增长10.8%。农村居民恩格尔系数32.1%，比上年下降1.2个百分点。职工年平均劳动报酬22792元，比上年增长10%。全市参加城镇基本养老保险职工3.9万人，参加基本医疗保险人数8.7万人。全年城镇发放最低生活保障金3756万元，城镇低保对象2.2万户。农村发放最低生活保障金4714万元，农村低保对象6.46万户。

【"四议两公开"被编入中央文献】 2月1日，全国各大报纸刊登《中共中央国务院关于加大统筹城乡发展力度进一步夯实农业农村发展基础的若干意见》，《意见》第26条写着："总结各地实践经验，因地制宜推广本村重大事项由村党支部提议、支委会和村委会联席会议商议、全村党员大会审议、村民代表会议或村民会议决议，以及决议公开、实施结果公开等作法。""四议两公开"工作法是由邓州市于2004年率先提出，并在南阳、河南省积极尝试后而在全国普及推广的。

【李克强莅临邓州市调研】 10月8日，中共中央政治局常委、国务院副总理李克强在出席南水北调工程建设工作座谈会期间，莅临邓州市对现代农业示范园区进行调研。省委书记卢展工、省长郭庚茂，南阳市委书记黄兴维、市长穆为民，南阳市委常委、邓州市委书记刘朝瑞，市长刘树华等陪同调研。刘朝瑞向李克强汇报了邓州市现代农业示范园区建设情况。

邓州市各乡镇办区主要领导名表

乡镇办区	党(工)委书记	乡镇长、主任
花洲街道办事处	刘全明	刘祖万
古城街道办事处	赵友敬(副处级)	郑　剑
湍河街道办事处	刘连波	李　芳(女)
龙堰乡	童孟军	童孟军
张楼乡	高　峰	汤清立
白牛乡	张学坤	曾庆俊
穰东镇	刘永国(市委常委)	路培彦
夏集乡	贾里坚(副处级)	刘文举
裴营乡	张　伟(副处级)	刘新明
赵集镇	岁秀强(副处级)	鲁其申
罗庄镇	王新堂	唐荣涛
十林镇	鲁启先	赵明辉(女)
张村镇	张振邦	张锦辉
文渠乡	高　翔(女)	王成冰
九龙乡	李　奇	王　硕
高集乡	李景龙	马文英
彭桥镇	罗建坤	李　健
杏山旅游管理区	赵正强	梅传旭
孟楼镇	赵显三(副处级)	秦大栋
林扒镇	熊占玉(副处级)	郭松泉
陶营乡	秦　峰	王云立
都司镇	马黎升	李天岭
构林镇	丁心强(副处级)	杨春甫
刘集镇	李吉俊	肖绍英
小杨营乡	刘正同	杜新占
桑庄镇	李　莉(女)	刘　冲
腰店乡	王秀群	李　爽(女)
汲滩镇	黑晓森	崔吉栋

乡镇办区概览

【花洲街道办事处】 2010年，国内生产总值23.8亿元，财政收入900万元。新增就业人员1500余人。引进大型项目5个，引资总额2亿多元。硬化背街小巷38条，3多万平方米；铺设彩砖12处，5400平方米；修建下水道1900多米；新建在建小游园3个；栽植花草树木万余株；新建村级卫生所3所；改造升级公厕4座；在建垃圾中转站2个；建成文明居民小区2个，植树8千余株，绿化面积4000余平方米。输出劳力3124人，培训1178人，下岗失业人员再就业907人，其中残疾人9人；全处孤寡、五保老人全员入住敬老院。

【古城街道办事处】 2010年，国内生产总值15.25亿元，固定资产投资10.25亿元，财政收入1387万元，居民人均可支配收入14287.9元，发放家电补贴600万元。全年新发展项目14个，总引资5.69亿元，到位2.695亿元；投资72.2万元，硬化背街小巷13条11692平方米；审办农村低保285户741人，发放农村低保金51万元；调整申报城市低保207户335人，发放资金35万元；发放救灾款11000元，解决105户家庭的临时困难；发放优抚资金45万元。

【湍河街道办事处】 2010年，国内生产总值6.3亿元，固定资产投资8650万元，财政收入756万元，居民人均现金收入7150元。全年共开工建设项目6个，项目计划总投资3.37亿元，完成投资1.89亿元。全处林果种植面积1.3万亩；畜牧总产值1.41亿元，新增养殖大场8户，新建标准化小区1个，生态环保养猪场1个，新发展专业合作社3个，大牲畜存栏1.7万头，生猪存栏5.8万头，羊存栏4.6万只，家禽存栏68万只。种植烟叶1420亩，收购烟叶11万公斤，入库税金37.6万元。输出劳动力1900余人，新增劳务收入1500余万元。

【龙堰乡】 2010年，工农业总产值3.7亿元，财政收入430万元，农民人均纯收入6140元。全年粮食总产量35767吨，其中小麦

25762吨，玉米6344吨，经济作物类油料8856吨、棉花689吨、烟叶400吨、蔬菜16804吨、瓜果13401吨。全乡共有养鸡场31个，其中2000只以上的养鸡场27个，总数36.5万只，养猪户15个，能繁母猪存栏2225头，肉牛育肥场3个，存栏6950头。全乡参加农村低保1545人，发放低保金78.8万元，安置五保315人，其中集中供养62人。投资150余万元，新修水泥路10.8公里；配合上级部门做好内邓高速公路的征地、拆迁和建设工作；做好S231线唐鱼池至刁河改造工程的征地拆迁工作；建成总投资108万元的乡计生服务中心。

【张楼乡】　2010年，财政收入517万元，农民人均纯收入5950元。荣获河南省移民迁安工作优秀单位、南阳市集体三等功、南阳市文明新村创建先进单位等奖项。全乡形成食品加工、畜牧、棉花等支柱产业，共有食品加工企业38个，产值6.8亿元。全乡企业总量81个，实现工业产值18.73亿元，新增务工人员1046人。全年新建扩建企业20个，投资总额22800万元，累计完成19200万元，千万元项目6个，500万元项目11个。抓好"阳光工程"培训项目，培训3000人次，全年实现劳务收入1.5亿元。共为养牛、养猪、养鸡大户协调贷款200多万元，帮助成立协会6个，畜牧产值1.2亿元。

【白牛乡】　2010年，国内生产总值4.23亿元，固定资产投资0.92亿元，财政收入549万元，农民人均纯收入6050元。以养鸡为主的畜牧业，养殖场总数达76个，1万只以上的20个，最大的养鸡场超过5万只，建成现代化养鸡场4个，全乡养鸡总量达100万只以上。共发放良种补贴、综合直补等资金574万元，受益农户达11000多户。落实低保对象823户1952人，发放低保金75.38万元；落实五保对象345人，发放五保金36.96万元；"两免一补"政策惠及2643名中小学生，落实资金53.3万元。兑现能繁母猪补助资金65150元，受益农户842户。发放太阳能补助资金8万元，受益农户达200户；协调巾帼信用致富贷款53万元。

【穰东镇】　2010年，国内生产总值11.01亿元，财政收入1368万元，农民人均纯收入6427元。全年新增企业28个，总数达到218个，规模以上工业企业达到13个，年产值31.6亿元。服装产业新增加工户156户总数达到6680户，新增加工企业12个总数达到128个。全镇153个自然村经规划，合并为58个自然村，节约用地155公顷，增加建设预留地971公顷。"三项整治"947.7亩任务已全部复耕。夏粮种植8.2万亩，秋粮5.1万亩；林业面积稳定在2.3万亩；蛋肉鸡存栏80万只，金鱼养殖370亩，新建专业场4个、养殖小区1个；种植烟叶2862亩，棉花5万亩，月季500亩。全镇共有针织服装加工、皮鞋加工、民族饮食、麦烟套种、水泥制品加工、畜牧养殖等专业村21个。全年建设文化茶馆22个，小游园29个，安装太阳能2900多台，修建村村通26公里。投资3800万元对服装市场、义乌路家电家俱市场、金鸡路蔬菜市场、供销社农资市场、皮鞋加工销售市场5个专业市场开展第三期规范化改造工程，特别是服装市场新入住298个服装商户，市场商户总数达到2386个，全镇个体商户达到5098个。全年争取政策性项目9个，总投资2.208亿元，已完成投资7100万元；新上工业项目17个，总投资2.115亿元，已完成投资5650万元。

【夏集乡】　2010年，国内生产总值6.9亿元，财政收入590万元，固定资产投资1340万元，农民人均纯收入6150元。新上工业项目11个，其中超百万元项目6个，已建成千万元以上项目1个，扩建超五百万元项目2个；新建超百万元项目2个。新增就业人员810人。全乡有水泥粉磨站1个，大小建筑公司62个，一次性隧道窑1个，水泥免烧砖厂9个，门窗加工场14个，建材销售商7个，其中投资1000万元以上的企业有2个，建筑建材业总产值达1.6亿元。全乡共有大小粮食加工企业36个，其中面粉加工厂14个、红薯加工厂5个、饼干厂1个、花生加工厂1个、粮油加工作坊16个。全乡农副产品深加工业总产值1.87亿元。全乡棉花种植3.8万亩，植棉10亩以上农户有728户，30亩以上232户，棉花总产值0.8亿元。新发展大场大户53个（户），其中，300头以上规模猪场7个，30头以上规模养牛场3个，10000只以上鸡场6个。

【裴营乡】　2010年，国内生产总值11亿元，固定资产投资1.74亿元，财政收入793万元，农民人均纯收入6080元。全乡小麦种植12.5万余亩，玉米12万亩，粮食总产量11万吨。全乡共有养殖场87个，其中，养牛场3个，存栏860头；养猪场60个，存栏6000头；规模以上养鸡场17个，存栏30万只；养鸽场共有3个，存栏乳鸽20万余只；养兔场4个，存栏5万余只。土地"三项整治"复垦耕地950亩。安置淅川县香花镇刘楼村移民666户，2799人，调整土地4276亩。发放粮食直补资金1126.6万元，良种补贴150万元,家电、汽车下乡补贴122万元,“两免一补”款77万元,补助农村家庭经济困难寄宿学生951人。全乡分散供养五保503人,集中供养五保70人。

【赵集镇】 2010年,国内生产总值8.8亿元,财政收入732万元,农民人均纯收入5900元。获得了“五个好”乡镇党委、新农村建设先进单位、移民新村建设先进单位等荣誉称号。全镇黄牛存栏1393头,羊存栏7.1万只,生猪存栏8.8万头,家禽68万只,畜牧业总产值1.35亿元。发展烟叶2600亩,出售商品烟72万公斤,实现税收40万元。共发展蔬菜大棚154个,温室133座,年产蔬菜250万公斤,亩均效益达万元以上。中央电视台、《农民日报》、《光明日报》等新闻媒体先后对此进行了专题报道。引进项目12个,投资额6300万元。全镇共有校油泵点4925个,各类校验设备7741台(套),从业人员10000余人,年收入2.3亿元,仅此一项全镇群众人均增收3400余元。强力推进“三项整治”,共拆迁房屋326座,整修道路198条,砍伐树木1353棵,复垦土地1796亩,治理坑塘19个,开挖边沟223条,25400米,安装路灯64盏,太阳能热水器261台,建成文化茶馆8个,小游园6个。

【罗庄镇】 2010年,国内生产总值7.2亿元,财政收入625万元,固定资产投资3.3亿元,农民人均纯收入5780元。发展万头猪场2个,5000头猪场2个,千头猪场13个,100头以上养猪大户216个,带动全镇畜牧养殖户4600余户,年产值2亿多元。成立金龙瓜果蔬菜种植合作社、银龙农产品购销专业合作社等4个农民合作社,经纪人达200余人。全镇蔬菜种植7800多亩,蔬菜种植户3200多户,发展高质量、高标准大棚40余个。筹措资金820万元,打通村级主次干道92条长38.9公里,硬化村内水泥道路18条11.3公里,沙石路52条16.4公里;整治坑塘3个,铺下水道2800米,铺设自来水管道3600米;新建、在建高标准示范卫生所10座,新建文化茶馆2个、小游园1处;在6个村新实施了安全饮水工程,实施政府采购太阳能热水器156台。

【十林镇】 2010年,加大招商引资力度,健全招商机制,完善招商政策,新发展太阳能组装厂1个、桥梁预制厂1个、页岩砖生产线1条,新增固定资产投资2000万元,安置120多人就业。争取政策性项目资金2000多万元,完成张岗水库除险加固及末级渠系配套工程,1800多亩耕地受益。国土整理项目一期工程完成投资1500多万元,整治土地1万多亩,修建田间道14条、生产路17条,开挖斗沟7条、农沟16条,建设圆涵116座、方涵38座、农桥4座、河坝2座、泵房3座、调节池5座、机井22口、井亭22座、变压器房5座,架设高压线3公里、低压电缆10公里,铺设地埋管道约5公里。全年新增规模养殖场7个,其中贾寨万头养猪场总投资500万元,已入栏母猪300头。全镇有大小养猪场97个,万只蛋鸡场1个,百头肉牛场1个,生猪存栏3.6万头,蛋鸡存栏6万只,年出栏肉鸡可30万只。

【张村镇】 2010年,财政收入663万元,农民人均纯收入6138元。为南水北调工程腾出永久占地2385亩,临时用地7000余亩,共拆迁15户,兑付补偿资金130余万元。新增养殖场10个,其中100头以上的养牛场3个,300头以上的养猪场5个,万只以上养鸡场2个。整理土地12000亩,修水泥路28公里,沙石路15公里,桥涵120座,打机井240眼,修蓄水池2个,复垦土地800亩。全镇共打通主次干道52条,硬化水泥路132公里,铺设油路7公里,修砂石路82公里,修下水道187条76公里,整治坑塘38个,修建标准化卫生室36个,文化茶馆28个,商业网点38个,小游园28处,安装太阳能热水器1760台,建沼气池1427座,20个行政村接通了有线电视,16个村达到信息村的标准。全镇的文化大院的普及率达85%。

【文渠乡】 2010年,国内生产总值7亿元,固定资产投资1.2亿元,财政收入536万元,农民人均纯收入4910元。引进和落实政策性项目8个,争取教育类项目资金360万元、文化类项目资金50万元、村村通项目资金191万元。全年粮食总产稳定在5000万公斤以上,被南阳市政府评为“粮食生产大乡”。投入土地整理项目及农业综合开发项目资金3867.62万元,打井1165眼,架桥涵340个,修路96条,共计131.1公里,开挖沟渠62.22公里,整修排水沟11.5公里,疏浚沟渠36公里,架变压器58台。土地“三项整治”共拆除房屋2000余间,腾地1400余亩,复耕土地1100余亩。

【九龙乡】 2010年,国内生产总值10.36亿元,财政收入419万元,农民人均纯收入5800元,固定资产投资176万元。按照“六不准”要求,直补农户8140户,44955人,71844.9亩,补贴资金580余万元;补贴良种7.2万亩,112万斤,补贴资金96万元;补助688名贫困生生活费112万余元。符合农村低保条件668户

1858人,五保人员362人,伤、病、残、烈属157人,发放各类资金180多万元。安置香花镇陈岗村移民421户1751人。按照长江水利委员会设计和上级要求,并充分尊重移民愿望,把集镇区域最好的位置规划为移民街,总体布局分为街南和街北两个居民点,其中街北点,规划247户,安置移民1063人,建楼房180座,平房67座,附属工程有村部、小学、幼儿园,水厂,分6个标段进行施工;街南点规划174户,安置移民688人,建楼房119座,平房55座,附属建筑有幼儿园,卫生室、水厂、分3个标段进行施工。种植烟叶3500亩,实现税收60万元。新增各类大型养殖场7个,新增养殖大户22户,实现产值8000万元。

【彭桥镇】 2010年,国内生产总值12.9亿元,固定资产投资1.25亿元,财政收入718万元,农民人均纯收入5980元。引进项目6个,引资1.55亿元。种植烟叶3000亩,收购25万公斤,实现特产税80万元。全年培育成立规范的高级合作经济组织2个,建设500头以上养牛场1个,生态环保养猪场2个,大型养殖场104个,大牲畜存栏2.5万头,生猪出栏6.5万头,羊存栏8.6万只,家禽存栏48万只。全镇共发放粮食直补、综合直补669.9万元,小麦良种补贴83万元,棉花良种补贴15万元,玉米良种补贴76万元,发放中小学贫困生“两免一补”资金24.8万元,退耕还林资金24万元,发放农村低保资金124万元,发放城镇低保资金9.7万元,优抚款29万元,发放移民资金168万元。

【高集乡】 2010年,国内生产总值3.7亿元,财政收入667万元,农民人均纯收入5400元。全年引进各类项目13个,引进资金3000余万元,全乡工业企业120个,产值2.8亿元。种植烟叶5500亩,其中千亩大村2个,500亩大村6个,千亩以上大方1个,百亩以上大方7个,50亩以上大方20个,30亩以上大方31个,收购烟叶25万公斤,实现烟叶税金97.7万元。复垦土地1031亩,清理树木13052棵,拆迁房屋1204间,完成土地“三项整治”任务。共接收安置淅川大石桥乡西陵村移民502户1848人。

【孟楼镇】 2010年,国内生产总值19.6亿元,财政收入478万元,农民人均纯收入6533元。完成招商引资3200万元。全镇共有各类企业38个,形成以孟源木业公司为龙头的板材加工业;以龙发纺织有限公司、同鑫织布厂为龙头的棉纺织加工业;以玉皇鑫兴建材厂为龙头的新兴建材业。企业安置农村剩余劳动力3500余人。全镇有各类养殖场20余个,其中上规模的养殖场5个,生猪存栏7000余头,牛羊存栏8000余只,畜牧业总产值8300万元。

【林扒镇】 2010年,国内生产总值7.13亿元,财政收入746万元,农民人均现金收入6080元。全年共引进100万元以上的工业项目12个,已建成投产的有9个。发展林瓜、林椒套种6000亩,发展脱毒红薯1000亩,建设畜牧养殖小区15个,发展养殖大场(户)510户,畜牧业总产值1.9亿元。从事面粉、饲料、板材、棉花、畜禽屠宰加工的农户600个,农副产品加工业年产值超亿元。培育壮大18个农村新型合作组织,累计吸纳入社成员1165人,辐射带动4000户。共接收、安置移民二批561户、2437人。投资90万元对镇区南大桥进行改造;投资230万元新修村村通道路4公里;投资450万元改造引丹干渠末级渠系,新增有效灌溉面积8000亩;投资220万元农村电网台区4个;投资260万元架设有线电视线路近3万米。

【陶营乡】 2010年,国内生产总值5.76亿元,固定资产投资2.13亿元,财政收入457万元,农民人均纯收入5794元。全年引资5.56亿元。全乡投入资金670多万元,整治行政村16个,共打通主次干道95条,50.4公里,开挖修建排水道16700米,整治坑塘12个,新建小游园6个,文化茶馆7个,太阳能入户221户,沼气池120个,整治“空心村”16个,腾出土地1200亩。接纳安置移民519户2133人,规划建设移民房屋519座,调整生产用地3590亩。发放粮食直补342万元,涉及农户8012户;完成小麦良种补贴面积6万亩,补贴金额153万元;落实生猪补贴、家电下乡补贴、农机购置补贴42万元;争取教育危房改造资金31万元,新建校舍31间;落实“两免一补”资金58万元,资助贫困学生744人;投资240万元建成标准化卫生所32个;建成文化茶馆18个,农家书屋10个,文化大院8个;修建饮水工程8处,打机电井168眼。

【都司镇】 2010年,国内生产总值7.36亿元,农民人均纯收入5998元。移民工作被省委、省政府、南阳市委、市政府评为先进,受到南阳市委、市政府的通令嘉奖。新上引资项目6个,引资额5000多万元。培育羊毛衫、畜牧养殖两大特色产业,镇内有针织厂30多个,从业人员8000多人,年创产值4亿多元;新发展养殖专业户60多户,有15个村成为畜牧养殖专业村。全镇生猪存栏

52000 头，牛羊存栏 155000 头(只)，家禽存栏 56 万只，畜牧总产值 2.2 亿元。发放粮食直补、农业生产资料综合补贴、良种补贴、农机具补贴、家电补贴、汽车摩托补贴等各项惠农补贴资金 1000 多万元；为全镇 44 名五保人员、低保人员 1878 人、优抚人员 85 人发放生活补助金 200 多万元。

【构林镇】 2010 年，国内生产总值 12.1 亿元，固定资产投资 4.9 亿元，财政收入 824 万元，农民人均现金收入 6140 元。投资 100 万元以上工业项目 17 个，其中投资 500 万元以上项目 2 个，总投资 6800 万元。小麦年产量 0.6 亿公斤、玉米 0.5 亿公斤、豆类 175 万公斤、花生 200 万公斤。建成养殖示范村 3 个，配套完善养殖小区 3 个，畜牧业年产值 3.4 亿元。新修水泥路 31 公里，整治坑塘 19 个，安装太阳能 109 个，建沼气池 132 个。复耕土地 967 亩。为移民调地 7500 亩、建移民房 887 座、安置移民 4000 多人。共发放粮食直补和农资综合补贴资金 1159 万元，小麦良种补贴 152 万元，秋作物良种补贴 210 万元，养猪贴息补贴 15 万元，兑现汽车、摩托车下乡补助 103 万元。

【刘集镇】 2010 年，国内生产总值 6.99 亿元，固定资产总投资 1.37 亿元，财政收入 560 万元。农民人均纯收入 6993 元。全镇规模企业 4 个。培育从事黄酒、板材、面粉、畜牧养殖、农机服务等特色产业的专业村 5 个，各类中小企业 266 个，年产值 2.1 亿元。全镇小麦种植 12 万亩，总产量达 4.5 万吨。投资 4000 余万元，新建了东、西阮营移民新村，完成了农科组、郝营、马营等自然村的空心村治理，共腾地 1400 亩，复垦 1060 亩。完成齐刘路，曾刘路，刘胡(胡李店)等省际通道和部分乡村主干道建设工作，新修水泥路、柏油路合计 145 公里，全镇实现了村村通。整治坑塘 11 个，建成幼儿园 12 个，安装路灯 110 盏，太阳能 600 台，在 26 个行政村新建超市 62 个；有线电视覆盖率达到 60%。

【小杨营乡】 2010 年，工农业总产值 4.2 亿元，财政收入 408 万元，农民人均纯收入 5800 元。新发展项目 8 个，共引资 3000 余万元。开挖疏通沟渠 5.2 万米，新打机井 96 眼，新修田间道路 39 条；硬化村内道路 21.6 公里，开挖边沟 18.4 千米，配套完善杨营中心集镇和孙庄、安众两个村级集镇，村级游园、文体广场、文化茶馆从数量和质量上都有了较大提高，安装太阳能热水器 350 余台，安装路灯 80 盏，栽植风景树近 2 万株。以黄志牧业为龙头成立种植、养殖、加工、农机、运输合作社 6 个。黄志牧业年出栏 13000 头，年出栏 3000 头的猪场 5 个，年出栏 1000 头以上 15 个；投入危改资金 77 万元，新建教室 62 间；安置移民 438 户，1545 人，涉及建设用地 194 亩，生产用地 2200 余亩。

【桑庄镇】 2010 年，国内生产总值 5.7 亿元，固定资产投资 1.4 亿元，粮食总产量 4.38 万吨，财政收入 465 万元，农民人均纯收入 6271 元。新上规模以上企业 2 个，新增企业家 11 人；建设生态林 3310 亩，发放林权证 910 份。黄牛存栏 3000 头，生猪存栏 7000 头。全年发放粮食直补资金 115.8 万元、综合直补 489 万元、小麦良种补贴 40 万元、棉花补贴 20 万元、玉米补贴 20 万元、农机补贴 4 万元、家电补贴 2.1 万元；发放五保资金 56 万元，集中供养五保人员 40 人；为 839 户低保户发放资金 150 万元；发放救灾资金 6.5 万元；发放优抚金 77.5 万元；救助残疾人 1160 人。

【腰店乡】 2010 年，国内生产总值 5.47 亿元，财政收入 640 万元，农民人均纯收入 5745 元。招商引资到位资金 9800 万元。引进 1000 万元以上项目 2 个，500 万元以上项目 8 个，共完成投资 1.1 亿元，较大的项目有草寺鞋厂，邓州市亿隆纺织有限公司、龙裔机械设备制造公司、燕店脱绒厂等项目已建成投产。

【汲滩镇】 2010 年，国内生产总值 7.6 亿元，财政收入 590 万元，农民人均纯收入 6405 元。种植烟叶 2600 亩，蔬菜 5000 亩，亩均效益 3000 元左右。新建千头养猪场 2 个，年出栏 500 头以上养猪大场 16 个，万只以上养鸡场 6 个，5000 只以上大场 16 个，养牛 5 头以上大户 20 个。全镇发展大中型收割机械 120 多台，其它各类农用机械 1 万台。投资 500 万以上企业 5 个，投资 200 万以上企业 2 个。

【杏山旅游管理区】 2010 年，以建设社会主义新农村为总体目标，团结带领全区干群团结拼搏，务实创新，各项事业得到长足发展，平安建设、三项整治、财政、民政、党建、畜牧养殖、林业生态建设、信访稳定、劳务经济等项工作都取得新的成绩。全区养殖业迅猛发展，养殖大户增至 126 个；共引进资金 1 亿多元，有包括年产 100 万吨的杏山水泥粉磨站项目和广东顺德燃气灶具项目。投入大型机械 23 台，车辆 36 辆，治理滩涂面积 1000 余亩，治理空心村 3 个，腾地 500 余亩。(马玉平)

风 采 录

行业人物

彭金山 男，笔名金山、菊山，1949年11月生，内乡县人，中共党员，中国作家协会会员，西北师范大学文学院院长，教授，《敦煌》诗刊主编。兼西北民族大学等校兼职教授、兰州社会科学院特约研究员，中国当代文学研究会常务理事、甘肃省当代文学研究会会长、中国民俗学会理事、中国民俗学会农业民俗专业委员会副主任、中外散文诗研究会理事、中国民间文艺家协会花儿文化专业委员会副主任、甘肃省民间文艺家协会副主席、关陇民俗研究会理事长等。彭金山兼诗人、学者于一身，他自20世纪70年代初开始文学创作，大学毕业后到高校从事教学和研究工作。先后在《文学评论》、《人民日报》、《诗刊》、《民族文学》、《中国现代文学研究丛刊》、《民族文学研究》等报刊发表作品400多篇(首)，文学及民俗学论文200余万字。出版有诗集《象背上的童话》(1991)、《看花的时候》(1992)、《大地的年轮》(2008)，诗选《别一种风景》(1990)、《母亲颂》(1992)、《父亲颂》(1993)、《中国现当代抒情诗选》(1996)，编著《20世纪中国散文诗精品赏析》(1993)及学术著作《中国新诗艺术论》(2000，2006修订版)、《文学批评与文体透析》(2001)、《陇东风俗》(2001)、《甘肃民俗》(2008)、《多姿风情》(2010)，主编《1949～2000年中国诗歌研究》等。从事高校教学工作20多年来，他结合教学和创作实践深入进行当代文学和文体学研究，提出散文诗的“双元异步透融结构”理论。在新时期以来的诗歌思潮和诗学理论研究方面，也进行了比较系统的探讨，产生了相当广泛的影响。他的文学研究还有相当一部分是对具体作家作品的评论，其中既有对著名诗人的评论，但目光更多关注的则是从基层崭露头角的文学新人的成长。多年来，他为扶掖校园和地方的文学作者付出了大量的心血。《甘肃当代文艺五十年》指出，彭金山的评论“只有明显的个性特色。作为诗人，他与评论对象——诗歌作品易于沟通。在诗评中往往直接由直觉上升到本质，使评论文字准确中肯；而且他还善于发掘作品中的文化内涵，用颇富文化意蕴的诗意语言表述出来。另外多年从事写作学、民俗学研究，使他能以较为开阔的视野观照对象，进而选取独特的切入角度探幽发微。”彭金山在民俗文化，特别是区域民俗的搜集、整理和研究方面也取得了可观的成绩，曾获中国民间文艺最高奖“山花奖”首届学术著作奖。他还获得中国文联2000年度文艺评论奖、第六届全国当代少数民族文学研究优秀评论奖、甘肃省第八届社会科学优秀成果二等奖、甘肃省“五个一工程奖”、甘肃省敦煌文学奖、甘肃黄河文学奖一等奖等十几项科研和创作奖励；在教学上，曾获甘肃省优秀教学成果奖四次，其中二等奖两次；主讲课程《20世纪中国文学》被评为甘肃省精品课程。先后获得“全国师德先进个人”、“甘肃省德艺双馨文艺家”称号，2004年出席了第一届全国中青年德艺双馨文艺工作者表彰大会。辞条辑入《中国文艺家传集》、《中国华文作家词典》、《中国诗人大辞典》、《中国民间文艺家辞典》、《东方之子》及《中国写作教育家·重要学术观点会萃》等多部辞书。

杨运清 男，1966年10月出生，汉族，确山县人，中共党员，1990年河南中医学院中医系毕业，本科学历，主任中医师。1990年12月至2006年5月，在南阳市中医院工作，先后任肾病科主任、医务科长、副院长。2006年5月，任南阳市张仲景医院院长。河南省中西医结合肾脏病学术委员，南阳市肾病及风湿免疫学会副主任委员，南阳市医学会常务理事。他继承了医圣张仲景的学术思想，热爱中医肾病专业，在20余年的中医临床中，始终坚持钻研中医与西医肾病理论，总结了10型西医与中医肾病相适应的病名和症侯；将现代医学检测项目用于中医治疗肾病的临床上，既提高了中医中药治疗肾病的监测效果，又弥补了西医治疗肾病的缺欠和中医“四诊”诊治肾病的不足；筛选出10多种降蛋白效果较好的中药；肯定了十二种对激活肾上腺皮质激素，消除激素依赖性，增强机体免疫力，恢复肾功能有明显作用的中药，确立了治疗肾病的“平衡阴阳”法则，他根据“开鬼门，洁净腑，去菀陈”的中医理论，通过活血化瘀、祛风除湿、清热解毒、渗湿利水、调整阴阳、补气补血的方法，迅速降低血肌酐、尿素氮。纠正贫血，去除蛋白尿，修复已损组织，抑制肾小球萎缩，消除水肿，提高人体免疫力。对贤病患者可明显改善和恢复肾功能，对已透析的病人可逐渐减少透析次数，以致去掉透析。其独特的疗效是其它治法难以比拟的。让众多患者绝处逢生，创造了一个个惊人的奇迹，让无数患者解除了病魔的困扰，重返健康人生，受到了广大患者的一致好评，被医学界称为“肾脏绿色疗法先行者”。

企业家风采

毕竟:用文化塑造建筑灵魂

在南阳及周边县市数百家房地产企业中，有一位被尊称为”儒商”的中原地产领军人物，提及他的名字，人们首先会想到他所倡导的“文化地产”理念以及其大气磅礴的《卜算子·万正广场》等诗词及书法作品，还有他不计投资收益单纯以建筑文化角度大手笔建造的一座座高品质经典住宅小区。他就是河南万正企业集团董事长——毕竟。

之所以被称为儒商，是因为他身上有着诗人般的浪漫与气质，他酷爱读书、爱书法，为人谦虚厚道。最重要的是，他经营企业的目的不是单纯一味地赚钱，而是为城市发展及后人留下值得永久传续保护的建筑文化。当别人在算计如何降低开发成本，如何赚取更多利润的时候，毕竟却是在设计如何提高项目文化含量，如何最大化提高居住质量，如何保证项目“50年不落后，100年后成文物”。用别人的话说:毕竟不像商人，而是像教师、像诗人，因为他总是逆常人之所想，按照自己最理想化的状态来经营自己的企业，设计自己的建筑作品，他对建筑艺术的热爱远远超过了对企业经济利益的追求。

2004年，在万正广场的开发建设中，毕竟首次将倡导文化地产，打造南阳人居新标准的规划理念引入到小区建设中去。成立专家团深度挖掘地域文化，将白河风景与南阳独特历史文化结合起来，斥资数百万元建造了17.8米高代表南阳文化源渊的白河母亲雕塑、文化柱、文化景墙、达芙妮雕塑、人文地雕、栽培名贵植物等。如今，透过仲景大桥远眺万正广场的白河母亲雕塑，其慈光满面的笑容俨然已成为代表南阳城市形象的人文性景观。万正广场也由此荣获了建设部颁发的“中国文化地产十大魅力楼盘”等荣誉称号。

在随后的万正世家、万正大公馆、万正阳光海岸、万正国际玉城、万正龙湖城等规划中，毕竟将其近年来对地域文化、雕塑文化、宅门文化、公馆文化、玉文化、伏羲文化等潜力研究的独特精髓，辅以文化专家团的反复论证完善，再次运用到各项目建设中来，而且愈加成熟甄密。从白河母亲广场到世家大门、从世家权威雕塑到公馆文化、从姓氏图腾柱到海岸文化、从伏羲文化到玉文化、太极文化，毕竟从建筑文化缔造者、体现者的角度向南阳人民呈现出一个个经典的名贵之作、传世之作，并印证了万正房产“三十年不显旧，五十年不落后，一百年成文物”的绝佳口碑。

国际玉城的开发，是毕竟用文化缔造建筑灵魂，用建筑延续历史的阶段性辉煌之作，不仅在于项目1300亩的磅礴规划版图，更在于其集玉产品批发，玉文化博览、4A级标准景区、影视基地等为一体的全球最大仿古建筑及人文景观。原中共中央政治局常委、中央纪委书记吴官正，中共中央政治局委员、中央书记处书记、中央宣传部部长刘云山等中央领导及省级领导数十人相继亲临国际玉城参观考察并给予高度评价。如今，万正集团在国际玉城后续开发中再次大胆提出打造石佛古镇的宏伟构想，据业内权威人士分析指出，国际玉城的开发建设将直接带动石佛寺及镇平的玉产品交易及旅游产值增加3倍以上。

万正集团独树一帜，用文化塑造建筑灵魂的经营理念由此也受到了千万家庭的信赖与认可，购置万正房产已成为一种身份与价值的象征。随着企业的发展壮大，万正集团已从单一的房地产开发向路桥投资、旅游开发、建筑设计、景观规划、物业服务、商业管理、园林化工、投资担保等多领域进军并相继取得了辉煌成就。2008 年地产开发领域取得房地产开发国家一级资质，成为当时南阳首家具备一级资质的房地产开发企业。

毕竟出身贫寒，所以成功后毕竟时刻不忘回报社会，更加关注那些和他小时一样家庭困难的弱势群体。深山扶贫，向贫困家庭送去米面油，无偿资助寒门学子、救助贫困大学生，向遭受洪灾小学捐赠桌椅等学习用品，向内乡史村小学捐资建校，向市九小捐赠 10 万元用于购置教学用品，向汶川地震灾区捐款 15 万元，向玉树震区捐款 7 万元，向周边县市洪灾捐款 5 万元，捐资 150 万元无偿建造九小天桥解决师出生行安全问题，向 2012 年全国农运会捐款 20 万元等。近年来万正集团用于社会公益事业及慈善捐款的各项支出已达 800 余万元。

毕竟不是南阳的首富，论资产甚至排不到前百位，和其它企业一样万正集团的发展需要源源不断的资金，但他没有以资金不足或企业尚处于发展阶段为由而游离于社会公益事业。相反，他的慈善举动，捐款总额却排在了众多企业家的前列。用毕竟的话说，企业家只有更多地参与公益事业，回报社会，才能始终把握住高尚的精神境界，进而创作出更多高品质的产品。（逯祥转）

附　　录

统 计 资 料

南阳市主要指标

指标	单位	2009 年	2010 年	增长%
生产总值	亿元	1780.04	1955.84	11.6
第一产业	亿元	367.07	401.18	4.5
第二产业	亿元	896.55	1017.07	14.4
第三产业	亿元	516.42	537.59	11.2
粮食产量	万吨	579.40	584.02	0.8
夏粮	万吨	356.50	359.08	0.8
秋粮	万吨	223.00	224.94	0.8
规模以上工业增加值	亿元	486.38	634.47	22.4
规模以上工业主营业务收入	亿元	1513.05	2015.57	35.1
规模以上工业利润总额	亿元	96.22	129.58	36.8
规模以上工业利税总额	亿元	180.41	240.56	32.3
全社会固定资产投资	亿元	1153.18	1389.43	20.5
＃城镇	亿元	929.52	1129.95	21.6
社会消费品零售总额	亿元	676.66	789.17	18.7
进出口总值	万美元	63759	95324	49.6
＃出口总值	万美元	42950	64653	50.7
外商实际投资额	万美元	13302	20111	51.2
财政一般预算收入	亿元	56.17	69.07	23.0
财政一般预算支出	亿元	203.53	246.19	21.0
金融机构人民币各项存款期末余额	亿元	1145.9	1471.22	28.4
＃城乡居民储蓄存款余额	亿元	803.81	955.82	18.9
金融机构人民币各项贷款期末余额	亿元	699.08	827.5	18.4
居民消费价格指数	上年＝100	99.6	103.6	
城镇居民人均可支配收入	元	13498	15077	11.7
农民人均纯收入	元	4931	5666	14.9

南阳市生产总值

（单位:万元）

指标	2009 年	2010 年	增长(%)
生产总值	17144914	19558379	11.6
第一产业	3669124	4011814	4.5
第二产业	8754933	10170697	14.4
工业	7812845	9105630	15.1
建筑业	942088	1065067	7.8
第三产业	4720857	5375868	11.2
#交通运输、仓储和邮政业	705678	831413	17.5
批发和零售业	870860	1001167	10.9
住宿和餐饮业	589423	648076	5.6
金融业	280432	325332	12.1
房地产业	454027	503546	5.6
其他服务业	1820437	2066334	11.6
#非公有制经济占的比重(%)	57.2	57.5	

注:2010 年数据为省反馈初步核算数据。

南阳市全社会固定资产投资额

指标	2009 年	2010 年	增长(%)
全社会固定资产投资额(万元)	11531755	13894330	20.5
按城乡分			
城镇	9295194	11299541	21.6
#工业投资	6030891	7181982	19.1
#民间投资	6435973	8557094	33.0
农村	2236561	2594789	16.0
#农户	857271	870130	1.5
非农户	1379290	1724659	25.0
按三次产业分			
第一产业	724637	788730	8.8
第二产业	6413526	7665341	19.5
第三产业	4393592	5440259	23.8
资金来源合计	11739695	14181095	20.8
国家预算内资金	443769	356268	-19.7
国内贷款	572989	485075	-15.3
债券			
利用外资	40680	32832	-19.3
自筹资金	8634731	11272497	30.5
其他资金	1863009	2034423	9.2

南阳市房地产开发经营情况

项目	单位	2009 年	2010 年	增长(%)
投资完成额	万元	561243	703209	25.3
住宅	万元	437673	600228	37.1
办公楼	万元	3301	610	-81.0
商业营业用房	万元	84520	64764	-24.0
其他	万元	35749	38607	8.0
土地开发面积				
本年购置土地面积	平方米	431679	866664	100.8
完成开发土地面积	平方米	271305	513934	89.4
商品房面积				
施工面积	平方米	8361815	9673461	15.7
＃住宅	平方米	6996156	8314011	18.8
＃新开工面积	平方米	2914222	3687232	26.5
＃住宅	平方米	2475066	3200104	29.0
竣工面积	平方米	1590905	1709492	7.5
＃住宅	平方米	1339615	1500455	12.0
销售面积	平方米	2185211	2729009	24.9
＃住宅	平方米	2018351	2586621	28.2
待售面积	平方米	173622	388756	123.9
＃住宅	平方米	151841	240094	58.1
商品房销售额	万元	424520	568028	33.8
＃住宅	万元	351722	516271	46.8

南阳市建筑业生产经营情况

项目	单位	2009 年	2010 年	增长(%)
企业个数	个	303	332	9.6
建筑业总产值	万元	1653297	1977922	19.6
建筑工程	万元	1428381	1725320	20.8
安装工程	万元	100358	104642	4.2
其他产值	万元	124557	147980	18.8
＃装修装饰	万元	60518	116416	92.4
建筑业增加值	万元	491201	550094	12.0
建筑业竣工产值	万元	1327993	1402274	5.6
房屋建筑施工面积	万平方米	1176.1	1201.7	2.2
房屋建筑竣工面积	万平方米	702.2	704.2	0.3
劳动生产率(按总产值)	元/人	112175	134416	19.8
(按增加值)	元/人	33328	37383	12.0
工程结算税金及附加	万元	76949	112260	45.9
利润总额	万元	73767	95397	29.3

南阳市社会消费品零售总额

单位:万元

指标	2009年	2010年	增长(%)
社会消费品零售总额	**6648564**	**7891715**	**18.7**
按销售单位分			
城区	4726700	5654664	19.6
乡村	1921864	2237051	16.4
按行业分类			
批发和零售业	5662361	6720628	18.7
限额以上企业	1315839	1636730	24.4
限额以下企业	644340	871449	35.2
个体户	3702182	4212449	13.8
住宿餐饮业	986203	1171087	18.7
限额以上企业	104518	149802	43.3
限额以下企业	124378	143979	15.8
个体户	757307	877306	15.8

南阳市地方财政收入

单位:万元

指标	2009年	2010年	增长(%)
地方财政总收入	**1015827**	**1228825**	**21.0**
一般预算收入	561666	690668	23.0
各项税收			
国内增值税(地方25%部分)	78042	90753	16.3
营业税	134898	156190	15.8
企业所得税	32675	36894	12.9
个人所得税	15651	19657	25.6
资源税	10118	9978	-1.4
城市维护建设税	32796	36240	10.5
房产税	10831	11746	8.4
印花税	3983	4943	24.1
城镇土地使用税	28129	27133	-3.5
土地增值税	7906	9990	26.4
车船税	5076	6594	29.9
耕地占用税	16058	81160	405.4
契税	31286	44298	41.6
烟叶税及其他	8298	5890	-29.0
非税收入	145919	149202	2.2
专项收入	23441	27642	17.9
罚没收入	34227	36830	7.6
行政事业性收费收入	63637	64133	0.8
国有资本经营收入	7540	3610	-52.1
国有资源(资产)有偿使用	10715	11471	7.1
其他收入	6359	5516	-13.3
政府性基金收入	165041	361349	118.9

南阳市地方财政支出

单位:万元

指标	2009年	2010年	增长(%)
一般预算支出	**2035311**	**2471103**	**21.4**
一般公共服务	295160	362944	23.0
公共安全	121188	133946	10.5
其中:公安	70199	80145	14.2
教育	390348	451750	15.7
其中:普通教育	343090	391194	14.0
职业教育	19334	22370	15.7
科学技术	28861	35255	22.2
文化体育与传媒	22660	23754	4.8
社会保障与就业	260454	336022	29.0
其中:财政对社保基金的补助	8942	34027	280.5
行政事业离退休	120527	130062	7.9
就业补助	13632	15110	10.8
抚恤	22227	26187	17.8
城市居民最低生活保障	23604	24355	3.2
农村低保及社会救济等	37203	38985	4.8
医疗卫生	182686	228988	25.3
环境保护	161296	157612	-2.3
城乡社区事务	57945	80707	46.7
农林水事务	252726	320183	26.7
其中:农业	144252	151654	5.1
林业	23612	29872	26.5
水利	73393	104824	42.8
农业综合开发	2927	2772	-5.3
交通运输	119679	114634	-4.2
资源勘探电力信息等事务	18500	17586	-4.9
住房保障支出	18037	43882	86.8
粮油物资储备管理事务	7051	17669	150.6
其他支出	40154	57574	53.0
政府性基金支出	243439	442622	81.8

全市分行业在岗职工平均工资

单位:元

指标	2010年	2009年	增长(%)
总计	**23309**	**20834**	**11.9**
农、林、牧、渔业	13305	12515	6.3
采矿业	38620	34381	12.3
制造业	17425	16182	7.7
电力、燃气及水的生产和供应业	24886	23482	6.0
建筑业	16012	13964	14.7
交通运输、仓储和邮政业	16148	14634	10.3
信息传输、计算机服务和软件业	21706	19156	13.3
批发和零售业	15090	13666	10.4
住宿和餐饮业	14940	13057	14.4
金融业	31770	27939	13.7
房地产业	29883	25280	18.2
租赁和商务服务业	20916	19172	9.1
科学研究、技术服务和地质勘察业	29201	25795	13.2
水利、环境和公共设施管理业	27192	23581	15.3
居民服务和其他服务业	18669	17683	5.6
教育	31586	27894	13.2
卫生、体育保障和社会福利业	34454	29711	16.0
文化、体育和娱乐业	21753	19483	11.7
公共管理和社会组织	23616	21233	11.2

南阳市普通高等教育、中等职业教育基本情况

指标	单位	2009年	2010年
一、高等教育			
(一)普通高等教育			
1.学校数	所	4	4
2.在校学生数	人	63494	66735
3.招生数	人	24100	22942
4.毕业生数	人	16540	19046
5.教职工数	人	5235	5326
其中:专职教师数	人	3543	3645
(二)成人高等教育			
1.学校数	所	1	1
2.在校学生数	人	16166	11325
3.招生数	人	8855	5046
4.毕业生数	人	4615	6571
二、中等职业教育			
1.学校数	所	94	92
职业高中学校	所	66	64
2.在校学生数	人	131098	135025
职业高中学校	人	51540	47774
3.招生数	人	51582	50771
职业高中学校	人	17085	16446
4.毕业生数	人	37912	41454
职业高中学校	人	18705	18239
5.教职工数	人	6934	6873
其中:专职教师数	人	4737	4734

南阳市基础教育基本情况

指标	单位	2009 年	2010 年
一、学校数		4681	4775
#普通中学	所	523	513
职业初中	所		
小学	所	3754	3763
幼儿教育	所	394	489
特殊教育	所	10	10
二、在校学生数		1801743	1907114
#普通中学	人	562568	566177
职业初中	人		
小学	人	1053614	1122119
幼儿教育	人	184702	217883
特殊教育	人	859	935
三、招生数		548993	557699
#普通中学	人	188290	192805
职业初中	人		
小学	人	208723	216884
幼儿教育	人	151857	147818
特殊教育	人	123	192
四、毕业生数		434808	419612
#普通中学	人	195096	183463
职业初中	人		
小学	人	141262	142398
幼儿教育	人	98392	93698
特殊教育	人	58	53
五、教职工数	人	95601	96985
#专职教师数	人	88714	89674

南阳市文化事业基本情况

指标	单位	2009 年	2010 年
一、艺术事业			
机构数	个	30	30
人数	人	953	943
其中:表演团体			
机构数	个	17	17
人数	人	638	653
二、图书馆事业			
机构数	个	13	13
人数	人	248	239
三、群众文化事业			
机构数	个	16	16
人数	人	313	313
四、博物馆事业			
机构数	个	16	16
人数	人	512	519
五、文物保护事业			
机构数	个	10	10
人数	人	186	184
其中:文物保护机构			
机构数	个	8	8
人数	人	76	74
考古研究机构			
机构数	个	2	2
人数	人	110	110

南阳市卫生事业基本情况

指标	单位	2009 年	2010 年
卫生机构	个	373	373
＃医院、卫生院	个	302	302
实有床位数	张	24700	27700
＃医院、卫生院床位数	张	22800	25700
卫生技术人员	人	29400	31100
＃执业医师	人	3012	8217
＃执业助理医师	人	7881	11368
注册护士	人	9200	10300
疾病预防控制中心(防疫站)	个	14	14
卫生技术人员	人	1100	1100
妇幼保健院、所、站	个	13	13
卫生技术人员	人	1200	1250
专科疾病防治医院	个	2	2
卫生监督检验机构	个	11	11
卫生监督检验机构卫生技术人员	人	300	300
乡镇卫生院	个	222	222
实有床位数	张	6800	7300
卫生技术人员	人	7800	8000
医学科学研究机构	个	1	
医学在职培训机构	个	11	11

南阳市劳动就业和社会保障情况

指标	单位	2009 年	2010 年
参加基本养老保险人数	万人	48.1	50.7
职工	万人	35.3	36.5
离退休人员	万人	12.8	14.2
参加失业保险人数	万人	62.0	62.6
参加医疗保险人数	万人	142.5	74.8
职工	万人		55.5
退休人员	万人		19.3
年领取失业保险金人数	万人	1.9	2.2
城镇居民得到政府最低生活保障	万人	13.4	13.7
全年发放城镇居民最低生活保障金	亿元	2.3	2.5
农村享受最低保障人数	万人	43.8	43.9
全年发放农村最低生活保障金	亿元	2.7	3.2
发放城乡医疗救助资金	万元	4897	7859
接受城乡医疗救助人数	万人次	18.6	28.6
各类福利院床位数	万张	3.7	3.8
福利院收养人数	万人	3.5	3.6
城镇各种社区服务设施	个	176	166
＃社区服务中心	个	36	38
全年社会销售福利彩票	亿元	1.55	1.3
筹集社会福利资金	亿元		
接受社会捐赠	万元	69	359

南阳市三次产业结构状况

单位:%

县市区	2009			2010		
	一产	二产	三产	一产	二产	三产
全市	**21.4**	**51.1**	**27.5**	**20.5**	**52.0**	**27.5**
宛城区	25.9	42.0	32.1	23.5	41.2	35.3
卧龙区	18.6	45.7	35.7	17.8	43.4	38.8
南召县	22.3	49.7	28.0	21.1	48.6	30.3
方城县	28.8	41.9	29.3	30.2	41.0	28.8
西峡县	15.8	64.4	19.8	15.0	65.1	19.9
镇平县	14.8	52.4	32.8	16.9	56.1	27.0
内乡县	26.3	47.3	26.4	28.4	46.7	24.9
淅川县	23.3	53.9	22.8	23.0	55.4	21.6
社旗县	32.1	40.5	27.4	32.7	41.9	25.4
唐河县	33.7	42.2	24.1	34.3	41.4	24.3
新野县	23.4	51.7	24.9	22.5	54.6	22.9
桐柏县	22.8	54.1	23.1	21.5	53.2	25.3
邓州市	27.2	44.0	28.8	29.6	46.5	23.9

南阳市城镇化率和高技术产业情况

县市区	城镇化率(%)			高技术产业增加值占工业增加值的比重(%)	
	2007	2008	2009	2009	2010
全市	**33.30**	**34.92**	**36.63**	**8.8**	**10.5**
宛城区	59.40	62.78	64.28	18.2	22.0
卧龙区	59.24	62.34	63.84	16.1	15.8
南召县	26.40	28.36	29.94	0.8	1.0
方城县	26.40	28.26	29.86	5.2	4.2
西峡县	29.13	31.30	33.41	6.9	16.9
镇平县	27.37	29.27	30.89	5.1	5.4
内乡县	26.69	28.65	30.27	18.8	19.8
淅川县	29.02	31.01	32.69	8.2	7.5
社旗县	25.89	27.88	29.69	5.9	6.9
唐河县	28.51	30.39	31.99	11.5	12.8
新野县	26.76	28.71	30.31	4.4	4.9
桐柏县	27.05	29.20	30.28	21.9	19.5
邓州市	30.29	32.69	34.32	8.1	9.0

南阳市县(市区)城镇固定资产投资情况

单位:亿元

县市区	2005	2006	2007	2008	2009	2010	2010(调整后)
全市	**285.38**	**402.22**	**554.23**	**708.55**	**929.52**	**1129.95**	**953.55**
宛城区	8.39	14.49	24.61	34.93	50.59	68.46	55.69
卧龙区	9.58	13.77	19.99	29.36	42.73	55.83	52.63
南召县	7.65	9.19	14.65	20.51	31.17	40.46	35.19
方城县	12.08	18.61	29.01	42.60	61.02	79.00	60.67
西峡县	13.47	22.51	40.04	54.38	89.71	119.62	98.97
镇平县	13.63	22.08	27.53	34.60	50.64	68.87	58.33
内乡县	16.98	20.70	35.19	42.58	63.60	85.89	66.99
淅川县	16.20	23.40	39.11	54.99	82.34	108.69	86.37
社旗县	7.14	9.94	14.04	20.45	29.51	39.28	36.40
唐河县	8.40	15.82	25.38	31.22	47.07	61.20	54.20
新野县	13.86	23.54	36.08	49.17	73.54	95.01	80.86
桐柏县	9.10	17.74	25.28	34.69	51.32	65.68	36.93
邓州市	11.00	24.25	39.23	52.38	81.50	99.39	89.74

注:由于2011年投资项目统计起点由50万元及以上项目上调至500万元及以上项目,2010年(调整后)数据已调整为500万元及以上项目投资,仅作为2011年对比时基数使用。

南阳市县(市区)地方财政一般预算收入、支出情况

单位:亿元

县市区	财政收入						财政支出					
	2005	2006	2007	2008	2009	2010	2005	2006	2007	2008	2009	2010
全市	**28.83**	**36.31**	**44.83**	**51.29**	**56.17**	**69.07**	**76.88**	**109.06**	**138.20**	**162.58**	**203.53**	**247.11**
市本级	9.47	11.86	14.11	16.04	17.32	19.51						
宛城区	1.02	1.35	1.76	2.04	2.46	3.00	3.64	5.04	7.02	8.08	10.04	12.50
卧龙区	1.28	1.66	2.03	2.49	2.77	3.29	4.33	5.01	6.80	8.65	11.35	12.64
高新区	0.41	0.62	0.83	1.07	1.23	1.45	0.50	0.84	0.95	1.28	1.45	2.11
南召县	1.16	1.52	1.85	1.91	2.09	2.44	3.83	5.22	6.28	8.02	10.92	12.00
方城县	1.39	1.63	1.93	2.37	2.63	3.15	5.02	6.22	8.87	11.11	13.62	15.88
西峡县	1.95	2.83	4.00	4.88	5.37	5.86	4.39	5.57	8.17	10.26	12.20	14.94
镇平县	1.73	2.13	2.47	2.61	2.85	3.44	5.30	6.00	7.98	9.84	11.94	13.64
内乡县	1.39	1.63	2.00	2.20	2.41	2.82	4.39	4.96	6.66	8.53	10.73	12.08
淅川县	1.75	1.88	2.31	2.77	3.02	7.35	4.79	6.00	8.47	11.02	14.04	22.02
社旗县	0.71	0.93	1.17	1.27	1.40	1.77	3.68	4.58	6.36	7.63	10.17	12.09
唐河县	1.85	2.34	2.91	3.21	3.55	4.28	6.17	7.77	11.16	13.17	17.21	20.08
新野县	1.39	1.63	2.01	2.31	2.46	2.85	3.85	4.79	6.82	8.38	10.23	12.41
桐柏县	1.20	1.74	2.30	2.35	2.45	2.86	3.64	4.60	6.02	7.13	8.98	10.68
邓州市	2.12	2.57	3.21	3.76	4.15	5.00	6.80	9.46	11.82	15.90	20.24	25.02

文 件 选 录

南阳市人民政府
关于加快中心城区经济发展的意见

宛政〔2010〕9号　　2010年2月23日

宛城、卧龙区人民政府,高新区管委会,市人民政府各部门:

为深入贯彻落实科学发展观,进一步增强中心城区经济发展的动力和活力,加快中心城区经济发展步伐,充分发挥城区经济在市域经济发展中的辐射带动作用,提升城市的综合经济实力,推动全市经济社会跨越式发展,现就加快中心城区经济发展提出如下意见。

一、加快中心城区经济发展的重要意义

中心城区经济是城市经济社会发展水平最集中的体现,是城市综合实力的重要组成部分,承担着引领、示范和带动全市经济社会发展的重要责任。撤地设市以来,南阳市充分发挥区位、资源、交通等优势,抓住"中部崛起"、"南水北调"等战略机遇,加大投入,拓展规模,完善功能,规范管理,中心城区经济呈现快速发展的良好局面。但是,与省委、省政府的要求相比,与先进发达的城市相比,与南阳城市发展的目标地位相比,还存在着很大的差距,突出表现在城市首位度低,辐射带动作用不强;城市规模小,发展空间不足;基础设施差,服务功能不完善;产业结构不合理,发展后劲不够;管理体制不顺,发展环境不优等方面。

当前,受工业化和城市化双重拉动,各种资源和要素快速向中心城区集聚,经济形态和发展模式加速转变,城市规模急速扩张,中心城区对经济发展的带动作用日益凸显。我市正处于经济社会发展的关键时期,加快中心城区经济发展,既是适应行政体制改革和区域竞争趋势,确保南阳走在中部地区城市前列的现实需要,也是优化经济社会结构,全面建设小康社会的客观要求,更是全市各级党政干部和广大人民群众的迫切愿望。全市上下要进一步解放思想,切实增强责任感和紧迫感,进一步加快中心城区经济发展步伐,开创全市经济社会快速发展的新局面。

二、中心城区经济发展的总体要求

(一)总体发展思路。以邓小平理论和"三个代表"重要思想为指导,全面贯彻落实科学发展观,围绕"聚焦中心、加快中心、强化中心",促进多种资源和要素快速向中心城区集聚,大力实施"一体两翼"战略,突出工业立市、三产兴城、基础设施建设三大工作重点,强化产业支撑,加快城市建设,力争经过5-10年努力,把南阳建设成为豫鄂陕毗邻区域具有较强辐射带动能力的区域性中心城市、全省有重要影响的新型工业强市、中部地区重要的交通枢纽和具有水城特色的生态宜居城市。

(二)阶段发展目标。按照我市"十一五"、"十二五"发展规划的战略部署,今后5-10年,中心城区生产总值、全社会固定资产投资、财政一般预算收入、工业增加值等主要经济指标的增长速度要高于全市平均水平和全省平均水平。到2015年,中心城区经济发展的主要预期目标是:

——生产总值年均增长15%,占全市33%以上;

——全社会固定资产投资年均增长30%,占全市40%以上;

——财政一般预算收入年均增长16%,占全市50%以上;

——工业增加值达到800亿元以上,占全市50%以上;

——三次产业结构比例达到4:50:46;

——建成区面积达到130平方公里,人口达到130万人。

三、发展中心城区经济的工作重点

(一)坚持"工业立市"战略,着力打造新型工业城市

工业是城区经济发展的引擎。要紧紧抓住国家

宏观政策调整、沿海产业转移、国有大中型企业积极扩张等多重机遇，充分发挥资源环境优势和国家新能源高技术产业基地、省光电产业基地、省生物产业基地的品牌效应，依托现有大中型骨干企业，以高新技术产业为先导，以电力产业为支撑，以传统优势产业为基础，通过5～10年的努力，将新能源、光电、新材料培育成产值1000亿元的新兴支柱产业，实现高新技术产业化规模化；电力产业实现产值200亿元，建成在全国有重要影响的商品电基地；打造一批产值突破百亿元的骨干企业，构建具有较强竞争力和发展活力的南阳工业新格局。

1.加快推进高新技术产业化。依托天冠集团、河南迅天宇公司、中光学集团、乐凯集团二胶厂、中南金刚石有限公司、防爆集团、河南油田等企业，以技术创新为动力，坚持引进和自主发展并举，加强战略合作，加大纤维乙醇、物理法提纯多晶硅、二氧化碳全降解塑料等新产品新技术开发力度，努力实现产业化规模化，全力打造新能源、光电、新材料等三大高新技术产业。

新能源产业。立足于原有工业基础和自然资源，结合国家产业政策及新能源发展方向，坚持自主创新和引进消化吸收相结合，强化项目支撑，构建新能源技术和产品研发、中试到规模化生产的技术创新产业化渠道，大力发展以生物质能源、多晶硅太阳能光伏能源、风电装备为主的新能源产业，争取用10年时间，将南阳打造成国内一流、国际知名的新能源研发制造基地和新能源使用示范城市。一是围绕生物资源的综合利用，发挥天冠集团的科研、资源和产业优势，以技术研发、标准化装备制造和深加工为重点，积极引进战略合作伙伴，推进纤维乙醇和生物柴油的规模化生产，延长产业链条。二是加强关键技术研发，稳步扩大产业规模，着力打造多晶硅太阳能电池、聚光太阳能电池、太阳能电池配套产品等3大产业链，提升太阳能光伏产业竞争力。全力支持河南迅天宇公司加强关键技术研发，加快产业化生产步伐。三是依托防爆集团和中光学集团，培育一批风电设备制造领域的核心优势企业，大力发展风力发电及装备制造业。到2015年，新能源产业实现销售收入超过500亿元。

光电产业。依托中光学集团、二胶厂等企业的技术优势，加强关键技术的研发，加快推进数字投影系统、光学薄膜、光电设备信息记录材料产业化。一是加强战略合作，逐步建立从光学引擎组建到高清晰数字微显电视产品（MD）、投影电视、投影机等整机产品的产业链，做大做强光电显示产业。二是完善创业环境，大力发展光电材料和元器件，积极培育上游光学原料产业，夯实产业基础。三是继续扩大胶印版材产销规模、推广CTP制版输出系统，尽快实现柔性树脂版和PCB印制线路板胶片产业化，壮大光电记录、医疗等现有领域，同时，积极培育激光、红外、光存储等新兴行业。四是吸引国内外光学企业入驻光电产业集聚区，加快产业化步伐，打造光电产业集群，创建和打造国家级光电高新技术产业园区。力争通过5～10年的努力，将南阳建设成为集科研、生产为一体，特色鲜明、技术创新能力强、产业集聚度高的光电信息产业基地。到2015年，光电产业实现销售收入突破300亿元，销售收入超百亿企业1～2家。

新材料产业。依托中南金刚石有限公司，通过科技创新，不断增加超硬材料品种，拓展应用范围，提高产品附加值，积极发展以高品级金刚石、立方氮化硼和工业钻石为代表的超硬材料工具及制品产业。整合周边资源，引进国内外先进超硬材料制品技术，大力开发下游超硬材料制品及器件，延伸产业链条，在保证国内市场最大占有份额的同时，积极开拓国际市场，努力建设成为国家级大型超硬材料生产基地。到2015年，超硬材料系列主要产品产量超过40亿克拉，实现宝石级钻石及金刚石及部分高品级超硬材料刀具、磨具制品的规模化生产，销售收入突破100亿元，超硬材料全球市场占有率达到40%。依托南阳的农产品资源优势，重点打造以生物能源为基础的生物化工衍生产业链，大力发展生物丁醇、1,3-丙二醇等单体原料，扩大二氧化碳全降解塑料生产规模；培育发展生物乙烯、纤维素衍生物等生物材料。全力扶持天冠集团二氧化碳全降解塑料项目建设，力争尽早实现大规模产业化生产。到2015年，二氧化碳全降解塑料产能达到30万吨，销售收入100亿元。

2.全力建设商品电基地。加快发展火电、热电、核电、抽水蓄能电站、小水电、生物质能发电、风能发电、太阳能发电等电力能源步伐，扩大总量，优化结构，提高效率，建设强大的电网构架，实现八电并举，力争2015年前基本建成抽水蓄能电站、鸭电三期工程、白河南热电厂、南阳核电一期工程，使我市成为全国重要的商品电基地。

加快重大项目建设。一是南阳核电厂项目。扎实做好项目前期工作，加紧进行可研报告的修订完善工作，全面完成可行性研究阶段的各项专题研究项目，做好总平面规划设计。加强与国家能源局、中核集团的沟通联系，争取列入新调整的国家核电发展规划并尽快取得路条。全力支持服务河南核电南阳筹备组开展厂址资源保护工作，做好进场道路、搬迁安置等具体工作。积极谋划开展“五通一平”设计及评审、项目前期配套设施设计及评审、第二阶段现场保护工作,力争项目尽快开工建设。二是天池抽水蓄能电站项目。支持项目单位加快推进开工前的各项准备工作,加快工程安全预评价专题报告设计研究,尽快完成可行性研究报告编制、工程招标设计、施工图阶段勘察设计招标以及项目公司投资协议签订工作。力争2010年开工建设,2015年全部建成。三是白河南热电厂项目。加强与中电投、省建投的交流沟通,争取尽早将项目《初可研报告》上报国家发改委,提出开展项目前期工作的路条申请。2010年完成项目可研及各项专题论证,将《项目申请报告》上报国家发改委;积极跟踪项目核准工作,争取2010年底以前获得核准并开工建设。四是鸭电三期项目。千方百计争取60万千瓦左右的"压小容量",积极向国家、省和相关职能部门汇报项目情况,使项目尽快通过省级评审并上报国家能源局,及早核准开工。加快单项报告的编制评审进度,完成五通一平、环评、土地预审、初步设计及施工准备工作,力争项目2011年开工建设。

加强电网建设。加强对国家电网公司的汇报联络,加大电网项目争取力度。在晋东南-南阳-荆门1000千伏特高压线路方城开关站正常运营的基础上,扩建方城开关站为南阳特高压变电站。搞好新疆至上海1000千伏特高压线路南阳段项目争取和建设工作。加快建设围绕市区的核心环网,到2012年,南阳电网骨干网架实现由220千伏向500千伏过渡,完成与1000千伏特高压电网的有机衔接,形成坚强灵活的网络结构。提高供电设备的负荷利用率,同步持续建设城乡配电网,在确保满足全市生产生活用电的同时,积极规划构筑电力外送通道,提高供电保障能力,为工业发展提供坚强的电力支持。

3.改造提升传统产业。充分发挥我市资源、产业优势,优化资源配置,整合生产力布局,增强产业集中度,着力扶持优势骨干企业做大做强。支持企业加大技术改造力度,努力实现产业升级、产品升级和技术升级,拉长产业链条,提高经济效益,增加全市工业总量。到2015年,石油化工、装备制造、纺织、食品、医药等传统优势工业产值达到500亿元以上。

石油化工产业。依托我市油气资源优势和河南油田现有产业基础,积极拓展国内外市场,打好勘探开发硬仗,努力拉长产业链条,大力发展精细化工产品。加快推进环保型橡胶填充油装置特种工程、蜡调合成型装置扩能工程、食品蜡高压加氢精制工程、30万吨页岩油等项目建设,加速资源优势向经济优势转化,推动南阳石油化工产业结构升级。到2015年,在官庄区域建成具有一定基础和优势的石油化工产业集聚区,年销售收入达到200亿元以上。

装备制造业。紧紧抓住我国振兴装备制造业的机遇,围绕石油装备、防爆电机产品等重点领域,做大做强二机石油装备集团、防爆集团等龙头企业。以发展特色装备制造产品为重点,积极创造条件引进大型装备制造项目,延伸石油钻采设备制造产业链、防爆电机产业链和电器机械产业链。加强自主创新能力建设,继续鼓励和引导企业搞好技术中心建设,争创国家和省级技术中心。优化产业布局,积极吸引外资和国内优势装备制造企业,加快产业结构调整,提升产品档次。到2015年,实现销售收入250亿元,把南阳建设成为国内外重要的特色专业装备制造业基地,形成较完整的石油装备、防爆电机、专用及改装汽车产业集群。

纺织产业。充分利用资源优势和良好的产业基础,以提升纺织和服装附加值为重点,以南棉等骨干企业为依托,以高科技含量的新型纺织为切入点,加快纺织工业技术改造和结构升级,拓展以新型功能纤维混纺加工产品为主导的纺织产业。积极承接产业转移,建立从原料—面料—印染—后整理-服装的产业链,发展家纺、产业用纺织和高档服装等产品,培育名牌产品。努力把南阳建成河南省棉纺生产基地、高档服装面料生产基地、高档家纺生产基地、品牌服装加工基地和区域性纺织品交易中心。到2015年,行业投资50亿元,实现产值100亿元。

食品产业。发挥农副产品资源优势,重点搞好粮食深加工、肉类深加工、烟草制品、饮料酒及乳制品生产,全面促进产品结构升级。加快娃哈哈南阳基地、三色鸽乳业等优势企业发展,鼓励产业集聚,拉长产业链条,发展精深加工,促进全市食品工业持续、快速、健康发展,到2015年,实现销售收入100亿元,把南阳建设成为河南省重要的食品产业基地。

医药产业。坚持以政府为主导、企业为主体、科研院校为支撑,加强中药材基地建设,加大中医药科研成果转化力度,推进中医药新技术、新产品的商品化、产业化。高水平发展城区中医院,开发药膳治疗、中医药保健体验、中医药保健延伸产品及服务等项目,建设一个涵盖预防、治疗、康复、保健、养生的中医(中西医结合)医疗卫生体系。培育一批中医药优势企业,打响南阳"中医药都"品牌,做大现代中药产业。巩固化学原料药在国内的领先地位,积极研制开发新型高效抗生素、化学合成药和生物技术类产品,严格按照GMP、GAP、GSP等医药管理规范,采用现代生物技术、电子信息技术和先进适用技术,推动产业技术升级和产品结构优化,强化环保治理,走良性发展道路。到2015年,实现销售收入160亿元。

4.建设五大产业集聚区。把产业集聚区作为城市的优先开发区域，全面加快中心城区新能源、高新技术、光电产业集聚区发展步伐，加快推进鸭河、官庄两个产业集聚区的规划编制和申报工作。充分发挥高新区优势，整合资源，合理布局，扩大发展范围，提升产业档次，努力创建国家级高新技术开发区。按照“精简、统一、高效”的原则，创新管理体制，理清市区责权。市级搞好集聚区的总体规划、产业布局，确定管理体制和财税分配体制，抓好政策落实和要素保障等工作；宛城区和卧龙区具体负责新能源和光电产业集聚区的建设管理和发展，调整充实集聚区管理力量，实现产业集聚区区域内的经济、行政和社会事务统一领导、统一规划、统一管理；高新技术、石油化工和电力能源三个集聚区独立运行，管委会承担具体管理职责。

科学编制规划。把产业集聚区规划与土地利用总体规划、城区总体规划统筹考虑，高标准编制各产业集聚区的总体发展规划、产业发展规划、控制性详细规划等，合理确定中心城区新能源、高新技术、光电产业集聚区和官庄石油化工、鸭河电力能源产业集聚区的空间布局和发展规模，并与交通、水利、通讯、生态环保等专项规划搞好衔接，为集聚区的开发建设与管理奠定良好基础。

明确产业定位。按照“突出特色、培育集群、形成链条、循环经济”的原则，着力培育产业集聚区战略支撑产业。高新技术产业集聚区主导产业为机电装备、超硬材料和光电，新能源产业集聚区主导产业为生物质能源、太阳能光伏、新能源装备，光电产业集聚区主导产业为光电，鸭河产业集聚区主导产业为电力能源，官庄产业集聚区主导产业为石油化工。要根据各个集聚区的特色主导产业，综合运用土地、规划、项目准入等手段，积极引进战略投资者，谋划和建设一批关联度高、辐射力大、带动力强的龙头型、基地型项目，延伸产业链、搞好产业配套、培育产业集群。

完善服务配套。采用专业化、社会化、市场化的办法，不断创新投融资渠道和平台，千方百计多元筹资。大力推进公共基础设施建设，积极搭建基础设施平台、公共服务平台、招商引资平台，着力改善集聚区基础条件，加快服务设施建设，打造投资“洼地”，为项目入驻创造良好条件。

加强项目建设。中心城区符合条件的新建项目要在产业集聚区规划范围内集中布局，优化资源配置，重大项目优先列入省、市年度重点项目。优先办理产业集聚区内项目的备案、规划、土地和环保手续，强化责任，创造条件，加快推动项目实施，力争早日投产。通过5～10年左右建设，真正使产业集聚区成为中心城区实现科学发展的重要载体，成为带动中心城区基本实现工业化和跨越式发展的主导力量。

（二）实施“三产兴城”战略，为城区经济发展注入活力

第三产业发展水平是衡量城市经济发达程度的重要标志。要把发展第三产业作为加快推进产业结构调整、转变经济增长方式、提高城区经济整体素质的重要途径，发挥中心城区生产生活要素聚集的优势，坚持市场化、产业化和社会化方向，不断扩大第三产业总量，优化发展结构，提升产业素质，改造提高传统服务业，加快发展现代服务业，大力发展新兴服务业，实现提升三产水平新突破。

1.文化旅游业。深入挖掘开发汉文化、医药文化、玉文化、四圣文化、衙署文化等特色文化，培育发展文化企业集团，打造特色文化产业基地，全面提升文化产业竞争力。持续举办张仲景医药科技文化节等特色节会活动，加快中医药文化产业发展。发挥国家首批历史文化名城和全国优秀旅游城市的品牌优势，依托丰富的文化旅游资源，加大旅游宣传推介力度，打造精品旅游景区，延伸旅游产业链条。加大宣传力度，在全国打响“南水北调中线工程渠首”品牌，使其成为南阳旅游的一张名片。抓好卧龙岗文化旅游产业集聚区和独玉文化旅游区规划建设，打好中心城区文化旅游品牌。以南阳建成区为核心，建设旅游标志性建筑，加快推进白河休闲观光带建设，重点营造白河风光和绿地环境，大力发展城郊型旅游项目。发展旅游创意，培育玉雕、烙画等特色旅游产品，支持发展高档星级酒店。充分发挥中心城区旅游集散和服务中心的区位优势，整合全市旅游资源，精心设计不同文化风格、不同消费档次的一日游、多日游精品旅游线路，将中心城区建设成为豫西南最大的区域旅游服务中心，把南阳打造成全国一流、世界知名的旅游目的地。

2.现代物流业。根据南阳区位交通优势，制定出台全市现代物流发展规划，加大物流技术创新和组织创新，合理布局产业，优化全市物流节点网络。强化与国内外知名物流公司的合作，提高A级物流企业总量和水平，培育10家在全省有一定影响的现代物流企业。大力发展第三方物流服务，支持物流信息公共平台建设，构筑现代物流服务体系，全面提升物流业现代化水平。支持现代物流基地建设，抓好中心城区高端物流园、龙升物流园区、光彩大市场、南阳机场航空商务配送中心、王村铁路配送中心和其他专业物流中心的规划、改建、扩建及配套，形成一批年交易额超过百亿元的特大型交易市场。鼓励生产性企业逐步分离原材料采购、运输、仓储等物流服务业务，促进企业内部物流社会化。支持城区

现有物流公司提升装备、技术和服务水平。加快现代物流人才的培养和引进，提升物流企业管理理念和服务水平。

3.金融保险业。出台优惠政策，支持中信银行、民生银行、浦发银行、兴业银行在我市设立分支机构，吸引更多国内外金融机构入驻南阳，使驻宛银行业金融机构达到15家以上。引导金融机构拓宽业务领域，开发新产品，形成特色化、差别化、多样化服务，提升金融企业的整体竞争力。支持市商业银行等地方中小法人金融机构通过引进境内外战略投资者，实施增资扩股，改善股权结构，壮大资金实力。到2015年，全市银行业金融机构人民币各项存款余额达到2500亿元，各项贷款余额达到2000亿元，年均增长17%以上。大力培育发展地方保险业，调整优化险种，不断扩大市场规模，提升保险业服务水平。防范和化解保险经营风险，严厉查处违法违规及失信行为，切实保护消费者权益。利用股票、债券、信托等多种方式，扩大直接融资规模。加快上市企业培育，增加上市公司数量，提高上市公司质量，促进优势资源向上市公司合理集中。以小额担保为重点，推进特色金融服务业发展。

4.居住服务业。充分发挥中心城区山水相依的环境优势，结合第七届全国农运会服务设施建设和旧城改造，按照科学规划、合理布局的原则，建设一批有规模、高品质、绿色环保、宜居宜看的精品住宅，打造生态宜居城市。整合城区房地产资源，做好土地收储、供应工作，合理布局房地产项目，积极发展健康环保、节能省地型住宅，做到整体规划、成片开发、有序投放。改善房地产开发结构，有序推进商品房、经济适用房、廉租房建设。积极培育和引进城市运营商，支持房地产企业通过整合重组、引进战略投资者向主业突出、多业兼营的集团化发展。规范发展房地产业，进一步开拓和搞活房地产市场，使房地产业真正成为拉动城区经济的重要产业。培育发展建筑生产要素市场体系，形成专业化、市场化的生产协作机制。鼓励建筑业企业增加科技投入，提高企业技术水平。加强政府监督，规范物业管理行业秩序，积极推进居住服务业健康有序发展。

5.总部(楼宇)经济。鼓励城区因地制宜培育和发展以总部和楼宇为载体的经济业态。支持河南油田尽快在城区设立总部，争取更多外地大型企业集团或公司将总部或区域性总部及研发中心、结算中心等落户中心城区，鼓励国内外大型企业集团或公司总部在城区设立投资性公司，引导本市县域大型企业或公司总部在南阳城区发展，形成企业总部在中心城区的集群布局。进一步完善中心城区楼宇的布局规划和发展楼宇经济的各项优惠政策，结合城市改造，规划和建设一批中高档、产业特色明显的综合性楼宇，改造、整合、盘活现有存量楼宇资源，推进服务业向楼宇集中、新兴产业向楼宇聚集，促进城区经济向楼宇空间发展。

6.公共性服务业。高水平建设人才培训、医疗卫生、科技研发等社会事业配套设施，打造辐射服务豫鄂陕毗邻区域的公共服务中心。重视发展高等教育，完善大学园区规划和建设，大力支持各院校在提高教育教学质量的同时，扩大规模、提升层次。鼓励国内外资本和技术投入人才服务产业，依托南阳现有大中专院校，建立职业教育和职业培训网络体系，打造职训品牌，拓宽培训方式，建设一批省级和市级重点中等职业学校，做好第七届全国农运会服务人才培养工作。大力整合市级医疗卫生资源，加快医疗领域对国内外市场开放，积极引进三级甲等医院和特色专科医院。充分依托南阳现有科研院所资源，积极吸引国家级的科研院所入驻，打造科研院所集聚群。大力推进自主创新基础能力建设，构建以实验室、工程中心、企业技术中心、科技企业孵化器、重点产业集聚区为关键环节的创新链条，推进实施重点科技专项。以五大产业集聚区为载体，引进一批高科技企业，形成强大的自主创新能力，提升科技创新产业能级。

(三)加快基础设施建设，全面提升中心城市整体形象

要牢牢抓住筹办第七届全国农运会的特有发展机遇和重大历史契机，以改善投资环境、服务工业经济为目标，全面加快基础设施建设步伐，拓展城市规模，增强城市功能，改善城市环境，加强城市管理，提升城市综合承载力和区域发展服务能力。

1.加强交通体系建设。促进公路、铁路、航空等各类交通方式协调发展，加快构筑快捷便利的功能型、现代化的交通综合服务体系，增强南阳辐射周边的交通枢纽功能。积极开展国道、省道改造，改造提升现有公路通行能力。配合做好宁西铁路复线、火车站改造等项目建设，加快郑渝高铁南阳段项目前期工作并力争早日开工，支持焦枝线电气化改造，构建“十”字形的铁路主骨架系统，不断满足经济社会发展对运力增长的需求。加快改造、完善南阳机场配套设施，做好二期工程建设，争取南阳航空口岸早日开通运行，积极开辟新航线，提高运输服务水平，巩固省域内三大民用机场之一的地位。

2.拓展城市发展空间。统筹安排城市发展布局，坚持以白河为轴，按照东西延伸、南北纵向发展的要求，实行多中心、组团式发展，拉大城市框架。适时开展城区行政区划调整工作，合理划分卧龙区、宛城区、高新技术开发区管理区域，启动东北分区建

设，形成连片开发规模效应；加快南阳新区、生态工业园区、龙升工业园区、高新技术产业开发区及大学园区的开发建设，增强中心城市的聚集力、辐射力、带动力。理顺鸭河工区和官庄工区管理体制，逐步创造条件向独立的行政区过渡，结合白河河堤综合整治和开发，抓紧修建两工区通往中心城区的快速通道，形成以中心城区为核心、以官庄和鸭河为两翼的“一体两翼”发展新格局，为产业发展和城市建设提供广阔的空间。

3.强化城区基础设施建设。一是把第七届全国农运会比赛场馆建设作为建设南阳新城区的突破口，结合城市功能区划、白河景观设计、产业发展和赛后利用，精心设计、规划、建设好各项比赛场馆。组织好新闻中心、迎宾馆、运动员公寓等接待服务设施建设和配套文化体育设施建设。通过成功举办2012年第七届全国农运会，使城区基础设施建设、城市管理、开放程度和市民素质等明显提升，城市整体发展水平跨入全省乃至中部地区先进行列。二是集中力量在市政、水利、信息、电力等方面加快建设步伐，增强市政基础设施的有效供给能力，提高城市基础设施综合配套与相互衔接水平，逐步建立起较为完备的城市基础设施综合配套服务体系，进一步完善城市功能。

4.积极开展城市绿化美化。完善中心城区内部绿化系统，改善城区外部生态环境，营造良好的城市生态屏障。按照白河两岸区域发展总体规划，启动内河综合治理，开发白河水系。强力推进城中村改造，加快实施以背街小巷、社区为重点的便民工程建设，逐步实现社区生活舒适化。实施碧水蓝天工程，强力推进节能减排，加大污染治理力度，积极开展“六创一迎”活动，将南阳建设成为生态健全、环境优美、宜居宜业的生态园林城市。

四、加快中心城区经济发展的保障措施

（一）加强领导。中心城区各级领导要把城区经济发展放在重中之重的位置，集中精力抓城区经济发展，强化对城区经济的组织领导。三区要在市委、市政府统一部署下，制定相应的工作意见和配套的政策措施，细化工作方案，指导、督促、协调有关决策和工作任务的落实。市直各部门要牢固树立服务基层的思想，制定和实施支持中心城区经济发展的各项具体政策措施，在用地、信贷、税收、自主创新等方面加大对中心城区经济发展的支持扶持。建立城区经济发展联席会议制度，负责研究制定城区经济发展战略规划和政策措施，推进重点项目建设，协调解决重大问题。市发改委具体履行联席会议办公室职责，形成政府领导、部门配合、分工协作的城区经济发展新机制。

（二）理顺体制。树立“市区一体、以区为主”的经济发展理念，按照“合理划分事权、强化基层工作、明晰责权配置、事权财权对称、落实城区职责”的原则简政放权，逐步将市级管理权限通过多种方式授权各区管理，适当扩大区级政府在财税管理、执法管理、城市管理、城市建设等方面的权限，赋予各区相应的发展经济自主权、决策权，建立更加富有效率和效能的体制机制。严格规范市、区两级财政分配关系和税收属地管理秩序，合理调整土地收益金区级分配比例，充分调动各区积极性。今后凡新出台与中心城区经济发展关系重大的规范性文件，应事先征求各区的意见。

（三）政策扶持。调整财政专项资金支出结构，设立高新技术产业发展、现代服务业发展、城区工业发展专项资金，引导支持城区重点产业和骨干企业加快发展。制定中心城区社会经济发展评价指标体系，建立城区经济统计平台和年度考核机制，定期统计、分析中心城区经济考评指标，作为考核各区各部门工作和干部业绩的重要依据。市财政设立中心城区经济发展奖励基金，对中心城区招商引资、财政收入、税收收入等经济综合发展状况进行考核，表彰奖励经济发展快的区和支持城区经济发展成效显著的职能部门。

（四）经营城市。坚持政府垄断土地一级市场，放开搞活二、三级市场，最大限度地提高土地资产经营效益。加大土地储备力度，增加土地储备规模，中心城区土地严格实行统一规划、统一储备、统一供应。灵活运用拍卖、有偿使用、股权转让、租赁、抵押、授权经营等方式盘活城市存量资产，大胆尝试造壳融资、借壳融资、发行企业债券、BOT等现代融资方式，搞活城市增量资本。认真清理排污费、城市配套费等重点收费项目，研究出台相关政策，严格收费标准，规范收费行为，加强征收管理，堵塞跑冒滴漏。从严控制减免、缓缴城建规费，防止变通减免、缓缴城建规费；凡城市建设相关资金一律实施封闭运作，独立核算，确保建设资金用于城市建设。建立健全国有资产有偿使用收入管理制度，督促有关部门将国有资产有偿使用收入及时足额上缴国库或财政专户，防止国有资产收入流失。

（五）深化改革。解决国企改革遗留。积极研究制订相关对策，抓住时机妥善解决企业改革等历史遗留问题，力争尽快使一批企业走上良性循环之路，促进国有企业健康发展，提高企业经济和社会效益。加快推进商贸流通企业改革，转换经营机制，增强企业活力。深化行政管理体制改革，全力建设服务型政府。推进政企、政资、政事分开，减少和规范行政审批，简化办事程序，提高全程“一站式”服务水平，提高办事效率。推进依法行政,健全科学民主决策机制和行政监督机制。稳步推进事业单位改革。整合资源,调整布局,推进事业单位社会化、市场化、产业化进程,提高事业单位的综合服务能力。

(六)扩大开放。进一步加大宣传力度,全面提升南阳知名度。牢固树立“大招商促进大发展”的观念,制定出台中心城区和五个产业集聚区招商引资优惠政策,努力营造中心城区大招商的社会氛围。积极走出去,加强与日本、美国、西欧、香港等地财团的衔接,加快引进国外境外资金力度。利用广交会、厦交会等交流平台,强化与沿海地带经济技术交流合作,承接东西部技术资金转移。加大骨干企业与央企和国内大型企业集团的战略合作力度,拓宽合作渠道和领域,深化合作内容,引进重大项目落户城区,加快企业战略重组和业务整合。创新招商方式,围绕城区优势资源和特色产业,坚持和探索重大活动招商、园区招商、产业链招商、代理招商、网上招商、业主招商、以商招商等招商形式。激活民间资本,弘扬创业精神,支持返乡创业,引导、鼓励、扶持民营经济发展,形成全民创业热潮。

(七)人才强市。一是提高驾驭经济能力。鼓励市区各级领导积极学习经济理论,强化业务锻炼,不断提高驾驭经济发展的能力和水平。抓住市县政府机构改革的有利时机,选择懂经济的专业型领导充实到市直综合经济管理部门和各区政府,提高领导班子中熟悉经济工作的成员比例,充分发挥领导干部在推动城区经济发展中的关键作用。二是积极培养基层骨干。加强城区街道办事处干部队伍建设,定期选派市经济管理部门、区(管委会)、办事处党政干部到沿海地区挂职培训,适当抽调市直机关及大中型企业优秀年轻干部到办事处挂职锻炼,提高服务经济发展的能力。三是引进高层次和紧缺人才。在科研启动经费、岗位津贴以及级别待遇、住房补贴、家属随迁等方面出台优惠措施,积极引进支柱产业、重大工程、重点项目急需的高层次技术人才和经营管理人才。必要时拿出部分重要经济管理部门领导岗位面向全国进行招聘。四是重视企业家队伍建设。大力支持民营经济发展,全面推行现代企业制度,培养、选拔、引进一批懂经营、善管理、市场意识强的企业家。出台相关政策,加大对优秀企业家的奖扶力度,促进优秀企业家健康成长。

(八)优化环境。建立健全服务承诺制、首问负责制、联审联批制、一次性告知制、限时办结制等一系列制度,清理规范各种涉企收费,切实为企业和投资者提供方便、快捷、高效的服务,创造良好的政务环境。加强社会治安综合治理,依法惩处各种危及企业生产的不法行为。以“六创一迎”活动为契机,深入开展城区环境的综合整治,努力营造良好的人居创业环境。

南阳市人民政府
关于印发南阳市市区廉租住房出售管理实施细则的通知

宛政〔2010〕41号　　2010年6月10日

宛城、卧龙区人民政府,市人民政府有关部门:

为规范廉租住房出售产权管理,建立廉租住房流转机制,推动廉租住房建设滚动发展,现将《南阳市市区廉租住房出售管理实施细则》印发给你们,望认真遵照执行。

南阳市市区廉租住房出售管理实施细则

为规范南阳市市区廉租住房产权管理,建立廉租住房流转机制,推动廉租住房建设滚动发展,切实提高政府的实物保障能力,逐步解决城市低收入家庭的住房困难。根据《廉租住房保障办法》(建设部令第162号)、《关于加强廉租住房管理和规范产权处置的指导意见(试行)》(豫建〔2010〕26号)和《南阳市市区最低收入家庭廉租住房管理实施方案》(宛政〔2007〕93号),制定本实施细则。

第一条　基本原则

廉租住房的出售,应当遵循积极稳妥、因地制宜，租售并举、自愿购买，有限产权、规范管理的原则。

第二条　管理机构和职责、范围

市廉租住房保障部门是市区廉租住房保障的主管部门，负责市区廉租住房出售管理的相关工作，是市区廉租住房初始产权登记所有人，代表市政府行使对廉租住房的所有权和处置权。宛城区、卧龙区人民政府和高新区管委会廉租住房保障部门负责其辖区内廉租住房出售管理的计划安排、对象认定、汇总上报等工作。

市财政部门负责廉租住房出售资金的管理工作。

市发改部门负责廉租住房出售价格的核定工作。

市、区监察、民政、国土、税务等有关部门按照职责分工，做好相关工作。

第三条　廉租住房购买对象和范围符合南阳市市区廉租住房保障条件的城市低收入住房困难家庭。

第四条　出售房源

可用于出售的房源是市政府以各种形式筹集到的廉租住房。包括政府出资新建、收购的廉租住房，用于廉租住房保障的公有住房或直管公房，社会捐赠的廉租住房，其他渠道筹集的可用于出售的廉租住房。

第五条　申购程序

符合购买廉租住房条件的申请人家庭，申购程序按《南阳市市区最低收入家庭廉租住房管理实施方案》(宛政〔2007〕93号)相关规定办理。

第六条　出售价格

符合我市市区廉租住房保障条件的低收入住房困难家庭，购买廉租住房时按成本价的一定比例作为优惠出售价格。具体出售价格由市住房保障、发改、财政部门根据廉租住房房源供应情况，房屋建设或收购成本，保障家庭经济承受能力等因素确定，经市政府批准后向社会公布。

第七条　付款办法及优惠政策

(一)购买廉租住房时，需先交付不超过廉租住房成本价20%的一定比例定金，具体比例由市住房保障部门确定。待按照相关规定选房后，签订《南阳市市区廉租住房购房合同》，并将剩余房款一次性全部交清

(二)已享受实物配租的保障家庭，可以申请赎买原租住廉租住房，在与市住房保障部门签订《南阳市市区廉租住房购房合同》并一次性交清全部房款后，取得廉租住房产权，不再缴纳廉租住房租金。

(三)已享受廉租住房租赁补贴的保障家庭申请购买廉租住房的，在廉租住房交付使用前仍可享受住房租赁补贴，在签定《南阳市市区廉租住房购房合同》并一次性交清购房款后，取得廉租住房产权，廉租住房交付后次月起不再享受住房租赁补贴。

(四)出售和购买廉租住房涉及的契税、印花税，按国家规定的税收优惠政策执行，并免收各项行政事业性收费。

第八条　轮候和选房

(一)在廉租住房房源供应不足时，廉租住房出售实行轮候制度，主要依据购买廉租住房的定金交付收据所载明的先后顺序号实施轮候。

(二)轮候期间，申请人家庭基本情况发生变化的，申请人应当及时申报，不符合申请条件的，取消轮候资格。

(三)轮候到位的保障家庭推选一名成员，代表家庭全体成员选房。选房顺序主要依据购买廉租住房的定金交付收据所载明的先后顺序号进行。

(四)保障家庭因区域、楼层、户型等不适，拒绝选房的视为自动放弃本次购买资格，放弃选房的保障家庭，若再次选房，应当重新参加轮候。

(五)已享受实物配租的家庭购买所租住房时不需要轮候。

第九条　签约和交接

(一)已选定房屋的保障家庭应与市住房保障部门签订《南阳市市区廉租住房购房合同》。合同应载明购买人自愿购房、房屋坐落、购买价格、所享受的优惠价格、房屋交付日期、上市交易约束条件、物业管理以及不符合条件强制收回住房和违约责任等内容。

(二)保障家庭在交清房款后，市住房保障部门应根据《南阳市市区廉租住房购房合同》中载明的房屋，发放住房钥匙，交接室内设施。购买家庭应在房屋查验单上签字确认。

第十条　产权登记

购买人签订《南阳市市区廉租住房购房合同》并交清房款后，即可申请办理《房屋所有权证》。房屋权属登记部门须在《房屋所有权证》"附记栏"中注明"廉租住房"和"有限产权"等字样，并注明购买人所享受的优惠价格和所占的产权比例。纳入所购廉租住房保障范围的家庭内成员可作为共有权人进行登记。

第十一条　上市交易

(一)已售廉租住房上市交易实行准入制度。购房人在交清房款取得《房屋所有权证》后，五年内不得上市交易；未住满五年确有特殊原因(如患重大疾病等)需要上市交易的，由市住房保障部门按原售价收回，用于廉租住房保障房源。购房人居住满五年

且居住条件改善的,在补足优惠价款和国有土地出让金并经市住房保障部门核准发放《南阳市市区廉租住房准许上市交易证明》后,可凭《南阳市市区廉租住房准许上市交易证明》和《房屋所有权证》办理交易手续。

(二)购房人所购廉租住房上市交易后,不得再申请购买廉租住房或申请廉租住房租赁补贴(前项特殊原因除外)。

(三)购房人所购廉租住房已取得《房屋所有权证》的,其合法继承人如不符合廉租住房保障条件的,应按规定在补足优惠价款和国有土地出让金后可依法继承。

第十二条　售房资金管理

出售廉租住房应开具财政部门印制的"河南省廉租住房出售收入专用票据"。廉租住房出售收入在提取住宅专项维修资金后的余额,全部缴入国库,纳入市政府住房基金收入管理,专项用于廉租住房保障开支,优先用于廉租住房建设,不得挪作他用。

第十三条　物业管理

(一)出售的廉租住房,应按照《河南省物业管理条例》的规定实施物业管理,保障家庭应按规定交纳物业管理费用。

(二)对暂时没有出售的廉租住房,其物业管理费用由市住房保障部门负责交纳,费用由同级财政负担。

第十四条　监督管理

(一)市、区住房保障部门要会同财政、发改、民政、国土、统计等部门加强廉租住房出售工作的沟通与协作。监察、审计等部门应加强对廉租住房出售过程的监督检查,确保廉租住房出售工作积极稳妥进行。

(二)对在廉租住房出售过程中以权谋私、玩忽职守的,依法追究有关责任人的行政和法律责任。

(三)对弄虚作假、隐瞒家庭收入和住房条件购买廉租住房的购买人,已入住的由区住房保障部门责令限期无条件退房,同时按市场平均租金补交房租;未入住的由区住房保障部门取消申购资格;对出具虚假证明的,依法追究相关单位责任人的责任。

(四)对购买人擅自将廉租住房出售、出租或改作其他用途的,房产管理部门和国土资源管理部门不得为其办理房屋及土地登记等有关手续。市住房保障部门收回其所购廉租住房,退还已交的购房款,并依照法律法规进行查处,追究相关人员的责任。保障家庭拒不执行的,市住房保障部门可申请人民法院强制执行。

第十五条　本实施细则具体应用中的有关问题由市住房保障部门负责解释。

第十六条　本实施细则自发布之日起施行。

南阳市人民政府
关于印发南阳市白河国家城市湿地公园保护管理办法的通知

宛政〔2010〕48号　　　　2010年8月23日

卧龙、宛城区人民政府,市人民政府有关部门:

现将《南阳市白河国家城市湿地公园保护管理办法》印发你们,请结合实际遵照执行。

南阳市白河国家城市湿地公园保护管理办法

第一章　总　则

第一条　为加强对白河国家城市湿地公园的保护管理,维护生态平衡,保护湿地功能和生物多样性,保障湿地资源的可持续利用,促进经济社会、人居环境与自然环境的协调发展,根据国务院《关于加强湿地保护管理工作的通知》、建设部《国家城市湿地公园管理办法(试行)》和《城市湿地公园规划设计导则》等有关规定,结合南阳实际,制定本办法。

第二条　本办法所称的白河国家城市湿地公园(以下简称白河湿地公园),是指白河流域城区段,经国家建设部批准设立,利用纳入城市绿地系统规划的天然湿地,通过合理保护利用,形成的保护、科普、休闲等功能于一体的公园。其范围是：上游零级橡胶坝至下游第四级橡胶坝区间的水面、台地，左右边界设定为白河两岸堤防之间，无堤防的为百年一遇行洪断面800～1000米。

第三条　在白河湿地公园从事与湿地保护、利用有关的各种活动，应当遵守本办法。

第四条　白河湿地公园保护管理工作应当纳入南阳城市经济和社会发展规划，遵循"重在保护、生态优先、合理利用、良性发展"的原则，充分发挥其在经济社会发展、生态城市建设以及改善居民的生活质量等方面的作用。

第五条　白河国家城市湿地公园管理机构（以下简称白河湿地公园管理机构）负责白河湿地公园的保护、利用与管理。

水利、国土、体育、环保、旅游、林业、建设、交通、卫生、发改、财政、文化、公安等有关行政主管部门和南阳市所辖区政府应当在各自职责范围内，按照有关法律、法规以及本办法的规定，配合做好白河湿地公园的保护管理工作。

第六条　任何单位和个人都有保护白河湿地公园生态环境和湿地资源的责任和义务，并有权对破坏湿地生态环境和湿地资源的行为进行举报。

白河湿地公园管理机构应当加强对湿地保护的宣传教育工作，鼓励与支持单位和个人从事与湿地保护相关的科研、教育、宣传等活动，对在湿地保护工作中做出突出贡献的单位和个人给予表彰与奖励。

第二章　白河湿地公园的保护

第七条　白河湿地公园管理机构应当编制湿地公园总体规划，并将其纳入南阳市城市总体规划、南阳市城市绿地系统规划和南阳市城市控制性详细规划。

南阳市相关产业规划应与湿地公园总体规划相协调，体现湿地资源保护与利用的总体目标和基本原则。

第八条　白河国家城市湿地公园主要保护内容：

（一）保护湿地的生物多样性：为各种湿地生物的生存提供最大的生息空间；营造适宜生物多样性发展的环境空间，对生境的改变应控制在最小的程度和范围；提高城市湿地生物物种的多样性并防止外来物种的入侵造成灾害。

（二）保护湿地生态系统的连贯性：保持城市湿地与周边自然环境的连续性；保证湿地生物生态廊道的畅通，确保动物的避难场所；避免人工设施的大范围覆盖；确保湿地的透水性，寻求有机物的良性循环。

（三）保护湿地环境的完整性：保持湿地水域环境和陆域环境的完整性，避免湿地环境的过度分割而造成的环境退化；保护湿地生态的循环体系和缓冲保护地带，避免城市发展对湿地环境的过度干扰。

（四）保持湿地资源的稳定性：保持湿地水体、生物、矿物等各种资源的平衡与稳定，避免各种资源的贫瘠化，确保城市湿地公园的可持续发展。

第九条　白河湿地公园管理机构应当在市人民政府的组织下，按照住房和城乡建设部有关要求，标明界区，设立界碑、标牌。任何单位和个人不得擅自移动或者破坏湿地公园的界碑、标牌。

第十条　白河湿地公园按照按功能划分为重点保护区、湿地展示区、游览活动区与管理服务区。

重点保护区内只允许开展各项湿地科学研究、保护与观察工作。可根据需要设置一些小型设施，为各种生物提供栖息场所和迁徙通道。本区内所有人工设施应以确保原有生态系统的完整性和最小干扰为前提。湿地展示区重点展示湿地生态系统、生物多样性和湿地自然景观，开展湿地科普宣传和教育活动。对于湿地生态系统和湿地形态相对缺失的区域，应加强湿地生态系统的保育和恢复工作。

游览活动区以开展湿地为主体的休闲、游览活动。游览活动区内可以规划适宜的游览方式和活动内容，安排适度的游憩设施，避免游览活动对湿地生态环境造成破坏。

管理服务区在湿地生态系统敏感度相对较低的区域设置，尽量减少对湿地整体环境的干扰和破坏。

第十一条　白河湿地公园以及保护地带的重要地段，不得设立开发区、度假区，不得出让土地，严禁出租转让湿地资源；禁止建设污染环境、破坏生态的项目和设施。

第十二条　白河湿地公园管理机构和有关部门应采取有力措施，严禁破坏水体，切实保护好动植物的生长条件和生存环境。

第十三条　禁止任何单位和个人在白河湿地公园内从事挖河采沙、围护造田、开荒取土等改变地貌和破坏环境、景观的活动。

第十四条　白河湿地公园内遇到突发性大范围病虫害发生等需要施药的，施药单位在施药前应当通报白河湿地公园管理机构，共同采取防范措施，避免和减少对湿地生态环境的污染。

第十五条　白河湿地公园内的重要景物、文物古迹、古树名木，应当进行调查、鉴定、挂牌，制定保护措施。任何单位和个人不得私自挖掘、破坏、盗窃和非法买卖。

第三章　白河湿地公园的利用

第十六条　开发利用白河湿地公园的湿地资源

应当遵循“谁开发、谁保护”,“谁破坏、谁恢复”,“谁利用、谁补偿”的原则。

第十七条 白河湿地公园游览活动区及管理服务区内开展生产经营、休闲旅游和教学科研活动,应当符合相关法律、法规规定,与湿地保护相协调,不得破坏湿地生态系统。

第十八条 白河湿地公园管理机构应当坚持城市湿地保护与合理开发利用相结合的原则,在全面保护的基础上,进行合理开发利用,充分发挥湿地的社会效益。湿地公园的建设以不破坏湿地的自然良性演替为前提。

第十九条 因科研等特殊需要,确需进入重点保护区内从事科研活动的,或者需要进入湿地展示区内从事科普教育活动的,应当与白河湿地公园管理机构协商后进入。

第四章 白河湿地公园的管理

第二十条 白河湿地公园管理机构应当依据与湿地公园保护相关的国家法律、技术规范和标准制定管理制度,依法实施管理。

湿地公园内的单位和个人应当遵守湿地公园各项管理制度,自觉接受白河湿地公园管理机构的管理。

第二十一条 白河湿地公园管理机构应当定期开展湿地资源的调查和环境监测工作,掌握开发利用对湿地的影响以及动态变化趋势,并按规定向国家行政主管部门报送调查和监测报告。

对湿地资源的调查、环境监测数据及其他有关资料应当进行分类归档,建立湿地保护管理档案。

第二十二条 造成湿地公园环境污染或者破坏的单位和个人,必须采取补救措施。白河湿地公园管理机构应当及时向社会通报信息,避免更大损失。

第二十三条 白河湿地公园管理机构应当采取多种形式,多渠道筹措湿地保护资金,并统一使用湿地保护经费。

白河湿地公园管理机构可以接受国内外组织和个人的援助与捐赠,用于湿地公园的保护、修复、建设和管理。

湿地保护专项资金实行专款专用,任何单位和个人不得侵占或者挪用。

第二十四条 任何单位和个人在白河湿地公园从事改变地貌、破坏环境、水体、动植物生长环境和生存环境等违法行为,有关部门按照有关法律、法规规定进行处罚。

南阳市人民政府
关于加强土地综合整治推进城乡统筹发展的意见

宛政〔2010〕66号　　　　2010年9月29日

各县市区人民政府,市人民政府有关部门:

2008年以来,我市部分县市按照市委、市政府部署,勇于探索,大胆尝试,积极开展土地综合政治,在改善民生、节约集约利用土地、统筹城乡发展方面取得了一定成效,积累了宝贵经验。为进一步加强土地综合整治,推进城乡统筹发展,根据省政府关于启动第二批土地综合整治试点工作的有关要求,结合我市实际,提出以下指导意见:

一、充分认识土地综治整治的重大意义

土地问题事关改革发展大局。当前,我市正处在新型工业化、新型城镇化和农业现代化加快发展阶段,面临保护耕地和保障发展用地的双重压力。促进城乡统筹发展,实现科学发展、富民强市目标,迫切需要深化农村土地管理制度改革,破除城乡土地管理二元结构,充分盘活,有利于充分挖掘农村土地整理复恳潜力,增加有效耕地面积,改善耕地质量,坚守耕地保护红线,提高农业综合生产能力;有利于优化城乡建设用地布局,提高土地利用效率,拓展用地空间,破除建设用地保障难题;有利于扩大农村投资,激活农村市场,释放农村消费潜力,确保农业稳定发展和农民持续增收;有利于改善农村基础设施,加快发展现代农业,促进城乡公共服务均等化,推进社会主义新农村建设。全市各级各部门要从统筹城乡发展、全面建设小康社会的高度,深化认识,抓住机遇,大力推进农村土地综合整治。

二、土地综合整治的目标任务和原则

(一)目标任务

按照《南阳市土地利用总体规划(2009年～2020年)》,结合土地整理复垦开发五年实施方案,到2012年,整理农田80万亩,复垦、开发用于占补平衡的新增耕地18万亩,到2020年整理农田400万亩,新增耕地不少于40万亩,每年新增耕地3万亩以上,提高粮食产能2亿斤以上;按照国土资源部关于开展“万村整治”示范工程的要求,通过城乡建设用地增减挂钩，每年为我市新农村建设、产业集聚区发展等提供3万亩的用地空间，建成一批功能齐全、设施完善、一二三产业协调发展的城镇和中心社区，使试点村庄得到系统改造，农村生产生活条件有大的改善，农村面貌有大的改观。

（二）工作原则

1.坚持以人为本。始终把维护农民的合法权益放在首位，把改善农村生产生活条件作为根本出发点。新型农村社区建设和土地整治都要确立农民群众的主体地位，按照方便生产、方便生活、方便居住的基本要求，充分考虑农民长远生计，按群众意愿办事，并接受群众和社会舆论的监督，坚决避免片面追求增加城镇建设用地指标的倾向。2.坚持高起点规划。以土地利用总体规划、城乡建设规划为依据，由县级人民政府组织国土资源、建设、规划等相关部门及乡镇人民政府，整合村庄建设、交通、水利、农业等规划，按照"整村推进"和"全域规划、全域设计、全域整治"的要求，有计划、有重点、有步骤地编制土地综合整治项目规划。项目规划要加强部门衔接，优化资源配置，合理安排生产、居住和生态用地，统筹耕地保护、生态环境保护和产业发展、村庄建设、交通水利等基础设施建设，统筹文化、教育、卫生、社会保障等公共事业发展。既要考虑当前，又要为未来发展留足空间，还要体现当地特色。规划编制经费由各级财政部门从整合各类涉农资金中统筹解决。3.坚持高标准建设。以建设高标准基本农田为重点，提高耕地质量，为发展现代农业创造条件；以建设环境优美、节能环保、质量可靠的新型农村社区为核心，全面落实省委、省政府关于加快社会主义新农村建设的部署，改善村容村貌和生态环境，提高生活质量。

三、突出重点，强化措施

（一）深挖农村存量建设用地。对土地综合整治中实施挂钩的项目，在集体建设用地整治规模中扣除项目区内新村建设、农民安居用地，留足农村非农发展用地后，剩余部分即为建设用地节余指标。节余指标必须在项目验收后，由相关行政村提出，经县、市两级审查后，由省级国土资源部门核定，核定结果报田土资源部备案。节余指标可以实行有偿转让，收益要返还项目区，用于集体建设用地复垦、农村基础设施和公共服务设施建设、改善农民生产生活生态条件等。节余指标调剂到城市使用的，应按一定的比例用于经营性用地。在综合整治中整理复垦的新增耕地，根据有关政策实行分类管理，对使月新增建设用地土地有偿使用费进行整治新增的耕地，仅能用于耕地总量平衡；对使用耕地开垦费、土地复垦费和用于农业土地开发的土地出让金收入等资金进行整治新增的耕地，可用于耕地占补平衡。在符合土地利用总体规划的前提下，积极创造条件，探索节余指标跨县域有偿调剂使用。各县市区可根据本地实际情况，建立节余新增建设用地指标和占补平衡指标收益的县、乡、村分配机制，以提高各级组织和当地群众参与土地综合整治的积极性。

（二）加快基本农田建设。土地综合整治要与粮食主产区建设、土壤肥力提升相衔接。在增减挂钩项目涉及到的区域内，按照集中连片、增加耕地数量、提高耕地质量、强化设施配套、建设高标准基本农田的要求，合理划定基本农田整理项目片区，与农田水利建设规划统筹考虑，集中连片进行田、水、路、林、村、房综合整治，使基本农田整理项目与增减挂钩项目有机融为一体。为确保我市1296万亩基本农面积不减少、质量有提高、布局总体稳定，项目区内农田要连片成方，有利于农业结构调整，提高耕作层质量，便于机械化耕种，提高劳动生产率；搞好项目区农田水利设施配套建设，积极发展节水灌溉农业，大力推广低压管灌、滴灌、喷（微）灌等新技术；田间道路要提高硬化标准，并相互贯通；合理布设防护林网，改善农业生态环境，但严禁在基本农田内植树造林。通过项目实施做到田成方、林成网、路相通、旱能浇、涝能排，建成一批旱涝保收、高产稳产的基本农田。

（三）科学编制土地综合整治规划。以县市区为单位编制好土地综合整治规划，实行"一张图"管理，并与土地利用总体规划、县域村镇体系规划、新农村建设规划、产业发展规划、生态建设与保护规划、水利和交通等规划相衔接，统筹安排好农村生产、生活、生态等用地规模和布局。试点村规划要明确建新区、拆旧区和预计节约的建设用地指标数量。要切实搞好城镇和新型农村社区的规划设计，引入高素质的设计队伍，推出符合小城镇和农村社区特点、体现乡村文化特色和生活习俗的建筑群。要科学布局新型农村社区，合理确定社区服务半径，避免社区过度集中，耕作半径过大，影响农民生产生活。

（四）整合资金投入，严格资金使用管理。市政府每年拿出分配我市新增建设用地土地有偿使用费的20%用于土地综合整治。同时，按照"渠道不变、集中投入、专账管理、统筹安排、各计其功"的原则，由县级财政部门整合现有各类涉农资金，集约投入、集中使用，项目资金整合方案作为项目申报的必备要件。要严格资金使用和监管，不得截留挪用。增减挂钩所取得的相关收益，要实行专账管理、专项核算，以县市区为单位进行统筹平衡，全部返还给提供节余指标的农村，用于农民住房和社区基础设施配套。要认真落实强农惠农政策，适当减免行政事业性收费、服务性收费等。各级政府在加大投入力度的同时,要拓宽融资渠道,广泛吸引社会各类资金参与土地综合整治。金融机构要创新农村金融服务,为产业发展、农民建房和农村公共事业提供信贷支持。

(五)健全制度,规范运作。各地在土地综合整治项目建设过程中,要建立健全各项制度。严格执行项目法人制、招投标制、工程监理制、合同制、公告制、审计制、验收制和绩效考核问责制等制度,做到公开透明,严禁暗箱操作。凡纳入增减挂钩项目区进行改造的村庄,首先要妥善安置好农民生产生活,做到先建后拆,建一批、搬一批、拆一批、复垦一批。对腾退的农村宅基地要同步进行土地复垦,并按有关规定严格进行验收。增减挂钩周转指标要纳入年度计划统一管理并按期归还。强化审计监督,定期进行审计,确保建设质量和资金安全。加强项目动态监管,建立土地综合整治季报制度,按季度定期考核。项目所在地人民政府要严格按规划组织实施,完善管理手段,健全项目台账,提高信息化监管水平。土地综合整治过程中,要锁定控制好项目规模,确保土地整治规模不缩小,增减挂钩规模不扩大。要严禁乱占滥用基本农田,严禁未经批准在农用地上乱建住房,严禁借用增减挂钩政策进行"小产权房"建设,严禁违反项目区规划和超规模用地。凡违反上述规定的,将停止该项目所在地建设用地报批和土地整治项目申报,并责令整改。

(六)切实维护农民合法权益。土地综合整治必须充分尊重农民意愿,保证农民的决策权、知情权和参与权,让农民群众全程参与项目的决策、实施、监管和验收。各地要充分运用"四议两公开"工作法,在项目规划、住宅设计、农田整理方案等方面,实行听证制度,做到整治前农民同意,整治中农民参与,整治后农民满意。要慎重对待土地权属高速和利益分配问题,凡涉及土地所有权、使用权、承包经营权等权属调整和利益分配的,要编制土地权属调整方案,取得相关权益人认可后,经县级人民政府批准实施,做到产权清晰、界址清楚、面积准确。村庄整合改建社区,涉及占用国有土地的,依法向产权人颁发国有土地使用证;涉及占有集体土地的,依法向产权人颁发集体土地使用证。土地综合整治要做到积极稳妥、实事求是、先易后难、量力而行,不得强迫命令,不搞"一刀切",坚决避免强拆强建。

四、加强领导,务求实效

(一)加强领导,落实责任。市政府已成立由穆为民市长任组长,市发改、监察、财政、国土、住建、交通运输、水利、农业、电力等部门负责同志为成员的土地综合整治工作领导小组,对全市土地综合整治工作进行统一领导。各县市区政府是实施土地综合整治工程的主体,要建立健全相应领导机构和工作机构,做好辖区内土地综合整治项目的申报、实施、初验等工作。

(二)严格考核,加强监管。市政府对土地综合整治实行目标管理,纳入政府目标考核序列,将土地综合整治的工作质量、进度、效果、群众满意作为考核的指标,考核结果与资金分配相挂钩。对不能按期竣工、建设质量和资金管理使用存在较大问题的县市区,调减下一年度新增建设用地土地有偿使用费的分配规模,核减建设用地计划指标或停止建设用地报批;对土地综合整治成效突出的县市区进行表彰和奖励,在安排下一年度新增建设用地土地有偿使用费、建设用地计划指标、其他有关支农资金时予以倾斜,并优先安排城乡建设用地增减挂钩项目。各县市区要对乡镇制定具体奖惩办法。

(三)强化宣传和舆论引导。发挥舆论导向作用,大力宣传土地综合整治的重要意义、目标任务、政策措施和典型经验,扩大社会影响,提高社会认知度,形成有利于推进土地综合整治的良好舆论氛围。

南阳市人民政府办公室关于加强公益性岗位管理妥善安置就业困难人员就业的通知

宛政办〔2010〕166号　　2010年10月20日

各县市区人民政府,市人民政府各部门:

为加强公益性岗位管理,妥善安置就业困难人员就业,根据《国务院关于做好当前经济形势下就业工作的通知》(国发〔2009〕4号)和《河南省人民政府关于积极应对当前经济形势切实做好稳定就业扩大就业工作的通知》(豫政〔2009〕33号)精神,现将有关问题通知如下：

一、公益性岗位安置对象

公益性岗位安置对象是在法定就业年龄内有就业愿望和就业能力的就业困难人员。

（一）城镇零就业家庭的成员；

（二）距法定退休年龄10年以内的登记失业人员；

（三）连续失业1年以上的登记失业人员；

（四）困难家庭中就业困难的高校毕业生；

（五）就业困难的被征地农民；

（六）失业的残疾人、城镇复员转业军人、县级以上劳动模范、军烈属和需要抚养未成年人的单亲家庭成员；

（七）其他符合国家和省规定的就业困难人员。

二、公益性岗位的范围

各级政府购买开发的企事业单位后勤保障和公共管理服务的就业岗位。包括：环卫保洁、社区保安、园林绿化、交通协管、公共设施养护、基层劳动保障服务、基层农业服务、基层医疗卫生服务、基层文化科技服务、基层法律服务、基层民政（托老托幼）服务等就业岗位。

三、公益性岗位申请安置的程序

（一）按照属地管理原则。就业困难人员携带本人《再就业优惠证》或《就业失业登记证》、身份证、户口本、养老保险手册和本人档案向就业经办机构提出公益性岗位申请。就业经办机构对就业困难人员所持材料进行审核，对符合条件的就业困难人员进行登记备案。

（二）用人单位与就业困难人员双向选择，达成就业意向后报就业经办机构，就业经办机构审核汇总后向财政部门申请社会保险补贴和岗位补贴，就业经办机构把岗位补贴拨付给用人单位，社会保险补贴拨付给社会保险经办机构。

（三）符合公益性岗位安置条件的就业困难人员要积极参加政府提供的就业岗前培训。不接受政府提供公益性岗位就业援助服务的就业困难人员，当年不再作为就业援助对象。

四、公益性岗位补贴标准和期限

（一）在公益性岗位就业的就业困难人员社会保险补贴（养老保险、医疗保险、失业保险）标准按上年度非私营企业社会平均工资60％为基数，按政策规定的缴费比例补贴。全额购买的公益性岗位补贴标准不低于当地最低工资，差额购买的公益性岗位补贴标准不低于当地最低工资的的50％。

（二）延长在公益性岗位就业的就业困难人员社会保险补贴和岗位补贴期限。1.在公益性岗位就业满3年以上，距法定退休年龄不足5年的就业困难人员可以延长至退休。2.在公益性岗位就业满3年以上的就业困难人员在解除再就业援助协议后，家庭成员中无1人就业的，按“城镇零就业家庭”重新认定，符合条件的安置1名城镇零就业家庭成员在公益性岗就业。3.就业困难人员在解除再就业援助协议后，自谋职业或灵活就业的可以享受不超过3年的灵活就业社会保险补贴。符合失业保险政策的可以享受失业保险的待遇。

五、公益性岗位的管理

要在就业经办机构监督指导下，按照“谁用人、谁主管、谁负责”的原则，对在公益性岗位就业的就业困难人员实施管理。

（一）用人单位要制定本单位公益性岗位考核奖惩管理办法，并严格执行考勤、岗位职责等各项规章制度。用人单位每月10日前将上月考勤表和工资发放表报就业经办机构做为拨付社会保险补贴和岗位补贴的依据。

（二）就业困难人员不能胜任本职工作或不服从单位工作安排的，经双方协商一致可以解除协议。用人单位3日内将解除情况报就业经办机构。

（三）就业经办机构对安置在公益性岗位的就业困难人员上岗情况进行检查，对3次不在岗的就业困难人员通知用人单位自次月起不再为其发放社会保险补贴和岗位补贴，该单位以后不再安置新的就业困难人员。

（四）在国家政策规定的社会保险补贴和岗位补贴期限内，用人单位在就业困难人员协议到期前一个月书面告知签订协议的就业困难人员，并报就业经办机构停止拨付社会保险补贴和岗位补贴。根据双方意愿如若继续签订劳动合同不再享受社会保险补贴和岗位补贴，工资及社会保险费由用人单位解决。

六、就业专项资金的管理

（一）人力资源和社会保障部门、财政部门要密切配合规范运作，加强对社会保险补贴和岗位补贴的审核、发放和管理工作，加强资金的协调、监督和检查，保证专款专用。

（二）对弄虚作假、虚报冒领、骗取就业专项资金的除追回所有补贴资金外，并要追究单位领导及当事人的责任，情节严重、构成犯罪的，依法追究有关人员的法律责任。本通知由市人力资源和社会保障局负责解释。本通知在执行过程中，若上级政策有调整，按上级政策规定执行。

本通知自印发之日起执行。

索　引

编者说明

一、本索引把年鉴所刊载的专文、条目、表格和图片（特载、大事记内容除外），采用主题分析索引的方法，按首字的汉语拼音字母顺序排列。

二、类目、栏目、专文标题和市、县、区名称用黑体字，分目、条目和表、图名称用宋体字。

三、索引各目后的阿拉伯数字表示内容所在的页码；一目内容在多处的，分别注出页码。

G

J

T

W

Y